U0922593

福建年鉴

2013

福建省人民政府主办
福建年鉴编纂委员会编纂

图书在版编目（CIP）数据

福建年鉴. 2013/《福建年鉴》编纂委员会编纂. —福州：
福建人民出版社，2013.11
ISBN 978-7-211-06847-0

Ⅰ.①福… Ⅱ.①福… Ⅲ.①福建省—2013—年鉴 Ⅳ.①Z525.7

中国版本图书馆 CIP 数据核字（2013）第 280344 号

福建年鉴 · 2013

福建省人民政府主办

福建年鉴编纂委员会编纂

福建人民出版社出版

福建年鉴社发行

（福州市鼓屏路 192 号山海大厦 8 层 邮政编码：350003）

《福建年鉴》网站由福州市天成网络有限公司建设

网 址：//www.fjnj.cn

电子信箱：njs@fjnj.cn

印刷：福建新华印刷有限责任公司

开本 890×1194 1/16 29 印张 188 插页 1200 千字

2013 年 11 月第 1 版 2013 年 11 月第 1 次印刷

印数：1—5,500

广告经营许可证：闽工商 0083 号

ISBN 978-7-211-06847-0

国内定价：260.00 元

审图号：闽S(2013)82号　　福建省制图院　编制　　资料截至2013年11月

福建年鉴编纂委员会

主　任：苏树林　省长

副主任：刘道崎　省政府秘书长、《福建年鉴》主编（兼）

潘　征　省委副秘书长、办公厅主任

檀云坤　省政府副秘书长、办公厅主任

詹志洁　省政府副秘书长

委　员：（排名不分先后）

郭振家　省政协副主席、省新闻出版局局长

林钟乐　省人大常委会副秘书长、办公厅主任

刘宏伟　省政协副秘书长、办公厅主任

袁　毅　省委组织部常务副部长

林　辉　省委宣传部常务副部长

翁　卡　省委统战部常务副部长

李晋闽　省委政法委常务副书记、省综治办常务副主任

吴国盛　省委台湾工作办公室主任

张立先　省委农村工作领导小组办公室主任、省农业厅厅长

林双先　省军区副参谋长

郑栅洁　省发展和改革委员会主任

周联清　省经济贸易委员会主任

鞠维强　省教育厅厅长

陈秋立　省科学技术厅厅长

陈小平　省财政厅厅长

钟维平　省人力资源和社会保障厅厅长

龚友群　省住房和城乡建设厅厅长

李德金　省交通运输厅厅长

卢增荣　省信息化局局长

黄新銮　省对外贸易经济合作厅厅长

臧耀民　省国家税务局局长

陈青文　省地方税务局局长

孙希有　省统计局局长

吴晓丁　省物价局局长

林文生　省政府发展研究中心主任

陈祥健　省社会科学院党组书记、副院长
杨益民　福州市人民政府市长
刘可清　厦门市人民政府市长
吴洪芹　漳州市人民政府市长
郑新聪　泉州市人民政府市长
杜源生　三明市人民政府市长
翁玉耀　莆田市人民政府市长
林宝金　南平市人民政府市长
张兆民　龙岩市人民政府市长
隋　军　宁德市人民政府市长
龚清概　平潭综合实验区管委会主任
王建玲　福建年鉴社常务副主编

《福建年鉴》2013卷编辑人员

常务副主编：王建玲
副　主　编：游孙权
编辑部主任：林丹英
特 约 审 稿：（按姓氏笔画为序）
王建勤　宋小佳　林　密　唐国华　章文恕　黄洪敏
责 任 编 辑：林丹英　郑　菜　王文灿　林忠玉　孙洁斐
彩 版 策 划：张　强

《福建年鉴》设区市、平潭综合实验区编辑室

福州市：朱汉民　林　炽
厦门市：廖华生　廖兆平　陈子能
漳州市：沈诏坤　郑美华　张志祥
泉州市：吴友才　廖国文　胡毅雄　林清伏　林艳旭
郑友飞　龚建伟　陈杰显
三明市：陈仪代　吴建勇　李华勇　吴大优　罗　军
莆田市：高阿财　谢劲兵　陈加亮　朱武雄　郭　威
南平市：梅廷旺　谢腾辉　叶智华　邱埕妹
龙岩市：林庆昌　陈明生　卢权国　廖银武
宁德市：刘信华　高一鹏　吴　江　冯宏达　刘道光
平潭综合实验区：谢秀桐　薛学强　丁林兴

福建要闻

2012年4月2—3日，时任中共中央政治局常委、国务院总理温家宝在福建考察。

▲ 温家宝考察七匹狼体育用品公司，与员工亲切交谈 （张永定 摄）

福建要闻

2012年6月14—17日，时任中共中央政治局常委、全国政协主席贾庆林在福建考察，出席在厦门举行的第四届海峡论坛，并会见参加论坛的两岸各界人士。

贾庆林出席并宣布第四届海峡论坛开幕 （张永定 摄）

2012年12月19日，尤权同志任福建省委委员、常委、书记，图为12月20日，省委书记尤权在福州会见监察部部长、国家预防腐败局局长马馼（张永定 摄）

2012年4月18日，由福建省政府主办的“投资福建”推介会在北京举行，图为苏树林省长会见参会代表
（吴寿华 摄）

▲ 2012年9月8—11日，第十六届中国国际投资贸易洽谈会在厦门国际会展中心举行，时任国务委员兼国务院秘书长马凯出席并启动“金钥匙”（张永定 摄）

2012年5月18—22日，以“对台交流，互利共赢”为主题的第十四届海峡两岸经贸交易会和第九届中国福建商品交易会在福州海峡国际会展中心举行　　（吴寿华　摄）

2012年6月18—22日，第十届中国·海峡项目成果交易会在福州海峡国际会展中心举行
（吴寿华 摄）

▲ 2012年10月18—21日，第87届全国糖酒商品交易会在福州海峡国际会展中心举行
（福州市政府办供稿）

▲ 2012年12月21日，厦漳跨海大桥全线贯通　（漳州市政府办供稿）

▲ 2012年11月1日，国务院批准《福建海峡蓝色经济试验区发展规划》，图为泉港石化工业区洋屿片区码头群　（泉州市政府办供稿）

▲ 2012年6月29日，龙厦铁路开通，图为动车（漳州段）首发仪式 （漳州市政府办供稿）

▲ 2012年6月30日，宁武高速（宁德段）建成通车，图为宁武高速屏南互通（宁德市政府办供稿）

▲ 2012年6月17日，亚洲最大邮轮、13万吨级的“海洋航行者号”靠泊厦门港，厦门港是该船访华首站（厦门市政府办供稿）

2012年9月30日，中央电视台中秋晚会在福州举办　　（福州市政府办供稿）

福州

榕城

温泉古都 有福之州

▲蓝天白云秀榕城

▲闽江两岸

▲海峡国际会展中心

▲江阴港区

▲海西发展论坛

▲正阳直升机项目

▲福州旅游观光巴士开通剪彩仪式

▲ 鼓岭古堡别墅

▲ 永泰云顶景区

▲ 温泉游

▲ 连江筱埕海上田园

▲ 晋安河休闲步道

▲ 凤湖新城安置房

▲ 江滨路环境综合整治

▲ 五四路中央商务区

▲2012年央视中秋晚会在福州举办

▲ 厦门岛全景

海上花园　文明城市

市政务服务中心投用

鼓浪屿日光岩

江头商圈夜景

保障性住房滨水小区

环岛路沙滩游客如织

崛起的东部：五缘湾新貌

▲ 风向标下的资本之约

▲ 中国国际投资贸易洽谈会开幕

两岸区域性金融中心

▲进口酒交易中心启用

▲海峡电子商务创业园竣工

国际会议中心三期▶

厦门国际海洋周已成为具有强大影响力的全球海洋年度盛会

▲ “海洋神话号”游轮

▲ 香山国际游艇码头

▲ 亚洲最大邮轮“海洋航行者号”靠泊母港

▲ 工作人员对上岸的厦金海底光缆进行登陆紧固

▲ 龙厦动车开通

▲闽南大戏院可升降舞台

▲两岸民间艺术节

▲《蝴蝶之恋》荣获全国“五个一工程”奖

宏伟大气的厦门北站

漳州

芗城

田园都市　生态之城

▲ 省委、省政府工作检查组一行，深入长泰县岩溪镇上蔡大学自然村，察看村庄环境整治情况

▲ 省长苏树林在市领导陪同下考察古雷石化项目

▲ 2012年6月29日首发动车组开通，标志漳州跨入高铁时代

▲ 绿色通道江滨路

▲ 繁忙的招银港区

▲ 2012年底，厦漳跨海大桥全线贯通

▲ 古雷PX项目远眺

▲ 海峡两岸（漳州）农业硅谷

▲ 世界500强项目英博雪津落户漳州

▲ 创业漳州台商大会暨第十六届漳台经贸恳谈会

▲ 漳州与雅安友好城市签字仪式现场

▲ 湿地保护——云霄红树林

▲ 漳浦县溪坂村

▲ 入选全球八大环保建筑的平和“桥上书屋”

▲ 长泰县岩溪镇上蔡大学自然村

◀江滨夜色

▲ 湿地公园、城市慢道

▲ 保障性住房小区：惠民花园

▲ 城市综合体：万达广场

多元文化宝库

海峡西岸名城

▲泉州西湖

泉州动车站▶

▶石牛山

▲洛江桥

省级民营经济综合配套改革试验区

泉州晋江机场

鸿山热电厂

泉港石化码头群

泉州造轨道客车

纺织产业

电子产业

现代物流业

石化产业

▲ 福州大学闽南石化学院

▲ 福建农林大学安溪茶学院奠基

◀ 菲律宾首都银行泉州分行开业

▲ 金融街街景

第一医院新院

▲城市保障房

▲外来人员子女平等接受义务教育

▲元宵闹花灯

▲广场舞比赛

三明

中国绿都 客家祖地

▲ 三明市城市文化广场

▲ 清流客家祖山灵台朝觐

▲ 世界客属第25届恳亲大会开幕式

▲ 宁化世界客属文化交流口心建设项目

▲ 泰宁县城规划建设—文昌御墅

▲ 永安建福水泥综合节能改造工程石灰石均化库安装

▲ 尤溪火车站建设项目

▲ 将乐县福建祥源纺织有限公司1号车间投产

▲ 中国重汽福建海西公司整车安装

▲ 永安轴承厂新落成车间

大田万华超纤无纺布合成革项目

▲ 将乐县万安设施农业果蔬基地

▲ 泰宁汉堂生物科技

▲ 清流县兰花组培中心

清流县花卉基地

莆田

荔城

妈祖之乡 文化名城

▲ 绶溪公园

▲ 延寿古桥

▲ 省领导视察ECO-城

▲ 省领导视察山中古典工艺家具公司

▲ 工艺美术城周边路网

▲ 赛得利差别化纤维项目建设场景

▲ 闽中有机食品公司生产线

南日鲍鱼养殖渔排 ▶

▲ 莆永高速公路莆田段通车典礼

▲ 钟潭溪河道整治工程

▲ 福建亿发工贸园项目剪彩仪式

▲ 第十四届中国·湄洲妈祖文化旅游节开幕

▲ 蔡襄公祭祀大典

▲ 第五届亚洲体操锦标赛开幕式

▲ 第四届中国（莆田）南少林武术文化节表演

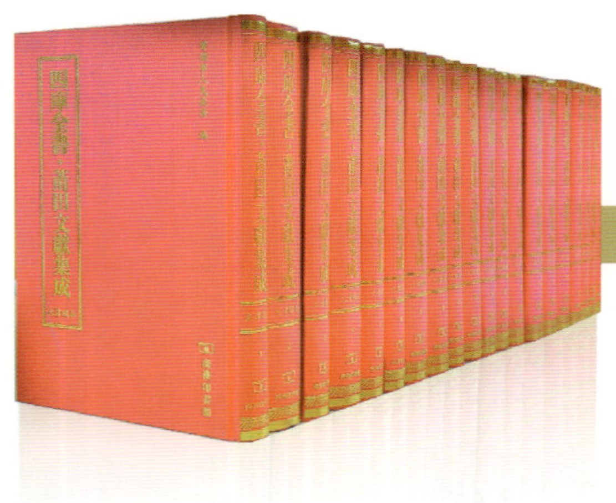

四库全书·莆田文献集成

▲ 体育中心区域建筑群

▲ 万达广场夜景

▲ SOS儿童村全景

▲ 泗华滨溪安置房项目开工仪式

▲ 爱心送考车

▲ 关爱留守流动儿童健康体检活动

▲南平中心城市剑州大桥暮色

南平

延平

碧水丹山　奇秀东南

▲南平市区夜景

▲ 山水环保之路——浦南高速

▲ 宜居新城——顺昌县蝶景湾小区

▲ 省级经济开发区南平工业园区长沙组团

武夷山度假区

▲ 福建首家3D汽车影院亮相武夷山

太阳电缆——南平机电制造千亿产业龙头企业▶

▲ 欧浦登（顺昌）公司自动化玻璃切割生产线车间

▲ 南平千亿食品产业龙头企业圣农公司肉鸡加工厂车间

▲ 政和和之源设施农业

▲ 武夷大红袍母枞

▲ 福矛酒业——南平千亿食品产业龙头企业

第六届海峡两岸茶业博览会

世界文化与自然遗产地武夷山自然景观

南平绿色生态——武夷山大安源之水

国家4A级景区——溪源峡谷巨龙瀑布

武夷山市立医院、福建省立医院武夷分院

欢乐武夷嘉年华花车巡游

建瓯市徐墩镇根艺城

源远流长的朱熹理学文化

优美乡村——光泽县梅树湾新村

优美乡村——建阳市长坪村

邵武市古山溪景观工程白渚秋色

▲ 安置小区

龙岩

革命老区 红色闽西

闽西交易城二期

▲ 白沙小城镇建设

▲ 面貌一新的古田集镇

▲ 塔吉克斯坦共和国总统拉赫蒙考察紫金矿业

▲ 海峡两岸机械产业博览会

▲ 新龙马客车

▲ 龙马环卫车在北京天安门作业

▲ 全国三条精品卷烟专用生产线之一——龙岩烟草工业公司精品“七匹狼”卷烟专用生产线

▲ 力浩新能源

▲ 上杭20万吨铜冶炼厂

▲ 国家级经济技术开发区——龙岩经济技术开发区

▲ 动车开通

▲ 龙岩陆地港

▲ 县县通高速公路

高速公路建设

▲ 石锣鼓湿地公园

▲ 莲花山木栈道

▲ 市老年福利中心

▲ 金秋老年公寓

▲ 体育公园

海上仙都　名山奇峡

宁德新城区

三都澳

▲ 在市三届人大一次会议上，市委书记廖小军与新当选的市长郑新聪亲切握手

◀ 廖小军在市三届人大一次会议上作政府工作报告

▶ 市委书记廖小军、市长郑新聪等领导深入宁武高速（宁德段）调研工程建设情况

宁武高速屏南互通

宁武高速顺利通车

▲ 霞浦大京风电

▲ 古田溪水电站

▲ 大唐火电

繁忙的核电工地

▲ 力捷迅药业

新增长区域发展项目—霞浦吉阳太阳能电池生产项目

▲ 福建蓝鲸游艇有限公司生产车间

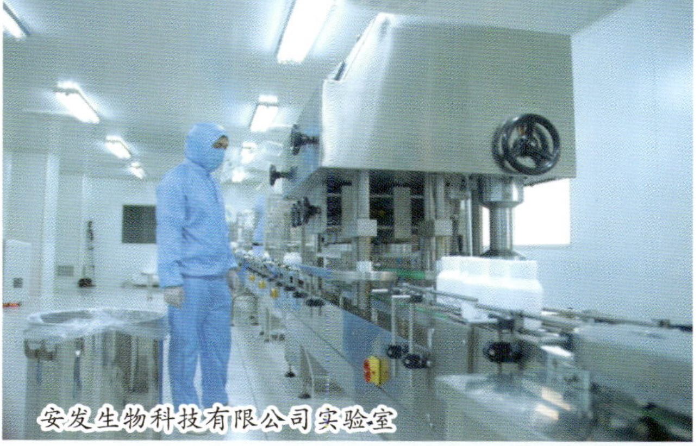

安发生物科技有限公司实验室

广生堂药业有限公司

▲ 北门无公害茶园

▲ 福安茶叶进钓鱼台

周宁反季节香菇▶

▲ 食用菌深加工

▲ 福安葡萄

▲ 草莓基地

福建首届“三月三”畲族文化节在福安隆重举行

第二届宁德世界地质公园（屏南）文化旅游节晚会

▲ 东安大网箱水产养殖

▲ 二都蚶

省非物质文化遗产—双溪元宵灯会

▲ 霞浦剑蛏

“魅力闽东”文化惠民第31场演出

平潭

岚岛

海峡两岸
幸福宜居岛

▲ 建设中的海峡大桥复桥

▲ 建设中的商务营运中心

◀ 海峡如意城

▲ 澳前安置小区

▲ 澳前码头建设

▲ 建设中的宸鸿科技

▲ 建设中的协力科技

◀ 新对台小额贸易市场

▲ 平潭市区

▲ 水果批发市场外观

建设中的海峡大桥复桥

吉钓陆域

坛南湾夜景▶

▲ 环岛路龙凤头段

▲ 绿意盎然的环岛路

改造后绿意盎然的竹屿湖

▲ 第十一届两岸关系研讨会在平潭举办

▲ 第二届共同家园论坛在平潭举办

▲ 海峡两岸星光马拉松交流大赛在平潭举行

▲ 绿化种植

海渔广场沙雕节开幕盛景

▲ 精彩的沙雕主题表演

▲ 夜晚的沙雕园人头攒动

▲ 平潭市区夜景

夕阳落日，花树摇曳

福建省交通运输厅

2012年12月18日，南平松溪至建瓯高速公路建成通车。至此，国家高速公路网在闽境内的“两纵四横”主骨架全线建成贯通

▲ 2012年10月9日，福建高速公路通车里程突破3000公里暨宁武高速公路政和至武夷山段通车典礼在福州、南平两地同时隆重举行

▲ 施工中的宁武高速公路宁德深洋桥

高速公路项目开工

▲2012年1月12日，龙岩武平汽车客运中心站正式启用

▲福州新投放CNG公交车

▲明溪省道306线上的省级“绿色通道示范路段”

▲2012年7月19日，32万吨级巨轮“中海繁华”靠泊罗源湾港区可门作业区

▼2012年7月21日，巴哈马籍LNG船“DUHAIL”轮安全靠泊湄洲湾秀屿港区LNG接收站码头，成为目前抵达我省的第一艘Q-FLEX级LNG船舶

福建省国家税务局

▲2012年10月15日，王蒙徽副省长到鼓楼区国税局调研营改增工作

▲臧耀民局长深入福建南方制药股份有限公司开展税收调研

▲2012年12月7日，雷致青总经济师陪同中央国家机关计划生育第七协作组深入上杭县开展“三下乡”活动

▲2012年10月24日，国家税务总局解学智副局长莅临鼓楼区国税局调研指导营改增试点工作

▲2012年11月1日零点，陈滨副局长到鼓楼局指挥开出营改增首张发票

▲ 福建省福州市国税局与福州电视台联办《民生面对面税收热点访谈》栏目

▲ 福州市国税局举办“税收热点微访谈”活动

福建省国、地税局召开2012年度纳税百强企业表彰大会，福建省副省长王蒙徽出席并为企业颁发奖牌 ▶

莆田市国税局组织业务科室骨干参加惠企政策现场咨询日活动 ▼

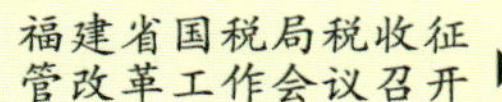

福建省国税局税收征管改革工作会议召开 ▶

福建省地震局

▲ 2012年5月，福建省地震局与中国地震台网中心签订科技交流合作共建框架协议

▲ 2012年8月，福建省地震局开展“跨越台湾海峡联合震测实验”期间，现场通讯调试

▲ 2012年5月，福建省地震学会联合福建省地震局举办“5·12”防灾减灾地震科普宣传活动

▲ 2012年11月，福建省地震局召开闽台两岸防震减灾学术研讨会，商讨两岸地震科技合作

编 辑 说 明

一、《福建年鉴》是福建省人民政府主办、福建年鉴编纂委员会编纂、福建人民出版社出版、国内外公开发行的综合性年刊，是对外集中展示福建省年度发展概况权威的资料性工具书，具有政府公报性质。

二、《福建年鉴》以宣传福建、记实存真、服务社会为办刊宗旨，汇集全省年度经济、政治、文化、社会、生态等领域发展情况，1985 年创刊，每年出版一卷，《福建年鉴》2013 卷为第 29 卷。

三、《福建年鉴》的框架结构由篇目、栏目、条目组成。全书条目标题统一用黑体加【 】表示，有些条目加层次性小标题。

四、《福建年鉴》2013 卷主要刊载 2012 年全省综合发展情况的基本资料。全书共设特载、大事记、省情概况、机关团体、法治、军警、外事侨务港澳、闽台交流合作、农业和农村工作、工业、建设环保、商贸、对外经济贸易、旅游业、交通运输、信息业、金融、财政税务、经济管理与监督、科学技术、社会科学、教育、文化传播、卫生体育、社会生活、市县概况、人物、地方文献法规选登、统计资料等 29 个篇目，全书共约 120 万字。

五、《福建年鉴》2013 卷所用稿件，由省直各部门，各市、县（区）政府及有关单位提供。引用的统计数字，凡国家有统一规定范围、口径和计算方法的，均按国家统一规定统计，并经省统计局审核。地区生产总值和各产业增加值、工业总产值、农业总产值等指标的绝对值、比重按现价计算，增长速度按可比价格计算；其他价值量指标的绝对值及增长率，一般按当年价格计算。

六、为便于读者查阅，本卷在卷首设有目录，卷后配有索引，索引采用内容分析法，索引内容按汉语拼音字母顺序排列。

七、《福建年鉴》2013 卷配有光盘并在《福建年鉴》网站（www. fjnj. cn）整书上网。

八、《福建年鉴》2013 卷在编辑、出版过程中，得到全省各级党委、政府、各部门、各单位和社会各界的大力支持，参与文稿编撰、审定的同志付出了辛勤劳动和巨大努力，在此，我们致以诚挚的谢意。《福建年鉴》内容广泛，编辑时间短促，工作中疏漏和错误之处在所难免，敬请广大读者批评指正。

福建省人民政府办公厅福建年鉴社

2013 年 11 月

目　　录

特　载

大　事　记

省　情　概　况

机关团体

法　治

军　警

外事 侨务 港澳

闽台交流合作

农业和农村工作

工　业

建设 环保

商 贸

对外经济贸易

旅 游 业

交 通 运 输

信 息 业

金 融

财政 税务

经济管理与监督

科学技术

社 会 科 学

教　育

文化传播

卫生 体育

社会生活

市 县 概 况

人　　物

地方文献、法规、规章选登

统 计 资 料

福建建设成就图片专辑

特　　载

党和国家领导人考察福建

【中共中央政治局常委、国务院总理温家宝在福建调研】 2012年4月2—3日，中共中央政治局常委、国务院总理温家宝在省委书记孙春兰、省长苏树林等陪同下，到福建省泉州、莆田、福州等地就经济运行情况进行调研。在考察期间，温家宝指出，当前我国经济运行情况总体是好的，一些主要经济指标虽然有所回落，但仍然处在合理水平，国民经济运行继续朝着宏观调控预期方向发展。要充分看到有利条件和积极因素，坚定做好经济工作的信心。同时，也要保持清醒头脑，增强忧患意识，密切关注经济运行中的新情况、新问题，实行灵活审慎的宏观政策，适时适度进行预调微调，保持经济平稳较快发展，确保实现今年经济社会发展目标。考察期间，温家宝还听取了省委、省政府工作汇报。温家宝充分肯定了福建近年来经济社会发展取得的成绩。他指出，近年来福建省委省政府团结带领全省人民，深入贯彻科学发展观，认真落实中央的决策和部署，紧紧抓住发展第一要务，着力加快转变经济发展方式，扎实推进海峡西岸经济区建设，各项工作迈上新的台阶，全省综合经济实力显著增强，发展质量和效益进一步提高，各项社会事业也取得全面进步。特别是加快建设海峡西岸经济区的战略上升为国家战略，福建省服务全国发展大局的地位作用明显提升。党中央、国务院对福建工作和发展的成绩是充分肯定的。这次到福建考察，看到福建各项建设事业取得新的进步，城乡面貌发生新的变化，感到由衷的高兴。福建广大干部群众团结奋斗、真抓实干的精神面貌，给我留下了深刻的印象。

【中共中央政治局常委、全国政协主席贾庆林在福建调研】 2012年6月14—17日，贾庆林在省委书记孙春兰、省长苏树林、省政协主席梁绮萍等的陪同下，先后来到福州、平潭综合实验区、厦门等地，深入工厂企业、科技园区、街道社区和港口码头，与干部群众共商改革发展大计。贾庆林在福建调研时强调，要认真贯彻中央的决策部署，紧扣主题主线，坚持稳中求进，充分发挥先行先试优势，加快推进海峡西岸经济区建设，着力构建两岸交流合作前沿平台，促进经济长期平稳较快发展和社会和谐稳定，以优异成绩迎接党的十八大胜利召开。调研期间，他还听取了福建省委、省政府的工作汇报，对近年来福建发展和海西建设取得的成绩给予充分肯定。他说，近年来，福建省委、省政府团结带领全省干部群众，深入贯彻落实科学发展观，紧紧抓住国家鼓励东部地区率先发展、支持福建加快建设海峡西岸经济区的历史机遇，开拓进取、扎实工作，全省综合实力显著增强、城乡面貌日新月异、改革开放不断深化、人民生活明显改善，各项建设取得了新的显著成绩，改革开放和现代化建设迈出崭新步伐。全省上下形成了科学发展、跨越赶超、干事创业的浓厚氛围，干部群众展现出了敢拼会赢、锐意进取、昂扬向上的精神风貌。

【中共中央政治局委员、中央政法委副书记王乐泉在福建考察】 2012年9月21—24日，王乐泉在省委书记孙春兰、省长苏树林等的陪同下，先后深入龙岩、厦门、莆田、平潭综合实验区和福州市的农村、企业、码头和基层政法单位，就政法维稳和社会管理工作开展调研。王乐泉在福建考察调研时强调，各级党委、政府和政法部门要充分认识做好维护当前社会稳定工作的极端重要性，切实增强政治意识、大局意识、忧患意识、责任意识，紧紧围绕中央提出的“五个坚决防止”的工作目标，下好先手棋、打好主动仗，不断提高应急处置的能力水平，为党的十八大胜利召开创造更加和谐稳定的社会环境。调研结束时，王乐泉听取了省委、省政府工作汇报和政法综治工作情况汇报。他充分肯定了福建经济社会发展和政法综治工作取得的显著成绩。他说，近年来，福建省委、省政府团结带领全省干部群众，深入贯彻落实科学发展观，牢牢把握稳中求进的工作总基调，统筹第一要务和第一责任，努力推动经济平稳较快发展，切实维护社会和谐稳定，大力推进海西建设和福建发展，迈出科学发展、跨越发展新步伐。

【全国人大常委会副委员长、中华全国总工会主席王兆国在福建考察】 2012年11月24日至12月2日，全国人大常委会副委员长、中华全国总工会主席王兆国在省长苏树林的陪同下，先后来到福州、平潭、莆田、泉州、漳州、厦门等地，看望一线职工、工会干部和基层人大代表，实地了解福建经济社会发展情况。他强调，要认真学习贯彻党的十八大精神，始终坚持以科学发展观为指导，解放思想、改革开放，凝聚力量、攻坚克难，努力在全面建成小康社会中走在前头，全力推动福建科学发展。考察中，王兆国对福建发展蓬勃向上的良好势头和广大干部群众奋发有为、拼搏敢赢的精神面貌表示赞赏。他充分肯定福建省近年来深入贯彻落实中央要求，加快推动科学发展跨越发展，实现经济社会平稳较快发展取得的显著成就，对福建各级党委政府及工会组织在稳增长、调结构、惠民生、促和谐方面所做的大量卓有成效的工作，给予高度评价。

关于贯彻落实习近平同志重要批示精神加快推进全省水土保持工作的通知

各市、县(区)党委和人民政府，平潭综合实验区党工委和管委会，省直各单位：

最近，中共中央政治局常委、中央书记处书记、国家副主席习近平连续两次就长汀水土流失治理工作作出重要批示，充分肯定了长汀水土保持工作取得的成效并提出殷切的希望。经省委、省政府研究，通知如下：

一、深刻领会习近平同志重要批示精神

去年底，习近平同志对《人民日报》有关长汀水土流失治理的报道作出重要批示，要求中央政策研究室牵头组成联合调研组深入长汀实地调研。今年1月8日，习近平同志又在调研组报送的《关于支持福建长汀推进水土流失治理工作的意见和建议》上作出重要批示："同意中央七部门调查组关于支持福建长汀推进水土流失治理工作的意见和建议。长汀县曾是我国南方红壤区水土流失最严重的县份之一，经过十余年的艰辛努力，水土流失治理和生态保护建设取得成效，但仍面临艰巨的任务。长汀县水土流失治理正处在一个十分重要的节点上，进则全胜，不进则退，应进一步加大支持力度。要总结长汀经验，推动全国水土流失治理工作。"

在短短1个月时间内，习近平同志对长汀水土流失治理工作作出两次重要批示，体现了党中央、国务院对福建工作的关心重视，体现了对福建人民特别是老区人民的深切关怀，体现了深入贯彻落实科学发展观的坚定决心，具有很强的战略性、指导性和针对性。我们要深刻领会批示精神，充分认识福建省水土保持工作面临的形势和任务，切实把握长汀水土流失治理所处的发展阶段及任务，增强"进则全胜、不进则退"的紧迫感和责任感，把长汀水土流失治理工作推进到一个更高的层次；认真总结推广"长汀经验"，让"长汀经验"带动全省各地特别是重点水土流失区治理工作；学习和弘扬长汀人民长期艰苦奋斗、锲而不舍的精神，咬定一个目标，一任接着一任干，进一步加强水土流失治理工作，做到生态保护与经济发展并重，环境治理与改善民生并举，加大对22个水土流失严重县(市)的资金投入，明确任务，强化责任，开展山、水、林、田、路综合治理，修复生态，涵养水源，发展特色产业，改善人居环境，大力推进全省水土保持工作；持续开拓创新、先行先试，进一步探索南方红壤区水土流失治理的成功经验，对水土流失治理工作起到良好的典型示范作用；进一步做好污染治理、"五小"整治关闭、巩固提高森林覆盖率等工作，全面推进生态省建设。

二、进一步明确全省水土保持工作的目标任务和政策措施

根据水土流失卫星遥感调查，福建省水土流失总面积为12253.77平方公里，占全省土地总面积122465.80平方公里的10.01%，其中轻度流失6458.59平方公里，占水土流失总面积的52.71%；中度流失3877.37平方公里，占水土流失总面积的31.64%；强度流失1709.42平方公里，占水土流失总面积的13.95%；极强度以上流失208.39平方公里，占水土流失总面积的1.70%。全省有22个县(市)是福建省水土流失最为严重的区域，也是福建省水土流失治理的重点和难点。

(一)明确目标任务。"十二五"期间，全省要完成治理面积6000平方公里，减少水土流失面积2000平方公里，4000平方公里的水土流失得到不同程度下降；综合治理2000个崩岗、30万亩坡耕地，开展400条生态安全清洁型小流域整治；水土流失区林草覆盖率增加10%以上，水土流失治理区土壤侵蚀量减沙70%以上，重点水土流失治理区减沙率达30%以上，治理区防洪减灾能力得到加强，农业生产条件得到改善。

(二)强化治理措施。各地水土流失治理要以小流域为单元，山、水、林、田、路综合治理，实行生物措施、工程措施和农业耕作相结合，实现生态、经济和社会效益的统一；在江河上游，大力开展水土流失坡地生态修复、造林种草、植被恢复、涵养水源，构建区域生态屏障；围绕水源和农田保护、山洪灾害防治和农村人居环境改善，开展护岸护坡等农村河道综合整治，实施生态清洁型小流域治理。以坡地茶果园为重点，采取前埂后沟田面工程和截、排、蓄、灌等地表径流调控手段，开展综合整治，发展农村特色产业。认真编制福建省水土保持中长期规划，做好与水利部等有关部门的衔接，争取国家更大支持；尽快组织各地认真编制22个重点县(市)治理方案，采取"一县(市)一方案(规划)"，组织专家组进行技术指导。

(三)加快工作进度。每年治理水土流失面积1200平方公里；2011—2012年治理700个崩岗，2013—2015年治理1300个崩岗；2011—2012年治理小流域140条，2013—2015

年治理260条。

（四）加大资金投入。省政府计划在福建省2012年省级水土保持专项预算经费3060万元的基础上追加3亿元，同时整合省发展改革、财政、水利、林业、环保、国土等部门资金，全年累计投入约12亿元，加大对全省22个水土流失重点县（市）重点治理力度，连续扶持，形成长效机制，务求取得成效。

三、切实加强各级党委、政府对水土保持工作的领导

（一）强化组织协调。省里成立全省水土保持工作领导小组。省领导挂点重点水土流失县（市），强化对全省水土保持工作的领导，省委农办、省发展改革委、财政厅、水利厅、林业厅、环保厅、国土资源厅、农业厅等相关成员单位挂钩水土流失重点县（市）进行服务和指导，并确定1名处级干部作为联络员；领导小组办公室要加强与各部门联络员和各地的联系沟通，定期通报情况；福建师范大学、福建农林大学、省农科院等科研院校要组织专家深入各地，加强技术指导。各市、县（区）也要加强组织领导，建立工作机制，明确工作责任，确保任务落实。

（二）建立考核检查制度。省里将根据全省水土流失治理任务，向各地下达任务分解指标，实行目标责任制，将完成情况列为当地政府和挂钩部门绩效考核的重要内容之一；由省纪委对全省各级各部门贯彻落实进展情况进行督促检查，同时对损害生态环境的违纪违法案件加大查处力度；由省委组织部下发通知，把水土流失治理和保护生态环境工作作为党员干部开展创先争优活动绩效考评的重要内容；每年轮流在各水土流失重点县（市）召开现场会，通报全省情况与实地参观检查相结合，相互检查、相互竞赛、相互促进；“十二五”中期和结束时，采取实地调查和卫星遥感相结合的办法，对全省水土保持工作进行检查、验收，以科学准确的数据检验治理成效。

（三）做好舆论宣传。省委宣传部要牵头制定宣传方案，组织新闻媒体对“长汀经验”开展多层面多形式的深度报道；省委政研室和省政府发展研究中心要组织力量，深入长汀实地调研，对“长汀经验”加以总结，形成可供各地借鉴的典型；全省各地都要以贯彻落实习近平同志重要批示精神为契机，加大“长汀经验”的宣传报道，营造全面推进生态省建设的浓厚氛围。

中共福建省委办公厅

福建省人民政府办公厅

2012年1月19日

关于认真学习宣传贯彻党的十八大精神的通知

各市、县（区）党委，平潭综合实验区党工委，省委各部、委、办，省直各委、办、厅、局、总公司党组（党委），各人民团体党组，各大学党委：

根据中共中央政治局会议的部署要求、中发〔2012〕10号文件精神和省委常委（扩大）会议决定，结合福建省实际，现就深入学习宣传贯彻党的十八大精神通知如下：

一、充分认识学习宣传贯彻党的十八大精神的重大意义，把思想统一到党的十八大精神上来

党的十八大是在我国进入全面建成小康社会决定性阶段召开的一次十分重要的会议，是一次高举旗帜、继往开来、团结奋进的大会。胡锦涛同志代表十七届中央委员会向大会作的报告，描绘了全面建成小康社会、加快推进社会主义现代化的宏伟蓝图，为党和国家事业进一步发展指明了方向，是全党全国各族人民智慧的结晶，是我们党团结带领全国各族人民夺取中国特色社会主义新胜利的政治宣言和行动纲领，是马克思主义的纲领性文献。大会通过的党章修正案，体现了党的理论创新和实践发展的成果，体现了党的十八大确立的重大理论观点和重大工作部署，对以改革创新精神全面推进党的建设新的伟大工程、提高党的建设科学化水平提出了明确要求，必将动员全党更好地学习党章、遵守党章、贯彻党章、维护党章。党的十八届一中全会选举产生以习近平同志为总书记的新一届中央领导集体，是一个经验丰富、年富力强、德才兼备、奋发有为的领导集体，是一个能够担当历史重任和时代使命的坚强领导核心，必将团结带领全党全国各族人民万众一心战胜前进道路上的一切风险和挑战，不断开创中国特色社会主义事业新局面。

认真学习宣传贯彻党的十八大精神，关系党和国家工作全局，关系中国特色社会主义事业长远发展，对动员全党全国各族人民在以习近平同志为总书记的党中央领导下，高举中国特色社会主义伟大旗帜，满怀信心为全面建成小康社会、夺取中国特色社会主义新胜利而奋斗，具有重大现实意义和深远历史意义。

党的十八大精神为福建省推进科学发展跨越发展、建设更加优美更加和谐更加幸福的福建进一步指明了方向，提出了新的更高要求。全省各级党组织和党员干部群众要认真学习和全面贯彻党的十八大精神，切实把思想统一到党的十八大精神上来，把力量凝聚到落实党的十八大确定的奋斗目标和工作任务上来，把学习贯彻党的十八大精神转化为做好福建工作的强大动力，不断开创福建各项事业新局面，不辜负党中央和中央领导对福建的殷切期望。

二、全面准确学习领会党的十八大精神，进一步增强贯彻党的十八精神的自觉性坚定性

各级党组织和广大党员干部要认真研读党的十八大文件，原原本本学习党的十八大报告和党章，认真领会习近平同志在党的十八届一中全会上的重要讲话精神。着重领会把握七个方面：

一是深刻领会党的十八大主题。党的十八大主题鲜明回答了我们党举什么旗、走什么路、以什么样的精神状态、朝着什么样目标前进的重大问题。中国特色社会主义是当代中国发展进步的旗帜，也是全党全国各族人民团结奋斗的旗帜。解放思想是推动党和人民事业发展的强大思想武器，改革开放是推动党和人民事业发展的强大动力，凝聚力量、攻坚克难是坚持和发展中国特色社会主义的基本要求，全面建成小康社会是党和国家到2020年的奋斗目标，是全国各族人民的根本利益所在。我们要坚持这个主题，落实这个党和国家工作总要求，牢牢把握好发展进步的正确方向。

二是深刻领会过去5年和10年党和国家取得新的历史性成就。党的十七大以来的5年，是我们党团结带领全国各族人民在中国特色社会主义道路上奋勇前进的5年，是经受住各种困难和风险考验、夺取全面建设小康社会新胜利的5年。过去5年的工作，是党的十六大以来全面建设小康社会10年实践的重要组成部分。这10年，我们党紧紧抓住和用好我国发展的重要战略机遇期，战胜一系列重大挑战，奋力把中国特色社会主义推进到新的发展阶段。实践充分证明，党的十六大以来党中央作出的一系列决策部署是完全正确的。我们要坚定地贯彻执行党中央的决策部署，信心百倍、坚定不移沿着中国特色社会主义道路前进。

三是深刻领会科学发展观的历史地位和指导意义。科学发展观是马克思主义同当代中国实际和时代特征相结合的产物，是中国特色社会主义理论体系最新成果，是中国共产党集体智慧的结晶，是指导党和国家全部工作的强大思想武器。把科学发展观同马列主义、毛泽东思想、邓小平理论、“三个代表”重要思想一道，确立为党必须长期坚持的指导思想，把握了时代发展要求，顺应了党心民心。我们必须把科学发展观贯彻到福建发展的全过程、工作的各方面，更加自觉地把推动经济社会发展作为深入贯彻落实科学发展观的第一要义，更加自觉地把以人为本作为深入贯彻落实科学发展观的核心立场，更加自觉地把全面协调可持续发展作为深入贯彻落实科学发展观的基本要求，更加自觉地把统筹兼顾作为深入贯彻落实科学发展观的根本方法，坚持解放思想、实事求是、与时俱进、求真务实，推动福建科学发展跨越发展迈出新的步伐。

四是深刻领会中国特色社会主义的丰富内涵、夺取中国特色社会主义新胜利的基本要求。中国特色社会主义道路，中国特色社会主义理论体系，中国特色社会主义制度，是党和人民长期奋斗、创造、积累的根本成就，必须倍加珍惜、始终坚持、不断发展。中国特色社会主义道路是实现途径，中国特色社会主义理论体系是行动指南，中国特色社会主义制度是根本保障，三者统一于中国特色社会主义伟大实践。建设中国特色社会主义，总依据是社会主义初级阶段，总布局是五位一体，总任务是实现社会主义现代化和中华民族伟大复兴。在新的历史条件下夺取中国特色社会主义新胜利，关键是牢牢把握党的十八大报告中提出的“八个必须”基本要求，坚定不移地贯彻执行党的基本路线，把以经济建设为中心同四项基本原则、改革开放这两个基本点统一于中国特色社会主义伟大实践。我们一定要坚定这样的道路自信、理论自信、制度自信，不动摇、不懈怠、不折腾，顽强奋斗、艰苦奋斗、不懈奋斗，扎扎实实夺取中国特色社会主义新胜利。

五是深刻领会全面建成小康社会和全面深化改革开放的目标。党的十八大根据我国经济社会发展实际，在党的十六大、十七大确立的全面建设小康目标的基础上，明确了到2020年全面建成小康社会的新要求。这个奋斗目标，顺应人民群众过上美好生活的新期盼，进一步强化了提高发展质量和效益的导向，内容更加丰富，特点更加鲜明，描述更加具体，前景振奋人心。如期全面建成小康社会，必须不失时机地推进重要领域改革，坚决破除一切妨碍科学发展的思想观念和体制机制弊端，加快健全完善中国特色社会主义经济、政治、文化、社会、生态文明等方面的体制机制，构建系统完备、科学规范、运行有效的制度体系，使各方面制度更加成熟更加定型。我们一定要埋头苦干、顽强拼搏，为全国改革发展作出更大贡献。

六是深刻领会中国特色社会主义总体布局和各项重大部署。党的十八大把生态文明建设纳入中国特色社会主义事业五位一体总体布局，对加快完善社会主义市场经济体制和加快转变经济发展方式、坚持走中国特色社会主义政治发展道路和推进政治体制改革、扎实推进社会主义文化强国建设、在改善民生和创新管理中加强社会建设、大力推进生态文明建设等作了全面部署。同时还对加快推进国防和军队现代化、丰富“一国两制”实践和推进祖国统一、继续促进人类和平与发展的崇高事业等方面作了重要部署。党的十八大对社会主义现代化建设提出的一系列新思路、新任务、新举措、新要求，既有原则要求，又有政策安排，具有很强的战略性、指导性和针对性，我们必须结合实际全面贯彻、协调推进，努力实现党的十八大确定的各项目标任务。

七是深刻领会全面提高党的建设科学化水平的新要求。党的十八大指出新形势下党面临的执政考验、改革开放考验、市场经济考验、外部环境考验是长期的、复杂的、严峻的，精神懈怠危险、能力不足危险、脱离群众危险、消极腐败危险更加尖锐地摆在全党面前。我们要进一步增强紧迫感和责任感，牢牢把握加强党的执政能力建设、先进性和纯洁性建设这条主线，坚持解放思想、改革创新，坚持党要管党、从严治党，全面加强党的思想建设、组织建设、作风建设、反腐倡廉建设、制度建设，全面落实党的建设“八项任务”，不断增强自我净化、自我完善、自我革新、自我提高能力，努力建设学习型、服务型、创新型党组织，在推进福建省各项事业发展过程中充分发挥各级党组织的领导核心作用、基层党组织的战斗堡垒作用、广大共产党员的先锋模范作用。

三、紧密联系实际，用党的十八大精神指导实践、推动工作

学习贯彻党的十八大精神，要大力弘扬马克思主义学风，紧密联系福建发展实际，紧密联系本地区本部门实际，紧密联系广大干部群众思想实际，坚持学用结合、学以致用，努力使学习贯彻的过程成为拓展思路、创新举措、破解难题、推动发展的过程。

要以学习贯彻党的十八大精神为动力，全力落实好省第九次党代会的工作部署。省第九次党代会确定的坚持科学发展跨越发展、建设更加优美更加和谐更加幸福的福建的主题和今后几年全面建设小康社会的奋斗目标，符合党的十八大精神要求。各级各部门要把学习贯彻党的十八大精神和落实省第九次党代会的部署结合起来，始终贯穿主题主线，始终坚持改革开放，始终突出民生优先，始终注重生态建设，始终服务统一大业，进一步加快科学发展跨越发展，努力在全面建成小康社会中走前头。

要以学习贯彻党的十八大精神为动力，深入开展调查研究，把党的十八大提出的一系列新思想、新任务、新要求，与福建省工作实际结合起来，下力气研究解决制约科学发展跨越发展的体制机制障碍和重点难点问题，深入谋划推动工业化、信息化、城镇化、农业现代化同步发展，使发展成果更多更公平惠及全省人民，进一步繁荣文化事业、壮大文化产业，推进绿色发展、循环发展、低碳发展，不断加强和改进党的建设等方面的具体措施办法，努力在狠抓落实、深入实践上下功夫见成效。

要以学习贯彻党的十八大精神为动力，扎实做好当前各项工作。采取有力措施稳增长，持续抓好项目建设，帮助企业解决实际困难，加强各类要素保障，加大政策落实力度，进一步激发生产潜能，确保圆满完成今年各项目标任务。加大保障和改善民生力度，加大民生财政投入，落实年初确定的为民办实事项目，特别要关心困难群众的生产生活，把党和政府的温暖送到千家万户。积极化解矛盾纠纷，保持维稳工作力度，高度重视安全生产，确保全省大局稳定。认真做好人大、政府、政协换届准备工作，坚持条件，坚持标准，充分发扬民主，严格依据法律和章程的规定，真正把代表、委员选好，把会议开好开出成效。结合学习贯彻党的十八大精神，及早谋划明年经济社会发展的工作思路、主要任务和具体措施，增强工作主动性和创造性，努力实现明年经济社会发展良好开局。

四、切实加强组织领导，迅速掀起学习宣传贯彻党的十八大精神热潮

学习宣传贯彻党的十八大精神，是当前和今后一个时期的首要政治任务。全省各级党组织要把学习宣传贯彻摆上重要议事日程，以强烈的政治责任感加强领导、认真组织，推动学习宣传贯彻党的十八大精神在全省形成热潮，不断引向深入。

要区分层次、突出重点，切实抓好学习教育培训。各级党委（党组）理论学习中心组要把学习党的十八大精神作为中心内容，制定系统学习培训计划，列出专题开展研讨，力求学深学透、融会贯通。县处级以上领导干部要带头学习、带头宣讲、带头贯彻，以实际行动带动本地区本部门的学习贯彻。省委将组织党的十八大精神宣讲团，到各市、省直部门和高校开展宣讲活动；各地也要通过举办各种形式的研讨班、培训班、学习班，集中一段时间分期分批轮训党员干部。基层党组织要采取多种形式，开展贴近实际、贴近生活、贴近群众的学习教育活动，促进党的十八大精神深入人心，为广大干部群众所掌握。要注意抓好离退休党员、偏远地区农村党员、“两新”组织党员、流动党员的学习，使学习贯彻活动覆盖到全体党员。

各级各部门要在党委的统一领导下，密切配合，主动工作，形成学习宣传贯彻的整体合力。各级党组织要按照中央和省委的部署要求，结合本地区本部门实际，作出专题部署，提出具体要求，加强工作指导，务求取得实效，切忌形式主义。组织部门要把学习宣传贯彻党的十八大精神与干部教育培训工作、加强领导班子建设和基层党组织建设结合起来，认真做好组织协调、督促检查工作。宣传部门要全面准确、深入系统地宣传党的十八大精神，深入解读党的十八大提出的重大理论观点、重大方针政策、重大工作部署，统筹抓好新闻、网络等宣传，切实加强舆论引导，积极主动解疑释惑，最大限度凝聚社会共识，营造学习宣传贯彻的浓厚氛围。教育部门要切实抓好党的十八大精神进教材、进课堂、进学生头脑的工作，把学习党的十八大精神作为学校思想政治教育和课堂教学的重要内容，融入学校党团组织各项活动。工会、共青团、妇联等人民团体要发挥优势，开展各具特色的学习教育活动。党报、党刊、电台、电视台要精心策划、集中报道，大力宣传党的十八大精神，持续宣传福建省学习贯彻党的十八大精神取得的新进展新成效，广泛宣传党员干部群众学习贯彻党的十八大精神创造的新做法新经验、展现出来的新的精神风貌。

各级各部门要及时将学习宣传贯彻党的十八大精神的情况报告省委。

中共福建省委

2012 年 11 月 19 日

政府工作报告

（2013 年 1 月 27 日在福建省第十二届人民代表大会第一次会议上）

福建省人民政府省长　苏树林

各位代表：

现在，我代表福建省人民政府向大会作政府工作报告，请予审议，并请省政协各位委员和其他列席的同志提出意见。

一、过去五年的工作回顾

2012年是本届政府任期届满之年。五年来，在中共中央、国务院和中共福建省委的正确领导下，福建省各级政府坚持以邓小平理论、“三个代表”重要思想、科学发展观为指导，认真贯彻党的十七大、十八大精神，把握稳中求进的工作总基调，全面实施“三规划两方案”，全力推动科学发展、跨越发展，经济社会发展呈现稳定增长、结构优化、民生改善、后劲增强的良好态势。

初步统计，2012年全省生产总值19701.78亿元，增长11.4%；公共财政总收入3008.91亿元，增长15.9%，其中，地方公共财政收入1776.21亿元，增长18.3%；全社会固定资产投资12709.66亿元，增长25.5%；外贸进出口总额1559.27亿美元，增长8.6%，其中，出口978.36亿美元，增长5.4%；实际利用外商直接投资63.38亿美元，增长2.2%；社会消费品零售总额增长15.9%；居民消费价格总水平上涨2.4%；城镇居民人均可支配收入28055元，增长12.6%；农民人均纯收入9967元，增长13.5%；城镇登记失业率3.63%；人口自然增长率7.01‰；节能减排年度目标可以实现。

2012年工作任务的完成，标志着本届政府实现了省十一届人大一次会议确定的各项目标任务。特别是海西战略上升为国家战略，中央和国家部委的支持力度明显加大，福建在服务全国发展大局和祖国统一大业中的重要作用进一步凸显，全省上下凝心聚力、干事创业的氛围更加浓厚。

五年来，我们直面危机、多措并举，推动经济平稳较快发展。

稳增长举措有力有效。全面落实国家应对国际金融危机的一揽子计划，先后出台扩大内需的十个方面举措，推出促进工业增长、扶持中小微企业发展、支持企业技术改造、稳定外贸出口、促进民营经济发展、金融服务实体经济等一系列政策措施，实现经济稳定增长。过去五年全省生产总值年均增速达12.6%，经济总量从突破万亿元增加到接近2万亿元。

“五大战役”持续推进。把打好“五大战役”作为推动科学发展、跨越发展的重要抓手，项目数和投资额逐年提高，一批重点项目相继建成；十大新增长区域发展条件得到完善，创新创业重要基地和先进制造业集聚区初步形成；城市规划建设不断加强，小城镇改革发展持续推进，福州和厦漳泉大都市区加快建设；省委、省政府确定的为民办实事项目全面实施。46个国家部委、49家央企与福建省签署合作协议，以央企、民企、外企“三维”对接促进项目接续和战役深化，纳入省级跟踪管理的项目2970个、总投资3.66万亿元。

基础设施不断完善。铁路运营里程从2007年的1628公里增加到2277公里，快速铁路从无到有、里程达到649公里，进入了双线快速运输的动车时代。高速公路建成“两纵四横”主骨架，通车里程从1366公里增加到3500公里，90%的县城实现15分钟内上高速，普通干线新增二级及以上公路2500公里，农村公路建设改造1.9万公里，所有建制村通水泥路。港口资源有效整合，吞吐能力实现翻番，吞吐量从2.36亿吨增加到4.14亿吨。机场扩能稳步实施，民航年旅客吞吐量从1470万人次增加到2810万人次。电力装机容量由2399万千瓦增加到4015万千瓦，宁德核电首台机组并网发电，福清核电加快建设，建成500千伏超高压大环网。

五年来，我们好字当头、优化结构，推动发展方式加快转变。

现代产业体系加快构建。集中力量抓龙头、铸链条，壮大38个重点产业集群，工业增加值由2007年的3896.76亿元增加到8644.19亿元、年均增长15.4%。实施服务业综合改革试点和相关政策，第三产业增加值年均增长10.6%，旅游总收入年均增长13.8%，文化产业增加值占全省生产总值的比重达5%。推进全国海洋经济发展试点省份建设，预计海洋生产总值占全省生产总值的26.5%。

“三农”基础得到夯实。落实强农惠农富农政策，农林牧渔业总产值年均增长4.4%，粮食产量稳定在650万吨以上。形成35家年产值超10亿元的龙头企业，农业产业化经营组织覆盖57.9%的农户。解决816.07万农村居民饮水安全问题，一批大中型水库、引调水和防洪防潮工程加快推进。加强土地整理复垦开发，连续13年实现耕地占补平衡。农村家园清洁行动和环境连片整治取得阶段性成效。推进山海协作，支持原中央苏区、革命老区和少数民族集聚区加快发展。农村扶贫标准从2300元提高到3000元，“造福工程”五年累计搬迁39.52万人。

自主创新能力逐步增强。强化企业创新主体地位，全省89%的研发投入、81.8%的研发人员、60.9%的专利授权集中在企业。推进“数字福建”建设，拓展“6·18”等创新平台，大力实施科技重大专项，一批关键技术取得突破，高新技术产业增加值年均增长22.7%。

生态省建设扎实推进。坚持环保监管“一岗双责”，大力推进节能减排，县县建成污水垃圾处理厂（场），主要污染物排放得到有效控制。按照“进则全胜”的要求打好水土保持攻坚战，累计治理水土流失面积918.7万亩。推进“六江两溪”重点流域综合整治，重要水源地保护和生态功能区建设得到加强。大力实施“四绿”工程，五年累计植树造林1726万亩，森林覆盖率保持全国首位，水、大气、生态环境质量保持优良。

五年来，我们先行先试、勇于突破，推动改革开放持续深化。

闽台交流合作更加密切。国家赋予平潭综合实验区比经济特区更特殊更优惠的政策，实验区大部制组织架构基本建立，一批重大基础设施项目建成，开放开发基础条件初步形成。新设泉州、漳州台商投资区，扩大福州台商投资区，古雷石化园区、台湾农民创业园、两岸区域性金融服务中心加快建设。五年累计实际利用台资57.9亿美元，对台贸易额482.2亿美元。成功举办四届海峡论坛，闽台海空直航持续拓展，厦门、福州赴台“个人游”顺利成行，各领域交流交往日益频繁。

开放型经济水平进一步提升。着力开拓新兴市场、培育重点企业、优化通关环境，全省进出口、出口总额均实现翻番。成功举办“9·8”投洽会等重大经贸活动，实际利用外资五年累计372.94亿美元。6个省级开发区升格为国家级，厦门保税港区封关运作，江阴港区成为国家汽车整车进口口岸，武夷山、晋江、龙岩、三明“陆地港”投入运行。闽港澳贸易额年均增长18.9%，五年累计实际利用港澳资金164.96亿美元。

重点领域改革不断深化。厦门经济特区扩大到全市，综合配套改革全面推开。集体林权制度改革不断深化，所有涉农乡镇建成土地流转服务平台，城乡建设用地增减挂钩试点有序展开。事业单位分类改革稳步推进。总结推广“晋江经验”，培育各具特色的县域经济。省属国企加快整合重组、改制发展，资产总额五年翻一番。完善民营企业发展的扶持措施，民营经济占全省经济总量的比重达66.7%。营业税改征增值税试点正式启动。金融机构各项存贷款余额、企业直接融资、保费收入均实现五年翻一番。

五年来，我们改善民生、创新管理，推动人民生活水平不断提高。

多层次社保体系基本形成。实施更加积极的就业政策，五年新增城镇就业328.95万人，转移农村劳动力223.63万人，城镇居民人均可支配收入、农民人均纯收入年均分别增长12.6%、12.8%。全民医保基本建立，城乡居民基本医疗保险补助标准提高到240元，大病救助机制逐步形成。城乡居民养老保险实现制度全覆盖，企业职工养老保险关系实现跨省转移接续。城乡低保应保尽保，省定农村低保标准从2007年的1200元提高到1800元。革命“五老”生活补助标准提高到每人每月540元。实施保障性安居工程，五年开工建设65.6万套、建成31.6万套，均超额完成国家下达的任务。

社会事业全面进步。率先实现城乡免费义务教育，对中职学生免除学费，建立起从基础教育到高等教育完整的助学体系。每万人口在园幼儿数居全国前列，高中阶段教育、高等教育毛入学率分别达90.7%和33.5%。稳步推进医药卫生体制改革，五年新增医疗机构床位4.87万张，县乡村三级医疗卫生服务体系进一步完善，基本完成乡镇卫生院、村卫生所标准化建设，基本药物制度覆盖全省基层医疗机构。保持低生育水平，计划生育特殊家庭扶助工作走在全国前列。深化文化体制改革，基本形成覆盖全省城乡的五级公共文化服务网络，实现广播电视、宽带村村通，一批公共文化设施免费开放，文化创作生产更加繁荣。文明城市创建成效明显。全民健身运动广泛开展，福建省运动员在奥运会、残奥会上取得优异成绩。

防灾减灾机制不断完善。连续战胜雨雪冰冻、特大冰雹、特大暴雨洪灾和强台风等自然灾害，五年累计救助受灾群众1875.84万人次，扶助3.2万户灾民重建家园。落实“预警到乡、预案到村、责任到人”的防汛抗灾机制，基本建成十大防灾减灾工程，自动气象站覆盖所有乡镇，应急预案和应急救助体系进一步健全。

社会保持和谐稳定。加强和创新社会管理，健全“大调解”工作体系，信访“路线图”有效实施，和谐征迁工作法全面推行。深化“平安福建”建设，健全社会治安防控体系，落实安全生产“一岗双责”，开展道路交通安全集中整治和消防安全、食品药品安全等专项行动，2012年生产安全事故总量、亿元生产总值事故死亡率分别比2007年下降47.1%、69.7%。军政军民团结巩固发展，成为全国唯一的连续三届所有设区市都被评为“全国双拥模范城”的省份。援建彭州三年任务两年完成，援藏援疆援宁工作深入推进。

五年来，我们转变职能、改进作风，推动服务型政府建设取得实效。

自觉接受人大和政协的监督，五年共办理省人大代表建议3905件、省政协提案4639件，办结率均为100%。广泛听取各民主党派、工商联、各人民团体、无党派人士及社会各界人士意见。切实加强政府法制建设，五年提请省人大常委会审议通过25件地方性法规，制定出台21件省政府规章。推进行政体制改革，省级审批事项五年精简74.1%，成为全国省级审批事项最少的省份之一。认真落实“拉练式”工作检查成果，开展“下基层、解民忧、办实事、促发展”活动，推广“厦航式”服务，治庸治懒治散治奢，改进文风会风，机关效能建设继续深化，行政监察和审计监督不断加强，廉政建设和反腐败工作扎实推进。

回顾过去五年，我们深切体会到：做好政府工作，必须坚持党的领导，认真落实中央和省委的部署；必须坚持科学发展、跨越发展，在发展中促转变、在转变中谋发展；必须坚持以人为本、民生优先，发展成果由人民共享；必须坚持深化改革、扩大开放，增强发展的活力和动力；必须坚持依法行政、廉政勤政，努力建设人民满意的政府。

过去五年，福建综合实力大幅提升，城乡面貌显著变化，人民生活持续改善，改革开放不断深化，发展后劲有效增强。这是党中央、国务院和中共福建省委正确领导的结果，是全省人民齐心协力、团结奋斗和各方面大力支持的结果。在此，我代表省人民政府，向全省人民，向人大代表、政协委员、各民主党派、工商联、各人民团体、无党派人士、离退休老同志和社会各界人士，向中央各部门及驻闽机构、驻闽部队、武警官兵、公安民警，向关心支持福建发展的香港特别行政区同胞、澳门特别行政区同胞、台湾同胞、海外侨胞和国际友人，表示衷心的感谢！

在看到成绩的同时，我们也清醒地认识到存在的问题和不足，主要是：经济总量不够大，大企业大项目不多，自主创新能力不足，外贸出口竞争力不强；节能减排、生态环境保护压力较大；城乡规划建设管理水平亟待提高，农民持续增收难度加大，城乡区域发展差距仍然较大；优质教育、医疗资源总量不足、分布不均；征地拆迁、安全生产、社会治安等方面还存在不少问题，社会管理面临一系列新问题新挑战；一些工作人员服务意识不强、办事效率不高，消极腐败现象和不正之风在一些领域仍然存在。我们要高度重视这些问题，采取更为有力的措施切实加以解决。

二、今后五年政府工作的总体要求和主要任务

今后五年是深入贯彻落实党的十八大精神，全面建成小康社会的关键时期。综观国内外形势，世界经济已由国际金融危机前的快速发展期进入深度转型调整期，我国发展仍然具备难得的机遇和有利条件，经济社会发展基本面长期趋好，海峡西岸经济区建设全面推进，福建科学发展、跨越发展保持强劲态势。我们要抓住机遇，乘势而上，全力推动福建

省经济、政治、文化、社会、生态文明建设迈上新台阶。

做好今后五年的政府工作，要深入学习和全面贯彻党的十八大精神，坚持以邓小平理论、“三个代表”重要思想、科学发展观为指导，按照省第九次党代会和九届六次全会部署，紧紧围绕主题主线，以提高经济增长质量和效益为中心，稳中求进、好中求快，深入实施“三规划两方案”，坚持四化同步、三群联动、三维对接，着力产业发展，着力城乡建设，着力保障和改善民生，着力改革开放，着力生态省建设，积极稳妥推进城镇化，实现经济持续健康发展和社会和谐稳定，为全面建成小康社会而奋斗。

促进经济又好又快发展。推进主导产业高端化、传统产业新型化、新兴产业规模化，加快建设现代产业体系；实施创新驱动发展战略，建设创新型省份；提高“数字福建”应用水平，推动经济社会各领域信息化；着力建设以大型海空港、综合运输枢纽为依托，以快速铁路、高速公路和普通国省干线公路为骨架的综合交通运输体系，打造东南沿海重要能源基地，建立与经济社会发展相协调的防灾减灾体系；加快建设海洋经济强省。

促进城镇化健康发展。把城镇化作为扩大内需、调整结构、改善民生的关键，打造大都市，培育城市群，发展小城镇，建设新农村；把生态文明理念和原则全面融入城镇化全过程，建设优美舒适、清洁安全、绿色低碳的人居环境；把城乡发展一体化作为解决“三农”问题的根本途径，建立以工促农、以城带乡、工农互惠、城乡一体的新型工农、城乡关系。

促进人民生活全面改善。努力办好人民满意的教育，提高人民健康水平，实现更高质量的就业，千方百计增加城乡居民特别是低收入者收入，统筹推进城乡社会保障体系建设，建立市场配置和政府保障相结合的住房制度；加强和创新社会管理，加快形成科学有效的社会管理体制机制，建设公共安全体系。

促进改革开放纵深拓展。加强顶层设计，推进重点突破，增强改革的系统性、整体性、协调性；深化农村、财税、金融、价格、收入分配等方面改革，推进国有企业深化改革，落实和完善民营企业扶持政策。深化闽港澳侨合作，促进闽台合作、粤港澳合作先行先试政策“双延伸”，充分涵养和挖掘侨力资源；提高利用外资综合优势和总体效益，增创以技术、品牌、质量、服务为核心竞争力的出口新优势，加快走出去步伐，建设外经贸强省。

促进闽台合作更加密切。加快建设两岸经贸合作的紧密区域、文化交流的重要基地、直接往来的综合枢纽；加快建设平潭综合实验区，构建两岸同胞共同参与国际竞争的平台和宜居宜业的共同家园。

促进文化强省扎实建设。推进社会主义核心价值体系建设，大力弘扬福建精神，实施文化大发展大繁荣“八大工程”，完善覆盖城乡的公共文化服务体系，推动文化产业成为国民经济支柱性产业。

促进生态省战略深入实施。实施主体功能区规划，大力发展生态经济，积极培育生态文化，加强水土保持，推进陆域、海域生态环境协同保护，加快建设生态文明示范区，保持森林覆盖率居全国首位、生态环境质量居全国前列。

促进依法治省加快进程。主动接受人大及其常委会法律监督、工作监督和政协民主监督，自觉接受社会监督和舆论监督。加强政务诚信、商务诚信、社会诚信和司法公信建设，深化行政体制改革，严格依法行政，加快建设法治政府。

三、扎实做好2013年工作

今年经济社会发展的主要预期目标是：全省生产总值增长11%左右；地方公共财政收入增长12%；全社会固定资产投资增长20%；外贸出口增长5%，实际利用外商直接投资增长5%；城镇登记失业率控制在4.2%以内；社会消费品零售总额增长15%，居民消费价格总水平涨幅控制在3.5%左右；人口自然增长率控制在8.1‰以内；城镇居民人均可支配收入增长11%左右，农民人均纯收入增长11%左右；完成单位生产总值能耗、化学需氧量、二氧化硫、氨氮、氮氧化物等年度节能减排任务。

实现上述目标，重点抓好以下七个方面工作：

（一）强化经济增长的有效拉动

全力打好“五大战役”。扩大投资规模，重点项目建设、新增长区域发展、城市建设和小城镇改革发展战役投资均高于去年，民生工程战役投入264亿元，办好省委、省政府确定的21件为民办实事项目。突出战役实效，集中力量抓好基础设施和产业发展重大项目，力争全年新增铁路运营里程549公里、高速公路通车里程570公里、港口吞吐能力2000万吨、电力装机容量200万千瓦以上。强化实施保障，推动项目建设与土地开发、盘活资产、引进社会资本一体运作，推行和谐征迁，推广标准化管理，推进质量、效益、安全、环保、廉政“五同步”。

促进工业增产增效。推进实施有差别的产业政策，进一步完善工业运行保障机制，破解融资、用工、用地等要素制约，加大中小微企业帮扶力度，支持有市场、有效益的企业扩大生产，促进工业新增长点项目加快投产达产。引导企业创新商业模式，充分发挥专业市场、电子商务、营销联盟等重要作用，促进品牌创建、产销协作、供需对接，扩大闽货市场占有率。

提升外贸市场竞争力。继续实施扩大出口和贸易便利化措施，建设大型进出口商品集散地和质量安全示范区，优化口岸通关环境，集聚物流企业，吸引外贸货源，做大口岸经济。培育壮大大型外贸企业，推动出口型生产企业提质扩能，引导以内销为主的企业积极开拓外销市场，支持企业参与国际市场资源、供应链和价值链整合。促进加工贸易转型升级，大力发展服务贸易，优化出口商品结构和市场结构。拓宽进口渠道，扩大重要装备、先进技术和紧缺资源进口。加强国际贸易风险防范和摩擦应对工作。

增强消费拉动的基础作用。实施收入分配制度改革，多渠道增加城乡居民工资性、经营性、财产性和转移性收入，增强消费能力。积极培育文化、旅游、养老、信息、健康、休闲及节能环保产品等消费热点，推动消费升级，拓宽消费领域，加快形成拉动力强的消费新增长点。优化消费环境，保护消费者合法权益，促进网上消费、信用消费。改造提升城乡消费设施和服务体系，合理布局建设大市场、商贸网点和便民生活服务圈，方便群众消费。

(二)推进产业结构战略性调整

深化"三维"项目对接。围绕抓龙头、铸链条、建集群,重点对接大型龙头项目、配套项目和关联项目,推动存量提升、增量优选,力争全年"三维"项目完成投资3300亿元,新开工330个。继续深化与央企的战略合作,引入省外知名国企,促进省属企业重组壮大;办好第三届民营企业产业项目洽谈会,加快引进全国百强民营企业,引导异地闽商回归,推进泉州民营经济综合配套改革试验,进一步激发民营经济活力;对接国家部委招商渠道,发展投资中介机构和招商网络,积极吸引侨资侨智,努力实现引进世界500强企业、台湾百大企业、大型侨港澳资企业的新突破。

促进产业转型升级。一是深入实施企业技术改造等专项行动。推动汽车、钢铁、船舶、水泥等行业兼并重组,加快印染、石材等行业"退城入园",实施重点行业能效对标,强化合同能源管理,推动以升级淘汰落后、以改造代替关停。二是推进"两化"深度融合。加快信息化集约建设,完善新型信息技术类基础设施,建立产业服务云计算平台。三是促进战略性新兴产业倍增发展。发挥创业投资、风险投资、股权投资的作用,突出产业化培植和市场化应用,加快培育重点骨干企业。四是强化科技创新。突出企业主体,深化产学研结合,抓好科技企业孵化器建设,落实鼓励创新政策,拓展产权交易、技术推广、信贷保险等协同创新平台。集中抓好科技重大专项。加强与港澳台等境内外科研院所的合作,加快建设中科院海西研究院,进一步提升和拓展高新区、开发区和产业园区。五是实施人才强省战略。推进重大人才工程建设,创新完善人才政策,大力培育核心人才,注重发挥企业家才能,支持企业、高校、研发机构引进人才。

发展壮大现代服务业。积极推动电子商务、信息服务、工业设计、研发咨询、服务外包等生产性服务业与制造业融合发展,加快把物流、金融、旅游培育成新的主导和支柱性产业。金融业重点扩大社会融资,增加信贷投放,扶持企业上市,降低融资成本,引进境内外金融机构,引导在闽金融机构网点向基层和县域延伸;加快建设福州和厦门两岸区域性金融服务中心、泉州金融服务实体经济综合改革试验区,推广沙县创新农村金融服务经验;加强金融监管,规范民间借贷,防范金融风险。旅游业重点强化龙头培育、品牌营销、一体运作、管理提升,开展跨区域资源整合等试点,促进旅游与文化互动发展。会展业重点突出经贸功能、项目内容、市场运作,提高有效客商参会率,做到政府搭台、企业唱戏、经贸成为主旋律。进一步完善服务业扶持政策,继续实施国家级、省级服务业综合改革试点,推进营业税改征增值税试点,扩大实施工商业用电同价,做好第三次全国经济普查和服务业统计工作,推进服务业集聚基地建设。

加快发展海洋经济。抓好海洋产业重大项目,建设一批海洋特色产业园。推进厦门南方海洋研究中心、平潭海岛研究中心建设,加快筹建平潭海洋大学。支持厦门东南国际航运中心建设。严格实施海洋功能区划,加快重点港区和集疏运体系建设,合理保护和开发自然岸线资源,持续实施海洋防灾减灾"百千万工程"。

(三)大力发展现代农业

保障农产品有效供给。加大强农惠农富农政策力度,扶持产粮大县和种粮大户,稳定粮食播种面积和产量,巩固粮食产销协作,加强粮食储备,确保粮食安全。建设"菜篮子"基地,推进农超对接,减少流通环节,加强价格监控,力求供应量足、质优、价稳、便利。完善农资价格调节机制,抓好重大动植物疫病防控和病虫害防治,严格农产品质量安全监管。

拓展优势特色产业。依托现代农业示范区和农民创业园,建设农业科技集成创新和示范推广平台。科学发展茶产业,推进蔬菜、水果、食用菌、烟叶、畜禽和水产品标准化生产,扶持木竹、花卉、苗木产业和林下经济发展。大力发展设施农业,扶持工厂化栽培、钢架大棚和生态网箱养殖。加快培育"三品一标",打造农产品知名品牌。

夯实农业物质技术基础。实施大水网规划,加快重大水利工程建设,大兴农田水利,推进大中型灌区续建配套和节水改造,建设标准农田。实行最严格的耕地保护制度,实现占补平衡。强化基层农技推广体系建设,推动农业"五新"进村入户,实施种业创新与产业化工程,培育现代种业集团。

创新农业生产经营体制。完善土地流转服务平台,深化林权改革,发展多种形式的适度规模经营。着力培育新型经营主体,培养新型农民,规范提升农民合作社。建设产业化示范基地,做强重点龙头企业。健全政策性农业保险制度,扩大农业保险范围。完善乡村治理机制,充分发挥农村"六大员"等骨干力量的作用,构建全省农村信息化综合服务平台。

(四)加快提升公共服务供给能力

推进就业和社会保障工作。完善公共就业服务体系,重点做好高校毕业生、农民工、城镇就业困难人员和退役军人就业工作,全年新增城镇就业60万人、转移农村劳动力40万人。开展城乡居民大病保险试点,城乡居民基本医疗保险财政补助标准提高到280元。提高企业退休人员基本养老金,推动城乡居民社会养老保险制度一体化,完善被征地农民社会保障制度。提高农村低保标准。加强敬老院、居家养老服务中心和农村五保"幸福园"建设。发展慈善、社会福利和残疾人事业,加强老龄工作,保障妇女和儿童合法权益,鼓励开展志愿服务活动。

提高教育质量和普及水平。坚持优先发展教育,全面完成学前教育三年行动计划,新建、改扩建358所公办幼儿园,在农村小学增设附属幼儿园1830个班。建立中小学校舍、校车安全保障长效机制,加快义务教育标准化学校建设,推进城区中小学扩容工程。加快现代职业教育体系建设,贯通中高职教育,开展职业技能培训,支持建设示范性院校。全面落实高校办学自主权,推进高校内涵建设,支持工科、医学教育发展。规范发展民办教育。加强素质教育和教师队伍建设。做好异地高考试点工作。扶持特殊教育,推进老年大学建设,整合各类教育学习资源,完善终身教育体系。

深化医药卫生体制改革。扩充医疗卫生资源总量,加强卫生技术人才队伍和儿科、产科、康复等薄弱学科建设,全年新增医疗机构床位8400张以上。全面落实方便群众就医的各项措施,深入推进公立医院综合改革,扩大县级医院改革试点。实现村卫生所药品零差率销售改革全覆盖。支持和规范社会资本举办医疗机构。实施基层中医药服务能力提升工程。推进疾病控制、卫生监督机构达标建设。开展幸福家庭促进活动，综合治理出生人口性别比偏高问题，提高出生人口素质，稳定低生育水平。

强化文化导向和引领作用。培育和践行社会主义核心价值观，增进群众性精神文明创建实效，把传统美德和时代新风渗透到乡规民约、祖训家教、庙会节庆等民俗文化载体中，融汇到网络媒体、移动终端、广播影视等现代文化媒介里，不断聚合社会主义文化繁荣发展正能量。持续实施文化惠民工程，深入开展全民阅读活动。培养文艺人才，引进和造就名家大师，打造精品力作。繁荣哲学社会科学。重视文物和非物质文化遗产的保护和传承。重点抓好文化产业重大项目建设，引进行业龙头，扶持骨干企业。增强全民健康素质，支持老体协开展活动，发展体育产业，提高竞技体育水平，备战第十二届全运会，筹备第八届城运会。

促进公共安全和社会和谐。健全社会稳定风险评估机制和应急处置机制，完善信访制度和"大调解"工作体系。推进社会管理创新工作试点，推行社区服务管理网格化，加强社区矫正。严格安全生产"一岗双责"，深入开展道路交通安全综合整治"三年行动"，继续打好"清剿火患"战役。推进"平安福建"建设，完善立体化社会治安防控体系，深化"打四黑、除四害"等专项行动。深入开展法制宣传教育。加强基层食品和药品安全体系建设，推动食品安全地方立法，有效治理"餐桌污染"。完善防灾减灾体系，提高自然灾害防御能力。充分发挥工会、共青团、妇联等人民团体和社会组织的桥梁纽带作用。落实民族政策，依法管理宗教事务。坚持军民融合式发展，深化"双拥"共建，强化国防教育、国防动员、国防后备力量和人民防空建设，做好爱民固边工作。

(五)着力提高城镇化质量

注重优化城镇布局。加快构建福州大都市区和厦漳泉大都市区，强化城市群内在联系和功能互补，支持福州加快马尾新城建设，推进厦门跨岛发展。增强中心城市辐射带动作用，加快泉州环湾城市建设，打造漳州"田园都市、生态之城"，推进莆田城乡一体化综合配套改革，支持三明生态工贸区建设，促进南平武夷新区绿色发展，支持龙岩建设闽粤赣边区域性中心城市，加快宁德环三都澳区域发展。实施"大城关"战略，大力发展县域经济，支持石狮开展全域城市化改革试点。充分发挥小城镇综合改革建设示范作用，加快培育中心镇、中心村。

精心抓好城乡建设。一是提升规划水平。组织编制城镇化发展规划，推动经济社会发展规划、城市总体规划、土地利用总体规划"三规融合"。强化规划执行效力，控制开发强度。二是提升承载能力。优先发展公共交通，加快城市、城际轨道交通建设，系统完善供水排水、防涝排涝、污水垃圾处理、地下管廊等基础设施，同步配套公共服务设施。新开工建设10万套、基本建成8万套保障性住房，切实抓好建设质量和配租配售；增加普通商品房供应，支持群众自住和改善性住房消费，促进房地产业平稳健康发展。三是提升运营效率。加强市容市貌、交通秩序、地下空间和流动人口的动态管理，建设数字化城市管理系统，促进城市管理服务科学化、精细化、智能化。四是提升文化品位。保护风景名胜、传统建筑、古树名木和历史文化名城名镇名街名村，挖掘地域文化特质，彰显现代文化气息，塑造城乡特色风貌。提高城市设计水平，集中力量打造提升鼓岭、鼓浪屿等城市名片。

全面推进"点线面"攻坚计划。各设区市要打造10个以上、各县市要打造3至5个完整社区，实施一批公路铁路沿线和小流域整治项目，全省建成绿道500公里以上，推动宜居社区、绿色廊道、生态水系连线成片。加大城市绿化美化花化彩化力度，所有设市城市达到国家或省级园林城市标准。推进城市中心区、重点地区、主要干道周边环境整治，抓好福州城市环境综合整治典型示范，实施"美丽乡村"建设行动。

创新城乡发展一体化体制机制。统筹安排户籍、土地、财税、住房、教育、医疗、社会保障等体制、政策、利益调整，有序推进农业转移人口市民化。稳妥推动基本公共服务从户籍人口向常住人口覆盖、从城市社区向小城镇和农村延伸，促进公共资源均衡配置。创新山海协作机制，总结推广宁德市与南平市合作建设"飞地港"的做法，支持山区与沿海共建产业园区。继续实施扶贫开发，加大对原中央苏区、革命老区、少数民族集聚区等欠发达地区的扶持力度。

(六)全面深化闽台合作

加快平潭综合实验区建设。着力推进分线管理监管方案、产业发展指导目录、企业所得税优惠目录等政策实施。加快建设公铁大桥等基础设施和口岸设施，开通平潭至台北海上新航线。加大电子信息、现代物流、海洋、旅游等绿色低碳产业培育力度。推动行政管理、社会管理、投融资等体制机制创新。围绕"五个共同"，探索"放地、放权、放利"的途径与措施，加强与台湾各界的合作，进一步形成开放开发的强劲势头。

密切经贸联系和文化交流。积极跟进两岸经济合作框架协议后续商谈，完善闽台产业合作搭桥机制，推进台商投资区和台湾农民创业园建设，大力引进台资龙头企业、先进技术和管理经验，支持台资企业转型升级。加快大陆对台贸易中心建设，争取在台湾设立福建商品展销中心，扩大对台贸易。精心办好第五届海峡论坛。发挥闽台宗亲、乡亲、姻亲、民间信仰的纽带作用，密切基层互动，推进乡镇对接，深化科技、教育、文化、人才等领域合作。

(七)持续拓展生态优势

加大节能减排力度。严格落实环保监管"一岗双责"和环保"三同时"制度，推进节能减排重点工程建设，实施脱硫脱硝并举、多污染物协同控制，加大烟粉尘治理力度，逐步扩大空气质量新标准监测与评价范围，抓好一批循环经济项目。

深化环境综合整治。进一步加强"六江两溪"重点流域整治，加快工业园区和重点乡镇污水处理设施建设，推进规模化畜禽养殖场全过程综合治理，加大石板材行业整治提升力度，建设水质自动监测网络，保障饮用水源安全。抓好重金属污染防治，加强化学品、危险废物、核与辐射环境监管。完善生态补偿机制，加大对保护生态环境有贡献地区的补偿力度。

构建绿色生态屏障。实施重大生态修复工程，保护生物多样性，整顿规范矿产资源开发秩序，治理“青山挂白”。推广长汀经验，积极利用工程措施治理崩岗，完成400万亩水土流失治理任务。持续推进“四绿”工程，完成造林绿化300万亩，抓好高速公路、铁路两侧及一重山的美化绿化，重点推进福银高速福州至南平段森林生态景观示范段建设，提高森林质量和生态功能。

四、致力建设服务型政府

坚持为民、务实、清廉，努力做到政府工作为人民服务、对人民负责、受人民监督、让人民满意。

思想要解放。坚持改革创新，勇于克服安于现状的自满心态，敢为人先，敢于担当，以逢山开路、遇河架桥的勇气，在先行先试上迈出实质性步伐。坚持求真务实，勇于克服因循守旧的思维定势，开动脑筋，大胆突破，以更加富有创造性、针对性、实效性的工作适应发展的新要求。坚持实干兴邦，勇于克服急功近利的短期思想，树立功成不必在我任的意识，多做打基础利长远惠民生的事，以滴水穿石、人一我十的精神推动科学发展、跨越发展。

职能要转变。深入推进政企、政资、政事、政社分开，充分发挥市场在资源配置中的基础性作用，做到政府工作不缺位不越位不错位。深化行政审批改革，切实解决放权不到位、取消不彻底、服务不配套的问题，提高行政服务标准化水平。有效落实和完善扶持企业的政策措施，开展优惠政策执行情况监督检查，防止政策悬空、资金沉淀、权力寻租，用优质到位的服务营造各类企业健康发展、企业家脱颖而出的乐园。

效能要提高。推行扁平化管理，缩短流程链条，简化办事程序。实行“一个窗口、一站式、一条龙”服务，强力推行“马上就办”，让企业和群众少跑路、少受累，提升群众的满意度和舒适度。推动机关效能建设向重点领域、关键岗位和基层窗口拓展，加强行政监察，强化效能督查，完善绩效评估，严格行政问责，加大治庸治懒治散治奢力度，确保政令畅通。

政风要清廉。扎实开展党的群众路线教育实践活动，全面落实改进工作作风、密切联系群众各项规定。反对官僚主义，当好人民公仆；反对自由主义，严守政治纪律；反对形式主义，坚持脚踏实地；反对党八股，改进文风会风；反对铺张浪费，勤俭办一切事业；反对腐化堕落，管好自己不出事、管好家人不添乱、管好下属不掉队，弘扬新风正气，切实加强公务员队伍建设。

各位代表，党的十八大指引我们踏上新的历史征程，让我们紧密团结在以习近平同志为总书记的党中央周围，在中共福建省委的领导下，紧紧依靠全省人民，凝心聚力，开拓进取，为全面建成小康社会、加快建设更加优美更加和谐更加幸福的福建而努力奋斗！

编辑：郑　菜

2012年闽台关系十大新闻

一、福建出台《关于进一步促进台资企业发展的若干意见》。1月15日，福建省政府出台《关于进一步促进台资企业发展的若干意见》，支持台资企业转型升级，加快发展。

二、国务院批准设立福建泉州、漳州台商投资区。1月21日、2月2日，国务院分别批复设立福建省泉州、漳州台商投资区。至此，福建省的国家级台商投资区达到6个。

三、《平潭综合实验区总体发展规划》新闻发布会在京举行。2月14日，国务院新闻办在北京举行《平潭综合实验区总体发展规划》新闻发布会，福建省省长苏树林向海内外介绍《规划》并推介平潭开放开发。

四、苏树林省长率团赴台参访。3月24日至28日，苏树林省长率闽台合作交流团，以“叙乡情·话合作·促双赢”为主题赴台参访。

五、“海峡两岸记者海西行”在闽举行。5月13日至21日，国台办和全国新协联合主办的“海峡两岸记者海西行”联合采访活动首次在福建举行，两岸近40家新闻媒体对海峡西岸经济区建设深入采访报道。

六、首届海峡两岸婚姻家庭论坛在福建举行。6月17日，第四届海峡论坛期间，首届海峡两岸婚姻家庭论坛在福建厦门举行。两岸婚姻家庭代表围绕“关怀两岸婚姻、共建美好家园”主题开展交流，

七、厦门金门海缆建成运营，长乐淡水海缆开始铺设。8月21日，海峡两岸首条通信光缆——厦门至金门海底光缆建成，9月底正式投入运营；11月6日，福州长乐至台湾淡水海底光缆开工铺设。海峡两岸经由第三方通信的历史结束。

八、谢长廷回福建东山祭祖。10月4日，台湾维新基金会董事长谢长廷夫妇一行回到祖籍地福建省漳州市东山县铜砵村祭祖。

九、福建文化宝岛校园行在台北启动。11月1日，福建省文化厅主办的“福建文化宝岛校园行”在台北启动，计划五年时间走入台湾100所院校巡回演出。

十、福建打造海峡蓝色经济试验区。11月1日，《福建海峡蓝色经济试验区发展规划》获得国务院批准。福建将突出两岸合作，发展海洋经济。

大事记

1月

1日 福建省公安科技中心在福州落成。

3日 中国爱国拥军促进会和福建省政府在宁德市三都岛联合举行“爱国拥军·情系边关”系列活动。

5日 福州海峡创意产业园项目正式启动。

6日 由省京剧院创作演出的《北风紧》剧目，当选“2009—2010年国家舞台艺术精品工程”15台重点资助剧目之一。这是福建省第三部荣膺“国家精品”称号的舞台艺术精品。

8日 第五届全球闽南语歌曲创作演唱大赛总决赛暨颁奖晚会在厦门举行。

9日 福建省教育考试院正式成立。

福建省文化企业协会在福州成立。

福建非物质文化遗产进三坊七巷活动启动仪式在福州举行。

10日 省政协十届五次会议在福州开幕。

12日 省十一届人大六次会议在福州开幕。

13日 福州港江阴港区正式获国务院批准，成为福建省唯一的汽车整车进口口岸，是我国第六个能够办理整车进口的沿海口岸。

18日 福建省第三届“我最喜爱的十大人民警察”评选结果揭晓。

21日 国务院办公厅发文，正式批复设立泉州台商投资区。

国务院办公厅发文，正式批复设立漳州台商投资区。

30日 泉州市民营企业“二次创业”大会在泉州召开。

2月

1日 经修订的《福建省实施〈中华人民共和国残疾人保障法〉办法》正式施行。

2日 福建省人民政府与工业和信息化部在福州签订推进福建工业和信息化发展战略合作协议。

全省环境保护大会在福州召开。

省长苏树林在福州会见德国巴斯夫公司副董事长薄睦乐。

4日 福建省人民政府与中国农业发展银行在泉州签订战略合作框架协议。

第三届中华梦乡福清石竹山梦文化节在福清举行。

省长苏树林在福州会见毕马威（中国）主席姚建华。

8日 全国中医医政工作会议在厦门召开。

9日 全国检察改革推进会暨经验交流会在福州召开。

全国发展改革系统应对气候变化工作会议在厦门召开。

10日 福建省第九届社会科学优秀成果表彰大会在福州召开。

11日 首届海峡两岸文学创作网络大赛颁奖典礼暨数字时代文学创作与阅读高峰论坛在福州举行。

13日 贯彻落实平潭综合实验区总体发展规划座谈会在北京人民大会堂举行。

省公务员局会同有关部门联合出台支持留学人员回国创业政策，首次设立留学人员创业启动资金。

14日 国家科学技术奖励大会在北京隆重举行。福建省有7项成果获得国家科学技术奖，其中特等奖、一等奖各1项，二等奖5项。

全国群众体育工作会议在福州开幕。

全国减灾救灾工作会议在厦门召开。

15—18日 国务委员、公安部部长孟建柱在福建调研。

15—19日 省长苏树林率团访问美国。

16日 首届ECFA时代海峡两岸金融教育论坛在福州召开。

17日 中共中央宣传部、文化部、国家广播电影电视总局、新闻出版总署通报表彰文化体制改革工作先进地区。福建省福州市、厦门市、莆田市获表彰。

福建省与北京、天津、内蒙古、辽宁、安徽、湖南、重庆、云南、甘肃、贵州、四川、吉林、黑龙江、江苏、浙江、江西、广东、青海、新疆等19个省、自治区、直辖市实现交通违法信息共享。

18日 省统计局和厦门市统计局联合在厦门举行“企业一套表”联网直报开通仪式，标志福建省“企业一套表”统计调查制度开始全面实施。

19日 福建南少林文化研究促进会在福州成立。

20日 戴尔公司在厦门设立全球首家戴尔供应链研究院。

省巾帼志愿者协会与台湾中华生产党妇女部在福州签订友好合作框架协议。

21日 福建省人民政府与国家知识产权局在福州举行第三次合作会商会议，共同决定将2月21日确定为福建省知识产权日。

国家知识产权局专利代理人考核委员会办公室在福州举行代理人资格证书颁发仪式，为首次参加全国专利代理人资格考试成绩合格的

17名台湾居民颁发专利代理人资格证书。

21日 全国质检系统计量工作会议暨能源计量经验交流会在福州召开。

22日 福建省人民政府与中国建设银行在福州签订建设海峡西岸经济区金融战略合作协议。

23日 全国渔业安全生产暨平安渔业示范县创建工作会议在莆田召开。福建省首批100个技能大师工作室成立。

24日 全省水土保持工作视频会议在福州召开。

25日 福建省军区成立80周年纪念大会在福州隆重举行。

省委书记孙春兰在福州会见中国侨联主席林军。

福建海峡文化产权交易所在福州三坊七巷揭牌。

27日 福建省福州市、厦门市、泉州市等18个市县获全国双拥模范城(县)称号。

28日 福建省人民政府与卫生部在北京签订共同促进海峡西岸经济区卫生事业发展合作协议。

29日 全国经济综合竞争力研究中心在京发布的《"十一五"期间中国省域经济综合竞争力发展报告》蓝皮书显示,福建省域经济综合竞争力排名位居全国第九,其中政府发展经济竞争力全国第一。

全国物品编码工作会议在福州召开。

南方水土保持研究院在福建农林大学揭牌。

3月

1日 福建戴姆勒作为戴姆勒集团在亚洲及大洋洲唯一的商务车生产基地,宣布正式更名为福建奔驰。

2日 国务院批准同意龙岩经济开发区升级为国家级经济技术开发区,定名为龙岩经济技术开发区。

4日 "福建省百万志愿者学雷锋十大行动"在福州启动。

9日 福建农村信用社(农商银行)成立60周年表彰会议在福州召开。

17日 中国治理荒漠化基金·公益事业品牌福建运营中心在福州成立。

19日 全国原材料工业座谈会在厦门召开。

中共福建省委党校地方治理研究中心成立。

20日 首批赴平潭综合实验区挂职干部培训动员会在福州举行。

21日 省委书记孙春兰在福州会见民政部部长李立国。

省长苏树林在福州会见国家人口计生委主任王侠。

福州、莆田、宁德三市市长在福州共同签署《构建福州大都市区、推进福莆宁同城化发展框架协议》。

省电子保健行业协会在福安市成立。

福建环保世纪行组委会会议暨表彰大会在福州召开。

22日 福建省人民政府与科技部2012年部省工作会商会议暨新一轮会商合作议定书签字仪式在福州举行。

第三届全国科技发展战略研究联席会议在福州市召开。

国家免费孕前优生项目全面推进工作会议在福州召开。

福建省农业领域首个国家级工程技术研究中心——国家菌草工程技术研究中心在福建农林大学启动建设。

23日 省长苏树林在福州会见民政部部长李立国。

24日 省长苏树林率福建省闽台合作交流团从福州启程,赴台湾开展为期5天以"乡情之旅"为主题的经贸文化交流活动。

29日 省十一届人大常委会第二十九次会议表决通过《福建省促进茶产业发展条例》。这是全国首个关于茶产业发展的地方性法规。

30日 省长苏树林在福州会见韩国SK集团会长崔泰源。

31日 由中国矿业联合会主办、紫金矿业承办的第六届探矿者年会在厦门开幕。

4月

1日 福建省全面实施《婚姻登记服务规范》。这是全国第一个婚姻登记服务地方标准。

2—3日 中共中央政治局常委、国务院总理温家宝莅闽考察。

13日 福建省人民政府与中国航空工业集团公司在福州签订战略合作协议。

国家环保部生态司等相关部门在长汀召开支持长汀水土流失治理工作具体措施落实方案现场会。

妈祖诞辰1052周年纪念庆典活动在湄洲妈祖祖庙隆重举行。

16日 省委书记孙春兰、省长苏树林在福州会见中国华能集团总经理曹培玺。

17日 省委书记孙春兰、省长苏树林在福州会见中国联通集团公司总经理陆益民。

18日 由福建省人民政府主办的"投资福建"推介会在北京举行。

19日 "人教数字校园"福建试点工作启动暨实验试点学校颁牌仪式在福州举行。

20日 全国公安机关"清网行动"先进事迹报告会在福州举行。

21日 福建省人民政府与国家电网公司在福州签订战略合作协议。

23日 福建省人民政府与中国航天科工集团公司在福州签署战略合作框架协议。

省委书记孙春兰在福州会见中央编办主任王东明。

省长苏树林在福州会见台湾东元集团会长、台湾工商协进会荣誉理事长黄茂雄先生率领的台湾工商协进会及日本青友会考察团一行。

24日 省委书记孙春兰、省长苏树林在福州会见国家统计局局长马建堂。

省长苏树林在福州会见中兴通讯股份有限公司董事长侯为贵。

福建省人民政府办公厅下发《关于进一步落实扶持小型微型企业发展政策措施的意见》。

25日 省长苏树林在福州会见中国电力建设集团总经理马宗林。

26日 省委书记孙春兰、省长苏树林在福州会见武警部队司令员王建平。

省委书记孙春兰在福州会见印

尼AG集团总裁郭说锋。

省政府召开全省五大战役工作汇报会。

27日 福建省人民政府与国家开发银行在福州举行共同推进海峡西岸经济区建设、深化开发性金融合作座谈会暨签约仪式。

省委书记孙春兰、省长苏树林在福州会见财政部部长谢旭人。

国家知识产权局发布首批国家知识产权示范城市名单，全国共有23个城市入选，福建省福州、泉州位列其中。

28日 中国共产党福建省第九届委员会第四次全体会议在福州召开。

30日 2012中国工艺美术百花奖评选在莆田工艺美术城揭晓，共评出金奖作品240件，银奖作品307件，铜奖作品343件。

5月

5日 南下服务团纪念碑落成仪式在福州南江滨公园举行。

由省委宣传部、省委外宣办和省旅游局联合主办的“市长带你游”活动启动仪式在泰宁县举行。

6日 福建省纪念中国共青团成立90周年暨青联学联换届大会在福州召开。

9日 由山西省省长王君率领的山西省党政代表团来闽考察。

福建省人民政府与中国邮政集团公司在福州签署战略合作协议。

由福建省文化改革发展工作领导小组主办的“闽港文化产业合作推介洽谈会”在香港举行。

10日 福建省人民政府与中国进出口银行签订深化落实战略合作协议备忘录。

山西·福建经贸合作推介会在福州召开。

15—17日 由广西壮族自治区党委书记郭声琨、自治区主席马飚率领的广西壮族自治区党政代表团在福建考察。

16日 省委书记孙春兰、省长苏树林在厦门会见来闽出席总结推广长汀水土流失治理经验座谈会的水利部部长陈雷。

17日 省委书记孙春兰在福州会见国家行政学院党委书记、常务副院长李建华。

水利部在长汀召开总结推广长汀水土流失治理经验座谈会。

18日 第十四届海峡两岸经贸交易会、第九届中国福建商品交易会在福州海峡国际会展中心隆重开幕。

21日 福建省人民政府与中国中信集团有限公司在福州签订战略合作协议。

22日 福建省海洋文化中心在福州成立。

25日 省委书记孙春兰在福州会见国家海洋局局长刘赐贵。

福建省首个幼儿教育发展基金在厦门市教育基金会设立。

31日 省十一届人大常委会第三十次会议表决通过《福建省学校安全管理条例》。

“金龙智慧校车”宣传推广活动福建省启动仪式在福州举行。

6月

1日 中国共产党福建省代表会议在福州隆重召开。

2日 省长苏树林在厦门会见来访的塔吉克斯坦共和国总统埃莫马利·拉赫蒙一行，并共同出席福建省与塔吉克斯坦共和国索格特州建立友好省州关系协议书签字仪式。

8日 省委书记孙春兰、省长苏树林在莆田会见国家信访局局长王学军。

10日 2012两岸三地智库论坛在福州举行。

12日 省委书记孙春兰、省长苏树林在福州会见“践行福建精神”十大人物、十大人物提名奖、特别荣誉奖获得者。

13日 省委书记孙春兰在福州会见日本驻华大使丹羽宇一郎。

14—17日 中共中央政治局常委、全国政协主席贾庆林莅闽考察。

15日 厦门市海沧区人民法院涉台法庭挂牌成立。这是全国第一个专门的涉台派出法庭。

第十届海峡青年论坛开幕式暨十周年纪念活动在厦门举行。

16日 第四届海峡论坛在福建厦门开幕。

纪念郑成功收复台湾350周年大会暨第四届郑成功文化节开幕式在厦门举行。

17日 第九届全国网络媒体“海峡西岸行”大型采访活动在福州启动。

第二届海峡两岸红十字博爱论坛在厦门举行。

18日 第十届中国·海峡项目成果交易会在福州海峡国际会展中心开幕。

中国文联党组书记赵实来闽调研文联工作。

中国地质调查局台湾海峡地质研究中心、中国地质科学院海西分院和海西博士后科研工作站在福州揭牌。

首届共同家园论坛在平潭举行。

海西经济区闽江、九龙江等流域生态环境安全与可持续发展研究课题座谈会在福州举行。

19日 中日医学论坛暨合作签约仪式在福州举行。

海西创意产业发展论坛在福州举行。

数字福建·宽带工程在福州启动。

20日 全国市县党委领导班子内部制度建设交流推进现场会在福州召开。

25日 福建省人民政府与中国民生银行股份有限公司在福州签订战略合作协议。

27日 全省创先争优表彰大会在福州隆重举行。

福建省人民政府与招商局集团在福州签署深化战略合作框架协议。

28日 平潭综合实验区行政服务中心、招投标交易中心、国库支付中心挂牌投用。

以“书写城市历史·记录城市进程·见证城市精神”为主题的“这五年，彭州十大影响力事件”公布，福建援建入选。

29日 纪念福建省苏维埃政府成立80周年大会在龙岩长汀举行。

龙厦铁路开通运营暨动车组首发仪式在龙岩举行。

31日 福建省庆祝建军85周年暨2012年“八一”军政座谈会在福州举行。

7月

1日 《福建省资格考试收费管理办法》正式执行。

1—4日 省长苏树林率领福建省代表团访问香港、澳门。

5日 新四军赤石暴动胜利70周年纪念活动在武夷山市举行。

6日 “庆祝中国人民解放军建军85周年·共和国将军走进海西大型书画展”活动在福建博物院开幕。

第四届全国少数民族文艺会演评奖结果揭晓。福建省代表团参演歌舞剧《海歌山魂凤凰情》获创作金奖,同时获最佳节目奖、最佳演员奖、最佳舞美奖、最佳新人奖等7个单项奖。

9日 全省流域治理暨重点水利工程建设工作会在永春召开。

10日 省委书记孙春兰、省长苏树林在福州会见国家电监会主席吴新雄。

福建省互联协会召开新闻发布会,发布《2011年度福建省互联网发展报告》。

12日 福建省召开综合治理出生人口性别比偏高暨重点治理年工作视频会议。

12—14日 省长苏树林率省直有关部门负责人和部分设区市、平潭综合实验区主要领导,在深圳学习考察。

13日 福建省珠三角民营企业产业项目洽谈会暨签约仪式在深圳举行。

宁夏·福建推介座谈会在福州召开。

15日 福建省生态建设促进会在福州成立。

17日 省委书记孙春兰在福州会见清华大学党委书记胡和平。

福建省农村专业技术协会在福州成立。

18日 福建省人民政府与国家林业局在福州签订合作推进林业改革与发展框架协议。

福建省小水电行业协会在福州成立。

20日 古田生态文明建设教育基地在上杭揭牌。

海峡两岸无线电工作委员会成立大会在福州举行。

21日 全国林业厅局长会议在龙岩长汀召开。

税务会计师专业资格全国统一考试首次在福建开考。

第十一届海峡两岸大学生辩论赛在福州举行。

25日 东南国际航运中心、生物医药产业园区暨海沧新城四百亿工程在厦门海沧开工。

福建被国务院列入营业税改征增值税试点省份。

厦门高崎国际机场和国际邮轮中心分别获得“国际卫生机场”和“国际卫生港口”称号。

27日 福建省人民政府与中国电力建设集团有限公司在福州签订战略合作协议。

省委书记孙春兰在福州会见复旦大学党委书记朱之文。

28日 福建省能源规划研究中心成立。

29日 福建LNG总体项目二期工程暨海西宁德工业区储备油库项目开工仪式在宁德举行。

30日 中国工商银行福建省分行新一代“工银随军银行保障车”在福州投入使用。

8月

1日 海峡终身教育学院在福州揭牌。

3日 南亚塑胶工业股份有限公司的“南亚”、宜兰食品工业股份有限公司的“旺旺”等15件台湾商标被厦门市工商局认定为厦门市著名商标。这是台湾商标首次被大陆城市纳入著名商标认定。

6日 中共福建省委九届五次全会在福州召开。

6—8日 由甘肃省委书记王三运、省长刘伟平率领的甘肃省党政代表团来闽考察。

8日 厦门市·临夏回族自治州深化东西协作和对口交流工作座谈会暨签约仪式在厦门举行。

10日 福建省人民政府与复旦大学在福州签订战略合作协议。

福建省在连江县黄岐湾首次增殖放流濒临枯绝的泥东风螺。

11日 全省小城镇综合改革建设试点工作现场会在莆田召开。

13日 海峡西岸经济区语言文字使用情况调查汇报会在福州召开。

15日 福建省2012首届中国创新创业大赛培训会在福州举行。

16日 省委书记孙春兰、省长苏树林在福州会见神华集团董事长、党组书记张喜武。

17日 福建省人民政府与中国建筑工程总公司在福州签订战略合作框架协议。

福建省无线电管理机动大队在福州成立。

18日 第十届海峡法学论坛在福州举办。

20日 全省高校领导干部办学治校能力专题研讨会在福州举行。

福建省(海西)卫星导航产业技术创新战略联盟成立。

21日 福建省药品安全投诉举报电话12331开通。

《方志敏全集》在武夷山市首发。

23日 朱子学与文化建设学术研讨会暨2012年朱子之路研习营在福州举行。

23—25日 福建省党政代表团在四川省学习考察。

24日 全国盲人阅读推广委员会福建分会在福州成立。

26日 第四届海峡媒体峰会在福州开幕。

27日 福建省政协委员爱心捐赠专项资金助学金发放仪式在福州举行。

第二届中国城市公益慈善指数发布。福州、厦门获评七星级慈善城市，泉州、石狮获评六星级，三明、南安获评五星级。

28日 福州居民赴台湾个人游正式启动。福建省厦门、福州、泉州、龙岩四市进入“2011—2012中国外贸百强城市”名单。

29日 福建省实施文化产业“310行动”计划授牌仪式暨工作推动会在福州召开。

30日 省委书记孙春兰、省长苏树林在福州会见南航集团党组书记兼南航股份公司总经理谭万庚。

全国工商联在京发布2012中国民营企业500强榜单，福建省的恒安集团有限公司、中国龙工控股有限公司、福耀玻璃工业集团股份有限公司、冠城大通股份有限公司4家民营企业上榜。

31日 第三十届奥运会福建省表彰大会在福州举行。

“同心·海西春雨光彩助学助教”捐助仪式在福州举行。

平潭综合实验区国家金库挂牌成立。

9月

3日 省侨商联合会成立大会在福州召开。

4日 省长苏树林在福州会见戴尔公司总裁兼首席商务官史蒂夫·菲力斯。

省委宣传部建立福建省重大文艺创作项目库。

电视宣传片《中国平潭岛》在平潭举行首发仪式。

5日 福建省第三届杰出人民教师表彰暨教师节庆祝大会在福州举行。

6日 第八届海峡旅游博览会在厦门国际会展中心开幕。

“投资福建”信息产业项目对接洽谈会在福州举行。

7日 首届中国国际茶产业投资展览会在厦门举行。

第三届闽商论坛在厦门国际会议中心举行。

两岸出资共建的海峡现代农业研究院在厦门科技创新园动工。

7—9日 国务委员兼国务院秘书长马凯在福建考察。

8日 第十六届中国国际投资贸易洽谈会在厦门国际会展中心开幕。

2012国际投资论坛在厦门国际会展中心举行。

全国政协副主席、科技部部长万钢在厦门调研。

联合国工业发展组织“促进福建省绿色工业发展”项目在厦门国际会展中心正式启动。

第七届两岸经贸合作与发展论坛在厦门举行。

10日 省长苏树林在福州会见美国空气化工产品有限公司董事长、总裁兼首席执行官约翰·麦格拉德。

11日 “中国世界遗产地保护与管理”项目启动仪式在武夷山举行。

12日 福建省人民政府与中国航天科技集团在福州签订战略合作框架协议。

13日 福建省首届“激情广场”歌咏比赛在福州温泉公园开幕。

长汀水土保持院士专家工作站成立。

14日 《福建省重大节假日免收小型客车通行费实施方案》发布施行。

全国首家央企投资协会——厦门市中央直属企业投资协会成立。

15日 2012海峡（福州）渔业周暨第七届海峡（福州）渔业博览会在福州举行。

中国—东盟渔业投资与贸易洽谈会在福州召开。

17日 省长苏树林在福州会见通用电气公司全球副总裁、大中华区总裁夏智诚。

首届福州论坛在福州海峡国际会展中心举行。

17—23日 福建省开展主题为“慈善人间，八闽五教同行”宗教慈善周活动。

18日 福建省人民政府与中国铁建股份有限公司在福建签订战略合作框架协议。

首批30家农产品生产企业在福州签定农产品质量安全承诺书，标志着福建省农产品质量安全承诺制正式启动。

19日 由福建省广播影视集团等主办、福建海峡电视台承办的“海峡梨园情”2012中秋京昆交响音乐会在北京梅兰芳大剧院上演。

20日 国际海运（中国）年会在厦门开幕。

21日 中央台办、国务院台办在永定县湖坑土楼景区举行海峡两岸交流基地授牌仪式。永定县成为全国第17个、福建省第5个两岸交流基地。

2012客户联络中心与服务外包国际峰会暨中国最佳客户联络中心与CRM颁奖典礼在宁德举行。

21—24日 中共中央政治局委员、中央政法委副书记王乐泉在福建调研。

22日 福建省2012年社会科学普及宣传周在福州启动。

24日 省委书记孙春兰、省长苏树林在福州会见全国人大常委会副委员长桑国卫。

省委书记孙春兰、省长苏树林在福州会见台湾统一企业集团总裁、闽台经济合作促进委员会副主任林苍生。

25日 2012年度福建企业100强评价结果揭晓。厦门建发股份有限公司蝉联榜首。

闽台（福州）蓝色经济产业园在福清启动建设。

26日 福建省人民政府与中粮集团有限公司在福州签订战略合作框架协议。

27日 福建省人民政府与中国普天信息产业集团公司在福州签订战略合作协议。

省长苏树林在福州会见台塑集团总裁王文渊。

省委书记孙春兰、省长苏树林在福州会见载誉归来的参加第十四届伦敦残奥会的福建省全体运动员、教练员和工作人员。在第十四届伦敦残奥会上，福建省获得3金1银2铜的优异成绩。

全国国土资源系统财务工作会议在福州召开。

28日 福建省人民政府与中国港中旅集团公司在福州签订战略合作框架协议。

闽江北水南调（平潭引水）工程

和罗源霍口大型水库同时动工。

福建省第六届"书香八闽"全民读书月暨第七届福州读书月活动在福建博物院启动。

全省非公有制经济组织创先争优活动总结表彰暨贯彻全省基层党建工作机制建设推进会精神大会在福州召开。

29日 福建省2012年"敬老月"活动在福州启动。

30日 "福州月·中华情"2012年中央电视台中秋晚会在福州举办。

10月

1日 《福建省节约能源条例》正式施行。

4日 厦门至澎湖包机直航正式启动。

8日 世界闽籍侨领峰会暨《闽声》杂志创刊大会在福州举行。

由省委宣传部和新华社福建分社联合主办的"海西新跨越——福建科学发展铸辉煌"大型图片展在福州开幕。

9日 福建省人民政府与中国医药集团总公司在福州签订项目合作协议。

10日 第三届中国茶都安溪国际茶业博览会在安溪举行。

11日 福建省人民政府与中国交通建设集团有限公司在福州签订项目合作协议。

全国农超对接现场会在福州召开。

海峡两岸文化发展协同创新中心在福州揭牌。

世界茉莉花茶文化鼓岭论坛在福州鼓岭举行。会上,国际茶叶委员会授予福州茉莉花茶"世界名茶"荣誉。

12日 由中国人民解放军总政治部援建的"丰碑·军魂"主题雕塑落成揭幕仪式在龙岩市古田会议纪念馆前的广场举行。

13日 第十二届全国"五个一工程"福建省颁奖晚会在福州举行。

第一届中国·闽侯根雕艺术博览会在闽侯上街根雕展示交易中心开幕。

14日 福建省人民政府与教育部在福州签署共建福州大学协议。

15日 省委书记孙春兰、省长苏树林在福州会见武警部队政委许耀元。

福建省版权协会成立暨第一次会员代表大会在福州召开。

16日 以南平市延平区人民法院少年审判庭庭长詹红荔同志为原型的电影《南平红荔》首映式在北京人民大会堂举行。

由中国石化赞助、卫生部等组织的2012年健康快车——中国石化龙岩光明行活动开诊仪式在龙岩举行。

17日 福建社区信息化平台开通仪式在福州举行。

省委书记孙春兰、省长苏树林在福州会见商务部部长陈德铭。

19日 纪念林祥谦烈士诞辰120周年座谈会在闽侯县召开。

20日 第二届海峡儿童阅读论坛在福州举行。

21日 省长苏树林在福州会见神华集团董事长张喜武。

省长苏树林在福州会见中国石油化工集团公司总经理王天普。

22日 由文化部与福建省政府共同举办的"永远的辉煌"第十四届中国老年合唱节在福建大剧院开幕。

宁夏回族自治区党委书记张毅率团来福建考察。

23日 福建省在南非首都约翰内斯堡举办"海西新风采 福建新跨越"图片展。

25日 第九届中医药高等教育校长论坛在福州举行。

26日 第五届海峡两岸(厦门)文化产业博览交易会在厦门国际会展中心举行。

27日 由厦门大学国家传染病诊断试剂与疫苗工程技术研究中心研制、厦门万泰沧海生物技术有限公司实现产业转化的世界上第一支戊型肝炎疫苗"益可宁"在厦门正式上市。

第十七届世界华文文学国际学术研讨会暨中国世界华文文学学会成立10周年、世界华文文学学科建设30周年纪念大会在福州召开。

29日 省委书记孙春兰、省长苏树林在福州会见招商银行总行行长马蔚华。

福建省人民政府与海关总署在福州签署备忘录。

30日 《福州海关厦门海关执法统一协作机制备忘录》在福州签署。

31日 福建省人民政府与文化部、国家文物局在北京签署《进一步加快推进海峡西岸经济区文化发展合作协议》。

2012年中国·福建海外人才创业周在福州启动。

11月

1日 国务院批准《福建海峡蓝色经济试验区发展规划》。

营业税改征增值税试点在福建省正式启动。

福建省水利风景区协会成立大会在莆田召开。

2日 第五届中国(厦门)国际游艇展览会在厦门五缘湾游艇帆船港开幕。

2012年厦门国际海洋论坛在厦门召开。

6日 第八届海峡两岸林业博览会暨投资贸易洽谈会在三明举行。

7日 第三届海峡两岸机械产业博览会在龙岩开幕。

9日 第十三届中国国际石材博览会在南安市开幕。

首届中国(惠安)国际雕刻艺术品博览会在惠安县开幕。

10日 2012泉州陶瓷文化生态旅游节在德化举行。

17日 2012年武夷山(大红袍)国际禅茶文化节在武夷山开幕。

18日 环福州·永泰国际公路自行车赛正式开赛。

第四届海峡两岸现代农业博览会·第十四届海峡两岸花卉博览会在漳州开幕。

19日 中共福建省委下发《关于认真学习宣传贯彻党的十八大精神的通知》。

省长苏树林在厦门会见中国中

化集团公司总裁刘德树。

海峡两岸石油天然气资源学术研讨会在厦门召开。

20日 世界客属第二十五届恳亲大会在三明开幕。

省长苏树林在三明会见中共中央台湾工作办公室、国务院台湾事务办公室主任王毅。

21日 福建省委召开全委(扩大)会议,中央政治局委员孙春兰主持会议并作重要讲话。

中央组织部副部长王秦丰出席会议并宣布中央决定:孙春兰同志不再兼任福建省委书记、常委、委员职务。

23日 第六届中国医院院长年会在厦门开幕。

首届海峡两岸(福州)大学生创业创新大赛启动。

24日 第七届世界福建同乡恳亲大会在新加坡举行。

福建省人民政府与教育部在福州签署共建福建师范大学协议。

第五届和谐海峡论坛在武夷山市召开。

24—12月2日 全国人大常委会副委员长、中华全国总工会主席王兆国在福建考察。

25日 福建游艇产业协同创新联盟在福州成立。

27日 首届中国国际创意经济合作大会暨第八届世界多媒体与互联网峰会在福州开幕。

28日 第三届福州国际温泉旅游节在连江开幕。

12月

1日 第四届福建省曲艺节优秀节目观摩演出在福州大戏院开幕。

第三届海峡两岸船政文化研讨会在福州开幕。

集美大学举行第五届校董会第一次全体会议。省长、校董会主席苏树林出席会议并讲话。

华侨大学第六届校董会第二次会议暨侨捐典礼在泉州举行。

4日 闽侯将军希望小学命名授牌仪式举行。

5日 “福建木偶戏传承人培养计划”入选联合国教科文组织保护非物质文化遗产优秀实践名册。

6日 纪念邓六金同志诞辰100周年座谈会在龙岩上杭县举行。

数字福建·中国(福州)智慧城市高峰论坛在福州举行。

福建省木雕古典家具产品质检中心在仙游揭牌。

7日 《中国县域发展:晋江经验》首发座谈会在晋江举行。

全省首家APEC商务协会——泉州市APEC商务协会在晋江成立。

8日 第五届福建艺术节在龙岩人民会堂隆重开幕。

中国经济50人论坛·海峡两岸金融峰会在厦门举行。

第四届海峡两岸(泉港)石化产业发展论坛和海峡两岸(泉港)石化产业对接会在泉州泉港区召开。

海西新型显示器件与集成协同创新中心在福州揭牌。

9日 永安市入选全国首批15个森林经营样板基地名单。

10日 省长苏树林在福州会见民政部部长李立国。

福建师范大学董事会成立大会暨第一届校董会第一次会议在福州举行。省长、校董会主席苏树林出席会议并讲话。

福建省人民调解员协会在福州成立。

福建省酒类流通协会在福州成立。

11日 全国社区建设经验交流会在福州召开。

12日 第三届中国海西稀土产业技术成果对接会在长汀召开。

海峡两岸婚姻家庭服务中心在厦门揭牌成立。

14日 由中国画学会、省文化厅、台湾美术院主办的《河山新貌 盛世丹青——两岸画家画福建名家作品展》在福州举行。

海峡两岸戏曲学术研讨会在福建师范大学音乐学院举行。

海峡汽车城计量综合服务联盟在福州成立。

15日 第二届海峡金融文化节暨海峡两岸金融峰会在福建会堂举行。

第二届“闽声在网”2012福建全省互联网大会在厦门举行。

第三届福建省青少年发展论坛在福州举行。

17日 第二届中国爱心城市大会在晋江市开幕。

国内首个县级博士协会在晋江成立。

18日 12316农业服务热线网络系统建设项目通过专家验收。

福建省首届生态文化高峰论坛在福州举行。

19日 福建省召开领导干部大会,中央组织部副部长张纪南出席会议并宣布中央决定:尤权同志任福建省委委员、常委、书记。

20日 省委书记尤权、省长苏树林在福州会见监察部部长、国家预防腐败局局长马馼。

福建12333社保服务平台正式运行。

沈括国际研究及示范中心在厦门成立。

“全国海洋意识教育基地”在省海洋文化中心揭牌。

21日 清源山国家5A级旅游景区揭牌。

国家LED产品质检中心联盟在厦门成立。

22日 海西高端装备制造协同创新中心在福州揭牌成立。

23日 福建省人民政府与中国平安保险(集团)股份有限公司在福州签署合作协议。

25日 《福建省泉州市金融服务实体经济综合改革试验区总体方案》获国务院批准。

27日 中共福建省委九届六次全会在福州召开。

28日 中华妈祖网正式开通。

编辑:王文灿

省情概况

自然概貌

【地理】 福建位于我国东南沿海，东隔台湾海峡与台湾省相望。陆地平面形状似一斜长方形，东西最大间距约480千米，南北最大间距约530千米。全省大部分属中亚热带，闽东南部分地区属南亚热带。全省土地总面积12.4万平方千米，海域面积13.6万平方千米。

境内峰岭耸峙，丘陵连绵，河谷、盆地穿插其间，山地、丘陵占全省总面积的80%以上。地势总体上西北高东南低，横断面略呈马鞍形。因受新华夏构造的控制，在西部和中部形成北(北)东向斜贯全省的闽西大山带和闽中大山带。两大山带之间为互不贯通的河谷、盆地，东部沿海为丘陵、台地和滨海平原。

闽西大山带以武夷山脉为主体，长约530千米，宽度不一，最宽处达百余千米。北段以中低山为主，海拔大都在1200米以上；南段以低山丘陵为主，海拔一般为600—1000米。位于闽赣边界的主峰黄岗山海拔2158米，是我国大陆东南部的最高峰。整个山带，尤其是北段，山体两坡明显不对称：西坡陡，多断崖；东坡缓，层状地貌发育。山间盆地和河谷盆地中有红色砂岩和石灰岩分布，构成瑰丽的丹霞地貌和独特的喀斯特地貌景观。

闽中大山带由鹫峰山、戴云山、博平岭等山脉构成，长约550千米，以中低山为主。北段鹫峰山长百余千米，宽60—100千米，平均海拔1000米以上；中段戴云山为山带的主体，长约300千米，宽60—180千米，海拔1200米以上的山峰连绵不绝，主峰戴云山海拔1856米；南段博平岭长约150千米，宽40—80千米，以低山丘陵为主，一般海拔700—900米。整个山带两坡不对称：西坡较陡，多断崖；东坡较缓，层状地貌较发育。山地中有许多山间盆地。

东部沿海海拔一般在500米以下。闽江口以北以花岗岩高丘陵为主，多直逼海岸。戴云山、博平岭东延余脉遍布花岗岩丘陵。福清至诏安沿海广泛分布红土台地。滨海平原多为河口冲积海积平原，这些平原面积不大，且为丘陵所分割，呈不连续状。闽东南沿海和海坛岛等岛屿风积地貌发育。

陆地海岸线长达3751.5千米，以侵蚀海岸为主，堆积海岸为次，岸线十分曲折。潮间带滩涂面积约20万公顷，底质以泥、泥沙或沙泥为主。港湾众多，自北向南有沙埕港、三都澳、罗源湾、湄洲湾、厦门港和东山湾等6大深水港湾。岛屿星罗棋布，共有岛屿2214个，平潭岛现为全省第一大岛，原有的厦门岛、东山岛等岛屿已筑有海堤与陆地相连而形成半岛。（黄继富）

【气候】 2012年，全省年平均气温正常，降水偏多，日照偏少。四季分布并不均匀，主要表现为冬季、秋季的气候异常：冬季呈现明显的低温、多雨、寡照特征，继上年后再次出现冷冬，降水量为1961年以来第四多，日照为1961年以来最少；秋季降水异常偏多，为1961年以来最多，也是继上一年后连续两年秋季降水破历史最多纪录；其余季节气候基本正常。年内主要的气象灾害有：春季强对流天气频发、灾情重；端午前后的“龙舟水”引发洪灾地灾；初夏高温难耐；台风影响多(7个)登陆少(1个)，8月集中来袭，登陆台风“苏拉”给宁德、三明等地造成较严重的洪涝灾害；晚秋11月降水总量和暴雨过程次数之多皆为历史罕见。

气温。全省年平均气温19.5℃，与常年同期持平，属正常。与2011年相比，略有回升，偏高0.1℃。冬季(12—2月)平均气温为10.3℃，偏低0.8℃，属正常；春季(3—4月)平均气温为17.3℃，偏高0.9℃，属正常；雨季(5—6月)平均气温为24.7℃，偏高0.6℃，属正常；夏季(7—9月)平均气温为27.1℃，偏高0.1℃，属正常；秋季(10—11月)平均气温为18.9℃，偏低0.2℃，属正常。全省年极端最高气温在33.9℃(平潭)～40.1℃(宁德)之间，其中6个县(市)年极端最高气温达到或超过39℃，出现日期主要集中在7月上半月的两次高温过程中。全省年极端最低气温在－5.7℃(宁化)～6.2℃(东山)之间，北部和西部内陆共23个县(市)年极端最低气温达到或低于0℃，出现日期多在12月31日。

降水。全省平均年降水量1897.0毫米，较常年偏多273.3毫米，约1.7成，属偏多；比上年偏多622.8毫米，为2000年以来第三多。冬季平均降水量为306.4毫米，偏多112.0毫米，属显著偏多；春季平均降水量为395.6毫米，偏多40.8毫米，属正常；雨季平均降水量为511.0毫米，偏多14.9毫米，属正常；夏季平均降水量为384.2毫米，偏少90.7毫米，属正常；秋季平均降水量为226.3毫米，偏多125.3毫米，属异常偏多。（杨　林）

【环境】 2012年，全省环境质量继续保持在优良水平。12条主要水系和集中式生活饮用水源地水质状况继续保持优良，23个城市空气质量均达到二级标准，城市声环境和辐射环境质量基本保持稳定，森林覆盖率继续位居全国首位，生态环境状况指数继续保持在全国前列。

水环境。全省水环境质量总体保持良好水平，主要水系和集中式生活饮用水源地水质保持优良，城市内河、主要湖泊水库和近岸海域海水水质有所改善。全省12条主要水系共设置135个省控水质监测断面，其中行政区间交界断面49个。按《地表水环境质量标准》(GB3838－2002)评价，水质状况为优。水域功能达标率为97.9%，较上年提高1.4个百分点；Ⅰ—Ⅲ类水质所占比例为95.2%，较上年提高0.7个百分点。闽江水质为优，水域功能达标率和Ⅰ—Ⅲ类水质比例分别为98.5%和98.0%；九龙江水质优，水域功能达标率和Ⅰ—Ⅲ类水质比例分别为93.3%和90.8%；木兰溪、萩芦溪、交溪、霍童溪、敖江、晋江、汀江、漳江和东溪水域功能达标率均为100%，龙江为83.3%。全省城市内河水域功能达标率为76.3%，提高5.0个百分点；长乐、泉州、龙海和福安等4个城市内河水域功能达标率均为100%。9个设区市的31个集中式生活饮用水源地水质达标率为100%，提高0.3个百分点；14个县级市的23个集中式生活饮用水源地水质达标率为99.2%，提高0.9个百分点；44个县城的61个集中式生活饮用水源地水质达标率为98.9%，提高2.4个百分点。全省11个主要湖泊水库水域功能达标率为58.3%，提高1.8个百分点。福州西湖水质为Ⅴ类，达到相应的水域功能要求；厦门筼筜湖水质为劣四类海水，未能达到相应的水域功能要求；莆田东圳水库、泰宁金湖、宁德古田水库、三明安砂水库和龙岩棉花滩水库水质达到相应的水域功能要求；泉州惠女水库部分水质未能达到相应的水域功能要求；福州东张水库、福州山仔水库和泉州山美水库水质未能达到相应的水域功能要求。以湖泊水库综合营养状态指数评价，福州西湖和泉州惠女水库为轻度富营养状态，其余湖泊水库均为中营养状态。按《海水水质标准》(GB3097－1997)评价，全省近岸海域一类、二类水质占63.6%，三类水质占7.6%，四类和劣四类水质占28.8%。根据2011年省政府批准实施的《福建省近岸海域环境功能区划(修编)》，按近期(2011年～2015年)水质保护目标评价，全省近岸海域水域功能达标率为46.8%，提高16.2个百分点；按功能区类别评价，水域功能达标率为61.3%，提高6.5个百分点。

大气环境。全省城市环境空气质量保持优良水平，23个城市空气质量均达到国家环境空气质量二级标准(GB3095－1996)，武夷山和福鼎2个城市环境空气质量由上年的二级升为一级。根据全省9个设区市发布的环境空气质量日报结果统计，全省设区市优、良天数比例为99.6%，上升1.4个百分点。厦门、莆田、漳州、南平、宁德优良天数比例均为100%，其余4个城市优良天数比例均大于98%。福州、厦门作为第一阶段实施空气质量新标准的城市，按照《环境空气质量标准》(GB3095－2012)评价，福州市$PM_{2.5}$年均值为0.040mg/m^3、达标天数比例为92.6%；厦门市$PM_{2.5}$年均值为0.038mg/m^3、达标天数比例为97.1%。全省降水pH年均值为5.09，提高0.01个pH单位；酸雨出现频率为47.4%，提高3.5个百分点。全年降水pH最低值为3.41，出现在福州市。

声环境。全省城市声环境质量基本保持稳定，23个城市道路交通噪声平均等效A声级为68.3分贝，其中：10个城市道路交通声环境质量属于“好”，12个城市道路交通声环境质量属于“较好”，1个城市道路交通声环境质量属于“一般”。23个城市区域环境噪声平均等效A声级为55.4分贝，其中：13个城市区域声环境质量属于“较好”，10个城市区域声环境质量属于“一般”。

辐射环境。全省辐射环境质量保持良好。辐射环境自动监测站全年环境γ辐射剂量率小时平均值为104.8～161.6纳戈瑞/小时，监测值未见异常升高；9个设区市全年陆地瞬时γ辐射剂量率测值范围为54.0～93.4纳戈瑞/小时，均保持在天然本底水平涨落范围；水源地水体的总α、总β放射性活度浓度值低于《生活饮用水卫生标准》(GB5749－2006)指导值；水源地和近岸海域水体中天然放射性核素活度浓度保持在天然本底水平；土壤放射性核素含量与往年相比无显著变化；大气中气溶胶和沉降物的总α、总β活度浓度均为环境正常水平，与往年相比无显著变化；省放射性废物库和4家辐照中心运行良好，各项辐射环境监测指标均符合国家标准要求。电磁辐射环境国控监测点电磁辐射水平总体情况良好，开展监测的广播电视电磁设施周围环境电磁辐射功率密度测值范围为0.14～1.08微瓦/平方厘米，远低于《电磁辐射防护规定》(GB8702－88)中公众照射导出限值；

2012年全省12条主要水系水质状况

水系	水域功能达标率(%)	Ⅰ—Ⅲ类水质比例(%)
闽江	98.5	98.0
九龙江	93.3	90.8
木兰溪	100	83.3
萩芦溪	100	100
交溪	100	100
霍童溪	100	100
龙江	83.3	41.7
敖江	100	100
晋江	100	100
汀江	100	98.1
漳江	100	100
东溪	100	100
合计	97.9	95.2

开展监测的高压输变电设施周围环境工频电场强度测值范围为131.0～1854伏/米，磁感应强度测值范围为1.67～4.10微特斯拉，均低于《500kV超高压送变电工程电磁辐射环境影响评价技术规范》(HJ/T24－1998)中居民区工频电磁场限值。（陈 航）

【水文】 2012年，全省汛情特点是：入汛时间较常年偏早，3月上旬闽江干流发生实测3月份同期第三大洪水。降雨量分布不均，全省1—12月平均雨量1505毫米，较常年偏多4%，较上年偏多29%，降雨集中出现在11月下旬，大部分县市超历史同期，全省有54个县(市、区)月降水量为历史同期最大。强降雨过程频繁、洪水多发，梅雨季始于3月上旬，终于6月下旬，期间先后出现11场暴雨过程，其中6月22—24日闽北地区出现持续性强降雨为最强过程，各江河水文(水位)站发生超警戒水位以上洪水122站次，其中超保证水位以上2站次。登陆台风个数少，共有7个热带气旋影响全省，其中第9号台风“苏拉”正面登陆。

雨情。全省1—12月平均雨量1505毫米，较常年偏多4%，较上年偏多29%，其中：南平、三明较常年偏多3—4成，龙岩、福州、宁德三地市较常年偏多1—2成，泉州、厦门、莆田3地市与常年持平，漳州地区较常年均偏少接近1成。

水情。全年洪水场次多，各江河水文(水位)站发生超警戒以上洪峰122站次。闽江上游支流发生大洪水，浦城水位站出现1995年以来最高水位227.77米，超保证(227.0米)0.77米，列1954年建站以来第三位，洪水重现期接近10年。

潮情。3月5—7日，闽江干流发生实测3月份同期第三大洪水，受到洪潮共同影响，7日23:30福州解放大桥(上)、(下)站高潮位分别达到4.19米、4.11米，超警戒0.09米、0.31米。第9号台风“苏拉”登陆期间恰逢天文大潮期，受风暴潮水影响，8月1—4日全省沿海出现超过警戒潮位的高潮位，沙埕站最高潮位3.62米，超警戒(3.1米)0.52米；白岩潭站最高潮位3.59米，超警戒(3.3米)0.29米；琯头站最高潮位3.72米，超警戒(3.2米)0.52米；泉州大桥站最高潮位4.32米，超警戒(3.80米)0.52米；石码站最高潮位4.25米，超警戒(4.00米)0.25米；崇武站最高潮位3.75米，超警戒(3.61米)0.14米；旧镇站最高潮位2.89米，超警戒(2.70米)0.19米。

汛末水库蓄水状况。10月1日，21座大型水库蓄水总量82.4297亿立方米，占正常高蓄水量的78%。与上年同期比较，多蓄7.885亿立方米，偏多11%。与4月1日比较，少蓄23.6533亿立方米，偏少22%。10月1日，22座重要中型水库蓄水总量41.846亿立方米，占正常高蓄水量的71%。与上年同期比较，多蓄0.1957亿立方米，偏多5%；与多年同期相比，偏多8%。与4月1日比较，多蓄0.7733亿立方米，偏多23%。

（刘 平）

【地震】 全年福建及其近海地区共发生M_L2.0级以上地震116次，其中：2.0～2.9级104次，3.0～3.9级11次，最大地震为4月15日仙游M_L4.1级。地震活动水平较上年度明显增强。古田水口库区仍有小震活动，但频次和震级较低，全年共发生M_L1.0级以上地震4次，未发生M_L2.0级以上地震。

全年台湾海峡地区共发生M_L3.0级以上地震4次，其中3.0～3.9级地震4次，最大地震为4月8日海峡南部M_L3.8级地震。台湾海峡地震活动强度与上年度相当，延续2006年以来地震活动的相对平静状态，未发生4级以上地震。

全年台湾地区共发生M_L4.0级以上地震51次，其中：M_L4.0～4.9级45次，M_S5.0～5.9级4次，M_S6.0—6.9级1次，最大地震为2月26日台湾屏东M_S6.0级。2012年度台湾地区发生屏东MS 6.0级地震，地震活动水平略强于上年度。（倪晓寅 杨易飞）

资 源

【土地资源】 根据福建省2012年度土地变更调查成果，截至年底，全省土地总面积12.40万平方千米，占全国土地总面积的1.3%，其中：耕地133.84万公顷，园地79.06万公顷，林地835.39万公顷，草地23.47万公顷，城镇村及工矿用地59.46万公顷，交通运输用地19.14万公顷，水域及水利设施用地55.42万公顷，其他土地33.74万公顷。（郑裕璋）

【海洋资源】 福建自古以来就有“闽在海中”的说法，海域面积为13.6万平方千米，比陆域面积大12.4%，属我国的海洋大省之一。大陆海岸线漫长曲折，北起福鼎沙埕港，南至诏安宫口港，总长3752千米，居全国第二位；直线长度535千米，海岸线曲折率达1∶7.01，为全国之最；由于海岸曲折，岛屿众多，因而形成了许多港湾，全省共有大小港湾125个，深水港湾22处，自北而南较大的港湾有沙埕港、三沙湾、罗源湾、福清湾、兴化湾、湄洲湾、泉州湾、深沪湾、厦门湾、旧镇湾、东山湾、诏安湾等，其中能直接满足5万吨级以上船舶自由进出港的天然深水良港有厦门湾、沙埕港、湄洲湾、兴化湾、罗源湾、三沙湾、东山湾等7处，占全国1/6多。已纳入港口规划的岸线467.1千米，其中，深水岸线210.9千米，可开发建设20万吨级以上的大型深水港岸线总长47千米，共23处，可建设20万吨级以上深水港口泊位80个。

沿海岛屿星罗棋布，全省海岛2214个，其中面积大于500平方米以上的1321个，位居全国第二；沿海岛屿总面积1155.8平方千米，总岸线长度2503.8千米，有人居住岛屿100个(含台湾地区管辖的10个)。沿海滩涂广布，浅海滩涂可利用养殖面积达1500平方千米。近海生物种类3000多种，贝、藻、鱼、虾种类数量居全国前列。可作业渔场面积12.5万平方千米，有闽东、闽中、闽南、闽外和台湾浅滩5大渔场。

海洋矿产资源种类多，海岸带和近海已发现60多种矿产，有工业利用价值的20余种。全省山多海阔，山海兼容，优越的亚热带海洋性气候，多种多样的海岸类型，景色秀丽的岛屿，千姿百态的海蚀景观，加之沿海众多富有宗教、文化、军事、历史内涵的名胜古迹和新兴的港口城市，构成理想的观光度假胜地，其中有被列为国家重点风景名胜区的鼓浪屿、清源山、太姥山、海坛岛和国家旅游度假区的湄洲岛以及“海上绿洲”东山岛等。

海洋能源资源。沿海地热梯度较大，地热资源丰富，具有开采价值的热水区域较多。沿海风能资源丰富，可利用时数达7000—8000小时。沿海可利用潮汐发电的海水面积达3000平方千米，潮汐能理论装机容量达3425万千瓦，可开发装机容量1033万千瓦，占全国的49.2%，居首位。

（汤兴福）

【水资源】 2012年，全省水资源总量为1511.45亿立方米，人均拥有水资源量4032立方米，其中：地表水资源量1510.08亿立方米，地下水资源量349.30亿立方米；地下水和地表水不重复量1.37亿立方米。行政分区中，地表水资源量最多的是南平市，为415.33亿立方米，最少的是厦门市，为12.94亿立方米，分别占全省地表水资源量的27.50%和0.86%；地下水资源量最多的是南平市，为75.53亿立方米，最少的是厦门市，为3.26亿立方米，分别占全省地下水资源总量的21.62%和0.93%。地表水资源量中，闽江为814.41亿立方米，九龙江157.05亿立方米，汀江109.89亿立方米，晋江53.16亿立方米，交溪66.56亿立方米，木兰溪16.19亿立方米，其中闽江的地表水资源量最多，占全省主要江河水资源量的53.93%。全年外省入境水量37.24亿立方米，本省出境水量155.45亿立方米。全省入海水量为1332.47亿立方米（不含过境水量）。全年全省主要江河总体水质状况同上年相比略有好转。通过对全省7个水系107个断面的水质监测，采用国家《地表水环境质量标准》(GB3838－2002)进行评价，在3558千米评价河长中，水质符合和优于Ⅲ类水的河长为2925千米，占评价河长的82.21%；污染（Ⅳ、Ⅴ类和劣Ⅴ类）河长为633千米，占17.79%。水体的主要超标项目为氨氮、溶解氧、总磷、五日生化需氧量和高锰酸盐指数等。评价大型水库21座，其中全年期水质评价符合Ⅰ—Ⅱ类标准的9座，符合Ⅲ类标准的10座，分别占评价水库总数的42.86%和47.62%。评价9个设区市15个主要集中式生活饮用水水源地中，水质较好的有龙岩富溪、三明东牙溪水库和宁德金涵水库，这3个水源地的年测次合格率均为100%。

（谢光球）

【矿产资源】 截至年底，列入福建省矿产资源储量表的固体矿产118种，其中能源矿产1种（煤），金属矿产28种，非金属矿产89种。已上表矿区总数1550个，矿山总数1580个，其中大型矿区60个，中型矿区169个，小型矿区1321个。全省探矿权总数941个，面积8866平方千米，其中国有单位持有探矿权256个。按勘查矿种分类，能源矿产95本（其中煤炭矿产84本），金属矿产773本，非金属矿产73本。全省有效采矿许可证2369本，其中：煤炭286本、铁矿89本、铅锌矿68本、金矿20本、银矿4本、铜矿10本、锰矿17本、钨矿5本、锡矿2本、钼矿9本。

（郑裕玮）

【野生动植物资源】 福建野生动植物资源丰富，种类繁多，主要属于东洋界动物区系。野生动物多数属于东洋界的种类，但一些古北界的动物也可以在福建栖存。脊椎动物已记录到1600多种（包括亚种），约占全国种类的1/3。其中，哺乳类10目34科86属147种，属于国家一级保护野生动物有华南虎、豹、云豹、黑麂和中华白海豚5种；鸟类超过550种，隶属21目66科，冬候鸟最多，有177种，其次为留鸟，有169种；爬行类123种，隶属3目17科67属，属于国家一级保护野生动物有蟒和鼋2种；两栖类46种，隶属2目9科24属，属于国家二级保护野生动物有大鲵和虎纹蛙2种。无脊椎动物无精确的调查资料，已记录到原生动物约600种、腔肠动物200多种、栉水母7种、吸虫约200种、绦虫约150种、线虫约400种、轮虫150多种、棘头虫约65种、环节动物约500种、星虫类11种、枝角类约80种、桡足类约400种、软体动物约500种、蟹类170多种、昆虫1万多种、棘皮动物约81种、毛颚动物27种。

植物种类以亚热带区系成分为主，区系成分较复杂。据调查统计，全省有高等植物4703种，占全国高等植物种类的15.7%；有木本植物1943种（含变种153种），分属142科543属，约占全国木本植物科的81%、属的55%、种的39%。其中，裸子植物有9科31属61种和2变种，以中国特有的马尾松为主，海拔1000米以上出现黄山松；杉木广布全省，柳杉、福建柏、油杉等构成常绿针叶林的主要成分。被子植物以壳斗科和樟科种类最多，其中许多种类是省内森林植被的建群种、优势种或主要树种，壳斗科在福建

龙岩梅花山自然保护区深入实施华南虎繁育工程。 （省林业厅供稿）

有6属60种，樟科有12属66种9变种和1变型，木兰科有9属35种，金缕梅科有11属20种6变种，桑科有8属40种，蝶形花科、苏木科和含羞草科也有一定的种类。在1999年9月9日国务院公布的国家重点保护野生植物中，福建有25科42属55种，其中一级保护的7种，二级保护的48种；蕨类植物9种，裸子植物14种，被子植物32种。在2001年8月16日福建省人民政府颁布的《福建省第一批地方重点保护珍贵树木名录》中，有25种树木。此外，福建已发现的野生兰科植物66属159种1变种列入《濒危野生动植物种贸易公约》附录Ⅰ、Ⅱ保护，罗汉松科木本植物百日青列入附录Ⅲ保护；有6种植物列入《国家重点保护野生药材名录》Ⅲ级保护，5种列入《福建省重点保护野生药材名录》保护。

（刘建波）

【旅游资源】 全省共有国家旅游度假区2个（武夷山、湄洲岛）；国家级风景名胜区18个，省级风景名胜区33个；国家级自然保护区15个，省级自然保护区25个；国家森林公园29个，省级森林公园128个，国家地质公园8个，国家矿山公园2个，国家水利风景区11个；全国重点文物保护单位137个，省级文物保护单位381个；国家历史文化名城4个，省级历史文化名城4个，中国历史文化名镇7个，中国历史文化名村16个。全国农业旅游示范点16个、工业旅游示范点8个，省级农业旅游示范21个，工业旅游示范点29个；全国休闲农业与乡村旅游示范县4个，示范点15个；全国特色景观旅游名镇名村7个；4星级乡村旅游经营单位28家，3星级乡村旅游经营单位40家，水乡渔村82个。全省拥有世界自然和文化遗产1处（武夷山）、世界自然遗产1处（泰宁丹霞地貌）、世界文化遗产1处（福建土楼）、世界地质公园2处（泰宁世界地质公园、宁德世界地质公园）。全省已有国家5A级旅游景区6个、4A级58个、3A级27个、2A级19个。

（薛从霖）

建制沿革

【古近代时期】 “闽”最早出现在周朝，西周时福建称闽越，《周礼·夏官》称七闽。秦始皇二十六年设置闽中郡，治东冶（今福州），福建为闽中郡辖区的一部分，从此福建作为一个行政区划出现在中国的版图上。汉高祖立无诸为闽越王，都东冶。西汉昭帝始元二年（公元前85年）立为冶县（后复名东冶），东汉改为东侯官。汉建安八年（公元203年），析东侯官置建安县，此时福建有侯官、建安、南平、汉兴和东冶5个县。三国吴永安三年（公元260年）设置建安郡，治建安（今南安市丰州镇），辖建安、南平、将乐、建平、东平、昭武、吴兴7个县。西晋太康三年（公元282年）设置晋安郡，治原丰，属扬州。南朝梁天监年间析晋安郡置南安郡，治南安；陈永定年间析晋安郡置闽州，改晋安郡为丰州。隋代开皇元年（公元581年）废郡，改丰州为泉州，大业初年（公元605年）更名为闽州，大业三年（公元607年）又废州改设为建安郡。唐武德元年（公元618年）改建安郡为建州，治闽县（今福州）；武德五年设置丰州，治南安，武德六年分置泉州，治闽县；贞观初年丰州并入泉州；垂拱二年（公元686年）析出泉州南部设置漳州，治漳浦（今云霄）；圣历二年（公元699年）泉州析地设置武荣州，治南安；景云二年（公元711年）武荣州更名为泉州，治晋江，后改泉州为闽州，治闽县（今福州）；开元十三年（公元725年）闽州更名为福州；开元二十一年（公元733年）设置福建经略使，“福建”之称由此始；天宝元年（公元742年）改属江南东道，改福建经略使为长乐经略使；乾元元年（公元758年）以长乐郡为福州都督府，经略使改为都防御使；上元元年（公元760年）升格为节度使；大历六年（公元771年）置都团练观察处置使；乾宁三年（公元896年）置为威武军节度使，治福州。五代时梁开平三年（公元909年）封王审知为闽王，贞明六年（公元920年）在福州设立大都督府；长兴四年（公元933年）福州升为长乐府；开运二年（公元945年）改长乐府为东都。宋代雍熙二年（公元985年）设立福建路，下辖福、泉、建、汀、漳、南剑六州和邵武、兴化两军，时全省已有42个县。元代至元十四年（公元1277年）在泉州设立行宣慰司，第二年改为行中书省，后行省迁回福州。明代改设福建布政使司，治福州，辖8府1州60县。清代继承明制，省辖府、县两级，省府之间设道；康熙二十三年（公元1684年）福建省增设台湾府；光绪十二年（公元1886年）台湾从福建析出设立台湾省；清末，全省行政区划为宁福、兴泉永、汀漳龙、延建邵4道，福州、福宁、兴化、泉州、汀州、漳州、延平、建宁、邵武9府，永春、龙岩2州，58县、6厅。

生态优美的漳平九鹏溪森林 （省林业厅供稿）

【民国时期】 福建省行政区划废府、州、厅，实行省、道、县三级制。民国元年（1912年）全省划分为东路、南路、西路、北路4道。民国三年（1914年）以原辖区改为闽海道（闽东）、厦门道（闽南）、汀漳道（闽西）、建安道（闽北）4道。合并闽县、侯官为闽侯县；建安、瓯宁为建瓯县；改永春、龙岩2州为永春、龙岩2县；同安县析厦门岛设置思明县，析浯州岛（金门岛）和大、小嶝岛置金门县；改永福县为永泰县；全省4道、61县。民国四年（1915年），诏安县析桐山岛和漳浦县的古雷岛设置东山县。民国十四年（1925年），废除道制，实行省、县两级制。民国十七年（1928年），设置华安县。民国二十二年（1933年），十九路军在福州发动“福建事变”，成立中华共和国人民革命政府，定福州为首都，将福建划为闽海、延平、兴泉、龙汀4个省和福州、厦门两个特别市，辖64个县。民国二十三年（1934年）人民革命政府解散，又成立福建省政府，7月实行行政督察专员公署制度，将全省划分为10个行政督察区公署，辖64个县，8月光泽县由江西省划归福建省管辖。民国二十四年（1935年）设立厦门市，撤销思明县。民国二十七年（1938年）福建省政府迁往永安，全省行政区划为7个行政督察区、1个市、62个县、7个特区。民国二十九年（1940年），建瓯析出部分行政区域设置水吉县，沙县、永安和明溪析出部分行政区域设置三元县。民国三十年（1941年）福州沦陷，第一区专署迁往福安。民国三十二年（1943年）全省行政区划调整为8个行政督察区、2个市、64县、2个特区。民国三十三年（1944年）闽侯县更名为林森县。民国三十四年（1945年）9月设置周宁县，10月设置柘荣县，11月省政府迁回福州。民国三十五年（1946年）福州市正式成立，全省行政区划调整为9个行政督察区、2个市、66个县。民国三十六年（1947年）全省行政区划调整为7个行政督察区、福州、厦门2个市、67个县、10个区、899个乡（镇）。

【中华人民共和国时期】 1949年8月24日，福建省人民政府成立；9月，省人民政府公布福建省行政区划通令，将全省行政区域分为福州、厦门2个市，8个行政督察专区和67个县。1950年3月，8个专区依次更名为建瓯、南平、福安、闽侯、泉州、漳州、永安、龙岩专区；9月，泉州专区更名为晋江专区，漳州专区更名为龙溪专区，建瓯专区更名为建阳专区；德化县由永安专区划归晋江专区，林森县复名为闽侯县；11月，设立泉州市、漳州市（县级）。县以下的行政区划，仍维持旧政权的区划。1951年，福州市设立鼓楼、大根、小桥、台江、仓山、水上、盖山、鼓山、洪山9个区；废除国民党政权的901个旧乡（镇）、10265个保和131978个甲。1952年，福州市设立新店区，厦门市设立开元、思明、鼓浪屿3个区。1954年，厦门市设立禾山区。1955年，撤销福州市盖山、鼓山、洪山、新店4个区。1956年，撤销建阳专区，所辖各县划归南平地区；撤销闽侯专区，所辖闽侯县划归省直辖，长乐、连江、罗源3县划归福安专区，永泰、福清、平潭3县划归晋江专区；撤销永安专区，所辖三元、明溪2县划归南平专区，大田划归晋江专区，永安、清流、宁化、宁洋4县划归龙岩专区；撤销水吉县，其行政区域分别并入建阳、建瓯和浦城县；撤销宁洋县，其行政区域分别并入漳平、永安和龙岩县；撤销柘荣县，其行政区域并入福鼎县；福州市撤销大根、小桥、水上3个区，其行政区域分别并入鼓楼区、台江区和仓山区；三元、明溪2个县合并为三明县；析南平县城区，设立南平市（县级）。1957年，全省辖2个地级市、5个专区、3个县级市、7个市辖区、63个县、337个区、4223个乡。

1958年，我国基层政权改制为政社合一的人民公社，全省共建656个人民公社；撤销厦门市禾山区，闽侯县划归福州市，同安县由晋江专区划归厦门市。1959年，恢复闽侯专区，辖原福州市的闽侯县，原南平市的闽清县，原福安专区的长乐、连江2县和原晋江专区的永泰、福清、平潭3个县，专署驻闽侯县；原南平专区的松溪、政和2县划归福安专区。1960年，设立三明市（地级），以三明县城区为三明市行政区域，南平专区的三明县归三明市管辖；清流、宁化2县合并设立清宁县，清宁县驻原宁化县政府驻地，原清流县部分行政区域分别并入永安、连城2县；松溪、政和2县合并设立松政县，松政县驻原松溪县政府驻地；龙溪、海澄2县合并设立龙海县，龙海县驻石码镇；撤销南平县并入南平市（县级）；福州市设立马尾区。1961年，恢复柘荣县；撤销清宁县，恢复清流县、宁化县。1962年，撤销松政县，恢复松溪县和政和县；连江县、罗源县分别从闽侯专区和福安专区划归福州市；龙岩专区的永安、清流、宁化3县划归三明市。1963年，设立三明专区，三明市改为县级市，三明专区辖三明市和三明、永安、清流、宁化4个县；福州市撤销马尾区；福州市的连江、罗源2县和南平专区的古田、屏南2县划归闽侯专区；晋江专区的大田县划归三明专区。1964年，以南平市、建瓯县、顺昌县的部分行政区域析出建西县；三明县更名为明溪县。1965年全省共辖2个地级市、7个专区、6个市辖区、4个县级市、63个县、1258个人民公社。

1966年，厦门市开元区更名为东风区，思明区更名为向阳区。1968年，福州市鼓楼区更名为红卫区，台江区更名为赤卫区，仓山区更名为朝阳区；福州市、厦门市均设立郊区。1970年，撤销建西县，其行政区域并入顺昌县；撤销柘荣县，其行政区域分别并入福安、福鼎2县；撤销松溪、政和2县，合并设立松政县；福州市撤销郊区，设立马江区和北峰区；福安专区的松政县划归南平专区；闽侯专区的古田、屏南、连江、罗源4个县划归福安专区；晋江专区的莆田、仙游2个县划归闽侯专区；厦门市的同安县划归晋江专区；南平专区的尤溪、沙县、将乐、泰宁、建宁5个县划归三明专区；南平专区驻地由南平市迁驻建阳县；福安专区驻地由福安县迁驻宁德县；闽侯专区驻地由闽侯县迁驻莆田县。1971年，各专区更名为地区；南平地区更名为建阳地区；福安地区更名为宁德地区；闽侯地区更名为莆田地区。1973年，莆田地区的闽侯县划归福州市；晋江地区的同安县划归厦门市。1974年，恢复柘荣县；撤销松政县，恢复松溪县和政和县。1975年，福州市撤销北峰区设立郊区。1976年全省共辖2

个地级市、7个专区、9个市辖区、4个县级市、62个县、835个人民公社、129个镇(街人民公社)。

1978年厦门市设立杏林区;福州市设立环城区,撤销马江区;福州市红卫、赤卫、朝阳3个区分别更名为鼓楼区、台江区、仓山区。1979年,厦门市东风、向阳2区分别更名为开元区和思明区。1981年,撤销龙岩县,设立龙岩市(县级)。1982年,福州市设立马尾区,撤销环城区。1983年,撤销三明地区,设立三明市(地级),三明市设立梅列区和三元区;撤销莆田地区,所属闽清、永泰、长乐、福清、平潭5个县划归福州市管辖,莆田、仙游2个县划归晋江地区;撤销邵武县,设立邵武市(县级);设立莆田市(地级),莆田市设立城厢区和涵江区,辖原晋江地区的莆田、仙游2个县;宁德地区的连江、罗源2个县划归福州市。1984年,撤销人民公社,设立乡镇建制;撤销永安县,设立永安市(县级);全省全省共辖4个地级市、5个专区、14个市辖区、6个县级市、59个县、189个镇,1076个乡,18个民族乡。

1985年,撤销晋江地区,设立泉州市(地级),泉州市设立鲤城区;撤销龙溪地区,设立漳州市(地级),漳州市设立芗城区。1987年,厦门市设立湖里区,郊区更名为集美区;晋江县析出石狮市。1988年,建阳地区驻地从建阳县迁驻南平市,并更名为南平地区;撤销宁德县,设立宁德市(县级)。1989年,撤销崇安县,设立武夷山市(县级);撤销福安县,设立福安市(县级)。1990年,撤销福清县,设立福清市(县级);撤销漳平县,设立漳平市(县级)。1992年,撤销晋江县,设立晋江市(县级);撤销建瓯县,设立建瓯市(县级)。1993年,撤销南安县,设立南安市(县级);撤销龙海县,设立龙海市(县级)。1994年,撤销南平地区,设立南平市(地级),原县级南平市改设延平区;撤销长乐县,设立长乐市(县级);撤销建阳县,设立建阳市(县级)。1995年福州市调整5个市辖区行政区域,同时将郊区更名为晋安区;撤销福鼎县,设立福鼎市(县级)。1996年,撤销同安县,设立厦门市同安区;漳州市析出芗城区和龙海市部分行政区域,设立龙文区;撤销龙岩地区,设立龙岩市(地级),原县级龙岩市改设新罗区。1997年,泉州市析出鲤城区部分行政区域,设立丰泽区和洛江区。1999年,撤销宁德地区,设立宁德市(地级),原宁德市改设蕉城区。2000年,泉州市析出惠安县部分行政区域,设立泉港区。2002年,莆田市撤销莆田县,设立荔城区和秀屿区,同时调整城厢区和涵江区行政区域。2003年,厦门市撤销开元区、鼓浪屿区,其行政区域并入思明区,同安区析出东部5镇设立翔安区,杏林区划出1街道办事处和1镇归集美区管辖,杏林区政府驻地迁驻海沧镇,并更名为海沧区。2012年底全省共辖9个设区市、26个市辖区、14个县级市、45个县、175个街道办事处、609个镇、301个乡、19个民族乡。

(李　露)

行政区划

【行政区划变更情况】 乡改镇情

2012年全省县级以上行政区划表

全省合计	9个设区市　26个市辖区　14个县级市　45个县
福州市	鼓楼区　台江区　仓山区　马尾区　晋安区　闽侯县　连江县　罗源县　闽清县　永泰县　平潭县　福清市　长乐市
厦门市	思明区　海沧区　湖里区　集美区　同安区　翔安区
莆田市	城厢区　涵江区　荔城区　秀屿区　仙游县
三明市	梅列区　三元区　明溪县　清流县　宁化县　大田县　尤溪县　沙县　将乐县　泰宁县　建宁县　永安市
泉州市	鲤城区　丰泽区　洛江区　泉港区　惠安县　安溪县　永春县　德化县　金门县　石狮市　晋江市　南安市
漳州市	芗城区　龙文区　云霄县　漳浦县　诏安县　长泰县　东山县　南靖县　平和县　华安县　龙海市
南平市	延平区　顺昌县　浦城县　光泽县　松溪县　政和县　邵武市　武夷山　建瓯市　建阳市
龙岩市	新罗区　长汀县　永定县　上杭县　武平县　连城县　漳平市
宁德市	蕉城区　霞浦县　古田县　屏南县　寿宁县　周宁县　柘荣县　福安市　福鼎市

2012年福建省行政区划表

级别/数量/地市	县级				乡级					说明
	区	市	县	小计	街道	镇	乡	民族乡	小计	
福州市	5	2	6	13	43	99	45	2	189	含马祖乡
厦门市	6			6	24	13			37	
莆田市	4		1	5	8	39	7		54	
三明市	2	1	9	12	13	61	66	2	142	
泉州市	4	3	5	12	30	107	25	1	163	含金门县
漳州市	2	1	8	11	8	89	21	3	121	
南平市	1	4	5	10	24	71	44		139	
龙岩市	1	1	5	7	12	67	53	2	134	
宁德市	1	2	6	9	13	63	40	9	125	
合计	26	14	45	85	175	609	301	19	1104	

况。龙岩市人民政府撤销上杭县旧县、蛟洋乡建制，设立旧县镇、蛟洋镇，所辖区域和政府驻地不变。宁德市人民政府撤销寿宁县犀溪乡建制，设立犀溪镇，所辖区域和政府驻地不变。龙岩市人民政府撤销武平县城厢乡建制，设立城厢镇，所辖区域和政府驻地不变。三明市人民政府撤销宁化县曹坊乡建制，设立曹坊镇，所辖区域和政府驻地不变。泉州市人民政府撤销德化县盖德乡建制，设立盖德镇，所辖区域和政府驻地不变。三明市人民政府撤销永安市槐南乡建制，设立槐南镇，所辖区域和政府驻地不变。龙岩市人民政府撤销上杭县湖洋、溪口乡建制，设立湖洋镇、溪口镇，所辖区域和政府驻地不变。

设立街道办事处情况。福安市从赛岐镇划出罗江村、三江社区，从甘棠镇划出南安、大留、小留、樟港、加招、北山、坑门里等村，设立罗江街道办事处。罗江街道办事处驻福安市罗江三江南路33号。（李　露）

人　口

【概况】 2012年，福建省常住人口为3748万人，其中：男性人口1927万人，占51.4%；女性人口1821万人，占48.6%；男女性别比为105.8。全年净增人口28万人，比上年增长0.75%，人口总量持续保持低速平稳增长的态势。全年全省出生人口47.6万人，出生率为12.74‰，提高1.33个千分点；死亡人口21.4万人，死亡率为5.73‰，提高0.53个千分点；自然增长人口26.2万人，自然增长率为7.01‰，提高0.80个千分点。

【人口城镇化水平】 全省城镇人口2234万人，比上年增加73万人，增长3.4%；占总人口的比重为59.6%，提高1.5个百分点，比全国的平均水平高7.0个百分点，在31个省（直辖市、自治区）中排第八位。

【流动人口】 根据人口变动抽样调查数据推算，省内跨乡（镇、街道）流动人口约1160万人，省外流入人口约480万人。2012年人口变动抽样调查增加了流动人口在现住地居住时间调查，居留时间分布显示，半年至1年占18.4%，1—3年占39.3%，3－5年占17.4%，5年以上长时间居留的占25.0%。从省内与省外流动人口比较分析，省内流动人口居留更稳定一些，5年以上长时间居留的占27.5%，比省外流动人口高6.8个百分点。

【人口负担】 随着人口再生产转型的完成，低龄组人口减少，全省人口负担目前处于较轻时期。2012年全省人口总抚养比为31.6%（通常将总抚养比在50%以下划定为低抚养比），比上年下降0.5个百分点。总人口中，0—15岁、15—65岁、65岁以上3个年龄组人口所占比重分别为15.8%、76.0%和8.2%。这一人口年龄结构呈典型“中间大、两头小”橄榄状，中青年人较多、老年人和少儿较少，劳动力供给充足、人口的社会负担轻，是对社会经济发展十分有利的“人口红利”期。一个开放的区域，人口年龄结构的变化既受到人口自然变化的影响，更受到人口迁移变化的影响。福建作为人口净迁入省，2012年65岁以上人口所占比重比全国平均水平的9.4%低1.2个百分点，青壮年人口的迁人，减缓了人口老龄化的进程。

【家庭户规模】 全省平均家庭户规模为2.81人，比上年减少0.8人。家庭结构日趋简单化，“两口、三口之家”成为现代家庭的主流，全省二人户和三人户占所有家庭户的比重达53.1%，提高0.5个百分点。（廖　瑛）

华侨　台胞

【华侨】 福建是全国著名侨乡，海外侨胞数量多，分布广。全省重点侨情调查数据显示：闽籍海外华侨华人总数为1260多万人，分布在世界176个国家和地区，以亚洲、北美洲、欧洲为主，东南亚是主要聚居地，前五位国家是：马来西亚、印尼、菲律宾、新加坡、美国；在省内，前三位地市是：泉州、福州、漳州；其中1979年以后出国定居的新华侨华人有110多万人。港澳同胞120多万人，归侨侨眷及港澳、出国人员眷属650多万人。联系掌握的海外社团（含港澳）1916个。海外闽籍侨胞具有数量多、分布广、层次高、作用大、社团活动活跃、经济实力雄厚等特点，且素有恋祖爱乡的优良传统，关心、支持家乡的经济文化建设和社会发展，为福建的经济和社会发展作出了巨大贡献。据统计，改革开放至2012年底，全省实际利用外资（按验资口径）857.53亿美元，其中侨资653.53亿美元，占全省实际利用外资的76.21%。闽籍侨胞捐赠福建公益事业累计达231.8亿元人民币。

（林晓英）

【台胞】 截至2012年底，全省共有台籍同胞17057人（内含高山族同胞568人）；在闽台胞中，现有全国人大代表3名，全国政协委员3名，福建省人大代表4名，省政协委员13名，厅级干部20名。（邓建光）

民族　宗教

【民族】 福建是少数民族散杂居省份。全省56个民族成份齐全，少数民族人口79.69万人，占全省总人口的2.16%。全省有19个民族乡（其中畲族乡18个、回族乡1个）、1个省级民族经济开发区（福安畲族经济开发区）和566个民族村。世居的少数民族有畲族、回族、满族、蒙古族等。畲族人口全国最多，共有36.55万人，占全国畲族人口的51.58%，占全省少数民族人口的45.87%。外省户籍少数民族人口比例大，有24.19万人，占全省少数民族总人口的30.36%以上。全国回族发祥地之一，回族大多是通过海上丝绸之路来的古阿拉伯、波斯人的后裔，全省共有11.6万人，占全省少数民族人口的14.56%。全省高山族人口423人，是大陆高山族人口最多省份之一。

【宗教】 福建有佛教、道教、伊斯兰教、天主教、基督教五大宗教。经依法登记的宗教活动场所有6261座，其中:佛教3364座,道教774座,伊斯兰教4座,基督教1962座,天主教157座。佛教寺庙数量和僧尼人数均居全国汉族地区前列,其中被国务院确定为首批汉族地区佛教全国重点寺院的寺庙有14座,占汉族地区全国佛教重点寺院总数近10%。有县级以上爱国宗教团体274个。有福建佛学院、福建神学院、闽南佛学院3所宗教院校,在校生778人。福建民间信仰活动场所之多、人数之众、影响之深远、供奉神祇之庞杂、与海外联系之密切,在国内均属罕见,全省建筑具有一定规模的民间信仰活动场所达26130座。(黄淑萍)

语　言

【语言概况】 福建是汉语方言最复杂的省份之一,全国各大方言区中,福建占着5种。

闽方言。福建分布最广的是闽方言,境内的闽方言又分为5个区。闽东方言区,分布在闽江下游的福州、闽侯、长乐、福清、平潭、永泰、闽清、连江、罗源、古田、屏南等11个县市的是南片,以福州话为代表;分布在福安、宁德、周宁、寿宁、柘荣、霞浦、福鼎等7个县市的是北片,以福安话为代表。莆仙方言区,分布在莆田、仙游、涵江3个县市(区),以莆田话为代表。闽南方言区,分布在泉州、厦门、漳州3个市,包括厦门、金门、泉州、晋江、南安、惠安、永春、德化、安溪、同安、大田、漳州、龙海、长泰、华安、南靖、平和、漳浦、云霄、东山、诏安以及龙岩、漳平等地,以厦门话为代表;泉州、漳州、龙岩3种口音都有些差异。闽中方言区,分布在永安、沙县、梅列、三元等4个县市(区),以永安话为代表。闽北方言区,分布在建瓯、松溪、政和、南平、顺昌(东南部)、建阳、崇安、浦城(南部),以建瓯话为代表。

客家方言。分布在闽西的宁化、清流、长汀、连城、上杭、永定、武平以及闽南的平和、南靖、诏安的西沿,以长汀话为代表。在闽、客、赣3种方言之间,明溪、将乐、顺昌一带也可以说是过渡区,因为那里的方言兼有3种方言的特点。

吴方言。浦城县的中北部和浙江省连界,那里说的是和浙江方言相近的吴方言。

在南平市区和西芹一带以及长乐县的琴江村,有2个官话方言岛。

畲语。居住在闽东的福安、罗源、宁德等地,闽北的建瓯、建阳、顺昌等地,闽中的永安、漳平等地的畲族同胞所说的话是一种也还保留着一些本族语言的、和客家话比较相近,又吸收了一些当地闽方言成分的带有混合性质的语言,通常也称为畲语。

闽方言和客家方言也都有在区外相互穿插分布的。闽南话在闽中、闽北、闽东都有方言岛。客家话在闽北、闽东也有不少小方言岛。在武平县的中山镇通行的"军家话"是比较接近赣方言的方言岛。(李如龙)

经济社会发展

【概况】 全年全省实现地区生产总值19701.78亿元,比上年增长11.4%。其中,第一产业增加值1776.71亿元,增长4.2%;第二产业增加值10187.94亿元,增长14.3%;第三产业增加值7737.13亿元,增长9.1%。人均地区生产总值52763元,增长10.5%。

【农业和农村经济】 全年农林牧渔业完成总产值3007.40亿元,比上年增长4.3%。粮食种植面积120.11万公顷,减少38.48万亩。全年粮食产量659.30万吨,减产13.50万吨,下降2.0%。全年肉蛋奶总产量241.59万吨,增长7.9%。全年水产品产量628.61万吨,增长4.1%。全年新增有效灌溉面积4420公顷,新增节水灌溉面积5.07万公顷。298家省级重点龙头企业销售收入1619.67亿元,增长7.5%,带动农户365.87万户。

【工业和建筑业】 全年全部工业实现增加值8541.94亿元,比上年增长13.8%,其中规模以上工业增加值7810.89亿元,增长15.2%。工业产品销售率97.83%,提高0.33个百分点。规模以上工业中三大主导产业实现增加值2669.70亿元,增长14.6%。高技术产业实现增加值737.63亿元,增长17.2%。全年规模以上工业企业实现利润1779.15亿元,增长9.7%。全年全部工业产品(采掘业和制造业)销售收入中,销往省内比重为36.8%,下降0.2个百分点;销往省外的比重为39.6%,上升3.7个百分点;销往境外的比重为23.6%,下降3.5个百分点。建筑业实现增加值1646亿元,增长17.4%。

【投资建设】 全年全社会固定资产投资12709.66亿元,比上年增长25.5%。其中,固定资产投资(不含农户)12452.24亿元,增长25.9%;农户投资257.42亿元,增长10.1%。在固定资产投资(不含农户)中,第一产业投资增长42.1%;第二产业投资增长23.3%,其中,工业投资增长22.9%;第三产业投资增长27.1%。房地产开发投资2824.12亿元,增长17.4%。商品房销售面积3258.94万平方米,增长20.4%。商品房销售额2817.70亿元,增长34.1%。在建(含配建)廉租住房217.55万平方米,年底前竣工43.84万平方米。369个在建重点项目完成投资4282亿元,占全社会固定资产投资的33.7%。全年建成或部分建成236个项目,新开工213个项目。龙厦铁路建成通车,合福、向莆、厦深、赣龙扩能工程等铁路项目加快建设,新增快速铁路145千米;宁德至武夷山、松溪至建瓯、福州绕城高速公路西北段等9条高速公路建成通车,新增高速公路里程800千米;港航投资首次突破100亿元,新增港口吞吐能力2000万吨。

【对外经济】 年进出口总额1559.38亿美元,比上年增长8.6%。其中,出口978.33亿美元,增长5.4%;进口580.91亿美元,增长14.6%。批准设立外商直接投资项目916个,减少11.8%。按验资口径统计,合同外资金额92.91亿美元,增长0.8%;实际利用外商直接投资63.38亿美元,增长2.2%。新批对外直接投资项目149个,新批对外投资额8.54亿美元,分别下降35.2%、10.5%。对外直接投资实际投资额5.31亿美元，增长54.5%。对外承包工程完成营业额6.42亿美元，增长27.5%；对外劳务合作劳务人员实际收入总额3.75亿美元，增长20.1%。全年接待入境游客493.67万人次，增长15.5%。国际旅游外汇收入42.26亿美元，增长16.3%。全年接待国内旅游人数16210.13万人次，增长17.1%；国内旅游收入1650亿元，增长17.9%。旅游总收入1916.94亿元，增长17.2%。

【交通邮电】 全年交通运输、仓储和邮政业实现增加值1097.46亿元，比上年增长7.9%。公路通车里程94660.86千米，增长2.5%。其中海西高速公路网3500千米，增长29.2%。全年港口完成货物吞吐量4.14亿吨，增长10.9%。集装箱吞吐量1073.07万标箱，增长10.6%。年末全省民用汽车保有量286.12万辆（包括三轮汽车和低速货车），增长18.1%。全年完成邮电业务总量594.90亿元，增长16.1%。全省邮政业业务总收入71.74亿元，增长24.2%。全省电信业完成主营业务收入422.67亿元，增长10.1%。年末全省电话用户总数达到5066万户，净增498万户，其中：固定电话用户1017万户，净增2万户；移动电话用户4049万户，净增496万户，其中：3G电话用户840万户，净增391万户。全省互联网用户为3461万户，净增589万户。全省固定电话交换机容量1626万门，减少7.0%；移动电话交换机容量7703万户，增长7.3%。光缆线路长度57万千米，新增17.5%。长途业务电路为198.5万个2M，新增21.8%。年末全省电话普及率为136.2%，上升12.5个百分点；互联网普及率为93.0%，上升15.3个百分点。

【财政金融】 全年公共财政总收入3008.88亿元，比上年增长15.9%，其中，地方公共财政收入1776.17亿元，增长18.3%；公共财政支出2601.08亿元，增长18.3%。全省国税税收收入（含海关代征）1919.5亿元，增长14.5%；全省地税系统组织各项收入1821.61亿元，增长15.7%。全省金融机构本外币各项存款余额25057.75亿元，增长16.2%；金融机构本外币各项贷款余额22427.46亿元，增长18.2%。全年农村合作金融机构人民币各项贷款余额1696.63亿元，增长20.3%。全年新增境内上市公司6家，募集资金26.44亿元。年末境内上市公司A股数量达到86家，增加6家，市价总值6014.08亿元，增长13.2%；上市公司B股数量为1家，市价总值4.46亿元，下降52.9%。全年内外资保险公司保费收入477.70亿元，增长10.5%，其中寿险保费收入254.77亿元；健康险和意外伤害险保费收入47.66亿元；财产险保费收入175.27亿元。支付各类赔款及给付149.81亿元，其中寿险业务给付44.64亿元；健康险和意外伤害险赔款及给付14.81亿元；财产险赔款90.36亿元。

【社会事业】 全年全日制研究生教育招生1.19万人，在学全日制研究生3.60万人。普通高等教育招生21.35万人，在校生70.14万人。各类中等职业教育（不含技工校）招生24.08万人，在校生58.30万人。全省普通高中招生21.87万人，在校生69.05万人。全省普通初中招生38.19万人，在校生112.04万人。普通小学招生46.75万人，在校生252.73万人。幼儿园在园幼儿139.98万人。全省文化系统共有艺术表演团体90个，全省共有公共图书馆86个，文化馆95个，博物馆96个。文化系统各类艺术表演团体演出1.18万场，观众980.28万人次。全省共有各级各类医疗卫生机构7588个，其中医院519个，卫生院880个。年末共有卫生技术人员17.1万人，其中医生6.4万人，注册护士6.9万人。年末共有卫生机构床位13.8万张，乡村医生和卫生员2.8万人。全年运动员在世界三大赛中共获得13金5银3铜，在亚洲三大赛中获得13金6银7铜。新建3462个农民体育健身工程点、20个乡镇体育健身活动中心和20个城市社区多功能公共运动场，人均场地面积新增0.05平方米。全年销售体育彩票52.18亿元。抓好水土保持和生态建设。全年治理水土流失面积15万公顷，造林绿化22.08万公顷，森林覆盖率63.1%。实施“点线面”攻坚计划，推进“六江两溪”重点流域治理，全省12条主要水系水质达到或优于国家地表水Ⅲ类标准要求的占95.2%，23个城市的空气质量均达到国家环境空气质量二级以上（含二级）标准。

【市场物价】 全年社会消费品零售总额7256.53亿元，比上年增长15.6%。城镇消费品零售额6563.57亿元，增长16.0%；乡村消费品零售额585.97亿元，增长14.6%。商品零售额6276.04亿元，增长15.7%；餐饮收入额873.50亿元，增长17.6%。在限额以上企业商品零售额中，家具类零售额增长47.8%，金银珠宝类增长47.4%，服装鞋帽针纺织品类增长32.5%，食品饮料烟酒类增长24.9%，其中食品类增长24.4%，日用品类增长22.8%，化妆品类增长18.6%，汽车类增长14.7%，石油及制品类增长13.8%，通讯器材类增长8.1%，家用电器和音响器材类增长6.1%，体育、娱乐用品类下降6.1%。全年居民消费价格比上年上涨2.4%，其中食品价格上涨4.6%。商品零售价格上涨1.8%。固定资产投资价格上涨0.3%。工业生产者出厂价格下降1.3%。工业生产者购进价格下降2.3%。农产品生产价格上涨2.7%。农业生产资料价格上涨3.3%。

【人民生活】 全年城镇居民人均可支配收入28055元，比上年增长12.6%；扣除价格因素，实际增长10.0%。农民人均纯收入9967元，增长13.5%；扣除价格因素，实际增长10.8%。城镇居民食品消费支出占消费总支出的比重为39.4%，农村为46.0%。城镇新增就业65.38万人，全年有13.91万下岗人员实现了再就业。年末城镇登记失业率为3.63%，下降0.06个百分点。年末参加城镇基本养老保险人数756.46万人，增加61.43万人。全省企业参加基本养老保险离退休人员为103.34万人，全部实现养老金按时足额发放。全省参加城镇基本医疗保险人数1262.92万人，其中参保职工

666.3万人，参保的城镇居民596.62万人。全省参加失业保险人数459.12万人，增加28.22万人。年末全省领取失业保险金人数4.61万人，增加1.04万人；全省纳入城市最低生活保障的居民16.89万人，减少1.2万人；纳入农村最低生活保障的居民73.68万人，增加7300人；“五保”供养对象9.14万人。“造福工程”搬迁补助标准从每人2500元增加到3000元，全年新完成搬迁16.08万人；解决301.63万农村居民饮水安全问题。年末各类收养性社会福利单位床位9.37万张。全省建立各种社区服务设施2014个，其中社区服务中心(站)1679个。

【存在问题】 经济社会发展存在的主要困难和问题是，经济总量不够大，大企业大项目不多，自主创新能力不足，外贸出口竞争力不强；节能减排、生态环境保护压力较大；城乡规划建设管理水平亟待提高，农民持续增收难度加大，城乡区域发展差距仍然较大；优质教育、医疗资源总量不足、分布不均；征地拆迁、安全生产、社会治安等方面还存在不少问题，社会管理面临一系列新问题新挑战。 (章文恕)

【内资市场主体登记】 截至年底，全省新登记内资企业(含分支机构)64721户，注册资本(金)2710.64亿元，分别下降3.98%、5.12%；个体工商户192194户，注册资金总额155.60亿元，分别增长2.27%、21.29%；农民专业合作社4172户，出资总额137.48亿元，分别增长14.93%、40.29%。实有内资企业401685户，注册资本(金)22642.59亿元，分别增长10.89%、20.49%；个体工商户950274户，注册资金总额518.06亿元，分别增长11.86%、24.75%；农民专业合作社15407户，出资总额405.31亿元，分别增长36.88%、60.78%。

【外商投资主体登记】 截至年底，全省新设各类外商投资市场主体1437户，下降4.9%，其中：外商投资企业(含分支机构)1391户，外国(地区)企业常驻代表机构42户，外国(地区)企业在中国境内从事生产经营活动4户；新增投资总额81.88亿美元，注册资本45.76亿美元，外方认缴38.66亿美元，分别下降12.4%、8.18%、6.57%。实有各类外商投资市场主体24879户，下降1.5%，其中：外商投资企业(含分支机构)23381户，外国企业常驻代表机构1467户，外国企业在中国境内从事生产经营活动26户，外商投资合伙企业5户。 (林泉祥)

体制改革

【水利改革发展】 出台关于加快推进重大水利项目建设十项措施，从简化项目审批手续、优化设计流程、发挥水利投融资平台作用、鼓励社会投入等方面给予政策支持。成立重大水利项目建设协调小组，办公室挂靠省发展改革委。出台《关于金融支持福建省水利改革发展的实施意见》，引导金融机构加大对水利改革发展的支持力度。完成大水网规划编制，着力构筑一张分区配置、三水并举、南北相接、纵横相济的“大水网”。出台关于支持扶贫开发和水土流失治理重点县加快发展的七条措施，明确从2012—2015年省财政每年安排专项资金2.28亿元用于27个重点县相关项目建设。启动《福建省水土保持条例》调研及起草工作。

【创新土地管理方式和管理体制】 确定9个县(市、区)作为农村集体土地确权登记发证示范单位，全省集体土地所有权证书发证率93%，集体建设用地使用权证书发证率88%，宅基地使用权证书发证率86%。农村土地流转稳妥推进，全省904个涉农乡镇全部建成乡镇土地流转服务平台。林权改革稳步推进，省级以上生态公益林在保率达100%，发放林权证抵押贷款11.84亿元，林权登记发证率95.56%，流转林地共达66.53万公顷。确定31个农村环境连片整治示范工作示范片区，总投资2.4亿元。完善节约集约用地的体制机制，立项旧村复垦项目849个，复垦总规模3413.33公顷，可新增耕地2986.67公顷。共审批建设用地1.03万公顷，增长9.7%，合福铁路、京台高速公路、三明机场等6个重大项目2261.33公顷用地获国务院批准。

【企业改革发展】 推进国有企业战略性重组，启动福建省稀有稀土(集团)有限公司相关企业整合重组工作。加强与央企合作，省属企业与央企新签5项合作协议，投资总额230亿元。实施企业“走出去”，推动签署《福建省省属企业海外业务战略合作框架协议》。成立企业改制上市工作领导小组，推进省属企业改制上市。完善中小微企业金融服务体系，小微企业金融服务专营机构比年初增加26家，小微企业贷款占全部企业贷款余额的37%，继续位居全国前列。批准设立小额贷款公司64家。推进企业发债融资，全省31家企业在银行间债券市场发债50期，融资367.9亿元，是上年的2.03倍。216项民营企业项目列入省“百项千亿”重点技改项目投资计划，项目总投资695.83亿元。

【服务业综合改革】 推进福州市鼓楼区、厦门市两个国家级服务业综合改革试验区试点工作。出台《关于加快发展社区服务业的意见》和《关于加快社会养老服务体系建设的意见》，各类养老服务机构总床位数达9.4万张，新增床位约2万张，每千名老年人拥有养老床位数达20.91张。完成2059个社区居家养老服务中心站建设，基本实现城市社区居家养老服务全覆盖。出台鼓励民间资本投资养老机构的优惠政策，民办养老机构发展到184家。

【科技体制改革】 进一步确立科技重大专项和科技重大项目以企业技术创新需求为导向的立项机制，应用开发类项目全面实行企业为主、产学研联合实施，60%以上的科技项目、70%以上的研发投入、R&D活动人员和省级科技获奖成果由企业承担或由企业获得，60%以上的专利申请和专利授权从企业产生。制定重大科技创新平台引进和建设资助办法，171家工程技术研究中心通过省级(企业)工程技术研究中心评估，新增省级(企业)工程技术研究中心58家。完善科技管理机制、形成了基础计划培育源泉、重点计划跟进孵化、重大项目抚育壮大，重大专项集中突破的递进式的计划管理体系。在全国率先建立企业R&D经费专户（专账）制度。引导社会资本支持企业技术创新，与兴业银行、海峡银行等6家银行签订了战略合作协议，开展专利质押贷款及贴息等科技金融试点。

【文化体制机制改革】 全省院团改革工作取得显著成效，涉改国有文艺院团89家基本完成改革任务，其中完成转企14家、划转58家、撤销17家；设区市84家涉改国有文艺院团已基本完成改革任务，其中转企11家、划转56家、撤销17家。13家非时政类报刊出版单位完成转企改制。设区市、平潭综合实验区和县（市、区）全部完成文化、广电、新闻出版行政管理部门整合，并挂牌组建文化市场综合执法队伍。推动金融支持文化产业发展，与中国银行福建省分行签署文化产业战略合作协议。广电惠民工程建设有序推进，完成农村有线广播村村响工程验收工作。细化金融支持文化产业各项政策措施，全省文化产业贷款余额同比增长28.8%。15家（不含厦门）文化出口企业被评为“国家文化出口重点企业”。吸收非公有资本进入影视制作领域取得成效，全省民营影视制作机构114个，占84%。

【创新城乡规划建设管理】 福州市总体规划于9月上报国务院，宁德市总体规划于5月经省政府批准实施。总结推广厦门提高规划审批效能的经验，出台关于创新规划审批机制，推行建设项目“菜单式”审批标准化服务的若干意见。完善城市规划督察员制度，向各设区市和平潭综合实验区派驻城市规划督察员，向福州、厦门派驻规划联络员。推进村庄规划全覆盖，已编制完成规划村庄占总数的99.5%。

【行政管理体制改革】 积极稳妥地推进事业单位分类改革，拟定事业单位分类参考目录和标准，下发实施意见，着手起草10个方面配套政策。深入推进行业协会与行政主管单位“四脱钩”，全省1912家行业协会全部与行政主管部门实现职能分开、机构分设、财产分置。探索将非公募基金会登记管理权限从省下放至设区市民政部门，明确厦门市试点登记管理公募基金会，建立市级基金会备案制度，逐步实现公益慈善类社会组织去行政化、去级别化。行政审批制度改革进一步深化。下发关于推进行政审批服务标准化管理的工作意见，全面推进制定单个事项的行政审批标准、建立联合审批标准及运作机制、推进职能事权事项的服务标准化管理、进一步清理审批收费、完善审批监管机制、规范中介机构服务等各项工作。授予平潭综合实验区在辖区内行使96项省级行政职权。产权交易中心和行政服务中心加快建设，设区市和平潭综合实验区行政服务中心已全面建成并投入使用。持续创新社会管理。在全国率先成立省级民政标准化技术委员会，加强民政工作标准化建设。开展“下基层、解民忧、办实事、促发展”活动，共20多万名干部下基层。完成农村派出所综合警务改革，建立无讼创建点595个，建成专业性调节委员会1271个。大调解工作纵深推进，专业调处机制向矛盾多发的行业领域延伸，效能投诉受理和直查快办力度加大。

【厦门莆田泉州综合配套改革】 厦门市深化两岸交流合作综合配套改革试验稳步推进，制定3年行动计划和年度改革计划，明确十大重点任务和六大平台载体建设任务；两岸新兴产业与现代服务业合作示范区、区域性金融服务中心、东南国际航运中心、云计算中心等一批产业合作平台建设深入推进；一批先行先试政策（项目）取得突破，大嶝对台小额商品交易免税携带额度从每人每天3000元提高至6000元，7家银行获批开展新台币兑换业务，城市轨道交通近期建设规划获国家批准实施。莆田市城乡一体化综合配套改革试验工作稳步开展，印发改革试验的总体方案，明确以土地整理和村庄整治为切入点，创新城乡规划建设、土地流转等方面的体制机制，推动农业向规模经营集中、工业向园区集中、农民居住向城镇及规划中心村集中，同步推进城乡就业保障、社会管理、公共服务等方面的改革；提出了创新城乡规划建设机制等八项主要综合改革任务，以及推进莆台交流合作等3个重要领域的配套改革试验，各项改革试验工作已全面展开。泉州市民营经济综合配套改革试验正式启动，研究提出关于推进改革试验的若干意见，着力建设政策支撑有力、政府服务高效、产业基础优越、社会依托完善的民营经济发展集聚区和示范区，为促进全省民营经济改革发展发挥积极的示范带动作用。

【医药卫生体制改革】 全民医保制度基本建立，职工、城镇居民医保参保率达95%，新农合参合率达99.66%，城镇居民医保和新农合政府补助标准提高到240元。国家基本药物制度稳步实施，全省各县（市、区）50%以上的行政村卫生所实施药品零差率改革。基层医疗卫生服务体系显著加强，全省乡镇卫生院基本达到国家标准。基本公共卫生服务水平明显提高，基本公共卫生服务经费标准实现城乡统一，财政投入提高到人均25元，10类41项基本公共卫生服务免费向城乡居民提供。公立医院改革试点稳妥推进，厦门市出台公立医院改革试点实施方案，全省9所试点县级公立医院开展综合改革。社会保障卡项目建设走在全国前列，所有医疗机构完成就诊“一卡通工程”。 （黄丽玲）

精神文明建设

【讲文明树新风活动】 普及群众性歌咏活动，“爱国歌曲大家唱”活动遍布城乡。各市、县、区均组建了3—8支规模300人以上的各类合唱、演唱队伍，并常年活跃在社区小广场、城市公园、街心小公园。“一市县一歌”征集评选活动成效明显，177首富有地方文化特色和人文风情的音乐作品脱颖而出。全民阅读氛围浓厚，举办海峡两岸儿童阅读交流会，开展“名师下基层”读书大讲坛、“书香班级”PK赛、书香少年评比等活动。联合省读书援助协会等社会力量，开展“书香海西”捐赠助读暨阳光公益周活动，50多家爱心企业和个人捐款146万元、捐赠100万册图书，为贫困乡村中小学校援建爱心图书室和阳光体育园地。设计制作“公共生活好习惯”公共秩序篇、文明交通篇、环境卫生篇等五类公益广告在全省统一投入使用。开展“迎接十八大、讲文明树新风”公益广告征集评选活动，数十件获奖作品中国文明网作为首页链接，点击量达数万次。整治交通陋习和交通违法行为，各地广泛开展“文明驾驶员”、“十佳公交车司机”、“十佳出租车司机”评选表彰等活动，营造了安全有序、文明礼让、和谐畅通的交通环境。推动家园清洁行动，按照省委提出的学习“长汀经验”、建设“生态之省”要求，发动城乡大清扫、大整理、大整治，提升了绿色社区、文明生态村创建水平。全面展开文明餐桌行动，督促指导各地实施文明餐桌行动计划，重点在各级文明学校和餐饮、旅游行业中，大力倡导科学健康饮食、合理点餐，杜绝铺张浪费。

【公民道德建设】 推进道德模范基层巡讲巡演，福州、厦门两地承办中央文明办、中国文联联合举办的“道德模范故事汇”基层巡演专场活动。全省共有16名道德模范和12名中国和福建“好人榜”的先进典型参与“道德模范故事汇”基层巡演，并到35所高校巡讲，听众达40余万人次。各地借助闽剧、莆仙戏、高甲戏、梅林戏等群众喜闻乐见的曲艺形式，开展道德模范故事基层巡演活动。组织省直机关领导干部到高校作专题报告，组织学者专家、人大代表、政协委员、媒体记者、市民等召开学习践行“福建精神”研讨会座谈会，评出“践行福建精神十大人物”，进一步激励人们学习模范、争当楷模。大力推进道德领域突出问题专项教育治理，全面贯彻落实中央四个专题会议精神，召开全省道德领域突出问题专项教育和治理活动视讯会议，强化协调指导，制定教育治理活动方案，建立了由省文明委成员单位以及省经贸委、省政府食品安全办、纠风办等部门组成的联席会议制度，把专项教育和治理工作范围从全国文明城市扩大到各设区市、县级市和全国文明县城，全力推进重点任务、重点领域、重点人群、重点区域的教育治理工作。大力推进“好人建设”，督促各地建立“好人建设”推荐宣传、表彰奖励等长效机制，发动机关企事业单位和基层群众参与网上投票、评议活动，全年共推荐好人720名，其中53人入选“中国好人榜”，173人入选“福建好人榜”。推进“道德讲堂”建设，把道德讲堂建设要求扩大到7个全国文明县城以及6个争创全国文明城市的县级市，各省级以上文明单位率先全部建成“道德讲堂”6000多所，并定期开展活动，形成了浓厚的道德教育氛围。

【节日主题文化活动】 突出节日文化主题，各地紧紧围绕爱国爱乡、弘扬优秀传统文化、活跃群众文化生活主题广泛开展活动。在七大传统节日期间，各地均举办大型文艺晚会、欢乐进基层巡演、乡村春晚、农民工春晚、网络春晚、经典诵读、赛诗会、诵读展演等活动。春节、元宵期间，福州、厦门两地的“元宵灯会”规模创历史新高，观灯的国内外游客逾600万人次；组织开展“两马同春闹元宵”灯会、海峡龙舟邀请赛、蚶江海上泼水节、两岸灯谜联猜暨大学生灯谜邀请赛和两岸青年歌舞晚会等民俗文化活动，参与人数逾10万人次。清明节期间，全省各地利用革命老区、苏区的资源优势，依托当地各类纪念馆、展览馆、纪念碑、烈士陵园、伟人故居等教育基地，组织机关、社区、学校和企事业单位广大干部群众和青少年开展缅怀参观、祭扫、鲜花祭奠、网上祭英烈等活动，激励人们继承先烈遗志、立志报效国家。中秋、国庆“双节”期间，各地以喜迎十八大为活动主题，广泛开展文艺晚会、歌咏比赛等。

【群众性精神文明创建活动】 持续深化文明城市创建，在4个层面推进文明城市创建工作，即：厦门、福州继续保持全国文明城市前列；三明、漳州、泉州力争进入全国文明城市资格城市地级市前列；福清、长乐、石狮、晋江、邵武、武夷山市争创全国文明城市；其余各市、县、区争创省级文明城市（县城、城区）。各地围绕争创目标，认真制定新一轮创建规划。开展全省城市（县城、城区）公共文明指数和未成年人思想道德建设工作“双测评”工作。开展全省创建文明县城工作观摩活动，组织福建省全国文明县城、省级文明县城和提名资格县城的文明办主任到武平、长泰、惠安、永春、德化、沙县、泰宁7个全国文明县城观摩学习和研讨交流。扎实推进文明单位创建，组织开展第十二届省级文明单位争创申报和新一届全国文明单位培育工作。组织开展第十一届（2009—2011）省级文明村镇、单位（学校、社区、风景旅游区）复查工作。纵深拓展文明行业创建，年初召开全省创建文明行业工作会议，启动第七届全省创建文明行业竞赛活动，33个参赛行业签订了竞赛活动责任书。召开全省文明行业创建工作现场观摩交流会，组织参赛行业赴福州、德化、厦门三地电力系统交流学习。组织各市县区开展全省文明行业优质服务指数测评。召开省创建文明行业工作座谈会，交流道德领域突出问题专项教育和治理活动工作经验，有效推动各参赛行业特别是服务窗口单位改进行风、提升服务水平。深化家园清洁行动，加强农村垃圾收集处理等环卫基础设施建设和镇村综合卫生管理，农村保洁各项工作已基本达到省级指标；深化移风易俗活动，通过电视、报纸、广播、网络等各种媒体进行广泛宣传引导，进一步倡导文明、健康、科学的生活方式；深化文明集市创建活动，加快农村集市基础设施建设，营造依法经营、诚实守信、整洁有序的农村市场环境；深化“公共生活好习惯”促进行动，引导农民自我教育、自我管理，培育文明乡风。

【未成年人思想道德建设】 突出“做一个有道德的人”这个主题，以机制为动力、项目为带动、示范为引领，未成年人思想道德建设工作有序有度推进。建立全省未成年人思想道德建设工作数据库，加强动态跟踪。根据新情况新要求研究修订《未成年人思想道德建设工作测评体系》，联合成员单位开展全省未成年人思想道德建设工作年度测评，推动各地落实年度任务。全省5个城市接受全国未成年人思想道德建设工作测评，在30个省会副省级参评城市中，厦门市位列第二（上升3位），福州市位列第四（上升7位）；在84个地级参评城市中，漳州市位第30（上升6位），三明市位列第32（上升6位），泉州市位列第38（上升20位）。深化"美德少年"学习宣传，编印15万册美德少年故事集《文明蓓蕾》免费赠送基层学校。开展优秀童谣征集传唱活动、组织编写"节日小报"、开展经典诵读和地方民俗等活动，组织"缅怀先烈、传承遗志"、"学雷锋、做美德少年"、"向国旗敬礼"网上签名寄语活动，组织"迎接十八·童心向党"歌咏活动，组织开展以在校中小学生为创作主体的"我的校园我的家"校园墙体文化创意活动，评出黑板报、宣传橱窗、走廊楼道、户外墙面4类共64件获奖作品并在文明风网站集中展示，丰富活跃了校园文化。拓展未成年人思想道德实践空间，推进千所学校"文明小博客"活动，建立"福建省文明小博客网络平台"，9个设区市全部开通市级管理平台，全省共有1029所学校建立了校园博客圈，近10万名学生参与写博、评博活动。推进"乡村学校少年宫"建设，召开全省乡村学校少年宫"1＋1"项目建设推进会暨骨干人员培训会。制定专门考核评估方案，对上年中央专项彩票公益金资助建设的首批34所乡村学校少年宫进行年度评估验收，完成新增39所乡村学校少年宫建设任务。推进未成年人课外阅读实践基地建设，制定课外阅读实践基地规范建设标准，积极引导有条件的农村中小学校建设校园课外阅读实践基地，开展"书香校园"活动，共建成205所。推进未成年人"心理健康教育辅导站"建设，出台未成年人心理健康辅导站点规范建设、常态工作的指导意见。依托《海峡教育报》社编辑出版《成长专刊》，全年出刊50期，每期免费向全省中小学校赠阅近4万份，受众面和影响力不断扩大。改善未成年人特殊群体成长境遇，落实"西部开发助学工程"，落实今年新资助50名高中生和20名大学生，在南平市新办"宏志班"，2012年春节前走访慰问20名家庭困难的美德少年和100名"宏志班"学生。广泛发动社会各界关爱留守儿童、进城务工人员子女等未成年人特殊群体，组织文明单位开展结对帮扶。

【学雷锋志愿服务活动】 推动志愿服务工作立法，向省人大提出了立法规划立项建议，研究制定《福建省志愿服务工作测评体系（试行）》，建成"福建省志愿者注册管理系统"并投入使用，做好志愿服务基金募集工作。精心组织"福建省百万志愿者学雷锋十大行动"，在9个设区市分别举行"三关爱"志愿服务启动仪式，各地广泛发动志愿者参与城乡环境整治、公共秩序维护、岗位学雷锋、送欢乐下基层、净化优化网络文化环境以及关爱空巢老人、农民工、残疾人、未成年人、道德模范和身边好人等十大志愿服务行动，特别是在重要节庆日、双休日期间，广大志愿者活跃在城市公共场所和广大社区村镇，积极开展帮民便民、文明交通、治安巡查、应急救援、爱心送考、健康义诊、法律援助、植树护绿等学雷锋志愿服务，集聚爱心、传递温暖，得到社会各界的热情称赞，有效弘扬了雷锋精神。开展志愿者心得、故事和志愿服务工作创新案例征集活动，编辑出版了《星星点灯》、《温暖相约》和《志愿福建》、《志愿服务礼仪培训指南》4册志愿服务文化丛书。"12·5"国际志愿者日期间，举办了福建省志愿服务先进事迹暨《福建志愿者》电视栏目开播3周年座谈会，组织开展志愿服务网上访谈、座谈研讨等系列活动。组建志愿服务信息员队伍，加强志愿服务信息采编和宣传报道，提升了志愿服务美誉度。

（陈福星）

编辑：王文灿

机关团体

中共福建省委员会

【中共福建省委】 2012年，在党中央的正确领导下，省委深入贯彻落实科学发展观，认真学习贯彻党的十八大精神，按照省第九次党代会确定的奋斗目标和主要任务，团结带领全省干部群众，着力稳增长、调结构，控物价、惠民生，抓改革、促和谐，深入实施"三规划两方案"，全面推进经济、政治、文化、社会、生态文明建设和党的建设，各项工作取得了新的成效。

做好迎接党的十八大召开和学习宣传贯彻党的十八大精神各项工作。围绕迎接党的十八大召开，省委精心组织、周密安排，坚持代表标准条件，严格执行程序步骤，突出基层一线导向，经过充分酝酿和发扬民主，选举产生了41名福建省出席党的十八大代表；召开省委常委会、九届五次全会和举办全省县委书记、县长培训班，认真学习胡锦涛同志"7·23"重要讲话精神，深刻领会和把握事关党和国家发展全局的重大问题，进一步筑牢学习宣传贯彻党的十八大精神的政治、思想和理论基础；认真负责做好党的十八大报告和党章修改的征求意见工作；精心组织系列主题宣传活动，全面展示党的十六大特别是十七大以来福建改革发展取得的巨大成就，动员各级各部门以高度负责、奋发有为的精神状态，扎实做好各项工作，以优异成绩迎接党的十八大胜利召开。党的十八大召开期间，全省广大党员干部第一时间收听收看党的十八大盛况。党的十八大胜利闭幕后，省委把学习宣传贯彻党的十八大精神作为首要政治任务，及时召开常委(扩大)会议，迅速传达学习，提出贯彻意见；印发了《关于认真学习宣传贯彻党的十八大精神的通知》，对全省学习宣传贯彻工作进行部署；认真组织中央宣讲团和省委宣讲团的宣讲工作，帮助广大干部群众加深对党的十八大精神的理解和认识。省各套班子领导和党的十八大代表带头学习宣传贯彻党的十八大精神，各级各部门组织开展形式多样、丰富多彩的活动，在全省上下兴起了学习贯彻的热潮。全省各级各部门、广大党员和干部群众按照中央和省委的要求，正在认真落实学习宣传贯彻党的十八大精神的各项任务，掀起学习宣传贯彻的新高潮。

全力推动经济平稳较快发展。牢牢把握稳中求进的工作总基调，把稳增长放在更加重要的位置，在"稳"的基础上更多地着眼于"进"，千方百计保持经济平稳较快发展。2012年，全省实现生产总值19701.78亿元，比上年增长11.4%；财政总收入3008.91亿元，增长15.9%，其中地方级财政收入1776.21亿元，增长18.3%；全社会固定资产投资12709.66亿元，增长25.5%；社会消费品零售总额7149.54亿元，增长15.9%；居民消费价格总水平上涨2.4%。强化稳增长的政策支持，针对经济下行压力加大等突出矛盾，加强对经济运行情况的分析研判，在落实好现有政策的基础上，及时制定促进工业稳定增长、金融服务实体经济、支持金融业发展、促进总部经济发展等覆盖面广、针对性强的政策措施；加大对中小微企业的支持力度，出台支持小微企业发展12条政策，帮助企业克服生产经营困难，增进企业发展信心；支持和引导民营企业二次创业，出台实施促进民营经济发展"7+10"政策，鼓励民间资本投资基础设施和医疗、养老等民生社会事业领域，拓展发展空间，提高发展质量；积极应对全球贸易增长放缓影响，出台扶持外经贸发展的一系列政策措施，"一对一"帮扶重点出口企业，激励企业敢于接单、加快出口，全年外贸进出口总额1559.27亿美元，增长8.6%，总体比较平稳。加快产业结构转型升级，召开省委九届五次全会，对事关福建长远发展的科技创新、海洋经济发展和旅游业发展作出部署，制定下发相关政策文件；围绕抓龙头、铸链条、建集群，坚持存量调整、增量优选，加快构建现代产业体系；大力发展现代农业，更加注重以工业化的理念发展农业，有效落实强农惠农富农政策，积极创新和推广农业科技，完善以水利为重点的基础设施，全年第一产业增加值增长4.2%；加快提升传统产业，出台促进技术改造的扶持措施，深入实施"百项千亿"重点技改工程，建立"万亿"技改项目库，突出抓好313个重点技改项目，全年全省完成技改投资2082.7亿元；加强区域创新体系建设，注重发挥企业创新主体作用，充分发挥"6·18"平台功能，科技促进经济社会发展指数居全国第五位；积极培育战略性新兴产业，密切对接国家发展规划，跟进相关配套扶持政策，建立产业发展专项基金，七大战略性新兴产业继续保持20%以上的增长速度；《福建海峡蓝色经济试验区发展规划》获批实施，海洋经济发展试点加快推进，海洋经济占全省生产总值比重26.5%，规模居全国第五位；大力发展现代服务业，抓好国家和省级服务业综合改革试点，出台推动福州、厦门、泉州、平潭等城市服务外包业发展政策措施，深入实施文化产业提升工程，加快把旅游、物流、金融、文化产业培育成为新的主导产业和支柱性产业，全年第三产业增加值增长8.5%；大力实施14个产业振兴规划，加快培育38

个重点产业集群，有7个产业集群产值超千亿。大力实施投资拉动和项目带动，坚持把稳定投资作为稳增长的关键，在促进投资有效增长的同时，不断优化投资结构，持续增强经济发展的后劲；继续打好“五大战役”，积极拓展战役内涵和领域，将水土流失治理、“四绿”工程、造福工程、防灾减灾等领域的项目纳入战役实施范围，全年重点项目建设、新增长区域、城市建设、小城镇改革发展战役共完成投资1.31万亿元，提前3个月完成年度投资计划，带动了全社会固定资产投资较快增长；完善“三维”项目对接机制，加强与央企战略合作，成功举办珠三角民企对接会和第十六届“9·8”投洽会，大力引进港澳台侨外资企业，全年纳入全省“三维项目跟踪管理信息系统”跟踪的项目共2970项，总投资约3.66万亿元；中化泉州炼油、厦门东南国际航运中心、福建炼化脱瓶颈、新龙马发动机年产30万台、神华罗源湾港储电一体化、闽江北水南调工程、古雷PX原料调整、莆田平海湾、宁德500千伏变电站扩建等一批有利长远发展和民生改善的重大项目获批动建，有力地促进了经济企稳向好。统筹城乡区域协调发展，坚持走新型城镇化道路，以构建魅力都市、打造宜居县城、发展特色乡镇和建设美丽村庄为目标，加快形成城乡一体化协调发展的新格局；围绕实施海峡西岸城市群发展规划，着力建设马尾新城、构建福州大都市区，加快厦漳泉大都市区建设，进一步增强中心城市的辐射带动作用；突出抓好43个小城镇综合改革建设试点，培育一批各具特色的工业强镇、商贸重镇和旅游名镇、历史文化名镇，推动基础设施、公共配套服务向农村延伸，完成4178个村庄规划编制，实现村庄规划全覆盖；做大做强县域经济，强化促进县域经济发展政策措施的落实，加大对县(市)转移支付力度，“一县一主业”发展格局更加明显；出台深化山海协作“八条意见”，探索建立“人往沿海走，钱往山区拨，沿海发展工业，山区保护生态，发展飞地经济，促进山海互动”的新机制；支持原中央苏区县、革命老区和欠发达地区加快发展，加大扶贫攻坚力度，对23个重点县实行省领导挂钩联系、省直相关部门和经济发达县市对口帮扶，促进生产生活条件进一步改善。持续抓好生态省建设，倍加珍惜、倍加爱护福建良好的生态环境，坚持开发与保护并重，不断巩固和发展生态优势；新增造林面积22.07万公顷，推进“六江两溪”重点流域治理，全省12条主要水系Ⅰ—Ⅲ类水质比例为95.6%，23个城市空气质量全部达到或优于国家二级标准，生态环境质量位居全国前列；坚持“宁可少一点也要好一点，宁可少一点也要实一点”，严把产业政策关、资源消耗关、环境保护关，好中选优产业项目，加快淘汰造纸、制革、印染、铁合金、炼铁等重点行业落后产能，完成年度节能减排任务；按照“进则全胜、不进则退”的要求，总结推广“长汀经验”，加大对重点区域水土流失治理力度，整合部门经费16亿元，争取中央资金14亿元，治理水土流失面积15万公顷，超额完成年度治理任务。

扎实做好保障和改善民生工作。坚持把保障和改善民生作为工作的出发点和落脚点，像抓经济建设一样抓好民生工作，既量力而行又尽力而为，既满足基本需求又保障发展需求，不断增强人民群众的幸福感，公共财政涉及民生的支出1906亿元，占全省财政总支出的73.3%，年初确定的50件惠民实事得到有效落实。着力解决群众切身利益问题，实施更加积极就业政策，不断扩大就业渠道，就业形势保持稳定，全年全省城镇新增就业60.07万人；转移农村劳动力39万人。城乡居民稳步增收，城镇居民人均可支配收入28055.20元，农民人均现金收入9967.20元，分别增长12.6%和13.5%，均高于年初确定的目标和GDP增速；保障性安居工程加快推进，计划建设16.17万套，全年新开工19.28万套，开工率121.4%，基本建成保障性安居工程14.38万套，基本建成率118.9%，全省住房保障覆盖面达到13%，超过全国11%的水平；开展新一轮造福搬迁工程，提高补助标准至3000元，共搬迁3.3万户13.7万人；将省定农村低保标准从1200元提高到1800元，共有90.63万人享受到低保政策；加快建设农村饮水安全工程，完成投资14.38亿元，让292.5万人喝上“放心水”；加强食品卫生安全监督执法和专项整治，保障人民群众健康安全。大力发展社会事业，坚持教育优先发展，持续增加教育投入，义务教育各项主要指标保持在全国较高水平，覆盖全省人口92.4%的地区实现“双高普九”，全省城区中小学扩容改建稳步推进，保障了67万流动人口子女在城镇就学，出台“异地高考”政策，校安工程竣工746万平方米，新、改扩建公办幼儿园364所，学龄前儿童入园率达92%，推进现代职教体系建设，出台支持高校发展的24条措施，高等教育毛入学率高于全国平均水平。医疗卫生体制改革稳步推进，在全民医保基础上，保障水平进一步提高，大病救助机制初步建立，全省新增床位9617张，千人医疗机构病床数达到3.6张，完成全省乡镇卫生院和4850个村卫生所标准化建设，70%县级综合医院达到国家标准，基层卫生人才队伍实现“四个一批”，在全国率先建成全省居民健康信息系统，全省医疗机构基本实现就诊一卡通，厦门市和9个县级公立医院积极探索改革“以药补医”机制，五位一体医患纠纷调处机制进一步完善，出台鼓励民办医院政策，新建在建19家民办医院。加强文化体育公共服务，继续实施文化惠民工程，基本形成覆盖全省城乡五级公共文化服务网络；加强文化精品创作，获全国“五个一”工程三连冠；全省县(市、区)青少年校外体育活动中心全面建成，建成每个县一条登山步道，人均体育面积进一步提升。社会保障体系进一步健全，新农保制度比全国提前1年实现全覆盖，城镇居民社会养老保险制度比全国提前半年实现全覆盖。坚持计划生育基本国策，积极实施“生育文明·幸福家庭”促进计划。军政军民团结巩固发展，成为全国唯一连续3届所有设区市都被评为“全国双拥模范城”的省份。全力保持社会和谐稳定，坚持省与设区的市签订维稳责任书，强化维稳第一责任，健全重大决策、重大项目、重大事项社会稳定风险评估机制，深入推进源头预防、多元化解的“大调解”工作体系，实施依法处理信访事项“路线图”，推广和谐征迁工作法，推进省市县乡四级领导干部大接访工作，强化涉稳重点人管控和敏感事件处置，加大案件评查和涉法涉诉积案化解力度，全年全省矛盾纠纷调处成功率98%，涉法涉诉信访积案化解率95.2%，信访总量下降2.3%，群体性事件起数下降20.1%。积极推进社会管理创新工作，形成了多层次、宽领域的管理格局。深入开展“平安福建”建设，完善立体化社会治安防控体系，切实加强国家安全、社会治安、安全生产和防汛备汛等工作，扎实做好涉日维稳工作，有效应对“苏拉”等强台风，全省恶性暴力案件、交通事故和火灾起数等均呈两位数下降，群众对社会治安满意率94.9%。

全力推进平潭开放开发和闽台交流合作。牢牢把握两岸关系和平发展主题，充分发挥对台独特优势，用足用好中央赋予的先行先试政策，举全省之力加快平潭开发建设，支持厦门深化两岸交流合作综合配套改革试验，推动闽台交流合作向更大范围、更宽领域、更高水平发展。平潭开放开发迈出新步伐，全面贯彻落实《平潭综合实验区总体发展规划》，研究细化7个方面特殊优惠政策，试行“放地、放权、放利”政策，多层面、多形式、多主体与台湾进行对接；基础设施日益完善，全年完成投资600亿元，岛内“一环两纵两横”等城市主干道基本建成，海峡大桥复桥及第二通道公铁大桥加快建设，调水工程、输变电站等项目有序推进；加快培育高端产业，突出发展高新技术产业、现代服务业、海洋产业、旅游业和文创等产业，已优选国内外48个项目、总投资1070亿元，筹建平潭海洋大学，中华电信“智慧平潭”、中兴通讯、万众锂电池等一批优质项目落地平潭；积极推进体制机制创新，实行大综合、扁平化、高效率的行政管理体制及运作机制，挂牌运营行政服务中心、招投标中心、国库支付中心；实施“四个一千”人才工程，首批从全省选派350名挂职干部，面向台湾招聘的管委会副主任已开始履职；“海峡号”高速客滚航线运送旅客超过10万人次。闽台经贸合作更加紧密，积极跟进落实两岸经济合作框架协议，实施促进台资企业发展35条政策，出台支持漳州古雷石化基地加快建设12条措施，设立5000万元扶持台企发展专项资金，促进闽台产业深度对接，全年全省利用台资505项，合同利用台资20.61亿美元，增长47.6%，实际到资7.76亿美元；厦门两岸金融中心建设扎实推进，古雷石化PX项目即将投入试生产，PTA等台资重点项目加快建设，率先开展海峡电子商务产业基地共建，两岸合作的第一个产业投资基金海峡产业基金投入运营，成立两岸合作的海峡产权交易所；抓好国家级台湾农民创业园建设，已有467家台资农业企业入园创业，总投资达8.5亿美元，数量和质量均居全国首位；鼓励企业赴台投资，累计共有34家企业和机构到台湾投资设点，协议投资1.63亿美元，居大陆各省前列。文化交流和直接往来更加密切，成功举办第四届海峡论坛，论坛已成为两岸民间交流规模最大、台湾基层民众参与最多的重要平台和知名品牌；海峡两岸文博会升格为国家级文博会；加强闽台人才交流合作，率先开展选聘台湾专才工作，率先开放248个职业技术鉴定项目，全面推广闽台高校和台资企业“校校企”三方联合培养人才项目，已有32所福建高校与53所台湾地区高校和185家台资企业开展合作；厦金航线开通夜航，福州赴台个人游试点启动实施，金马澎离岛个人游范围扩大，两岸首条海底直通光缆厦金海底光缆正式建成，厦门对台邮件总包处理中心建成并投入使用，率先设立两岸婚姻家庭服务中心；闽台合作交流团赴台开展“乡情之旅”取得圆满成功。全年经福建口岸赴台旅游大陆居民28.215万人次，增长19.95%；来闽台胞211.16万人次，增长14.1%。

加强社会主义民主政治建设。坚持党的领导、人民当家做主和依法治国的有机统一，积极推进社会主义政治文明建设，凝聚各方面力量，巩固和发展民主团结、生动活泼、安定和谐的政治局面。坚持和完善人民代表大会制度，支持人大及其常委会依法履行职能，围绕实施“三规划两方案”等重大工作及时作出决定、决议，将中央和省委的决策部署通过法定程序转变为全省人民的共同意志和实际行动；省人大加强和改进立法工作，制定学校安全管理条例、促进茶产业发展条例、节约能源条例等5项法规，修改村民委员会组织法实施办法、村民委员会选举办法、人口计划生育条例等5项法规；强化法律监督和工作监督，对安全生产法和安全生产条例、高等教育法等法律法规实施情况进行检查；加强人大队伍建设，做好省级人大领导班子换届各项准备工作，启动省十二届人大代表选举工作；支持和保障人大代表依法履行职务，提高人大代表依法履职能力；开展现行宪法公布施行30周年纪念活动。切实做好统一战线和人民政协工作，充分发挥各级政协组织的职能作用，支持政协开展专题调研和视察活动，在促进小微企业健康发展、推进工业化与信息化深度融合、促进生态省建设、创新社会管理等方面积极建言献策；发挥政协委员的桥梁纽带作用，广泛反映社情民意，促成了一批民生热点问题的解决；整合统战资源，深入实施“同心”工程，加强与港澳委员和特邀委员的联系，拓展同台湾岛内的联系沟通，做好凝聚侨心、汇聚侨智工作。加强党外代表人士及后备队伍建设，促进民主党派、省工商联做好换届工作；调整充实省政协工作力量，做好省级政协领导班子换届筹备工作。支持工会、共青团、妇联等人民团体充分履职，发挥党联系人民群众的桥梁纽带作用。

全面加强和改进党的建设。认真履行党要管党、从严治党的职责，坚持以加强党的执政能力建设和先进性建设为主线，全面加强党的思想、组织、作风、反腐倡廉和制度建设，保持党的先进性和纯洁性，为推动福建科学发展跨越发展提供坚强的政治保证。加强领导班子思想政治建设，坚持把思想政治建设放在首位，抓好省委《关于加强换届后领导班子思想政治建设若干问题的意见》的贯彻落实；强化党委领导班子内部制度建设，出台《关于健全市县党委工作制度的意见》及11项配套制度，推动领导班子思想政治建设规范化、长效化；贯彻落实中央八项规定，制定出台《实施意见》，进一步转变工作作风，密切与人民群众的联系。

抓好领导班子和干部队伍建设，坚持德才兼备、以德为先用人标准，按照规定程序，统筹抓好全省市、县（区）人大、政府、政协换届工作，选优配强各级领导班子，整个换届过程风清气正；总结运用换届成功经验，完善党委全委会、常委会决定任用重要干部票决制，探索和试行市、县两级党委常委会差额票决干部办法；实施“年轻干部成长工程”，在全省范围内公开选拔16名“70后”副厅级领导干部，选派300名优秀年轻干部上下挂职，从清华、北大选拔52名优秀毕业生到县乡或开发区锻炼；加大竞争性选拔干部力度，全省通过公开选拔、竞争上岗和公开遴选方式选拔干部702人；加强领导干部的管理监督，选人用人公信度进一步提升；开展大规模干部培训，对换届后县级党政正职进行了3次集中培训，组织实施领导干部“十个一百”培训工程，100名干部赴国外学习培训；大力实施人才工程，全面加强各类人才队伍建设，67人和13个团队入选福建省第二批高层次创业创新人才，20人入选国家“千人计划”。始终注重抓基层打基础，深入开展创先争优活动，在建党91周年前夕召开全省创先争优表彰大会，认真总结经验，扩大创先争优活动成果，推动创先争优机制化、长效化，群众对创先争优活动满意率达99.2%；全面落实“基层组织建设年”各项任务，总结推广农村“168”、社区“135”、非公“三五”、机关“1263”和流动党员“双向”管理等基层党建工作机制，全面加强基层党的建设；深入开展“下基层、解民忧、办实事、促发展”活动，全省20多万机关干部下基层、接地气，结对帮扶生活困难群众和党员，解决了一大批困难和问题，受到群众好评。深入推进反腐倡廉建设，加强反腐倡廉宣传教育和廉政文化建设，深入开展专项治理，认真解决领导干部廉洁自律方面的突出问题；深化机关效能建设和政府绩效管理，强化效能监察，促进党政机关提高执行力；切实维护群众利益，着力解决征地拆迁、环境保护、安全生产、保障性住房、强农惠农资金等群众反映强烈的突出问题；挂牌成立省预防腐败局，加大预防腐败工作力度，从规范权力运行、建立市场机制、完善中介组织三方面推进制度建设，加强廉政风险防控；保持查办案件力度，全年全省纪检监察机关新立案件5149件，其中县处级以上干部案件111件，结销案件5141件，处分5002人，移送司法机关472人。省委常委会在抓好各项工作的同时，始终注重加强自身建设，认真贯彻落实《关于进一步加强省委领导班子思想政治建设的意见》，带头讲政治、顾大局、守纪律，始终与党中央保持高度一致；切实抓好学习，围绕事关福建发展的重大课题，有针对性地安排8次中心组学习，增强贯彻落实科学发展观的自觉性和坚定性，进一步提高履职能力；坚持民主集中制，重大问题集体讨论、集体决策，充分发挥常委会的集体领导作用，常委会班子成员相互支持配合，省几套班子团结和谐，巩固和发展了政通人和业兴的良好局面；带头转变作风，继续组织开展全省“拉练式”工作检查，深入基层一线，深入厂矿企业发现问题、提出意见、推动发展；带头参加“下解办促”活动，各班子成员下基层调研、检查、督促工作近200次，进一步密切了与群众的联系，有力推动了各方面工作落实。

【省委九届四次全会】 中共福建省委九届四次全体会议于2012年4月28日在福州召开，出席会议的省委委员67名、候补委员12名。会议通过充分讨论酝酿，以无记名投票方式确定了福建省出席党的十八大代表候选人预备人选。会议通过了《关于召开中国共产党福建省代表会议的决议》，决定于2012年6月在福州召开中国共产党福建省代表会议，选举福建省出席党的十八大代表。

【省委九届五次全体（扩大）会议】 中共福建省委九届五次全体（扩大）会议于2012年8月6日在福州召开，出席会议的省委委员65名、候补委员13名。参加会议的有：省人大常委会、省政府、省政协党员负责同志，省法院院长、省检察院检察长，省纪委委员，省直有关单位党组（党委）主要负责同志，各市、县（区）党委书记，各市、县（区）长，平潭综合实验区党工委书记、管委会主任；列席会议的有：非中共党员省级领导，在闽的全国人大、政协专委会领导，担任过副省级以上领导职务的老同志，省各民主党派主委、专职副主委。会议认真学习贯彻胡锦涛总书记在省部级主要领导干部专题研讨班上的重要讲话精神，以科学发展观为指导，深入贯彻落实全国科技创新大会精神，研究部署科技创新、海洋经济发展、旅游产业发展和当前工作。会议讨论了中共福建省委、福建省人民政府《关于深化科技体制改革加快创新体系建设的若干意见》、《关于加快海洋经济发展的若干意见》和《关于加快旅游产业发展的若干意见》，会议审议通过《中国共产党福建省第九届委员会第五次全体会议决议》。

会议认为，胡锦涛总书记在省部级主要领导干部专题研讨班上的重要讲话，从坚持和发展中国特色社会主义的政治高度和宽广视野，精辟分析了当前我国面临的新形势新任务，科学阐述了事关党和国家全局的若干重大问题，深刻回答了党和国家未来发展的一系列理论和实践问题，为党的十八大召开奠定了重要的政治、思想和理论基础，对于统一全党思想认识、明确前进方向，具有重大而深远的意义。近年来，省委按照科学发展观要求，提出科学发展跨越发展的思路，深入实施“两规划一方案”，扎实做好改革发展稳定工作，各项事业取得显著成绩，充分证明了科学发展观巨大的理论价值和实践价值。全省各级各部门和广大党员干部群众要认真学习、深入贯彻胡锦涛总书记重要讲话精神，更加自觉地与以胡锦涛同志为总书记的党中央保持高度一致，更加坚定不移地把科学发展观贯彻落实到经济社会发展的全过程和各领域。

会议强调，要强化科技创新对经济社会发展的支撑引领作用，切实把科技摆在优先发展的战略位置，以提高自主创新能力为核心，以促进科技与经济社会发展紧密结合为重点，以深化科技体制改革为动力，加快建立以企业为主体、市场为导向、产学研用结合的技术创新体系；在更大范围内优化配置科技资源，形成协同创新能力；实行科学的评价激励机制，加快创新人才队伍建设，推动形成鼓励创新创造的社会导向，到2020年进入创新型省份行列。

会议强调，加快推进海洋经济强省建设，要坚持陆海统筹、集聚升级、创新驱动、闽台合作、人海和谐，做好全国海洋经济发展试点工作，实施《福建海峡蓝色经济试验区发展规划》，加快临港经济发展，切实增强港口群建设对产业群、城市群发展的带动能力；进一步强化科技支撑，加快海洋传统产业升级与海洋新兴产业发展；坚持开发与保护并重，走科学用海之路，通过海洋经济的跨越发展，不断拓展新的发展空间。

会议强调，福建旅游资源丰富，自然和文化遗产众多，发展旅游业面临难得机遇，要加大资源整合力度，形成推动旅游业发展的合力；积极壮大市场主体，拓展新型业态，加快旅游业转型升级；进一步提升旅游服务水平，努力把旅游业培育成战略性支柱产业。

会议指出，2012年以来福建牢牢把握稳中求进的总基调，加快转方式、调结构步伐，各项工作取得明显成效，但完成全年目标任务仍然繁重艰巨。各级各部门和领导干部要高度负责、迎难而上，扎实做好当前各项工作。要准确把握当前形势和发展趋势，进一步坚定发展的信心决心。要继续强化投资对稳增长的促进和拉动作用，下大力抓好技术改造，进一步提高政策落实的针对性和有效性，推动农业产业化、规模化、集约化，全力保持经济平稳较快发展。要扎实做好维稳和民生工作，积极营造良好社会环境。要进一步凝心聚力、真抓实干，把心思和精力放在抓落实上，弘扬厉行节约、艰苦奋斗作风，深入基层、深入实际、深入群众，调动方方面面的积极性，推动科学发展跨越发展取得新成效。

会议号召，全省各级党组织和全体共产党员紧密团结在以胡锦涛同志为总书记的党中央周围，高举中国特色社会主义伟大旗帜，深入贯彻落实科学发展观，坚持解放思想，改革开放，凝心聚力，攻坚克难，以更加昂扬的斗志、更加饱满的热情、更加扎实的作风，做好改革发展稳定各项工作，以优异成绩迎接党的十八大胜利召开。

【省委九届六次全体（扩大）会议】

中共福建省委九届六次全体（扩大）会议于2012年12月27日在福州召开，出席会议的省委委员61名、候补委员12名；参加会议的有：省人大常委会、省政府、省政协党员负责同志，省法院院长、省检察院检察长，省纪委委员，省直有关单位党组（党委）主要负责同志，各市、县（区）党委书记，各市、县（区）长，平潭综合实验区党工委书记、管委会主任；列席会议的有：非中共党员省级领导，在闽的全国人大、政协专委会领导，担任过副省级以上领导职务的老同志，驻闽部队领导，省各民主党派负责人，以及在榕的省直单位副厅级以上干部。会议要求，全省各级党组织和广大党员要紧密团结在以习近平同志为总书记的党中央周围，深入学习贯彻党的十八大精神，把思想统一到党的十八大精神上来，把智慧和力量凝聚到实现党的十八大确定的目标任务上来，认真落实中央经济工作会议部署，切实做好明年经济社会各项工作，在新的起点上加快福建科学发展跨越发展。会议审议通过《中共福建省委九届六次全会决议》。

会议指出，党的十八大是在我国进入全面建成小康社会决定性阶段召开的一次十分重要的会议。认真学习贯彻党的十八大精神，是当前和今后一个时期的首要政治任务。要进一步深刻领会和把握党的十八大主题，深刻领会和把握过去5年和10年的重大成就，深刻领会和把握科学发展观的历史地位、指导意义和实践要求，深刻领会和把握中国特色社会主义的丰富内涵和夺取中国特色社会主义新胜利的基本要求，深刻领会和把握全面建成小康社会和全面深化改革开放的目标以及推进中国特色社会主义事业总体布局的重大部署，深刻领会和把握全面提高党的建设科学化水平的总体要求和主要任务，深刻领会和把握十八届一中全会明确的“六个方面工作”和强调的“四个表率”，为实现党的十八大确定的奋斗目标和工作任务而奋斗。要坚持理论联系实际，在指导实践、推动工作上下工夫，切实把思想和行动统一到十八大精神上来，全面落实省第九次党代会的部署，全面推进社会主义经济、政治、文化、社会、生态文明建设和党的建设，确保比全国提前3年全面建成小康社会，努力开创福建科学发展跨越发展新局面。

会议强调，贯彻落实党的十八大精神，一要扎实推进发展方式转变和经济体制改革，大力发展实体经济，加快构建现代产业体系，积极稳妥推进城镇化，深入实施创新驱动战略，深化体制机制改革，实行全方位开放战略，不断提高经济发展的质量和效益。二要扎实推进社会主义民主政治建设，坚持党的领导、人民当家做主、依法治国有机统一，支持和保证人民通过人民代表大会行使国家权力，积极发展社会主义协商民主，完善基层民主制度，全面推进依法治省，努力建设廉洁高效、人民满意的服务型政府，进一步巩固发展团结和谐安定的政治局面。三要扎实推进文化强省建设，实施文化大发展大繁荣“八大工程”，强化社会主义核心价值引领，大力弘扬和践行福建精神，完善公共文化服务体系，推进文化创新创造，不断增强文化凝聚力、创造力和竞争力。四要扎实推进民生改善和社会管理创新，以解决人民群众最关心最直接最现实的利益问题为着力点，积极保障和改善民生，完善社会管理体制机制，提升社会管理科学化水平，努力让人民过上更好生活。五要扎实推进生态省建设，自觉把生态文明建设融入经济社会建设各方面，坚持绿色发展、循环发展、低碳发展，努力打造绿水青山、碧海蓝天的美丽福建。六要扎实推进闽台交流合作先行先试，深化对台经贸合作，密切民间交流交往，全力推进平潭开放开发，服务和促进两岸关系和平发展。七要扎实推进党的建设科学化，牢牢把握加强党的执政能力建设、先进性和纯洁性建设这条主线，坚定党员干部理想信念，深入开展以为民务实清廉为主要内容的党的群众路线教育实践活动，积极发展党内民主，深化干部人事制度改革，夯实党的基层基础，深入推进反腐倡廉建设，为科学发展跨越发展提供坚强保证。

会议指出，2013年是全面贯彻落实党的十八大精神的开局之年。要按照中央经济工作会议部署，全力做好经济工作。要清醒认识经济形势，坚持“两点论”，既看到机遇又看到挑战，既增强信心也强化忧患意识。要紧紧围绕主题主线，以提高经济增长质量和效益为中心，稳中求进、好中求快，深入实施“三规划两方案”，坚持“四化”同步、“三群”联动、“三维”对接，继续实施五大战役，开展拉练式工作检查，着力产业发展，着力城乡建设，着力保障和改善民生，着力改革开放，着力生态省建设，积极稳妥推进城镇化，实现经济持续健康发展和社会和谐稳定。

会议要求，各级各部门要以求真务实、真抓实干的作风确保各项工作落实。各级党委要加强对经济工作的领导，认真落实中央关于改进工作作风、密切联系群众的八项规定和福建省贯彻落实的办法，更多地深入到基层中去，深入到条件艰苦的地方去，深入到矛盾多的地方去，始终与人民心心相印、与人民同甘共苦、与人民团结奋斗。

会议号召，全省各级党组织和广大干部群众紧密团结在以习近平同志为总书记的党中央周围，深入学习贯彻党的十八大精神和中央经济工作会议精神，进一步振奋精神、扎实工作，为加快推动福建科学发展跨越发展，为服务全国发展大局和祖国统一大业作出新的贡献！（林　密）

【组织工作】 把“迎接十八大和学习贯彻十八大精神”作为组织工作的首要任务，扎实做好相关工作。按照中央统一部署，开展十八大代表推选工作。召开省党代表会议选举产生了41名(含中央寄选2名)福建省出席党的十八大代表；增加生产工作一线党员代表比例，其中有2名农民工代表。迅速兴起学习贯彻十八大精神热潮，通过举办基层党组织书记轮训班等多种形式，推动十八大精神进教材、进课堂、进头脑。举办4期厅级干部培训班，共培训厅级领导干部893人。

从制度建设入手，推进领导班子建设和领导干部思想政治建设。研究制定《关于加强换届后领导班子思想政治建设若干问题的意见》《关于健全市县党委工作制度的意见》及11项配套制度，并通过省市县三级联动，形成一批制度成果，在中央组织部召开的福建现场会上作为模本印发全国学习借鉴。组织对县(市、区)换届一年来党政领导班子运行情况和党政正职履职情况进行全面考察，结合考察与设区的市成员包括退下来的同志和县(市、区)党政正职普遍进行了谈心谈话。举办3期县(市、区)党政正职专题培训班。组织实施“十个一百”干部培训工程，选派46名县(市、区)党政正职赴英美学习城市规划建设、社会保障等理论知识和经验。坚持每季度举办一次“海西大讲堂”，邀请国家或部门领导同志和知名专家学者作专题讲座。全省共举办培训班150多期，培训新进班子成员4750人次。

坚持用人标准原则，着力选拔优秀干部配强班子。实施“年轻干部成长工程”，公开选拔16名“70后”副厅级领导干部；从省直单位选派200名优秀年轻干部到县(市、区)、乡(镇)挂职，从县乡基层选拔100名年轻干部到省直单位挂职；从清华、北大选拔引进52名优秀毕业生到福建工作，直接下派到县乡或开发区挂职锻炼，为领导班子和干部队伍长远建设储备一批高素质人才。结合省人大、政府、政协换届工作，及时做好省直单位和设区的市班子缺额补充，坚持正确用人导向，不断优化班子结构。省委常委会共9次研究调整省管领导干部305人，其中：提任197人，交流使用97人。制定厅级非领导职务选任、省管交流干部退休安置办法等9个规范性文件，促进干部工作科学规范。制定公务员公开遴选办法，省、市两级机关从具有两年以上基层工作经历人员中考录公务员的比例达90.8%。加强对选拔任用干部全程监督，深入查找分析影响满意度主要因素，有针对性地采取措施加强和改进，继续营造风清气正用人环境。

加大人才工作创新力度，组织实施人才重点工程。实施平潭“四个一千”人才工程，召开平潭人才特区建设研讨会，深化闽台人才交流合作，启动平潭台湾专才引进工作，首期招聘实验区管委会副主任等6位专才已正式签约并到岗；选派350名干部到平潭挂职，培养平潭内部人才150人。实施“海纳百川”高端人才集聚计划，采取特殊政策、特殊支持，加大高层次人才培养引进力度，省财政每年安排3个亿用于人才工作。全年入选国家“千人计划”20名。公布和表彰263名百人计划等高层次人才和团队。成功举办“2012年中国·福建海外人才产业周”、“6·18”系列人才活动和国家“千人计划”新药创制海沧峰会，对接项目214个。

完善总结制度机制，推进基层党建工作创新。全面开展创先争优活动，习近平等中央领导同志先后17次作出重要批示，给予充分肯定；在活动中共解决影响和制约科学发展的突出问题2.39万个、排查化解各类矛盾纠纷42.2万件、为群众办实事150多万件，涌现出詹红荔、李彬、林丹等一批优秀共产党员和永安市八一村、厦门航空公司等先进基层党组织，群众满意和基本满意率达99.2%。扎实推进基层组织建设年活动，总结推广农村“168”、社区“135”、非公“三五”、机关“1263”基层党建工作机制和流动党员双向管理机制，得到中央领导同志充分肯定。加大后进村党组织整顿转化力度，全省964个相对后进村，已整顿转化913个，占94.7%；村级组织换届选举工作平稳有序推进，应换届的14406个村中，100%完成村党组织换届，99.86%完成村委会换届，其中有1207个村实现村支书与村主任“一肩挑”。大力推进非公企业党建工作，规模以上非公企业100%建立党组织，规模以下非公企业党组织应建已建率达99.8%。启动10个省级党员教育培训基地，举办各类培训班14993班次，培训党员116万人。深入开展“下基层、解民忧、办实事、促发展”活动。探索建立科学有序的工作机制，重点解决好“怎么下”“下到哪”“干些啥”的问题，引导干部在下基层中自觉接受群众路线再教育，全省20多万机关干部下基层、接地气，累计建立挂钩联系点16万多个，结对帮扶生活困难党员和群众49万多人，为基层群众解决实际困难和问题4.9万多个。

坚持讲党性、重品行、作表率，着力打造模范部门和过硬队伍。深入开展党性集中教育和党性标准大讨论，各级组织部部长带头讲党课 7810 人次，召开专题民主生活会、专题报告会 2900 场次；积极推进学习型机关建设，举办组工干部培训班 1400 多期，选派组工干部到基层一线经受实践锻炼；扎实推进“组织部长下基层”活动，建立基层联系点 2100 多个、与干部谈心谈话 14.7 万人次、解决实际问题 1.3 万个；坚持从严治部、从严带队伍，严格执行“十严禁”纪律要求，进一步树立公道正派、清正廉洁的良好形象。

（郑　炜）

【宣传工作】 把迎接和学习宣传贯彻党的十八大作为重中之重，营造团结奋进、昂扬向上的浓厚氛围。广泛开展“科学发展、成就辉煌”宣传教育活动，精心组织“学习贯彻十八大精神”等主题宣传，全省共开展基层宣讲 1 万多场，直接受众 200 多万人次。把做好十八大宣传与组织“三规划两方案”宣传结合起来，协调中央主要新闻媒体先后 5 次在重要版面、重要时段集中报道福建发展和海西建设成就，共刊发各类报道 3.6 万多篇。做好社会热点和突发事件引导，为学习宣传贯彻十八大营造良好舆论氛围。全省举办党委、政府新闻发布会 385 场，其中省级新闻发布会 47 场。

深入推进党的理论创新成果学习教育，打牢全省人民团结奋斗的共同思想基础。扎实推进学习型党组织建设，深入实施中国特色社会主义理论体系普及计划，运用讲坛论坛、网络宣传、文明小戏等多种途径拓展理论宣传，继续做大做强“海西大讲坛”、“东南周末讲坛”等学习品牌。加强省级理论进基层示范点建设，开展理论进基层调研和采访活动。加强理论研究阐释，召开全省推进马克思主义理论研究和建设社科理论工作者座谈会，推出《走转改：马克思主义新闻观在新时期的生动实践》等一批理论文章。全年获国家社科基金年度项目 87 项，资助基金 1325 万元。

大力弘扬践行福建精神，推动社会主义核心价值体系建设取得新进展。广泛开展学雷锋活动，开展“践行福建精神十大人物”评选，组织“弘扬践行福建精神先进事迹报告会”和征文、知识竞赛、短信大赛等活动，集中宣传詹红荔、厦门航空公司等先进典型，《福建精神读本》被中央组织部等部门评为首届全国党员教育培训优秀教材。广泛开展道德领域突出问题专项教育和治理，精心组织“道德讲堂”、“做文明有礼的福建人”等活动，加强基层思想政治工作，总结推广浦城“故事会”等创新做法。组织开展全省城市公共文明指数和未成年人思想道德建设工作“双测评”及行业优质服务指数测评工作，在全国部分城市（区）文明程度指数测评中，福州、厦门分列全国省会、副省级文明城市第 1、5 名，泉州、漳州、三明分列全国地级提名资格城市第 4、8、12 名，文明城市创建位次得到提升。

深入推进文化体制改革，推动文化产业加快发展。基本完成文化体制改革阶段性任务，福州市荣获“全国文化体制改革工作先进地区”称号，海峡出版发行集团等 8 个单位荣获“全国文化体制改革先进单位”称号，4 位同志荣获“全国文化体制改革先进个人”称号。实施文化产业提升“310”行动计划，制定《进一步推动福建省文化产业发展若干政策》等政策文件，评出福建十大文化产业重点园区、文化企业十强，认定 28 家重点上市后备文化企业，建立文化产业统计及形势分析、重大项目推进实施、文化科技融合等工作机制，创立海峡文化产权交易所、海峡文化产业投资基金。全年全省文化产业预计实现增加值约 1002.36 亿元，增长 24.9%，占 GDP 比重 5.1%。

加快完善公共文化服务体系，切实保障人民群众基本文化权益。精品创作生产取得新成绩，在第十二届“五个一工程”评选表彰中获得“满堂红”，成为十六大以来全国 6 个连续 3 届获得“满堂红”的省份之一。制定《文化精品创作生产奖励办法》，开展“一市县一歌”评选传唱活动，建立重点文艺作品创作题材项目库和文艺创作基地，推出《妈祖》、《爱在廊桥》等一批优秀影视剧。抓好农村文化建设和管理，推广南安“大馆带小屋”等创新经验，全面完成农家书屋、农村广播村村响等重点惠民工程，初步实现“每个乡镇有 1 座综合文化站，每个行政村有 1 个文化活动室”目标。做好文化遗产保护工作，启动福建非遗与全省百个社区百所学校共建活动，首批在全省建立 200 个共建点，鼓浪屿、三坊七巷、海上丝绸之路、闽南红砖建筑、闽浙木拱廊桥 5 个项目列入《中国世界文化遗产预备名单》。

积极开展对台对外文化交流，进一步提升福建文化传播力影响力。先后入岛举办闽南语歌曲创作演唱大赛、“妈祖之光”大型电视晚会、“福建文化宝岛校园行”等品牌活动；中国闽台缘博物馆接待观众 95.9 万人次，其中台胞 7.4 万人次，闽台双向文化交流活动持续热络。精心组织海峡两岸文博会、版博会、艺博会等，第五届海峡两岸文博会共签约金额 303.3 亿元，比上届增加 3 倍多；文化商品与文化服务总交易额 8.05 亿元，比上届增长 70.1%。组织文化企业赴港招商签约项目 22 个、引进外资 16.6 亿美元；组织福建文化交流代表团赴欧洲考察达成 6 项合作协议，文化产品出口居全国第四位。组织“跨越发展 · 辉煌十年”海外华文媒体采访活动，在美国、南非等设立闽侨书屋，福建文化“走出去”的渠道得到有效拓展。

加强干部人才队伍建设，提高宣传思想文化队伍的整体素质和能力。认真贯彻落实中央关于改进工作作风、密切联系群众的“八项规定”，深入开展“下基层、解民忧、办实事、促发展”活动，持续深化“走基层、转作风、改文风”活动，建立 840 多个基层联系点，有力促进宣传思想文化战线的作风文风转变。加强省直宣传文化系统重要岗位和重要舆论阵地干部管理，开展宣传思想文化领域人才资源统计工作。深入实施“四个一批”人才培养工程，抓好基层宣传文化队伍建设，基层社科机构和队伍建设探索了新的经验。

（陈辉宗）

【统战工作】 夯实统一战线思想基础。把迎接、学习、宣传、贯彻党的十八大精神作为统一战线建设的一项重要政治任务来抓，举办喜迎十八大“同心同行”文艺晚会、书画、摄影展等系列活动；分别召开党外人士、非公有制经济代表人士学习十八大精神座谈会；在《福建统一战线》和该部门户网站开设“学习贯彻十八大精神”专栏。召开全省统战理论政策研究工作会议。成立民族工作、客家文化理论研究基地。举办第五届和谐海峡论坛。评审汇编《2012年度福建省统战理论研究获奖论文选》集。参与并完成中央统战部重点课题研究，获全国统战理论政策研究创新成果一等奖1篇，三等奖2篇，全国统战工作实践创新成果奖12名。在中央统战部《情况交流》和《统战工作》刊发实践创新经验14篇。编纂《闽商发展史》，筹拍闽商题材影视作品，其中《大航海》已在漳州开机。

推动党外代表人士队伍建设。学习领会《中共中央关于加强新形势下党外代表人士队伍建设的意见》，牵头起草《实施意见》，并经省委审定下发；加强与有关部门配合，做好党外人士安排工作；建立党外代表人士培训任务落实情况通报制度和党外代表人士教育培训信息库；组织新一届市县两级党外干部、民主党派组织负责人以及新任工商联（总商会）领导班子成员和新进省工商联常执委的培训工作；制定《党外干部挂职锻炼暂行规定》，选派一批党外干部赴基层挂职锻炼。

做好换届工作。2012年是省各民主党派、工商联、侨联、台联及有关团体换届年。根据中央有关换届的文件以及福建省实施意见精神，以高度的政治责任感，坚持标准，严格程序，协助圆满完成换届工作。同时，认真做好全国人大、政协和省级人大、政府、政协换届党外人事安排工作。

强化“同心”理念。制定《进一步提升“同心”品牌“六大行动”》，引导统一战线广大成员践行“同心”思想。省各民主党派、工商联有关福建经济社会发展的意见和建议，得到省领导批示55件次，被中央、省有关部门采用301篇。引导发动1100多名民营企业家参加福建省珠三角民营企业产业项目对接活动，全省新对接民营企业产业项目1006项，总投资6642亿元；举办“携手龙岩、合作共赢”龙岩千名企业家大会活动，共签约项目63个，总投资308亿元；举办“同心”大讲堂，邀请专家学者作专题辅导报告。建立“同心”示范点，组织省统一战线系统单位在长汀县承建66.67公顷“同心生态林”；组织无党派文学艺术家赴长汀创作，并编辑出版了以《来自生态长汀的报告》为名的《福建统一战线》专刊。持续推进“海西春雨光彩助学活动”，共资助贫困师生5688人，金额达4113万元。开展“同心”助推行动，牵头挂钩扶贫霞浦县。先后2次组织省直有关单位和晋安区深入霞浦县松港、盐田、水门、西胜等乡村调研，形成《挂钩帮扶霞浦县工作方案》；召开3次工作推进会和项目对接会；筹措560多万元改善办学条件和造福工程滑坡治理等扶贫开发项目。按照政和县《助推方案》开展工作，完成首期200公顷用地征迁、土地平整等基础设施建设；牵头举办政和同心经济开发区开工典礼，并从助推政和发展基金中安排500万元资金用于支持建设。自助推工作开展以来，共有65批750多人次前往政和县开展调研助推，到位助推资金7070多万元。按照中央统战部的部署，率队前往毕节赫章开展福建省统一战线“同心·毕节（赫章）企村牵手行动”启动仪式暨帮扶赫章县项目推介会，10家福建民营企业与10个贫困村结对帮扶。

促进“五大关系”和谐。政党关系更加和谐，加强民主党派的自身建设；组织省各民主党派、工商联和无党派人士联合调研，并完成《关于民主党派参政议政机制问题的调研与思考》等重点课题。阶层关系更加和谐，牵头制定福建省加强新社会组织人才队伍建设意见；召开全省非公有制经济组织创先争优活动典型经验交流暨指导工作座谈会，举办省非公有制经济组织创先争优活动培训班；制定出台《促进非公有制企业文化建设行动纲要（2012—2016）》。海内外同胞关系更加和谐，在台湾高雄市主办第四届海峡百姓论坛，组织福建省52个姓氏代表团、1800多人在岛内与台湾100多个宗亲会、5000多名基层民众交流联谊，实现在台湾南部大规模民间人文交流的新突破；牵头举办“第四届海峡两岸商会经济论坛”，国民党副主席洪秀柱以及来自台湾9个工商社团嘉宾和在大陆的台商代表参加，共洽谈台商投资项目17个，总额达3.4亿美元。宗教关系更加和谐，指导各宗教团体开展“和谐寺观教堂创建”活动；健全完善两岸宗教文化交流平台和载体；牵头建立协调机制和工作制度，维护宗教领域稳定和社会安定。民族关系更加和谐，协调举办畲族“三月三”传统文化节活动；配合有关部门做好少数民族干部培养选拔和人才队伍建设工作，协同做好新疆等西北省区来闽经商务工少数民族群众的服务和管理工作。

推进统战机关自身建设。推进学习型党组织建设，落实《关于进一步加强和改进党委（党组）中心组学习的实施意见》，建立健全专题调研、课题研讨、务虚研究等制度；统战系统创先争优活动和探索建立长效机制的总结报告，获2012年省机关党建研究会重点课题调研论文三等奖。加强机关作风建设，制定《〈关于实行党风廉政建设责任制的规定的实施办法〉的实施细则》，推进党风廉政建设。（饶秀梅）

【政法工作】 围绕确保党的十八大安全顺利召开的目标和确保国家安全、社会稳定的任务，齐心协力、奋力拼搏，应对挑战、攻坚克难，实现“五个坚决防止”要求，保持全省社会稳定大局。根据国家统计局福建调查总队电话测评，2012年全省群众对社会治安满意率达94.9%。福建省连续8年被评为全国综治工作优秀省。

维护稳定工作有成效。加强情报信息和维稳形势分析研判，定期召开不同类型的维稳形势分析会，建立维稳工作信息平台、预警机制和工作网络，对维稳重点区域、重点问题、重点人员情况及时掌握，有针对性地加强工作部署。严密防范和打击境内外敌对势力捣乱破坏活动，组织开展反渗透、反颠覆、反窃密专项斗争，有力维护国家安全利益。加强对“法轮功”等邪教组织的斗争，连续11年实现“法轮功”人员“零进京、零聚集、零插播”指标，及时打击处置“全能神”（“实际神”）邪教公开传教活动，坚决遏制“全能神”的嚣张气焰。加强重点管控和应急处置，果断制止多起“维权”重点人勾连造势、制造事端，妥善处置涉日游行抗议活动，及时处置一批较大规模的群体性事件，以及涉稳的敏感案事件和网上煽动炒作事件。加强反恐怖斗争，开展涉恐基础调查，加强对涉恐重点人员、网上扬言涉恐人员的核查管控，确保全省没有发生暴力恐怖事件。组织领导干部“下基层、解民忧、办实事、促发展”以及建立“四访一包”工作机制，开展矛盾纠纷和重大不稳定问题排查化解活动，大量社会矛盾化解在基层，各级领导干部接访群众2.5万多批6.7万多人次，信访总量、到省集体访、进京重复非正常访均呈两位数下降；党的十八大期间，进京非正常上访人次比全国“两会”期间下降56%。圆满完成中央领导来闽视察和“海峡论坛”、“9·8”投洽会等重大活动安保任务。

创新社会管理有突破。把社会管理创新纳入经济社会发展总体规划，纳入省委、省政府年度拉练检查的重要内容，召开全省社会管理创新晋江现场会和各种专题会议加强部署推动。梳理49项社会管理创新重点项目，逐项落实责任单位，通过定期汇总通报，加强指导督促，组织各地开展项目攻坚。确定10个省级社会管理创新综合试点和18个专项试点，建立省综治委领导挂点联系制度，市、县两级也确定单项试点150多个，通过解决影响社会和谐稳定的突出问题和关键环节，强化重点突破，发挥示范带动功能。制定出台全省社会稳定风险评估机制、社区网格化服务管理、社会治安防控体系建设、加强境外非政府组织在闽活动管理等10多个政策文件。立足福建实际，着力在社会管理体制机制、基层治理机制、“网格化”服务管理等方面取得新突破，着力在非公经济组织服务管理、流动人口服务管理等方面取得新突破，着力在构建矛盾纠纷“大调解”工作体系、加大社会面管控力度等方面取得新突破，形成福州“社会管理综合考核评价体系”、厦门“无讼社区”、漳州“涉台案件审理和调解”、泉州“居住证制度”、晋江“社会管理五大体系”、三明“三机制两体系一平台”工程、莆田“社会治安巡防新机制”、南平邵武“易肇事肇祸精神病人服务管理长效机制”、龙岩“一评估四联动”机制、宁德霞浦“千名干部访万户、四下基层促和谐”活动和平潭综合实验区扁平高效、大综合社会管理体制等一批经验和做法。公安综合警务改革取得明显成效。

“平安福建”建设有拓展。深入推进创建“平安先行县(市、区)”和“平安先行单位”载体活动，已有两批43个县(市、区)和24个省直单位通过达标验收，行业系统平安创建覆盖面达80%以上。组织开展“排查整治突出问题、服务保障跨越发展”活动，对39个省级重点跟踪督导点和614个市、县(区)跟踪督导点进行挂牌整治，对社会治安满意率连续两次排名全省后十位的3个县(区)给予综治黄牌警告。打黑除恶、打拐、打击电信诈骗、“清网”、“打四黑除四害”等战果位居全国前列，全年警情数下降10.9%，破获刑事案件11万多起，八类暴力犯罪案件、刑事犯罪造成死亡人数自2010年起连续3年下降，杀人、抢劫案件降幅达两位数；破获“四黑四害”案件6.63万件，抓获涉案人员5.82万人。开展道路交通安全综合整治行动，交通事故四项指数全面下降。制定下发依法保障和促进福建省中小企业健康发展的指导意见，妥善审理因资金链断裂引发的涉众型经济案件，严厉打击各类经济犯罪活动。全年全省法院审结民商事案件33万多起、标的总额4528亿元；执结各类案件12万多起、标的总额303亿元；公安机关立经济犯罪案件2.9万多件，破获1.2万多起；检察机关查办贪污贿赂、渎职侵权等职务犯罪案件993件1386人。

积案化解和案件评查有力度。把领导批办件办理反馈、涉法涉诉信访积案息诉化解等纳入年度综治考评内容。中央政法委交办的涉法涉诉进京访案件279件已息诉90.3%，2012年前三季度进京非正常访92件已化解84.8%，全省公检法机关受理涉法涉诉信访总量比降13.6%。省级涉法涉诉信访救助资金救助案件91件、救助金额350万元。省委政法委选取100件重点信访案件交省、市两级公检法机关开展集中评查，牵头省公检法机关组成执法检查组，对中央和省委领导批办的重点案件办理情况，减刑、假释和保外就医案件办理情况等进行专项执法检查，及时发现并督促整改一批执法司法中存在的问题。全年全省公检法机关共评查案件9302件，发现和纠正执法过错和瑕疵624件，追究责任干警55人，推动663件信访案件息诉罢访。

政法队伍建设有提升。抓好党的十八大精神学习贯彻，开展政法干警核心价值观教育实践活动，组织研讨政法干警核心价值观的内涵和精神实质，并将研讨成果在政法部门巡回宣讲。召开政法系统基层文化建设经验交流会，表彰16个政法基层文化建设先进单位。广泛学习宣传詹红荔、李彬、林春兰等先进典型，涌现出国务院命名的“模范出入境管理处”厦门市公安局出入境管理处、清流监狱直属六中队等新典型。加强对修改后的刑诉法、民诉法等法律的学习培训，省直政法各部门共举办各类培训班248期，培训干警33865人次，101名政法委新任领导干部参加全国政法委书记培训班。公安机关通过“三访三评”，走访慰问群众633万人次，为群众办实事13.4万件；法院开展“司法走转改”活动，带案下访1万多人次，走访基层干部群众4万多人。加强政法部门党风廉政建设，健全惩治和预防腐败体系，完善廉政风险防控机制，政法干警违法违纪案件数比降20.6%。（孙　韬）

【机构编制】　深化行政体制改革，健全完善相关体制机制。稳步推进事业单位分类改革，根据中央分类推进事业单位改革的《指导意见》及有关配套政策，出台福建省《实施意见》，组织起草相关配套文件；加强宣传培训，分别举办市厅级领导干部、县(市、区)分管领导和省直单位人事处长、编办主任等参加的分类推进事业单位改革培训班；扎实推进事业单位清理规范工作，进一步规范事业单位机构、编制和职责等事项；在厦门市及9个县(市、区)公立医院进行事业单位法人治理结构建设试点。进一步深化政府机构改革，对各市、县(区)政府机构改革方案执行情况进行评估，督促各地切实转变政府职能，完善管理制度；落实中央关于推进大部制改革的部署，提出省政府相关部门整合、理顺职责关系的初步方案；根据全国经济发达镇行政管理体制改革试点座谈会精神和省委、省政府确定的小城镇发展目标，认真组织实施《福建省经济发达镇行政管理体制改革试点工作方案》，加强对试点工作的指导。创新平潭综合实验区管理体制机制，坚持“机构精简、职能综合、结构扁平、运作高效”的原则，调整完善平潭综合实验区管理体制和机构编制，形成“一办两部六局”的组织架构；进一步理顺实验区与平潭县关系，将县委、县政府部分工作机构整合并入实验区党工委、管委会的相关工作机构；专门核定管委会及部分工作机构领导职数，用于引进和配备台湾专才，为实现两岸“共同管理”创造条件。配合其他重点领域体制机制改革，进一步推进文化体制改革，在各市、县（区）组建了文化市场综合执法队伍；完成福建京剧院等省属文艺院团的机构编制调整、划转工作；做好非时政类报刊出版单位的机构撤销、编制核销和事业单位法人注销工作；深化医药卫生体制改革，明确卫生部门承担的卫生发展规划、资格准入、规范标准等行业管理职能，强化政府对公立医院的监管；加强基层水利服务体系建设，出台《进一步加强基层水利服务体系建设的指导意见》。

统筹调配机构编制资源，服务发展改善民生。积极争取中央编办支持，2012年，中央编办先后批复设立了泉州台商投资区管委会（副厅级）、厦门海沧保税港区管委会（正厅级）、福州保税港区管委会（副厅级）；在第三批政法专项编制分配上，中央编办对福建继续给予倾斜，缓解了福建政法专项编制紧张问题。加强经济布局和产业结构调整方面的机构编制保障，落实省政府关于港口一体化改革的决策部署，对福州、湄洲湾港口管理局所属事业单位进行整合设置；按照省委、省政府关于加快发展海洋经济的部署，设立海洋经济运行监测与评估机构；根据福建省花卉产业发展规划，明确花卉行业管理职责，并调剂增加了编制，用于加强花卉管理相关的工作。强化教育卫生和社会保障方面的机构编制保障，明确非营利民办医疗机构和教育机构可按事业单位法人登记，高校可按规定自主设置内设机构；根据福建省教育事业发展需要，进一步明确省教育考试机构编制和职责事项，调整部分高校和中职学校的机构编制；进一步整合干部培训力量，研究提出省委党校和行政学院联合办学的“三定”方案；根据卫生事业发展需要，及时为部分公立医院增加事业编制；立足于福建省社会保障事业发展需要，调整了医保、劳动就业服务、职业技能鉴定等机构编制事项。加强食品药品和安全生产监管方面的机构编制保障，在省级公安部门增设食品药品犯罪侦查队伍，调剂增加人员编制；为加强化妆品、保健食品监管，促进相关产业的健康发展，设立海峡化妆品保健食品检验检测机构；明确相关部门水产饲料监管职责分工，推动建立健全部门协调配合机制。加强公共安全方面的机构编制保障，制定福州铁路运输法院、检察院“三定”规定，推进铁路“两院”体制改革；及时下达军转干部安置所需编制，并实行专项管理；在中央新增政法专项编制的分配上，坚持向基层和执法一线倾斜，保障基层和一线工作需要。

严格控制，规范管理，提高机构编制管理水平。按照控制总量、盘活存量、优化结构、有减有增的原则，加强机构编制监督评估，根据职责变化情况对机构编制进行动态调整，对确需增设的机构，原则上按“撤一建一”办理，行政编制由各地各部门在省下达的总量内调剂解决，事业编制从清理规范收回的编制中统筹安排，确保总量不增；制定出台规范开发区管理机构设置等政策措施；加强监督检查，推进实名制管理；全面核查各级机关事业单位的机构编制和实有在编人员、领导职数配备和编外用人等情况；督促相关市、县（区）通过严把进口、鼓励提前退休、分流等途径，消化党政机关超编人员；完善“两表一证一库”实名核编管理制度，推广使用“福建省机构编制管理信息系统”，建立全省机构编制和实有人员数据库。创新管理方式，夯实管理基础，推动机构编制政策规定列入省委党校、省行政学院的培训内容；结合事业单位年检，强化对事业单位法人登记事项的审核；继续实行机构编制统计季报制度，及时上报年度全省机构编制统计数据；出台《福建省机构编制部门电子政务发展规划（2011—2015年）》；完善全省机构编制系统网络平台，继续推动机构编制管理信息系统建设。结合重点工作，开展调查研究，完成中央编办委托的“市县部门领导干部退二线占用编制情况抽样研究”课题任务；组织开展地方政府功能定位与职责分工、公立医院法人治理结构建设、推进城乡一体化体制机制保障等课题研究工作；完成《创新平潭综合实验区行政管理体制研究报告》和《关于福建省事业单位改革有关问题的报告》。（王小龙）

【党校行政学院工作】 教学培训工作。全年共举办各类班次61期，培训学员5300多人次。深化教学改革，建立学员需求信息收集和动态反馈机制；建立完善培训项目、培训模块和培训专题的培训开发机制，提高培训质量；实行新课试讲评审准入制度，把好入口关；探索实行教学联络员制度；开展学员网上评估，加强学员学习管理；按学科分类，建成100多人的兼职师资库。创新教学方式方法，在中青班探索建立分不同方向开展专题研修的教学方式，并实行项目组负责制；组织开展辩论式教学、情景模拟、新闻发布会、无领导小组讨论情景模拟和桌面推演等新的教学方法；推广结构化研讨，提高小组研讨的组织化程度；完善并拓展专题学习、互动教学等丰富多样的培训方式；建立全省系统现场教学基地共享平台，增设复旦大学异地培训点，新辟长汀水土流失治理现场教学基地。打造品牌，举办4场“海西大讲堂”和12场全校大讲座；搭建网络学习交流平台，发挥“福建干部学习在线”优势，建立网上班级，目前已注册学员2万多人。

科研、决策咨询工作。全年共立项国家课题4项，省部级课题22项，校重点课题5项，校一般课题14项，与市县联合研究课题3项。资助出版《海西求是文库》6部，其他专著2部；突出“思想库”建设。制定《决策咨询研究实施方案（试行）》，成立决策咨询科，创办《决策参考》。全年共有10篇调研成果在《政研专报》《调研内参》《调研文稿》等刊物发表，其中：2篇获得省委、省政府领导批示，1篇获得省重点课题优秀调研成果三等奖。继续办好《理论参考》，新设立海洋经济等重要专题。举办决策咨询论坛、成立地方治理研究中心、设立决策咨询专题研究课题等。

干部队伍建设。加大师资培养力度，选送、选派65名教师和管理人员到中央党校、国家行政学院、井冈山干部学院等进修培训；选送40名教学骨干和管理人员到新加坡学习培训、台湾考察交流或赴国外当访问学者。加强调研和挂职锻炼，推荐1名教授为全国干部教育培训师资人选，1名教授获得福建省第七届优秀青年社会科学专家。经与省公务员局协商，高级专业技术岗位结构比例提高5%，达到50%，实际增加高级专业技术岗位10个。

信息化建设。推进校院信息资源整合工作，拓展"福建干部学习在线"平台功能。加快推进"数字校园"建设，启动校院协同办公（OA）系统。推动全省校院数字资源共建共享，拨出专款支持漳州、三明、莆田、南平等4所行政学院购买安装VPN设备，实现纸质文献和数字资源共建共享。

对外合作交流。与奥地利伦纳尔学院签署合作办学协议，与加拿大阿尔伯塔大学开展座谈交流。全年共组织2批次赴台湾学习考察；1批次赴新加坡学习培训；1批次赴美国、加拿大、墨西哥、古巴学习考察。加大对外培训工作力度。开发完善海西建设、晋江经验、闽台文化、红色传统文化、应急管理等一批具有福建特色、学院特色的课程体系；建立一批教学基地和考察路线；与10多家兄弟省市校院建立合作关系，初步形成干部短期教育培训的协作网络。（高绍满）

【党史研究】 在迎接党的十八大召开和学习宣传贯彻十八大精神中发挥党史部门独特作用。举办《凝聚全党力量，书写历史辉煌——中国共产党全国代表大会主题巡回展》和《雷锋精神在福建》图片展；在《福建党史月刊》和"海西红色在线"网站开辟"学习贯彻十八大精神专栏"；召开全省党史学界学习贯彻十八大精神座谈会；举办深入学习宣传贯彻十八大精神培训班、理论研讨会和辅导报告会；组织专家学者参与省委组织开展的十八大精神宣讲活动；利用党史资料、研究人才和纪念馆主题展陈等资源优势，推动党史学习宣传，以实际行动贯彻落实十八大精神。

党史研究工作不断深化。红色福建系列丛书《红色历史》、《红色人物》、《红色诗文》、《红色文化》、《红色遗址》和《红色文物》，《全国革命遗址遗迹普查成果》丛书福建卷，《胡宏纪念文集》等由中共党史出版社出版；《永安抗战文化史料》和《福建省革命历史纪念馆故事》出版发行；《中共福建省委书记传略（第二卷）》定稿即将出版；《中共福建地方党的建设史（新民主主义革命时期）》完成初稿。科研成果获得第三届全国党史部门优秀成果奖8项，其中：论文类一等奖1项、二等奖2项，著作类二等奖1项，资政报告类二等奖2项，影视音像制品类二、三等奖各一项；在全国、省级理论研讨会和省级以上报刊发表学术文章49篇。开展中央领导同志在闽工作期间资料征集；开展《改革开放时期党史研究论丛》、《省委执政实录》和《见证长汀水土流失治理》等资料征集工作。

党史宣传教育工作广开渠道。参与举办"福建省苏维埃政府"成立80周年、中央红军进漳80周年、赤石暴动胜利70周年、老红军邓六金诞辰100周年、林祥谦烈士诞辰120周年、谭震林诞辰110周年、曾镜冰诞辰100周年、《曹维廉文物捐献展》等重大党史事件、重要党史人物纪念活动；《福建党史月刊》再次被评为"华东地区优秀党史期刊"，中共福建党史网"海西红色在线"点击量超过54万，与福建东南网联合制作"福建党史日志"并成为宣传和展示福建党史的重要平台；福建省革命历史纪念馆完成改扩建工程，改扩版建设工程正在实施，继续举办《红色文化光耀中华民族复兴之路》巡回展；启动并持续开展红色文化采风活动，授牌瞿秋白烈士纪念碑等98个单位为福建省党史教育基地。

党史专题资政工作紧扣中心。撰写《福建省革命遗址普查情况和保护利用建议》《从〈毛泽东才溪乡调查〉中感悟如何转变作风》《关于进一步加强福建省烈士纪念工作的几点建议》，编辑《学雷锋活动的缘起、历程、作用和启示》《新时期六次党代会报告研究》《党的历次全国代表大会述评》，供省领导决策参考；向国家发展改革委上报《福建各中央苏区县历史情况、经济社会发展情况和存在问题》；参与文化科技卫生"三下乡"活动，撰写《三明市农村基层组织建设调查问卷分析》《从红色文化中汲取力量，加快科学发展跨越发展》等调研报告；开展对有关县

纪念福建省苏维埃政府成立80周年大会现场。（省党史办供稿）

区"申苏"和"中央红军村"建设指导工作;办理省人大、省政协提交的代表建议案及提案回复工作;帮助审读审看有关党史题材的作品,服务全省工作大局,助力地方经济社会发展。

党史系统自身建设开创新格局。组织党史干部155人次参加各种类型的学习培训;成立福建省党史研究学术(评审)委员会,开展党史领军人物、学术带头人和优秀科研成果评选推荐工作,加强干部队伍的招聘提拔、学术交流和实践考察;开展"从严治室"专项教育活动,营造"政治坚定、实事求是、勤勉敬业、团结和谐"新室风,推进创先争优;举办华东地区党史协作会议、中国博物馆协会纪念馆专业委员会年会暨"红色文化论坛"、福建省爱国主义教育基地研究会常务理事扩大会暨2012年年会、全省党史系统"和谐杯"棋类比赛;密切党史"三支队伍"的联系,推进构建"大党史"工作格局。

(陈 芬)

【老干部工作】 *组织离退休干部喜迎党的十八大、学习贯彻十八大精神*。通过举办离退休干部读书班、党支部骨干培训班、学习报告会、工作通报会,开展"喜迎党的十八大"诗书画影展、文艺汇演、知识竞赛等系列活动,进一步加强离退休干部思想政治建设,及时对离退休干部学习贯彻十八大精神作出部署,召开学习"十八大精神"座谈会、专家辅导讲座、主题演讲,以及在老干部工作部门主办的报刊、老年电视节目中开辟专栏等多种形式,组织老干部掀起学习十八大精神热潮。

组织开展纪念干部离退休制度建立30周年活动。开展纪念干部离退休制度建立30周年老干部工作理论研讨活动,共收到理论研讨文章87篇,上报中央组织部5篇,其中获得一等奖1篇、三等奖2篇、特别奖1篇;召开全省纪念干部离退休制度建立30周年暨离退休干部创先争优工作座谈会,总结30年来福建省老干部工作的成绩和经验,推进老干部工作的观念、体制、机制和方法创新;做好老干部工作"双先"事迹汇编,宣传老干部的历史功绩和老干部工作的发展历程,努力营造尊老、敬老、爱老的良好氛围。

提升离退休干部服务管理水平。开展党的十七大以来老干部政策落实情况督查工作,对9个设区的市、17个县(市、区)和平潭综合实验区以及16个省直机关、企事业和院校等单位进行了重点督查。完善离退休干部政策体系,明确省直破产、关停企事业单位的离休干部"两费"统筹全免单位,其老干部的管理服务经费和离休干部无工作遗属定期定额生活补助费由省财政核拨;调整提高非保健对象离休干部住院床位费报销标准;出台易地安置在长江以北地区离休干部享受取暖费政策等。完善困难离退休干部帮扶机制,加大特困离退休干部慰问补助力度,对受灾、生病住院或鳏寡孤独的离退休干部及时给予帮助;推进利用社区资源做好离退休干部服务工作,健全完善离退休干部服务保障措施。

加强离退休干部文化建设。加大离退休干部活动学习场所建设力度,协调落实第三批省财政扶持困难县级老干部活动学习场所建设资金1300万元,并对第一、二批扶持对象建设情况进行验收;推进示范性老年大学、老干部活动中心创建工作,开展老年大学精品课程评审,推进远程老年教育和老年教育理论研究工作,举办丰富多彩、老同志喜闻乐见的文体活动,为文化养老搭建一个良好的平台环境,提升离退休干部晚年生活幸福指数。

发挥离退休干部的积极作用。以老年社团组织为平台,激发离退休干部创先争优的积极性、主动性和创造性;探索总结民企关工委工作模式和关工委组织参与社会管理创新工作;做好老干部先进典型学习宣传,有2个离退休干部党支部被省委评为创先争优先进基层党组织,2位离退休干部被省委评为创先争优优秀共产党员。

提升老干部工作部门自身建设水平。深化拓展全省老干部工作部门党建工作"三级联创"活动,开展"基层组织年"建设活动;强化机关效能建设,深入开展治庸治懒活动,健全完善工作制度,逐步建立办事高效、运转协调、行为规范、公正廉洁的机关管理体系;开展"保持党的纯洁性"主题教育活动,建立《党风廉政建设责任书》制度,推进廉政风险防控工作。

(吴亚涛)

【信访工作】 *信访形势继续保持平稳向好的态势*。全省县级以上党政信访部门受理来信来访总量与上年相比下降18.5%,各级各部门共受理来信来邮来访纯件数5.9万多件;按照依法处理信访事项"路线图",及时妥善解决群众合理诉求;引导群众依法理性表达诉求,在党的十八大和全国"两会"以及省内重大活动期间信访秩序总体良好;及时总结实施依法处理信访事项"路线图"的经验和做法,在第七次全国信访工作会议上做了典型经验发言。

扎实推进三项重点工作。抓好领导干部接访工作,制定了《关于落实领导干部接待群众来访制度的实施意见》等一系列制度,确保领导干部在固定时间、固定地点参加接访活动,方便群众就近就地反映和解决诉求;各级领导干部耐心听取群众意见,做好相关政策宣传解释工作,督促责任单位依法按政策解决群众的合理诉求;会同纪检监察机关组织人员赴各设区的市,采取听取汇报、实地督导等方式,重点督查领导干部定时定点接访、信息公开等情况;对领导干部接访的信访事项进行梳理,加强跟踪督办以及倒查走"路线图"的情况,全年省、市、县、乡四级领导干部接访活动共接待来访群众2.5万多批7万多人次,受理的1.8万多件信访事项得到了及时有效地处理化解。集中力量化解信访积案,以"事要解决"为目标,对中央联席会议办公室交办和各地自行排查的信访积案全部落实领导包案,并逐案明确责任主体、化解措施、办结时限;在找准症结的基础上,因案施策,促进信访积案的有效化解;严格落实《关于依法做好信访事项终结工作的实施意见》,加大对经过行政三级办理后信访积案的依法终结工作力度,督促有关地方对已终结的信访事项进行信访人可能再次上访的风险评估,抓好已化解或终结信访积案的思想教育疏导等后续工作。创新信访工作机制,认真办理"省长信箱"信访件,完善信访信息系统,加快视频接访系统建设,认真

拓宽和畅通信访渠道，及时解决群众诉求，维护群众合法权益；进一步推广联合接访，依托信访部门成立综治信访大调解平台，整合有关部门资源，实行人员集中办公、联合接待群众来访，做到“一站式受理、一条龙处理、一揽子解决”；探索开展用群众工作统揽信访工作试点，全省共有24个县(市、区)相继挂牌成立群众工作机构。

集中开展矛盾纠纷排查化解活动。坚持日常排查和重点排查相结合等方式，对可能影响社会和谐稳定的苗头和隐患进行排查，切实将各种不稳定因素纳入视野，全年共开展5次集中排查，对排查出的矛盾纠纷和信访突出问题，加强跟踪督办，并综合运用政策、法律等行之有效的手段加以化解，确保矛盾不激化、不上交。加强与国土、住建等相关部门的协作，着力解决好事关民生的信访问题。加强对信访问题的专题分析和综合研判，全年共编印《信访情况》12期、《群众给省委书记来信综报》6期、《省长信箱电子邮件综报》4期、《信访呈阅件》6期。

切实做好重大活动期间信访工作。在党的十八大、全国和省“两会”、“9·8”投洽会等重大活动和敏感节点期间，组织10多次的信访工作专项督导检查，深入各设区的市及重点县(市、区)，对可能进京到省上访的重点对象、重点群体，督促有关地方和部门切实做好疏导化解、教育稳控工作。抓好信访信息排查预警，实行信访信息“零报告”制度。研究制定应急工作预案，搞好各个环节的衔接配合。在党的十八大期间，抽调省联席会议成员单位和各设区的市成立驻京信访工作组，依法文明、安全稳妥地做好驻京劝访接回工作，实现了“三个确保”(确保不发生大规模集体进京上访、确保不发生个人极端恶性事件、确保不发生群体性事件)的目标。 (李峰华)

【保密工作】 消除隐患、堵塞漏洞。全年排除泄密隐患610处，发现并阻断内部计算机违规连接互联网503台次(省直76台次)，发出105份核查警示通知；严肃查处各类涉嫌泄密事件27起，查结25起，26人受到不同程度处理；销毁涉密及办公废纸881吨，硬盘4640块，光盘、优盘11007个，录像带1100卷，各类卡证69219片，硒鼓738个，蜡纸1.6吨等；开展多项针对重大活动和省领导办公环境的保密保障服务。

宣传教育、健全制度、开展检查。全省组织保密教育培训630场次、4万多人次；省委党校和8个设区的市委党校挂牌保密教育基地；省涉密网刊载保密工作信息1546篇，其中被国家保密局采用17篇。围绕排查隐患，印发6份指导性工作文件，开展3次全省大检查，各级各单位自查、抽查5989次，计算机17万台次，其中省保密局抽查单位47个、678台计算机单机、46个计算机网络涉及5880台计算机终端；全年巡查200个政府门户网站信息21.6万条。省直保密协作组认真开展活动，省科技厅牵头的协作组在网络清理检查中开展组内互查互帮，取得很好效果；市、县(区)积极开展保密协作组活动；调整增设4个高校协作组，举办高校保密工作交流会，提出高校保密工作的任务和重点。

强化技术防控、推广应用新技术。完成23个省直单位涉密网测评工作，有8个单位测评工作正在推进；在分类督导中先后辅导、沟通和上门服务有关单位80多场次；举办5期“三合一”防控系统培训班；完成173家省直机关1919台涉密计算机的备案，22家单位569台涉密机安装“三合一”防控系统；确认29个涉密项目。

促进资质管理工作。完成67家涉密资质单位现场审查、年审、备案工作。不断改进行政服务管理工作，全省涉密资质单位生产经营情况总体良好，各项指标保持稳中有升的发展势头，全年102家资质单位，实现总产值49.1亿元，税后总利润6.7亿元，增长24%；纳税总额2.7亿元，增长8.9%。

加强保密系统建设。全年11位省领导对保密工作批示30多次；省直机关和市、县(区)召开保密委或保密领导小组会议1100余场次；国家保密局来闽督促指导工作12批次。推行全员年度目标任务书，推进保密联络员制度落实，促进经验总结推广和保密风险评估。省保密协会服务涉密资质单位，组织培训、交流和外出考察，社团活动开局良好。 (陈 伦)

【中共福建省委书记、副书记、常委、秘书长、副秘书长名单】 (以2012年12月底在职者为准)

书　　记：尤　权
副 书 记：苏树林
常　　委：朱生岭　张昌平
　袁荣祥　杨　岳
　于伟国　陈　桦*
　姜信治　叶双瑜
　苏增添　张志南
秘 书 长：叶双瑜
副秘书长：潘　征　陆开锦
　卢厚实

【中共福建省委所属机构负责人名单】 (以2012年12月底在职者为准)

省委办公厅
主　任：潘　征
副主任：卢子玲*　王　佗　林钟乐
　陈祥健　肖友梅

省委组织部
部　长：姜信治
副部长：陈向先　李福生　袁　毅
　杨国豪

省委宣传部
部　长：袁荣祥
副部长：林　辉　蔡小伟　马照南
　石建平　张　萍*

省委统战部
部　长：雷春美*
副部长：翁　卡　庄奕贤　王　玲*
　李　韧

省委政法委
书　记：苏增添
副书记：张志南　李晋闽　王　鑫

省委政策研究室
主　任：陆开锦
副主任：赵　彬　王金福　黄　誌

省委(政府)台办
主　任：吴国盛
副主任：蔡尔申　陈　玲*　林江玲*

省委编办
主　任：林　武
副主任：廖世铢　杨　俊

省委省直机关工委
书　记：叶双瑜
副书记：朱　清　夏善国　黄　青

刘用通

省委非公企业工委

书　记：袁　毅

省委教育工委

书　记：陈　桦*

副书记：鞠维强　郑传芳　刘剑津

省委农办

主　任：张立先

副主任：陈永共　王智桢　兰斯琦

省委党校

校　长：姜信治

副校长：陈　雄　游龙波　王宜新
姜　华*叶锦文　刘大可
顾越利*

省委老干部局

局　长：李福生

副局长：王　红*沈秀闽*

省委党史研究室

主　任：逄立左

副主任：郑　龙　汪一朝　黄　玲*

省档案局

局　长：丁志隆

副局长：林　真　陈　宴*黄建峰

福建日报报业集团

社　长：蔡小伟

总　编：梁建平

副社长：薛中文

副总编：郑卫华　翁庆华　饶新冬

省社会主义学院

院　长：雷春美*

副院长：陈　飞　陈宜安*许　通

省委文明办★

主　任：马照南

省委（政府）信访局★

局　长：林凤祥

副局长：黎　明　赵荣生

省委机要局★

局　长：陈巧玲*

副局长：程国栋　林　海

省国家保密局★

局　长：王　佗

副局长：吴飞鹏　李玉成

省委督查室★

主　任：谢道勇

【中共福建省各设区市、县（市、区）委领导名单】（以 2012 年 12 月底在职者为准）

中共福州市委

书　记：杨　岳

副书记：杨益民　周　宏

常　委：骆安生　陈元邦　徐启源
陈大强　朱　华*那兴海
陈为民　徐铁骏　吴贤德

中共鼓楼区委

书　记：杭　东

中共台江区委

书　记：张　忠

中共仓山区委

书　记：吴贤德

中共晋安区委

书　记：阮孝应

中共马尾区委

书　记：林　飞

中共福清市委

书　记：陈春光

中共长乐市委

书　记：王绍知

中共闽侯县委

书　记：赵学峰

中共连江县委

书　记：高　明

中共闽清县委

书　记：陈铁晗*

中共罗源县委

书　记：何代钦

中共永泰县委

书　记：林　强

中共厦门市委

书　记：于伟国

副书记：刘可清　钟兴国

常　委：洪碧玲*詹沧洲　单秀华
黄　菱*叶重耕　臧杰斌
林国耀　陈秋雄　郑云峰
康　涛

中共思明区委

书　记：游文昌

中共湖里区委

书　记：刘育生

中共集美区委

书　记：倪　超*

中共海沧区委

书　记：郑云峰

中共同安区委

书　记：陈　琛*

中共翔安区委

书　记：陈永裕

中共漳州市委

书　记：陈　冬

副书记：吴洪芹*吴晓丁

常　委：吕传俊　许荣勇　刘茂青
张宗芎　刘文标　陈汉夫
薛云官　张祯锦

中共芗城区委

书　记：黄庆辉

中共龙文区委

书　记：蒋一婷*

中共龙海市委

书　记：张宗芎

中共漳浦县委

书　记：曾智勇

中共云霄县委

书　记：陈水树

中共诏安县委

书　记：张镇城

中共东山县委

书　记：张翼腾

中共平和县委

书　记：沈金水

中共南靖县委

书　记：张琳光

中共长泰县委

书　记：张慧德

中共华安县委

书　记：柯志宏

中共泉州市委

书　记：徐　钢

副书记：黄少萍*朱淑芳*

常　委：沈耀钦　周银芳　许昆贞
刘卫国　翁祖根　陈庆宗
尤猛军　付朝阳

中共鲤城区委

书　记：苏庆赐

中共丰泽区委

书　记：林万明

中共洛江区委

书　记：郑　灵*

中共泉港区委

书　记：洪自强

中共晋江市委

书　记：陈荣法

中共石狮市委

书　记：张永宁

中共南安市委

书　记：黄南康

中共惠安县委

书　记：肖汉辉

中共安溪县委

书　记：朱团能

中共永春县委

书　记：林锦明

中共德化县委

书　记：吴深生

中共三明市委

书　记：黄琪玉

副书记：邓本元　梁晋阳

常　委：余红胜　裴　旭　江兴禄

曾祥辉　夏　钢　范美先

朱昌贤　刘　远　冯新婷*

中共梅列区委

书　记：蔡光信

中共三元区委

书　记：杨稚平

中共永安市委

书　记：黄建平

中共大田县委

书　记：汤俊生

中共尤溪县委

书　记：伍　斌

中共沙县县委

书　记：陈瑞喜

中共将乐县委

书　记：蒋先东

中共泰宁县委

书　记：张元明

中共建宁县委

书　记：林守钦

中共宁化县委

书　记：肖长根

中共清流县委

书　记：梁奕章

中共明溪县委

书　记：林　斌*

中共莆田市委

书　记：杨根生

副书记：梁建勇　赖　军

常　委：黄进发　陈立华　林素钦*

李飞亭　林承通　洪　波

李辉龙　郑春洪

中共仙游县委

书　记：郑瑞锦

中共荔城区委

书　记：胡国防

中共城厢区委

书　记：林　桦*

中共涵江区委

书　记：沈伯麟

中共秀屿区委

书　记：厉　云

中共南平市委

书　记：裴金佳

副书记：林宝金　黄福清

常　委：袁忠浩　邱天华　周威榕

兰斯文　黄健平　许维泽

胡忠昭　梁伟新　张国旺

中共延平区委

书　记：黄　雄

中共邵武市委

书　记：武　勇

中共武夷山市委

书　记：梁伟新

中共建瓯市委

书　记：余建坤

中共建阳市委

书　记：葛晓华

中共顺昌县委

书　记：李建和

中共浦城县委

书　记：陈国发

中共光泽县委

书　记：李宝银

中共松溪县委

书　记：朱仁秀*

中共政和县委

书　记：廖俊波

中共龙岩市委

书　记：黄晓炎

副书记：张兆民

常　委：江子华　张天洲　王乃谦

邱　荣　林晓英*　阮开森

严志铭　温锡浩

中共新罗区委

书　记：王　龙

中共永定县委

书　记：毛高良

中共上杭县委

书　记：邓菊芳*

中共武平县委

书　记：王建生

中共长汀县委

书　记：魏　东

中共连城县委

书　记：江国河

中共漳平市委

书　记：赖招源

中共宁德市委

书　记：廖小军

副书记：郑新聪　贾　科

常　委：陈沈阳　徐姗娜*　金　敏

李转生　翁祖强　林　鸿

李海波　倪政云

中共蕉城区委

书　记：王世雄

中共福安市委

书　记：倪政云

中共福鼎市委

书　记：陈其春

中共古田县委

书　记：吴达金

中共屏南县委

书　记：林共妙

中共周宁县委

书　记：陈鸿飞

中共寿宁县委

书　记：卓晓銮*

中共柘荣县委

书　记：薛理朝

中共霞浦县委

书　记：杨培钦

中共平潭综合实验区工委

书　记：龚清概

副书记：杜源生

委　员：黄伟庆　赵晓波　汪茂昌

周青松　陈东荣　张茂于

中共平潭县委

书　记：杜源生

注：* 为女同志，★为二级机构。

（名单由省委组织部信息管理办公室提供）

省人民代表大会

【主要工作】 2012 年，省人大常委会共召开 7 次会议，制定法规 8 项，修改法规 3 项，废止法规 2 项，通过法规修改决定 1 项，审查和批准福州、厦门市法规 11 项；讨论并作出重大事项决定、决议 11 项；听取和审议省政府及其部门、省法院、省检察院的专项工作报告 9 项，开展法律法规实施情况的检查 5 项，进行专题询问 1 次；组织办理代表提出的议案 38 件、建议 769 件；依法任免地方国家机关工作人员 134 人次，全面完成省十一届人大六次会议确定的工作任务。

坚持正确政治方向。始终牢牢把握人大工作的正确政治方向，坚持党的领导、人民当家做主、依法治国的有机统一，确保中央和省委的重大决策部署经过法定程序成为国家意志，确保党组织推荐的人选经过法定程序成为国家政权机关的领导人员。常委会党组明确提出，做好人大工作，必须准确定位，围绕中心，依法履职，着力在营造发展氛围上努力作为、在保障改善民生上努力作为、在保护生态环境上努力作为、在推进依法治省上努力作为、在促进社会和谐上努力作为，各项工作都按照这个思路来谋划和推进，确保在省委总揽全局、协调各方的格局下，依法有效行使人大及其常委会的立法、监督、决定、任免等职权，充分发挥地方国家权力机关的职能作用。成功召开省十一届人大六次会议，审议通过大会各项报告和议案，完成大会选举任务。完成十一届全国人大五次会议福建代表团赴京履职的相关服务保障工作。认真学习贯彻党的十八大精神，更加自觉地把科学发展观贯彻落实到人大工作的全过程和各方面，更加坚定对中国特色社会主义政治发展道路和根本政治制度的自信，更加紧密地围绕“五位一体”总体布局履行好人大职责，更加有力地推进以素质能力建设为重点的自身建设，努力开创人大工作新局面，为推进福建发展和海西建设作出应有贡献。

*立法工作有序推进。*完善立法工作思路，更加注重社会领域立法，更加注重法规的修改完善，更加注重提高法规质量，全年在全面完成立法计划项目的基础上，审议通过了促进革命老区发展条例和邮政条例，立法的规范、引导、促进和保障作用进一步显现；召开全省地方立法工作座谈会，研讨如何更好地发挥各设区的市人大常委会及其工作机构在立法中的作用，征求对新一届省人大常委会5年立法规划的意见和建议，进一步形成立法工作合力。突出立法地方特色，立足福建省茶叶资源优势，在全国率先制定了促进茶产业发展条例，对制定产业发展规划、实行茶叶质量可追溯制度、规范使用茶叶肥料和农药、开展茶叶名优产品评定、促进茶产业发展的鼓励和扶持措施等作出了规定，有利于加快推进福建省从茶叶资源大省向茶叶产业强省的转变；制定了促进革命老区发展条例，把有关支持政策用法规形式确定下来，形成推动老区发展的长效机制，其中关于开展红色旅游、实施“五老”帮扶等规定具有鲜明的福建特色；把为平潭开放开发提供法制支持作为一项重要工作，积极开展相关立法研究，通过多种途径向全国人大提出立法建议。立法促进发展转型，制定了科学技术进步条例，突出企业在技术创新中的主体地位，支持科技成果转化和自主创新能力提升，发挥科技在转方式、调结构中的支撑引领作用；制定了节约能源条例，着重建立健全节能目标责任制和考核评价、固定资产投资项目节能评估审查、建筑强制节能标准、重点用能单位能源审计等一系列节能制度；制定了邮政条例，使邮政设施的规划与建设、邮政服务、快递业务、闽台邮政合作、监督管理等方面有了具体规定。注重社会领域立法；制定了学校安全管理条例，着眼于构建学校安全管理工作的保障体系，明确各相关责任主体的职责，维护教育教学秩序，切实保障师生安全；制定了消防条例，坚持以消防工作社会化为主线，进一步强化各级政府、有关部门和单位的消防工作职责，健全完善消防执法和应急救援工作机制，推进消防事业发展，维护公共安全；制定了人口与计划生育条例，根据福建省实际情况，进一步完善人口与计生政策，如取消了生育间隔期的强制性规定，规定婚外生育将开除公职，计生奖励大幅提高等；修改了实施村民委员会组织法办法、村民委员会选举办法，保障农村基层民主发展；修改了关于设定福建省人民政府规章罚款限额的决定，将政府规章设定的行政处罚最高限额由原来的3万元提高到20万元。维护法制和谐统一，组织开展了涉及行政强制的地方性法规专项清理工作，作出了修改部分地方性法规的决定，对渔业法实施办法、环境保护条例等16项法规进行了相应修改，解决了法规部分条款与上位法规定不一致的问题，维护了法制和谐统一。坚持科学立法、民主立法，始终坚持立法为民的宗旨，注重加强立法的制度设计，充分发挥立法表达、平衡、调整社会利益关系的积极作用，切实维护最广大人民的根本利益，统筹兼顾和妥善处理各种利益关系；坚持走精细化的立法路子，着力增强地方立法的针对性、实效性和可操作性。注重发挥常委会在地方立法中的主导作用，加强立法工作的沟通协调，积极督促有关方面抓紧法规草案的起草工作，保证立法工作按照计划有序进行。通过公开征集立法项目、法规草案全文公开征求意见和召开座谈会、论证会等多种途径，不断扩大公民对立法工作的有序参与，增强立法的公开性和透明度，使立法更好地反映民情、体现民意。完善人大代表参与立法的工作机制，把办理代表议案建议同加强立法工作结合起来，把邀请代表参与常委会活动同提高法规审议质量结合起来，充分发挥人大代表在立法中的作用。

*监督工作讲求实效。*监督经济运行，紧紧围绕“十二五”规划以及“三规划两方案”的实施，准确把握“稳中求进”的总基调，把“稳中求进”和“好中求快”有机统一起来，加强工作监督和法律监督，组织开展专题调研，推动中央和省委重大决策部署的贯彻落实，促进又好又快发展；听取审议了2011年省本级决算和2012年上半年预算执行情况的报告、2011年度省本级预算执行和其他财政收支的审计工作报告、2012年1—8月国民经济和社会发展计划执行情况的报告，审查批准2011年省本级决算、2012年省级预算调整方案、2012年省级超收追加支出方案，同意地方政府债券资金主要用于新经济增长区域、路网、保障性安居工程、市县校舍安全工程、市县工业园区基础设施、小城镇综合改革建设试点等重点领域建设；省级超收追加支出主要用于民生和社会事业发展薄弱环节建设。关注安全生产，把安全生产列为监督工作重点，认真组织开展安全生产法和安全生产条例贯彻实施情况的检查，常委会会议听取审议了执法检查报告，指出法律法规贯彻实施中存在的问题，提出要强化安全生产宣传教育、督促企业落实安全生产主体责任、加大安全生产专项整治力度、加强安全生产应急保障能力建设、采取有效措施减少道路交通安全事故等审议意见，交省政府及相关部门研究处理，着力推动安全生产法律法规

的正确实施，进一步提高福建省安全生产水平。促进民生改善，听取审议了高等教育法实施情况检查报告，就落实高校办学自主权、探索建立现代大学制度、加强高校资金使用管理和监督、提高教育质量和人才培养水平、增强高校科学研究和服务社会能力等方面提出了意见建议；听取审议了福建省保障性安居工程建设工作情况的报告，开展了专题询问，组成人员就福建省保障性安居工程建设情况，土地和资金供应、监管情况，工程质量及配套设施建设情况，保障房的价格和配租配售情况，准入、退出、后续管理机制等提出询问，省政府有关部门负责人认真回答询问，表示将抓紧制定政策，完善制度，促进福建省保障性安居工程持续健康发展，着力构建适合福建省实际的多层次住房保障体系；受全国人大常委会委托，组织开展了残疾人保障法、文物保护法、农业法执法检查。推动可持续发展，组织开展了水土保持法和福建省实施办法实施情况的检查，要求省政府做好水土保持规划，强化新的水土流失的治理和监督，建立健全水土保持工作长效机制，不断提高水土流失综合治理实效；听取审议了海域使用情况报告，指出福建省海域使用管理工作中存在的问题和薄弱环节，提出要进一步提高海域和海岛管理能力、强化海洋功能区划、加强节约集约用海、加强科技创新、加强海洋环境保护、完善海域管理立法等审议意见；听取审议了旅游业发展情况报告，要求省政府加大旅游业扶持政策的落实力度，加强旅游资源整合，促进旅游和文化的融合，进一步提升旅游服务水平。促进司法公正，分别听取审议了省法院关于发挥审判职能作用推动社会管理创新情况、省检察院关于贯彻《省人大常委会关于加强人民检察院对诉讼活动的法律监督工作的决定》工作情况的专项报告，针对存在的问题，要求审判机关进一步加强自身建设，加大重点工作力度，提高审判质量和效率，提升社会管理创新的效果；要求检察机关进一步贯彻落实决定，增强监督意识，突出监督重点，加大监督力度，完善监督机制，强化监督措施，加强队伍建设，提高监督能力。做好信访工作。认真受理群众来信来访，加强综合分析和交办督办工作，有针对性地加强对有关重信重访、重点信访件的督办，推动群众信访问题的解决，维护群众的合法权益，促进社会和谐稳定，全年共受理人民群众来信 3673 件，来访 5551 人次。

代表工作扎实开展。认真办理省十一届人大六次会议以来代表提出的议案和建议，注重发挥代表议案在立法工作中的作用，其中 15 件议案所提立法项目建议列入新一届常委会五年立法规划。完善代表建议办理工作机制，加强督办单位与承办单位、提建议代表的三方沟通联系，增强代表建议办理工作实效。对加强老区（苏区）公共文化建设、加强农业科技推广工作、继续加大对公交扶持力度、加强农村敬老院建设等 4 件建议进行重点交办督办，取得了较好的成效。围绕民主法治建设和网络舆情应对、文化产业发展等内容，举办代表专题学习班，引导和支持代表进一步提高依法履职能力，密切与人民群众的联系，积极参加各项活动，发挥好人大代表的应有作用，共有 117 名省人大代表和部分全国人大代表参加了学习培训。坚持和完善常委会组成人员联系人大代表、人大代表联系人民群众的制度，认真落实保障代表知情权的各项措施，坚持向代表通报常委会重要工作和重大活动情况，继续邀请代表列席常委会会议，参加视察、执法检查和调研活动，定期寄送相关资料，通报经济社会发展情况，为代表知情知政提供有效服务和帮助。受全国人大常委会办公厅委托，组织在闽十一届全国人大代表就饮用水源保护、农田水利建设等情况开展了专题调研和集中视察。依法做好代表换届选举相关工作，按照新修改的选举法规定，福建省于 2012 年底至 2013 年初首次实行了城乡按相同人口比例选举省人大代表和全国人大代表。认真贯彻落实中央和省委的部署要求，把坚持党的领导、充分发扬民主、严格依法办事统一起来，准确把握依法分配代表名额、落实城乡同比原则、实现“三个平等”（人人平等、地区平等、民族平等）、优化代表结构等规定和要求，报请省委批转关于做好换届选举工作的意见，依法作出代表名额分配和选举问题的决定，及时研究解决选举工作中出现的新情况新问题，确保代表选举工作依法有序进行。

自身建设得到加强。始终注重加强思想政治、组织制度、作风能力建设，着力增强履职的实效。坚持和完善常委会学习制度和专题讲座制度，及时传达学习中央和省委重要精神，学习与常委会履职密切相关的法律和专业知识。认真贯彻中央八项规定，改进工作作风，密切联系群众，厉行勤俭节约，反对铺张浪费。深入开展“下基层、解民忧、办实事、促发展”活动，认真做好挂钩帮扶扶贫开发和水土流失治理工作。自觉接受全国人大常委会的指导和监督，积极配合做好法律草案征求意见、执法检查、调研视察等工作。密切与市、县（区）人大及其常委会的联系，通过召开省市人大常委会主任座谈会、邀请设区的市人大常委会负责同志列席常委会会议、常委会领导分头走访市县（区）人大、举办全省人大系统处级干部培训班等多种形式，加强工作指导，支持新一届市、县（区）人大依法开展工作，共同开创福建省地方人大工作新局面。组织全省人大系统开展“地方人大行使重大事项决定权与推进科学发展跨越发展”重点课题调研活动，形成一批有质量的调研成果，召开了专题研讨会。以现行宪法公布实施 30 周年为契机，通过召开座谈会，举办读书活动、书画展，刊发专访和纪念文章等多种形式，深入学习宣传宪法，营造自觉学法守法用法的社会氛围，弘扬社会主义法治精神，进一步树立宪法意识和法治理念。

【省十一届人大六次会议】 福建省十一届人大六次会议于 2012 年 1 月 12—17 日在福州召开，会议审议批准省长苏树林关于福建省人民政府工作的报告，审议批准省发展和改革委员会主任郑栅洁关于福建省 2011 年国民经济和社会发展计划执行情况及 2012 年国民经济及社会发展计划草案的报告，审议批准省财政厅厅长陈小平关于福建省 2011 年预算执行情况及2012年预算草案的报告。审议批准省十一届人大常委会副主任王美香关于福建省人民代表大会常务委员会工作报告，审议批准省高级人民法院院长马新岚关于福建省高级人民法院工作报告和省人民检察院检察长倪英达关于福建省人民检察院工作报告。大会接受王美香、郑道溪辞去福建省第十一届人民代表大会常务委员会副主任职务的请求，接受马潞生辞去福建省第十一届人民代表大会常务委员会副主任、秘书长职务的请求。大会补选徐谦、李红为福建省第十一届人民代表大会常务委员会副主任，张建为福建省第十一届人民代表大会常务委员会副主任、秘书长。大会还补选了省人大常委会委员，表决通过了省人大法制委主任委员人选。经大会主席团会议审议，决定将38件议案交省人大常委会办理，并提出办理情况报告。大会收到代表建议761件，交有关部门办理。 （胡冰午）

【福建省人大常委会正副主任、正副秘书长、委员名单】（以2012年12月底在职者为准）

主 任：孙春兰*

副主任：徐 谦 袁锦贵 庄 先 张广敏 张 健 李 红*

秘书长：张 健（兼）

副秘书长：游劝荣

【福建省人大法制、财政经济委员会正副主任委员名单】（以2012年12月底在职者为准）

法制主任委员：郁 成

副主任委员：傅镛堃

财政经济主任委员：刘文豪

【福建省人大常委会各委、办、室正副主任名单】（以2012年12月底在职者为准）

办公厅

主 任：游劝荣

副主任：温佳禄 林蔚芬* 林建丰

副巡视员：郑国华 徐 兵

研究室

副巡视员：陈书侨

人事代表工作室

主 任：李元兴

副主任：张绳华 李晓吾

法制工作委员会

主 任：张大共

副主任：徐 平 陈庆耀 陈美华（女，2013年2月逝世）

内务司法工作委员会

主 任：詹 毅

副主任：陈乙熙

巡视员：张用惠

副主任：陈鼎林

农业与农村工作委员会

主 任：李建国

副主任：陶陆军

财政经济工作委员会

副主任：俞传尧 陈 建 刘朝阳 张炯佳

教育科学文化卫生工作委员会

主 任：王豫生

副主任：宋闽旺 陈 星

副巡视员：王犹升

华侨工作委员会（台胞工作委员会）

主 任：林多香

副主任：陈新云

环境与城乡建设工作委员会

副主任：林坚飞 徐 江

信访局

局 长：林建丰

【福建省各设区市、县（市、区）人大常委会正副主任名单】（以2012年12月31日在职者为准）

福州市人大常委会

主 任：周振华

副主任：陈 奇 鄢 萍* 柯有民 徐诗文 陈建平* 林厚新

鼓楼区人大常委会

主 任：李 力

台江区人大常委会

主 任：林培清

仓山区人大常委会

主 任：张为民

晋安区人大常委会

主 任：林圣婉*

马尾区人大常委会

主 任：范公榕

福清市人大常委会

主 任：王德玉

长乐市人大常委会

主 任：张礼强

闽侯县人大常委会

主 任：胡光礼

连江县人大常委会

主 任：邱德光

闽清县人大常委会

主 任：郑子升

罗源县人大常委会

主 任：雷光秀

永泰县人大常委会

主 任：吴秋惠*

平潭县人大常委会

主 任：成苏明

厦门市人大常委会

主 任：郑道溪

副主任：杜明聪 何清秋 陈昭扬 杨金兴 黄诗福 陈紫萱*

思明区人大常委会

主 任：许跃生

湖里区人大常委会

主 任：梁美丽*

集美区人大常委会

主 任：陈锦标

海沧区人大常委会

主 任：李大辉

同安区人大常委会

主 任：毛立臻

翔安区人大常委会

主 任：黄奋强

漳州市人大常委会

主 任：吴玉辉

副主任：杨建平 李珊珊* 黄双庆 吴景辉 黄舜斌 黄春曙

芗城区人大常委会

主 任：魏方旭

龙文区人大常委会

主 任：邹三分

龙海市人大常委会

主 任：沈应生

漳浦县人大常委会

主 任：陈少华

云霄县人大常委会

主 任：郑俊生

诏安县人大常委会

主 任：杨镇发

东山县人大常委会

主 任：刘建顺

平和县人大常委会

主 任：林群明

南靖县人大常委会

主 任：余水旺

长泰县人大常委会
主　任:戴和兴
华安县人大常委会
主　任:沈荣藩
泉州市人大常委会
主　任:陈海基
副主任:洪泽生　潘燕燕*　陈全顺
吕　竞*　王远东　张建生
鲤城区人大常委会
主　任:林建扬
丰泽区人大常委会
主　任:郑进发
洛江区人大常委会
主　任:朱清辉
泉港区人大常委会
主　任:吴建民
晋江市人大常委会
主　任:陈健倩*
南安市人大常委会
主　任:黄永俊
石狮市人大常委会
主　任:陈贻萍
惠安县人大常委会
主　任:曾玉山
安溪县人大常委会
主　任:谢保家
德化县人大常委会
主　任:涂健圻
永春县人大常委会
主　任:林金星
三明市人大常委会
主　任:徐　铮
副主任:涂振锟　张知通　陈有极
洪明德　王　庆　廖小华*
三元区人大常委会
主　任:邓秀忠
梅列区人大常委会
主　任:范纯文
永安市人大常委会
主　任:董乐夫
清流县人大常委会
主　任:许天赠
宁化县人大常委会
主　任:巫福生
建宁县人大常委会
主　任:陈海涛
明溪县人大常委会
主　任:廖善朋
将乐县人大常委会
主　任:李荣根

泰宁县人大常委会
主　任:高惠斌
沙县人大常委会
主　任:赖忠厚
尤溪县人大常委会
主　任:林思文
大田县人大常委会
主　任:陈汉良
莆田市人大常委会
主　任:林光大
副主任:王国模　林国庆　王玉芳*
陈国林　林国清　姚景华
仙游县人大常委会
主　任:李新贤
荔城区人大常委会
主　任:谢珍裕
城厢区人大常委会
主　任:王国太
涵江区人大常委会
主　任:肖云敏
秀屿区人大常委会
主　任:朱瑞章
南平市人大常委会
主　任:周秀光
副主任:张淑云*　王宁新*　黄发模
陈建荣　曹　聪　张培栋
延平区人大常委会
主　任:杨　敏*
邵武市人大常委会
主　任:陈心坦
武夷山市人大常委会
主　任:陈先珍
建瓯市人大常委会
主　任:陈祥平
建阳市人大常委会
主　任:马建东
顺昌县人大常委会
主　任:张上进
浦城县人大常委会
主　任:姚少明
光泽县人大常委会
主　任:熊　庆
松溪县人大常委会
主　任:严建和
政和县人大常委会
主　任:詹树强
龙岩市人大常委会
主　任:陈万里
副主任:郭舒帆　邱亮星　吕庆昌
黄伍金*　杨　闽*　谢细忠

新罗区人大常委会
主　任:林韶立
永定县人大常委会
主　任:吴瑞林
上杭县人大常委会
主　任:陈思忠
武平县人大常委会
主　任:王民发
长汀县人大常委会
主　任:陈日源
连城县人大常委会
主　任:林庆祯
漳平县人大常委会
主　任:原所征
宁德市人大常委会
主　任:谢仰俊
副主任:陈兴生　蓝兴贵　汤玉泉
蓝秀珍*　李过渡　许青云
蕉城区人大常委会
主　任:汤万泽
福安市人大常委会
主　任:何世明
福鼎市人大常委会
主　任:陈兴华
霞浦县人大常委会
主　任:池丽玉*
寿宁县人大常委会
主　任:蓝清元
周宁县人大常委会
主　任:李伏养
柘荣县人大常委会
主　任:沈绍芳*
古田县人大常委会
主　任:江宋堂
屏南县人大常委会
主　任:陈道珍

（单国栋）

省人民政府

【概述】 2012年，在中共中央、国务院和中共福建省委的正确领导下，福建省各级政府认真贯彻党的十七大、十八大精神，牢牢把握稳中求进的总基调，全面实施“三规划两方案”，全力推动科学发展跨越发展，经济社会发展呈现良好态势。全省生产总值19701.78亿元，比上年增长11.4%；公共财政总收入3008.88亿元，增长

15.9%，其中地方公共财政收入1776.17亿元，增长18.3%；全社会固定资产投资12709.66亿元，增长25.5%；外贸进出口总额1559.38亿美元，增长8.6%，其中出口978.33亿美元，增长5.4%；实际利用外商直接投资63.38亿美元，增长2.2%；社会消费品零售总额增长15.6%；居民消费价格总水平上涨2.4%；城镇居民人均可支配收入28055元，增长12.6%；农民人均纯收入9967元，增长13.5%；城镇登记失业率3.63%；人口自然增长率7.01‰。单位生产总值能耗、化学需氧量、二氧化硫、氨氮、氮氧化物等年度节能减排任务全面完成。

【主要会议】

（一）省政府全体会议

1月18日，省政府召开2012年第一次全体会议，对抓好各级政府各部门工作落实进行部署。省长苏树林在会上强调，要按照省委的要求、省人大的决定，认真贯彻省两会精神，进一步抓紧各项工作，确保2012年目标任务全面完成，为建设更加优美更加和谐更加幸福的福建作出更大贡献。

（二）省政府常务会议

第85次省政府常务会议，月10日上午召开。会议听取了省审计厅关于2011年审计工作情况的汇报，省安监局关于2012年全国安全生产视频会议和工作会议精神及福建省贯彻意见的汇报。

第86次省政府常务会议，3月16日下午召开。会议传达贯彻省委常委（扩大）会议精神；研究了省水利厅提交的《关于加快推进重大水利项目建设的十项措施》（送审稿），省发展改革委提交的《近期推进八项重点改革的意见》（送审稿）、《关于促进华侨农场改革发展的十条措施》（送审稿），省交通运输厅提交的《福建省普通国省干线公路网布局规划》（送审稿）。

第87次省政府常务会议，3月21日上午召开。会议研究了省海洋与渔业厅提交的《福建省海岛保护规划》（送审稿），省交通运输厅提交的《深化湄洲湾港口管理体制一体化方案》（送审稿），会议还对新加坡籍“达飞巴莱里”号集装箱船搁浅应急处置工作提出了要求。

第88次省政府常务会议，4月16日下午召开。会议听取了省发展改革委、统计局关于一季度福建省经济运行情况的汇报，研究了2011年度福建省科学技术奖评审事宜，审议了省法制办提交的《福建省邮政条例（草案）》（送审稿），听取了福州市人民政府关于第十四届海峡两岸经贸交易会、省外经贸厅关于第九届中国福建商品交易会筹备工作情况的汇报，省经贸委关于第四届“福建省工艺美术大师”评选情况的汇报，省物价局关于全省推行居民用电阶梯电价并实现用电同价方案、推进全省工商业用电同价方案的汇报。

第89次省政府常务会议，5月23日下午召开。会议就贯彻落实省委孙春兰书记在平潭调研重要讲话提出的要求做了具体部署，听取了省发展改革委关于第十届中国·海峡项目成果交易会筹备工作情况的汇报。

第90次省政府常务会议，6月21日下午召开。会议研究了省发改委提交的《关于授予平潭综合实验区行使部分省级行政职权的通知》（送审稿），讨论了省法制办提交的《福建省促进革命老区发展条例（草案）》（送审稿）、《福建省道路交通运输条例（草案）》（送审稿），研究了省政府办公厅提交的《关于发展粮食生产加强粮食安全工作的意见》（送审稿）。

第91次省政府常务会议，6月25日下午召开。会议研究了省发改委提交的《关于进一步推进招投标市场健康发展的意见》（送审稿），听取了省国资委关于成立稀有稀土（集团）公司相关事项的汇报，审议了省法制办提交的《福建省食品生产加工小作坊监督管理办法》（草案）。

第92次省政府常务会议，7月16日上午召开。会议听取了省发改委、统计局关于上半年福建省经济运行情况的汇报。

第93次省政府常务会议，7月26日下午召开。会议听取了省政府办公厅、省安监局关于“7·24”重大道路交通事故情况汇报、研究了省政府办公厅提交的《关于加强福建省道路交通安全工作的九条措施》（送审稿），审议了省法制办提交的《福建省价格调节基金管理办法》（草案），研究了平潭综合实验区管委会提交的《平潭综合实验区总体规划（2010～2030）》（送审稿）。

第94次省政府常务会议，8月6日上午召开。会议听取了省财政厅关于2012年省财政追加安排“稳增长惠民生”支出的汇报。

第95次省政府常务会议，8月15日上午召开。会议听取了省政府法制办关于省政府依法行使行政职权若干问题的法制讲座，研究了省卫生厅提交的《关于进一步落实鼓励和引导社会资本举办医疗机构的意见》（送审稿）。

第96次省政府常务会议，8月30日下午召开。会议对进一步加强安全生产工作做了具体部署，研究了省交通运输厅提交的《关于加快发展港口群促进“三群”联动的若干意见》（送审稿）、省医改办提交的《福建省“十二五”期间深化医药卫生体制改革规划暨实施方案》（送审稿），讨论了省法制办提交的《福建省森林防火条例（草案）》（送审稿），审议了省法制办提交的《福建省信息系统工程建设市场监督管理办法》（草案），听取了省体育局关于给予福建省参加第三十届伦敦奥运会运动员、教练员及有功人员表彰奖励的汇报。

第97次省政府常务会议，9月10日上午召开。会议研究了省发展改革委提交的《漳州古雷石化基地发展规划（2011—2020）》（送审稿）、省林业厅提交的《关于进一步加快林业发展若干政策的通知》（送审稿），听取了省发改委关于浦城县新建行政中心项目审核情况的汇报。

第98次省政府常务会议，9月11日下午召开。会议听取了省发改委、统计局等部门关于1—8月福建省经济运行情况的汇报，议定了福建省参加伦敦残奥会运动员、教练员及有功人员表彰奖励有关事宜。

第99次省政府常务会议，9月28日下午召开。会议研究了省政府办公厅提交的《关于支持厦门建设两岸区域性金融服务中心的若干意见》（送审稿）、省交通运输厅提交的《关于支持厦门东南国际航运中心建设的十条措施》(送审稿)及其他事项。

第100次省政府常务会议,10月30日上午召开。会议听取了省财政厅关于2012年省级超收及追加支出情况的汇报。

第101次省政府常务会议,11月16日下午召开。会议就学习贯彻党的十八大精神、做好当前政府工作做出安排。

第102次省政府常务会议,12月4日下午召开。会议研究了省发改委提交的《福建省主体功能区规划》(送审稿)、《关于推进泉州市民营经济综合配套改革试验的若干意见》(送审稿),审议了省法制办提交的《福建省实施〈农村五保供养工作条例〉办法(草案)》,研究了省国土资源厅提交的《关于调整征地补偿标准的通知》(送审稿),讨论了省法制办提交的《福建省实施〈中华人民共和国土地管理法〉办法(修正案)(草案)》(送审稿),研究了省食安办提交的《福建省食品摊贩经营管理暂行办法》(送审稿)。

第103次省政府常务会议,12月24日上午召开。会议听取了省发改委关于2013年省重点项目安排意见的汇报。

第104次省政府常务会议,12月29日下午召开。会议研究了省应急办提交的《福建省“十二五”突发事件应急体系建设规划》(送审稿)、省经贸委提交的《关于促进船舶工业转型升级十一条措施》(送审稿)、省卫生厅提交的《关于进一步支持省属公立医院改革发展的若干意见》(送审稿),听取了省科技厅关于2012年省科学技术奖有关事项的汇报,审议了省法制办提交的《福建省实施公共机构节能管理办法》(草案)。

(三)省长办公会议

第1次省长办公会议,1月17日下午召开。会议听取省水利厅关于贯彻落实习近平副主席重要批示精神、推动全省水土保持工作的汇报。

第2次省长办公会议,2月10日上午召开。会议研究了省林业厅提交的《全省造林绿化工作先进集体和先进个人建议名单》(送审稿),省委组织部和省公务员局提交的《关于福建省第二批“引进高层次创业创新人才”和首批“产业人才高地、创业英才”人选及有关工作的汇报》(送审稿)、《关于福建省首批“优秀人才”人选及有关工作的汇报》(送审稿)。

第3次省长办公会议,3月16日下午召开。会议研究了省编办提交的《关于福建省分类推进事业单位改革的实施意见》(送审稿),听取了省体育局、福州市人民政府关于第八届全国城市运动会筹备工作的汇报。

第4次省长办公会议,3月21日上午召开。会议研究了省水利厅提交的《福建省大水网规划》(送审稿)及福建省水利“十二五”规划项目。

第5次省长办公会议,4月16日下午召开。会议研究了省政府办公厅提交的《关于支持扶贫开发和水土流失治理重点县加快发展的七条措施》(送审稿)。

第6次省长办公会议,6月21日下午召开。会议听取了省公务员局、人力资源开发办公室关于2012年福建省享受政府特殊津贴人员选拔工作情况的汇报。

第7次省长办公会议,6月25日下午召开。会议研究了省加快海洋经济发展领导小组办公室、省发改委、省海洋与渔业厅提交的《关于加快海洋经济发展的若干意见》(送审稿)和《关于支持和促进海洋经济发展的九条措施》(送审稿),省发改委提交的《莆田市城乡一体化综合配套改革总体方案》(送审稿)。

第8次省长办公会议,7月16日上午召开。会议研究了省旅游局提交的《关于加快旅游产业发展的实施意见》(送审稿)。

第9次省长办公会议,7月26日下午召开。会议研究了省科技厅提交的《福建省深化科技体制改革加快区域创新体系建设实施意见》(送审稿),听取了厦门市人民政府、省外经贸厅、省旅游局等关于第十六届投洽会和第八届旅博会筹备有关工作的汇报。

第10次省长办公会议,8月30日下午召开。会议听取了省教育厅关于福建省第三届杰出人民教师评审表彰工作情况的汇报。

第11次省长办公会议,9月10日上午召开。会议研究了省发改委提交的《关于深化山海协作的八条意见》(送审稿)、省住房和城乡建设厅提交的《关于积极推进城镇化发展的十二条措施》(送审稿)。

第12次省长办公会议,9月11日下午召开。会议听取了省国资委关于福建省汽车工业集团与东风汽车公司合作事宜的汇报。

第13次省长办公会议,10月30日上午召开。会议部署了近期有关工作。

第14次省长办公会议,12月24日上午召开。会议听取了省财政厅关于2013年省级预算草案说明的汇报,研究了省财政厅提交的《关于福建省2012年预算执行情况及2013年预算草案的报告》(讨论稿)、省发改委提交的《关于福建省2012年国民经济和社会发展计划执行及2013年国民经济和社会发展计划草案的报告》(讨论稿)及2013年国民经济和社会发展主要指标安排建议等事项、政府工作报告起草组提交的《政府工作报告》(讨论稿)。

第15次省长办公会议,12月29日下午召开。会议研究了省财政厅提交的《2013年省委、省政府为民办实事项目建议方案》。 (章文恕)

【福建省人民政府省长、副省长、秘书长、副秘书长名单】(以2012年12月底在职者为准)

省　　长:苏树林
副 省 长:陈　桦* 张志南
洪捷序　倪岳峰
王蒙徽　陈荣凯
秘 书 长:刘　明
副秘书长:檀云坤　彭照杉
孔繁圣　李　强
林依标　蒋少云
黄新銮　王星云
张金铸

【福建省人民政府所属机构、企事业单位负责人名单】(以2012年12月底在职者为准)

省政府办公厅

主　任:檀云坤
副主任:詹志洁　陈照瑜　陈子舟

省发展和改革委员会

主　任:郑栅洁

副主任:郑　勇　林锡能　余　军　龚友群　孟　芊　吴亮碧

省教育厅

厅　长:鞠维强

副厅长:郑传芳　薛卫民　刘　平*　张程远

省科学技术厅

厅　长:丛　林

副厅长:杜　民*　李堂杰　何静彦*　周世举

省经济贸易委员会

主　任:周联清

副主任:卢增荣　陈炎生　钟安平　郭恒明　曹建平　郑李亭　吴秉成

省民族与宗教事务厅

厅　长:杨志英

副厅长:林致知　戴志兴

省公安厅

厅　长:牛纪刚

副厅长:张东鸣　张建生　施志强　张洪德　徐凡新　蔡小林　郭韶翔　许耀鹏

省国家安全厅

厅　长:蒋少云

省民政厅

厅　长:黄序和

副厅长:周　瑛*　邱　玮　罗万荷　饶添发

省司法厅

厅　长:陈义兴

副厅长:肖新建　李陵军　赵闽阳

省财政厅

厅　长:陈小平

副厅长:张小平　王永礼　孙婷婷*　修兴高　韩　健

省人力资源和社会保障厅

厅　长:钟维平

副厅长:赖诗卿　陈　翔　颜路光

省国土资源厅

厅　长:魏克良

副厅长:叶　敏　何南飞　陈志忠　江敦岚

省环境保护厅

局　长:马承佳

副局长:丛　澜*　陈　宁　廖　屹　王国长

省住房和城乡建设厅

厅　长:翁玉耀

副厅长:李　尧　王知瑞

省交通运输厅

厅　长:李德金

副厅长:许　莹*　马继列　王兆飞

省农业厅

厅　长:陈绍军

书　记:张立先

副厅长:黄华康　郭跃进　姜绍丰

省林业厅

厅　长:陈家东

副厅长:林少霖　张明接　谢再钟　王宜美

省水利厅

厅　长:刘道崎

副厅长:刘子维　张天明　丘汀萌　黄建波

省海洋与渔业局

局　长:刘修德

副局长:张福寿　黄世峰　陈泽銮

省对外贸易经济合作厅

厅　长:林昌丛

副厅长:张　秋　陈少和　陈安生　向贤彪　钟木达

省文化厅

厅　长:陈秋平

副厅长:陈　朱　陈　吉

省卫生厅

厅　长:陈秋立

副厅长:李德仁　陈文加　阮诗玮　林圣魁

省人口与计划生育委员会

主　任:池秋娜*

副主任:方　群　陈厚銮　林文芳

省审计厅

厅　长:姜榕兴

副厅长:林秋美　杨　红*

省政府外事办公室

主　任:宋克宁

副主任:杨香勤*　王天明　李　宏

省国有资产监督管理委员会

书　记:陈向先

主　任:周联清

副主任:傅贤光　郑默人　邱志向

省公务员局(省人力资源开发办公室)

局　长(主　任):钟维平

副局长(副主任):杨怀榕　汤昭平　吴小颖　黄正风

省地方税务局

局　长:陈青文*

副局长:林　琼*　施维雄　杨　隽*

省工商行政管理局

局　长:叶木凯

副局长:黄培惠　黄　玲*　王应涛

省质量技术监督局

局　长:黄维礼

书　记:施　文

副局长:吴　赳　赵雪萍*

省广播电影电视局

局　长:陈必滔

副局长:胡永新　庄志松

省新闻出版局

局　长:郭振家

书　记:李闽榕

副局长:蒋达德　陈忠财

省体育局

局　长:徐正国

副局长:吴立官　陈忠和　王维川

省安全生产监督管理局

局　长:陈炎生

副局长:裘松樵　林立德

省统计局

局　长:孙希有

副局长:林文芳　陈志强　雷志亮

省旅游局

局　长:隋　军*

副局长:陈扬标　郑维荣

省粮食局

局　长:陈则生

副局长:冯利辉　吴添富

省食品药品监督管理局

局　长:李德仁

副局长:张炳祥　赵　琛　江振长

省物价局

局　长:庄稼汉

副局长:林作明　赖碧涛　赖文达

省政府侨务办公室

主　任:杨　辉

副主任:叶康勇　邓伦成　刘良辉　林泽春

省人民防空办公室

主　任:黄伟生

副主任:胡启泰　李小路

省信息化局

局　长:卢增荣

副局长:邵玉龙　林　立　严效东

省政府驻北京办事处

主　任:孔繁圣

副主任:林锡能　林　光　卓兆水　林先鑫

省地质矿产勘查开发局

局　长：邵　旭

副局长：张建忠　郭立新

中国海峡人才市场

书　　记：杨怀榕

总 经 理：董建洲

副总经理：吴瑞建　游诚志

省供销社

主　任：林少雄

副主任：王剑华　占飞豹

省城镇集体工业联合社

主　任：谢超雄

副主任：徐　敏

省机械设备成套局

局　长：刘群心*

副局长：闵小权　张购良

省地方志编纂委员会

主　任：罗　健

副主任：方　清　俞　杰

省政府发展研究中心

主　任：林文生

副主任：黄　端　陈明旺

省农业科学院

书　记：吕月良

院　长：刘　波

副院长：张伟光　翁伯琦　林天龙
　　　　翁启勇　余文权

省政府项目投资评审中心

主　任：郑　勇

副主任：周跃华　詹晨辉

福建社会科学院

院　长：张　帆

书　记：方彦富

副院长：黎　昕　李鸿阶　陈文章

省广播影视集团

董 事 长：张宗云

总 经 理：陈文广

副董事长：王　展　陈若凡

省政府驻上海办事处★

主　任：黄德智

副主任：吴　翔　陈广蛟

省政府驻广州办事处★

主　任：林卫宠

副主任：许建设　甘文应

省政府驻深圳办事处★

主　任：李香灿

副主任：李进敏　王建富

省政府法制办公室★

主　任：张　猛

副主任：黄岩生　林依钦

省政府机关事务管理局★

局　长：彭照杉

副局长：施亚光　肖济通　武新生

省公安厅交通警察总队★

总 队 长：崔宗建

副总队长：刘建敏　柳忠民
　　　　　傅仰余　张天景
　　　　　蔡义德

省监狱管理局★

第一政委：陈义兴

局　　长：李陵军

政　　委：王敏夫

副 局 长：柯南木　吴安通
　　　　　陈　峰

省海洋渔业执法总队★

总 队 长：叶建平

副总队长：王友喜　张思荣

省交站办★

主　任：程建国

副主任：郑书天　周　斌　庄宫明

省重点项目办★

主　任：龚友群

副主任：潘乙凡

省政府水电站库区移民开发局★

局　长：蔡　伟

副局长：张海军　雷　雄　杨昌健
　　　　谢尔国

省测绘地理信息局★

书　记：何清和

局　长：陈跃进

副局长：陈智仁　林孝文

省知识产权局★

副局长：李冬根　黄　平*　郑敏姜

省铁路建设办公室★

主　任：俞开洋

副主任：章锦贵

省煤田地质局★

局　长：黄玉荣

副局长：罗杰东　张钦文　陈泉霖
　　　　伍青云

省水利水电勘测设计院★

院　长：陈敏岩

书　记：连伟良

副院长：何文兴　林　琳*　何光同

省疾病预防控制中心★

主　任：严延生

副主任：郑金凤　郑奎城　魏林拥

省经济信息中心★

主　任：林文斌

副主任：马亨冰　苏明宝　陈　仁

中国闽台缘博物馆★

书　记：谢清海

副馆长：朱定波　陈健鹰　粘秋生

省教育考试院★

院　长：曾能建

副院长：林健民　余剑锋

省投资开发集团公司

董 事 长：翁若同

总 经 理：彭锦光

副总经理：谢荣兴　王　比
　　　　　李　松*

省冶金(控股)公司

董 事 长：陈军伟

总 经 理：林作鉴

副总经理：赖兆奕　张　榕
　　　　　李　镇

省能源集团公司

董 事 长：林金本

副总经理：李建寅　姜初炎
　　　　　周必信

省交通运输集团公司

董 事 长：刘小健

总 经 理：李兴湖

副总经理：陈　乐　陈可香
　　　　　黄循铀

省高速公路公司

董 事 长：黄祥谈

副总经理：涂慕溪　赵宣宪
　　　　　张　明　潘向阳

省外贸中心集团公司

董 事 长：张　忠

总 经 理：陈军华

副总经理：黄荣文　赖建国
　　　　　蔡浩革

厦门航空公司

董事长、总经理：车尚轮

书　　记：张群治

副董事长：牟建勇

副总经理：张群治　赵　东
　　　　　黄火灶　林朝阳
　　　　　王景民　蔡城堡
　　　　　周卫东　于志强

省船舶集团公司

董 事 长：冯志农

总 经 理：赵金杰

副总经理：黄文定　黄　莼
　　　　　董飞龙

福建炼油化工公司

董 事 长：陆　东

书　　记：陈晓波

副董事长：林 立
副总经理：刘彦昌 胡红页

省轻纺(控股)公司
董 事 长：吴冰文
总 经 理：郑 震
副总经理：黄国英 陈国梁

华闽(集团)公司
董 事 长：杨东成
副总经理：汪小武 肖小东

福建建工集团总公司
董事长、总经理：黄建民
副总经理：丘亮新 张仲平 张 玲*

省电子信息集团公司
董 事 长：刘捷明
副总经理：邹金仁 林 升 黄 舒

省汽车(集团)公司
董 事 长：廉小强
副总经理：王志勇 李岩峰

福建石化集团公司
董 事 长：林 立
总 经 理：徐建平
副董事长：周文成
副总经理：吴 宏 刘 强

省机电(控股)公司
董 事 长：王会锦
副总经理：陈伯炜 陈 斌

福建中旅集团公司
总 经 理：衷梅英*
副总经理：刘洪建

省招标采购集团公司
总 经 理：陈 武
副总经理：蔡文炜 曾天彝

海峡出版发行集团公司
总 经 理：刘瑞州
副总经理：林义良 林 彬* 朱欣欣 吴志明

福建广电网络集团公司
董事长：张 远
总经理：谢晶思

兴业银行
董事长：高建平
行 长：李仁杰
监事长：康玉坤
副行长：陈德康 蒋云明 林章毅 陈锦光 薛鹤峰 李卫民

省农村信用社联合社
理事长：鄢一忠
主 任：严 正
副主任：张镇雄

【中央有关部委驻闽直属机构负责人名单】（以2012年12月底在职者为准）

新华社福建分社
副 社 长：汤 华
常务副总编：梅永存

中科院福建物构所
所 长：洪茂椿
副所长：曹 荣 兰国政 黄艺东 林文雄

中科院厦门城市环境研究所
所 长：朱永官
副所长：蔡 澎 陈少华 陈天雄

国家林业局驻闽专员办事处
专 员：冯树清

财政部驻闽专员办事处
监察专员：温怀荣
副监察专员：张瑞惠*

国家统计局福建调查总队
总 队 长：张福坤
副总队长：张晓玲* 陈志良 康 君

省国家税务局
局 长：臧耀民
副局长：连开光 刘孟全 于海春

省气象局
局 长：董 熔
副局长：周京星* 范新强 魏应植

省地震局
局 长：金 星
副局长：朱金芳 黄向荣 史彝华 朱海燕

福建海事局
局 长：何易培
书 记：申亚平*
副局长：赵亚兴 郑卓凡 黄丹华* 陈传全

厦门海事局★
局 长：黄军根
副局长：林文璋 宋剑华

福建煤矿安全监察局
局 长：陈炎生
副局长：戴文鹏 朱石福

福州海关
关 长：李 国
副关长：钟万明 赵建中 李保平 陈文智 何小平*

厦门海关
关 长：丁学辉
副关长：李小敏 万志朝 陈国清 耿国强 李云龙

福建出入境检验检疫局
局 长：高玉潮
副局长：詹开瑞 井 伟 陈佳木 孙远志 郭忠鹏

厦门出入境检验检疫局
局 长：詹思明
副局长：蔡家焰 陈华忠 黄丽玲* 方元炜 林世峰

省电力公司
总 经 理：张 磊
书 记：吕华忠
副总经理：吕华忠 陈卫中 林 韩 陈灵欣 彭建国 郑家松

华电集团福建分公司
总 经 理：江炳思
副总经理：陈瑞兴 舒福平 赵跃平

国电福建电力有限公司
总 经 理：李达彪
书 记：陈冬青
副总经理：陈冬青 涂朝阳

华能福建分公司
总 经 理：刘玉杰
书 记：陈振声
副总经理：颜世刚 郭国明 陈传发

福建福清核电有限公司
董 事 长：陈 桦
总 经 理：蒋国元
书 记：杨河涛
副总经理：杨河涛 顾 健 黄传文 商幼明 何 辉 王银虎

中国水利水电第十六工程局有限公司
总 经 理：林文进
书 记：李良顺
副总经理：吕孟静 吴广忠 金建国 杨伟明 王文飞 蓝荣和 谢亚章

省邮政管理局★
局 长：江明发
副局长：揭光武

省通信管理局
局 长：杨锦炎
副局长：张丽娟* 林法祥

省邮政公司

总 经 理：潘 杰

副总经理：黄建计 李新华 李克超

中国电信福建公司

总 经 理：段建祥

书 记：刘耀明

副总经理：黄 衍 陈锦华 乐朝平 杨岭才

中国移动福建公司

总 经 理：黄立伟

副总经理：林柏江 张 莉* 刘晓宇 李小平 沈文海

中国联合网络通信福建分公司

总 经 理：买彦洲

副总经理：戴 斌 张志冰 胡行正 钟 军 陈海波 王为民

中国铁通福建分公司

总 经 理：李志伟

副总经理：吴恺平 王恒祥 王 洋

民航福建安全监督管理局★

局 长：李志峰

副局长：叶家斌 邓 歼 夏国明

中国石化福建石油分公司

总 经 理：郝国强

书 记：杨前战

副总经理：刘成勇 陈必文

中国石油福建销售分公司

总 经 理：王广生

书 记：王明富

副总经理：韩 非 孙培锦 王申国

中化泉州石化有限公司

总 经 理：杜国盛

副总经理：王宗尚 王宗国 张 强

中航技福建公司

总经理：张立夫

书记、副总经理：方 艾

省烟草专卖局（公司）★

局长、总经理：卢金来

副 局 长：张 卉

副总经理：揭柏林 李晓陆 林则森

福建中烟工业公司

总 经 理：李跃民

副总经理：李仰佳 陈子强 王建勇 王道宽 邱全胜

中储粮福建分公司

总 经 理：由 伟

书 记：李祝春

副总经理：肖富银 林来秋

中国冶金地质勘查工程总局二局★

局 长：孙修文

副局长：张庆鹏 黄树峰

大唐国际发电福建分公司

总 经 理：卜保生

书 记：张树元

副总经理：张树元 潘松林 马占兵 李海鹏

福建宁德核电有限公司

总 经 理：李一农

副总经理：魏利锋 黄小桁 王日丹 赵 昔 孟晓雄

中铝瑞闽铝板带有限公司

董 事 长：丁海燕

总 经 理：谢金辉

书 记：李 铁

副总经理：李谢华 蔡 峰 黄旭东

银监会福建监管局

局 长：周民源

副局长：陈晓南* 于战勇 黄邦锋 徐金玲*

保监会福建监管局

局 长：王小平*

副局长：王 斌 吴朝生 文德旺

证监会福建监管局

局 长：陈小澎

副局长：林 林

人行福州中心支行

行 长：吴国培

副行长：宋建荣 晏露蓉* 陶 诚 杨长岩 陈 耕

中国工商银行福建省分行

行 长：乔晋声

副行长：刘 丹 谢少波 范国德 李良茂 王升烽 郑志伟

中国农业银行福建省分行

行 长：陈献明

副行长：林建通 石闽江 施武龙 龚建生

中国建设银行福建省分行

行 长：彭洪明

副行长：陈万铭 李文贤 林和发 刘 峰 丁保平

中国银行福建省分行

行 长：陶以平

副行长：翁文森 袁 龙 高红军 林传伟 王 晓

中国农业发展银行福建省分行

行 长：孙兰生

副行长：陈 群 蔡来法 陈志猛 黄本文

国家开发银行福建省分行

行 长：张 伟

副行长：曾丽卿* 陈 节 刘喜荣 郑书月

中国进出口银行福建省分行

副行长：龚 俊 耿志忠 吴劲涓* 刘正汉

中信银行福州分行

行 长：董志炎

副行长：林小青* 林大业 沈明忠 章英芬*

交通银行福建省分行

副行长：江 涛 吴建勋 马爱平* 林小晶* 沈明智 官惠宣*

长城资产管理公司福州办事处

副 书 记：陈良生

副总经理：江明康 陈昌龙

中国信达资产管理公司福建分公司

总 经 理：吴 斌

华融资产管理公司福建分公司

总 经 理：余朝谋

副总经理：应安华 陈 虎

东方资产管理公司福州办事处

总 经 理：丁 宁

中国人民财产保险公司福建分公司

总 经 理：骆少鸣

副总经理：林美琼* 纪 翔 陈 珍* 袁 辉

中国人寿保险公司福建分公司

总 经 理：黄秀美*

副总经理：赵东明 江 波* 刘国钦 何幼平 阮 健*

中国人民人寿保险公司福建分公司

总 经 理：何 民

副总经理：邱庆芳 侯景辉

中国人寿财产保险公司福建分公司

总 经 理：刘美英*

副总经理：王心涤 胡庆游

中国出口信用保险公司福建分公司

总 经 理：连逸群

副总经理：徐敦鹏

中国人民健康保险公司福建分公司

总 经 理：方 翔

副总经理：黄伟纲

【福建省各设区市、县（市、区）人民政府领导名单】（以2012年12月底在职者为准）

福州市人民政府

市 长：杨益民

副市长：陈大强 徐铁骏 徐凡新 严可仕 黄忠勇 陈 晔* 林瑞良

鼓楼区人民政府

区 长：杭 东

台江区人民政府

区 长：陈曾勇

仓山区人民政府

区 长：杨新坚

晋安区人民政府

区 长：郑云春*

马尾区人民政府

区 长：许毅青

福清市人民政府

市 长：林 贤

长乐市人民政府

市 长：王绍知

闽侯县人民政府

县 长：严金官

连江县人民政府

县 长：林 峰

闽清县人民政府

县 长：肖 华

罗源县人民政府

县 长：吴兰铮

永泰县人民政府

县 长：李新贤

厦门市人民政府

市 长：刘可清

副市长：林国耀 康 涛 王小洪 黄 强 李栋梁 张灿民 国桂荣*

思明区人民政府

区 长：黄乔生

湖里区人民政府

区 长：张毅恭

集美区人民政府

区 长：李辉跃

海沧区人民政府

区 长：吴南翔

同安区人民政府

区 长：郑岳林

翔安区人民政府

区 长：陈飞铭

漳州市人民政府

市 长：吴洪芹*

副市长：吕传俊 陈汉夫 黄浦江 谢毅泰 赵 静* 洪仕建 林明良 王毅群

芗城区人民政府

区 长：方木荣

龙文区人民政府

区 长：侯为东

龙海市人民政府

市 长：曾建成

漳浦县人民政府

县 长：苏孝道

云霄县人民政府

县 长：王金狮

诏安县人民政府

县 长：陈云水

东山县人民政府

县 长：黄水木

平和县人民政府

县 长：黄劲武

南靖县人民政府

县 长：郭德志

长泰县人民政府

县 长：吴卫红*

华安县人民政府

县 长：沈建平

泉州市人民政府

市 长：黄少萍*

副市长：尤猛军 林伯前 陈荣洲 付朝阳 周真平* 林 锐 李建辉 陈灿辉

鲤城区人民政府

区 长：黄阳春*

丰泽区人民政府

区 长：许文贵

洛江区人民政府

区 长：洪飞跃

泉港区人民政府

区 长：吴礼源

晋江市人民政府

市 长：刘文儒

石狮市人民政府

市 长：张贻山

南安市人民政府

市 长：王春金

惠安县人民政府

县 长：洪于权

安溪县人民政府

县 长：高向荣

永春县人民政府

县 长：蔡萌芽*

德化县人民政府

县 长：欧阳秋虹*

三明市人民政府

市 长：邓本元

副市长：朱昌贤 林俊德 詹积富 王 刚 纪熙全 肖明光 张丽娟*

梅列区人民政府

区 长：刘振兴

三元区人民政府

区 长：张文珍*

永安市人民政府

市 长：郑清华

大田县人民政府

县 长：熊旭明

尤溪县人民政府

县 长：杨永生

沙县人民政府

县 长：袁超洪

将乐县人民政府

县 长：池芝发

泰宁县人民政府

县 长：郑剑波

建宁县人民政府

县 长：潘闽生

宁化县人民政府

县 长：杨 胜

清流县人民政府

县 长：冯明生

明溪县人民政府

县 长：颜虎城

莆田市人民政府

市 长：梁建勇

副市长：李辉龙 张丽冰* 阮 军 傅冬阳 吴桂芳 卢炳椿 陈志强 蒋志雄 封丽霞*

仙游县人民政府

县 长：郑亚木

荔城区人民政府

区 长：杨朝东

城厢区人民政府

区 长：许建平

涵江区人民政府

区 长：陈万东

秀屿区人民政府

区　长:陈再新

南平市人民政府

市　长:林宝金

副市长:许维泽　杨荣郎　吴荣才　陈美琼*　刘亚圣　刘山鹰　杨建平

延平区人民政府

区　长:翁明亮

邵武市人民政府

市　长:陈敏辉

武夷山市人民政府

市　长:徐春晖

建瓯市人民政府

市　长:陈宗荣

建阳市人民政府

市　长:袁仁旺

顺昌县人民政府

县　长:朱志华

浦城县人民政府

县　长:黄书荣

光泽县人民政府

县　长:符水俊

松溪县人民政府

县　长:丘　毅

政和县人民政府

县　长:黄爱华*

龙岩市人民政府

市　长:张兆民

副市长:张天洲　张斯良　严金静　林兴禄　郭丽珍*　陈盛仪　赖继秋　游　晔

新罗区人民政府

县　长:廖德槐

永定县人民政府

县　长:刘先裘

上杭县人民政府

县　长:谢海波

武平县人民政府

县　长:廖卓文

长汀县人民政府

县　长:李善昌

连城县人民政府

县　长:林英健

漳平市人民政府

市　长:蓝福元

宁德市人民政府

市　长:郑新聪

副市长:李转生　周秋琦*　刘嘉水　陈　辉　黄建龙　林志坤　缪绍炜

蕉城区人民政府

区　长:空缺

福安市人民政府

市　长:林小楠

福鼎市人民政府

市　长:程树平

古田县人民政府

县　长:谢再春

屏南县人民政府

县　长:吴毅荣

周宁县人民政府

县　长:雷维善

寿宁县人民政府

县　长:黄国璋

柘荣县人民政府

县　长:冯　静*

霞浦县人民政府

县　长:王　斌

平潭综合实验区管委会

主　任:龚清概

副主任:杜源生　赵晓波　汪茂昌　周青松　陈东荣　张茂于　梁秦龙

平潭县人民政府

县　长:林　杰

注:* 为女同志，　★为二级机构。

(名单由省委组织部信息管理办公室提供)

政协福建省委员会

【主要工作】　坚持以中国共产党的领导为根本方向，为夯实团结奋斗的思想基础凝心聚力。通过举办驻闽全国政协委员读书班、全省新任市、县(区)政协主席培训班、9个设区的市政协主席工作座谈会、“宏观经济形势和金融政策”专题报告会、机关干部学习交流论坛和编发《学习资料》等形式，深入贯彻落实中共十八大精神和中共福建省第九次代表大会、省委九届二次、四次、五次全会精神，认真学习领会胡锦涛总书记“7·23”重要讲话和中央领导来闽考察时的重要讲话精神，引导各界人士全面把握“稳中求进”的工作总基调，准确把握新时期人民政协工作的新部署新要求，切实把思想、行动统一到中央和省委的决策部署上来，进一步增强坚持走中国特色社会主义道路的自觉性和坚定性，切实巩固团结奋斗共同思想政治基础。

坚持以服务发展为履职主线，为推进福建发展和海西建设献计出力。发挥人民政协的独特优势，围绕省第九次党代会制定的“一个坚持、三个更加”的战略目标，就促进小微企业健康发展、发展海洋经济、加快培育战略性新兴产业、发展福建省生产性服务业、加强水土保持促进生态省建设、推进少数民族造福工程、加强历史文化名镇名村保护与利用等，广泛开展调研视察，形成的“推进工业化与信息化深度融合促进海西产业优化升级”“关于加快发展社区服务化的建议”“少数民族地区‘造福工程’实施情况”“打造海西滨海华侨城”等调研报告，得到省领导批示。以“促进经济平稳较快发展”为主题，召开十届省政协常委会第二十一次会议，认真做好会议成果转化运用，紧密围绕实施“三规划两方案”持续深入地建言献策，全力服务科学发展跨越发展大局。2012年政协委员、政协各参加单位、政协委员小组、界别、专门委员会共提交提案1023件，立案999件，及时交付省直有关部门和各设区的市政府共101家承办单位办理，累计交办2349件次，并全部办复。

坚持以为民履职为根本宗旨，为顺应广大人民群众新期待尽心尽力。把保障和改善民生作为履行职能的出发点和落脚点，继续围绕就业、收入、物价、住房、教育、医疗、养老等事关人民群众切身利益的重大问题，就农村饮水安全建设、推进道路交通安全法制化建设、建立粮食安全有效机制、民办养老服务机构、发展社区体育等，开展调研视察，积极资政建言，推动民生问题的妥善解决。认真开展“下基层、解民忧、办实事、促发展”活动，深入县、乡、村、社区和基层单位走访调研，广泛宣传党和政府的方针政策，了解基层扶贫开发和水土流失治理工作情况，真诚倾听群众呼声，真实反映群众意愿，真心帮助基层和群众排忧解难。2012年向全国政协办公厅和省委、省政府报送反映社情民意信息专报件1427件，全国政协采用70件，省领导作出批示165件次。

坚持以服务和平统一为重要使命，为深化闽台交流合作扎实努力。通过举办和参加海峡论坛、海峡经济区高层研讨会、海峡百姓论坛等活动，加强闽台双向交流，增进友谊，扩大共识。发挥祖地文化在两岸交流合作中的重要作用，深入开展文化交流，围绕加强闽台祖地文化交流和提升民俗文化对台交流合作成效等问题深入开展调研，提出的意见建议得到省领导充分肯定。参与“第十一届河洛文化学术研讨会”“第九届榕台青年夏令营”“第四届海峡两岸少数民族丰收节”等活动，推动两岸文化交流多元化拓展，增进台湾同胞对祖国的认同感。组织港澳委员开展省内外调研考察和参加大型招商活动，搭建议政建言和投资兴业平台。鼓励港澳委员积极参与港澳社会事务，为维护港澳地区长期繁荣稳定、促进祖国统一作出贡献。加强与省“五侨”、“六台”和外事等部门的联络联谊，整合侨台资源，形成合力，共同推进涉台、侨务和外事工作。

坚持以改革创新为不竭动力，为提高政协工作科学化水平奋发努力。充分发挥省民主党派、工商联和无党派人士在省政协履行职能中的重要作用，认真落实省政协服务管理的各项规定，发挥专委会在政协工作中的基础作用和联系界别、联系委员的桥梁纽带作用。丰富参政议政形式，组织开展政协好新闻、好信息评选，增强委员履职的积极性和主动性。推进“学习型、服务型、创新型、和谐型”机关建设，扎实开展“迎接十八大、学党章、践誓言”“学习雷锋精神、岗位创先争优”“学习胡锦涛总书记重要讲话精神”等学习论坛活动，抓好政协学习型党组织、机关干部队伍建设。以“全国政协经验交流会”和“人民政协理论研究工作座谈会”精神为指导，做好5年工作总结，全面、系统、客观地总结在理论创新、制度创新和工作创新方面的重要成果和经验，深入分析政协工作中存在的差距和不足，为人民政协事业的不断发展提供新的动力。召开全省人民政协理论研讨会暨研究室主任会议，大力加强人民政协理论建设，不断提高政协工作科学化水平。

【省政协十届五次会议】 2012年1月10—15日，政协第十届福建省委员会第五次会议在福州召开，633名委员、33名特邀委员出席大会。会议听取并审议了省政协主席梁绮萍代表十届省政协常委会所作的常务委员会工作报告和省政协副主席叶继革代表十届省政协常委会所作的关于省政协十届四次会议以来提案工作情况的报告。委员们列席了省十一届人大第六次会议，听取并讨论省政府工作报告及其他有关报告。会议期间召开了“进一步加快推进全省公路交通建设”“加强水源保护”两场专题协商会和9个设区的市、平潭综合实验区专场项目推介会。会议还听取了提案审查情况的报告，审议并通过省政协十届五次会议决议。十届省政协各专门委员会向大会提交了书面工作报告。会议共收到提案975件、经审查立案953件，共收到大会发言材料168篇，11位委员作了大会发言。省政协主席梁绮萍在闭幕会上作重要讲话。（王　刚）

【省政协主席、副主席、正副秘书长名单】（以2012年12月底在职者为准）

主　　席：梁绮萍*
副 主 席：张燮飞　李祖可
　　　　　李　川　叶继革
　　　　　张　帆　郑兰荪
　　　　　郭振家　邓力平
　　　　　雷春美
秘 书 长：张燮飞（兼）
副秘书长：林文杰　林岗然
　　　　　翁　卡　柳　红*
　　　　　陈　榕*林　强
　　　　　金铁平　赖应辉
　　　　　刘　珂*林大坚
　　　　　江尔雄*陈　峰

【省政协办公厅、专委会负责人名单】（以2012年12月底在职者为准）

主任：林文杰
副主任：陈　澍
　　　　林　晓
　　　　董　奕
研究室主任：黄树清
委员工作室主任：林成英*
（2012年5月退休）
提案委员会主任：陈新华
（2012年7月退休）
专职副主任：陈培昭*
经济委员会主任：杨　彪
专职副主任：姚钦华
人口资源环境委员会主任：张添根
专职副主任：陈榕军*
教科文卫体委员会主任：龚守栋
（2012年7月退休）
专职副主任：王　敏
社会和法制委员会主任：陈保明
专职副主任：陈　锐
民族和宗教委员会主任：杨文科
专职副主任：邹瑞金
港澳台侨和外事委员会主任：艾国清
专职副主任：卢德昌
文史和学习委员会主任：陈维山
专职副主任：程润江
（2012年7月退休）

【福建省各设区市、县（市、区）政协正副主席名单】（以2012年12月底在职者为准）

福州市政协
主　席：方清海
副主席：雷成才　范美先　郑建闽
　　　　林治良　张献勇　林　雄
　　　　王长鹰　郑新清*林绍彬

鼓楼区政协
主　席：陈　亢

台江区政协
主　席：林品光

仓山区政协
主　席：余凤玉*

晋安区政协
主　席：刘昌棋

马尾区政协
主　席：施敏华

福清市政协
主　席：游美兴

长乐市政协
主　席：延建霖

闽侯县政协
主　席：王彦强

连江县政协
主　席：林伦健

闽清县政协
主　席：毛行青

罗源县政协

主　席：何宗乐

永泰县政协

主　席：王德冠

平潭县政协

主　席：翁晓岚*

厦门市政协

主　席：陈修茂

副主席：欧阳建　卢士钢　江曙霞*
潘世建　魏　刚　陈昌生
黄世忠　高玉顺　黄培强

思明区政协

主　席：陈炳良

湖里区政协

主　席：林　凡

集美区政协

主　席：洪　成

海沧区政协

主　席：许成福

同安区政协

主　席：郭永辉

翔安区政协

主　席：林进胜

漳州市政协

主　席：谭培根

副主席：许少钦　林俊山　李惜真
罗春生　杨银玉*　庄振生
陈少青　兰万安　柳建聪

芗城区政协

主　席：沈龙顺

龙文区政协

主　席：林雪来*

龙海市政协

主　席：高伟强

漳浦县政协

主　席：林培兴

华安县政协

主　席：曾果生

云霄县政协

主　席：王彩云*

诏安县政协

主　席：李南泽

东山县政协

主　席：邱永顺

平和县政协

主　席：张茂杞

南靖县政协

主　席：曾连端

长泰县政协

主　席：郑远成

泉州市政协

主　席：杨俊峰

副主席：许连捷　吴共湖　苏小青*
骆沙鸣　陈铭福　王祖耀
李冀平　王瑞强　陈　益*

鲤城区政协

主　席：吴金球

丰泽区政协

主　席：叶　恒

洛江区政协

主　席：江贻万

泉港区政协

主　席：连启明

晋江市政协

主　席：周伯恭

石狮市政协

主　席：张贻山（2012 年 10 月转任石狮市市长）

南安市政协

主　席：戴景胜

惠安县政协

主　席：蔡荣清

安溪县政协

主　席：廖皆明

德化县政协

主　席：苏兴羽

永春县政协

主　席：康思坚

三明市政协

主　席：程立双

副主席：张来水　李茂胜　吕凯玥
赖逢良　林传衍　许清华
曾明生　李宝兰*　朱一勤

三元区政协

主　席：陈　澄

梅列区政协

主　席：张益平

永安市政协

主　席：郑纪成

清流县政协

主　席：李增祥

宁化县政协

主　席：刘日太

建宁县政协

主　席：廖鲁言

泰宁县政协

主　席：邓纯霖

明溪县政协

主　席：吴焰生

将乐县政协

主　席：俞德光

沙县政协

主　席：潘　峰

尤溪县政协

主　席：周培春

大田县政协

主　席：熊旭明

莆田市政协

主　席：林庆生

副主席：陈　元　李力利　王玉宝
林惠中　彭丽靖*　梁国章
王少华　赵爱红*　吴健明

仙游县政协

主　席：何锦驰

荔城区政协

主　席：赵黎明

城厢区政协

主　席：黄志强

涵江区政协

主　席：戴培树

秀屿区政协

主　席：康乃良

南平市政协

主　席：张建光

副主席：陈增丰　黄健儿　郭翠莲*
卓立筑　林文志　柳贵清
张　皓*　项小玲*

延平区政协

主　席：吴水兴

邵武市政协

主　席：邓荣堃

武夷山市政协

主　席：杨永华

建瓯市政协

主　席：吴剑琴*

建阳市政协

主　席：李　飞

顺昌县政协

主　席：杨理庆

浦城县政协

主　席：吴　斌

光泽县政协

主　席：陈钟珏*

松溪县政协

主　席：魏炳发

政和县政协

主　席：郑满生

龙岩市政协

主　席：饶作勋

副主席：郑立明　李占开　李新春
张琼珊*　张菊兰*　赖永龙

郑玉琳* 张子平

新罗区政协

主　席：罗发信

永定县政协

主　席：阙焕林

上杭县政协

主　席：刘清祥

武平县政协

主　席：邓穗明

长汀县政协

主　席：丘桂萍*

连城县政协

主　席：林家龙

漳平市政协

主　席：陈家鸿

宁德市政协

主　席：郑民生

副主席：林　寿　林峰雪*　陶敏辉　王代忠　陈　忠　章瑞进　雷仕庆　刘登健　黄家盛

蕉城区政协

主　席：孙焕春

福安市政协

主　席：詹翠霞*

福鼎市政协

主　席：叶梅生

霞浦县政协

主　席：刘冰华*

寿宁县政协

主　席：刘美森

周宁县政协

主　席：周孔寿

柘荣县政协

主　席：王鼎秦

古田县政协

主　席：郑安思

屏南县政协

主　席：周芬芳*

注："*"号是女同志。　　（王　刚）

中共福建省纪委

【主要工作】 2012年，全省纪检监察机关在省委和中央纪委的领导下，按照第十七届中央纪委第七次全会和省纪委九届二次、三次全会的部署，紧紧围绕服务保障党的十八大胜利召开和学习贯彻党的十八大精神，全面履职、强化监督，扎实推进反腐倡廉建设，各项工作取得了新进展、新成效。

*加强监督检查，服务发展大局。*围绕保证政令畅通，对全省实施"五大战役"情况进行第三轮督查，实地抽查项目255个，发现问题129个，督促有关地区和单位抓好整改；开展优惠政策执行情况监督检查，共梳理出优惠政策556份，对29家省直单位进行重点抽查和延伸检查。围绕推动平潭开发，着眼于保证项目安全、资金安全、干部安全，"移植"全省各地多年来积累的成功经验，用4个月时间建成平潭"三个中心"（行政服务中心、招标投标交易中心、国库支付中心），通过审批流程再造和服务创新，探索既高效又廉洁的运行机制。围绕优化发展环境，深化机关效能建设，完善政府绩效管理，强化效能监察，全省给予效能问责956人、信访问责118人、行政问责201人，通报了9起影响发展环境的严重违纪案件。围绕生态省建设，开展水土保持工作专项监察，发现6个方面问题，提出9项工作建议；开展重点流域水环境综合整治专项监察，梳理出89项整改项目，督促有关地区限期整改。

*严格依纪依法，保持惩治力度。*省纪委常委会定期分析廉政形势和重大案情，明确提出查办案件重在抓得准、剖得深、影响好、得人心。全省纪检监察机关受理信访举报35615件（次），其中检举控告类28713件（次）；新立案件5149件，其中厅处级干部案件111件；结销案件5141件，给予党纪、政纪处分5002人，移送司法机关472人。严格依纪依法办案，做好案件审理和申诉复查工作，推进办案信息化建设，加强办案过程的监督管理，确保了安全文明办案。注重抓好案后整改、发挥治本功能，召开由省直单位"一把手"参加的专题会议，通报典型案例，开展警示教育，推进廉政风险防控。

*坚持改革创新，深化源头预防。*挂牌成立省预防腐败局，开展对预防腐败工作的宏观规划、组织协调、督查推动。深化行政审批制度改革，对25家省直单位行政审批事项办理情况进行抽查，发现5大类15个问题；通过电子监察发现和纠正违规问题1291个。开通省级网上行政执法平台，省直45个单位、5325项行政执法事项实现网上运行、网上公开和电子监察。实现全省市、县两级行政服务中心全覆盖，开展标准化建设，全面推行"马上就办"，着力提高"当日办结率"。深化海域资源等领域公共资源市场化配置。开展廉政评估指标体系试点和制度廉洁性评估试点工作。深入治理工程建设领域突出问题，开展挂靠借用资质投标、违规出借资质问题专项清理；推行电子化招标投标，推广使用全省综合性评标专家库；推进工程建设项目信息公开和诚信体系建设。认真实施《福建省市场中介组织管理办法》，加强中介组织监管，推进行业协会与行政主管部门脱钩。

*着力保障民生，维护群众利益。*开展全省保障性住房建设特别是配租配售环节的专项督查，发现并督促整改问题40多个，查处了66名违规的党员、干部，将典型问题向全省通报。完成全省改制学校清理规范工作，查处教育违规收费1236.3万元。取消或降低涉农收费15项，减轻农民负担3148.7万元；纠正强农惠农资金管理使用方面的问题44个，涉及金额1022.6万元。纠正银行业金融机构不合理收费10.14万笔、5237.9万元，调低或取消收费639项。推进药品集中采购工作，查处医药价格违法违规单位291个，涉及金额3788.1万元。加强企业减负和权益保护工作，减轻企业负担36亿元，取消经营服务性收费118项。43个省直厅局领导和1个设区市的领导走进省政风行风热线直播间，与群众、企业和媒体互动。推进农村党风廉政建设，进一步明确市、县、乡、村级组织和省直有关单位的职责，促进农村基层干部廉洁履职；深入实施农村"五要工程"，加强对强农惠农资金、农村集体资金资产资源的监管；加强对村级组织换届工作的监督，促进风清气正。抓好城市社区党风廉政建设，推动解决社区反映强烈的"小牌子大负担"问题。推进国有企业、高等院校党风廉政建设。

*注重关口前移，强化教育监督。*组织省直单位、国有企业、高等院校150多名主要领导和7000多名干部，

参观省警示教育基地。推进党政领导干部任前廉政法规知识测试工作试点，对测试不合格的暂缓任用。通过发送廉政短信、播放廉政公益广告、举办廉政文物专题展、组织观看廉政题材影片等，弘扬廉政文化。认真执行廉政准则，着力解决领导干部廉洁自律方面的突出问题。继续开展公务用车问题专项治理，基本实现“总量减少、费用降低、管理规范”的要求。深化庆典、研讨会、论坛过多过滥问题专项治理，出台管理办法，加强审批和监督。严格控制因公出国（境）团组数量和规模，团组数和人数实现零增长。落实诫勉谈话、述职述廉、函询等党内监督制度；完成对4个省直厅局、9个县（市、区）的巡视，发现突出问题172个。推进党的地方组织党务公开联系点和县委权力公开透明运行试点工作，全省基层党组织的党务公开覆盖率达99.8%，开通试运行“八闽农村党风网”信息综合平台。对全省交通运输、人力资源和社会保障系统依法行政情况开展综合监察，共发现各类问题2032个，推动完善制度303项。推进政务公开、司法公开、厂务公开、村务公开和公共企事业单位办事公开，加强办事公开标准化建设。

抓好自身建设，提高履职能力。省纪委常委会带头加强思想政治建设，推动全省纪检监察机关进一步形成讲学习、讲纪律、讲团结、讲正气的氛围。深入开展创先争优、弘扬福建精神和学习陈超英活动，认真落实省委关于“无会周”、下基层的部署，引导纪检监察干部在实践中体察全局、磨炼作风。采取遴选、竞岗、轮岗、交流、挂职等方式，优化纪检监察干部队伍结构，提升纪检监察干部整体素质。强化监督者更要接受监督的意识，对干部从严要求、从严管理，对办案、保密纪律从严执行。加强和改进省直派驻机构统一管理，开展述职述廉与评议活动，规范纪检组长业务分工。推进乡（镇）纪检组织规范化建设，86.9%的乡（镇）已设立监察室，乡（镇）纪委的人员配备、工作条件得到改善。（侯文阳）

【中共福建省纪委书记、副书记、常委、秘书长名单】（以2012年12月底在职者为准）

书　记：张昌平
副书记：彭锦清　邓卫平　陈善光　黄德安
常　委：张昌平　彭锦清　邓卫平　陈善光　黄德安　江玉平　刘宏伟　惠学京　游美萍*　孙明忠　陈国建
秘书长：刘宏伟

【福建各设区市、县（市、区）纪委书记、副书记名单】（以2012年12月底在职者为准）

福州市纪委
书　记：骆安生
副书记：陈　旭　连世潮　张秀榕*

鼓楼区纪委
书　记：俞章华

台江区纪委
书　记：邓万铣

仓山区纪委
书　记：梁　栋

晋安区纪委
书　记：郑章干

马尾区纪委
书　记：沈　甦*

福清市纪委
书　记：刘　迟

长乐市纪委
书　记：池至清

闽侯县纪委
书　记：郑华琼*

连江县纪委
书　记：曾开寿

闽清县纪委
书　记：林裕煌

罗源县纪委
书　记：吴国辉

永泰县纪委
书　记：阮文光

厦门市纪委
书　记：洪碧玲*
副书记：黄聪敏　周　进　燕苏闽*

思明区纪委
书　记：陈建南

湖里区纪委
书　记：胡亚才

集美区纪委
书　记：黄炳文

海沧区纪委
书　记：江根云

同安区纪委
书　记：洪朝墙

翔安区纪委
书　记：莫建鹰

漳州市纪委
书　记：薛云官
副书记：庄洲全　高国跃　洪亚勇

芗城区纪委
书　记：李禧权

龙文区纪委
书　记：林东风

龙海市纪委
书　记：吴丁顺

漳浦县纪委
书　记：刘　军

云霄县纪委
书　记：余永平

诏安县纪委
书　记：钟　科

东山县纪委
书　记：阮授智

平和县纪委
书　记：张娇兴

南靖县纪委
书　记：曾勇平

长泰县纪委
书　记：曾剑平

华安县纪委
书　记：周伟辉

泉州市纪委
书　记：沈耀钦
副书记：郑建清　江显木　林志建

鲤城区纪委
书　记：刘汉升

丰泽区纪委
书　记：黄黎波

洛江区纪委
书　记：许仰东

泉港区纪委
书　记：陈守川

晋江市纪委
书　记：曾清金

石狮市纪委
书　记：许锦聪

南安市纪委
书　记：许勤荣

惠安县纪委
书　记：林振海

安溪县纪委
书　记：吕春香*
德化县纪委
书　记：黄国庆
永春县纪委
书　记：颜丽明*
三明市纪委
书　记：冯新婷*
副书记：邓观宝　秦　航*　张　健
三元区纪委
书　记：郑碧云*
梅列区纪委
书　记：张淑华*
永安市纪委
书　记：江　鸣
清流县纪委
书　记：郑龙华
宁化县纪委
书　记：刘小彦
建宁县纪委
书　记：吴江潮
泰宁县纪委
书　记：邹长福
明溪县纪委
书　记：卢叶文
将乐县纪委
书　记：黄惠元
沙县纪委
书　记：林昭闹
尤溪县纪委
书　记：陈建芳*
大田县纪委
书　记：廖金辉
莆田市纪委
书　记：黄进发
副书记：宋建新　邱文高　林清忠
仙游县纪委
书　记：吴国顺
荔城区纪委
书　记：郑占林
城厢区纪委
书　记：蔡国辉
涵江区纪委
书　记：邱玉良
秀屿区纪委
书　记：陈奋强
南平市纪委
书　记：邱天华
副书记：林亚贵　夏　伟　刘鲁众
延平区纪委
书　记：吴建明
邵武市纪委
书　记：李香甫
武夷山市纪委
书　记：吴禹松
建瓯市纪委
书　记：陈　军
建阳市纪委
书　记：江贵华*
顺昌县纪委
书　记：陈光水
浦城县纪委
书　记：吴建松
光泽县纪委
书　记：赵大建
松溪县纪委
书　记：谢启龙
政和县纪委
书　记：孙德胜
龙岩市纪委
书　记：江子华
副书记：温国能　杨主民　沈觉新
新罗区纪委
书　记：王永忠
永定县纪委
书　记：曾繁光
上杭县纪委
书　记：钟爱华
武平县纪委
书　记：胡长松
长汀县纪委
书　记：张金滨
连城县纪委
书　记：谢松华
漳平市纪委
书　记：张丽华*
宁德市纪委
书　记：金　敏
副书记：林浩云　卢明光　林岩峰
蕉城区纪委
书　记：陈常见
福安市纪委
书　记：田志勇
福鼎市纪委
书　记：黄清亮
霞浦县纪委
书　记：张　彪
寿宁县纪委
书　记：黄远航
周宁县纪委
书　记：林立炎
柘荣县纪委
书　记：苏吴淞
古田县纪委
书　记：罗义春
屏南县纪委
书　记：凌庆贤
平潭综合实验区纪工委
书　记：黄伟庆
副书记：皮华林
平潭县纪委
书　记：皮华林

注：*为女同志。　　（邱宗存）

民主党派和工商联

【民革福建省委】 扎实推进自身建设。以学习宣传中共十八大精神为契机，开展思想教育，组织中心学习组专题学习并下发通知，对学习十八大精神作出全面部署，引导全省民革党员全面准确地把握十八大精神实质和深刻内涵；结合学习宣传贯彻十八大精神，在所办刊物、网站开辟专栏、刊发特刊，开展党史党章教育，引导广大党员进一步继承民革优良传统，更加坚定对中国特色社会主义的道路自信、理论自信、制度自信。加强组织建设，召开民革福建省第十三次代表大会，选举产生新一届领导班子；在召开的民革第十二次全国代表大会上，邓力平当选民革中央副主席，福建省8名党员当选新一届民革中央委员。注重党员和基层组织发展，组织全省119名党员参加省、市骨干党员培训班和民革省直党员读书班；推荐3位设区的市专职副主委参加第二十四期福建省各民主党派人士进修班；截至2012年底，全省民革共有9个设区的市委，2个县级市委，223个基层组织，党员4804人。以制度建设为保障，扎实推进专委会和机关建设，对专委会进全面调整，明确专委会工作定位和职责；调整机关人员配备，优化岗位和人员结构；扎实开展文明单位创建，推进学习型、服务型、创新型机关建设。

做好促进祖国和平统一工作。借助“海峡论坛”等平台，深化两岸交流，作为连续4届“海峡论坛”的承办单位之一，举办了“两岸农业水利合作发展论坛”，邀请亲民党、新党、台湾省农会、台湾农田水利联合会等参访团与会；参与省内“八台”单位联合主办的海峡西岸台胞青年夏令营、海峡两岸少数民族丰收节、“海峡明月共潮生”——首届海峡两岸将军后代中秋联谊晚会等活动；加强与台湾中南部、中青年、各族群、各界别、各领域的代表性人士和基层民众联系，让台湾同胞感受到“闽台一家，两岸同心”的亲情，增强了台湾民众对祖国大陆的认同感和向心力。

积极参政履职。提案《创新体制机制，提升福建省城市管理水平》作为2012年度省政协主席督办件；提案《社会转型期下的流浪乞讨未成年人的现状研究》被评为全国政协优秀提案。采编和报送社情民意信息300余件，其中被全国政协办公厅采用12件，被中共中央统战部采用14件，被中共福建省委办公厅采用19件。

提升社会服务水平。集中力量帮扶政和发展，为政和县工业园区交通设施和水毁工程建设争取60万元专项资金；注重发挥福建省逸仙教育基金会的作用，逸仙教育基金会向政和县教育发展促进会定向捐赠64万元，用于资助优秀贫困生及优秀山区教师。持续深入开展“海西春雨行动”，深入贫困地区开展文化下乡、捐资助学、扶贫助困、送医送药等活动。被民革中央授予“民革全国社会服务工作先进集体”荣誉称号，7名民革党员获“民革全国社会服务工作先进个人”荣誉称号。（朱坤港）

【民盟福建省委】 加强思想建设和宣传工作，巩固多党合作思想政治基础。认真学习贯彻中共十八大、民盟十一大和中共福建省委九届四次、五次、六次全会精神，切实将思想和行动统一到中共中央和中共福建省委的科学决策和部署中来，通过系列主题教育活动，进一步巩固多党合作事业的共同思想基础。组织盟员干部赴民盟发祥地重庆交流学习；在张澜故里四川省西充县种植“福建民盟林”；开展《福建民盟史》资料的收集、整理和编撰工作等。贯彻民盟中央的“大宣传”理念，积极向主流媒体推介宣传福建民盟参政议政工作成果、两会提案、盟务工作动态和优秀盟员事迹。

积极建言献策，切实履行参政党职能。在福建省政协十届五次会议上，提交20件组织提案，12件大会发言，其中：《关于转变农业发展方式，加快农业现代化进程的建议》作为大会口头发言；《关于挖掘闽江厚重历史，打造福建文化品牌的建议》作为重要提案摘报，得到中共福建省委书记孙春兰、省政协主席梁绮萍的批示。坚持关注民生，反映社情民意，报送社情民意信息390多条，其中被全国政协采用6条，被中央统战部采用4条，被民盟中央采用42条，被省政协采用103条，获得省级领导批示27件次。

强化队伍建设，为科学发展提供组织保障。截至2012年底，全省盟员总数10108人，平均年龄53.5岁，文教科技界人士占76.0%。全省共有设区的市级委员会9个，县级委员会10个，县（区）工作委员会11个，基层组织339个。完成换届任务，选举产生新一届领导班子；在召开的民盟中央第十一次代表大会上，福建省7名盟员当选民盟中央委员；在民盟中央十一届一中全会上，郑兰荪再次当选民盟中央副主席。选派3位新上任的副主委到中央社会主义学院学习，选派盟员参加省社会主义学院主体班及其他培训班学习65人次。召开省直高校民盟基层组织发展座谈会、省直基层主委会，共同探讨做好民盟基层组织建设工作的新途径。

发挥优势，统筹资源，扎实做好社会服务工作。继续帮扶宁德蕉城区霍童镇八斗村，投入1万多元资金，为八斗村种植名贵树种美化村容村貌；帮助八斗村争取到项目资金15万元；筹集资金近30万元援建八斗村茶厂，其中民盟厦门市委会发动盟员企业家捐款18万元。组织省气象局盟员专家赴政和县镇前镇指导种植烟后菜，联系农业厅盟员为政和县镇前镇争取粮食增产工程专项经费3万元，用于开展超级稻强化栽培示范工作。

支教助学，助推政和县教育发展。协调安排政和县部分校长骨干教师到福建师大附中、附小等名校挂职学习；举办“烛光行动—新东方教师社会责任行”政和县初中小学英语教师培训班，培训教师130多人。

促进社会和谐，持续开展帮教活动。帮助省未教所加强文艺活动，文艺总支盟员策划组建了未教学员电声乐队；省舞蹈家协会盟员组织牵头为未教学员举办了街舞培训班；省舞蹈家协会、省幼儿高等师范学专科学校为省未教所举办“送关怀、促和谐”帮教文艺演出，并赠送学习用品、保暖内衣等；省芳华越剧团为省女子劳教所组织文化惠民演出。（丁兆菁）

【民建福建省委】 以学习贯彻中共十八大精神为重点，继续筑牢多党合作的思想基础。把学习贯彻十八大精神与学习贯彻民建十大精神、中共福建省委九届六次全会精神结合起来，将思想和行动统一到十八大精神上来、统一到中央和省委的决策部署上来。承办“同心同行·福建省统一战线喜迎中共十八大文艺晚会”，共同营造喜迎盛会的喜庆和谐气氛。进一步坚定对中国共产党领导的多党合作制度的信心，将“弘扬民建优良传统、努力践行社会主义核心价值体系”活动引向深入，举办建华课堂福建分课堂讲座。加强与民建中央网站、省电视台、《福建日报》、《政协天地》等新闻媒体的沟通联系，全年省级以上媒体反映福建省民建各级组织和会员的文章、消息近千篇。民建福建省委网站刊登稿件730篇，被民建中央网站采用167篇。

以省级组织换届为契机，努力加强自身建设。换届工作中，首次引入竞争机制，在各设区的市委、省直工委推荐的30位候选人中，采用竞争遴选办法产生10名省委委员和2名省委常委。在召开的民建全国十大上，福建省8名会员当选中央委员，其中2名会员通过遴选当选，1名连任中央常委。截至2012年底，全省共有9个市级组织，3个县级组织，1个省直工委会，11个基层委员会，19个总支，215个支部，4个小组；会员总数6075人，会员平均年龄50岁，大专以上占78.9%，有各种专业技术职称的占65.6%，经济界人士占79.3%，企业界会员占

61.7%，新的社会阶层占32.8%。

以服务发展为中心，认真履行参政议政职能。进一步完善调研工作制度，调整和充实11个专门委员会，修订专委会通则和调研课题管理细则；深入各设区的市和高校开展调研；组织民建界别的省政协委员到南平考察武夷新区和福州软件园调研考察。向省政协十届五次会议提交大会发言10篇，提案20篇，其中提案《关于加快两岸文化交流基地建设的建议》《关于进一步激发民间资本活力促进民营经济发展的建议》被选为主席督办件，并得到了省委书记孙春兰、省长苏树林等省领导批示。注意反映社情民意，共编报社情民意信息130余篇，其中被全国政协采用的7篇、被民建中央采用23篇、被省政协采用64篇，有6篇得到有关领导批示。

以开展重要项目活动为载体，着力创新社会服务工作。举办第五届(2012)海峡物流论坛，首次成为第四届海峡论坛的四大重点活动之一；联合厦门市人民政府、台湾全球运筹发展协会等单位，主办2012海峡物流节暨第四届海峡两岸物流与供应链博览会。举行"助推政和县域经济发展资金捐赠及项目签约仪式"，向外屯乡捐赠救护车等医疗设备价值33万元；向外屯乡民建"同心楼"建设项目捐赠启动资金70万元。连续10年开展"海西春雨行动"，向武平县湘店乡三和村捐赠10万元和药品、医疗器械，改善村卫生所医疗条件；在长汀县成立"生态建设科研服务基地"，向长汀团县委捐赠10万元，用于同心林、青年世纪林规划建设和帮扶长汀县留守儿童；与福建船政交通职业学院在长汀共同举办以"青春飞扬、致敬水保"为主题的文艺演出，慰问长汀县水土保持工作者。全省各级民建组织和会员累计捐资5942万元。 (黄畊晗)

【民进福建省委】 认真学习贯彻中共十八大精神，自觉践行"同心"思想和社会主义核心价值体系。牵头举办省统战系统"喜迎十八大·翰墨抒情怀"书画摄影展；在《福建民进》设立"学习十八大"专栏，刊登"十八大"精神解读文章；举办福建省开明画院成立典礼暨作品展，省内外名人名家祝贺作品及画院40多位成员作品共计150多件参加展出。把宣传贯彻"同心"思想、学习践行社会主义核心价值体系，作为推进学习型参政党建设的重要内容。全省有1个市委会，4个总支(支部)被民进中央评为学习践行社会主义核心价值体系先进集体，4位会员被评为学习践行社会主义核心价值体系先进个人。全年在省级以上主流媒体发表新闻宣传稿件65篇次。

不断改善组织结构。完成换届工作，召开民进福建省委第六次代表大会，举产生民进福建省第七届委员会，其中：委员51人，常委21人；张帆连任民进福建省委新一届委员会主任委员。截至2012年底，全会共有7个设区的市委会，1个县级市委会，179个支部，会员总数3732人。

切实服务发展。在省政协十届五次会议上，《构建和完善就业服务体系，促进高校毕业生充分就业》提案得到省长苏树林等省领导的批示；《关于加快福建省小城镇建设的建议》等4篇提案被省政协评为2010—2011年度优秀提案，有关建议被省委、省政府采纳；2篇调研文稿分别荣获省委统战部2012年度全省统战理论研究优秀成果二等奖和优秀奖；参加"第八届全面建设海峡西岸经济区建设建言·献策论坛"活动，选送的5篇调研报告分获一、二、三等奖，被民进中央评为"民进中央参政党理论研究工作先进单位"。反映社情民意，截至2012年底，共向省政协、中共福建省委统战部、民进中央上报各类信息360余篇。

参与社会服务工作。捐赠4万元帮助政和县澄源乡2个村级卫生所建设，用于购置病床、生化仪、氧气设备等20多项仪器设备，改善村卫生所医疗条件；组织民进医务界会员赴澄源乡送医送药，开展义诊咨询活动；捐赠3万多册、价值近百万元图书，帮助华安县91个村建设"农家书屋；捐赠棉衣、毛衣、鞋帽等500余件，用于对口帮扶的贵州省金沙县清池镇困难群众；组织省级机关医院和福州律师事务所的医生、律师，前往福州浦下社区开展义诊及法律咨询活动，为社区居民提供无偿医疗及法律咨询服务；组织民进福大总支、出版总支、省立机关医院支部赴福安开展文化、科技、卫生"三下乡"活动。 (卢 辉)

【农工党福建省委】 思想建设全面推进。通过印发学习通知、收听收看媒体报道、举办学习会等多种形式推动中共十八大精神的学习。开展"同心"教育活动，引导广大党员积极投入"同心"实践。持续开展学习践行社会主义核心价值体系活动。在省级以上媒体刊发宣传文章145篇；完成理论文章15篇，其中：获2012年中央统战部民主党派工作调研一、二等奖各1篇，2012年全省统战理论研究优秀成果二等奖、优秀奖各1篇。完成党史研究文章5篇，其中首次收录参加"福建事变"的农工党人155位。

参政议政工作取得新成效。参加中共省委、省政府、省政协召开的协商会等25次，就福建省重大问题坦诚建言。组织党员专家，就深化医药卫生体制改革等全局性课题深入调研，完成调研论文79篇，遴选45篇汇编成调研论文集。向第八届海西建言献策论坛报送调研论文5篇，获一等奖1篇、二等奖2篇、三等奖2篇。4篇调研论文被《调研文稿》采用。向农工党中央报送2013年全国"两会"提案、大会发言材料13篇。向省政协十一届一次会议报送大会发言16篇、团体提案23件。参与调研的《关于推动中央苏区发展振兴的建议》，得到中共中央、国务院领导批示，被农工党中央评为2008—2012年参政议政优秀成果。编报信息专报件469件，其中：全国政协采用16件，农工党中央采用95件，中央统战部和省委办公厅采用77件，省政协采用214件，省领导批示35件；信息采用情况连续4年在省各民主党派和工商联中位列第一，连续7年被农工党中央评为信息工作先进集体。

社会服务工作展现新作为。开展"同心"品牌系列行动，赴政和县岭腰乡调研，并帮助向省农业厅争取5个项目，落实资金77万元；向省水利厅争取总投资2850万元的水利项目。在岭腰乡和延平区陇岭村资助贫困学生24名。举办白内障培训班，并为20多名患者成功实施复明手术。开展第二十四届"国际科学与和平周"活动，医疗义诊等 20 场，130 名党员专家参加活动，受益群众 7100 多人。举办专题讲座 2 场，省直和福州市党员 100 多人参加。开展帮扶援助等各类活动，为南平市陇岭村、西芹镇、周宁县玛坑村等项目建设提供资金帮扶。联动开展"律师进社区"活动，受益群众 700 多人。

闽台交流合作实现新突破。联合中国中医药研究促进会、台北市中医师公会等 9 家海峡两岸社会团体在福州举办第十届海峡两岸中医药学术交流暨中药材产业发展研讨大会，来自海峡两岸和新加坡的中医药专家、学者、医师等 400 多人参加会议，其中台湾地区参会学术团体、单位 37 家，来宾 169 人；大会汇编并印发学术论文 187 篇，涵盖近 20 个学科；举行学术交流 6 场，50 多位海峡两岸中医师作学术报告；组织台湾来宾参观了福建中医药大学；组织 70 多位海峡两岸和新加坡的中医药专家为 2000 多位福州市民进行健康咨询和诊疗。开展各具特色的闽台交流活动，莆田市委会邀请 14 位台湾中医师和 10 位大陆医师为湄洲岛群众进行心肺复苏术培训和诊疗服务，230 多人受益；福州市委会两次组织党员专家赴马祖为当地老年人进行白内障筛查；厦门市委会主办第三届民间青草药临床运用研讨会，海峡两岸 100 多名青草药界人士与会；宁德市委会邀请台湾摄影家 400 多人次到宁德进行摄影文化交流，并协办第四届海峡（霞浦）摄影展。召开省中医药研究促进会第四次会员代表大会，选举产生第四届理事会理事 144 人、常务理事 69 人。刘献祥当选会长，赖应辉当选常务副会长兼秘书长。

组织建设扎实推进。完成换届工作，召开农工党福建省第十一次代表大会，选举产生农工党福建省第十一届委员会委员，选举 36 人为出席农工党第十五次全国代表大会代表。在十一届一次全委会上，陈绍军当选农工党福建省第十一届委员会主任委员，29 人当选常务委员，17 人当选委员。在农工党十五大上，福建省 11 名党员当选中央委员；2 名党员当选中央常务委员；1 名党员当选中央监督委员会委员。选派 21 名党员到中央社院等校学习。大力推进组织发展。全年全省发展党员 365 人，其中本科以上学历 294 人，占 80.6%。截至 2012 年底，全省共有党员 7943 人，其中：医卫界 3738 人，占 47.1%；教育界 2432 人，占 30.6%；科技界 516 人，占 6.5%；环境、人口资源界 75 人，占 0.9%。引导广大党员立足本职、建功立业，全年有 4 名党员获国家级表彰；34 名党员获省部级表彰。（孙天翔）

【致公党福建省委】 筑牢思想政治基础。坚持把理论学习作为首要任务，不断推进学习型组织建设。组织各级领导班子和广大党员，认真学习中共十八大、致公党十四大和中共福建省委九届六次全会精神等。坚持省委理论学习中心组每季度一次的学习制度，领导班子成员带头学习；举办专题报告会 3 场、理论研讨会 2 场、短期培训班 5 期。

提升参政议政水平。在省政协十届五次会议上，共提交大会发言 8 篇，党派团体提案 20 篇，其中：2 篇团体提案被选为《重要提案摘报》，得到省领导批示 7 次；3 篇提案入选《会议快报》，1 篇被列为省政协重点提案；4 篇提案获 2010—2011 年度省政协优秀提案。完成重点课题调研 18 项，承担或参与中共福建省委重点课题子课题的调研、致公党中央专委会课题调研、省政协重点提案督办调研、"海西建言献策论坛"联合调研课题的调研等 6 项。15 篇调研文章被《中国发展》《调研内参》《海峡经济》等刊物采用，12 篇调研文章获致公党中央优秀调研成果表彰。编发反映社情民意信息 339 期，被中央统战部、全国政协采用 13 篇，致公党中央采用 40 篇，中共福建省委、省政协采用 115 篇次，其中 10 篇信息获得省领导批示 15 件次。

做好海外联谊工作。组团参加世界华商论坛和世界闽侨座谈会；赴菲律宾、新加坡举办第二届的海外华裔青少年"中华寻根之旅"夏令营活动。拜访来闽参加"5·18"、"6·18"和"9·8"的海外宾客 13 批 200 人次；参与承办海外洪门负责人来闽调研考察活动等；参与举办海峡论坛，邀请了 50 位台胞来闽考察。组团赴台湾参加第五届海峡两岸少数民族丰收节；参与并做好台胞青年夏令营的选送工作等，加强与台湾洪门组织及有关团体的联系，不断深化对台文化交流。

扎实推进"同心"实践。帮扶助推政和县铁山镇发展，参与助推的 10 个项目中，动工或部分启动的有梅龙溪流域水土保持治理、农村环境连片治理等 8 项，总投资超过 4600 万元；举办"喜迎十八大召开，助推铁山镇发展"捐赠仪式，共落实村级致公老年活动中心、村完小致公图书室等 7 个项目共计 50 万元的捐款。参与致公党中央组织的"同心工程"，发动党员捐款 2.71 万元，支助贵州省毕节地区 91 位学生。"帮扶助推政和县铁山镇发展"项目获致公党中央社会服务工作优秀成果表彰。

切实加强自身建设。召开致公党福建省第八次代表大会，完成换届工作。修订致公党福建省委工作制度、致公党福建省委领导班子工作职责。办好《福建致公》刊物、网站和微博新媒体，举办学习讲台、充实展示室内容、搞好文化走廊，充分利用重大节日和庆祝活动开展宣传教育，增强学习教育效果。在新华社、中新社等发表宣传稿件 100 多篇次，有 11 篇理论研究文章刊登在《福建社会主义学报》和《福建统一战线》上，2 个理论课题分别获得中央统战部调研成果二等奖和省委统战部理论研究成果三等奖。全年共发展新党员 227 人，其中女党员 114 人，大学以上学历 186 人（其中硕士 28 人，博士 6 人）。截至 2012 年底，全省致公党员总数达 4366 人。在召开的致公党第十四次代表大会上，福建省 10 人当选新一届中央委员，2 人当选新一届中央常委。（陈 钧）

【九三学社福建省委】 深入贯彻落实"同心"思想，夯实思想基础。召开纪念九三学社成立 67 周年座谈会。认真学习贯彻中共十八大精神，参与主办"同心同行·福建省统一战线喜迎中共十八大"文艺晚会，组织"喜迎十八大摄影采风"活动。继续办好《福建九三》和社省委网站。召开社史工作研讨会，开展口述史的编撰工作，完成《关于新形势下协助民主党派加强思想建设有关问题研究》等13篇理论研究文章。

紧扣主题主线参政议政，助推海西建设。全年共完成各类调研报告、提案建议81项。在省政协十届五次会议上，提交的《解决城市市区停车难的几点建议》提案得到时任省委书记孙春兰、省长苏树林等省领导的重要批示，并被确定为省政协重点提案；向社中央第七届"九三论坛"提交2篇调研论文并在会上交流；积极配合国家林业局等七部委来闽进行专题调研，向国务院提交的深化林权改革、推动林业与林业碳汇发展相关调研报告，得到回良玉副总理的重要批示；与省委统战部共同牵头开展县域经济发展课题调研，完成《从生态省的角度看福建省一般发展水平县域产业结构调整优化》调研报告，被《调研内参》刊登；提交"促进海域空间资源开发利用与生态环境和谐发展"等5篇调研论文分获一、二、三等奖。获社中央参政议政先进集体三等奖。全年共报送信息200余篇，其中被全国政协采用1篇，被社中央采用23篇，被省政协专报件采用65篇，省领导批示5篇次，获社中央信息工作先进集体二等奖。

持续拓宽社会服务领域，提升工作实效。帮助政和县东平镇落实水土流失治理、助残项目资金200多万元；协助政和同心工业园开展招商引资工作，若干投资项目正在对接之中。加大对贵州省威宁县的帮扶力度，促成威宁县金钟镇金钟小学与漳州龙文实验小学开展结对子活动；与福建华帜集团在厦门联合举办"农村经济管理培训班"，为威宁县乡（镇）村干部40人提供为期2个月的免费培训。开展"海西春雨行动"、"国际科学与和平周"和"百名专家进乡村入学堂"活动，共有13个社组织、100多名社员参与了各类服务活动。

切实加强和改进自身建设。召开九三学社福建省第七次代表大会，选举产生新一届省委会。及时调整充实各专委会机构人员，进一步完善专委会工作制度。推荐参加中央统战部、省委统战部等各类培训班15人次；举办社省委、社各市委新任委员培训班一期27人。规范有序推动组织发展，全年共发展新社员155人，平均年龄38.25岁，其中：高级职称58人，占37.42%；中级职称78人，占50.32%；截至2012年底，全省共有社员3562名，平均年龄51.15岁。（官宝斌）

【台盟福建省委】 立足特色与优势，服务大局参政议政。完善和落实重点课题调研工作机制，全年完成45篇调研报告，有5篇入选第八届"全面推进海峡西岸经济区建设建言献策论坛"并分获一、二等奖。向台盟中央提交2012年全国政协会议提案素材33篇，8篇被采用，其中《关于实施海洋发展战略的提案》被列为全国政协重点督办提案，集体、个人提案各1篇荣获第十一届全国政协优秀提案。向省政协十届五次全会提交30件集体提案，大会发言14篇。组织省政协台盟界别委员开展调研活动，完成了《平潭综合实验区管理体制创新调研报告》，就平潭综合实验区管理体制改革要根据发展的不同阶段和两岸同胞利益保障的要求进行创新设计进行研究，提出了对策建议。

开展专题研讨，形成品牌效应。与福州市政协等单位共同主办以"福州船政与台湾近代化"为主题的"第三届海峡两岸船政文化研讨会"；与省社科联等共同主办第四届海峡生态城市发展（国际）论坛。服务祖国和平统一，对台联络向纵深发展。积极推动两岸经济、文化、科技领域的交流合作，全年共接待台胞7批125人次。认真做好两岸共同市场基金会、商工统一促进会等台湾主办单位嘉宾联络服务工作，共同参与第四届海峡论坛盛会；连续第五年承办"台南大（中）学生海西乡土文化研习营"，邀请56名台湾台南大学及附中和台南农会子弟大中学师生参加活动；参与在台湾岛内举办的第五届海峡两岸少数民族丰收节暨第二届海峡民族论坛等相关活动；组织"船政文化交流参访团"入岛交流参访活动，了解岛内政情民意，拓展对台交流重要界别，巩固两岸纽带关系。与台盟中央联络部共同指导举办3期台湾农业技术培训班，邀请台湾农业专家为学员进行面授；组织学员参观天福集团等福建省著名台资农业企业，打造两岸农业经验学习交流和台湾种苗、资材、农产品扩展大陆的平台。坚持定期走访慰问台商及台资企业，切实帮助排忧解难。牵线、陪同台湾优农集团公司董事长陈先生一行在平潭进行投资可行性调研，为打造"台湾农业示范国际旅游文化村"探路。连续第五年参与举办"在榕台胞新春联欢会"，定期联系台胞、台商组织"牵手之家"开展活动，与在榕的台胞、台商、台生建立了良好的互动关系，深化凝聚人心工作。

推动社会和谐，开展社会服务。赴贵州省毕节地区开展扶贫活动，捐赠学生电脑200台，捐赠人民币100万

台南大中学生研习营与厦门学生在闭营式上联欢。（台盟福建省委）

元建设赫章县“同心”连捷旅游饭店，资助赫章县海雀村的贫困学生；捐款10万元给贵州省赫章县河镇乡地震受灾群众。组织台湾农业专家和企业家赴政和调研；邀请政和县石屯镇2名农技人员参加第三期台湾农业技术培训班；向政和县石屯镇捐资人民币25万元用于购置镇卫生院X光机和镇中学电教化用电脑；捐助政和县石屯镇9位家庭困难的大(中专)新生。为福州市仓山区20名贫困女童捐资助学、捐赠书包、童装，推动提高困难人群的医疗教育水平。

夯实多党合作基础，加强自身建设。围绕学习贯彻中共十八大和台盟九大精神、学习践行社会主义核心价值体系等主题，运用多种形式和载体，推进全省台盟各级组织和广大盟员思想建设不断取得新成效。完成领导班子换届，选举产生了由17人组成的第九届台盟福建省委会常务委员会，郑建闽当选主委。选举产生福建省出席台盟第九次全盟代表大会代表53名。全年发展盟员36名。7名盟员参加了中央社院、省社院的有关培训，机关工作人员参加各类培训11人次，进一步提高参训人员的综合素质。（郑健姿）

【省工商联】 坚持党的领导，把握正确方向，以十八大精神引领工商联事业开创新局面。把学习宣传贯彻党的十八大精神作为首要政治任务，举办一系列座谈会、研讨会、培训班、专题辅导报告，在门户网站、会讯、《中华工商时报》和《福建工商时报》上开展立体宣传，并专门制作图片展展示学习成果，引导各级工商联组织和广大非公有制经济人士自觉用十八大精神武装头脑、指导实践、推动工作。

坚持开拓创新，圆满完成换届，在新起点上践行两个健康工作主题展现新作为。召开第十次会员代表大会，选举产生新一届领导机构和领导班子；举行了以“非凡民企　共创辉煌”为主题的促进非公有制企业文化建设文艺会演和光彩事业捐赠举牌仪式。换届后迅速出台《兼职副主席(副会长)轮值工作制度》和《关于进一步发挥兼职副主席(副会长)作用的意见》，推动工作制度化、规范化。

坚持围绕中心，服务科学发展，促进非公有制经济转型升级迈上新台阶。全力做好福建省珠三角民营企业产业项目洽谈会工作，推动对接项目1006项，总投资6642亿元；会同龙岩市委、市政府举办“龙岩市千名企业家大会”，签约项目48个，总投资296亿元。着力加强两岸商会合作、扩大海外交流，举办“第四届海峡两岸商会经济论坛”，与台湾八大工商社团签订友好合作备忘录；会同德国中小企业联合总会等5个单位举办“第五届中德经济合作论坛”。努力健全社会化服务体系，举办“全省异地商会企业家代表新春恳谈会”，组织民企参与“5·18”、“6·18”和“9·8”等重大经贸活动，与工商银行、中国银行签订战略合作协议。坚持做好职称评定工作，全年共有9649人获得非公有制企业专业技术职称。

坚持以人为本，建设先进文化，培养中国特色社会主义事业建设者取得新实效。出台《促进非公有制企业文化建设行动纲要(2012—2016)》，授予50家民营企业文化建设优势单位，配合省委宣传部等11个部门开展企业文化建设示范单位评选命名工作。组织全省非公有制经济组织1.5万多个党组织和9万多名党员开展创先争优活动，规模以上和规模以下企业党组织应建已建率分别实现100%、92.2%，探索形成了“三五”非公党建工作机制，福建省异地商会、行业商会和台资企业开展党建工作的做法得到全国工商联肯定。省市县三级联动开展“同心·海西春雨光彩助学助教”活动，筹集资金4112万多元帮扶5688名学生；举办“省工商联(总商会)连城对口支援洽谈会”，签约13个项目总投资28.48亿元，筹集支持连城县水土流失治理和扶贫项目专项基金300万元。

坚持求真务实，深入调查研究，参政议政和建言献策工作收获新成果。联动各级工商联开展小微企业“保生存谋发展”、“转型升级促倍增”系列调研，4篇典型案例在《人民日报》《中华工商时报》《中国工商》等媒体上发表。开展鞋服企业高库存和钢贸企业资金链调研，形成2份专报件，得到省委书记尤权、省长苏树林等省领导的批示，协同相关部门帮助企业化解危机。编印《福建民营经济发展报告(小型微型企业专辑)》和《2012年调研论文集》。荣获全省统战理论研究优秀组织奖。

坚持重心下移，夯实基层基础，商会建设和自身建设实现新突破。积极培育和发展中国特色商会组织，截至2012年底，全省工商联共有会员13.2万个，行业商会356个，各级异地商会713个，25个省级异地福建商会还加挂了“闽商回归联络办”牌子。荣获2012年度全国工商联及全省统战信息工作先进单位。贯彻落实中央八项规

2012年7月13日，省工商联配合省政府在深圳举办“福建省珠三角民营企业产业项目洽谈会”。（省工商联供稿）

定和省委有关要求，深入开展“下基层、解民忧、办实事、促发展”活动，扎实推进机关创先争优活动。（饶晋鹏）

【各民主党派和工商联负责人名单】（以2012年12月底在职为准）

民革福建省委

主　委：邓力平

副主委：方　群　柳　红* 夏先鹏　国桂荣* 赖钟雄　黄绳跃　余文森　樊美清

秘书长：董良瀚

民盟福建省委

主　委：郑兰荪

副主委：高诚辉　吴小南　李明蓉　林治良　蒋方斌　陈昌生　焦念志　刘　泓　陈礼辉

秘书长：刘丹艳

民建福建省委

主任委员：郭振家

副主任委员：吴志明　黄克安　程思怡* 黄世忠　郭学军　王宗华　戴仲川

秘书长：翁青萍*

民进福建省委

主任委员：张　帆

副主任委员：魏　刚　郑家建　严可仕　何　强　林思宁　张　兰* 翁国星

秘书长：林思宁（兼）

农工党福建省委

主任委员：陈绍军

副主任委员：姚元根　刘献祥　施作霖　赖应辉　陈兴生　郑新清* 王　焱　李笃妙

秘书长：陈　巧*

致公党福建省委

主　委：薛卫民

副主委：刘　珂* 黄如论　陈铭福　鄢　萍* 徐平东　兰万安

秘书长：吴棉国

九三学社福建省委

主任委员：洪捷序

副主任委员：黄培强　林绍彬　李子林　吴小颖　赵　静　陈美琼　马祥庆

秘书长：李子林（兼）

台盟福建省委

主　委：郑建闽

副主委：江尔雄* 骆沙鸣　陈紫萱* 廖明鸿　陈　椿　李珊珊* 柯连妹*

秘书长：叶　鸣

福建省工商联

主席（会长）：王光远

党组书记：王　玲*

副主席（副会长）：王　玲* 陈　峰　江荣全　李建南

秘书长：李建南（兼）

注：* 为女同志。

（名单由各民主党派福建省委和省工商联提供）

群众团体

【省总工会】 2012年，围绕迎接党的十八大、学习贯彻十八大精神，以学习宣传实践中国特色社会主义工会发展道路为主题，以开展“面对面、心贴心、实打实服务职工在基层”活动为主线，大力推进工会各项工作发展，取得了新成效。先后出台了《关于深入学习宣传贯彻党的十八大精神的通知》《关于贯彻〈全国总工会关于学习宣传实践中国特色社会主义工会发展道路的决议〉的实施意见》《关于实施“面对面、心贴心、实打实”服务职工在基层活动的意见》等文件；召开了全省工会学习宣传贯彻党的十八大精神视频会议、省总十二届四次全委会议、全省工会重点工作和特色工作现场交流会、省政府与省总工会第25次联席会议等重要会议；举办了纪念省总工会成立80周年系列活动、第七届“海峡两岸职工创新成果展”及2012海峡职工论坛、平潭综合实验区促进区域发展全国示范性劳动竞赛启动仪式等重要活动。

迎接十八大召开、贯彻十八大精神，广大职工理想信念更加坚定。把喜迎十八大、学习宣传贯彻十八大与学习宣传实践中国特色社会主义工会发展道路紧密结合起来，在职工中广泛开展“高举旗帜跟党走”主题教育活动。开展喜迎十八大征文活动和劳模事迹报告会、职工运动会、职工艺术节、职工摄影展等系列活动，引导广大职工进一步坚定跟党走的信心和决心。在各主流媒体和工会宣传阵地开设专栏，全方位、多角度宣传广大职工和劳动模范在“五大战役”中创先争优事迹，大力弘扬“劳动光荣、知识崇高、人才宝贵、创造伟大”的时代主旋律，弘扬工人阶级伟大品格和福建精神。以纪念福建工会成立80周年为契机，举办图片展、召开座谈会、举办“五一”文艺晚会等活动，广泛宣传80年来特别是改革开放以来福建省各级工会坚持中国特色社会主义工会发展道路、推动工运事业取得的重大进展，增强

2012年6月18日，平潭综合实验区促进区域发展全国示范性劳动竞赛启动仪式。（省总工会供稿）

工会组织的凝聚力和影响力，坚定不移地走中国特色社会主义工会发展道路。

*深化群众性劳动竞赛，推动经济平稳较快发展作出新贡献。*把引导广大职工推动实体经济发展作为重要任务，以创建“工人先锋号”为载体，广泛开展“携手保增长、和谐促发展”主题劳动竞赛，推动平潭综合实验区区域性劳动竞赛纳入全国总工会促进区域发展示范性劳动竞赛项目。开展小建议、小革新、小设计、小发明、小创造“五小”百万职工大创新活动，全年职工技术革新13862项，发明创造2174项，申请专利1624项；第七届“海峡两岸职工创新成果展”共展出212项职工发明，有63个项目签约，合同金额达5.15亿元。开展“创建学习型组织，争做知识型职工”活动，组织岗位技术培训、技术练兵和技术比武，全省工会开展职工技术培训400多万人次，组织300多万职工参加各级技能竞赛，开展县级以上职工技能竞赛2500多场次，有16万名职工提升了技术等级，15万名职工提高学历层次。深入开展国有企业“五型”班组和非公企业“五好”班组建设，评选“金牌工人”、“首席技师”，创建“劳模创新工作室”，进一步夯实创先争优的群众基础。实施“技能培训促就业行动”、“家政服务工程”、“阳光就业行动”等就业援助，共提供就业服务27万人次，成功介绍就业6.8万人次，帮助企业解决“用工难”问题。

*推进“和谐企业”创建工作，构建和谐劳动关系工作取得新进展。*认真贯彻《福建省企业集体协商和集体合同条例》，全省建立集体合同制度的企业16.8万家，建制率达建会企业数的95.7%；开展工资集体协商的企业16.74万家，建制率达建会企业数的95.4%。推进职工民主管理、民主决策、民主监督，全省企业职代会和厂务公开建制率分别达98.3%、93.2%。3.4万家企业建立劳动争议调解委员会。促进企业安全生产职业卫生，加强职工劳动保护监督检查组织建设，推行劳动保护“一法三卡”工作，在3.8万家企业开展“安康杯”竞赛，参赛职工达457万人次。推动落实企业职工生活后勤保障规划，开展企业食堂管理规范化、集体宿舍标准化、文娱活动普及化、医疗帮扶常态化建设；推动企业文化、职工文化建设。推广“职工书屋”，创建职工心理咨询室、辅导室，突出对新生代农民工的人文关怀，开展积极向上的文体活动，进一步丰富职工的精神文化生活。全省有5.6万家企业开展创建和谐企业活动，有2800多家企业获得县以上“和谐企业”称号。开展创建活动的企业劳动关系和谐，职工就业稳定率保持在95%以上。

*加大维权服务工作力度，维护职工队伍团结、促进社会和谐取得新成效。*截至2012年底，全省基层工会12.1万个，涵盖单位23万个，工会会员986.2万人，工会组建率和职工入会率分别达93%和92%。推进工会服务和帮扶工作常态化、长效化建设，全省建立936家职工帮扶中心（站），其中乡镇、园区帮扶站533家；全年支出服务帮扶资金10116万元，其中“两节”慰问4888万元、日常帮扶3814万元、劳模服务1414万元；医疗互助补助职工4.17万人次，补助金5609万元；“金秋助学”资助金额达2691.61万元。深入实施服务农民工专项行动，通过农民工“平安返乡行动”、“温馨在八闽”和“深情问薪金”三大活动，为农民工提供各项服务37.3万人次；走访困难农民工家庭1.4万户；2012年“两节”期间为26.9万名农民工提供专列、包车、包机等返乡服务。做好职工队伍维稳工作，实行职工欠薪、劳动安全事故、职工群体性事件零报告制度，畅通“12351”职工维权热线，落实工会领导干部接访、下访、回访、联系职工群众制度，加强敏感时段和节点的维稳工作，对群体性事件做到及时反映、及时介入、及时解决，2012年全省工会共受理职工信访11865件，下降9.2%，其中接待职工集体访18件（省总接待5件），涉及人数242人，分别下降53.9%和70.1%。

*扎实开展“面心实”活动，工会活动方式和工作作风明显改进。*深入调研，省总工会机关组成9个走访调研组，深入180个乡（镇）、400个村（社区）、930家企业；召开1822场各种类型座谈会，个别访谈850名一线职工和基层工会干部，在1万名职工和2000名工会干部中开展问卷调查。办好实事，相继推出“环卫工人爱心服务点”、职工医疗“爱心互助卡”、“金秋助学暨大学生勤工俭学活动”等多项措施；总结工会帮扶工作“网格化”管理方式、调处劳动争议“一庭两制度”、以“双亮”为重点的非公企业工会“一二三四”工作法等典型经验。创建机制，建立健全工会机关干部联系企业和职工群众制度、工会领导干部定期接访职工制度、省总工会机关年轻干部下基层挂职制度、县级工会片会制度、工会干部与职工“联络卡”等工作制度。

（陈　雯）

【共青团福建省委】 *着力增强教育引导实效，加强青少年思想政治教育。*学习贯彻党的十八大和胡锦涛同志五四重要讲话精神，通过召开团省委常委会、常委（扩大）会议、理论中心组学习会和全省各界青年座谈会等多种形式学习；召开福建省纪念中国共青团成立90周年暨青联学联换届大会，在共青团网站、手机报和海西新青年微博等团属媒体上开辟学习专栏，各地团组织通过党课团课、辅导报告、座谈交流、理论研讨、主题团日活动等形式，在团员青年中掀起学习热潮。开展主题活动，举办“学党史、知党情、跟党走”、“与信仰对话”党史国情报告会、“红领巾心向党”主题队会等活动，先后有34700余人参与413场学习党史交流会，110524人次参与337场“与信仰对话——‘科学发展新成就’校园报告会”，5539个少先队大队、62378个少先队中队约320万名少先队员参与“红领巾心向党——学先锋，找榜样，争四好”主题队日活动；启动“走进青年学生教育活动”，组织300余名省、市、县团委机关科级以上干部走进高校或中学开展思想引导。组织20万人参与2012年大中专学生志愿者暑期“三下乡”社会实践活动。开展青少年学雷锋活动，举行向雷锋雕像敬献花篮活动，举办“传承雷锋精神，参与志愿服务”青年志愿服务成果展示和便民服务活动，召开“雷锋精神与福建青年”新老志愿者座谈会，成立福建省少先队学雷锋辅导员联盟，组织全省少先队开展“学习雷锋好榜样”主题队日活动。推进分类引导工作，部署开展第二批分类引导青年思想大纲转化工作，编写大纲转化手册；编撰图书《古田小红军》、漫画《小屁孩撒欢记》，制作《弟子寻规记》、《古田小红军》动画片和“绘画小当家”IPAD游戏，借助艺术、时尚、情感等元素引导青少年。实施“青年马克思主义者培养工程”，联合省委教育工委等举办“福建省大学生骨干培养学校”第四期学员结业暨第五期学员集中培训班；组织省大学生骨干培养学校实践队赴北京开展为期10天的锻炼实践活动；组织青年学生骨干进乡镇（街道）、村（社区）、非公企业团组织开展“五个一”活动，在社会实践中锻炼成长。加强新媒体建设，建设团属网站、手机报、微博等新媒体平台和海西青少年成长服务平台，筹划开通IPTV共青团频道；建设福建共青团微博广场，开设团属微博1458个，累计发布信息15万余条；开展“青春接力、绿动家园”、“咱们都是活雷锋”等微话题、微活动及网络投票；截至2012年底，全省各级团组织开通各种手机报20余种。制定《网络与信息安全事件应急处置预案》，成立网络与信息安全应急处置工作小组，建立网络与信息安全保障体系。

着力围绕福建发展大局，引导青年推动科学发展跨越发展。服务“五大战役”。组织1000多支青年突击队奋战在重点工程建设、抢险救灾一线，1万多家青年文明号集体开展优质服务示范月活动。招募2万余名青年志愿者服务海峡论坛、“5·18”、“6·18”、“9·8”、闽商大会和福铁春运等重大项目活动。推动“三维”项目对接，举办中央国家机关青联委员海西行、港澳全国青联委员福建行、华夏青商聚海西等活动，承办第六届中国青年科技创新馆，展示青年科技创新项目成果130余项。促进生态省建设，实施保护母亲河、青少年绿色环保和家园清洁青年行动，在全省22个水土流失重点治理县中开展青春接力活动，种植树苗1万多棵，5000余人次参与特色环保活动；出动青年志愿者、少先队员超过47.9万人次，义务植树185.3万株，面积达11739.98亩。

着力服务重点青少年群体，促进青少年健康成长。推动青年就业创业，举办专场公益招聘会、校园招聘会27场，提供就业岗位13775个；依托YBC项目，累计扶持创业青年1243名，发放免息免担保贷款1562万元；培训各类创业青年26219人；新建青年就业创业见习基地268个（总数达1065个），新增见习岗位1373个；开展见习岗位进校园、进社区、进人才市场等活动，组织5079名青年上岗见习，1635人见习后被录用；联合20个厅局开展“海西金蓝领”杯职业技能大赛，启动19个专业领域全省性职业技能竞赛，涉及36个职业（工种）；举办第七届“挑战杯”福建省大学生创业计划竞赛；联合人行福州中心支行在全省推行农村青年信用示范户评选工作，评定农村青年信用示范户2012户，发放信用贷款3497.8万元；与金融机构合作设立总计5000万元的青年创业项目贴息贷款；成立福建省青年创业服务中心，为入驻青年创业企业提供场地、办公设施、小额信贷等服务，福建海西青年创业基金会、大学生自主创业担保基金累计筹资2800万元支持青年创业。关爱进城务工青年和农民工子女，成立志愿服务队1652支，招募志愿者183890人、项目专员1900名，截至2012年底，结对全部农民工子弟学校1475所、95.7%的在校农民工子女362272人；筹集资金284.5万元，成立70个省级关爱农民工子女志愿服务行动示范基地；出版《幸福小候鸟——福建省共青团关爱农民工子女志愿服务行动优秀案例集》；开通“快乐学习热线”，建设“七彩课堂服务平台”，帮农民工子女获得专家、老师辅导；开展“我们在一起”主题实践活动，联系和服务进城务工青年3万余人；开展“共青团周末（流动）剧场”58场，惠及外来务工人员及其子女23520余人。推进青少年公益事业，举办2012福建各界青年新春暨希望工程20年公益酒会，募集爱心款人民币2995.1万元、港币20万元；开展“2012年希望工程圆梦行动”，筹集善款1170.8万元，资助3536名家庭经济困难学生圆梦大学；在福建省灾区、边远及革命老区援建希望小学15所；联合省文化厅在省少儿图书馆举办“红领巾讲坛”，提供免费亲子讲座26场。

关爱农民工子女志愿服务行动示范基地挂牌。 （团省委供稿）

着力健全机制平台，维护青少年合法权益。推进预防青少年违法犯罪工作，召开全省预防青少年违法犯罪工作会议，省、市、县三级预防工作经费纳入财政预算，建立成员单位定点挂钩帮扶社区（村）预防青少年违法犯罪工作制度；联合省综治办等开展第二届“关爱明天、普法先行”青少年普法教育、创建“毒品预防教育示范学校”活动；举办《福建省青少年自护手册》卡通形象设计大赛；与公检法司等部门沟通联系，推动落实《关于进一步建立和完善办理未成年人刑事案件配套工作体系的若干意见》的配套实施细则；开展“共青团与人大代表、政协委员面对面”活动；建立省市县三级人大、政协、团委“面对面”活动长效机制；加强调研工作，形成《福建省社区文化建设服务青少年发展状况调研报告》等11篇调研成果，其中3篇入选团中央《2012年“面对面”活动调研成果选编》；举办全省青少年事务通气会，向省人大、政协提出《关于丰富新生代农民工精神文化生活的建议》等建议、提案2份；出版《福建省新生代农民工精神文化生活服务研究》。加强12355维权工作平台建设，开展个案服务工作，其中“反目母子冰释前嫌”等6个案例入选团中央《服务青少年健康成长案例选编》；各地“轻松备考 12355与你同行—阳光行动”累计举办讲座377场，吸引学生及家长110316人次参与，9个设区的市12355青少年服务热线累计接听考前咨询3471人次；推广青少年事务社工试点工作，6个设区的市挂牌成立青少年事务中心。

*着力发挥优势，深化闽港澳台和对外青少年交流。*对台青少年交流有新提升，承办第十届海峡青年论坛，吸引两岸四地青年社团负责人和青年代表300余名参与；承办第七届“两岸青年联欢节·海峡西岸行”活动，963名台湾青年学生与福建各界青年及学生参与；厦门等5个设区的市青联分别与台中、嘉义、新北、高雄、彰化青创会缔结为友好协会；在台北承办省长苏树林与台湾青年企业家见面会，组织台湾青创总会经贸考察团赴平潭考察交流；接待台湾中国青年创业协会总会等8个参访团95人次来闽参访，组织福建省青年企业家代表团等6个交流团组45人次赴台交流；承办第四届两岸青年社团负责人圆桌会议，两岸四地59家青年社团负责人签署8个合作项目。闽港澳青少年交流有新拓展，举办“2012香港大学生暑期内地实习”活动，对接福建省5家企业接收70名香港大学生；组织福建青年代表团赴港开展内地优秀青年代表与香港青年学生面对面交流活动，举办16场座谈会、分享会、兴趣互动会，近1600名香港大中学生参与；接待香港澳门全国青联委员访问团等来访团组96人次；选派内地大学生赴港实习团等8个团组24人赴港澳参访；组织港澳青联委员参加漳州市产业发展和投资推介会等活动。青年外事工作有新突破，接待新加坡代表团、朝鲜青年友好代表团、越南青年代表团等3个外事团组117人来闽参访，派出11批次36人出访印度、加拿大、朝鲜、韩国、日本、印尼等13个国家。

*着力夯实基层基础，提高团的建设科学化水平。*加大团建力度，深化“工团联建”工作，通过“非公团建推进月”活动推进非公企业团建工作，全省新建非公企业团组织4188家，实现已建立党组织、规模以上且符合条件的非公企业和符合建团条件的中职中专学校团组织全覆盖；福建省注册会计师行业协会等5家省级行业协会成立团组织；加强流动青年群体团建工作，重庆等11省(区、市)建立52家驻闽团组织，福建省在北京、广东等地建立44家驻外团组织。推进乡(镇)实体化“大团委”建设，出台福建省乡(镇)实体化“大团委”建设工作方案，编印《工作指南》；截至2012年底，全省新建乡(镇)直属团组织24674个，覆盖团员185112人，联系青年485262人。完成各级团委换届及乡镇(街道)组织格局创新工作，联合省委组织部出台设区的市团委换届等相关政策性文件，指导有换届任务的设区市、高校团委和全省村团支部开展换届工作；完成乡镇(街道)团的组织格局创新工作，新增团委第一书记96人、体制外副书记1581人、委员11427人。深化创先争优活动，开展非公企业团组织“达标创优”工作，2011年至2012年5月新建的4555家团组织中，达标率为81.25%，184家达到优秀标准；省、市、县团委机关干部挂钩联系规模较大的非公企业10000多家，建团率100%、达标率超过90%；开展青年文明号“为民服务创先争优”等活动，全年各级青年文明号累计开展各类创优活动500余场。大力支持基层，采取干部下派、经费下沉、资源下放、项目下移、山海协作等5项措施，选派第二轮75名高校团干部到县级团委挂职一年，选派第二轮首批20名设区的市以上团委机关干部到县级团委驻点半年，每人分别配套工作经费1万元；选派第二轮41名银行业机构年轻干部到31个县级团委挂职半年，累计给予经费支持38.38万元；筹措140万元奖励工作成绩突出的县、乡团委。加强中学中职团组织和少先队组织建设，开展“中学生挑战杯”活动，重点完善发展团员工作、增强团员意识教育；以优秀中职毕业生报告会和职业技能大赛等活动为载体，推进中职团的各项工作；开展少先队先锋行动，少先队学科建设实现突破，福建师范大学成为全国第一所将“少年儿童组织与思想意识教育”正式纳入研究生招生目录的高校；联合省教育厅在福建师范大学设立“福建省少先队工作理论研究中心”和“福建省少先队辅导员培训基地”，启动福建少先队活动课程建设试点工作；配强配齐少先队总辅导员，县级以上少工委全部配备兼职少先队副总辅导员。 (刘　静)

【省妇女联合会】 *以党的十八大精神统一广大妇女的思想和行动。*在城乡妇女中开展“喜迎十八大　巾帼在奋进”主题宣传活动，在主流媒体、妇联网站、杂志、微博上开设宣传十八大的专题、专栏、专刊，进一步凝聚全省妇女团结奋进的强大精神动力。做好中国妇女儿童十年发展成就展参展工作。党的十八大召开后，第一时间组织传达学习，及时下发学习宣传贯彻党的十八大精神的通知，各地妇联组织通过召开党组学习会、妇女代表座谈会、专题报告会、研讨会和组织宣传小分队等多种形式，大力学习宣传贯彻十八大精神。

*深化主体活动，统筹推进城乡妇女发展。*在全省11267个巾帼文明岗中开展“服务创一流，巾帼展风采”活动，开展“学厦航北京行”等活动，激励各行各业妇女立足岗位创先争优，打造优质服务品牌。促进妇女创业就业，全省举办女性就业招聘会141场，联合省公务局、福建师大举办女大学生创业培训班。继续扩大妇女创业小额贴息贷款覆盖面，帮助妇女创业就业，全年新增小额贴息贷款21.062亿元，累计发放45.032亿元，获贷妇女6.84万人。开展“专家快车农村行”24期，全省举办、联办农村妇女实用技术

培训1843期，参训妇女16.35万名。培育全国巾帼现代农业科技示范基地8个，新创建省级巾帼示范村(基地)101个。挂钩帮扶建宁县、宁德市蕉城区福口村。助推妇女科技创新创造，参与第十届"6·18"活动，对接科技创新成果与项目53项15.72亿元。联合省经贸委、工行福建分行和兴业银行开展"红牡丹行动"，为女企业家二次创业提供金融服务。成立省女科技工作者协会，联合省委组织部等6个部门在全国率先出台支持女性人才成长的10项措施，推动女性高级专家和县处级女干部同龄退休等政策措施的落实。

认真履行职责，依法维护妇女儿童合法权益。加强源头维权，参与《老年人权益保障法》《福建省人口与计划生育条例修正案》等法律法规政策的修改。协调召开省人大常委会妇女儿童工作组暨维护妇女儿童权益联席会议。联合农业、民政、国土资源等部门下发规范完善村规民约、维护农村妇女土地权益的指导性意见。主动协同社会管理创新，探索维权工作项目化运作，推广实行妇女维权"三项制度"。加强调查研究，全年向省"两会"提交反映妇女利益诉求的议案、提案20多件。加强12338妇女维权热线建设，全省各级妇联受理来信来电来访6543件，下降15%，办结率99.8%。

落实惠民政策，做好妇女儿童民生重点工作。推动实施妇女儿童发展纲要，召开第五次全省妇女儿童工作会议，推动出台治理出生性别比失衡、加强出生缺陷综合防治等措施，启动实施"规范孕产妇系统保健管理""0～3岁儿童早期综合发展"等重难点项目。持续推进国家农村妇女、福建省城乡低保妇女免费妇女病检查项目，截至2012年底，全省为18.15万名和3.6万名农村妇女分别进行宫颈癌和乳腺癌检查，为18.95万名城乡低保妇女进行免费妇女病检查，为402名贫困"两癌"妇女发放救助金188.8万元。继续实施"母亲健康快车"项目，为农村妇女儿童提供医疗服务26099次。在全省扩大招募"爱心妈妈"1.16万名，建立留守流动儿童关爱服务阵地681个，为12000名进城务工妇女儿童开展生活技能培训。加快妇女儿童活动中心建设进度，47个县级妇女儿童活动中心已建成22个、在建24个，基本实现"2012年底前各市、县(区)均建设一所妇女儿童活动中心"的目标。

加强思想引领，促进和谐社会建设。以促进社会主义核心价值体系建设、弘扬福建精神为目标，以"激扬福建精神，勇担巾帼使命"为主题，举办"三八"节各界优秀妇女招待会。开展"先进性别文化进高校"、现代女性大讲堂活动。打造"立体化、全方位"的新闻宣传格局，在中央和省主要媒体发表妇联新闻报道800多篇，在东南网福建妇联新闻网播发新闻1.5万条、点击量100多万次，"闽姐姐"微博听众达200万人，编发宣传十八大精神的微博400多条、500多万人次阅读。

服务先行先试，深化海峡妇女联谊交流合作。依托第四届海峡论坛，举办第四届海峡妇女论坛和第四届海峡巾帼健身大赛，来自闽港澳台近2000名妇女围绕"中华文化和妇女发展""海峡姐妹与健康同行"主题，开展学术研讨、体育健身、文化寻根等活动。加强与民主党派妇女组织和港澳及海外妇女的联谊交流，接待南非总统夫人邦吉·恩盖马·祖马女士等台港澳及海外妇女组织24批603人次。争取预防拐卖妇女儿童的国际项目资金50.5万元。

坚持党建带妇建，加强妇联组织自身建设。贯彻落实中央八项规定和省委贯彻落实办法，深入开展"下基层访妇情办实事"活动。全年县以上妇联干部下基层9000多人次，走访慰问妇女群众近10万人，帮助困难妇女解决实际问题。联合省委组织部培训妇女干部323人次，依托妇干校培训基层女干部6284人。在机关事业单位、两新组织、商会、协会、楼宇等领域建立"妇女之家"5632个，创建首批省级先进"妇女之家"示范点100个。在农村创新成立村妇联、片区妇联289个。关注女大学生村官培养成长工作。

(徐西朋)

【省文学艺术界联合会】 主题文艺活动浓墨重彩。党的十八大召开前，举办"激情海西——摄影家眼中的福建科学发展跨越发展"大型摄影作品展，联办"清风赞"廉歌创作歌舞演唱晚会等30多项活动，在"福建文艺网"、《福建文学》等媒体开设专栏。举办全省文联系统学习贯彻十八大精神专题读书班、庆祝十八大书法创作笔会、第五届艺术节中"福建省美术书法摄影新人新作获奖作品展"等20多项展览、展演、展播、展示活动。围绕纪念《毛泽东同志在延安文艺座谈会上的讲话》发表70周年，主办或联办纪念《讲话》发表70周年座谈会、书画摄

2012年12月9日，中国"百姓健康舞"福建省全民推广启动仪式在福州市五一广场举行。

(省文联供稿)

影象刻剪纸艺术展、征文比赛等10余项主题鲜明的文艺活动。

文艺精品创作扎实推进。开展福建大跨越·作家大采风等走基层采风活动，举办"红土地、蓝海洋"作家笔会等研讨会、座谈会、笔会。继续加强福建特色题材的创作，深化推进福建长篇小说精品工程。启动"福建濒危剧种、曲种抢救工程"，启动"画说海西"美术文献创作，申报中华文明历史题材美术创作工程重点项目，编辑大型文集《潮涌平潭》等。全年共获得国家级文艺奖项近百件(人)次，其中长篇小说《我的唐山》和歌曲《我要去延安》、《两岸一家亲》荣获第十二届"五个一工程奖"。

人才培养推介服务力度加大。广泛开展文艺界核心价值观、《中国文艺工作者道德公约》和"福建精神"等学习实践活动。深入实施文艺人才"千百十"计划、福建文艺名家推广工程，晋京成功举办"陈奋武翰墨"书法作品展、联办"壮写河山歌盛世——董希源国画作品展"。摄制《海西文化名人坊》专辑，举办首届福建省写意画大展等数10项评奖赛事，充分发掘优秀文艺人才。继续选送青年优秀文艺人才参加全国培训班、进修班，举办艺术知识普及培训班。热心服务老艺术家，举办"银发创作"系列活动等，形成文艺队伍繁荣团结和谐的良好局面。

文艺惠民为民活动持续推进。深入落实"走转改"，广泛开展"送欢乐、下基层"等文艺惠民活动，组织文艺家赴基层老区、建设一线和部队军营开展慰问演出、写春联、书画笔会等活动10余场次，向基层捐赠文艺图书3000多册，推广"百姓健康舞"活动，指导开设评话书场，举办惠民文艺讲座，冰心文学馆全年免费向社会开放，为广大群众奉献精神食粮。建立第二批19个全省特色文艺示范基地，推进"一县一品""一县一特"的文艺发展格局。争取中国文联和全国各文艺家协会在闽建立创作基地，新建10多个省级文艺家创作基地，提升基层文艺工作水平。

对台对外文艺交流有所拓展。举办国台办重点交流项目"海峡两岸作家论坛"，赴台举办第二届海峡两岸欢乐汇和第三届海峡两岸青年舞蹈嘉年华等品牌活动。编辑出版《60年后的握手——海峡两岸故事集》。联办第四届海峡摄影艺术节、第四届海峡两岸电视主持新人大赛、2012海峡诗会——两岸诗刊交流等近10项对台交流活动。组团赴港考察文化产业发展项目，加强与8个国家文化机构和团体的交流。 （王幼丽）

【省科学技术协会】 全省现有省级学会(协会、研究会)152个，设区的市科协9个，县(市、区)科协84个，高校科协25个，企业科协1981个；会员30余万人，其中省级学会(协会、研究会)会员15余万人。

积极开展科技咨询，服务科学决策。提交省政协提案27件，其中4件提案得到省领导批示。组织省水土保持生态建设的现状与对策专题调研；组织海峡两岸专家为水土保持建言献策；举办海峡两岸红壤区水土保持研讨会；开展对省水土保持决策咨询、学术交流、科普巡展、技术培训、专题讲座、扶贫慰问等专项活动；落实省水土保持项目18项，扶持经费527.6万元。落实对口帮扶柘荣县项目11项，扶持经费115万元。组织实施"科普惠农兴村计划"，全省43个农技协、10个农村科普示范基地和15名科普带头人得到中国科协和财政部表彰奖励，奖补经费1135万元；30个农技协、24个农村科普示范基地和25名科普带头人受到省科协与省财政厅表彰奖励，奖补资金320万元；14个科普示范社区得到中国科协、财政部表彰，奖补经费280万元；省科协和省财政厅配套150万元，奖补30个科普示范社区。

持续打造院士专家牌，为福建发展招才引智。邀请51位院士、70位专家参加第十届中国海峡项目成果交易会；征集参展项目892个，重点推介项目108个；23位院士出席院士项目签约仪式；促成34个院士专家项目对接成功，现场签订项目12个，合同金额5.5亿元。新建院士专家工作站31个，进站工作院士22名；全省已建96个，进站工作院士104名，引入院士团队专家225名，开展合作项目151项，230名企业科技人员骨干参与站点项目研发。新建企业科协157家，全省企业科协达1757家。组织5万多人次企业科技人员参与以技术创新为主要内容的"讲、比"活动。全年共有26批65人次海外专家和创新团队来闽开展科技交流，1个项目落地对接并在"6·18"上正式签约，1个创新团队入选福建省高层次人才创业创新团队；引进的活性益生菌制剂开发项目和互动式多功能电子黑板被省外专局列为2012—2013年重点引智项目并获得引智经费支持；新西兰皇家科学院首席科学家高益槐教授被"6·18"组委会授予"6·18"十年突出贡献奖荣誉称号。

持续打造科普创新牌，着力提升全民科学素质。举办以"节约能源资源、保护生态环境、保障安全健康、促进创新创造"为主题的全国科普日活动，3200多名科技人员参加了活动。省科技馆开展历时4个多月的科普巡展海西行活动，受众14.6万余人；举办"海西科普大讲坛"52场，受众8500多人次。推进福建数字科普教育基地网站建设，28个基地的科普资源入网；推进科普兴村"三个一"工程；依托省农函大和省科技职业技术学校，开展农村实用人才(技术)培训20783人次，累计培训农民48760人次；举办乡村管理大专班，培养大学生村官865名；举办中等职业教育，培养企业技能型人才2928名。组织实施"社区科普益民计划"，把社区科普栏建设融入省政府科普为民办实事创新工程，利用省级财政经费和社会资金5600多万元，在全省建制村建成科普惠农宣传栏12462个，覆盖率达86.3%。全年共评定出58个科普先进县(市、区)，占总数的68%；全省239个社区被评为2012—2014年度福建省科普示范社区。

持续打造重点群体牌，培育创新和实用人才。开展青少年创新实践活动，组织福建省代表队参加全国青少年科技创新大赛，总成绩居全国第五；参加全国青少年机器人大赛，总成绩居全国第二；参加全国明天小小科学家奖励活动，获5个奖项；参加全国青少年科学影像节，获奖总数居全国第一；参加全国学科奥赛，获8金17银

16铜，3名选手入选国家集训队；参加FLL机器人世锦赛，获冠亚军各1项；参加VEX机器人世界锦标赛，1个项目获得第三名；参加亚洲青少年机器人锦标赛，获金银牌各1枚，夺得英特尔国际科学与工程学大奖赛三等奖1项；组织开展科学道德和学风建设宣讲教育工作，覆盖全省11个研究生培养单位1400个研究生。截至2012年底，全省建成综合性或专业性科技馆13个，在建（或规划建设）综合性科技馆15个、行业科技馆10个；创建全国科普教育基地15个，省级科普教育基地37个，已建和在建县级科普活动中心有11个，新建青少年科学工作室19个；全省共有国家级各类科普基地147个，省级各类科普基地341个，青少年科学工作室103个，科普惠农服务站6761个。

持续打造海峡特色牌，深化闽台科技交流。举办第五届海峡两岸科普论坛、第四届海峡论坛·2012海峡科技专家论坛、第十一届海峡两岸大学生辩论赛、第七届海峡两岸管理科学论坛，多层次、多渠道开展海峡两岸民间科技交流与合作，来自台湾地区的专家、大学生等约950人参加，近70篇台湾地区论文入编《海峡科学》杂志。

持续打造强势学会牌，增强自主创新能力。扶持20个省级学会发展资金60万元，用于提升服务能力，开展社会化运作、基础能力建设、承接政府职能、为会员服务等；资助50个省级学会发展资金41万元，用于开展重点学术活动，增强学会自身能力。全省各级学会开展学术交流活动825次，参加人员9.97万人次，交流论文21638篇。发布2011年度学科发展研究报告17篇；开展2012年福建省自然科学学科发展研究，共有19个学会和高校科协开展21项学科发展研究；有44个省级学会和高校科协承担了决策咨询研究任务；20家单位承担了福建农业科技创新体系建设研究等20个重点研究课题；省测绘学会等24家单位承担了福建省地理国情监测相关问题研究等24个一般研究课题；省科协等单位申请国家民政部部级研究课题两岸社会组织分类管理比较研究，得到立项并获三等奖。 （邱雪如）

【省社会科学界联合会】 坚持哲学社会科学工作的正确导向。以迎接党的十八大召开、学习宣传贯彻党的十八大精神为主线，通过召开省社科联六届六次全体（扩大）会议、社会科学规划管理工作会议、社科联工作座谈会、学会党建工作会、学会秘书长培训会，以及组织专家下基层作报告，在《福建日报》《东南学术》等报刊刊发理论文章等形式，促进了中国特色社会主义理论体系学习、研究和宣传的广泛深入开展。与省委宣传部、福建日报社联合召开学习贯彻党的十八大精神座谈会，组织专家学者深入基层，举办了100多场专题报告会，促进了中央精神的学习宣传，推动了理论武装深入开展。

着力发挥服务福建省科学发展跨越发展的思想库作用。与省委宣传部联合组织社科工作者开展“走基层、转作风、改文风”活动。省社科联到柘荣县黄柏乡调研当地特色文化，了解基层干部群众对社会科学工作需求，慰问贫困村民；赴福州、三明、龙岩、泉州等地及其县（区）、乡（镇），以及有关高等院校等，开展加强基层社科联建设工作调研，促进解决基层实际问题；积极组织对福建精神、福建文化产业、海峡文化等有重大历史和现实意义的课题的调研攻关。与台湾中华公共事务管理学会共同主办“2012年两岸民间社团交流合作论坛互动管理研讨会”，着重研讨两岸社团在交流便利化过程中的使命和在平潭综合实验区开发中的作用；组织召开海峡西岸经济区20城市21家社科联协作会，加强了区域社科界交流合作。组织实施2012年度国家社科基金特别委托项目“闽台缘丛书”的编撰工作，《借鉴台湾“富丽农村”经验提升福建新农村建设的建议》等多份社科成果要报获得省委书记孙春兰等省领导的批示。

社会科学研究规划管理工作取得新成效。召开全省社会科学规划管理工作会议，促进社科规划工作坚持导向、服务大局、协同作战、科学管理，全年共评审立项省社科规划项目423项，其中重大项目11项，重点项目39项，鼓励项目成果在权威学术刊物发表并申请免鉴定，办理鉴定结项352项；省财政对全省社科研究规划项目的经费投入783万元。实施省社会科学研究基地创新平台建设计划，制定《福建省社会科学研究基地建设方案（试行）》。在福建省国家社科基金项目立项管理方面，全年共有96个课题获准立项，资助经费1563万元，其中重大招标项目1项、特别委托项目1项、重大转重点项目1项、后期资助项目5项、国家社科成果文库项目1项；全国规划办已审批福建省结项42项，其中优秀12项，良好23项，优良率83%。

学术性社团建设和管理工作跃上新台阶。积极推进学会党的建设，确保学术性社团活动的正确方向，指导成立学会党的工作联络小组15个，实现省社科联所属社团成立学会党的工作联络小组数突破百个以上目标。深入80多个学会和民办社科研究机构进行调研，以组织开展学术性社团规范化评估为动力，积极促进学会基础性建设、规范化管理和创建标准化学会工作。根据民政部《社会组织评估管理办法》和福建省工作部署，分3组对首批申报的学会进行了认真的评估，拟定5A级社团3个、4A级社团37个、3A级社团11个，进一步促进了学会和民办社科研究机构更加重视自身内部治理、遵章守纪、规范活动，提升了学术性社团建设和管理水平。

学术活动形成品牌性影响。组织举办省社科界2012年学术年会。年会以“学术文化创新和福建跨越发展”为主题，把课题研究与学术论坛结合起来，提高了学术含量；年会共举办1场主题报告会和29个分论坛，1300多篇论文和调研报告得到交流研讨，营造了浓厚的学术氛围。《东南学术》再次入选CSSCI（2012—2013年）来源期刊，排名居全国综合类学术期刊第14位，同时入选2012年版“复印报刊资料”重要转载来源期刊和“华东地区优秀期刊”，是福建省首批唯一获国家社科基金资助的学术期刊。与省委宣传部、省公务员局联合组织开展福建省第七届优秀青年社会科学专家评选活动，共评选出福建省第七届优秀青年社会科学专家10名。

社会科学普及宣传丰富多彩。以“学习科学知识·弘扬福建精神·创造幸福生活”为主题，与省委宣传部联合开展2012年全省社会科学普及宣传周活动，共组织动员4000多名专家学者，举办广场咨询100多场，下基层科普宣传报告会、讲座380多场，展出科普挂图2900多幅，发放科普资料20多万份，知识竞赛题2.5万份，直接受众达80多万人次。与省委宣传部联合开展福建省第三批社科普及基地申报、考核和命名工作，古田会议纪念馆等7个单位被命名为第三批省级社科普及基地，全省共有省级社科普及基地35个。全年共举办“东南周末讲坛”50余场，并与“闽都大讲坛”“鹭江讲坛”等实现资源共享。继续摄制专题电视片《八闽学人》20集并在省电视台播出。（李道兴）

【省归国华侨联合会】 坚持思想引领，进一步增强向心力和凝聚力。认真学习宣传贯彻党的十八大精神，通过召开侨界人士学习座谈会、海内外侨界人士谈体会等形式，在海内外侨界掀起关注十八大、学习十八大的高潮；组织宣传小分队，分赴侨乡农村宣讲十八大精神。贯彻落实中国侨联和省委有关会议精神，引导广大归侨侨眷和海外侨胞为“三个更加”福建贡献新力量。开展以“扬正气转作风顾大局多贡献”的主题活动，加强和改进机关作风建设。坚持以侨为本宗旨，加强和谐侨界建设，参与社会管理、做好群众工作，增强侨联的向心力和凝聚力。

坚持服务大局，进一步凸显桥梁和助手作用。成立福建省侨商联合会、厦门侨商联合会、泉州侨商联合会。组织银行与侨商会签订战略合作方案，5家银行共为侨商会授信1000亿元；组织侨商代表到福州、泉州、厦门、漳州、南平等地考察投资项目，推动侨商投资区、总部经济区、综合产业园区建设，全年省侨商联合会在福建投资较大型项目36个，投资总额达578.09亿人民币，实际到资238.5亿人民币。发挥侨联组织优势，为地方经济建设服务，配合政府做好招商引资工作，参与协办“5·18”、“6·18”、和“9·8”等大型项目招商洽谈活动，积极引导、鼓励海外侨胞回闽考察、投资兴业，全年协助各级党委政府举办各类招商推介会85场次，邀请参加侨商4983人次，直接参与引资131亿美元，实际到资71.18亿美元；应加拿大多伦多总领事馆要求，做好多伦多促统会到平潭考察两岸世界贸易中心项目的对接和落地工作。配合政府招贤引智，全年参与引进海外人才团队37个，引进科技成果项6项，形成高新产业项目，投资额1.4亿美元。助推新农村建设，筹集366.6万元资金，做好“百侨助百村”示范点——省侨联挂钩帮扶的政和县杨源乡、明溪县夏阳乡御帘村、松溪县的助推新农村建设工作；组织文艺工作者、医疗专家、果蔬专家等，为挂钩联系村和部分华侨农场送文化、送医疗、送科技；制定实施“百侨帮百村—共建美丽乡村行动”方案，在泉州举行活动启动仪式，泉州市侨联首期募资2000多万元支援农村基础设施建设和文化事业发展。

拓展海内外联谊渠道，进一步深化侨务对台形式和内涵。搭建海内外联谊新载体，在北京、上海设立省侨联联络处，促进与各地侨商的联络和交流，不断凝聚壮大“回归创业”侨商力量；签署闽、豫、台三地侨联战略合作框架协议，加强根亲文化研讨和入台对接工作；聘请12名台湾侨界代表为省侨联特邀委员，协助推荐20名海外侨领担任省政协委员。拓展海外联谊新空间，全年共接待海外团组540多个，海外及港澳台同胞7100多人次。创新侨务对台新载体，举办两岸侨联龙年恳亲活动，首次组织五级侨联100多位代表入岛，与近千名乡亲进行交流，与岛内18个民间组织签订友好交流协议；举办摄影作品展、学术演讲、赠送族谱、舞龙舞狮表演等文化交流。续写文化交流新篇章，承办第四届海峡论坛·两岸侨联和平发展论坛；参与承办两岸青年论坛、百姓论坛等；协办第三届海峡两岸船政文化研讨会；举办台湾海外大学生福建文化寻根夏令营，促进两岸侨界青年往来，全年组织文化寻根夏（冬）令营14场次，邀请20个国家（地区）的900多名华裔青少年参加；组织5支福建“亲情中华”艺术团，到8个国家和地区慰侨演出24场，观众达20000多人次；参与协办在福州召开的“中国侨批·世界记忆”国际学术研讨会；与世界福州十邑同乡会共同组织新马小学生现场华文创作精英赛、参与举办世界华人学生作文大赛等。

强化宗旨意识，侨联的管理和服务能力进一步提升。大力发展侨心公益事业，发动成立福建侨心公益基金，首批接受捐资1.63亿元，用于支持社会主义新农村建设、“侨帮侨”爱心行动和扶贫助学；全年共引导海外侨胞在闽捐赠公益事业5.88亿元，其中，“侨心工程”捐款1.4亿元，捐建中小学29所，捐助科教项目35个，发放奖助学金73项，资助贫困学生4585位；设立侨界助学、扶贫等公益基金会3个，金额1.83亿元；引建交通、环境、福利、体育等其他公益慈善项目85个，金额2.65亿元。积极关注民生，开展“走基层转作风，访贫困送温暖”活动，春节、元宵期间共筹集资金200多万元，实施特困侨眷专项救助，慰问贫困归侨、侨眷，拜访回乡过年的重要侨领，走访侨资企业家、归侨知识分子，送去党和政府及侨联组织的温暖；深入基层、认真核实、全面汇总散居贫困归难侨的情况，建立全省贫困归侨信息档案资料。切实维护侨益，配合同级人大检查贯彻落实《归侨侨眷权益保护法》；贯彻《关于建立涉侨维权工作衔接互动机制的若干意见》，福州、厦门、南平、泉州及部分县（市、区）相继与法院建立维权互动机制，成立涉侨维权工作协调小组，开展相关工作。（朱根娣）

【省台湾同胞联谊会】 搭建交流平台，打造品牌活动项目。积极参与第四届海峡论坛，主动做好台湾团组参加论坛大会及其子论坛妈祖文化周和首届海峡两岸少数民族交流会活动；继续与省“八台”单位联合举办“2012年海峡西岸台胞青年夏令营”活动，来自台湾20所大学71名及16名大陆台籍大学生参加了活动；通过开展“水上运动会”“两岸青年联欢”等交流活动，增进了两岸青年的友谊；举办“第五届海峡两岸少数民族丰收节”，吸收华安、福州等地少数民族表演队和民族舞蹈学者入岛交流。

开展联络交流，做好台胞基础工作。全年共接待台湾大型团组20多个，台湾同胞400多人次。做好台商台生服务工作，帮助一些在闽台胞解决实际困难。加强定居台胞基础工作，全省共发放"两节"慰问款10多万元，全省1030个困难台胞、1087个老台胞收到"生活扶助和老龄补贴"专项资金。与省红十字会联系，对身患25种重大疾病范围的困难台胞建立对接救助，切实为定居台胞中的弱势群体排忧解难。

重视台胞培养，顺利完成换届工作。重视中青年台胞培养使用工作，结合各级党委、政府、人大、政协换届，切实做好代表的推荐和推选工作，全省台胞中当选为党的十八大代表1名，第十二届全国人大代表3名，第十二届全国政协委员3名，省第十二届人大代表4名，省第十一届政协台联界别委员6名。根据《中华全国台湾同胞联谊会章程》，召开福建省第七次台湾同胞代表会议，选举产生省台联第七届理事会，实现新老班子顺利交接。（卓高翔）

【省残疾人联合会】 实施"十二五"发展纲要，残疾人事业长效机制进一步健全。协调制定《福建省残疾人事业"十二五"发展纲要》配套实施文件35份，将"十二五"主要指标分配下达各设区的市；9个设区的市及71个县（市、区）出台当地残疾人事业"十二五"发展纲要。出台的《福建省推进基本公共服务均等化"十二五"规划》，将"残疾人基本公共服务"纳入其中并单列成章，在社会保障、儿童康复等服务上有新突破。

推进残疾人社会保障和服务体系建设，残疾人生活状况进一步改善。实施省委、省政府为民办实事助项目，省级投入1.12亿元，直接惠及3.5万名残疾人。继续实施"全省重度残疾人困难补助金制度"，为近23.7万名残疾人发放每月30—50元；对农村、城镇重度残疾人参加社会养老保险最低档个人缴费分别补贴100%和50%，参保残疾人达57.8万人。实施国家和省重点康复工程，投入近1.09亿元使12.1万名残疾人得到康复服务。实施"双百扶残助学计划"等项目，安排1954.3万元资助贫困残疾学生和残疾人子女8722名。开展"城镇百万残疾人就业工程"等活动，全年新增残疾人就业1.24万人。扶持全省221个省定最贫困村的1326户残疾人发展生产和5000名残疾人进行危房改造。

突破立法维权工作，残疾人权益进一步保障。配合省人大常委会开展福建省首次大范围的《残疾人保障法》执法检查，举办"全省残疾人法制宣传周"等活动，宣传贯彻新修订的《福建省实施〈残疾人保障法〉办法》取得实效。开展"全省无障碍督查月活动"，对全省100多处医院、机场、车站等公共服务场所无障碍进行督查、促进整改。为1878户残疾人家庭实施无障碍设施改造提供补助。全年共办理残疾人法律救助案件1723件，处理来信、来访768件（次）。

推进文化体育建设，残疾人事业发展环境进一步优化。出台福建省《关于加强残疾人文化建设的实施意见》，将残疾人文化纳入各地城乡公共文化服务体系建设大局。福建省12名残疾人运动员及5名教练员、领队参加第十四届伦敦残奥会，取得3金、1银、2铜及打破3项世界纪录、1项残奥会纪录、4项亚洲纪录的好成绩。成功举办第二届"闽台残疾人文化周"系列活动，台湾29名嘉宾来闽参加。推进全省"福乐书屋"和"福乐健身站"建设，残疾人群众性文体活动日益活跃。

开展服务设施建设年活动，残疾人服务水平进一步提升。新建10所公办"福乐家园"，残疾人服务设施规模增加约4.6万平方米。安排200万元扶持10个原中央苏区县、老区县残疾人服务大楼改造。有序推进"福乐盲按店""福乐种养基地"等各类服务基地建设。省"福乐幼儿园"二期项目进展顺利。

加强残联组织建设，残疾人事业发展基础进一步夯实。开展全省残疾人组织建设"强基育人"工程，97%的县级残联实现了规范达标。全省7个设区的市和所有县（市、区）、乡镇（街道）残联如期完成换届。全省新增残疾人服务机构51个。（杨瑞芳）

【省贸促会】 加强贸促系统机构建设。全省9个设区的市全部设立贸促支会，85个县级机构中有49个县（区、市）设立了贸促机构，机构覆盖率达57.3%。举办全省贸促系统基层领导干部培训班，邀请中国贸促会的领导和有关方面的专家前来授课，对各设区的市和县级贸促机构的新任领导及业务部门领导进行了一次全面的业务培训。

承办重大经贸活动。在北京举办"投资福建"推介会；充分利用"5·18"、"6·18"和"9·8"等重大经贸活动平台，成功举办了中国（海峡）国际绿色能源大会、第八届国际商协会领导人会议、第七届中国（福建）消费品全球采购交易会，活动规模涉及40个国家和地区，合作意向和合同金额近2亿美元；与福州市政府共同承办了首届中国国际创意经济合作大会暨第八届世界多媒体及互联网峰会。

建设对外联络新平台。欧盟欧洲企业服务中心（EEN）华东南办事处挂牌以来，分别同德国、卢森堡、捷克、瑞士、瑞典、韩国、希腊的EEN建立了良好的合作关系，获得了欧盟EEN总部的认可；以EEN为基础的中欧商务网站，获得立项审批；主办的"2012海峡房地产论坛"纳入《海峡论坛》同时举办，以"大海峡机遇下的思变与发展"为主题，通过高端嘉宾演讲、圆桌论坛、热点推荐、交流互动、实地考察等活动，在业界和社会上产生强烈反响。

承办国际性高端会展活动。参与2012年韩国丽水世博会中国馆相关工作取得圆满成功，福建活动周获得了高度的关注与广泛好评，吸引了包括德国联邦经济技术部议会秘书（副总理级）、韩国青瓦台总统办公室观光振兴秘书官等多名各国政要的来自19个国家和国际组织的335位国内外贵宾、数万名观众。作为丽水世博会的配套活动，在福州举办"韩国丽水世博会福建儿童画参展作品展"，吸引了近2万名观众前往参观。

提供涉外综合法律服务。出证认证工作稳中有升，新增注册企业671

家;组织国际航空反垄断诉讼;参与调处两岸投资补偿争端。福建调解中心被《海峡两岸投资保护和促进协议》列为推荐的6家地方调解中心之一;外商投诉协调工作成效较好,向贸仲委转交案件涉案金额折合人民币近千万元;与中国贸促会联合在福州举办"福建省企业出国展览知识产权培训班",邀请2名德国律师及省法院等7名法律专家到会授课。（刘文容）

【省中华职业教育社】 做好建言献策工作。深入各设区的市和有关县市区职教社以及10多所职业院校和相关企业进行调研;参与全国人大常委会对《残疾人保障法》的修改;深入福州英华职业学院、泉州农业学校和福建武夷山中华职业学校等团体社员学校就国务院委托课题工作、福建省毕节同心温暖工程项目落实等工作情况进行调研。在省政协十届五次会议上,向大会提交了2篇提案、1篇书面发言。全年全省各级职教社向省市"两会"提交的提案和大会发言达377份。

促进职业教育发展。参加全国教育科学"十一五"规划教育部重点课题《职业教育校企合作中工业文化对接的研究与实验》工作,组织15所院校和64家企业参加课题研究实验,共开发校本教材23本,形成课题研究报告16份,案例15件,开发多媒体应用课件9件,撰写论文36篇;举办"2012海峡两岸职业教育及终身教育研讨会",230多位来自海峡两岸和瑞典的职业教育和终身教育界的专家学者、教研人员、海外学者参会;参加总社举办的第三届海峡两岸终身教育论坛和黄炎培职业教育思想研究会2012年会;举办首届"清海杯——黄炎培职业教育奖"颁奖大会,表彰了在福建省职业教育领域做出突出贡献的14所学校、25名校长和27名教师。社属的福建中华职业技术学校通过"高级技工学校"评估;中华培训学校开办了餐厅服务员、营业员、保安等工种10多期进城务工人员培训班,共培训500人并全部就业。

推进温暖工程项目。做好温暖工程项目遴选申报,筛选上报了37个富有特色的项目。对在福建武夷山中华职业学校就读的家庭困难的毕节学生给予生活补助;福建中华职业技术学校秋季招收毕节威宁县的40名乡村干部在厦门校区就读;泉州农业学校招收67名毕节学生来闽就读。继续推动福建武夷山中华职校与武夷山监狱联合举办第二期温暖工程助学"电子技术应用"中专班,招收40名学员。联合福州社、侨兴轻工学校共同举办新农村带头人培训班,培训近200人。全省各级职教社系统共培训各类人员4.59万人次,资助贫困学生8900人,资助金额1423万元。

深化海内外联谊合作。邀请(台湾)民生文教基金会、台湾商业职业教育学会的专家学者11人,赴平潭综合实验区、福州市社会福利院等地参观、考察、座谈。组织福建省职业教育、终身教育学习考察团赴瑞典、丹麦,与有关专家、学者深入交流,并向省有关部门提交了进一步加强福建省职业教育和终身教育的意见建议。继续加强与其他省市社的交流,接待了青海省社和职业院校负责人来闽考察交流活动;组织对青海、西藏和甘肃职教社的考察学习。（程章浩）

【各群众团体负责人名单】 (以2012年12月底在职者为准)

省总工会

主　　席:张广敏
党组书记、副主席:路　平*
党组副书记、副主席:赵志伟
党组成员、副主席:彭群芳*
　江孝善
　高清平

团省委

书　记:何明华
副书记:宿利南　兰明尚　陈　涛

省妇联

党组书记、主席:刘群英*
党组副书记、副主席:马义英*
党组成员、副主席、纪检组长:王秋梅*
党组成员、副主席:包　方*
　陆　菁*

省文联

党组书记、书记处书记:张作兴
党组成员、书记处书记:杨少衡
　罗训诵
主　　席:张　帆
副 主 席:张作兴
　范碧云*
　杨少衡
　罗训诵
　宋闽旺
　张　宇
　陈奋武
　陈济谋
　郑怀兴
　章绍同
　舒　展
　舒　婷*
　曾静萍*

省科协

主　席:吴新涛
副主席:叶顺煌　柯少愚　赵榜生
　谢联辉　郑兰荪　洪茂椿
　谢华安　付贤智　王钦敏
　赖爱光　杜　建　陈元仲
　孙世刚　郑金贵　李建平
　陈绍军

省社科联

主　　席:唐国忠(兼)
党组成员、副主席:冯潮华(主持工作)
　谢孝荣
副主席(以下兼职):王碧秀　方彦富
　邓本元　李建平
　吴玉辉　吴世农
　张志南　陈俊杰
　陈笃彬　郑传芳
　蔡德奇　潘　征
　鞠维强
党组成员、秘书长:林兵武

省侨联

党组书记、主席:王亚君
党组成员、副主席:谢小建
党组成员、副主席:陈式海
党组成员、副主席兼秘书长:翁小杰

省台联

党组书记:蔡尔申
会　长:江尔雄
副会长:梁志强
　陈小凡(兼)
　叶劲光(兼)
　陈永东(兼)
　陈严辉(兼)
秘书长:张　岩

省残联

党组书记、理事长:陈　震

党组成员、副理事长：杨小波
王秀丽*

省贸促会

党组书记、会长：张　秋
党组成员、副会长：吴开文
党组成员、副会长：许媄俤

福建中华职业教育社

主　　任：郭振家
党组书记：李家荣
副 主 任：李家荣　李炳祥
刘　平*　陈　翔
高诚辉　欧宗金

注：*为女同志。

（名单由各群众团体提供）

人力资源管理

【公务员队伍建设】 公务员考录工作。2012年度全年全省计划录用公务员（含参公单位工作人员）6846名，共有242736人次报名，实际参加考试176666人。完成9家中央机关驻闽单位2012年招考公务员面试的指导和监督任务。坚持面向基层考录公务员到党政机关工作的政治导向，除少数特殊岗位外，全省设区的市以上机关招收具有两年以上基层工作经历人员的比例从2008年的60%提高到2012年的100%；认真落实高校毕业生服务基层项目的优惠政策，全年共设置专门职位153个，招考参加“三支一扶”等服务基层项目服务期满考核合格的毕业生170人。继续探索分类考试，为满足公安机关、安全机关等特殊用人需求，积极推进分类考录工作，针对公安部属院校毕业生，采用政法干警定向培养招考模式，共录用应届部属公安院校毕业生344名。全年受理考生报考资格申诉11724件，有5981位考生通过资格申诉获得报考机会，在线答复政策咨询以及受理考生修改报名信息等3100件；面试资格复审阶段坚持否定报备制度，受理设区的市公务员局和招录机关否定报备21件、71人，保留其中32位考生的面试资格。

行政机关竞争上岗和公开遴选工作。制定出台《福建省党政机关竞争上岗工作实施办法》，召开全省行政机关竞争上岗工作会议，研究拟制《福建省省级机关公务员遴选暂行办法》。全年共有19个省直机关提供了114个职位参加遴选，报名参考人数近3800人。

公务员考核管理工作。做好公务员年度考核工作，全面考核公务员的德、能、勤、绩、廉，重点考核工作实绩，严格按条件和标准确定公务员年度考核等次，全年完成省直行政机关（含省垂直管理单位、参照公务员法管理事业单位）工作人员年度考核37506人（不含省管干部），其中被评为优秀等次7137人、称职等次29423人、基本称职等次20人、不称职等次14人、不定等次879人。强化年度考核结果的使用，把公务员年度结果作为调整公务员职务、级别、工资以及公务员奖励、培训、辞退的依据。

公务员培训工作。全年举办47期省直行政机关公务员初任培训班，培训学员近5871人；举行省直行政机关新录用公务员宣誓仪式，共有262名新录用的公务员参加。举办县（处）级任职培训班30期，培训学员约2000人。在全省行政机关公务员队伍中开展行政强制法专项学习培训工作，参训人数超过117100人。落实国家公务员局对口培训计划，承办对口培训班3期，培训学员120人。以送教上门的形式，为西藏自治区举办社会管理专题培训班1期，培训学员50人。落实福建——西藏、福建——新疆、福建——宁夏对口工作协议，全年共举办8期对口培训班，培训355人。搭建闽港人才培训合作平台，拓展公务员境外培训，经省政府同意，“十二五”期间，实施公务员及专门人才赴港培训“5300”计划，按每年不少于300人次的规模组织安排赴港培训，培训时间为7天；会同省直有关厅局组织举办赴港专题研修班14期，约300人参加培训。推进福建古田公务员特色实践教育基地建设，开设特色专题课程，建立多个实践教学点，初步形成古田基地特色培训品牌，全年共举办各类培训班20余期，培训学员600余人。

【专业技术人员队伍建设】 高层次专业技术人才队伍建设。截至2012年底，全省在闽“两院”院士17人，“全国杰出专业技术人才”5人，国家有突出贡献中青年专家79人，百千万人才工程国家级人选64人、省级人选888人，享受国务院特殊津贴专家2390人、高技能人才27人，省优秀专家和优秀人才327人。建成博士后科研流动站72个（当年新增29个）、工作站70个，累计招收博士后1369人。确认首批海西产业人才高地及其领军人才39个（人），下拨高地领军人才首期补助资金1950万元。

人才评价工作。修订出台艺术、播音、统计等系列（专业）职务评价标准和高级工程师任职资格评审答辩考核办法。指导、组织卫生、农业、工程、经济、文化等系列（专业）高级职务任职资格评审并顺利完成有关评审工作，7249名专业技术人员取得高级资格。完成职称外语、二级建造师、卫生、计算机技术与软件专业技术资格（水平）考试等49项职业资格、职称考试任务，报考人数超过26万人。

中小学教师职称制度改革工作。稳妥推进中小学教师职称制度改革试点工作，研究拟订工作方案及职称评审办法等配套文件。确定福州、厦门、三明和省属中小学纳入改革试点，全面部署改革试点工作。

高校教师职务聘任制改革工作。会同省教育厅下发《关于印发〈福建省高校教师等专业技术职务聘任制实施办法（试行）〉的通知》，将教师等人员专业技术职务评审权下放给高校，实行评聘合一，由学校自主制定评审标准和条件，自主开展评审工作，以进一步支持本省高校加快发展。

在闽台籍专业技术人员二级建造师考核认定工作。会同省住房和城乡建设厅制定《在闽台湾地区二级建造师执业资格考核认定暂行办法》，对来闽从事建设工程项目总承包、施工管理工作的台湾地区专业人员开辟二级建造师考核认定渠道，全年35名台籍工程技术人员申报二级建造师考核认定。

【人才智力引进】 引进高端外国专家工作。福州大学等聘请的5名外国专家入选第一、第二批国家“外专千人计划”。推动诺贝尔化学奖得主莱恩教授与福建省重点行业龙头企业莆田市三棵树涂料股份有限公司以及厦门大学开展交流合作。获国家外专局批准立项的国家级高端外国专家项目、重点引智项目、软件与集成电路引智重点专项、东欧与独联体引智重点专项计划共12项，引进高端海外人才124名。

开展引智工作先行先试。建立“中国福州海西引智试验区”，这是国家外国专家局与地方政府和部门共建的第一个国家级引智试验区。试验区将重点开展三个方面引智试验：一是开展吸引高端外国专家来榕创新创业试验，构建海峡西岸高端外国专家的人才高地；二是开展海峡两岸人才交流与合作机制试验，先行先试海峡两岸人才交流与合作机制创新；三是开展海外人才聚集区试验，建设吸引海外人才回国(来华)发展的聚集区。

招聘引进外国人才工作。组织东南(福建)汽车工业有限公司等13家省内企业赴日本参加“福建—日本技术人才交流会”，推动促成招聘企业与38名高层次或实用型日本人才签约，首次成功尝试组团赴发达国家招聘引进外国人才。

引进创业创新人才工作。制定实施2012年度福建省年度紧缺急需人才引进指导目录，发布紧缺急需人才分布的重点产业或行业25个，主要涉及77个领域、192个岗位、1007个专业。首次开展留学人员来闽创业启动支持项目评选，共有16个创业项目入选，资助金额达410万元。组织开展留学人员科技活动择优资助项目申报、筛选工作，共有6个项目通过人社部评审获资助25万元。开展首届优秀留学回国人员和留学人员工作先进单位、先进个人评选，共有10个单位、43名个人受到表彰。定期面向高新技术企业、高校、科研单位等征集高层次人才岗位需求信息，并通过海外引进人才联络站、福建引进人才网、大型人才交流会等平台进行广泛发布。全年共征集到1121个岗位需求、需求人数1849人(其中海外需求人数1235人)，涵盖电子信息、装备制造、生物医药、新材料、现代服务业等产业和学科领域。组织举办2012年中国·福建海外人才创业周活动，邀请150名海外人才来闽洽谈对接，促成人才项目合作意向303项。

【毕业生就业与军队转业干部安置】 毕业生就业工作。2012年福建省省内普通高校和省外高校福建生源毕业生23.6万人，截至2012年底，全省非师范类高校毕业生就业率为92.7%，比上年提高1.1个百分点，其中：毕业研究生就业率为79.5%，本科毕业生就业率为91.5%，专科(高职)毕业生就业率为95.1%。统筹实施“三支一扶”计划、选调生计划、大学生村官计划、志愿服务欠发达地区计划和服务社区计划等项目，招募3662名毕业生服务基层和欠发达地区；进一步落实服务基层就业优惠政策，分别安排168个公务员和118个事业单位专门职位面向服务基层毕业生定向招考。全年全省已落实就业的高校毕业生中，面向基层和生产一线就业的达82.2%。

高校毕业生自主创业工作。“支持创业促进就业”列入省委、省政府为民办实事项目，省级财政安排1700万元，用于扶持50个高校毕业生创业项目；开展1万名大学生创业培训；支持三明、南平、宁德市建立大学生创业孵化基地；举办海峡两岸大学生就业创业洽谈会，共有60个创业项目参展，其中台湾项目10个。

军转安置工作。全年共安置军转干部1304名，其中：计划安置1164名(师职14名、团职418名、营职以下495名、专业技术237名)，自主择业140名。加强安置分配办法的探索创新，出台功绩量化评分、竞争上岗、双向选择、考试考核等加强军转干部安置的政策措施，“阳光安置”的办法逐步形成体系并不断改进完善、推广；采取制定安置时间节点路线图、军地联合办公、强化督查、定期通报安置进度等措施，推动安置任务的完成。

【工资福利与退(离)休工作】 收入分配制度改革。按照“规范秩序、缩小差距”的目标要求和“分类指导、统筹兼顾、适度增长”的原则，进一步完善公务员津贴补贴规范工作。研究制定市、县(区)分类分档调控的指导意见，建立公务员津补贴“三类五档”标准体系，将除厦门以外的8个设区的市市直分为3个类区，相邻类区之间津补贴差距控制在10%左右，同类区实行相同的职级标准；将县(市、区)津贴补贴水平分为5个档次，相应制定5套职级标准，每档水平之间保持10%的差距，同档次的县(市、区)执行相同的职级标准。帮助津贴补贴水平较低的19个县(市、区)统一提高至2.4万元，帮助南平市直机关提高至3万元。截至2012年底，全省除厦门市以外的8个设区的市市直机关年人均津贴补贴水平从规范前的1.8∶1缩小到的1.23∶1；津贴补贴水平最高的5个县与最低的5个县津贴补贴平均水平的差距从规范前的9.2倍缩小到1.86倍。按照“托底控高、分类指导、突出重点、加快进度”的原则，稳步推进事业单位绩效工资制度改革，机关与事业、在职与离退休及不同区域人员收入差距进一步缩小，工资收入适度增长。提高省属事业单位绩效工资水平和财力补助的调控线，加强对省属事业单位实施绩效工资的指导宣传，解释有关政策，认真核定绩效工资总量，指导并推进省直各主管部门做好其直属事业单位绩效工资实施方案的制定和实施工作。

退离休干部管理服务工作。组织离退休专业技术人才项目成果参加第十届中国·海峡项目成果交易会，共征集项目成果51项，现场对接签约的项目3个，20多家企业对参展项目有初步的合作意向。组织退休老专家开展“文化、科技、卫生”三下乡活动和“银龄行动”，赴经济欠发达地区送医送药开展义诊、举办实用技术讲座，开展智力帮扶。对“福建银色人才网”进行改版优化设计，增设项目成果、风采展示专区，储备离退休中、高级专业技术人才和项目成果，及时更新网站信息并答复退休干部的网络咨询，疏通网站诉求渠道，为用人单位、离退休专业技术人才和各地退管部门搭建沟通交流的平台。与省妇联、省委老干部局联合开展福建省居家养老服务信息平台有关服务试点工作，已有3500多位老同志申请加入平台。推进与福州市人民政府共建项目之——退休干部养老公寓建设,探索建立退休干部养老新机制。承担国家人社部工资司委托的"大陆与台湾公职务人员退休制度比较研究"课题,举办"海峡两岸公职人员工资、退休制度比较研究课题座谈会",邀请海峡两岸有关方面的专家教授共同交流。

【事业单位人事制度改革】 事业单位岗位设置管理工作。全省已完成事业单位岗位设置的单位数2.3万个、岗位数67.2万个,分别占单位总数的92%和岗位总数的95%。全面推行岗位聘用工作,全省推行聘用制度的事业单位占总数的96%,已签定聘用合同的人员数占总数的95%。协同推进事业单位分类制度改革、医疗卫生体制综合改革和文化体制改革,研究拟定深化事业单位人事制度改革实施意见,牵头做好深化医药卫生事业单位人事制度改革;探索建立不同类型事业单位岗位结构比例动态管理机制,优化中小学及高校教师岗位结构比例,并向农村倾斜;对引进的国家"千人计划"、省"百人计划"人选,鼓励直接聘任特设岗位。

事业单位公开招聘工作。组织开展2012年春季、秋季省属事业单位等统一笔试工作,实际招聘901人,有28008人通过资格审核参加考试。全年共审核发布近300个省直、中直事业单位公开招聘方案,招聘人数3120人;全省事业单位公开招聘2.3万人。落实取得大陆高校学历台湾学生到事业单位工作政策,共办理3名台生到事业单位工作,为引进的12名台湾高层次人才办理身份认定并落实相关待遇。制定实施2012年地勘测绘、医疗卫生、气象、高校和中职学校等急需紧缺专业人才专项招聘政策和补充计划,组织开展专项招聘活动。会同省卫生部门组织实施2012年特岗执业医师公开招聘和乡镇卫生院公开招聘临床医师等,出台支持乡镇卫生院公开招聘医疗卫生专业技术人员优惠政策措施。会同省教育部门组织实施2012年全省中小学幼儿园公开招聘新任教师,报考人数3万余人,实际招聘4561人;出台支持高校自主公开招聘人员政策措施;落实引导鼓励高校毕业生面向基层就业优惠政策,在省属事业单位统考中安排59个专门岗位面向服务基层项目毕业生招考,并对参加非专门岗位考试予以笔试加分。

人事争议仲裁工作。组织召开人事案例分析会,交流工作经验,提高人事争议仲裁处理水平。加强与西藏林芝地区的人事争议仲裁帮扶工作,赠送了有关仲裁庭办公设备,并派员进藏举办的培训班。 (黄 玲)

基层组织建设

【村民自治】 完成第十一届村委会换届选举工作。截至2012年底,全省应换届行政村14406个,全部完成换届任务。新当选村委会成员中,党员占58.4%;平均年龄41.6岁,其中35岁以下的占19.2%;经济能人担任村委会主任的9547名,占66.3%;村委会主任大专以上文化程度的1839名,大学生村官进入村委会的325名。加强领导,成立村级组织换届选举工作领导小组和工作机构;建立换届选举工作"一把手"责任制,县(市、区)党委书记履行第一责任人职责,乡镇(街道)党委书记履行直接责任人职责;建立领导挂钩指导、会议协调、情况通报、调研督查等制度;全省派出换届选举工作指导组15959个,有234名厅级干部、2669名处级干部、15758名科级干部挂钩指导换届工作,每个村至少有1名科级以上干部抓换届工作。准备充分,编写《福建省村(居)民委员会选举工作指南》;会同省委组织部在福州市马尾区长柄村开展选举试点,在学习借鉴试点经验的基础上,确定533个村进行试点;全省共举办换届选举工作培训班3700多期,培训业务骨干15万人次。突出重点,对10112个村进行摸底排查,对排查出的1347个选举"难点村"进行分类整顿,帮助化解矛盾;省委组织部、省民政厅先后2次组成督查组,对一些未完成换届的"难点村"进行专项督查。严肃纪律,明确提出"十严禁""五带头"。省委组织部建立了违反换届纪律举报查核专办制度;省民政厅在"福建民政网"开设"厅长信箱",解答换届选举中有关热点难点问题。做好后续工作,及时指导督促村委会对印章、财务、资产、档案等进行平稳、安全、妥善地移交;采取远程教育、专题辅导、参观考察、举办培训班等方式,组织新当选的村委会干部教育培训活动,全省共举办培训班2767期,培训村干部37755人。

开展民主法制示范村创建活动。按照村级组织健全有力、法制教育扎实有效、民主制度规范完备、经济社会和谐发展的要求,在全省广泛开展创建民主法制示范村活动。长乐市航城街道洋屿村等13个村被司法部、民政部联合授予第五批"全国民主法治示范村"称号;福州市仓山区盖山镇首山村等208个村被省司法厅、民政厅联合授予第三批"省级民主法治示范村"称号。

深化民主决策、民主管理和民主监督工作。进一步完善农村基层群众自治机制,促进农村基层党风廉政建设,加强和创新农村基层社会管理,维护农村社会和谐稳定。全省85%的村开展村务决策民主听证制度,所有村都建立了村民会议和村民代表会议制度,70%的村委会实行户代表会议制度;所有村委会建立村务监督委员会,设立村务公开栏;所有村都制定了村民自治章程和村规民约,有的村还积极引入网络、触摸屏等现代化技术。

(刘明瑞)

【社区建设】 社区建设工作继续稳步推进。福州市"135"社区党建工作模式受到中央领导的充分肯定,批示在全国推广;全国社区建设经验交流会在福州市召开;社区信息化平台建设基本实现全省覆盖;厦门市海沧区被确立为"全国社区管理和服务创新实验区";晋江市被命名为"全国农村社区建设实验全覆盖示范单位"。

"135"社区党建工作模式在全国推广。福州市鼓楼区军门社区在实现社区党建工作网络覆盖的基础上,围绕社区党组织"三有一化"要求,加强社区党委自身建设,促进辖区内党建资源整合,于2010年率先提出"135"

党建工作模式思路，推动“五在社区”（美在社区、安在社区、乐在社区、爱在社区、和在社区）创建活动取得良好效果。2012年，《福州全面推广“135”社区党建工作模式着力提升城市社区党建工作科学化水平》（《福建信息》第617期）得到中央领导和省委领导批示，在全国社区建设经验交流会上作经验介绍。

社区信息化平台全面覆盖。截至2012年底，全省社区信息化平台建设完成，所有社区开通网站，发布信息47.2万条，网站访问量达6413万人次；平台录入社区居民基础数据和民政、计生、党建、就业、综治等信息数据832万人（占社区常住人口91%）；所有社区开通社区总机，发布各类公告、短信280万条；开通社区服务热线1706条，连接分机1.8万个；建成社区全球眼平安监控4120路；社区平安联防、社区老人儿童关爱手机、社区翼机通考勤系统等应用推广。全省各社区已基本完成信息化建设，建成1个社区信息化云平台，开通1个社区服务网站，开设1条便民服务热线，建立1套社区电子档案，构建1个动态信息更新机制，配备1名专职信息员，指派1名社区技术员，在每个社区推广三项及以上信息化应用项目，实现“人在格中，事在网办”，创新了社会管理模式。

社区队伍建设上台阶。全省招募300名高校毕业生到社区服务。第八届社区居委会换届选举工作完成，选举产生1.2万名居委会成员，其中大专以上4729人，占40%，比上届增加3个百分点；平均年龄40.7岁，30岁以下占15.7%，比上届增加1个百分点；全体选民直接选举和户代表选举方式的社区分别占总数的27.3%和24.1%。街道社区创先争优活动深入开展，福州市军门社区党委书记、居委会主任林丹当选为党的十八大代表；三明市圳尾社区党总支等3个社区党组织获得“全国创先争优先进基层党组织”荣誉称号；福州市后县社区党委等14个街道社区党组织获得“全省创先争优先进基层党组织”荣誉称号；福州市开元社区党委书记、居委会主任郑巧汀等14名个人获得“全省创先争优优秀共产党员”荣誉称号。全省有562名优秀社区干部被选（聘）为机关事业单位领导干部，福州市公开选聘事业编制社区党组织书记111名。

（林　振）

【民间组织】 截至2012年底，全省经民政部门登记的社会组织共18603个，比上年增长9.5%，其中：省级1453个，市级3780个，县级13370个。按社会组织的类型分，社会团体12298个，民办非企业单位6168个，基金会137个，其中公募基金会21个、非公募基金会116个，净资产总额约19.9亿元。

社会组织登记管理。打破行业协会一业一会的限制，引入行业协会竞争机制，允许行业协会一业多会；允许按照国民经济行业分类的小类标准设立行业协会；允许行业协会吸纳外省在本地的同业经济组织为会员单位。实行城乡基层社会组织登记备案双轨制。批准成立全国第一家以“海峡”冠名的跨行政区域的社会团体——海峡动漫影视创意产业发展促进会；对台湾同胞在福建省举办民办非企业单位实行试点登记。建立涉台社会组织备案制度，对台湾经贸社团在厦门市设立代表机构实行试点备案管理。社会组织评估工作正式列入设区的市党政领导综治工作考评内容，截至2012年底，全省7045家社会组织参加评估工作，参评率为43%。加快标准化信息化建设，制定出台《福建省学术类社会团体评估技术规范》；“福建省社会组织登记与年检业务数字化管理系统”建设项目通过用户测试和项目验收；完善“福建民间组织信息网”，打造全省范围内的社会组织监督管理、信息发布、经验交流的数字化平台。

社会组织党建工作。实行“一报双检三推”制度：“一报”，就是对筹备成立社会团体，要求上报筹备成立党组织的情况；“双检”，就是在年检工作中，既检查社会组织工作情况、财务状况等基本情况，又检查党组织建设情况；“三推”，就是进一步推动条件成熟的社会组织成立党组织，推动已建立的党组织发挥作用，推动社会组织党建工作实现全覆盖。建立健全社会组织党组织建设信息报送、反馈制度，形成省、市、县、乡民政工作部门信息网络体系。全省社会组织党员10980人，建立党组织793个。建立党的工作联络组1300多个，由各业务主管单位派出指导员（联络员）2193人，分别联系指导16023个社会组织，党的工作覆盖面达到91%。

（江　泽）

编辑：林　密

法　治

地方立法

【福建省人大立法】 2012年，省人大及其常委会共制定和修改了27项法规；审查和批准福州、厦门2个较大的市法规11项。

地方立法。在制定促进革命老区发展、修订消防条例等事关民生的立法过程中，注重解决涉及群众切身利益的热点难点问题，强化各级政府在保障民生中的责任，妥善处理各种利益关系，维护社会和谐稳定。在制定学校安全管理条例过程中，注重加强学校安全管理，保护学生合法权益，维护教育教学秩序，预防与妥善处理学校安全事故。在制定茶产业发展条例过程中，加强对茶产业的引导、扶持，统筹兼顾茶产业发展与水土保持、环境保护三者的关系，促进茶产业健康可持续发展。在制定节约能源条例的过程中，坚持政府引导、市场运作、科技推动和社会参与，推动全社会节约能源，提高能源利用效率。在修订科学技术进步条例过程中，突出企业在技术创新中的主体地位，支持科技成果转化和自主创新能力提升，发挥科技在转方式、调结构中的支撑引领作用。鼓励闽台科技合作先行先试，从制度层面助推福建省向科技强省转变。

科学立法。积极拓展公众参与立法的方式和途径，注重发挥人大代表在立法中的作用。确定立法项目和提请审议的法规草案，都通过人大网站等媒体向社会公开征求意见。对立法过程中的焦点、难点问题，注重通过专题调研、调查问卷、论证、听证等多种形式广泛听取意见。将邮政条例、消防条例等重要法规草案向社会公开征求意见，在修改邮政条例草案时，充分听取村委会和村邮站的意见，掌握第一手资料；在修订消防条例时，邀请人大代表深入实地考察，广泛听取消防人员、群众的意见，推进民主立法。完成对实施《中华人民共和国村民委员会组织法》办法、村民委员会选举办法的修订工作。坚持开门立法，重视调研，召开论证会，开展行政强制清规工作，保障国家行政强制法在福建省的正确有效实施，维护国家法制统一。

立法审查。根据立法法和福建省立法条例的要求，坚持合法性审查原则，认真做好较大的市法规报批的合法性审查工作。完善报批审查工作机制，在较大的市法规报批前后，分别召开相关的论证会，并使之制度化、常态化；加强与两市人大法制工作机构的沟通协调，对两市拟报批的法规进行研究，提出意见和建议；召开较大的市法规报批审查工作座谈会，研究总结报批工作经验。　　（郑志伟）

【厦门市人大立法】 2012年，厦门市人大常委会审议通过6部法规，其中新制定法规4部、修订2部。

社会经济文化立法。审议通过《厦门经济特区中小企业促进条例》，通过立法总结、提升和创新厦门市促进中小企业发展优惠政策。修订《厦门经济特区城市管理相对集中行使行政处罚权规定》，将乡村规划和土地管理方面的行政处罚权纳入法规调整范围，为城市管理行政执法部门加大查处违法建设力度、提升执法效率提供了法律依据。审议通过了《厦门市城乡规划条例》，将法规调整范围扩大到城镇、乡村，明确规划制定修改权限、条件和程序，建立了城乡规划实施情况评估制度，对特色风貌建筑保护、农村建房的审批及核验等作出明确规定。审议通过《厦门经济特区鼓浪屿文化遗产保护条例》，明确核心区、缓冲区范围，并对这些区域新建和扩建建筑物、构筑物在实体和程序上作出严格规定，为鼓浪屿申遗、保护和利用提供了法制保障。制定文化市场管理条例，对文化市场管理、经营活动等进行规范。

科学立法。在程序方面确保所有立法活动都能够符合立法法以及相关法律法规的规定，在法规内容方面，处理好创新与合法的关系。通过座谈会、论证会、公布法规草案等多种方式方法，不断扩大公民、法人和社会组织对立法工作的有序参与。采取邀请常委会委员参加征求意见会、座谈会、专题报告、重点说明等方式，让常委会委员充分了解立法背景和有关情况，帮助常委会委员深度参与立法，为提升立法质量奠定基础。　　（马秀娟）

政府法制

【依法行政】 2012年，福建省各级各部门认真贯彻落实国务院《全面推进依法行政实施纲要》、《关于加强市县政府依法行政的决定》和《关于加强法治政府建设的意见》，围绕福建发展和海西建设大局，全面推进依法行政，加快建设法治政府。制定下发《关于进一步加强领导干部学法用法工作的实施意见》。全年各级各部门共举办各类法制讲座938次，举办各类依法行政业务培训班165期。指导9个依法行政示范县（市、区）发挥典型示范作用，推广依法行政示范创建经验。推荐申报13个全国第五批民主法治示范村和208个省级民主法治示范村。

【政府立法】 认真实施《2012年省政

府立法计划》，全年提请省人大常委会审议地方性法规草案6项，出台省政府规章5项。制定《福建省森林防火条例》、《福建省食品生产加工小作坊监督管理办法》、《福建省实施〈农村五保供养工作条例〉办法》。出台《福建省市场中介组织管理办法》，加强市场中介组织及其执业人员的监督举措；出台《福建省信息系统工程建设市场监督管理办法》，具体规定投诉、举报违法人员措施和责任追究；制定《福建省公共机构节能管理办法》，规定任何组织或者个人都有权举报公共机构浪费能源的行为，强化对滥用职权、失职渎职等违法行为的责任追究。完成《平潭综合实验区条例》立法课题，理顺和明晰相关律关系，为两岸合作开发和相关制度出台奠定基础。省政府提请省人大审议通过《关于调整省政府规章罚款限额的议案》，将政府规章涉及公共安全、人身财产安全、生态环境保护、有限自然资源开发利用方面的最高罚款限额从3万元提高至20万元。

【规范性文件备案和审查】　全年省政府备案审查各设区市、平潭综合实验区和省直部门出台的规范性文件538件，对省政府及省政府办公厅出台的91件规范性文件，进行合法性审查。按照国务院法制办部署，圆满完成1979以来省政府及省政府办公厅规范性文件的清理工作，796件废止或者宣布失效，628件继续有效（含适时修改）。清理全省现行招标投标规范性文件，废止80件，修改129件。组织召开全省行政机关规范性文件制度建设交流研讨会。

【政府信息公开】　各级行政机关通过政府网站、政府公报、新闻发布等方式，主动公开各类政府信息共25.06万条，受理社会公众政府信息公开申请2002件，均依法依规答复。健全政府信息公开配套制度，研究制定《福建省政府信息公开办法》。组织召开全省政府信息公开工作电视电话会议，重点推动财政预算决算、“三公”经费、保障性住房、食品安全、征地拆迁等8个重点领域信息公开工作。

【行政复议】　全省共办理行政复议申请4889件，办理行政应诉案件1841件，承办行政裁决答复10件，其中省政府本级办理行政复议案件申请1717件。筹备成立省政府复议委员会，研究确定委员人员、委员会章程、工作规则、委员守则。继厦门市和南靖县之后，新增连江等8个县级政府为试点单位。制定《福建省行政复议工作规范化建设实施方案》，全面规范行政复议受理、审理、决定、监督等工作。

【贯彻行政强制法】　重视行政强制法实施工作，开展学习宣传培训活动，共举办各类学习、培训、讲座780余次。全面开展涉及行政强制相关规定的清理工作，修改和废止一批违背行政强制法规定的法规、规章和规范性文件。清理行政强制法实施主体，审核公布第一批18家省级行政强制实施主体及其职权，审核公布交通综合行政执法总队行政执法主体资格及541项职权。　（黄力为）

审　判

【概述】　2012年，全省法院共受理各类案件569589件、办结557036件，比上年分别上升15.7%和17.1%，其中省法院受理5257件，办结5021件。全省法院诉前调解各类纠纷41796件。

【审判工作】　刑事审判。全省法院审结刑事案件48799件，其中：审结黑恶势力犯罪、严重暴力犯罪、多发性侵财犯罪等危害社会治安犯罪案件43386件；审结破坏市场经济秩序犯罪案件4171件；审结贪污贿赂、渎职侵权等职务犯罪案件1242件；判决挽回直接经济损失2.65亿元。顺利审结了赖昌星特大走私、行贿犯罪案。严格执行宽严相济刑事政策，判处罪犯55780人，其中判处5年以上有期徒刑直至死刑7732人，适用缓刑、管制等非监禁刑17560人。

民商事审判。全省法院审结民商事案件335484件，标的总额528.04亿元。审结合同纠纷案件208469件，审结权属、侵权及其他民事案件86422件，审结婚姻家庭、继承案件40593件。

行政审判。全省法院审结行政案件3825件，推动行政首长出庭应诉工作，健全司法与行政良性互动机制，依法监督和支持行政机关依法行政。办结行政非诉案件12239件。审结国家赔偿案件32件，决定赔偿89.60万元。

案件执行。全省法院执结各类案件127197件，标的总额303.74亿元，执结率97.6%，执行案件当事人和解及自动履行率达68.3%。推广执行款信息管理系统，加快执行指挥中心系统建设，建立对被执行人曝光、限制高

中国政法大学卞建林教授给省直政法部门作修改后刑事诉讼法辅导报告。

（省政法委供稿）

消费、限制出境等立体执行威慑网络，完善执行联动威慑机制。

【服务保障】 妥善审理涉及公司、证券、保险、票据等纠纷案件7259件。开展涉及小微企业、民间借贷、担保公司等案件专题调研，审结因资金链断裂引发企业债务、破产等涉企案件33719件。推进知识产权刑事、民事、行政“三审合一”试点，审结专利权、商标权、著作权等知识产权案件3342件。审结涉外涉港澳和海事海商案件6062件。审结涉生态资源案件2464件，发出补植令、监管令127份，补种林木576.65公顷。

涉台审判。审结涉台案件4707件，办理涉台司法互助2884件。48个基层法院成立涉台审判庭或合议庭，成立了全国首个涉台海事审判法庭、首个涉台法庭，创新涉台案件“绿色通道”、派出法庭、集中管辖、异地办案等机制。首次入台举办第四届海峡两岸司法实务研讨会。

平安建设。落实平安综治举措，积极参与打黑除恶、扫黄打非、禁毒、“清网”等专项斗争。开展法院领导干部定点接访、重点约访、专题接访、领导包案等活动，就地化解矛盾纠纷。开展集中涉诉信访“清积月”活动，化解涉诉信访积案800件，化解率100%。建立完善源头治理流程图、理诉疏访、风险评估、约期接谈等长效机制，处理来信来访30460件（人）次，下降16.0%。

社会管理。提出保障社会管理创新20个建设项目，出台实施风险评估、社区矫正等23项规范性文件。创新少年审判，探索轻罪记录封存、附条件缓刑等机制。参与社区矫正工作，依法办理减刑假释案件26362件。

【司法为民】 审判质效。审查申请再审案件1600件，审结各类二审、再审案件26568件。建立超审限案件预警防控机制，开展庭审和裁判文书“两评查”，全省法院法官人均结案数上升23.7%；法定审限内结案率98.4%；一审服判息诉率93.0%；经二审后，服判息诉率达99.3%。

民生保障。妥善审理各类民生案件，审结房地产纠纷案件13251件，劳动争议案件9445件，医疗损害赔偿纠纷案件540件，危害食品药品安全犯罪案件111件，道路交通事故损害赔偿纠纷案件47732件，以危险驾驶罪追究5304名被告人刑事责任。设立维护妇女儿童合法权益合议庭93个，强化对人民群众的权益保障。

司法便民。深化诉讼服务中心、“12368”案件信息服务平台等建设，推广道路交通事故多元调解模式，创新“车载法庭”“渔排法庭”“田间法庭”等，开展快速立案、巡回审判、网上立案、驻点服务，加强诉讼指导、风险提示、庭前沟通、判后答疑和全程释明说理等措施，为当事人减缓免交诉讼费2006.65万元，向1049名刑事被害人、特困申请执行人和涉诉信访人发放司法救助款2065.71万元。建立健全挂钩联系、党建结对、困难帮扶等多项群众工作机制，带案下访10413次，走访人大代表、政协委员及基层干部群众等4万余名。与居委会、村委会和企事业等基层单位协同共建“无讼”创建点671个，派驻法官1694人，推进“化讼”“少讼”“无讼”。

司法调解。全省法院一审民商事案件调解、撤诉率达69.9%。创新调解联动中心等模式，设立交通事故、医患纠纷、驻外商会调解工作站（室），在推进落实与省军区政治部、公安、林业、劳动和社会保障、工会、共青团、妇联、侨联等部门和组织的衔接互动7个意见的基础上，继续分别与省政府台办和保险行业联合出台建立涉台纠纷、保险合同纠纷诉调衔接工作机制的意见，推动完善大调解体系。

司法改革。推进量刑规范化、远程视频开庭提讯；推进民事小额速裁试点，通过设立速裁庭（组）或合议庭、诉调对接中心等，快速化解简单小额民事纠纷案件21577件；探索加强刑事和行政案件简易审判工作，推进执行联动机制、司法拍卖机制等建设。

司法公开。加强典型案件庭审直播、裁判文书上网等工作，邀请13000余名各界群众参加法院公众开放日活动300余场，召开新闻发布会70余场。落实人民陪审员制度，人民陪审员参审案件74162件，陪审率82.4%，上升23.76个百分点。

【福建省高级人民法院院长、副院长名单】（以2012年底在职者为准）

院　长：马新岚*

副院长：郑　伟　何　鸣　林卫里　周瑞春　王成全　夏先鹏　谢开红

注：*为女同志。

（王伟文　名单由省委组织部提供）

检　察

【审查逮捕】 2012年，全省检察机关共批准逮捕走私、金融诈骗、非法经营等破坏市场经济秩序犯罪嫌疑人2441人，提起公诉5438人。持续深化商业贿赂、工程建设领域突出问题专项治理，开展“预防职务犯罪、保障投资安全”等专项工作，保障国家投资安全。参与水土流失治理和林区综合治理工作，严厉打击盗伐滥伐、非法占用林地和非法采矿等破坏生态环境刑事犯罪，加强生态资源司法保护，共批准逮捕该类犯罪案件336件556人，提起公诉1137件2049人。加强对涉及民生问题的法律监督，参与打击侵犯知识产权和制售假冒伪劣商品、“打四黑除四害”专项行动，依法严厉打击“地沟油”、“瘦肉精”等违法犯罪，批准逮捕制售伪劣食品药品、化肥农药等犯罪嫌疑人356人，提起公诉760人。全年共批准逮捕各类刑事犯罪嫌疑人36586人，提起公诉60566人。继续推进打黑除恶专项斗争，配合有关部门集中开展打击淫秽色情网站、网络赌博、拐卖妇女儿童等专项行动，对重大案件适时介入侦查、引导取证。批准逮捕严重暴力犯罪嫌疑人8532人，提起公诉12708人；批准逮捕“两抢一盗”等多发性侵财犯罪嫌疑人13647人，提起公诉15749人。贯彻宽严相济刑事政策，完善逮捕必要性审查制度，探索非羁押诉讼、附条件不起诉等办案方式，决定不批准逮捕3108人，不起诉2098人。集中清理涉检信访积案，共排查重点涉检信访案件109件。

【职务犯罪】 全年共立案侦查贪污贿赂、渎职侵权等职务犯罪案件993件1386人;查办大案624件,其中百万元以上案件53件;查办县处级以上干部41人,其中厅级干部3人,通过办案为国家和集体挽回经济损失1.05亿元。依法立案查办行贿犯罪嫌疑人118人。加大追逃力度,抓获和敦促35名在逃职务犯罪嫌疑人归案。依法同步介入重大事故调查177起,从中立案侦查严重渎职失职造成国家和人民利益重大损失的国家机关工作人员25人。立案侦查涉嫌贪赃枉法、徇私舞弊犯罪的行政执法和司法人员403人。推进重点行业和领域职务犯罪预防,提出检察建议1690件。加快警示教育基地建设,开展警示教育6424场次。完善行贿犯罪档案查询系统,提供查询27341批次。

【法律监督】 加强侦查活动监督,对应当立案而不立案的,监督侦查机关立案731件;对不应当立案而立案的,监督侦查机关撤案654件。对应当逮捕而未提请逮捕、应当起诉而未移送起诉的,依法纠正漏捕1368人、纠正漏诉1065人;对侦查活动中的违法情况提出纠正意见1171件次。完善检察长列席审判委员会制度,实行职务犯罪案件一审判决上下两级检察院同步审查制度。对刑事审判活动中的违法情况提出纠正意见419件次,提出刑事抗诉178件。提出民事行政抗诉99件,发出再审检察建议101件。对监狱、看守所、劳教所等部门刑罚执行和监管活动开展巡视检察试点工作,对刑罚执行和监管活动中违法情况提出纠正意见446件。加强对减刑、假释、保外就医检察监督,纠正减刑、假释、保外就医执行不当98件。

【内部监督】 严格执行讯问职务犯罪嫌疑人实行全程同步录音录像、逮捕职务犯罪嫌疑人报上一级检察院审查决定,直接受理侦查案件作撤案、不起诉决定报上一级检察院批准的制度。省市两级检察院决定逮捕职务犯罪嫌疑人580人,决定不逮捕23人。立案审查刑事赔偿案件14件,决定赔偿9件。全面推行人民监督员制度,监督职务犯罪案件"七种情形"146件161人。全面推进案件集中管理,与人民监督员制度、检务督察机制相互衔接、互为补充。全省三级检察机关全部成立案件管理机构,配备案管人员,明确案管职能,发挥办案期限预警、办案程序监控、涉案款物监管和办案质量评查等作用。推行案件集中管理以来,全省检察机关案管部门共发出预警、催办通知11941件次,开展办案质量评查7448件次。

【福建省人民检察院检察长、副检察长名单】 (以2012年底在职者为准)

检 察 长:倪英达

副检察长:何小敏 顾卫兵 林贻影 李明蓉* 王乃坚 吴超英 邬勇雷

注:*为女同志。

(陈国枝 名单由省委组织部提供)

公 安

【概况】 截至2012年底,全省共有设区市公安局9个,并成立平潭综合实验区公安局,履行设区市公安机关职责;县(市、区)公安局(分局)84个,派出所1192个;总警力4万余人。

【刑事侦查】 2012年,全省公安机关共破获刑事案件115953起,抓获刑事作案成员72692名。加大打击境外华人帮会侵害福建省籍华侨犯罪力度,成功破获建瓯"1·6"特大纵火杀人案、部督"9·26"特大拐卖儿童案、"7·27"特大电信诈骗案等重大案件,赴阿根廷、安哥拉等国联合开展打击侵害中国公民权益犯罪专项行动。

【经济犯罪侦查】 全年共破获经济犯罪案件12575起,抓获犯罪嫌疑人18573名,挽回经济损失9亿元。发起打击经济犯罪"破案会战",期间破获经济犯罪案件8580起,组织发起全国性集群战役64起,综合战果位居全国前列。开展整治非法集资问题专项行动,共破获非法集资类案件109起,挽回经济损失4.72亿元,破获厦门"百姓返利网"、南平"万商返利网"等一批涉众型经济犯罪案件,涉案金额达46.7亿元。

【禁毒】 全年共破获毒品犯罪案件3912起,抓获毒品犯罪嫌疑人4466名,缴获各类毒品1450千克;查处吸毒人员16556人次,强制隔离戒毒2002人次。全省设立社区戒毒社区康复工作站270个,纳入戒毒康复吸毒人员2600余名;设立美沙酮替代治疗门诊点20个,入组吸毒人员8277名。开展毒品预防教育活动6482场次,发送禁毒公益短彩信1600余万条,受教育公众达3580余万人次。

【治安管理】 全年共查处治安案件488422起。全省流动人口、出租房屋登记数分别达1375.9万人、90.3万户,流动人口犯罪嫌疑人案前登记率达到89.5%。福建公安公众服务网开通全流程网上办事项目74项,受理申请13万件,办结率达99%。圆满完成"5·18"海交会、"6·18"海峡论坛、"9·8"投洽会等1349场、1936万多人次参与的大型活动安保任务。

【出入境管理】 全年共为外国人办理各类出入境证件、签证、居留许可53332人次;为台湾居民办理各类证件签注475180人次;审批公民因私出国(境)2253675人次,其中:批准公民出国424061人次,批准内地居民往来香港地区892834人次,批准内地居民往来澳门地区661668人次,批准大陆居民往来台湾地区275112人次。泉州市成为福建省继厦门、福州后第3个开展暂住人员赴台旅游试点城市。启动福州居民赴台湾本岛个人游,全年共有2万余人次申请赴台自由行。

【道路交通管理】 全年共查纠各类严重交通违法行为164.8万起。推动整改临水临崖隐患路段283处,增设中央隔离设施184.6公里;落实客运车辆凌晨2时至5时安全管理措施,实现客车凌晨零事故;率先在全国实行防御性驾驶技术培训,三明市高速交警"点对点"精细化管理服务做法在全国推广。首创网上处理道路交通违法行为和缴纳罚款信息平台,处理业务339万起。

【执法规范化建设】 建立健全网上执法办案工作制度,全面实现执法信息网上录入、执法流程网上管理、执法质量网上考评、执法活动网上监督。开展以接处警和交通执法为重点的执法突出问题专项整治活动,继续推进执法场所规范化改造,规范执法场所使用管理,办案中心和派出所“四区八室”完成率分别达94.2%和92.1%。组织开展全省执法资格等级考试,有12956名民警参加首次中级考试。

(罗 超)

司法行政

【概况】 截至2012年底,全省共有9个设区市及平潭综合实验区、84个县(市、区)司法局,1103个司法所,21个监狱单位,9个劳教(戒毒)所。全系统现有法律服务工作者49159人,其中执业律师6825人、公证员404名、司法鉴定人1287名、基层法律服务工作者2470人、法律援助联络员和志愿者18173人、首席和专职人民调解员近2万名。全省办理各类诉讼和非诉讼业务115358件,公证386520件,司法鉴定82433件,法律援助32429件。

【监狱工作】 全省监所实现“四无”安全目标,罪犯劳教(戒毒)人员遵纪守法率、改好率保持在90%以上。翔安监狱、洛江监狱、病犯监狱3所监狱新建项目得到司法部、省政府批准,监狱系统完成投资2.6亿元,竣工面积6.62万平方米,新增项目建设用地11.9公顷,劳教(戒毒)系统完成投资1553万元。完成向外省集中调犯3019人等任务。

【人民调解】 全省84个县市区全部建立县级人民调解中心,县镇村三级行政区域人民调解组织率先在全国实现全覆盖,成立省人民调解员协会。建立行业性、专业性调委会722个,累计调解纠纷12.7多万件,调解成功12.45万多件,调解成功率达97.8%。

【社区矫正和安置帮教】 社区矫正工作在乡镇(街道)实现全覆盖,累计接收社区服刑人员51231人,在矫27305人,重新犯罪率0.1%,低于全国0.2%的平均数;制定了社区矫正实施细则,22291人实施手机定位监控,定位监控率居全国第一;全省落实社区矫正经费6386万元,下拨省级补助经费702万元,明确2013年起每年按1100万元列入省级财政保障;9个设区市、82个县(市、区)司法局设立专门工作机构,配备专职社会工作者1676名。出台刑释解教人员衔接工作规定及分类帮教办法,开展监所风险评估,落实信息核查、必接必送、排查走访;出台刑释解教人员安置基地管理办法,依托企业建立安置基地(实体)220个,福州、三明、漳州、泉州过渡性安置基地建成使用;接收新回归社会刑释解教人员22132名,安置率96.9%,帮教率97.8%。

【普法工作】 分解立项“六五”普法规划目标任务,明确21项重点工作和55项目标要求,落实到60多个省直部门,确定38个省级普法依法治理联系点。深化“法律六进”主题活动,“每一进”都分别制定了10条具体工作标准,会同11个部门启动制作104集《成成学法律》福建省首部青少年法治动漫系列剧。闽侯县荆溪镇昙石村等13个村被评为全国第五批民主法治示范村。《福建省司法鉴定条例》、《福建省公证工作基本规定(修订)》等2个立法项目省政府已完成立法协调和专家论证。开展监狱劳教(戒毒)工作执法检查。

【廉政建设】 全系统开展任前廉政谈话952人次,述职述廉797人次。全年利用警示教育基地开展警示教育35620人次,开展专题教育活动209次,廉政文艺活动62次。建立健全巡视、审计、执法执纪检查等监督机制,分别对4个监所单位开展巡视、对11个监所单位开展经济责任审计,整改落实49类问题;开展网上行政审批电子监察47批次,办结率100%。

【司法考试】 全年全省共有13036人报名参加国家司法考试,2027人通过,并在全国率先实现国家司法考试报名全程网络化管理。

(丁晓东)

社会管理综合治理

【综治领导责任制】 省委书记、省长连续14年与设区市党政主要领导签订综治领导责任书。逐一分析点评各市区工作成效和主要问题,把压力和责任传导到设区市党政主要负责同志。市县乡党政主要领导层层签订综治责任书,健全党政主要领导、分管领导综治维稳实绩档案。改革完善综治考评办法,加强综治责任书任务的检查、督导和落实。建立群众安全感和社会治安满意率常态测评机制,对连续2次排名后10位的县(市、区)予以黄牌警告、限期整改。福州市建立县(市、区)、市直部门领导班子和领导干部社会管理工作考核评价机制,形成以群众测评为导向、以量化考评为手段、以严格奖惩为支撑的综合考评体系。全省群众认为党委政府重视综治维稳工作的比率达89.6%。

【矛盾纠纷排查调处】 全省共对1089项重大事项进行了风险评估。建成行业性调解委员会1271个、县级大调解平台75个、调解员队伍11.5万人。医院内部调解、第三方调解、医疗责任保险、社会救助、应急处置联动的“五位一体”医患纠纷多元调解机制普遍建立,实现多部门一体运作,医疗责任险和救助基金全覆盖,全省医患纠纷调解成功率达88.6%。全面推进县级道路交通纠纷多元调解中心建设,人民调解、行政调解、巡回法庭、法律援助、伤情鉴定、保险理赔等部门进驻中心开展“一站式”服务,县级道路交通事故社会救助基金全部建立。全省矛盾纠纷调解组织共调处矛盾纠纷12万多件,调处成功率达98%,群体性事件起数比降21.6%。

【基层防控】 90%以上的乡镇(街道)综治信访维稳中心达到规范化标准,在有条件的乡镇(街道)加挂社会服务

省委书记孙春兰、省长苏树林与各设区市和平潭综合实验区党政领导签订社会管理综合治理责任书。 （省政法委供稿）

管理中心牌子。全面推行网格化服务管理，以300—500户为标准划分网格基本单元，为每个网格配备管理员。把社区信息化建设列入为民办实事项目，2200个社区建成“海西智慧平台”，对接智慧城市建设，形成全面覆盖、高效灵敏的社会管理信息网络。统筹整合服务管理资源，有效履行信息综合、便民服务、党的建设、综治维稳、宣传教育等职责，提供精细化、全程化、信息化服务管理。按照县(市、区)50人、镇街15人的标准组建专职巡防队伍，全部纳入财政统一保障。全面组建维稳“三支队伍”，做到每个县(市、区)有100人的网络舆情引导员队伍，每个镇街有50人的维稳群众工作队，每个村居布建维稳信息员，并在所有建制村、自然村配备综治协管员和平安中心户长。

【专项工作】 流动人口服务。出台户籍管理制度改革办法和做好企业用工服务8条措施，实行流动人口随迁子女可在闽参加高考政策，开展流动人口信息社会化采集系统建设和出租房屋清理，建立流动人口“一站式”服务管理中心3533个，全省流动人口登记数达1376万人，流动人口违法犯罪案前登记率上升到89.5%。泉州市率先推行居住证制度，明确24项公共服务均等化措施。

特殊人群管理。出台《福建省刑释解教人员分类帮教办法》，开展“规范化管理年”活动，建立服刑人员基本信息核查、出狱出所必送必接等制度，全年共有15648名刑释解教人员实现无缝衔接，安置帮教率达96%以上，重新违法犯罪率0.3%。出台社区矫正经费管理办法，配备专职社会工作者1538名，研发推广社区矫正信息管理系统，福建省成为全国第5个信息系统覆盖到乡镇(街道)的省份，社区矫正人员重新犯罪率0.1%。开展肇事肇祸精神病人排查管控、现场处置、信息核查、救治救助等工作，按每人每年5000元标准落实省定救助基金。

预防青少年违法犯罪。成立由省政府分管领导任组长的加强和改进流浪未成年人救助保护工作领导小组，组织开展“接送流浪孩子回家”专项行动，设区市、县(市)级救助管理站实现全面覆盖。开展全省重点青少年群体排查摸底，对重点青少年群体落实教育帮扶措施，推广青少年事务社工试点工作。对834名未成年人实行轻罪记录封存。

学校治安综合治理。全面实施中小学幼儿园校车安全工程，列入省委、省政府为民办实事项目，省财政安排3100万元资金用于1238辆非专用校车更换补助。加强福州大学城周边整治，开展校园周边网吧专项稽查行动，强化校园及周边综治工作督导检查。

铁路护路。集中开展为期半年的龙厦铁路沿线治安稳定问题专项整治，开展创建“平安车站”创建活动，实现杜绝火灾爆炸和因治安问题而引发的群众性拦车断道事件，百公里铁路交通事故数、百公里铁路交通事故死亡人数较前3年平均数分别下降37.5%、17.0%。 （孙 韬）

编辑：林忠玉

军　警

福建省军区

【概况】 2012年，省军区在军区党委和福建省委的坚强领导下，牢牢把握稳中求进总基调，狠抓军事斗争准备和部队全面建设，圆满完成年度各项工作任务。

思想政治建设。突出抓好中国特色社会主义理论体系武装，严密组织团以上党委机关专题学习、课题调研和对策研讨，全面推开基层理论学习“三化”（学习经常化、解读通俗化、应用日常化）路子，学习宣传贯彻十八大精神形成声势、步步深入。扎实开展“赞颂科学发展成就、忠实履行历史使命”主题教育，组织纪念建军85周年和省军区成立80周年系列活动，召开观摩会探索规范建设路子，核心价值观培育不断拓展。开展主题教育先行做法被总政转发。及时跟踪掌握官兵思想动态，突出严守政治纪律和形势政策教育，广泛开展群众性谈心活动，确保了部队政治坚定、思想稳定。

战备训练。坚持全面系统按纲施训，广泛开展群众性练兵比武和训练标兵评选活动，部队训练基础进一步夯实。组织各类集训，加强集成训练，狠抓信息化建设运用，促进军事训练转变。严密组织战术考核、实弹战术演练和实兵检验性演习，加强非战争军事行动能力训练，部队遂行任务能力进一步增强。

国防动员和后备力量建设。组织开展各项改革和试点，后备力量编组质量有新的提高。严格按纲施训，加强现役军官、专武干部、民兵营（连）长和各类骨干训练，加强民兵应急分队针对性强化训练，遂行多样化军事任务能力不断提升。注重国防动员机构建设，组织全省国动委综合办主任集训，推开机制衔接工作。深化全民国防教育，落实党管武装制度，加强民兵预备役“八大员”（富民政策宣传员、应急处突战斗员、社情民意信息员、社会治安管理员、民主建设促进员、文明风尚传播员、创业致富领航员、矛盾纠纷调解员）队伍建设，军政军民关系更加密切。圆满完成新兵征集任务。

从严治军。广泛开展“学法规、训共同、练教学、抓规范、打基础”活动，加强小散远直单位正规化建设，部队秩序更加正规。突出防范重大安全问题，强化第一责任落实，扭住特殊敏感期、任务转换期和重大节日等关键节点，多次召开电视电话会议点评剖析问题，组织排查整治隐患苗头，不间断地开展督导检查，保持大抓安全的高压态势。

基础建设。以创先争优活动为抓手，对小散远直、多年未跨入先进的基层单位进行重点帮建，基层党组织功能进一步增强。召开座谈会专题研究官兵队伍建设，深化教育实践活动，严密组织各类干部骨干集训，一线带兵人队伍素质得到增强。按照“五度”（加大推进力度、增加内涵深度、提升育人精度、强化宣传力度、完善运行制度）要求深化“做阳光快乐军人”活动，促进官兵全面发展，经验做法作为全军工作典型被广泛宣传。积极为基层办实事解难题，官兵生活条件不断改善。

后勤装备。大力加强后勤保障能力建设，新型保障体系逐步健全。圆满完成全面建设现代后勤试点任务，经验做法被总部转发。积极推进后勤基础设施配套建设，认真组织后勤服务保障，持续深化管理改革，大力创建“五型”（战斗型、信息型、学习型、服务型、清廉型）后勤机关，全面建设水平不断提高。突出抓好指挥管理信息系统、维修支援系统等信息化建设和综合防潮整治，严密组织专业技术能手评比考核，持续加强海岛部分队维修攻关，积极探索编组运用和基于信息系统的网络化保障模式，体系保障能力有效提升。

党委班子建设。扎实开展“讲政治、顾大局、守纪律”学习教育，抓好经常性的集中学习和党性剖析，制定加强和改进作风建设规定。深入推进学习型党组织建设，继续办好“周六讲坛”，组织党委班子岗位练兵抽考，强化理论水平和指挥素养。注重加强民主集中制建设，逐级指导开好党委常委民主生活会，各级党委班子集体领导意识进一步增强。严格团以上干部教育管理和监督，推开党委班子经济责任审计，党风廉政建设不断推进。

【党委八届十七次至二十次全会】 1月3～4日，省军区党委召开八届十七次全体（扩大）会议，共150人参加；会议认真传达学习军委和军区党委扩大会议精神，分析2011年省军区部队建设形势，研究部署2012年工作任务，并观摩省军区争先创优和开展“做阳光快乐军人”活动剪影片，对基层建设先进单位和个人进行表彰。1月31日上午，省军区党委召开八届十八次全体（扩大）会议，共37人参加；会议推荐2名干部为出席党的十八大代表候选人初步人选考察对象，会议还讨论通过了《关于召开中国共产党福建省军区代表会议的决议（草案）》。4月12日，省军区党委召开八届十九次全体会议和党代表会议，选举产生了15名出席军区党代表会议代表。7月25～26日，省军区党委召开八届二十次全体（扩大）会议，共85人参加；会议认真学习贯彻军区党委书记座谈会精神，紧紧围绕国防和军队建设主题主线重大战略思想，深入分析上半年部队建设形势，研究部署下半年重点工作，讨论审议召开省军区第九次党代表大会事宜。

【第九次党代表大会】 8月27～29日，在省军区机关召开。大会认真回顾分析过去6年省军区部队建设基本形势，研究提出今后5年的奋斗目标和工作任务。大会严格按照《中国共产党章程》和《中国人民解放军政治工作条例》，听取、审查并通过省军区党委书记朱生岭代表省军区第八届党的委员会所作的工作报告和纪委书记曹伯如代表省军区党的纪律检查委员会所作的工作报告，选举产生省军区第九届党的委员会和新一届党的纪律检查委员会，省军区党委副书记汪庆广致闭幕词。29日上午，召开省军区党委九届一次全会和新一届纪委一次全会，分别选举产生省军区第九届党委常委、第一书记、书记、副书记和新一届纪委书记、副书记。

【设区市委武委会主任述职报告会】 1月31日，福建省委、省政府和省军区为深入贯彻全国民兵工作会议和军区国动委第14次会议精神，在省军区机关召开设区市委武委会主任述职报告会，省委武委会全体委员、各设区市市长、平潭综合实验区管委会主任、省国动委各办主任、军分区（警备区）和预备役师（旅）军政主官、省军区机关领导共128人参加。会议由福建省委副书记陈文清主持，副省长陈荣凯宣读全省国防动员工作先进单位和先进个人表彰通报，9位市长、1位主任进行工作述职，省军区司令员汪庆广就各设区市市长和平潭综合试验区管委会主任述职情况进行讲评，并部署了下步工作。省长苏树林作了重要讲话。

【省军区成立80周年纪念大会】 2月14日，在省军区机关隆重召开。庆典活动回顾了省军区80周年光辉历程，讴歌了先辈丰功伟绩，弘扬了光荣传统，有力激发了广大官兵投身于省军区部队军事斗争准备和全面建设的政治热情和战斗精神，具有重要的现实意义。

【拥政爱民】 全年出动部队和民兵预备役人员9000多人次，参加沈海高速福建段复线建设、宁德核电站建设、平潭综合实验区"北水南调"等10余项重点工程。出动部队2600余人次、民兵预备役2.8万余人次、车辆300余台次、舟艇40余艘次参加地方抢险救灾行动，共协助地方政府转移受灾群众8万多人次，扑救山火1.3万余公顷，抢修和疏通道路（铁路）200余千米，运输物资1800余吨。

【参加"太姥—2012"福建省首次核事故应急演习】 7月5日，省政府采取按照脚本进行响应操演的方式，区分应急待命、厂房应急、场区应急、场外应急和应急终止5个阶段，在福鼎地区组织福建省首次核事故应急演习。省军区副参谋长林双先率机关精干人员全程参加演习的筹划和组织实施，参与拟制福建省核事故救援方案和行动流程，牵头协调驻闽部队参与核事故救援的各项工作。通过检验核应急预案及实施程序，锻炼各级核应急委员会指挥决策能力，提高全省核应急工作水平，经国家核应急委员会综合评定成绩为优秀。

【防范第9号台风"苏拉"】 7月30日至8月4日，省军区组织防范第9号台风工作，共出动现役部队4批430人次、民兵预备役12批2800余人次支援地方防台救灾，台风防范工作有效落实，全区部队安全稳定。

【参加第七届全国农运会民兵军事比赛】 9月16～20日，福建省民兵军事三项队参加在河南省南阳市举办的第七届农民运动会。福建省5名队员（含2名女队员）勇夺3个第一（手榴弹投掷男子团体第一、手榴弹投掷男女混合第一、四百米障碍男子团体第一），2个第二（手榴弹投掷男子个人第二、四百米障碍男子个人第二），1个第三（四百米障碍男子个人第三）等名次，金牌总数排全国第三名、南京军区第一名。

【第二批省级国防教育基地命名】 8月17日，省人民政府命名了福建省军区军史馆等20个第二批省级国防教育基地。9月13日，省政府、省军区在福清龙翔国防教育基地隆重举行命名授牌仪式，为第二批省级国防教育基地颁发牌匾和证书。此次命名的省级国防教育基地分为观摩学习、缅怀纪念、军事训练3种类型，教育主题鲜明、管理制度健全、基本设施完善、经费保障有力、发挥作用明显，在全省乃至全国都具有较大的知名度和影响力。福建省共拥有118个省级国防教育基地，是全国省级国防教育基地最多的省份，年接待参观群众2000多万人次。

【"丰碑·军魂"主题雕塑落成】 10月12日，雕塑落成揭幕仪式在古田会议会址举行。雕塑总体长7.5米，宽3.5米，高5.4米，基座1米，由毛泽东、朱德、陈毅等12个人物青铜雕像、3面中国共产党党旗、基座和碑文组成，由解放军总政治部援建，由北京军事博物馆负责设计、运输和安装工作，龙岩军分区、上杭县人武部和古田会议纪念馆负责基座建设和周边环境的改造。（李卫榕　林海）

武警福建总队

【思想政治建设】 2012年，武警福建总队始终把坚决听党指挥、绝对忠诚可靠作为部队建设根本，大力加强思想政治建设，确保部队建设保持正确方向。采取学习讨论、宣讲辅导、舆论宣传等形式，在全部队兴起学习十八大精神热潮。广泛开展武警部队重新组建30周年和"赞颂科学发展成就、喜迎党的十八大"为主题的书画展评、文艺会演、演讲比赛和"四会"政治教员授课竞赛等系列活动，大力发展先进军事文化，深化培育当代革命军人核心价值观。建立总队医院心理咨询治疗中心和支队卫生队心理咨询站，定期组织心理咨询服务下基层活动，推动官兵身心健康与发展。注重抓好意识形态工作，严格落实政治考核和防范网络失泄密"十个严禁"等制度，扎实抓好形势政策、法纪法规和"四反"教育，确保部队纯洁巩固。涌现出全军“百名好班长新闻人物”陈瑞权、“十大忠诚卫士”提名奖韩良顺等先进典型。

【党委班子建设】 认真贯彻武警党委关于加强党委班子建设的决策指示，围绕“大兴学习之风、大唱团结之歌、大鼓实干之劲、大求部队之变”，着力加强党委自身建设。严格落实党委中心组学习制度，定期组织知名专家辅导讲座，举办2期师团职干部理论读书班，扎实开展党委机关“讲政治、顾大局、守纪律”学习教育活动，班子成员政策水平和理论素养不断提升。突出抓好武警总部“三个规范性文件”贯彻落实，大力推进民主集中制建设，进一步规范议事程序，提高科学决策质量。严格执行中央“八项规定”、军委“十项规定”和武警党委关于作风建设有关要求，科学组织干部调配和考察帮建工作，积极开展党员领导干部廉政承诺活动，持续深化“七个方面问题”专项治理，党委机关风气更加纯正。总队党委先后2次接受总部考察帮建；11个支队级党委班子结构合理、发展均衡，讲团结、有作为，核心领导作用明显，官兵比较认同，群众满意度均达98.6％。

【执勤和处置突发事件】 坚持党委议勤、严密组勤，持续推进“四防一体化”建设，深化执勤隐患排查治理，加强勤务督导和联防措施，执勤目标安全系数不断提高。3月下旬，在龙岩、漳州、厦门召开总队推进现代化建设工作会议，进一步改进执勤目标联动报警系统，创新勤务三维动态管控模式，探索处突、反恐和抢险救援等重大任务信息化指挥管控手段，推开军事训练基地化、模拟化、网络化路子，经验做法被总部转发。严格落实战备制度和力量编成，将全总队应急救援力量纳入福建省应急救援力量建设体系，修订完善各类预案，加强战法创新研训，处突反恐维稳工作扎实有效。先后组织新兵野营拉练、“卫士—12”演习、两级首长机关共同科目训练和参谋业务考评，举办狙击手、“四会”教练员和舟艇操作骨干集训，参与总部反劫机中队跨省机动检验和省应急救援力量建设汇报、地震灾害紧急救援联合演练、“太姥—2012”核事故应急演习，部队遂行多样化能力不断提升。11月，顺利通过总部遂行任务能力检验评估。成功排除各类执勤险情6起、抓获企图脱逃在押犯2人，圆满完成中央领导来闽视察、省“两会”、“9·8”投洽会、央视中秋晚会安保和春运执勤、“7·23”专案执勤、长途调犯押解等临时勤务3000余起，妥善处置涉日游行等群体性事件170余起，参与宁德古田山体滑坡搜救和防抗“苏拉”、“达维”台风等抢险救灾任务50余起。全总队固定执勤目标连续16年实现安全无事故。

【从严治警】 深入开展“条令学习月”活动，严格安全督察检查，强化特殊敏感时期部队管控，部队保持了秩序正规、安全稳定。依托福州支队召开正规化管理试点现场会，严密组织正规化管理达标检查验收暨装备“三化”管理考评，在接受总部交叉检查考评中成绩优秀。坚持安全风险评估机制，严格落实挂账销号、责任追究、通报讲评制度，紧盯防范8个方面重大安全问题，大力开展安全教育和隐患排查治理及“迎盛会、严纪律、树形象、保安全”作风纪律教育整顿，有效消除潜在隐患。广泛开展群众性创安活动，层层签订责任状、人人写出承诺书，营造“我的安全我负责、单位安全我尽责、他人安全我有责”浓厚氛围。持续推进“深知兵、真爱兵”和“了解干部、关爱干部”以及心理、法律、文化服务下基层活动，积极开展大谈心、大汇报，扎实做好一人一事思想转化工作，进一步打牢部队安全发展基础。全总队7个支队连续5年以上实现“三无”。

【基层建设】 认真贯彻武警党委1号文件精神，坚持重心下移，保持大抓基层强劲态势，进一步夯实部队建设基础。召开基层建设工作会议，分两批集中组织461名基层主官《纲要》轮训，编印经常性工作手册，广泛开展“大练基本功”活动，各级按纲抓建能力得到加强。组织领导机关832人次下基层蹲点帮带，有计划地安排干部岗位交流锻炼，推广落实“七项组织生活制度”试点经验，深入开展基层风气教育整顿，基层党支部“三个能力”明显增强。坚持把创先争优与“双争”活动结合起来，扎实开展“迎接十八大、岗位做贡献”主题实践活动和基层主官“双十佳”评选表彰活动，通过大力宣扬6名基层干部标兵优秀事迹，进一步树立典型、形成导向，有效激发广大官兵扎根基层、建功立业斗志与热情。泉州支队晋江中队被中宣部、中央文明办和总政治部联合表彰为“全国军民共建社会主义精神文明先进单位”，三明支队一中队团支部被表彰为全军红旗团支部，厦门支队五中队党支部被表彰为全省创先争优先进基层党组织。

【后勤保障】 坚持服务中心、服务部队、服务官兵，强化科学管理，强力推进现代后勤建设，后勤综合保障能力不断增强。以遂行多样化任务为牵引，修订完善应急保障预案，充实优化战备物资，先后组织3次后勤应急保障实案实兵实装综合演练，举办等级厨师、直选驾驶员、修理工和卫生员等专业培训，后勤应急保障能力进一步提升。扎实推进后勤精细化管理，推行公务卡结算、副食品“农改超”和重点项目审计监督，深化对外有偿服务清理整顿，突出资金、粮秣、枪弹、车辆和物资管理，有序展开伙食、被装、卫生防疫保障工作，后勤规范化管理效益大幅跃升。大力推进现代营房建设，投入3200多万元用于解决基层部队四项设施、营房建设和农副业生产，官兵住用条件明显改善，生态营区环境建设进展明显。总队和2个支队新机关顺利实施搬迁，基层四项设施配套率达95％以上，枪弹管理工作实现连续20年安全无事故，福州支队评为全军爱国卫生先进单位。 （郭少平）

福建省公安边防总队

【党的建设和政治工作】 2012年，福建省公安边防总队党委12次研讨创建模范党组织生活工作，研究出台《党委务虚制实施办法》、《党代表大会工作制度》等一系列制度规范，系统梳理各类党组织生活制度14项、示范文本13项、流程图解35个、示范片3套14种，整理汇编创建活动系列丛书5册，初步形成具有福建边防特色的党建制度体系。承担公安部边防管理局党代表任期制、党务公开、党委务虚等3项试点成效显著，做法被公安部政治部和部边防局、省公安厅推广，6项制度创新被部边防局《创建活动制度成果汇编》收录，党代表任期制获部边防局创建活动"十佳示范案例"评选第一。扎实开展"践行核心价值观，喜迎党的十八大"主题教育，研究出台《福建省公安边防部队思想政治教育实施细则》。积极打造福建边防"五彩文化"品牌。完成412名团职以下干部廉政审核、18项基建工程和大宗物资采购招投标等重点工作监督。13项政工机制被部边防局简报转发推广，5项工作做法在各级会议作经验交流。

【爱民固边】 深入开展"三访三评"大走访活动，走访群众110万人次，企业单位6300余家，为群众办实事解难事2.5万件，排查矛盾纠纷8300余起，成功处置重大群体性事件45起。全省沿海6个设区市、34个县市区全部将爱民固边战略纳入党委政府工程，3个边检站被地方政府命名为"爱民固边模范边检站、模范港区和模范码头"。推动创建爱民固边模范村317个、模范镇12个。模范村创建比例达33.3%，772名民警兼任辖区行政村（社区）"村官"。

【基层基础和维稳工作】 全年出动警力1720批次4.2万人次，车辆、舰艇1.1万辆(艘)次，圆满完成十八大、全国"两会"、海峡论坛、"9·8"投洽会、赴南海跨区执勤和远航集训等重大任务，成功承办"六国论坛"第十三届专家会议、全国边防部队文化工作会议和情报侦查工作座谈会等8场重大会议。圆满完成边防管控任务。侦破刑事案件3724起，查处治安案件2.5万起，破获部督案件3起、省督案件2起。持续开展"清网行动"，圆满完成省厅下达的清网任务。查破偷渡案件97起233人，查获走贩私案件730起，妥善处置群体性事件65起。破获毒品犯罪案件201起，查获涉枪案件20起，缴获枪支32支、子弹780发。召开全省公安边防派出所基层基础工作会议，一、二级派出所增至88个，占全省边防派出所总数的56%，97.5%的所实现职能完整。顺利贯彻落实综合警务改革创新部署，135个边防派出所担负了辖区道路交通管理职能。开通网上派出所155个、网上警务室433个，开设网上QQ群236个、网上博客、微博216个。加强出海船舶渔船民管理教育，193个船管站实现与渔港签证站合署办公，157个船管站建设经费纳入地方财政预算，辖区渔船民被台临检抓扣数量下降76.4%。扎实推进平安海区和联勤警务室建设，研究制定《联勤警务室建设工作规范》。积极构建"20海里一小时到达圈"，加强重点海域执勤待机点和"海上110"建设，深化与浙江、广东、广西总队和涉海部门海上执勤执法协作。组织召开海警特勤队建设研讨会。共出海执法执勤1479航次，总航程172443.42千米，总航时9707小时。检查、走访船只885艘次，查获违法违规船只53艘，实施海上救助72起。在防抗各类自然灾害中，营救遇险船舶61艘、群众108人。

【执法规范化建设】 研究出台《执法办案场所管理使用规定》，172个基层单位执法办案场所改造全部完成，装备同步录音录像系统295套，清理涉案船舶99艘、车辆251辆，海警部队执法办案系统纳入省公安厅综合警务平台。总队被部边防局评为"2011年度执法规范化建设优秀单位"，4个单位被评为"公安边防部队执法示范单位"，8名个人获评"公安边防部队执法标兵"。莆田边防支队被公安部命名为"全国公安机关执法示范单位"，是全国边防部队唯一支队级单位获奖。部队未发生行政复议被撤销、诉讼败诉或适用刑事强制措施不当问题。共派出督察组637组2197人次，检查基层单位3870个次，编发督察通报310份，发现查纠各类问题4790个，提出督察建议1320条。按时完成部边防局下达的《公安边防部队督察工作手册》编撰任务。梳理汇总应急处突预案168个，举办43次实战演练，举办处置群体性事件和应对自然灾害等实用警务技能培训班6期，培训官兵1000余人次。扎实开展新大纲试训普训工作，圆满完成833名新兵教育训练和82名预提指挥士官及非专业晋级士官集训任务，对全省12支机动分队240名官兵进行整建制轮训和竞赛。

【队伍建设和综合保障】 65个集体71名个人受省部级以上表彰。张丽萍同志获评全国特级优秀人民警察，光荣当选十八大代表。海警35021艇被公安部、省委省政府记集体一等功。海警三支队特勤队获评全国优秀公安基层单位、2人获评全国优秀人民警察、全国公安机关爱民模范。23个集体41人被部局评为先进集体先进个人，1人当选部局首届带兵模范，1名个人获评省第三届"我最喜爱的十大人民警察"，1个单位获评全省创先争优先进基层党组织，2个集体(个人)获得福建青年五四奖章，6个集体(个人)获得团省委表彰。全部队争取地方经费增长8.62%。完成营房新建、改造项目34个，新增营房面积20490平方米，在建项目34个。完成618B型巡逻舰续建任务，交付部队使用；新建摩托艇7艘，启动建设600立方挖泥船1艘。新增车辆85台，更新率达7.6%，92%的装备车辆实现油料社会化保障。总队党委筹集2152万元为基层办10件实事，首创推行个人被装发放卡，准确率和适体率达99%。

【对台警务合作】 在两岸共同打击跨境犯罪、处置海上涉台突发事件等方面取得显著成效。全年共与台警方警务交流84次，协作侦破各类案件6起，缴获毒品340.3千克，抓获偷渡人员53名、涉拐犯罪嫌疑人17名，处置海上涉台突发事件2起，海上救助3起，通报核查案件信息资料60次，邀访会晤9批52人次，实施双向遣返作业2批次，遣送不法台湾人5人，接收私渡遣返人员17人。　（新鸿民）

福建省公安消防总队

【概况】 2012年，福建省公安消防总

队在省委、省政府和公安部消防局、省公安厅的正确领导下，围绕贯彻落实《国务院关于加强和改进消防工作的意见》为主线，以确保党的十八大消防安全为总体目标，全面落实消防安全责任制，加大消防经费投入，全社会火灾防控能力进一步提升，火灾形势保持平稳，未发生重特大火灾，为福建省经济社会发展创造了良好的消防安全环境。

【全面实施“十二五”消防工作规划】《国务院关于加强和改进消防工作的意见》下发后，省政府迅速翻印3万份《意见》原文发至各级各部门组织学习，结合《福建省“十二五”消防工作专项规划》启动实施；出台《关于进一步加强和改进消防工作的意见》，明确了消防安全网格化管理、加大火灾隐患排查和清剿、建立信用管理机制、发展和规范消防技术服务市场、强化经费和装备保障、严肃责任追究等6方面贯彻措施，并配套《贯彻〈国务院意见〉、〈省政府意见〉具体措施分工方案》《福建省实施消防安全网格化管理指导意见》等文件，细化分解具体工作任务、措施和计划，分步骤全面推动《意见》的贯彻落实。省政府依托全省消防工作联席会议平台，由党组成员牛纪刚主持召开会议，部署《意见》的宣传贯彻工作，强化部门间的沟通协作。各地按照分类试点推进多种形式消防队伍建设、消防安全“网格化”管理、社会单位消防安全“三项申报”等工作，共召开工作现场会105场次。

【消防安全责任制】 省政府始终将消防工作纳入本地区国民经济和社会发展总体规划，将城乡公共消防设施建设、多种形式消防队伍建设、重大火灾隐患整改等工作提上重要议事日程，纳入政府目标责任考核和领导干部政绩考评，逐级签订消防工作责任状，与社会管理综合治理、安全生产目标责任制、创建精神文明相结合，逐级建立了消防安全责任制的考评机制。依托省政府常务会议、省长办公会议、安全生产例会等平台，定期研究部署加强消防安全工作，出台相关文件，按步骤完成3年投入10个亿购置消防战斗车辆任务，破解了一批影响公共消防安全的突出问题。各级党委政府主要领导专题听取消防工作汇报、亲自研究审定消防重大事项，召开消防工作部署讲评会议350场次，党政领导作出批示249次，带队检查消防安全605次。全省9个设区市全部将“防火墙”工程建设内容纳入政府消防安全责任目标考评，完成对“防火墙”工程（三年）考评验收，达标率100%，推动了以政府为核心，部门、行业、系统为主体的消防安全责任的落实。

【公共消防设施建设】 进一步健全消防经费保障长效机制，持续加大对公共消防基础设施的投入。所有县级以上城市、建制镇全部完成消防规划的编制和审批，总体规划的乡60%完成消防规划编制，40%通过审批；60%的镇、20%的乡公共消防设施达到建设标准。加快旧城区消防供水、消防通道的改造和建设，新建城区、开发区、工业园区的公共消防设施按照总体规划与城市建设同步设计、同步建设、同步发展。全省县级以上城市建成区和建制镇建成区应建市政消火栓29437个，实际已建成33232个，所有县级以上城市、重点镇、中心镇、一般建制镇的市政消火栓建设基本达到标准。

2013年1月4日，福建省委副书记、省长苏树林莅临省消防总队视察指导工作，看望慰问广大消防官兵。（省消防总队供稿）

【消防宣传教育】 全面推动文化、广电、新闻出版等部门，加大公益性消防宣传教育力度，坚持以宣贯《全民消防安全宣传教育纲要》为核心，部署开展消防宣传“五个专项行动”，增强全民消防意识。协调街道、社区、共青团委、行政教育等部门引导广大百姓和青少年积极参与消防志愿宣传服务活动，共注册消防志愿书9460名，消防志愿者服务队1208支，开展活动3241多次。协调相关部门发行《福建省中小学生消防安全知识读本》，引导全省80%沿街店面LED屏开展消防常识大联播，80%电影院线放映电影前播放30秒消防公益宣传片，3500辆公交车移动电视上滚动播放消防短片，营造了浓厚的消防安全氛围。

【农村和社区消防工作】 推动省、市、县三级政府出台消防安全网格化指导意见，全省所有乡镇、街道划分为1102个“大网格”、16615个“中网格”和27952个“小网格”，150个街道、754个乡镇完成达标建设任务，达标率为86%和81%，超过了40%的达标要求。大力扶持农村、社区建立志愿消防队，完善消防设施，开展消防宣传和火灾隐患整治，全年全省累计排查社区1953个、村庄12746个，排查率达89%和88%，督促整改居民住宅、单位建筑、村民集中居住区域的火灾隐患24650处。

【火灾隐患大排查大整治】 持续开展"清剿火患"战役和党的十八大消防安全保卫战，充分发挥主力军作用，集中解决了一批久拖未决的消防安全问题，总队被公安部评为全国"清剿火患"战役成绩突出总队；组织开展人员密集场所、易燃易爆场所、高层（地下）建筑、"三合一"场所、出租屋、在建工程施工工地等消防安全专项治理活动，认真研判近3年火灾形势，狠抓20个重点县（市、区）的消防安全治理活动；全年全省共检查单位30.81万家（次），督促整改火灾隐患或消防安全违法行为71.6万处，临时查封单位8927家，责令"三停"单位6121家，未发生重大以上火灾事故。积极落实重大火灾隐患政府挂牌督办制度，按照《重大火灾隐患政府挂牌督办制度（试行）》，各级政府和行业主管部门认真执行重大火灾隐患整改责任制，省政府对全省46处重大火灾隐患和消防安全突出问题进行挂牌督办，跟踪验收，已全部整改到位；各县级以上政府共挂牌督办重大火灾隐患1229家，摘牌整改率82.4%。全力加强地方性消防法制体系建设，《福建省消防条例》通过省人大审议于2013年3月1日颁布实施；《厦门市消防管理若干规定》已颁布实施，《福州市消防管理若干规定》修订工作全面启动。同时，总队积极配合省政府重点办为全省529项重点建设工程提供消防技术服务指导。

【综合应急体系建设】 建立健全以公安消防部队为骨干，公安、安监、卫生、民政、气象、地震、环保、供水、供电、供气等部门和其他各种救援力量参加的应急救援联动机制，建立联席会议制度，提高联动单位信息交流和应急协作能力。认真落实《公安消防部队灭火救援业务训练与考核大纲》要求，深入部署开展执勤岗位全员练兵，全省消防部队扎实开展理论、体能、技能、器材装备操作、操法、六熟悉及实战演练等各项练兵工作，加强战例研讨，强化灭火救援战例学习和战评总结工作，分阶段开展比武竞赛活动，促进了灭火救援战斗力的稳步提高。以《公安消防部队铁军中队评定办法》和《评定标准》为依据，深入推进铁军中队创建达标和星级评定活动，召开全省消防部队铁军中队创建推进会，掀起铁军中队达标活动的热潮；组织全省消防部队对照标准进行自测自评，对已评定的76个一星级铁军中队进行抽查验收，对12个申报二星级铁军中队的单位进行评定。加强多种形式消防队伍建设，省政府办公厅转发《省公安厅等部门关于福建省"十二五"期间多种形式消防队伍建设发展实施意见的通知》坚持多源筹资、分级保障，将政府专职消防队工资、福利、保险等经费纳入市、县（市）财政预算，落实多种形式消防队伍建设保障；下发全省多种形式消防队伍执勤训练指示，进一步规范全省多种形式消防队伍灭火救援业务训练工作，提高队伍战斗力；提请省公安厅等9个省直单位下发《福建省多种形式消防队伍建设管理办法》，规范多种形式消防队伍建设管理；以省公安厅名义在全省范围内表彰热心消防公益事业暨多种形式消防队伍先进集体、先进个人，大力营造全民消防的良好氛围。加强地方专职消防队伍的规范化管理，向全省专职消防员发放《专职消防员工作证》，明确专职消防员工作身份。

【后勤保障】 认真贯彻落实《财政部关于印发〈地方消防经费管理办法〉的通知》，出台《福建省地方消防经费管理办法》，理顺经费保障渠道，规范经费管理工作，健全消防经费保障长效机制，促进消防事业健康发展，全年省级财政出资一亿多元，按照80%、60%、40%、20%的标准补助消防员基本防护装备。开展作风纪律教育整顿，进行正规化建设试点，强化队伍经常性管理，部队保持安全稳定。在部队中广泛开展"学英模、见行动、比贡献"活动，涌现出了十八大党代表叶智勇、"全国三八红旗手"刘琼和全国优秀公安基层单位厦门同安大队等一批先进典型，提升了消防部队的形象。

（郭成传）

武警福建省森林总队

【概述】 2012年，武警福建省森林总队认真贯彻指挥部党委二届八次、九次全会精神，坚持以科学发展观为指导，紧紧围绕国防和军队建设的主题主线，着眼建设现代化森林部队，着力抓规范、抓提高、抓发展、创一流，持续提升部队建设标准质量，圆满完成以防火灭火为中心的各项任务，部队建设保持良好发展势头。

政治建设。坚持稳中求进的总基调，深入抓好党的创新理论武装，重点学习贯彻十八大精神，确保官兵思想高度统一。深入开展"赞颂科学发展成就、忠实履行职责使命，永远做党和人民的忠诚卫士"教育活动，认真落实上专题党课、过集体组织生活的要求，确保政治更加坚定、道德更加纯洁。广泛开展纪念总队成立4周年"五个一"系列活动，激发官兵爱森警、爱福建、爱总队的热情。注重典型引路，培育宣扬"2011绿色中国年度焦点人物"许长有、森林部队第二届"绿色卫士"和二等功臣孙海生等先进典型，增强了广大官兵的荣誉感和自豪感，激发了争先创优的热情和活力。

军事训练。坚持以建设现代化森林部队为目标，以提高基于信息系统的防火灭火体系能力为牵引，切实在抓能力保中心上下功夫。针对任务抓战备，注重规范战备秩序，突出抓好敏感时期战备工作，组织"卫士—12"演习，坚持全年靠前驻防，共扑救森林火灾55起，担负防火执勤任务35次。着眼能力抓训练，抓实新兵教育训练、"两化"训练和抗震救援训练，开展"三全"训练活动，组织"四会"教练员、"四长"集训比武、第二届建制中队军事比武、"三手"评比等活动，落实军事考核"一票否决"制，训练质量不断提高。指导福州大队完成抗震救援训练，并参加省抗震救援联合演练。立足需要抓信息化，完成一体化指挥管理信息平台安装调试和局域网扩容、网站主页更新，基本实现视频指挥、重点目标监控、火场图像实时传输以及电话、短波、超短波语音互联互通。

正规化建设。按照总队党委提出的"全、精、实、新"标准和"科学化设计、标准化建设、人性化管理、经常化养成"要求，坚持在抓规范、抓统一上下功夫，投入近1000万元用于硬件设施建设，通过下派工作组强力推进正规化建设。以一流的现场、一流的服务、一流的精神状态，高标准承办了森林部队正规化建设现场会，率先实现100%达标，形成正规化建设“福建模式”。深入开展“迎盛会、严纪律、树形象、保安全”作风纪律教育整顿活动。

基层建设。认真贯彻落实全军基层建设工作会议和指挥部按纲抓建五级联动网上集训精神，坚持抓基层、打基础，注重将任务与建设、硬件与软件、机关与基层捆在一起抓，部队建设标准质量进一步提升。承办了森林部队为期1年的按纲抓建试点任务，研究规范30项工作，被指挥部转发推广18项，部队建设秩序进一步正规、基础进一步扎实，初步形成了按纲抓建“福建模式”。重视加强“三个一线”建设，对支队党委班子进行普遍帮带，对基层党支部进行面对面帮、手把手教、一招一式带，组织功能进一步强化。涌现出武警部队“人才培养先进单位”龙岩支队，森林部队先进支队三明支队、标兵中队福州大队一中队等一批先进单位。

基础设施。扎实推进后勤建设与改革，从“吃、住、管、供、修、救”等重点环节入手，积极开展进山入林、野外驻训等综合性保障演练，应急保障能力进一步强化。初步建立以自我保障为主、军队助供为辅、依托地方支援和市场筹措的应急物资保障长效机制，各级先后与驻地大型超市、军粮供应站、加油站、修理厂、连锁药店等签订订购协议，做到“随取、随供、随用”，拓展非实物储备范围。加强农副业生产基地建设，基层大(中)队都有自己的“菜园子”、“养殖场”，工作生活条件持续改善。普及财务管理“三可”系统、车载GPS监控系统、基层后勤正规化管理信息系统，后勤管理向规范化、信息化、精细化转变。

班子建设。坚持把党委班子建设放在重要的位置来抓，深入开展“讲政治、顾大局、守纪律”学习教育活动。大力加强民主集中制和风气建设，继承和发扬团结融合的优良传统，着眼大局、步调一致、凝心聚气，能力素质更加过硬，决策更加科学、民主，团结干事的局面得到加强。总队党委建设经验在森林部队党委书记培训班上作了交流，三明支队、武夷山大队党委，武夷山大队六中队党支部，分别被指挥部、福建省表彰为创先争优先进党委、先进基层党组织，武夷山大队被指挥部表彰为“风气建设先进单位”，福州大队一中队荣记集体二等功。

【承办森林部队正规化建设现场会】 2月22—23日，森林指挥部在总队隆重召开森林部队正规化建设现场会。期间，总参军务部和武警总部业务部门领导、福建省和林业主管部门领导莅临现场指导，来自森林部队11个师、旅单位的100多名代表参加了会议。总队坚持精细抓管理，全程抓规范，以一流的现场、一流的服务、一流的精神状态，高标准提供了总队、支队、大队和中队4个层次的正规化建设观摩现场，形成了机关、基层2个正规化建设标准示例录像、1本正规化建设图册和1个经验材料等会议成果，为全森林部队正规化建设确立标准、提供样板，形成了森林部队正规化建设的“福建模式”。

【承担森林部队按纲抓建试点】 扎实抓好《森林部队落实〈纲要〉实施办法》的贯彻落实，从2月份开始，总队承办森林部队为期1年的按纲抓建试点任务，确定以三明支队为主、覆盖全总队各个层面的试点单位。先后9次协调召开动员部署、专题研究和专项讲评会议，分10次、共计65天派出工作组下部队调研指导，研究规范30项工作。有18项规范性成果被指挥部转发推广，初步形成按纲抓建的“福建模式”。

【参加武警部队“卫士—12”演习】 5月28—31日，根据武警部队统一部署，总队参加武警福建省总队“卫士—12”演习。演习以处置大规模群体性突发事件为背景，重点演练启动应急响应机制、组织兵力投送、组织直前准备、组织指挥处置行动4个阶段的内容，动用兵力500人、车辆48台次，历时3天，下发74份导调文书、标绘3张演习用图、制作7张PPT动画，推演6个内容和27个作业程序，达到了练谋划、练指挥、练协同、练保障的目的，提高了总队、支队两级机关指挥处置突发事件的能力，填补了总队、支队两级机关处置突发事件为背景的指挥所演习和部分实兵拉动演练的空白。

【总队第一次党代表大会】 7月27—29日，中国共产党武警福建省森林总队第一次代表大会在福州隆重召开，出席会议正式代表87人。会议全面总结组建以来部队建设主要成就和基本经验，规划部署今后5年部队建设发展的总体目标和基本任务，选举产生了总队第一届委员会和纪律检查委员会。总队第一次党代表大会的胜利召开，标志着总队进入一个全新的发展阶段，为总队党的建设、部队建设创新发展描绘了崭新蓝图。

【第二届建制中队军事比武】 9月18—21日，总队在总队教导队举办了第二届建制中队军事比武，比武设置了军事理论、灭火机分解结合和维修保养、水泵基本操作、分队灭火战斗、战备行动、按图行进、单杠卷身上、双杠摆动臂屈伸、5公里武装越野等7个课目共8项内容。经过3天激烈角逐，分别评出了单位总评成绩第一名和7个单项第一名。 (江仁春)

编辑：王文灿

外事 侨务 港澳

外 事

【综述】 2012年，全年组织和服务省级领导出访29批次，全年办理领事认证37711件，核查各类证照157件。邀请来自美国、新西兰、匈牙利、波兰、意大利、孟加拉等13个国家和港澳地区共20个团组191人出席"9·8"中国国际投资贸易洽谈会；全年全省APEC商务旅行卡申办数量578个，增长143%。全年共完成塔吉克斯坦共和国总统埃莫马利·拉赫蒙、中非共和国总统博奇泽等429批4721人次外宾接待任务，其中：副部级以上外宾34批337人次，副总理级以上外宾8批89人次。全年接待外国媒体采访27批，接待各国驻华使领馆官员访闽73批，处理涉外案件86起，涉外籍人员200余名，各项管理与服务工作平稳有序。

【中国(福建)—东盟合作与互联互通首次研讨会】 2012年5月，该研讨会在福州召开，柬埔寨、印尼、新加坡、泰国、越南、文莱、菲律宾等东盟7国代表组成的东盟常驻代表委员会代表团与福建省有关部门就加强福建与东盟各国经贸合作及海上互联互通等达成了诸多共识。福建师范大学经外交部、教育部批准，列为中国—东盟教育培训中心承办单位。

【服务经济建设】 通过参与"地方和企业参与中国—中东欧国家合作座谈会"、"首届中非地方政府合作论坛"等活动，推动福建参与中东欧国家、非洲等区域合作，拓展对外合作新领域。承办第九届中国(厦门)国际友城市长论坛，8个友城团组参加"9·8"国际友城展；美国、印度、英国驻广州总领馆举办"9·8"专场推介会。福建省友城印尼中爪哇省在"5·18"海峡两岸经贸交易会设立"中爪哇馆"。组建"外事翻译服务团"，圆满完成"6·18"中国·海峡项目成果交易会。做好美国凯悦酒店集团、加拿大庞巴迪集团、法国阿尔斯通集团等世界500强企业来闽考察的接待、项目推介和跟进服务工作，部分项目达成合作意向。为福建中烟公司疏通阿根廷签证渠道，阿方对中烟公司人员实行"备案制度"。响应省政府关于推进泉州民营经济综合配套改革试验部署，在泉州成立福建首家、全国第2家APEC商务协会。省外办推出"集群式服务民营企业'走出去'"举措，联合有关行业协会和重点市(县)组织民营企业集中赴中东、欧洲、斯里兰卡等地区拓展国际市场；组织船舶企业集群式赴新加坡、阿联酋、土耳其等世界知名航运中心，开展产品推介与对口洽谈，达成船舶订单意向12艘，金额约2.14亿美元。与卢旺达驻华使馆，美国、加拿大、埃塞尔比亚驻广州总领馆，泰国驻厦门总领馆等外国驻华使领馆联合举办经贸推介系列活动，为双方企业家对接合作提供平台。组织省直有关部门组成赴港澳"双延伸"工作小组与港澳有关机构进行对接商谈。会同香港特区政府驻粤办在宁德、南平、三明、莆田、漳州、龙岩、厦门等地举办"见·识香港"大型图片展，并举办多场促进企业赴港上市研讨会。健全闽港闽澳政府间工作联系机制，香港特区政府驻福建联络处、澳门特区投资贸易促进局驻福州联络处先后正式成立。积极服务平潭综合实验区，推动65个驻外使领馆向驻在国相关商会、科技社团、侨社发布平潭引才需求；协调安排美国驻广州总领事、新加坡驻厦门总领事、新加坡水务集团、俄罗斯驻广州总领馆官员及境外媒体等团组到实地考察，推动其所在国与平潭的合作。组织希腊、韩国等11个国家10位总领事共计20人参与的"领事团海西行"活动，到

2012年6月13日，省委书记孙春兰会见日本驻华大使丹羽宇一郎。

(省外办供稿)

周宁县举办经贸对接会，扶持县域经济发展。

服务国家总体外交。配合外交部在福州主办2012年版《中国外交》画册和白皮书联合推介会，这是《中国外交》“一书一画”发行推介首次走出北京。6月24日—7月5日，省委副书记陈文清率中共友好代表团访问孟加拉国、澳大利亚和新西兰；上述3国对此访迅速回应，澳大利亚南澳大利亚洲农业、食品和渔业部部长郭凯尔、新西兰国家党主席彼得·古德费洛、孟加拉国外交部长迪布·莫尼分别率团回访，与福建就开展各项务实合作进行磋商。按照中央统一部署，协调福建农林大学承办2期菌草技术国际培训班，为巴布亚新几内亚培训一批技术骨干；举办2期国际菌草产业发展研讨会，资助巴新东高地省的代表参会并做报告，促进了巴新与各国在菌草产业方面的交流与合作。

2012年5月19日，中国(福建)东盟互连互通研讨会在福州举行。(省外办供稿)

对外文化交流。组织省杂技团20位演员赴京，在外交部“外国记者新年招待会”上表演特色节目，扩大福建文化对外影响。在福建举办“日本传统舞蹈表演专场”、“日本里千家茶道表演会”、“中瑞友好之夜”、德国莱法州蒙德鲍尔音乐学校学生艺术代表团校际演出、德国莱法州乌里教授福州大学至诚学院爵士音乐会，在日本长崎举办“福建省综合艺术团专场文艺演出”、“福建省书画作品展”、“福建旅游推介会”等活动。邀请路透社、金融时报、美彭博社、日本NHK、朝日新闻等多家世界级媒体采访报道“9·8”投洽会，扩大投洽会海外影响力。

强化外事管理。提升因公出国(境)管理规范化水平，加强计划管理和总量控制，严格控制因公出国(境)团组数量与规模；推进与财政部门和派出单位财务部门联动审批机制，严格控制无预算经费和超预算经费团组出访；加强党政干部出访审核把关，推动制止公款出国(境)旅游工作常态化、机制化。全省16家因公出国任务审批部门审核审批因公出国(境)团组和人员数与上年基本持平，审批党政干部因公出国(境)数比上年略有下降，共否决与调压无实质性内容及不精干团组267批860人次。继续做好因公电子护照项目后续工作，确保网络申报管理系统良好运转，方便因公出国团组。继续在省外办网站上设置“中国领事保护和协助指南”、“中国公民海外安全常识”、“海外中国公民文明指南”、“中国公民出国提醒”等栏目，及时向省内有关机构和居民介绍海外安全知识及安全预警信息，提升其在境外防范风险的能力。海外领事保护网上求助系统已投入试运行。全年共处理领事保护事件55起，涉及74人，有效维护境外闽籍公民和机构的合法权益。

2012年9月8日，第九届中国(厦门)国际友好城市市长论坛在厦门举办。(省外办供稿)

夯实外事工作基础。推进外事工作机制建设，全年举办3次省市外办主任联席会议、1次全省外事系统党风廉政建设工作座谈会；召开省直外事工作协作片召集单位会议，推进省直单位外事工作；省直单位外事协作片定期开展各种形式的活动，外事资源得到有效利用。省外办建立47项规章制度，固化工作流程，努力使外事制度彼此衔接相互协调，形成整体效能。福建外事信息网二期工程通过省数字办验收，省外办英文网站开发完成。

【友好往来】 贝宁崛起贝壳力量干部考察团访闽。应中联部邀请，2月18—21日，由贝宁崛起贝壳力量(简称“贝壳力量”)协调员巴特雷米·达霍加·卡萨率领的干部考察团一行25人访问福州。在闽期间，代表团了解了福建改革开放取得的成绩，探讨了福建与贝宁加强各领域合作的可能性。与团省委、省妇联进行了座谈，考察了福建省妇女儿童活动中心和YBC（中国国际青年创业计划）福建办事处，考察了在组织妇女和青年技能培训、引导创业就业等方面的办法和措施。代表团还参观了福州金飞鱼柴油机公司，就进出口贸易进行交流。

格鲁吉亚阿扎尔自治共和国政府主席列万·瓦尔沙洛米泽访闽。应中水集团邀请，2月24—25日，格鲁吉亚阿扎尔自治共和国政府主席列万·瓦尔沙洛米泽一行6人访问福州、泉州和厦门，了解福建经济社会发展现状，寻求发展经贸、旅游合作的机遇。

赞比亚爱国阵线干部考察团访闽。应中联部邀请，3月22—25日，赞比亚爱国阵线副总书记布里特·卡龙加·阿坦加率赞比亚爱国阵线干部考察团一行15人访问厦门，考察特区改革开放和经济建设成就，了解青年、妇女职业、技术培训的机构设置和运作情况。

蒙古人民党干部考察团访闽。应中联部邀请，3月25—28日，以党的书记、领导委员会委员、首都副行政长官、蒙古社会民主妇女联盟副主席策·朝格卓勒玛为团长的蒙古人民党干部考察团一行20人访问福州、平潭综合实验区和泉州。省委副书记陈文清在福州会见了干部考察团一行，希望双方进一步加强在矿产资源勘探开发、城市建设等经贸、文化各领域的交流合作，深化双方在促进妇女就业、维护妇女权益、发挥妇女作用、发展妇女事业等方面的交流探讨，进一步拓宽合作领域、提升合作水平。

瓦努阿图部长夫人代表团访闽。应全国友协邀请，4月2—4日，由瓦努阿图议长夫人罗西娜·希尔顿（Rosina Hilton）任团长的瓦努阿图部长夫人代表团访问福州和莆田。代表团全体成员出席“福建省—瓦努阿图社会经济情况交流会”，与省台办、发改委、外经贸厅、妇联、贸促会等单位举行座谈。

泰国孔敬府府尹宋巴特·特里瓦特苏万访闽。应苏树林省长邀请，5月15—20日，泰国孔敬府府尹宋巴特·特里瓦特苏万率孔敬府官员和华裔企业家代表团一行26人访问福州和厦门，出席第十四届海峡两岸经贸交易会暨第9届中国福建商品交易会开幕式，并签署了《中华人民共和国福建省和泰王国孔敬府建立友好省府关系意向书》。

太平洋岛国政治家联合考察团访闽。5月16—19日，以萨摩亚议长拉乌利·施密特为团长，斐济、密克罗尼西亚联邦、萨摩亚、汤加、瓦努阿图等5国代表组成的太平洋岛国政治家联合考察团（副总理级）一行17人访问厦门。

塔吉克斯坦共和国总统埃莫马利·拉赫蒙访闽。6月1—4日，塔吉克斯坦共和国总统埃莫马利·拉赫蒙一行34人访问了厦门和龙岩。省长苏树林在厦门会见拉赫蒙总统一行，并与塔驻华大使阿利莫夫·拉希德共同签署了《中华人民共和国福建省和塔吉克斯坦共和国索格特州建立友好省州关系协议书》。

印尼中爪哇省省长比彼特·瓦卢约访闽。应福建省邀请，7月6—7日，印尼中爪哇省省长比彼特·瓦卢约率中爪哇省代表团一行13人访问福州。副省长倪岳峰会见了瓦卢约省长，并共同签署了《中华人民共和国福建省和印度尼西亚共和国中爪哇省关于成立合作发展混合委员会协议书》。

斯里兰卡议长恰乌尔·拉贾帕克萨访闽。应吴邦国委员长邀请，6月14—15日，斯里兰卡议长恰乌尔·拉贾帕克萨一行15人访问福州。

匈牙利前总理彼得·麦杰希访闽。7月8—12日，匈牙利前总理彼得·麦杰希率企业家代表团一行5人访问福州、宁德、泉州和漳州，参观了闽东亚南电机、福清祥兴箱包、安踏、九牧、灿坤等9家企业，并与宁德、泉州和漳州市友协、商会分别签订了经贸合作谅解备忘录。9月6—10日，匈牙利前总理麦杰希再次率企业家代表团一行6人，访问厦门、泉州，参加第十六届中国国际投资贸易洽谈会，并在2012国际投资论坛发表演讲。

瑞士联邦委员兼经济部长访闽。7月11—12日，瑞士联邦委员兼经济部长约翰·施奈德阿曼率代表团一行46人访问厦门。厦门市长刘可清会见施奈德—阿曼一行。

美国俄勒冈州议会和经贸代表团访闽。应外交学会邀请，9月4—8日，美国俄勒冈州众议院议长阿诺德·罗布兰率俄州议会和经贸代表团一行36人访问福州、平潭综合实验区、莆田和厦门。7日，省委书记、省人大常委会主任孙春兰在厦门会见了代表团一行。孙春兰表示，近年来，两省州友好交往领域不断扩大、联系日趋紧密、合作不断加强，成为友好省州关系的典范，希望以此次代表团访问为契机，共同推动友好省州关系不断前进。罗布兰对福建经济社会发展特别是绿色发展取得的成绩表示赞赏，并表示俄勒冈州十分重视与福建的友好省州关系，将进一步创新合作机制、深化友好省州关系。

中非共和国总统弗朗索瓦·博齐泽访闽。应第十六届中国国际投资贸易洽谈会组委会邀请，9月6—8日，中非共和国总统弗朗索瓦·博齐泽一行8人访问厦门，出席第十六届中国国际投资贸易洽谈会。国务委员兼国务院秘书长马凯会见了博齐泽总统。省委书记、省人大常委会主任孙春兰会见博齐泽总统一行，表示希望通过投洽会平台，密切双方人员交流，尤其在农产品加工、自然资源开采、基础设施建设、旅游业发展方面开展务实合作。博齐泽总统表示十分荣幸来闽参加第十六届投洽会，希望双方以此为契机，进一步寻找合作机会，促进双方友谊不断深化，实现互利共赢。

新西兰国家党主席古德费洛访闽。应中联部邀请，9月6—10日，新西兰国家党主席彼得·古德费洛一行9人访问福州、厦门、泉州。访闽期间，古德费洛主席出席了第十六届中国国际投资贸易洽谈会开馆式和2012国际投资论坛，考察了福清市东威水产食品食业有限公司、安踏（中国）有限公司、九牧王股份有限公司、安溪铁观音集团等企业，就加强与福建经贸合作等问题与有关部门和企业交换了意见。

孟加拉国外交部长迪布·莫尼访闽。应福建省邀请，9月7—9日，孟加拉国外交部长迪布·莫尼一行6人访问厦门和泉州，出席了第十六届中国国际投资贸易洽谈会，与福建农林大学专家学者就农业项目合作进行了座谈，并参观了安踏公司和泉州伊斯兰文化史迹。

瓦努阿图副总理哈姆·利尼访闽。应商务部邀请，9月7—11日，瓦努阿图副总理兼贸工旅游部长哈姆·利尼率代表团访问厦门，参加第十六届中国国际投资贸易洽谈会。省委常委、厦门市委书记于伟国会见利尼副总理。于伟国表示，希望双方进一步加深了解、加强交流，不断拓展经济、文化等各领域的交流合作，推动共同发展。利尼副总理说，瓦努阿图希望把握参加投洽会的良机，深化双方友谊，加强产业项目合作，推动重要农作物"卡瓦"及其制品的对华出口，实现互利共赢。

老挝干部考察团访闽。10月25—28日，以老挝劳动和社会福利部副部长贝坎·卡提亚为团长的老挝干部考察团一行19人访问福州和莆田。省委常委、组织部长姜信治在福州会见了贝坎副部长一行。姜信治希望双方不断拓展双向投资，积极扩大双边贸易，实现互利共赢。贝坎副部长表示，考察团将推动双方在贸易、投资、农业、旅游等方面的交流合作，进一步巩固和发展中老友好关系。

南非总统夫人邦吉·恩盖马·祖马访闽。12月2—7日，南非总统夫人、邦吉·恩盖马·祖马基金会主席邦吉·恩盖马·祖马女士，率南非妇女代表团一行11人访问福州、宁德、泉州、厦门。邦吉·恩盖马·祖马出席了省妇联妇女儿童工作座谈会，并参观考察了有关单位和企业。

泰国国会主席兼下议院院长颂萨·杰素拉暖访闽。12月27—29日，泰国国会主席兼下议院院长颂萨·杰素拉暖率团访问厦门。颂萨主席一行参观了丰泰泰国国际新能源汽车公司、城市规划馆和鼓浪屿，访问华侨大学厦门校区，与华侨大学泰国政府官员中文学习班的学员进行了座谈，华侨大学校长贾益民为颂萨主席颁发了华侨大学名誉教授聘书。

省长苏树林访问美国。2月15—19日，为配合中共中央政治局常委、国家副主席习近平访美活动，苏树林省长率福建省代表团访问美国洛杉矶市和纽约市，开展以"话亲情促发展，叙友情谋合作"为主题的访问活动。参加中美经贸合作论坛和中美省州长见面会，福建在中美经贸合作论坛签约项目总投资达1.64亿美元。

省委常委、组织部长姜信治访问德国、奥地利和匈牙利。应德国莱法州政府、奥地利奥中友协和匈牙利国家议会的邀请，3月6—18日，省委常委、组织部长姜信治率福建省友好代表团一行6人访问上述3国。代表团就扩大福建省与3国在各领域的交流与合作，特别是加强公务员交流与培训合作进行了沟通洽谈。省公务员局与莱法州公共管理学院签订了《关于福建省公务员赴德国莱法州培训合作意向书》，双方就培训主体、培训内容、培训方式等方面达成了共识。

省政协副主席李川访问智利、哥斯达黎加和古巴。应智利奥伊金斯将军解放者大区政府秘书局、哥斯达黎加第一副总统和古巴哈瓦那省人民权力代表大会国际合作部的邀请，4月16—27日，省政协副主席李川率福建省友好代表团一行6人访问上述3国。在智利，代表团会见了奥伊金斯将军解放者大区政府秘书局局长梅拉·梅迪娜女士，双方就推动友好交流，促进产业企业对接合作进行了洽谈。在哥斯达黎加，代表团拜会了哥第一副总统阿尔菲奥·皮瓦·梅森，就推动福建实力企业赴哥投资合作进行了交流；哥斯达黎加摩拉维亚市向代表团递交了希望与福建省福州市缔结友好关系的函。在古巴，代表团会见了哈瓦那省人民权力代表大会国际合作部部长费里克斯·梅加斯·茹伊兹等，深入了解古巴在住房、养老等社会保障制度方面的经验与做法。

省委常委、副省长陈桦访问南非、博茨瓦纳和肯尼亚。应南非中华福建同乡总会、博茨瓦纳卫生部和肯尼亚交通部的邀请，5月3—14日，省委常委、副省长陈桦率福建省政府代表团一行6人访问上述3国。代表团看望慰问了福建省在博茨瓦纳执行援外任务的第13批医疗队；与博茨瓦纳卫生部举行会谈，协调解决医疗队在工作和生活条件、安全保障等方面存在的问题。与驻南非、博茨瓦纳使馆商谈共同承办的中非文化"央地对口合作"项目，做好项目前期准备工作。分别在3国举办推介会，宣传福建经济社会发展成就及文化产业、医疗卫生事业，吸引有实力的闽籍企业家回乡投资。实地考察中国武夷肯尼亚分公司总部、在建的内罗毕国际机场停机坪扩建项目和武夷广场项目。

省政协主席梁绮萍访问澳大利亚、英国。应澳大利亚新南威尔士州上议院、英国霍德福德市议会的邀请，5月9—20日，省政协主席梁绮萍率福建省政协代表团一行6人访问上述两国。在澳期间，代表团访问了新南威尔士州上议院，受到前议长、议员、反对党领袖阿曼达·法齐奥的欢迎，并与上议院议员、州议会亚太友好小组副主席、澳大利亚华人协会副会长肖凯·莫索曼举行了座谈。在英期间，代表团访问了霍德福德市议会，并与中央选区资深议员马汀斯进行了交流。

倪岳峰副省长访问新加坡、印度尼西亚和马来西亚。应新加坡贸工部政务部长李奕贤、印尼中爪哇省省长比彼特·瓦卢约和马来西亚首相对华特使、马中商务理事会主席黄家定的邀请，5月21—30日，倪岳峰副省长率福建省代表团一行21人访问上述3国。代表团通过广泛接触新加坡、印尼、马来西亚闽籍乡亲和工商企业界人士，大力推介福建发展的难得机遇和优势资源。此访共签约项目90项，拟利用外资33.8亿美元，其中：合同项目49项，合同外资17亿美元；意向项目27项，拟利用外资9.5亿美元；接洽项目14项，拟利用外资7.3亿美元。

省人大常委会党组书记、副主任徐谦访问法国、荷兰和瑞典。应法国下诺曼底大区议会主席洛朗·博韦、荷兰海尔德兰省副省长安娜昧克·德娜荷博士、瑞典韦姆兰省省长艾娃·埃里克森的邀请，6月19—30日，省人大常委会党组书记、副主任徐谦率福建省友好代表团一行6人访问上述3国。在法国，代表团与下诺曼底大区议会国际关系部官员举行会谈，双方回顾了开展友好交流情况，就食品安全、遗产保护和冈城大学设立孔子学院项目等交换了意见。在荷兰，代表团拜访了海尔德兰省议会，就共同关心的议会职责等问题进行了探讨；重点考察当地樱桃种植情况，就引进樱桃果苗至武夷山种植与当地有关机构和企业达成了合作意向。在瑞典，代表团会见了韦姆兰省省长艾娃·埃里克森女士，并走访了位于该省卡尔斯塔德市的全球最大生活纸机生产线供应商美卓公司。

省委常委、宣传部长袁荣祥访问丹麦、瑞士和意大利。应丹麦文化研究院、瑞士瑞中友协法语区分会和意大利 Intrado 公司的邀请，6 月 20 日—7 月 2 日，省委常委、宣传部长袁荣祥率福建省文化交流代表团一行 6 人访问上述 3 国。在丹麦，代表团考察了丹麦文化研究院并与其签订了合作意向书，就相互出版发行儿童读物和中国文化书籍达成了共识；还与丹麦侨界达成了在哥本哈根华人社区合作建设闽侨书屋的意向。在瑞士，代表团拜会了瑞中友协法语区分会主席白鹄先生，就进一步加强媒体、文化创意、文艺演出、非物质文化遗产展示等交换了意见；推动中国海殿集团与瑞士 Eterna 钟表公司在福州永泰设立文化创意产业园及瑞士钟表研发中心和生产基地。在意大利，代表团拜会了那不勒斯省省长路易吉·切萨诺先生，就深化友好省建设进行了交流，并商谈了文化旅游产业合作发展的合作意向。

倪岳峰副省长访问日本、印度。应日本长崎县政府、印度工商联合会的邀请，7 月 23 日—8 月 1 日，倪岳峰副省长率福建省经贸代表团一行 6 人访问上述 2 国。在日本，代表团拜会了日本国际贸易促进会会长、前众议院议长河野洋平、长崎县知事中村法道、议长渡边敏胜等；会见了日本贸易振兴机构、台湾电电公会及其日本姐妹会，以及三井住友银行、三菱东京 UFJ 银行、瑞穗实业银行和中央信用金库银行等日本四大金融机构和松下电器、常石造船等；走访考察了日立公司、三菱电机、永旺集团、康宁公司等跨国企业；出席了在长崎市举办的“福建省与长崎县结好 30 周年庆祝系列活动”。在印度，代表团拜访了印度工商业联合会、印度国家软件及服务产业贸易协会，考察了塔塔集团、INFORSYS 等印度知名企业，看望了龙净环保、正兴车轮、福抗医药等福建企业驻外人员。

省人大常委会副主任李红访问巴西、阿根廷和古巴。应巴西圣保罗州议会、阿根廷布宜诺斯艾利斯市政府和古巴哈瓦那省人民权力代表大会的邀请，9 月 4—15 日，省人大常委会副主任李红率福建省人大友好访问团一行 6 人访问上述 3 国。访问团拜访了巴西圣保罗州议会议员、阿根廷布宜诺斯艾利斯市政府有关部门负责人、古巴哈瓦那省人民权力代表大会国际合作部，并就教育、医疗、卫生等问题举行了座谈会。

省政协副主席叶继革访问巴西、秘鲁和智利。应巴西圣保罗总商会、秘鲁共和国议会和智中商会的邀请，9 月 12—24 日，省政协副主席叶继革率福建省经贸代表团一行 6 人访问上述 3 国。在巴西，代表团会见了圣保罗总商会部长助理西尼·多卡尔；实地走访了里约热内卢展览中心，并考察了中国电网巴西公司。在秘鲁，代表团会见了秘鲁共和国议会议员何塞·古铁雷斯、库斯科市副市长路易斯·弗洛雷斯·加尔西亚等，就密切双边合作关系、推动库斯科省省长访闽等问题交换了意见，达成了共识。在智利，代表团在圣地亚哥举办了智利—福建经贸座谈会，20 多家在智利有影响力的采购商以及 4 家智利商协会参加。

省政协副主席、省新闻出版局局长郭振家访问南非、肯尼亚。应全非洲中国和平统一促进会、肯尼亚华人华侨联合会的邀请，10 月 18—27 日，省政协副主席、省新闻出版局局长郭振家率福建省新闻出版代表团一行 5 人访问上述两国。在南非，代表团参加了由全非洲中国和平统一促进会举办的第二届非洲论坛，在论坛开幕式之前举行了“海西新风采福建新跨越”图片展开幕式，南非总统夫人邦吉·恩盖马·祖马、南非豪登省省长莫科尼亚妮女士等出席了图片展开幕式，海峡出版发行集团与全非洲中国和平统一促进会在开幕式上签署了新闻出版领域全方位合作的意向书；代表团还参加了南非“闽侨书屋”、福建新华书店约翰内斯堡分店揭牌仪式暨第八届中国（福建）图书展。在肯尼亚，代表团参加了首次在肯尼亚首都内罗毕举办的“海西新风采福建新跨越”图片展，海峡出版发行集团还与肯尼亚华人华侨联合会签署了在新闻出版领域全方位合作的意向书。

省人大常委会副主任张健访问印度、阿联酋和肯尼亚。应印度工业联合会、阿联酋迪拜商会和肯尼亚内罗毕市的邀请，10 月 18—30 日，省人大常委会副主任张健率福建省人大常委会代表团一行 6 人访问上述 3 国。代表团走访了中国驻 3 国大使馆、印度茶叶局、阿联酋华人华侨联合会、阿联酋福建商会、中国武夷肯尼亚分公司等，深入了解 3 国茶叶生产、贸易情况及福建与 3 国经贸合作情况，介绍了福建茶叶的特点、茶产业发展现状及地方立法有关情况，就深化福建与 3 国的经贸合作特别是茶产业的合作，提升双边商品贸易层次，推动更多有实力的福建企业赴 3 国投资等问题交换了意见，取得了共识。

王蒙徽副省长访问新加坡、土耳其和法国。应新加坡福建会馆、土耳其马尔马拉城市联盟和法国埃罗省议会的邀请，11 月 23 日—12 月 4 日，副省长王蒙徽率福建省生态文明和绿色发展考察团一行 6 人访问上述 3 国。考察团拜会了新加坡福建会馆、纬壹科技城管理委员会、土耳其马尔马拉城市联盟、法国尼斯市规划局和法国埃罗省议会，与新加坡城市规划局前局长刘太格先生进行了亲切友好的交流。围绕城市规划、绿色交通、绿道规划建设、生态环境保护、古城和历史建筑保护、新城建设等重点内容，对新加坡、伊斯坦布尔、法国尼斯、戛纳、蒙彼利埃等城市进行了考察，在强化规划调控、倡导绿色交通、推进绿道建设、加强历史文化保护等方面进一步加深了认识。

【对外交流合作】 教育对外交流与合作。累计招收来自 128 个国家和地区的来华留学生 24262 人。福建 4 所学校成为教育部国家来华留学政府奖学金接受学校。启动福建省外国留学生奖学金项目，全年资助金额500万元，共录取150人。截至2012年底，福建省高校与国外高校共建20所孔子学院，43个孔子课堂。厦门大学入选孔子学院总部“首批孔子学院专职教师储备单位项目”。全年全省审批中外合作办学机构1个；中外合作办学项目13个。正式启动福建省出国留学奖学金项目，厦门大学、福州大学等17所高校共推荐119位申请人，经过专家评审，共录取98人。全省教育系统共聘请了380多名外国文教专家来闽教学。举办第四届福建省外国文教专家和外籍教师“八闽行”活动。福建省高校对接签约了海峡两岸金融教育人才国际认证培训中心项目、福建信息职业技术学院与英国伦敦商务考试局开展合作办学项目以及福建幼儿师范高等专科学校与新西兰高等教育学院开展中外合作办学项目。全省9个合法的自费留学中介服务机构完成了新一轮的年检。

文化对外交流与合作。文化部决定与确定福建与驻南非和驻博茨瓦纳使馆开展为期2年的对口合作交流。7月，福建杂技艺术团赴南非和博茨瓦纳访演，参加南非国家艺术节、驻南非使馆开放日和慰问演出活动。9月，福建省木偶艺术团应邀参加南非约翰内斯堡艺术节。4月，组派福建省实验闽剧院和媒体团赴毛里求斯参加第八届文化美食节活动。受文化部委派，3月，组派厦门小白鹭民间舞团赴巴林为中阿合作论坛第二届中国艺术节开幕式进行专场演出，并赴约旦参加约旦哈西姆王国政府与中华人民共和国政府建交35周年庆典演出。作为土耳其“中国文化年”的重要组成部分，4月，泉州市艺术代表团赴土参加友好城市梅尔辛“泉州文化周”演出活动。7月，省杂技团赴日本参加福建省与日本长崎县结好30周年庆典演出活动。9月，泉州市艺术团赴法国参加埃罗省文化体育场开馆庆典活动。11月，莆田市“中华情·兴化缘”文艺演出团(访问团)赴马来西亚、新加坡、印尼慰问演出。实现省歌舞剧院交响乐团首次组团赴新加坡和马来西亚演出大型交响南音《陈三五娘》，宁德市古田县闽剧团在马来西亚公演《临水夫人陈靖姑》等经典剧目。组派泉州市艺术团赴菲律宾文化交流，厦门艺校和歌仔戏研习中心与晋江木偶剧团分赴新加坡进行文化交流。省杂技团赴泰国参加福建会馆成立100周年庆祝演出等活动。省京剧院赴日本参加儿童艺术节。泉州刺桐少儿合唱团与泉州五中师生分赴美国参加合唱比赛和举办非遗演出。厦门爱乐乐团赴俄罗斯参加“中国文化节”演出《土楼回响》。多批福建省文博系统专家学者赴日本、美国、新西兰、澳大利亚等国参加学术论坛和国际会议。

科技对外交流与合作。推进与以色列设立合作基金、引进以色列先进技术项目、签署合作协议备忘录等工作，推进中以微波通信产业园建设，“高性能视频压缩技术研究及IP开发”、“大功率数字电视发射机(数字微波激励器)”、“人脸视频识别与视频分析系统”、“低照度高清网络摄像机开发”、“单镜头全景摄像采集系统”等项目合作有序展开；省农科院与以色列工贸部合作建设绿色农场项目，福建首次派出农业专家赴以色列参加由以色列国际开发合作机构(MASHAV，马沙夫)组织的“鲜货的采后生理学、病理学及处理”国际培训及研讨班。主动对接科技部国际合作项目计划，突出重点领域和重点国别，5个国合项目、2个“对俄专项”项目、2个港澳台科技合作专项项目进入国合专项2013年立项库；6个科技部国合专项项目通过验收。福建龙净环保股份有限公司与澳大利亚伍龙岗大学合作开展的“物料输送的料性研究及工业应用”项目，建立了具有国际一流水平的物料料性测试装置及气力输送实验装置，成果已应用于石子煤颗粒料的气力输送中，填补了国内该行业正压输送空白。组织实施了嘉园环保等3家企业与浙江清华长三角研究院合作研发的项目，8个项目纳入2012年度科技合作产业支撑重大项目。组织实施了2012年福建省引进重大研发机构资助项目的评审工作，5家研发中心得到相关支持。先后组织15家企业23项技术参加展览展示活动，增进福建与俄、蒙及东盟国家科技、经贸等多领域的交流与合作；在中俄蒙科技展上，福建鸿博光电科技有限公司与俄罗斯科学院西伯利亚分院物理材料学科研所就LED室内外照明灯具模块化关键技术合作开发与应用签署了合作协议。围绕“科技合作服务战略性新兴产业发展”的主题，举办第六届科技外交官论坛，推动了福建龙净环保股份有限公司与美国能源与环境研究中心(EERC)基金会“嵌入式电袋复合除尘器技术”项目等28个项目的成功对接。

卫生对外交流与合作。3月25—27日，新加坡社区卫生代表团来闽对赴新参加福建—新加坡社区卫生合作项目的人员进行第2次项目评审，对培训教师的授课情况进行评审，并实地考察了鼓楼区安泰社区卫生服务中心和五凤社区卫生服务中心。6月，泰国卫生部精神卫生代表团一行8人访问福建，先后参观了福建省精神卫生中心、厦门仙岳医院和泉州市第三医院。8月，福建省卫生管理人员一行8人赴泰国进行为期8天的精神卫生管理考察，并参加“第十一届国际精神卫生年度会议”。邀请瑞典专家来闽讲座。2月，全省卫生工作会举办医改专题讲座，瑞典驻华使馆副馆长、公使衔参赞齐亚博先生应邀到场就瑞典医疗卫生体制情况做了专题演讲。10月26日—11月15日，组织第13批医院管理短期培训班，全省三级医院管理人员一行16人赴英国参加医院管理及医院信息系统培训。根据两国协定，福建向博茨瓦纳派遣第13批援博茨瓦纳医疗队，该队由46名医疗队员组成，队员分别来自福州、厦门、漳州、泉州、莆田、三明、南平、宁德8个设区市的医疗单位和省立医院、省肿瘤医院、省级机关医院，涉及内、外、妇、儿科等14个专业。召开第12批援博医疗队工作总结会，会议向第12批全体队员颁发了《中华人民共和国卫生部援外医疗队员荣誉证书》。组建第15批援塞内加尔医疗队，主要由龙岩市卫生局组队，初步完成13名医疗队员的选拔及考核。拓展新型援外合作模式。

环境保护对外交流与合作。全年境外环保机构、环保企业共18批78人次到省环保厅交流环保管理经验，探

福建省与国外友城关系一览表（2012年）

省市	友好省州/城市	结好时间	签字地点
福建省（20）	澳大利亚塔斯马尼亚州 Tasmania, Australia	1981.03.05 5 Mar. 1981	霍巴特市 Hobart
	日本长崎县 Nagasaki, Japan	1982.10.16 16 Oct. 1982	长崎市 Nagasaki
	美国俄勒冈州 Oregon, U. S. A.	1984.09.25 25 Sep. 1984	福州市 Fuzhou
	比利时列日省 Liege, Belgium	1986.02.27 27 Feb. 1986	福州市 Fuzhou
	德国莱法州 Rheinland—Pfalz, Germany	1989.05.24 24 May 1989	美茵兹市 Mainz
	法国下诺曼底大区 Lower Normandy, France	1990.12.06 6 Dec. 1990	卡昂市 Caen
	日本冲绳县 Okinawa, Japan	1997.09.04 4 Sep. 1997	福州市 Fuzhou
	意大利那不勒斯省 Naples, Italy	1998.06.12 12 Jun. 1998	那不勒斯市 Naples
	巴布亚新几内亚东高地省 Eastern Highlands, Papua New Guinea	2000.05.16 16 May 2000	福州市 Fuzhou
	巴西塞阿腊州 Ceara, Brazil	2001.03.06 6 Mar. 2001	福塔莱萨市 Fortaleza
	乌克兰敖德萨州 Odessa, Ukraine	2002.07.11 11 Jul. 2002	敖德萨市 Odessa
	印度尼西亚中爪哇省 Central Java, Indonesia	2003.12.06 6 Dec. 2003	三宝垄市 Semarang
	美国弗吉尼亚州 Virginia, U. S. A.	2004.06.08 8 Jun. 2004	北京市 Beijing
	南非夸祖鲁—纳塔尔省 KwaZulu—Natal, South Africa	2006.12.13 13 Dec. 2006	福州市 Fuzhou
	阿根廷米西奥内斯省 Misiones, Argentina	2007.06.27 27 Jun. 2007	伊瓜苏港 Puerto Iguazu
	西班牙坎塔布里亚自治区 Cantabria, Spain	2009.06.23 23 Jun. 2009	桑坦德市 Santander
	美国宾夕法尼亚州 Pennsylvania, U. S. A.	2009.10.23 23 Oct. 2009	哈里斯堡市 Harrisburg
	瑞典维姆兰省 Värmland, Sweden	2010.06.16 16 Jun. 2010	福州市 Fuzhou
	塔吉克斯坦索格特州 Sughd, Tajikistan	2012.06.02 2 Jun. 2012	厦门市 Xiamen
	波兰奥波莱省 Opole Voivodeship, Poland	2012.09.09 9 Sep. 2012	厦门市 Xiamen
福州市（9）	日本长崎县长崎市 Nagasaki, Nagasaki, Japan	1980.10.20 20 Oct. 1980	长崎市 Nagasaki
	日本冲绳县那霸市 Naha, Okinawa, Japan	1981.06.20 20 Jun. 1981	那霸市 Naha
	美国纽约州锡拉丘兹市 Syracuse, New York, U. S. A.	1991.08.25 25 Aug. 1991	锡拉丘兹市 Syracuse
	美国华盛顿州塔科马市 Tacoma, Washington, U. S. A.	1994.11.16 16 Nov. 1994	福州市 Fuzhou
	巴西圣保罗州坎皮纳斯市 Campinas, Sao Paolo, Brazil	1996.11.08 08 Nov. 1996	福州市 Fuzhou
	澳大利亚新南威尔士州肖尔黑文市 Shoalhaven, New South Wales, Australia	2003.10.15 15 Oct. 2003	福州市 Fuzhou
	圭亚那乔治顿市 Georgetown, Guyana	2006.05.17 17 May 2006	福州市 Fuzhou
	波兰西滨海省科沙林市 Koszalin, West Pomerania, Poland	2007.05.19 19 May 2007	福州市 Fuzhou
	肯尼亚蒙巴萨市 Mombasa, Kenya	2008.05.19 19 May 2008	福州市 Fuzhou
厦门市（15）	英国威尔士加的夫郡 Cardiff, Wales, U. K.	1983.03.31 31 Mar. 1983	厦门市 Xiamen
	日本长崎县佐世保市 Saseho, Nagasaki, Japan	1983.10.28 28 Oct. 1983	佐世保市 Saseho
	菲律宾宿务省宿务市 Cebu, Cebu, Philippines	1984.10.26 26 Oct. 1984	宿务市 Cebu
	美国马里兰州巴尔的摩市 Baltimore, Maryland, U. S. A.	1985.11.07 7 Nov. 1985	厦门市 Xiamen
	新西兰惠灵顿市 Wellington, New Zealand	1987.06.23 23 Jun. 1987	惠灵顿市 Wellington
	马来西亚槟榔屿州槟岛市 Penang Island, Penang, Malaysia	1993.11.10 10 Nov. 1993	槟岛市 Penang Island
	澳大利亚昆士兰州马卢奇郡 Maroochydore, Queensland, Australia	1999.09.28 28 Sep. 1999	厦门市 Xiamen
	立陶宛考纳斯省考纳斯市 Kaunas, Kaunas, Lithuania	2001.03.11 11 Mar. 2001	厦门市 Xiamen
	墨西哥哈里斯科州瓜达拉哈拉市 Guadalajara, Jalisco, Mexico	2003.08.15 15 Aug. 2003	瓜达拉哈拉市 Guadalajara
	荷兰南荷兰省祖特梅尔市 Zoetermeer, South Holland, Netherlands	2005.07.14 14 Jul. 2005	祖特梅尔市 Zoetermeer
	印度尼西亚东爪哇省泗水市 Surabaya, East Java, Indonesia	2006.06.24 24 Jun. 2006	泗水市 Surabaya
	韩国全罗南道省木浦市 Mokpo, South Jeolla, South Korea	2007.07.25 25 Jul. 2007	木浦市 Mokpo
	希腊马拉松市 Marathon, Greece	2009.01.04 4 Jan. 2009	厦门市 Xiamen
	德国莱法州特里尔市 Trier, Rheinland—Pfalz, Germany	2010.11.11 11 Nov. 2010	特里尔市 Trier
	加拿大不列颠哥伦比亚省列治文市 Richmond, British Columbia, Canada	2012.04.27 27 Apr. 2012	厦门市 Xiamen
漳州市（4）	日本长崎县谏早市 Isahaya, Nagasaki, Japan	1991.04.15 15 Apr. 1991	漳州市 Zhangzhou
	印度尼西亚南苏门答腊省巨港市 Palembang, South Sumatra, Indonesia	2002.09.16 16 Sep. 2002	巨港市 Palembang
	荷兰瓦格宁根市 Wageningen, Netherlands	2009.05.12 12 May 2009	漳州市 Zhangzhou
	日本北海道伊达市 Date, Hokkaido, Japan	2010.04.07 7 Apr. 2010	漳州市 Zhangzhou
泉州市（6）	日本冲绳县浦添市 Urasoe, Okinawa, Japan	1988.09.23 23 Sep. 1988	浦添市 Urasoe
	美国加利福尼亚州蒙特利公园市 Monterey Park, California, U. S. A.	1994.02.24 24 Feb. 1994	蒙特利公园市 Monterey Park
	德国莱法州诺伊斯塔特市 Neustadt, Rheinland—Pfalz, Germany	1995.11.02 2 Nov. 1995	泉州市 Quanzhou
	土耳其梅尔辛省梅尔辛伊尼赛市 Yenisehir Mersin, Mersin, Turkey	2002.04.17 17 Apr. 2002	泉州市 Quanzhou
	美国加利福尼亚州圣迭戈郡 San Diego, California, U. S. A.	2006.11.06 6 Nov. 2006	泉州市 Quanzhou
	法国埃罗省蒙彼利埃 Herault, Montpellier, France	2010.02.28 28 Feb. 2010	泉州市 Quanzhou
三明市（2）	美国密歇根州兰辛市 Lansing, Michigan, U. S. A.	1997.09.10 10 Sep. 1997	三明市 Sanming
	匈牙利布达佩斯十五区 XV kerület, Budapest, Hungary	2009.12.22 22 Dec. 2009	三明市 Sanming
莆田市（3）	美国阿肯色州贝茨维尔市 Batesville, Arkansas, U. S. A.	2007.09.17 17 Sep. 2007	贝茨维尔市 Batesville
	加拿大大不列颠哥伦比亚省坎伯兰市 Cumberland, British Columbia, Canada	2007.09.24 24 Sep. 2007	坎伯兰市 Cumberland
	马来西亚砂拉越州诗巫市 Sibu, Sarawak, Malaysia	2012.11.26 26 Nov. 2012	诗巫市 Sibu
南平市（2）	美国康涅狄格州史丹福市 Stamford, Connecticut, U. S. A.	1993.07.02 2 Jul. 1993	史丹福市 Stamford
	澳大利亚新南威尔士州奥尔伯里市 Albury, New South Wales, Australia	2003.09.06 6 Sep. 2003	南平市 Nanping
龙岩市（2）	澳大利亚新南威尔士州伍龙岗市 Wollongong, New South Wales, Australia	2000.11.19 19 Nov. 2000	龙岩市 Longyan
	法国安第尔省普松西市 Buzancais, Indre, France	2008.10.27 27 Oct. 2008	普松西市 Buzancais
宁德市（4）	马来西亚砂拉越州诗巫市 Sibu, Sarawak, Malaysia	2009.03.19 19 Mar. 2009	宁德市 Ningde
	德国莱法州沃尔姆市 Worms, Rheinland—Pfalz, Germany	2012.12.07 7 Dec. 2012	宁德市 Ningde
	德国莱法州施佩尔市 Speyer, Rheinland—Pfalz, Germany	2012.12.07 7 Dec. 2012	宁德市 Ningde
	美国印地安纳州哥伦布市 Columbus, Indiana, U. S. A.	2010.10.22 22 Oct. 2010	宁德市 Ningde
石狮市（2）	菲律宾南甘马林省那牙市 Naga, Camarines Sur, Philippines	2000.03.01 1 Mar. 2000	那牙市 Naga
	澳大利亚南澳洲伦马克帕林加市 Renmark Paringa, South Australia, Australia	2005.10.19 19 Oct. 2005	石狮市 Shishi
南安市	日本长崎县平户市 Hirado, Nagasaki, Japan	1995.10.20 20 Oct. 1995	平户市 Hirado
福鼎市	斯洛伐克特尔纳瓦州特尔纳瓦市 Trnava, Trnava, Slovakia	1998.04.29 29 Apr. 1998	福鼎市 Fuding
武夷山（2）	美国夏威夷火奴鲁鲁市 Honolulu, Hawaii, U. S. A.	2005.07.12 12 Jul. 2005	火奴鲁鲁市 Honolulu
	澳大利亚新南威尔士州蓝山市 Blue mountains, New South Wales, Australia	2009.06.30 30 Jun. 2009	蓝山市 Blue mountains
厦门市思明区	美国佛罗里达州萨拉索市 Sarasota, Florida, U. S. A.	2007.11.09 9 Nov. 2007	萨拉索市 Sarasota
长乐市	美国华盛顿州得梅因市 Des Moines, Washington, U. S. A.	2012.01.16 16 Jan. 2012	长乐市 Changle

（王周雨）

讨环保技术合作；与德国、以色列、日本、斯洛伐克、加拿大、荷兰等国家的交流不断加强，其中省环保厅与日本长崎县环境部正式签署《环保交流合作备忘录》，进一步明确合作的内容及方式。加强环保合作项目库建设，在工业废水处理、湖库水域净化、空气污染防治、清洁能源、生态保护等方面筛选出对外合作项目28项，并向国内外重点征集18项污染防治和废物循环利用技术。利用第十六届中国国际投资贸易洽谈会平台，举办第七届福建省环保项目洽谈会，促进福建环保技术需求和环保项目的对接实施，成功引进香港永恒国际投资管理公司的高效节能粉体工业锅炉系统，对泉州中小型锅炉进行脱硫脱硝改造。

【友好城市】 2012年，全省新增友城7对，即福建省与塔吉克斯坦索格特州和波兰奥波莱省、厦门市与加拿大列治文市、莆田市与马来西亚诗巫市、宁德市与德国斯佩尔市和沃尔姆斯市、长乐市与美国得梅因市。新获批待结好的友城2对，即福建省与泰国孔敬府、漳州市与匈牙利格德勒市。全省友城数量达到75对(其中省级20对)；全年新获批待结好友城2对，与3个对华友好组织签署合作备忘录。全国友协授予福建省外办“城市国际化推动奖”，厦门市、莆田市“城市科学发展奖”，石狮市“城市品牌建设奖”，省级友城美国俄勒冈州、福州市友城美国塔科马市、厦门市友城日本佐世保市“对华友好城市交流合作奖”。

截至2012年底，福建已与世界上32个国家建立了75对国际友城关系，其中：省级20对，福州9对，厦门15对，泉州6对，漳州4对，莆田3对，南平2对，三明2对，龙岩2对，宁德4对，石狮2对，武夷山2对，南安、福鼎、厦门市思明区、长乐市各1对。

侨 务

【综述】 坚持为大局服务和为侨服务相统一，提出服务经济发展“八项行动”(侨经结合行动、每月一侨行动、内外架桥行动、重点侨商行动、侨资入闽行动、智库挖潜行动、项目跟踪行动、侨社凝聚行动)，主动融入经济主战场；积极打造“海外侨商投资与贸易”工作品牌，加大了引进侨资侨智工作力度，服务经济社会发展扎实有效；开展“闽侨精英故乡行”活动，做好重点人士、重点社团和新华侨华人、华裔新生代工作，推动海外和谐侨社建设，促进闽台交流合作，深入涵养侨务资源；大力推进海外华文教育，多渠道开展侨务外宣，繁荣华侨文化建设，全年海外华裔青少年夏(冬)令营人数突破万人，名列全国首位；关注侨界民生，依法维护侨益，出台推动华侨农场改革发展的10项措施，大力实施“关爱工程”等活动；加强学习型组织建设，提升“两网一库”建设水平，组织开展侨务课题调研工作。

【服务经济建设】 省侨办与福州市外侨办邀请组织来自英国、美国、澳大利亚、希腊、印尼等国家和地区的31个团组385名闽籍侨商参加“5·18”海交会，推介海西建设。邀请500多名海外侨商参加第十六届“中国国际投资贸易洽谈会”，参与由国侨办主办的“第六届海外华商中国投资峰会”(简称“海华会”)的组织和协调工作。组织来自马来西亚、菲律宾、加拿大、香港、马达加斯加、澳大利亚、坦桑尼亚、印尼和南非的9个团组共49名海外侨商参加省团的“投资福建”活动，共签约海外侨商项目155个，总投资133.76亿美元，利用侨资86.61亿美元。组织侨商到三明、南平等地开展项目实地考察。邀请以波兰嫦娥卫视董事长陈彪为团长的波兰福建商会考察团一行赴平潭、福州、泉州、厦门等地进行为期7天的商务考察。组织3批共51位闽籍侨资企业家赴青海、甘肃、宁夏、新疆等地开展“侨资企业西部行”商务考察活动，引导侨商参与西部经济社会建设。邀请来自美国、加拿大、日本等国家的18位海外华侨华人博士参加“海外人才为国服务博士团福建行”活动，达成对接初步意向40项；与南平市有关部门跟踪落实博士团对接意向，促成9个跟踪项目成功签约，投资总额50.5亿元人民币。围绕“科技、项目、资金、人才”的主题，邀请7个国家的46名海外华侨华人专业人士参加“中国·海峡项目成果交易会”，期间与南平市政府共同举办“海外侨商投资与贸易——6·18项目成果南平对接会”，共签约20个项目，投资金额53亿元人民币，并有29个项目达成合作意向。联合省公务员局在东京举办了针对日本(退休)技术人才的招聘活动，与日方技术人才签订聘用或项目合作协议，已有19人签订正式工作合同并上岗。组织“新加坡专家学者代表团”来闽考察，并组织省内50家企业与专家开展对接活动，达成12项技术合作意向。推荐福建慧翰信息技术有限公司施林团队，晋江市神骑

苏树林省长看望美国福建同乡会乡亲。 (省侨办供稿)

航空科技有限公司许俊峰团队、厦门艾德生物医药科技有限公司郑立谋团队、厦门康奥克科技有限公司陈敬龙团队成功入选国侨办第二批"重点华侨华人创业团队"，并获得国侨办给予的创业经费资助。协助国侨办在厦门大学成功举办第15期"海外华裔青年企业家中国经济高级研修班"，组织50名海外著名工商社团侨领子弟和中青年企业家参加培训和实地考察活动。举办"2012年福建省金融信贷政策——侨资企业专题报告会"，帮助侨资企业梳理金融信贷政策脉络，拓宽融资渠道，100多家省内侨资企业参会。做好侨商信访投诉的处理工作，受理涉及侨商投诉的案件19件，办理率达100%。

新加坡副总理张志贤、福建省副省长王蒙徽、新加坡福建同乡会蔡天宝共同为第七届世界福建同乡垦亲大会开幕式按下启动球。 （省侨办供稿）

【海外联谊】 通过"请进来、走出去"方式，接待各海外社团、各重点人士，组团参加泰国福建会馆百年庆典、欧洲华侨华人社团联合会成立20周年庆典暨第十七届大会等活动，与海外人士、社团紧密联系、做深做广海外联谊工作。全年接待海外华侨华人2700多人次，其中省侨办接待来自日本福建经济文化促进会、俄罗斯闽南商会等60多个海外社团1000多人次。指导各地开展"闽侨精英故乡行"活动，将邀请对象从东南亚拓展到世界各国，从大财团拓展到专业人士，全年共组织30个团组100多人次访闽。11月23—25日，主题为"乡情满狮城，闫风载四海"的第七届世界福建同乡恳亲大会在新加坡举行，省政府派出以时任副省长王蒙徽为团长的福建省代表团出席了大会，来自世界各地69个国家和地区的4000多名福建乡亲参会。世界福建青年联会（简称世青会）为庆祝澳门回归12周年，在澳门举办"首届世界福建青年篮球赛"。承办第11期华侨华人社团中青年负责人研习班，来自日本、韩国、以色列等10个国家的50余位学员参与为期9天的学习和考察。8月，世青会2012年会长办公会在沈阳召开，策划推进世青会以股份形式投资建设武夷新区旅游综合体项目。邀请澳门福建青年联会首次组织闽籍青年社团负责人一行30多人回闽访问，并赴平潭综合试验区参观考察。世界三明青年联谊会、世界福建青年联会三明分会代表大会暨成立大会于1月在三明市召开，为8万多名三明籍海外青年提供了一个增进乡谊、沟通交流与合作的平台。

2012年11月23—25日，第七届世界福建同乡恳亲大会在新加坡举行。

（省侨办供稿）

【华文教育侨务外宣】 开展海外华文教育，传播中华文化。深化"四级联办"的办营模式，全年举办夏（冬）令营62期，营员10202人，居全国首位。加大海外华文师资培训力度，组织"示范教学团"和"华文教学讲学团"分别赴马来西亚和文莱等国开展教学活动，举办"华文教育·教师研习"马来西亚班、印度尼西亚班，全年培训海外华文教师2027人。继续与华侨大学、福建师范大学、福建幼儿师范高等专科学校和印尼东爪哇华文教育统筹机构等华文教育机构合作举办师资学历班，已毕业435人。接待澳门福建学校教师访闽团、菲律宾华校校董校长访华团等教育访问团，举办"华文教育·优秀教师华夏行"等活动，加强与海外华校的交流合作。促成福州实验小学与澳门福建学校等16对海内外学校缔结姐妹校。选派64名优秀华文教师赴菲律宾、印尼等国任教。与省教育厅联合印发《福建省外派华文教师管理办法》，规范外派教师的程序和渠道。表彰9所省海外华文教育先进单位。召开省海外华文教育基地先进单位工作座谈会，加强海外华文教育基地建设。办理“三侨”子女身份证明，全年开具“三侨”子女身份证明书466份。与省外宣办合作邀请17个国家和地区的22家华文媒体到福州、宁德、南平和厦门等地开展“跨越发展·辉煌十年”大型采访活动。接待美国《侨报》记者来访，通过《侨报》报道“5·18”活动及福州长乐、平潭等地侨乡新貌，在美东华人社会引起热烈反响。加强与省内外主流媒体的联系，在《福建日报》、福建电视台综合、东南、海峡卫视等频道宣传重大侨务活动和侨务工作。促成“文化中国·四海同春——2012全球华侨华人新春晚会”于元宵节当晚在福建海峡卫视黄金时间播出。与华侨大学共同承办“共庆中国年——八闽文化走进马来西亚、泰国”文艺展演，泰国、马来西亚观众近7500人。选派3位专家赴新加坡、印度尼西亚和马来西亚举办“文化中国·名家讲坛”，观众达4000多人。邀请海外文化观摩团赴闽考察，接待了开展“中华文化之旅”的马来西亚拉曼大学师生，拜访华侨历史学术机构的马来西亚砂拉越华族文化协会访闽团，开展篮球友谊赛的马来西亚福建社团联合会寻根团。推荐闽剧、杂技、泉州提线木偶、南音、漳州布袋木偶戏、客家民歌等具有鲜明福建特色的文化项目人选“文化中国·四海同春”节目库。遴选44名专家学者入选国侨办“文化中国·名家讲坛”资料库。促成非洲首家“闽侨书屋”落户南非约堡唐人街，占地约180平方米，馆藏书籍约1万册。

【国内侨务】 加大依法护侨力度，维护侨胞合法权益。加强侨法宣传，在重点侨乡和华侨农场新建11个侨法宣传角，全省已建成43个，开展侨法宣传活动22场，发放侨法宣传资料1万多份。省侨办共接待来信来访407件次，及时将信访件转送有关部门办理，并做好督办跟踪，属于省侨办受理、办理的信访件办结率100%。全年开展“送温暖医疗队暨侨法宣传”活动22场，接受义诊和健康咨询达1万多人次，免费发放日常用药价值6万多元。举办“归侨侨眷职业技能培训”20期，培训归侨侨眷1千多人次。落实财政资金413.64万元，为3447名散居归难侨（低保户）发放生活困难补助，并为65户散居农村归难侨无房户落实建房补助金260万元。为省属困难企业465名老归侨退休职工发放生活补助44.64万元，为6名南侨技工遗孀发放生活补助3.6万元。下拨9个设区市及17个华侨农场元旦、春节等重大节日困难归难侨送温暖慰问金115万元，严重灾病归难侨救助金130万元。继续开展“侨爱工程——万侨助万村活动”，落实到位项目313个，总金额8.06亿元。引导、鼓励广大海外侨胞、港澳同胞支持家乡社会事业建设，全年接受捐赠达7.9亿元。会同省财政厅落实安排华侨农场事业费1570万元，协调武夷山、泉上等6个困难华侨农场财政补助资金420万元。会同省发改委、住建厅安排华侨农场归难侨职工危房改造3050套。推动解决双阳、江镜等华侨农场近900人养老保险问题。

【侨务基础建设】 提升“两网一库”建设水平。完善海外华侨华人经贸协作网建设，与省内重要经贸网络进行关联链接，为海外侨商与福建省开展投资贸易、技术合作提供更加有效的服务，浏览人数达64万多人次。提升福建侨网的运行维护水平，全年共发布各类信息34447条，浏览人数达350多万人次。组织召开全省侨情资料数据库管理工作会议，通报2011年侨情资料数据库管理情况，探讨交流工作意见和建议，加强省侨情资料数据库的管理工作，数据库存储资料55317条。

理论研究。4月，华侨大学举办了国侨办侨务理论研究福建基地成立揭牌仪式，确定“福建海外人才资源优势研究”、“海外闽籍侨商网络与福建经济走出去战略研究”和“侨务文化与福建软实力研究”等基地课题交由华侨大学等科研院校承担。承接国侨办2011—2012年课题研究工作，完成《新时期东南亚华文教育现状、需求及措施研究》和《文化产业在侨务对台工作中的意义及其发展策略研究》等两个国侨办课题。部署安排2012年度全省侨办系统的侨务课题调研工作，完成28篇课题调研文章。 （林晓英）

港澳事务

【苏树林省长率福建省代表团访问港澳】 7月1—4日，省长苏树林、副省长倪岳峰率福建省代表团赴香港、澳门访问，代表团拜会了全国政协副主席董建华、何厚铧和香港、澳门特首及中央政府驻港、驻澳联络办公室负责人，看望闽籍社团和福建乡亲，与

2012年7月3日，香港特首梁振英欢迎苏树林省长率团访问香港。

（省外办供稿）

知名企业负责人座谈。访问期间，苏树林省长会见了华润集团、港中旅集团、光大集团、中国银行（香港）有限公司和国家开发银行、中石化、中石油驻港机构以及澳大利亚阿斯创公司、美国空气化工集团、瑞士ABB集团等跨国公司负责人，走访福建驻港企业，会见在港闽商杰出代表，进一步落实省委书记孙春兰2011年3月访问签订的合作协议，促进闽港、闽澳经贸合作不断深化。代表团还拜访了香港福建社团联会，考察了福建乡亲投资兴建的澳门妈祖文化村，看望了港澳福建乡亲。

【澳门特别行政区行政长官崔世安来闽考察】 9月12—14日，澳门特别行政区行政长官崔世安带领行政会议全体成员来福建考察。考察期间，“幔亭招宴”这一武夷山古老待客礼仪，给客人留下深刻印象。

【香港特区政府驻福建联络处挂牌成立】 2月27日，香港特区政府驻福建联络处在福州正式挂牌成立，香港政治及内地事务局常任秘书长罗智光出席挂牌仪式。联络处的落地对密切闽港关系、促进两地合作具有重要意义，有利于今后双方进一步加强联系，深化金融、贸易等领域的交流合作，实现互利共赢。

【“见·识香港”大型图片展在福建省举行】 2月13—17日、3月12—16日，省港澳办与香港驻粤办分别在宁德、南平、三明、莆田、漳州、龙岩、厦门共同举办“见·识香港”大型图片展，并举办多场促进企业上市研讨会，探讨民企赴港上市及有关合作事宜。

【省委常委、宣传部长袁荣祥访问香港】 5月，省委常委、宣传部长袁荣祥率福建省文化产业招商推介访问团赴香港开展招商、推介和考察活动。访问团由福建省报业、广电、新闻出版、外经贸等有关部门和各设区市宣传部门负责人以及有关文化产业项目代表组成。访问团以“寻求合作发展，共创美好未来”为主题，来自全省各地150个文化产业招商项目精彩亮相闽港文化产业合作推介洽谈会，现场有22个项目成功签约。

【省委常委、副省长张志南访问港澳】 9月，省委常委、副省长张志南率团访问香港、澳门，代表团考察了地铁、金融、港口建设等，推动福建省与港澳在基础设施建设，金融服务等方面合作。

【港澳特区政府分别派出代表团参加第十六届中国国际投资贸易洽谈会】 9月6—8日，应第十六届中国国际投资贸易洽谈会组委会邀请，香港特别行政区政府财政司司长曾俊华、澳门特别行政区政府财政司司长谭伯源分别率领港澳代表团参加第十六届中国国际投资贸易洽谈会。

【福建省积极推进“双延伸”工作】 11月18—21日，经省外办（港澳办）联系推动，由省直有关部门组成的赴港澳“双延伸”工作小组与港澳有关机构进行对接商谈，工作组向中央驻港机构、港澳特区政府部门和有关单位介绍了“双延伸”的背景、构想、目标、推进计划以及目前开展的主要工作，受到港澳特区政府有关部门和机构的高度重视和回应。　（王周雨）

编辑：林忠玉

闽台交流合作

闽台经贸合作

【概况】 2012年全省新批台资项目(含第三地)505项,合同台资20.61亿美元,实际利用台资7.76亿美元;闽台贸易总额119.63亿美元,其中:对台出口30.89亿美元,自台进口88.74亿美元;ECFA项下产品进口(包括享受和未享受ECFA关税减让优惠的所有ECFA清单产品)价值12.27亿美元,出口价值3.42亿美元。截至年底,福建经商务部核准在台湾地区设立的企业和分支机构共35家(18家企业,17家机构),福建企业协议投资额1.63亿美元。

【区域合作】 2012年,福建省政府正式批复实施《平潭综合实验区总体规划》,率先向台湾开放平潭建筑市场,促进台资企业落户平潭,冠捷科技、协力科技、海峡如意城等项目进展顺利,全年新增台资企业45家,累计达80多家。推动与台湾县市、民间团体、企业开展"点对点"合作,推动设立"海峡两岸职工交流中心",推动海峡书局在平潭建设。厦门"一区三中心"(两岸新兴产业和现代服务业合作示范区、东南国际航运中心、两岸金融中心、大陆对台贸易中心)等重大平台建设全面启动,"一区"是大陆首个以两岸产业合作为主题的国家级示范区;东南航运中心的航运服务体系和口岸通关环境等软环境建设不断优化;大陆对台贸易中心一期工程已动建;9月,福建省政府正式出台《关于支持厦门建设两岸区域性金融服务中心的若干意见》支持两岸金融合作,台北富邦银行在厦门银行开设闽台银行间首个人民币同业往来账户,厦台共有6对12家银行签订跨境人民币代理清算协议,16家商业总行同意授权厦门地区分行办理对台人民币结算清算代理业务,截至年底,两岸区域性金融服务中心已落户项目147个,总投资逾500亿元;厦金航线开通夜航,实现全天候运营;厦门市赴金门一日游办证中心启动在厦制证工作。

【产业合作】 国务院同意福州台商投资区扩区和新设泉州、漳州台商投资区,全省国家级台商投资区达到6个,累计入驻台企1000多家,形成一批特色产业集群。8月,入岛举办第四次闽台产业合作研讨会,达成20多项合作共识与项目。闽台双方在构筑全面互通的闽台LED标准互认体系、开展LED球泡灯等5个标准互认,建设LED照明示范工程等达成共识,选定厦门为两岸LED照明产业试点城市。台湾工研院成立"两岸冷链物流技术与服务联盟"落实与福建的交流合作,选定厦门作为两岸冷链物流产业合作试点城市。两岸电信企业智慧节能合作在福州青口开展试点。福州、平潭被选定为两岸产业合作无线城市试点。

【农业合作】 全年全省新批台资农业项目89个,合同台资1.6亿美元,实际到资8000万美元;累计批办台资农业项目2426个,合同利用台资32.5亿美元,实际到资18.4亿美元。推动罗源、东山、南靖、诏安、永春、上杭、邵武、福安、梅列、秀屿等10个闽台农业合作推广示范县(市、区)建设,建立核心示范片和辐射推广区域,培育闽台农业合作的新亮点。在海峡论坛期间召开台湾农民创业发展研讨会,邀请台湾农业行业协会、专家、学者以及15个国家台湾农民创业园代表等500多位嘉宾参加,促进两岸农业交流与合作。

【经贸活动】 第十六届台交会,参会台商达2257人,举办21场各类论坛、研讨会,涉及两岸经贸、工程机械、节能照明、产品推广、网络营销等方面。第十四届海交会,首次举办离岛采购行活动,安排台湾个人游推介展区,举办一系列涉及两岸的经贸合作、项目推介、产业对接、商品展销和民间交流活动,推动两岸交流合作向纵深迈进。第十届中国·海峡项目成果交易会,专门设立台湾展区,举办海西科技论坛,以及绿色建材、LED研讨等系列对接交流活动,促进两地产学研良好互动。

闽台交流

【第四届海峡论坛】 第四届海峡论坛由两岸68个单位和民间社团共同主办,大会活动、界别交流、基层交流、文化交流、经贸交流5大版块29项活动和6项同期举办的活动,吸引了台湾各界一万多名嘉宾前来参加。期间,分别在厦门和福州举办的台湾特色庙会,成为两岸最富民间和基层特色的活动。海峡百姓论坛首次在台湾高雄开展大规模宗亲交流,产生了积极影响。

【高层和基层双向交流】 2012年,全省赴台交流2169批次13903人次,台胞来闽211.16万人次。3月,苏树林省长率团赴台开展"乡情之旅",深入台湾基层,与台湾茶农、青年企业家、基层农渔民交流互动,达到"叙乡情·话合作、促双赢"目的。中国国民党荣誉主席吴伯雄、海基会董事长林中森、海基会副董事长高孔廉、维新基金会董事长谢长廷等台湾政要先后来闽参访。首次举办“两岸乡镇基层调解员联谊交流会”，丰富了乡镇交流对接内容，为两岸调解交流合作搭建了新平台。举办“海峡两岸民族乡镇发展交流会”、“台湾农民创业发展研讨会”、“两岸乡镇农业水利合作发展论坛”等交流活动。举行海峡两岸少数民族交流与合作基地（漳浦）授牌仪式，签署《海峡两岸民族乡镇交流与合作框架协议》，两岸民族乡镇建立了人员往来、经贸合作、文化教育、救灾援助等方面的交流协作机制。福建约50个县区组织110多个乡镇与台湾对口乡镇持续开展双向对接交流。第五届海峡两岸少数民族丰收节期间两岸少数民族同胞首次开展了社会主义新农村和特色民族村寨建设经验交流。组织福建省城镇化建设专题班赴台学习培训，推动闽台城镇化建设合作交流。

2012年5月，“海峡两岸作家论坛”在福州举办。（省文联供稿）

【文化交流】 福建永定客家文化园正式获批成为全国“海峡两岸交流基地”；全国台联在漳州设立“闽南文化研习交流基地”；全国性闽南文化与两岸交流研究基地“闽南文化研究院”揭牌；“闽台对渡文化交流协会”在石狮市成立。《妈祖之光·普照万方》大型综艺晚会在台中上演，这是妈祖之光晚会自2006年创办以来连续7年第10次入岛举办；“客家之歌”第3次赴台；“福建文化宝岛校园行”在台北启动；“闽台近代名人文物展”在南投举办；“海峡两岸青年舞蹈嘉年华”首度在台湾高雄举行。连江马祖澳东西两岸、厦（门）金（门）两地同燃焰火迎新成为两岸元旦、春节活动的一大亮点。红砖古厝两岸联袂申遗工作取得实质进展，国家文物局将“闽南红砖古厝聚落”列入预备名录。举办“福建省涉台文物普查成果展”。第十四届中国湄洲妈祖文化旅游节、妈祖文化活动周、第二十一届海峡两岸（福建东山）关帝文化旅游节、“第五届海峡两岸保生慈济文化节”、“第五届海峡两岸开漳圣王文化节”、“第三届陈靖姑文化节”、“第三届闽王文化节”等活动陆续登场，吸引众多台胞来闽参与。6月，首次举办两岸民间宫庙叙缘交流会，海峡两岸158家宫庙近300名代表参加，其中台湾宫庙106家，成为第四届海峡论坛的亮点。妈祖文化活动周吸引两岸上千家妈祖宫庙共3000多人齐聚湄洲，成为两岸之间参与宫庙最多的一次民间文化交流盛事。全国首个对台宗亲文化交流中心——海峡两岸（漳州）宗亲文化交流中心在漳州挂牌成立；全省首个县级文化遗产展示中心——两岸姓氏族谱展示与对接活动暨文化遗产展示中心揭牌；漳州两岸姓氏族谱展示与对接活动暨文化遗产展示中心揭牌。中国国民党主席吴伯雄率台湾客家知名人士来闽参加世界客属第二十五届恳亲大会。两岸侨联首次合作在台举办两岸侨乡恳亲大会，中国侨联与福建省、市、县、镇、村六级侨联百位代表首次联袂入岛恳亲。海峡百姓论坛首次在台湾高雄举行，闽台姓氏宗亲代表签订《闽台姓氏长期合作协议》。6月，在福州成立全国首家省级海峡两岸婚姻家庭服务中心，首次举办海峡两岸婚姻家庭论坛，促进两岸婚姻家庭进行更深层次的互动。举办第二届海峡两岸（围头）返亲节，开启两岸点对点交流先河。福建省巾帼志愿者协会与台湾中华生产党妇女部签订两岸妇女交流合作框架协议。

2012年12月，第二届海峡两岸欢乐汇暨曲艺理论研讨会在台湾成功举办。图为中国曲艺牡丹奖得主、福建南音表演艺术家李白燕在台南大天后宫举行收徒仪式。（省文联供稿）

【科教体卫交流】 3月，“促进海峡两岸科技合作联合基金”正式启动。举办第五届海峡科普论坛、2012海峡科技专家论坛、第五届海峡两岸知识产权论坛；福建新大陆电脑股份有限公司发布与台湾联华电子、台湾智原科技合作研发的全球第二代二维码解码芯片；安全云计算战略合作备忘录等16项合作项目签约。第十届中国·海峡项目成果交易会专门设立台湾展区，30多家台湾知名高校和研究机构以及50多家台湾知名企业携带160多项最新科技成果亮相。漳州师范学院获准从2013年开始，通过“联招考试”招收港澳台本科专业学生。厦门市从2012年秋季学期开始在8所省一级达标高中设立台生班。继续实施闽台高校联合培养人才项目，选派福建农林大学等28所高校300名学生赴中兴大学等台湾高校学习。已有32所福建高校与53所台湾地区高校和185家台资企业在光电技术、园艺技术等70个专业领域，通过引进台湾高校课程及教师或采取“分段对接”的方式联合培养人才。闽台首次合作开展免费高校毕业生SIYB创业培训，帮助高校毕业生圆创业梦。闽台高校首次通过“校—校—企—企”的产学结合模式，采取“2＋1”或“3＋1”模式，联合培养国际化“互通型”金融人才。海峡两岸武林大赛、厦金海峡横渡活动、海峡杯帆船赛、海峡两岸青少年足球邀请赛、海峡两岸趣味篮球赛、海峡两岸10万人登山活动等一系列特色鲜明的体育交流活动成功举办；两岸武术界商定共同申报中华武术传统非物质文化遗产。落实《海峡两岸医药卫生合作协议》，搭建海峡两岸医事交流与合作的平台，相继举办首届闽台医疗卫生合作论坛、首届两岸医药品检验技术交流研讨会、第十届海峡两岸中医药学术交流暨中药材产业发展研讨大会、“中医药传统文化研习营”、“海峡两岸同心光明行慈善活动”等多项对台交流活动；入岛举办“第四届海峡两岸医药品论坛”、“海峡两岸生技产业商机对接会”。鼓励台资成立医疗机构，鼓励台籍医务人员到当地执业，台资厦门长庚医院等社会资本办医的示范引领效应逐渐显现。厦门市第一医院、中山医院、厦门市中医院3家三级甲等综合性医院开始试点台胞诊疗费用回台报销。启动两岸重大疾病转院、转诊试点工作，增加台胞定点医院数量，厦门长庚、安宝、翔鹭3家台资医疗机构成为厦门医疗保险定点机构。建立完善台胞急诊、急救“绿色通道”，福建三级甲等医院设立了贵宾诊室接待台胞。允许在闽台胞参加所在地城镇职工基本医疗保险，截至年底共有426名在闽台胞参加了当地基本医疗保险，其中参加职工医保349人，参加居民医保77人。继续开展在闽台湾地区居民卫生高级专业技术职务任职资格评审工作，截至年底，福建省卫生部门已为台湾232名医师办理了大陆医师资格证书。

【文化产业合作】 “海峡文化创意产业基地”建设正式启动；“海西动漫创意之都”项目二期正式投入使用；省内唯一一家省级文化产权交易专业机构“海峡文化产权交易所”揭牌；两岸首家文创合资企业厦门华亿漫画创意有限公司落户厦门，闽台文化产业园被命名为国家级文化产业试验园区。第四届海峡两岸媒体峰会通过《繁荣中华文化共同建议书》。大型交响诗剧《乡愁》在泉州正式启动编排；闽台合拍电影《为你而来》在岛内上映；福建省首部两岸题材原创系列漫画《奇奇过大陆》出版；首部两岸三地联合打造亲情剧《原乡》以及两岸题材电视剧《快乐老家》分别在福州、厦门开机。海峡两岸文博会、版博会、艺博会、金门书展等取得丰硕成果，海峡两岸文博会跻身国家级文化产业交流平台，“文化＋会展”产业模式使福建省文化产业并发出1＋1＞2的聚变效应。

【青少年交流】 第十届海峡青年论坛首次走进高校—厦门大学；部分省级青联与对口交流的台湾青年社团签署合作备忘录。福建省侨联青年委员会与台湾中华侨联总会青年团在台签订交流合作协议。首届“百名台湾大学生八闽行”夏令营、“2012年福建之旅”文化寻根夏令营、“闽南风·海峡情”两岸青少年文化交流系列活动、海

2012年6月，第二届海峡两岸红十字博爱论坛在厦门举行。 （省红十字会供稿）

峡两岸青少年闽南文化研习营、第十一届海峡两岸大学生辩论赛、闽台青少年科技教育论坛、两岸城市青年创意族谱展、两岸大学生(青年)创意大赛、两岸青年对歌会等顺利举办。首次举办两岸大学生共同参与的建造活动——海峡两岸大学生 24 小时建造赛。“闽南风·海峡情”两岸青少年文化交流系列活动首次由金门走入台湾。第八届两岸大学生校园歌手邀请赛打破纯赛事方式实现比赛与联欢相结合。台湾青少年两岸和谐之旅自行车骑行活动入闽,台湾单车小天使在福建结束了 40 天骑行 3200 公里的行程。

【人才交流】 2012 年,福建省委、省政府提出建设平潭人才特区总体思路并实施“四个一千”人才工程,其中将用 5 年时间面向台湾引进 1000 名专才。第四届海峡论坛宣布进一步放宽台湾大学生及其他台湾居民到大陆就业的相关政策;平潭综合实验区管委会发布《平潭综合实验区 2012 年引进海内外高层次人才(团队)公告》、《关于鼓励和扶持台湾高校毕业生到平潭综合实验区创业的意见》。继续实施“闽台合作大学生创业圆梦工程”、“海西人才台湾行”,持续举办海峡两岸人才交流合作大会等活动。2012 年全国专利代理人资格考试福州仍为台湾考生的唯一考点,共有 219 名台湾考生完成网上报名,实际参加考试台湾考生为 137 名。率先实行国家司法考试报名全程网络化管理,268 名台湾考生完成网络报名。

【旅游合作】 福州赴台个人游正式启动;新增海西地区 11 城市居民赴金马澎地区个人游启动。成功举办第八届海峡两岸旅游博览会,两岸旅游界共推“海峡两岸百团万人游湄洲”、“万名福建乡亲游台中”、福建赴台乡村旅游专题系列交流考察、台湾旅游业者赴平潭推介会等活动。共同签署《海西 20 城市联手做大做好赴“金马澎”个人游市场合作宣言》、《推进闽台乡村旅游交流合作协议》、《东山、金门、澎湖三岛文化旅游合作协议》、《福建武夷山台湾阿里山缔结为友好姐妹风景名山协议书》等。2012 年,经福建口岸赴金马澎和台湾本岛旅游 282152 人次,增长 20.0%,其中:团队游 9639 个团组 256491 人次,分别增长 10.3%、13.1%(含外省居民经福建口岸赴台湾本岛游 3557 个团组 120419 人次);个人游 25661 人次(厦门居民赴台湾本岛个人游 8318 人次,福建居民赴金马澎地区个人游 17343 人次)。

闽台直接往来

【海上直航】 3 月,在厦门口岸“中远之星”客滚轮首次装载大陆机械车辆由厦门港直航台湾基隆,该轮首次运载海运快件往返两岸,标志大陆与台湾本岛的海运快件业务正式进入进出口双向运营阶段。3 月,万名福建乡亲乘“海峡号”客滚轮从平潭口岸直航台中,正式开启大规模赴台游的中部新通道;6 月,“海峡号”航班密度从每周 3 班增至 4 班;11 月,“家园号”客滚轮成功试航平潭—台北航线。6 月,厦金“小三通”客运航线夜间航班试运行,由厦门、金门两地双向对开,为构建厦金一日生活圈提供了交通保障。12 月,额定客位 233 人的双体高速客轮“蓬江号”投放泉金航线运营,泉金航线每日航班由 3 个增加为 4 个。2012 年,至台湾本岛客滚航线客运量 140005 人次,比上年增长 190.6%;“小三通”航线客运量 1494468 人次,下降 1.6%;海上航线对台货物吞吐量 2199.77 万吨,增长 1.8%;对台集装箱吞吐量 71.25 万 TEU,增长 6.2%。

【空中直航】 闽台空中客运直航有 8 条常态化航线,每周航班 57 班,货运航班每周 10 班。10 月 4 日,厦门—澎湖包机直航启动,每周四、六各对飞 1 个航班;12 月 17 日,武夷山机场成为两岸客运包机航点。全年福州、厦门、泉州航点共运载旅客 773805 人次,增长 3.3%;空中货运直航共运送货物 20336.6 吨,下降 14.9%。

【直接通邮】 厦门对台邮件总包处理中心投入使用;9 月,海峡两岸首条通信光缆——厦门至金门海底直达光缆投入运行;11 月,海峡光缆 1 号项目(福州长乐—台湾淡水海底直达光缆系统)开工建设。全年福建对台直接通邮函件量 1081756 件,下降 46.8%;特快专递 40910 件,增长 26.1%;包裹 4767 件,增长 11.2%;全国经福州邮政交换站的水陆邮政总包 290.39 吨,下降 2.2%,其中福建自有水陆路邮政总包 47.22 吨,下降 17.8%。

(邓建光)

编辑:林忠玉

农业和农村工作

综　述

【农业农村经济】 2012年，全省实现农林牧渔业总产值3007.40亿元，比上年增长4.3%。畜禽、水产、蔬菜、水果、茶叶、食用菌、笋竹、花卉等重点特色农产品产量都有不同程度增长，效益总体保持同步提高。加快推进造林绿化，完成造林绿化总面积21.37万公顷，森林覆盖率提高到63.1%，继续居全国首位。农业对外开放水平明显提高，农产品进出口贸易额123.56亿美元，增长12.4%。农民收入持续较快增长，农民人均纯收入9967元，增长13.5%，扣除价格因素，实际增长10.8%。

【现代农业】 粮食生产稳定发展，总产量659.30万吨，连续5年稳定在650万吨以上。农业适度规模经营不断发展，全省农村土地流转率超过20%，农民专业合作社发展到1.5万家以上，实现了每村平均1家，带动全省农户超过11%。加快发展农业产业化经营，299家国家级、省级重点龙头企业销售总收入1650亿元、增长9.6%，带动370万农户发展生产。扶持发展农产品深加工，农产品深加工固定资产投资补助试点范围从三明、南平、宁德3个市扩大到龙岩市，覆盖到23个省级扶贫开发工作重点县，共安排5000万元资金补助69个项目，带动社会投资近20亿元。推进"世纪之村"农村公共信息化综合服务平台建设，涉农信息资源得到整合共享，1万个建制村入驻"世纪之村"平台发挥作用。加快农业基础设施建设，编制实施《福建省大水网规划》，全年新开工重大水利项目超过120个，总投资超过340亿元，当年投资180亿元，比上年增长38%。农田水利建设力度加大，全省有效灌溉面积占耕地总面积的85%。

【小城镇和新农村建设】 全省43个省级小城镇综合改革建设试点发展步伐加快，带动农村路水电气等基础设施建设，农村出行、居住条件得到明显改善。引导省、市、县3级3600多个新农村试点示范村，实施试点示范项目7000多个，投资超百亿元。组织新农村建设试点示范村、省级造福工程集中安置区、灾后重建集中安置点、农村环境卫生综合治理示范村开展宜居新村创建活动，省级确定126个试点示范村重点推动，形成一批各具特色的示范典型。全面开展"点线面"攻坚计划试点，推进农村环境综合整治，农村生活垃圾处理率突破90%。全省累计建成乡镇垃圾处理场(站)1015座，建设垃圾池7.9万个，配备村镇保洁员4.2万人，初步建立了农村垃圾清运处理体系。

【农村民生】 开展新一轮造福工程，搬迁对象从偏僻自然村扩大到贫困残疾人、地质灾害点、石结构房搬迁等7种类型，实际完成搬迁16.08万人。落实小额贷款10亿元，开展"雨露计划"培训6万农民，对130.5万贫困人口实行帮扶到户。全年新建农村公路2000千米；新解决300万人的饮水安全问题，74.8%的村庄实现集中供水。农村低保、新农合政府补助标准进一步提高，73.7万农村低保人口实现应保尽保，新农合参合率达到99.8%，新农保参保率达到94.8%，321.2万老年农村居民领取了养老金。

【农村改革创新】 持续推进农村土地管理制度改革和集体林权制度改革，基本完成农村集体土地所有权确权登记发证任务，林权证发证率、到户率分别达到98.7%、96.1%。农村金融服务进一步改善，在全省设立了1万多个村级便民服务点，基本实现"农村金融服务不出村"。政策性农业保险有序推进，在森林综合保险、水稻保险、农房保险等险种实现全覆盖的基础上，新增开办育肥猪、奶牛保险，开展蔬菜、烟叶等新增险种试点，各险种承担风险保额超过1270亿元，累计赔款支出7789万元。农村工作机制进一步完善，下派驻村干部、农村"六大员"、科技特派员等服务能力不断提高，全省2300多名下派驻村干部、14万多名农村"六大员"、2000多名科技特派员在基层为农民提供服务。农村社区综合维修服务县、乡、村三级网络不断完善，建成县级综合维修服务中心72个、乡镇综合维修服务站464个、村级维修点863个。

【农村社会管理】 全面推行"168"农村党建工作机制、农村"五要工程"、"四议两公开"工作法，基层组织建设、民主政治建设、党风廉政建设、精神文明建设水平稳步提高。组织20万党员干部深入基层开展大下访大接访活动，结对帮扶生活困难群众。建立4万多支、50多万人的群防群治队伍，群众对社会治安满意率高达95%，农村社会和谐稳定。（陈悠然）

农村经营管理

【农村土地承包管理】 截至2012年底，全省家庭承包经营的耕地面积102.33万公顷，承包户584万户，签订合同558.6万份，累计颁发土地承包经营权证542.5万份。漳平市被确定农村土地承包经营权登记试点。全省共流转耕地22.10万公顷,占家庭承包经营耕地面积21.6%,其中沙县流转面高达64.9%。全省涉农乡镇土地流转服务平台建设已完成,并落实2188.25万元补助资金。全省共有69个县(市、区)成立农村土地承包仲裁委员会,占涉农县(市、区)的87.3%;仲裁委员会组成人数1083人,有68个县(市、区)仲裁工作经费纳入2012年本级财政预算,落实经费191.85万元。

【农村集体"三资"管理】 农村集体"三资"管理实现从传统管理方式向现代科技手段的转变,从单一财务管理向民主管理、民主监督转变,从抓资金管理向全面加强资金、资产、资源管理转变,构建了"委托代理、网络监管、审计监督"一体的监管机制。全省有1025个乡(镇)建立会计委托代理服务中心,占总数的99%;有14856个村办理了委托手续,占总数的99%;有1025个乡(镇、街道)实现农村集体财务计算机网络监管,占总数的99%;有14662个村完成清产核资工作,占总数的96.7%,清查账外资产金额15.3亿元;有14618个村(占总数的96.4%)、1011个乡镇(占总数的98%)建立农村集体"三资"管理台账,登记的资金、资产总额566.8亿元。2012年村级换届审计,全省完成15332个村级审计,占应审计村数的99.9%,审计总金额达1284.71亿元。松溪县等8个县(市、区)被农业部认定为全国首批农村集体"三资"管理示范县。

【农民合作社】 截至年底,全省在工商部门注册登记的农民合作社15428家,成员出资总额405亿元,成员数44.35万,带动非成员农户66.5万户。按从事行业划分:种植业9066家,林业1267家,畜牧业1581家,渔业1153家,服务业748家,其他1613家。全省通过农产品质量安全认证的合作社433家,拥有自主注册商标的1307家。列入福建省农民合作社名录的有3364家。省人民政府办公厅转发省农业厅《关于规范农民专业合作社资金互助业务指导意见》。全年省级扶持134家农民合作开展规范化建设,资金支持1340万元;培育100家省级农民合作社示范社,资金支持2000万元。

(张宜接　王振惠)

闽台农业合作

【概况】 2012年,贯彻落实《福建省促进闽台农业合作条例》和《福建省人民政府关于加快台湾农民创业园建设的若干意见》,充分发挥对台独特优势,加强闽台农业合作示范推广,深化闽台农业双向交流,不断改善投资服务环境。全年新批办台资农业项目89个,合同利用台资1.6亿美元;至年底,全省累计批办台资农业项目2426个,合同利用台资32.5亿美元,福建农业利用台资的数量、规模和成效均居全国第一。

【项目促进】 进一步提升台湾农民创业园建设水平。全省现有6个国家级台湾农民创业园,累计有495家台资农业企业入园创业,利用台资8.5亿美元。创业园所在的市、县累计投入7.5亿元用于创业园的水、电、路等基础设施建设,全年省级以上投资近6000万元。漳浦海峡花卉集散中心、漳平永福海峡茶文化交流中心、仙游台湾甜柿省级标准化基地等一批重点项目有序推进。加大闽台农业合作推广示范力度,首次在罗源、东山、南靖、诏安、永春、上杭、邵武、福安、梅列、秀屿等地建设10个闽台农业合作推广示范县(市、区),建立一批莲雾、葡萄、咖啡、食用菌、蔬菜、金线莲、花卉等台湾农业良种与技术推广示范基地,10个示范县共引进示范台湾农业优良新品种50多个,配套实用技术20多项,建设核心示范区4000万多公顷,辐射带动全省推广优质水果蔬菜等面积超过6万公顷,实现农业增效、农民增收。继续推进对台农产品集散中心(基地)的基础设施建设,提升专业市场功能,促进闽台农产品贸易持续增长,全年闽台农产品贸易总额10.75亿美元,增长31.3%,其中:出口9.29亿美元,增长32.4%;进口1.46亿美元,增长24.6%。厦门已成为大陆进口台湾水果的第一大进境口岸,南安石井成为大陆唯一的台湾槟榔物流中心和大陆最大的进口台湾鳖卵登陆口岸,东山县建成海峡两岸最大规模的水产品商业物流冷库群。

【交流往来】 以海峡论坛为重要平台,以两岸特色乡镇交流为重点,创新交流活动载体,闽台农业界的专家、学者、基层组织、民间团体的双向交流进一步扩大。3月25日,苏树林省长一行赴台期间,深入台湾鹿谷乡村、农户参访,通过走基层、访茶乡、话茶缘、叙乡情,与台湾基层民众广泛接触与交流,受到台湾各界的普遍欢迎。5月26日,省农业厅邀请台湾茶文化推广协会及南投茶农等台湾茶叶界人士来闽,在建瓯举办首届"海峡杯"闽台乌龙茶品鉴交流会,洽谈交流合作,并举行"东峰矮脚乌龙"国家地理标志证明商标揭牌仪式等活动。6月17日,第四届海峡论坛期间,在厦门市举办"两岸农业水利合作发展论坛",以两岸农业、水利合作为切入点,关注两岸基层民众的切身利益,邀请的台湾嘉宾80%为台湾中南部基层民众;福建已与台湾半数以上的乡镇市公所、市民代表会、农会、渔会、农田水利会、村里长联谊会、调解委员会形成对接交流合作常态机制。6月18日,在漳平市举办"台湾农民创业发展(龙岩)研讨会暨漳平茶文化节",开展项目推介、斗茶赛、花卉展示等活动,两岸农业界专家学者、茶商代表、台湾茶协会、台湾制茶工会及大陆15个台湾农民创业园管委会代表等120多人参会。11月3日,仙游台湾农民创业园召开了首届仙游县海峡两岸甜柿文化旅游交流节,来自台北、基隆、台中等地农业专家、甜柿种植户等60多位台湾嘉宾参会。

【经贸展会】 9月15日,2012海峡(福州)渔业周暨第七届海峡(福州)渔业博览会在福州市海峡国际会展中心举办,设标准展位2048个,共有537家企业参展,展示面积达4万平方米,展品1000多种,涉及水产养殖、海洋捕捞、水产品加工、休闲渔业等。签约项目38项，签约金额102.7亿元，其中亿元以上签约项目15个。博览会设立的台湾馆，拥有展位213个，60家台湾企业积极参展，现场还展示全长超过180公分的巨型龙胆石斑鱼。

11月6日，第八届海峡两岸林业博览会暨投资贸易洽谈会在三明市召开，突出林业特色、对台合作、企业参与、品牌展示和产业招商五大亮点。共签约项目133项，总投资221.9亿元，利用区外资金及外资198.2亿元。海内外客商代表、专家学者、兄弟省市代表共1600多名嘉宾出席，其中台湾工业总会、台湾工业协进会、台湾中小企业协会、台湾两岸农渔业投资协会等10个行业协会360位台商以及业界人士前来参会参展。

11月16日，第六届海峡两岸茶业博览会在武夷山市召开，参展企业达500多家，采购商2000多家，其中共设118个台湾专馆展位，有200多名台商参展。由台湾省农会、台湾区制茶同业公会、台湾茶输出业同业公会、台湾茶商业同业公会联合会、台湾中华茶文化学会等5个台湾公(学)会和其他台湾客商组织的100余家台湾茶企莅会交流。

11月18日，第四届海峡两岸现代农业博览会暨第十四届海峡两岸花卉博览会在漳州市举行，共设11个室内展馆，面积达8.6万平方米。在为期8天的博览会期间，举办了第六届中国蘑菇节、首届漳州天宝香蕉文化节暨福建第九届灯谜艺术节、海峡两岸休闲食品嘉年华、海峡两岸现代农业物流产业高峰会议等一系列配套活动。会上设置了“台湾精品馆”，组织近百家台湾本土企业参展，台湾嘉宾近300人参会，集中展示台湾优质食品、精致农业和民俗风情。邀请台湾兰花产销发展协会和台湾兰花育种协会参与，展示了台湾精品花卉和两岸花卉产业交流合作成果。 (陈 浩 王振惠)

种 植 业

【粮食作物】 2012年，全省各地推广超级稻、优质稻、再生稻、马铃薯脱毒种苗等一批粮食“五新”成果，抓好粮食高产创建工作，克服低温阴雨寡照、台风和暴雨等不利气候的影响，粮食单产水平与上年持平，但受种粮比较效益差等因素影响，粮食播种面积、总产量有不同程度下降。全年粮食播种面积120.11万公顷，减少2.57万公顷；总产量659.3万吨，减少13.5万吨；亩产366公斤。春粮、夏粮和秋粮面积分别为8.86万公顷、27.43万公顷和183.83万公顷，产量分别为34.16万吨、144.43万吨和480.7万吨。

【经济作物】 全年园林水果面积54.69万公顷，比上年增加0.37万公顷；产量625.82万吨，增加19.89万吨。茶叶面积22.14万公顷，增加1.01万公顷；产量32.1万吨，增加2.5万吨。蔬菜面积69.22万公顷，增加1.28万公顷；产量1591.14万吨，增加49.72万吨。食用菌生产规模33亿袋、7900万平方米；产量87.8万吨，增长7.1万吨。

【新技术推广】 建立粮油高产创建万亩示范片150片10.52万公顷，建立水稻高产创建整县制推进1个县，水稻高产创建整乡(镇)制推进7个乡镇。继续实施超级稻“双增一百”科技行动，在上杭、邵武等5个县(市)建立省级示范片0.35万公顷，带动全省推广超级稻品种21.33万公顷，比上年扩大0.43万公顷。建立再生稻生产示范片0.39万公顷，促进再生稻在全省主产区的示范推广。在长乐、龙海、漳浦、霞浦等4个县(市)建立马铃薯万亩高产创建示范片，全省建立22个马铃薯秋冬种示范片，推广脱毒种薯和高产栽培集成技术。组织实施果树品种结构调整项目，在全省建立18个“果树品种结构优化”示范片373.33公顷，示范带动柑橘、龙眼、荔枝、枇杷、梨、柿、橄榄等7个果类的品种结构优化更新。积极扶持晚熟荔枝品种母本园及育苗基地建设和柑桔苗木繁育场无病苗木生产。对早熟梨品种“翠玉”进行认定。开展杨梅肉葱果、柑桔缺镁症研究。在安溪等20个县(市)实施中央财政支持现代茶业生产发展项目，共建设0.52万公顷生态茶园，开展茶叶初制加工清洁化改造150个，重点扶持51家龙头茶叶企业开展技术升级换代，发展清洁化生产，提高茶叶质量安全水平。继续开展野生半野生型茶树、优异群体种、原生种以及新选育品种的普查、认证与保护，2012年度新增保护优异种质资源1个。对2008—2011年列入保护的54个种质资源和5个资源圃加强管护和开发利用，开展铁观音和福鼎大白茶种性跟踪检测及复壮优生技术研究。在全省建设10个现代农业蔬菜产业集约化育苗基地，每个基地年产优质种苗能力都在1000万株以上，可满足333.33公顷以上蔬菜生产需要的优良种苗需要。实施金线莲等兰科药用植物种业创新与产业化示范推广项目，扶持明溪、南靖、永春、武平等县(市、区)建设组培中心，扶持建立金线莲、铁皮石斛高标准大棚栽培示范基地7个，栽培面积达30.67公顷；通过公司(协会)＋基地＋农户等合作形式，提供优惠种苗5000万多株，培训技术人员、农户700多人，带动600户农户实施林(果)下套种，示范推广面积累计达400多公顷。择优扶持县区农业部门建立一批特色中药材标准化示范基地，制订了省级基地项目实施方案，指导各县落实建设示范片、技术培训、质量认证等措施。建立果茶枝条、松杉竹屑、木薯杆、木薯渣、废菌料等新代用料栽培食用菌示范基地9个，推广代用料栽培超过2亿袋，部分废菌料实现循环利用。在浦城县、尤溪县、顺昌县、古田县、蕉城区、闽清县等6县实施现代农业食用菌产业生产发展项目，下达资金500万元，推进食用菌专业化生产的发展。全省现有规模以上食用菌工厂化生产企业达255家，日产各类食用菌鲜品超过500吨。省、市、县(市、区)三级共开展菇农培训129期，培训10224人次。

【农业标准化】 农业部组织实施“菜篮子”产品生产项目，扶持福建建立园艺作物标准园34个，其中果树7个、茶叶9个、蔬菜18个，面积共2190.27公顷，通过“规模化种植、标准化生产、商品化处理、品牌化销售、产业化经营”，促进全省园艺作物产业标准化水平提高。全省新建水果、茶叶、蔬菜等省级农业(种植业)标准化示范区15个,其中水果、茶叶、蔬菜各5个,面积共55.11万公顷,通过推广生态栽培技术、推进标准化生产、建立质量安全管理制度、规范制作标牌、完善档案记录、推行可追溯生产制度等工作,提升标准化生产水平。(杨建榕　王振惠)

林　业

【造林绿化】 2012年,全省完成造林绿化22.09万公顷,其中"四绿"(绿色城市、绿色村镇、绿色通道、绿色屏障)工程投入资金80.3亿元,植树1.4亿株。新增6个"省级森林县城"。在沈海高速公路福建段两侧完成造林绿化2026.67公顷。

【森林经营】 强化森林抚育,全年完成森林抚育53.5万公顷(中幼林20.67万公顷、未成林32.83万公顷)、封山育林49.48万公顷,建设国家木材战略储备基地1.9万公顷,完成国家林业局下达的493.3公顷珍贵树种造林任务。调整林种树种结构,开展林分修复和丘陵山地茶、果园生态治理,推行种植阔叶树、珍贵树、有色彩的树,多造混交林、复层林、异龄林,完成林分修复补植10.61万公顷。转变造林和采伐方式,全面推广不炼山造林,比重超过80%;引导采用良种壮苗、轻基质容器苗造林,主要造林树种良种使用率超过80%;出台扶持政策推动林木主伐由皆伐向择伐转变,全省审批林木择伐面积2.02万公顷,比上年增长7.4%。

【林业产业】 2012年,全省林业产业总产值3078.03亿元,增长20.3%,其中:第一产业601.12亿元,第二产业2403.73亿元,第三产业73.18亿元。产业转型升级加快,木竹加工等传统产业得到提升,林业生物医药等非木质利用为主的新兴产业快速发展,其中全省森林旅游直接产值55亿元,增长72%。新增中国驰名商标6枚(累计19枚)、省名牌产品55个(累计165个)、上市企业2家(累计19家)。全年主要林产品进出口总额53.39亿美元,其中:林产品出口33.34亿美元,进口20.05亿美元。大力发展闽台花卉苗木产业,新批办涉林台资企业16家,总投资6774万美元,新引进台湾"五新"技术21项。

【林业改革】 全省林权登记发证率98.7%,林权证到户率96.1%。全年森林在保面积706.67万公顷,总在保率达92%。全年发放各类林业贷款195.18亿元,比上年增加38.15%,其中:林权证抵押贷款20.8亿元,林业小额贴息贷款9.2亿元。全年新成立林业专业合作社135个,累计成立农民林业专业合作社1758个,涉及农户39.8万户,经营面积42.53万公顷。实施"千万林农增收千元工程",省政府出台财政资金扶持政策,指导农民发展森林旅游、林下种养殖等林下经济,全年林下经济产值约620亿元。

【资源保护】 强化生态公益林和珍贵树木保护,绘制并发布重点生态区位图,加强重点生态区位森林和286万公顷生态公益林保护;新增古树名木挂牌保护9871株、累计4万余株,出台文件规范树木采挖移植和珍贵树木保护管理。强化森林火灾防控,全年发生森林火灾92起、受害面积700公顷,比上年分别下降77.7%、89.3%。科学防治林业有害生物,全年主要林业有害生物成灾率为0.38‰,测报准确率93.5%,无公害防治率99.7%,种苗产地检疫率达100%,其中松材线虫病发生面积3000公顷,除治率达100%。强化生物多样性保护,开展10个自然保护区规范化建设试点,新获批国家级和省级自然保护区各1处、累计建设省级以上自然保护区33处。开展打击破坏森林资源专项行动,侦破林业刑事案件1577起,全年林业行政案件发生数量比上年下降21%,破坏森林资源的态势得到进一步遏制。

【科技支撑】 福建省林业厅与中国林科院签订第二期科技合作协议,组建国家林业局杉木工程技术研究中心,启动第四期林木种苗科技攻关计划,推进省种业创新与产业化工程项目。全年新建林木良种基地247公顷,培育造林绿化苗木4.9亿株。有20个项目获2012年度福建省科学技术奖。开展12期农村实用技术远程培训,实施科技推广示范项目27个,新增科技示范基地2400公顷,推广"五新"技术29项。实施国家农机补贴政策,开展机械化造林试点。

【花卉产业】 全年全省花卉苗木种植面积4.15万公顷,总产值259.8亿元,实现销售额169.1亿元,出口额8088.5万美元,分别较上年增长29.32%、40.45%、24.73%和24.71%,其中:种植业总产值160.6亿元,实现销售额96.2亿元;花卉加工与园林工程应用产值60.1亿元,实现销售额37.9亿元;花卉零售与服务业产值39.1亿元,实现销售额35.1亿元。全年全省花卉苗木平均销售额达2.33万元/公顷。水仙花、榕树盆景、中国兰花等传统产品继续保持较高的市场占有率,蝴蝶兰、百合、富贵籽及食用药用花卉等增长迅速,市场占有率进一步扩大。(刘建波)

畜　牧　业

【概况】 2012年,全省畜牧业产值481.28亿元,比上年增长5.3%。肉蛋奶总产量241.59万吨,增长7.9%,其中:肉类产量200.85万吨,增长9.8%;禽蛋产量25.36万吨,增长0.5%;奶类产量15.39万吨,下降2.6%。生猪存栏1340.86万头,增长3.3%,出栏2069.05万头,增长6.1%;家禽存栏9185.78万只,增长9。0%,出栏28436万只,增长30.7%;羊存栏110.81万头,增长3%,出栏143.04万头,增长3.3%;牛存栏68.46万头,减少1.9%,出栏24.3万头,增长4.4%。饲料产量737.8万吨,增长18.9%,其中:配合饲料689.6万吨,浓缩饲料18.6万吨,添加剂预混料29.6万吨;猪饲料363.8万吨,蛋禽饲料65.2万吨,肉禽饲料198.0万吨,水产饲料102.2万吨。饲料添加剂产量5.6万吨,产值6.9亿元,出口1.8亿元,主要饲料添加剂产品有α—淀粉、二氧化硅、维生素A、维生素D3以及酶制剂等，其中维生素A产量2377吨，动物源性饲料原料产品中鱼粉1.6万吨。全省共有饲料和饲料添加剂企业425家，兽药生产企业19家，兽药生产产值12.3亿元，增长6.8%。

【畜禽良繁体系建设】 实施农业部2个畜禽良种工程建设项目，进一步完善良繁体系，提高供种能力。全省已有4家种猪场入选国家生猪核心育种场。继续扶持福州市农工商种禽公司建设海兰蛋鸡父母代种鸡场，选择永春阳升禽畜有限公司等10个大型蛋鸡养殖企业建设海兰蛋鸡标准化示范场。实施生猪良种补贴项目，对福清市、新罗区、上杭县、武平县、漳平市、永定县、延平区、平和县、南靖县、南安市、秀屿区、蕉城区和尤溪县等13个县41万头能繁母猪实施生猪良种补贴，补贴金额1640万元。实施奶牛良种补贴项目，补贴金额138万元。

【畜禽遗传资源保护】 实施5个农业部畜禽种质资源保护项目；实施福建省51个畜禽遗传资源保护及品种改良项目；利用省财政专项资金127万元，对国家水禽基因库保存的16个国家鸭品种和本省18个地方畜禽遗传资源进行原产地保护；利用省财政专项资金173万元，对32个具有地方特色或优势的畜禽优良品种进行选育、改良和推广，促进地方畜禽品种的开发利用。

【畜牧标准化建设】 在全省97个生猪标准化规模养殖场（小区）实施国家生猪标准化场建设项目，获得中央财政项目补助7000万元。继续推进特大型生猪养殖企业标准化改造项目，扶持特大型生猪标准化场建设12家，补助资金1120万元。开展国家级畜禽养殖标准化示范创建活动，确定23个畜禽规模养殖场参与国家级畜禽养殖场创建，建设20个省级畜牧标准化示范区。

【“畜牧五新”推广】 全省建立核心示范场10个，畜禽存栏规模达到10.5万头（只、羽），辐射带动饲养畜禽225.1万头（只、羽）。建立桂闽引象草示范县2个，建立扩繁基地10公顷，示范推广种植面积累计146公顷，辐射带动种植面积累计1590.67公顷。推广生猪生态养殖综合配套技术，建立示范县5个，示范猪场生猪存栏3.2万头；辐射带动规模养猪场523个，生猪存栏161万头。推广畜禽养殖场温控系统综合配套技术，建立示范县2个，辐射带动226家规模场应用，饲养畜禽58.7万头（只、羽）。推广牛羊新型饲料及添加剂应用技术，建立示范县1个，辐射带动271家饲养牛羊5.4万头（只）。

【重大动物疫病防控】 组织实施集中强制免疫行动和月免疫日补免工作，全年开展重大动物疫病强制免疫4.94亿头（羽）份，达到“应免尽免，不留空档”的要求。在全国率先开展强制免疫质量提升行动，促进免疫抗体水平稳步提高，全省春秋防随机抽查的强制免疫病种免疫抗体平均合格率均达84%以上，比国家规定高14个百分点，农业部对福建省实施的专项检查抽检结果免疫抗体全部合格。累计完成动物疫病病原和抗体监测45万多份，对病原学监测阳性的，及时追踪溯源，规范处理，切实做到了防控关口前移。全省继续保持高致病性禽流感无疫状态，实现2004年以来全省无重大疫情；O型口蹄疫和高致病性猪蓝耳病继续得到稳定控制，有效防堵A型和亚洲Ⅰ型口蹄疫外来疫情传入；猪瘟和鸡新城疫以零星散发为主，发病县数、疫点数均处于较低水平。动物血吸虫病、奶牛布病、结核病继续保持清净区。

【动物卫生监督】 加强动物、动物产品检疫工作，全年全省各级动物卫生监督机构共产地检疫畜禽24870万头（只），屠宰检疫畜禽23425万头（只），分别比上年增长31.5%和41.2%；检出染疫病害畜禽25.82万头（只）、病害动物产品246.46吨，全部按规定监督指导业主进行无害化处理。加强动物检疫申报点建设管理，组织编制《福建省动物检疫申报点建设规划（2013—2017）》，并在10个县（市、区）组织开展省级动物检疫申报点规范化建设试点工作。严格跨省引进乳用种用动物的检疫审批及监管工作。加强畜禽产品质量安全监管，组织开展生猪、肉牛、肉羊养殖环节和屠宰环节的“瘦肉精”专项检查，共监督抽查猪牛羊等牲畜养殖场所17186个（次），屠宰场所759个（次），监督抽检牲畜尿样57万头份。加强饲料质量安全监管，监督抽检饲料样品290批次，立案查处饲料行业违法案件44起，没收违法所得14.05万元，罚款19.12万元。全年共查处兽药违法130件，查获违法兽药12.31吨，货值金额88.78万元。组织开展生鲜乳收购站质量安全专项检测，对全省28个生鲜乳收购站收购的生鲜乳开展三聚氰胺含量专项抽检，抽检样品28批次，均未检出三聚氰胺。 （姚宝珍 王振惠）

渔 业

【概况】 2012年，全省渔业经济总产值2017.32亿元，比上年增长14.17%；渔业经济增加值1070.5亿元，增长14.4%。水产品总产量628.61万吨，增长4.1%，其中：海水养殖产量332.66万吨，增长5.22%；淡水养殖产量73.46万吨，增长6.31%；海洋捕捞（含远洋）产量213.88万吨，增长1.82%。水产品加工产值546.81亿元，增长19.34%。水产品出口额47.8亿美元，增长17.8%，占全省农产品出口总额的63.2%。渔民人均纯收入11790元，增长14.1%，比全省农民人均纯收入高出1823元。

【渔业基础建设】 全省建成和在建的国家级原良种场23个，省级原良种场24个；全省在建、扩建和已建中心渔港9个，一级渔港11个，二级渔港43个，渔船就近避风率达65%。2008年以来共完成1.13万公顷标准化池塘养殖基地建设，大大提升养殖的质量和效益。渔业水域污染事故处置能力不断提升，全省14个渔业重点养殖水域规划、64个县级养殖水域规划颁布实施。全面开展渔业政策性保险，全年办理互保渔工 11.2 万人、渔船 7611 艘，赔付理赔款 2851 万元，启动政策性水产养殖互保试点。

【产业发展】 省政府出台支持和促进海洋经济发展 9 条措施，对海洋渔业发展给予扶持。优势品种养殖规模不断扩大，全省商品刺参产量 1.5 万吨，增长 118%；大黄鱼养殖产量 8.35 万吨，增长 14%。全年新增远洋渔业企业 9 家；外派远洋渔船新增 81 艘，远洋渔业作业区域已从太平洋扩展至印度洋公海和莫桑比克、毛里塔尼亚等非洲国家专属经济区。水产加工业发展成效明显，全省产值亿元以上水产加工企业突破 100 家，其中产值超 10 亿元企业 10 家，东山县海魁水产集团公司、福州腾新食品公司 2 家企业成功上市。休闲渔业稳步发展，新增"水乡渔村"20 家、全国休闲渔业示范基地 5 家。

【渔业生产安全】 全省渔业水上安全事故主要指标实现连续 3 年大幅度下降，全年死亡失踪 11 人，下降 31.3%。制定下发渔业船舶水上事故调查处理工作意见，水上事故调查结案率 100%。全面推进渔船"小改大、木改钢"工作，完成渔船技术升级改造 72 艘，实施海洋渔船更新改造 17 艘。渔船安全生产标准化建设扎实推进，渔船覆盖率近 98.9%。产地水产品监督抽查合格率 98.6%，连续 6 年保持 97%以上；全省 9 类水产品、26 家养殖企业纳入水产品质量安全追溯体系，追溯试点覆盖所有设区市。

【防灾减灾】 修订完善《福建省渔业防台风应急预案》、《福建省水生动物疫病应急预案》，全年有效应对"苏拉"等热带风暴 12 个，组织渔业海难救助 50 起，成功救助遇险船员 492 人，挽回经济损失 7257 万元；处置赤潮、水生病害等突发事件 21 起。渔业水域污染事故处置能力不断提升，全省 14 个渔业重点养殖水域规划、64 个县级养殖水域规划颁布实施；全省淡水重点养殖区域监视监测系统建设逐步推进。海洋渔业安全环境保障系统进入业务化运行，AIS 系统、应急指挥管理系统、渔业船舶数据管理系统顺利对接。

【科技创新】 围绕重点领域开展科技自主创新，继续实施水产种业创新和产业化工程，石斑鱼、罗非鱼种业创新与产业化工程项目，组织实施"中国南方刺参养殖产业化关键技术集成与示范"项目。渔业科研项目 5 项成果获福建省科技进步奖，2 项标准获得福建省标准贡献奖。"6·18"期间共对接项目 83 个，总投资约 20 亿元；海峡渔业周渔业项目签约金额首次突破百亿大关。渔业科技入户示范工程不断深入，培育 1600 名科技示范户，辐射带动养殖户约 3 万名。实施"五新"推广项目 19 项。 （汤兴福）

农　垦

【概况】 2012 年，全省农垦系统有独立核算企业 126 个，其中：国有农场 115 个，工业企业 5 个，商业企业 6 个；农垦总人口 23.29 万人，减少 0.8%；从业人员 11.35 万人，增长 2.0%；土地总面积 116 千公顷，基本持平；耕地面积 11.00 千公顷，减少 0.2%；林地面积 54.34 千公顷，减少 3.2%；茶叶面积 4.20 千公顷，减少 8.9%；水果种植面积 12.59 千公顷，减少 2.0%；水产养殖面积 2.13 千公顷，减少 0.9%；生猪年末存栏 58.12 万头，增长 42.5%。全年完成生产总值 45.15 亿元，增长 15.9%，其中：第一产业 9.79 亿元，增长 2.6%；第二产业 29.65 亿元，增长 19.6%；第三产业 4.83 亿元，增长 35.8%；出口商品交货值 3.3 亿元，基本持平；人均纯收入 9373 元，增长 11.0%。粮食产量 6.71 万吨，下降 3.7%；茶叶产量 0.54 万吨，下降 5.1%；油料产量 0.46 万吨，增长 4.4%；水果产量 11.05 万吨，增长 1.6%；水产品产量 3.44 万吨，增长 2.9%；肉类总产量 5.76 万吨，增长 27.9%；牛奶产量 0.86 万吨，减少 8.5%。原煤产量 10.35 万吨，减少 2.5%；原盐产量 0.85 万吨，减少 28.9%；水泥产量 48.00 万吨，减少 26.2%；发电量 11988 万千瓦小时，增长 5.5%。

【农场公路】 全年福建国有农场专用公路 20 个项目总投资 1094 万元，已完成 11 个项目计 7.26 千米公路建设，完成投资 476 万元，占全年总投资额的 43.5%，其中：完成中央车购税投资 217 万元，占中央车购税 560 万元投资的 38.8%；完成地方投资 259 万元，占地方投资 534 万元的 48.5%。

（陈祖新　王振惠）

农业机械化

【概况】 2012 年，全省农业机械总动力达 1287 万千瓦；拖拉机保有量 11.1 万台，其中：大中型拖拉机 2883 台，手扶拖拉机 10.6 万台；联合收割机 6335 台，比上年增长 19.8%；机动插秧机 5865 台，增长 25.5%。拖拉机配套机具 13.3 万部，配套比达 1∶1.2。全年共投入各类农机具 12.07 万台(套)，完成机耕、水稻机插、水稻机收面积分别为 97.33 万公顷、6.8 万公顷和 30.2 万公顷，耕种收机械化综合水平达到 34%，比上年提高 3 个以上百分点；水稻综合机械化水平达 53%。全年完成享受农机购置补贴设施钢架大棚建设 1093.3 公顷，示范带动新建各类设施大棚 6966.7 公顷。全省经工商部门正式登记注册的农机专业合作社 414 家，资产总额 2.77 亿元，作业服务面积 6.2 万公顷，农机服务总收入 1.53 亿元。有 227 家农机专业合作社列入福建省农民专业合作社名录，有 31 家列入部、省级农机专业合作社示范点。

【农机购置补贴】 全年中央安排福建农机购置补贴资金总额 4 亿元，省级农机购置补贴资金 0.45 亿元。全年补贴各类机具 20.14 万台，安装微灌设备 0.84 万公顷，受益农户近 10.16 万户，带动农民投资 8.83 亿元。全省农机购置补贴产品种类范围确定为 12 大类 27 个小类 76 个品目。全年安排购机补贴专项资金 3000 万元用于补贴节水灌溉设备 0.67 万公顷，其中1500万元用于补贴22个水土保持重点县的节水灌溉设备0.33万公顷。安排1亿元中央农机购置补贴资金用于25个水稻、茶叶、水果、蔬菜等重点产业示范县。

【科技推广】 在"五新"新机具新技术推广中，全年新增主推机具3.5万台(套)，完成主推技术示范作业面积0.51万公顷。全省共举办各种形式的机具现场演示会374场次，举办技术培训班205场次。开展了万人培训大行动，培训农机三支人才队伍25234人次，其中：农机管理人员1015人次，农机技术人员4067人次，实用人才队伍20152人次。

【农机安全生产】 组织实施道路交通安全综合整治3个月大会战和"三年行动"，开展免费实地检验工作。全年共发生农机事故56起，死亡40人，控制在省政府下达的死亡人数指标范围内。拖拉机上牌率、检验率、持证率分别为92%，46%，64%，农机"三率"持续回升。全年注销不合格培训机构15家，责令整改20家，经变更后减小培训规模的9家。完成拖拉机驾驶培训教学人员换证审验工作，换发新证361本。连城县、建阳市、福安市被农业部、国家安监总局评为全国"平安农机"示范县。实地免费检验插秧机760台。 （蒋　节　王振惠）

水土保持

【综合治理】 2012年，在继续实施长汀、宁化等8个水土保持重点工程建设的基础上，新启动实施了22个水土流失重点县治理项目，19个中央预算内小流域水土流失治理工程，4个全国坡耕地水土流失治理试点工程等。争取到中央水保专项治理资金2.93亿元；省级水土流失专项治理资金由3060万元追加至3.3亿元，同时整合带动省直有关部门资金12.8亿元，共约16亿元。全年完成水土流失综合治理面15万公顷，其中：水利部门完成水土流失治理面积8.2万公顷；长汀等22个重点县完成水土流失综合治理面积10.04万公顷。

【监督执法】 开展重点建设项目水土保持执法检查，先后对16个在建重点建设项目进行了17次专项执法检查；加强行政许可水土保持方案审查工作，理顺审查体制程序，完成省级水土保持方案审查97项；抓好生产建设项目水土保持设施竣工验收工作，省级依法完成20个公路、电力、矿山等项目的水土保持设施验收。

【创新机制】 组织完成长汀等22个重点县2011年度水土流失卫星遥感调查，编制完成2012年度水土流失治理实施方案、2012—2015年水土流失综合治理规划、水土流失专项治理规划，做到"一县（市）一方案一规划"；编制完成《国家水土保持重点建设工程规划福建省实施规划2013—2017年》，长汀等16个原苏区县列入国家规划，连续5年实施；编制完成《福建省2011年度水土保持公报》；开展了《基于GIS的长汀县水土保持动态管理信息系统研发》等4项水土保持课题研究，"红壤丘陵区严重水土流失综合治理模式及其关键技术研究"荣获第四届中国水土保持学会科学技术一等奖。 （谢光球）

水　利

【防汛抗旱】 2012年，全省先后发生9场较大的持续性暴雨；共遭受7个台风（或热带风暴）影响，其中9号台风"苏拉"正面登陆；多条河流发生超警洪水，个别支流发生了中等量级洪水。频发的暴雨、洪水、台风等灾害，给全省造成较大经济损失，但无人员伤亡。据统计，全省共有9个设区市（含平潭实验区）78个县（市、区）、756个乡镇、166.41万人（次）受灾，紧急转移69.42万人（次），直接经济总损失38.25亿元，其中水利设施直接经济损失10.1亿元。完成19个县（市、区）山洪灾害防治县级非工程措施项目建设任务，提高了项目县山丘区的山洪灾害防御能力。组织开展百场防汛演练、万人汛前检查、7万面铜锣配发到村、10万册防台风读本走进校园等工作。

【水政】 开展《福建省水（环境）功能区划》修编工作，将全省200—1000平方千米的河流以及规划和新建的饮用水源地、乡镇的饮用水源区和流域源头保护区作为重点，纳入水功能区划体系加以保护。编制《全省水功能区监测能力建设实施方案》。启动水资源保护规划编制工作，开展莆田东圳水库、龙海市湖后水库、武平县捷文水库、宁化县寨头里水库、沙县洞天岩水库、浦城县东风水库、寿宁县六六溪水库、福鼎市南溪水库等8座水库水源地水资源保护建设试点。对《闽江下游福州段2012～2014年河道采砂规划报告》进行审查，完成闽江下游河道采砂规划（2012—2014）的审批工作。完成全省7400多家取水许可的重新登记并换发新证，更新全省取水许可管理信息台账，形成新的取水许可管理信息库。全年全省共征收水资源费3.76亿元，其中省级征收水资源费1.48亿元。

【水利规划】 编制完成《福建省大水网规划》，构建"分区配置、三水并举、南北相接、纵横互济"的福建大水网总体布局，项目总投资达862亿元。国家发展改革委、水利部基本同意福建省5座大型水库、28座中型水库列入全国"十二五"大中型水库建设规划，并将福建省253个项目（总投资52.6亿元）纳入《全国中小河流治理建设规划（2013—2015）》。《福建省国家水土保持重点工程2013—2017年实施规划》已经水利部、财政部批复，全省有16个原中央苏区县列入规划，项目总投资6.35亿元。《福建省烟区水源工程建设规划》已经省发改委批复，项目总投资145.2亿元。编制完成中小河流治理重点县综合整治试点规划，永春等10个县（市、区）列入全国规划名录。编制完成《福建省河口海岸滩涂开发治理管理规划》、《福建省闽江北水南调（平潭引水）工程规划》等。

【基本建设】 全年完成水利投入203

漳州市长泰枋洋水利枢纽——龙津溪引水隧洞工程开工仪式现场。

（长泰县政府办供稿）

亿元，增长 56%；争取省级以上水利资金共 72 亿元，增长 41%，创历史最高水平。全省新开工重大水利项目 121 个，总投资达 327 亿元，年度完成投资 65.04 亿元，涵盖了水库工程、引调水工程、防洪防潮工程、中小河流治理工程等。

【农田水利】 推进 41 个小型农田水利重点县、17 个小型农田水利专项工程项目县、2 个大型灌区和 7 个重点中型灌区节水配套改造、7 个大型灌排泵站更新改造、17 个第六批初级水利化县、山地水利等重点农田水利建设。全年全省新增有效灌溉面积 0.44 万公顷，新增节水灌溉面积 5.07 万公顷；全省农田灌溉水有效利用系数为 0.52。福清市、荔城区、邵武市、同安区等 4 个县（市、区）获得 2011—2012 年度全国农田水利基本建设先进单位。开展以水利水毁工程修复为重点的冬春修水利建设，全年完成投资 45.87 亿元，累计投入劳力 12343 万工日，完成土石方 11382 万方，修复水利工程水毁 5720 处。

【城乡供水】 2012 年，省委、省政府把农村饮水安全列入为民办实事项目，确定 300 万人的建设任务，比上年任务增加 100 万人；全年共完成投资 15.3 亿元，解决农村居民饮水不安全人口 301.63 万人、农村学校饮水不安全师生 20.7 万人。

【水利科技】 完成水工程水动力、材料检测、水土保持 3 个省级研究中心建设的规划工作，福建省水土保持研究中心、福建省（长汀）水土保持研究中心挂牌成立，闽江下游河道水动力科研试验物理模型全面建成。启动了首批 25 个基层水利科技推广示范基地及惠安县水利科技推广试点县建设。安排省级科研与推广专项经费 308 万元，组织实施水利部公益性科研专项 1 项、“94.8”技术引进项目 4 项、重点推广计划项目 2 项，厅水利科技项目 30 项。

【水利风景区】 编制《福建省水利风景区发展规划》，颁布《福建省省级水利风景区申报及评审办法》和《福建省省级水利风景区评价标准》，成立了全国首家水利风景区协会。全省已设立水利风景区 33 家，其中：国家水利风景区 11 家，省级水利风景区 22 家。

（谢光球）

气　象

【气象防灾减灾】 2012 年，全省共出现 17 次暴雨；5 次冰雹强对流天气过程，7 个影响台风（其中 1 个台风登陆福建）。全省气象部门按照“政府主导、部门联动、社会参与”的气象灾害防御机制，严密监视天气变化，加强分析会商研判，及时主动向各级党委政府汇报最新天气预警和实况信息，为各级政府部署工作、防灾救灾提供决策建议。全年省级气象部门报送决策气象服务材料 600 余份，发布警报 900 多次；全省各级气象部门共发布预警信号 4780 次，预警短信 1.8 万余条，接收达 1 亿多人次。

【农业气象服务】 推动多部门间的信息共享、资源共建和人才共用，通过农村广播“村村响”系统发布气象预警信息；结合水利部门分布到每个自然村的防汛责任人队伍建设气象信息员队伍；依托乡镇农技站、党政办、农业服务中心等机构建立气象信息站，实现共建共享；与应急部门、民政部门在 237 个乡镇联合开展气象灾害应急准备认证工作。农村气象灾害防御体系日趋完善，全省共有气象信息员 2.8 万名，建成气象电子显示屏 1272 个，农村气象预警广播 528 个，气象信息终端等其他发布方式 3984 个，乡镇气象信息服务站 1095 个，并完成乡镇气象信息服务平台建设，中国气象频道在全省各市县落地，实现 100% 乡镇有气象信息站、100% 村有气象信息员、100% 村至少有一种接收气象预警信息方式。组建省级农业气象业务服务团队，开展精细化的特色农业气象服务业务，加强农业气象干旱和土壤墒情监测能力建设，组织开展新增千亿斤粮食农业气象保障工程自动土壤水分观测站网建设；《福建省特色农业精细区划》成果在全省农业部门推广应用；与葡萄、柚子、蔬菜等农业协会及种植大户建立直接合作服务关系，发布各类省级农业气象服务产品近 500 期。

【人工影响天气】 省政府办公厅下发《关于进一步加强人工影响天气工作的通知》，推进省级军地人工影响天气工作联席会议制度建设。提升人工影响天气基础保障能力和科技支撑能力，推进闽西南、三明、宁德古田三大重点区域人工影响天气工程建设项目以及人工影响天气标准化固定作业点建设；福建省人工影响天气专项补助经费首次纳入中国气象局和财政部管理部门支持范畴。开展人工防雹增雨

2012年世界气象日的纪念主题是天气、气候和水为未来增添动力。图为福建省气象局举办的科普宣传活动现场。（省气象局供稿）

作业，成功组织实施闽赣粤跨大军区空域的飞机人工增雨联合作业；全年共开展作业900多次，发射火箭弹5400余发。

【气象公共服务】 加强气象应急体系和预警信息发布能力建设，各级政府陆续出台气象灾害应急专项预案，气象灾害应急联动机制进一步加强。推广"知天气"手机客户端服务系统，全省手机气象短信用户从90万发展到近400万；在防御"苏拉"过程中，通过手机短信"绿色通道"向台风可能影响的区域全网发送台风预警公益短信6000多万条次。开办气象官方微博；省级气象影视节目每日播出时长保持在100分钟以上。通过电视、报纸、广播、手机短信、网站、微博、电子显示屏、农村广播等方式，全省气象预警信息覆盖面达90%以上。全力推进山洪地质灾害防治气象保障工程建设，初步实现气象与水利水文部门间的信息共享。基本完成泉州地质灾害气象预报预警实验区建设。

【气象预报预测系统】 加强对数值预报产品的解释应用研发，逐步提高要素预报精细化程度及预报准确率，模式分辨率提高到3000米，预报时效延长到72小时。继续完善中尺度数值模式快速循环同化系统（WRF－RUC）。加强多普勒雷达、风廓线雷达等探测资料在短临预报中的应用研究，临近预报（SWAN）系统推广到县级气象台站。开展福州、厦门城市精细化逐6小时气象要素预报服务。稳步推进延伸期（10～30天）气候预测业务，对汛期降水相对集中期和影响福建热带气旋活跃期进行了试预报。率先开展精细化地质灾害气象风险概率等级预报业务，并将风险预警评估结果充分融入决策气象服务中，取得了很好的效果。

【综合气象观测系统】 在乡镇及山洪灾害重点防治区新建自动气象站328套，地面气象观测站网密度进一步提高。完善全省雷达网建设，福州、厦门、龙岩、南平和宁德移动式新一代天气雷达组网应用水平得到提高；三明雷达进入调试阶段，年底投入业务试运行；泉州雷达正在加快建设；宁德、漳州雷达基地已启动建设。永安、福清边界层风廓线雷达投入业务试运行，武夷山风廓线雷达年底完成安装。提升雾霾观测水平，完成福州、厦门气溶胶质量浓度观测系统设备安装。完成省—市—县高清视频天气会商系统建设及宽带网升级扩容，提高信息网络系统运行稳定性和信息共享能力。加强观测数据的质量控制和信息传输监控，开展雷达资料推送试验，提高气象信息应用水平。完善自动站分级保障体系，提高设备故障排除时效。建立并深化跨部门共建共管共享合作模式，与海洋部门共同保障海上浮标的稳定运行。（余　刚）

编辑：林丹英

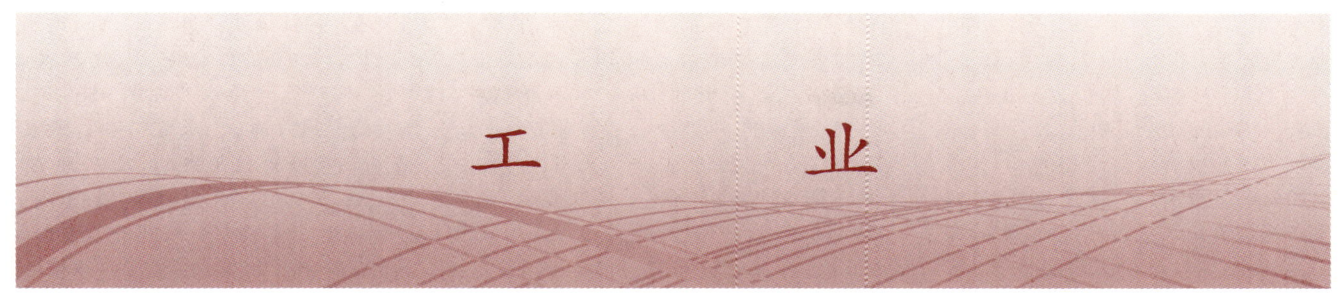

工 业

综 述

【工业生产】 2012年,全省全部工业增加值8541.94亿元,比上年增长13.8%,工业对全省经济增长贡献率54.4%,拉动全省经济增长6.2个百分点。全省规模以上工业增加值7810.89亿元,增长15.2%;规模以上工业总产值29704.66亿元,增长15.8%。

各经济类型企业保持增长,重点企业稳步发展。全省规模以上股份制企业实现工业增加值3712.44亿元,占全省工业的47.3%,增长20%,增速居各种经济类型企业首位;外商及港澳台投资企业完成工业增加值3307.39亿元,占全省的38.7%,增长11.5%;国有企业增长5.1%,集体企业增长10.9%,股份合作企业增长8.7%,其他经济类型企业增长17.7%。251家省重点工业企业完成工业总产值7867.1亿元,占全省工业的比重达26.7%,增长13.6%。

工业行业增势稳定,多数产品产量继续增长。全省规模以上轻、重工业分别完成增加值3959.35亿元、3851.54亿元,分别增长15.5%、14.9%,重工快于轻工0.6个百分点;38个工业大类行业除电力热力生产和供应业下降1.3%外,其余37个行业保持增长,增速超10%的行业有27个,占行业数的73.0%,其中有色金属冶炼和压延加工业增长32.8%、化学纤维制造业增长26.1%、家具制造业增长24%、非金属矿物制品业增长21.2%、纺织业增长20.8%、酒饮料和精制茶制造业增长19.6%、计算机通信和其他电子设备制造业增长19%、黑色金属冶炼和压延加工业增长18.5%、食品制造业增长17%、金属制品业增长16.9%。列入统计的355种工业产品有244种产量保持增长,其中增长10%以上的175种,如手机增长78.9%、十种有色金属47.6%、金属切削工具36.2%、平板玻璃32.4%、精制茶24.5%、纱23.7%、化学纤维20.1%、电力电缆19.8%、布19.6%、铝材18.8%、变压器18.7%、轻革18.7%、涂料16.7%、水泥15.3%、原油加工量15.1%、钢材14.6%。

区域工业协调发展,各设区市均实现两位数增长。全省9个设区市规模工业增加值增速均在12%以上,宁德市领先增长,增速为19.8%;福州市、厦门市、泉州市分别完成工业增加值1464.51亿元、1100.35亿元、2186.69亿元,分别增长15.1%、12.5%、16.7%;三明市增长17.5%、龙岩市增长17.1%,漳州市、莆田市增速均为16.9%,南平市增长16.6%。

工业产品以内销为主,外需市场仍较低迷。全省规模以上工业实现销售产值28759.16亿元,增长15.6%;累计产销率97.83%,较上年上升0.3个百分点,保持97%以上的正常水平,高于年初预计1.33个百分点。规模以上工业内销产值22915.46亿元,增长16.8%,对规模以上工业销售产值增长的贡献率达84.8%,拉动规模以上工业销售产值增长13.2个百分点。规模以上工业出口交货值5843.7亿元,增长11.2%,增速回落9.7个百分点。主要行业中,电子出口交货值增长9.8%、机械增长8.8%、轻工增长15.5%、纺织增长10.2%、石化下降5%。

企业效益逐步好转,主要行业利润保持增长。全省规模以上工业经济效益综合指数239.24点,较上年提高8.38点;全员劳动生产率18.88万元/人,增加1.11万元/人;总资产贡献率、资本保值增值率分别为16.70%、112.23%,分别降低0.18、7.2个百分点;流动资产周转率2.58次,减缓0.34次。规模以上工业企业主营业务收入29206.84亿元,增长12.9%;实现利润总额2023.27亿元,增长9.7%。38个工业大类行业有27个行业利润保持增长,增长较快的有:橡胶和塑料制品业增长51.5%、家具制造业47%、食品制造业26.1%、酒、饮料和精制茶制造业22.8%、纺织业19.4%。12月末,全省工业企业亏损面8.0%;企业产成品和应收账款合计3982.78亿元,增长17.3%,其中产成品1078.69亿元,增长11.9%。

煤电油运保障有力,工业用电企稳回升。全社会发电量1622.62亿千瓦时,增长2.7%,其中:水电476.21亿千瓦时,增长67.0%;火电1118.27亿千瓦时,下降12.1%。全社会用电量1579.5亿千瓦时,增长4.2%,其中工业用电1061.89亿千瓦时,占全社会用电量比重67.2%,增长2.81%。中石化、中石油两大集团配置成品油693.33万吨,增长1.68%;销售成品油795.74万吨,增长3.9%。截至12月31日,全省主力燃煤电厂电煤库存321万吨,可供满负荷发电17天;成品油库存35.58万吨,其中汽油、柴油可分别销售30天、13.5天。全省完成货物运输量8.44亿吨,增长12.1%,其中:公路货物运输量5.9亿吨,增长13.1%;水路2.1亿吨,增长11.8%;铁路3800万吨,增长1.2%。

(林文龙)

【工业投资】 2012年,全省工业固定资产投资4548.19亿元,增长22.9%,高出全国2.9个百分点;工业投资占全省固定资产投资的36.5%;轻重工业投资比例34.3∶65.7,其中:轻工业投资1560.24亿元,增长23%;重工业投资2987.95亿元,增长22.8%。各设区市工业投资保持平稳增长,其中:漳州、南平、福州和三明工业投资增长高于全省平均水平,分别增长30.4%、27.4%、23.8%和23.5%;龙岩、宁德、泉州、莆田和厦门分别增长22.2%、21.5%、19.5%、18.6%和14.2%。

制造业完成投资3764.39亿元,增长23.3%,占工业投资的82.8%;电力、燃气及水的生产和供应业完成投资620.81亿元,增长15.4%;采矿业完成投资162.99亿元,增长46.8%。全省31个制造业分行业中,27个行业投资实现正增长,增幅超过50%的行业有文教体育用品制造业、金属制品业、通用设备制造业、仪器仪表制造业和废弃资源综合利用业,分别增长51.7%、56.2%、52.6%、64.6%和122.7%。石化、机械、电子三大主导产业完成投资1562.02亿元,增长25.3%,其中:石化工业投资602.20亿元,增长22.4%;机械工业投资777.84亿元,增长30.4%;电子信息业投资181.98亿元,增长15.1%。轻工、纺织、建材和冶金(含采选)工业分别完成投资1229.06亿元、469.05亿元、356.39亿元和314.26亿元,增长23.1%、16.1%、9.5%和27.7%。

全年完成技术改造投资2317.92亿元,增长27.4%,较工业投资高4.5个百分点,占工业投资的51%,较上年高3.7个百分点,技术改造对工业投资增长的贡献率达58.9%。滚动实施省"百项千亿"重点技改项目490项、总投资1966.2亿元,累计完成固定资产投资865.69亿元,其中年度完成固定资产投资529.29亿元,建成投产项目193项。

全年新建投资完成2230.27亿元,增长18.5%。全年新开工项目6529项,比上年增加721项,项目投资总额3914.94亿元,增长39.1%,其中制造业新开工项目投资总额达3521.12亿元,增长33.3%。

全年民间投资完成3164.46亿元,增长28.5%,占全省工业投资的69.6%,比上年提高3.1个百分点。外商投资企业完成投资749.16亿元,占全省工业投资的16.5%,下降3.8个百分点,其中:港澳台商企业完成投资397.89亿元,增长2%;外资企业完成投资351.27亿元,下降3.2%。国有单位完成投资634.57亿元,增长30.7%,占全省工业投资的13.9%,上升0.7个百分点。

工业投资到位资金4632.85亿元,增长16%,其中:企业自筹资金到位3521.63亿元,增长19.9%,占本年资金来源的76%,比上年高出3.8个百分点;国内贷款581.33亿元,增长5%,较上年低13.2个百分点,占本年资金来源的12.5%,较上年低2.2个百分点;利用外资297.78亿元,增长3.7%,较上年回落28.8个百分点。

(董敬太)

石化工业

【概况】 2012年,全省规模以上石化企业802家,工业总产值2214.18亿元,增长15.0%,占全省规模以上工业总产值的7.5%;工业增加值536.72亿元,增长13.9%,占全省规模以上工业增加值的6.8%;产销率98.79%,下降0.16个百分点。规模以上工业企业主营业务收入2189.84亿元,增长9.2%,比上年下降11.5个百分点;实现利润57.35亿元,比上年减少29.9亿元,降幅为34.0%,其中:股份制企业31.28亿元,增长23.8%;外商及港澳台企业14.68亿元,下降71.0%。

【主要产品】 全年原油加工量1104.44万吨,增长15.1%。油品除煤油略有下降外均有不同幅度增长,其中:燃料油4.32万吨,增长51.3%;柴油327.73万吨,增长29.2%;汽油170.27万吨,增长18.1%;润滑油5.54万吨,增长5.7%;煤油103.20万吨,下降0.2%。统计重点跟踪的其他20种(类)石化产品中,有9种(类)增产,其中:石油沥青44.90万吨,增长335.8%;液化石油气22.96万吨,增长37.4%;焦炭189.91万吨,增长26.2%;硫酸(折100%)114.10万吨,增长73.1%;化学农药原药8353吨,增长33.9%;纯苯38.23万吨,增长10.4%;橡胶轮胎外胎3479.32万条,增长10.5%。盐酸、烧碱、纯碱、电石、乙烯、精甲醇、合成氨、农用化学肥料、合成纤维聚合物等减产,其中纯碱和电石减产幅度较大,分别为93.1%和89.4%。

【重点企业】 全行业有12家企业实现产值10亿元以上,主要集中在石油化工、合成纤维单体及其聚合物、橡胶制造等企业,其中产值10—20亿元企业5家、20—30亿元企业1家、40—70亿元企业4家、100亿元以上的企业2家。10亿元以上的企业中台资企业5家,包括翔鹭石化公司、正新橡胶工业公司、正新海燕轮胎公司、腾龙特种树脂(厦门)公司和厦门正新实业公司,共实现产值269.82亿元,占12家企业的24.4%,占全省石化工业产值的12.2%。100亿元以上的企业为福建联合石油化工公司和翔鹭石化公司,其中福建联合石油化工公司实现产值682.54亿元,增长16.7%。

【重点项目】 全行业全年固定资产投资387.82亿元,增长22.7%。8项在建省重点项目年度计划投资113.30亿元,实际完成投资166.29亿元,其中中化泉州1200万吨/年炼化一体化项目完成投资111.74亿元,福建联合石化乙烯脱瓶改造及配套工程完成投资10.55亿元,福州耀隆化工集团公司搬迁改造项目完成投资5亿元,全部超过计划投资额。全年工业"百项千亿"42项石化重点技改项目计划投资97.54亿元,实际完成投资103.92亿元,已有10个项目投入生产,其中:龙岩龙化化工异地扩建工程项目已基本建成,一期氯碱项目已投入试生产;福建东南电化公司搬迁项目生产装置已进入安装阶段,土建工程总体完成95%,安装完成90%;古雷石化基地启动项目腾龙芳烃(漳州)公司80万吨/年对二甲苯及整体公用配套工程累计完成投资150.5亿元,完成工程总进度的98.7%,其中设计、采购完成

100%，施工完成96.5%；翔鹭石化公司150万吨/年精对苯二甲酸项目完成投资58.6亿元，完成工程总进度的74.1%，其中设计完成92.7%，采购完成90.2%，施工完成48.9%。

【行业特点】 股份制、外商及港澳台投资企业仍是行业发展的主力军。股份制企业实现总产值717.87亿元，增长23.2%；外商及港澳台投资企业实现总产值1342.35亿元，增长11.6%。两种所有制企业实现的工业总产值约占全行业的93.1%，比2010年下降3.04个百分点，但比2011年提高0.14个百分点。近3年来，股份制企业实现产值占全行业的比重逐年上升，分别为28.9%、29.1%和32.4%，外商及港澳台投资企业实现产值占全行业的比重逐年降低，分别为67.1%、63.9%和60.6%。全年出口交货值157.76亿元，下降4.7%，为近3年首次呈现下降趋势，增幅分别比2010年、2011年回落36.3和28.8个百分点。出口主力产品化学原料和化学品制造业、橡胶制造业实现出口交货值61.12亿元和67.81亿元，分别下降12.1%和3.0%；降幅较大的重点企业有：佳通轮胎公司31.57亿元，下降11.6%；正新海燕轮胎公司1.38亿元，下降7.9%；青松股份有限公司3.47亿元，下降4.3%。海安橡胶公司和正新橡胶工业公司实现正增长，分别为3.96亿元和9.56亿元，增长388.5%和8.9%。大宗石化产品价格总体以下行走势为主，其中PTA的价格从年初的8500元/吨、7月份的7500元/吨到12月份的8170元/吨，同比各月价格均有较大幅度回落。（杨美芳）

机械工业

【概况】 截至2012年末，全省规模以上机械工业企业2481家，其中大中型企业455家；资产总额3462.55亿元，从业人员61.47万人。全年工业增加值1155.1亿元，比上年增长10.4%，占全省工业增加值的14.7%，占三大主导产业的43.3%；工业总产值4526.9亿元，增长10.5%；工业销售产值4400.95亿元，增长11.1%；产销率97.2%；出口交货值1005.32亿元，增长8.8%，产品出口率为22.8%。船舶、轴承、阀门、变压器、高低压开关板、电力电缆、摩托车、飞机维修等产品产量继续保持增长态势，但汽车、金属集装箱、挖掘机、装载机、压路机等产品产量出现不同程度下降。汽车行业总产值847.81亿元，增长8.4%；生产汽车186465辆，下降1.6%；改装汽车16208辆，增长7.3%。船舶制造业总产值206.67亿元，增长4.6%；生产民用钢质船舶100.92万载重吨，增长4.2%；船舶修理业总产值21.66亿元，增长87.6%。机械工业主营业务收入4476.82亿元，增长9.1%；利润总额285.37亿元，增长5.7%；主营业务利润率6.4%，降低0.2个百分点。全行业亏损面9.2%，亏损企业亏损额12.57亿元，增加15.5%。至12月末，全行业产成品库存212.86亿元，增加5.8%，应收账款为681.83亿元，增加23.3%。

【重点项目】 全年城镇机械工业固定资产投资786.82亿元，增长31.9%，其中专用设备、通用设备、仪器仪表等行业增长33%以上，汽车、电气机械等行业投资放缓，分别增长12.3%和12.2%。机械工业列入《福建省工业转型创新百项千亿投资计划》的项目114个，完成投资84.41亿元，为全年计划105.6%；其中厦工机械公司挖掘机12000台生产能力技术改造项目、厦工（三明）重型机器公司路面机械生产线技术改造项目、福建常青精密机械公司高精密数控镗床生产线建设项目、中国重汽集团福建海西汽车公司商用车生产基地建设一期10万辆商用车项目、金龙联合汽车公司客车节能安全研发中心建设及关键零部件产业化项目、福州利亚船舶工程公司三期技改扩建工程等54个项目已竣工投产。

【科技创新】 全年机械工业18个项目获省科学技术奖，其中：尤迪电机制造公司的驱动电机项目获技术发明奖一等奖，正兴车轮集团公司的保胎型车轮研制及产业化项目和龙净环保公司的大型循环流化床锅炉脱硫剂一级喷吹系统等2个项目获技术发明奖三等奖，龙溪轴承公司的关节轴承产品技术创新平台建设项目、厦工（三明）重型机器公司的XG6131D串联式振动压路机项目以及龙净环保公司与清华大学等单位共同完成的特大型电袋复合除尘技术开发与应用项目等3个项目获科技进步奖一等奖，福建威盛机械公司的WSM951T16叉装车项目等6个项目获科技进步奖二等奖，厦工机械公司的XG833大型液压挖掘机项目等6个项目获科技进步奖三等奖。22项产品获得省优秀新产品奖，其中：林德（中国）叉车公司的1123系列站驾式电动前移式叉车（R14 SP/R16 SP/R18 SP）获一等奖，金龙联合汽车工业公司的金龙XMQ6127J城市客车、闽机机械科技公司的MLL500－1A流量测试机等8项产品获二等奖，南安巨轮机械公司的SPGE1200－20树脂磨盘石材自动磨机、冠海造船工业公司的80300DWT散货轮等13项产品获三等奖。机械产品经由省经贸委组织鉴定并被确认为福建省新产品的项目有52项，其中鉴定为国际水平的5项，国内领先水平的28项，国内先进水平的19项。福州万德电气公司技术中心、泉州佰源机械科技公司技术中心等8家企业技术中心被确认为第十六批省级企业技术中心，全省机械工业共拥有65家省级企业技术中心，占全省企业技术中心的19.6%，其中国家认定企业技术中心4家。

【品牌建设】 福建银象电器公司的“ESE”水泵、福建力佳公司的“力佳”柴油机、凯捷利集团公司的“凯捷利”发电机等8个商标被评为“中国驰名商标”；福建雪人公司的SNOWKEY牌制冰机、福建海源自动化机械公司的海源机械牌HP陶瓷砖自动液压机、泉州亿兴电力公司的亿兴电力牌高低压开关柜等58项产品获得“福建省名牌产品”；全省机械工业共拥有“中国驰名商标”26个，“中国名牌产品”9项、“福建省名牌产品”192项。龙溪轴承公司和福建龙净环保公司获第三届“福建省政府质量奖”。（陈丽香）

汽车工业

【概况】 2012年，全省汽车制造业总产值847.8亿元，比上年增长9.1%；生产汽车21.44万辆，下降1.8%；销售汽车21.41万辆，下降1.6%。福汽集团（不含金龙汽车）汽车产销量分别为115147辆和115073辆，实现工业总产值107.4亿元、营业收入102.6亿元。东南汽车轿车产量101879辆，增长3.4%；厦门金龙大中客车产量73775辆，增长2.5%；重汽海西货车产量11995辆，增长17.3%。全省汽车及零部件出口17.83亿美元，增长8.3%；厦门金龙集团出口汽车19155辆，增长25.26%，其大中型客车出口量居全国第一；重汽集团福建专用车公司出口1292万美元，增长4.5倍；福建龙马环卫装备公司出口581万元，增长3倍。

【重点项目】 福汽集团的东南V5/V6产品开发项目、福建奔驰研发中心项目、研究院一期建设项目、新龙马年产15万辆汽车扩建项目、新龙马发动机项目被列为省重点建设项目，全年完成项目投资11.62亿元，超过年度投资计划7%。其中，东南V5已经成功上市；福建奔驰研发中心、集团研究院一期建设项目已经基本完工；新龙马15万辆扩建项目已经实现竣工投产，加上总投资15.369亿元的30万台发动机项目，新龙马项目合计总投资35.644亿元，是福建有史以来投资最大的汽车工业项目，全省三大汽车产业基地“三足鼎立、互补互促”格局正式形成。福汽集团的东南、奔驰和新龙马3家整车厂合计年产能力已达35万辆规模。厦门金龙汽车完成了全承载、脱壳、电泳重大技术项目；电泳车间建成并投产；增加了后装底盘和全承载大巴总装B线，产能由日产38辆提升到50辆，加班60辆。

【产品开发】 东南汽车自主开发的V5菱致成功上市。金龙集团推出了“智慧校车”，搭载国内最先进的校车远程管理监控系统，可建立起安全、可预防、可监控、可追责的校车运营监管体系。厦门金旅开发了符合欧洲标准的XML6125CL三门低地板公交车、XML6125J53“E”开拓者豪华旅游车。侨龙专用车公司开发生产的大排量抽水车具有自主知识产权，性能优越，用途很广。福州雅德驰光电科技公司开发生产汽车LED日行灯处于国内市场前列地位。仙游电机开发出应用于新能源汽车的新型永磁电机。

【新能源汽车】 福工动力的插电式、增程式客车驱动总成的创新制动能量高效回收技术，已列入国家863计划，是福建客车首个进入国家863计划的项目。福建已列入国家公告并产业化批量生产销售的新能源汽车有：大、小金龙生产的油电混合动力、油气混合动力客车和插电式混合动力、增程式混合动力客车以及纯电动客车，东南汽车生产的V3纯电动轿车和得利卡轻型客车，龙马环卫生产的纯电动城市扫路车等。宁德新能源公司、厦门华锂公司、龙岩卫东公司等开发生产动力电池组。尤迪电机、亚南电机、仙游电机等致力于新能源汽车驱动电机的开发生产。福州市实施新能源公交汽车示范工程，省财政补贴720万元投放20台本省生产的新能源公交车，已经成功运行半年多，公交公司又追加采购100辆本省生产的新能源公交车投入营运。（杨养臣）

船舶工业

【概况】 2012年，全省船舶工业总产值222.8亿元，比上年下降9%；出口总值107亿元，下降6%；产品销售收入164亿元，下降11%。全省船企持有订单362艘/213万吨，合同金额189亿元；新承接订单858艘/128万吨，合同金额139亿元。全省拥有船舶工业企业及相关联企事业单位260余家，从业人员3万余人。规模以上船舶制造、修理企业84家，其中具备修造万吨级以上船舶企业50家；拥有船台65座，总容量达130万吨，年造船生产能力390万载重吨；拥有船坞41座，坞容量218万吨，单坞最大容量30万吨级。船舶工业总量和规模在全国排名第七位。已形成以省船舶工业集团公司为龙头，国有控股与民营、外资企业同步发展的修造船工业体系，集装箱船、汽车滚装船、海洋工程船等一批产品达到国际先进水平。

【船舶建造】 全年船舶制造业总产值206.67亿元，增长4.6%；造船完工836艘/178万载重吨，均下降6%。东南、马尾、厦船重工等是海工装备制造的骨干企业；海洋救助船、1000HP大马力三用工作船、59m—87m海洋平台三用拖船、50—75m大马力工作拖船、海洋供应船等海洋工程船具有国际先进水平；马尾造船公司成功开发了具有国际先进水平的87m电推海工船；厦船重工承接的8500卡汽车滚装船处国内乃至国际领先水平；海洋工程装备总体生产经营情况好于全国平均水平。

【船舶修造】 全年船舶修理业总产值21.66亿元，增长87.6%；修船2620艘，增长4%。修船坞容量占全国修船坞总容量的1/6，具备10万吨级以上修船坞8座，坞容量达150万吨，福建已成为我国东南沿海重要的修船基地。

【游艇业】 全省拥有游艇制造企业和相关配套企业达40余家，全年游艇工业总产值30亿元以上，在全国游艇制造业中占有一席地位。（王　巧）

轻　工　业

【概况】 截至2012年底，全省规模以上轻工业企业5669家，比上年增长11%；总资产5510亿元，增长26%；职工总数172万人，增长11%；工业产值9563亿元，增长17%，占全省规模以上工业总产值的33%，占全国规模以上轻工业总产值10%；销售产值9350亿元，增长20%；出口交货值2304亿元，增长16%，占全省规模以上工业企业出口交货值39%，占全国轻工业出口交货值的10%。主要经济指标与全国同行业相比所占位置分别是：总产值和销售产值均位列全国第六，出口交货值位列全国第三位。产值超过千亿元的大行业有皮革及制鞋业、农副食品加工业和塑料制品业等3个行业。皮革及制鞋业、农副食品加工业、塑料制品业、食品制造业、造纸业及纸制品业、文教工美体娱用品制造业、酒饮料茶制造业等7个行业总产值达8129亿元，占全省轻工行业总产值的85%，比上年提高3.7个百分点，其中：农副食品加工、食品制造及酒饮料茶制造占全省轻工行业总产值的33.5%，提高0.7个百分点；皮革及制鞋业占25.6%，提高2.2个百分点。产量增速较快的10种产品：鲜冷冻肉68.35万吨，增长39.2%；冷冻水产品88.1万吨，增长39.7%；速冻米面食品3.1万吨，增长29.3%；果汁和蔬菜汁饮料62.6万吨，增长38.3%；塑料人造革、合成革67.2万吨，增长39.5%；皮革服装598万件，增长48.4%；家用电热热水器41万台，增长213.4%；灯具及照明装置3827.8万套（台、个），增长61.2%；表2482.7万只，增长119.2%；眼镜成镜1.41亿副，增长35.2%。产量排名在全国前5名的产品：罐头（236.02万吨）、皮革鞋靴（17.6亿双）、钟（9373.2万只）居全国第一；糖果（52.9万吨）、表（2482.7万只）、眼镜成镜（1.41亿副）、锂离子电池（5.87亿只）、金属家具（7870万件）居第二；家具（1.03亿件）、皮革服装（598万件）居第三；木质家具（2105.2万件）、家用电风扇（127.5万台）、原电池及原电池组（21亿只）、日用塑料制品（28.8万吨）居第四；轻革（6556.4平方米）、电冷热饮水机（2万台）居第五。 （吴维建）

【造纸业】 全年规模以上造纸和纸制品工业企业完成工业总产值754亿元，增长17%。纸和纸板产量643.86万吨，增长11.3%，占全国纸和纸板产量的5.66%，排名第六；造纸及纸制品行业产值754亿元，占全省工业总产值的5.69%。发展比较好的企业有恒安集团、优兰发集团、铙山纸业集团、泉州联盛纸业（含宏益纸业）、漳州盈晟纸业、漳州敦信纸业、漳州港兴纸业、泉州贵格纸业、罗源雄丰纸业、建瓯利树浆纸公司等。重点建设项目联盛纸业第一期工程年产80万吨包装板纸项目已建成投产，第二期年产80万吨包装板纸项目接近尾声；玖龙（泉州）第一期工程年产65万吨包装板纸项目已经安装，预计2013年能够建成投产；金鹰亚太莆田年产125万吨林浆纸一体化项目完成前期工作，项目部分内容和福建省有关规划等已按照国家有关部委提出的要求调整配套完毕；上海泰盛集团年产100万吨林浆纸一体化项目正在进行前期工作。

（郑宝琛）

【盐业】 2012年，福建省盐业公司改制更名为福建省盐业有限责任公司，全年实现利润总额4694万元，增长0.59%；净利润3216万元，增长2.33%；盐产品销量54.42万吨，增长4.04%，其中省内小包装13.22万吨、省内大包装33.65万吨、省内工业盐3.44万吨、省外盐3.36万吨、出口0.75万吨；非盐销售收入6807万元，增长19%，其中：味精4000万元，食用油1600万元，酒类产品1200万元；多品种盐销量20200吨，增长175%。由福建省盐业有限责任公司负责实施的南平、福州、漳州、龙岩4地市省级食盐储备库，至2012年底投资2684万元，南平省级食盐储备库已封顶，福州省级食盐储备库完成征地工作，漳州省级食盐储备库项目完成工程招标工作，龙岩省级食盐储备库征地工作正在进行中。福州分公司的盐业研发交流中心、宁德分公司的生产力培训中心、漳州分公司的盐业产品展示中心项目获得主管部门批准，正在准备项目前期工作。全年全省盐政共出动13500次、41416人次，查处案件1109起，结案1098起，其中刑事案件12件、判刑12人、批捕6人、刑拘5人；查获盐产品1315.63吨，没收盐产品977.62吨，罚款116.2万元。厦门盐务局与厦门公安经侦三大队查获“6·27”特大假冒碘盐案。福州盐务局破获闽侯县祥谦镇中院村的假食盐窝点，现场查缴制作假冒晶华牌食用盐的工业盐250吨，为当年全省查获私盐数量最多单案。 （陈 鸿）

【食品工业】 2012年，全省规模以上食品工业企业1775家，下降15.9%。全年食品工业总产值3203.86亿元，居全国第十位，增长23.79%，其中：采盐业产值0.5亿元，下降38.58%；农副食品加工业产值1810.89亿元，增长24.82%；食品制造业产值809.92亿元，增长20.94%；饮料制造业产值582.55亿元，增长24.72%。全年食品工业销售产值3135.49亿元，居全国第十位，增长23.97%，其中：采盐业销售产值0.72亿元，下降6.16%；农副食品加工业销售产值1766.89亿元，增长25.13%；食品制造业销售产值795.81亿元，增长20.85%；饮料制造业销售产值572.08亿元，增长24.92%。全年食品工业出口交货值530.39亿元，居全国第2位，增长16.22%，其中：农副食品加工业382.55亿元，增长15.26%；食品制造业134.89亿元，增长17.76%；饮料制造业12.92亿元，增长30.64%。全年主要加工食品的产量为：原盐14.97万吨，下降37.37%；小麦粉115.46万吨，增长6.98%；大米164.47万吨，下降5.97%；饲料703.55万吨，增长20.04%；配合饲料556.68万吨，增长23.39%；混合饲料46.28万吨，增长63.97%；精制食用植物油105.3万吨，增长25.04%；成品糖6.97万吨，下降30.43%；鲜、冷藏肉68.35万吨，增长39.17%；冷冻水产品88.1万吨，增长39.65%；糖果52.93万吨，增长27.63%；速冻米面食品3.1万吨，增长29.29%；方便面19.71万吨，增长23.38%；乳制品22.45万吨，增长7.51%；液体乳17.34万吨，增长9.71%；罐头236.02万吨，增长14.72%；酱油13.0万吨，增长23.39%；冷冻饮品1.12万吨，增长4.25%；食品添加剂6.85万吨，增长4.2%；饮料酒206.75万千升，下降1.75%；白酒3.46万千升，增长4.66%；啤酒196.13万千升，下降2.48%；葡萄酒0.32万千升，增长18.81%；软饮料398.19万吨，增长14.91%；碳酸饮料类（汽水）43.08万吨，增长 14.91%；包装饮用水类 139.83 万吨，增长 19.67%；果汁和蔬菜汁饮料类 62.6 万吨，增长 38.32%；精制茶 17.27 万吨，增长 24.54%。福建食品产量位居全国各省市前 10 位的产品有：罐头第一位，糖果第二位，冷冻水产品第四位，精制茶第五位，成品糖第八位，啤酒、酱油、配合饲料第九位。与上年相比，酱油上升 2 位，冷冻水产品、精制茶、成品糖上升 1 位；罐头、糖果、配合饲料、啤酒没有变化。福建康宏股份有限公司等企业的 177 个产品获得“福建省名牌产品”称号；福建天线宝宝食品股份有限公司“阿尔卑斯”牌水晶冻、食品用果胶、水果罐头等 257 个食品被授予“福建著名商标”称号；福清朝辉水产食品有限公司等 85 家企业为 2011—2013 年度福建省水产产业化龙头企业；福清市东威水产食品实业有限公司“东威及图”牌虾(非活)、鱼制食品等 21 个食品被授予“中国驰名商标”称号。（檀巧斌）

【塑料业】 全年塑料制品加工业规模以上企业 567 家，从业人员 14.3 万人；产量 274.5 万吨，增长 14.8%；工业总产值 1003 亿元，增长 22.5%；出口交货值 150.9 亿元，增长 11.3%；实现利税 94 亿元，增长 50.9%。塑料制品产值保持全国第六位，其中塑料合成革、日用塑料制品、塑料薄膜的产值分别居全国第二、三、四位。产值 100 亿元以上的品种有塑料薄膜、塑料板、管、型材、日用塑料制品、塑料人造革、合成革。亚通新材料科技公司、振云塑业公司、恒杰塑业新材料公司、祥龙塑胶公司的塑料管件、管材市场知名度较高，思嘉环保材料科技公司的大型充气玩具类保持较强竞争力。塑料制品加工业主要在福州、厦门、宁德、泉州等 4 个设区市，产值占全省的 81%，其中：福州以塑料膜、塑料鞋、塑料管材及配件、日用制品为主，厦门以塑料包装膜、卫生洁具、改性材料、电子电器塑料和日用塑料为主，宁德以合成革材料为主，泉州以塑料鞋、鞋用材料、日用塑料制品、密胺餐具和塑料管材等为主。全省设立了省环境友好高分子材料工程技术研究中心、省改性塑料行业技术开发基地、省功能材料技术开发基地、省管材行业技术开发基地、省制鞋行业技术开发基地以及石化下游高分子材料技术转移中心、福州市塑胶行业技术创新中心等关键技术研发及技术推广平台。思嘉环保材料科技公司的清洁能源沼气工程用红泥复合材料(PVC/纤维/红泥/高岭土复合材料)、正大集团公司的改性聚丙烯发泡鞋用中底材料、亚通新材料科技公司的钢带增强聚乙烯(PE)螺旋波纹管(○600mm—○2000mm)分别被省政府授予省优秀新产品一等奖、二等奖、三等奖。（许 榕）

【工艺美术业】 全年工艺美术规模以上企业实现总产值 543.9 亿元，增长 29.6%；销售额 539.5 亿元，增长 29.8%；出口交货值 228.1 亿元，增长 27.7%；全行业总产值 800 多亿元，产值和出口额均居全国第四位。举办了第七届“中国(莆田)海峡工艺品博览会”、第六届中国工艺美术大师评审推荐、第四届福建省工艺美术大师和福建省工艺美术名人评选等活动。全省已拥有中国工艺美术大师 38 人(较上年增加 9 人)、福建省工艺美术大师 276 人、福建省工艺美术名人 448 人，还有一大批中高级工艺美术师、工艺美术技师、非物质文化遗产传承人、民间艺人等行业代表性人物和专业技术人才。全省已拥有 20 多个全国性工艺美术产业特色区域荣誉称号，其中：福州市被授予“中国寿山石雕之都”、“中国漆艺之都”等称号，建瓯市被授予“中国根雕之都”称号。省经贸委每年安排工艺美术专项保护资金，扶持工艺美术产业重点项目和公共服务平台建设，全省已具备较完善的工艺美术产业基础和人才资源。已建成一批较具规模的工艺美术专业市场，包括福州寿山石文化城、省工艺美术珍品馆等展示交流中心，以及莆田市“中国工艺美术城”、秀屿珠宝首饰、仙游坝下古典工艺家具城等生产基地和专业市场。莆田国际油画产业园、惠安县“雕艺城”、德化陶瓷一条街、厦门漆线雕和乌石浦油画展示厅及市场、华安县华安玉奇石市场、建瓯武夷山根艺一条街等重点工艺美术专业市场正在建设中，将成为集产品交易、展示、拍卖及信息沟通、文化交流、金融结算、物流配送、商贸服务为一体的大型工艺美术交易平台。（王 建）

【家具行业】 全年家具行业实现总产值 670 亿元，增长 17.5%；完成出口 41.25 亿美元，增长 15%；完成产量 1.15 亿件，较上年略有增长；企业数 4500 家，从业人员 40 万人；家具建材卖场面积超过 500 万平方米。诚丰、喜梦宝、木村等多家企业获“中国驰名商标”；诚丰、福建家具集团、现代、喜梦宝、森源、国辉、红梅、菲莉、冠达星、精工、永嘉、聚丰、龙威、三福、贡品轩、福艺、龙禧、华邦、恒星、大家之家、涌泉、建潘卫厨、闽星、怀古、飞鸿、坝下明珠、宏龙、杜氏、西华、英发、恒发、新佳美、玉致、新嘉华等近百家家具企业获得“福建省著名商标”、“福建省名牌产品”。永嘉、百乐等企业通过国际玩具协会行为守则认证(ICTI 认证)、国际反恐认证；数百家企业通过 ISO9001、ISO14001、ISO18001、FSC 质量管理体系、环境管理体系、职业健康管理体系、森林管理体系认证，以及绿色产品认证。福州、厦门主要生产板式(办公、民用、校用)家具。莆田仙游县红木雕刻工艺精湛，是“中国古典工艺家具之都”，拥有生产厂家 3349 家，从业人员 15 万人；全年古典工艺家具产值突破 175 亿元，其中规模以上企业产值 105 亿元，产业税收 1.5 亿元。漳州、泉州以生产出口美式实木家具、钢管家具、酒店家具、软体家具为主，其中漳州钢管家具类企业产值与上年基本持平，木质家具产值增长 20—30%，但利润均有较大幅度下降；全市规模以上家具企业实现总产值 72.13 亿元、销售额 71.78 亿元、出口交货值 36.46 亿元，分别增长 16.19%、16.23%、12.52%。闽侯、安溪两县以生产竹、藤、铁工艺家具为主，产值逐年上升，先后打造出“全国竹藤工艺之乡”，成为当地支柱产业之一；全年分别实现产值近 70 亿元和 60 亿元，增长 15%—20%。三明、南平、龙岩以生产竹木制品为主，其中三明是福建省重点林区和“国家林业产业基地”，商品木材、人造板产量均居全省之首；三明永安市是中国笋竹之乡，年产竹材

3000多万根，竹业总产值达28.8亿元。

（沈洁梅）

【制鞋业】 福建是全国鞋类产品三大重点产区之一，旅游运动鞋为主，塑料拖鞋、皮鞋、塑胶鞋、布鞋为辅，已形成较为齐全的鞋类产品格局，全年产量约15亿双，居全国第一位。规模以上企业总产值2024.05亿元，增长17.3%；销售总额1999.62亿元，增长10.8%；出口交货值603.22亿元，增长16.8%。拥有泉州旅游运动鞋、皮鞋，莆田运动鞋，福州塑料鞋3个产业集群，其中：泉州晋江市被誉为“中国鞋都”，莆田市被授予“中国鞋类出口基地”。安踏、特步、361°、匹克、鸿星尔克、野力等十几家企业在国内和新加坡、香港等地上市。经过中国海关总署的严格审核与评定，福建鸿星尔克体育用品公司被授予“A类企业管理资质”荣誉称号，在贸易货物通关时享受相应的通关便利。安踏（中国）荣获由中华社会救助基金会颁发的“中国爱心企业”称号；匹克集团荣膺“2012最佳中国品牌50强”和“2012年度中国体育营销金五环奖之最佳事件营销奖”、匹克集团CEO许志华荣获2012品牌中国年度创新人物；贵人鸟股份有限公司荣获“2012年度CIO年度优秀奖”；特步（中国）入选“2012品牌中国1000强”；兴业皮革科技股份有限公司荣获“2012年纳税先进企业”。

（黄豫蕾）

纺织工业

【概况】 2012年，全省规模以上纺织企业实现总产值3502.37亿元，增长18.4%，其中：纺织业1520.01亿元，增长17.9%；服装业1366.46亿元，增长15.6%；化纤业575.57亿元，增长27.9%；纺织机械40.33亿元，增长11.6%。国有企业总产值9700万元，民营企业总产值1662.44亿元，外商及港澳台投资企业总产值1836.68亿元。全行业完成投资473.62亿元，列全国第七位，增长11.45%。出口交货值578.92亿元，增长10.1%，增幅比上年下降12.1个百分点。实现利润248.75亿元，增长15.9%。

主要产品产量：化纤272.09万吨，增长20.1%，位列全国第三，其中：锦纶49.21万吨，增长35.2%，列第二；涤纶217.98万吨，增长16.7%，列第三；氨纶20025吨，增长168%。纱271.48万吨，增长23.7%，列第五。布48.15亿米，增长19.6%，列第六。印染布59.45亿米，增长6.2%，列第五。无纺布14.20万吨，增长35.5%，列第六。服装32.94亿件，增长8.4%，列第五，其中：梭织服装11.5亿件，增长9.1%，列第四；针织服装21.44亿件，增长8%，列第三。

【技术进步】 全行业拥有省级企业技术中心51家、国家级企业技术中心5家。百宏聚纤公司的“熔体直纺涤纶长丝纺丝工程模拟计算系统及工艺优化”项目荣获福建省科技进步奖一等奖及中国纺织工业联合会科学技术进步二等奖。众和股份的“羊毛（羊绒）棉面料印染清洁生产技术”、凤竹纺织科技公司的“异收缩涤纶弹性针织面料技术开发与应用”、石狮市港溢染整织造的“可控‘视窗’单向导湿性面料的成套关键技术研发与应用”、福建省金泰纺织的“生态轻质膨松化高比率木棉/涤纶新型复合纺纱技术与产品”、万华世旺超纤的“高剥离耐水解聚氨酯复合材料的研发”、厦门三维丝公司的“高性能复合滤料”、鑫华股份公司的“基于超声波技术的非织造材料后整理多功能一体机”等项目分别获中国纺织工业联合会科学技术进步三等奖。纺织机械行业在开发新型电脑针织大圆机、高性能圆网及平网印花机、喷墨数码印花机、电脑提花经编机、电脑高速经编机、双针床经编机、电脑横机等方面取得新进展，鑫港纺织机械的“XGHM43/1全电脑多梳栉高速提花经编机”、“XGHF43/1/26全电脑多梳栉带压纱板高速提花经编机”、泉州佰源机械的“BYDJRT双面电脑提花移圈罗纹机”等三款纺机通过技术鉴定，达到国际先进水平；晋江市佶龙机械的“GET3－186－E28高速特里科经编机”、晋江宏基机械的“HJT362876单面圆型纬编机”等两款纺机达到国内领先水平；石狮日冠的喷墨数码印花机技术取得突破，产品已出口印度等东南亚国家。

【产业集群】 泉州市纺织服装产业集群由石狮、晋江等地的纺织服装产业板块构成，产业链从纺纱—织造—染整—成衣到专业市场，已成为中国纺织产业基地和重要的休闲服装基地，全年规模以上工业增加值367.38亿元，增长16.9%；生产服装28770万件；2012石狮市被中国纺织工业联合会表彰授予“全国纺织模范产业集群”称号。福州市纺织行业总量全省第二；长乐市纺织产业集群聚集各类纺织企业1053家，全年实现产值947.78亿元，占长乐市工业总产值的65.49%；年产化纤短纤、长丝、混纺纱近240万吨，拥有600万锭以上纺纱规模，锦纶年产能50万吨以上，是全国最大的化纤混纺纱和锦纶切片生产基地，经编产品占全国市场份额的3/5；2012年长乐市被中国纺织工业联合会授予“全国纺织模范产业集群”和“中国经编名城”称号。“中国新兴纺织产业基地市”永安市，已形成53.8万锭（包括气流纺）纺纱生产能力，在建纺纱能力18.5万锭，规模以上纺织企业47家，全年工业总产值105.6亿元，增长17.2%，占全市工业总产值的21.7%。“中国革基布名城”尤溪县，全年99家规模企业完成工业产值88.3亿，增长23.8%，占全县规模工业总量的49.6%；全县纺织、染整、制革、服装企业125家，拥有环锭纺39.22万锭、气流纺2.35万头、各类纱线产能17万吨、棉纺坯布年产能5.2亿米、针织布10212吨、无纺布3000吨、印染能力20100万米。龙岩市纺织产业集群长汀县，纺织规模企业72家，产值61.355亿元，增长19%，占全县规模工业总产值的54.93%。

（毛祚康）

冶金工业

【概况】 截至2012年底，全省规模以上冶金工业企业644家，其中大中型企业83家（大型20家）。全年冶金工业完成总产值（规模以上，下同）

2655.1亿元，增长21%，其中：钢铁工业1717.33亿元，增长19.4%；有色工业937.72亿元，增长27%。完成出口交货值102.45亿元，下降15.5%，其中：钢铁工业24.59亿元，下降14.8%；有色工业77.86亿元，下降15.6%。实现主营业务收入2584.57亿元，增长9.7%，其中：钢铁工业1645.06亿元，增长5.6%；有色工业939.52亿元，增长17.7%。实现利税222.47亿元，下降3.4%，其中：钢铁工业107.55亿元，下降12.6%；有色工业114.92亿元，增长7.1%。实现利润141.88亿元，下降11.2%，其中：钢铁工业45.64亿元，下降34.3%；有色工业96.24亿元，增长6.5%。全年产销率97.1%，较上年下降1.8个百分点。国家新材料产业"十二五"发展规划重点稀土功能材料基地——龙岩稀土工业园全年产值达16亿元。全年钨加工材、钨及化合物、矿产黄金、铝材等产品产量分别居全国第一、第三、第三和第八；钨产品出口名列全国第一，销售收入和实现利润位居全国前列；黄金业实现利润保持全国第一。主要产品产量：钢1319万吨，增长14.2%；钢材2034万吨，增长14.6%；生铁725万吨，增长30.8%；铁矿石原矿1221万吨，增长11.1%；铁合金39.71万吨，增长14.9%；电解铝15万吨，增长1.2%；铝材107.9万吨，增长18.8%；电解铜8.98万吨，增长4539%；铜材19.63万吨，增长23.6%；钨及化合物2.8万吨，增长12%；钨细丝130亿米，增长1.3%；黄金24.36吨，增长23%；稀土冶炼分离2497吨，与上年持平。

【科技成果】 全年有6个产品获得2012年度福建省优秀新产品奖，其中：厦门金鹭特种合金有限公司的"地矿、盾构机用超粗晶粒硬质合金"获特等奖；福建省南平铝业公司的"Y9812高性能新型导电轨用铝合金型材"、福建省三钢（集团）有限责任公司/福建三钢闽光股份有限公司的"22SiMn2TiB工程机械用高强度耐磨钢板（规格：32×2030×9060）"和SWRCH22A冷镦用热轧盘条（Φ6.5）、中铝瑞闽铝板带有限公司的"5182H19易拉罐罐盖及拉环用铝合金带材"等4种产品获二等奖；新万鑫（福建）精密薄板有限公司的"N30Q130冷轧取向硅钢材料（片）"获三等奖。6项成果获福建省2012年度科技进步奖，其中：福建多棱钢业集团有限公司/多棱新材料股份有限公司的"一种制作切割花岗岩锯条钢带的方法及其产业化应用"、南安市三晶阳光电力有限公司的"高纯硅晶体制作技术"等2项技术获技术发明三等奖；福建省三钢（集团）有限责任公司/福建三钢闽光股份有限公司/北京科技大学的"中厚板TMCP技术中间冷却工艺与装备的研发应用"成果获科技进步二等奖；福建马坑矿业股份有限公司的"从铁钼型矿石中回收低品位钼的工艺技术"、福建省三钢（集团）有限责任公司/福建三钢闽光股份有限公司/北京科技大学的"炼钢过程节能减排技术研发"、紫金矿业集团股份有限公司的"黄金冶炼废水综合处理工艺研究与产业化应用"等3项成果获科技进步三等奖。4种产品通过省级新产品鉴定，分别是：中铝瑞闽铝板带公司的"5182H19易拉罐罐盖及拉环用铝合金带材"、福建长汀金龙稀土公司的"43UH烧结钕铁硼永磁材料"、福建省三钢（集团）有限责任公司的"15Mn3汽车防滑链用热轧盘条（∮65—∮12）"、福建新世纪电子材料公司的"焊接式硬质合金印刷板用刀具（钻头ST3.175mm×12mm/铣刀RCF2.50mm×10mm/槽刀SD1.60mm×8.7mm）"。

【品牌建设】 全年有19家企业23个产品获得福建名牌产品称号，分别是：中铝瑞闽铝板带有限公司的"瑞闽＋图形牌铝及铝合金板带材"、南方铝业（中国）有限公司的"图形牌铝板（卷）铝箔"、福建三金钢铁有限公司的"图形牌钢筋混凝土用热轧钢筋"、福建吴航不锈钢制品有限公司的"吴钢＋WUGANG、图形牌不锈钢热轧钢带"、福建省长乐市永盛金属制品有限公司的"Yoseng牌槽钢"、福州开发区宇辉钢铁制品有限公司的"广厦金龙＋图形牌直缝电焊钢管"、福州德通金属容器有限公司的"图形牌三片罐"和"图形牌彩色印铁"、福清市龙港金属制品有限公司的"龙固牌铝合金门窗"、福建省华银铝业有限公司的"闽鑫＋图形牌一般工业用铝及铝合金挤压型材"、厦门钨业股份有限公司的"图形＋金鹭牌AB5贮氢合金粉"、多棱新材料股份有限公司的"多棱＋图形牌棱角钢砂"、福建省莆田市万鑫金属制品有限公司的"万鑫牌直缝电焊钢管"、福建三钢闽光股份有限公司的"闽光牌优质碳素结构钢"和"闽光牌拉丝用低碳钢热轧圆盘条"、福建省华银铝业有限公司的"闽铝＋图形牌铸造铝合金锭"、福建三山（集团）公司的"图形牌混凝土用热轧钢筋"、福建宏丰实业集团有限公司的"宏丰＋HONGFENG＋图形牌钢筋混凝土用热轧带肋钢筋"、南平市双友金属有限公司的"双友＋图形牌钢筋混凝土用热轧带肋钢筋"、福建省南平金弘钢缆有限公司的"金弘＋图形牌钢丝绳"、福建省长汀金龙稀土有限公司的"金鹭＋图形牌氧化镧"、"金鹭＋图形牌三基色红粉"和"金鹭＋图形牌氧化钇"。

【重点工作】 全年淘汰炼铁高炉1座（炼铁产能1.2万吨）、炼钢电炉3座（炼钢产能18万吨）、铁合金矿热炉6座（铁合金产能1.716万吨），超额完成国家下达的淘汰落后产能计划。开展查处稀土矿非法交易行为和核查整顿稀土违法违规行为工作，取缔关闭闽清、古田等县6处无证非法矿点。推动连城鸿源硅业公司等6家铁合金（工业硅）企业获国家工信部铁合金行业准入公告，长汀金龙稀土公司获国家工信部稀土行业准入公告，厦钨等4家钨冶炼企业通过国家审核；指导三钢（集团）有限责任公司申报国家钢铁企业经营规范管理。（冯华伟）

建材工业

【概况】 2012年，全省建材工业以石材、建筑陶瓷、水泥、玻璃及深加工、新型建筑材料等为主，其中石材行业产值、产量、出口量均居全国第一，是全国最大的石材生产和出口基地。全年规模以上建材工业企业1766家，实现工业增加值664亿元；完成工业总产值2151亿元，其中：石材产值553亿元，建筑陶瓷404亿元，水泥282亿元，玻璃112亿元。全行业资产总额1433亿元，从业人员34.3万人；实现利润154亿元，税金87亿元，出口45.35亿美元。主要产品产量：花岗石板材2.02亿平方米，继续保持全国第一，占全国比重达48.9%；大理石板材4500万平方米，由上年的全国第二位跃升至全国第一位，占全国比重达35.1%；建筑陶瓷22.2亿平方米，由上年的全国第二位跃升至全国第一位，占全国比重达23.8%；夹层玻璃1061万平方米，居全国第二位，占全国比重达15.2%；平板玻璃4645万重量箱，居全国第六位；钢化玻璃1505万平方米，居全国第八位；水泥7198万吨，居全国第15位。

【产业布局】 全行业已形成多个规模大、专业化程度高、产业特色明显、在国内外市场有影响力的产业聚集区。石材主要集中在泉州，南安为全国最大的石材生产基地之一，闽南建材第一市场被国家有关部门命名为“中国石材城”，是全国最大的石材加工出口、原材料集散、物流贸易中心；建筑陶瓷业形成了泉州和闽清建筑陶瓷产业集群；水泥主要集中在龙岩和三明2市，全年产量分别达3094万吨、2093万吨，占全省72%以上，龙岩市被命名为“中国水泥基地”；玻璃主要分布在福州、漳州和厦门，并形成了漳州光伏玻璃产业基地，主要生产企业有福耀集团、漳州旗滨玻璃、明达（厦门）玻璃、台玻等4家；新型墙材形成了加气混凝土砌块、机械装备、硅酸钙板3个产业基地和闽东南、闽西、闽东北3个产业带。

【转型升级】 石材工业通过提高工艺装备水平，产品结构进一步优化，中高档产品比重得到提升，产业链重点向荒料开采、工程设计、安装等上下游延伸。建筑陶瓷工业引进先进生产技术和设备进行技术改造，着力开发高品位、多功能、配套化的具有环保、抗污、抗菌等特殊功能的新产品，加快发展建筑卫生陶瓷和太阳能陶板，不断提高大规格陶板等新产品产量。水泥工业加快发展新型干法水泥、预拌砂浆和水泥制品，其中新型干法水泥生产线技术装备水平达到国内先进水平，产能占全省比重达85%以上。玻璃工业重点发展特种优质浮法玻璃及具有节能、安全等性能的深加工玻璃产品，推动玻璃生产向配套化、系列化、基地化发展；全省平板玻璃均为优质浮法玻璃生产工艺，现有的14条浮法玻璃生产线装备达到国际先进水平；LOW－E玻璃、TCO薄膜太阳能玻璃、超白光伏玻璃基片、光伏玻璃、汽车玻璃深加工等产品技术水平处于国内、国际领先水平。新型墙体材料工业以粉煤灰、煤矸石、石粉等废渣为主要原料，采用新技术开发生产具有轻质、利废、保温、隔热等节能型新型墙体材料。

【节能减排】 石材工业进一步实施建筑饰面石材行业综合整治，发展石材废料、废渣综合利用产业，推进循环经济建设。建筑陶瓷工业推广使用LNG替代发生炉煤气作为烧成燃料，节能减排效果明显。水泥工业的新型干法水泥生产线（日产熟料2000吨以上）均利用生产过程中排放的余热建设纯低温余热发电站，生产系统采用变频、立磨、辊压机等节能技术和设备，节能效果和生产效率大幅提高。大量冶炼矿渣、钢渣、粉煤灰、废石、煤矸石、脱硫石膏等工业固体废弃物被用作水泥、墙体材料和预拌混凝土的原料，循环经济建设进一步提升。 （林丽卿）

电力工业

【概况】 截至2012年底，全省电力装机容量3884.9万千瓦，其中：水电装机1134.8万千瓦，占全省电力装机的29.2%；燃煤火电装机2233.7万千瓦，占全省电力装机的57.5%；LNG装机385.8万千瓦，占全省电力装机的9.9%；各类新能源（含风电）装机130.6万千瓦，占全省电力装机的3.4%。全省500千伏变电站15座，主变25台，统调变电容量2220万千伏安，输电线路45条，线路总长度3182.26千米；220千伏变电站141座，主变271台，统调变电容量4486万千伏安，输电线路414条，线路总长度10578.02千米。

【发用电情况】 全年发电1622.6亿千瓦时，比上年增长2.8%，其中：水电476.21亿千瓦时，增长67%；火电1118.3亿千瓦时，下降12.1%。全年全社会用电1579.5亿千瓦时，增长4.2%，其中：第一产业用电19.6亿千瓦时，增长12.4%，占全社会用电量的1.2%；第二产业用电1085.48亿千瓦时，增长2.5%，占全社会用电量的68.7%；第三产业用电184.56亿千瓦时，增长6.3%，占全社会用电量的11.7%；城乡居民生活用电289.86亿千瓦时，增长8.9%，占全社会用电量的18.4%。全年工业用电1061.89亿千瓦时，增长2.8%，其中：重工业用电增长1.6%，轻工业用电增长5.7%。全年福建电网向华东交易送电40.99亿千瓦时，下降33%。

【负荷情况】 全年发用电负荷增长迅速，最高发电负荷为2697万千瓦（出现在7月10日），增长3.3%；最高用电负荷2538万千瓦（出现在7月10日），增长3.9%；最大日用电量为5.31亿千瓦时（出现在7月12日），增长2.8%；全年平均用电负荷率为85%，比上年下降0.7个百分点；日最大峰谷差率50.7%，比上年提高4.7个百分点；峰谷差率最大日的最大用电负荷为1384万千瓦，增长0.22%。

（杨锦辉）

煤炭工业

【概 况】 2012年，全省生产原煤1947.55万吨，比上年增长2.9%，其中：省能源集团477万吨，下降1.2%；地方乡镇矿生产原煤1397万吨，下降23.3%。地方原煤产量中，龙岩市732万吨，下降31.1%；三明市540万吨，下降16.1%；泉州市125万吨，增长9.6%。全省各类煤矿298处，总产能2327万吨/年。全年煤炭消费7700万吨，下降5.2%，其中电煤消耗4313万吨，下降14.3%；煤炭主要消费行业按消费量排序依次为电力、建材、化工、冶金。全年完成煤炭调运7903万吨，从国外或省外调入煤炭6909万吨，本省生产煤炭外销478万吨。全年电厂电煤库存可供满负荷发电天18天以上。

【转型升级】 推进产业结构调整，第一轮煤炭资源整合的52个项目已全部开工建设，19个已取得证照投入生产；第二轮煤炭资源整合工作正有序开展，已立项4个，其中3个已开工建设。全面开展煤矿企业兼并重组工作，陆续审查通过连城县、新罗区、大田县、永安市、永春县、永定县、漳平市、武平县等8个县(市、区)的煤矿企业兼并重组实施方案，各地正按照批准的方案开展企业兼并重组各项工作。推进全行业淘汰落后产能工作，全年关闭小煤矿2处，淘汰落后产能8万吨/年。

【安全生产】 以落实各级煤炭行业管理部门安全监管"一岗双责"和煤矿企业安全生产主体责任为重点，推进煤矿安全基础管理工作，开展"安全生产年"、"责任落实年"等活动，强化煤炭行业生产监管工作，深化隐患排查治理和打非治违专项行动，有效控制减少事故总量，坚决遏制较大以上事故。全年全省共发生各类煤矿死亡事故7起，死亡10人，煤炭生产百万吨死亡率0.50%。全省煤矿大力推进安全质量标准化建设，实现生产矿井100%达标，建设项目100%同步建设。

【重大项目】 国投湄洲湾煤炭中转码头、神华罗源湾国家应急储备煤基地、省能源集团公司和华电罗源湾南岸煤炭中转码头等重大项目均在建设施工中。 （郑 平）

林产业

【概况】 2012年，全省林产业总产值3078.03亿元，比上年增长20.3%，其中：第一产业601.12亿元，第二产业2403.73亿元，第三产业73.18亿元；森林旅游直接产值55亿元，增长72%；主要林产品进出口总额53.39亿美元。海峡两岸(三明)现代林业合作试验区、莆田秀屿国家级木材加工贸易示范区、建阳"海西林产工贸城"、建瓯"中国笋竹城"、漳州花博园、仙游"中国古典家具之都"、建瓯"中国根雕之都"、政和"中国竹具工艺城"等产业集中区建设取得新进展，逐步成为区域发展重要推动力量。

【产业提升】 全省规模以上林业企业2093家，其中省级林业产业化龙头企业141家、产值超2亿元以上企业50家；9家涉林企业入选2012—2013年度省百家重点工业企业名单；58个涉林项目被列为省重点项目。全年林产业新增中国驰名商标6枚，累计19枚；新增省名牌产品55个，累计165个；新增上市企业2家，累计19家。现有9家单位经营的11.87万公顷森林通过FSC森林认证；顺昌升升木业等60多家企业通过COC林产品产销监管链的认证。以三明海峡两岸现代林业合作试验区、台湾农民创业园等为平台，永安大兴竹材加工区、尤溪城郊木制品加工出口区等一批涉台林业特色产业园区(基地)和尤溪县海峡两岸高新农林创业园、台湾优质兰花繁育中心等重点涉台林业项目建设加快，新引进涉林台资企业16家，总投资6774万美元；新引进台湾"五新"技术21项。

【行业服务】 召开商业银行支持林产业发展对接会、"6·18"林产加工业专场对接会、"6·18"林业院校企对接会、中国林业产业政策发布会、海峡两岸农林机械产品推介会等，建立起较为完善的沟通协调机制，帮助林业企业解决生产经营中存在的突出问题32个，100多家林业企业与光大银行、招商银行、邮政储蓄银行等进行合作。建立全省林产工业经济监测体系和林业重点企业联系制度。推荐30家林业企业申报省名牌产品和省著名商标。第十届中国·海峡项目成果交易会对接林业项目成果137项，总投资23.19亿元。第十六届中国国际投资贸易洽谈会签约林业项目15个，总投资20.74亿美元，利用外资6.35亿美元。第八届海峡两岸林业博览会暨投资贸易洽谈会现场签约项目133项，总投资221.9亿元，利用区外资金198.2亿元。组织56家企业、111个标准展位参展第五届中国义乌森林产品博览会，为全国参展企业和展位最多的省份，现场交易额5000多万元，虎伯寮金线莲等6项产品获第五届中国义乌森林产品博览会金奖，福建省林业厅获组委会颁发的"最佳组织奖"。

（刘建波）

医药工业

【概况】 2012年，全省规模以上医药工业企业118家，总资产191.86亿元，比上年增长17.4%；工业总产值216.37亿元，增长12.6%；销售产值202.55亿元，增长10.7%；利润总额22.71亿元，增长20.9%；出口交货值24.51亿元，下降4.4%；年度平均从业人员2.97万人。全省有医药工业产值过10亿元的企业1家，5—10亿元企业7家，1—5亿元企业30家，亿元以上企业数较上年增加3家；亿元以上工业企业总产值占规模以上医药工业总产值的61%，较上年增加6个百分点。

【产业布局】 医药工业基本形成了以福州、厦门为龙头，三明、宁德、泉州、漳州齐头并进的格局。福州、厦门两地规模以上工业总产值占全省规模以上医药工业总产值的50%左右，福州形成了福建省福抗药业股份有限公司、丽珠集团福州福兴医药有限公司、福州海王福药制药有限公司、北京同仁堂健康药业(福州)有限公司、福州闽海药业有限公司、福建梅生医疗科技股份有限公司为主的化学原料药、制剂、中成药、中药饮片、医疗器械多元化产业结构；厦门有英科新创(厦门)科技有限公司、厦门北大之路生物工程有限公司、厦门特宝生物工程股份有限公司、泰普生物科学(中国)有限公司等4家全国生物药品工业百强企业，拥有瑞声达听力技术(中国)有限公司、麦克奥迪实业集团有限公司、厦门大博颖精医疗器械有限公司等3家全国医疗仪器设备及器械工业百强企业，形成了生物医药、医疗仪器设备制造业产业集聚区。三明、宁德、泉州均规划建设了各具特色的生物医药产业园,其中,三明规划建设了三元、明溪、泰宁3个生物医药集中区,形成了集天然植物种植、提取、加工、制剂生产的工业产业链;宁德规划建设柘荣海西药城,有福建省闽东力捷迅药业有限公司、福建广生堂药业股份有限公司、福建天人药业有限公司等重点制剂、饮片加工企业;泉州规划建设永春生物医药园。漳州市片仔癀药业股份有限公司正规划在南靖县靖城区新建片仔癀产业园。莆田海峡国际商贸城建设项目将建设海峡西岸经济区对台中药材检测中心、中药植物观光博览园,形成中药材、中成药的国际交易平台和台货产品国际交易中心。

【项目建设】 全年24个医药项目列入省工业转型创新"百项千亿"投资项目,总投资36亿元,累计完成投资18.71亿元,当年完成投资12.98亿元。其中:三明市海斯福化工有限责任公司"含氟医药中间体生产项目"、福建天泉药业股份有限公司"年产6000万袋非PVC软袋输液生产线"、福建南方制药股份有限公司"医药生产基地建设项目"、福建天人药业有限公司"口服制剂生产线GMP技改项目"、福建南少林药业有限公司"引进非PVC膜软袋大输液全自动生产线"、三明华健生物工程有限公司"年处理10000吨植物/中药材提取生产线项目"已正式投产;福建省福抗药业股份有限公司"1000吨头孢原料药生产线搬迁项目"、厦门北大之路生物工程有限公司"恩经复生产线扩建项目"、福建省海欣药业股份有限公司"年产2500吨维生素E油及25000吨50%维生素E粉生产项目一期"项目预计2013年投产。

【产品结构】 初步形成集化学原料药、化药制剂、中成药、生物制药、医疗器械、中药饮片等多元化、多品类的发展格局。年销售额上亿元的医药单产品达到19个,其中化学原料药3个、化药制剂4个、中成药7个、生物制药2个、医疗器械3个。亿元产品中,医疗器械——助听器产值超6亿元、中成药——片仔癀产值超5亿元、化学原料药——紫杉醇原料药产值超4亿元,生物制药——注射用鼠神经生长因子、化药制剂——二乙酰氨乙酸乙二胺注射液产值超过2亿元。

【科技创新】 截至2012年底,全省已申报临床的一类新药项目共有24项,其中12个属于生物制品,已有8个一类新药成功上市,12个一类新药获得临床批件,4个一类新药正申报临床。上市的一类新药北大之路生物制药有限公司的恩经复、广生堂药业有限公司一类新药阿德福韦酯2012年产值均超过亿元。 (郭 诚)

烟 草 业

【烟草种植】 2012年,全省种植烟叶6.56万公顷,收购烟叶227.25万担,两家复烤企业复烤加工原烟116.8万担。实现烟叶税5.45亿元,比上年增加7600万元。烟农售烟收入24.79亿元,增加3.48亿元;户均收入4.56万元,增加7300元。全年投入资金6.87亿元建设烟基项目2.65万个。向国家局申报34个水源工程项目,其中17个通过国家局评审,援建金额10.87亿元,已有12个项目开工建设。全年共投入救灾资金1.33亿元,救灾物资430万元,向国家局争取受灾烟农救助资金1亿元、受灾损毁烟基修复资金1亿元,投入6.1亿元产前补贴。三明"翠碧一号"获农业部农产品地理标志保护。建阳城关基地单元被评为"全国优秀烟叶基地单元"。长汀河田烟草站被评为"全国烟草行业烟叶工作站标兵单位"。

【烟草商业】 全年全省销售卷烟168万箱,增长2.3%,其中一、二类烟分别增长21.5%、22.5%,比重为14.6%和18.3%;6mg及以下低焦油卷烟销售2.57万箱,增长90.6%,居全国第一位;条均价97.9元,增长11.9%,高于全国条均价4.8元。全省烟草商业系统实现税利107.8亿元,增长13.4%;利润57.8亿元,增长7.7%,其中:卷烟利润53亿元,烟叶利润4.8亿元。推进网上订货、网上营销、网上配货、网上结算"四网合一"电子商务,全省网上订货户数比例达81.7%。南平获得3A级物流企业认证,全省A级物流企业达到7家。

【专卖管理】 突出"防反弹、防回流、防扩散",继续实施长驻打假,开展"无假乡镇"、"打假先进乡镇"评比活动,全年投入7635万元支持打假,充分调动地方政府打假履责积极性,云霄地区查获制假数量大幅下降。全年共查处假烟案件2672起,5万元以上案件310起,网络案件51起;查获制假烟机259台,下降25%;假烟23,651件,下降48%;制假烟丝烟叶1,025吨,下降58%;拘留532人、逮捕348人、判刑436人。调整内部专卖管理监督机构设置,省局单独设立内部专卖管理监督处,全面推行专卖内管委派制,强化行业内部专卖管理监督。严格落实国家局"六个严禁,一个严控"纪律要求,开展"天价烟"专项治理、卷烟非法流通治理、"两烟"经营专项检查工作,加强残次废弃烟草专卖品管理,规范卷烟经营行为。 (傅积恩)

编辑:王建勤

建设 环保

固定资产投资

【投资规模】 2012年，全省全社会固定资产投资12709.66亿元，比上年增长25.5%，其中：固定资产投资（不含农户）12452.24亿元，增长25.9%；农户投资257.42亿元，增长10.1%。固定资产投资（不含农户）中，建设项目投资9628.12亿元，增长28.7%；房地产开发投资2824.12亿元，增长17.4%。全省各设区市中，福州、泉州、漳州、厦门和三明市固定资产投资（不含农户）规模列前五位，均超过1000亿元，分别为3234.78亿元、1963.42亿元、1444.09亿元、1322.98亿元和1092.86亿元，增长21.1%、28.5%、34.3%、18.2%和21.4%。龙岩市固定资产投资（不含农户）974.26亿元，增长29%；莆田市900.71亿元，增长30.1%；南平市875.03亿元，增长30.7%；宁德市613.72亿元，增长37.5%。

【投资结构】 全年全省固定资产投资（不含农户）中，第一产业投资216.8亿元，增长42.1%；第二产业投资4596.13亿元，增长23.3%；第三产业投资7639.31亿元，增长27.1%；三次产业投资结构由上年的1.5∶37.7∶60.8调整为1.7∶36.9∶61.4。第一产业投资中大项目支撑作用明显，全年亿元以上大项目28个，千万元以上项目786个，分别增加4个和237个，主要投向观光示范、规模化养殖、立体集约化等新型农业现代化建设领域。第二产业投资中制造业行业投资结构有所调整，全年制造业投资3764.39亿元，增长23.3%；传统制造业中，金属制品业、文教体育用品制造业、食品制造业和家具制造业分别增长56.2%、51.7%、49.2%和46.5%；新型制造业中，废弃资源综合利用业、仪器仪表制造业、通用设备制造业和专用设备制造业分别增长122.7%、64.6%、52.6%和33.4%。第三产业投资中与民生相关领域投资比重提升，水利、环境和公共设施管理业投资1072.26亿元，增长32.5%；文化、体育和娱乐业投资186.04亿元，增长34.2%；教育投资194.88亿元，增长31.8%；卫生和社会工作投资72.96亿元，增长31.8%，4个行业占第三产业投资比重20%，提高0.8个百分点。

【投资项目】 全年全省固定资产投资（不含农户）施工项目20914个，增长18.4%；全部建成投产项目12223个，增长35.3%。施工项目中新开工项目13666个，增长21.6%；计划总投资8397.08亿元，增长30.8%。全省369个在建重点项目全年完成投资4282亿元，占年度计划的155.1%，其中：农林水围垦项目完成投资92.56亿元，占年计划的201.1%；服务业项目完成投资538.33亿元，占年计划的191.3%；工业项目完成投资1542.93亿元，占年计划的180.9%；城建环保项目完成投资704.35亿元，占年计划的177.1%；社会事业项目完成投资126.13亿元，占年计划的136.6%；交通项目完成投资879.21亿元，占年计划的126.7%；能源项目完成投资398.47亿元，占年计划的100.7%。

【投资特点】 全省国有投资4821.17亿元，增长30.9%，对全省投资增长贡献率为44.4%，比上年提高22.8个百分点。全省亿元以上新开工项目1061个，增加327个；完成投资1961.42亿元，增长69.4%；对全省固定资产投资增长贡献率达31.4%，提高9.5个百分点。全省基础设施投资3495.58亿元，增长22.4%，增幅提高12.2个百分点，占全省投资比重28.1%；对全省投资贡献率达24.9%，提高12.5个百分点。全省交通运输、仓储和邮政业投资1668.25亿元，增长21%，增幅提高14.9个百分点，其中：道路运输业投资1041.34亿元，增长19.6%；航空运输业投资78.11亿元，增长98.4%。全省改建和技术改造项目投资1205.24亿元，增长40.7%，增幅提高17.6个百分点，分别比新建项目投资、扩建项目投资高9.7个和16.4个百分点，比全省投资平均增幅和工业投资增幅高14.8和17.8个百分点。

（张海峰）

重点建设

【综述】 2012年，省政府共安排重点项目529个，其中在建项目369个、预

福建新地标——世贸天城。

（林忠玉 摄）

备项目160个。在建重点项目年度计划投资2760亿元，实际完成投资4282亿元，重点建设占全社会固定资产投资的比重达33.69%。全年实现236个重点项目建成或部分建成投产，213个重点项目开工建设，一批重大前期项目取得突破。全年铁路运营里程145千米、高速公路通车里程720千米、港口吞吐能力1849万吨、电力装机容量185万千瓦，超额完成计划目标。

【交通】 全年在建重点项目65个、全年完成投资879.21亿元，预备重点项目21个。铁路方面，新增铁路运营里程145千米，累计达2277千米；龙厦铁路、厦深铁路厦漳段建成通车；向莆铁路全线铺轨贯通；合福、赣龙扩能改造、漳州港尾铁路等续建项目有序推进；福平铁路工可获国家发改委批复，南三龙铁路可研完成咨询评估。

高速公路方面，新增通车里程720千米，累计超过3400千米；建成通车福州绕城高速西北段、宁武高速公路、松溪至建瓯高速公路、上杭蛟洋至城关高速公路、永定湖雷至城关高速公路、南安(金淘)至厦门高速公路泉州段、泉州环城路工程晋江至石狮段(二期)、莆田至永定高速公路龙岩段、莆田段，开工沈海复线高速公路宁德漳湾至连江浦口福州段、柘荣至福安、湄洲湾至重庆高速公路三明(莘口)至明溪(城关)段、莆田萩芦至仙游(五星)段、寿宁至福安高速公路、漳州至永安高速公路龙岩段、华安段、华安(玉兰)至新圩段、邵武至光泽高速公路。

港口方面，新增吞吐能力1849万吨，累计达3.57亿吨；建成古雷作业区南2#液体化工码头、泉州锦尚作业区1#～3#泊位、厦门新轮渡码头扩建工程、龙岩陆地港一期、厦门港招银港区码头项目10#泊位、福州港三都澳港区白马作业区14#泊位等；开工福州港江阴港区24#泊位扩建工程、福州港罗源湾港区碧里作业区6#、#7泊位、福州港三都澳港区城澳作业区8#、9#泊位、福州港三都澳港区漳湾作业区8#、9#泊位、泉州斗尾作业区7#泊位、福建方通石化码头仓储项目、厦门港后石港区6#泊位等。机场与通信方面，建成福州－淡水(TSE－1)海缆新建项目，开工建设厦门电信光网城市及无线宽带城市建设项目，三明沙县机场和福州、厦门、晋江、武夷山机场应急扩能项目建设以及厦门翔安机场前期工作有序推进。

【能源】 全年在建重点项目9个、全年完成投资398.47亿元，预备重点项目11个。电力装机容量新增185万千瓦，累计突破4000万千瓦；南埔电厂二期4号机组(60万千瓦)投产，宁德核电首台机组建成，莆田南日岛、晋江金井、诏安梅岭等一批风电项目建成投产发电。主干电网以及农网升级改造、福州电网完善及缆化下地等项目有序推进。福建LNG站线项目新增5、6号储罐、海西宁德工业区长腰岛1000万方原油储备库、海西天然气管网二期工程漳州—漳浦、南靖—龙岩段、罗源—福鼎段以及云霄青径、莆田萩芦风电等一批风电场项目相继开工建设。笠里(福州西)输变电工程、福州燕墩(福清)输变电站扩建工程、漳州输变电工程、仙游(西苑)抽水蓄能电站送出工程、圆顶(莆田北)输变电、洋中(连江)—笠里(福州西)线路工程、福州—东台线路脱开东台变接入燕墩变线路工程、笠里—东台线路工程、东台—大园双回改接工程等9个500千伏输变电项目获国家发改委核准，福建与浙江特高压交流联网工程、宁德500千伏变电站扩建工程、漳州东林500千伏输变电工程等9个输变电项目以及神华罗源湾电厂、莆田南日岛和平海湾海上试验风电场等项目获国家能源局批复同意开展前期工作。

【工业】 全年在建重点项目142个、全年完成投资1542.93亿元，预备重点项目66个。建成或部分建成投产北车(泉州)海峡轨道客车维修组装项目(年产300辆城轨地铁车辆)、中国重汽福建海西汽车生产项目一期(年产10万辆卡车)、东南汽车三期V5/V6产品开发项目(V5生产线)、龙岩新龙马微型汽车项目、东山旗滨玻璃项目(第六条生产线)、华东船厂修造船项目、东南造船搬迁改扩建工程、长乐锦源纺织、漳平新纶高档面料生产、上杭紫金环保综合整治项目等项目。开工建设中科院海西研究院莆田中心、中国化学工程集团与耀隆化工己内酰胺、中景石化35万吨/年聚丙烯、中江石化35万吨/年聚丙烯、清流超薄太阳能电池生产、龙岩新龙马发动机生产项目等项目。莆田金鹰林浆纸一体化、漳州古雷炼化一体化、鞍钢福建(宁德)大型钢铁等重大项目前期工

厦门海湾夜景。 (林忠玉 摄)

厦门中山步行街。 (林忠玉 摄)

作正在积极推进。

【农林水围垦】 全年在建重点项目15个、全年完成投资92.56亿元，预备重点项目12个。建成或部分建成宁化县水源点建设及防灾减灾工程、福清洪宽台湾农民创业园、漳平海峡茶文化交流中心、顺昌特色食用菌生产基地、清流油茶示范基地、新罗蓝田闽台农业合作项目、霞浦福宁湾围垦工程、仙游金钟水利枢纽工程等项目。开工建设长泰枋洋水利枢纽工程、永春桃溪流域综合治理工程、莆田城区防洪排涝工程、莆田乌溪水库、闽江上游富屯溪三期（光泽段）防洪工程、闽江上游沙溪流域防洪三期工程、宁德赛江流域防洪二期工程、三明农博园项目、浦城县中华桂花博览园、清流县金线莲产业化项目、尤溪闽台农业合作名优花卉产业化基地、尤溪高产有机油茶产业化项目、湄洲湾东吴港区铁路装卸车场及物流园A区陆域回填工程、中化泉州中下游配套项目回填工程等项目。莆田木兰溪防洪工程、安溪白濑水利枢纽工程等重大水利项目前期工作加快推进。

【城建环保】 全年在建重点项目51个、全年完成投资704.35亿元，预备重点项目13个。建成或部分建成泉州后渚至城东通道工程、建阳市西片区城市基础设施建设项目、厦门筼筜湖综合整治工程、田安大桥。开工建设罗源敖江供水工程、莆田涵江区河道整治工程、东山县谷文昌大道改扩建工程、泉州台商投资区通港公路拓改工程（一期）和张青公路拓改工程、南平武夷新区兴田片区基础设施建设、三明铁路北站站前广场建设等项目。福州市轨道交通1号线进入主体工程施工阶段，2号线工可获国家发改委批复；厦门轨道交通1—3号线建设规划获国家发改委批复，1号线一期工程可研报告国家发改委已委托中咨公司组织专家评审、同步开展初步设计工作；泉州城市轨道交通正在抓紧推进线网规划及一期建设规划等前期工作。

【商贸服务】 全年在建重点项目48个、全年完成投资538.33亿元，预备重点项目22个。建成或部分建成鲤城金龙商贸服务中心（电子汽配城）、建瓯笋竹城电子商务产业园、建瓯市仓储物流中心、邵武云灵山旅游开发项目、清流生态温泉休闲旅游建设项目、三明动漫产业园、武夷山凯捷岩茶城、泉州市南少林寺片区旅游综合体、建宁闽赣省际物流园区建设、厦门会展中心三期等项目。开工建设福建（宁德）微软技术中心、中科院新技术孵化与转化基地、福州海峡医药城、泉州茶叶包装市场、漳州传承漳窑文化项目、武平闽粤赣边农副产品交易市场、建阳海西汽车物流中心、连城系列旅游景区综合提升等项目。

【社会事业】 全年在建重点项目39个、全年完成投资126.13亿元，预备重点项目15个。建成或部分建成福建省立医院武夷山分院、武夷学院四期扩建项目、泉州市国家篮球训练基地、清流客家祖山文化园、武夷山欢乐茶城、武平闽粤赣边客家文化城、南安五里古桥文化公园等项目；福州地区大学新校区建设项目、省立金山医院、省肿瘤医院肿瘤诊疗中心、福州海峡奥林匹克体育中心等一批续建项目加快建设。开工建设莆田职业技术学校迁建工程、福建职业教育建设项目安溪茶学院、漳州第十五届省运会体育场馆、莆田市“三馆一宫”、福建中医药大学附属第二人民医院屏山分院一期、省老年医院改扩建工程、泉州市中医联合医院、龙岩市妇幼保健院（含儿童医院）、三明市博物馆及客家民俗文化中心、武夷山极地海洋公园等项目。

（徐　炎）

城市规划与建设

【城市规划】 2012年，全省基本建立以城市总体规划、专项规划、控制性详细规划、城市设计为主体的城乡规划体系。完成平潭综合实验区、武夷新区等新增长区域规划以及闽江口、泉州湾、厦门湾等湾区规划编制。所有市县开展新一轮城市总体规划修编。初步形成以福州和厦漳泉两大都市区为中心，区域城市为次中心，县级城市为骨干，小城镇为基础的四级城镇网络体系。城市联盟机制不断完善，福州和厦漳泉两大都市区同城化建设协调推进，城市群建设呈现崭新格局，“五大战役”推进新区、港区、湾区建设，中心城市集聚力增强。全年安排城建战役项目3086个，年计划投资1723亿元；截至年底，实际完工项目1256个，在建项目1508个，累计完成投资3200亿元，占年计划投资186%。安排“点线面”攻坚试点项目428个，其中：城市社区77个，农村社区127个，公路铁路沿线101个，绿道建设90个，小流域33个，计划完成投资112亿元，实际完成投资136亿元。推动控规编制和重点地段城市设计，全面开

焕然一新的福州五四北琴亭湖。　（福州市政府办供稿）

展城市综合交通、绿道网、地下空间开发利用、综合防灾等专项规划编制。福建省绿道网规划纲要获得省政府批准，9个设区市均已完成城市综合交通规划、抗震防灾规划编制，泉州、莆田完成绿道网规划编制，全省设市城市控制性详规覆盖率超过80%。实施新区建设和旧城改造“双轮驱动”，指导福州马尾新城、厦门岛外新城、环泉州湾组合城区等重点区域建设，加强三坊七巷、上下杭、烟台山等历史文化街区、历史建筑和优秀近现代建筑保护。加快推动城镇化，省委、省政府办公厅下发《关于积极推进城镇化发展的十二条措施》，推进“三化”并举、“三群”联动。加快停车场规划建设工作，召开全省停车场规划建设管理工作现场会，学习总结厦门地下和立体停车场建设经验，起草《关于进一步加强福建省停车场规划建设管理的意见》，缓解城市尤其是老城区停车难问题。

【城乡环境整治】 全年全省共安排“点线面”项目428个，计划完成投资112亿元，累计完成投资136亿元，完成年计划投资的121%。安排77个城市社区整治试点，按照“六有五达标三完善”标准，打造完整社区。安排90个绿道系统（城市慢线）建设试点，截至年底，建成绿道500千米，一批各具地方特色的绿道建成或完成改造提升。安排127个农村社区整治试点，分田园风光型、传统特色型、环境整洁型、新村建设型、改善提升型五种类型实施整治。安排101个公路铁路沿线整治试点，结合沿线村庄整治，打造快线景观通道。三明市完成福银高速公路沿线村庄立面改造2000户，治理果园、林场近万亩。

【规划管理】 总结推广漳州规划改革创新和厦门提高规划审批效能的经验，出台《关于创新规划审批机制推行建设项目“菜单式”审批服务的若干意见》，建立城乡规划管理“一张图”运行机制，推行规划审批标准化服务。出台《城市规划管理技术规定》、《城市绿道规划建设导则》、《城市控制性详细规划编制导则》等一批标准规定，强化规划技术支撑。设区城市和平潭综合实验区全面实施城市规划督察员制度。研究制定《关于积极推进城镇化发展的十二条措施》，由省委办公厅、省政府办公厅印发实施。2012年，全省城镇化水平达59.6%。

【名城保护】 加强对全省国家级和省级历史文化名城保护工作的指导，继续加强三坊七巷、上下杭、烟台山等历史文化街区、历史建筑和优秀近现代建筑保护；会同省文化厅下发《关于城乡建设中涉及传统城镇传统村落改造实行方案报备的通知》，明确需报备的县市名单，要求涉及成片改造的项目实行报备制。

【城市建设】 城市交通建设。继续推进福州、厦门市轨道交通等建设，福州轨道交通1号线全面开工，累计完成投资89亿元；厦门轨道交通1号线动工兴建；加大路网建设力度，全省新建、扩建、改建城市道路606条、1131.3千米、3894.5万平方米，其中完成“白改黑”134条、238千米；继续修复主城区道路路面，铺装修复人行道362万平方米，新建完善行人过街天桥（地道）设施32处，结合立体绿化对城市隧道内部实施亮化装饰和人行天桥、高架桥表面装修美化；出台《福建省城市道路雨水设计标准》，指导各地提高路面排水和城市防涝能力；全省新建公共停车场46处、1.2万个停车位；9个设区市城市桥梁信息系统全部验收投用，福州、厦门、龙岩市市管桥梁全部入库，南平市启动信息系统二期建设，晋江市建立县级城市桥梁信息。城镇供水管理，出台《关于进一步加强城市防涝工作的意见》，指导各地加强城市防涝排涝规划建设；指导福州等市推进内河整治，福州安泰河、白马河等多条主要内河截污工程基本完成，建成沿河休闲步行道逾20千米；组织开展城市生活垃圾填埋场和焚烧厂等级评定。

污水垃圾治理。截至年底，全省累计建成城镇生活污水处理厂104座，垃圾无害化处理场68座（其中焚烧发电厂15座，焚烧处理比例达49%），市县污水处理率达83.9%，垃圾无害化处理率达92%；建成乡镇垃圾转运站82座，重点镇污水管网223千米，完成2551个建制村生活垃圾治理任务，实现乡镇、建制村垃圾治理全覆盖。景观综合整治，福州、厦门、泉

中国十大历史文化名街——三坊七巷图组。 （林忠玉 摄）

州、漳州等市完成5条以上、其余设区市完成3条以上、各县级市完成2条以上、各县完成1条以上的街道景观整治，全省共完成211条街道景观综合整治，实施建筑立面改造5634栋，改造立面面积302万平方米；清理“两违”近1万处、104.5万平方米；拆除各类户外广告牌3.8万面。

城市绿化。全年城市(含县城)园林绿化完成投资约59.5亿元，新增建成区绿化覆盖面积约4080公顷，新增建成区绿地面积约3570公顷，公园绿地面积约1000公顷；新增中心绿地175处，面积约375公顷；新增公园76个，面积约772公顷；到年底，全省城市(县城)建成区绿地率38.2%(35.5%)，绿化覆盖率达42.0%(39.0%)，人均公园绿地面积达12.1(12.01)平方米。

城市花化彩化。截至年底，全省各设区市及平潭综合实验区共完成花化彩化项目124项，完成投资24.9亿元；在建项目19项，完成投资8.7亿元；福州市实施三环路绿化景观提升、二环南路沿线绿化整治建设和拆墙透绿工程，以及湖滨路、五一路、五四路、古田路等市区主干道和市区重点人行天桥、立交桥的花化建设，完成46处拆墙透绿工程；厦门市组织专家编印《厦门城市绿化常用植物参考图集》，邀请色彩学专家对城市花化彩化工作进行把关，甄选几十种适应性强、开花季节和花色不同的乔木、灌木、色叶植物；泉州市主要实施市行政中心二期中轴线景观工程、桥南立交景观提升、津淮街(刺桐路—坪山路段)绿化景观提升等16个花化彩化项目建设。

【园林城市建设】 长泰、泰宁创建国家园林县城通过住房城乡建设部专家实地考核。宁德、晋江等市创建国家园林城市上报住房城乡建设部。省住房城乡建设厅命名福安、建阳市为“省级园林城市”，清流、将乐、德化、武平县为“省级园林县城”。截至年底，全省共有11个国家园林城市(县城)、21个省级园林城市(县城)。完成第四批省级园林小区和省级园林单位评选工作，命名武警福州市支队第四大队等94个单位为省级园林单位，福州天元美树馆B区等40个小区为省级园林小区；截至年底，全省共有省级园林单位421个，省级园林小区212个。

(黄敏敏　余震加　成　建)

村镇规划与建设

【概述】 截至2012年底，全省共有595个建制镇、334个乡、14438个村庄(行政村)；总人口2756.41万人，其中：建制镇705.70万人，乡105.81万人，镇乡级特殊区域4.04万人，村庄1940.86万人；年末实有房屋建筑面积11.92亿平方米，人均住宅建筑面积38.01平方米；建制镇人均道路面积15.71平方米，用水普及率87.6%，燃气普及率79.4%。

【村镇规划】 全省4178个村庄全部完成规划编制，实现村庄规划全覆盖。新编制的村庄规划，基本达到《福建省村庄规划导则》要求。

【小城镇建设】 开展小城镇战役督查，指导督促试点镇完善规划，提高建设设计水平，推进规划建设管理工作。两批43个省级试点镇全部完成总体规划编制；基本完成专项规划和近期建设用地控制性规划编制，开展城市设计和修规编制，建成规划展示厅。全年43个省级试点镇实施各类城建项目813个，总投资1248.7亿元，完成投资369亿元，完成年度计划的230.7%；43个省级试点镇完成或正在开展一条以上主要街道景观综合整治，试点镇人均公园绿地面积达7平方米以上。全省136个农村社区、102条公路铁路线开展整治建设试点，完成投资58.4亿元，形成田园风光型、传统特色型、改善提升型、环境整洁型、新村建设型等5种类型整治示范典型，如长泰县岩溪镇上蔡村、福清市溪头村、永春县桃城镇姜莲村、宁德市蕉城区八都镇猴盾村、福银高速公路三明段、沈海高速厦门东孚段等，整治取得阶段性成效。

【农村住房建设】 福建首次列入国家农村危房改造试点，中央安排危改任务5万户，补助资金3.75亿元；制定并印发《福建省农村危房改造试点工作实施方案》，试点范围从原中央苏区县、革命老区县扩大到全省所有县(市、县)；举办全省危改政策培训班，推动农村危房改造试点工作。截至年底，全省危房改造开工建设48840户，竣工31830户，累计完成投资7.12亿元。

【村镇住宅小区建设】 建瓯市东游镇安国市小区等19个小区被确定为第十四批省级村镇住宅小区建设试点。全省累计确定14批共273个省级村镇住宅小区建设试点和8批共69个省级村镇住宅优秀小区。

【“绿色乡镇”建设】 全年全省乡镇新增建成区绿化覆盖面积30055公顷，新增公园绿地面积6705公顷，建成区绿化覆盖率达24.88%，人均公园绿地面积达9.4平方米，37个乡镇达到绿色乡镇标准。

【历史文化名镇名村】 编制完成《福建省历史文化名镇名村保护与发展规划》。重点扶持武夷山市五夫镇、连城县宣和乡培田村等12个名镇名村，组织申报建设项目，下达省级“以奖代补”资金。指导设区市对上杭县古田镇、武夷山市五夫镇、泰宁县大源村保护规划进行审查。

【传统村落调查】 筛选370个村落上报国家部委，屏南县长桥镇柏源村、尤溪县台溪乡盖竹村、长汀县馆前镇坪埔村等48个村庄被住房城乡建设部、文化部、财政部列入中国传统村落名录。

(金纯真)

建　筑　业

【概况】 2012年，全省建筑行业产值5266.09亿元，比上年增长23.6%，其中总承包和专业承包企业完成建筑施工产值4424.54亿元，增长19.8%；全社会建筑增加值1646.9亿元，增长17.4%，占全省GDP的8.3%。建筑业税收总收入189.5亿元，增长

全省各序列、等级资质建筑业企业数量分布表

专业	企业数量(家)	特级		一级		二级		三级		不分等级	
		主项	增项	主项	增项	主项	增项	主项	增项	主项	增项
总承包企业	1786	3	0	174	64	614	344	995	1154	0	0
专业承包企业	1402	—	—	159	278	433	1089	791	4296	19	11
劳务分包企业	615	—	—	306	564	191	635	—	—	118	752
设计施工一体化	684	—	—	31	6	590	105	63	3	—	—
小计	4487	3	0	670	912	1828	2173	1849	5453	137	763

全省各等级总承包和专业承包企业产值分布表

企业序列	资质等级	2012年		
		数量(家)	产值(亿元)	产值比例
总承包企业	特、一级	161	2415.00	54.6
	二级	526	1122.31	25.4
	三级及以下	733	443.36	10.0
专业承包企业	一级	138	211.62	4.8
	二级	420	118.43	2.7
	三级及以下	513	113.82	2.5

21.4%，占全省地方税收总收入的14.71%，其中：营业税115亿元，占全省营业税的23.5%；企业所得税39亿元(不含国税部门征收的10.3亿元)，占全省企业所得税的21.1%。房屋建筑施工面积41821.78万平方米，增长17.2%，其中新开工面积16476.39万平方米；全年新签工程施工合同额4675.60亿元，增长7.7%；施工合同额8080.99亿元，增长16.4%。

【建筑业企业和人员结构】 全年新增总承包企业403家，其中：一级企业增加5家，二级企业增加58家，三级企业增加340家；专业承包企业54家，其中：一级增加6家，二级减少38家，三级增加99家。不分等级减少13家；设计施工一体化企业347家，其中：一级增加4家，二级增加324家，三级增加19家；劳务分包企业27家。全省建筑业企业现有4487家，二级及以上企业比重52.2%，其中：总承包企业1786家，占39.8%；专业承包企业1402家，占31.2%；劳务分包企业615家，占13.7%；设计施工一体化企业684家，占15.2%。另有招标代理机构101家，工程造价咨询单位118家，工程检测单位143家。全省有工程管理技术人员约33万人，其中：高级职称人员1万人，中级职称人员6.4万人。全省有100966人取得建造师执业资格证书(一级7981人，二级52518人)，25877人取得建造师临时执业证书(一级2096人，二级23781人)；一级建造师占建造师总数的11.6%，临时建造师占建造师总数的29.97%。全省建筑业从业人员249.64万人。

【市场拓展】 全年完成省外产值1691.3亿元，增长12.5%；从地域分布看，形成以广东、广西、山东、江苏、江西、安徽为重点的区域市场。全省具有对外工程承包资格企业在境外共完成营业额6.4亿美元，新签合同35项，合同额4.9亿美元。

【重点企业】 产值排名前列的237家企业完成产值3057.96亿元，占全省产值69.5%；每家平均产值12.9亿元，较上年增加1.11亿元。产值1亿元以上企业713家，增加94家，完成产值3912.16亿元，占全省产值的88.9%。148家特级、一级总承包企业，完成产值2361.71亿元，增长16.4%，占53.7%。全省产值10亿元以上的企业有103家，比上年增加12家，产值合计2306.59亿元，占全省产值52.4%，其中：20—30亿元的企业25家，30—50亿元的企业16家，50亿元以上的企业5家。重点骨干企业在拓展省外市场也取得良好成绩，全省完成省外产值超过5亿元的企业88家，较上年增加9家，完居省外产值1109.00亿元，占全省省外产值65.6%，其中：10—20亿元的28家，20—30亿元的10家，30亿元以上的5家。

【市场监管】 公布2011年度全省工程建设项目招标代理机构信用等级评价结果，7家AAA级、6家AA级。公布2011年全省建筑业企业信用等级评价结果，35家AAA级、28家AA级、14家A级。公布2012年度全省工程造价咨询企业信用等级评价结果，11家AAA级、6家AA级、1家A级、1家B级。2012年，全省房建和市政工程施工招标项目2750项，中标价合计715亿元，较预算价下降8.8%；货物招标项目74项，中标价合计2.75亿元，较最高控制价下降9.7%。全省共有1982个项目采用合理造价区间随机抽取中标人办法，1303个项目实施预选承包商办法，1011个项目实施招标代理机构比选办法。备案审查招标文件4154项，依法依规处理招投标投诉45起。厦门、福州、漳州等地实施年度投标保证金制度。

【防欠清欠】 全年1216个新开工项目实施劳务分包，1699个项目实施业主工程款支付担保和承包商履行担保。全年共妥善处理拖欠农民工工资投诉约239起，涉及金额约1.27亿元；拖欠工程款投诉68起，涉及金额1.66亿元。全省施工企业缴纳农民工工资担保金约12亿元；全年共启用工资保证金24件，保证金金额1320万元。

【工程建设管理】 全省共有11680个在建工程项目、30431个单位工程纳入动态系统。明确重大危险源远程监控系统受理流程，福州、厦门、泉州、龙岩等地有608个工程项目实施远程视频监控；省建设工程质量安全监督总站建成监控中心，并实现与质量安全监管动态系统对接。检测管理信息系统实现基桩承载力检测网上告知和静载检测试验数据实时上传监控。制定《不合格钢筋水泥等主要建筑材料公示程序》，防止不合格材料用于工程建设。开展保障性安居工程、市政工程、公共建筑、商品住宅以及预拌砼企业、设备检测机构、城市地铁等实体抽查，共抽查在建项目(含地铁工程)214个、预拌砼生产企业10家、设备检测机构9家，发出各类改正通知书203份，全省通报检查情况并召开各类会议进行点评、警示，对检查发现质量安全管理不到位、现场存在较大隐患和问题的相关责任单位法人代表及项目负责人进行集中约谈。各级监管部门以地基基础、主体结构安全、房屋主要使用功能和重大危险源防控为重点，完成抽查抽测33327次，发出各类改正通知书17598份，消除质量安全问题51838条，对履职不到位的6089个责任人记124575分。推进隐患排查治理体系建设，全省累计组织检查组2512个，检查人员16557人次，打击非法违法、治理纠正违规违章行为12153起，责令改正、限期整改、停止违法行为6656起，处罚金额93万元。全年发生建筑施工安全事故23起，死亡24人，实现省政府下达的安全生产责任目标。全省有3项工程通过国家鲁班奖评审，122项工程通过"闽江杯"优质工程奖评审，275项工程获省级建筑施工安全文明标准化示范工地称号。

【监理检测】 截至2012年底，全省共有工程建设监理企业163家，按主项资质分：综合资质1家，甲级83家，乙级56家，丙级23家；全省共有检测机构143家，按资质类别分：地基基础28家，建筑工程材料129家，特种设备14家。全省监理执业人员7627人，其中：国家注册监理工程师4013人，福建省注册监理工程师3614人。按照《福建省房屋建筑和市政基础设施工程项目监理机构工作质量考评办法》，对59个施工项目监理部履职情况进行考评。组织监理行业专家编写《福建省房屋建筑和市政基础设施工程监理工作规程》。继续开展两年一次的福建省监理工程师执业资格考核认定，全年共增加292名具有福建省监理工程师执业资格人员，缓解监理市场供需矛盾。

【建筑之乡】 全省8个"建筑之乡"完成建筑业总产值1138.6亿元，增长20.2%，占全省建筑业总产值25.9%，其中：惠安县296.8亿元，上杭县187.87亿元，永泰县135.19亿元，龙海市119.63亿元，连江县108.09亿元，福清市105.6亿元，平潭县103.36亿元，闽清县82.06亿元；完成省外产值703.94亿元，增长18.3%，占全省省外产值41.6%，其中：惠安县160.92亿元，上杭县144.35亿元，永泰县90.27亿元，平潭县83.38亿元，连江县66.40亿元，闽清县59.56亿元，福清市54.89亿元，龙海市44.17亿元。 （陈智平 胡晓凌）

住房保障

【概况】 2012年，国家下达福建省保障性安居工程建设任务16.17万套，基本建成11.34万套。截至年底，全省全年共完成保障性安居工程投资352亿元，完成投资率119.8%；开工20.4万套(含提前开工4.1万套)，开工率128.7%；基本建成14.7万套，基本建成率129.5%。

【资金保障】 2008—2012年争取中央支持补助福建省59.98亿元，省级财政和地方债券安排27.84亿元，各级政府财政安排295.91亿元；加大土地出让收入用于保障房建设，按土地出让毛收入不低于2—3%比例计提；利用住房公积金贷款支持保障房建设，福州、厦门、漳州、龙岩等4个试点城市贷款规模16.75亿元；引导企业通过银行贷款、发行企业债券筹措资金，福州、泉州、三明以及晋江等市与国开行福建分行等签订220亿元保障房信贷合作协议。

【保障房分配管理】 出台《关于保障性安居工程建设和管理的意见》，建立准入审核多部门联动机制，推进廉租住房和公共租赁住房并轨运行。出台《福建省保障性住房配租配售流程图》，明确工作时限、工作流程。出台《关于进一步完善保障性住房分配政策加快配租配售步伐的通知》。截至2012年底，全省历年竣工各类保障性住房273793套，配租配售247382套，配租配售率从上年的72.3%大幅提高到90.4%。坚持"阳光操作"，保障房房源、配置过程、配置结果等相关信息全面公开。实施公开摇号、公开选房，纪检监察部门、保障对象代表、人大代表政协委员等全程参与。设立举报电话、邮箱等收集举报信息，做到有关情况及时发现、及时处理。完善退出机制，建立复查复核机制，对不再符合保

福州凤湖新城安置房。 （福州市政府办供稿）

障条件的住户，采取停发租赁补贴、改按市场水平收取租金、租转售、责令腾退等方式实现退出；对虚假申报骗购骗租、违规使用的，予以清退。据统计，历年全省累计退出3000多户，查处一批骗购骗租保障房对象，纪检监察部门对涉及的党员干部给予党纪政纪处分。（莫敬忠）

房地产市场

【概况】 2012年，全省完成房地产投资2824亿元，比上年增长17.4%，占全省城镇固定投资的22.8%。全省商品住房销售2667万平方米，增长19.9%，增幅比上年提高14.3个百分点；二手住房交易1005.1万平方米，增长8%，增幅比上年提高34.8个百分点。全省房地产业地税总收入453.16亿元，增收79.79亿元，增长23.4%，占全省地方级财政收入的25.5%。

【市场监管】 完善商品房预售制度，强化商品房预售方案管理，合理控制不同价位商品住房项目入市节奏，切实稳定房价。加大商品房预售资金监管力度，全面实施存量房交易网上签约备案，完善预售许可项目批后日常巡查和层级督查机制，依法查处违法违规行为，并记录信用档案。贯彻落实《房地产经纪管理办法》和《福建省〈房地产经纪管理办法〉实施细则》，推行房地产经纪从业人员持证上岗制度，实行房地产经纪机构备案制度。贯彻实施《商品房屋租赁管理办法》，规范中介经纪机构行为，推进房屋租赁备案登记。列入全国40个重点城市的福州、厦门与住房城乡建设部系统实现联网。组织首次房屋登记官考核，并组织5期考前培训，全省713人参加全国房屋登记官考核，考核通过的有173人。

【房屋拆迁管理】 出台《关于进一步做好国有土地三房屋征收与补充工作的实施意见》，完善国有土地上房屋征收与补偿流程，明确评估机构选定、征收补偿决定程序，规范征收行为。全面推广"和谐征迁"工作法，印发《关于进一步加强和谐征迁工作的通知》，组织创建和谐征迁示范项目活动；全省共11个项目被列为"创建和谐征迁示范项目"；及时总结示范项目工作经验，召开"和谐征迁"经验交流会予以推广，促进和谐征迁，减少信访问题产生。开展纠正违法违规征收房屋专项治理，减少拆迁矛盾纠纷，全年共办结拆迁信访件218件，接待拆迁上访群众14批49人次，与上年相比，批次下降71.6%、人数下降74.2%，没有发生大规模群体性非正常上访事件。

【物业管理】 规范物业服务行为，推行《前期物业服务合同(示范文本)》和《物业服务合同(示范文本)》以及《福建省城市住宅小区物业服务规范》，建立城市住宅小区物业服务质量评价机制。组织创建物业管理示范项目，各地新申报创建项目167个项目，其中10个国家级、75个省级。加强横向合

全省2012年度保障性安居工程进展情况汇总表

（至2012年12月31日）　　单位：万元、套、户、%

项目		全省合计	福州	厦门	漳州	泉州	三明	莆田	南平	龙岩	宁德	平潭	省直
目标任务(国家任务：实物建房158905套、基本建成113460套)		省分解实物建房159540套	40000	29000	14300	28000	9500	8300	9440	11200	7400	1100	1300
		省分解基本建成113460套	28582	19465	10169	19635	7013	5961	7013	8415	5610	685	912
投资完成情况	年度计划投资	2937549	869062	188300	249485	694836	142247	189616	123395	256375	127031	17402	79800
	2012年项目年度完成投资	3300209	887041	216148	283025	823181	190332	231478	154390	256591	167028	18195	72800
	提前开工2013年项目完成投资	220029	53766	29789	36740	79080	6265	4972	4090	647	3050	1630	0
	完成投资率(%)	119.84	108.26	130.61	128.17	129.85	138.21	124.70	128.43	100.34	133.89	113.93	91.23
开工情况	开工套数	163466	40688	29290	15865	28000	9695	8764	9657	11562	7604	1389	952
	提前开工2013年项目套数	41007	7608	3470	5149	14980	1980	1654	1215	1768	2933	250	0
	开工率(%)	128.68	120.74	112.97	146.95	153.50	122.89	125.52	115.17	119.02	142.39	149.00	73.23
基本建成情况	保障性安居工程基本建成套数	146962	32987	20259	17077	28981	10324	8332	8690	11045	6662	289	2316
	基本建成率(全省113460套为100%)	129.53	115.41	104.08	167.94	147.60	147.22	139.77	123.92	131.25	118.75	42.21	253.93
	其中：保障性安居工程竣工套数	76603	13416	15415	7278	12131	7521	4900	4724	7678	2168	152	1220
	竣工率(全省93000套为100%)	82.37	57.27	96.61	87.32	75.37	130.84	100.28	82.18	111.31	47.15	27.08	163.19

备注：2012年福建省与国家签订的保障性安居工程责任目标16.1705万套，其中各类保障性住房棚户区危旧房15.8905万套(户)、新增租赁补贴0.28万户。

作交流，建立两岸五地(闽粤港澳台)物业管理交流合作平台，并在厦门正式签署合作框架协议。加强住宅专项维修资金管理，组织各设区市建立完善住宅专项维修资金信息系统。省住房城乡建设厅与省公安厅联合下发《关于进一步加强全省物业服务企业保安服务管理工作的通知》，规范物业服务企业保安服务和保安员的管理，明确物业服务企业保安员的工作职责。

（刘　波）

测　绘

【概况】 截至2012年度，全省有测绘资质单位405家，其中：甲级21家，乙级49家，丙级139家，丁级196家。

【测绘监管】 2012年，按要求核减行政审批1项，下放或部分下放审批权限2项。根据福建省《行政审批事项办理指南编排格式》，对保留的8项行政审批事项逐项制定行政审批服务标准。福建省人民政府办公厅印发《关于加强全省卫星遥感影像统一管理的通知》，规定福建省测绘地理信息局负责全省卫星遥感影像资料集中采购和分发管理工作。

【基础测绘】 全省连续运行卫星定位服务系统(FJCORS)建成并投入使用。完成全省大地水准面二次精化和1∶1万基础数据转换。福建省测绘院完成国家927工程3个卫星定位连续运行站的建造、安装、观测和国家现代测绘基准体系一期工程在福建的7个全球卫星导航系统站点土地征用和施工图设计。完成1∶1万数字线划图80坐标向2000坐标系转换和全省1∶1万数字线划图一代数据向二代数据的转换，更新全省1∶1万地形图重要要素4500幅。装备国家地理信息应急监测车，开展测绘无人机的应用。全面完成全省4178个村庄的地形图测绘项目，产品验收合格率100%。做好基础测绘成果检查和验收，完成市场委托测绘产品检验163项，检定各类仪器4472台(把)。

【数字城市建设】 全省“数字城市”地理空间框架建设全面启动。“数字泉州”项目通过验收，被国家测绘地理信息局授予“全国数字城市建设示范市”称号。福州市被列为全国数字城市地理空间框架建设试点城市。南平、三明、龙岩、漳州、厦门、宁德及平潭综合实验区先后启动数字城市地理空间框架项目建设。福建省测绘地理信息局先后批复永定、永春、晋江开展数字县城建设。“数字福建”项目之一的福建省地理信息公共服务平台开通运行，该平台部署到福建省政府政务外网云计算机平台，为全省地理信息公共服务平台运行提供更加稳定的支撑环境。“天地图·福建”接入国家“天地图”主节点，并与“天地图·莆田”、“天地图·泉州”、“天地图·平潭”互联互通，实现国家、省、市、县数据互联互通和协同服务。开发福建省无障碍爱心地图服务系统、省地震灾情实时监控系统、平潭口岸办三维系统等20多套专题应用系统。

【测绘地理信息保障服务】 全年为省水土办及全省水土流失严重的22个县(市)提供最新省级测绘成果，制作长汀1∶1万影像图136幅、1∶5000影像图435幅。完成长汀县水土流失监测管理三维地理信息系统，部署使用效果良好。向全省340家单位提供各类测绘成果860单次、分发服务2500多人次，签订数据使用协议303份，提供成果分发51503幅(点)、影像数据35278幅(片)，共17TB；提供系列比例尺地形图6229幅、4D数字成果41252幅。为各级政府提供《领导工作用图》等各类地图5000多册(幅)。编制《海峡西岸经济区区域图》《福建省海域图》《闽江口—黄岐半岛海域遥感图》《福建省旅游导览图》《福建省土地利用及整治现状图》《福建省地质灾害分布图》《福建省矿产资源勘察开采现状图》《福建省基本农田与开发整理分布图》《福建省普通国省干线公路网布局规划》等。

（黄继富）

环境保护

【综述】 2012年，全省环境质量继续保持在优良水平。12条主要水系和集中式生活饮用水源地水质状况继续保持优良，23个城市空气质量均达到二级标准，城市声环境和辐射环境质量基本保持稳定，森林覆盖率继续位居全国首位，生态环境状况指数继续保持在全国前列。

【环保规划】 全年安排省级以上环境保护专项资金95533万元，其中：中央资金45753万元，省级资金49780万元。主要用于省重点流域水环境综合整治、农村环境连片整治、环境监管能力建设、应急能力建设、重金属污染防治、自然保护区建设等方面。

【环境影响评价】 全年共审批14013个建设项目的环评文件，对5579个建设项目开展了环保设施竣工验收。推行建设项目施工期环境监理，强化项目建设期的环境监管。完成环罗源湾区域发展规划、福州市畜牧业发展规划、晋江流域综合规划修编和漳平赤水—新桥煤炭矿区总体规划的环境影响评价，完成福建东侨经济开发区等10个省级开发区规划的环境影响评价。

【环境监测】 编制《福建省“十二五”环境监测规划》。完成各项环境质量监测，定期公布全省及各辖区环境质量状况。完成环境空气质量新标准第一阶段监测工作，福州市、厦门市按计划向公众公开空气质量监测数据。全省25家环境监测站通过标准化建设达标验收。加强减排监测体系建设，完善污染源自动监控网络。编制《福建省水资源环境统一监测平台建设规划》，完善全省主要流域水质自动监测网络。开展全省重点整治小流域水质监测、燃煤电厂大气汞排放等专项监测。

【污染防治】 全年发布593家开展强制性清洁生产工作的重点企业名单，审核并完成评估的重点企业有468家。继续开展2011年度城市环境综合整治定量考核工作，通报各城市环境综合整治工作中存在的问题，督促各城市不断完善城市环保基础设施建设。组织制定实施《重金属污染防治“十二五”规划2012年度实施方案》,督促重点区域的重点企业落实各项污染防治项目和措施。编制《重点区域大气污染防治“十二五”规划福建省2013年实施方案》,明确全省2013年大气污染防治目标、部门分工、重点任务,全面推进大气污染防治工作。全省各地已全部开展机动车环保检验合格标志核发和管理工作,共核发环保标志1763888张;共委托检测机构126家。

【自然生态保护】 截至2012年底,全省共建立自然保护区93个,其中:国家级13个,省级26个,自然保护区总面积47.2万公顷。建成森林公园177个,其中:国家级28个,省级128个,县级21个,森林公园总面积18.5万公顷。建成国家湿地公园3处,总面积4387.3公顷。建成5个国家级海洋公园,总面积188.502平方千米。全省已经建立世界地质公园2个,国家地质公园12个,省级地质公园2个,上述地质公园总面积42.07万公顷,其中:国家级以上地质公园面积39.34万公顷,省级地质公园面积2.73万公顷。长泰县、南靖县、德化县等3个县通过环保部国家生态县建设验收;建成国家级生态乡镇(街道)100个、省级生态县(市、区)27个、省级生态乡镇807个、市级以上生态村8800个。

【农村环境整治】 2010年4月,福建被列为全国首批8个农村环境连片整治示范省份之一,于2010—2012年期间投入15.28亿元,用于开展“水源清洁”、“家园清洁”和“田园清洁”示范工程。2010—2012年,全省共实施93个农村环境连片整治示范片区,项目涉及9个设区市和平潭综合实验区、50个县(市、区)、205个乡镇、1285个村庄,受益人口约262万人。建成饮用水源地防护设施295套、治理设施290套;农村生活污水集中式处理设施1365套、配套管网1172.9千米,分散式污水处理设施13414套;购置垃圾箱83141个、转运车3038辆,建成转运站213个、处理设施58个;畜禽养殖污染集中处理设施47处、分户处理设施7671套。

【核与辐射安全监管】 组织开展全省辐射安全大检查专项行动,共出动检查7215人次,排查核技术利用单位1541家,废旧金属熔炼企业56家,检查退役铀矿点和稀土企业13处,对1032家单位提出了整改要求。全年收贮废旧放射源86枚。《福建省核电厂核事故场外应急预案》及宁德核电厂分册获得国家批准。召开省核应急委员会第一次全体会议,明确了福建省核应急组织体系、协调机制和工作框架。总建筑面积1.8万平方米的省核应急指挥中心—核与辐射监测业务用房大楼建成投入使用,建立24小时核应急值班制度。全年共发放辐射安全许可证270份,审批放射性同位素转让申请133份,办理放射源异地使用备案39份、放射源回收(收贮)备案67份和豁免备案5份,处理各类辐射环境投诉48件。新增福州、厦门、三明3个辐射环境自动监测站,全年举办5期辐射安全防护培训班,培训辐射从业人员879人次。宁德核电厂外围1个前沿监测站和10个自动监测站已形成监测能力;福清核电厂外围1个前沿监测站和11个自动监测站的选址工作启动。2012年8月,宁德核电厂开始开展核电厂流出物监测、环境监测和气象监测,并定期报送监测数据。

【危险废物安全监管】 截至2012年底,全省有危险废物经营单位31家,核准规模总计369953吨,实际经营规模90363吨,其中:综合利用55692吨,处置34671吨(含医疗废物处置14002吨)。全年全省出动执法人员5800多人次,督查检查企业650余家次。

【环境监察与排污收费】 全年全省出动执法人员101065人次,检查企业46227家,立案查处660家。

生活环境检查。对县级以上城市主要街道及住宅小区产生油烟的餐饮经营者开展专项检查,各地共检查餐饮企业814家,对存在问题的企业责令整改94家,立案处罚9家,抄告工商部门8家,取缔2家。

中高考噪声污染监督检查。中、高期间全省各级环境监察机构现场执法检查5200多人次,查处违法行为1231件,罚款近11万元。

生态环境监察。全年查处取缔非法无证稀土采矿点253个;出动流域巡查206天次共643人次,对闽江、九龙江、敖江等重点流域水环境进行现场督查,并将日常巡查工作向支流、小流域扩展,共巡查大小支流78条,巡查水质断面272个(次)、水电站库区78个(次),涉及9个设区市的69个县(市、区)。

饮用水水源地专项执法检查。出动执法人员3100多人次,对全省320个湖库型集中式饮用水水源地一、二级保护区的各类污染源开展清查摸底工作。规范排污费征收工作,全年排污费入库43747.97万元,比上年增收4.40%,上缴省库5351.17万元。

污染减排。报送省物价局扣减10家火电企业脱硫设施停运上网电量7723.58万千瓦,扣减脱硫电价款约304.44万元,对3家未按要求安装联网在线监控设备及10家(次)脱硫效率考核不合格的钢铁、玻璃企业执行差别电价;报送省建设厅对26家(次)城市污水处理厂扣减运营费;对13台试行脱硝电价机组的脱硝效率共扣减脱硝电价1429万元。

【环境宣传教育】 以生态省建设、重点流域综合整治、污染减排、农村环境连片整治、海洋环境保护等环保重点工作以及《福建省流域水环境保护条例》、《环境空气质量标准》等环保政策法规为宣传重点,组织省级以上主流媒体宣传报道福建省环保工作进展和成效960余条目,各地在地方主流媒体宣传报道环保工作近2000条目。统筹协调各地组织开展“六·五”世界环境日系列宣教活动200余项,全省编印发放各类环保宣传资料(品)30万余份。举办全省环境友好型创建工作培训班,组织开展全省各级环境友好型社区(绿色社区)、环境友好型学校和环境教育基地创建工作。福建漳江口红树林国家级自然保护区被环保部宣教中心确定为全国首批中日技术合作环境教育基地试点单位。开展“资源节约，环境友好，大家齐行动”主题宣传教育活动，全省202所学校、253740名学生参与活动，征集作品9.6万份。策划开展2012年福建省“我的环保行动”活动。举办“传承绿色行动 共建美丽家园”2012年千名青年环境友好使者福建站传承行动启动仪式暨培训活动，全省各高校250名青年环保志愿者参训。（陈 航）

节能 减排 降耗

【节能降耗】 2012年，全省全社会综合能源消费总量11185万吨标准煤，比上年增长5.0%，能源消费弹性系数为0.441；单位地区生产总值能耗为0.607吨标准煤/万元，下降5.7%；规模以上工业万元增加值能耗0.92吨标准煤，下降14.1%。全年淘汰落后炼铁1.2万吨、炼钢18万吨、铁合金1.716万吨、水泥990.58万吨（其中熟料220.9万吨）、造纸72.19万吨、制革4.5万标张、印染7298万米、化纤0.73万吨、电力17.3万千瓦、煤炭8万吨，全面完成国家下达的目标任务。省级财政投入专项资金1.4亿元，通过工业锅炉（窑炉）改造等重点节能工程项目建设，实施省级以上重点工程项目371个，年可实现节能量50万吨以上标煤。实施重点企业节能管理，322家重点用能企业主要能耗数据实现了能源计量数据在线采集联网。组织开展年耗能万吨标煤以上的重点用能企业产品能耗限额标准执行情况、高耗能落后机电设备（产品）淘汰情况监督检查。推广节能产品和技术，通过“6·18项目成果交易会”推介节能、环保项目技术成果200项、技术需求36项。实施节能产品惠民工程，30款台式微型计算机、276款液晶平板电视、14款空气源热泵和太阳能热水器以及1款汽车列入国家节能惠民工程推广目录。大力推行合同能源管理，65家节能服务公司通过国家级审核备案，83家节能服务公司通过省级审核备案。发布实施高耗能产品能耗限额标准2项，累计发布25项。

【循环经济】 推进省级15个循环经济示范试点城市、24个循环经济试点园区和205家循环经济试点企业建设。推进德化国家循环化改造示范试点园区、华闽再生资源产业园国家“城市矿产”示范基地、三明市国家餐厨废弃物资源化利用和无害化处理试点城市的建设。落实国家对资源综合利用的税收优惠政策，鼓励企业积极开展资源综合利用，全年完成156家资源综合利用企业（产品）认定。省级财政设立专项资金，对循环经济重点项目给予补助，全年共对40个循环经济项目安排补助资金1140万元。组织实施清洁生产、节水、节材等推广和应用示范项目；引导企业采用先进清洁生产工艺和技术，提高能源利用率和减少污染物排放。（黄 建）

【减排】 省政府出台《2012年度主要污染物减排工作的意见》，各级各部门围绕省委、省政府的工作部署，扎实推进减排工作。省减排联席会议办公室下达年度减排重点项目，加强对减排项目进展调度分析，全年共现场检查减排项目约300个，针对进展滞后以及达不到要求的项目，及时通报预警并约谈相关部门和企业负责人。全年全省化学需氧量比上年减排2.85%、氨氮减排2.31%、二氧化硫减排4.6%、氮氧化物减排5.52%。完善燃煤电厂脱硫电价政策，制定实施脱硝电价管理措施；完善钢铁和玻璃行业脱硫差别电价政策，对脱硫达不到要求的企业实施生产用电加价。全年共完成年度减排项目约900个，其中列入国家减排目标责任书年度重点项目的45个。全省已建成城镇污水处理厂104座，市、县污水处理率达83.9%以上；燃煤电厂湿法脱硫机组脱硫烟气旁路全面拆除；已建成投运脱硝设施的燃煤机组数量和装机容量均占应安装的80%以上；重点钢铁、玻璃企业和工业锅炉已全部实施脱硫；生产规模在4000吨/日以上的水泥生产线均建成脱硝设施；热电厂集中供热、建陶行业清洁能源替代全面推进，其中石狮热电厂成功实现中高压蒸汽替代导热油技改，全面淘汰印染企业燃煤导热油炉。（陈 航）

编辑：林忠玉

商　贸

商 贸 业

【综述】 2012年全省社会消费品零售总额7256.53亿元，比上年增长15.6%，其中：城镇6563.53亿元，增长15.7%；乡村693.00亿元，增长14.3%。按消费形态统计，商品零售额6405.53亿元，增长15.7%；餐饮收入额851.00亿元，增长15.0%。在限额以上企业商品零售额中，家具类零售额增长47.8%，金银珠宝类增长47.4%，服装鞋帽针纺织品类增长32.5%，食品饮料烟酒类增长24.9%，汽车类增长14.7%，石油及制品类增长13.8%，通讯器材类增长8.1%，家用电器和音响器材类增长6.1%，体育、娱乐用品类下降6.1%。全年居民消费价格比上年上涨2.4%，其中食品价格上涨4.6%；商品零售价格上涨1.8%；农业生产资料价格上涨3.3%。全年主要副食品市场供求基本平衡，猪肉、禽蛋价格下跌，蔬菜价格波动加大，总体价格上扬。钢材、煤炭、水泥等重要生产资料市场需求不足，价格持续下行。

【商贸项目建设】 全年全省商贸项目投资稳步增长，其中批发和零售业、住宿和餐饮业、居民服务业和其他服务业分别完成投资200.45亿元、203.32亿元、30.69亿元，比上年增长20.2%、43.2%、33.6%。列入省重点项目的34个商贸项目总投资339.3亿元，年度计划投资66.88亿元，实际完成投资104.5亿元，完成年度投资计划的156.3%。完成2012年省委、省政府为民办实事项目城乡便民商业网点建设任务，建成500个社区便利店和50个集贸市场，完成投资2.3亿元，完成计划投资的103.9%。“万村千乡市场工程”承办企业建设和改造654个农家店、5个物流配送中心，14个乡镇商贸中心，新增商业营业面积6.76万平方米。5家“中华老字号”企业在中央财政资金的支持下，开展技艺保护与改造、发展连锁经营等项目建设，完成投资5043.59万元。推动列入全国再生资源回收体系试点的福州市、三明市和14个省级试点市（县）项目建设，共完成投资5.5亿元，建成回收站1628个、分拣中心88个、交易市场9个，新建经营面积26.6万平方米。福州市列入2012年全国“农超对接”试点城市，中央财政安排专项资金支持永辉超市股份有限公司、福建兴福兴商贸有限公司、福州蓝天光禄坊有限公司3家试点企业开展农超对接项目建设，完成投资3956万元，新增高低温冷库4680吨和产地集配中心4个，对接基地405个，增长33%；对接合作社187个，增长43.8%；覆盖农户4万多家，增长14.3%；对接鲜活农产品销售总额35.6亿元，增长8.2%；鲜活农产品销售总量61万吨，增长13%；农产品品种涵盖水果、粮食、食用油、蔬菜、蛋类、肉类、鱼类等10大类100多个品种。省级财政安排专项资金支持福州新华都综合百货有限公司、漳州市恒晟商贸发展有限公司、永安永辉超市有限公司等3家企业开展农超对接项目建设，企业累计完成总投资1532万元，对接鲜活农产品销售总额1.92亿元。

【市场开拓】 全年销售下乡家电373万台、拉动农村消费97亿元，分别增长43.8%和55.7%。组织省内企业参加全国性或区域性的重点专业展会17场，现场销售、签订合同或意向金额19.96亿元，发展代理商300多个。福州、厦门承接22场全国性、国际性大型会展，在福州举办的第87届全国糖酒商品交易会有3000多家企业参展办展，商品成交额近200亿元。与全

2012年10月18—21日，第87届全国糖酒商品交易会在福州海峡国际会展中心举办。
（林忠玉　摄）

国28个省(市)中石化分公司及部分省市中石油公司签订了商品购销合同,共39类278个单品进入中石油中石化便利店,全年销售闽货特色产品金额达8000多万元。支持企业加入知名电子商务网站开展销售业务,引导电子商务普及应用,促进网络购销。福建省网商普及指数居全国第五位。

【城市副食品调控基地】 协议期内共有333家省级城市副食品(生猪、蔬菜、蛋禽)调控基地,基地可调控商品猪年出栏296万头、蛋品年上市4.82万吨、蔬菜年上市106万吨,分别占全省城镇年需求量的22.7%、17.8%、21.8%。省控基地共建立直销点269家,减少流通环节,降低流通费用。按时序进度落实3批每批次1000吨(折合2万头)省级生猪活体储备任务,落实每批次2850吨(5.7万头)中央储备肉生猪活体在福建省储备任务。

【牲畜屠宰管理】 全年共出动执法人员11.35万人次,开展执法检查2.46万次,查处案件732起,案值164.93万元,罚没款30.93万元。全年定点屠宰生猪788.86万头、牛12.77万头、羊14.36万头,定点屠宰率分别为猪98.6%、牛98.3%、羊93.9%。抓好屠宰资格审核清理工作,全省243家屠宰企业均进行了自查,并经所辖县、市经贸、环保、农业部门逐一审核。经审核清理,至2012年底,全省82家生猪定点屠宰厂(场)中,共有59家符合审核条件和标准,予以换证;23家申请延长整改期限。完善"放心肉"服务体系,完成全省83个政府端和92家屠宰企业监控终端生猪屠宰监管系统建设,整体项目建设已于2012年9月通过省级验收;全省9个设区市及平潭综合实验区所在地的城区开展肉品质量安全可追溯系统工程试点建设均已完成并通过省级验收或阶段性验收。

【市场监管体系】 截至2012年底,全省有20个市县列入商务部重点推进单位,争取中央财政资金1300万元。在23个市县推进省级商务综合行政执法试点,其中省级财政投入690万元。全省已建成省级12312中心1个、设区市12312中心8个、县级12312联系点(工作站)34个,初步形成贯通省市县3级的监管服务网络体系。(陈秀英 甘代明 严 欣)

【供销合作商业】 全年全省供销社实现商品销售总额394亿元,比上年增长34.6%;实现利润总额1.96亿元,增长43.1%。

农资储备供应服务。全省供销社系统实现售给农民的农资73.62亿元,增长17.1%;销售化肥314.33万吨,增长5.8%;销售农药54808吨,增长8.1%。全省系统2011—2012年度化肥冬储210.45万标吨,完成省发改委下达计划的175.4%;省农资集团公司(省福农农资集团公司)冬储农药6777吨,完成省发改委下达计划的169.4%。省供销社制定基层供销社空白乡镇3年恢复重建规划,推进基层供销社恢复重建和创新发展。全年恢复重建基层供销社67个,改造、新建农村综合服务社763个,完成年计划127%。

项目建设。全年实施中央级"新网工程"项目21个、农业综合开发项目11个;实施省级"新网工程"项目37个、网络薄弱县级社改造项目6个。全省系统重点项目完成投资4.73亿元,完成年计划113%。龙岩供销大厦建成投入使用。

维修体系建设。全年新建县级服务中心23个、乡镇服务站130个、村级服务点174个,分别完成年计划100%、113%和151%。累计建成县级服务中心72个,覆盖有供销社建制的所有县(市、区),建成乡镇服务站460个、村级服务点839个,分别占全省乡镇、行政村总数的49.5%和5.8%。累计提供综合维修服务200多万次,配送零配件170多万件。

合作组织发展。省供销社成立福建省农村合作经济组织协会。全省供销社新发展农民专业合作社368个,新成立各类行业协会47个,分别完成年计划230%和235%。南靖县绿健胶股蓝专业合作社等10个社被全国总社评为示范社,泉州市惠屿海水养殖专业合作社等22个社被省社评为示范社。龙岩市社联合38家合作社示范社,注册资金5000万元,创办了百农汇产销专业合作社联合社,开办农产品直销中心,与厦门夏商集团对接,常年供货额超亿元。武平县社成立2家农民专业合作社联合社,带动超过农户万户。

社有企业创新管理。省福农集团、漳州市供销资产投资管理公司和福建奥利高塔复合肥有限公司3方出资成立农资连锁公司。泉州南安和南平延平"供销新华都超市"开业。仙游县社成立了全省第一个县级供销集团,注册资金1亿元,全年纳税达3200万元。(黄东武)

物 流 业

【概况】 2012年,全省社会物流总额41742.70亿元,比上年增长8.2%;物流业实现增加值1335亿元,增长12.8%;物流业务收入2745亿元,增长13.5%;物流业固定资产投资额1887.29亿元,增长21.2%。全年周边省份从福建港口进出货物1681.68万吨,增长58.1%;对台货物吞吐量2199.77万吨,增长1.8%,其中对台集装箱吞吐量71.25万标箱(TEU),增长6.2%;闽台空中货运直航运送货物2.03万吨,下降14.9%。全省通过国家3A级及以上物流企业综合评估的物流企业107家(其中5A级9家),列入国家物流税收试点企业名单55家,获评2012年度中国先进物流企业28家,获评全国两业联动示范企业10家,获评中国物流A级信用企业5家(其中3A级4家),列为部级甩挂运输试点企业2家。

【物流基础设施建设】 全省公路通车里程94660.86千米,增长2.5%;货物营运车辆24.98万辆、164.25万吨位,分别增长7.0%和16.2%。拥有港口生产性泊位558个,新增18个,其中万吨级以上泊位137个,新增8个;集装箱专用泊位41个,新增1个。运营机场5个,开通国内、国际航线206条。营业铁路合计2255.1千米。厦门保税港区二期已封关运作，厦门海关监管厦门火炬（翔安）保税物流中心进出口货值连续2年位居全国同类保税物流中心第一，福州保税港区已通过国家海关总署等11个国家部委验收。具有保税和港口功能的晋江、武夷山、龙岩、三明4个陆地港已封关运作。福州港江阴港区获批成为国内第六个汽车整车进口口岸。福清江阴港和福州长乐机场成为入境水果指定口岸。福州港罗源湾港区可门作业区成为国内可接卸超大型干散货船舶的港区之一。厦门航运交易所正式挂牌运作。厦门前场铁路物流基地正式开工建设。厦门湾最大的深水散杂货码头——厦门港漳州后石港区3号泊位开工兴建。福建电子口岸上线运行项目达50项，在建项目7个，平台直接服务的物流企业达650多家、外贸企业15000多家，平台日单证处理量约2.6万票，年单证处理量约900多万票。规划建设的20个物流园区和60个物流（配送）中心已基本建成，部分建设项目已建成投入使用。

【物流软环境建设】 出台《关于促进航运业发展的若干意见》，加快航运要素的集聚；出台《省经贸委推进现代物流业发展行动方案（2012—2015）》、《关于加快福建省农产品冷链物流发展的指导意见》，推动福建省物流业加快发展；出台《口岸通关和国税部门促进贸易便利化措施》、《福建省甩挂运输试点企业规模奖励及车辆购置补助资金管理办法（试行）》，促进口岸通关便利化，加快甩挂运输发展；通过《福建省邮政条例》，于2013年1月1日起施行；扩大区域物流合作，平潭至台中的“海峡号”滚装船直航航线运行1周年，并试航至台北的滚装船直航航线；泉州肖厝港正式开通对台小额贸易航线；法国达飞轮船公司在福州港江阴港区新开1条至印尼东南亚近洋航线；福州海关通关无纸化改革试点扩大至福州关区所有海运、空运以及行邮业务现场，业务范围由原来单一的对台贸易扩大至所有业务类型；“两岸冷链物流产业合作联盟”在厦门成立，并与台湾“两岸冷链物流技术与服务联盟”签订合作协议。 （薛尚泉）

餐 饮 业

【概况】 2012年，全省餐饮业收入851.00亿元，比上年增长15.0%。

【烹饪技能竞赛】 2012年4月，组织参加中国烹饪协会成立25周年庆典活动，厦门航空酒店管理有限公司获“全国餐饮业优秀企业奖”、熊书胜荣获“中国餐饮事业卓越贡献奖”、胡满荣、吴志强荣获“中国烹饪大师金爵奖”、叶武荣获“全国餐饮业优秀企业管理者”。6月，举办第五届福建“绿进杯”烹饪技能竞赛，共有210位选手报名参赛。8月，与中国烹饪协会名厨专业委员会共同举办中国厨艺高级技能研修班，特邀CCTV满汉全席全国电视烹饪大赛5位年度总冠军讲课。10月，组织60余名会员赴开封参加第22届厨师节，并推荐福建省优秀餐饮从业人员参加“中华金厨奖”评选，经评定，林铭煌、邓长顺、林兴元、叶原林、王代进、吕良胜等6人荣获“中华金厨奖”。10—12月，举办首届“劲牌劲酒八闽美食新发现”活动，以“探寻八闽美食、共享劲牌劲酒”为主题，进行10场别开生面的美食文化体验活动，评选出最具代表性特色菜60道，并编印劲酒八闽美食地图手册。省烹饪协会还组织开展“闽菜名师”、“闽菜大师”、“福建名菜”、“福建名小吃”、“福建餐饮名店”认定工作。

【国际美食博览会】 2012年11月，第13届中国美食节暨第11届国际美食博览会在福州举行，该美食节是我国餐饮行业专业性最强、规模最大、影响力最广、群众参与性最高的国际美食盛会，也是福州举办的最高规格的美食展。美食节以“海峡两岸，时尚美食”为主题，突出国际餐饮业发展趋势交流、中华饮食文化精品展示、企业品牌文化展示、“餐农对接”成果及洽谈、中国名厨技艺创新等特点，设置专业活动、主题展览、百姓互动、国际交流、论坛峰会、配套活动等六大板块，展示面积2.2万平方米。美食节期间，有来自全国的2000多家企业的近3万名专业人士，10多个国家的行业组织和国外代表团参展。美食节还举办福州金牌婚宴、中华名小吃及台湾特色小吃、福州县区美食联展联销暨餐饮消费促进月等市民参与性较强的活动。

（黄史凯）

粮食市场

【储备管理】 2012年6月，下发《福建省财政厅福建省粮食局关于完善省级储备粮管理办法的通知》，确定省级储备粮实行保管和轮换费用定额包干办法，由省储备粮管理有限公司自主负责轮换，省级储备粮保管费用由95元/吨·年提高到120元/吨·年（含损耗）；轮换费用由65元/吨·年提高到110元/吨·年，从2012年1月1日起执行。全年应到位的15万吨新增储备规模已于年底前全部增储到位。省级共复查了26个县（市、区）、32个储粮单位、41个粮站（库）、409个仓廒，粮食库存78.70万吨，占纳入福建境内检查范围粮食库存总量的21%。组织开展2012年秋季全省粮食库存抽查工作，对省内的重点地区、重点企业和重点环节进行了抽查。从春、秋两季粮食库存检查情况看，全省粮情稳定，粮油库存数量账实相符、质量良好、储存安全、管理比较规范。

【政策扶持】 2012年6月，省政府出台《福建省人民政府关于发展粮食生产加强粮食安全工作的意见》，决定采取进一步落实粮食安全行政首长负责制、提高储备订单粮食收购直接补贴标准、加快储备粮库建设、鼓励引粮入闽、稳定粮食行政管理机构等15条政策措施。2012年12月，省财政厅和省粮食局联合下发《福建省财政厅　福建省粮食局关于印发〈福建省引粮入闽奖励暂行办法〉的通知》和《福建省财政厅　福建省粮食局关于印发〈福建省市县级粮库建设要求和资金补助暂行办法〉的通知》。

【粮食收购】 全省继续执行粮食储备订单收购直接补贴政策和粮食最低收购价政策。经省政府批准，2012年福建省早、中晚籼稻最低收购价由2011年的每50公斤102元、107元，分别提高到120元、125元，均比上年提高18元。全省42.82万吨储备订单收购计划全部分解落实到305个乡镇、2391个村、28.16万个种粮农户。截至年底，全省储备订单共收购43.9万吨，完成订单收购计划的102.4%。

【产销协作】 2012年5月4日，在泉州市召开第11届省内产销区粮食购销协作洽谈会，共签订粮食购销协议58项，粮食数量103.45万吨，比上年增加12.57万吨，增长14%。7月16日，在厦门举办第8届7省粮洽会，福建与各产粮省企业共签订项目261项，购销合同(协议)数量达693万吨，比上届增加30万吨。9月11日，组织福建各类粮食企业代表50多人参加2012·黑龙江金秋粮食交易合作洽谈会，福建粮食企业与黑龙江省粮食企业签订粮食购销合同(协议)53.93万吨。

(张步先　刘惠标)

广告业

【概况】 2012年，全省共有广告经营单位10455户，增长18.3%；广告从业人员7.29万人，增长7.7%；广告经营额120.29亿，增长9.2%。全省拥有中国一级广告资质企业17家，中国二级广告资质企业1家；拥有福建一级广告资质企业26家，福建二级资质广告资质企业29家，福建三级广告企业37家，18家广告公司进入全国百强广告企业行列。

【指导广告业发展】 成立福建省推进广告发展战略实施领导小组，指导福州、泉州争创国家级广告产业园区。组织海峡两岸“乐善杯”公益广告风采展，征集作品1200多幅，营造广告公益宣传氛围。走访调研全省60多家重点广告企业，形成福建省广告业项目梳理情况调研报告，促进广告业健康发展。

【市场监管】 牵头落实广告监管联席会议制度，推进烟草广告、户外广告、医疗广告、特供专供标识等专项整治，制定强化广告监管工作的意见，采用“反广告”形式整治虚假违法广告，监测和检查各类广告228.6万条次，立案3316件，广告严重违法率从20%以上下降至3.6%。

(林泉祥)

编辑：林忠玉

对外经济贸易

综　述

【概况】 2012年，全省完成进出口1559.38亿美元，比上年增长8.7%，高于全国2.5个百分点，其中：出口978.33亿美元，增长5.4%；进口581.05亿美元，增长14.6%；进出口、出口、进口继续保持全国第七、六、八位；增幅分别位居全国十大外贸省市第二、四、一位。合同外资92.91亿美元，扭转持续下滑局面，增长0.8%；实际到资63.38亿美元，增长2.2%，高于全国平均水平5.9个百分点，排名由上年的全国第九位上升至第七位。对台出口30.89亿美元，增长2.76%；合同台资22.2亿美元，增长59.3%；对台投资额8302.1万美元，增长25倍。

【服务方式转变】 贯彻落实国务院关于促进外贸稳定增长的各项部署，果断打出加快出口退税、重点企业"一对一"服务、省外货源经福建省口岸出口给予运费补助等政策"组合拳"，有效帮助企业提信心、抗风险、保份额、拓市场。出台加工贸易转型升级、加快服务外包发展等一系列政策，加快推进国家科技兴贸创新基地、外贸转型升级示范基地、加工贸易梯度转移重点承接地等公共平台建设。组建跨部门的国际招商办公室，开展登门招商活动，加强省市招商合作，引进亚马逊、三菱电机、普洛斯物流、瑞士雀巢等世界500强跨国公司投资项目8个、总投资5.95亿美元，欧盟等发达经济体实际到资增长6.1倍。

【政策支持】 研究提出的58条闽台、粤港澳合作先行先试"双延伸"政策，其中25条已获相关国家部委支持，并在旅游政策方面率先突破；福州、厦门和泉州成功入选全国落实CEPA示范城市。福州港江阴港区国家汽车整车进口口岸获批并通过国家验收，首批30辆整车顺利进口。福州、平潭列入"中国服务外包示范城市"备选城市。龙岩、宁德东侨等经济开发区升级为国家级经济技术开发区，漳州、泉州台商投资区设立和福州台商投资区扩区获批。福建省被国家列入澳门家政服务业试点。

【优化投资环境】 进一步下放外资审批权限、减少审批环节，推行网络化和格式化审批、外资同等享受内资待遇，投资环境不断优化。制定出台通关便利化政策，对一线口岸通关部门实施考核奖励，推动关贸、检贸、银贸、税贸、财贸、险贸合作机制进一步健全，"一次申报(一单两报)、一次查验(共同开箱检查)、一次放行"("三个一")试点获海关总署和国家质检总局批准，直通放行扩大到江西，"属地报关、口岸验放"扩大到所有生产性B类企业。福州海关成为全国首批通关无纸化试点，福建检验检疫局在B类以上企业试行通关单无纸化，厦门检验检疫局电子闸口经验获国家质检总局、交通运输部在全国推广。

(陈国强)

出口贸易

【概况】 全年出口978.33亿美元，增长5.4%。出口额名列广东、江苏、上海、浙江和山东之后，保持全国第六位。出口增幅低于全国2.5个百分点，在七大出口省市中位居第二位。

【出口企业】 全省当年有出口实绩的企业共13620家，比上年净增加958家。其中：外商投资企业4011家，占29.45%，出口391.27亿美元，下降0.02%；集体私营企业9315家，占68.39%，出口494.15亿美元，增长10.98%；国有企业294家，占2.16%，出口92.94亿美元，增长1.05%。当年有出口实绩，而上年全年没有出口的企业共2453家，新增出口47.87亿美元。上年有出口实绩，但当年停止出口的企业共1495家，减少出口36.61亿美元。全省出口规模1500万美元以上的企业共1206家，合计出口725.4亿美元，增长20.5%，占全省出口总值的74.14%，其中：出口5000万美元以上的企业共372家，合计出口509.16亿美元，增长23.2%，占全省出口的52.0%；出口1亿美元以上的企业共160家，合计出口364.13亿美元，增长22.1%，占全省出口的37.2%；出口10亿美元以上的有4家，分别为福建捷联电子出口22.11亿美元，宸鸿科技(厦门)16.0亿美元，友达光电(厦门)13.65亿美元，冠捷显示科技(厦门)10.62亿美元。全省出口1500万美元以下的中小企业(含新增出口企业)12414家，比上一年增加890家，合计出口252.96亿美元，增长6.9%。企业数和出口金额占比分别比2011年提高0.13和0.39个百分点。

【出口贸易方式】 全年一般贸易出口675.63亿美元，增长6.8%，占全省出口总值的69.1%。加工贸易出口255.31亿美元，增长1.3%，占全省出口总值的26.1%。其他贸易方式出口47.39亿美元，增长7.78%，占全

2012年出口企业规模结构表

金额单位：亿美元

	企业数	企业数占比（%）	出口额	出口额占比（%）
合计	13620	100	978.35	100
1亿以上	160	1.17	364.13	37.2
5000万～1亿	212	1.56	145.03	14.82
1500万～5000万	834	6.12	216.24	22.1
1500万以下	12414	91.14	252.96	25.86
其中：1000万以下	11897	87.35	189.77	19.40

省出口总值的4.84%。

【出口商品】 全年机电产品出口354.17亿美元，增长3.6%；高新技术产品出口140.10亿美元，增长2.0%；农产品出口43.34亿美元，下降36.6%。全省出口超5千万美元的大宗传统特色商品共有33种，出口金额712.0亿美元，增长7.8%，占全省出口金额的72.8%。出口额20亿以上的商品有8种，包括：服装138.01亿美元，鞋类102.44亿美元，计算机及电子元器件83.28亿美元，纺织品50.19亿美元，家具41.23亿美元，石材及制品31.51亿美元，箱包27.34亿美元，电视机20.36亿美元。出口额在10亿—20亿之间的商品有10种，包括：钢材及其制品18.39亿美元，健身器材17.29亿美元，灯具17.06亿美元，汽车及其零件16.15亿美元，树脂工艺品15.17亿美元，电机及其零件14.01亿美元，陶瓷制品13.81亿美元，冻鱼13.48亿美元，伞12.13亿美元，船舶12.02亿美元。出口额在5亿—10亿之间的商品有8种，包括：轮胎8.27亿美元，食品罐头7.06亿美元，玩具6.63亿美元，变压器6.44亿美元，电线电缆6.29亿美元，珠宝首饰6.08亿美元，烤鳗5.73亿美元，蔬菜5.56亿美元。出口额在5000万至5亿之间的商品有7种，包括：音响设备4.52亿美元，钟表3.78亿美元，集装箱2.27亿美元，飞机及其零件1.95亿美元，电热烤面包器1.88亿美元，茶叶1.17亿美元，竹藤及相关制品5175万美元。这33种大宗传统特色出口商品中，增速较快（高于全省增长水平）的商品有16种：珠宝首饰出口增长6.18倍，飞机及其零件41.6%，茶叶29.1%，计算机及电子元器件22.2%，树脂工艺品18.7%，灯具16.7%，家具12.4%，冻鱼12.1%，服装12.0%，变压器11.5%，音响设备11.1%，鞋类10.4%，纺织品增长10.0%，汽车及其零件增长9.1%，电线电缆7.2%，烤鳗5.9%。高新产品出口139.91亿美元，增长1.9%，低于全国高新技术产品出口增速7.7个百分点，包含计算机及其集成制造技术（49.4亿美元）、液晶显示板（29.88亿美元）、电视机及投影机（26.7亿美元）、通讯设备（12.12亿美元）、生命科学技术（7.44亿美元）、电子技术（6.28亿美元）等商品，主要出口市场为香港（占此类商品出口额的28.1%）、美国（15.7%）、欧盟（13.8%）、日本（8.6%）、东盟（8.0%）、台湾（5.2%）、韩国（4.0%）、巴西（3.6%）。文化产品出口20.13亿美元，下降0.74%，低于全省出口增幅4.6个百分点，其中视觉艺术品（主要为各种材质的塑像）出口18.96亿美元，增长0.9%。

【出口市场】 全年出口的市场国别（地区）达到223个，比上一年增加1个。全省出口5000万美元以上的国家与地区共98个，增加7个，合计出口966.0亿美元，占全省出口总值的98.7%；出口1亿美元以上的国家与地区共81个，增加7个，合计出口953.4亿美元，占全省出口总值的97.4%；出口10亿美元以上的国家和地区29个，合计出口817.34亿美元，占全省出口总额的83.5%。从洲际市场看：对亚洲出口437.17亿美元，增长13.1%；对欧洲出口196.74亿美元，下降7.3%；对北美洲出口193.44亿美元，下降1.1%；对南美洲出口77.44亿美元，增长5.4%；对非洲出口53.68亿美元，增长25.9%；对大洋洲出口19.89亿美元，增长10.7%。

全年对欧美日等三大传统市场合计出口413.63亿美元，下降4.8%，占全省出口额的42.3%，其中：美国179.01亿美元，下降1.1%；欧盟171.99亿美元，下降8.5%；日本62.57亿美元，下降4.7%。主要出口商品为：鞋类59.46亿美元，占14.4%；服装52.14亿美元，占12.6%；计算机及其外部设备33.89亿美元，占8.2%；家具23.0亿美元；占5.6%；箱包15.53亿美元，石材及制品14.32亿美元；健身器材11.45亿美元；电视机10.75亿美元；纺织品10.17亿美元。

全年对10个自贸区市场出口476.57亿美元，增长13.0%，占全省出口额的48.7%，其中：东盟142.11亿美元，增长22.2%；台港澳市场114.96亿美元，增长24.7%；日韩市场91.1亿美元，下降0.4%；中东海合会市场35.71亿美元，增长13.3%；南亚市场23.43亿美元，增长0.4%。大洋洲市场18.83亿美元，增长11.4%；拉美市场18.5亿美元，下降1.1%；上合组织市场18.22亿美元，增长0.7%；南非关税同盟市场10.4亿美元，增长4.4%；中北欧自贸市场3.31亿美元，下降31.8%。主要出口商品为：服装54.16亿美元，占11.36%；计算机及其外部设备52.34亿美元，占10.98%；纺织品34.35亿美元，占7.2%；鞋类27.61亿美元，占5.8%；石材及制品19.65亿美元，占4.12%；家具13.03亿美元；钢材及其制品11.68

2012 年全省出口 1 亿美元以上的企业

金额单位：万美元

序号	名称	出口额	序号	名称	出口额
1	福建捷联电子有限公司	221134	81	福建省诏安县海利水产有限公司	14033
2	宸鸿科技(厦门)有限公司	160025	82	沙县鑫茂源贸易有限公司	13997
3	友达光电(厦门)有限公司	136501	83	厦门钢宇工业有限公司	13983
4	冠捷显示科技(厦门)有限公司	106229	84	欧浦登(顺昌)光学有限公司	13855
5	戴尔(厦门)有限公司	99910	85	福建协丰鞋业有限公司	13853
6	达运精密工业(厦门)有限公司	90039	86	福建省优拓贸易有限公司	13728
7	厦门太古飞机工程有限公司	57969	87	厦门新凯复材科技有限公司	13602
8	晋江市金莎珠宝首饰有限公司	51514	88	福建顺大运动用品有限公司	13509
9	福建佳通轮胎有限公司	50239	89	厦门宇信兴业进出口贸易有限公司	13446
10	厦门象屿太平综合物流有限公司	49371	90	睿鸿光电科技(福建)有限公司	13444
11	厦门嘉联恒进出口有限公司	46309	91	三明大田县旭丰商贸有限公司	13426
12	福建省船舶工业集团公司	43212	92	福建省亿炜贸易有限公司	13422
13	捷星显示科技(福建)有限公司	41234	93	来福太(厦门)塑胶制品有限公司	13389
14	厦门松下电子信息有限公司	41135	94	明溪县裕祥进出口有限公司	13389
15	厦门华侨电子股份有限公司	40475	95	福建福日电子股份有限公司	13293
16	厦门市中信隆进出口有限公司	37063	96	福建华冠光电有限公司	13274
17	路达(厦门)工业有限公司	36940	97	祥达光学(厦门)有限公司	13238
18	厦门佳事通贸易有限公司	36774	98	福州高意通讯有限公司	13221
19	保迪(厦门)物流有限公司	36128	99	漳州市龙源贸易有限公司	13200
20	厦门市嘉晟对外贸易有限公司	35368	100	漳州市鸿翔进出口贸易有限公司	13113
21	厦门怡中进出口有限公司	34139	101	腾龙特种树脂(厦门)有限公司	13053
22	宇达(中国)投资有限公司	32559	102	厦门紫翔电子科技有限公司	13001
23	漳州灿坤实业有限公司	31753	103	厦门天眷糖业有限公司	12847
24	武夷山市翔达进出口贸易有限公司	31250	104	东山新福水产加工有限公司	12843
25	厦门建发轻工有限公司	31129	105	厦门信达股份有限公司	12832
26	厦门欣华晨进出口有限公司	31029	106	石狮华海进出口贸易有限公司	12809
27	三明市三元区华封贸易有限公司	30982	107	沙县鑫祥贸易有限公司	12803
28	厦门外代仓储有限公司	30675	108	厦门大亮贸易有限公司	12784
29	玉晶光电(厦门)有限公司	30396	109	漳浦县一德石化有限公司	12752
30	厦门中外运物流有限公司	29828	110	厦门宏发电声股份有限公司	12727
31	福建省榕江进出口有限公司	28252	111	中国船舶燃料供应福建有限公司	12675
32	华映光电股份有限公司	27673	112	厦门羽虹进出口有限公司	12654
33	福耀玻璃工业集团股份有限公司	26320	113	厦门厦工国际贸易有限公司	12593
34	厦门金龙联合汽车工业有限公司	26236	114	漳州中集集装箱公司	12590
35	厦门港务物流保税有限公司	25958	115	泉州中大发展有限公司	12416
36	厦门建发金属有限公司	25828	116	漳平市华通贸易有限公司	12322
37	福建华闽进出口有限公司	25339	117	漳州市耀进进出口贸易有限公司	12291
38	宇达(中国)投资有限公司厦门分公司	23506	118	厦门市涛之威贸易有限公司	12162
39	福建华映显示科技有限公司	23395	119	厦门建霖工业有限公司	12127
40	福建省东山县海魁水产集团有限公司	23126	120	福建省莆田富力进出口有限公司	12018
41	石狮市龙整进出口贸易有限公司	22337	121	凯盈(福建)进出口有限公司	11918
42	厦门厦顺铝箔有限公司	21221	122	福州殷明贸易有限公司	11878
43	厦门 TDK 有限公司	21213	123	福州成芳进出口贸易有限公司	11750
44	三明市梅列区来亚进出口有限公司	21121	124	福州住电装有限公司	11677
45	厦门蒙发利科技(集团)股份有限公司	20661	125	中国航空技术厦门有限公司	11676
46	厦门建松电器有限公司	20495	126	福州闽粤达贸易有限公司	11649
47	福建华贸进出口有限责任公司	20088	127	际诺思(厦门)轻工制品有限公司	11642
48	厦门通士达照明有限公司	19727	128	福建泉州市嘉晟供应链有限公司	11560
49	连江清禄鞋业有限公司	19720	129	南方铝业(中国)有限公司	11544
50	厦门瑞欣冠物流有限公司	19243	130	福州开发区通达发贸易有限公司	11474
51	厦门宝欣企业有限公司	19091	131	阳光城集团股份有限公司	11461
52	厦门丰羽物流有限公司	18866	132	漳州泉丰食品开发有限公司	11450
53	福建省旅游贸易公司	18833	133	厦门钨业股份有限公司	11208
54	福州轻工进出口有限公司	18797	134	宁德市金盛水产有限公司	11186
55	厦门市金信隆进出口有限公司	18221	135	石狮市外商投资服务中心	11093
56	福建岳海水产食品有限公司	18210	136	泉州市明轩进出口贸易有限公司	11051
57	漳州燕锋水产食品有限公司	18136	137	福建日立工机有限公司	10922
58	厦门嘉鹭金额工业有限公司	17937	138	厦门金华南进出口有限公司	10884
59	厦门英南进出口有限公司	17775	139	日立数字映像(中国)有限公司	10696
60	福建协兴实业有限公司	17634	140	福建捷胜贸易有限公司	10639
61	东山东亚水产有限公司	17317	141	福州佩祥贸易有限公司	10611
62	厦门建益达有限公司	16737	142	厦门中舜进出口有限公司	10601
63	福建天成集团针棉毛织品进出口有限公司	16632	143	鸿程控股集团有限公司	10570
64	景智电子(厦门)有限公司	16435	144	福州文凯贸易有限公司	10558
65	福州汉茂贸易有限公司	16231	145	福建省农资集团厦门公司	10393
66	东山顺发水产有限公司	15972	146	厦门睿华工贸有限公司	10333
67	厦门国贸集团股份有限公司	15673	147	厦门嘉华进出口贸易有限公司	10329
68	福州开发区金祥进出口有限公司	15619	148	福建百宏聚纤科技实业有限公司	10293
69	厦门金鹭特种合金有限公司	15335	149	永定县顺鑫丰贸易公司	10270
70	厦门市中鹭达进出口有限公司	15309	150	恒安(中国)纸业有限公司	10253
71	中铝瑞闽板带有限公司	15297	151	厦门恒百润贸易发展有限公司	10251
72	福州希胜进出口有限公司	15246	152	邵武市中意发展有限公司	10247
73	厦门正新橡胶工业有限公司	15042	153	福建荔丰鞋业开发有限公司	10221
74	贝莱胜电子(厦门)有限公司	15025	154	漳州矢崎汽车配件有限公司	10177
75	福建省宁化县兴明贸易有限公司	14916	155	钛积光电(厦门)有限公司	10131
76	厦门建发股份有限公司	14847	156	厦门太平货柜制造有限公司	10055
77	福建福日科技有限公司	14714	157	五洲贸发(福建)进出口有限公司	10055
78	福州福临德贸易有限公司	14476	158	厦门多威电子有限公司	10044
79	漳州市立达信绿色照明有限公司	14439	159	加怡(福建)进出口贸易有限公司	10041
80	福建省晋江市进出口有限公司	14197	160	宁德市东侨经济开发区鸣辉贸易有限公司	10032

2012 年全省大宗特色产品出口情况

金额单位:万美元

名称	出口额
全省大宗特色产品	7120094
服装	1380197
鞋类	1024358
计算机及相关电子元气件	832825
纺织品	501912
家具	412273
石材及制品	315077
箱包	273444
电视机	203601
钢材及其制品	183865
健身器材	172862
灯具	170585
汽车及其零件	161524
树脂工艺品	151650
电机及其零件	140128
陶瓷制品	138143
冻鱼	134778
伞	121319
船舶	120241
轮胎	82721
食品罐头	70558
玩具	66269
变压器	64359
电线电缆	62901
珠宝首饰	60776
烤鳗	57273
蔬菜	55606
音响设备	45211
钟表	37814
集装箱	22670
飞机及其零件	19474
电热烤面包器	18783
茶叶	11722
竹藤及相关制品	5762

亿美元;冻鱼 11.39 亿美元;船舶 9.02 亿美元;伞 8.2 亿美元;汽车及其零件 8.13 亿美元;箱包 7.27 亿美元;电机及其零件 7.02 亿美元;珠宝首饰 5.83 亿美元;陶瓷制品 5.81 亿美元;灯具 5.39 亿美元。

全年对新兴市场出口 250.26 亿美元,增长 10.5%,占全省出口额的 25.6%,其中:对拉美出口 77.44 亿美元,增长 5.4%;对中东出口 55.13 亿美元,增长 8.3%;对非洲出口 53.66 亿美元,增长 25.8%;对南亚出口 23.63 亿美元,增长 0.1%;对澳新出口 18.83 亿美元,增长 11.5%;对独联体出口 21.58 亿美元,增长 14.2%。对金砖国家出口:印度 16.3 亿美元,下降 3.2%;巴西 16.55 亿美元,增长 11.5%;俄罗斯 15.71 亿美元,增长 17.8%;南非 10.02 亿美元,增长 4.3%。主要出口商品为:服装 62.0 亿美元,占 24.8%;鞋类 28.5 亿美元,占 11.4%;纺织品 12.22 亿美元,占 4.9%;家具 9.97 亿美元,占 4.0%;计算机及其外部设备 9.64 亿美元,占 3.9%;箱包 8.14 亿美元;电视机 6.86 亿美元;汽车及其零件 6.59 亿美元;电机及其零件 6.29 亿美元;石材及制品 6.09 亿美元;陶瓷制品 5.23 亿美元;灯具 5.09 亿美元。

【出口地市分布】 全年沿海的厦门、福州、泉州、漳州、莆田等 5 市出口总额 888.4 亿美元,占全省的 90.8%,其中:厦门市出口 454.00 亿美元,占全省的 46.4%,增长 6.5%;福州市出口 211.30 亿美元,占全省的 21.6%,下降 12.4%;泉州市出口 123.75 亿美元,占全省的 12.6%,增长 14.8%;漳州市出口 69.90 亿美元,占全省的 6.8%,增长 7.7%;莆田市出口 29.48 亿美元,占全省的 3.0%,增长 6.0%。山区 4 个设区市出口在全省占比虽然较低,但增长势头强劲,其中:三明市出口 30.06 亿美元,增长 94.5%;宁德市出口 21.90 亿美元,增长 52.5%;南平市出口 16.86 亿美元,增长 41.6%;龙岩市出口 21.08 亿美元,增长 13.8%。新设立的平潭综合试验区出口 615 万美元,增长 4.05 倍。在全省 160 家出口超亿美元企业中,厦门 7 市 3 家,合计出口 200.5 亿美元;福州市 38 家,出口 84.75 亿美元;漳州市 15 家,出口 23.32 亿美元;泉州市 14 家,出口 21.78 亿美元;三明市 7 家,出口 12.06 亿美元;莆田市 4 家,出口 8.63 亿美元;南平市 3 家,出口 5.54 亿美元企业;宁德市 3 家,出口 3.94 亿美元;龙岩市 3 家,出口 3.6 亿美元。

(苏志文)

进口贸易

【概况】 2012 年,全省进口 581.05 亿美元,增长 14.6%,进口规模在广东、江苏、上海、北京、浙江、山东、天津 7 省市之后,居全国第八位;进口增幅高于全国平均水平 10.3 个百分点,在十大省市中位居首位。

【进口企业】 全年具有进口实绩的企业共 7303 家,增加 140 家,其中:新增进口企业(上年没有进口业绩)1971 家,净增进口 29.44 亿美元;而上年有进口业绩当年停止进口的企业 1831 家,净减少进口 11.06 亿美元。进口规模达 1000 万美元以上的有 597 家,增加 45 家,合计进口 525.51 亿美元,占全省进口总额的 90.5%;5000 万美元以上的有 175 家,增加 8 家,合计进口 432.85 亿美元,占全省进口总额的 74.5%;1 亿美元以上的有 98 家,增加 5 家,合计进口 380.52 亿美元,占全省进口总额的 65.5%。从企业性质看,外商投资企业进口 347.81 亿美元,增长 17.5%,占全省进口总值的 59.9%,提高 1.6 个百分点;集体私营企业进口 137.64 亿美元,增长 17.1%,占全省进口总值的 23.2%;国有企业进口 95.46 亿美元,增长 1.4%,占全省进口总值的 16.4%。

【进口贸易方式】 全年一般贸易进口 382.43 亿美元,增长 26.7%,占全省进口总值的 65.8%;加工贸易进口 155.60 亿美元,下降 0.1%,占全省进口总值的 26.8%;其他贸易方式进口 42.93 亿美元,下降 12.6%,占全省进口总值的 7.4%,其中外资企业作为投资进口的设备和物品有 6.12 亿美元,下降 43%。

【进口地市分布】 厦门、福州、泉州、漳州、莆田等沿海 5 市合计进口 560.44 亿美元,占全省进口额的 96.5%。三明、南平、龙岩和宁德等山区 4 市合计进口 20.61 亿美元,占全省进口总额的 3.5%。进口规模超百亿美元的有厦门市和泉州市。在全省 98

2012 年进口上亿美元的企业

金额单位：万美元

序号	名称	进口额	序号	名称	进口额
1	福建联合石油化工有限公司	852172	50	腾龙特种树脂(厦门)有限公司	17259
2	友达光电(厦门)有限公司	258370	51	长乐力恒锦纶科技有限公司	16823
3	宸鸿科技(厦门)有限公司	168712	52	莆田市标准木业有限公司	16167
4	紫金铜业有限公司	126441	53	福建统一马口铁有限公司	15999
5	厦门国贸集团股份有限公司	113284	54	厦门翔鹭化纤股份有限公司	15864
6	厦门建发股份有限公司	91461	55	贝莱胜电子(厦门)有限公司	15565
7	厦门太古飞机工程有限公司	69513	56	厦门建益达有限公司	15217
8	翔鹭石化股份有限公司	65587	57	临时性机构	15077
9	建发物流集团有限公司	65486	58	福建百宏聚纤科技实业有限公司	15041
10	联想移动通信科技有限公司	63923	59	叶水福物流(厦门)有限公司	14917
11	全球物流(厦门)有限公司	63234	60	泉州恒义信贸易发展有限公司	14530
12	福建三钢国贸有限公司	62818	61	厦门紫翔电子科技有限公司	14360
13	戴尔(厦门)有限公司	62643	62	福清市新宁万达仓储有限公司	14200
14	厦门航空有限公司	56975	63	林德(中国)叉车有限公司	14084
15	冠捷显示科技(厦门)有限公司	56382	64	厦门建发电子有限公司	13996
16	厦门市信达安贸易有限公司	51714	65	厦门港务物流保税有限公司	13971
17	达运精密工业(厦门)有限公司	51119	66	厦门市明穗粮油贸易有限公司	13936
18	捷星显示科技(福建)有限公司	50739	67	恒安(中国)纸业有限公司	13918
19	中海福建天然气有限责任公司	50370	68	峻凌电子(厦门)有限公司	13833
20	戴尔(中国)有限公司	49634	69	国投京闽(福建)工贸有限公司	13632
21	福州康宏豆业科技开发有限公司	43485	70	福建锦江科技有限公司	13440
22	华阳电业有限公司	40430	71	福建省东南造船厂	13430
23	厦门中禾实业有限公司	37502	72	睿鸿光电科技(福建)有限公司	13426
24	鸿一粮油资源股份有限公司	36636	73	厦门厦顺铝箔有限公司	13338
25	泉州福海粮油工业有限公司	32636	74	腾龙芳烃(漳州)有限公司	13248
26	福建康宏股份有限公司	32094	75	厦门信达股份有限公司	12816
27	中国轻鑫工程厦门有限公司	32084	76	厦门市嘉晟对外贸易有限公司	12747
28	厦门天马微电子有限公司	31147	77	厦门大亮贸易有限公司	12419
29	福建福欣特殊钢有限公司	30455	78	欧浦登(顺昌)光学有限公司	12393
30	福建华冠光电有限公司	29645	79	福建金纶石化纤维实业有限公司	12380
31	福建华信控股股份有限公司	26059	80	福州建发实业有限公司	11877
32	锐珂(厦门)医疗器材有限公司	25880	81	祥达光学(厦门)有限公司	11851
33	福建佳通轮胎有限公司	25390	82	厦门正新橡胶工业有限公司	11827
34	厦门象屿股份有限公司	24837	83	优鸿(厦门)光学科技有限公司	11304
35	福建华映显示科技有限公司	23753	84	翔鹭石化(漳州)有限公司	11231
36	华映光电股份有限公司	21257	85	日立数字映像(中国)有限公司	11193
37	厦门建发原材料贸易有限公司	20831	86	临时性机构	11070
38	临时性机构	20395	87	临时性机构	10951
39	厦门建发纸业有限公司	20267	88	厦门中艺抽纱进出口有限公司	10943
40	厦门建发保税储运有限公司	20107	89	泉州市泉港区爱德利贸易有限公司	10854
41	玉晶光电(厦门)有限公司	19542	90	福建太平洋电力有限公司	10825
42	宝钢德盛不锈钢有限公司	19311	91	福建省标本公司	10821
43	厦门正新海燕轮胎有限公司	19216	92	福建宁德核电有限公司	10575
44	达鸿先进科技(厦门)有限公司	18118	93	福建戴姆勒汽车工业有限公司	10464
45	中国抽纱福建进出口公司	17860	94	临时性机构	10417
46	厦门嘉鹭金额工业有限公司	17796	95	临时性机构	10415
47	福建捷联电子有限公司	17701	96	福建中闽化工有限公司	10365
48	厦门松下电子信息有限公司	17481	97	大生(福建)农资有限公司	10213
49	厦门华特集团有限公司	17349	98	福建凯邦锦纶科技有限公司	10113

2012 年全省大宗进口商品情况

金额单位：万美元

名称	进口额
全省大宗进口商品合计	4131383
原油及成品油	865277
液晶显示板	431039
塑料及其制品	384127
集成电路及微电子组件	263601
有机化学品	248556
铁矿砂	230163
大豆	189898
计算机部件	177371
煤	146106
木及木制品	113239
橡胶及其制品	107897
大理石和石灰岩	105288
纺织原料及制品	99654
木浆、纸及纸板	96349
花岗岩玄武岩砂岩	79879
钢铁及制品	70530
飞机及零件	70267
生皮及皮革	64650
发动机	64267
饲料用鱼粉	55633
镍矿砂	52337
铝及制品	37790
半导体器件	36255
玻璃及制品	34691
动植物油	34104
铜及制品	30413
电容器	16774
钨矿砂	14470
镍及制品	5584
蓄电池	5174

家进口超亿美元企业中，厦门 50 家，合计进口 195.11 亿美元；泉州 6 家，进口 93.92 亿美元；福州 29 家，进口 51.47 亿美元；漳州 6 家，进口 14.8 亿美元；莆田 4 家，进口 10.28 亿美元；龙岩、南平和宁德各 1 家，分别进口 12.64 亿美元、1.24 亿美元和 1.06 亿美元；三明市没有进口超亿美元企业。

【进口市场分布】 全年与世界 182 个国家（地区）开展进口贸易，比上年增加 1 个国别地区，其中：进口 5000 万美元以上的国家与地区 53 个，与上年持平，合计进口 572.67 亿美元，占全省进口总值的 98.6%；进口 1 亿美元以上的国家与地区有 45 个，合计进口 566.87 亿美元，占全省进口总值的 97.6%；进口 10 亿美元以上的国家和地区有 14 个，合计进口 440.89 亿美元，占全省进口总值的 75.9%。进口的前 3 个国别和地区分别是台湾、沙特阿拉伯和美国，其中：台湾进口 88.73 亿美元，增长 3.0%；沙特阿拉伯进口 85.93 亿美元，增长 1.85 倍；美国进口 47 亿美元，增长 1.1%。全年自亚洲进口 383.44 亿美元，增长 23.3%，占全省的 66%，其中：自中东进口 99.41 亿美元，增长 1.5 倍；自东盟进口 73.31 亿美元，增长 9.3%。自欧洲进口 59.73 亿美元，下降 11.9%，占全省的 10.3%。自欧盟进口 45.54 亿美元，下降 15.1%。自北美洲进口 57.62 亿美元，增长 2.2%，占全省的 9.9%。自南美洲进口 39.77 亿美元，增长 14.1%，占全省的 6.8%。自大洋洲进口 22.87 亿美元，下降 4.4%，占全省的 3.9%。自非洲进口 17.44 亿美元，增长 28.4%，占全省的 3%。

【进口商品结构】 进口商品种类涉及海关统计商品目录（HS 商品分类）中的 22 大类 98 章。进口的大宗商品主要为中间产品和资源性产品，其中：机电产品进口 191.26 亿美元，增长 0.2%；高新技术产品进口 132.68 亿美元，增长 4.7%；农产品进口 26.22 亿美元，下降 37.0%。进口规模在 10 亿美元以上的有 12 种，与上年持平，分别为：原油 86.53 亿美元，增长 1.82 倍；液晶显示板 43.1 亿美元，下降 9.5%；塑料及其制品 38.41 亿美元，下降 0.1%；集成电路及微电子组件 26.36 亿美元，增长 20.5%；有机化学品 24.86 亿美元，增长 9.6%；铁矿砂 23.02 亿美元，增长 0.3%；大豆 18.99 亿美元，增长 6.3%；计算机部件 17.74 亿美元，增长 51.9%；煤 14.61 亿美元，增长 5.4%；木及木制品 11.32 亿美元，增长 6.6%；橡胶及其制品 10.79 亿美元，增长 1%；大理石和石灰岩 10.53 亿美元，增长 7.4%。

（苏志文）

利用外资

【概况】 2012 年，全省共新批外商投资项目 916 项。按历史可比口径，合同外资 152.54 亿美元，增长 12.4%；实际到资 121.85 美元，增长 10.3%。按验资口径，合同外资 92.91 亿美元，增长 0.8%；实际到资 63.38 亿美元，增长 2.2%。全年外商投资企业出口 391.4 亿美元，与上年基本持平，占全省出口总额的 40%；进口 348.1 亿美元，增长 17.6%，占全省进口总额的 59.9%。全年规模以上外资企业工业增加值 1506.4 亿元，占 19.2%。涉外税收 1036.7 亿元，占 32.3%。

【设区市利用外资】 按验资口径，合同外资方面，三明、福州、漳州、南平和宁德 5 市实现增长，其中：三明市 3.2 亿美元，增长 29.3%；福州市 20.6 亿美元，增长 16.2%；漳州市 14.2 亿美元，增长 12.3%；南平市 5.6 亿美元，增长 9.1%；宁德市 2.9 亿美元，增长 6.6%；其他 4 市呈不同程度下降。实际到资方面，除泉州市下降 18.3%外，其余 8 市呈不同程度增长，其中：宁德市 1.2 亿美元，增长 26.2%；龙岩市 2 亿美元，增长 12.1%；南平市 8733 万美元，增长 12.1%；三明市 1 亿美元，增长 11.9%；福州市 13.4 亿美元，增长 4.8%；厦门市 17.7 亿美元，增长 2.8%；莆田市 2.6 亿美元，增长 1.2%；漳州市 8.9 亿美元，增长 0.3%。

【利用外资特点】 按验资口径，全年全省外商实际到资增幅 2.2%，高出全国平均水平 5.9 个百分点。全年新批总投资超亿美元项目 32 项，总投资 67.3 亿美元，合同外资 27.8 亿美元，分别增长 2.6 倍、2.8 倍和 4.2 倍。美国合同外资 1.3 亿美元，增长 1.2 倍；欧盟合同外资 7428 万美元，增长 10.7%；合同台资（含第三地转投）22.2 亿美元，增长 59.3%。全年服务业合同外资 48 亿美元，增长 43.1%，其中：居民服务业合同外资 5719 万美元，增长 20.1 倍；建筑业 1.7 亿美元，增长5.6倍;物流仓储业3.6美元,增长1.2倍;商贸业15.1亿美元,增长83.5%;金融业1.6亿美元,增长67.6%。 (陈国森)

国际经济技术合作

【对外直接投资】 2012年,全省新批对外直接投资项目149个,新批对外投资额8.54亿美元,分别下降35.2%、10.5%。其中,新批境外企业和分支机构110家,新批对外投资额4.85亿美元,下降45%、37.2%;新批境外企业增资项目39个,新批增资额3.7亿美元,分别增长30%、103.6%。全年对外直接投资实际投资额5.31亿美元,增长54.5%。新批项目注册地在香港的有62个,新批对外投资额3.19亿美元,占比分别为41.6%和37.4%。新批对外直接投资项目中,批发零售业83个,占比为55.7%,居第二、三位依次是商务服务业17个、制造业15个;新批投向制造业的对外投资额2.67亿美元,占比为31.3%,其后依次为批发零售业2.04亿美元、商务服务业1.48亿美元。全年新批对外直接投资项目149个,项目平均金额573.34万美元,增长38.3%,其中新批15个对外投资额1000万美元及以上的对外直接投资项目,对外投资额合计5.49亿美元,占全年总量的比例达到65%。福耀玻璃工业集团股份有限公司在俄罗斯投资设立子公司,协议对外投资额2亿美元,是福建投资金额最大的境外生产性项目。福建省三农碳酸钙有限责任公司在尼日利亚并购“绿野矿业有限责任公司”51%股份,协议对外投资额3570万美元,是福建投资金额最大的赴非投资项目。

全年经商务部核准福建企业对台投资额8302.1万美元,增长25倍;商务部累计核准福建企业对台投资额1.63亿美元。福建财茂集团有限公司经商务部核准,成为大陆首家以人民币直接投资方式开展对台投资的企业;商务部批复同意厦门华天港澳台商品购物有限公司对“金门延铭开发建设有限公司”增资6500万美元,用于建设“金门华天大酒店”,该项目计划总投资3.9亿美元,成为大陆企业赴台投资金额最大项目。 (朱寅轶)

【对外承包工程】 全年新签合同项目36项,新签合同额49828万美元,增长1.66%;完成营业额64228万美元,增长27.50%;工程项下派出劳务人数1875人次,增长202.91%;年末在外人数1787人,增长212.96%。中国武夷股份有限公司连续19年入围ENR全球最大225家国际承包商,排名第164位,居内地上榜企业第37位。对外承包工程主要有印度、印度尼西亚、菲律宾电力工程,马来西亚房屋建设,越南厂房安装,肯尼亚公路、机场和房屋建设,南苏丹房屋建设,赤道几内亚环保工程,埃塞俄比亚水泥生产线安装,阿尔及利亚医院建设,塔吉克斯坦公路建设,俄罗斯矿山建设等项目。

2012年7月11日,漳州市对外友协与欧亚友好联谊总会在漳州签署合作谅解备忘录,进一步推动双方在经贸、文化等领域开展交流合作。 (漳州市政府办供稿)

【对外劳务合作】 全年新签劳务人员合同工资总额52926万美元,下降16.58%;劳务人员实际工资收入总额37531万美元,增长20.06%;派出劳务人数35364人次(包括工程项下派出人数),增长26.66%;年末在外人数35162人,增长27.39%。劳务人员主要分布在香港、澳门、台湾省、新加坡等20多个国家和地区。全年输澳门劳务13234人次,增长21.46%,劳务人员实际收入总额16144万美元,增长26.43%。全年外派对台渔船船员2825人次(外省渔工外派57人次,涉及四川等9个省份),下降16.37%;期末在外1794人,下降15.70%。

【对外援助】 承办“发展中国家民间组织能力建设研究班”等38项援外培训项目实施任务,项目数增长11%,共培训来自110多个国家和地区的1008名学员,增长10%。由福建农林大学承担的中国援卢旺达农业技术示范中心项目正式进入为期3年的技术合作阶段。福建建工集团总公司承建援桑给巴尔中非友好小学校项目;中国武夷股份有限公司承担向塞内加尔海关提供物资援助和援津巴布韦化肥的援外物资项目。 (郭　华)

开发区建设

【概况】 2012年,全省共有各类开发区97个,其中:国家级开发区27个,省级开发区70个。全年开发区完成固定资产投资3135.58亿元,增长36.1%,其中基础设施投资707.79亿元,增长42.1%;实现规模以上工业产值15107.87亿元,增长14.3%;地区生产总值4986.36亿元,增长8.8%,其中工业增加值3777.23亿元,增长6%;税收收入634.34亿元,增长

福建省国家级开发区名单(27家)

序号	名称
1	福州经济技术开发区
2	福州元洪投资区
3	福清融侨经济技术开发区
4	东山经济技术开发区
5	漳州招商局经济技术开发区
6	泉州经济技术开发区
7	龙岩经济技术开发区
8	东侨经济技术开发区
9	福州台商投资区
10	厦门海沧台商投资区
11	厦门集美台商投资区
12	厦门杏林台商投资区
13	漳州台商投资区
14	泉州台商投资区
15	福州科技园区
16	厦门火炬高技术产业开发区
17	泉州高新技术产业开发区
18	莆田高新技术产业开发区
19	福州保税区
20	厦门象屿保税区
21	厦门象屿保税物流园区
22	福州保税港区
23	厦门海沧保税港区
24	福州出口加工区
25	泉州出口加工区
26	武夷山国家旅游度假区
27	湄洲岛国家旅游度假区

福建省省级开发区名单(70家)

序号	名称
1	福州福兴经济开发区
2	福建罗源湾经济开发区
3	福建闽侯青口汽车工业园区
4	福建福清龙田经济开发区
5	福建福清江阴经济开发区
6	福建连江经济开发区
7	福建长乐经济开发区
8	福州高新技术产业园区
9	福州金山工业园区
10	福建厦门翔安工业园区
11	福建厦门同安工业园区
12	福建漳州金峰经济开发区
13	福建云霄常山经济开发区
14	福建诏安工业园区
15	福建漳州高新技术产业园区
16	福建长泰经济开发区
17	福建漳州蓝田经济开发区
18	福建漳州古雷港经济开发区

(续)

序号	名称
19	福建平和工业园区
20	华安经济开发区
21	福建南安经济开发区
22	福建惠安惠东工业园区
23	福建安溪经济开发区
24	福建永春工业园区
25	福建惠安经济开发区
26	福建德化陶瓷产业园区
27	福建晋江经济开发区
28	福建洛江经济开发区
29	泉港石化工业园区
30	泉惠石化工业园区
31	福建仙游经济开发区
32	福建莆田华林经济开发区
33	福建荔城经济开发区
34	福建莆田湄洲湾北岸经济开发区
35	湄洲湾国投经济开发区
36	福建三明高新技术产业园区
37	福建宁化华侨经济开发区
38	福建梅列经济开发区
39	福建将乐经济开发区
40	福建泰宁工业园区
41	福建三元经济开发区
42	福建尤溪经济开发区
43	三明经济开发区
44	三明现代物流产业开发区
45	建宁经济开发区
46	明溪经济开发区
47	大田经济开发区
48	清流经济开发区
49	福建南平工业园区
50	福建闽北经济开发区
51	福建浦城工业园区
52	福建光泽工业园区
53	福建邵武经济开发区
54	福建建瓯工业园区
55	松溪经济开发区
56	政和经济开发区
57	福建龙岩高新技术产业园区
58	福建永定工业园区
59	福建上杭工业园区
60	福建武平工业园区
61	福建漳平工业园区
62	福建连城工业园区
63	龙岩稀土工业园区
64	福建福安经济开发区
65	福建宁德三都澳经济开发区
66	福建屏南工业园区
67	福建寿宁工业园区
68	福建古田工业园区
69	福建福鼎工业园区
70	福建周宁工业园区

15.7%；财政收入725.47亿元，增长28%。固定资产投资、规模以上工业产值、地区生产总值、工业增加值、税收收入、财政收入分别占全省的25.2%、51.4%、25.3%、43.7%、19.6%和24.1%。开发区规模以上工业产值首次突破1.5万亿元大关，其中厦门火炬高新区规模以上工业产值达1775.1亿元，继续保持开发区工业产值第一名。

【利用外资和外贸出口】 全年新注册内资企业6792家，注册资本金527.88亿元；新开业投产企业3040家，其中开业投产外资企业262家；期末从业人数285.52万人。新批外资项目371项，合同外资30.42亿美元，实际利用外资23.13亿美元，分别占全省的40.5%、32.7%和36.5%，其中新批台资项目127项(含第三地转投)，合同台资5.81亿美元，实际利用台资5.84亿美元，分别占全省的25.1%、28.2%和75.3%。外贸出口439.14亿美元，增长1.7%，占全省的44.9%；进口366.62亿美元，增长30.7%，占全省的63.1%。其中对台出口12.29亿美元、进口58.4亿美元，分别占全省的39.8%和65.8%。

【开发区建设】 国务院先后批准漳州、泉州台商投资区新设和福州台商投资区扩区，批准龙岩、宁德东侨经济开发区升级为国家级经济技术开发区，批准莆田高新技术产业园区升级为国家级高新技术产业开发区。省政府先后批准新设大田、清流、政和经济开发区及泉港、泉惠石化工业园区和龙岩稀土工业园区、龙岩高新技术产业园区。

【招商工作】 组织开发区重点在谈外资项目的跟踪，掌握第十五届武夷国际投资洽谈会和第十四届海峡两岸经贸交易会开发区经贸活动情况。重点组织14个开发区确定64个展位参加第十六届投洽会布展招商，全省开发区共对外签约项目70个，总投资29.58亿美元，拟利用外资25.17亿美元。

【监管区域建设】 晋江陆地港直通式通关正式启动，三明陆地港顺利建成启动试运营，龙岩陆地港通过省级验收。召开陆地港工作座谈会暨第一届陆地港联席会议，跟踪各陆地港营运情况，给予陆地港外贸集装箱流量补助，支持陆地港发展。重点指导和

2012年3月26日,福建省长苏树林到台湾工业技术研究院参访,并察看该院高科技新产品。 (省外经贸厅供稿)

推动福州保税港区汽车整车进口口岸建设。对漳州、龙岩市6个开发区污水处理设施建设进展情况进行调研。截至年底,全省97个开发区中,规划环评通过审查65个,已编制待审查5个,正在编制27个。已实现污水集中处理的开发区有63个,完成率达70%。已创建绿色开发区17个,正在创建的5个。新增绿地1378.72公顷,植树65.64万株,投入资金1.97亿元,绿化覆盖率达33.71%。组织开发区开展优化投资环境建设补助资金的申报工作,对综合投资环境测评沿海前10名、山区前5名的开发区给予总额425万元的奖励,对污水处理设施建设投入较大的13个开发区给予总额200万元的补助,对创建绿色园区投入较大的8个开发区给予总额75万元的补助。 (金 毅)

闽港澳台经贸合作

【闽港经贸合作】 2012年,全省引进港资项目317项,按验资口径,合同港资53.07亿美元,下降13.1%;实际到资34.04亿美元,下降12.2%。历年累计全省引进港资项目24534项,占全省利用外资累计项目数的52.43%;合同港资830.80亿美元,占全省合同外资的57.46%;实际到资438.30亿美元,占全省实际利用外资的50.78%。全年对港贸易88.39亿美元,增长35.04%,其中:出口83.37亿美元,增长34.88%;进口5.01亿美元,增长37.76%。

【闽澳经贸合作】 全年全省引进澳资项目17项,按验资口径,合同澳资7019万美元,下降61.6%;实际到澳资5407万美元,下降13.9%。历年累计批准澳资1007项,占全省利用外资累计项目数的2.15%;按验资口径,实际到资10.27亿美元。全年对澳门贸易7167.40万美元,增长115.67%,其中:出口7153.61万美元,增长120.65%;进口13.79万美元,下降83.02%。 (韩 静)

【闽台经贸合作】 全年福建吸收利用台资总规模均列大陆省市第三位,台资是仅次于港资的福建利用外资的第二大来源;福建赴台投资企业数与投资规模继续保持大陆首位。全年闽台贸易总额119.63亿美元,增长2.95%,其中:对台出口30.89亿美元,增长2.76%;自台进口88.74亿美元,增长3.02%。全年进出口ECFA项下商品15.69亿美元,其中:自台进口ECFA项下商品12.27亿美元,下降4.92%;对台出口ECFA项下商品3.42亿美元,增长5.96%。闽台一般贸易历年累计总额为1016.63亿美元,其中:对台湾出口183.49亿美元,自台湾进口833.14亿美元,对台一般贸易累计逆差649.65亿美元。

全省共有29个对台小额贸易点、44家对台小额贸易经营企业。全年全省对台小额贸易额3.4亿美元,增长80.79%,其中:进口2.65亿美元,增长92.5%;出口0.75亿美元,增长48.47%。累计对台小额贸易总额16.02亿美元,其中:对台出口8亿美元,自台进口8.02亿美元,进出口基本平衡。按验资口径,不含第三地,全省利用台资358项,增长1.13%;合同台资13.62亿美元,增长80.17%;实际到资2.26亿美元,下降17.18%。含第三地转投,利用台资505项,增长28.2%;合同台资22.2亿美元,增长47.6%;实际到资7.76亿美元,下降47.4%。累计批准台资(含第三地转投)项目1.3万家,实际利用台资210.06亿美元。福建企业对台投资额(含增资)8302.1万美元,增长25倍。福建省经商务部核准在台投资企业和机构共35家(18家企业、17家机构),累计核准福建企业对台投资额1.63亿美元。获准赴台投资设点的闽企涉及农业、批发零售、交通物流、旅游观光、研发设计等领域。 (傅毅松)

编辑:王文灿

旅　游　业

综　述

【概况】 2012年，全省接待游客16703.8万人次，比上年增长17%；旅游总收入达1916.94亿元，增长17.2%，截至年底，全省共有旅行社782家，其中出国游组团社63家，赴台游组团社12家；全省新增旅行社29家。全省共有星级饭店424家，客房总数为54923间(套)，床位数为93053个。其中：五星级饭店33家，四星级饭店128家，三星级以下饭店263家；全年新增三星级以上饭店38家，其中：五星级饭店5家、四星级饭店11家、三星级饭店22家。

【国内旅游】 全年全省接待国内旅游人数达1.62亿人次，国内旅游收入达1650亿元，分别增长17.1%和17.9%。其中一日游游客7207.73万人次，增长19.9%，占全省接待总量的44.4%。在全省接待的国内过夜游客中，外省游客为4078.76万人次，增长15.4%，占全省接待过夜游客的45.3%。

【红色旅游】 贯彻落实《2011—2015年全国红色旅游发展规划纲要》，打造以"古田会议丰碑，万里长征起点"为主题的福建红色旅游整体形象，形成闽西南、闽西北、闽东3个红色旅游区。继续巩固提升第一批国家级红色旅游经典景区，拓展建设第二批国家级红色旅游经典景区，延伸培育新兴红色旅游景区。新增三明建宁中央苏区反"围剿"纪念园4A级景区，闽西革命历史博物馆、毛泽东才溪乡调查旧址等2家3A级景区。在全省推广龙岩五龙村的成功经验，加强红色旅游与乡村旅游的结合，形成以红色旅游为主题、形式多样的复合型旅游产品和线路。重点扶持龙岩上杭五龙村(古田会址)、龙岩长汀中复村(长征第一村)等10家红色旅游与乡村旅游相结合的示范点。全年全省红色旅游接待人数677.3万人次，增长30%。举办红色旅游培训班18期，参训人数2.427万人，直接就业人数10.5万人，间接就业人数55.5万人。

【乡村旅游】 调整充实福建省乡村旅游星级评定委员会，指导全省各地开展星级乡村旅游经营单位创建工作，完成全省第二批28家四星、三星级乡村旅游经营单位的检查评定工作。与农业厅联合开展第三批"全国休闲农业与乡村旅游示范县(点)"创建工作，推荐的上杭县、沙县马岩生态休闲山庄、莆田市城厢区九龙谷生态风情园等5家单位获评全国示范县、示范点。与海洋与渔业厅联合新培育20家"水乡渔村"休闲渔业示范基地。建立水土流失重点县(市)和扶贫开发工作县乡村旅游项目库。全年共上报52个项目，择优对29个项目予以重点扶持。开展全省乡村旅游环境卫生整治百日专项行动，全面提升乡村旅游的服务质量和卫生水平。编辑出版《180度玩转海西乡村旅游指南》，涵盖全省90余家乡村旅游景区(点)。截至年底，全省共有全国、省级工农业旅游示范点分别为24个、46个，全国休闲农业与乡村旅游示范县4个、示范点15个，全国特色景观旅游名镇名村7个，省级特色景观旅游名镇名村9个，三星级以上乡村旅游经营单位68家，水乡渔村82个，森林人家330个，形成了多样化产品体系。

【假日旅游】 2012年春节期间，全省共接待游客642.86万人次，比上年同期增长2.2%；旅游收入40.02亿元，增长5.4%。"十一"黄金周期间，共接待国内外游客1208.16万人次，增长21.4%，其中：过夜游客305.09万人次，一日游游客903.07万人次；旅游总收入76.94亿元，比上年同期增长24.9%。两个黄金周的旅游接待总人数和旅游总收入相当于全年国内旅游接待人数和旅游收入的11.08%和6.10%。"五一"小长假，全省共接待游客398.92万人次，同比增长11.9%；实现旅游总收入24.09亿元，同比增长13.3%。

【入境旅游】 全年全省共接待入境游客493.67万人次，增长15.5%，其中：外国游客167.01万人次，增长19.3%；占全省入境游人数的33.8%。五大洲际客源全面上升，亚洲、欧洲、大洋洲、非洲客源市场大幅增长，美洲客源市场小幅下降；港澳地区游客115.5万人次，增长12.9%；台湾地区游客211.16万人次，增长14.1%；旅游外汇收入42.26亿美元，增长16.3%。

【第八届海峡旅游博览会】 第八届海峡旅游博览会于2012年9月6—11日在厦门举办。旅博会展馆共设408个展位，分福建、台港澳、兄弟省市、温泉、航空公司、智能旅游等6个展区。福建展馆突出福建土楼、大武夷两个世界级品牌，充分展示"山海画廊·人间福地"的福建旅游品牌形象。展会期间共接待境内外客商和游客5万多人次，旅行社共签订组接团意向书4000多份、约300万人次，参与购买旅游产品人数为6000多人、总成交金额达350万元人民币。本届旅博会主要活动内容有：旅游精品展销、旅游项目投资洽谈、两岸市长带你游、两岸旅游产业创意升级和共同成长研讨会、海峡旅游"1+1"洽谈会暨温泉产品采购会、海峡西岸经济区旅游局长座谈会、参展单位旅游推介、旅游精品线路考察等。旅博会期间，举行了旅游项目投资洽谈，全省共签订旅游投资项目37个，总投资达592亿元，利用外资7.8亿美元，其中：投资合同17个项目，总投资330亿元，利用外资2000万美元。

【旅游安全与应急管理】 调整旅游安全生产领导小组成员，加强组织领导，形成齐抓共管的良好氛围。全面落实"一岗双责"，按照"谁主管、谁负责"的原则，与设区市旅游局第一责任人签订《安全生产责任状》。全省参加安全生产标准化建设活动覆盖率达100%。加强重点时段安全工作，联合省假日办成员单位开展旅游安全和市场大检查。应对"泰利"等超强台风，安全转移疏散旅游团队158个、游客15000多人。开展"打非治违"和"旅游包车"等专项活动，组织143个检查组、533人次，检查旅游企业762家，排除隐患325个，纠正旅游包车合同1258份。加强宣传教育和培训演练，开展多种形式的安全生产法律法规、基础知识培训和应急演练，在安全生产月活动中向市民和游客发放宣传资料6万多份，提升应急处置能力和防范意识，全年组织培训和演练200多场次，参训人员达5000多人次。

【旅游教育培训】 开展旅游从业人员培训，举办旅游行政管理人员培训班，全省旅游系统89名管理人员参加培训；举办饭店管理人员培训班、旅行社中高层管理人员培训班、赴台游(含金马澎)领队岗前培训班、出境游领队培训班各2期，分别有251人、200人、371人、830人参加培训；组织导游年审网络教育，1500多人参加学习。继续开展对口支援培训，举办第三期昌吉州50名旅游管理人员赴闽交流培训班、西藏林芝地区20人赴闽旅游经济发展调研培训班。开办全省中高级导游员暨文化旅游人才研修班，80多名中高级导游参加培训学习。全年全省共培训旅游行政管理人员、企业经营管理人员和一线服务人员15.5万多人次，旅游从业人员整体素质不断提高。组织2012年福建省全国导游人员资格考试，报考人数6561人，合格人数1677人，合格率为25.56%；组织福建省全国中、高级导游人员等级考试，中级通过47人，占考生人数25.97%；高级通过23人，占考生人数45.09%。

旅游监督管理

【旅游监督管理】 根据国家旅游局统一部署，与工商、物价、公安、质监等部门联合在全省范围开展二次旅游市场专项治理活动，共出动2122人次，检查相关旅游企业1416家，其中：旅行社800家，饭店371家，景区114家，旅游车船公司41家，旅游购物店30家，旅游演艺场所6家，其他15家，检查导游1447人次，处罚旅行社7家；检查上岗带团导游IC卡22573人次，查处169名导游违规，违规率0.01%。完善旅行社诚信经营公示榜，把旅行社置于社会监督、舆论监督之下，在"福建旅游之窗"《旅行社诚信公示榜》上公示旅行社红榜6家、黄榜2家、黑

福建省五星级酒店一览表

序号	酒店名称	电话	地址
1	福建外贸中心酒店	87523388	福州市五四路73号
2	福州西湖大酒店	87839888	福州市湖滨路158号
3	福州世纪金源大饭店	87088888	福州市温泉公园路59号
4	厦门悦华酒店	6023333	厦门市湖里区悦华路101号
5	厦门宝龙大酒店	5188888	厦门市湖滨中路133号
6	泉州酒店	22289958	泉州市庄府巷22号
7	福州美伦大饭店	87883999	福州市北环西路108号
8	福州香格里拉大酒店	87988888	福州市鼓楼区新权南路9号
9	厦门日月谷温泉度假村	6312222	厦门市海沧区东孚镇汤岸村
10	武夷山风景高尔夫俱乐部	5239999	武夷山国家旅游度假区
11	厦门喜来登酒店	5525888	厦门市嘉禾路386—1号
12	厦门泛太平洋大酒店	5078888	厦门市湖滨北路19号
13	晋江宝龙大酒店	23088888	晋江市泉安中路1558号
14	厦门翠丰温泉度假酒店	7159999	厦门市同安区汀溪街777号
15	厦门海沧鼓浪湾酒店	6373333	厦门市海沧区
16	武夷山市远华国际大饭店	5233333	武夷山国际旅游度假区
17	厦门京闽中心酒店	5123333	厦门市松柏小区长青路158号
18	漳州宾馆	2608999	漳州市胜利路4号
19	泉州迎宾馆	28239999	泉州市丰泽区通港东街168号
20	泉州悦华酒店	28019999	泉州市刺桐西路南段
21	晋江荣誉国际酒店	68555555	晋江市世纪大道1054号
22	厦门磐基大酒店	5399999	厦门市嘉禾路199号
23	厦门牡丹国际大酒店	5955888	厦门市思明区莲前西路568号
24	厦门和平里酒店	6366666	厦门市鹭江道12号
25	崇武西沙湾假日酒店	27877777	惠安崇武西沙湾
26	晋江市金玛国际酒店	86511111	晋江市青阳湖光路
27	晋江鸿福大酒店	36666666	晋江市阳光东路
28	石狮建明国际大酒店	83879999	石狮市金盛路东段
29	永安燕江国际大酒店	3588888	永安市新府路338号
30	厦门京闽北海湾酒店	6123333	厦门市集美区集源路210号
31	厦门海景大酒店	2023333	厦门市镇海路12号之8
32	厦门东方酒店	5091888	厦门市湖滨北建业路8号
33	厦门艾美酒店	7709999	厦门市南山冠军路7号
34	长山湖(长乐)国际酒店	28888888	长乐市广场路19号
35	金九龙大酒店	7666666	福鼎市桐南新城玉龙北路66号
36	厦门海悦山庄酒店	5023333	厦门市思明区环岛南路3999号
37	石狮市爱乐皇冠假日酒店	83099999	石狮市东港路中段电信大厦
38	石狮市绿岛国际酒店	83899999	石狮市八七路1247号
39	福州万达威斯汀酒店	88111111	福州市江滨中大道366号
40	福建旷远酒店	6999999	莆田市荔城区海丰中街1118号
41	厦门华林国际大酒店	5020888	厦门市思明区文兴东路199路

福建省四星级酒店一览表

序号	酒店名称	电话	地址
1	福州大饭店	83333333	福州市斗中路1号
2	厦门华侨大厦	2660888	厦门市新华路70—74号
3	厦门航空金雁酒店	2218888	厦门市湖滨南路99号
4	厦门闽南大酒店	5181188	厦门市湖滨南路一里26—34号
5	晋江爱乐假日酒店	85666666	晋江市阳光工贸城
6	厦门海上花园大酒店	2062688	厦门鼓浪屿田尾路27号
7	泉州湖美大酒店	22118888	泉州市刺桐北路
8	南安大酒店	86375888	南安市中山街2号
9	石狮市五洲大酒店	88566666	石狮市振兴路
10	莆田天妃温泉大饭店	2695588	莆田市学园路口
11	武夷山庄	5251888	武夷山市武夷宫
12	厦门鹭江宾馆	2022922	厦门鹭江道54号
13	厦门长升大酒店	5031333	厦门市长青路431号
14	武夷山宝岛大酒店	5252818	武夷山度假区
15	厦门宏都大饭店	2228888	厦门市白鹭洲路201号
16	泉州华侨大厦	22282192	泉州市百源路281号
17	泉州金星大酒店	22988888	泉州市东街中段
18	福建石狮建联大酒店	88885199	石狮市振兴路
19	泰宁金阳明星度假山庄	7816998	泰宁县大金湖下坊码头
20	厦门天鹅大酒店	5395888	厦门市白鹭洲天鹅广场
21	石狮市荣誉大酒店	88726888	石狮市八七路858号
22	福建安溪好美国际酒店	23255555	安溪县龙湖开发区12号
23	福建金仕顿大酒店	87628888	福州市鼓楼区东水路18号
24	厦门圣西罗大酒店	5580888	厦门市台湾街90号
25	泉州航空酒店	22164888	泉州市丰泽街
26	厦门云海度假村	2565656	厦门黄厝云海山庄1—3号
27	武夷山望峰花园	5259655	武夷山国家旅游度假区望峰路
28	莆田市东方国际大酒店	2588888	莆田市城厢区南园路88号
29	武夷山海晟国际大酒店	5322888	武夷山市文公路58号
30	福建宁德美伦大饭店	2929888	宁德市站前路28号
31	宁德山水大酒店	2918888	宁德市闽东中路18号
32	福建省德化县戴云大酒店	23566999	泉州市德化县龙鹏街
33	漳州芗江酒店	2029699	漳州市胜利西路8号
34	泉州花园大酒店	28988888	泉州市湖心街西段北侧
35	晋江市英林嫩煌大酒店	85475555	晋江市英林镇英伍路
36	武夷山苏闽大酒店	5230888	武夷山国家旅游度假区
37	厦门白鹭洲大酒店	2226888	厦门市湖滨南路95号
38	福清融侨大酒店	85285018	福清市融城镇西门虎狮桥北
39	福鼎国际大酒店	7801111	福鼎市南大路前店
40	泉州太子酒店	2235888	泉州市经济技术开发区
41	晋江帝豪酒店	85695888	晋江市泉安中路
42	晋江荣誉大酒店	82000000	晋江市梅岭世纪大道思力培训中心大楼
43	福清兰天大酒店	85781888	福清市龙田镇
44	东山金殿海景大酒店	5688888	漳州市东山岛
45	南安市水头明超大酒店	86999999	南安市水头镇中心大街188号
46	龙岩中元大酒店	2266888	龙岩市九一南路
47	晋江英华大酒店	85475999	晋江市英林镇英龙中路
48	厦门庐山大酒店	5136888	厦门市嘉禾路102号
49	福州梅峰宾馆	87887850	福州市光钢路2号
50	福建五洲大酒店	3603968	永安市新安路458号
51	厦门金威大酒店	2688333	厦门市厦禾路415号
52	漳州芗城钻石大酒店	2038888	漳州市南昌路121号
53	闽西宾馆	2323240	龙岩市中山东路28号
54	漳州大酒店	2036889	漳州市胜利路4号
55	石狮市豪富华大酒店	83958888	石狮市子芳路
56	福清顺华君悦大酒店	85288888	福清市元洪路27号冠发国际新城
57	龙岩市恒宝大酒店	2263888	龙岩市新罗区西安南路121号
58	福建山水大酒店	87556888	福州市省府路13号
59	阿波罗(福州)大酒店	83055555	福州市五一中路132号
60	厦门国际航空港花园酒店	5736688	厦门市翔云一路50号
61	龙海钻石大酒店	6578888	龙海市海澄镇41后
62	武夷山圣远国际酒店	5231333	武夷山度假区天游峰路8号
63	屏南天外天国际大饭店	3330888	屏南县公园路1号
64	仙游大酒店	8588888	莆田市仙游县南大路66号
65	莆田悦莱温泉大酒店	2566666	莆田市城厢区莆阳路金威豪园一号楼
66	国谊(福建)大酒店	88037777	福州市仓山区观海路66号
67	瓷国明珠酒店	23595555	德化县东城口
68	福建阳光假日酒店	83365333	福州市五一广场高桥路26号
69	将乐玉华宾馆	2322451	将乐县滨河北路1号
70	厦门国贸金门湾大酒店	7617888	厦门市翔安区大嶝街道环嶝南路68号
71	厦门新中林大酒店	5132828	厦门市莲花南路18号
72	泰宁金湖宾馆	7862888	泰宁县环城路77号
73	晋江侨成假日酒店	88078888	晋江市永和镇工信路
74	惠安崇武大酒店	87697777	惠安县
75	古田山庄	3644188	上杭县古田镇
76	邵武假日国际大酒店	6609999	邵武市八一路1号
77	厦门怡翔华都酒店	6619999	厦门市厦禾路819号
78	厦门港湾大酒店	2616688	厦门市小学路160号
79	永昌大酒店	26899999	南安市仑苍镇中国水暖城
80	永定金腾大酒店	5551666	永定县下坑广场
81	长汀金仁大酒店	6696000	长汀县大同镇罗坊村
82	泉州东方五洲大酒店	26888999	南安市水头镇滨海大道
83	泰宁大饭店	7822111	泰宁县东洲路59号
84	永安燕景大酒店	3558123	永安市尼葛工业区尼葛路1666号
85	厦门美丽华大酒店	5697777	厦门市湖里区兴隆路27号
86	泉州世贸大酒店	22980777	泉州市丰泽街
87	南安金发大酒店	26908888	南安市官桥镇金桥开发区
88	福建省闽江饭店	87557895	福州市五四路30号
89	福州晋都戴斯国际酒店	88189888	福州市晋安区连江北路487号
90	福清瑞鑫大酒店	38766666	福清市清昌大道38号
91	沙县国安假日酒店	5888888	沙县沙阳乐园
92	最佳西方恒丰酒店	2858888	莆田市城厢区荔城南大道1428号
93	平和洲际大酒店	5107777	平和县小溪镇琯溪路416号
94	浦城丹桂山庄	2888888	浦城县上青岭路3号
95	龙岩市荣顺国际大酒店	5288888	龙岩市新罗区龙岩大道288号
96	建阳市胜德大酒店	5845888	建阳市朱熹大道狮子山
97	福建黄金大酒店	87577688	福州市华林路417号
98	石狮泉冠酒店	68881111	石狮市金林路25号
99	厦门白鹭宾馆	2052222	厦门市思明区虎园路6号
100	惠安大鹏酒店	87377777	惠安县螺城镇建设南路
101	长汀宾馆	6696185	长汀县汀州镇西外街3号
102	武夷山市青竹山庄	5253888	武夷山度假区
103	邵武龙都大酒店	6339999	邵武市福寿路荣城大厦
104	龙岩财富酒店	5399999	龙岩市龙腾路体育公园内
105	厦门福佑大酒店	2658888	厦门市湖里区同盖路48号
106	厦门和悦大酒店	6158888	厦门市湖里区悦华路151号
107	漳浦凯都大酒店	3188888	漳浦县朝阳路2号
108	华安大酒店	7256666	华安县湖东路
109	武平紫金大酒店	3239666	武平县七坊路
110	武平中凯国际酒店	4896888	武平县中凯路8号
111	邵武财富花园酒店	6798888	邵武市福寿路
112	福州新紫阳大酒店	26622222	福州市福新中路127号
113	福建国惠大酒店	27588888	长乐市吴航路
114	泉州鲤城大酒店	22279888	泉州市鲤城区南俊巷84号
115	南安市石井金明大酒店	86098888	南安市石井镇石建路
116	厦门牡丹万鹏宾馆	2662888	厦门市虎园路17—19号
117	莆田市阳光假日酒店	2688888	莆田市城厢区胜利南街3999号
118	建宁大饭店	5919888	建宁县黄舟坊南路
119	厦门日东花园酒店	6218888	厦门市集美区日东二路288号
120	上杭光源国际酒店	3966666	上杭县琴岗路23号
121	福建闽中大酒店	6219999	尤溪县城关镇闽中大道2号
122	泉州市金威假日酒店	68312266	泉州市洛江区航空旅游城
123	武夷山商讯酒店	5252888	武夷山国家旅游度假区
124	湄洲岛海景大酒店	5060888	莆田市湄洲岛环岛南路
125	福州铭濠酒店	88233333	福州市鼓楼区温泉路58号
126	泉州滨海大酒店	22135555	泉州市丰泽区美桐街中段28号
127	福建闽北大饭店	8627666	南平市滨江中路31号
128	惠安东南大酒店	68195555	惠安县建设南路399号
129	福建银河花园大饭店	87831888	福州市五四路243号
130	清流龙津国际大酒店	5335869	清流县龙津镇北大路219号
131	福州最佳西方财富酒店	88199999	福州市鼓楼区华林路220号
132	福州景城大酒店	88983888	福州市六一北路418号
133	福建龙兴达山水大酒店	3208888	漳平市和平南路339号
134	厦门亚卡地尔酒店	3792666	厦门市湖里区长浩路227号

榜1家。做好旅行社责任保险统保示范项目工作，全省共651家旅行社参加了旅责险统保，占全省旅行社总数的87.03%。全年全省旅游投诉204件，其中：入境旅游投诉3件，国内旅游投诉177件，出境旅游投诉24件；赔偿游客33.52万元，其中：国内游赔偿12.73万元，出境游赔偿20.78万元；投诉对象：旅行社100件、饭店15件、景区13件、交通9件、购物8件、餐饮8件。

【旅行社管理】 根据《旅行社信用质量等级评定标准》，2012年度共评定5A级旅行社34家，4A级旅行社49家。推行旅行社网上审批制度，实现旅行社行政审批事项的每一个环节和审批结果可在网上操作、网上查询。规范审批程序，使审批过程更加公平、公正、公开。2012年，全省新审批旅行社55家。实施旅行社统计工作，截至年底，全省按规定需要参加统计的旅行社共745家，其中：出境社63家，一般社682家；实际参加经营情况统计的旅行社为745家，参加统计率为100%。

【导游员管理】 加强对导游人员的日常管理，不断健全导游人员的IC卡管理、年审培训考核等制度，把好导游办证审核关；加强导游队伍建设，加大对导游员的检查和监督，规范导游人员服务标准和从业行为。认真执行导游计分管理制度，严厉查处无证及使用假证从事导游活动和私自转借导游证等行为。组织各地导游从业人员进行业务技能竞赛和评选活动，有效提升导游员服务技能和服务质量。组队参加第四届全国红色旅游导游员电视网络大赛；组队参加第二届全国导游大赛。截至年底，全省已获得导游资格证书人员累计达26397人，已办理导游IC卡的持证导游达17800多人。

【旅游饭店管理】 按照《旅游饭店星级的划分与评定》(GB/T14308—2010)，严格执行星级饭店准入制度，全年新增三星级以上饭店38家；开展复核工作，督导星级饭店对照新版标准，完善设施设备和服务功能，加强维修保养，保证设施设备达标，提升宾客满意度。全面落实星级饭店访查规范各项制度，强化动态管理，严格退出机制，全年取消星级饭店23家。引导星级饭店引进采用绿色产品，推广绿色服务，推动《绿色旅游饭店》行业标准实施，全省"绿色旅游饭店"达85家，其中金叶级50家、银叶级35家，形成饭店业注重绿色管理、注重节能环保、注重循环经济的良好氛围。

旅游规划与建设

【旅游规划】 加快推进《大武夷旅游区发展总体规划》编制工作，2012年3月，组织《大武夷总规》评标会，确定由湖北大学旅游发展规划研究院和福建海峡旅游规划设计研究院联合体中标，承担《大武夷总规》编制工作；6月初，规划编制单位提交了《大武夷总规》初稿。福建省旅游局指导了《漳州市旅游业发展总体规划》、《莆田市文化旅游发展专项规划》等市级规划，以及长汀、政和、晋江、漳浦、平和、德化等县（市）旅游规划的编制工作。

【旅游投资】 全年全省旅游行业完成投资220亿元。建立全省旅游项目库，制定重大项目和资金管理办法，对列入管理的539个项目实行进度季报和动态管理；全年下拨各种旅游项目补贴资金6500万元。重点项目建设取得新进展，厦门市加快推进华强动

福建省5A级旅游景区一览表

序号	名 称	序号	名 称
1	厦门鼓浪屿旅游区	4	福建土楼旅游区（南靖、永定景区）
2	武夷山风景区	5	屏南白水洋
3	泰宁旅游区	6	泉州清源山

福建省4A级旅游景区一览表

序号	名 称	序号	名 称
1	福州国家森林公园	32	莆田市莆田工艺美术城
2	厦门园林植物园	33	福州于山
3	泉州开元寺	34	福州三坊七巷历史街区
4	连城冠豸山风景区	35	福州鼓山
5	永安桃源洞旅游区	36	将乐玉华洞
6	厦门海沧大桥旅游区	37	长汀红色旧址群旅游区
7	安溪清水岩旅游区	38	厦门市翠丰温泉旅游区
8	东山风动石景区	39	中国船政文化旅游区
9	莆田湄洲岛国家旅游度假区	40	福清天生农庄
10	厦门嘉庚公园	41	永泰天门山景区
11	三明三元国家森林公园	42	德化石牛山景区
12	三明瑞云山旅游区	43	武夷山大安源生态旅游区
13	漳州天福茶博院	44	顺昌华阳山旅游区
14	永春牛姆林生态旅游区	45	沙县小吃文化城
15	惠安崇武古城风景区	46	福建土楼（华安景区）
16	永泰青云山风景区	47	云霄金汤湾
17	龙岩龙崆洞	48	南平溪源峡谷
18	福清石竹山	49	邵武天成奇峡
19	漳州花博园	50	连城天一温泉旅游区
20	厦门日月谷	51	厦门市海沧青礁慈济宫景区
21	平和三平风景区	52	南平市邵武云灵山
22	天竺山森林公园	53	三明市建宁中央苏区反"围剿"纪念园
23	漳州滨海火山地质公园	54	龙岩培田古村落旅游区
24	古田会址	55	莆田九龙谷生态景区
25	漳平九鹏溪	56	龙岩梅花山中国虎园生态旅游区
26	漳州市龙佳生态温泉山庄	57	厦门市北辰山旅游景区
27	漳州市龙文云洞岩风景区	58	南平市邵武瀑布林生态旅游景区
28	宁德市福鼎太姥山风景区	59	泉州仙公山景区
29	厦门市胡里山炮台	60	东山马銮湾景区
30	厦门市同安影视城	61	周宁鲤鱼溪—九龙漈景区
31	厦门市园博苑		

漫和影视产业基地、东渡邮轮母港综合体等重点项目建设;福州完成年度投资计划的160%;漳州开展项目建设“十大竞赛”;南平、三明围绕高铁开通推进一批高星级酒店项目建设;龙岩投资35亿元的志高神州欢乐园开业运营,成为福建省第一家大型现代主题旅游园区;全省第一家希尔顿酒店在莆田开业;漳州滨海火山地质公园等5个重点项目完成投资30亿元。

【旅游招商引资】 全年签订旅游招商项目157个,总投资额超1500亿元。第八届旅博会期间签订旅游项目37个,总投资592亿元,利用外资7.8亿美元。港中旅集团公司与省政府签订战略合作框架协议,首钢集团、华侨城、首旅集团等陆续与有关市县签订开发大型旅游综合项目协议。南平市引进旅游综合体项目13个,总投资161.9亿元;龙岩市引进皇冠假日酒店、万达、佰翔、志高戴斯等一批酒店项目。

【旅游景区建设】 福建白水洋—鸳鸯溪景区、清源山景区和鼓岭度假区分别成为国家5A级景区和省级旅游度假区,厦门海沧青礁慈济宫等5家景区成功创建4A级景区;三坊七巷、太姥山创5A景区工作扎实推进。继续对全省A级景区接待设施的建设提升给予资金贴补,A级景区的停车场、游客中心、厕所、标识系统等设施进一步改观。打造红色旅游精品景区,完成建宁中央苏区反“围剿”纪念园、闽西革命历史博物馆、才溪乡革命纪念馆等3家单位创A工作。新建成连江溪山温泉、连城天一温泉度假村、清流天芳悦潭景区、邵武瀑布林温泉度假村等一批温泉景区。连城县政府收回冠豸山景区经营管理权,为妥善解决其他风景区的历史遗留问题提供了借鉴。截至年底,全省共有A级景区110家,其中:5A级6家,4A级58家,3A级27家,2A级19家。

2012年3月24日,福建省首届“三月三”畲族文化节在福安开幕。

(省民族与宗教事务厅供稿)

旅游节庆活动

【第十四届中国·湄洲妈祖文化旅游节】 2012年11月1日,第十四届中国·湄洲妈祖文化旅游节在湄洲岛天后广场开幕,来自海峡两岸的上万名妈祖信众齐聚湄洲共庆盛会。本届旅游节继续秉承“同谒妈祖,共享平安”主题,共安排开幕式、妈祖祭典、翡翠妈祖像开光分灵典礼、妈祖文化影视园开园仪式、项目集中开工竣工仪式、海峡两岸百团万人游湄洲、妈祖旅游品牌推介大会、湄洲女服饰设计大赛暨“给我一个去湄洲岛的理由”——旅游主题口号征集活动颁奖仪式、《星光舞台——四季歌会之“乐动湄洲岛”》开播、两岸妈祖文化恢复交流亲历者恳谈会等11项活动内容。

【第三届福州国际温泉旅游节】 2012年11月28日,第三届福州国际温泉旅游节在连江贵安正式开幕。开幕式上,国土资源部正式向福州市政府授予“中国温泉之都”荣誉牌匾,连江县、永泰县也被授予“中国温泉之乡”荣誉牌匾。本届温泉旅游节举办百家知名旅行商大会暨福州温泉营销论坛、闽东北五市一区旅游区域合作联席会议、“万人泡温泉”温泉旅游景区惠民活动、“爱上福州温泉100个理由”微博有奖征文大赛、“泡温泉 品茉莉 天籁华章”首届海西原创音乐温泉实景品鉴会等活动。

【2012年海峡客家旅游欢乐节】 2012年海峡客家旅游欢乐节暨客家民俗大汇演活动于9月8—10日在龙岩市连城县举行。活动内容包括:2012年海峡客家旅游欢乐节暨客家民俗大汇演开幕式、温泉体验活动、龙岩旅游推介及项目签约仪式、客家美食厨艺展示、客家美食品尝、“冠豸山水·客家风情”摄影作品展、海峡两岸兰花产业发展研讨会及连城兰花展、牌匾展、品味龙岩精华游活动等12项。开幕式上,集中表演了连城传统武术、游大龙、走古事、犁春牛、游花灯、游大粽、客家绝技等连城客家民俗活动。

(薛从霖)

编辑:林丹英

交通运输

综 述

【概况】 2012年，全省全社会旅客运输量8.37亿人次，旅客周转量771.95亿人千米，分别比上年增长3.3%和6.6%；货物运输量完成8.44亿吨，货物周转量3877.73亿吨千米，分别增长12.19%和13.9%。

铁路。全年旅客运输量5295.00万人次，旅客周转量184.78亿人千米，分别增长12.8%和7.2%；货物运输量3868.00万吨，货物周转量181.10亿吨千米，分别增长1.2%和下降3.6%。

公路。全年旅客运输量7.50亿人次，旅客周转量368.52亿人千米，分别增长2.4%和2.3%；货物运输量5.94亿吨，货物周转量771.09亿吨千米，分别增长13.1%和16.9%。

水路。全年旅客运输量1701.65万人次，旅客周转量2.72亿人千米，分别增长6.6%和13.0%；货物运输量2.11亿吨，货物周转量2922.99亿吨千米，分别增长11.80%和14.40%。沿海港口完成货物吞吐量4.14亿吨，增长10.90%，其中：外贸货物吞吐量1.67亿吨，增长10.0%；集装箱吞吐量1073万标箱，增长10.6%。

民航。全年旅客运输量1684.39万人，旅客周转量215.91亿人千米，分别增长10.0%和14.3%；货物运输量17.58万吨，货物周转量2.55亿吨千米，分别增长5.6%和9.5%。

市场结构。旅客运输量，公路、铁路、水运、民航分别占89.6%、6.3%、2.0%、2.0%；旅客周转量，公路、民航、铁路、水运分别占47.7%、28.0%、23.9%、0.4%；货物运输量，公路、水运、铁路、民航分别占70.5%、25.0%、4.5%、0.02%；货物周转量，水运、公路、铁路、民航分别占75.4%、19.9%、4.7%、0.1%。

【交通基础设施】 公路。全年公路建设投资736.63亿元，增长15.22%，其中高速公路投资490.41亿元，增长3.1%。截至年底，全省公路通车里程94660.86千米，增长2.5%；其中：等级公路里程76502.83千米，增长3.8%，占总里程的80.82%；二级以上高等级公路12398.14千米，增长14.3%。全省营运客车2.03万辆、53.19万客位，分别增长0.5%和4.2%，其中高、中级客车占总营运客车辆数的84.4%，比上年上升4.9个百分点。全省货物营运车辆24.98万辆、164.25万吨位，分别增长7.0%和16.2%，其中载货汽车23.63万辆、147.75万吨位，分别增长7.9%和14.9%。

水路。全年港航固定资产投资106.1亿元。全省拥有港口生产性泊位558个，新增18个，其中：万吨级以上泊位137个，新增8个；集装箱专用泊位41个，新增1个。泊位年设计通过能力3.68亿吨，新增1849万吨，其中集装箱年设计通过能力1414万标箱（TEU），新增67万标箱（TEU）。全省拥有机动船舶2364艘，总载重769.99万吨，净载重量686.35万吨位，载客量2.92万客位；艘数下降0.8%，净载、客位分别增长11.5%和2.6%。

民航。省内运营的机场有5个，福州长乐、厦门高崎为国际民航组织确定的4E级民用运输机场，可以起降B747以下各型飞机；泉州晋江机场为4D级军民合用机场，可起降B757以下各型飞机；武夷山、龙岩冠豸山飞场为4C级军民合用机场，可起降B737、A320以下各型飞机。全省共开通国内、国际航线206条。厦门航空公司是国内唯一完全使用波音系列飞机的航空公司，截至年底共有86架飞机，其中：B737NG飞机80架，B757飞机6架；厦航已形成了以厦门、福州、杭州为主基地，覆盖全国、辐射东南亚、东北亚、连接港澳台的航线网络，其中：国内航线210余条，国际、地区航线20余条，每周执行航班3200多个。

铁路。全省营业铁路合计2255.10千米，其中铁道部与福建省合资铁路1237.40千米（江西境内35.20千米）。福建境内主要车务站段有福州站、厦门站、福州车务段、南平车务段、永安车务段、漳州车务段、龙岩车务段。共有203个车站，其中一等站7个、二等站16个、三等站26个、四等站58个、五等站96个。福州机务段配属机车315台，其中：电力机车189台，内燃机车126台。福州车辆段配属客车1169辆，其中：座车460辆，卧铺车541辆，空调车968辆；座位定员5.4万个，卧铺定员3.3万个。福州动车段配属动车51组464辆，其中：座车366辆，卧铺车91辆，空调车414辆；座位定员2.8万个，卧铺定员0.3万个。

【闽台两岸运输】 全年闽台空中客运直航运营6033航次，运载旅客77.38万人次，分别增长0.2%、3.3%，其中：福州航空港旅客吞吐量为31.43万人次，下降2.1%；厦门航空港旅客吞吐量为45.95万人次，增长7.37%。闽台空中货运直航运送货物2.03万吨，下降14.9%，其中：福州航空港货物吞吐量为5366.6吨，增长41.68%；厦门航空港货物吞吐量为1.50万吨，下降25.5%。对台货物吞吐量 2199.77 万吨，增长 1.8%；对台集装箱吞吐量 71.25 万标箱(TEU)，增长 6.17%。闽台海上客运运营 15597 航次，运载旅客 163.45 万人次，分别增长 3.2%、4.3%；其中“小三通”运营 15111 航次，运载旅客 149.45 万人次，分别下降 5.0%、1.6%。“小三通”客运开通至 2012 年底，运载旅客 956.44 万人次。

【通信邮电业务】 全年完成邮电业务总量 594.69 亿元，增长 15.81%，其中：邮政业务总量 78.69 亿元，增长 32.68%；电信业务总量 516 亿元，增长 14.0%。

通信行业。全年电信业主营业务收入 422.70 亿元，增长 10.1%。年末全省电话用户总数 5066 万户，新增 498 万户，其中：固定电话用户 1017 万户，新增 2 万户；移动电话用户 4049 万户，新增 496 万户，其中 3G 电话 840 万户，新增 391 万户。全省互联网用户 3461 万户，新增 589 万户，互联网普及率 93.04%，上升 15.27 个百分点。全年电信固定资产投资完成额 120.9 亿元，增长 3.3%，其中：3G 投资完成 28 亿元，占总额的 23.2%；移动通信投资、互联网及数据通信投资和基础网络传输投资完成额分别为 34 亿元、12.70 亿元和 21.20 亿元。移动电话交换机容量 7703 万户，增长 7.3%；移动短消息中心容量 3.1 亿条/秒，增长 75%；互联网宽带接入端口 1110 万个，增长 22.4%；移动电话基站 8.6 万个，增长 10.3%，其中 3G 电话基站 3.3 万个，增长 26.9%；光缆线路长度 57 万千米，增长 17.5%；光缆纤芯长度 1232 万芯千米，增长 27.3%；长途业务电路 198.5 万个 2M，增长 21.8%。年末全省电话普及率达到 136.18%，上升 12.49 个百分点。互联网普及率达到 93.04%，上升 15.27 个百分点。

邮政行业。全年邮政业务收入(不包括邮政储蓄银行直接营业收入) 71.74 亿元，增长 24.24%，其中快递业务收入 42.1 亿元，增长 32.96%。全年同城、异地、国际及港澳台快递业务量分别占全部快递业务量的 15.81%、81.91%和 2.27%；业务收入分别占全部快递收入的 8.27%、72%和 17.96%。全年民营企业业务量上升 8.95 个百分点，占总业务量的 73.45%；业务收入上升 10.35 个百分点，占总收入的 55.87%。国有企业业务量下降 8.26 个百分点，占总业务量的 25.52%；业务收入下降 6.66 个百分点，占总收入的 34.44%。外资企业业务收入下降 3.68 个百分点，占总收入的 9.69%。

【石油天然气管道运输】 液化天然气管道。福建 LNG 接收站和输气干线项目(站线项目)是福建液化天然气总体项目的牵头项目，于 2009 年 2 月投入商业运营，具备 260 万吨/年的 LNG 处理能力。输气管线由 1 条主干线、3 条支线组成。主干线起自莆田秀屿首站，分南北两路连接福州、莆田、泉州、厦门和漳州 5 个设区市城市，输气管道总长为 361.3 千米，共设输气站 14 座，线路截断阀室 18 座。全年福建 LNG 累计外输天然气 273 万吨(折 38.22 亿立方米)，增长 5.1%。

成品油管道。中石化福建成品油管道已建成投产，总投资人民币 17 亿元，以泉州市泉港首站油库为起点，北至福州兴闽油库，南至厦门岛内的石湖山油库及岛外的东孚油库。管道种类为 X60 无缝钢管，总长 336 千米(其中北线 151 千米，南线 185 千米)，沿途共设置 20 座线路截断阀室、4 座配套油库，储油能力近 39 万方，设计输送压力 10MPa，设计年输量北线 220 万吨，南线 380 万吨。全年成品油管道输送汽柴油 58.55 万吨(汽油 10.43 万吨，柴油 48.12 万吨)。 (李 闽)

铁 路

【概况】 福建境内铁路由鹰厦线、外南线、峰福线、福马线、永嘉线、漳龙线、漳泉线、漳州支线、南平东支线、天湖山支线、赣龙线、杭深线(温福、福厦、厦深)、龙岩东支线、龙漳线等组成(由南昌铁路局管理)。截至 2012 年底，福建铁路营业里程 2255.10 千米，其中：国家铁路营业里程 1052.80 千米，合资铁路营业里程 1202.3 千米(东南沿海铁路福建有限责任公司营业里程 521.8 千米；泉州铁路有限责任公司营业里程 238 千米；武夷山铁路有限责任公司营业里程 220.2 千米，不含江西境内 35.2 千米；龙岩铁路有限责任公司营业里程 257.4 千米)。

2012 年，福州站每日图定开行 118 对列车(普速列车 21 对，动车 46 对，动检列车 2.5 对，回空动车 8.5 对，货物列车 19 对，单机 21 对)，福州南站每日图定开行列车 76 对(办理动车客运业务 42.5 对，通过动车 19.5 对，动检列车 4.5 对，回空动车组列车 9.5 对)，厦门站日均到发普通旅客列车 54 对(动车组 41 对，始发普通旅客列车 13 对)，厦门北站每日始发动车组列车 13 对，龙岩站每日图定到发北京西 1 对，泉州站每日图定到发武昌、赣州各 1 对。全年福建境内发送旅客 5295 万人，增长 12.8%；发送货物 3868.1 万吨，增长 1.1%。

福州车站。下属福州站和福州南站，均为客运一等站。年末在册职工 470 人，固定资产净值 1.39 亿元。全年发送旅客 1616.35 万人，增长 4.9%；运输收入 16.36 亿元，增长 1.3%。

厦门车站。下属厦门站和厦门北站，均为客运一等站。年末在册职工 371 人，固定资产 0.37 亿元。全年发送旅客 1164.71 万人，增长 14.49%；运输收入 13.45 亿元，增长 7.95%。

【铁路建设】 2012 年，全省铁路完成投资 222 亿元，完成年初计划的 106%。龙厦铁路和厦深铁路共线段开通运营，新增铁路运营里程 145 千米，全省铁路运营里程达到 2277 千米，其中高速铁路 649 千米。向莆、厦深、合福客专、赣龙铁路复线、港尾铁路等干、支线铁路建设全面加快。其中：向莆铁路全线铺通；厦深铁路全隧贯通；合福客专路基、桥梁、隧道下部结构整体完工，开始有砟轨道的铺设；赣龙铁路复线征地拆迁基本完成，开始路基、桥梁桩基和墩身、隧道等施工；港尾铁路开始路基工程、桥涵工程、隧道工程施工；宁德白马支线、福州江阴支线、可门支线、莆田湄洲湾北岸支线、泉州湄洲湾南岸支线、厦门前场铁路大型货场、福州站改扩建工程、厦门站改扩建工程、福厦铁路新增惠安西站等项目全面推进。前期项目加快推进，福平铁路于10月25日国家发改委批复项目可研报告，国家专项资金补助15亿元，11月铁道部组织初步设计审查；南三龙铁路于11月铁道部组织初步设计预审查；两线年底启动征迁工作。衢宁、浦建龙梅和长泉铁路已列入国家"十二五"规划，其中：衢宁铁路一部两省项目建议书于12月上报国家发改委，浦建龙梅铁路和长泉铁路前期工作有序推进。

【龙厦铁路开通运营】 2012年6月29日，龙厦铁路开通运营。该工程于2006年12月开工建设，自龙岩站引出，途经龙岩市新罗区、漳州市南靖县和龙海市，在漳州站与厦深线接轨，经厦深线引入厦门，正线全长111.29千米，工程实际投资77.73亿元。龙厦铁路的建成，使龙岩至厦门的铁路运距缩短61千米，旅行时间由4小时缩短至1小时。

【鹰厦铁路线实现无缝化】 鹰厦铁路修建于20世纪50年代，线路等级低，维修作业难，多个区段为国内最小的250米半径曲线。鹰厦线无缝化改造始于2005年7月，至2012年11月23日，全线彻底告别轨缝。

【向莆铁路全线铺通】 2012年11月29日，向莆铁路全线铺通。该工程于2008年10月1日开工，线路全长635.86千米（江西境内245.22千米，福建境内390.64千米）。在4年建设中，先后打通115座隧道，架起248座桥梁。

【厦门站站房改扩建工程开工】 该工程概算11.96亿元，站房面积2.76万平方米（扩容3.3倍），最高聚集人数将从以往的1500人升至4000人以上。设南、北站房，采用高架候车的形式和"高进低出，进出分离"的旅客流线设计，设地上两层、地下一层。站台按5台9线，站台长度500米，无柱雨棚面积3.7万平方米。工程于2012年12月29日举行简单的开工仪式。

【城际轨道交通】 按照省委、省政府关于加快厦漳泉和福莆宁两大都市区同城化建设的决策部署，积极开展两大都市区轨道交通规划工作。2012年，成立全省城际轨道交通领导小组和省城际轨道交通办公室，委托设计单位开展全省轨道交通规划和两大都市区轨道交通线网建设规划工作，初步提出了"一环两网"轨道交通总体规划布局，总规模约1000—1200千米左右，计划征求地方意见和完善规划后上报国家发改委审批。

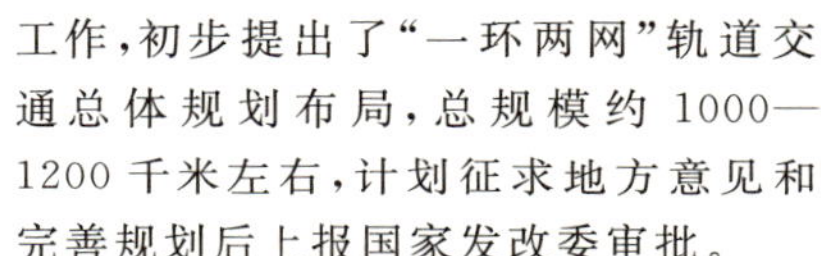

（刘　仁　楚天阔）

公　路

【运力结构】 截至2012年底，全省营运客车2.03万辆、53.19万客位，分别比上年增长0.5%和4.2%；平均座位26.17客位/辆，增长3.6%。其中，班车客车1.55万辆，下降1.6%；38.08万客位，增长0.6%；旅游客车3682辆、13.41万客位，增长12.7%和17.7%；高、中级客车占营运客车的84.4%，比上年提高4.9个百分点。全省营运货车24.98万辆、164.25万吨位，增长7.0%和16.2%；单车平均吨位6.57吨位，增长8.5%。其中，载货汽车23.63万辆、147.75万吨位，增长7.9%和14.9%；厢式载货汽车11.13万辆、33.68万吨位，增长8.7%和8.3%；集装箱车1.39万辆、38.58万吨位、2.28万TEU，分别增长2.3%、1.1%和5.3%；柴油车的比重比上年下降1.4个百分点。

向莆铁路三明段铺轨现场。　（省铁路建设办公室供搞）

【公路客货运输】 2012年，全省道路客运线路5445条、平均日发约58846.7班次，其中：跨省客运线路963条、平均日发891.4班次，跨地（市）客运线路约1159条、平均日发约4077.8班次。全省公路旅客运输量7.50亿人、368.52亿人千米，增长2.4%和2.3%；完成公路货物运输量5.94亿吨、771.09亿吨千米，分别增长13.1%和16.9%，其中集装箱运输完成753.24万TEU、10293.26万吨，增长12.1%和10.3%。矿建材料、水泥、轻工医药产品、和煤炭及制品运输位于公路运输货类的前列，占货运总量的比重分别为16.7%、13.8%、13.4%和9.0%。

【甩挂运输】 福建是全国首批甩挂运输试点省份之一，截至2012年底，全省有3家国家级、14家省级甩挂运输试点企业。甩挂网点遍布全国20多个省份，新增了30余条甩挂线路，截至年底，全省共有牵引车13914辆、挂车19509辆，17家试点企业拥有甩挂运输牵引车1742辆，挂车2975辆，拖挂比为1∶1.7；新增甩挂运输车辆平均提高实载率20%、降低成本约15%，节约油耗近24%。

【驾驶员培训】 截至2012年底，全省有培训机构529家，其中三级驾培机构434家，增长10.2%。全年机动车驾驶员培训完成64.77万人次，增长3.4%。

【交通运输民生工程】 公交优先便民工程：全年全省新投放及更新公交车2028辆，新增公交线路65条，优化线路155条，实现中心城区群众步行10分钟内可乘上公交车。积极开展城乡客运一体化工作，选取石狮市、仙游县、连城县、清流县作为城乡客运一体化试点城市，加快县域公交发展。实施公交站场人性化改造，改善驾驶员工作环境，为公交驾驶员设立休息室、盥洗室、职工食堂等设施，全年完成35个重要枢纽站场改造任务。

年万里农村安保工程：全年完成农村公路建设投资17亿元，完成农村公路建设改造2800千米。启动“年万里农村公路安保工程”活动，完成农村公路安保工程6350千米。

村村通客车工程：完成全年“村村通客车工程”目标，全年新增更新农村客车1026辆，实现全省100%乡镇、95.7%建制村通客车。

【公路建设】 2012年，全省公路建设投资完成736.23亿元，增长15.2%。高速公路投资完成490.41亿元，增长3.1%；新增高速公路里程720.17千米，建成“两纵四横”主骨架，全省90%的县实现了15分钟上高速。普通公路投资完成246.22亿元，增长50.4%；新规划“八纵十一横十五联”国省干线建设改造全面启动，建成国省干线850千米。截至年底，全省公路通车里程94661千米，其中：国道4753千米，省道6750千米，县道13529千米，乡道35776千米，专用公路486千米，村道33368千米；公路密度77.97千米/百平方千米。等级公路里程76503千米，占总里程的80.8%，增长1.02个百分点，其中二级以上高等级公路里程12398千米，增加1552千米，占总里程的13.1%。有铺装路面里程72383千米，增加4971.11千米，占总里程的76.47%。

【公路养护】 国省道优良路率达到97.4%，与上年基本持平。全省公路养护继续保持良好发展态势，全年完成路面改造443万平方米/260千米，建设干线公路绿色通道4900千米，建成5个服务区、3个养护中心(基地)。

(林伟雯 王 烨 陈国辉)

全省公路里程表

计算单位：千米

项目	总计	等级公路						等外公路
		合计	高速公路	一级	二级	三级	四级	
年底到达数	94660.863	76502.829	3372.367	716.376	8309.398	7412.996	56691.692	18158.034
国道	4753.346	4753.346	2620.02	105.642	1975.97	26.74	24.974	0
其中：国家高速公路	2599.619	2599.619	2599.619	0	0	0	0	0
省道	6749.659	6696.017	713.804	166.572	4214.619	808.518	792.504	53.642
县道	13528.599	13290.158	38.543	387.566	1511.572	5541.554	5810.923	238.441
乡道	35776.024	30495.24	0	49.567	459.329	727.209	29259.135	5280.784
专用公路	485.734	403.594	0	0	20.112	10.823	372.659	82.14
村道	33367.501	20864.474	0	7.029	127.796	298.152	20431.497	12503.027

民用航空

【概况】 2012年，全省5个运输机场共保障航班起降24.68万架次，比上年增长7.54%，其中：福州长乐国际机场起降7.25万架次，增长6.85%；厦门高崎国际机场起降14.62万架次，增长7.79%；泉州晋江机场起降2.12万架次，增长6.11%；武夷山机场起降0.6万架次，增长15.07%；龙岩冠豸山机场起降0.08万架次，增长10.73%。5个运输机场共完成旅客吞吐量2809.66万人次，增长9.89%；完成货邮吞吐量40.6万吨，增长6.7%。福州机场完成旅客吞吐量785.19万人次，增长9.12%；货邮9.69万吨，增长10.71%；成为全国第9个航线覆盖全部省会城市的机场。泉州晋江机场完成旅客吞吐量214.95万人次，货邮3.57万吨，分别增长8.79%、14.23%；年旅客吞吐量突破200万大关。武夷山、龙岩冠豸山机场分别完成旅客吞吐量69.02万人次、5.07万人次，货邮0.16万吨和0.027万吨，均有不同程度增长。民航福建空管分局保障各类飞行17.11万架次，实现了第11个安全年。中航油福建分公司保障飞机加油3.66万架次，加油量17.17万吨，分别增长10.6%和9.49%。全年未发生民用航空飞行、空防和航空地面事故，未发生机务、空管、机场原因造成的飞行事故征候，无火灾和人员伤亡责任事故，航空安全形势平稳。

【民航基础设施建设】 福州机场航站楼扩能工程于12月中旬通过民航行业验收。泉州晋江机场新航站楼于11月9日通过民航行业验收，机场口岸于11月15日顺利通过了国家一类航空口岸的验收。总投资2.06亿元的武夷山改扩建工程前期工作完成，主体工程于8月完成招标。三明机场工程建设进展顺利。泉州晋江机场于12月13日正式实施PBN飞行程序；武夷山机场RNP AR飞行程序于12月18日通过试飞；福州长乐机场PBN飞行程序于11月23日通过模拟机验证试飞。两岸通用航空公司和新美通用航空公司分别于5月和8月获得了筹建认可。正阳集团竹岐直升机场项目建设进展顺利。

【厦门航空有限公司】 2012年，厦门航空有限公司以确保安全生产为主题，安全业绩持续向好，全年安全飞行29.6万小时；完成起落15.5万架次；完成运输总周转量21.7亿吨千米，旅客运输量1684.4万人次，货邮运输量17.6万吨；完成营业收入164.5亿元。以提升经营品质为主线，成功完成二次增资，注册资本由30亿元增加到50亿元，原股东河北航空投资集团变更为冀中能源股份；成功加入天合联盟；成功启用公司新标识和飞机新涂装；成功引进11架新飞机，机队规模达到86架。 （江 辉 王 露）

内河航运

【运力结构】 截至2012年底，全省拥有内河船舶1402艘、净载重量33.28万吨位，艘数下降4.0%，吨位增长7.8%。其中机动船舶1063艘，下降5.0%；净载重量32.85万吨位，增长7.9%。客船逐步小型化、高速化，拥有客船306艘、8801客位、2.67万千瓦，分别下降4.7%、8.3%和13.2%；单船平均载客量28.76客位，下降3.8%；单船平均功率87.39千瓦，下降8.9%。货船逐步标准化，专业化，拥有货船630艘、净载32.76万吨位、24.47万千瓦运力，分别下降5.4%、增长7.9%和下降10.3%；单船平均规模519.97吨位，增长14.1%。

【客货运输量】 2012年，全省完成内河客运量252.42万人、旅客周转量4467.61万人千米，分别增长2.6%和9.1%；完成内河货运量2703.06万吨、货物周转量10.88亿吨千米，分别增长23.9%和30.0%，呈现恢复性增长。

【内河航道建设】 截至2012年底，全省内河航道通航总里程3245.28千米，与上年持平，其中：Ⅰ～Ⅳ级航道443.8千米，增加75.4千米；Ⅴ～Ⅶ航道824.85千米，减少75.4千米；等外航道1976.63千米，与上年持平。

【渡口渡船整治】 2012年，全省投入3621.5万元实施134道内河渡口和163艘内河渡船的更新改造。改造后的渡口实现“七有”：有渡口名称、候船亭、硬化码头、硬化引道、防撞设施、安全告示栏、渡口安全管理制度。采取“统一设计、统一招标、统一监造、统一验收”方式更新内河渡船，并根据各个渡口客流量分别建造10、15、30客位渡船免费分送各地使用。

【安全救助】 福建省内河航运搜救协调中心基本建成投入使用，福州、南平、宁德等搜救分中心建设全面启动；龙岩、三明搜救分中心及龙湖、金湖、闽湖、九曲溪、天成奇峡救助站已启动部分项目建设，初步形成内河搜救协调三级网络。在福州、宁德、三明、南平的重点水域、重点渡口、重点桥梁和重点船舶安装船舶GPS227个、视频监控69个；泰宁金湖9艘大型游船安装了倒车视频系统；延平区地方海事处建立了“水上交通安全GPS监控平台”，在辖区客渡船统一安装了GPS卫星定位终端设备和监控探头，并在6个设渡乡镇设立GPS监控点，初步实现对重点部位和重点船舶的实时监控。 （林伟雯 苏伟灿）

海洋运输

【运力结构】 截至2012年底，全省拥有海洋船舶1305艘、净载重量654.15万吨位、集装箱10.32万标准箱位、载客量2.04万客位，分别增长2.9%、11.7%、14.9%和8.1%。其中：客船拥有294艘、1.83万客位运力，增长9.7%和4.6%；货船拥有995艘、净载重量584.13万吨位运力，增长1.0%和11.7%。其中：沿海货船899艘、净载重量475.82万吨位，增长0.1%和10.3%；远洋货船96艘、净载重量176.77万吨位，增长10.3%和15.9%。

【运输生产】 截至2012年底，全省共有航运企业339家，其中：经营国内航线332家，经营国际航线40家（其中34家兼营国内航线），经营港澳航线18家（兼营）。全年完成海洋货运量1.84亿吨、2912.11亿吨千米，分别增长10.2%和14.4%；全省完成海洋客运量1449万人、旅客周转量2.27亿人千米，分别增长7.4%和13.8%。

【对台交通】 2012年，全省沿海港口对台货物吞吐量完成2199.77万吨，增长1.81%；对台集装箱吞吐量71.25万TEU，增长6.2%；闽台海上客运共运营15597航次，下降3.2%；运载旅客163.45万人次，增长4.3%；其中“小三通”共运营15111航次，运载旅客149.45万人次，分别下降5.0%、1.6%。2012年7月厦金航线成功开通夜航，构建厦金“一日生活圈”。“小三通”客运2001年1月开通至2012年底，累计运营9.66万航次，运载旅客达956.34万人次。2012年，福建沿海地区与台湾本岛地区海上客运直航运营486航次、运送旅客14万人次，客运量增长190.6%；福建沿海地区与台湾本岛地区海上客运直航自2009年9月开通至2012年底，累计运营938航次，运送旅客21.85万人次。厦门至台中、基隆及平潭至台中两条海上客滚定期航班已实现常态化经营，两岸往来的快速便捷交通体系逐步形成，对台主通道作用日益明显。 （林伟雯）

港　口

【港口建设】 2012年，全省港航固定资产投资完成106.01亿元，其中：港口项目完成96.81亿元，增长15.5%；航道项目完成9.21亿元，增长21.3%。全年新增生产性泊位18个；其中万吨级泊位8个；新增吞吐能力1849万吨，其中集装箱67万标箱；改善通航航道203千米。截至2012年底，全省拥有港口生产性泊位558个，泊位年设计通过能力3.68亿吨。沿海港口生产性泊位拥有472个，其中万吨级以上泊位137个；泊位年设计通过能力3.62亿吨，其中集装箱吞吐能力1414万标箱。全省沿海港口具备停靠30万吨级散货船、30万吨级油轮、15万吨级集装箱船、14万吨级邮轮及2万吨级滚装船的能力。

【港口生产】 全年港口货物吞吐量4.18亿吨，增长10.9%。沿海港口货物吞吐量4.14亿吨，增长10.9%，其中外贸货物吞吐量1.67亿吨，增长10.0%。从主要港口来看，厦门港货物吞吐量1.72亿吨，增长10.1%；福州港货物吞吐量1.14亿吨，增长11.6%。从主要货种来看，煤炭及制品吞吐量6851万吨，下降2.6%；金属矿石吞吐量3155万吨，增长28.6%；石油及制品吞吐量2426万吨，增长4.2%；矿建材料吞吐量9534万吨，增长27.6%，其中全省河砂吞吐量7045万吨，增长30.8%。

【集装箱吞吐量】 截至2012年底，全省沿海港口集装箱航线总数350条，其中：外贸线153条，内支线46条，内贸线151条。全年沿海港口完成集装箱吞吐量首次突破1000万标箱，达1073.07万标箱，增长10.6%，其中：外贸集装箱吞吐量671.67万标箱，增长8.6%（国际航线完成592.03万标箱，增长2.9%；内支线完成79.64万标箱，增长83.7%）；内贸集装箱吞吐量401.41万TEU，增长14.2%。从主要港口完成情况看：厦门港集装箱吞吐量突破700万TUE，完成720.17万标准箱，增长11.0%；福州港集装箱吞吐量突破180万TEU，完成182.50万TEU，增长11.4%。

【港口腹地拓展】 大力推进省内陆地港建设、运营，同时布局开工建设省外陆地港，不断完善港口集疏运体系，积极开展水水中转、海铁联运、国际中转集装箱业务，通过出台《促进航运业发展的若干意见》等优惠政策吸引省外货源，使得海向腹地和陆向腹地进一步拓展，除福建省和江西省外，港口服务范围拓展到长江流域、粤东、浙南等地区。全年通过福建港口进出的外省大宗货物1681.68万吨，增长58.1%，其中：水水中转951.97万吨，海铁联运729.71万吨；通过厦门港中转的国际集装箱完成35.29万TEU，增长31.1%。

【陆地港建设】 全省4个陆地港全部投入正式运营。晋江、三明、龙岩陆地港与厦门港，武夷山陆地港与福州港分别形成战略合作关系，陆地港运营呈现良好态势。2012年，晋江陆地港进出口总额7.7亿美元，外贸集装箱吞吐量4.5万标箱，货运量20.12万吨，通关中心已入驻企业近50家；三明陆地港出口集装箱2852标箱，货值4991万美元；武夷山陆地港进出口货物1.2万吨，货值1553万美元；龙岩陆地港集装箱吞吐量1674标箱、106987吨，实现进出口货值2.08亿美元。

2012年福建省沿海港口货物吞吐量

指　标	2012年货物吞吐量（万吨）		2012年比2011年增长（%）	
	合　计	外贸	合　计	外贸
合　计	41359.23	16694.78	10.9	10.0
进港	27518.77	11393.81	10.8	13.1
出港	13840.47	5300.97	11.3	3.9
福州港	11410.22	5280.98	11.6	18.5
进港	8166.56	4035.30	6.9	25.0
出港	3243.65	1245.69	25.6	1.5
厦门港	17227.32	8486.35	10.1	5.6
进港	9219.64	4526.60	11.1	6.2
出港	8007.68	3959.75	8.9	5.0
泉州港	10371.51	2211.05	11.2	13.9
进港	7872.78	2121.19	13.9	14.8
出港	2498.73	89.86	3.4	−4.2
莆田港	2350.19	716.39	13.3	−3.2
进港	2259.78	710.72	13.7	−2.8
出港	90.41	5.67	5.2	−36.1
*湄洲湾港	5122.61	2631.84	13.6	8.2
进港	4607.14	2604.46	13.3	9.0
出港	515.47	27.39	16.4	−35.6

备注：1.湄洲湾港包括莆田港的秀屿港区、东吴港区和泉州港的肖厝、斗尾港区，单列。

2.本表中厦门港、福州港的数据为整合后的量。

2012年全省海洋机动船舶运输量、运力表

	运输量				运力		运输量比上年增长(%)				运力比上年增长(%)	
	旅客		货物		载客量	净载重量	旅客		货物			
	万人	万人千米	万吨	万吨千米	客位	吨位	万人	万人千米	万吨	万吨千米	客位	吨位
总计	1449	22710.4	18397	29121114	20371	6541451	7.4	13 8	10.2	14.4	8.1	11.7
其中:沿海	1358	16369.5	16318	22581204	17501	4766613	6.9	10.3	9.4	10.4	7.5	10.2
远洋	91.01	6340.84	2079	6539910	2870	1774838	16.7	23.8	17.0	30.5	12.4	15.9

2012年福建省沿海港口集装箱吞吐量

指标	2012年集装箱吞吐量(万吨)		2012年比2011年增长(%)	
	合计	外贸	合计	外贸
合计	1073.07	671.67	10.6	8.6
进港	533.60	334.91	11.0	10.0
出港	539.48	336.75	10.2	7.2
福州港	182.50	115.76	9.9	2.2
进港	91.77	55.96	11.4	3.1
出港	90.73	59.80	8.5	1.4
厦门港	720.17	545.57	11.4	10.1
进港	356.39	271.90	12.0	11.7
出港	363.78	273.67	10.8	8.6
泉州港	169.70	9.63	8.2	5.0
进港	85.10	6.71	7.0	5.6
出港	84.60	2.92	9.4	3.6
莆田港	0.71	0.71	5.3	5.3
进港	0.34	0.34	−1.9	−1.9
出港	0.36	0.36	13.1	13.1
* 湄洲湾港	1.18	0.71	4.4	5.3
进港	0.58	0.34	−2.4	−1.9
出港	0.60	0.36	11.9	13.1

备注::湄洲湾港包括莆田港的秀屿港区、东吴港区和泉州港的肖厝、斗尾港区,单列。

(林伟雯　苏伟灿)

编辑:林丹英

信 息 业

信息产业

【综述】 2012年，全省信息产业销售收入6000亿元，比上年增长18%。“十二五”规划确定的6个产业集群中，有3个产业集群实现千亿目标，其中：新型显示产业集群1350亿元，计算机及网络产品产业集群及软件和信息技术服务业集群均超过1000亿元，新一代移动通信产业集群450亿元，LED和太阳能产业集群400亿元，物联网产业集群400亿元。全省各类无线电台站13.73万个（不含手机和小灵通终端），增长3.3%；移动电话用户（含小灵通用户）4086.22万户。

【信息产品制造业】 全年信息产品制造业工业总产值3902亿元，增长13.7%，产业规模居全国第六位；工业销售值3816亿元，增长13.7%；产销率为98.2%，比上年提升0.4个百分点；全省各市产值均实现增长，其中：福州增长8.1%，厦门增长14.3%，宁德增长65.6%，三明增长35.5%，龙岩增长21.7%，泉州增长19.7%，莆田增长16.9%。信息产品制造业领域750家规模以上企业中，产值增长50%以上企业150家，其中58家实现成倍以上增长，百亿制造业企业达7家（宸鸿、戴尔、友达、捷联、华映、联想移动、冠捷显示），比上年新增2家，其中联想移动实现产值169亿元，增长150%，是当年增长速度最快的重点企业，其智能手机国内市场份额跃居全国第二；冠捷显示产值首次突破百亿，增长56%；生产触控组件产品的达运精密产值85亿元，增长123%；省电子信息集团旗下的福建星海通信增长57.4%、福光数码科技增长46.4%、福日电子增长24.0%；华映光电公司的触控面板一条龙项目投产，其中中小尺寸液晶模组产量大幅增长，带动公司产值实现77亿元，增长32.6%；捷星显示有4条超薄液晶显示器生产线量产，产值55亿元，增长38.8%；戴尔（厦门）增长16.4%；飞毛腿电子增长8.6%。南平欧普登是世界最大的玻璃面板生产商美国康宁公司的合作伙伴，产值超过10亿元；宁德新能源打造全球最大锂离子电池生产线，产品配套苹果手机、宝马汽车等品牌，实现产值20亿元。捷星显示生产的刀锋系列超薄LED液晶显示器是目前全球最薄的显示器；瀚天泰成成功研发出国内首批3英寸和4英寸碳化硅半导体外延晶片，填补了国内该领域空白；中科院福建物构所和万邦光电首创了MCOB（多杯结构、集成封装）技术，LED应用产品光效达到国际领先；连城鑫晶刚玉研发成功国际最大的80公斤级蓝宝石晶体。星网锐捷、思迈特数码、宜美电子等3家企业的专利获“第十四届中国专利奖”，其中星网锐捷的有效发明专利数量在全省排名第一，专利“网络安全防御系统、方法和安全管理服务器”获“福建省专利奖一等奖”。飞毛腿集团与考克电子合作研发的移动电源类产品及Iphone配件产品，获得苹果公司MFi认证，是国内仅有几家获得MFI认证的企业之一。

【软件和信息技术服务业】 全年实现业务收入1056亿元，居全国第九位，增长31%，高于全国平均水平。福大自动化、星网锐捷、新大陆、国脉、福富5家企业入选第十一届中国软件业务收入前百家企业。邮科、福富、榕基、瑞芯、天晴、三五互联、美亚柏科、吉比特、四三九九、精图等10家企业被认定为2011—2012年度国家规划布局内重点软件企业和集成电路设计企业。福大自动化在工业自动化控制相关领域居全国第一，工业自动化通用技术平台打破了国外工业控制技术垄断。福昕软件的电子书软件开发平台技术全球领先，成为国家电子书标准工作组全权成员单位。联迪商用成为中国银联2013年POS机集中采购招标中唯一全线入围厂商，是国内唯一入围工、农、中、建、交5大行的POS厂商。瑞芯微电子的数字移动多媒体高端芯片及应用方案国际市场占有率全球第二，在国内平板电脑芯片市场占有率保持第一，公司研发的新一代平板双核SoC系统RK3066处理器，获得“中国IC设计年度最佳处理器产品奖”，移动互联网终端设备主控芯片获2012中国芯最佳市场表现奖。网龙网络游戏出口规模全国第二，是美国市场上最大的中国网游运营商。新大陆公司与台湾企业合作发布第二代二维码“中国芯”，开启了二维码在烟、酒、化妆品、书籍等消费品的应用。福富的“智慧社区云平台”在2012年中国软件产业发展峰会上获评“中国十大创新软件产品”。

动漫游戏产业。全年动漫游戏产业实现业务收入102.3亿元，增长78.6%。获播出许可动画片44部23464分钟，居全国第四位。从事动漫游戏相关业务的企业超过250家，从业人员超过2万人，有网龙、四三九九、中国移动手机动漫基地、吉比特、翔通、神画时代等一批骨干企业。

【信息产品出口】 全年信息产品出口额310亿美元，增长7.6%，占全省外贸出口总额的31.7%，高于全省外经贸出口增幅2.2个百分点。福州、厦门、漳州三地市出口额为92.1亿美元、196.8亿美元、9.6亿美元，分别增长9.1%、11.3%、-20.4%。三大类主要产品中，电子元器件产品出口172亿美元，增长16.7%；计算机类产品（包括整机和外部设备）出口65亿美元，增长-14.1%；家用视听产品出口24.8亿美元，增长-36.7%。福州市信息产品出口92.1亿美元，增长9.1%；厦门市信息产品出口196.8亿美元，增长11.3%；宁德市信息产品出口2.9亿美元，增长14.4%；其他市信息产品出口出现不同程度下滑。全年信息产品出口超亿美元的重点企业共23家，比上年增加3家；其中宸鸿科技、厦门友达、捷联电子等9家出口超10亿美元企业，共计出口203亿美元，占全省信息产品出口总额的65%。

【新一代信息技术应用】 物联网129工程。全年物联网产业集群产值超过400亿元，全省一定规模的物联网企业超过150家；能源、安防、物流、环保、城市管理、旅游等行业领域应用进一步深入，3000多家单位实施物联网应用；福大自动化"全智云"、美亚柏科超算中心"搜索云"与"取证云"、星网锐捷企业云、易联众民生云等一批行业云计算应用效果明显。

三网融合试点工作。全年全省IPTV用户数125万户，增长13.6%；有线电视用户数652万户，增长6.3%，其中数字电视用户334万户，增长15.4%；手机电视用户数236万户，增长18%；厦门市三网融合全国领先，光纤入户数已达70万户，覆盖率达70%，增长100%，包括民生服务应用项目100多项在内的TD"无线城市"信息化应用累计已超千项；智慧平潭项目稳步推进，实现新建城区100%"光纤入户"，终端用户带宽达到20M以上。

信息化应用。全省累计建设"智慧企业"4.3万家，中小企业人才管理信息化提升工程惠及1万多家企业。"世纪之村"平台涵盖便民服务、电子商务、电子政务、电子农务四项职能，已在泉州2463个行政村推广使用，省内还有1万余个行政村也推广使用。

【无线电管理】 健全完善辖区内无线电台站数据库，实践无线电管理规范化操作规程。推动无线电管理工作从重审批向审批、监管并重转变，重点保护无线电专用频率使用。提高福建省无线电监测站（检测中心）检测能力，成为国内拥有国家无线电管理局授权项目较多的少数省级无线电检测机构之一。保障航空、水上及高铁通信运行安全，航空无线电专用频率干扰案件比上年下降50%。做好省市重大活动期间的无线电通信保障及各类考试的防范无线电作弊工作。以国家将"海峡两岸无线电工作委员会"设在福建为依托，首次实现大陆无线电机构与台湾主管部门传播通信委员会的接触沟通。成立全国首支业余无线电协会骨干为主组成的无线电管理机动大队。

【信息产业园区基地】 福州软件园和厦门软件园先后被工信部评定为"国家新型工业化产业示范基地（软件和信息服务）"。

福州软件园软件和信息服务产业总收入341亿元，增长21.4%；信息技术服务收入165亿元，增长11.5%；出口额2.3亿美元；园区入驻企业670家，其中软件产值10亿元以上的3家、5亿元以上的4家、超亿元的38家、超过千万元的65家；园区企业共开发1054项技术含量高、市场占有率高、拥有自主知识产权的软件产品；软件园四期工程已建成，开发面积约2平方千米，建筑面积近100万平方米；软件园五期（海峡软件新城）项目于2009年开工建设，其中动漫游戏产业基地二期18幢多层建筑已于2012年竣工验收。

厦门软件园保持快速发展势头，全年实现销售收入263.77亿元，增长30.8%；上缴税收8.33亿元，增长24.9%；软件园二期入驻企业550多家；软件园三期建设和招商工作顺利推进，起步区6栋研发楼至年底全面封顶；全年共核准入园企业84家，吸引了4家央企、5家台资企业入园；软件园动漫网游企业销售收入29.6亿元，比上年增长近一倍，占厦门动漫网游业销售总收入的88.6%；中移动手机动漫基地、中电信动漫运营中心分别实现销售收入超过3亿元和7000万元，分别为上年的6倍和3倍；中国动漫集团厦门基地（中娱文化股份有限公司）开业；2部动画片获评2012年度优秀国产动画片；4家企业通过国家动漫企业认定；4家被授予福建省动漫游戏杰出贡献企业称号。厦门火炬高新区规模以上工业总产值1775.08亿元，增长27.3%，占全市规模以上工业产值的比重首次超四成；出口创汇170.65亿美元，增长12.4%；高新区计算机及移动通信设备产业规模以上工业总产值648.26亿元，增长19.5%，占高新区工业总产值的36.5%；光电显示产业规模以上工业总产值950.03亿元，增长16.1%，占高新区工业总产值的53.5%；全年完成固定资产投资97.35亿元，增长25.4%，完成年度计划的139.1%，占厦门全市工业固投的36.7%；厦门天马微电子第5.5代低温多晶硅晶体管液晶显示器生产线在2012年底建成投产，这是国内第一条、全球第二条第5.5代低温多晶硅晶体管液晶显示器生产线。

融侨开发区中心区。规模以上工业总产值477亿元，同比增长6.73%；完成固定资产投资52.75亿元，增长35.1%；合同利用外资4000万美元，增长4.7%；实际利用外资3500万美元；内资实际到资10.34亿元，增长79.5%；实现税收收入18.09亿元，增长25.3%；昶胜光电等7个项目已动工建设。

泉州江南高新区。完成工业总产值212亿元、税收13.2亿元；园区入驻94家电子信息企业，实现工业总产值87.1亿元、实现工商总税5.5亿元；铂阳精工、钧石机构、文创科技等14家光伏企业实现工业总产值70.1亿元、实现工商总税4.7亿元，在电子信息产业集群中居于绝对的主导地位；18家微波通信企业实现工业总产值8.5亿元、实现工商总税4690万元。泉州（南安）光电信息产业基地引进7个项目，计划总投资7.32亿元；基地现有入驻企业66家，入驻国家大学科技园22家；已投产企业40家，在建26家，新增投产12家，所有入驻项目完成固定资产投资约 9.74 亿元。

（郭　音）

数字福建

2012 年 7 月 5 日，福建省通信业首次针对核电厂通信保障开展应急演练活动。

（省通信管理局供稿）

【数字福建建设】 落实《工业和信息化部 福建省人民政府关于支持福建省工业和信息化发展战略合作协议》，编制《工业和信息化部 福建省人民政府关于合作推进数字福建建设实施方案》，获得工信部批准正式实施。数字福建建设进入新格局，创新政府社会管理模式，在全省各设区市全面推广"12345，有事找政府"服务热线，搭建政民互动桥梁，成为各级政府为民排忧解难的便捷通道。创新电子政务应用模式，在建设、国土、环保等部门及泉州、南平两地开展文件证照全流程电子化应用试点，实现了纸质和电子类型的文件证照同步生成、发放，并优先受理使用电子文件证照，避免重复提交纸质证照，方便社会公众办事。创新电子政务建设模式，2012 年新建 26 个项目全部依托已建成的电子政务云计算平台进行部署建设，部门不再建设机房和分散采购服务器及系统软件，节约政府投资、维保、运行费用约 1 亿元。全省光纤入户用户累计达 145.3 万户；城市地区 20M 带宽覆盖率达 91%，商务楼宇光缆通达率达 100%；农村地区 4M 带宽覆盖率达到 97%，行政村光缆通达率达到 99%，实现所有行政村通宽带。下发《贯彻落实工业和信息化部等八部委关于实施宽带普及提速工程的意见的通知》，正式启动"数字福建·宽带工程"。

【电子政务】 省级网上审批系统功能进一步完善，完成对审批系统功能调整改造，拓展省级网上审批系统的应用领域，建成网上行政执法平台，现已部署 44 家省直单位 5000 多项职权事项，并与省直单位、设区市已建执法系统实现互联互通，形成执法公正、监督有效的全省网上行政执法大平台。

2012 年 6 月 19 日，"数字福建—宽带工程"启动仪式在福州举行。

（省通信管理局供稿）

【政务平台应用】 国家自然资源和地理空间基础信息库试点通过国家验收，试点共完成 14 项标准规范、6 项管理办法、6 个专题、1 个综合信息库、1 个应用示范和综合定制产品库及其产品，初步在防汛防台风应急指挥辅助决策上应用，为全省电子政务提供自然资源和地理空间基础信息和辅助决策参考。在省直部门部署前置机，联通政务网共享平台，实现省级部门之间政务信息资源交换与共享；进一步完善全省政务信息资源目录和交换体系；在省直部门部署即时通讯系统，方便了政务网用户信息、文件的交流沟通，提高了日常办公效率；新建 26 个项目，验收 17 个已建成项目，部门业务系统应用得到深化，大大提升了部门业务信息化覆盖率，其中工商行政部门建立福建工商网上服务系统和企业档案电子化管理系统，运用信息化手段创新企业注册登记方式，推行网上年检，方便企业和社会公众。

【公共平台应用】 卫生信息化建设成效显著。在二级以上医院实现 100%无线宽带网络（含 3G）全覆盖，WLAN 覆盖全省二级以上医院 110 家，为医院无线数字医疗接入提供良好基础；95%以上的村医疗站已接入卫生信息网络；实现 159 家二级以上医院的预约挂号服务。所有地级市、县级市及发达乡镇 3G 信号实现连续覆盖和深度覆盖，无线城市公共服务平台共与公共事业单位对接了1220项便民信息，平台上信息化应用已累计达到1018个，包括无线政务、智能交通、无线医疗、市民主页、教育频道等精品应用，平台累计登录用户达到1003万户，访问量累计达到25.5亿人次。

【社区平台应用】 社区党员远程教育系统累计建设已达1105套，基于手机客户端的党员远程教育平台已在全省9个地市共524个社区推广应用。建成近10000个乡镇村信息服务站点，为农民提供各类政策、信息、法律服务。

【安全保障工作】 在全省范围开展重点领域网络与信息安全专项检查，及时发现重要信息系统存在的问题和薄弱环节，针对性地采取防范对策和改进措施，提高全省政务信息系统安全保障能力；将信息安全等级保护作为政府信息安全保障的重点工作，强化政府互联网接入终端管理，建立健全互联网接入安全管理制度。在全国率先成立福建省信息化标准化技术委员会，填补了全省信息化标准统一管理的空白；组建了第一批14个标准工作组，完成5个信息化技术省地方标准计划项目的立项申请。推进信息化条例立法进程，已报送省政府法制办完成立法审核程序；制定福建省电子政务一体化指导意见、福建省政务内外网云计算管理办法和实施细则、福建省推进文件证照电子化共享服务应用实施意见和福建省社保卡应用推广意见等相关管理办法和指导意见，修订了项目管理办法和资金管理办法。

（王爱萍）

邮 政 业

【概况】 2012年，全省邮政企业和规模以上快递服务企业实现业务总收入（不包括邮政储蓄银行直接营业收入）71.74亿元，比上年增长24.2%，邮政行业收入总规模排名全国第八位；规模以上快递服务企业业务量（含邮政EMS）完成2.56亿件，增长62.4%；实现收入42.1亿元，增长33.0%，快递业务总量及收入情况位列全国第六位。

【法制建设与行业规划】 2012年4月16日，《福建省邮政条例》顺利通过省政府常务会议审议；2012年9月27日，《福建省邮政条例》由省十一届人大常务委员会第32次会议表决通过，自2013年1月1日起施行。组织召开华东《海峡西岸经济区快递服务发展规划》宣贯座谈会。制定《福建省加快快递企业技能人才队伍建设实施方案》，提出逐步形成初级、中级、高级技能劳动者队伍梯次发展和比例结构合理的人才格局。快递专业技能人才培养逐步深化校企合作，华厦学院第二期“顺丰班”开班。福建省邮电学校获批成立邮政行业职业技能鉴定站。组织2批初级、中级以及首次高级快递业务员职业技能鉴定考试。

【普遍服务保障】 全面推进乡乡设所、村村建站、户户设箱等工程建设。截至年底，全省79个空白乡镇局所补建完成45个。推进新型村邮站建设，实地调查“1+N”模式新型村邮站和借助“世纪之村”平台，探索新的运营方式。完成全省农村邮政普遍服务设施和邮政机要通信基础设施建设项目审查。福建省“十二五”后3年纳入国家计划的邮政普遍服务项目中，邮政网点改造222个、危旧局所改造39个、车辆更新42辆；邮政机要通信项目中，网点改造62个、投递车辆更新76辆；以上项目投资合计1.2491亿元，其中中央预算内投资3590万元，地方（省级）投资1512万元，邮政企业自筹7389万元。依法履行行政审批职责，严禁未经审批擅自撤销邮政普遍服务营业场所，确保邮政企业邮政普遍服务基础网络和业务运行的基本稳定，截至年底，全省登记备案的邮政普遍服务营业场所共1315处。

【寄递市场监管】 在寄递市场加强同公安、安全、反恐等部门安全监管协作，开展“打非治违”、“扫黄打非”、“禁毒”以及“反恐”等行动。开展全球眼网络视频监控系统的建设，完成16家快递企业及快件处理中心上线。推动快递行业监管平台建设，确定试点工作。开展应急预案建设调研，完成邮政行业应急预案体系建设情况报告。快递业务许可实现全流程管理，截至年底，全省共有885家快递企业及网点取得合法经营资质；依法向社会公告违法问题企业，刊登年报不合格企业名单和依法被注销快递业务经营许可证的企业名单。组织开展服务质量专项整治，检查快递企业40家，重点整治快递服务领域中严重侵害消费者合法权益的行为。全年受理申诉8547件，其中：有效申诉7660件，占总申诉量的89.6%；无效申诉887件，占总申诉量的10.4%；涉及快递业务8364

快递职鉴考试。 （省邮政管理局供稿）

件，邮政服务（除 EMS）181 件，咨询留言 2 件。

【对台通邮】 福州邮件处理中心（第二枢纽）、厦门北站邮件处理中心被确定为物流园区项目。福州—台北—福州自主邮货航线的开通，这条航线不仅是大陆首条邮货快递航线，也是闽台首条两岸邮货快递航线。2012 全年对台进出口函件 1081756 件，下降 46.8%；特快专递 40910 件，增长 26.1%；包裹 4767 件，增长 11.2%。经两岸邮政协商，2012 年 9 月 17 日两岸正式开办"两岸速递（快捷）业务"，指定福州（互换局）作为两岸速递邮件总包进出口集散中心，截至年底，福州互换局发往台湾的邮件数超过 3000 件，收到来自台湾的邮件超过 15000 件。 （陈乾铭）

【省邮政公司】 2012 年，省邮政公司实现收入 31 亿元，比上年增长 9.4%，为中国邮政集团公司下达经营预算的 103.2%；实现有效收入 21.6 亿元，增长 12.47%；完成收支差额预算目标，员工收入稳定增长，邮政经济实现总体平稳运行。金融类业务加大发展力度，全年净增储蓄余额 125.7 亿元；新增市场占有率 9.3%，代理保险市场占有率 37.9%，保持银保市场第一；实现邮政金融收入 15 亿元，增长 7.99%；邮务类业务收入 13.86 亿元，增长 10.1%，电子商务、集邮、报刊零售等专业以及对账单、封片卡、代缴费、校园报刊等业务发展走在全国前列。

企业管理。推进专业化经营改革，提升各专业市场营销能力；全面推进专业损益核算和考核，更加关注经营的质量与效益；对全省邮政经营预算办法、绩效考核办法、资源配置办法、有效收入考核办法等进行调整，鼓励各邮政局早发展、快发展、多发展；对市县邮政局、专业公司、支局所推行分类分等分级管理，实行领导薪酬集中管理；整合电子商务和分销专业，完善报刊零售一体化改革。

基础建设。增强邮政基础网络能力，推进金融网点转型发展，开展社会加盟渠道示范点建设，推进投递流程优化和商务投递队伍建设，实施省内普邮网和速递网系统优化，采用信息技术提升邮政各领域的现代化程度。组织福建省邮政指挥调度中心、福州邮件处理中心、厦门邮件处理中心等重点工程建设，配合政府部门实施空白乡镇邮政局所补建工作。全年资产经营实现租金收入 1.4 亿元（不含关联交易），增长 19%。加强重点物资集中采购，全年节省生产成本 850 万元。

【鼓岭邮局正式营业】 2012 年 9 月 27 日，福州"鼓岭邮局"正式开门运营。1902 年，大清邮政在福州开办鼓岭夏季邮局，至 1948 年鼓岭邮局关闭。福州"鼓岭邮局"在老邮局遗址上仿原样重建，鼓岭邮局除了在建筑样式、内部结构等方面保持了百年前老邮局的原貌外，邮局使用的邮戳地名也继续使用"鼓岭 KULIANG"老拼法。百年前的"夏季邮局"主要在盛夏避暑的 3 个月内营业，而现今启用的"鼓岭邮局"将全年营运。

【德化窑瓷器特种邮票发行】 2012 年 10 月 20 日，由中国邮政集团公司、省政府主办的《中国陶瓷——德化窑瓷器》特种邮票首发式在泉州德化举行。省委常委、副省长张志南，中国邮政集团公司副总经理康宁分别代表省委、省政府和中国邮政集团公司到场祝贺并为邮票首发揭幕。该特种邮票一套 4 枚，内容选自故宫博物院的藏品，图案分别为：白釉夔龙纹双耳三足鼎、白釉象耳弦纹尊、白釉观音坐像、白釉达摩立像，规格为 30 毫米×50 毫米，面值为 1.20 元，设计者为著名邮票设计家谷玉宝。《中国陶瓷——德化窑瓷器》特种邮票的发行，对提升德化陶瓷的品牌价值和在世界上的知名度，起到积极的推进作用。 （杨文振）

通信业

【概况】 2012 年，全省通信业完成业务总量 516 亿元，比上年增长 14%；完成业务收入 422.7 亿元，增长 10.1%，其中非话业务收入为 231.7 亿元，占全部收入比重的 54.8%，比上年提高 5.3 个百分点；完成固定资产投资 120.9 亿元，增长 3.3%；业务成本 197.7 亿元，增长 8.6%；上缴税费总额 39.2 亿元，增长 13.2%；实现增加值 212 亿元，增长 3.5%。至年底，全省电话用户总数 5066 万户，新增 498 万户，其中 3G 电话用户 840 万户，新增 391 万户；互联网用户 3461 万户，新增 589 万户，其中移动互联网用户 2706 万户，新增 468 万户；电话普及率 136.18%，上升 12.49 个百分点；互联网普及率 93.04%，上升 15.27 个百分点。移动电话交换机容量 7703 万户，增长 7.3%；移动短消息中心容量 3.1 亿条/秒，增长 75%；互联网宽带接入端口 1110 万个，增长 22.4%；移动电话基站 8.6 万个，增长 10.3%；光缆线路长度 57 万千米，增长 17.5%，光缆纤芯长度 1232 万芯千米，增长 27.3%；长途业务电路 198.5 万个 2M，增长 21.8%。域名总数 81.57 万个，列全国第五位，其中 .cn 域名总数为 35.32 万个，列全国第四位；网站数 18.9 万个，列全国第五位。增值电信业务经营单位 1837 家。

【网络基础建设】 工业和信息化部同意启动厦门、漳州、泉州本地网并网调整工作。国家计算机网络应急技术处理协调中心厦门分中心挂牌成立。加快信息网络基础设施建设等 4 项工作列为省政府年度重点工作任务，厦门通信试点项目等 2 个项目被列入年度省在建重点项目。厦门、福州三网融合试点工作稳步推进。厦门、福州、平潭 TD－LTE 扩大规模技术试验有序开展。离岸呼叫中心业务试点工作取得阶段性成果。积极服务平潭"智慧岛"建设。实施"信息民生"应用工程，促进宽带普及提速，推动行业战略转型，提前超额完成为民办实事项目。完成工程投资 64.1 亿元，实现建制村通宽带，建制村光缆通达率达 99%。4M 及以上用户所占比例达 82%，居全国第一。出台全行业深化服务"数字福建"建设 10 条措施。加大对苏区老区信息通信基础设施建设投入。开展光泽县对口协作帮扶工作，完成年度投资 3764 万元。社区信息化建设加速推进，2128 个社区推广应用海西智慧社区平台，建成福州军门、厦门康乐等 100 多个信息化标杆社区。实施公益机构宽带接入普及计划。“无线城市”建设步伐持续加快。

【互联网管理】 加强网站备案信息审核等基础性管理。全年审核网站 7.88 万个。强化互联网行业自律。强化对网络与信息安全事件的监测预警和应急处置工作，开展深入整治互联网和手机媒体传播淫秽色情及低俗信息专项行动等 23 项专项整治活动。

市场监管。继续加强行业规划与地方综合发展规划和专项规划的衔接，组织分解规划项目落地实施。全年核准审批码号 519 个。落实各项监管政策，重点规范校园电信市场。开展纠正电信领域侵害消费者权益问题专项行动。

【海峡两岸第一条直通光缆】 2012 年 8 月 21 日，海峡两岸第一条直通光缆建成庆典及中国电信厦门通信信道出入口局揭牌仪式在厦门举行。该光缆由中国电信主导、联合两岸电信运营企业共同建设，由 2 条 24 芯海底光缆构成，分别从厦门观音山至金门慈湖、厦门大嶝岛至金门古宁头，进而连通至台湾本岛，系统设计容量是目前两岸通信能力的 100 倍。

（吴江波）

2012 年 8 月 21 日，中国电信集团公司在厦门主办“海峡两岸第一条直通光缆建成庆典”仪式。

（省电信公司供稿）

【中国电信福建分公司】 2012 年，公司全年收入超过 130 亿元，增幅超过 10%。业务结构明显优化，转型创新收入占比突破 70%。移动电话用户市场份额提升，全省天翼市场份额接近 20%；天翼用户全年净增 147 万户，总用户到达 837 万户，其中 3G 用户到达 390 万户；宽带用户全年净增 87 万户，总用户到达 560 万户。

信息化应用。以智慧城市推进对外合作，“爱城市”作为智慧城市移动互联网门户，中国电信福建公司获得“爱城市”全国运营权，“爱城市”已经在全国 20 个省 86 个城市开通，成为国内建设最早、用户数最多、功能最强大、社会影响力最大的智慧城市公众门户。在智慧社区建设方面，信息化应用初具规模，平台效应彰显，平台覆盖全省 2238 个社区，信息化应用五星级社区达 500 个。

网络建设。建设全光网络，持续推进基础网络光纤化、智能化、IP 化进程，提升管道能力。加快业务平台整合和云计算、互联网电视等方面的建设，支撑全业务发展和业务应用创新。提高网络资源利用率，提升网络价值，推进节能减排，推进技术创新，为推进全省信息化建设提供坚实的网络基础。移动网优势明显，福建电信 3G 网络覆盖率全省最高，福建天翼网络综合指标排名中国电信集团第三。宽带网量质双优，至年底城市 20M 带宽覆盖率超过 90%，农村 4M 带宽覆盖率超过 95%。

（吴腾峰）

2012 年 6 月 26 日，中国电信福建公司进行龙厦高铁线路天翼网络测试。

（省电信公司供稿）

【中国移动福建公司】 2012 年，公司客户总数达到 3197 万户，运营收入突破 230 亿元，上缴税收 24.25 亿元，位居全省纳税百强企业第七位。

基站建设。推进我国具有自主知识产权的国际第三代移动通信技术标准 TD—SCDMA 和第四代移动通信技术标准 TD—LTE 的发展，全年新建 TD—SCDMA 基站 6000 多个，TD 基站总数达 1.6 万个，共有 420 万客户享受到了 TD 网络服务。继厦门之后，福州被工信部列入第二批 TD—LTE 规模技术试验“10＋3”试点城市，全年共在厦门、福州两地建设TD－LTE站点2500多个，基本实现中心城区及周边核心区域的覆盖。

公共平台建设。开通"省级无线城市公共服务平台"，提供800多项民生信息化应用，用户数超过400万户，年访问量超过2.5亿人次，成为全国第一个访问量超2亿人次的省份。建成全国首个省级电子政务云计算平台，支撑范围涵盖全省7321类业务事项、1804个业务线及616个系统应用。全力做好防汛抗台及"5·18"、"6·18"、"9·8"以及"两会"等各项重大活动通信保障，全年共发送防灾救灾公益短信达5000万条。

支持"数字福建建设"。"厦门无线城市4G应用"、"龙岩市电子政务一体化平台"项目作为"数字福建"建设重要成果，在2012年3月30日省政府举办的"数字福建建设成果汇报暨项目开通仪式"上正式开通。

信息化建设。落实中国移动与省政府签订的战略合作协议，每年投入超过100亿，推动全省信息化建设。中国移动手机动漫基地(厦门)顺利投产，年产值达3个亿，吸引入驻园区企业达到700多家，拉动产业产值约10亿元。（许　婕）

【中国联通福建省分公司】 截至2012年底，公司完成固定资产投资超过180亿元，建成移动通信基站总数2.6万个，光缆线路总长13.6万皮长千米；各类综合用户超过677万户，年收入规模46.7亿元。在中国联通集团公司"智慧城市"战略的引领下，"智慧城市"战略推进与"幸福数字福建"项目签约取得突破，累计拓展项目5200个，实现签约合同总额4.06亿元，收入占比达到23.3％，净增收入贡献提升至34％。

网络建设。充分发挥网络专业化垂直管理优势，提速建设、优化维护、提升效率、强化支撑，网络公司前三季度纵向考核得分排名全国第一位；网络覆盖与服务能力大幅提升，全省3G网络能力提升56％，实现全网升级HSPA＋；2G完成全网86％小区的EDGE升级；宽带端口规模提升38％，8M以上端口占比超过82％。投资效益与资源使用效率大幅提升，全年移动网投资增收比提升至61％，宽带提升至33％，大客户工程提升至34.3％，整体投资占收比优于南方平均水平；通过拆闲补忙和专项优化，全省2G小区速率提升32.2％，宽带三季度户均接入速率排名全国第二位，三季度2G资源和宽带端口利用率分别提升22个百分点和14个百分点。IT快速响应和支撑能力大幅提升，进一步加强面向基层一线及代理商的支撑服务，实现OCS系统全面优化，建成渠道集中管理系统和企业级大数据中心，加大了对产业联盟、班班通、2G/3G融合产品等5000余项需求的支撑响应。

公共服务。充分发挥自身全业务运营和3G网络优势，加速推进中国联通集团公司与福建省政府战略合作协议的落地工作，先后与省数字办签署了"幸福数字福建"战略合作协议、与省内9个地市签署了"幸福数字城市"战略合作协议；承接的12320预约诊疗服务平台被纳入省委、省政府2012年为民办实事项目，并获评"'十二'五国家科技支撑计划项目"。（柯　研）

编辑：林忠玉

金　融

综　述

【金融运行】 2012年，全省主要金融指标增长基本呈先抑后扬态势。存款平稳增长，贷款增量创历史新高，结构持续调整优化，生产流通、个人消费领域贷款仍占主导，新增企业贷款继续向中小微企业集中；资金市场价格总体下行，货币市场交易活跃；直接融资比重大幅提升，债券融资快速增长，银行间市场发债融资超过以往年份总和；保险市场稳定发展，总体保障水平提高。

货币供应量波动增长。现金投放回笼基本正常，全年广义货币 M_2 增速窄幅波动，年末 M_2 余额同比增长15%，比全国高1.2个百分点；全年狭义货币 M_1 增速起落明显，年末 M_1 余额同比增长7.8%，比全国高1.3个百分点；年末流通中现金（M_0）余额同比下降0.2%。全年人民币现金净回笼1.8亿元，省内现金净投放、净回笼的地市分布格局与上年一致。

存款保持较快增长。年末本外币存款余额同比增长16.2%，增速较上年末上升1.2个百分点，并保持上年来持续高于全国平均水平的态势。全年本外币存款新增3486.6亿元，多增662.1亿元。从来源结构看，个人存款增量占比上升，单位存款增量占比略降，财政存款及其他存款增量占比显著下降。全年中资机构个人存款比上年多增695.6亿元，增量占比较上年上升13.6个百分点；单位存款比上年多增315.8亿元，但增量占比由上年的52.4%下降至51.7%；财政存款受财政收入增长乏力、财政支出增长较快的影响而出现负增长，全年财政存款减少91亿元；其他存款比上年少增147.3亿元，新增额占各项存款增量的比重为1.6%，比上年下降5.7个百分点。从期限结构看，单位定期存款占比大幅下降，存款活期化倾向增强。全年中资机构单位定期存款比上年少增195亿元，增量占比由上年的45.5%下降至26.5%；与单位定期存款增量占比急剧下降不同，单位活期存款比上年多增373.2亿元，增量占比上升9.1个百分点。个人非定期存款比上年多增425.1亿元，增量占比上升6.6个百分点。单位定期存款增量占比急降，与当前经济下行压力下实体经济有效信贷需求减弱及银行内保外贷压缩等密切相关，而活期尤其单位活期存款多增主要是年末流入银行的临时性资金增加较多所致。

贷款增量创新高。年末本外币各项贷款余额同比增长18.2%，增速比全国高2.5个百分点；其中涉农、小微企业、工业等领域贷款增速分别为24%、18.6%和18.4%，均高于各项贷款平均增速。全年本外币贷款增量3435.62亿元，比上年多增540.5亿元，占社会融资规模的51.6%。对公贷款增势良好、行业投向优化，个人贷款多增明显。全年对公贷款（含票据融资）比上年多增183.23亿元，个人贷款比上年多增314.1亿元，其中个人消费贷款比上年多增106.5亿元。全年新增公司类贷款主要投向制造业、批发零售业和基础设施，全年上述3项合计占公司类贷款增量的79.2%，比上年回落约9个百分点。小微企业贷款增速继续领先，中小微企业贷款增量占比超九成。年末小型、微型企业贷款余额同比增长18.6%，增速比人民币各项贷款高1.85个百分点，比大型企业和中型企业分别高13.1个百分点和6个百分点；全年中小微企业贷款增量占新增企业贷款的91.5%，其中制造业新增贷款的77.4%投向中小微企业，批发和零售业新增贷款的99.5%向中小微企业集中。这主要由于各金融机构贯彻落实省政府出台的《金融服务实体经济发展的十一条措施》，为中小微企业量身定做各具特色的信贷产品，成效明显。贷款期限结构变化明显，短期贷款增量占比大幅上升。受经济增长回落、预期不甚乐观等影响，银行和企业资金安排倾向于短期化，全年中资机构短期贷款多增539亿元，增量占比上升8.1个百分点；中长期贷款少增213.2亿元，增量占全部贷款增量的比重较上年下降14.6个百分点。

新型表外融资业务发展迅速。全年银行承兑汇票、委托贷款和信托贷款合计融资2479.1亿元，比上年多增358.3亿元，占社会融资规模的37.2%。银行业机构加大与信托、保险、证券、资产管理、金融租赁等同业合作力度，设计开发一系列新型表外融资产品。全年新型表外业务共为福建企业融资510亿元，其中信托和理财合计占比近九成。

银行业利润增幅收窄。在央行两次下调基准利率及扩大存贷款利率浮动区间、下调存款准备金率，以及央行公开市场逆回购释放流动性等货币政策工具的综合作用下，各项人民币贷款加权平均利率7.6%，虽比上年提高约18个基点，但升幅缩小134个基点，基准及下浮利率贷款占比均有所上升；鉴于安全性较高且受上半年经济下行的影响，个人商业性住房贷款加权平均利率逐季下降态势明显，且先于各项人民币贷款下行。受市场流动性有所宽裕、资金成本下降的影响，银行间市场加权平均利率波动下行。按五级分类，年末中资机构不良贷款余额和不良贷款率，较年初分别增加

38.86 亿元和提高 0.07 个百分点；全年中资机构实现利润增幅下降 15.2 个百分点。

金融市场总体运行平稳。全年货币市场交易较为活跃，同业拆借、债券回购和现券交易 3 项成交总额比上年增长 37.4%；全年银行间拆借市场净拆出资金 3043.11 亿元，比上年多拆出 2217.71 亿元；银行间债券市场净融入资金 1.746 万亿元，比上年多融入 1.490 万亿元；国债柜台个别品种交易量增加，债券结算代理业务交易量小幅增长，公开市场回购交易额是上年的 13.24 倍；票据融资总量呈冲高小幅回落态势，年末余额（含承兑、贴现和转贴现）同比增长 25.4%。全年直接融资占比达 14.6%，较上年上升 3.6 个百分点；非金融企业国内债券融资 527.1 亿元，是上年的 3.5 倍；企业通过发行股票募集资金约 60.8 亿元，比上年减少 149.5 亿元。

外汇收支基本均衡。全年累计收汇、结汇 1110 亿美元和 856.39 亿美元，分别增长 6.5%和 1.1%。保险市场平稳增长，全年新增 4 家保险经营主体，保险业实现保费收入比上年增长 10.5%，高于全国平均水平 2.5 个百分点；为社会承担风险保障总额增长 33.8%，赔付支出增长 20.9%；保险对社会经济生活的渗透率基本稳定，保险密度比上年增长 9.7%，保险深度与上年基本持平。黄金市场交易量下降，全年金融机构各品种黄金交易量均比上年减少，纸黄金、实物黄金、代理金交所黄金交易同比分别下降 20.8%、26.9%和 53.7%，金交所 4 家省内会员单位在金交所成交总量下降 54.9%。

2012 年 12 月 15 日，第二届海峡金融文化节暨海峡两岸金融峰会正式开幕。

（人行福州中心支行供稿）

【外汇管理】 在全国率先制定出台应对跨境资金双向流动的政策预案，设定地区外汇资金流动预警监测指标与预警临界值，区分一级响应和二级响应，制定并完善跨境资金双向流动监管预案，充实防范跨境资金流动冲击的政策储备。建立跨境资金流动非现场监管内部协调机制，整合各类非现场监管资源，实行跨境资金流动监测预警月度提示制度；启动跨部门联合监管措施，与省公安厅、省国税局、省地税局建立打击外汇和涉税违法犯罪行为的监管合作机制，在省内实现无障碍信息共享与联合办案，解决了外汇局提供发票复印件向税务机关鉴定发票真伪及查询发票使用的难题。

开通货物贸易外汇监测系统，实现进出口企业分类管理、动态监测，便利企业拓展进出口业务；增设贸易收支办理绿色通道，便利外经贸企业办理“碳排放交易”相关费用收支。调增省内部分银行、中资企业短期外债指标及银行对外担保规模，促进贸易投资便利化。成功争取中资企业外保内贷业务试点权限，省内获得一定外保内贷额度的中资企业，获准办理境外机构或个人担保条件下由境内金融机构发放本外币贷款的业务。全面推行外汇年检网上申报和会计师事务所代申报制，全省（不含厦门）外商投资企业参检率 96.6%，境外投资企业参检率 95.3%。

健全银行外汇管理执规情况考核机制，建立“银行机构外汇管理政策风险测评平台”；壮大办理结售汇业务法人机构群体；自主开发个人外汇业务非现场监管系统，增强非贸易外汇收支管理有效性。

开展个人项下跨境资金流入、特定经济区域企业、资本金或外债结汇、贸易外汇收支、境内居民通过境外特殊目的公司融资及返程投资等专项检查，非现场检查异常线索查实比率达 30%。全年共立案 127 起，结案 149 起（含上年度立案本年度结案的 25 起），结案率 117.3%；处以罚款 1420.79 万元，收缴 1605.07 万元，收缴率 113.0%，罚没款收缴数增长 25.4%。协同公安机关破获“7·24”、“9·27”等 3 个地下钱庄案，冻结涉嫌非法外汇交易账户资金 1805.97 万元，涉案金额 47 亿元人民币。（王 勉）

【金融监管】 截至 2012 年末，福建银行业金融机构资产总额 41277.88 亿元，比年初增加 7489.51 亿元，增长 22.2%；负债总额 38900.14 亿元，比年初增加 6862.40 亿元，增长 21.4%；所有者权益 2377.74 亿元，比年初增加 627.11 亿元，增长 35.8%。从银行业金融机构市场份额情况看，资产规模占比较大的依次为：股份制商业银行 39.7%，其中兴业银行 27.5%；大型商业银行 34.2%；农村中小金融机构 7.9%；政策性银行及国家开发银行 6.9%；城市商业银行 5.0%；邮政储蓄银行 2.8%；外资银行 3.2%；其他非银行金融机构 0.4%。福建银行业金融机构各项存款余额 25057.75 亿元，比年初增加 3486.57 亿元，增长 16.2%，其中：储蓄存款余额 10650.59 亿元，增加 1435.26 亿元，增长 15.6%；企事业单位存款余额 12647.76 亿元，增加 1834.67 亿元，增长 17.01%。各项贷款余额 22427.45 亿元，比年初增加 3435.62 亿元，增长 18.2%。全年福建银行业金融机构实现净利润 434.29 亿元，纳税 194.3 亿元，增盈 41.89 亿元。从收入结构看，净利息收入、手续费收入和投资收益是收入构成的主要部分，分别为 1049.45 亿元、228.76 亿元和 127.01 亿元。

强化风险管控。福建银行业金融机构按贷款五级分类的不良贷款余额 172.13 亿元，比年初增加 38.86 亿元，不良贷款率 0.8%，不良贷款余额与不良贷款率出现“双升”，但信贷资产质量仍保持全国前列。进一步加强平台贷款、房地产贷款、钢贸授信等重点风险防控，实现政府融资平台贷款“三降三升零违约”，即：监管类平台贷款总量、压缩类平台贷款总量及平台不良贷款总量“三下降”；存量平台贷款抵质押担保整改率、支持类平台贷款总量及平台贷款管理水平“三上升”；全年平台到期贷款“零违约”。组织银行业开展案件风险排查及民间融资相关风险排查，引导妥善处置企业资金链断裂事件。

优化服务效能。2012 年有 10 家银行总行及公司与省政府签订战略合作协议，签订协议的总行及公司累计达 16 家，各家机构累计向上多争取信贷规模逾 600 亿元。年末全省 151 个在建重点项目贷款余额 1250.5 亿元，比年初新增 439.55 亿元，同比增长 54.2%。支持平潭综合实验区开发，5 家银行赴平潭新设分支机构，全年区域贷款增幅达 45%。福建银行业机构小微企业贷款连续 4 年实现“两个不低于”目标，全省小微企业贷款余额 4931.68 亿元，余额居全国第六位，比年初增加 925.12 亿元，增量居全国第五位；小微企业贷款余额在企业类贷款余额中的比重达 35.05%，居全国第三位。福建银行业涉农贷款余额 7123.69 亿元，比年初增加 1341.53 亿元；同比多增 266.01 亿元，增幅 23.2%。

（谢 融）

银 行

【中国人民银行福州中心支行】 2012 年，全年地方法人金融机构适度新增贷款使用率高达 99.6%，实际新增贷款多增 43.04 亿元；发挥存款准备金工具的流动性调节功效，引导资金回流县域；改进中小企业集合发债的债券融资模式，开辟中小企业直接融资新渠道。制定出台《关于加强和改进金融服务促进福建省实体经济发展的指导意见》《关于落实小微企业金融支持政策的举措》《提升金融服务促进中小企业发展》《进一步做好实体经济发展金融服务的意见和要求》等一系列金融政策，引导金融业服务实体经济发展。参与规划制定《关于在泉州设立国家金融服务实体经济综合改革试验区的总体方案》，方案获国务院批准实施，泉州成为继温州、珠江三角洲后第三个国家级金融综合改革试验区。增强货币政策与信贷政策的联动性，支持金融机构加大对重点在建续建项目、“三农”、中小微企业、民生保障、外经贸、海洋经济和战略性新兴产业等领域的信贷投放力度。

服务实体经济。全年银行业金融机构对省级重点项目发放贷款新增 458.39 亿元，增长 58.9%；年末在建省级重点项目贷款余额 1109.69 亿元，比年初增加 239.57 亿元。牵头主办第十届“6·18”海峡项目成果交易会金融服务馆展览会，有 8 家融资机构与 20 家企业和单位达成 22 项战略合作意向或贷款协议，总授信额 139.95 亿元，主要用于支持工业重点企业、中小企业以及科技环保企业发展。推动全省首家科技专业支行落户福建海峡银行，为科技型中小企业提供专业金融服务，促成财政部门集中部分资金开展科技型企业知识产权质押贷款贴息试点，全年有 11 家金融机构向 33 家企业发放专利权质押贷款，累计授信额度 7.39 亿元。制定《关于进一步推动金融支持福建省文化产业发展的实施意见》，细化文化产业金融服务措施，年末全省文化产业贷款余额 168.13 亿元，同比增长 35.8%，高于全省平均贷款增速 17.6 个百分点；年末各项贸易融资余额同比多增 223.77 亿元。推进福建海洋经济发展试点省份建设，牵头编制《涉海金融服务业发展实施计划》，年末全省海域使用权抵押贷款、在建船舶抵押贷款、渔船抵押贷款、沿海沿江资产抵押贷款余额，分别达 69.63 亿元、10.10 亿元、11.87 亿元和 46.39 亿元。创新农村金融服务，确定 12 家农信社（农商行）开展支农再贷款授信管理新模式试点，引导以抵（质）押担保方式发放支农再贷款，全年对农村合作金融机构发放支农再贷款增长 41.0%，多增 9.35 亿元；继续推动林权抵押增量扩面，年末林权抵押贷款规模居全国第二位，森林保险承保余额同比增长 5.3%；联合福建银监局等 7 部门下发《关于金融支持福建省水利改革的实施意见》，明确水利融资平台“自有现金流”范围，推动银行业金融机构加大对“现金流全覆盖”水利融资平台的信贷支持力度；年末涉农贷款余额同比增长 24.0%，增速比本外币各项贷款高 5.87 个百分点，增量占各项贷款的 39.1%，比全国高 6.07 个百分点。完善中小企业的金融支持体系，推动中小企业区域集优债务融资创新，全省首支区域集优中小企业集合票据成功发行上市；改进金融债券复审和评估方式，促成地方法人金融机构发行小微企业贷款专项金融债券取得零突破；配合省政府制定《关于进一步落实扶持小型微型企业发展政策措施的意见》，推动省财政厅出资 2000 万元建立小微企业贷款“风险资金池”，为小微企业贷款提供增信支持；深化中小企业信用体系试验区建设，改善中小企业融资金融生态；全年小微企业贷款增量占企业贷款增量的比重比上年提高 6.49 个百分点，增量占比较全国高 14.5 个百分点，居全国第三位。提升民生金融保障，会同省农办开展省级财政资金担保的扶贫小额贴息贷款试点，完善促就业小额贷款政策体系，联合省妇联等部门继续推进妇女创业小额贷款“主办行”制度建设，增加中国农业银行作为主办行，指导省内农村合作金融机构和邮政储蓄银行优先支持符合条件的对象，促成全年 20 亿元妇女创业小额贷款投放到位，全年发放各类促就业小额贷款比上年增长 23.6%；督促引导各金融机构严格落实差别化住房信贷政策，加大对保障性住房建设的金融支持力度，改善首套住房金融服务，年末保障性住房开发贷款余额同比增长 32.2%，全年银行业发放个人住房贷款增长 29.7%，增长 204.81 亿元。完善跨境业务推进方式，人民币跨境结算业务发展态势良好，全年办理各类跨境人民币业务增长 101.9%，其中贸易项下和资本项下业务占比分别为 76.3% 和 19.5%，优于上年的 81.2% 和 17.5%，跨境业务品种构成趋于均衡；跨境人民币资金实收实付比为 1.35：1，优于上年的 1：1.7，收付平衡状况显著改善。

稳定金融体系。开展"两管理、两综合（开业管理、营业管理、综合评价、综合执法）"工作，制定下发全省银行业金融机构综合评价办法和综合执法检查办法，理顺新设金融机构开业管理的相关内部操作规程，提高央行管理与服务水平；强化金融业系统性风险监测，做深做实民间融资与非法金融活动、融资性担保业、闽台经济与金融往来等特色项目的定点监测，及时预警提示金融风险，全年省内各级人民银行发出金融风险提示 133 次；推进金融稳定履职新手段，夯实金融机构稳健性现场评估的制度基础，规范开展地方中小银行机构稳健性现场评估，探索证券业、保险业机构现场评估；健全全省金融监管协作机制，建立福建金融监管工作联席会议制度，拓宽金融稳定工作责任书签约范围，深化金融稳定工作责任制；强化金融风险应急管理，出台各类风险事件应急处置措施，规范非银行体系风险的监测、报告及处置行为，成功化解"购物返利"等新型民间融资风险事件；拟定《福建省金融生态县创建考核办法》，科学设置考核指标体系和指标值，截至年末共有 8 个县（市、区）开展金融生态县创建试点工作。

推动金融服务创新。全面推动省内中小金融机构落实金融统计标准化工作，促成福建海峡银行贷款统计分类标准落地并在全国处于领先水平；受人民银行总行委托，完成全国农信社（农商行、农合行）专项统计制度设计和试点；完善经济金融时序库建设，新收录近 200 个指标、逾 10 万个数据；健全经济监测体系，建立中介机构民间融资监测制度。开展第二代现代化支付系统建设，福建成为全国二代支付系统模拟运行试点的 4 个省份之一。深化农村支付环境建设，年末全省农村地区金融自助终端 22.5 万台，银行卡助农取款服务点近 2.34 万个，办理取款业务笔数占全国的 10%，农村自助服务和助农取款实现"两个 100%覆盖"；全省县及县以下地区人均持有银行卡 2.8 张，银行卡渗透率达 25%，均超出人民银行总行设定的发展目标 1 倍多。制定《福建省银行业金融机构支付系统管理评价办法》，强化对银行机构支付清算纪律现场督查。加快金融 IC 卡推广应用，全年福建（不含厦门）发放金融 IC 卡 416.39 万张，占新增银行卡总数的 30.0%，高于全国平均值近 1 倍；全省所有 POS 终端和已发放金融 IC 卡商业银行布放的 ATM 机均可受理金融 IC 卡；全省（不含厦门）正式投产或正式签约的金融 IC 卡行业应用 22 项。不断完善征信体系建设，企业和个人征信系统日均查询量分别增长 38.9% 和 12.8%，动产融资登记公示系统登记量居全国第四位，应收账款质押登记公示系统业务量居全国第五位。指导全省有序开展机构信用代码推广应用工作，实现正常户发码全覆盖，并拓展其在反洗钱等业务领域的应用。拓展中小企业和农村信用体系建设，发挥中小企业和农村信用体系试验区建设的示范效应，年末已建信用档案的中小企业近 10.06 万户，建档中小企业获贷率同比提高 2.88 个百分点；年末已建信用档案的农户 380.39 万户，已建档农户累计贷款发生额 2573.62 亿元，增长 20.1%。规范金融机构征信业务监管，出台银行业金融机构征信管理综合评价办法；加强信贷市场和银行间债券市场信用评级监管，提升信用评级行业的公信力。完成全国财税库银横向联网系统在全省税务系统的推广上线，全省电子缴库率居全国第二位；强化国库资金风险管理，建立跨部门的横向联网系统应急处置机制，全省国库经理业务安全高效；设立平潭综合实验区国库，并在全省率先试行非税收入电子缴库新模式；参与"营改增"改革试点，确保"营改增"税款顺利入库；推动国库集中支付改革，实现 5 类财政直补资金的国库直接支付。在全国率先开发货币金银检查信息系统，完善规章制度执行力建设。精心打造人民币"票亮"工程，提高流通中人民币整洁度，全年共组织投放 10 元及以下小面额人民币 60.27 亿元、24.70 亿张（枚），分别增长 50.7%、32.9%；回收 10 元及以下小面额残损人民币 40.64 亿元、9.54 亿张（枚），分别增长 70.9%、80.9%；组织清分大面额残损人民币 775.54 亿元、839480 千张；大型机械销毁残损人民币 862342 千张，增长 60.0%。建立金融机构涉假投诉机制和假币通报制度，开展金融机构对外误付假币专项治理，全省

2012 年 8 月 31 日，平潭综合实验区国库成立暨授牌仪式在平潭举行。

（人行福州中心支行供稿）

共审查接收重点可疑交易线索503条，破案40起，主动发布风险提示5份；协助公安机关开展打击经济犯罪“破案会战”，与福州海关签订《反洗钱、缉私工作合作备忘录》，反洗钱调查立项数、案件协查数、“洗钱罪”立案数分别比增28.5%、44%、200%。

闽台金融合作。指导厦门银行与台北富邦银行率先开展业务合作，办理两岸人民币跨境清算、结算等业务，结束了闽台两地人民币绕道第三地代理清算的历史。推动新增中国农业银行、中国建设银行和福建海峡银行成为福建新台币兑换银行，全年新台币兑换量5.8亿元新台币，增长41.1%，约占大陆新台币兑换总量的1/3。成功争取平潭综合实验区新台币兑换政策，促成外汇总局批准在实验区客货滚装码头和“海峡号”高速客滚轮，设立外币代兑点并开放对境内居民的新台币兑出业务，成为大陆唯一在移动平台上设立、唯一获得居民个人新台币兑出业务许可的代兑点。引导支持中国工商银行在平潭综合实验区设立离岸金融中心和区域业务总部。

（王 勉）

【中国人民银行厦门中心支行】

截至2012年末，厦门市共有各类银行业金融机构39家，其中：中资银行业金融机构24家，外资银行业金融机构15家（含代表处2家），银行业金融机构数比上年末增加2家；银行业金融机构资产总额8462.57亿元，增长22.3%。银行业金融机构不良贷款余额54.38亿元，比上年末多27.61亿元；不良贷款率1.1%，比上年末高0.45个百分点。银行业金融机构实现税后利润115.14亿元，增长9.7%，比上年低47.51个百分点。

证券市场。厦门市共有1家法人证券公司、3家证券公司分公司、52家证券营业部，证券公司分公司和证券营业部分别比上年末增加2家和3家；共有2家法人期货公司、26家非法人期货公司营业部，非法人期货公司营业部比上年末增加6家。年末证券投资者开立资金账户数90.33万户，同比增长3.3%；客户交易结算资金余额52.67亿元，下降12.0%；全年证券交易总额11395.87亿元，下降4.1%；证券营业部营业收入6.53亿元，下降23.4%；利润总额1.52亿元，下降39.0%。期货投资者开立资金账户数7.01万户，同比增长16.1%；客户交易结算资金余额30.98亿元，增长20.2%；全年期货交易总额73635.38亿元，增长56.2%；本地注册期货公司营业收入3.26亿元，增长26.8%；净利润9600万元，增长37.9%。

保险市场。厦门市共有各类保险公司37家，其中：法人保险公司2家，财产保险公司20家，人身保险公司17家，保险公司数比上年末增加2家。保险业共实现保费收入92.92亿元，增长13.3%，其中：财产险保费收入41.50亿元，增长19.6%；人身险保费收入51.42亿元，增长8.6%。全年赔付支出30.30亿元，增长38.0%，其中：财产险赔付支出20.30亿元，增长48.9%；人身险赔付支出10.0亿元，增长20.1%。

货币信贷市场。年末厦门市中外资金融机构本外币存款余额5472.00亿元，增长10.4%，比上年末低1.26个百分点，全年增加514.54亿元，比上年少7.24亿元；本外币贷款余额5107.35亿元，增长17.7%，比上年末高2.76个百分点，全年增加665.87亿元，比上年多102.69亿元。其中，人民币存款余额5151.40亿元，增长9.7%，比上年低1.22个百分点，全年增加455.00亿元，比上年少12.17亿元；外币存款余额51.01亿美元，增长23.1%，比上年末低10.01个百分点，全年增加9.57亿美元，比上年少6800万美元。年末厦门市中外资金融机构人民币贷款余额4555.91亿元，全年增加450.84亿元，比上年少91.09亿元；厦门市中外资金融机构外币贷款余额87.73亿美元，增长81.3%，比上年末高68.28个百分点，全年增加34.34亿美元，比上年多28.78亿美元。

融资方式多元化。全年厦门市社会融资规模1131.77亿元，比上年多47.61亿元。在本外币贷款稳健增长的同时，企业融资方式呈现多元化发展趋势，非银行金融机构对经济支持力度增强，债券融资、股票融资等直接融资增加，全年人民币贷款增加454.99亿元，比上年少90.55亿元；外币贷款折人民币增加216.81亿元，比上年多180.33亿元；委托贷款增加68.0亿元，比上年少71.04亿元；信托贷款增加273.37亿元，比上年多107.43亿元；未贴现的银行承兑汇票减少100.53亿元，比上年少172.42亿元；企业债券净融资145.83亿元，比上年多83.16亿元；非金融企业境内股票融资43.36亿元，比上年多2.92亿元；保险公司赔偿30.30亿元，比上年多8.34亿元。

（陈 萍）

【中国农业发展银行福建省分行】

2012年，全分行各项贷款余额430.2亿元，比上年增加56.5亿元，增长15.1%；各项存款余额（含同业存款）118.9亿元，比上年增加39.7亿元，增长50.2%；年末不良贷款余额1.03亿元，不良贷款率0.2%；实现账面利润10.9亿元，同比增盈2.7亿元，增长32.2%，人均创利116万元。全年累计投放粮油购调储贷款69.1亿元；支持农业农村基础设施建设，全年共发放贷款72.7亿元，支持项目80个。

风险管控。对2012年3月末在该行有贷款余额的商业性贷款客户，进行专项排查，对有重大风险隐患的客户制定应对措施。对实体企业坚持“十不贷”，严把准入关。严格落实作业监督管理，实行贷款资金支付“双签”管理，建立贷后管理督导制度。2012年收回不良贷款175万元。没有出现系统性风险和区域性风险。

运营管理。全年办理贴现业务295笔，金额5.8亿元。加强同业合作，累计存出存入资金460亿元。全年各项存款日均余额111.8亿元，比上年增加27.8亿元，增长33.2%；利息收回率达99.4%；应收财补资金全额到位；中间业务达1765.7万元。规范授权管理，调整差别转授权评价指标，提高其适用性和可操作性。修订财务管理、委派财会主管考核和坐班主任短期交流等办法，规范财会管理和运作流程。强化财会监督检查和反洗钱工作。

（叶秋英）

【国家开发银行福建省分行】

2012年,全分行实现融资总量855.85亿元,争取总行新增规模197.54亿元,发放贷款375.63亿元,93%以上为中长期贷款,75%以上投向高速公路、铁路、电力、石油石化、城市基础设施等“两基一支”重点建设领域。积极拓宽客户融资渠道,全年共发行6支债券,实现债券承销到位资金109亿元,省高速公路公司80亿元中票实现了福建债券市场注册效率最高、发行规模最大、承销影响最广。全面推开多种融资工具,通过银团贷款、信托、企业理财、融资租赁、夹层投资、保险资金债权投资计划等业务,共引导社会资金371.22亿元投向福建省重点建设项目。截至年末,表内外贷款余额2000.66亿元,其中表内贷款余额1412.42亿元。

推进开发性金融合作与重点项目开发评审。评审承诺贷款833亿元,涵盖高速公路、铁路、电力等交通、能源类,石油化工、船舶、文化等产业类,水利、保障性住房、中小企业、新农村建设等民生类项目;总分行联动评审承诺平潭项目贷款228.9亿元,开创了支持园区开发建设的“平潭模式”。

提升综合金融服务水平。全年开办国内保理、保理代付、企业理财、夹层投资、分组银团、贸易融资、出口收汇、信用证付款等10多项新业务。推进与国开行子公司业务合作,协同开展夹层投资、基金募资、融资租赁等业务。年末各类存款余额折合人民币153.89亿元,日均存款124.14亿元。

发展民生业务。全年水利、中小企业、保障性住房、新农村建设、医疗卫生、抗灾救灾等民生领域融资总量117.96亿元。评审承诺水利项目贷款13.92亿元,实现融资总量9.85亿元。实现保障性安居工程项目融资24.89亿元,建设住房面积约140.43万平方米,惠及1.55万户中低收入家庭。继续巩固永安模式、沙县模式及小额贷款公司等合作,推动永安市社会金融服务平台试点建设,不断丰富中小企业融资渠道,发放中小企业贷款27.82亿元。加大支农力度,扩大农村金融服务覆盖面,推动与福清、永安等现代农业示范区合作,实现新农村建设项目融资总量54.7亿元。

强化风险防控。继续推进政府融资平台规范与发展,推动各级地方政府注入资产110.18亿元,追加抵质押物价值201.11亿元。开展贷款资金发放支付逐笔检查、福州社会保障房项目等专项检查。深入推动信贷资产动态管理年活动,完善信贷合同审查签订制度,推进担保分类监管,强化合同个性化管理和差异化担保管理。加强公路、火电、中小企业等项目风险识别、防范和化解工作,全年共回收贷款本息238.82亿元,连续41个季度实现本息回收率100%,年末不良贷款率0.1%。 (郑斯玮)

【中国工商银行福建省分行】 2012年,全分行存贷款余额突破2400亿元,资产质量持续保持良好水平,不良率比年初下降0.01个百分点,全年实现平安经营。

支持实体经济。全年新增表内外融资391.47亿元,增幅17.3%。积极支持新能源发电、高速公路、港口码头等重点在建续建项目,年末项目贷款余额599.92亿元,比年初增加76.92亿元;加大先进制造业、战略性新兴产业、现代服务业、文化产业等新四大行业的资金支持,贷款余额1174.12亿元,比年初增加196.09亿元;助力中小企业成长,小微企业贷款余额670.87亿元,比年初增加74.32亿元,增幅12.5%,涉农贷款余额930.53亿元,新增174.31亿元,增幅达23.1%。

创新金融业务。全年通过区域理财、收益权信托、北金所等融资63.69亿元,拓宽了融资渠道;通过开展股权信托、理财委托贷款、理财委托投资票据、财产收益权信托等理财业务,发行区域理财20期,相当于上年的3.4倍。品牌类投行业务规模不断扩大,实现投行业务收入四行占比34.9%,同业第一;品牌类投行业务收入占投行总收入的31.3%,提高15.9%。资产托管业务,保持收入市场占比第一和系统排名前十。贵金属业务,同业第一。信用卡业务经过综合治理实现快速发展,发卡量同业第一;中间业务收入增长67.6%;不良资产及不良率“双下降”。电子银行业务保持领先,在同业中第一家推出电子银行在线兑奖、同城跨行速汇、牡丹公积金灵通卡、公务卡网银审核报销系统,实现中间业务收入同业第一,增长33%。推出百亿元平潭建设股权投资基金融资方案,积极支持平潭综合实验区建设。全年办理海外代付16.4亿美元,办理跨境人民币结算131.77亿元,推出“外汇掉存通”组合产品,成功运作境外并购贷款等项目。依托集团现金管理等特色产品引导“闽企回归,闽资回流”。同业第一家与中国电信、中国移动通信福建有限公司开展“天翼牡丹手机支付业务”、“G3牡丹手机支付业务”,开启金融服务3G时代。

2012年7月30日,工行福建省分行隆重举行工银随军银行保障车投产启用仪式。
(工行福建省分行供稿)

升级服务能力。全年新增9家网点、70个离行式自助银行和Ipad网上银行和Iphone手机银行客户体验区，并优化46家网点。根据客户新型金融服务需求，加快推进手机银行、芯片卡、3G闪酷卡、PE投资产品、理财、融资租赁、供应链融资、经编机设备按揭贷款、并购贷款、银团贷款等重点产品的创新，为各类客户设计综合金融服务方案，提供全产品服务，组建并完善了私人银行中心、大客户金融服务中心、平潭建设金融服务团队、工商注册验资服务团队、境外省外闽商服务团队等各类服务团队，为客户提供个性化、精细化金融服务。全年客户投诉量下降60.6%，连续19个月实现客户处理满意度100%。

品牌建设。开展普及金融知识万里行公众金融教育、小微企业宣传月、公益捐款及帮扶、支持环保事业发展等活动。倡导和实行绿色办公。开展“建设最安全银行”主题活动，实现金库、营业网点、自助设备适时监控和自助银行监控报警联网，堵截外部欺诈风险事件150余起，帮助客户避免损失2亿元，实现了全年安全零案件。

（陈思滔）

【中国农业银行福建省分行】2012年，全分行本外币各项存款、贷款分别突破2500亿元、2000亿元，增量分别超300亿元、200亿元。积极争取总行政策支持和资源倾斜，大力支持实体经济发展，实体贷款增量占比99.9%，贷款增速高于全国农行平均水平1.05个百分点。加强与各级政府、相关部门及项目业主的对接，大力支持在建、续建重点项目、优质法人客户，对在建项目按月、逐户给予合理信贷资金支持。对重点项目和企业下达专项信贷规模，全年配置重点建设项目增量贷款占全行法人贷款增量计划的43.7%，主要投放在高速公路、核电、铁路等重点项目。通过融资租赁业务和组织银团贷款引入省外资金等方式，为重点项目融资超过10亿元。小微企业贷款（含个人经营性贷款）余额370亿元，增加68亿元，多增32亿元，增速高于全行贷款增速8.5个百分点。制定出台小微企业金融工作指导意见，持续推进专营机构建设，专营机构数达到43家，覆盖全省所有二级分行及31家支行。引导小微企业通过银行承兑汇票、国内信用证、融资租赁和中小企业集合债等产品组合融资，有效拓宽小微企业融资渠道。

“三农”金融服务。全省县域支行各项存款、贷款分别超1500亿元、1000亿元，余额占比过半；县域贷款、涉农贷款增速均高于全行贷款增速平均水平。设立“惠农通”服务点6256个，电子机具覆盖8861个行政村，重点区域电子机具覆盖率97.6%，农村基础金融服务覆盖面持续拓宽。在45个县（市、区）代理新农保、新农合项目和财政支农补贴资金项目，与1116个村建立共建关系，发放贷款超100亿元。培育发展43个共建村为信用村，发放农户贷款4127户、余额5.3亿元；支持36家小企业，授信14.9亿元，贷款余额8.9亿元。在同业中率先推出台湾农民创业园综合金融服务方案并推广至6个国家级台湾农民创业园，首推农村土地经营权抵押贷款业务，创新推广林权抵押融资担保方式，提供意向性信用额度36亿元，累计发放贷款近15亿元。与全部40个省级以上小城镇综合改革建设试点镇签订合作协议，提供意向性信用额度532亿元，贷款余额73.5亿元。扎实推进农村产业金融“千百工程”，通过“农行＋公司＋基地＋农户”等新模式，提供全产业链金融服务，服务覆盖面达79%，居全省金融机构首位。持续创新推广“公司＋农户”、农户担保、公司担保、公职人员担保等担保方式，发放惠农卡818万张，居全国农行第三位；为11.9万户农户提供贷款97.8亿元，贷款总额居全国农行第二位。创新推出小城镇综合改造建设贷款、“农家乐”经营贷款、烟农贷款等10多个具有福建特色的金融产品；推动实施“海上银行”、“三农金融流动服务工作室”等新型农村金融服务模式；探索出特色农业带动、大型专业市场带动、优势产业集群带动三大集约化服务“三农”模式。

（薛盛涛）

【中国银行福建省分行】2012年，全辖人民币客户存款较上年增加252.72亿元，增幅为15.1%。其中，人民币公司存款较上年日均新增184.62亿元，人民币个人客户存款（含信用卡存款）较上年日均新增63.58亿元。人民币各项贷款（含银行卡专项分期）余额1769.3亿元，比上年增加233.11亿元，增幅15.2%。其中，中小企业新模式贷款新增28.6亿元，在全部人民币公司贷款中的余额占比为12.6%，较上年提升1.38个百分点。通过海外代付、直贷对接客户资金447亿元，发行短融、中票55.5亿元。全年中间业务净收入同比增长24.4%，国际结算业务、跨境人民币结

2012年8月14日，福建省住房和城乡建设厅与中国银行福建省分行签署《战略合作备忘录》。

（中行福建省分行供稿）

算业务持续保持领先地位，结算量分别达469.60亿美元、423.92亿元，市场份额分别为30.1%、45.1%。

基础建设。公司有效客户1.98万户，较上年增长1098户。率先在泉州分行探索中型企业审批新模式，取得积极成效。中型授信客户较上年新增340户。全辖个人有效客户达到735万户，2012年新增166万户。全辖获批新设网点24家，标准化改造网点48家，县域网点覆盖率已达84.5%。全行离行式自助银行累计投放ATM392台，新增37家，投放商户通、汇款超市、农村小额POS、移动终端、移动POS共计3.96万台，网点服务渠道逐步延伸。

风险防控。将风险防控贯穿于经营管理全过程，充分发挥风险管理与内部控制委员会的职能作用，提高各部门防查风险隐患、研究解决措施的主动性，强化内控。授信资产实现不良"双降"。做实贷后管理工作，健全并落实客户预警与退出机制。全辖不良授信资产较上年减少2.18亿元，不良率0.5%，较上年下降0.18个百分点。梳理查找系统或业务中存在的风险点，完善管控措施，提高以制度管人管事管权的时效性和针对性。提炼出基层机构违规"八项重点环节"和"三大根源"，研究制定具体措施，加大问责力度，实现内控防案水平提升。

（王李斓）

【中国建设银行福建省分行】 2012年，全分行通过各种渠道解决省内客户融资需求2693亿元。年末各项贷款余额达2545.7亿元，连续9年保持同业第一；当年贷款新增346.9亿元，贷款增幅高于全国建行平均水平1.38个百分点。年末全口径存款余额3331.4亿元，当年新增399亿元；一般性存款余额3075.9亿元，当年新增396.2亿元，其中：个人存款新增223.5亿元；企业存款新增172.7亿元。不良贷款额和不良率继续保持双降，不良贷款额10.57亿元，比年初减少2700万元；不良贷款率0.4%，比年初下降0.07个百分点。

信贷业务。全力支持重点项目，争取总行调增福建特大建设项目贷款规模78亿元；顺利对接"三维"项目307个，累计为全省重点项目审批授信606.7亿元，出具意向性贷款承诺226.9亿元。创新服务小微企业，大力推广"速贷通"、"成长之路"、"小额贷"等品牌产品，创新推出"助保贷"、"善融贷"、"网银循环贷"等特色产品；深化"信贷工厂"营运模式，创新推进小企业"零售化"经营，新增小微企业贷款102.2亿元，居四大国有商业银行首位。全面支持现代农业，开展"益农通"个人支农贷款、林权抵押贷款等，重点支持宁德水产养殖业、南平林木业、泉州茶叶产业、漳州花卉水果农副食品等发展，年末涉农贷款余额750亿元，当年新增147亿元，增幅达24.4%。加大支持科技创新力度，通过"信用贷"、"小额贷"、"供应贷"等产品，持续跟进服务福建神画时代数码动漫、中智科技等50多家科技类企业客户，累计投放信贷超过2.5亿元，为福州软件园等科技园区的企业提供资金支持近5亿元，为冠捷电子、新大陆、新网锐捷等科技企业提供全面金融解决方案。

融资业务。通过信用类表外业务和非信贷方式解决客户资金需求975.7亿元。协助华电福新能源、航标控股等两家企业在香港上市，成功募集资金约23.9亿元；为省投资开发集团、建工集团等企业发行短期融资券，累计募集资金15亿元；通过理财产品创新，将社会闲散资金合理合规引入实体经济，为39家优质企业客户募集资金41.83亿元。成立福建建银海峡股权投资基金，为企业进一步拓宽融资渠道。

服务经济。先后与福州市、泉州市、宁德市政府和厦门建行签订战略合作协议，并专门成立落实战略合作协议督导工作组，加大工作力度服务厦漳泉、福莆宁大都市区建设。加大对平潭的信贷支持和政策倾斜，年末在平潭的贷款余额22.4亿元；当年新增5亿元，增幅达28.7%。

促进内需。充分应用建行总行在同业中独家推出的"善融商务"电子商务平台，将网络与金融相结合，为福建企业免费提供网上开店服务，4403家福建商户入驻善融商务平台，其中154家企业获得融资12.8亿元。支持个人信贷，采取"优质信誉＋有效抵押＋稳定现金流"的形式，重点服务"衣食住行"类大型批发专业市场，累计投放助业贷76.8亿元，年末余额74.9亿元，当年新增16.2亿元，增幅达27.5%；推广财富贷、家装贷、学易贷和黄金质押贷等产品，大力发展小额贷和结算卡等产品，累计发放个人消费经营类贷款105.9亿元，年末余额162.6亿元。创新开展汽车分期、车位分期、家装分期、红木分期、旅游分期等13种信用卡分期付款业务，促进拉动消费，至年底，信用卡分期贷款余额104.8亿元。

支持民生改善。年末房地产开发贷款余额234.2亿元，居同业第一，其中普通住宅项目和保障性住房项目占96.6%；为53个经济适用房、保障性住房楼盘发放个人贷款29.1亿元。当年投放个人住房贷款218.7亿元，年末贷款余额达799.4亿元，当年新增130.1亿元。创新应用信托计划解决莆田文献街旧城改造、福州市旧城改造安置项目等项目资金需求21.8亿元。年末教育行业贷款余额28.7亿元，当年投放9.6亿元，支持福建省高等院校、高中及职业中专学校建设；卫生行业贷款余额18.9亿元，新增7.5亿元，增幅高达66.4%，支持龙岩市第二医院、泉州市第一医院、莆田市第一医院等医院的建设。在节能减排行业贷款余额215.4亿元，其中支持风电项目11个、支持垃圾焚烧发电项目8个。支持福建省重点发展的十大文化行业，贷款余额22.5亿元。

（罗长武）

【兴业银行】 2012年，集团资产总额32509.75亿元，比年初增长35.0%；本外币各项存款余额18132.66亿元，比年初增长34.8%，增量及增幅均排名市场前列；本外币各项贷款余额12291.65亿元，比年初增长25.0%。成功完成定向增发，募集资本金235.32亿元，资本实力得到有力补充；年末股东权益1695.77亿元，比年初增长47.2%；资本净额2108.90亿元，比年初增长41.8%；年末资本充足率12.1%，核心资本充足率9.3%。资产负债比例状况良好，主要指标均符合监管要求。

利润增长。全年实现营业收入876.19亿元，增长46.4%；实现营业支出415.51亿元，增长57.8%。实现净利润347.18亿元，增长36.1%；加权平均净资产收益率26.7%，提高1.98个百分点，创上市6年来新高。手续费及佣金收入持续快速增长，全年实现手续费及佣金收入156.81亿元，增长66.50%，占营业收入的比重达到17.9%，提高2.17个百分点。

资产质量。年末不良贷款比率0.4%，比上年上升0.05个百分点；拨备覆盖率466%，比年初提高81个百分点。

企业金融。年末本外币对公核心存款余额13945.08亿元，较年初增加4087.61亿元，增长41.5%，其中外币对公存款余额216.78亿美元，较年初增加197.64亿美元，增长1032.2%。年末本外币对公贷款余额9121.87亿元，较年初增加2082.39亿元，增长29.6%。年末企业金融客户总数达39.09万户，较年初增加9.1万户，增长30.3%。全年推出智能定期存款、私募债、结构化融资、国内信用证偿付、厂厂银、合同能源管理融资、排污权抵押授信、融资租赁保理等多项创新产品。投资银行业务，主承销非金融企业债务融资工具2012.43亿元，增长84%。非公开定向债务融资工具、超短期融资券等新产品发展良好，主承销发行了52期、550.9亿元非公开定向债务融资工具，主承销发行金额和发行期数均列市场第一位。贸易金融业务，年末全行贸易融资业务余额3186.65亿元，较年初增长35.4%；供应链融资客户数9703户，较年初新增2662户。现金管理业务，年末现金管理业务集团客户较年初新增1578户，客户规模实现翻番，客户日均存款较年初增加535亿元，达1984.38亿元。可持续金融业务，通过运用多种金融工具，为上千家企业提供绿色金融融资近2000亿元，年末绿色金融融资余额1126.09亿元，较年初增长380.64亿元，增长51.1%。年末自定义小企业客户31.28万户，较年初增长36.4%，在企金客户总数中占比超过80%；小企业贷款新增494.83亿元，增幅达59.9%，占年内新增企金贷款总量的25.9%。机构业务，年末机构客户13513户，较年初增长1401户，增幅11.6%；机构存款余额3493.79亿元，较年初增长1148.96亿元，增幅49.00%。

零售金融。年末零售核心客户264.25万户，新增69.30万户，较年初增长36.0%，占总零售客户数的12.0%。年末个人存款余额3021.79亿元，较年初增加774.49亿元，增长34.5%；个人贷款余额2999.36亿元，较年初新增392.95亿元。全年发放“兴业通”个人经营贷款42209笔，发放金额699.53亿元；年末个人经营贷款余额698.32亿元，较年初增加150.70亿元，增长27.5%。全年新增发卡147.1万张，累计发行信用卡突破千万张，达到1056.2万张；信用卡全年交易金额1722.7亿元，增长50.5%；实现收入40.1亿元，增长60.4%；实现账面利润13.1亿元，增长29.7%。零售综合理财产品（不含贵金属）全年销售额5101.35亿元，增长31.5%。年末私人银行客户数达到10655户，较期初增长199%。

金融市场和资产管理。同业业务方面，同业资金来源突破1万亿元；年末银银平台上线客户318家，其中实现柜面互通银行157家，办理银银平台结算926.76万笔，增长53.7%，累计结算金额突破1万亿元；银证、银财、银保等同业合作稳步扩大，第三方存管联网证券公司累计上线96家，融资融券存管证券公司累计上线32家，新增银财直联上线客户12家，累计达到33家，对外支付结算量较期初增长77%。资金营运方面，在人民币汇率、利率、贵金属等领域继续保持活跃的做市商地位，成为上海黄金交易所银行间市场黄金询价业务第一批参与者，开始参与银行间市场黄金询价交易，代理贵金属买卖业务1648.98亿元，代理黄金、白银业务的市场份额在同业中均排名第二；代客贵金属买卖业务签约客户近68万户，较期初增加6万户。资产管理方面，按照“集中创设、统一标准、适度授权”的原则，对理财产品创设进行全面管理，制定理财基础资产准入标准，实现总行对理财业务的统一创设和统筹管理。资产托管方面，年末全行资产托管业务规模达到16282.55亿元，较年初增加10046.07亿元，增长161.1%，新增各类托管产品5001支，在线托管4698支；托管业务实现中间业务收入14.94亿元，增加9.79亿元，增长190.1%。期货金融方面，成为最早完成中国金融期货交易所国债仿真交易接入的商业银行，率先向四大期货交易所提交期货保证金存管银行申报材料，至年末共有67家期货公司在本行开户，占全部160家期货公司的41.9%。

信托及金融租赁。年末兴业租赁公司资产总额403.15亿元，比年初增长46.0%；实现净利润6.67亿元，增长125.9%；期末所有者权益44.64亿元，较期初增加6.67亿元，资本充足率12.24%。兴业信托存续信托项目1085个，管理的信托资产规模达到3351.45亿元，增长119.6%，跻身全国信托公司前三强；实现净利润7.72亿元，增长278.4%；净资产收益率达21.7%，各主要指标均符合监管要求。

服务福建发展。2012年，先后与福州市政府、宁德市政府等签订战略合作框架协议，签约金额合计800亿元，重点支持重点项目、骨干企业发展；与南平市政府探讨签订新的战略合作框架协议，着力支持武夷新区建设、闽北重点项目建设和产业发展，给予政和县公益3000万元；与厦门港口管理局签署“一揽子”综合服务协议，支持厦门东南国际航运中心建设。截至年末，福建省内分行本外币信贷余额2354.09亿元，占全行总规模的19.3%；比年初新增570.08亿元，增长32.0%，比全行平均增速高出8.21个百分点。运用债务融资工具、信托融资、融资租赁等多种融资工具，帮助福建企业筹集资金，全年融资269.58亿元，其中投行业务融资86.89亿元、信托贷款融资169.19亿元、金融租赁融资13.5亿元。重点加大与福建省投资集团、福建省能源集团、福建省交通运输集团、福建冶金集团等省属国有企业集团的战略合作，共提供授信支持460亿元。加大对省内小微企业的支持力度，年末省内小企业贷款余额501.52亿元，比年初增加182.73亿元，增长57.3%，高出全行小企业贷款平均增幅24.81个百分点。支持平潭综合实验区开发建设，与实验区签订加强合作协议并计划为其提供总额不少于100亿元的授信支持，至年末给予平潭综合实验区授信30.95亿元。开办新台币兑换及境外人民币结算业务，通过外保内贷、进口保理、福费庭、融资保函贷款等多种方式解决在闽台资企业融资问题。（王铸祥）

【中信银行福州分行】 2012年，全分行总资产575亿元；本外币各项存款余额549亿元，本外币各项贷款余额433亿元，全年实现经营利润12.39亿元；在福州、泉州、莆田、漳州共设立营业网点29家（其中福州17家、泉州7家、莆田3家、漳州2家网点）。

与福州市政府签订战略合作框架协议，积极支持能源、交通、通讯、电子信息等海西建设重点项目（包括省能源集团、平潭远洋、正麒高纤、漳州古雷石化等项目）；落实“商行＋投行”服务模式，为辖内优质企业提供授信、发债等综合服务；针对服装鞋帽、水暖卫浴等区域特色行业企业提供供应链金融、商票通、现金管理等产品；加强小微企业“四专”服务体系建设，推出联保贷、法人按揭贷等新产品，满足企业融资需求，小微企业贷款指标实现“两个不低于”的目标，年末对公贷款余额297亿元。零售业务方面，落实网点销售化转型要求，完善客户分层经营体系，提供多元化产品服务，举办出国金融推介会、关爱老年人公益活动等“两卡一金”客户（香卡、信福年华卡、出国金融客户）增值服务，推广个人商贸通贷款，打造个体工商户、私营企业主的专属服务品牌。国际业务方面，积极开展外汇清算产品、跨境人民币等业务，与出口信保公司合作办理出口信保融资，支持“走出去”企业和出口企业发展，年末跨境交易量是上年的3倍，进出口收付汇量继续跑赢大市。资金资本业务方面，把握市场走势，推广人民币利率互换等产品，满足各类客户的差异化需求，建立起境外人民币（CNH）远期交易渠道，巩固了业务交易量和市场优势。（唐夏芸）

2012年3月20日，中信银行福州分行与福州市政府签订战略合作框架协议。
（中信银行福州分行供稿）

【招商银行福州分行】 2012年，全分行全折人民币自营存款余额431.56亿元，增长14.9%；全折人民币自营贷款余额382.55亿元，增长26.8%；其中，小微贷余额66.91亿元，全年投放68.6亿元；行标口径小企业贷款余额82.08亿元，较年初增长32.38亿元。不良贷款比率为0.5%，信贷资产质量总体保持良好。

小微企业业务。专设小企业信贷中心、小企业金融部，全面落实小企业专业化经营，为小微贷业务开辟绿色通道，集中有限的信贷资源支持小微企业，解决小微客户融资问题；充分运用该行“生意贷”、“展翼通”等系列产品，持续开展创新产品研发，为小微以及“千鹰展翼”客群提供强有力的产品支持；先后在龙岩、莆田、泉州、福州等地举办多场“千鹰展翼”推介活动，努力培育具有巨大潜力的创新成长型客户，为众多小微企业提供全面、优质的金融服务。

服务海西发展。充分利用产品优势、网络优势、创新优势、服务优势和系统优势以及总行资源倾斜，合理安排贷款规模，加大对海西重点建设项目和优质企事业法人的授信支持力度，为海西经济社会发展提供多产品、一站式服务，并在融资服务、资金管理服务、投资银行业务以及其他综合类等领域提供优质高效的金融服务。

风险管控。遵循“保存量、调结构、控新增”的信贷策略，逐步开展全面信用风险管理工作，克服外部经济金融环境带来的不利因素，保障全行信贷业务正常运转。制订操作风险管理制度，完善分行操作风险管理体系，全面提升操作风险管理水平。贯彻落实风险为本理念，合理配置反洗钱管理资源。增强全员自律意识和职业操守，加强防范和打击非法集资的宣传教育，严防严控内部案件风险，实现全年零案件零事故。

网点建设。在福州、泉州、龙岩、莆田4地区已设有28家经营网点。继2011年完成龙岩分行、莆田分行2家二级分行的设立后，开展三明分行的筹建工作，并完成平潭支行、福清龙田支行、福建日报社自助银行和4个自助单点的建设以及泉州丰泽支行、江南支行的搬迁；位于海峡金融街的福建招银大厦也即将破土动工。

（李诗婷）

【中国光大银行福州分行】 2012年，分行表内外资产总额599亿元，比上年增加155亿元，增长46%；贷款余额305亿元，比上年增加42亿元，增长16%；其中对公贷款225亿元，比上年增加25亿元，增长13%；个贷80亿元，比上年增加17亿元，增长27%。一般性存款余额278亿元，比上年增加55亿元，增长25%；其中对公存款

208亿元，比上年增加37亿元，增长22%；对私存款70亿元，比上年增加18亿元，增长34%。同业存款余额130亿元，比上年增加95亿元，增长271%。截至年底，分行实现税后利润7.87亿元，同比增长13%；实现风险调整后利润4.81亿元。

业务发展。分行调整发展战略，结合福建经济特点，利用模式化经营，积极发展中小企业业务、贸易金融业务、零售业务和小微金融业务，取得良好成效。

风险管控。重新修订《案件风险防控目标责任书》，组织全行各部门、各分支机构重新签订了《案件风险防控目标责任书》以及《内部治安保卫目标责任书》，形成了全行一级抓一级，层层抓落实的案件防控和安全保卫目标管理责任体系，为分行的健康平稳运行和确保不出案件与事故提供了良好的保障。分行定期召开风险预警会议和合规预警会议，持续开展多形式、大范围、多角度的风险排查调研，特别关注政府融资平台、民间融资和房地产行业等方面的风险问题。发现问题及时处理，确保了分行资产质量的持续提高和良性发展。（吴晓曦）

【中国邮政储蓄银行福建省分行】 2012年，全分行资产规模、本外币存款均突破千亿元大关，实现自营业务收入18.92亿元，增长34.6%。

业务发展。年末小额贷款结余106477笔、金额54.60亿元；个人商务贷款结余35895笔、金额99.49亿元；小企业贷款结余2058笔、金额43.97亿元。加强风险管控，全年收回小额贷款不良贷款本息合计881.92万元，并全额收回首笔小企业不良贷款本息合计432.44万元。资产质量继续保持较好水平，全行贷款逾期率0.5%，不良贷款率0.4%。根据福建独特的侨乡、区位优势，拓宽国际业务领域，推出银星速汇、两岸汇款、绿卡通卡本外币功能、多币种业务、外币理财等。

服务海西发展。全年信贷计划实际执行238.38亿元，超出总行计划数16.01亿元，完成总行下达的年度增量计划的169.8%，有效地满足辖区实体经济信贷需求。月末贷款余额较年初增长50.5%，较全省银行业平均水平高32.43个百分点，较全国系统内平均增幅高13.03个百分点。优先保证“两小”信贷资金投放，全年新增“两小”贷款65.90亿元，占全部新增贷款的比重高达82.4%，高于总行60%的目标要求。截至年末，包括个人商务贷款在内的小微企业贷款余额146.89亿元，较年初增加65.80亿元，增长81.1%，高于各项贷款30.62个百分点；涉农贷款余额99.38亿元，较年初增加34.35亿元，增长53.2%。已完成存放华夏银行、泉州银行等同业业务7笔，金额33亿元，并推动总行直接投资财政部代理福建省政府发行的地方债20亿元。

“三农”金融。全年支持“三农”领域贷款达240多亿元，发放渔船抵押贷款2.01亿元，林权抵押贷款1.06亿元；还通过资金市场业务、银团贷款等批发性资金运用业务，为农村基础建设提供资金。服务新农保，成功发放政府扶助“三农”款项，全年代发各类财政涉农资金11.43亿元。成为福建第一批新农保试点单位，取得平潭、尤溪、明溪、永安、泰宁、龙海、平和、连城等8个县市的新农保金融服务权，全年代发新农保资金2.67亿元，代收1.47亿元。与烟草公司联合发行绿卡烟草联名卡，提供优惠购买邮政农资、办理邮储小额质押贷款等特色增值服务。加强系统改造，实现烟农能够通过电子汇兑系统办理业务，全年代付烟叶款5.38亿元，代收烟用物资款4025万元。与省农学会结为战略合作联盟，支持“神农福建科技奖”，奖励为全省农业科学技术进步和创新做出突出贡献的科技工作者。

公众金融。在全省8个地市建立中小企业金融服务部，推出个人商务贷款、小企业法人贷款、经营性车辆按揭贷款、小水电抵押贷款、联保贷款、“抵押+保证”100%授信、在建工程贷款等适合中小企业的金融产品等。与96户中小微企业正式签订综合金融服务协议，小企业贷款结余2058笔、金额43.97亿元。支持平潭综合实验区建设，向平潭投放个人贷款7887笔，金额10亿元，结余2704笔，金额4.67亿元；小企业贷款结余1015万元。全年发放各种形式的妇女、青年创业贷款超过20亿元，覆盖海水养殖、捕捞、花卉、食用菌、茶叶、林业等省内典型农业产业。（罗丽红）

【外资和中外合资银行】 截至2012年末，福建省内有厦门国际银行、新联商业银行，集友银行、渣打银行、汇丰银行、美国建东银行、华侨银行、东亚银行、东方汇理银行、奥地利奥合国际银行、大华银行、恒生银行、菲律宾首都银行（2012年新开业）等13家外资和中外合资银行分别在福州、厦门、泉州等地设立营业性机构；全省另有外资银行代表处7家。

2012年，全省外资银行资产总额1327.01亿元，比年初增加538.06亿元，增幅为68.2%；负债总额1204.83亿元，比年初增加477.83亿元，增幅为65.7%；贷款不良率0.5%，较2011年末有所上升；盈利能力持续提升，实现税后利润总额8.01亿元，比年初增加2.86亿元，增幅55.5%。（谢 融）

【福建省农村信用社联合社】 2012年，全省农信社、农商银行总资产3214亿元，比年初增加576亿元，增长21.84%；各项存款余额2604亿元，比年初增加459亿元，增长21.4%；各项贷款余额1697亿元，比年初增加286亿元，增长20.3%；年末净资产346亿元，比年初增加65亿元，增长23.3%。各项财务收入208亿元，增幅达30%；账面利润73亿元，增幅达30.3%；净利润52亿元，增幅达31.6%；资产利润率1.9%，比上年提升0.18个百分点；资本利润率17.5%，比上年提升0.37个百分点；实际入库税收33.21亿元，增幅达73.2%。

支农支小。年末涉农贷款余额1330亿元，增幅达20.7%，占比达78.4%，高出全国农信系统10个百分点；小微企业贷款453亿元，增幅达27.3%，支持小微企业10270家。涉农贷款和小微企业贷款实现“两个不低于”目标（增量不低于上年，增速不低于各项贷款）。农户贷款余额890.14亿元，占全省金融同业的65%。向5.5万名贫困学子提供生源地信用助学贷款10.37万笔、余额

5.87亿元。发行1000多万张社保卡为全省60%县域的农民提供服务。布设11124个小额支付便民点和5万多部的福农通、居家银行等电子机具，基本实现金融服务“村村全覆盖”，农民“不出村”即可办理各项金融业务并可免费办理领取社保金、养老金等民生金融业务。至年末，农户标准化电子建档数352.07万户，建档面达88.9%，超额完成全年建档任务。贷款农户数比年初上升5.56万户，达73.50万户，农户贷款面上升0.79个百分点。积极开展“信用工程”建设，创建信用户111万户、信用村3355个、信用乡镇151个，分别比上年增加17万户、225个、20个。主动实行让利政策，6月起存款利率实行在人民银行基准利率基础上上浮到顶，全部统一上浮10%，让利客户、反哺“三农”、回馈社会。大力发放扶贫小额贷款、巾帼创业贷款等民生贷款余额61亿元；持续做好种粮综合直补、库区移民补贴等各项财政补贴代发放工作，主动承办新农保、新农合、社保卡配套金融服务。

风控管理。全年核销呆账4.54亿元，比上年多核销1.78亿元。加大呆账准备计提力度，全年计提呆账准备19.7亿元，年末呆账准备余额125.3亿元，比上年增加22.42亿元，增长21.8%。主要风险指标均超监管标准，拨备覆盖率321.1%，超过监管标准171.08个百分点；拨贷比4.5%，超过监管标准2.03个百分点；一般准备余额占各项风险资产余额的比例约1.8%，超过监管标准0.3个百分点；资本充足率16.1%，超过监管最低标准5.57个百分点。健全稽审组织体系，福州、三明、龙岩、南平、宁德等5个办事处建立区域稽审中心。

业务创新。外汇业务系统（一期）上线，实现外汇业务零的突破，结束福建农信61年无外汇业务的历史。在南安农商银行率先试点推出首款个人理财产品——“福万通·成功1号”和首张福万通理财卡。住房公积金业务试点启动，福州农商银行受省直单位住房公积金管理中心委托全面开办住房公积金业务。电子商业汇票成功开办，提升了支付结算效率。

提升经营机制。9个设区市所在地和平潭农信社全部改制为农商银行，至年末已有15家农商银行组建完毕并对外开业，农商银行资产规模及存款占比均超过50%。全省农信系统股本金从2005年的24.76亿元增加到169亿元，所有者权益从22.35亿元增加到345.57亿元。上杭、石狮、南安、福州农商银行成功跨区设立分支机构、参股筹建村镇银行，南安农商银行在江西新余孔目江区组建成功村镇银行，成为福建省农信系统首家跨省设立的村镇银行。（洪耀文）

证券 期货

【综述】 截至2012年末，辖区有境内上市公司59家，上市公司总资产35553.07亿元、总市值4936.05亿元，比上年增长33.6%和15.4%，分别居全国36个辖区的第四位和第九位。2012年，上市公司实现营业收入2746.90亿元，净利润484.99亿元，分别较上年增长23.1%和20.8%；平均每股收益0.80元，平均净资产收益率16.5%，分别是全国平均水平的1.57倍和1.31倍。上市公司实现直接融资342.15亿元，其中从证券市场融资296.15亿元，是上年的2.67倍，占全国证券市场融资总量的5.1%，比上年上升3.43个百分点。从融资方式来看，5家公司实现境内首发上市，融资23.45亿元，首发上市家数占全国总量的3.2%，比上年上升1.46个百分点；2家上市公司实现定向增发，融资254.7亿元；4家上市公司发行公司债，融资18亿元；11家次上市公司通过发行短期融资券、中期票据等方式融资46亿元。有41家上市公司公布针对2011年年报的现金分红预案，年度派发现金红利93.61亿元，占辖区全部上市公司2011年度净利润总额的23.3%。进行现金分红的上市公司家数、预计派发现金红利分别是上年度的1.24倍和1.29倍。

截至2012年末，辖区有2家证券公司、8家证券分公司、2家基金分公司、185家证券营业部；全年新增4家证券分公司、10家证券营业部。2家法人证券公司资产总额271.61亿元、净资产107.25亿元；实现营业收入25.76亿元，利润总额8.74亿元。185家证券营业部实现营业收入19.62亿元，利润总额为4.31亿元。

截至2012年末，辖区有3家法人期货公司、51家期货营业部；全年新增1家期货公司、2家期货营业部。3家法人期货公司资产总额26.34亿元、净资产4.96亿元；实现营业收入2.77亿元，利润总额3703.94万元。51家期货营业部实现手续费收入2.08亿元，利润总额5900万元。

2012年，辖区证券交易额31726.92亿元，期货交易额51308.40亿元，分别比上年下降11.4%、0.5%。辖区符合条件的证券期货经营机构稳妥有序地开展业务和产品创新，开展了融资融券业务转常规、现金宝、债券质押式报价回购、约定购回式证券交易、B股集中式银证转账、分级集合资产管理计划、中小企业私募债等创新业务与产品，实现业务多元化。

2012年，辖区安排打非联络员26人次，暗访排查非法活动场所14个。配合公安机关对25家机构、10名自然人是否具备证券期货从业资质进行核实，并出具了18份性质认定函。向公安机关移送5起涉非案件。协助公安部门侦查涉非案件，推动6起案件获司法判决。依托福建省打击非法证券联席会议制度，通过联席会议、会谈纪要、联合行动等方式，形成了维护资本市场稳定健康发展的综合监管体系。内幕交易、非法证券活动、虚假信息披露等市场各类违法违规行为得到综合防控和及时查处。（黄 丽）

【兴业证券股份有限公司】 2012年，全公司实现营业收入25.39亿元，同比增长9.7%，实现归属于母公司股东的净利润4.76亿元，同比增长9.4%。公司总资产为227.04亿元，较上年增长3.5%；归属于母公司股东的净资产87.10亿元，较上年增长3.4%。

运营管理。推动和落地基于全面预算的绩效管理改革，将资源投入向重要业务倾斜。优化人才队伍结构，将人才配置到一线业务中去，重点引进业务型人才，加强固定收益、证券研究、场外业务和资产管理等战略性业务的高端成熟人才引进。强化干部培养，重点推进财富管理专业培训和领导力培训，开展一系列专项能力培训，累计培训2092人次。推进总部大部制管理，设立私人财富管理总部，新设北京、厦门、泉州等9家区域分公司，推动各区域分公司向综合业务服务平台发展，加快新型营业网点建设。开展托管结算创新，推动公司网上开户业务、统一账户平台建设和全国性B股集中式银证转账业务的开展。

风险管控。有序开展合规管理、风险管理和审计监察工作，充分发挥内控部门事前预警、事中监控、事后处置功能，确保业务发展规范，风险可控、可测、可承受，公司全年无大的风险事件发生，连续5年获A类A级评价。

业务创新。首批获得中小企业私募债承销业务试点资格、柜台交易资格，获得报价回购业务资格、股票约定式购回业务资格、新三板代办股份转让系统主办券商资格以及转融通业务资格等多项创新业务资格。融资融券业务收入贡献度提高，已获转融通业务资格，授信额度20亿元。报价回购业务规模居同期试点券商中第二位。成功发行2支中小企业私募债，成功推荐3家企业在新三板市场挂牌上市。成功开发保险公司及社保基金客户7家，发展上市公司、私募基金、信托公司等大客户业务，探索建立上市公司业务服务模式，实现首单QFII业务。资产管理业务投资业绩保持行业前列，业务规模大幅增长。整体投资管理业绩业内排名第一，资产管理品牌持续巩固；期末受托资产规模444亿元，行业排名第十位；受托客户资产管理业务净收入行业排名第九位。证券投资业务中，固定收益类投资收益率在102只可比基金中排名第三位，权益类投资收益率在209只普通股票型基金中排第18位。私人财富管理业务水平提高，年末保有各类金融产品203亿元，比上年增加88亿，新增客户资产144亿元，托管证券市值2398亿元，行业排名第16位，市场份额较上年增长6.4%。股票债券承销业务收入行业排名第23位。债权融资业务完成主承销14家，募集资金112.5亿元，承销数量和金额业内排名分别为第18位和第21位，完成业内首单创业板上市公司非公开发行公司债，成为首批中小企业私募债主承销商并完成2家私募债备案发行。股权融资业务受IPO审核暂停影响，全年完成4家主承销，主承销金额30.27亿元，承销数量和金额行业排名分别为第18位和第28位。新三板业务签约项目11家，挂牌3家。成为全国首批获准开展柜台交易业务的7家试点券商之一。

兴业全球基金公司继续保持稳健发展态势，期末托管客户资产市值331亿元，全年实现营业收入4.5亿元，净利润1.97亿元。兴业期货公司客户权益和成交额分别同比增长33%和179%，股指期货成交量在中金所排名行业第一，分类评级从C类C级上升到B类B级，全年实现营业收入2.25亿元，比上年增长110%，净利润3213万元，比上年增长184%。 （郑福屏）

【兴业国际信托有限公司】 2012年，全公司注册资本25.76亿元，总资产41.32亿元，管理的信托业务规模3351.45亿元，跃居全国信托行业第三位；全年实现税前利润10.32亿元，增长273.5%；实现净利润7.72亿元，增长278.4%；净资产收益率达21.7%。截至年末，存续信托项目1085个，存续信托业务规模3351.45亿元，增长119.6%；剔除项目到期因素，全年实际新增信托项目946个，新增信托业务规模2902.28亿元。全年实现固有业务收入3.63亿元，增长385.4%。获批股指期货交易业务资格，成为全国第五家获批该项业务资格的信托公司，也是首家获批该项业务资格的银行系信托公司。获批以固有资产从事股权投资业务资格，公司固有资金运用范围扩展到私募股权投资领域。获批特定目的的信托受托机构资格，获准开展资产证券化业务。 （张海燕）

保 险

【综述】 2012年，福建省（不含厦门，下同）保险业累计实现保费收入384.8亿元，比上年增长9.8%，保费规模居全国第15位，其中：财产险业务保费收入133.8亿元，增长15%；人身险业务保费收入251亿元，增长7.3%，其中人身险项下：寿险保费收入211.4亿元，增长4.8%；意外险保费收入11.3亿元，增长20.8%；健康险保费收入28.3亿元，增长23.5%。保险公司年末总资产944亿元，比年初增长15.1%；公司共计提供风险保障10万亿元；全年各项赔款与给付支出120亿元，增长17.2%，其中：赔款支出80亿元，死伤医疗给付6.4亿元，满期给付25.9亿元，年金给付7.4亿元。2012年度，福建保险深度约2.3%；保险密度1140元，增加96元。截至年末，福建保险公司主体51家，其中：产险23家，寿险28家；外资10家（含台资4家）。保险公司分支机构2148家。保险专业中介机构主体78家，其中代理公司48家、经纪公司18家、公估公司12家。保险兼业代理机构6001个。

保险监管。制定产险公司理赔资源投入考评制度，构建理赔时效指标测评体系，开展积压未决赔案专项清理工作。指导建立修理工时费行业标准，推进产险投保单规范化管理，建立代签名问题行业监督机制及通报制度。出台车险理赔查勘定损人员资格考试管理制度，辖内1644名查勘员参加了首期考试，占总数的98%，考试合格率为76%。推行机动车辆保险投保理赔提示制度，首期印刷发放200万份投保提示书。4S车行销售人员的持证率有了一定提升，“客户信息虚假”与“保单假冒签名”现象得到纠正，整改率分别为80%和60%。5000元以下车险案件结案周期从上年末的23.9天下降到18.4天，整体结案率提高5.3个百分点且半数公司超过90%。推行销售人员新产品售前培训试点工作，4家试点公司共开展涉及20个新产品的售前培训500多场，参训人员超过3.8万人次。要求银邮机构网点与销售保险人员100%双持证，并督促网点的保险负责人考取资格证书，目前持证人数约2.4万人，平均每个经营网点拥有约5名持证人员。全年撤销40家处于“休眠”状态或无产能贡献的保险公司分支机构、9家区域性保险专业中介法人或分支机构。创新保险公司分支机构准入机制，研究制定《产险公司分支机构准入发展指引（试行）》。全年暂缓或延后50家条件不成熟的人身险公司递交机构设立申请。实施兼业代理许可证有效期延续申请评议制度，注销206家兼业代理机构。

农业保险和大病保险。推动建立省级森林保险补偿金2000万元。启动蔬菜保险、海上养殖保险试点工作，新增育肥猪保险、奶牛保险、烟叶保险、烟草种植天气指数保险。龙岩“三农”综合保险覆盖的乡镇由22个扩大到76个。农房保险覆盖671万户农民。森林火灾保险覆盖森林1.1亿亩。政策性农险保费收入3.8亿元，增长7.6%；赔款支出1.3亿元。4家公司承办大病保险484万人，保费收入超过4亿元，其中城镇职工补充医疗保险参保人数380万人，保费收入3.93亿元。

保险市场秩序。对143家次保险机构开展现场检查，对11家次保险机构、23名责任人予以行政处罚，罚款共计116.6万元。福建产险市场连续3年实现盈利，年末承保利润率达7.2%，高于全国平均水平4.4个百分点；人身险公司个代渠道保费收入占比较全国高14.1个百分点，银代渠道保费收入占比较全国低14.7个百分点，寿险新单期缴率高于全国8.2个百分点，10年期以上新单期缴占比高于全国7.2个百分点。

服务经济。承保福州市轨道交通一号线一期工程，保额达101.8亿元。保险资金参与福建重点项目建设投资金额达30亿元。创新推出简易承保方案以加强对小微企业服务，并推进部分地区的出口信用保险区域统保试点工作。保险业纳税8.5亿元，增长17.5%，占地方财政收入的0.6%。承保平潭海峡大桥及接线公路工程、金井湾填海工程、澳前对台高速客滚码头工程等重点工程。与福建省旅游局联合制定《2012年旅游保险宣传周活动方案》，组织旅游、保险两个行业对旅游保险进行多方位宣传；支持保险机构针对自驾车、自由行、自助游等新兴旅游市场的保险产品创新；推广赴台旅游保险、为“海峡旅游景区通票”配套推出的意外险等具有福建特色的旅游保险业务。

保障民生。全省累计寿险责任准备金888亿元，达到福建省社会养老保险基金（含城镇企业职工养老保险、机关事业单位养老保险和农村养老保险）累计结余4倍左右。全省持有长期寿险保单人次达到1039万人，超过全省参加基本养老保险职工人数的一倍以上。以保障型业务为主的普通寿险业务和健康保险业务取得进展，全年赔付支出20.6亿元，增长9%，为人民生活提供保障。以受托管理方式参与9个县（市）“新农合”试点工作，为424万农民提供健康保障，年度托管基金12亿元。部分县市试点开展特困家庭救助、计划生育保险、村主干养老保险、烟农养老保险、大学生村官综合保险等。发展责任保险，重点推进校方责任、医疗责任等与公众利益密切相关的责任保险发展，全年责任保险实现保费收入5亿元，增长23.4%，保险金额达到1.2万亿元，其中：承运人责任险实现保费收入5762万元；医疗责任险实现保费收入3104万元。交强险业务为全省342万辆车提供保险保障，实现保费收入23.8亿元，为38万次交通事故提供经济补偿。

（李昭赢）

【中国人民财产保险福建省分公司】 2012年，全分公司保费规模突破60亿大关，达到62.17亿元，比上年增长10.4%。商业车险续保率74.5%，高于全国6.1个百分点。独家或主承保福州地铁1号线等重点工程14个。深化与教育、卫生、旅游、运管、银行等部门合作，校责险、医责险、驾意险、借款人意外险等传统项目承保范围不断扩大。积极争取新政策支持，全年累计承担涉农风险保障6290亿元，成为农险业务增长的最大亮点。构建“产品线—区域—渠道”三维一体的营销管理体系，逐步实现客户、渠道、产品的有效对接和渠道专业化建设；启动城区销售网点转型工程，完成标准化改造29个；全省建成服务网点2385个，配置人员3519人，构建三农保险基层服务体系；加快电网销、银保和车商等新兴渠道建设。承保管理环节实施差异化核保政策和资源配置，优化车险业务结构，提升了盈利能力；理赔管理环节运行理赔绩效考核体系，强化理赔费用、定损核损管理和人伤案件、处理未决案件清理；销售管理环节开展出单速度治理，出单效率和质量逐步改善。优化95518系统功能，推进一体化服务平台建设。（史建华）

【中国人寿保险福建省分公司】 2012年，全分公司实现总保费（含集团）112.05亿元，占福建（不含厦门）人

2012年福建省计划生育家庭意外伤害保险总结表彰暨2013年合作推广促进会。

（中国人寿福建分公司供稿）

身保险市场份额46.1%，其中股份总保费保持在百亿平台。业务结构持续优化，中长期期交和效益型险种实现较快发展，主要核心经营指标的规模位列全国系统第八位。实行差异化资源配置，加大对重点区域的支持力度。加强对市、县两级客服中心专业化垂直管理，加大业务集中力度，取消市、县公司客服中心前台所有给付业务审批权限，基层柜面实现零付费。全年个险队伍新增12185人、银保队伍新增432人、团险队伍新增105人。拓宽保全业务受理渠道、简化业务处理手续、提高业务处理时效；出台二级以下医疗机构和费用补偿型医疗险理算规则；统一理赔提调标准，制定提升理赔服务和应对理赔纠纷的具体工作举措；强化基层柜面人员的服务意识和岗位技能；加强投诉处理跟进、督导及指导力度，建立1个工作日响应、2个工作日反馈处理意见或处理进程机制。强化内控管理与关键岗位检查，逐步构建"风险为本"的反洗钱监管体系。组织开展87次大范围的综合治理专题学习，2.4万名销售人员签订杜绝误导承诺书，销售人员违规行为下降41%，没有发生销售人员案件。

（卢星星）

【中国平安财产保险福建分公司】 2012年，全分公司实现保费收入27.53亿元，比上年增长16.9%；全年承保利润2.56亿元；监管口径综合成本率88.7%；市场份额由上年度的19.2%提升至19.4%。

创新服务。车险理赔方面，在省内首创运用3G工具IPAD查勘、推出车险理赔"现场报案、现场结案"服务，实现车险极速理赔，并与全省交警、法院合力实施车险人伤多元化调处机制，提升车险人伤案件结案时效。全省统一推行"双平"事故简易处理流程，即双方车主均为平安产险客户，发生碰撞后无需报交警处理，经现场查勘后可直接到修理厂或定损点定损修车，赔款经客户同意可分别支付到事故双方。全年IPAD查勘案件量占比14.9%，平均结案时效5.1小时，3G查勘惠及客户超过2万人次；建立人伤外部调解点18家，人伤调解案件数达3800起，陪同调解率占比51%，调解赔付金额达1.14亿元。推出"主动预赔"及"一证快赔"服务，全年为客户提供"主动预赔"服务共17笔，金额1259.03万元；处理"一证快赔"财产险案件1268笔。切实发挥保险救灾的基础功能，全年支付已决赔款13.40亿元。

重大承保项目。1月1日，共保福州城市交通轨道1号线工程险项目，总保额约108亿元；3月31日，承保福建电力系统财产一切险、机损险、供电责任险，保额逾100亿元；5月24日，首席承保省属重点项目——福建太平洋电力有限公司湄洲湾电厂财产一切险、营业中断险、机器损坏险、平安雇主责任险、平安公众责任险等一揽子项目，总保额62.3亿元（平安产险占比份额93%）；9月15日，与深圳分公司联合承保宁德核电1－2号机组转营运财产险项目，该项目总保额330万美元，承保份额45%；10月1日，与人保财险、太平洋财险联合承保福建联合石油化工有限公司财产一切险、机损险、产品责任险，总保额350亿元，共保份额17%，并独家承保船舶险；12月17日，中标2013年度福建省直行政事业单位公务用车统一保险项目。

（王映薇）

2012年服务质量社会监督员座谈会。 （中国人寿福建分公司供稿）

【中国平安人寿保险福建分公司】 2012年，全分公司保费收入49.0亿元，比上年增长16.1%，其中：个险业务总保费收入43.9亿元，增长12.4%；银保业务总保费收入3.1亿元，增长57.9%；其他业务渠道总保费收入1.95亿元。下辖泉州中心支公司、漳州中心支公司、龙岩中心支公司、三明中心支公司、南平中心支公司、宁德中心支公司、莆田中心支公司等7家中心支公司，17家支公司，1家营业部及125家营销服务部，合计151家分支机构，其中营销服务部新增7家，乡镇网点覆盖率逐步提升；分公司内勤员工近1400人，保险代理人19000余人。为满足不同年龄、不同层次的客户需求，推出智慧星、护身福等新产品，以满足客户多方位、个性化的保障需求。严格进行风险管控，开展综合治理销售误导工作，实现"全覆盖"要求。12月，完成了一宗赔付金额高达397万元的疾病身故理赔案，为分公司历史上赔付金额最高的案件。

（陈　群）

【中国太平洋财产保险福建分公司】 2012年，全分公司实现保费收入16.21亿元，比上年增长17.9%，高于行业增速2.48个百分点；市场份额11.4%，上升0.24个百分点；理赔9.41亿元，计提赔款未决准备金399万元，其中：福建宏远集团有限公司赔付2503万元，是年内最大的赔款；泉州市顺华美工艺品有限公司、南方铝业（中国）有限公司、福建省顺昌吉鑫竹木有限公司、龙岩市港通汽车运输有限公司、长乐市三丰纸管有限公司赔付1137万元；龙岩永武高速公路有限公司、中铁十一局集团有限公司京福铁路客专闽赣Ⅰ标项目经理部、中铁隧道集团有限公司京福铁路客专闽赣Ⅵ标项目经理部赔付604万元；三明尤溪赔付905万元。

客户服务。完成省级理赔集中工作，加大集约化管理力度。加速3G快速理赔系统和星级服务门店的建设，建立常态化的管理机制。推出30项理赔服务承诺，运用多种形式开展监督跟踪与考核表彰。

重大承保项目。续保国家电网福建省电力有限公司、福建联合石油化工有限公司、福建奔驰汽车工业有限公司、中国水利水电第十六工程局、中石化森美（福建）石油有限公司等重点项目；中标福建省直机关公务车招标、福建闽东电力股份有限公司财产（车险）及团体人身意外险招投标项目、福州市高龄老人乘车责任保险项目；顺利拓展中国工商银行信用卡持卡人保证保险业务、省内多条道路交通建工意外险项目。全年重大项目保费收入6509.24万元。（张　念）

【中国太平洋人寿保险福建分公司】 2012年，全分公司实现保费收入25.3亿元，总保费市场份额占比为9.9%，行业排名第三位。其中：个险新保实现3.3亿元，增长9.9%，市场排名第三位；银保期缴实现7557万元，市场排名第二位；直销短意险实现1.34亿元，增长7%，市场排名第二位。

重点业务。夯实个险营销基础管理，加强基础培训和新产品上市培训，建立“五个统一”新产品上市培训模式。加快客户经营，推进高价值期缴常态销售，加快重点区域的客户经营试点工作。加强精细化管理，优化业务结构，运用新技术系统支持，加强农信社和商业银行等重点渠道意外险的业务发展。推动基于平板电脑的“神行太保”新型作业模式，简化投保流程，提高了作业时效，让客户投保更加方便快捷，提升了一线营销伙伴的专业形象。GPS系统的“智能移动柜面”在福州客户体验中心进行首批试点运行。（林　芝）

编辑：林忠玉

财政 税务

财 政

【财政收支概况】 2012年，全省公共财政总收入3008.88亿元，完成预算102.6%，比上年增长15.9%，其中地方公共财政收入1776.17亿元，完成预算104.7%，增长18.3%。中央共下达福建省各类补助892.82亿元，其中一般性转移支付304.06亿元，分别增长9.1%、21.7%。全省公共财政支出2607.50亿元，增长18.6%，其中省级公共财政支出439.6亿元，增长18%。全年地方政府债券发行额度增加到70亿元，比上年增加15亿元。中央各类转移支付补助675.36亿元，比上年增加67.89亿元，其中：一般转移支付补助298.68亿元，专项转移支付补助376.68亿元。中央对福建省均衡性转移支付、县级基本财力保障、苏区以及对台工作等方面的补助资金大幅增长。

【支持经济建设】 全年省财政筹措24.8亿元，重点用于新增用电奖励、企业技术改造以及产业转型升级等。通过转增资本金以及拨付土地溢价款等方式，筹集18亿元支持石化、汽车、船舶、轻纺等省属重点企业。出台扶持港口群、航运业、船舶业发展政策。支持兴业银行等重点金融企业进一步做大做强。推动出口稳定增长和结构优化，在年初预算的基础上，省财政追加5.9亿元用于"一企一策"扶持重点企业出口等方面，并连续九年全额承担出口退税地方负担部分约20亿元。安排项目省级补助资金10.76亿元，有效带动相关领域投资建设。切实将促进"三维"对接的优惠政策落到实处，细化促进总部经济发展财税措施，鼓励民营企业并购国外高端品牌，奖励重大外资引进项目，积极推动招商引资。落实结构性减税和完善小型微型企业扶持政策，充分发挥政府采购功能，支持中小企业发展。

【推动经济结构调整】 全年省财政统筹预算内基建投资、成品油价格和税费改革转移支付、地方政府债券等各类资金约277亿元，支持综合交通体系、港口群、保障性住房以及水利等基础设施建设。安排8.49亿元用于推进家电下乡和摩托车下乡。拨付石油价格改革财政补贴资金46.95亿元。整合5亿元设立战略性新兴产业引导资金，支持高端装备制造等七大领域战略性新兴产业发展。新增安排1亿元并带动各方资金4亿元设立创业投资基金，加大对新一代信息技术产业的扶持力度。实施营业税改增值税试点，出台过渡期财政扶持政策，积极促进服务业发展。筹集6亿元设立海洋经济专项资金，支持海洋重点产业发展。落实1.50亿元旅游专项，大力发展旅游经济。经济产业结构的调整和优化，有效提高了主体税种的增收贡献率。

【支持科技创新】 全年省财政科技支出48.18亿元，支持实施百项千亿重点技改项目贷款贴息和设备投资补助政策，促进企业、高校和科研机构的科技成果转化和产业化，推进战略性新兴产业发展，加强科技创新能力建设。继续支持人才强省战略，安排专项用于引进高端人才。

【支持区域经济和县域经济发展】 继续完善有利于区域经济和县域经济加快发展的财税体制，加大转移支付力度，制定支持南平武夷新区、三明生态工贸区、漳州古雷石化基地、莆田城乡一体化、闽东电机千亿产业集群的

高铁、高速公路的迅速建设让福建交通四通八达。 （林忠玉 摄）

财税政策。继续全力支持平潭开放开发，落实中央优惠政策，省财政筹集30多亿元积极推动平潭先试先行。继续实施县域产业发展固定资产投资补助政策，在4个山区市开展农产品深加工项目固定资产投资财政补助试点。进一步加大县级基本财力保障补助力度，顺利实现了2012年底全面消除财政部核定县级基本财力缺口的目标。落实中央赋予原中央苏区县的重大民生优惠政策，对部分集中连片特殊困难县给予享受原中央苏区县政策。加大农业综合开发资金对长汀生态综合治理和上杭等苏区县农田基础设施建设。补助明溪等27个扶贫开发和水土流失重点县2.28亿元用于支持其园区产业发展平台等相关基础设施建设。

【推进新农村建设】 全年省财政农业支出237.62亿元，比上年增长14.3%。落实强农惠农富农政策，实施农资综合补贴和农机购置补贴制度，大幅提高稻谷最低收购价格，实施产粮大县奖励政策。积极推进农业综合开发，加大对中低产田、中型灌区节水配套改造和高标准示范农田的投入力度，支持重大水利工程和小农水重点县建设。采取以奖代补的形式推进4178个行政村的基础设施建设和规划编制，支持实施农村"村村通客车"、农村公路安保以及农村安全饮水工程，推进农村公益事业一事一议财政奖补工作。支持现代茶业、渔业等特色产业发展，加强农产品质量跟踪体系建设，加大农业科技示范推广力度，推进农业产业化经营。

【支持民生工程】 全年省财政拨付140.46亿元，保障了省委、省政府50项为民办实事项目的顺利实施。省财政在超收财力中安排10.49亿元，重点用于民生和社会事业发展薄弱环节的建设。全年全省财政涉及民生领域的相关支出1906.02亿元，比上年增长21.1%。切实加大财政教育投入，提高城市义务教育生均公用经费并实现城乡统一，全面完成校安工程规划建设任务，推进教育薄弱校和县镇学校扩容改造，实施营养改善和校车安全工程；支持学前教育加快发展。从2012年秋季学期开始全面实施中职学生免学费政策；支持厦门大学、福州大学等高校开展省部共建，推进高水平大学和重点学科建设，省属本科高校生拨款水平均达到1.2万元；安排10.5亿元并带动高校累计化解债务46亿元；全年省财政教育支出599.38亿元，比上年增长37.5%，顺利实现了2012年度财政教育支出占比21%的目标。支持实施广播电视"村村通"、群众性激情广场、农村电影放映、农家书屋以及全民健身等文化惠民工程；改善公益性文化单位设施状况和工作条件，保障公益性文化场所免费开放；推进省属文化事业单位转企改制，强化国有文化资产监管，支持重大文化产业项目建设；全年省财政文化体育与传媒支出45.7亿元，比上年增长27.4%。健全公共就业服务体系，支持社会力量参与就业服务，加大对就业困难群体扶持力度；城乡居民社会养老保险制度实现全省覆盖；企业退休职工养老金月人均提高240元；农村低保标准提高到家庭年人均1800元。加快构建社会养老服务体系，支持社会力量兴办养老服务机构；全年省财政就业和社会保障支出207.28亿元，比上年增长12.1%。支持医疗卫生事业改革发展；新农合和城镇居民医保财政补助标准提高到年人均240元；继续落实城乡困难居民重特大疾病医疗救助政策；加强社区卫生服务中心和村卫生所提升建设，推进基层医疗卫生机构债务化解工作；支持县级公立医院综合改革试点和村卫生所实施基本药物零差率改革，鼓励社会资本举办医疗机构；全年省财政医疗卫生支出184.89亿元，比上年增长16.1%。支持生态建设和环境整治，省财政新增安排5.21亿元，建立生态保护财力转移支付制度；实施节能技改和合同能源管理财政奖励政策，支持重点节能工程和节能应用示范项目；设立减排"三大体系"能力建设专项资金，完善重点流域生态补偿机制；开展省级循环经济试点；推进国土资源合理开发节约利用，支持耕地补充和高标准农田建设；实施找矿突破行动方案，加强矿产资源矿勘查、保护和合理开发，促进矿山生态修复；大力推广长汀经验，省财政安排3.3亿元专项用于22个县水土流失治理，安排5.26亿元支持"四绿"工程；深入开展农村环境连片整治、农村家园清洁行动以及重点镇污水管网、垃圾转运站和运输车的建设购置，启动城乡环境综合整治"点线面"攻坚计划；全年省财政节能环保支出48.08亿元，比上年增长26.7%。促进社会安定稳定，全年省财政统筹19.36亿元，重点用于社会公共安全建设和社区矫正工作，解决多年信访积案，构建社会治安防控体系；支持人口和计生工作；推进"食品放心工程"，有效治理餐桌污染；支持重大交通隐患整治和"清剿火患"顺利开展。

【争取平潭财税优惠政策】 争取平潭财税优惠政策工作取得重大突破，财政部和国家税务总局正式出台了《关于福建省平潭综合实验区营业税政策的通知》，明确对在平潭注册的从事离岸服务外包业务的纳税人免征增值税。平潭企业所得税优惠目录、"分线管理"关税政策以及对台商品交易市场免税政策等也得到了中央的理解和支持。平潭生态环境建设再获中央政策支持。

【强化财政管理】 一是加大财税政策宣传力度，成立"三公"经费公开工作领导小组，稳步推进省级预决算公开，努力增强财政工作透明度；继续完善预算编审制度。二是创新预算编制方法，首次将省直部门对市县的专项转移支付从省直部门预算中单列，与省对市县的一般性转移支付合并编制省级转移支付预算，并将财政部提前下达的各类专项资金及时通知市县；切实将资产购置预算纳入部门预算编审，推动资产管理与预算管理相结合；制定《福建省国有资本经营预算试行办法》；顺利完成社会保险基金预算编制工作。三是强化预算绩效管理和财政监督，加强预算绩效管理制度建设，研究建立预算绩效管理指标体系，初步确立了预算绩效目标编审流程，探索财政支出绩效监控方法，组织开展部门专项资金绩效评价，推进绩效评价成果在预算管理中的科学运用；加大财政监督力度，组织对部分省直部门预算、市县财政收支以及专项资金进行检查，开展会计信息质量和会计师事务所执业质量监督，努力提高财政资金使用效益和维护市场经济秩序。四是理顺政府债务偿还机制，在积极争取地方政府债券发行额度和国际金融组织贷款的同时，认真做好地方政府债券偿还计划，强化偿债意识，严格要求各级各部门落实还贷资金，确保了福建省首批发行的34亿元地方政府债券资金的按时足额偿还，维护了偿债信誉。五是推进财政改革和“双基”工作，深入推进国库管理制度改革，实现国库集中收付省、市、县三级全覆盖，启动公务卡结算制度，巩固财政专户清理整顿成果；完善政府采购管理，率先实行批量集中采购试点，推进政府采购流程标准化和信息化建设；加强财政法制宣传；规范财政投资评审；加快构建财政管理一体化信息系统；开展乡镇财政标准化建设试点，有力加强了基层财政资金监管，保障了民生政策的落实。（高 楷）

税务

【国家税收】 全省国税系统下设9个设区市局，94个市(县、区)局，389个基层分局和税务所，全系统共有干部职工12687人，其中正式干部9819人。省局机关内设18个处室，1个直属机构稽查局，5个事业单位，共有在职人员249人。全系统离退休人员2200多人。

2012年，全省国税总收入完成1919.5亿元，比上年增收242.6亿元，增长14.5%。扣除海关代征后国税部门组织税收收入完成1477亿元，完成年度计划的104.2%，增收184.3亿元，增长14.3%，其中：计划单列市厦门入库379.2亿元，增收48.3亿元，增长14.6%；八市入库1097.8亿元，增收136亿元，增长14.1%。比全国平均增幅高4.4个百分点，增幅在31个省市中列第9位，在华东地区国税部门排第1位，税收收入规模从2011年的第15位上升到第12位。中央级和地方级税收收入分别完成1120.9亿元和356.1亿元，增长13.9%和15.3%。与地方财力挂钩的国税收入(不含车辆购置税和中央固定收入)完成1406.1亿元，增收177.9亿元，增长14.5%。

税收特点。税收与经济运行态势基本一致，税收增长稳中有升，全省国税税收收入4个季度增幅分别为11.6%、14.1%、12.7%、14.3%，基本保持了与经济发展相同的趋势。税收收入结构继续优化，体现经济“调结构”成果，第三产业税收增长略快于第二产业，第三产业税收入库518.4亿元，占全部税收收入的比重为35.1%，比上年提高0.2个百分点，增长14.4%，比第二产业快0.3个百分点，增收65.4亿元，贡献率达35.5%；国内增值税、企业所得税比重提高，分别完成759.2亿元、461.1亿元，合计增收164.4亿元，贡献率为89.2%。全省确认营改增试点纳税人31192户，其中：一般纳税人4462户，小规模纳税人26730户，试点以来共申报应纳税额3.66亿元，顺利实现了营改增税制转换。

税收法治。与省地税局联合出台了《福建省税务系统行政处罚自由裁量权基准》，为推进依法行政提供制度保障。加强监督检查，认真开展税收执法督察、执法监察、经济责任审计和巡视监督，加大责任追究，不断规范和纠正税收执法行为。积极开展行政争议化解工作，有效解决了福州4家出口企业的重大涉税行政诉讼事务。强化税法宣传，召开全省纳税百强新闻发布会等税收宣传活动，不断提高纳税人的税法遵从度。

纳税服务。全年全省办理出口退(免)税661.7亿元，增退118.6亿元，增长21.8%。认真落实各项税收优惠政策，办理各类税收减免64亿元，固定资产机器设备进项实际抵扣89.7亿元，增长28.5%。支持小型微利企业和个体工商户发展，为21万户纳税人上调增值税起征点，并落实企业所得税减半征税优惠3000多万元。做好废弃电器电子产品基金开征工作，第四季度共征收基金1081万元。改进和完善省局门户网站功能，稳步推进二期功能拓展，全省网上办税纳税人21.19万户，网上申报缴纳税款723.67亿元，网上认证增值税专用发票1065.24万份。持续提升12366服务热线服务质量，开通运行以来，服务总量逾27.88万个，接通率88.78%，满意率99.35%。

税种管理。货物和劳务税管理方面，组织进行固定资产进项抵扣专项核查工作，规范企业固定资产申报抵扣；开展重点行业增值税专项纳税评估，提升增值税征管质量与效率；定期对增值税、消费税和车辆购置税收入情况、结构、增减原因进行深度分析，形成可行性意见建议。所得税管理方面，推行企业所得税风险预警管理试点，实行信息管税；完成2011年度企业所得税年度申报和汇算清缴工作。

税收征管。加快推进税源专业化、信息化管理，初步建立起以风险管理为导向、以税源分级分类管理为基础、“省市局集中分析、市县局分类应对”以及税收风险识别应对统一归口管理的税源专业化管理模式。充分运用各类管理系统开展税收风险识别和排序，全省共评估应对入库税款19.4亿元，占直接收入的1.9%。网络发票全省推广，“一户式税收征管档案系统”全省基本推行到位。做好第三方信息的采集和处理。完成省级税收保障立法前期工作。

大企业税收管理。编制《大企业税收年度报告》，汇总反映全省定点联系企业税收管理工作开展情况和总局定点联系企业税收遵从情况。完成对中国石油化工集团公司部分企业在闽11户成员企业的税收自查督导、税收风险集中分析评估工作。探索大企业风险管理，对重点企业开展税收风险识别和风险应对工作，运用信息化手段实现由传统的管理检查方式向专业化的风险应对机制转变。

国际税收管理。认真落实税收协定优惠政策，严厉打击滥用税收协定的避税行为，全省全年反避税结案6户企业，补交税款及利息6282万元，新立案5户企业。加强对已结案企业的后续跟踪监管工作，在管理和服务环节调增税税款7127万元，在调查、

2012年福建国税各项收入完成情况表

单位：万元

项目	累计入库								
	全省			八市			厦门		
	税额	同比增减		税额	同比增减		税额	同比增减	
		绝对额	增减%		绝对额	增减%		绝对额	增减%
一、国税总收入	19195035	2426091	14.5	13571959	1640294	13.7	5623076	785797	16.2
(一)税收收入	14770212	1842567	14.3	10978328	1360010	14.1	3791884	482557	14.6
其中：中央级	11209140	1369858	13.9	8357140	998439	13.6	2852000	371419	15.0
地方级	3561072	472710	15.3	2621188	361571	16.0	939884	111139	13.4
(二)海关代征	4424823	583524	15.2	2593631	280284	12.1	1831192	303240	19.8
二、出口退(免)税	−6617000	−1186000	21.8	−3577000	−616000	20.8	−3040000	−570000	23.1
其中：(一)直接出口退税	−5192000	−650000	14.3	−2672000	−250000	10.3	−2520000	−400000	18.9
(二)免抵调减增值税	−1425000	−536000	60.3	−905000	−366000	67.9	−520000	−170000	48.6

2012年福建国税税收收入分设区市完成情况表

单位：万元

地区	年度考核计划	税收收入入库			直接收入增长(%)	完成年度考核计划(%)	其中：免抵调库		
		税额	比上年增减				税额	比上年增减	
			绝对额	增减%				绝对额	增减%
全省	14180000	14770212	1842567	14.3	10.9	104.2	1425000	536000	60.3
厦门	3640000	3791884	482557	14.6	10.6	104.2	520000	170000	48.6
小计	10540000	10978328	1360010	14.1	10.9	104.2	905000	366000	67.9
福州	3068000	3217490	416517	14.9	12.3	104.9	276000	93350	51.1
三明	515000	516692	40195	8.4	6.0	100.3	13500	11500	575.0
南平	381000	400406	47861	13.6	9.7	105.1	35000	15500	79.5
宁德	393000	419383	59142	16.4	13.1	106.7	37000	15000	68.2
莆田	550000	666856	164720	32.8	35.2	121.2	25000	−2350	−8.6
泉州	3360000	3361306	279997	9.1	4.4	100.0	307000	151000	96.8
1. 联合石化	670000	583087	−62841	−9.7	−9.7		163	163	100.0
2. 其他	2690000	2778219	342838	14.1	8.4	103.3	306837	150837	96.7
漳州	830000	919454	209983	29.6	25.1	110.8	179000	61500	52.3
龙岩	1443000	1476741	141595	10.6	9.2	102.3	32500	20500	170.8
1. 龙岩烟厂	777000	804946	83442	11.6	11.6	103.6	0	0	0.0
2. 其他	666000	671795	58153	9.5	6.3	100.9	32500	20500	170.8

注：本表中税收收入不含海关代征；年度考核计划含免抵调库。

2012 年福建地税各项收入情况表

单位:万元

	项　　目	收入总额	比上年增减额	增减%
1	各项收入合计	18216119	2470297	15.7
2	一、税收收入合计	12884708	1534674	13.5
3	1、中央级收入	2101795	133303	6.8
4	2、地方级收入	10782913	1401371	14.9
5	其中:省级收入	868244	115225	15.3
6	市级收入	3479583	438988	14.4
7	县(市、区)级收入	6435086	847158	15.2
8	二、非税收入合计	5331411	935623	21.3
9	(一)教育费附加	427493	59693	16.2
10	(二)地方教育附加	285654	63933	28.8
11	(三)文化事业建设费	26771	2523	10.4
12	(四)社会保险费	4439833	789004	21.6
13	1、基本养老保险费	2581899	510408	24.6
14	2、失业保险费	211820	157	0.1
15	3、医疗保险费	1432827	249417	21.1
16	4、工伤保险费	99636	11444	13.0
17	5、生育保险费	72881	4603	6.7
18	6、其他社会保险基金收入	40770	12975	46.7
19	(五)税务部门其他罚没收入	2074	－227	－9.9
20	(六)税务部门行政性收费收入	3010	－682	－18.5
21	(七)其他	146576	21379	17.1

管理和服务环节共调增税税款 1.34 亿元。全省非居民税收累计入库 10.05 亿元,比上年增加 17291 万元,增幅 20.77%。

税务稽查。深化税务稽查改革,在推行市局集中稽查的基础上,部分县局试点推行稽查选案、审理上移市局管理。大力整顿和规范税收经济秩序,组织为期 48 天的全省性税收交叉检查,集中力量查处大要案,严厉打击发票违法犯罪活动。全年查补各项收入 15.1 亿元,占直接收入 1.1%。

(陶　然)

【地方税收】 2012 年,全省地税系统组织各项收入 1821.61 亿元,比上年增收 247.03 亿元,增长 15.7%。税收收入入库 1288.47 亿元,增收 153.47 亿元,增长 13.5%,完成年计划的 100.5%,其中:中央级收入完成 210.18 亿元,增长 6.8%;省级收入完成 86.82 亿元,增长 15.3%;市县级收入完成 991.47 亿元,增长 14.9%。非税收入入库 533.14 亿元,增长 21.3%,完成年计划的 104.3%,其中:社会保险费 443.98 亿元,增长 21.6%;扣除厦门,基本养老保险基金入库 171 亿元,增长 19.5%,按一般预算收入口径计算,组织地方级收入 1118.04 亿元,增长 14.6%,占地方级财政收入比重的 62.94%。

税收特点。税收与经济协调增长,税收增速略快于经济,经济税收弹性约为 1.1,税收占 GDP 的比重为 6.5%,比上年提高 0.09 个百分点。各设区市税收增幅较为均衡,均在 10%—20% 之间,峰谷值差距 9.6 个百分点,比上年缩小 7.6 个百分点。税收增速稳中趋快,下半年以来税收增幅基本呈逐月加快趋势,累计

2012年福建地税分税种分设区市收入情况表

单位：万元

项目	全省		厦门		福州		三明		南平		宁德		莆田		泉州		漳州		龙岩		直属	
	累计数	增减%	累计数	增减%	累计数	增减%	累计数	增减%	累计数	增减%	累计数	增减%	累计数	增减%	累计数	增减%	累计数	增减%	累计数	增减%	累计数	增减%
税收收入合计	12884708	13.5	3178273	14.2	3101546	10.2	648522	12.4	486375	15.3	527138	16.1	580493	19.8	2304302	13	974743	16.5	857803	15.1	225515	15.9
一、营业税	4900980	22.5	1216130	24.5	1330682	25.7	243188	11.6	212975	19.3	205229	9.3	230662	26.2	781715	25.9	349660	18.8	233988	15.6	96751	20.4
1、金融保险业	898536	29.7	208313	38	247377	33.8	34071	0.8	33994	31	37520	2.6	39938	31.6	144957	27.8	47571	30.2	43315	27	61480	32.5
2、交通运输业	211516	4.4	88689	13.1	43955	−0.9	9166	10.3	6896	−5.7	3421	6.5	4361	8.1	22481	−9.5	7881	0.3	13251	22.7	11415	−15.2
3、建筑业	1149788	22.3	172456	14.5	300745	20.4	73924	6.9	78464	20.7	56746	0.1	68462	29.6	205244	35.8	119300	39.4	72539	25.7	1908	10.9
4、电信业	124192	8.6	17639	3.1	34652	12	5917	5.8	5293	4.1	6409	7.5	7228	3.5	29117	9.6	11471	16.1	6458	3.7	8	
5、邮政业	8187	11.8	1312	−4.4	1890	5.5	464	68.1	477	7.9	775	8.8	650	20.6	1528	20.6	741	40.9	350	−11.6		
6、住宿和餐饮业	163449	9.8	48159	15.9	42837	14.3	8293	0.2	7982	10.1	8415	10.4	5666	7.5	24138	−1.6	9368	14	6823	1.4	1768	−7.2
7、房地产业	1538017	33.7	416625	45.8	466734	40.5	67025	22.4	56457	36.6	68405	29.7	75995	32.4	233270	25.4	101230	8.3	48101	9.4	4175	45.8
8、租赁和商务服务	240393	30.3	62951	37.3	62519	25	18819	33.4	4855	−5.3	9499	33.8	14386	88.7	34776	54.4	10138	41.8	10856	−26.3	11594	12.2
9、其他	566899	1.4	199983	−2.4	129973	2.1	25509	7.8	18557	−12	14039	−18.2	13976	−21.4	86204	21.8	41960	−6.8	32295	16.2	4403	20.5
二、企业所得税	1846611	19.3	444088	27.3	358223	11	105952	17.5	57467	23.6	39764	−2.1	78542	47.1	406225	15.9	111626	29.6	218275	17.9	26452	12.4
三、个人所得税	1705312	−1.3	428080	−7.2	400769	−3.2	67777	−14.4	66106	8.6	69681	2.7	68192	11.9	310741	−5.9	109232	5.7	107815	20.4	76919	25.5
四、房产税	388310	−4.5	111390	−16.2	92910	−0.1	15965	2.1	10380	−14.1	12395	6.6	17298	6.1	84059	4.6	24955	−1.5	14311	−2.6	4647	−1
五、城市维护建设税	895125	15.5	243336	13.9	171223	18	37063	8.4	27517	13.6	26714	18.1	38113	24.6	195865	13.8	50982	19.7	92488	13.4	11824	39.9
六、印花税	234530	5.9	66926	2.8	56277	2.3	9521	6	6331	13.1	9958	21.7	10515	23.4	42197	6.1	16382	7.5	12800	13.6	3623	−2.7
七、土地使用税	216861	−26.8	28303	−43.3	45047	−18.7	12113	−31.3	8714	−22	6484	−34.2	16233	−23.6	67271	−22.4	22478	−22.3	9660	−35.8	558	0.7
八、资源税	93315	15.4	155	21.1	2473	−0.9	15500	−2.7	5618	25.4	2641	35.3	3924	63.3	16242	15.8	9672	20.8	37090	17.9		
九、车船税	104959	46.8	20561	50.6	22646	56.6	4377	26.5	4685	23	3886	43.1	5004	44.2	25726	57.7	8405	37.7	7185	32	2484	19.1
十、土地增值税	1360007	36.1	402779	54.3	384269	19.6	39906	27	29283	28.1	56983	54.2	56890	22.6	215600	41	133436	45.9	38604	18.1	2257	5.9
十一、烟叶税	56018	30.6					22286	25.9	20136	67.8							18	−88.2	13578	4.1		
十二、耕地占用税	308516	25.3	15861	−12	59469	26.7	31293	79.3	7036	0.1	39928	113.8	19072	−14.2	41237	13.5	68738	4	25881	93.2		
十三、契税	774164	−17.1	200664	−17.1	177558	−37.8	43581	24.3	30127	−7.2	53475	18	36048	−0.1	117424	−15.2	69159	0.6	46128	−7.4		

增幅从5月末的7.9%提高至全年的13.5%。税收增量较为集中，全年的税收增量基本来自投资性行业，房地产业(含契税)、建筑业和金融业贡献税收增量的96.3%，其中房地产业税收453.16亿元，增长21.4%。重点税源贡献突出，全年税收超千万元的1924户重点户入库711.5亿元，占税收总量的55.2%；合计增收226.80亿元，是税收总增量的1.48倍。非税收入快速增长，高于税收增幅7.8个百分点，非税收入占地税总收入的29.3%，同比提高1.4个百分点。

税收法制。加强税收制度建设，严格审核税收规范性文件，开展市县两级(不含厦门)税收规范性文件清理，共清理31157份，并向社会公告清理结果。规范税务执法行为，与省国税局联合制定福建省税务行政处罚适用规则及裁量基准，统一规范税收自由裁量权。贯彻行政强制法，研究明确与税收征管法的衔接问题。完善重大决策程序，建立法律专家咨询委员会制度。强化依法行政工作考核，制定对设区市局的依法行政考核办法和考核指标，组织依法行政示范单位(项目)验收。扎实开展税收执法督查，督促整改。规范重大案件审理工作，落实税收执法责任制，严格过错责任追究。大力整顿和规范税收秩序，组织开展税收专项检查，配合公安等部门开展发票违法犯罪专项整治。严肃查处税收违法案件，共检查2190户，查补各项收入15.13亿元；查处百万元以上案件98件，其中千万元以上案件17件。严厉打击发票违法犯罪，共查处发票违法企业1629户，查处违法发票7.03万份、14.73亿元，查补税款、滞纳金和罚款1.02亿元。

税费征管。稳步推进税收征管改革，完善福建地税综合业务管理系统功能；扩大机打发票应用范围，全年共推广4.45万户。与省国税局联合开通福建涉税信息共享平台，已涵盖12个部门。制定新《征管档案管理办法》，精简规范7类154种税收征管资料。全面加强各税费种管理。积极做好“营改增”试点准备工作，全省地税系统共向国税部门移交32014户试点纳税人的资料电子清册，全省于11月1日顺利启动“营改增”试点。认真组织年度企业所得税汇算清缴，全省清缴入库38.25亿元，增长19.29%。贯彻修改后的个人所得税法，全省工资薪金所得纳税人数由314万减至122万，25万个体户税负平均下降47.5%。组织年所得12万元以上纳税人自行纳税申报，全省11.92万人进行申报。做好代征规费征收工作，全年共征收残疾人就业保障金5.68亿元，代征工会经费4.82亿元、江海堤防工程维护费8.4亿元。根据省政府决定，从2012年11月起开始代征价格调节基金，全年共征收5729万元。

纳税服务。积极争取税收先行先试政策，全省88户企业分别列入国家试点物流企业、融资租赁试点企业和中小企业信用担保机构，享受营业税优惠政策。落实各项结构性减免税优惠政策，全年共减免税款58亿元。实施挂钩联系企业制度，制定“一对一”挂钩联系企业工作办法，省、市、县共确定挂钩企业1363户，配套制定个性化帮扶措施，减轻企业负担，共解决企业反映的涉税诉求1177个。与省国税局联合开展2010—2011年度纳税信用等级评定工作，全省参评387978户，参评面81.15%。 (陈凌枫)

编辑：郑 莱

经济管理与监督

宏观经济调节

【国民经济管理与调节】 2012年，全省落实国家应对国际金融危机一揽子计划，采取一系列政策措施，实现经济稳定增长。

*强化经济形势跟踪分析。*围绕经济运行新情况及省委、省政府关注的重大问题，分析国家和省里一系列政策取得的效应，分析全省“五大战役”、“三维”项目推进落实情况，针对热点难点问题，研究对策，提出建议。推进重点专项规划及方案编制，开展全省城镇化发展专题研究，配合国家发改委编制《促进城镇化健康发展规划(2011—2020)》，争取福建重大规划布局纳入国家城镇化健康发展规划；牵头组织研究推进大都市区同城化，牵头制定并出台《加快构建福州大都市区推进福莆宁同城化工作方案》；组织起草《福建省湄洲湾石化基地发展规划修编(2011—2020)》和《漳州古雷石化基地发展规划(2011—2020)》，经省政府正式批复；推进《漳州南太武滨海新区发展规划》和《海西龙岩产业集中区发展规划》编制工作。开展“十二五”规划年度评估，跟踪规划进展，梳理总结提出对策建议，形成《“十二五”规划纲要2011年度实施情况监测评估报告》。

*落实国家支持政策，支持和服务平潭综合实验区开发建设。*研究制定贯彻落实《平潭综合实验区总体发展规划》实施意见，由省委、省政府印发；牵头研究提出《平潭综合实验区产业准入目录》，并做好上报国家发改委后的配合修改和跟踪报批工作；推动建立国家层面贯彻实施平潭规划协调工作机制。推进厦门综合配套改革试验，研究提出关于贯彻实施厦门市综合配套改革试验总体方案若干意见及重点工作分工方案，推进十大重点改革任务和六大平台载体建设。推进海洋经济发展，配合国家发改委编制《福建海峡蓝色经济试验区发展规划》和制定《福建海洋经济发展试点工作方案》，《规划》经国务院批准实施，《试点方案》经国家发改委批复；牵头起草并经省委九届五次全会研究同意，省委、省政府印发《关于加快海洋经济发展的若干意见》、省政府印发《关于支持和促进海洋经济发展九条措施的通知》；牵头研究制定省级海洋产业示范园区认定龙头企业评选办法。

*积极扩大有效投资，持续推进五大战役。*打好新增长区域发展战役，加强对重点区域产业发展规划引导，培育专业特色鲜明、具有较强带动作用的现代产业集群(基地)，引进上下游配套关联企业。打好小城镇改革发展战役，试点镇全部完成总规编制，道路、绿化、污水垃圾处理等配套设施逐步完善，行政管理、土地经营等体制机制改革有序推进，连片、有特色、高水平的示范区或示范片初具规模。大力推进民生工程建设，下达省级预算内资金并落实到项目单位，配合相关为民办实事项目第一主办部门协调解决项目建设过程中存在的问题。

*增强自主创新能力，加大创新平台建设力度。*推进科技基础设施和公共服务平台建设，中科院海西研究院、省高新技术产业孵化器二期基本完成主体工程建设，推动下一代网络设备技术工程实验室等创新平台列入国家地方联合共建计划，森宝食品技术中心列入国家级企业技术中心，化肥催化剂国家工程研究中心等列入国家创新能力建设计划，新设立康复技术、水产品深加工、船舶助导航等省级工程研究中心。培育发展新兴产业，完善产业服务指导，编制发布《战略性新兴产业重点产品和服务指导目录》；争取国家专项资金扶持新兴产业项目，争取福州市国家电子商务示范基地公共信息服务试点项目列入电子商务等专项计划；引导社会资金投向新兴产业，设立盈科新材料国家级创业投资基金和万润节能环保等新兴产业创投基金；研究推动文化创意产业发展政策措施。推进项目成果对接转化，创新“6·18”平台功能，全年共举办对接会近200场，征集项目成果15000多项，推介技术需求1100多项，对接合同项目4098项，总投资980亿元。建设数字福建，实施《合作推进“数字福建”建设实施方案》，提高为民服务能力，实现159家二级以上医院的预约挂号服务，推广无线城市建设应用，开通厦金光缆，实现海峡两岸信息网络互通。

*保障和改善民生，推动基本公共服务均等化。*牵头会同有关部门起草基本公共服务均等化“十二五”规划，加大对基本公共服务项目的投入。发展社会事业，编制实施特殊教育二期(高校)、农村三级医疗卫生服务体系等专项建设规划，实施县级文化馆、图书馆、档案馆达标建设，健全基层医疗卫生服务体系，加快以居家为基础、社区为依托、机构为支撑的社会养老服务体系建设。推进社会事业重大项目建设，推进省大学生体育馆、福建医科大学附属第三医院一期、省立医院心血管病综合楼等省属在建项目建设，推进海峡文化广场、海峡演艺中心、省科技馆新馆、平潭协和三甲医院等重大项目前期工作。推进保障性住房建设，配合省住房和城乡建设厅、国土资源厅等有关部门做好保障性安居工程建设规划、项目储备、审批和上报申请

中央资金支持，协调督促项目实施等工作。支持欠发达地区，配合国家发改委开展《关于支持赣南等原中央苏区振兴发展的若干意见》调研、起草工作，《意见》由国家印发实施；争取并获准扩大以工代赈扶贫政策实施范围，支持原中央苏区县、原国定贫困县等欠发达地区农村基础设施建设，支持30个百户以上"造福工程"集中安置区农村饮水安全、道路、污水垃圾处理、广播电视、电力电信、无障碍设施等基础设施建设。

增强可持续发展能力，推进生态省建设。组织拟定并由省政府办公厅印发《福建省生态省建设"十二五"规划任务分工方案》；配合有关部门推进"四绿工程"，配合环保部门做好生态县考核验收等工作。推动循环经济发展，做好国家资金资源节约和环境保护试点示范园区、基地项目及资金争取工作，做好促进节能减排和循环经济先进适用技术的对接转化和推广应用。强化污染治理，加快污水垃圾处理设施建设，加快淘汰落后产能，支持闽江等重点流域水环境综合整治，推进水口库区可持续发展实验区项目建设。加强应对气候变化和低碳发展工作，推进低碳发展，牵头拟定贯彻落实国务院《"十二五"控制温室气体排放工作方案》实施方案，继续推进清洁发展机制项目开发等工作。

【经济结构调整】 2012年，全省经济结构进一步优化。农业发展平稳，完成增加值1776.71亿元，增长4.2%；农林牧渔业总产值3007.40亿元，增长4.3%。粮食总产量659.3万吨，下降2%。肉蛋奶产量241.6万吨，增长7.9%。水产品产量628.6万吨，增长4.1%。加大农业科技成果转化力度，支持农业"五新"推广应用；水利投资203亿元，增长56%，新开工121个重大水利项目；治理长汀等重点县水土流失面积15万公顷。第二产业增长较快，完成增加值10187.94亿元，增长14.3%，其中：规模以上工业增加值7810.89亿元，增长15.2%；建筑业增加值1646.0亿元，增长17.4%。电子、机械、石化三大主导产业增加值2669.7亿元，增长14.6%；高新技术产业增加值2724亿元，增长17.1%；规模以上民营工业增加值5159.9亿元，增长17.5%。战略性新兴产业发展加快，完成增加值1605.13亿元，增长23.8%，其中，高端装备制造业增幅在30%以上。区域创新能力不断提升，新增4个国家地方联合创新平台、1个国家级企业技术中心以及118个省级创新平台。第三产业稳步发展，完成增加值7737.13亿元，增长9.1%。社会消费品零售总额7256.53亿元，增长15.6%。货运量、港口货物吞吐量、集装箱吞吐量分别增长12.2%、10.9%和10.6%。旅游总收入1916.94亿元，增长17.2%。金融业增加值1015.37亿元，增长15.1%，24家企业在境内外证券市场募集资金127.6亿元，19家企业获准发行债券192.5亿元。海洋生产总值5220亿元，增长18.1%。外经贸发展水平继续提升。全省进出口1559.38亿美元，增长8.7%，其中，出口978.33亿美元，增长5.4%。新批外商投资项目916项，实际利用外商直接投资63.38亿美元，增长2.2%。闽港澳贸易额89.11亿美元，增长35.4%。两岸区域性金融服务中心加快建设，实际利用台资7.76亿美元，闽台贸易额119.63亿美元。成功举办第四届海峡论坛。闽台海空直航运送旅客242.9万人次，增长6.2%。

【投资管理】 全社会固定资产投资12709.66亿元，增长25.5%。其中，制造业投资3766.78亿元，增长23.2%；民间投资6657.31亿元，增长27.1%。房地产开发投资2824.12亿元，增长17.4%。"三维"项目对接成果显著，对接项目2970项，投资规模达3.66万亿元。央企项目年度投资789亿元，动工111个；民企项目年度投资1777亿元，动工1436个；外企项目年度投资280亿元，动工158个。重点项目建设完成投资4282亿元，增长65.4%，开工项目213个，建成或部分建成236个。其中，交通能源完成投资1277亿元，增长13.2%，新增铁路运营里程145千米、高速公路通车里程791千米、港口吞吐能力2800万吨、电力装机容量191万千瓦；福州至平潭铁路、厦门轨道交通1—3号线、中化泉州1200万吨炼油等获国家批复。新增长区域发展战役完成投资5702.1亿元，增长31.2%，区域发展后劲更加坚实。城市建设战役完成投资3200亿元，增长62.5%，城乡环境综合整治等取得成效。小城镇改革发展战役完成投资1635.7亿元，增长71.5%，镇容镇貌明显改观。民生工程战役完成投资922亿元，增长67.3%。

【民生保障】 教育事业得到优先发展，全面实施免费中等职业教育，高等教育毛入学率达33.5%，高中阶段毛入学率达90.7%。医疗卫生服务体系进一步完善，村卫生所全面实现达标建设，医疗资源有效扩充，全省新增医疗机构床位数14018张，千人均床位数3.84张。文化事业得到发展，乡镇文化站、农家书屋实现全覆盖。新型农村社会养老保险参保率达95%。初步建立起面向全体劳动者的公共就业服务体系，城镇新增就业65.38万人，城镇登记失业率3.63%。人口自然增长率7.01‰。全省保障性安居工程新开工20.15万套，开工率126.8%，已基本建成14.69万套，基本建成率129.5%。解决301.63万农村居民饮水安全问题。居民消费价格总水平上涨2.4%，控制在预期目标以内。

（戴全吉）

国土资源管理

【土地管理】 耕地保护。2012年，各级政府强化耕地保护责任，开展基本农田划定，全省114万公顷基本农田得到有效保护，省级政府耕地保护责任目标顺利通过国家有关部委的考核验收。全面启动土地整治规划编制，省级整治规划已编制完成并上报部审核，市、县两级土地整治规划编制工作进展顺利。实施土地整理和高标准基本农田建设2.53万公顷，加大耕地补充力度，补充耕地8200公顷，实现全省年度耕地占补平衡。认真实施旧村复垦，复垦新增耕地1100公顷。

保障建设用地。土地利用总体规

划编制审批进展顺利，厦门市规划已经国务院审批通过，福州市规划成果已上报国务院审批，其余设区市和县级土地规划已全部经省政府批准实施，98%的乡镇规划已经设区市政府批准。强化用地服务，依据国家产业政策和供地政策，优化用地结构，重点保障重点项目、民生工程、基础设施建设和符合国家发展战略项目的用地需求，全省共审批用地 1.96 万公顷，其中农用地 1.59 万公顷、耕地 6900 公顷。认真落实国家房地产调控政策，组织各市、县编制国有建设用地供应计划和住房用地供应计划，优化住房用地供应结构，对保障性安居工程用地开通绿色通道，应保尽保，国家下达的 15.89 万套保障性安居工程落实用地 677 公顷，其中新增用地 468.33 公顷。

节约集约用地。组织开展国土资源节约集约模范县创建活动，22 个县市创建达标，并向部申报 5 个模范县。严格执行项目用地定额指标，核减超标准用地面积 1200 公顷。鼓励低丘缓坡地开发利用，下达 1637 万元以奖代补资金。进一步推进土地资源市场化配置，规范市场交易行为，全省共供应土地 1.34 万公顷，以出让方式供应 9300 公顷、成交价款 965.7 亿元，其中招拍挂出让 8700 公顷、成交价款 916.9 亿元。持续加大闲置土地监管处置力度，重点对已认定但未处置的闲置土地予以挂牌督办，共完成闲置土地处置 201 宗、面积 900 公顷。

土地执法监察。全省共查处违法用地 4248 宗，拆除违法建筑 22 万平方米，没收违法建筑 476 万平方米，处分 191 人，追究刑事责任 24 人。开展土地矿产卫片执法检查，准确把握政策界线，警示约谈，及时整改，卫片执法成果通过国土资源部的检查验收。配合国家土地督察上海局开展土地督察，对违法案件发现一起查处一起，对重点案件公开通报和挂牌督办，保持了土地市场总体上的良好秩序。

土地调查。完成 2011 年度土地变更调查与遥感监测工作，基本完成农村集体土地所有权确权登记发证，部署开展宗地统一代码编制工作，加快推进全省地籍信息化建设，继续推进城镇地籍调查和村庄地籍调查省级试点。

【矿政管理】 地质找矿。编制找矿突破战略行动实施方案和海洋矿产资源勘查开发实施方案，投入勘查资金 5.1 亿元，重点推进整装勘查区和重要成矿区带的地质找矿，发现尤溪县剑溪矿区等 9 个新的可供后续勘查矿产地。认真开展地质勘查资质受理审批，全面实施地质勘查资质证书统一配号，省内 4 家地勘单位获评全国模范地勘单位。“上杭紫金山地区铜金矿勘查区”列入国家第二批整装勘查区。福州、厦门、泉州等重点城市以及福建省重点发展区域地质调查逐步开展。

矿产资源管理。严格审批探矿权、采矿权，推行矿业权设置方案制度，落实勘查区块退出机制，退出面积 384 平方千米。严格稀土、钨、萤石等保护性矿种年度开采总量控制指标，开展重要矿产综合调查与评价，提高矿产资源综合利用水平。牵头组织开展严厉打击非法违法采矿专项行动，着力解决当前矿产资源勘查开发中的 8 类突出问题。全省关闭取缔非法违法矿山（点、硐）1556 个，行政拘留 44 人，刑事拘留 232 人，追究刑事责任 131 人，全省矿产资源违法违规行为得到有效遏制。通过整合整顿，全省减少探矿权 249 个、采矿权 199 个，关闭退出矿山 237 个。储量管理进一步夯实，完成全省 18 个重要矿种矿产资源利用现状调查，实现矿产资源储量“两库”有机衔接；加强矿产资源储量评审备案管理，规范矿业权价款评估管理，积极推进矿山储量动态监管。

地质灾害防治。继续实施地灾防治“百千万工程”，治理地质灾害隐患点 80 处，搬迁受地质灾害威胁的群众 6447 户，乡（镇）、村（居）群测群防体系进一步健全。夯实地灾防治工作基础，开展地质灾害详细调查，编制印发福建省“十二五”地灾防治规划和综合防灾减灾能力专项建设规划，出台省级地灾防治专项资金管理暂行办法。突出汛期防灾，早动员、早部署，认真落实监测巡查、汛期值班、灾情速报、应急处置制度，加强防灾知识宣传和地灾应急演练，及时更新地质灾害信息平台，全省成功避险 121 起，避免人员伤亡 400 多人。修订矿山生态恢复治理保证金管理办法，完成“青山挂白”治理 271 处、面积 395 万平方米。

储量管理。地质资料汇交监管平台正式投入使用，完善地质资料电子阅览室，建立地质资料信息服务共享平台。认真办理各类建设项目压覆矿产资源审查审批。 （郑裕玮）

【海洋综合管理】 海域海岛管理。《福建省海洋功能区划（2011—2020）》获批；编制实施《福建省海岛保护规划》，宁德小岁屿等 3 个海岛使用项目获省政府批准；海域资源市场化配置工作保持全国领先地位，全年通过招标挂牌出让海域使用权 46 宗，面积 2282 公顷；开展海域使用权抵押登记 54 宗，面积 2930 公顷，抵押贷款金额 15.55 亿元。全面保障“五大战役”项目用海，全省海域使用确权发证面积 5487 公顷，减免海域使用金 1.18 亿元。莆田石门澳、晋江滨海新区等 5 个区域用海规划获得批准，新增围填海面积 37 平方千米。

生态环境保护。实施沿海设区市海洋环保责任目标考核制度，明确沿海地方政府海洋环境责任目标，使海洋环保工作地位上升到新高度。海洋环境污染损害和渔业水域污染事故处置能力不断提升，全省 14 个渔业重点养殖水域规划、64 个县级养殖水域规划颁布实施。加强赤潮等灾害的预警与监测，对新加坡“巴莱里”集装箱船搁浅事故海洋环境与生态损害影响进行持续 93 天的监测评估，为政府妥善处置事故提供科学依据。海洋生态文明建设、环境整治和生态修复工作位居全国前列，新增国家级海洋公园 4 个。全年全省近岸海域一、二类水质面积比例达 62.9%，比上年提高 1.3 个百分点。

科技创新发展。省政府与国家海洋局签订建设国家海洋局海岛研究中心协议，该中心成为国家部委在平潭成立的第一个直属机构；厦门南方海洋研究中心正式揭牌；海洋经济创新示范区建设和科技成果转化得到国家财政部、国家海洋局的高度认可和大力支持；诏安金都海洋生物产业园成为全国4个国家科技兴海示范基地之一。908国家重大专项通过总验收，“水产加工副产物的高值化开发与应用技术研究”获国家海洋创新成果一等奖，5项成果获省科技奖。项目对接转化成效显著，“6·18”成功对接项目83个。

海洋防灾减灾。完成全省33个警戒潮位点核定，并将重新核定的全省沿海33个点的蓝、黄、橙、红四色警戒潮位值对社会公布实施。组织修订《福建省风暴潮灾害应急预案》、《福建省渔业防台风应急预案》，增强了预案的科学性和可操作性。首次编制福建省海洋灾害公报，成为全国首批公布的省级海洋灾害公报。开展重点保障目标服务，为“海峡号”航线提供大面航线海洋环境预报服务，增加钓鱼岛海域未来7天海况预报。完成海洋渔业生产安全环境保障服务系统建设，有效提升了海洋预警预报对海上渔船管理服务水平。

海洋综合执法。组织编制《福建省海洋与渔业执法发展规划》。完成钓鱼岛附近海域和专属经济区5次渔政巡航维权任务和4次海洋维权巡航行动。“中国海监8002”1000吨级省级维权执法专用海监船正式入列，1500吨级和600吨级海监船正在加紧建造中；福州、东山2个省级海洋与渔业执法基地进行施工招标。敏感海域渔船管控全面加强，海洋与渔业执法扎实开展，在厦金海域、连江—马祖海域开展海峡两岸海上协同执法行动。

（汤兴福）

国有资产管理

【国有资产监管】 加强国资监管制度建设，截至2012年底，全省已制订出台121个国资监管规范性文件，提高了国资监管的针对性和有效性。加强产权交易市场建设，制定规范的产权转让管理办法，实现企业产权转让全面进场交易，并在全国率先实行资产评估公示管理制度；制定出台企业境外国有资产监督管理暂行办法。实行全面预算管理，更加突出利润考核导向和行业对标管理，引入经济增加值（EVA）考核，引导企业创造更多效益。全面梳理审批核准事项，进一步简政放权激发企业活力，推动企业加强项目前期策划、开展项目后评估工作，建立健全科学民主的投资决策和投资失误责任追究制度。以提高企业管理绩效和完善企业内部分配制度为目标，制定出台企业工资总额预算管理暂行办法，严格落实企业负责人薪酬管理暂行办法，加强企业负责人的薪酬管理。全面推进以落实企业总法律顾问制度为核心的企业法律风险防范体系建设，组织开展企业经济责任审计和内部专项审计，指导推动企业加强内控体系建设，全面提升企业风险管控水平。深入开展“下企业、送服务、促发展”活动，指导帮助企业利用债务融资工具等募集资金400多亿元，有效缓解企业生产经营资金压力。

【国企改革】 推进调整重组，落实省委、省政府部署要求，成立省稀有稀土集团，稳步推进冶金控股、交通集团和外贸集团对华侨集团的整合重组。深化改革改制，积极帮助企业筹措改革成本，全年共帮助申请获得经济补偿金2927万元，省属所出资企业公司制股份制改革改制面已达96.45%，交通集团、能源集团等企业内部资源整合加快推进，国有厂办大集体等重点领域改革的基础工作和解决国企职教幼教退休教师待遇问题已基本完成。加快资本证券化步伐，研究制定《关于加快推进企业改制上市工作的指导意见》，推动海峡科化等11家企业列入省重点上市后备企业，石化集团等企业改制上市前期工作扎实推进。

【国企发展】 抓好经济运行，帮助企业协调解决各种困难和问题，用好用足稳增长的各项政策措施，全力以赴抓好生产运营和管理。截至2012年底，全省非金融国有企业资产总额16368亿元，增长26.1%，其中纳入监管的资产总额12711.73亿元，增长28%；实现营业收入4665.19亿元，增长3.9%；实现利润总额193.77亿元，下降15.3%；上缴税金204.83亿元，增长14.9%；厦门建发、厦门国贸、三钢集团和能源集团等9家国有及国有控股企业进入中国企业500强。16家省属所出资企业资产总额6563.2亿元，增长33.6%；实现营业收入1635.5亿元，增长10%；实现利润总额68.3亿元，完成预算105.5%；国有资产保值增值率达111.9%。加快重点项目建设，16家省属所出资企业在建及新开工建设重点项目82个，主要包括东南电化搬迁、湄洲湾氯碱高纯树脂、新龙马微车、厦船三期等。持续深化“三维对接”，与央企新签合作项目4项，总投资154亿元；省属企业对接央企总数已超过15家，合作项目36项，总投资5114亿元。推进国资系统合作协作，举办省属企业与南平市项目对接合作洽谈会，签约项目48项，总投资212.84亿元；省属企业之间产销对接力度持续加大，仅在产品和服务方面的合作金额就超30亿元。稳步实施“走出去”发展战略，推动建工集团等5家企业签署海外业务战略合作框架协议，谋划联手在非洲开拓发展空间。加快科技创新步伐，厦门钨业、南平铝业和星网锐捷等3家企业被确定为国家级创新型企业和国家级技术中心，三钢集团等18家企业为省级创新型企业、16家企业为省级技术中心，拥有2项中国名牌、41项福建名牌。着力加强企业“三基”工作，继续深入开展生产经营管理咨询诊断活动，加强资金集中管理，向管理要效益，全年推动企业通过推行精细化管理等措施降本增效达10亿元以上，提升了企业发展的质量和效益。全年全省国企上缴税金259亿元，占全省财政总收入的8.7%。省属企业基础设施等民生工程建设投入建设资金601.96亿元，建成铁路171千米；建成高速公路800千米，通车里程突破3500千米，“两纵四横”主骨架基本形成；建成投产电力装机容量648.2万千瓦，占全省的18%；形成煤炭生产能力650万吨，占全省的25%；建成和在建港口吞吐能力1.44亿吨，占全省近30%。全省高速公路共减免各类通行费用3亿多元。省属企业积极支持扶贫开发和水土流失治理，全年落实挂钩帮扶资金6000多万元。（陈国仙）

审　计

【概况】 2012年，全省审计机关完成审计和审计调查项目2911个，查出违规金额61.1亿元，损失浪费金额1.9亿元，核减投资(结算)额10.3亿元，审计后挽回(避免)损失6.3亿元；移送司法、纪检监察机关处理事项48件，向其他有关部门移送处理事项54件；提交审计报告和审计调查报告3867份，提出审计建议7726条，被采纳4109条；被审计单位制定整改措施334项，建立健全规章制度67项；提交审计专题、综合性报告和信息简报5989份(篇)，被批示采用4166份(篇)。福建省审计厅实施的对泉州、漳州、福州三市2008年至2010年保障性住房政策落实情况专项审计调查项目获得全国2011年地方优秀审计项目。

【审计业务工作】 财政审计。全年预算执行审计或审计调查473个单位，财政决算审计277个单位，审计查出预算编报不真实、不完整金额4.7亿元等。省级预算执行审计共安排8个省直部门，延伸审计所属25个二、三级单位，抽查32项省级专项资金的分配、管理及使用情况，专项调查6个省直部门的收支预算编制情况。

固定资产投资审计。全年审计和审计调查652个单位，涉及项目投资额780.8亿元。组织开展对泉厦高速公路扩建泉州段征地拆迁专项审计及泉厦高速公路扩建泉州段和厦门段等9个高速公路建设项目审计，开展对以全省援疆资金为主的25个项目跟踪审计、全省农村党员干部现代远程教育基础设施项目竣工决算审计。积极配合纪检监察机关，深化工程建设领域突出问题的专项治理，促进政府投资项目规范建设发挥效益。

社会保障资金审计。全年审计和审计调查99个单位，延伸审计837个单位。全省审计机关集中1135名审计人员、组成83个审计组，对市、县两级政府(省级及福州市、厦门市由审计署驻广州特派办、重庆特派办实施)社会保险基金、社会救助资金和社会福利资金等18项社会保障资金、3万多条保障资金信息、687项指标进行审计核实。通过审计摸清了全省社会保障制度建设和运行情况，提出了深化改革和完善社会保障制度的意见和建议。

经济责任审计。全年对1108个单位1199名领导人员开展任期经济责任审计，其中任中审计153人、离任审计1046人。省委办公厅、省政府办公厅印发《福建省党政主要领导干部和国有企业领导人员经济责任审计暂行办法》，健全经济责任审计工作联席会议制度，加大党政领导干部同步审计力度。省审计厅与省纪委、省委组织部联合出台《福建省经济责任审计结果执行及整改情况联合督查暂行办法》，并制定《福建省审计厅审计结果整改情况跟踪检查管理办法》。省纪委、省委组织部、省审计厅三部门首次组成联合督查组，对2011年度市县区党政主要领导干部和设区市公安局局长的经济责任审计结果整改落实情况开展联合督查。

专项资金审计。全年专项资金审计或审计调查174个单位；重点加强对民生资金和民生项目审计，促进各项惠民政策措施的落实。组织全省审计机关开展保障性住房跟踪审计、农村中小学布局调整情况专项审计调查、三峡工程移民资金决算审计工作。全省审计机关积极创新基层审计组织模式，开展涉农政策与资金的跟踪问效专项审计，在总结霞浦县审计局设立乡镇办事处试点经验的基础上，在全省县级审计机关大力推进设立乡镇办事处，强化涉农审计工作。(林　卫)

统　计

【统计工程建设】 2月18日，企业一套表联网直报正式开通，福建在全国统计"四大工程"建设中取得阶段性成果。顺利完成2011年年报、2012年定报和联网直报的并轨工作。

【统计制度方法改革】 探索建立电子商务和服务外包统计制度，对建立电子商务和服务外包统计平台开展可行性研究；建立设区市能源统计核算体系，开展各设区市季度GDP能耗测算工作，确定各地预警等级；开展资源产出率统计试点，完善农村、地方服务业和文化产业统计调查制度。

【统计基础建设】 贯彻落实省政府出台的《关于进一步加强统计工作的若干意见》精神，积极推动各地内设机构建设。各设区市的能源统计一般配有1—2个专职统计人员，有3个设区市成立了服务业统计机构，大部分乡(镇、街道)建立了统计站，并统计专用计算机。部分地区的县级统计员派驻乡(镇、街道)的管理模式已启动，多数地区建立村(居)统计人员补贴机制，补贴资金列入财政预算。组织编印《主要统计指标解读》和《企业一套表联网直报工作手册》。乡(镇、街道)统计资料的档案管理和乡(镇、街道)统计台账逐步建立健全，基层基础工作日益规范化。

【统计信息化建设】 建成企业一套表省级分节点及统计联网直报平台。完成省级节点主生产环境双机热备系统建设，进一步确保企业上报顺畅、数据安全；互联网接入线路从20米拓宽到100米，进一步提高网络保障能力。建设联网直报的短信催报平台，减轻基层工作量。统计网络向乡(镇、街道)的延伸进展顺利。加强统计网络安全管理，升级网络客户端安全管理系统和入侵防御系统，提高防护能力。

【统计执法】 认真落实《统计法》进党校的要求，在各级党政干部培训班中举办《统计法》知识讲座，《统计法》的宣传教育已列入全省"六五"普法重点宣传计划。统计执法网上平台建设有效推进，2012年起所有统计违法案件均纳入《福建省省级行政执法网络平台》，全面接受省效能办等相关部门的监督，进一步确保了统计执法的公开、公平、公正。

【统计调查】 严格实施国家统计制度方法，完成农业、工业、建筑业、服务业、固定资产投资、房地产开发、保障性安居工程、贸易、人口、劳动力、就业、劳动工资、能源消费、社会科技、文化产业、企业景气、各类价格和城乡居民收入等常规统计调查。服务部门的专项统计调查和监测从内容到质量都有进步，顺利完成国内旅游、高新技术产业、体育产业、组织工作满意度、党风廉政建设满意度、环境满意度、绩效评估公众评议、民主评议政风行风、农业产业化龙头企业、少数民族乡村社会经济等专项调查工作和全面小康社会建设进程监测、妇女儿童发展纲要监测等工作。省统计局首次与省科技厅合作开展科技发展主要指标跟踪统计与发布。

【统计管理】 对省住建厅、省经贸委、省林业厅和省旅游局申报的4个统计调查项目进行审核，规范部门统计调查项目的申报和调查统计指标及调查表式的设置。加强与发改、财政、人行、税务、工商、住建、质监等部门的沟通和联系，部门间工作协调日益顺畅，部门联席会议制度和统计数据联审会审制度进一步健全。建立健全部门信息共享机制，初步形成了统一管理体系下分工明确、资源互补的运行机制。

（杨洪春）

工商行政管理

【市场主体监管】 依法查处无证无照经营。开展查处无证无照经营八闽出击专项行动，立案1.3万件，罚没4125.8万元。加大黑网吧查处力度，取缔黑网吧629户，罚没188.7万元。加大查处虚假出资、虚报注册资本、虚假登记材料和抽逃注册资金等违反企业登记事项行为力度，立案1.02万件，罚没2078.1万元。完善企业信用分类监管。落实企业信用监管机制和企业法人法定代表人信用监管制度，提升企业信用监管水平，采集录入巡查信息26万多条，送达各类监管文书2万份。加大企业信用宣传力度，编印《企业信用监管知识问答》，举办3期“企业信用监督管理知识讲座”，推进信用体系建设。加强中介组织专项治理，立案415件，罚没122.9万元。

【市场规范管理】 加强农资市场监管。开展“八闽红盾出击——肥料打假专项执法强化农资市场监管专项行动”和“2012年红盾护农春季打假百日行动”，查处农资案件1284件，罚没388.88万元。召开全省工商系统销毁伪劣农资现场会，集中销毁假冒伪劣化肥、种子、农药等各类农资，进一步营造舆论声势，达到震慑、警示和教育的效果。

开展打击欺行霸市专项整治。联合公安部门开展打击欺行霸市维护市场秩序专项整治行动，对欺压同行、霸占市场、群众反映强烈的欺行霸市团伙开展专案打击，查处欺行霸市案件205件，罚没145.8万元。

加强互联网商务监管。开展打击利用互联网销售假冒伪劣商品专项行动，检查网站1.5万个，查处违法案件117起，罚没120.89万元。泉州市工商局开发“福建工商行政管理网络舆情管理信息系统”，排查各类网络违法案件线索近2100条。采集36454户涉网信息，初步建立福建省网络经营主体数据库务。电子商务诚信交易服务试点工作取得进展，福州市工商局被总局确定为电子商务诚信交易服务试点单位。

开展合同监管工作。开展整治利用合同格式条款侵害消费者合法权益专项行动，以公用事业及房地产行业中的不平等格式合同条款作为整治重点，严厉查处利用不平等格式合同条款侵害消费者权益的行为，查处各类合同违法案件1578件，罚没530.42万元。开展“2011年度福建省守合同重信用企业”创建工作，认定1044家企业为2011年度“福建省守合同重信用企业”，有191户企业被总局认定为全国“守合同重信用”企业。

加强动产抵押物登记管理和拍卖活动监管。规范县级工商部门的动产抵押登记工作，办理动产抵押登记2317份，融资金额319.43亿元。指导拍卖企业开展拍卖活动网上备案以及规范拍卖文书，探索网上拍卖的监管方式，积极走访拍卖企业，促进拍卖市场健康发展。

【食品流通监督管理】 开展食品市场专项整治。组织开展酒类、乳制品、猪肉、明胶及含明胶食品、问题酱油、问题冻品、节日市场、校园及周边食品市场等“八闽红盾出击”食品安全系列专项行动，立案9100件、罚没2192.6万元，分别增长49.4%、48.2%。加大食品安全快速检测力度，完成食品安全快速检测14.2万批次，合格率99.9%。在巩固完善已有省级示范点的基础上，持续推进流通环节食品质量可追溯体系示范点建设，建成303个省级示范点，664个市级示范点，累计采集流通环节食品进销货台账数据2.16亿条，食品索证索票资料信息数据137.7万条，基本建立食品质量可追溯管理基础数据库。严把食品经营主体准入关，实施食品流通分级许可制度，全省核发食品流通许可证8.11万份，累计核发20.88万份，其中企业2.75万户、个体工商户18.1万户、农村专业合作社256户。

【商标管理】 签订闽台商标合作协议，促成工商总局商标局与泉州市政府签署商标国际注册工作协作备忘录，积极培育驰著名商标、地理标志商标，全年新增驰名商标93件，新增注册商标4.2万件、著名商标509件。现有注册商标31.22万件，居全国第五位；马德里国际注册商标1067件，居全国第四位；驰名商标301件，居全国第五位；地理标志商标147件，居全国第三位。强化商标行政执法，开展打击侵犯知识产权和制售假冒伪劣商品工作，突出涉外商标、驰著名商标、地理标志商标保护，加强商标印制企业、商品集散地、网络侵权等领域商标监管，立案查处各类商标侵权案件5013件，罚没1920.8万元。开展“推进实施商标战略，服务县域经济发展”主题宣传活动，回访、走访企业5000多户，组织商标知识讲座28场次，发放宣传材料4万册（份），持续提升企业和公众商标意识。

【反垄断与反不正当竞争执法】 开展“八闽红盾出击——反不正当竞争执法，维护市场公平秩序”专项行动，开展大型零售企业向供应商违规收费、公共服务行业侵害群众和企业利益、滥用行政权力限制竞争、商业贿赂、侵犯商业秘密、“傍名牌”以及走私贩私等治理整顿工作，立案1752件，罚没1529.1万元，分别增长5.4%、21.3%。

【直销监督管理】 严厉打击传销，立案查处传销案件30件，捣毁传销窝点110个，解救被困人员247人，教育遣送传销人员1369人，移送司法机关37人。联合8个部门开展高额返利网专项整治行动，出台防控高额返利网违法活动指导意见，关闭涉嫌高额返利网站82个。加强直销监管，召开全省工商系统反不正当竞争执法工作会议暨驻福建直销企业与工商监管部门联席会议，健全完善全省直销企业经营服务网点基本信息库，加强直销企业会议以及培训的监管，促进直销企业规范有序发展。

【消费者权益保护】 加快推进12315“四个平台”建设（工商发布信息的平台、与公众沟通交流的平台、接受群众监督的平台、方便群众办事的平台），开通运行“12315工商百事通”，把12315从消费维权领域拓展到所有工商职能领域。健全完善消费维权网络建设，将12315消费维权工作纳入“大调解”体系，设立12315消费维权服务站点2.2万个，创建省级示范站点500个。开展消费维权“八率”考察评估活动，组织接诉员岗前集中培训，提升消费维权服务效能。受理消费咨询申诉举报47.2万件，为消费者挽回经济损失8627.9万元。加强流通领域商品质量监测，重点是对消费者反应强烈的食品塑料包装容器等商品的抽检，组织实施10次商品监督抽查活动，查处流通领域商品质量案件102件，罚没99.5万元。组织开展“家电下乡”、水泥等市场专项整治、电动自行车管理整治以及其他重点商品质量专项执法检查，立案458件，案值231万元。

【工商行政管理法制建设】 制定《福建省工商行政管理系统法治工商建设考核暂行办法》、《福建省工商行政管理机关行政裁量权适用规则》，落实完善有关行政执法责任制度，强化执法监督，防范行政执法风险，推进法治工商建设。开展全省工商系统1979年1月1日至2011年12月31日期间发布的规范性文件清理工作，并将清理结果向全社会公布。参与工商总局《行政指导工作规则》起草修改、评估论证、征求意见、座谈研讨等工作。

【信息化建设】 开展信息化一体化建设和数据大集中工作，完成312项业务需求向开发需求转换，数据大集中的云平台系统、主机存储系统基本建成，1.14亿条工商信息的1149项检测指标平均正确率为98.86%，网上工商应用平台获评全国政务服务类电子政务优秀案例。落实省政府市场流通运行和监管工作月例会要求，强化工商数据分析运用，每月定期分析市场主体发展、市场监管运行、防范市场秩序风险等情况，为省委省政府提供决策参考，为企业和群众提供信息服务。

（林泉祥）

物价管理

【价格宏观调控】 建立比较完备的制度体系，在全国较早以省政府规章形式出台价格调节基金管理办法，以省政府办公厅名义出台农副产品平价商店管理暂行办法和稳价控价机制工作方案，会同有关部门出台缓解生猪市场价格周期性波动调控预案实施细则。做好主副食品保供稳价工作，充分发挥市场价格调控联席会议的作用，大力扶持生产基地建设，适时启动价格协商机制，迅速采取措施抑制蔬菜等农产品价格过快上涨，价调基金征收数额在新办法出台后明显增长，进一步增强价格调控能力。推进平价商店建设，扩大网点覆盖面，全省已建设平价商店600多家。强化价格监测预警，密切关注市场价格动态，加强主要食品和重要商品价格的走势预测，对重点时段的价格实施一日一报，开展热点价格问题专题调研，按月通报居民消费价格指数和鲜菜价格指数情况，及时提出价格调控建议。适时召开农资等价格政策提醒会，加强对重点商品、重点时段的市场价格巡查，严厉查处了一批价格违法行为。落实物价补贴联动机制，向低收入群体发放价格补贴1300多万元。强化督导工作机制，建立经常性的工作挂钩联系制度，定期派出工作小组督促各地落实控价措施。全年全省居民消费价格总水平平均上涨2.4%，较上年涨幅回落2.9个百分点，比全国平均水平低0.2个百分点，列全国第26位。

【资源价格改革】 推行居民阶梯电价并实现全省同价，方案实施总体平稳。研究提出全省57个趸售县工商业用电同价工作方案，已经省政府常务会议通过。实行落后产能差别电价，已有24家执行差别电价的企业完成落后产能淘汰任务。加大在役机组替代发电力度，安排替发电量46.53亿千瓦时，减少煤耗49.84万吨，减少二氧化硫排放1.11万吨。推行垃圾焚烧发电标杆上网电价，鼓励发电企业充分利用垃圾资源发电，杜绝不正常的掺煤焚烧现象。推进成品油价区并轨，实现全省同价。

【市场价格监管】 加强价格政策支持，出台鼓励和引导民间投资发展15条措施，推动民间资本更多地进入公用公益事业；取消125项收费项目，降低6项收费标准，对重点项目收费实行优惠政策，减轻企业和社会负担15.4亿元。在全国率先建立价格争议行政调解与人民调解相衔接工作机制，办理价格争议调解案件406宗；开展涉税、涉案、涉纪财物价格认证工作，完成价格鉴定3.4万件，金额36.25亿元。理顺价格关系，帮助企业解决实际困难。适当提高水电上网电价，缓解水电价格矛盾；对街面电站试行上网侧峰谷分时电价，解决电站经营困境；利用水口电站的电价空间，为坝下工程筹措建设资金17.24亿元；运用峰谷电价政策鼓励工业生产，配合制定燃气电厂气量调节方案，共减轻企业负担5.11亿元。

【民生价费监管】 完善医药价格监管，出台县级公立医院医药价格改革指导意见，实行试点县公立医院药品零差率改革与医疗价格同步调整；分两批对部分医疗服务价格进行结构性调整；降低4大类药品最高零售限价，平均降幅18%；对第二类疫苗销售价格实施价格干预措施；改进药品价格申报办法，取消药品价格受理单；运用价格政策扶持省内重点药品生产企业。加强教育收费监管，修订幼儿园、民办教育、高等学校和中等职业学校学生公寓等收费管理办法；解决了学生宿舍安装空调、太阳能热水和城区义务教育阶段学生校内午托等收费标准问题；加强中小学教材和教辅材料的价格监管，年减轻家长负担2.87亿元。规范交通运输价格管理，及时出台道路客运车型运价，完善油运价格联动机制，落实高速公路"绿色通道"、重大节假日小型客车免收车辆通行费和不停车电子收费车道优惠政策。强化住房价格监管，在全国率先出台公共租赁住房租金管理办法，严格核定省人才限价商品住房销售价格，加强房地产价格评估机构的动态管理。出台殡葬服务收费管理办法，明确各类殡葬服务收费性质和管理方式，对困难群体免收殡葬基本服务费。降低5个游览参观点门票价格。

【价格监督检查】 开展涉农、医药、教育、通信、进出口环节等12项价费专项检查，有效规范上述行业的价费行为。规范市场价格秩序，加强对价格垄断行为的监管，遏制各种不正当市场价格行为，认真治理商贸流通、服务、商品房销售等行业不按规定明码标价的现象，依托价格监督站强化对高速公路服务网点的监管。完善价格举报工作机制，及时办理价格举报、咨询20113件；加快12358平台建设，实现全省举报案件的同步传输、同步分流、同步移交。全年查处各类价格违法案件632件、查处违法所得金额3230万元，实施经济制裁4426万元。

【价格基础工作】 加强成本调查与监审，及时完成农产品成本调查任务，修订或制定公路客运汽车运价等6个定价成本监审办法，完成200个成本监审项目，核减成本费用38.31亿元。推进价格法制建设，全面启动网上价格执法平台建设，加强法制宣传教育工作，做到普法、知法、用法。

（赵　峰）

食品药品监督管理

【药品日常监管】 2012年受理药品注册申请40个，其中新药13个、仿制药26个、辅料1个，药品补充申请322个；全年收到药品生产批件3个、临床批件3个、补充申请批件8个。厦门大学和厦门万泰沧海生物技术有限公司联合申报1类新生物制品注射用抗H5N1禽流感鼠单抗。厦门特宝生物工程有限公司申报的1类新生物制品Y型PEG化重组人干扰素α2b注射液取得甲肝和乙肝两种适应症的Ⅲ期临床批件。一类新药戊肝疫苗正式投产。完成临床前研制现场、临床研制现场及生产现场检查共计46次，出动核查员184人次。实施药品注册专员制度，对符合条件的药品注册专员进行备案。《福建省中药饮片炮制规范》修订工作于2010年底启动，历时两年，已完成全部品种修订，共收载400种中药饮片，含495个规格。组织开展药品生产流通领域集中整治行动，检查药品生产企业85家，检查药品经营企业4245家。开展中药生产经营秩序专项整治，对52家中成药制药企业、17家中药饮片生产企业开展专项检查。根据国家食品药品监管局的统一部署，对全省1家明胶生产企业、2家胶囊生产企业、42家在产的胶囊剂生产企业进行深入检查，查找原料来源和问题产品去向。严格实施药用明胶、胶囊和胶囊剂药品批批检制度，企业完成胶囊剂药品检验3846批次，检验覆盖率100%。全年出动检查人员1084人次，检查124家在产的药品生产企业370家次；对6家药品生产企业开展飞行检查；完成2011年1月1日以来未进行药品GMP认证和跟踪检查的52家药品生产企业跟踪检查。推进药品生产企业实施新版GMP，到2012年底，漳州片仔癀药业股份公司等9家企业（生产线）先后通过福建省食品药品监管局的新版GMP认证；闽东力捷迅药业公司等6家企业（生产线）先后通过国家食品药品监管局的新版GMP认证。加强药品委托生产的监管，审批委托生产14件。加强医疗机构制剂室的日常监督检查，全年出动检查人员266人次，检查医疗机构制剂室46家次。全年受理审批新开办药品生产企业3家；换证2家；新增生产范围13家。核发药品质量受权人证书64家。开展药品市场月巡查。扎实推进药品安全示范县创建工作。加强药品广告监管，依法核发药品广告批准文号89份，审查备案896份，移送485份文字、292条电视和10条广播电台违法广告至同级工商部门查处，发布7期《违法药品广告公告》。加强药品互联网服务网站的监管，对所有取得过证书的网站数量进行了全面清理，关闭网站21家。加强特殊药品的日常监管，严防流弊。开展药品类易制毒化学品专项整治，加强含麻黄碱类复方制剂管理。

【药品安全专项整治】 开展查处铬超标药用胶囊、药品生产流通领域集中整治、打击农村药品市场违法行为、整治互联网收售药品、中药材市场整治、含麻黄碱类复方制剂监督检查、保化产品违法添加专项整治等专项行动15次，全年出动执法人员75196人次，检查涉药单位56077家次，责令2296家涉药单位进行整改，查处各类药械违法案件3681件，其中查处无证生产经营案件477起，移送司法机关案件80件；没收物品标值251.34万元，案件总值833.99万元（其中移送公安案件案值276.32万元）；罚没款入库1843.81万元。移送工商部门违法"三品一械"广告1584件。突发事件得到及时处置，在处理螺旋藻重金属超标事件方面，迅速对涉及企业开展实地调查，对库存的产品立即采取查封强制措施，并责令企业立即召回不合格产品，及时对企业进行了行政处罚；在处理铬超标药用胶囊事件方面，及时启动应急预案，认真开展铬超标药用胶囊的查处工作。组织全省药品稽查人员查封控制国家食品药品监管局公布的不合格生产企业流入福建省的全部问题产品，对全省药用明胶、药用胶囊和胶囊剂药品生产企业进行全面的排查。对流通领域开展监督抽验，抽取胶囊剂药品2513批次；责令6家胶囊剂生产企业召回7个不合格问题产品。查控下架国家食品药品监管局公布9家问题胶囊剂生产企业生产的胶囊剂药品118万盒。稳步有序地推进“12331”系统建设，正式开通药品安全投诉举报电话，全省实现药品安全投诉举报“12331”一号接入。

【药品监管网络建设】 强化监管网络建设，深化“驻乡巡村”工作机制，截至年底，全省共有农村药品协管人员19890名，村级药品信息员覆盖100%。推进药品监督网向城市社区街道延伸，全省85%的社区街道基本建立相应的协管办。推进农村药品供应网络建设，全省基本实现农村药品配送全覆盖，药品配送进村保持在99%以上。基本完成乡镇卫生院药房、药库改造工作，村卫生所（室）的药房、药库改造率达90%以上。

【基本药物质量监管】 在生产环节，全面实施基本药物生产企业质量受权人制度，建立基本药物中标备案制度，加强中标价格明显偏低的品种的监督检查，防止偷工减料、以次充好、替代投料、掺杂使假。全省基本药物生产企业中标36家、340个品规，在中标的品种中没有发现价格异常；开展基本药物品种的工艺和处方核查工作，有5家生产企业恢复基本药物生产，完成工艺和处方核查32个品规，全省累计完成工艺核查419个品规。在配送环节，组织9次药品配送、使用情况巡查，485次日常检查，检查基本药物配送企业213家，覆盖率100%。在抽验方面，全年完成基本药物193个品种260批次、经营企业509批次、使用单位267批次的抽验，合格率达100%，实现国家基本药物监督抽验全覆盖的目标。在电子监管方面，增补基本药物品种纳入电子监管范围，基本药物生产企业已全部实现电子监管码的核注核销。

【药品技术监督】 完成监督性抽验药品11280批次、医疗器械189批次、保健食品212批次、化妆品228批次、快检车27000批次，其中检出不合格药品521批次，占抽验总数的4.62%。收到9个设区市2234个基层单位上报的38251份药品不良反应病例报告，比上年增加10794份，增长39.3%，其中新的和严重的病例报告共9363份，占总报告数比例为24.5%，增加3680份。按照每百万人口平均病例报告数量统计，全省每百万人口平均病例报告数量为1037份，比上年增加270份。收到可疑医疗器械不良事件报告8396份，增长166.7%，百万人口平均报告数228份。全年药物滥用监测报告数3653份，有效报告3639份。

【医疗器械监管】 开展高风险医疗器械生产企业首次飞行检查和体外诊断试剂生产企业专项检查。开展装饰性彩色平光隐形眼镜专项检查，整顿和规范装饰性彩色平光隐形眼镜经营和使用秩序。开展助听器验配师和隐形眼镜验光员职业技能鉴定工作。完善医疗器械经营企业退市机制，注销320家企业的《医疗器械经营企业许可证》。开展医疗器械生产企业监督检查1581家次，法人经营企业日常监督检查3566家次。核发《医疗器械经营企业许可证》979家（其中法人新发证110家、换发证82家，非法人新发证650家、换发证137家）；核发《医疗器械生产企业许可证》37家（其中新发证21家，换发证16家），变更39家；完成二类医疗器械注册117件（其中准产注册53件），一类医疗器械注册122件；审核发布医疗器械广告30份。监测处理违法医疗器械广告217例，发布《违法医疗器械广告公告》4期。

【保健食品监管】 加强生产监管，规范企业委托生产行为，核发委托生产批件23件。开展质量受权人试点，选取福州、厦门、龙岩、宁德4个设区市16家生产企业作为试点。加强企业量化分级管理，实施《福建省保健食品生产企业量化分级管理制度（试行）》。开展螺旋藻类的保健食品风险监测。开展辅助降血压、辅助改善记忆等7类保健食品，以及蜂胶、阿胶为原料的保健食品的安全风险监测工作，抽取样品280批次。对保健食品非法添加、夸大宣传、标签标示等进行专项整治，全年出动检查人员5862人次，检查生产经营企业3417家次，检查品种12691种次。对全省有胶囊剂的33家生产企业和8家螺旋藻生产企业开展检查。开展全省保健食品企业标准备案初审工作，建立标准数据库，已完成保健食品企业标准审查228个。全年核发保健食品生产许可证4家、变更12家、广告许可56件。受理新产品注册19件、再注册15件、技术转让2件，试制、试验现场核查37次，有因检查、飞行检查23家。加强对违法广告的监管力度，全年发布4期违法保健食品广告公告，移送工商部门查处违法违规广告521个次。

【化妆品监管】 开展化妆品生产企业、使用环节和经营环节监管模式试点，创建67个化妆品经营使用示范单位。核（换）发《化妆品生产企业卫生许可证》33家，复核26家，变更4家，现场检查生产企业71家次。备案产品共400个品种，对814个国产非特殊用途化妆品换发新的备案凭证。完成注册初审国产特殊用途化妆品4个品种，延续注册14个品种。开展化妆品安全风险监测，在9个设区市、17个县（市、区）设立监测点，获取303份样品，涉及51家企业206个品牌。开展11项重金属、5项微生物及禁限用物质等项目的检测，获取3130个检测数据。开展化妆品违法使用禁限用物质专项整治工作，对福州、厦门、漳州、泉州等4地市17家企业生产的美白、染发、祛斑、祛痘/抗粉刺4类共50个品种进行摸底和排查。开展国产非特殊用途化妆品专项督查，对美白、祛痘和抗皱类等重点品种、产品配方、检验检测等重点环节进行抽查。开展全省经营企业“屈臣氏珍珠臻致美白面膜”等产品的监督检查工作。

【食品药品监管区域合作】 福建省食品药品监督管理局主办泛珠三角食品药品监管合作暨海西20城市食品药品监管合作联席会议，签订9省区《食品药品监督稽查合作协议》、《食品药品检验检测合作协议》、《药品医疗器械安全监测合作协议》、《食品药品监管信息化合作协议》，以及《海西20城市食品药品监督管理合作框架协议》。举办首届海峡两岸医药品检验技术交流研讨会，促进两岸医药品检验界扩大往来、交流技术、共享信息平台的建立。海峡两岸监管部门达成了把化妆品检验作为技术交流工作重点的共识，指定福建省药检所组织有关专家赴台对相关检验机构进行驻点考察。（林永兴）

质量技术监督管理

【质量监管工作】 2012年，福建省制定并落实《福建省贯彻实施质量发展纲要2012年行动计划》，各级政府支持政府质量奖、名牌、标准、计量等工作的专项奖励达1.2亿元，4家企业获评第三届省政府质量奖。全年共评选591个2012年福建名牌产品，累计达1674个。新增8个设区市、6个区、7个省级以上工业园区分别开展质量强市、质量强（兴）县（市、区）、质量兴园活动，累计分别达9个、82个、75个；厦门市获首批争创全国“质量强市示范城市”。深入实施标准化战略，新获批7个国家地理标志保护产品，累计达58个；新增4个全国专业标准化技术委员会，累计达41个；新参与制定国际标准3项，完成制修订国家标准103项，行业标准168项，新发布省地方标准109项，出台国内首个省级服务业标准化推进方案。新建社会公用计量标准60项，制定省地方计量检定规程（校准规范）8项。加强认证监管，对26家实验室进行飞行检查，组织开展370家实验室能力验证工作，覆盖全省近50%的实验室。深化产品质量风险监控，全省工业产品质量省级监督抽查合格率达90.51%，高于全国平均水平。

【安全监管】 省政府发布《福建省食品生产加工小作坊监督管理办法》。深入开展食品质量安全风险排查整治，全省加工食品抽查合格率达96.9%，提高0.5个百分点。扎实推进“双打”及农资、建材、酒类等“金质利剑”专项打假行动，查办案件2814件，货值5443.5万元，其中货值10万元以上大案要案40件，移送公安17件。完善12365质量热线，全年受理质量申（投）诉、举报和咨询16525件，申诉举报办结率达87%。深入开展特种设备“打非治违”多个专项整治行动和质量安全风险排查治理，查处违法违规案件414起，实施行政处罚1080万元。全面开展公共领域电梯安全整治。在全省重点工程设立特种设备服务组60个，发现并帮助排除安全隐患近2000处，为企业减少经济损失10亿多元。全年没有发生统计内特种设备事故，连续12年实现省政府安全生产责任目标。

【质监服务】 出台《支持小型微型企业健康发展的若干意见》。开创应用基于风险的检验（RBI）技术先河，为石化、核电、港口等重大项目提供技术保障，为企业增效30多亿元。落实企业减负政策，共减免企业各项费用7000多万元。能源计量创新成果示范效应明显，城市能源计量公共平台的运作模式和技术方法被多个省份借鉴采用，列入工信部八大试点城市工业企业能耗在线监测平台之一，322家重点耗能企业实现主要能源品种能耗数据采集和联网。

【质监技术机构建设】 新建成国家和省级质检中心各2个，4家机构列入国家首批承检质量Ⅰ类机构。获总局科研立项41项，居全国质监系统首位；获省科技项目立项8项，省科技进步奖二等奖、三等奖各1项，《基于物联网的城市能源数据监测系统》获2012年度中国信息化（质检领域）成果一等奖。

【综合执法】 办结全程说理式执法案件524件，组织模拟行政处罚听证竞赛93场，办理行政复议126件，行政诉讼3件。（张伍霖）

口岸管理

【口岸建设】 2012年，福建省海港口岸累计完成外贸货运量1.67亿吨，增长10.94%，其中进口1.14亿吨，增长13.97%，出口5343.41万吨，增长4.98%；国际集装箱吞吐箱量累计完成671.65万标箱，增长8.57%，其中进口334.91万标箱，增长10.00%，出口336.74万标箱，增长7.17%；空港口岸累计出入境旅客335.30万人次，增长10.23%，其中入境175.97万人次，增长16.45%，出境159.32万人次，增长4.08%。对台直航方面，福建省海港口岸对台累计完成进出口货运量2332.67万吨，增长5.49%，其中进口387.10万吨，增长9.31%，出口1945.57万吨，增长4.76%；对台集装箱完成69.52万标箱，增长3.31%，其中进口34.78万标箱，增长4.32%，出口36.05万标箱，增长6.17%；两岸海上直航出入境旅客152.36万人次，下降2.34%，其中入境77.03万人次，下降1.34%，出境75.33万人次，下降3.34%。

口岸开放。出台《福建省口岸开放范围内新增涉外作业点启用管理试行办法》。对开放港口口岸范围内新增的外贸作业区审核、验收从制度上进行规范。在做好平潭综合实验区澳前对台客滚码头临时开放每半年延期申报促批工作外，全力推进平潭申请国家一类口岸工作。福建莆田东吴港区扩大开放，福建宁德三都澳港区等扩大开放工作取得阶段性进展。泉州晋江机场通过国家级验收，成为福建省第四个正式对外开放的航空口岸。

口岸通关。深入省内各查验单位和基层口岸调研，了解进出口企业存在的困难，牵头制定口岸通关便利化措施，相继以省政府名义出台《关于口岸通关及国税部门服务促进贸易便利化措施》和《关于贯彻落实国务院促进外贸增长若干意见的通知》两个促进通关便利化措施。同时，组织口岸通关部门在省内主要媒体进行政策解读与宣传；会同口岸通关部门到9个设区市举办宣讲活动，宣传口岸通关及国税部门服务促进贸易便利化措施；建立重点企业联系名单，听取企业反映，真正把口岸通关便利化措施落到实处。

区域通关协作。进一步加强与江西省跨省区域合作，积极落实闽赣合作协议，与江西省口岸办就双方区域间口岸通关合作和发展省际间多式联运等达成合作共识。将直通放行和区域通关扩大到江西，进出口货物实现跨省区直通放行属全国首例。与海南、广东、广西等省区口岸办签署《粤桂闽琼口岸主管部门推进入出境邮轮游艇旅游休闲产业发展合作框架协议书》，加强邮轮游艇信息交流、口岸通关、口岸监管、口岸服务保障等方面的交流合作。积极促进扩大检验检疫直通放行和海关区域通关覆盖范围，有效吸引省外货源从福建省进出。

电子口岸。实现全省特殊区域通关物流信息化统一建设。福建电子口岸先后统一建设翔安保税物流园区、海沧保税港区、福州保税港区和陆地港等省内各特殊监管区公共信息平台。实现晋江陆地港正式上线运行、武夷山陆地港投入试运行，确保陆地港进出口货物"直通式"通关模式顺利实施，实现全省各口岸及特殊区域通关物流信息化无缝对接。积极推动平潭综合实验区电子口岸公共服务平台建设，优先将福建电子口岸平台上成熟的船舶联检、电子闸口、闽台通关物流信息平台合作等系统推广应用到平潭综合实验区，保障平潭综合实验区电子口岸公共服务平台建设与平潭综合实验区建设同步推进。

闽台通关物流信息平台。推动福建电子口岸与台湾关贸网路开展合作，闽台通关物流信息平台（一期）项目已于10月正式上线运行，在闽台航运、物流、通关信息互查、电子原产地证互传等方面提供服务。平台运行以来，已为海峡号6个航次、中远之星5个航次提供舱单及旅客名单信息传输；实现闽台货物通关物流信息对接，福建省企业可通过平台实时查询货物在台通关物流信息；实现闽台电子原产地证互传。（杨志华）

【海关】 福州海关。2012年关区监管进出口货物5415.5万吨，货值251.2亿美元，监管进出境运输工具2万辆（架）次，出入境人员133.5万人次，分别增长15.11%、1.85%、14.21%、17.27%。全年征收税款125亿元，增长12.65%；立案侦办走私犯罪案件30起，立案案值9189.95万元，增长99.3%；涉案偷逃税款2009.66万元，增长92.7%；实际逮捕42人，移送起诉28起58人。

支持地方建设。出台《口岸通关促进贸易便利化七项措施》。福州海关与福州市人民政府首次签署关市共同促进福州港口和区域经济发展的合作备忘录，建立双方更加紧密的合作机制。主动联系厦门海关，共同研究出台《关于支持和促进福建省外贸进口的二十项措施》。结合福建外贸发展实际，出台促进外贸稳定增长的22条措施。海关总署与福建省人民政府再次签署合作备忘录，进一步提升署省合作的层次。实现福州海关12360热线与总署的互联互通，发挥12360统一服务热线作用，为社会各界提供咨询投诉、通关协调等服务。

对接重大项目。开展涉台原产地管理办公室的筹建工作，确保海关总署福州原产办于5月18日正式挂牌。主动对接省、市政府，进行政策指导，配合地方做好整车进口口岸规划建设；在整车进口口岸未通过正式验收前，寻求海关总署的支持，特事特办，试运行首批30辆整车顺利进口，并促成福州港江阴港区整车进口口岸顺利通过国家四部委的正式验收。继续指导福州保税港区建设。支持武夷山、三明陆地港建设，建立符合陆地港发展特点的通关监管模式，服务沿海港口与内陆地区对接合作。协助总署出台《支持平潭综合实验区开放开发的意见》，从10个方面提出27条措施支持平潭开放开发，并配合总署在京召开新闻发布会。开展平潭海关监管办法、方案研究工作，提出《监管方案》及对其进行细化的全岛监控等7个方案。加强平潭监管场所和设施的规划、平潭税收政策研究，推动平潭台湾小商品市场规划和报批工作。支持"海峡号"开办货运业务，确保"海峡号"正常运营。协调总署增设平潭地区和平潭综合实验区国内地区代码和海关代码。

通关监管。分类通关改革范围扩展至关区所有业务现场，成为全国第三个全面实现分类通关的直属海关。稳步推进通关作业无纸化改革试点，已与621家A类及以上企业签订电子协议，办理通关作业无纸化报关单6110票。在全国海关率先和检验检疫部门试行通关单无纸化作业的试点，平均每票货物缩短通关时间1小时，实现"关检企"三方共赢。放宽企业适用范围，适用海关范围扩大至全国26个直属海关。全年验收监管场所6家，关区监管场所验收合格率达到100%。超期未核舱单减少81.29%。优化审单作业机制，全年对关区12.32%的进出口报关单数据实施批量复审。全年关区查验率指标为6.53%，超过总署5%的要求；查获率为14.25%，超过总署13.5%的要求。业务改革和规范化管理促进了通关时效的提升，2012年1—11月进口24小时放行率98.07%，出口24小时放行率100%，各项指标全面超过全国平均水平，综合得分100分并列全国第一。全年稽查企业129家，完成核查作业320次，补税入库1.22亿元；稽查企业覆盖率和稽查有效率等10余项业务指标绩效考核位列全国海关先进行列。全年关区风险布控率5.41%、风险布控实体有效率达到13.73%，实现了总署9项考核指标均达到满分标准，继续保持全国海关先进水平。完善企业注册登记管理信息。落实企业管理绩效考核，企业巡查率达11.22%、企业分类按时完成率100%、企管部门分析结果稽查采用率完成12.50%，企业管理部门风险参数报关单捕中率达7.41%。坚持每月分期分批调整企业管理类别，实施差别化管理，关区企业8013家，其中AA类企业数为56家、A类企业数为537家。

税收征管。全年加贸内销征税4.93亿元，特殊监管区域内销征税13.23亿。全年归类、审价、稽查、缉私等各种渠道补税入库2.65亿元，充分发挥后续监管作用。强化关银协调，及时做好税款入库核销管理，税款核销率达99.79%。开展分层、分类审单改革试点，开展报关单质量集中审核，推广应用商品信息系统，推进规范申报和批量复审工作，全面提高对商品、归类、审价、原产地以及减免税科学化管理水平。全年关区一般贸易价格水平达到0.9559，处于合理区域内。减免税审批质量继续保持稳定。下半年自查归类差错率降到1%以下，在总署归类考核中正确率达到95.4%。化验命中率达到54%。规范申报合格率达到92%。全年征收税款125亿元，增长12.65%，超额完成税收增长8.7%的目标，其中：入库119.77亿元，转出5.23亿元，分别增长9.87%和168.12%，实现逆势增长。

打击走私。开展“国门之盾”行动，先后在空港货运渠道破获“2·29”电子产品走私案、在宁德海域一非设关码头查获“5·8”走私冻品大案等重大案件，破获毒品案件17起、易制毒化学品案件1起，其中“7·21”、“7·25”系列走私毒品案被列为公安部毒品目标督办案件。立案调查行政违法案件613起，案值2.31亿元，缉私罚没及补税共2300.96万元；深入开展“清水行动”，查获走私光盘、各类非法书籍、报刊杂志等出版物8911件。加大海关知识产权保护力度，采取知识产权保护措施156批次，案值1164.8万元，查扣各类侵权货物141.2万件。

（郑爱萍）

厦门海关。2012年关区进出口报关单总数224.1万张，比上年增长1.86%；进出口贸易总值1109.6亿美元，增长7.42%；监管进出口货运量8352.1万吨，增长7.42%；监管集装箱414.74万标箱，下降1.01%；监管进出境人员445.71万人次，增长4.83%；实现税收入库378.16亿元，增长16.5%；立案侦办刑事案件62起，案值6.21亿元；立案办理行政案件1269起，案值6.98亿元。

支持经济建设。根据国务院及海关总署促进外贸稳定发展意见和新一轮《署省合作备忘录》精神，先后出台《支持促进福建外贸发展的7条措施》、《支持和促进福建省外贸进口的20项措施》、《关于贯彻落实国务院〈关于促进外贸稳定增长的若干意见〉的意见》等一系列促进外贸稳定增长的政策措施。组织24个课题研究，就扶持中小微企业发展、助推东南国际航运中心建设等专题深入开展调研，搜集、汇总各类问题建议240条，对涉及厦门关区层面的问题逐一研究解决，并向海关总署、省市政府提出针对性意见和建议，形成调查研究、收集问题、分析问题、解决问题的机制。

优化通关环境。实行进、出口分类通关改革；推广“集中报关”、“事后交单”、“担保验放”等便捷通关模式。对A类以上企业实施更加便捷的通关措施；对需查验货物特别是鲜活产品，多采用非侵入式查验，少采用人工开箱查验，最大限度方便企业，降低通关成本。放宽区域通关政策适用企业范围，区域合作的范围更广、成效更显著。支持晋江陆地港运营和业务发展，推动龙岩陆地港顺利通过省级验收，推动泉州晋江机场航空口岸通过国家级验收并正式对外开放。不断丰富电子口岸平台功能。

促进对台交流交往。监管ECFA项下进口商品4.62亿美元，增长122.1%；减免税款2.22亿元，减免额度增长274%；厦门关区进口台湾水果量继续保持全国口岸第一。全力支持厦金客运航线开通夜间航班，在全国率先支持开通两岸海运快件直航定期航线，推动厦台实现“客、货、邮”全面直航。联合福州海关出台《对台小额贸易管理办法》，加大对台小额贸易的监管力度，关区对台小额贸易货物总值2.62亿美元，增长21.61%。推动大嶝对台小额商品交易市场免税限额自11月1日起从3000元提高至6000元，当月市场进口货物增幅逾50%；在海关总署的指导下探索两岸海关执法试点合作。全年监管两岸直航飞机3533架次、海上直航16817航次、货物1177万吨、旅客194.61万人次，各类包裹、函件111.28万件。

全力帮扶企业。“12360”服务热线电话受理并解答进出口企业及社会各界提出的各类问题10296次，答复网上咨询721件。对省市重点企业实施“一对一”帮扶，完善“跟进式”服务机制，主动协调深圳等直属海关，确保关区重点企业在其他关区享受通关便利。恢复30家A类以上企业管理类别，关区现有A类以上企业1391家。对关区重大投资项目进行跟踪服务，按照减免税政策为企业减免税款10亿元。实行担保通关，减免各类保证金近10亿元。向海关总署建议并推动进口白云石税率从3%最惠国税率调整为1%关税暂定税率，每年可为企业减少1500万元税负。取消3项收费，每年为企业减轻收费约3000万元。

打击走私。开展“国门之盾”打击走私行动，在打击非涉税物品走私方面，查获11起走私毒品案件，查获各类毒品22.32千克；查获1起走私象牙案，涉嫌走私象牙1034根段，重约4.2吨；查获海关总署缉私局二级挂牌督办的走私沉香木大案，缴获沉香木1.33吨等。在打击涉税货物物品方面，查获成品油走私案件19起，涉案成品油10220余吨，案值9002万元；查获海关总署缉私局二级挂牌督办的走私出口氧化镁大案，案值超过1亿元；查获各类侵犯知识产权案件282批次，案值1941万元等。厦门海关缉私局荣获第四届中国野生生物卫士行动最高奖项——“卓越卫士”称号。

持续改进综合监管。以集约、高效、可控为目标，大力推进关区通关指挥中心建设，实现风险、统计、缉私等多部门集中办公，提升本关区海关业务处置、风险防控能力。推广应用“查验管理辅助系统”，坚持查验工作周通报、月评估制度，提高查验效率，查验率、查获率均优于海关总署指标，分别达5.44%、14.35%。完善风险信息多方研判选查机制，加强布控分析能力，关区人工风险布控率5.64%，布控实体有效率15.45%。发挥稽查后续管理作用，全年完成稽查作业281起、保税常规核查作业802起，补税4137.48万元。舱单管理系统扩大至厦门关区进口海运现场。监管场所验收合格率达100%。报关单规范申报率达96.6%，位列全国海关第三。与福州海关签署《关于建立执法统一协作备忘录》，在省内基本实现海关执法原则、执法标准、执法程序和执法要求的统一。

继续推进综合治税。加强税收预测和对重点企业、大宗货物分析监控，建立关区重点税源商品基础数据库，对关区前200位的大宗商品实行精细化管理，提高税收征管形势研判与实际掌控能力；编发征管岗位案例教材和归类图文手册，引入“抽样考核”评估指标，提升海关税收征管的量、质、效。

提高保税监管水平。完善海沧保税港区监管模式，推动海沧保税港区二期顺利验收，封关运作，顺畅运营。简化关区内各类海关特殊区域、场所、口岸之间货物流转操作规范，提升通关效率。创新扶持研发、检测、维修等服务业发展的措施，核发首份国际服务外包保税进口货物专用手册，标志着福建省保税监管与服务从“加工贸易”领域拓展到“服务贸易”领域。研究出台海关支持航空维修产业发展的一揽子方案，有效促进做大做强厦门航空维修业。支持厦门市游艇业发展，争取海关总署批准在厦门市试点设立全国首家水上游艇保税库；在厦门市翔安保税物流中心（B型）推出“分送集报”、卡口24小时不间断作业等便捷通关措施，有力支持该中心连续3年进出货值位居全国同类前列。

（吴建华）

【检验检疫】 福建出入境检验检疫。2012年检验检疫进出口货物58.22万批、423.25亿美元，增长4.83%和9.99%，其中：出境货物54.3万批、241.94亿美元，增长4.24%和7.98%；入境货物3.92万批、181.31亿美元，增长13.71%和12.81%。检出不合格出口货物321批、1396万美元，批次不合格率0.06%，货值不合格率0.06%；检出不合格进口货物2270批、34.19亿美元，批次不合格率5.79%，货值不合格率18.86%。全年签发各类优惠原产地证书13.66万份，金额60.79亿美元，增长11.93%和4.67%，为辖区企业减免关税约2.75亿美元。

服务企业。出台14条措施促外贸稳增长，为企业直接降低成本9154万元，间接降低成本约16.8亿元。全面实施福建口岸出口货物直通放行，扩充无纸化报检企业，实施直通放行、绿色通道、通关单无纸化和优化业务流程缩短通关时间约100万小时。出台促进外贸发展21条措施等3项措施。与深圳检验检疫局、宁德市、三明市、龙岩市政府签署、贯彻备忘录，共促鞋类、陶瓷、电子信息、电机产品示范区年出口额近60亿美元。推荐76家次企业对美、欧注册或复审，对外注册企业出口19.6亿美元，增长86.7%。帮扶10家企业获出口免验资格。福建成为全国首个全面实施进出口产品电子监管省份。实现资质证书校验、信用管理对接集中审单等5项创新，率先推出原产地证无纸化申报。率先在晋江陆地港试运行陆地港检验检疫电子闸口系统。先行先试进口零部件异地装配检验监管模式，解决福清核电项目1亿多美元进口设备通关难题。对投资近350亿元重点项目实施“一项一案”管理。在江阴汽车整车进口口岸打造流程最优、时效最高、费用最省通关模式。帮助洪强公司成为全省首家进口旧硒鼓再制造试点企业。指导莆田进境木材检疫除害处理区扩建工程通过验收。安溪茶叶产业成为全国首批有机产品认证示范区。检出进口大宗散装矿产品不合格225批，出证索赔1894万美元。

创新模式机制。创建检验检疫业务风险管理体系，在全国首创产品、疫情疫病、工作和队伍风险库，建立风险预警发布机制，开展出口水产品、鞋类和进口散装矿产品风险管理试点，实现工作风险流程电子化管理。“两个专项行动”排查进出口企业6417家，整改问题527项次，构建持续排查机制。

口岸卫生检疫。推行“131”卫生检疫监管模式，出入境有症状人员筛查率、传染病确诊病例检出率居全国系统前列，5类医学媒介生物监测检获数居全国系统第一，福建检验检疫局邮件办事处被国家反恐办确定为全国系统唯一的全国反恐怖防范重要目标联系点。

进出口产品监管。对1051家企业实施分类管理，实现出口食品、化妆品、竹木草制品、水果、饲料和食用水生动物主要生产企业“一厂（场）一品一案”管理，出口食品农产品39.52亿美元，增长17.83%。运用风险评估成果确定25大类工业品和重点业务检验监管模式，对1657家工业品企业实施验证管理，57.5%的企业抽检比例降至2%，工业品进口不合格检出增长49.3%、经检验检疫出口被国外通报减少66.7%。运行进境植物有害生物把关新机制，截获有害生物种类、种次增长45.53%和46.65%，在全国首次截获十字花科细菌性黑斑病，检出的地中海白蜗牛被补入进境植物检疫性有害生物名录。

质量管理。建立业务工作质量三级监督检查、境外通报调查、驻点督察和专项督察制度，发现问题320个，制定纠正措施340条并整改完毕。强化地方政府牵头对外注册迎检机制，7家企业通过韩国检查。牵头全省出口食品农产品示范区建设，辖区8个（全省10个）示范区通过国家级验收，居全国第二；3项质量分析报告排名全国系统第一。

闽台交流合作。开展“先行先试、探索创新对台工作新模式研究”，推出2个对台小额贸易监管新模式。与台湾消基会建立常态化、非官方合作交流机制。台湾鳖卵、午仔鱼、槟榔、自捕鱼进口量居全国第一，参与促成大陆开放进口台湾大米。开通全国首个ECFA官方网站，签发ECFA证书份数、金额约增长123%和136%。开通《台湾标准全文数据库》，可检索26个行业、1.6万余项台湾标准法规信息。

服务地方建设。促成国家质检总局率先发布支持平潭开放开发24条措施。首创“分线管理”检验检疫新模式，加快筹建平潭检验检疫监管信息化平台。支持福建3大港区资源整合，共促福州保税港区、晋江机场通过国家级验收，支持4个陆地港建设并进驻办公。与交通部门建立“两个平台”合作机制，推进集中查验场所建设。加强口岸核心能力建设，4个口岸通过国家考核验收。新增2个进境水果、种苗指定口岸。建设全国首套煤炭/铁矿共用取制样设施，445.21万吨煤炭、铁矿转运内地，增长90.4%，放行速度居全国系统前列。

行政执法。牵头完成检验检疫行政处罚自由裁量权统一研究，省局和13个分支机构全部完成许可窗口规范化建设。查办行政处罚案件68件，涉案金额407.5万美元，罚款79.56万元。

基础建设。实验室新增认可标准107项，总数达1694项。实验室检测和信息化设备预算资金8142.84万元，增长52.35%。重点项目检测周期再压缩10%，保持检测质量零事故。初步建立以集中审单系统、电子监管系统、电子闸口系统为主线的电子检验检疫平台。综合检测用房建设顺利，3个综合实验楼建设用地获地方政府支持，福州机场检验检疫局获批。

（李永东）

厦门出入境检验检验。2012年受理报检90.32万批，货值565.9亿美元，比上年分别增长1.37%和2.08%。实施货物检验检疫46.77万批，货值310.39亿美元，分别增长11.91%和16.13%。实施轮船检疫2.3万艘次，飞机检疫1.8万架次，集装箱检疫519.46万标箱，快件检疫141.82万件，邮包检疫115.62万件，出入境人员查验410.45万人次，发现病例1391人次。通过检验检疫，检出不合格商品3531批，货值18.87亿美元；截获动植物疫情和不合格情况7631批次；截获医学媒介生物235批次、218万只，位居全国各口岸第一；检出放射性超标事件251起，居全国口岸第三位。全年检区新增38家出口包装注册企业、7家机械注册企业、4家玩具注册企业、2家陶瓷注册企业，以及39家食品备案企业，新增对外注册企业17家次。年末累计有效出口商品注册登记企业240家、备案出口食品生产企业404家，其中对外注册155家次。全年受理并签发886份CCC免办证明，受理入境验证的CCC产品报检32540批次，货值9.49亿美元，其中不合格批次11批，货值14.07万美元。全年签发各类优惠和一般产地证19.91万份、签证金额74.58亿美元。全年实施行政处罚234起，涉案货值1493.22万美元，处罚金额73.74万元。

加强产品监管。实施出口食品分类管理，实现检区出口食品分类管理全覆盖，共评定A类企业60家，B类企业173家，C类企业96家，D类（特别监管）企业17家。推行出口化妆品原辅料全备案，开展进口葡萄酒境外生产企业注册研究。探索进口食品分类管理，对进口葡萄酒和台湾地区进口白酒实施分类管理。推行出口食品质量安全承诺制，检区881家进出食品企业签订《进出口食品安全质量承诺书》。加强质量安全示范区建设，指导漳州平和蜜柚和厦门翔安胡萝卜2个示范区顺利通过国家质检总局复审，成为全国首批国家级出口食品农产品质量安全示范区，翔安胡萝卜连续3年实现国外“零通报”；指导厦门出口健身器材质量安全示范区顺利通过省级考核验收。

开展“两个专项”行动。全年出动排查人员2737人次，排查企业1760家，发现问题590项次，制订整治措施605条，形成质量安全排查分析报告203份，查处违法违规案件121件，涉案金额3324万元，其中逃漏检案件20余起，买卖、使用伪造检验检疫证书案件9起，查获各类假证100余份，注销（暂停）注册/备案企业18家，移送公安机关5起。

动植物及其产品检疫监管。加强口岸外来有害生物监测与防控，多次截获黄侧条实蝇、大丽轮枝菌等重要有害生物；首次从来自中国台湾的红龙果树苗中截获检疫性有害生物非洲大蜗牛；8次从菲律宾香蕉中截获新菠萝灰粉蚧；多次从进境快件中查获新型宠物蚂蚁、可作繁殖用的植物药材等禁止携带、邮寄进境物；在厦门市湖滨北路监测发现危害大叶榕的木层孔褐根腐病。国家质检总局先后3次根据厦门口岸截获的重要有害生物发布预警通报，并根据厦门口岸截获的油菜籽茎基溃疡病和农业部联合发布公告。加强进境大中种用动物检验检疫监管，全年完成7262头种用奶牛和950头种猪检验检疫与消毒处理。

进出口商品检验监管。加强大宗商品、消费品、食品及出口欧美、非洲等新兴市场商品和援外物资检验监管，连续多次发现进口乳清粉蛋白质含量未达标、葡萄酒铜超标、小食品超范围使用添加剂等重要安全质量问题；全国首次从进境船运大豆中检出种衣剂大麦并依法处理；出口食品化妆品国外通报率下降至0.048%，降幅高达96%。全年检出大宗商品超过5‰短重254批，货值达631多万美元，为企业挽回经济损失4000多万元；检出不合格进口旧机电134批，增长28%；不合格进口棉花36批、1203万美元，不合格率94.7%。

口岸建设。加大技术投入，引进一批高学历、高水平技术人才，在口岸建设医学排查室和负压隔离室，实现所有旅检通道红外体温监测、核与辐射监测及视频监控全覆盖；研发应用“出入境船舶AIS电子海图监控系统”、“全球疫情地图系统”、“卫生检疫集中审单系统”等信息管理系统；加强与卫生、反恐、公安、环保及海关、海事、港口、边检等部门合作，构建应对核生化反恐、疫情处置等联防联控体系，全面提升厦门口岸核心能力建设水平。厦门高崎国际机场和海峡国际

2012年7月25日，厦门高崎国际机场和海峡国际邮轮中心被世界卫生组织和国家质检总局共同授予“国际卫生机构”和“国际卫生港口”称号。（厦门检验检疫局供稿）

邮轮中心双双通过世界卫生组织(WHO)的实地测评，被授予“国际卫生机场”和“国际卫生港口”称号，厦门由此成为全国唯一同步创建海港空港“国际双创卫”城市，也是全球首个通过《国际卫生条例》口岸核心能力实地测评认证的城市。厦门东渡港区、海沧港区顺利通过质检总局口岸核心能力建设考核验收，加上厦门高崎国际机场和海峡国际邮轮中心，厦门港共有4个口岸成为全国首批通过核心能力验收的达标口岸。

对台检验检疫工作。完成4项科技部和国家质检总局立项的对台研究课题及9项涉台制标项目；主持完成的科技部科研项目《海峡两岸技术性贸易措施研究》通过鉴定验收；《海峡两岸强制性产品认证制度研究》正式出版。承办首届海峡两岸卫生检疫工作研讨会，来自包括国家质检总局、台湾“疾病管制局”、中国检验检疫科学研究院及与台湾有直航往来的11个直属检验检疫局的44位卫生检疫专家齐聚厦门，对输入性传染病的风险评估、口岸登革热、基孔肯雅热防控等两岸共同关注的卫生检疫领域的热点问题展开了深入的探讨和交流。

服务地方经济发展。出台30多条促进外贸稳定增长的帮扶政策；对厦门天马微电子等68个省市重点项目、14.8亿美元进口成套设备实施项目管理，促进项目早落地、早投产，为企业节约大量成本。严格执行国家减免费政策，全年共减免企业收费1亿多元。帮促福建全通再生资源工业园通过国家质检总局、环保部和海关总署的联合验收，成为福建首家“圈区管理”的进口废物原料园区。支持东南国际航运中心和厦门国际邮轮母港建设，加强与海事、港口、港务等口岸交通部门的合作，共同推进口岸“两个平台”(检验检疫监管平台和信息化平台)建设，提高通关效率，提升把关水平，厦门口岸每个集装箱在港堆存时间缩短1.75天，节约费用约200元；出台“精、快、严、优、细”5项把关服务举措，入境船舶放行时效提速40%，出境船舶100%实现“无等待”即时放行。与厦门港务股份有限公司以及泉州晋江陆地港港务有限公司签署《支持厦门港—陆地港货物便利通关联动发展备忘录》，支持陆地港货物便利通关，通关时间从7天缩短到3天，60余家企业受惠，吸纳上亿元口岸物流货物转由厦门进口。 （吴　琼）

【海事】 夯实海事监管基础。加强福建海事局船舶交通管理服务系统(简称VTS)建设，颁布实施《福建海事局船舶交通管理服务系统安全监督管理实施细则》等配套规定，保障VTS正式运行。推进分支局辖区间海事监管区域无缝衔接，构建以VTS监管为核心的非现场监控、无缝隙监管、无障碍指挥的海事执法体系。推进沿海航路建设，制定船舶定线制和沿海航路规划实施计划，开展《福建沿海船舶航行安全指南基础研究》、《福建海事局辖区水域事故发生规律及安全策略研究》等课题研究。协调相关单位共同推进砂石运输船临时性检验简化工作，促进砂石运输船长效管理机制建设。编写推广《航运公司船岸应急联合演习指南》，开展航运公司安全管理体系审核技术比武活动。完成厦门、泉州溢油应急设备库和漳州古雷工作船码头等9个基建续建项目和2个造船新建项目；启动3个基建新建项目；以3G通讯网络为依托，建立海事移动办公执法系统。

加大专项整治力度。统筹开展涉水工程专项整治、“四客一危”航运公司安全生产检查、客渡船专项检查、船舶配员和船员证书专项检查、船舶吨位丈量现场复核、“小三通”航线全面检查及直航客滚船“海峡号”和“中远之星”全面安检等系列专项活动；联合港口、交通、公安等部门，开展侵占航道、锚地水域的海上养殖行为的清理整治；与海洋渔业部门联合开展渔船密集区、商渔碰撞多发区等重点水域巡航巡查；与广东海事局、浙江海事局联合开展闽粤海事联合巡航执法活动、浙闽粤3省海事联合巡航执法活动。对辖区454艘客渡船舶进行全面检查，发现1499项缺陷，对19艘船舶采取滞留，对35艘船舶采取行政强制，出台《客渡船安全监管实施意见》。对辖区78家航运公司进行拉网式排查，发现安全隐患335项并逐一督促整改。检查水上水下施工作业70件，发现并有效处置不符合规定的作业或运输船舶147艘次。全年实施PSC检查517艘次，滞留51艘次，实施FSC检查3666艘次，滞留232艘次。

海事应急处置。开展“科学搜救年”活动，成立省海上搜救中心海上救援专家库，修订《福建省海上搜救应急预案》，制定并实施海上巡航工作规范和巡航救助一体化实施方案，建立并完善海巡艇与救助直升机的常态化协作机制，提高海上搜救应急指挥的科学性和有效性。加快溢油应急设备库建设，开展溢油应急设备专业技能培训，强化对船舶污染清除作业单位监督管理和指导帮助，提高溢油应急能力和水平。成功处置“巴莱里”轮触礁、“鑫源顺6”轮自沉、台湾籍两马航线客船“金龙”轮触损进水等险情事故。全年组织实施海上搜救行动188起，成功救助遇险人员1878人，人命救助成功率98.12%，成功救助船舶176艘，船舶救助成功率89.8%，两项成功率均创10年来新高。

服务重点项目建设。与平潭综合实验区管委会签订《共同推进平潭开放开发战略合作协议》，推进双方在“海峡”号快速高效进出港、加强平潭海域搜救工作等方面的合作。对罗源湾、东山湾、东吴港、平潭等港口水域口岸开放工作进行重新评估，完善海事需求，推进口岸开放。落实省政府关于发展总部经济、加快航运公司和船舶回归的相关要求，与相关部门配合建立外挂船舶回迁厅际联席会议制度。促进“三群”联动发展，参与主要港口规划研究，加强水上重点项目建设安全监管，保障辖区跨江、跨海大桥等涉水工程项目建设顺利进行和桥区水域船舶通航安全。保障重点物资运输船舶安全进出港，全年保障84艘次LNG船舶和94艘次超大型油轮快速进出，安全运送268.3万方液化气和1156万吨原油。

对台交流合作。首次由台湾方面主办在金门海域成功举行“2012年海峡两岸海上联合搜救演练”；开展“两岸搜救演练后评估”、“船舶油污及危化品应急协作”专题学术交流；加强与台湾海巡署、高雄港务局互动，推进两岸海事交流常态化。做好两岸海上直航船舶的安全监管和服务保障工作，有力保障厦金航线6月17日首次成功开通夜航；首次对“小三通”台籍客船进行一次集中、全面的安全检查，促进直航船舶技术安全状况的提高。深化“涉台海事监管基本框架”研究，完成“涉台海事综合法律制度和政策框架”课题，系统梳理涉台海事监管的主要经验和做法，保持海事对台工作的前瞻性。加强涉台口岸管理，实行简化统一单证、定期签证，实行7天、24小时工作制，落实海上“绿色通道”、“快捷签证”与“零待时”等服务措施，全年保障福建沿海与台湾地区海上客运164万人次，货运1338万吨，集装箱62.46万标箱。（陈　旭）

【边检】 2012年检查出入境交通运输工具21506艘(架)次、出入境人员164万余人次，分别增长8%和18%。推进勤务改革，大力推广“分区域执勤、一体化服务”的勤务模式，宁德、福州、福清、泉州、漳州等边检站相继建设区域勤务中心，下沉警力154名，组建综合执勤业务科，实行驻点执勤，保证港口业务20分钟内响应到位。坚持科技强警，以服务实战为需求，合理利用各项信息化技术，不断提高勤务工作的规范化和精确化；研究制定互联网服务平台建设指导意见，规范各单位网络报检、警务微博、QQ飞信等科技服务平台建设内容，拓展边检网上服务内涵；福清边检站研发启用海港综合信息管理系统，实现港区人车船一体化管理；漳州边检站研发证件管家软件，实现对海港证件的有效跟踪和管理。改善通关设施。总队驻平潭工作组购置15个智能验证台，推动实现边检查验工作智能化、现代化；肖厝边检站投入新建报检厅，为服务对象提供“一站式”服务，报检窗口连续4年被区行政服务中心评为年度“最佳服务窗口”；泉州边检站新建站信息服务厅，在原报检办证功能的基础上，增加了自助通关信息采集、服务形象推广等设施。

服务海西建设。主动开展外贸形势专题调研活动，深入分析口岸外贸发展面临的困境，研究提出提高通关效率、优化窗口服务、电子化通关、取消办证费用等4方面18项边检通关便利化服务措施。坚持每季度组织分析研究口岸出入境动态，提出工作建议，为地方经济发展建言献策；广泛征求服务对象意见、建议，有针对性地推出旅游团散进散出、修造船出入境专属服务、对台直航“便利港”、“六员民生警务”、服务泉州二次创业等便民利民新举措。全力做好两岸大型交流活动的服务保障工作，优化勤务模式，圆满完成海峡论坛、海交会、平潭共同家园论坛等两岸交流活动的边防检查任务。全年检查往返两岸人员654769人次，增加19%。

口岸综合管理。深入开展口岸风险评估，坚持每月、每季度科学评估口岸管防风险，加强警情分析研判，提高口岸管控工作的预警性、主动性和针对性。强化执勤人员查控工作意识，出台查控管理办法，规范严密查控工作各个环节，确保口岸查控工作万无一失。收集整理伪假证件资料，提高一线执勤人员伪假证件识别水平。组织开展反闯关、反偷渡等情景处突演练45次，有效提高整体作战和协同配合能力。健全联勤联动和协作共管机制，与码头企业签订口岸共管协议，强化边检协勤队伍建设。完善“三三管控”机制，加强与公安国保、反恐、出入境以及国家安全部门等相关单位的联勤协作，增强口岸管控合力。先后完成海峡论坛、厦门国际投洽会等背景审查工作，及时、准确地完成65批10692人次的人员背景审查任务。

（兰思辉）

【海防】 全面贯彻落实中央中央、国务院、中央军委和南京军区、福建省委省政府关于加强新形势下海防工作的意见措施，对沿海各设区市和省海防委主要成员单位贯彻落实情况进行调研检查评估，推动各级各部门进一步贯彻落实。加强沿海市、县(区)海防委员会及办事机构建设，调整充实各级海防委员会。强化重点海域和敏感时期管控，全力防范涉台敏感事件发生，开展厦漳泉海域联合管控，有效提升管控效率，维护海防安全稳定。持续开展平安海域创建活动，召开创建工作座谈会，总结交流创建经验，推动创建活动持续健康发展。加大海上维权巡逻力度，维护国家海洋权益，以军事斗争准备为牵引，积极推进海防战备常态化建设，海防战备水平进一步提升。海防相关职能部门与台“海巡署”、“移民署”建立警务联系渠道，开展整治电炸毒鱼、违法采砂联合执法行动，共同打击涉台犯罪，开展双向遣返作业，组织两岸海上联合搜救演练。认真组织海防基础设施建设项目选址勘察，按照海防管控需求，统筹编制上报年度建设计划。按照国家下达建设投资计划和监控设施功能模块组合要求，组织编制建设方案和概预算，精心协调组织项目实施，按时完成了一批海防监控中心、监控站和执勤道路等项目建设任务。举办一期省市县三级海防干部业务培训班，规范海防设施项目申报和年度建设计划、实施计划编制工作，建立统一的《海防基础设施项目申报表》。强化海防基础设施使用维护管理，省海防办会同省军区司令部、省公安边防总队印发了《福建省海防监控设施使用管理细则》，进一步完善海防监控设施维护机制，委托维护单位和设备承建厂家对海防监控设施进行维护，定期组织设备检修，确保设备正常运行和发挥效益。（钟宏芳）

【反走私】 落实反走私领导责任制，组织开展“国门之盾”、打击治理非设关地走私和冻品走私等专项行动，强化综合治理，有效遏制走私活动势头。全年查办走私刑事案件92起，案值7.67亿元，涉案偷逃税款9870万元；立案办理走私行政案件2908起，案值10.59亿元。（罗　超）

安全生产监督管理

【安全生产事故】 严格落实安全生产目标责任，强化指标监控，各项指标均控制在国务院安委会下达的目标范围内，连续7年全面下降。2012年全省发生各类事故13519起、死亡2755人、受伤11457人、直接经济损失1.42亿元，分别下降12.9%、8%、16.8%和10.5%。其中，工矿商贸事故死亡人数下降9%，烟花爆竹、危化品未发生死亡事故，火灾、道路交通、水上交通、铁路交通、农业机械和渔业船舶事故死亡人数分别下降15.9%、7.7%、20%、5.4%、7.7%和31.3%。发生较大事故51起、死亡189人，分别下降16.4%和16.7%。发生重大事故2起(沈海高速霞浦段“6·20”和宁德寿宁“7·24”重大道路交通事故)，增加1起。亿元GDP事故死亡率0.13，下降18.7%；工矿商贸10万就业人员事故死亡率1.22，下降10.3%；道路交通万车死亡率2.91，下降11.8%；煤矿百万吨死亡率0.499。经综合评定，4个设区市政府评为先进单位，5个设区市政府(含平潭区)评为达标单位(同时授予其中3个为工作创新奖)，1个设区市政府因发生重大事故取消评比资格。30个省单列考核单位中，12个评为先进，11个评为优良，1个评为创新奖，6个评为达标。省级挂牌督办生产经营性较大事故36起、移送司法机关29人、纪律处分73人、处罚单位33家，依法查处重大事故2起、追究刑事责任2人、党政纪处理33人、处罚单位2家。

【安全生产目标责任管理】 推进安全标准化建设，全年有95.4%的企事业单位和94.5%的个体工商户实现达标，20个县(市、区)和8个工贸园区实现整体达标，其中矿山、危险化学品、烟花爆竹、机械、烟草等14个行业全面达标。深化道路交通安全综合整治，省政府出台《加强道路交通安全工作的九条措施》和《道路交通安全综合整治“三年行动”和集中整治大会战实施方案》；全年道路交通事故死亡人数下降7.7%，553处省级督办公路隐患路段全部整治完毕，排查道路隐患5.23万处，摸排无牌车辆13万多辆。强化重点行业专项治理，重点行业安全生产状况进一步改善，煤矿方面：完成4家关闭任务，依法查处7起事故，追究事故责任54人；非煤矿山方面：在全国率先实行县乡领导政府和相关部门负责人挂钩尾矿库安全工作制度，完成地下矿山“六大系统”139座；危化品方面：全面完成涉及危险工艺企业自动化控制系统改造；消防方面：继续深入开展“清剿火患”战役，督促整改火灾隐患70多万处，挂牌督办重大火灾隐患1275处；渔业方面：60马力以上的9263艘渔船全部安装自动识别防碰撞系统。开展“打非治违”专项行动，全年出动检查人员19.9万人次，检查企业14.9万家，打击非法违法、治理违规违章行为237.9万起，行政拘留5329人，移送追究刑事责任115人。

【安全生产基层基础建设】 省和多数市县政府建立安全生产宣传教育联席会议制度，成立宣教机构，并切实加大“安全生产月”、“海西安全发展行”等活动的集中宣传教育力度，强化道路交通安全综合整治、“打非治违”等常态性的宣传教育，着力提升全民安全意识。漳州、龙岩出台宣传教育工作意见；泉州市出台创建安全发展城市实施方案；永春县举办了首届“安全文化节”，在全国率先建立安全生产慈善基金400多万元；新罗区中小学安全教育基地被命名为全国安监系统唯一的“科普教育基地”。切实抓好安监人员、“三项岗位”人员和农民工的安全培训，全年受训人员20多万人次。加强政府安委会和安监机构建设，市县乡三级政府安委会主任全部实现由行政正职担任，所有设区市安监局均设置为政府工作部门，县级安监局全部设置为正科级的政府工作部门或政府直接管理的机构；厦门、泉州、莆田等地积极推进村(居)安监队伍建设。加大安全生产投入，莆田、南平、龙岩市县两级政府设立安全生产专项资金。加强基层安全监管装备能力建设，对中央支持福建省28个苏区、老区县级安监局装备能力建设经费1120万元、省级配套269万元，按照“统招分签”的原则，每县拨付46万元。

(饶祥林)

编辑：王文灿

科学技术

科技概述

【概况】 2012年，福建省全面实施“十二五”科技发展专项规划，大力推进自主创新，科技事业取得新进展。科技优先发展战略地位进一步确立，省委研究出台《关于深化科技体制改革加快创新体系建设的若干意见》，强调要把深化科技体制改革、建设创新型省份作为一项事关福建长远发展的基础性、全局性、战略性重大任务，明确提出到2020年实现进入创新型省份行列的目标；《福建省科学技术进步条例(修订草案)》通过省人大常委会审议，为深化科技体制改革，加快创新体系建设，实现创新型省份目标提供了重要的法律保障。科技创新基础更为扎实，全年共争取国家项目1463项，经费11.41亿元，增长20.6%；新增国家高新区1个；国家可持续发展实验区1个；获批成为国家创新驿站试点省份；9个项目入选国家金太阳示范工程、获国家财政补助1.15亿元；国家创新型(试点)企业达到29家，高新技术企业近1550家。截至年底，全省共拥有有效发明专利7764件，增长54.5%；每万人口发明专利拥有量2.09件，增长0.73件，居全国第12位。全年全省高新技术产业实现增加值2726.67亿元，增长17.2%，占GDP的比重达到13.8%。技术交易日趋活跃，全年技术合同成交金额73.58亿元，增长37.76%。 (郑雨苹　吴朝庭)

【科技工作重点】 强化企业技术创新主体地位，省级科技经费中支持企业牵头和产学研合作的项目经费比例达到70%；全省87.7%的研发投入由企业完成，81.8%的R&D(“研究与开发”、“研究与发展”“研究与试验性发展”)式活动人员集中在企业，65.7%的省级科技获奖成果来自企业，60.9%的专利授权从企业产生。布局建设55家省级企业工程技术研究中心和21家企业重点实验室，提升企业的持续创新能力。落实激励企业自主创新政策，全省企业实现研发费用税前加计扣除额27.29亿元、高新技术企业所得税减免25.61亿元，引导企业加强技术创新的效应持续显现。加强产业关键技术攻关，围绕精密激光加工装备、高端电机等重点领域，组织11项科技重大专项和省区域科技重大项目、高校产学合作科技重大项目、产业支撑科技重大项目，引导产学研联合攻关，取得了一批产业核心关键技术。世界上第一支戊型肝炎疫苗“益可宁”于10月在厦门正式上市。大力发展高新技术产业，落实《福建省战略性新兴产业发展实施方案》，安排经费1.8亿元，大力培育和发展创新型产业集群。深入推进农业科技创新，积极开展高优品种选育、高效栽培技术和高值化加工技术研发和示范推广，发展壮大了一批区域特色优势产业。加快推进民生科技进步，继续加强全民健康、公共安全、人居环境等方面的技术研发和应用。厦门市思明区成为国家可持续发展实验区。全省生物医药领域发明专利拥有量位居全国第六位，国内首个胶囊型抗乙肝用药恩甘定获得生产批文。积极打造创新平台，在莆田、晋江、南安启动省级科技创新型城市试点工作，形成省、市、县联合攻坚的新型工作机制，合力提升区域创新能力。出台《关于加快科技企业孵化器建设与发展若干措施》，统筹布局全省科技企业孵化器建设。加强基础研究，前瞻部署和支持影响科技、经济和社会长远发展的前沿科学和应用基础研究，并强化产学研用结合，积极引导高校联合科研机构、企业开展行业共性关键技术研究、重大产品开发和成果转化，提高协同创新能力。扎实推进产业技术创新战略联盟建设，新培育数字微波通信、电机电器等5个省级联盟。深化对外合作，省政府与科技部举行新一轮部省工作会商会议；成功举办第六届海西科技论坛等活动，促成28个先进科技成果在省内落地转化；主动扩展与以色列的产业研发合作。大力实施知识产权战略，省政府与国家知识产权局举行第三次合作会商会议，签署了合作备忘录，并把2月21日定为福建省知识产权日；评定2012年省专利奖43项；获第十四届中国专利奖11项，其中专利金奖1项；完成《福建省专利促进与保护条例(修订草案)》送审稿；制定《2012年福建省知识产权系统执法维权“护航”专项行动方案》；与台湾工业总会签署了《闽台知识产权保护交流合作备忘录》。福建松霖科技公司成为国内首个通过“海牙协定”提交国际申请并顺利注册公布的企业。

(郑雨苹　吴朝庭)

科技计划管理

【科技计划管理创新】 推动科技创新配套措施的制定，制定《福建省重大科技成果企业落地转化资助办法(暂行)》、《福建省重大科技创新平台引进和建设资助办法(暂行)》、《福建省企业技术创新团队资助暂行办法》等6项配套政策措施；制定《福建省重大科技成果购买补助项目管理工作程序》、《福建省引进重大研发机构资助项目管理工作程序》，探索后补助项目的评审立项工作模式。推进科技与重点产业发展紧密结合，按战略性新兴产业、高新技产业、传统优势特色产业和一般产业分别予以不同额度的科技经费资助，引导市县（区）企业和高校、科研院所向重点产业转变；围绕地区战略性新兴产业、高新技术产业集群发展、应用高新技术改造和提升传统优势特色产业三个层面，开展技术研发和成果转化，促进区域经济发展。突出企业创新主体地位，除自然科学基金项目外，新上科技计划项目750项，其中企业为第一牵头单位的347项，占新上项目经费约60%；由企业为第一牵头单位，以及高校、科研单位联合企业共同承担的科技项目合计455项，占新上项目（不含自然科学基金）总经费的合计70%。建立科技项目储备库，根据省财政厅的预算细化要求，开展计划项目建库试点，比往年提前发布了下一年度科技重大项目、重点项目、省自然科学基金申报通知。升级完善福建省科技计划项目管理信息系统，收集科技计划项目管理制度变动信息以及各类用户对系统的改进意见与建议，汇总提出系统升级需求，系统经过升级完善后实现了项目网络背靠背评审、重大专项预算评审、后补助项目申报立项等管理要求和功能。

【科技计划项目与经费】 全年安排省级各类科技计划项目经费3.52亿元，省财政新增的“科技创新与成果转化专项资金”安排4170万元；支持各类新上省级科技计划项目1380项，年度经费2.84亿元；结转项目388项，年度经费6330.72万元。新上项目包括：科技重大专项11项（含专题21项），科技重大项目123项目，科技创新平台项目71项，自然科学基金项目630项，重点项目308项，中小企业创新资金37项，软科学项目99项，创新型企业创新成果后补助项目90项，以及资助省属高校专项项目。全省（不含厦门市）共争取获得国家科技项目立项1354项，资助经费10.25亿元。

【科技重大专项】 加大科技重大专项实施力度，围绕软件与信息技术应用、新材料及器件开发与应用、先进装备与制造技术开发与应用、新一代网络与通信关键技术及应用、农业良种选育及集约化种养技术研究与示范、药物研究与产品开发等11个科技重大专项，启动实施21个专题项目，安排计划经费1.03亿元，吸引、带动社会各界投入3.8亿元。科技重大专项实施成效显著，“新材料及器件开发与应用”、“软件与信息技术应用”、“纺织产业高新技术开发与应用”、“海西研究院科技专项”、“新一代网络与通信关键技术及应用”等科技重大专项，面向战略性新兴产业发展需求，开展高性能复合材料加工刀具开发、LED用大尺寸蓝宝石晶体研发及产业化、激光—LED混合白光模组的研制及其在激光投影仪中的应用开发、车联网嵌入式系统平台的技术研究及其产业化、纺织品新型冷转移印花系统工艺技术及成套装备研发与产业化、蛙线发动机及其产业化技术、下一代互联网分组数据通信网系统的关键设备和商用数字对讲机专用芯片关键技术等产业关键技术的研发活动，突破一批关键共性技术，研发一批重大产品、核心装备，并获得发明专利、标准等自主知识产权，推动重大科技成果转化与产业化，造就一批科技创新领军人才和创新创业团队。

【科技重大项目】 启动实施123个科技重大项目，安排计划经费8950万元，其中：组织实施57个区域科技重大项目，支持设区市企业与高校、科研单位合作，突破一批产业发展关键技术问题，转化一批省内外科技成果，提高产业核心竞争力；组织实施51个高校产学合作科技重大项目，支持高等院校的科技人员联合企业，面向产业和市场需求，合作开展应用技术研发、科技成果和专利技术转化；组织实施15个产业支撑科技重大项目，开展对台科技合作，推进省内有关企业与浙江清华长三角研究院合作开展科技成果转化，引进以色列先进技术成果到福建落地转化，资助省内院士牵头开展产业关键技术攻关，突破技术瓶颈，支撑全省相关产业发展。

（郑雨苹　吴朝庭）

高新技术与工业科技

【概况】 全省实现高新技术产业产值10331.5亿元，比上年增长15.7%；全省高新技术产业增加值达2726.67亿元，增长17.2%，占地区生产总值的比重为13.8%；高新技术产业出口交货值亿元，增长%。围绕产业转型升级发展需求，组织实施一批高新技术及工业领域的科技计划项目，新上12个科技重大专项专题，涉及新材料、先进制造、电子信息、节能环保等领域，计划经费6000万元；新上区域重大项目31项，产学合作重大项目26项，创新平台项目4项，科技重点项目56项，创意产业项目12项。积极组织申报国家项目争取国家支持，共有10个高新技术及工业领域项目获立项，获得资助经费7700多万元。

【高新技术产业开发区】 编制完成《福建省人民政府关于加快高新技术产业开发区建设与发展的若干意见（征求意见稿）》。截至年底，全省已有4个国家高新区（莆田高新区新升级为国家高新区），3个省级高新技术园区。

【高新技术企业】 全省高新技术企业数量达1528家。全省高新技术企业实现产值5881.96亿元，占全省高新技术产业产值的比重为56.9%；增加值1568.16亿元，占全省高新技术产业增加值的比重为57.5%。积极推动企业创新，制订《福建省科技型企业备案办法（试行）》，开展科技型企业备案工作，引导更多企业增加研发投入，开展技术创新活动。

【创意产业】 围绕创意产业工业设计和数字服务领域的创新平台建设、共性关键技术研发，立项支持12个项目，科技计划经费500万元；积极推进全省文化和科技融合工作，组织开展《推动文化与科技融合，加快文化产业发展》调研，提出加快文化与科技融合，促进文化产业转型升级的对策建议；制订《福建省关于加快推进文化和科技融合发展实施意见》，提出建立省文化科技融合发展工作机制、实施文化科技创新示范重点工程、建设文化和科技融合示范基地等措施，加快推进全省文化和科技融合发展；积极向科技部推荐国家文化科技创新工程项目，共推荐并入选“数字音乐网络传播运营云服务系统研发及推广应用”、“基于云计算的跨媒体数字出版技术集成研发与试点应用”等5个项目，获国家支持经费4300万元。

（郑雨苹　吴朝庭）

社会发展科技

【社会发展科技计划项目】　全年安排社会发展领域各类省科技计划项目131项，计划经费4242万元。其中省科技重大专项/专题2个、科技重大项目23个、科技重点项目83个、西部对口帮扶等专项项目23个。全年验收的社会发展领域省级科技计划项目共申请国家专利73项，其中9项获得国家发明专利授权，12项获得实用新型和外观设计授权。组织申报国家各类科技计划项目，有12个项目获科技部批准列入2012年国家“十二五”科技支撑计划，2个项目获国家863计划立项，4个项目获国家科技重大专项计划立项。

【科技惠民计划】　制订《福建省科技惠民计划管理办法(试行)》和《福建省科技惠民计划工作方案》。惠民计划资助范围主要包括人口健康、生态环境、公共安全、城镇发展等与社会管理和社会发展密切相关的科技领域，重点任务是：支持基层开展具有导向作用的先进技术成果的转化应用，提升技术的实用性和产业化水平；支持基层开展重点领域先进适用技术的综合集成和示范应用，提升先进适用技术在基层公共服务领域的转化应用成效。拟定将龙岩市新罗区作为全省首个实施科技惠民计划的地区。

【食品安全科技攻关】　按照省政府关于治理“餐桌污染”的工作部署，进一步强化食品安全科技攻关，组织“食品中未知添加组份的高通量快速筛查体系研究”、“复杂基体干扰食品中强致癌苯并芘快速筛查技术研究”、“高通量质谱蛋白组学检测和鉴定食品微生物技术的应用”、“饮品中色素添加剂检测仪器的研制”、“食品和饲料中三聚氰胺的快速低成本检测方法研究”等食品安全领域省级科技重点项目，突破了一批关键技术，取得了一批重要成果。组织实施“食品中致癌物的检测技术研究与仪器研制”科技重大专项。针对食品中潜在致癌性物质的快速分析与实时监测难的技术瓶颈，开展“生物毒性复合效应评价”、“危害因子特征分离与识别”、“标准体系建立”及“智能仪器、快速检测试剂研发”的研究与应用。通过项目实施，建立禁用染料多组分快速筛查技术，溴酸盐、苏丹红、碱性橙、丙烯酰胺等组分特征分析检测技术，开发荧光分析仪器、苯胺色素多组分化学计量数学模型及其智能化检测仪器。

【可持续发展实验区】　组织有关专家对龙岩市国家可持续发展实验区和福州市鼓楼区、永安市和仙游县3个省级可持续发展实验区的中期验收工作进行指导。支持厦门市思明区创建国家可持续发展实验区，并于4月获科技部正式批准为国家可持续发展实验区。至2012年底，全省已有5个国家级和12个省级可持续发展试验区。

【西部对口科技合作】　加强与西部对口帮扶地区的科技合作与交流，与新疆昌吉州政府在福州举行合作共建的昌吉市农产品质量安全检验检测中心签约仪式，支持昌吉市建设农产品质量安全检验检测中心；组织省农科院果树所专家并提供种苗，援建重庆市万州区建立优质枇杷基地达66.67公顷，示范推广优质枇杷330多公顷，并设立了福建省科技特派员基地；支持宁夏彭阳县建设食用菌产业孵化园和宁夏六盘山食用菌研究中心；支持林芝县多布村示范推广果树良种，筛选出适宜林芝地区种植的优良果树品种8个，建立果树新品种引进实验、示范面积33.33公顷，建立优良果树品种种苗繁育圃33.33公顷等。

（郑雨苹　吴朝庭）

基础研究与软科学

【基础科学研究】　全年全省自然科学基金共资助项目630项、资助金额2471万元，其中面上项目438项、青年科技人才创新项目164项、杰出青年项目28项。全省共获国家自然科学基金资助项目734项，总经费4.53亿元；获得科技部973计划立项课题12项，资助经费2888万元；973计划前期专项立项课题2项，资助经费118万元。全省遴选出中青年科技创新领军人才5人、科技创新创业人才5人和创新人才培养示范基1个。据347项年度结题的项目统计，在国内外学术刊物和学术会议上发表论文1505篇，出版专著87部，获得专利授权67件，培养博士后、博士110人。

【海峡两岸科技合作联合基金】　福建省政府与国家自然科学基金委员会签订《关于设立促进海峡两岸科技合作联合基金的协议书》，明确双方每年各安排经费1500万元，充分发挥国家自然科学基金的导向作用，引导社会科技资源投入基础研究，进一步吸引和聚集海峡两岸科学家开展科技合作，重点解决福建及台湾地区共同关心的重大科学问题和关键技术问题。2012年，“联合基金”项目申报指南共设“新能源新材料、水产生物资源研究、食品安全检测技术、人口与健康”等4个领域11个研究方向。9月25日，在莆田市召开项目评审会议，确定首届“联合基金”立项项目12个，其中：由省内高校主持承担11项、经费2720万元，由省外高校主持、省内科研单位参与承担1项、经费205万元，并且全部项目均有台湾科研人员参与合作研究。

【软科学研究管理】　省科技厅共受理软科学项目148项，立项99项，总投入经费851.5万元，其中：财政资助436.5万元，自筹415万元。向科技部推荐《海峡两岸节能减碳合作机制研究》等软科学研究项目8个，获立项2个、资助经费26万元；组织省科技发展研究中心和厦门理工学院，联合申报2012年"国家创新方法专项"，获资助经费177万元。制定完善软科学管理细则，出台《福建省软科学研究计划项目结题验收工作须知》。加快成果转化应用，在科技厅网站上开通《福建省软科学研究计划成果信息系统》，实现成果的对外公开共享与交流。"科技创新能力与科技创新平台建设"、"平潭综合实验区生态建设指标体系构建研究"等一批重要成果被有关部门采用。（郑雨苹　吴朝庭）

科技体制改革与法规建设

【科技政策法规】《福建省科学技术进步条例（修订）》经省人大常委会两次审议通过，于2013年1月1日起正式施行。制定出台《福建省委、省政府关于深化科技体制改革加快创新体系建设的若干意见》。贯彻落实《福建省人民政府关于促进科技成果转化和产业化的若干意见》，制定配套实施细则和管理办法，出台《福建省重大科技成果企业落地转化资助办法（暂行）》、《福建省重大科技创新平台引进和建设资助办法（暂行）》、《福建省促进高校和科研院所职务成果转化实施细则（暂行）》等。推进《福建省科技进步目标责任制考核实施方案》、《福建省关于加快孵化器建设和发展的若干意见》等政策的起草进度。大力推进科技政策、产业政策、人才政策之间的配套与衔接，进一步完善科技政策贯彻执行和协调沟通机制，协助科技部了解掌握部分企业落实重点政策情况，加大政策绩效评估。

【技术创新工程】持续提升创新型企业培育管理水平，组织做好国家第五批创新型试点企业推荐工作，推荐福建七匹狼实业股份有限公司等5家公司作为候选企业；顺利完成省级第三批创新型企业和省级第五批创新型试点企业的评价评优工作，新认定89家省级创新型企业、187家省级创新型试点企业。进一步改进创新型企业资助方式，研究制定《福建省创新型企业创新成果后补助实施办法（暂行）》，安排1000万元专项支持102家省级创新型企业。加强与科技日报、《福建日报》等重要媒介的合作，宣传推广星网锐捷、厦门钨业、七匹狼等企业的技术创新实践与成功经验，发挥好创新型企业在行业和区域的技术创新活动中的示范效应和带动作用；扎实推进产业技术创新战略联盟。加强与地方科技管理部门沟通，围绕"十二五"重点发展领域和特色优势产业，积极引导鼓励龙头骨干以企业联合上下游企业、高校和科研院所围绕行业共性关键技术研究、重大产品开发和成果转化构建产业技术创新战略联盟，积极培育数字微波通信、电机电器等5个省级产业技术创新战略联盟；研究制定了《福建省产业技术创新重点战略联盟发展管理办法（初稿）》，推动联盟管理工作走上规范化、制度化轨道。（郑雨苹　吴朝庭）

农业科技

【农业科技项目】开展农业科技项目的调研和评审工作，立项77项，计划经费6497.5万元，其中科技重点项目41项、高校产学科技重大项目14项、区域科技重大项目16项、科技重大专项专题6项。组织农业企业申报国家科技项目，全年推荐申报国家农业科技成果转化资金项目20项，获批复立项14项，其中企业牵头有10项；推荐申报国家科技计划农村领域2013年度备选项目（公开征集）8项，全部入选科技部项目库，其中企业牵头有3项；有关水土流失治理与食用菌生产的3个定向项目，入选科技部项目库，并形成了《福建省水土流失区生态经济型治理技术集成与示范》项目建议书。全省企业、高校共争取科技部农业科技项目计划资助经费约3900万元。研发储备一批发展战略性新兴产业的前期技术，为发展战略性新兴产业打下基础，涉及生物资源利用、生物饲料和动物疫苗研发、生物质能源研究开发、海洋生物、农作物害虫生物防治等方面。

【星火计划项目】组织实施国家级、省级计划项目83项，计划经费总额2857万元，其中："竹材高效利用关键技术开发与示范"获得科技部星火计划重大项目资助315万元；获国家科技富民强县项目立项7项，获资助经费808万元；获国家"十二五"农村领域农村信息化与城镇化建设项目立项2项，获资助经费354万元；安排省级星火计划重点项目73项，计划下达科技经费1480万元。此外，有2个项目被列入国家"十二五"农村领域后备项目库。

【科技富民强县工程】组织完成漳浦、上杭等5个县（市）国家科技富民强县行动计划项目的验收与绩效考评工作。组织推荐连江县等11个县（市、区）申报2012年科技富民强县行动计划项目，获批新上试点5个，有7个重点项目获得科技部与财政部立项支持；全省已建设34个国家科技富民强县试点，有39个重点项目获得国家科技富民强县专项行动计划支持。明溪县承担的"南方红豆杉关键技术示范推广及产业培育"后续奖励项目，在原项目基础上，建立了南方1号红豆杉良种苗木基地近10公顷，原料示范基地220公顷，带动130多户农户推广种植360多公顷。古田县实施的科技富民强县"古田食用菌产业发展关键技术示范推广"项目，建成了银耳良种繁育基地2个、银耳安全生产示范基地2个，真姬菇、杏苞菇设施化栽培示范基地2个，开发出具有福建特色的食用菌即食品、营养型银耳黄酒，提高了食用菌产品的附加值。

【城镇化与村镇建设技术应用示范】国家级新农村建设示范村建宁县上黎村围绕该村特色产业，引进、示范、推广农业优良新品种7个，配套栽培新技术16项；根据上黎村果园面积大，雨季水土流失严重等问题，重点推广果园前梗后沟，梯壁种植牧草，台面留草的生态栽培模式，协助推广了秸秆胺化微贮技术，梨、猕猴桃、黄桃修剪下离体枝条栽培食用菌技术，有效加快农业废弃物资源化利用。针对福建传统村落在现阶段面临的传统建筑的毁坏、传统空间和特色风貌的灭失、生活环境品质的下降、村落可持续发展能力的缺失等问题，推荐福州市城市规划研究院以鼓岭镇宜夏村等3个村落为试点，申报“福建传统村落规划改造及民居建筑功能综合提升技术集成与示范”国家支撑计划项目，被列入“十二五”国家科技计划农村领域2013年度备选项目。

【科特派创业与服务】 下达科技特派员参与项目22项。全省已建设省级科技特派员创业示范基地102家，市、县级科技特派员创业示范基地333家，在农业科技创新与示范辐射、质量管理、品牌战略等方面起到了显著的示范带动作用。继续发挥省科特派培训基地作用，加大科技特派员培训力度，结合农村和农民对农业科技的实际需求，在建阳等县(市)举办了“先后在茶产业政策解读及优质茶生产技术”、“蔬菜嫁接育苗及无公害栽培新技术”、“农业信息化、食用菌绿色栽培及茶叶加工技术”和“经济作物水土保持种植及网络营销技术”为主题的科技特派员培训班4期，共有科技特派员、企业技术员、经济合作社(或协会)成员、农民技术员和种养植大户500多人接受了培训。

【农村科技创新创业】 加强对科技型龙头企业、专业合作组织的培育，支持这些主体承担有技术含量、普惠面广、经济社会效益明显的科技项目，安排企业承担的项目65项，开展农业科技创新和推广，发展农业产业化经营，组织分散经营的农户开发当地优势资源、打造产业链、结成利益链，促进农业科技成果和推广应用。加强成果转化载体建设，安排16个项目扶持有关地区依托现代农业示范区、农业园区、企业技术中心等成果转化载体，围绕区域农业发展方向和当地特色优势产业，开展农业成果的集成配套和中试、转化，解决周边地区农业发展的关键技术问题。加快农村先进适用技术应用示范，不断推进农业产业化、延伸农业产业链，组织实施农业五新项目69项，其中农产品精深加工项目40多项，涵盖园艺、林竹、畜牧、水产等农业四大优势产业，茶叶、花卉、蔬菜、食用菌、笋竹、中药材、畜禽、水产品等八大特色农产品，为农村特色产业发展和农村发展方式转变提供有效的科技支撑与服务。

【农村科技培训与信息服务】 着力抓好星火科技培训，以星火计划项目和国家级、省级星火学校为载体，全年共培训农民6万多人次，其中：三明市举办“清流黄羊常见病防治培训班”、“清流溪鱼健康养殖培训班”等各类地方特色产业和农村实用技术培训班47期；泉州市围绕纺织服装、制鞋、陶瓷、石材石雕、食品及农产品加工等县域特色产业，开展各类特色星火科技培训和农民工技能培训31期。持续支持农村科技信息网络建设，健全农村科技信息化服务体系，充分利用广播电视、互联网络、手机短信等现代信息技术，为农民提供高效便捷、简明直观、双向互动的服务。由省农科院等单位承担的“福建省农村科技信息资源共享与服务平台建设”项目，已建设完成福建省农村科技信息资源共享与服务省级中心和3个地区分中心，完成13项核心农村信息服务软件的研发工作；建立水稻、蔬菜等种养对象专题数据库321个；收录农业生产资料信息3000多种，农村实用技术视频资源463部、农业科技信息数据60274条、农业技术培训课件100多个、农业专家系统36个；建立信息用户超过100万人。 (郑雨苹　吴朝庭)

【福建省农科院】 全院获得省级以上各类科研项目109项，合同经费1.1亿元；获得知识产权授权99项；知识产权转让与对接12项，合同金额693万元；获得国家科学技术二等奖2项(杂交水稻恢复系的广适强优势优异种质明恢63、双孢蘑菇育种新技术建立与新品种As2796等的选育及推广)，福建省科学技术二、三等奖9项；通过农作物品种审(认)定35个；获福建省地方标准4项。

自主创新与成果转化。获得国家科学技术二等奖2项，新增农业部农产品质量安全风险评估实验室(福州)，8个研究所在农业部对全国农业科研单位评估中进入前20%，2个研究所(水稻所、植保所)被评为“百强所”。继续组织实施科技下乡“双百”行动和农村实用技术远程培训，福建省“三农”科技服务呼叫中心开通。主持的福建省种业创新与产业化工程形成了年产值35亿规模的现代农业产业群。与以色列政府合作，建设国内第一个以色列政府名义的“中以示范农场”。

科技兴农。科技下乡“双百”行动以长汀、建宁等12县为核心区，辐射带动周边52个县(市、区)，实施202个农业产业集成技术项目，示范推广新品种、新技术371项(次)，建立科技示范片178个；联系企业239家，扶持农民合作组织103个，建立企业联合创新中心31个、企业科研工作站20个，帮助企业申报项目150项，解决技术难题332个，编制技术手册、操作规程、质量标准与良好农业规范(GAP)等123件。与省农办等11个单位联合开展农村实用技术远程培训，举办12期全省性主会场远程培训和12期区域性远程培训，培训农民111.2万人次。开通福建省“三农”科技服务呼叫中心，全天候在线服务农民咨询。主持的种业创新与产业工程，通过与企业结合，形成年产值35亿规模的现代农业产业群。莲雾产业建成年产值3.7亿元的热带北缘最大产业带；肉鸭产业工程形成种、养、料、宰、销规模全省第一，年出品冻鸭产品7.5万吨、产值8亿元的农业工业化模式；苦瓜种苗产业工程形成年产值4.5亿元、“育一繁一推”一体化的蔬菜种业模式。

科研平台。国家海西农业科技创新中心大楼建设方案进入规划审批程序。海峡现代农业研究院列入闽台合作重大项目，开展碳汇经济、创意农业、精准园艺、食品创制、生物育种等研发工作，取得阶段性研发成果50多项，获得专利17项，申报专利52项。海峡现代农业示范园已启动“中以示范农场”等20个项目的设计、建设。新增农业部农产品质量安全风险评估实验室(福州)，启动工程化重点实验

室建设，首批授牌5个优秀和3个良好工程化实验室。（许 静）

知识产权管理

【知识产权战略实施】 省政府与国家知识产权局在福州举行第三次合作会商会议，签署《福建省人民政府与国家知识产权局第三次合作会商备忘录》；省政府将2月21日确定为"福建省知识产权日"，福建成为全国首个确立"知识产权日"的省份。福州、泉州市列为首批国家知识产权示范城市；漳州、泉州列入国家知识产权质押融资试点工作城市；福州市确定为全国第二批专利保险试点地区。国家知识产权局福建专利信息服务中心获批准设立，中国知识产权远程教育福建省知识产权远程教育平台开通启用，有3家机构成功入选首批全国知识产权服务品牌机构培育单位。此外，战略实施工作不断向基层延伸。全省9个设区市战略制定工作全部完成，部分县市也出台了战略实施意见。

【专利申请与授权】 全年全省专利申请受理42773件，专利授权30461件。全省共拥有有效发明专利7319件，每万人口发明专利拥有量1.984件，在全国排名居第12位。将知识产权奖励及扶持政策纳入《福建省人民政府关于促进科技成果转化和产业化的若干意见》加以落实，将知识产权重点工作纳入企业技术创新范畴一起部署，将万人发明专利拥有量等创新指标纳入政府效能评估和绩效考核工作强化考评。全年共受理16029件专利申请资助项目，发放资助经费1632.3万元（其中厦门市受理5824件、资助1035.14万元）；有7家单位的19个向国外申请专利专项资金项目获得国家知识产权局资助108万元。全省共有11个项目荣获第14届中国专利奖，其中专利金奖1项、专利优秀奖5项、外观设计优秀奖5项。评出第三届福建省专利奖43项。

【专利执法维权】 组织全省统一执法行动，对涉嫌假冒专利行为进行集中查处。部署开展商品流通领域专利维权执法月活动，组织全省对"薏辛除湿止痛胶囊"（曹清华胶囊）涉嫌假冒专利行为进行统一查处。全省共受理专利侵权纠纷案件42件，结案28件，立案查处假冒专利案件129件，办理跨省移送案件9件。积极做好展会知识产权保护工作，做好"5·18"、"6·18"、"9·8"、海峡两岸机械产业博览会等大型展会的专利执法服务工作；参与省外展会福建省团的知识产权服务保障工作，制定《关于协同做好广交会专利执法维权工作实施方案》。加强专利代理机构及市场监管力度，完成全省18家专利代理机构年检工作；推动成立了福建省专利代理人协会；组织专利代理机构及专利代理人参加各类业务培训班，促进专利代理机构及服务能力建设；建立健全中介服务机构诚信体系，维护专利申请人、专利权人和社会公众的合法权益，规范市场竞争秩序。

【知识产权对外合作交流】 国家知识产权局继续确定福州考点为居住在台湾岛内或国外的台湾考生的唯一考点；承办了台湾居民参加全国代理人资格考试，共有407名考生参加考试（其中台湾考生140名）。应台湾工业总会邀请，省知识产权代表团赴台出席两岸专利代理实务交流合作论坛；省知识产权协会与台湾工业总会共同签署《闽台知识产权保护交流合作备忘录》。组织福建省第四期高新技术企业CEO知识产权培训考察团，赴台开展知识产权培训及交流考察活动。组织省、市知识产权管理部门及有关企业代表等赴香港研修，学习香港特别行政区知识产权制度及先进管理经验，提高闽港知识产权交流合作水平。组织举办第五届"海峡两岸知识产权论坛"，以"知识产权助推战略性新兴产业发展"为主题，两岸知识产权专家和企业界代表近300人参加论坛；策划主办"保护知识产权，助力外贸发展"论坛，商务部、省政协领导和企业代表等共80多人出席论坛活动。

（郑雨苹 吴朝庭）

科技成果与技术市场

【科技成果奖励】 省政府授予2012年度福建省自然科学奖7项、技术发明奖12项、科技进步奖170项，其中：获自然科学奖一等奖1项，技术发明奖一等奖1项，科技进步奖一等奖13项。全省有3项成果获2012年度国家科学技术奖，其中：福建工程学院陈文哲、王乾廷教授等和福耀玻璃工业集团股份公司曹晖、白照华等共同完成的"汽车玻璃深加工的关键制造技术及应用"项目，获国家技术发明奖二等奖；省农科院谢华安院士等为主要完成人，三明市农业科学研究所为主要完成单位的"杂交水稻恢复系的广适强优势优异种质明恢63"项目，获国家科技进步奖二等奖；省农科院食用菌研究所教授、高工王泽生等为主要完成人，省农业科学院食用菌研究所等为主要完成单位的"双孢蘑菇育种新技术的建立与新品种As2796等的选育及推广"项目，获国家科技进步奖二等奖。

【成果转化与产业化】 积极推进项目成果库建设，并被科技部列入科技成果评价试点省份，积极推进试点方案编制工作。组织开展重大科技项目成果展示推介活动，为企业在技术、资本、信息、人才、市场等方面的对接提供服务，推动企业与各类创新要素在产业发展需求、市场需求、研发需求上的结合，取得积极成效。第十届"6·18"科技展团组织开展了"科技项目成果展览展示"等4场重要活动；共征集科技成果项目529项、对接项目172项、技术需求78项，落实合同项目75项，合同投资额约10.9亿元。组成第十四届高交会福建省代表团，重点围绕新一代信息技术和节能环保两个战略性新兴产业的最新发展成果，展示推介29家高新技术企业的40个项目；参展企业在现场签订合同、协议或达成合作意向，协议金额超1000万美元。

【技术合同认定登记】 全省认定登

记技术合同5390份、技术合同成交总金额73.58亿元，单项技术合同平均成交额136.51万元，四类技术合同中，技术开发合同3654份，成交金额30.56亿元；技术转让合同216份，成交金额32.85亿元；技术咨询合同926份，成交金额9120万元；技术服务合同594份，成交金额9.26亿元。按照国家对于从事技术开发、技术转让业务和与之相关的技术咨询、技术服务业务取得的收入，免征营业税的优惠政策，经认定登记的技术合同可免征营业税约2.39亿元。

【技术经纪与技术贸易】 制定出台《福建省促进高校和科研院所职务成果转化实施细则（暂行）》。加强科技中介服务机构建设，获批准成为中国创新驿站试点省份。省高新技术产权交易所有限公司被确定为第二批中国创新驿站区域站点，福州市技术市场和三明市生产力促进中心被确定为中国创新驿站基层站点。全年新增两家国家技术转移示范机构，国家技术转移示范机构增至8家（含厦门3家）。全省共有技术贸易机构近千家。加强技术经纪建设，组织开展两期技术经纪培训工作。全省新备案5家技术经纪机构，共有48家技术经纪机构，技术经纪人723人。（郑雨苹　吴朝庭）

科技交流与合作

【科技合作计划】 组织省内项目单位申报科技部国际合作计划项目和政府间科技合作计划项目，分别有5个国际合作项目、2个"对俄专项"项目、2个港澳台科技合作专项项目进入专项立项库，并征集与日本、新加坡、荷兰等国的政府间合作计划项目6项。全省有6个科技部项目通过验收，推动节能环保、新能源、生物医药等领域的发展。组织实施科技合作产业支撑重大项目，将嘉园环保、联拓科技等单位承担的浙江清华长三角研究院转化项目、对以合作、对台合作和台资企业13个项目纳入2012年度重大项目计划予以支持。

【国际科技交流合作】 组织科技交流培训考察团13批27人次赴美国、芬兰、意大利、比利时、德国、南非、日本及港澳等先进发达国家和地区进行交流考察、学习培训，取得良好成效。有5批6人次获得科技部JICA办公室的支持，通过日本国际协力机构渠道派出省疾控中心、省血液中心、省环境监测中心站等单位的科技人员赴日本参加医疗、卫生、环保领域的研修。切实推进福建省与以色列科技合作，将与以色列的高新技术产业的合作交流作为国际科技合作工作的重点，着力推进福建与以色列设立合作基金、引进以色列先进技术项目、签署合作协议备忘录等；首次派出农业专家赴以色列参加由以色列国际开发合作机构（MASHAV，马沙夫）组织的"鲜货的采后生理学、病理学及处理"国际培训及研讨班；推进中以微波通信产业园建设，福建联拓科技有限公司等省内企业与以色列ROSETTATP公司等企业开展众多项目合作。

【省际科技交流合作】 积极开展与国内著名高校、科研机构和中央企业的科技合作，推进福建省企业与浙江清华长三角研究院、深圳清华大学研究院、同济大学的技术项目转移和省校共建。根据省"粤港粤澳合作先行先试政策双延伸"工作领导小组的工作部署和要求，省科技厅牵头，研讨相关"双延伸"内容和争取先行先试的政策。赴港澳开展重大经贸活动，赴东南亚开展重大经贸活动，参加泛珠三角民营企业对接会、长三角民营企业对接会等招商活动。

【闽台科技交流合作】 精心组织实施对台科技合作重大项目，储备先进技术引进、研发合作、高新技术和新兴产业深度对接等闽台合作项目共26个。经专家评审，2012年度重点支持引进台湾先进技术、推进研发合作等两类项目中，由台资企业和高新技术企业承担的项目共8项，支持领域涉及信息技术、机械制造、农业科技等。为推动全省电子信息及电机产业的合作与对接，省科技厅联合科技部港澳台办公室、科技部火炬高技术产业开发中心、泉州市人民政府、宁德市人民政府，于6月18日在福州共同主办了第六届海西科技论坛。省科技厅主动加强与台湾的有关机构的联系，就台湾大学、台湾物联网联盟与福建工程学院洽谈联合成立闽台物联网工程技术研究中心事宜进行深入交流座谈。组团赴台参加两岸产业升级座谈会，考察台湾内湖科技园区、台湾电机电子商业同业公会、新竹园区、台湾工业技术研究院、台湾创意设计中心等相关机构，加强闽台新兴产业的合作与互补。积极推进闽台科技合作基地建设，提出新设立5家闽台科技合作基地的建议意见。

【科技招商】 组织科技展团参加"第16届中国国际投资贸易洽谈会"、"第九届满洲里中俄蒙科技展暨高新技术产品展览会"、"第九届中国—东盟博览会农村先进适用技术暨高新技术展"等科技交流、科技项目成果展览展示等活动，福建省建筑科学研究院、福建紫金矿业、嘉园环保股份有限公司等15家企业的23项技术参加了展览展示活动，涉及节能环保、机械装备、电子信息、新材料等领域。在中俄蒙科技展上，福建鸿博光电科技有限公司与俄罗斯科学院西伯利亚分院物理材料学科研所就LED室内外照明灯具模块化关键技术合作开发与应用签署了合作协议。

【部省会商】 省政府与科技部在福州举行部省工作会商会议暨新一轮会商合作制度议定书签字仪式，双方签署新一轮部省《工作会商制度议定书》，规划未来5年将在共同推动福建重大创新平台和基地建设、产业转型升级、闽台科技合作、区域科技发展和水土流失治理等方面进一步加强合作。会商合作取得显著成效，获得科技部资助超1亿元。厦门海洋与生命科学、泉州新一代数字微波通信创新型产业集群、泉州科技服务体系火炬创新工程、闽东中小电机创新型产业集群等一批项目获国家火炬计划和国家创新基金资助。科技部通过"港澳台科技合作专项"对福建"节能环保冷转移印花技术的联合研发"及"高可靠性LED

驱动关键技术联合开发”等2个对港澳台科技合作项目给以支持。“南方红壤水土流失综合治理技术模式与示范项目”通过项目可行性论证和课题评审；加强与科技部和国家基金委的沟通联系和协调，密切跟踪国家“十二五”相关领域科技工作方向和重点，获国家立项的科技项目和经费支持首次突破10亿元，2012年度实际获得资助经费6.7亿元。（郑雨苹　吴朝庭）

科技创新平台建设

【科技创新平台建设项目】 下达科技创新平台项目71项，其中：科技创新平台建设项目5项，科技创新平台认定资助项目66项；安排年度经费4556.03万元，其中：科技创新平台建设项目从预算内指标安排2486.03万元；科技创新平台认定资助项目从省财政新增的“科技创新与成果转化专项资金”中安排2070万元。制定和实施《福建省重大科技创新平台引进和建设资助办法》，加快推进全省科技创新平台引进和建设。启动福建省生物医药项目研发孵化器建设，带动全省新药研发，推动生物与新医药战略性新兴产业跨越发展；启动科技创新平台引进和建设资助，开展引进研发机构评审和资助，共受理10家研发机构引进资助申请；开展省级（企业）工程技术研究中心评估和资助，171家通过评估，并新增授牌省级（企业）工程技术研究中心58家；启动一批专业科技创新平台立项，支持华侨大学建设“福建省绿色通信及其智能信息服务工程技术研究中心”建设项目，支持省高新技术产权交易所有限公司“福建省创新创业企业股权融资与交易市场公共服务平台（一期）建设”项目。落实省委省政府重点批办事项，包括：安排“海西研究院科技专项”经费1000万元资助中科院海西研究院建设；安排科技专项经费1000万元继续支持武夷新区科技创意产业园公共服务平台建设项目；安排科技专项经费250万元支持省政府与国务院侨办共建华侨大学科技创新平台；安排科技专项经费500万元支持创意产业项目；安排科技经费500万元支持闽清县陶瓷科技企业孵化器建设项目。

【省级重点实验室】 研究制定《福建省重点实验室发展规划（2013～2015）》。加强省重点实验室的运行及管理，开展2012年度省重点实验室的考核管理工作，编写“2011年度福建省重点实验室年报”；根据考核结果分等次安排运行费250万元，激励全省重点实验室开展竞争评比；召开2012年度省重点实验室管理工作会议，并对省癌症生物学重点实验室、省心血管病重点实验室等5个优秀重点实验室主任和管理人员进行表彰。开展新一轮省重点实验室的评审工作，制定企业实验室的评审指标，并通过专家会议评审和对有疑问企业进行专家到现场考察等方式，初步确定B类24家企业重点实验室名单。

【工程技术研究中心】 依托福州大学组建的“国家环境光催化工程技术研究中心”顺利通过科技部组织的专家现场验收评估和综合评议验收。组织申报的“国家菌草工程技术研究中心”获科技部立项，资助经费700万元，是全省农业科技领域唯一获批建设的国家级工程技术研究中心。一批省级农业科技创新平台建设也取得重要进展，福建省农产品（果蔬）加工工程技术研究中心、福建省特色花卉工程技术研究中心、福建省蔬菜工程技术研究中心、福建省农作物害虫天敌资源工程技术研究中心、福建省人畜寄生与病毒性疫病防控工程技术研究中心、福建省水产病害防治技术工程研究中心、福建省食品生物技术创新工程技术研究中心和福建省海洋生物药源材料工程技术研究中心等平台完成了预定的建设任务，通过验收。由福建天泉药业股份有限公司承担的省科技创新平台建设计划项目“福建省药物中试工程技术研究中心”取得重要成果，开发国家二类化药依达拉奉原料药和注射液取得药品注册批件，国家三类新药雷诺嗪原料药和缓释片取得临床批件，建成不同剂型的8条中试生产线，并取得《药品生产许可证》，部分生产线通过药品GMP认证。开展省级（企业）工程技术研究中心评估，共177家中心参评，有171家通过评估，新增授牌省级（企业）工程技术研究中心58家。截至年底，全省共有国家级、省级（企业）工程技术研究中心176个，其中国家级5个。

【大型科学仪器协作共用】 进一步健全大型科学仪器开放共享机制，在莆田市开展企业研发项目入网测试补助试点工作，建立企业测试费补贴网上申报系统，莆田市有20个企业的28个科技创新项目申报测试费补贴，涉及样品1048个，涉及测试费金额77万多元。继续抓紧大型仪器入网工作，大型仪器入网申请和审核常态化，新增入网仪器23台、价值1530多万元，新增入网成员单位3家（共有35家单位加入共用网），共用网的大型仪器设备信息有500多台。继续维护好省大型仪器协作共用门户网站，建立共用网技术保障服务机构，完成全省第二次大型仪器协作共用绩效评估及奖补发放工作，发放奖补经费69.9万元。

【生产力促进中心】 全省共有生产力促进中心101家，其中：国家级重点示范中心1家，国家级示范中心11家，省级重点中心23家。至2012年11月，全省生产力促进中心从业人员950人；总资产6.2亿元；服务企业536家；总收入795万元。建瓯市生产力促进中心升级为国家级示范生产力促进中心。

【科技企业孵化器】 省科技厅安排孵化器建设专项经费1000万元，启动建设闽清陶瓷科技企业孵化器和平和县蜜柚加业科技企业孵化器。抓好省高新技术创业服务中心孵化基地二期工程建设，做好生物医药孵化器建设前期准备工作。

【科技金融与创投服务】 推进科技与银行合作，正式获批成立福建海峡银行福州科技支行；支持兴业银行、招商银行等合作开展“风险池融资”业务，初步拟定组建风险池，助力省内科技型中小企业发展的合作方案。新增高新技术企业财产保险、高新技术企业雇主责任保险、高新技术企业高管人员和关键研发人员团体意外伤害保险等3个险种，更好地引导企业增加创新投入。面向社会公开征选创业投资公司作为普通合伙人，共同组建“福建省生物与新医药创业投资基金”。

（郑雨苹 吴朝庭）

企业技术进步与技术创新

【技术创新公共服务平台】 全省已建成331家省级以上企业技术中心，其中国家级企业技术中心28家；建成省级行业技术开发基地35家。纳入统计的317家省级企业技术中心企业（不含建筑施工企业）全年实现产品销售收入5256.78亿元，占规模以上企业销售收入的17.72%；实现产品销售利润462.15亿元，占产品销售收入的8.79%；投入科技活动经费171.42亿元，占全省规模以上企业科技活动经费支出的56.25%，占销售收入的3.26%；省级企业技术中心拥有科技人员94967人，占全省规模以上企业科技活动人员的50%，其中高级技术职称人员9950人，占科技活动人员数的10.48%和全省规模以上企业高级技术职称人员25%。27家国家级企业技术中心全年完成产品销售收入1806.7亿元、实现产品销售利润214.12亿元、完成新产品销售收入827.67亿元，分别占省级企业技术中心的34.37%、46.33%、38.95%；科技活动经费投入67.38亿元，其中研究与试验发展经费支出48.33亿元，分别占省级企业技术中心的39.31%、36.22%；科技活动经费投入占产品销售收入的3.73%，高于省级企业技术中心平均数0.37个百分点；科技活动人员26964人，其中研究与试验发展人员16463人，分别占省级企业技术中心的28.39%和31.44%；完成科技项目2122项，占省级企业技术中心的19.6%。35家省级行业技术开发基地全年投入建设与研发经费4.08亿元，现有科研仪器、设备原值5.30亿元，专业和科研人员1965人，其中专职科研人员603人；承担技术项目945项，与1050家企业建立联系，其中与209家企业建立了产学研合作关系；完成新产品、新技术、新工艺279项；年度派科技人员到企业4043人次；推广和转让技术成果358项；为企业培训技术人员11580人次。

【新产品开发】 全年共确认省级新产品78项，其中：国际水平9项，国内领先49项，国内先进20项。共评定福建省优秀新产品59项，其中：特等奖1项，一等奖5项，二等奖20项，三等奖33项。

（陈立基）

科学技术普及

【科技人才活动周】 以“携手建设创新型省份—科技支撑跨越发展”为主题的2012福建省科技·人才活动周于5月19日在全省举办。开幕式在福州大学举行，在榕高校师生、科研院所科研人员及科普工作志愿者共500多人参加启动仪式。为增加活动针对性和互动性，组委会还开通“福建科普”微博，与网友进行科普知识互动交流。活动周期间，全省各地、各有关部门围绕活动主题，针对当前社会热点和群众的实际需求，开展一系列内容丰富、形式多样的群众性科技活动。

【科普统计工作】 组织实施2011年度全省科普统计工作，下发《开展2011年度全省科普统计的通知》，组织各设区市、有关省直部门、科研机构、创新型企业开展科普统计，按时保质完成统计及汇总工作，并按要求报送科技部。通过科普统计调查，及时掌握全省科普资源概况和配置状况，监测科普工作运行质量，为政府决策提供依据。

（郑雨苹 吴朝庭）

编辑：王文灿

社会科学

社科规划

【国家社科基金项目管理】 2012年，全省获年度项目87项、重大项目1项、特别委托项目1项、重大转重点项目1项、后期资助项目5项、成果文库1项，共计96项，获项目资助经费1563万元。开展全国社科规划办委托的国家社科基金申报项目通讯评审工作，组织全省113位社科专家学者对2843项国家社科基金申报项目进行通讯评审。做好项目成果的鉴定结项工作，全年省社科规划办共受理国家社科基金项目成果鉴定结项65项，全国社科规划办已审批结项的成果42项，其中：11项鉴定为优秀，24项为良好，1项免鉴定，结项成果鉴定的优良率达85.7%。11项优秀成果中，厦门大学8项，福建师范大学3项。有1项成果入选《国家哲学社会科学成果文库》；1项成果入选《国家社科基金项目2012年第一季度成果综述》；3项成果入选《国家社科基金项目成果选介汇编·第八辑》。

【省社科规划项目管理】 全年全省社科规划经费总量达783万元。认真做好省社科规划项目选题征集、课题指南编制和评审立项工作，全省共申报年度项目1876项，比上年增加400项。继续委托省外社科规划办组织通讯评审，批准立项423项，比上年增长11.3%。实现项目成果由省社科规划办组织鉴定，全年共办理鉴定结项352项。开展对2005年度之前在研的省社科规划项目的清理工作，清理撤项30项。精心编发《成果要报》，积极促进省社科规划项目成果的转化力度。

（刘兴宏）

政策咨询与发展研究

【政策咨询研究成果】 2012年，省政府发展研究中心坚持以科学发展观为指导，认真贯彻落实省委、省政府的决策部署，立足“对策研究”核心定位，注重提升决策服务意识、深化调查研究、切实转变文风、强化研究成果的“实用性”，转型转变工作取得较好成效，决策咨询服务水平进一步提升。全年围绕经济形势分析、闽台闽港合作、平潭发展、山海协作、民营经济、环境建设、水土保持、海洋经济等重点领域开展研究，共完成《研究报告》、《专报件》、《研究内参》、专题材料等各类成果91项，其中获得省委、省政府主要领导批示13件。有接近30%研究任务为省委、省政府、省领导交办，其中省委常委会交办件1项、省委主要领导交办件1项、省长交办件4项、分管副省长交办件2项。重点领域研究呈现新的亮点：2012年半年经济形势分析专报件反映的关于要提高政策知晓率的建议得到省领导的高度重视；研究提出粤港粤澳合作、闽台合作先行先试政策“双延伸”的政策建议得到省长认可，随后制定的推动落实“双延伸”工作方案经省长批示后，直接交由相关部门落实；继续将平潭问题作为一项研究重点，先后组织完成9项相关研究成果，获省领导批示2件、5人次；研究提出沿海与山区协作共建产业园区，发展双向“飞地经济”，推动山区与沿海同步发展的新思路，被省委、省政府采纳吸收，形成政策。根据省委、省政府的要求，形成了《推进福建省造林绿化与水土保持工作的建议》、《福建省长汀县治理水土流失经验总结》等重大研究成果。

【对外交流合作】 继续深入推进与国家开发银行福建省分行的规划研究合作，编制完成《平潭综合实验区“十二五”时期重点项目投融资规划（2011—2015）》、《关于福建石化产业、文化产业、漳州台商投资区重点项目投融资规划》，为国开行融资支持福建重点产业、企业以及特定区域的发展奠定良好基础。进一步健全与外省市研究中心（研究室）研究成果定期互换交流机制。切实做好第四届省政府顾问团日常联系与服务工作，积极发挥顾问团作用，整理刊发10篇顾问工作要报，征集上百条顾问对福建发展的意见建议上报省政府。

【平台载体建设】 围绕中心的升级转型，着力在“实”上下功夫，通过有效整合各类平台，补充壮大中心研究力量，提升服务政策咨询研究的水平。将原有的两岸智库论坛、两岸竞争力论坛、海峡经济区高层论坛合并为两岸三地智库论坛。在缩小规模的同时，强化论坛实效，通过论坛平台博采众议，广泛吸收各路专家学者的有益意见建议。结合特约研究员队伍换届，侧重从部门中选择熟悉省情、对全省发展有建设性意见建议人员作为特约研究员，同时建立了特约挂职干部研究员队伍，使中心研究工作更加深入到基层。与中国社科院法学研究所博士后流动站在培养博士后方面建立合作关系，努力将博士后科研工作站建成两岸法律研究和交流的重要基地、全国前沿研究平台。

（陈素颖）

社会科学研究与成果

【科研工作】 2012年，省社科院立项

并承担国家社科基金课题 1 项，省社科规划课题 7 项，省软科学课题 2 项，省中特理论研究基地课题 3 项；院级课题 62 项，院海峡文化研究中心课题 16 项。取得科研成果 473 项，其中论文、研究报告等 449 篇，著作 24 部。科研成果在权威刊物发表 22 篇，核心刊物发表 187 篇，获得省领导批示 11 篇。9 项成果(专著或论文)获奖。

经济问题研究。坚持以科学发展观为指导，深入研究福建经济建设的理论和实际问题，继续加强生态建设、海洋经济、区域经济、产业经济、企业经济研究。完成省委重点调研课题“福建省中小微企业发展环境比较及其政策建议”、“构建绿色产业体系的总体思路与对策”，省中特理论研究基地课题“福建进一步加快转变经济发展方式的战略思路与重大举措”，省社科规划课题“福建省建设东部沿海先进制造业重要基地研究”，省社科基金课题“我国宏观调控中的利率微调问题研究”，省发改委委托课题“福建省厦漳泉通信一体化经济社会风险评估”，省科技厅软科学课题“福建重点产业技术发展研究”、“战略性新兴产业省际比较”。完成院级课题“福建省城乡统筹研究”(专著)、“福建省战略性新兴产业培育发展研究”(专著)、“后金融危机时代福建产业转型升级研究”、“福建省对外经济转变发展方式研究”等。出版专著《中国宏观经济利率微调的操作模式探绎》、《我国利率变动与非线性操作规则》等。

社会问题研究。针对社会热点、难点问题开展研究，完成省社科规划重大课题“福建省科学发展跨越发展指标体系研究”、“创新社会管理视域下的劳动保障路径研究”、“农村城镇化问题研究”、“统筹城乡发展下的农村社区建设研究”、“新型农村社区研究”、“福建省社会事业与改善民生的实践与探索”等。完成省社科规划课题“家庭资本视角下福建省城乡高等教育机会均等化研究”，省政协委托课题“新时期福建省农民工的总体状况与发展趋势研究”，省劳动保障厅就业基础工作课题“创新社会管理与创新劳动保障管理研究”，省发改委委托课题“福建省农民工市民化与基本公共服务机制研究”等。参与省委宣传部交办的全国“两会”热点问题解答工作。参与撰写中宣部《十八大前社会各界思想动态测评报告》。参与省委宣传部组织的省重点调研课题“关于弘扬福建精神的调研”，并承担《福建精神读本》的主要编写工作。积极筹建“福建省雷锋精神研究中心”。承担省委文明办、省直党工委“深化党政机关精神文明建设”调研课题及问卷调查。出版论文集《社会治理与和谐社会构建》，完善书稿《社会发展评价指标体系研究》。

文化问题研究。大力开展文化产业与海峡文化研究。完成省委、省委宣传部的重要约稿，协助省文化系统通过电视、报刊等媒体，宣传福建省文化事业改革和发展成就。为地方文化发展服务，院文化产业与文化传播研究中心完成“南平市文化产业规划”、“石狮永宁镇文化产业发展规划”的编制工作。联合福建师大、厦大、泉州师范学院等高校、科研院所以及文化企业，牵头成立福建省文化产业学会。省委宣传部和院文化产业与文化传播研究中心共建“福建文化产业研究策划基地”。院文化产业与文化传播研究中心在泉州挂牌成立“福建社会科学院文化产业研究基地”，在海峡世纪影视公司设立“海峡两岸影视文化研究基地”。承担国家社科基金特别委托项目“闽台法缘”，省社科规划重大课题“关于鼓励和引导社会力量参与公共文化服务建设的研究”、“海峡文化创新与福建跨越发展”，国家社科基金特别委托项目子课题“闽台文化交流与合作研究”、国家社科基金重大委托项目子课题“闽台文化产业合作研究”，省社科基金重大项目“闽台文缘研究”。编撰“当代台湾文化研究新视野丛书”(国家“十二五”重点图书出版项目)，第一本《近 20 年台湾文学创作与思潮》已出版。海峡文化研究中心编撰出版“海峡文丛”(第二辑)，共 5 本。《华文文学的大同世界》、《阐释台湾的焦虑》在台湾出版。与福建师大等高校和科研单位共同成立“海峡两岸文化发展协同创新中心”。

侨台问题研究。及时为上级有关部门提供“2012 年台湾大选”选情分析，选前报送的“台湾选举马英九低空过关的可能性”一文被省台办转报国台办，获省台办通报表扬。为配合苏树林省长到台湾访问，及时提供“台湾大选后福建拓展对台关系的若干建议”。与中国社科院台湾所合作完成的“两岸关系和平发展阶段福建省对台工作战略研究”项目成果报送中央并获中央领导批示。完成专著《台湾经济 60 年》并获奖。完成院海峡文化研究中心课题“台湾移民文化研究”。完成“全球化视阈下的两岸经济关系发展研究”、“未来四年两岸关系战略研究”、“台湾地区环境污染治理与生态保育研究”、“台海关系和平发展遇到的新挑战”等院级课题。积极开展华侨华人问题研究，完成省委交办课题“拓展福建与东盟国家经济关系”，国侨办调研课题“后危机时期世界经济转型与海外华人经济的发展变化”、“海峡西岸经济区发展与海外华侨华人作用研究”，全国侨联课题“金融危机中海外华人经济的应对策略”。承担国家社科基金课题“国际移民汇款与移民来源国经济发展”(已完成非洲和南亚部分)。完成书稿《华侨华人研究报告(2012 年)》。与省侨办、厦门大学、华侨大学共同成立国务院侨办侨务理论研究基地，撰写的《对我国有效行使南海主权的几点建议》等 4 篇报告得到国侨办采用。

基础理论研究。文学研究方面，完成了省社科基金重大项目“文艺学的空间转向与理论创新”；主持编写《文学理论与文化研究》；承担国家社科基金项目“20 世纪台湾左翼文艺思潮与创作研究”；专著《后形而上学文论——以罗蒂为样本》、《南洋华文文学论稿》、《无名的能量》出版。哲学研究方面，完成院级课题《朱子学说与闽学发展》书稿；承担院级课题“两岸文化关系中的闽学”、“孟子的‘恻隐之心’及其普遍主义之根基”；出版《徜徉于“知天”与“爱智”之间——关于中国哲学与西方哲学致思趣异的思考》、《论语集注的解释学研究》等专著。史学研究方面，承担“福建商业史研究”、“民国时期福建经济研究”、“福州满族社会研究”、“福建近代佛教高僧研究”等课题。法学研究方面，承担省科技厅课题“两岸知识产权法律冲突与解决途径”、“公司法上的公司人权义务研究”、“住房社会保障法律制度研究”、“两岸司法协助若干问题研究”等。

【科辅工作】 福建省台湾文献信息中心(人文社科馆)在制度建设、资源建设、信息服务等方面取得了新进展,资料检索服务水平进一步提高。《福建论坛》积极配合党的理论宣传重点和福建科学发展、跨越发展的时代主题。《亚太经济》围绕APEC、中国外经贸改革与发展等问题,刊发了许多有一定理论深度的文章。《现代台湾研究》刊发了大量对发展两岸关系有推动作用的文章。院海峡文化研究中心编发《海峡文化研究通讯》19期,约25万字。院海峡文化网采集信息约30万字。

【专题调研论证活动】 参与省重点调研课题6项,即“关于平潭开放开发体制机制的研究”、“关于‘福建精神’的研究”、“关于推进生态文明建设的研究”、“关于进一步扶持中小微企业发展的研究”、“关于加快文化产业发展的研究”、“关于拓展闽台民间交流的研究”。有47篇政策建议被《八闽快讯专报件》、《政讯专报》等采用。法学所专家参加了《中华人民共和国资产评估法》、《福建省消防条例》、《中华人民共和国旅游法》、《福建省台湾船舶停泊点管理条例》、《福建省学校安全管理条例》、《中华人民共和国预算法》等国家和地方性法律法规草案或征求意见稿的论证,提交书面修改建议。参加省人大法工委主持召开的“平潭综合实验区建设的法制保障问题”座谈会并提交书面建议。(郭 莉)

2012年海峡文化创新与福建发展研讨会现场。 (福建省社科院供稿)

重要学术活动

【省社科联学术活动】 3月,启动“闽台缘丛书”编撰工作。该丛书被立为2012年度国家社科基金特别委托项目,由省委宣传部牵头、省社科联负责实施,获资助经费60万元。5月,与台湾中华公共事务管理学会共同主办“2012年两岸民间社团交流合作论坛互动管理研讨会”,来自两岸民间社团的有关负责人、专家学者共80多人就“两岸社团在交流便利化过程中的使命”和“两岸社团在开发平潭综合实验区中的作用”两个议题展开探讨。6月,组织召开“福建文化研究”座谈会,11位专家学者就如何概括福建文化概念各抒己见,会议提出用“闽文化”整合福建文化概念。

(刘兴宏)

【省政府发展研究中心学术活动】 6月10日,联合福建社会科学院、闽港促进会、香港特区政府中央政策组、台湾竞争力论坛学会、台湾中华经济研究院、台湾综合研究院、台湾现代财经基金会等两岸三地相关机构共同在福州举办“2012两岸三地智库论坛”,论坛共收集论文将近40篇,共有130多位来自闽、港、台三地的政府机构代表、企业界人士、高等院校和研究机构的专家学者、以及部分论文作者参会。与会代表围绕“战略性新兴产业合作、现代服务业合作、中小企业合作、共同推动平潭开放开发”4个议题进行充分热烈的研讨,其中有14位嘉宾作了专题演讲。 (陈素颖)

【省社科院学术活动】 与福建省海峡文化研究会、福建省台港澳暨海外华文文学研究会联合举办“海峡文化创新与福建发展”研讨会。与泉州师范学院、台湾成功大学联合举办“闽南文化的传承创新与社会发展”国际学术研讨会。与台湾香港智库联合主办“2012年两岸四地智库论坛”。与全国台联、台研会共同主办“两岸关系和平发展:强化互信,夯实基础”研讨会。参与承办由省委统战部主办的“第五届和谐海峡论坛”。协办“学术史视野中的华文文学——第十七届世界华文文学国际学术研讨会”。参与主办第十届“海峡法学论坛”。组织专家出国(境)学术交流13批25人次。接待加拿大、美国、韩国、马来西亚、日本、台港澳等国家和地区的官员、学者等10批71人次。 (郭 莉)

编辑:王文灿

教　育

综　述

【概况】　2012年，全省有各级各类学校1.80万所，比上年减少363所；在校生817.41万人，比上年增加11.88万人。其中，各级各类全日制学校7678所，在校生572.22万人；幼儿园7183所，在园幼儿139.98万人；各类成人教育学校（含职业技术培训机构）3186所，在校生100.58万人。全省各级各类学校教职工54.19万人，其中专任教师43.39万人；全日制学校教职工42.33万人，其中专任教师36.68万人；其他学校教职工11.86万人，其中专任教师6.71万人。

【教育体制改革】　2013年全省教育部门组织开展10大改革试点任务，363项省级改革试点项目评估。培育了晋江市"前厂后校"、"校中厂、厂中校"的办学模式、三明市大田县"先学后教·高效课堂"区域教学改革、厦门市推进义务教育发展"五个均衡"、实施县域内义务教育学校校际交流制度和建立中小学新任教师公开招聘制度等一批教育改革试点先进典型。

【教师队伍建设】　省委、省政府表彰33名省杰出人民教师，福建医科大学姜小鹰被评为全国教书育人楷模。评选资助14名高校领军人才，选派220名高校学科带头人、中青年骨干教师赴境内外高水平大学研修；选派33名高校领导赴美国、德国培训。新增"长江学者"3名、"闽江学者"60名，19名教师入选教育部"新世纪优秀人才支持计划"。遴选1415名名师、名校长、学科带头人培养人选和骨干校长进行重点培养，组织3250名校长、教师参加"国培计划"，省级培训1.2万名教师。补充中小学教师4500余名，其中农村教师近60%，紧缺学科近50%；补充幼教师资近2300人。启动实施中小学教师职称制度改革试点。统一中小学岗位结构比例，对在农村任教满25年以上，且具备任职资格的现任教师，可不受岗位数限制直接聘任相应岗位。

【教育经费投入】　全年全省财政教育支出559.38亿元，比上年增长37.7%，全省财政教育支出占公共财政支出比例超过财政部核定的21%。完善并提高义务教育经费保障水平，全省统一城乡义务教育阶段中小学生均公用经费基本定额标准，使城乡中小学生均公用经费拨款标准达到小学550元/生·年和初中750元/生·年，促进区域内义务教育均衡发展。省属公办本科高校生均拨款水平达到每生每年12300元，厦门、福州市属本科高校达到中央规定的12000元以上水平。累计化解债务35亿元，消除高校财务风险。强化全省教育投入统计监测，规范中小学财务管理。

【教育交流合作】　实施省政府外国留学生奖学金和出国留学奖学金项目，123名学生获外国留学生奖学金。新聘请380名外国文教专家来闽任教。新建2所孔子学院，厦门大学成为"首批孔子学院专职教师储备单位项目"。福州新办1所国际学校。实施闽台高校"校校企"联合培养人才项目，32所福建高校、53所台湾高校和185家台资企业在产业发展急需的70个专业领域联合培养人才，办学规模达6850人；组织27所闽台高校联合编写60本专业教材；选派2000名学生、102名教师赴台学习交流，邀请30所台湾高校的100名学生来闽参加夏令营活动；全省高校现有台生1275人，约占大陆高校在读台生总数的1/6。

【教育惠民政策】　完成省委、省政府确定的8项教育为民办实事项目。实施城区中小学扩容工程，动工改扩建校舍36.5万平方米，增加学位额4.5万个。实施特殊教育提升工程，推进特教标准化学校建设，下达省级专项补助资金2888万元，在全省重点扶持14所特教学校的项目建设，至年底开工面积2.95万平方米，占年度任务数的118%。实施中小学幼儿园校车安全工程，更换1238辆中小学幼儿园非专用校车。中小学校舍安全工程新开工重建35万平方米，新竣工243万平方米。实施农村义务教育阶段寄宿生营养改善工程，惠及寄宿生近35万人。为248万名农村义务教育阶段公办学校学生免费提供作业本。加快原中央苏区县和财政特别困难老区县基础教育发展，寄宿生生活配套设备采购已完成100%；信息技术设备装配达100%；下达资金448万元将原中央苏区县城乡符合条件的普惠性民办幼儿园省级补助标准由每生每年100元提高到200元。出台研究生国家奖学金管理暂行办法，建立从学前教育到研究生教育完整的资助政策体系；2012年秋季学期起，实施中等职业教育免学费，比省定计划提前2年实现；全省用于非义务教育学生资助资金达11.18亿元，惠及学生115.7万人（不含厦门）。全省义务教育阶段学校共接收进城务工人员随迁子女74.9万名，其中90.2%在公办学校就读；在全国较早向非户籍学生开放高中和高等教育。

【和谐校园建设】　全省高校大学生

党员比例达14.0%，在职教职工党员比例达53.6%。强化安全教育演练，提升师生安防意识和能力。推进“平安先行学校”创建活动，70%以上学校通过“平安先行学校”创建和学校安全标准化建设达标验收和级别评定。开展校园周边治安综合治理、校车安全和“清剿火患”等专项行动。全省中小学学生非正常死亡比上年下降23.2%，教育系统连续23年保持安定稳定。

校舍信息管理系统省级数据中心。

（省教育厅供稿）

基础教育

【概况】 2012年，全省共有幼儿园7183所，比上年增加370所；在园幼儿139.98万人，比上年增加8.06万人；幼儿入园率达95.5%，提高3.5个百分点，位居全国前列。全省共有小学5414万所，在校生252.73万人，比上年增加6.64万人，学龄人口入学率99.9%；普通初中1240所，在校生112.04万人，学龄人口入学率98.7%；普通高中543所，在校生69万人，高中阶段毛入学率90.7%；中等职业学校322所（含技工学校），在校生58.3万人；覆盖全省人口96.7%的地区实现高水平、高质量普及九年义务教育，比上年提高了4.3个百分点。全省共有特殊教育学校74所，在校生数2.8万人，其中学前儿童761人、义务教育阶段6560人、高中阶段学生达540人；附设特教班36个，475人；随班就读1.97万人，其中小学1.46万人、初中5130人。

【学前教育】 省教育厅会同省财政厅、发改委下达补助资金39036万元，全省农村小学（教学点）增设附属幼儿园1750个班；358个公办园项目已全部开工，开工率为100%，已竣工252个，竣工率为70.4%，全省新增公办园8.2万个学位。省级以上财政安排奖补资金1.56亿元，对各地在扶持民办幼儿园、解决进城务工随迁子女入园以及城市集体、企业、事业单位办园向社会提供普惠性的学前教育服务等工作给予奖励性补助，全省500多所幼儿园受益。继续补助普惠性民办园，对取得办园许可证、月保教费在150元/生以下的普惠性民办幼儿园予以补助，省级财政安排奖补资金3239万元，全省共有2163所民办幼儿园受益。省级以上财政还安排1013万元对省、市、县三级示范性民办园予以奖补，294所幼儿园受益。清理整顿无证民办园，规范幼儿园办园行为。

加强校安工程质量监督。 （省教育厅供稿）

【义务教育】 累计建成义务教育标准化学校5318所，占全省总校数的75%；保留农村小规模学校和教学点3504个，94.5%的学生上学单程步行时间在合理范围内。全省“双高普九”县（市、区）达87个，23个县（市、区）通过“义务教育发展基本均衡县”省级验收，10个县（市、区）通过“教育强县”省级验收。推进县域内义务教育学校教师校际交流，11个试点县（市、区）参与校际交流教师人数占应交流教师人数的10%以上。加快22个原中央苏区县和10个财政特别困难老区县基础教育发展，省级补助3980万元，改善农村中小学寄宿条件；省市筹措1.9亿元为乡镇中心校和初中校配备多媒体设备。

【普通高中】 全年普通高中招生21.89万人，中职招生24.08万人，普职招生比47.6:52.4，实现普职招生大体相当。严格执行普通高中招收择校生“三限”（限分数、限人数、限钱数）政策，将择校生招生比例从招生计划数（不包括择校生数）的30%下降为20%。进一步拓展普通高中优质教育资源，全省达标高中总数达364所，占普通高中总校数的67%，在达标高中就读的学生比例达85%。按照“学校特色、区域多样”的普通高中发展格局，以市、县（区）为单位逐校确定特色化办学定位，明确特色办学创建工作方向，做到“一校一方案、一校一路径、一校一评价”。

【特殊群体保障】 实施城区中小学扩容工程，充分保障进城务工人员随迁子女在流入地平等接受义务教育。全年省财政安排2.577亿元，新增学位近8万个；全省义务教育阶段学校共接收随迁子女74.9万名，其中90.2%在公办学校就读。推进“农村寄宿生营养改善”、“幸福成长”等工程，构建家庭、学校、社会三位一体的关爱体系，保障全省32.5万农村留守儿童健康成长。实施“教殊教育提升工程”，推进特殊教育向学前和高中“两头延伸”，提高“两免一补”补助标准，保障三类残疾儿童受教育权利。

【民族团结教育】 认真落实中央下达福建省的西藏、新疆班扩招任务，全省办班学校11所37个班，在校生1473人，比上年增加217人。做好内地西藏、新疆班的服务和保障。积极协调西藏教育厅选派优秀教师赴福建省漳州一中、漳州三中协助做好内地班管理工作。配合西藏、新疆教育厅做好内地西藏、新疆班的宣讲工作。8月，在厦门召开全省内地民族班维稳及管理工作会议，总结和交流近几年各地、各办班学校在维稳和办学管理等方面的经验与做法。下发《关于进一步做好内地民族班学校安全稳定工作的通知》、《关于切实加强内地民族班学校维稳工作的紧急通知》，加强对内地班学生的民族团结和爱国主义教育，关注学生的思想动态，做好内地民族班安全稳定工作。

【教育改革试点】 印发《关于以试点改革引领中小学推进实施素质教育有关工作的通知》，指导全省138个改革试点单位推动实施素质教育。成立“福建省义务教育学生学业质量监测工作实施领导小组”，组织参加教育部基础教育质量监测中心开展的义务教育阶段五年级和八年级的“数学”和“科学”质量监测工作。组织开展福建省普通高中毕业班9个学科教学质量评价的研究，形成高中毕业班学业质量的分析报告，为普通高中改进教学提供指导。

【科普教育】 截至2012年底，全省小学科学课开课率达93.7%，初中物理、化学、生物实验操作开课率分别为95.3%、95.3%、94.9%；高中通用技术开课率达99.6%，物理、化学、生物实验操作开课率均达到99.4%。加强科普教育阵地和设施建设，全省小学、初中和高中设立科普宣传栏的分别占85.2%、89%和94.6%。全年福建在全国青少年科技创新成果竞赛项目中获三等奖以上18项，位居全国第五；科技辅导员创新成果获三等奖以上12项，成绩位居全国前列。组织开展“福建省科技教育基地校”创建和评估工作，推动市、县两级科技教育基地学校、科普教育特色学校建设，至年底已确认省科技教育基地校96所。

【扫盲教育】 争取扫盲教育中央专项补助资金380万元，联合省财政厅下拨到各地，补助各地开展扫盲教学；组织修订《福建省扫盲课本》，出版3.8万套课本免费赠送各地使用；指导各地依据“六普”数据，以15—50周岁青壮年文盲为重点，通过送教上门、集中办班、与农村实用技术培训结合等方式开展扫盲教学，并做好扫盲后巩固提高工作，加强流动人口扫盲工作。

【规范办学】 清理规范基础教育改制学校，对全省所有非公办学校开展拉网式排查。在全国率先印发幼儿园保育教育管理规范性和指导性文件，下发《关于进一步明确幼儿园不得收取有关费用的通知》，严格规范幼儿园收费行为。落实中小学各项减负新措施，全省统一取消初三、高三年级周末补课和高二升高三年级的暑期补课，严格执行中小学作息时间规定，控制课外作业量，积极构建“减负”有效机制。

2012年幼儿教育发展情况表

项目	单位	按城乡分				按办学部门分			
		合计	城区	镇区	乡村	合计	教育部门和集体办	其他部门办	民办
园　数	所	7183	2398	2451	2334	7183	1998	83	5102
入园数	万人	60.94	20.38	22.46	18.10	60.94	19.94	1.08	39.92
在园幼儿数	万人	139.98	52.25	50.71	37.02	139.98	62.37	2.62	74.99
教职工数	万人	102660	51009	35599	16052	102660	27017	2847	72796
专任教师	人	59163	28255	21439	9469	59163	18690	1535	38938

2012年小学教育发展情况表

项目	单位	按城乡分				按办学部门分			
		合计	城区	镇区	乡村	合计	教育部门和集体办	其他部门办	民办
校数	所	5414	971	1383	3060	5414	5324	6	84
毕业生	万人	39.13	13.07	14.26	11.80	39.13	37.50	0.05	1.58
招生	万人	46.75	17.43	16.15	13.17	46.75	44.48	0.11	2.16
在校生	万人	252.73	91.97	89.98	70.78	252.73	241.66	0.41	10.66
教职工	人	157362	42092	56672	58598	157362	153788	156	3418
专任教师	人	153941	42373	53790	57778	153941	151317	145	2479

2012年初中教育发展情况表

项目	单位	按城乡分				按办学部门分			
		合计	城区	镇区	乡村	合计	教育部门和集体办	其他部门办	民办
校数	所	1240	204	466	570	1240	1168	5	67
毕业生	万人	40.48	12.26	18.28	9.94	40.48	35.93	0.10	4.45
招生	万人	38.19	13.84	16.72	7.63	38.19	33.29	0.10	4.80
在校生	万人	112.04	38.73	49.78	23.53	112.04	97.73	0.24	14.07
专任教师	人	96638	27284	43609	25745	—	—	—	—

2012年普通高中教育发展情况表

项目	单位	按城乡分				按办学部门分			
		合计	城区	镇区	乡村	合计	教育部门和集体办	其他部门办	民办
校数	所	543	201	286	56	543	463	1	79
毕业生	万人	22.59	9.14	11.96	1.49	22.59	20.07	0.1	2.42
招生	万人	21.87	9.22	11.26	1.39	21.87	19.39	0.1	2.38
在校生	万人	69.05	28.28	36.18	4.59	69.05	61.21	0.3	7.54
专任教师	人	52049	21123	27249	3677	—	—	—	—

高等教育

【概况】 2012年，全省共有普通高等学校86所，其中，部属院校2所，省属院校84所；其中，本科院校32所（含独立学院9所），高职高专院校54所。普通高等学校研究生在校生36035人，比上年增加2139人。普通高等学校本专科在校生701392人，比上年增加26613人，增幅为3.9%；招生213454人，比上年增加5035人，增幅为2.4%；毕业生178492人，比上年增加4790人，增幅为2.8%。普通高等学校教职工62513人，比上年增加1471人，其中专任教师41119人，比上年增加1372人。全省共有独立设置的成人高等学校4所，普通高等学校举办的函授部、夜大学、成人脱产班有51所。全省成人高等学历在校学生118639人，比上年增加14978人；招生47051人，比上年增加8377人；毕业生29317人，比上年减少2998人。

【协同共建和自主办学】 省政府与教育部共建福州大学、福建师范大学，与北京大学、复旦大学开展战略合作，与厦门市政府共建共管集美大学。省政府连续出台《关于进一步支持高校加快发展的若干意见》《关于支持高职院校改革发展的若干意见》《关于进一步支持和规范民办高等教育发展的若干意见》等支持高等教育改革发展的3个文件，支持高校建设代表本校办学水平和特色的优势学科，自主设置、调整除国家控制布点的专业，自主设置、调整博士、硕士二级学科学位授权点；在推进高职院校招生改革、构建职业教育人才培养"立交桥"等方面制定30条具体措施，推动高职院校改革；支持民办高校灵活调整专业方向。

【重点学科】 启动实施"优势学科创新平台"项目建设，遴选11个"福建省高校优势学科创新平台"、9个"福建省高校优势学科创新平台培育项目"；启动实施"特色重点学科"项目建设，遴选55个"福建省特色重点学科"项目；启动实施"省级重点学科"项目建设，遴选210个"福建省重点学科"。调整优化专业结构，出台高校专业结构调整的规范文件。

【本科教学】 制订全面提高高等教育质量的40条具体措施；组织开展福建省本科高校专业综合改革试点建设工作，遴选确定省级项目207个、国家级项目32个；组织开展大学生校外实践教育基地建设工作，遴选确定150个省级项目、13个国家级项目；启动实施大学生创新创业训练计划建设项目，遴选确定省级项目1116项、国家级项目340项；向教育部推荐国家级规划教材46种，推荐国家级精品资源共享课23门，其中本科19门、专科4门；完成13个"十一五"国家级实验示范中心实地考察与验收工作。实施"卓越法律人才教育培养计划"，统筹推进创新人才培养、卓越工程师、卓越技师、生产性实训基地等16大类、128项创新人才培养改革试点项目。组织开展2012年"国家高层次人才特殊支持计划"教学名师（高等学校）候选人推荐工作，向教育部推荐5位候选人。组织开展全国大学生数学建模、电子设计、广告设计、机械创新、结构设计、工程训练综合能力、工业设计、电子商务"创新、创意及创业"、英语等9项大学生课外竞赛项目。实施一般本科院校办学水平提升计划，支持一般本科院校建设61个公共基础课实验教学平台、68个校企合作实践教学基地和41个体现学校特色的省级重点学科。

【学位和研究生教育】 推进福州大学教育部专业学位研究生教育综合改革试点项目和福建师范大学、福建农林大学、福建医科大学等3个省级专业学位研究生教育综合改革试点项

2012年普通高等教育发展情况表

项目	校数（所）	本、专科生			教职工（人）	专任教师（人）
		毕业生（人）	招生（人）	在校生（人）		
合计	86	178492	213454	701392	62513	41119
综合大学	27	59478	70920	244017	23092	14742
理工大学	24	50482	62846	201432	17143	10857
农业院校	4	11338	12048	39822	3294	2320
林业院校	1	1511	2239	5550	373	288
医药院校	7	9984	13897	44171	5083	3622
师范院校	6	19997	25390	82429	7248	4981
语文院校	2	2164	2270	7056	537	349
财政院校	9	17763	20781	65974	4512	3262
政法院校	2	2466	879	2635	467	287
体育院校	1	358	438	1273	250	129
艺术院校	3	1272	986	3046	514	282
成人高等学校（举办）	—	1679	760	3987	—	—

目，重点建设工程硕士、临床医学、农业推广硕士等专业学位点。漳州师范学院增列为服务国家特殊需求博士学位研究生培养单位，集美大学、福建工程学院分别提前通过国家新增博士、硕士学位授予单位立项建设验收。组织实施“闽江学者”奖励计划，遴选了“闽江学者”61 人，其中特聘教授 33 人、讲座教授 28 人。“闽江学者”入选人数是 2011 年人数的 1.2 倍，其中有 10 名外籍学者、1 名台湾学者和 1 名香港学者入选“闽江学者”，占入选人数的 20%。同时遴选省级高职教育实训基地建设项目 10 个，有 6 个获得中央财政支持。福州大学、福建师范大学、福建农林大学正式设立研究生院。完成优秀博士学位论文省级遴选工作，获得全国优秀博士学位论文 1 篇。获批博士科研流动站 35 个。组织开展 2012 年全省职业院校技能大赛，并选派 61 支代表队参加全国技能大赛，获一等奖 9 项、二等奖 21 项、三等奖 46 项。

【科技创新】 启动实施高校创新能力提升计划、高职院校社会服务水平提升计划等，获国家技术发明、科技进步二等奖 2 项，其中福建农林大学陈道炼等完成的“高频环节逆变技术及应用”项目获国家技术发明二等奖，福建农林大学尤民生等完成的“十字花科蔬菜主要害虫灾变机理及其持续控制关键技术”项目获国家科技进步二等奖。全省高校主要科研创新平台现有国家重点实验室 4 个，国家工程(技术)研究中心 4 个，省部级重点实验室 64 个，省部级工程(技术)研究中心 60 个，省行业技术开发基地 23 个，教育部人文社科研究基地 6 个。新增省部级工程研究中心 2 个，获国家自然科学基金 642 项、国家自然科学基金杰出青年项目 3 个、教育部社科项目 125 项、国家社科基金项目 87 项；第十届“6·18”期间，组织了 38 所 985 高校、100 多个国家重点实验室、工程(技术)研究中心，70 所省内外高校推出 7000 个项目，签约 223 项，投资金额 23 亿。福建师范大学、福建农林大学申报国家级“2011 协同创新中心”。全省高校与地方政府、行业企业建立产学研联盟 135 个，与企业共建创新平台 297 个。

职业教育与成人教育

【概况】 2012 年，全省共有中等职业学校 251 所，比上年减少 11 所；在校生 58.3 万人(全日制 33.3 万人、非全日制 25 万人)，比上年增加 0.99 万人；毕业生 17.6 万人，其中获得职业证书资格 14.78 万人；教职工 22278 人，其中专任教师 17710 人。全省共有职业技术培训学校 1868 所，比上年减少 58 所；毕业生数 86.01 万人，比上年减少 1.84 万人；注册在校学生 83.36 万人。

【职业教育改革】 推进职业教育改革试点工作，建立年度进展评估制度，组织开展试点项目评估检查工作。出台《关于进一步推进中等职业教育专业改革试点项目和实施特色课程建设的意见》，通过专业改革试点推动课程体系、教学模式的创新，探索改革试点成果的应用机制。晋江市综合改革试点的开门办学、定向办班、订单培养和“前厂后校”、“校中厂、厂中校”的办学模式取得成效并向全省推广。

【中等职业教育】 截至 2012 年底，全省已建中等职业教育集团 50 个，参与的中职学校 139 所、行业协会 99 个、企业 747 家。组建机械、通信、建筑等 6 个省级行业指导委员会，共有委员 136 名，其中行业企业专家占 71%。推行校企合作、工学结合、顶岗实习的人才培养模式，全省有 176 所中职学校与 2800 多家企业开展多种形式的校企合作。建立专业设置情况年度发布制度，每年在“福建省中等职业教育与终身教育网”公布全省中职学校专业设置情况。全省中职学校增设行业人才紧缺和新兴产业岗位需求的专业点 170 个，改造撤并生源不足、就业率低的专业点 131 个。新评审确定 12 个省级重点专业，总数达 220 个。全省中职学校现有设置专业 182 个、专业点 2029 个，其中先进制造业、现代服务业、现代农业等主导产业领域相关专业点占 80%以上。推动中高职有效衔接，出台《关于推进中等和高等职业教育协调发展的实施意见》，推进中高职在人才培养目标、专业结构布局、课程体系和教材等 10 个方面的衔接，中职学校推荐 2498 名优秀应届毕业生免试入读高职院校。举办全省职业院校技能大赛，中职组竞赛设 16 个专业类别 61 个项目，高职组竞赛设 14 个专业类别 37 个项目，参加全国职业院校技能大赛和全国职业院校学生技能作品展洽会，分别获奖 221 项、31 项。

【职业教育改革和基础能力建设】 创建国家中等职业改革发展示范学校，新增 11 所建设项目学校，认定机械、通信、鞋服、建筑、电气自动化、机械工程 6 个行业公共实训基地和漳州、泉州、龙岩 3 个区域公共实训基地为首批福建省中等职业教育公共实训基地。启动建设三明、莆田两个区域公共实训基地，新增中央财政支持的中职实训基地 13 个、高职实训基地 6 个。评审公布第二批标准化县级职教中心，标准化县级职教中心总数达 39 个，占全省的 67%。推进职业教育教学信息化、学校管理信息化，进一步完善信息化教学资源库，现有 2000 多个专业课程教学课件及精品视频案例，5 万多个公共基础课程资源(总容量 230.92GB)；建立了网络仿真实训中心，开发拥有自主知识产权的汽车发动机拆装、导游技术等仿真实训操作软件 15 个。

【终身教育工作】 开通“福建老年学习网”，网上资源达 20 大类 2700 多讲；积极筹建福建开放大学，完成《福建开放大学建设方案》；推进各类教育资源向社会开放；构建终身教育社会网络，全省挂牌成立 8 所社区大学、60 所社区学院(社区教育中心)、612 所社区学校和 1618 个社区教育学习点，开展“全民读书月”、“激情广场”、“职工书屋”、“农家书屋”等科学文化教育和精神文明教育活动。面向企业、农村、部队等多形式开展职业技能培训 100 多万人次。确认 6 个省级社区教育实验区，向教育部评审推荐 1 个国家级社区教育实验区。全省已办起各级各类老年大学(学校)10129所，在校学员67.6万人。

【自学考试】 大力推进自考专业、课程结构调整，开考旅游管理(独立本科段)等7个新专业，调整了人力资源管理等7个专业的考试计划和部分专业课程指定教材，停考金融管理(专科)等8个专业，并及时制订出台停考专业善后处理办法。批准福建中医药大学等7所本科高校34个自考本科专业与高职教育衔接考试，批准福建幼儿师范高等专科学校等5所高职院校12个自考专科专业与中职教育衔接考试，批准漳州师范学院、福建教育学院学前教育自考专业(专科)与技师学院、国家重点高级技工学校职业教育衔接考试试点，并公布以上3项衔接考试的课程分类。2012年自学考试学历教育报考人数231443人、435133科次，在考专业152个，其中：本科专业76个，专科专业76个；面向社会开考的专业73个，开考体制改革试点专业97个；共有52所高等院校担任主考学校，与11个厅局、行业合作开考23个专业。非学历证书考试持续拓展，全年共组织全国计算机等级考试、全国英语等级考试、大学英语四六级考试、高等学校英语应用能力考试、全国中小学教师教育技术水平考试、教师“两学”资格考试、非学历双证书考试6个大项目12次考试，考生人数98万人，比上年增加4.3万人，增长5%。

2012年中等职业学校教育发展情况表

单位：人

项目	毕业生数		招生数			在校学生数	#专任教师(人)
	计	其中：获得职业资格证书	计	其中：应届初中毕业			
				计	初中毕业生		
合计	175933	147765	240792	143906	125098	582998	17710
农林牧渔类	13787	10589	74573	11405	8969	140026	360
资源环境类	87	22	59	59	59	193	56
能源与新能源类	211	211	110	110	106	484	17
土木水利类	5893	5457	11236	9351	8700	26117	353
加工制造类	16937	13444	13614	10200	9123	43353	1003
石油化工类	1668	874	577	4200	402	2046	62
轻纺食品类	3746	3086	4437	2769	2291	11584	135
交通运输类	13913	12871	17899	12549	11395	37846	471
信息技术类	34961	29830	28135	23906	20521	76672	2097
医药卫生类	12109	10338	10920	9713	9195	32787	370
休闲保健类	1272	1189	2657	2016	1852	7038	28
财经商贸类	34648	29810	34545	29512	23618	85331	1444
旅游服务类	10413	8682	10656	7347	6272	26511	545
文化艺术类	10914	8642	13084	9613	8079	38459	1131
体育与健身	796	551	1094	1003	999	2826	433
教育类	10746	8718	12619	11421	11066	38397	638
司法服务类	1246	1111	264	101	101	3476	27
公共管理与服务类	1201	1009	2252	899	843	4148	132
其他	1385	1331	2061	1512	1507	5704	8408

2012年成人高等学校发展情况表

项目	学校数(所)	毕业生(人)	招生(人)	在校生(人)	教职工(人)	专任教师(人)
合计	4	29317	47051	118639	1081	621
广播电视大学	2	1336	4245	7743	407	192
职工高等学校	—	—	—	—	—	—
管理干部学校	—	—	—	—	—	—
教育学院	2	1292	9695	17557	674	429
夜大学(业余)	—	10415	9222	30252	—	—
函授部	—	15788	23889	63086	—	—
成人脱产班	—	486	—	1	—	—

(陈晓凤 张伟礼 方八容 制表：刘彦明)

编辑：林忠玉

文 化 传 播

文化事业

【文艺展演】 2012年，全省文化系统举办了“福建音乐周”、“第四届福建艺术节”、首届全省群众文化激情广场歌咏比赛等活动；承办由文化部和省政府共同主办的第十四届中国老年合唱节；举办纪念毛泽东同志《在延安文艺座谈会上的讲话》发表70周年大型音乐会、庆祝建军85周年文艺晚会、中华环保世纪行文艺晚会等文艺演出活动。省属文艺院团围绕“喜迎十八大、艺术献人民”组织开展近200场文化惠民公益演出，营造了喜庆热烈的文化氛围。福建京剧院的《北风紧》、福州市艺术学校的《红裙记》、省闽剧院的《别妻书》3台剧目赴京参加为迎接“十八大”召开而举办的全国优秀剧目展演。

福建音乐周。2012年4月12日，作为国家大剧院第四届歌剧节特邀剧目，省歌舞剧院大型原创歌剧《土楼》受邀参演国家大剧院第四届歌剧节。《土楼》晋京献演，正式拉开在京举办的“福建音乐周”的帷幕。

第五届福建艺术节。2012年12月8—27日在龙岩市举办。该艺术节是福建省规格最高、规模最大的全省性文化艺术盛会，荟萃了戏剧、歌舞、杂技、曲艺、文学、书法、美术、摄影等多门类艺术精品；全省各地有近百场文艺演出和展览、展示活动，突出文化创新、文化惠民、闽台交流，同时举办了“河山新貌·盛世丹青——两岸画家画福建”等展演活动；有2万多人次专业和业余文艺工作者参与艺术节各项活动，有近5万人次的观众观看和参加了艺术节各项活动。福建艺术节主要活动内容主要有开幕式和闭幕式、专业艺术活动、群众文化活动和文化艺术展览等四大系列，其中：专业艺术活动有第二十五届全省戏剧会演，第二届全省音乐舞蹈杂技曲艺类优秀节目展演，文艺学术系列研讨讲座，两岸四地剧（节）目交流演出等；群众文化活动有全省各地举办形式多样的群众文艺活动、福建省首届激情广场歌咏比赛汇报演出、福建省第五届曲艺节优秀节目汇报演出等；文化展览活动有福建省美术书法摄影新人新作获奖作品奖、《科学·文化·生活》数字文化服务主题展等。

2012年10月26—29日，第五届海峡两岸（厦门）文化产业博览交易会在厦门举办。
（省文化厅供稿）

【艺术创作】 厦门市歌仔戏剧团的歌仔戏《蝴蝶之恋》、歌曲《我要回延安》和《两岸一家亲》荣获第十二届精神文明建设“五个一工程奖”。省梨园戏实验剧团的梨园戏《董生与李氏》获文化部第二届优秀保留剧目大奖。省歌舞剧院、宁德市畲族歌舞团大型歌舞剧《海歌山魂凤凰情》荣获第四届全国少数民族文艺会演创作金奖。省艺术研究院林瑞武创作的闽剧《别妻书》荣获第四届中国戏剧奖·曹禺剧本奖。泉州南音乐团李白燕荣获“中国曲艺牡丹奖·表演奖”。厦门大学校园话剧《日租房》获第三届中国校园戏剧奖。省人民艺术剧院的神话儿童剧《麻达历险记》获得第七届全国儿童剧优秀剧目展演优秀剧目奖。福建京剧院时增帅获全国京剧优秀青年演员折子戏展演优秀表演奖、李哲获中央电视台第七届全国青年京剧演员电视大赛金奖。福州市的闽剧《红裙记》入选2011—2012年度国家舞台艺术精品工程资助剧目。国画《陈嘉庚在延安》获第十二届全军美术作品优秀奖（最高奖）。

【文化体制改革】 《福建省国有文艺院团体制改革总体工作方案》和《福建演艺集团有限责任公司组建方案》以省委办公厅、省政府办公厅的名义印发实施。全省89家涉改国有文艺院团基本完成改革任务。文化市场综合执法改革已基本完成，9个设区市均已成立文化市场综合执法支队，各县(市、区)基本组建了文化市场综合执法大队。

【公共文化服务体系建设】 认真落实2012年福建省委、省政府为民办实事文化项目工作，完成33个未达标的县级公共图书馆、文化馆的改扩建；完成200个群众性文化激情广场示范点建设。完成全省博物馆、纪念馆绩效考评和第三轮全省博物馆、纪念馆评估定级工作。制定"三馆一站"免费开放的评估考核办法和经费保障管理办法。开展国家公共文化服务体系示范区(项目)的创建工作，做好文化部对厦门市创建国家公共文化服务体系示范区工作的评估验收并取得良好成绩。编发了《福建公共文化服务工作典型经验》，并推广先进经验和做法。省属6个文艺院团实行低票价公益性"文化惠民"演出，省属四馆(图书馆、艺术馆、美术馆和博物馆)免费开展公益讲座或展览活动。完成福建省第十六届"群星奖"音乐舞蹈类作品的评选推荐工作，组织专家对全省各地申报的作品进行评审选拔参加文化部的评选。组织开展了"4·23世界读书日"、"第七个文化遗产日"、"5·18国际博物馆日"、"闽台两岸文物交流20周年展"及"福建积翠园建馆20周年展"等活动。省图书馆科技项目荣获文化部第四届创新奖，在全国率先构建了覆盖全省、全网共享、智能协作、开放互动、安全节能的公共数字文化服务云技术支撑平台。基本完成文化信息资源共享县级支中心建设，全省数字信息资源分发管理平台联网使用，新增城乡公共电子阅览室50个。

【文化志愿者边疆行】 积极参加中央文明办和文化部组织的"春雨工程——全国文化志愿者边疆行"，组织文化志愿者服务团赴宁夏开展文化志愿服务、在新疆举办"大漆之美"福建省美术馆馆藏漆画精品展、在西藏举办"漆彩华光"厦门美术馆典藏漆画作品展。福建省"春雨工程"受到文化部通报表彰，荣获"全国文化志愿服务组织工作成绩突出单位"。福建省文化志愿者服务团杂技木偶等特色文艺节目赴宁夏展演和厦门美术馆典藏漆画作品赴藏展2个项目获2012年"春雨工程"全国文化志愿者边疆行示范项目。

【文化产业】 闽台文化产业园入选国家级文化产业示范(试验)园区，福建省时代华奥动漫有限公司、厦门根深智业文化创意产业集团有限公司入选国家文化产业示范基地。组织开展了第七批福建省级文化产业示范基地评审工作。闽台(福州)文化产业园核心区等10个园区评选为"福建省十大重点园区"，印象大红袍有限公司等10家企业评选为"福建省文化企业十强"，23家文化企业被认定为2012—2013年度福建省文化出口重点企业，28家文化企业确定为2012年重点上市后备企业。7家动漫企业被文化部、财政部、税务总局认定为第四批动漫企业。

第五届海峡两岸(厦门)文化产业博览交易会。本届文博会观展人数达35万多人次；签订合同类项目70个、合同金额102.3亿元，比上届增加3倍多；文化商品与文化服务总交易额8.05亿元，比上届增长70.1%。海峡两岸文博会2012年正式升格由国台办、文化部、广电总局、新闻出版总署与福建省政府共同主办的国家级文博会。文博会期间还举办了"闽台非物质文化遗产展"、"海峡两岸文博创意产业精品展"和"博物馆创意产业高端论坛"等活动。

【文化市场管理】 全年批准省级网吧连锁企业8家，审批新设立网络文化经营单位13家，续延换证2家，变更项目企业23家。暑假期间与省未保办联合下发《关于进一步加强网吧游戏厅等文化经营场所监管稽查工作的通知》，共抽查网吧、游戏厅等经营场所84家，出动执法人员15964人次，检查文化经营场所7596家，受理群众举报投诉297件，立案查处违规经营场所241家，停业整顿50家，吊销《网络经营许可证》2家，罚款65万多元，取缔黑网吧129家。组织开展娱乐市场专项检查，共取缔17家无证无照游艺娱乐场所。注销12家长期未开展演出活动、未按时年检换证的演出经纪机构，新审批设立演出经纪机构18家。审批(核)来自美国、俄罗斯、菲律宾等国家以及香港、澳门、台湾等地区的歌舞、交响乐团、演唱组合等演出活动230批(次)，参演艺员1065人(次)。为70多名演出经纪人开展了继续教育培训工作，并换发了新的经纪人资格证书；举办了全省演出经纪人职业资格认定培训班，208名演出从业人员参加了培训班，考试合格190人。基本完成文化市场综合执法改革任务。举办了全省文化市场综合执法

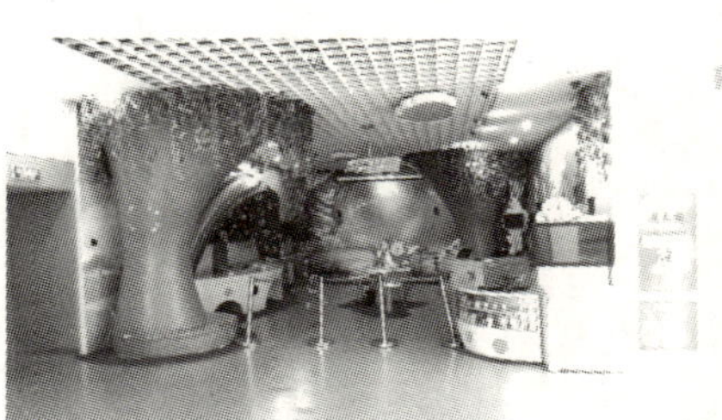
动漫体验区

视障阅览区

省少年儿童图书馆外貌

自助借阅平台

(省少儿图书馆图组 林忠玉 摄)

人员培训班，各设区市都分别举办了1—2期培训。统一换发了全省执法人员的执法证件和执法标识。

【文化遗产保护利用】 加强文物保护。鼓浪屿、三坊七巷、海上丝绸之路、闽南红砖建筑、闽东北木拱廊桥5个项目列入《中国世界文化遗产预备名单》，数量居全国前列。厦门中山路入选第四届“中国历史文化名街”。编制完成《世界文化遗产福建土楼保护规划总纲》、《福建省涉台文物保护总体规划》。漳平市奇和洞遗址考古发掘项目入选2011年度全国十大考古新发现。组织赴肯尼亚等国开展水下考古，联合美国相关博物馆开展“福建沿海史前海洋文化考古学研究”。省政府核定公布第四批省级历史文化名镇名村21个。组织开展《文物保护法》颁布30周年执法检查、“国门之盾”打击文物走私联合行动、福建省管辖海域内文化遗产执法专项行动等，加强文物安全和社会文物流通市场监管。

非物质文化遗产保护与传承。“福建木偶戏传承人培养计划”成功入选联合国教科文组织《非物质文化遗产优秀实践名册》，这是我国第一个入选该名册的项目。完成第三批省级非遗项目代表性传承人的申报推荐工作。编辑第二集《福建非物质文化遗产名录》。组织闽南文化生态保护实验区示范点、示范园区的评估性验收。开展福建非遗进三坊七巷活动。启动福建非遗与全省百个社区百所学校合作共建活动，首批在全省建立200个共建点。继续开展“福建文化记忆”专题资源数据库建设。

【文化交流】 拓展对外文化交流。执行福建省2012—2013年度与驻南非大使馆和驻博茨瓦纳大使馆的对口合作项目，组派杂技团和木偶团赴非访演。筹备在南非、美国等海外闽侨聚集地建设“闽侨文化中心”。省交响乐团、厦门小白鹭民间舞团、莆田艺术团、宁德市古田县闽剧团、厦门爱乐乐团、泉州艺术团等艺术团体组织优秀文化产品出国（境）展演。福建博物院的“馆藏文物展——追溯长崎文化的源流”赴日本展出；泉州海交馆的“福建文物大展”赴新加坡展出。

对台文化交流。全年闽台文化交流项目逾50个超9000人次。省梨园戏实验剧团赴台启动“福建文化宝岛校园行”系列交流活动，实现对台青少年文化交流新突破。“福建文化宝岛校园行”被评为“2012年闽台关系十大新闻”之一。组织赴台举办“闽台近代名人文物展”、“清新淡雅德化名瓷展”。第四届海峡论坛期间各地举办了闽南文化节、第六届闽台对渡文化节暨蚶江海上泼水节、海峡两岸关帝文化节、台湾特色庙会、陈靖姑文化节、海峡两岸合唱节、朱子文化节、开漳圣王文化节等活动。闽台缘博物馆全年共接待观众95.9万人次，其中台湾观众7.3万人次。

【图书馆】 全省有各级公共图书馆87个，其中少儿图书馆5个；文献总藏量2337.16册（件），其中图书1445.47万册（包括古籍45.45万册（件）、善本3.45万册（件），视听文献与缩微制品51.47万件）；总流通1456.5万人次；新购藏量328.22万册（其中新购图书133万册）；全年累计发放有效借书证11.22万本；为读者举办各种活动4794场次，参加读者达270.94万人次。全年向全国公共文化发展中心申请地方特色资源建设专项经费400万元，加快推动“文化信息资源共享工程建设”。全省已建成文化共享工程省级分中心1个，地市级支中心9个，县级支中心83个，乡镇基层服务网点749个，村级基层服务网点15003个（其中14990个依托农村党员现代远程教育工程建立）。 （江建国）

文学艺术

【文艺创作】 2012年，省文联和各团体会员开展了一系列主题鲜明的展演、展示、创作、研讨、采风等文艺活动，营造了热烈喜庆、积极向上的浓厚氛围。精品创作扎实推进，全年有近百件（人）次作品在全国赛事中获奖，许多优秀文艺创作成果获得省政府表彰奖励；举办了福建文艺名家推广工程、各类评奖赛事、研修班和各种走访慰问活动；开展了丰富多彩的慰问演出、讲座、培训活动，确立19个全省特色文艺示范基地，吸纳了新的团体会员；10多项各艺术门类的对台交流活动。加强唐山过台湾、闽商、闽侨、妈祖文化等福建特色题材的创作，深化福建长篇小说精品工程，积累、扶持、签约并奖励一批有潜力的选题和创作。联合举行“走进”系列采风活动，开展福建大跨越作家大采风、中青年书法创作座谈会暨艺术采风、“长汀经验”歌曲创作等各门类文艺家走基层采风创作活动，召开“冰心文学第四届国际学术研讨会”、第四届“中国书法兰亭奖”福建评稿会等研讨会、座谈会、笔会、看稿会近20场。启动“福建濒危剧种、曲种抢救工程”，与莆田市联合打造大型音诗乐舞《千秋妈祖》等文化品牌。

【重大文艺活动】 “清风赞”廉歌创作演唱会。2012年9月26日，省文联与省纪委、省委宣传部、省直党工委等单位，在省电视台大演播厅联办“保持纯洁性、迎接十八大—‘清风赞’廉歌创作演唱会”，省直机关党员干部和福州市纪检系统干部近千人观看演出，宣传福建省5年来廉政文化建设，推进廉政文艺创作。

“激情海西——摄影家眼中的福建科学发展跨越发展”大型摄影作品展。10月30日，省文联在福州画院隆重举办“激情海西——摄影家眼中的福建科学发展跨越发展”大型摄影作品展，展览分关怀鼓舞、建设海西、风采八闽、文化福建等4个章节，共展出150余件摄影佳作。

纪念《毛泽东同志在延安文艺座谈会上的讲话》发表70周年座谈会。5月22日，省文联与省委宣传部联合举办的纪念《毛泽东同志在延安文艺座谈会上的讲话》发表70周年座谈会在福建会堂举行。参会代表重温《讲话》精神，畅谈文艺精品创作的实践体会和意见建设。

“延安精神颂”朗诵音乐会。5月19日，省文联与省委宣传部、省文化厅、省炎黄文化研究会等联合主办的

《延安精神颂——纪念毛泽东同志〈在延安文艺座谈会上的讲话〉发表70周年》朗诵音乐会在福州举行。朗诵音乐会以“发扬延安精神,讴歌时代风采”为主题,来自社会各界300多名文艺工作者通过诗朗诵以及歌曲、舞蹈等多种表演形式,为观众献上了一台精彩的文化盛宴。

“陈奋武翰墨”书法作品展。6月30日上午,由省委宣传部、中国书法家协会、中国美术馆、福建省文联主办,福建省书法家协会承办的“陈奋武翰墨”书法作品展在中国美术馆隆重开幕。这是福建文艺名家推广工程的首个项目,共展出省文联副主席、省书协主席陈奋武精心创作的50余件优秀作品。中央政治局常委、全国政协主席贾庆林专程参观展览。

【艺术成果】 2012年,全省共有获得国家级文艺奖项近百件(人)次,文学方面:长篇小说《我的唐山》荣获第十二届“五个一工程”图书奖;论文《八十年代、话语场域与叙事的转换》获得第八届“中国文联文艺评论奖”文章类一等奖;文学作品《保姆大人》获得“2011年度优秀女性文学奖”一等奖;散文《政和红茶》获得第五届冰心散文奖单篇作品奖;《福建文学》《台港文学选刊》《故事林》杂志荣获第四届华东地区优秀期刊。音乐方面:歌曲《我要去延安》、《两岸一家亲》荣获第十二届“五个一工程奖”;在第三届全国少儿钢琴展演比赛和第三届全国青少年电子琴展演中,均获得1金1银1铜的好成绩;在第十届全国声乐比赛中,荣获1个民族唱法三等奖;歌词理论专著《歌词美学》正式出版,填补了当代中国歌词理论的空白。戏剧方面:新版闽剧《别妻书》荣获第四届“中国戏剧奖·曹禺剧本奖”;校园话剧《日租房》荣获第三届“中国戏剧奖·校园戏剧奖”。美术方面:申报中华文明历史题材美术创作工程重点项目实现零的突破,进入全国第五;52人作品入选第三届全国漆画展;21人作品在中国美术家协会组织的多项全国性展览中获得最高奖。书法方面:在第四届中国书法兰亭奖中荣获2个二等奖;1人获得中国当代书法名家系统工程“三名工程”大展奖(最高奖);8人作品在中国书法家协会组织的多项全国性展览中获奖。摄影方面:在第十一届上海国际影展中,获得纪实类1铜1优秀、艺术类1银2优秀。曲艺方面:泉州南音乐团李白燕荣获第七届“中国曲艺牡丹奖”表演奖,填补了福建该奖项的空白;在第五届全国少儿曲艺大赛中,荣获1个二等奖。民间文艺方面:在第三届中国剪纸艺术节中,获得1个铜奖、3个优秀奖;在中国第二届客家文化节中获得1个精品汇演金奖、1个精品汇演银奖、1个客家山歌银奖;在“全国民歌展演”中获得1个银奖。舞蹈方面:在“华东六省一市专业舞蹈比赛”中,获得2个创作二等奖、2个创作三等奖、2个表演三等奖及3个入围奖的好成绩。

2012年9月,新版闽剧《别妻书》荣膺“第四届中国戏剧奖·曹禺剧本奖”。

(省文联供稿)

【艺术交流】 海峡两岸作家论坛。5月27日,由省文联、中国作家协会港澳台办公室主办,台湾《印刻文学生活志》、台湾东华大学华文文学系联办,海峡文学艺术发展研究中心等承办的“海峡两岸作家论坛”在福建会堂举办。论坛以“传承与创新”为主题,吸引了海内外文坛广泛关注。两岸知名作家、评论家共300余人参加论坛研讨会。

第三届海峡两岸青年舞蹈嘉年华暨2012年福建省百名优秀舞者赴台交流活动。8月17—22日,由福建省文联、台湾两岸关系发展促进会主办,福建省舞蹈家协会等承办的国台办重点项目——“第三届海峡两岸青年舞蹈嘉年华暨2012年福建省百名优秀舞者赴台交流活动”在高雄市成功举办。活动汇集两岸14个团队、200多名两岸青少年舞者,举行了“2012年海峡两岸青少年优秀舞蹈展演”,召开了“海峡两岸舞蹈交流与合作研讨会”,签署了缔结“海峡两岸舞蹈交流合作单位”协议书,交换“两岸舞蹈交流合作”牌匾。

第二届“海峡两岸欢乐汇”暨曲艺理论研讨会。12月9—15日,由中国文联、中国曲协、福建省文联主办,福建省曲协与台北曲艺团承办的国台办重点项目——第二届“海峡两岸欢乐汇”暨曲艺理论研讨会在台湾成功举办。活动为期一周,以“两岸同曲,海峡传情”为题,以福建闽南方言说唱曲种为主,组织南音、锦歌、福州评话、竹板歌等节目,为宝岛民众奉献了3场精彩演出,开展了“两岸曲艺创新发展”为主题的座谈会,举行福建南音表演艺术家台南收徒仪式。

第四届海峡摄影节。12月11—15日,与省文化厅、省旅游局联合主办的“第四届海峡摄影节”在霞浦县举行。本届摄影节以“同牵两岸心,共摄华夏景”为主题,共展出18个国家及地区摄影家的100多个主题影展、4000多幅作品。来自美国、新加坡、泰国、马

2012年10月30日，在福州画院隆重举办“激情海西——摄影家眼中的福建科学发展跨越发展”大型摄影作品展。（省文联供稿）

来西亚、印尼、韩国、土耳其及港澳台和浙江、内蒙古、江西、福建等海内外摄影家参加了本次活动。活动期间，还举行第四届福建摄影大会暨海峡摄影论坛、福建百名摄影家百幅作品赠送渔区活动。（王幼丽 林蔚然）

文物 博物

【依法管理文物】 配合省人大常委会开展《文物保护法》颁布30年执法检查，到龙岩、长汀、莆田、仙游检查《文物保护法》贯彻实施情况。督查全国重点文物保护单位建瓯东岳庙保护范围内违法建设行为和破坏省级文物保护单位莆禧城墙的违法行为。省文化厅、省海洋与渔业厅依法开展管辖海域内文化遗产联合执法专项行动，省文化厅与福州海关联合开展“国门之盾”打击文物走私联合行动。依法接收福州海关移交的上世纪80年代以来查没的7168件走私文物，调拨至全省61家国有博物馆。加强文物销售、文物拍卖标的监管，审核文物拍卖会19场次、拍卖标的7281件；鉴定涉案文物51起、4028件(其中三级文物14件、一般文物2181件)；审核文物、艺术品进、出境55人次、1026件。

文物安全监管。依法依规履行文物保护单位执法巡查工作职责，为全省122个文物单位配备消防器材500具。6家资质单位晋级为文物保护工程勘察设计甲级、监理甲级、施工一级资质；审查并新认定文物保护工程勘察设计资质单位12个、施工资质单位35个、监理资质单位8个。

【文物和文化遗产保护】 福建省海上丝绸之路、鼓浪屿、三坊七巷、闽浙木拱廊桥、闽南红砖建筑等项目入选《中国世界文化遗产预备名单》。会同省旅游局、省住建厅、省林业厅等部门开展世界文化遗产保护和发展利用的专题调研。组织编制完成《世界文化遗产福建土楼保护规划总纲》、《福建土楼(永定)保护规划》、《福建土楼(南靖)保护规划》、《福建土楼(华安)保护规划》。省政府公布第四批省级历史文化名镇8个、名村13个；48个传统村落入选第一批中国传统村落名录；厦门市中山路入选第四届中国历史文化名街。公布福建省第三次全国文物普查不可移动文物名录33251处，建立《福建省第三次全国文物普查信息服务系统》和不可移动文物分布电子地图。55处(含合并3处)文保单位列入第七批全国重点文物保护单位，230处文保单位列入第八批省级文物保护单位。完成《福建文物地图集》龙岩市、泉州市分卷和部分重点图的编纂工作。公布《福建省涉台文物名录》1515处，《福建省涉台文物保护总体规划》通过专家评审。组织检查泉州开元寺等重点涉台文物保护工程、验收三坊七巷的小黄楼等涉台文物工程竣工项目。启动大嶝金门县政府旧址、蔡氏古民居等新的一批重点涉台文物维修工程。加强专项经费使用监管，检查、审计国家重点文物保护专项补助经费、涉台文物保护工程项目经费。

【文物考古科研】 福建漳平奇和洞遗址考古发掘项目入选2011年度全国十大考古新发现。福州三坊七巷文儒坊西段晚唐五代时期城墙、宋代房址等遗迹考古，对福州早期城市变迁与坊巷格局研究具有重要意义。省级文物保护单位南山遗址列入中科院考古所福建省县级考古创新基地和福建首个国家考古创新项目。组织开展闽江下游流域史前考古调查，发现新石器时代至青铜时代的史前遗址30余处，启动福建沿海水下文化遗存普查陆上调查项目。

福建漳平奇和洞遗址考古发掘项目。漳平奇和洞遗址位于漳平市象湖镇灶头村东北，发现于2008年12月第三次全国文物普查龙岩地区洞穴专题调查中，当时在支洞内发现一批哺乳动物化石。遗址出土了一批重要的遗迹与遗物，遗迹包括旧石器时代晚期人工石铺活动面、灰坑等；新石器时代早期房址、灶、火塘、柱洞、灰坑等；遗物包括人骨、打制石器、磨制石器、陶器、骨器、动物化石、煤矸石、动物骨骼、螺壳等。2009—2012年，福建博物院对该遗址先后进行了三次考古发掘，发掘面积共120平方米。奇和洞遗址是近年来东南沿海地区史前考古的重大突破，奇和洞遗址的年代为距今17000年到7000年，是一处旧石器时代、新石器时代过渡时期至新石器时代早期文化序列完整的洞穴遗址，也是福建地区已发现的最早的新石器时代遗址，对分析人类演化、人群交流、南北人员关系等具有极高的科研价值。该遗址填补福建旧石器到新石器过渡阶段以及新石器早期考古学文化研究的空白。

【博物馆、纪念馆工作】 新建三明市客家博物馆并对外开放。组织完成5家国家一级博物馆运行评估。长乐市博物馆和上杭县博物馆评定为国家二级博物馆，省昙石山遗址博物馆、福建闽越王城博物馆、莆田市博物馆、邵武市博物馆、武平县博物馆、安溪县博物馆评定为国家三级博物馆。组织开展省级国有免费开放博物馆评估定级和运行绩效考评，参评博物馆93家，评定为省一级博物馆6家，暂定省一级博物馆2家，省二级博物馆10家，暂定省二级博物馆14家，省三级博物馆29家，暂定省三级博物馆19家；暂不定级博物馆8家。全省95家博物馆年检，合格88家，不合格7家。

争取中央财政安排全省博物馆免费开放专项补助经费9000多万元，征集文物12128件(套)，其中赴台征集涉台文物和谱牒文献资料841件。福建省第二届博物馆陈列展览精品评选中，《福建古代文明之光》(福建博物院)和《中央苏区·福建》(闽西革命历史博物馆)展览荣获福建省第二届博物馆陈列展览精品奖；《共和国法制摇篮》(龙岩市中级人民法院、古田会议纪念馆)获创意奖，《闽台民俗》(厦门市博物馆)获内容设计奖，《毛泽东才溪乡调查》(上杭县毛泽东才溪乡调查纪念馆)获形式设计奖，《金色的记忆—第六届全国农民运动会纪实》(泉州市博物馆)获新技术、新材料运用和制作奖，《一代才华郑振铎》(长乐市博物馆)获宣传推广、服务、综合效益奖。办各种类临时展览427个。纪念“九二共识”20周年，福建中国闽台缘博物馆举办《承前启后温故知新——海峡两岸文物交流20年回顾展览》；泉州海外交通史博物馆的《蓝海福建文物大展》赴新加坡展览，《福建博物院馆藏文物展—追溯长崎文化的源流》赴日本展览，《林则徐纪念馆馆藏文物展》赴台湾展览。与台北市古董文物协会在台联办《明清以来两岸百人书画扇面特展》。与台、澎、金乡亲举办各种画会、收藏活动和座谈交流。

“5·18国际博物馆日”和“文化遗产日”围绕活动的主题，开展各种宣传和文化活动，举办闽南红砖建筑暨大嶝金门县政府旧址维修工程启动仪式系列活动，福建中国闽台缘博物馆举办“福建省涉台文物普查成果展”，福建博物院举办《守望家园——福建涉台文物保护成果展》。文化遗产进社区、进校园、进课堂、进军营，融入到社会各个层面。福建博物院举办“文化遗产大看台”活动，寿宁县博物馆在偏远山区坑底中学开展“乡土文化进校园”活动，福州市博物馆周末举办“牵手市博，欢乐周末”活动等颇具特色。组织海峡两岸20家文博单位参加第五届海峡两岸文博会。 (邢新建)

档　　案

【概况】 全省现有档案行政管理机构94个，含省级1个、设区市9个、县(市、区)84个。各级各类档案馆113个，其中：国家综合档案馆94个，国家专门档案馆16个，企业档案馆2个，科技档案馆1个。各级各类档案馆现有馆藏档案1320.05万卷、169.75万件，资料164.71万册，电子文件499.93万件、14365GB，数码照片19.05万张、31118GB。全省已开放档案267.50万卷，开放案卷级档案目录32.55万条、文件级档案目录90.88万条；2012年接待利用档案31.05万人次，提供利用档案74.19万卷(件)次。

【档案管理与服务】 民生档案工作。2012年接待查阅档案和政府信息31.75万人次，省档案馆政府信息网络查询平台点击率6万多人次。加大民生档案工作指导力度，积极会同农业、民政、人力资源和社会保障等部门做好民生档案的归档与收集管理工作。全省各级社会保险经办机构全部通过省级档案达标验收。福州市启动出租车驾驶员诚信档案信息资源共享，厦门市档案局降低查档收费标准，龙岩市档案馆设置服务评价系统。

经济领域档案工作。抓好2012年度448个在建省级重点建设项目档案工作。积极开展国有企业文件材料归档范围和档案保管期限表的编制修订工作，组织中石化福建石油分公司、福州电力公司等8家企业开展档案规范化管理评估。泉州、三明、龙岩市档案局分别出台服务民营企业“二次创业”，加强台商投资区、海西三明生态工贸区、开发区和工业园区档案工作的意见。

农业农村档案工作。围绕服务农村改革发展大局，继续抓好小城镇改革发展战役档案工作，福清市顺利通过全国社会主义新农村建设档案工作示范市验收。厦门市档案局以“管理制度化、服务现代化、利用亲民化、征集特色化”为目标，推动新圩镇档案工作快速发展。泉州市档案局联合林业局部署全市林业档案管理工作。三元和城厢、建宁、将乐、泰宁等地分别将档案工作纳入党建工作和乡镇年度工作考评内容。三明、南平各县(市、区)和仙游县完成乡镇、街道机关文件材料归档范围和文书档案保管期限表的编制审批工作。

重大活动档案工作。支持研究制定平潭综合实验区档案工作意见，指导实验区做好项目建设档案管理工作和开展档案社会化服务，组织开展平潭综合实验区乡镇档案执法检查、重大活动档案管理情况和档案管理安全情况督查等活动。省档案馆举办我国第一个以钓鱼岛为主题的展览，图文并茂展示钓鱼岛及其附属岛屿是中国固有领土的法理依据。省档案局派员指导做好第八届全国城市运动会和全省农村党员干部现代远程教育基础设施建设档案管理工作；联合相关部门部署福建省对口支援新疆和水利普查档案管理工作，全省第一次全国水利普查档案工作全部通过省级验收。福州市档案馆利用馆藏档案为鼓岭历史建筑的修复重建工作提供凭证；龙岩市档案局积极开展第五届福建艺术节档案材料收集移交工作。

机关档案工作。省档案局对40个省直单位进行档案整理质量检查，完成17个单位档案规范化管理评估工作，分别对101个单位、113个重点项目进行档案登记，指导接收46个单位档案目录数据；积极配合有关部门开展所属机构档案管理指导工作和审查文书档案归档范围和保管期限表；联合省教育厅召开全省高校档案工作会议。莆田市直单位100%完成机关文件材料归档范围和保管期限的编制工作。

档案法制建设。制定并实施《福建省档案法规体系方案》、《福建省档案系统行政复议和行政赔偿案件备案审查制度》、《福建省档案行政执法统计制度》等。继续开展乡镇档案管理、重点建设项目档案管理以及档案安全管理等执法检查和专项督查活动，泉州、龙岩市档案局分别开展文化事业单位和市直医疗卫生单位档案专项检查活动。

【档案信息资源开发利用】 全省各级各类档案馆共举办展览61个，基本陈列165个，接待参观人数12.14万人；加强档案资料编研工作，公开出版的书籍有9种194.5万字，内部参考的有61种701.9万字。省档案馆举办“中国档案珍品展”、“潮涌海西——福建现代化历史进程展”等5个展览，编撰出版《台湾义勇队》档案画册等。泉州市档案馆在新加坡国家图书馆举办“家书抵万金——新加坡侨批文化展”。省档案馆开通腾讯政务微博—大闽记忆，听众突破4.4万人，获评福建十大优秀政务微博。省档案馆和福州、厦门、泉州市以及海沧区档案馆分别与当地主流媒体合作，推出档案宣传专栏，社会反响强烈。宁化、永安档案馆分别为中央电视台中文国际频道、福建电视台、山东电视台等摄制专题片提供档案资料。南平市档案馆被市委党校授予干部教育培训现场教学点，省档案馆，福州、厦门、龙岩市以及鲤城区档案馆分别成为当地大学院校“教学实践基地”并签约挂牌。全省各级国家档案馆建立爱国主义教育基地40个。

2012年10月31日，福建省人民政府与文化部、国家文物局在北京签署《进一步加快推进海峡西岸经济区文化发展合作协议》。（省文化厅供稿）

【档案馆基础业务建设】 档案资源建设。2012年全省各级各类档案馆共接收文书档案64.41万卷、29.18万件，电子文件49.30万件、1427GB，数码照片2.63万张、9387GB;；征集档案资料1.3万卷（件），照片档案、底图2.76万张，录音（录像）磁带、影片档案53盘。做好国家重点档案抢救与保护工作，2012年共抢救档案近3.4万卷（件）。闽粤两省档案部门联合申报的“侨批档案”成功入选世界记忆亚太地区名录。省档案局派员赴日本征集到一批有关福建历史的珍贵档案资料，接收一批原华东军事政治大学福建校友会捐赠档案。厦门市档案馆征集到明清地契、厦门老字号传统工艺以及“文革”档案资料等近万件；泉州市档案馆接收公务礼品档案逾千件，率先开展侨批口述历史档案征集工作并建立音像档案资料库；龙岩市档案馆征集到习近平同志关于长汀开展水土流失治理工作的重要批示等，建立张鼎丞、邓子恢等老一辈无产阶级革命家照片专题数据库；宁德市档案馆开展习近平同志专题档案资料征集工作并汇编专辑；晋江、武夷山市档案馆分别征集到教育系统老照片和中央领导人视察当地的图片资料1万多份。

档案信息化建设。完成“福建省证照数据电文综合管理系统”的研发并试运行。省档案馆数字档案馆基础网络平台建设和应用软件开发工作基本完成，厦门市“数字档案馆管理平台”建成并投入使用。完成福建省分布式省馆档案网站的升级改版，实现信息垂直一体化管理和信息处理自动化、传输网络化，访问量达12.22万人次。莆田、三明市档案馆馆藏重要档案全文数字化工作取得成效，全省各级国家综合档案馆完成数字化馆藏纸质档案315.61万卷、167.28万件。

档案安全管理工作。省档案馆安全有序并顺利完成近百万档案资料搬迁新馆和数据迁移工作。开展档案数字化外包情况调查，省档案局联合省国家安全厅开展全省档案信息化和档案数字化安全与保密情况检查活动。积极开展档案数据异地备份工作，省档案馆接收福清、武夷山等28个档案馆的异地备份数据。

【档案馆馆库建设】 省档案馆新馆顺利完成搬迁并正式开馆。29个列入“十二五”时期中央预算内投资规划的县级综合档案馆建设项目中，漳平、建宁、周宁、光泽、建瓯、永定、上杭、平和等8个档案馆建设项目获得中央资金3343万元，开工率100%，位居全国前列，其中，建瓯市档案馆已建成投入使用；建宁、光泽、漳平、周宁、永定、上杭等6个档案馆主体工程封顶；平和县档案馆项目开工建设。尚未获得国家补助资金的项目中，大田、武夷山、武平、霞浦等4个项目已开工建设。未列入“十二五”时期中央预算内投资规划的县级档案馆建设项目中，台江、翔安、政和等3个档案馆落成，集美、福清、闽侯、晋江、延平等5个档案馆主体工程已封顶，泉港区利用旧厂房改造成档案馆项目已完成，其他档案馆建设项目正在有序推进。

【档案科研和学术研究】 积极开展档案学术交流活动，2012年12月11—12日在省档案馆成功举办“中国侨批·世界记忆”国际学术研讨会，来自日本、泰国、新加坡和国内相关高校、科研机构、档案部门、侨批收藏界60多位专家学者出席了会议。此次研讨会是福建省侨批研究领域召开的首次国际性学术会议，充分展示了福建省侨批档案的保护、整理和研究工作成果，对中国侨批申遗工作起到很好的宣传推介作用。分别组织召开以照片档案管理、电子政务安全与数字档案建设、档案文化建设等为主题的研讨会。福建省3个课题获国家档案局科技项目立项，省档案学会申报的“福建侨批与申遗”课题获省社科规划项目课题立项，省档案学会推荐的莆田学院陈祖芬副教授的专著《档案学范式的历史演进及未来发展》获省第九届社会科学优秀成果二等奖。

【政府信息公开查阅利用工作】 省档案馆政府信息查阅中心共接收44个省直单位送交的政府公开信息纸质文本12785份、电子文本12732份，5个中央驻闽机构等单位送交的主动公开政府信息纸质文本192份，电子文本192份。各级国家综合档案馆认真开展档案利用工作，通过现场、网络、电话、信函等查阅方式，在服务领导决策，为群众落实政策、办理社保、确认工龄、解决纠纷等方面发挥积极作用。

（叶建强）

广播影视

【综述】 2012年，全省广播电视人口综合覆盖率分别达98.04%、98.58%，高于全国平均水平。全省共有广播电台10座、电视台10座、广播电视台66座，开办公共广播节目89套、自办公共电视节目42套；海峡卫视、东南卫视、厦门卫视3套节目上星。全年公共广播播出时间513651小时，其中播出自制广播节目时间316986小时；全年公共电视播出时间333099小时，其中播出自制电视节目时间143995小时。全年电影放映58.8万场次，观影人数1359.7万人次，票房4.9亿元，分别比上年增长68.8%、38.8%、39.6%。全省有线电视用户657.13万户，其中数字用户382.32万户，有线电视数字化率58.2%。全省广电系统实际创收收入45.82亿元，其中广告收入23.22亿元，增长14.7%；网络收入13.46亿元；广播电视节目销售收入1.43亿元，其他收入7.71亿元。

【广播电视宣传】 党的十八大广播影视宣传氛围浓厚，各级广电媒体精心安排、周密部署，推出迎接宣传贯彻党的十八大专栏专题113个，形成浓厚舆论氛围。组织开展以“科学发展·成就辉煌”为主题的全省广播电视节目展播活动，充分展示了十六大特别是十七大以来福建省科学发展跨越发展所取得的辉煌成就及典型事迹。影视等作品创新创优取得新成绩，电影《爱在廊桥》、电视剧《红色摇篮》、广播剧《英烈回家》获第十二届“五个一工程”奖，福建省连续3届获得广播影视奖项“满堂红”。4件作品获中国广播影视大奖·电视文艺“星光奖”，3件作品获中国新闻奖。一批优秀动画片、纪录片获得广电总局奖励推荐。完成五个省级广播电视奖项评选，共评出等级奖422件，其中创新奖4件、一等奖71件。

【公共服务体系建设】 完成了全省14742个村广播室的建设验收工作，并通过健全管理制度、加强人员培训、完善服务功能，进一步巩固提升农村有线广播村村响工程。大力推进全省广播电视村村通提升工程建设，提前3年基本完成“十二五”时期全省21510个村、600095户广播电视村村通建设任务。大力推进县（市）城区数字影院建设，列入上年为民办实事的22个县（市）城区数字影院全部动工建设，其中6家影院已投入使用。大力推进农村电影放映工程实施，大部分地区农村电影放映补贴标准提高到200元/场，全年放映181592场，超额完成一村一月放映一场电影的目标任务，其中商业片比例超过50%。

【安全播出保障】 组织开展两次全省安全播出大检查，排查重点部位、隐患环节。各级广电部门共投入技改资金1亿元，实施技改项目140个，落实整改项目412个。党的十八大期间，全省327个安全播出责任单位认真落实责任要求，一把手靠前指挥，9865人加强值班值守，实现党的十八大广电安全播出零事故。

【对台对外交流】 各级广电媒体开辟节目入岛落地新渠道，扩大了在台影响力。2012年6月15日，以“弘扬中华优秀文化，促进两岸影视繁荣”为主题的，由国家广电总局和福建省政府联合主办、台湾有关机构参与主办的第四届海峡论坛‘海峡影视季’在福建省厦门市开幕，本届海峡影视季最大亮点是首次对两岸影视交流合作进行表彰，《那些年，我们一起追过的女孩》、《我在1949，等你》、《非诚勿扰2》、《新水浒传》、《爱》等影视剧获最受大陆观众欢迎的台湾电影等奖项。各级广电媒体开展海外推介工作，泉州电视台在美国成功举办“第二届美国·中国泉州电视周”，厦门卫视正式落户长城（澳大利亚）平台。支持平潭广电先行先试，平潭广播电视台电视频道获得广电总局批准于2012年6月19日正式开播。

【广电产业发展】 截至2012年底，全省影视制作机构143家，其中民营企业120家，占84%。全年电影获批拍摄37部、初审6部，国产电视剧获批发行10部326集，动画片获批发行44部23464分钟（位居全国第4位）。电影市场持续快速发展，全年新增影院27家、银幕145块；票房4.9亿元，比上年增长39.6%。新媒体产业加快发展，移动多媒体广播电视在网用户36.4万户（位居全国第7位）；福州、厦门购物频道稳步发展；“明珠网”“台海宽频网”等互联网视音频网站发展较好。

【行业依法管理】 在全省范围内组织开展《福建省广播电视设施保护条例》宣传周活动，开展行政执法队伍法规知识培训等。积极开展广播电视节目抵制低俗之风专项整治行动、违规广告专项整治“监管月”活动、“打击新闻敲诈、治理有偿新闻”专项行动等。重点查处群众反映强烈的广播电视节目存在的低俗问题、虚假违规广告问题，全年发出广告整改通知33份，处理违规广告309条。严格查处擅自增设频率频道问题，加强境外卫星电视管理和新媒体新业务管理，切实维护了广播电视传播秩序。

（李　彦）

新闻出版

【概况】 2012年，全省出版图书3631种，总印数0.9078亿册，总印张6.836亿印张，定价总金额10.647亿元。报纸46种（不含高校校报），总印数11.878亿份，总印张53.884亿印张。期刊176种，总印数0.366亿册，总印张0.162亿印张。出版录音制品26种、14.97万盒（张）。出版录像制品109种、88.6万盒（张）。出版电子出版物63种、19.06万张。音像电子出版物复制4447.87万盒（张），其中：磁带制品29万盒，光盘制品4418.87万张。出版物印刷企业销售产值37.3亿元。出版物零售9.206亿册（份）、26.48亿元。版权贸易241项，其中输出版权110项。

【出版宣传】 围绕学习宣传贯彻十七届六中全会精神和社会主义核心价值体系主题宣传，组织策划出版一批马列经典、党的理论创新成果和迎接党的十八大、弘扬雷锋精神、反映社会主义核心价值体系的优秀出版物，其中《科学发展观与当代中国》、“道德八书——最为紧迫的道德呼唤”丛书等3种选题分别入选中宣部、新闻出版总署“迎接党的十八大100种重点出版物选题目录”和“社会主义核心价值体系建设‘双百’出版工程重点选题目录”，《小学生文明礼仪手册》入选中宣部、中央文明办、新闻出版总署联合推荐的“百种优秀思想道德读物”书目，《王勇英“弄泥的童年”风景系列》等2种出版物入选总署“向青少年推荐百种优秀读物”。《十八大报告辅导读本》累计发行超百万册；组织策划出版《黄慎全集》、新版《冰心全集》、《福建土楼建筑》等一批精品出版物97种。有7种选题增补进“十二五”国家重点图书、音像、电子出版物出版规划增补项目，4种出版物获得国家出版基金资助，1种获得总署古籍整理资金资助。2012年福建省图书获得省部级以上奖项近百项，其中《我的唐山》一书荣获第十二届“五个一工程”奖。

【产业发展】 省政府办公厅转发的《关于加快发展福建省新闻出版产业的意见》正式出台，进一步明确了全省新闻出版产业发展的目标和重点，在加快园区建设、培育重点企业、促进精品生产、深化闽台合作等方面制定了一系列政策举措。建立健全项目策划、征选、运作、管理机制，修订完善《福建省新闻出版业改革发展重点项目管理办法》，进一步规范项目管理；有8个项目成功入选新闻出版总署2012年度改革发展项目库，36个总署和省级重点项目正在顺利推进。重点做好海峡国家数字出版基地、海峡出版物物流中心等8大项目的调研论证并已全部结题，中国新闻出版研究院海峡分院和新闻出版总署产品质量检测中心福建分中心正式获得总署批准，海峡国家数字出版产业基地已由省政府出函正式向总署申报。重点加强对福建日报报业集团、海峡出版发行集团、厦门外图集团等龙头骨干企业的指导、服务、扶持和行业管理，积极为企业争取政策支持。海峡出版发行集团入选全国文化企业30强，2家企业入选福建省重点文化企业10强。海峡出版发行集团启动内容资源管理系统及业务ERP系统，并与中国联通福建分公司建立战略合作伙伴关系，做好向全媒体出版转型的基础工作；海峡书局已经初步形成了传统少儿类出版物数字开发、创新型互联网项目“APP360”和打造两岸双城故事系列3条数字出版产品线，通信信息报社纸质报、手机报、客户端齐头并进，全媒体格局已经形成；鹭江出版社数字图书在中国移动阅读基地位居全国传统出版社第8名。全省互联网出版资质单位新增3家，全年已经审核报批66款游戏。全省有3家企业获得绿色印刷认证；福建美术出版社、中煌塑胶公司联合开发的高端印刷产品、国内首部裸眼3D图书在第五届厦门文博会上正式亮相。海峡出版发行集团参与发起的海峡文化产业投资基金正式设立，总股本达30亿。

【对台交流】 坚持对台工作先行先试，强化项目运作，有6个项目得到总署对台出版宣传资金资助，配合总署有关部门争取财政部增加2013年对台出版宣传资金预算为2000万元，其中大部分将资助福建。闽台合资海峡书局股份有限公司在平潭综合试验区进行了工商注册，总署批准该公司从事互联网出版业务，使其成为大陆首个两岸合资的互联网出版企业。仙游台湾农民创业园挂牌成立“海峡书屋”，按二级图书馆规划建设，为在大陆创业台湾农民及其家属提供了优良的精神文化服务。举办第四届海峡论坛·海峡新闻出版业发展论坛，台湾15个新闻出版行业公会、协会参加，27名台湾青年新闻出版工作者首次参访。以“书香两岸、情系中化”为主题，在台湾成功举办第八届海峡两岸图书交易会。以“繁荣中华文化暨两岸媒体的责任和机遇”为主题，在福州成功举办第四届海峡媒体峰会。海峡导报、城市天下杂志、书香两岸和海西物流杂志等10多种报刊成功入岛发行，福建画报社与台湾《前锋招标日报》合作创办的《海峡画报》在台印发，成为大陆第一份入岛发行的画报类期刊。

【体制改革】 制定《福建省深化非时政类报刊出版单位体制改革实施方案》，确定改革单位名单。制定《福建省非时政类报刊出版单位转制工作基本规程》、《关于福建省报刊资源整合的指导意见》。全省首批27种、第二批6种报刊改革工作已基本完成，除停办的3家以外，其余全部完成企业工商登记注册，领取了企业法人营业执照。

【行业管理】 继续深化新闻出版行政审批制度改革，向基层下放7项审批权限，将审批时限由20天压缩至12天；举办全省新闻出版（版权）系统行政执法培训班，制定《福建省新闻出版（版权）行政执法案卷管理规定》，绘制《福建省新闻出版局行政强制办理程序流程图》；加强出版物市场检查，抓好印刷业承印管理五项制度落实和中小学教辅专项检查整治，做好出版、报刊、印刷、发行单位年检工作，切实加强新闻出版源头管理。

【版权保护】 全年共受理核准作品版

权登记15353件，比上年增长27.9%，其中港澳台作品版权登记2738件，增长148%；引进图书版权贸易130本，增长17.2%，印数58.95万册，码洋1459.96万元，分别增长33.8%和77.7%；电子出版物境外委托复制备案19件，增长26.6%。软件正版化工作进展顺利，省级机关共采购正版通用软件9867套、采购金额846.09万元，正版软件使用总数达28259套，全部实现使用正版软件；全省有30家企业完成国家级检查验收，5家重点企业完成软件正版化检查整改。世界知识产权组织版权保护优秀案例德化示范点调研项目工作基本完成，调研报告已经形成第三稿并召开第三次中外专家研讨会进行研究修改。

【“扫黄打非”工作】 全年共出动检查人员5.5万余人次，收缴非法出版物60余万件，其中政治性非法出版物1000余件，淫秽色情出版物3万余件；删除屏蔽网络有害信息1700余条，取缔游商地摊和非法经营摊点5300多个次；集中销毁各类非法出版物95万件；查办案件53起，其中刑事案件21起，抓获犯罪嫌疑人100余人。其中，福州“3·23”案件是全省近年来破获的数量最大、抓获人员最多、涉及面最广的制售淫秽色情、非法音像制品案件。组织开展打击“新闻敲诈”、有偿新闻、虚假违法广告专项行动以及版权领域“双打”行动、“剑网”行动等，查获各类侵权盗版案件29起，关闭涉及侵权盗版网站5家，进一步规范了新闻出版和版权市场秩序。

【农家书屋工程】 全省新闻出版系统全力冲刺农家书屋工程建设。省财政提前下达省级建设资金1352万元、中央奖励资金476万元，各地落实配套资金2353万元。至2012年6月已如期完成农家书屋工程建设任务，从而实现了农家书屋覆盖全省所有行政村的目标。

【全民阅读工程】 以“弘扬福建精神、推动科学发展”为主题的第六届“书香八闽”全民读书月活动共开展全省性主题活动17项，活动首次开设以“阅读促进和谐”的主旨论坛；开展全民阅读进机关进校园进企业进农村进社区活动；更加注重拓展数字阅读，共有97万多人次登陆“书香八闽”读书网在线阅读。着力构建“政府推动、全民主动、城乡互动、各方联动”的全民阅读活动长效机制，通过开展“学雷锋 弘扬福建精神”等主题读书活动、海峡阅读交流大会、青少年读书大讲坛系列活动等全年性读书活动，将“书香八闽”活动打造成福建省文化建设的重要品牌。

（林 靖）

地方志编纂

【地方志书编纂】 截至2012年底，二轮省志分志已出版和通过审验交付出版19部。《福建省志》中《畜牧志》、《人大志》、《金融志》、《税务志》、《物价志》、《司法志》、《通信志》等7部分志通过验收交付出版。市县（区）志编纂工作全面推进，市县区志已出版9部；《福建纪略》（民国卷）已基本完成改写稿。出版（清）《宁德县志》、《大明漳州府志》；完成清代3部《永定县志》校对工作。同时出版了《漳台传统民俗》、《戴云山志》、《永春简史》、《三明风光览胜》、《莆田市名产志》等地情书。完成《中国地方志年鉴》（福建部分）2012年编撰任务和《福建年鉴·地方志工作》条目撰稿工作。全省9个设区市全部开编年鉴，有60多个县（市、区）正在编纂地方综合年鉴，其中三明市12个县（市、区）中有11个开编年鉴。书库（资料室）建设，目前书库共有藏书2.6万册（其中志鉴1.1万多册）。与22个省（市）签订志书交换协议。接待社会各界人士来访查阅资料700多人次。省情资料库点击数年增加1800万人次。

【志书出版】 《福建省志·通信志》（1991—2005）出版。该书由社会科学文献出版社出版发行。该志全面、系统地记述了1991—2005年福建通信业的变化和所取得的成就，翔实地反映了通信业在社会经济发展中的重要作用。

《福建省志·农业志（1991—2005）》出版。该书由社会科学文献出版社出版。该志全面、系统地记述了1991—2005年福建农业和农村经济的发展情况，客观地反映了福建人民在建设海峡西岸经济区、发展现代农业、推进社会主义新农村建设中取得的辉煌业绩。

厦门市《翔安区志》出版。该书由方志出版社出版发行，是翔安区有史以来第一部地方志书，全面记述了翔安区从古至2007年发展变化的历史进程。

《大明漳州府志》出版发行。该书由福建省方志委和漳州市方志委整理的《大明漳州府志》由中华书局出版发行。该志以明正德《大明漳州府志》为底本，共34卷，设有郡县、职官、历官、厢里、山川、土田、户口、诸课杂、风俗、学校、纪传、科目、艺文、兵政、刑法、廨署、道路等志及人物、列女等传。该志是现存最早的漳州府志。据《中国地方志联合目录》载，此志今仅传世一部，现藏于台湾“国家图书馆”。

清康熙版《宁化县志》再版。2012年，清康熙版《宁化县志》由福建省方志委和福建人民出版社联合再版2000册。康熙版《宁化县志》是我国古代名志之一，1989年，经宁化县地方志编纂委员会整理，由福建省方志委和福建省人民出版社出版印刷后，供不应求，留存极少。再版的《宁化县志》共34万字，分为7卷52目。

【地情书出版】 全年共有《三明风光览胜》、《三明客家史略》、《三明客家大观》、《古韵安海》、《厦台关系史料选编》等地情书出版发行。

【对台交流】 2012年6月26日，金门县宗族文化研究协会会长陈顺德一行到晋江市方志办开展文化交流。双方互相赠送了《金门县志》、《晋江县志》等文献资料。10月27日，台湾姓氏研究学会总干事王贵洲一行到晋江市方志办交流访问，双方就晋台姓氏源流、地方文化进行交流，并互赠志书。

（林 浩 胡志明）

编辑：郑 茉

福建師範大學

福建师范大学是福建省人民政府与教育部共建高校，前身为1907年由清朝帝师陈宝琛创办的福建优级师范学堂，是我国建校最早的师范大学之一，是福建高等教育的重要发祥地和科教文化事业发展的重要力量。

学校拥有旗山、仓山两个校区，占地面积193.29万平方米。现有1个国家重点学科、26个省级重点学科，15个博士后科研流动站、19个一级学科博士点，学科涉及经济学、理学、艺术学等11大门类；国家级“本科质量工程”项目31个、省级项目213个，国家级人才培养基地4个。学校1700多名专任教师中，具有高级职务教师900多人，具有硕士以上学位教师1400多人，其中博士学位教师600多人。现有双聘院士3人，国际欧亚科学院院士1人，“长江学者奖励计划”特聘教授1人，国家级有突出贡献中青年专家7人，国务院学位委员会学科评议组召集人、成员3人。

学校已与30多个国家、台港澳地区的100多所高校、科研机构和联合国教科文组织建立了友好合作关系。

走过一百多年办学历程的福建师范大学，正在以科学发展为主题，提高质量为主线，朝着建设综合性、有特色、高水平的教学研究型大学的奋斗目标阔步前进。

▲ 苏树林省长参加学校董事会成立会议后与师生合影留念

▲ 105周年校庆大会

▲ 教育部省政府共建福建师范大学协议签字仪式

兴业国际信托有限公司

CHINA INDUSTRIAL INTERNATIONAL TRUST LIMITED

兴业国际信托有限公司成立于2003年3月，注册地为福建省福州市，现有注册资本为人民币25.76亿元。2011年1月，经国务院同意以及中国银行业监督管理委员会批准，兴业国际信托有限公司由兴业银行股份有限公司控股，成为经国务院特批的我国三家银行系信托公司之一；澳大利亚国民银行是公司的境外战略投资者，我公司是我国第一批引进境外战略投资者的信托公司。公司股东实力雄厚，可持续发展前景良好。公司现有股东中既有中资主流商业银行，又有国际知名外资银行及大型国有企业等实力强大的股东。

按照《中华人民共和国信托法》、中国银监会《信托公司管理办法》等有关法律法规要求，兴业国际信托有限公司紧紧围绕建设“综合性、多元化、有特色的全国一流信托公司”的战略目标，坚持依法经营、稳健经营，不断夯实业务基础和客户基础，着力提升业务发展和创新能力，致力于成为国内优秀的综合信托金融服务提供商。截至2013年6月末，兴业国际信托有限公司固有资产总额为47.11亿元，管理的信托业务规模为5737.14亿元，居全国同行业第二位。公司高度重视依法合规经营和风险管控，截至目前公司所有结束清算的信托计划全部如期

▲ 2013年4月8日兴业国际信托有限公司第二大股东——澳大利亚国民银行集团董事会主席Michael Chaney与福建省委常委、常务副省长张志南座谈交流

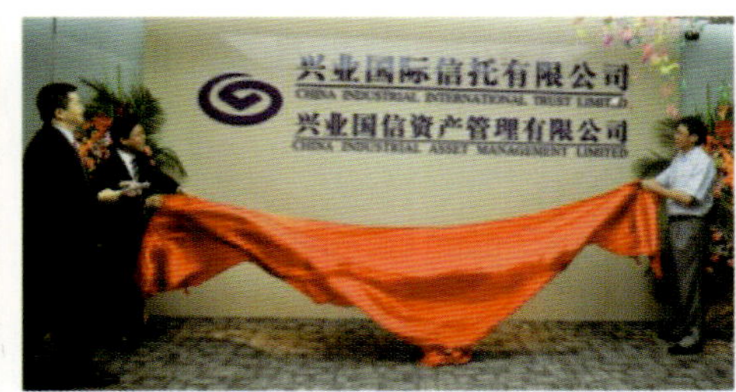

▲ 2013年6月3日兴业国际信托有限公司董事长杨华辉、兴业国信资产管理有限公司董事长黄德良为兴业国信资产管理有限公司开业揭牌

▲ 2013年2月28日兴业国际信托有限公司董事长杨华辉在中国财富管理50人论坛首届年会上作主题发言

或提前兑付，所有信托产品的收益都达到或超过预期收益率，存续的信托财产运营情况正常。

根据发展战略，目前兴业国际信托有限公司已设立了11个综合管理部门、在全国设立了8个区域信托业务总部、3个直属专业事业部、1个财富管理总部，在福州、北京、上海、深圳、重庆、西安、武汉、沈阳等设立了8个区域业务总部，在广州、南京、济南、天津、成都、郑州、长沙、南宁、南昌、呼和浩特、合肥、太原、昆明、杭州、兰州、长春、大连、厦门、宁波、乌鲁木齐、海口等省、市、区设立了业务部，实现了全国化经营。同时，兴业国际信托有限公司参股重庆机电控股集团财务有限公司、紫金矿业集团财务有限公司、华福证券有限责任公司；设立了全资私募股权投资子公司兴业国信资产管理有限公司。在全国优秀信托公司评选活动中，兴业国际信托有限公司先后荣获“卓越信托公司奖”、“中国优秀信托公司”、“最佳信托公司”、“最佳市场竞争力信托公司”、“最佳发展潜力信托公司”、“最具区域影响力信托公司”、“诚信托·成长优势奖”、“中国最佳证券类信托管理机构”、“最佳高端客户投资渠道奖”等多项荣誉。

▲2013年6月18日兴业国际信托有限公司与兴业银行、兴业基金、兴业金融租赁联合参加第十一届中国·海峡项目成果交易会

▲2013年6月21日兴业国际信托有限公司在《上海证券报》主办的第七届“诚信托”颁奖典礼上荣获“2012年度诚信托·卓越公司奖”（右五）

▲2013年6月28日兴业国际信托有限公司在《证券时报》主办的第六届中国优秀信托公司颁奖典礼上荣获“2012年度中国优秀信托公司”（左五）

福建省信息化局

作为战略性新兴产业，信息产业的发展已更多地承担起经济发展方式转型升级的“倍增器”作用。福建信息产业和信息化发展规模和水平持续位居全国前列，信息产业是福建省三大支柱产业之一。其中信息产品制造业居全国第6位、软件服务业居第9位，信息产品出口额居第5位，信息化与工业化融合指数居第6位，信息化发展水平居第7位，通信及其他各项信息服务业指标居全国第5-9位。

“十二五”以来，福建省大力推动信息产业“万千百”发展目标的实现，即建设6个千亿级优势产业集群，培育25家以上销售额超过百亿元骨干企业，完善19个有一定优势和体现福建特色的信息产业园区，抓好150个重大建设项目，争取到2015年实现万亿元产业规模。

当前，福建信息产业发展规模持续壮大，近10年信息产业销售额年均增速均超过20%，其中软件和信息技术服务业平均增速接近40%。2012年，全省信息产业销售总收入6002亿元，占全省GDP比重11.8%，形成新型显示、计算机及网络产品、软件和信息服务三大千亿产业集群。发展结构持续优化，全省软件和信息服务业增加值占电子信息产业增加值的比重34.3%。发展质量持续提升，重点产业链不断向上游延伸，新兴优势产品产量增长迅速，新一代信息技术产业产值占全省信息产业比重60%以上。企业竞争力持续增强，全省销售收入超过百亿元企业7家，进入中国软件业务收入前百家企业5家，国家规划布局内重点软件企业10家，50多项软硬件产品技术在相关细分市场领域居全国第一乃至全球领先。信息化应用持续推进，通信基础设施居国内前列，企业信息化对全省GDP贡献率达50%以上，建成鼓楼物联网示范区和武夷山物联网示范区，交通、能源、食品等领域的物联网应用形成规模，厦门、福州获批国家三网融合试点。产业集聚效应明显，全省共建成36个信息产业园区，其中5个“国家新型工业化产业示范基地”，平潭综合实验区作为承接台湾信息产业转移、联接福厦沿海信息产业带的特殊地位进一步凸显。

围绕党的十八大提出的“构建以基础设施为支撑、以新一代信息技术为先导、以融合发展为特征、以广泛应用为目的、以安全可控为保障的现代信息技术产业体系”的要求，福建将继续推进新兴产业迅速做大规模、增强实力，积极发展动漫游戏、智能仪器仪表、新型显示、移动互联、LED、工业软件、北斗等新兴产业；有序促进物联网、云计算、3D打印、大数据等技术的研发应用；增强集成电路、关键元器件等产业保障能力；加快发展工业控制系统、金融电子等应用电子产品。

▲ 工业和信息化部刘利华副部长（右一）在福建厦门、泉州等地调研福建数字对讲机产业集群发展和无线电管理工作情况

▲ 工信部杨学山副部长在福大自动化调研

▲ 文化部副部长励小捷调研厦门市文化创意产业

▲ 张志南副省长参观我省物联网企业展区

▲福建鑫晶精密刚玉科技有限公司成功研发80公斤级蓝宝石晶体

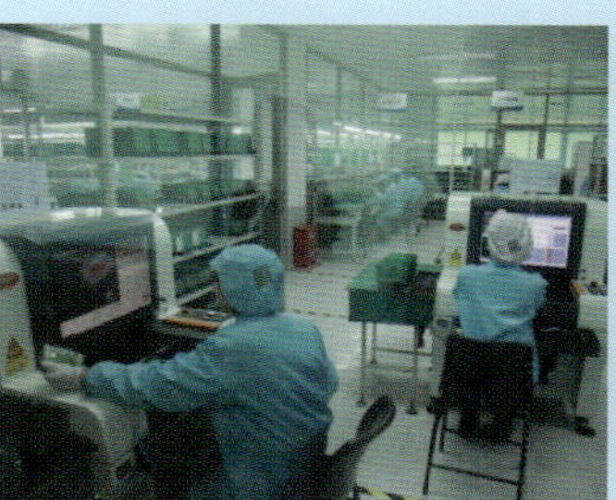

▲数字对讲机芯片生产过程

▲新一代数字对讲机

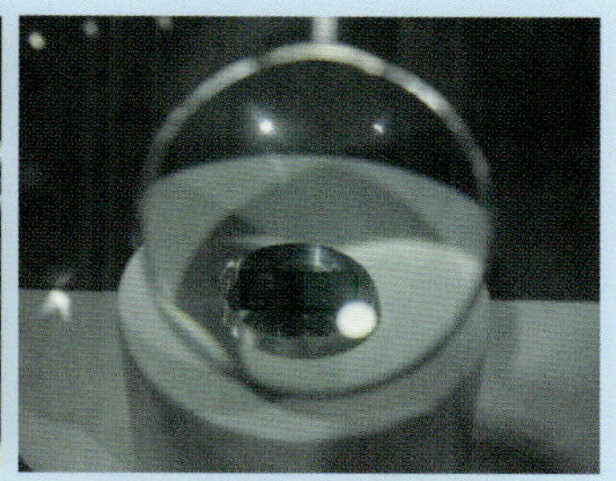

▲由福建联拓科技有限公司研发的国内首款拥有自主知识产权的数字对讲机专用芯片

▲厦门软件园三期起步区

▲海峡软件新城——总部及研发大楼

▲工业和信息化部与福建省政府签署战略合作协议

▲亚太电信联盟第12次会议在厦门开幕

▲海峡物联网产业发展研讨、项目对接暨海西物联网研究院成立大会

▲海峡两岸无线电工作委员会成立

福建省海洋与渔业厅

发展成就

海洋经济快速发展。改革开放以来，福建海洋经济发展经历了“大念山海经”、“山海合作，建设海峡西岸繁荣带”、“建设海洋大省”、“建设海洋经济强省”等阶段，海洋经济快速发展。

2011年福建海洋生产总值达到4284亿元，占地区生产总值的24.4%。“十一五”期间，海洋生产总值年均增长19.7%。

海洋科技引领能力增强。厦门南方海洋研究中心正式挂牌运作，国家海洋局海岛研究中心落地平潭，平潭海洋大学组建工作顺利推进。“908”国家重大专项（近海海洋综合调查与评价）通过总验收，海洋经济创新发展区域示范成果转化及产业化项目得到财政部、国家海洋局的大力支持。全省海洋科技研发投入持续加大，集美大学船舶助导航工程研究中心等7家省级海洋科研创新平台获批建设，海洋药物、海洋生物制品、海产品精深加工等技术研发取得新突破。依托中国•海峡项目成果交易会等平台，成功对接海洋与渔业项目111个，总投资达183.3亿元，实现历史性突破。

▲ 台湾海峡海洋生物增殖放流

▲ 金贝尔大型原水处理系统

▲ 中国·海峡项目成果交易会
海洋科技成果展馆

▲ 海洋科研成果及项目签约

▲ HDPE250深水圆型养殖网箱

发展战略

立足在海洋经济发展中的综合优势，福建将努力建成“五区一基地”。

有序推进海岸、海岛、近海、远海开发，突出海峡、海湾、海岛特色，着力构建“一带、双核、六湾、十岛”的海洋开发新格局。

重点任务

一是加快推进。制定实施《贯彻落实<福建海峡蓝色经济试验区发展规划>实施意见》，出台《海洋产业指导目录》，加快推进重大海洋经济项目建设。及时总结经验，树立典型，示范带动。加快推进海洋经济运行监测、评估系统建设。

二是项目带动。着力构筑海洋生物医药、游艇邮轮、海洋工程装备、现代港口物流、滨海旅游、海洋文化创意6条海洋现代产业链。重点扶持12个海洋特色产业园区建设，促进涉海企业、项目向园区集中。

三是金融支持。设立福建省现代蓝色产业创投基金，与银行合作开展现代海洋产业中小企业助保金贷款业务，支持海洋新兴产业、现代海洋服务业、现代海洋渔业和高端船舶制造等重点海洋产业的发展。

四是科技支撑。实施海洋高新产业发展专项，推进海洋高技术产业基地试点，提升产业科技水平；利用“6•18”等交易平台，促进海洋科技成果转化；加快厦门南方海洋研究中心、平潭海岛研究中心建设，充分发挥科研院所、企业的海洋科技创新能力。

五是宣传助力。进一步加大宣传力度，增强全社会关注海洋、开发海洋、保护海洋的意识，为海洋经济发展营造一个良好的舆论氛围。

福建省高级人民法院

2012年，全省法院认真贯彻落实中央、省委和最高法院决策部署，坚持为大局服务、为人民司法，全面加强执法办案和自身建设，以公正司法促进社会公平正义，为福建科学发展跨越发展提供了有力司法保障。全省法院共受理各类案件569589件，办结557036件。

着力公正司法，服务发展大局。自觉把法院工作置于经济社会发展大局中去谋划，紧密围绕“三规划两方案”实施，充分有效发挥审判职能作用，大力推进平安福建建设，依法促进生态省战略深入实施、海洋强省建设、闽台交流合作和平潭开放开发，首次入台举办第四届海峡两岸司法实务研讨会。

着力司法为民，依法保障民生。妥善审理事关民生的纠纷案件141367件，积极采取措施解决涉诉信访和执行难问题。推进立案服务规范化建设，92%以上法院建成标准化诉讼服务中心。广泛开展以“走基层、走群众，转作风、转观念，改问题、改不足”为主要内容的司法走转改活动。

着力改革管理，提高司法水平。扎实推进量刑规范化、民事小额速裁试点、刑事和行政案件简易审判、执行联动等改革，全面落实“六公开”，做好庭审直播、公众开放日、新闻发布会等工作。突出公正高效均衡结案，优化审判资源配置，创新和加强审判监督管理。全省法院案件质量评估综合指数连续四年位居全国法院前列。

着力从严治院，提升队伍素质。坚持“抓党建带队伍促审判树形象创一流”工作思路，全面加强思想、组织、作风、制度和反腐倡廉建设，深化创先争优活动，深入学习弘扬时代先锋、全国重大先进典型詹红荔法官先进事迹和崇高精神。

着力品牌创新，树立公信形象。率先持续深入开展司法公信建设，率先实施司法品牌战略与亮点工程建设，继续巩固提升我省法院已有司法品牌“优势项目”，大力发掘培育生态资源“绿色司法”、知识产权“金色司法”、涉海“蓝色司法”、革命老区“红色司法”等新亮点新经验，充分展示法院发展新风貌。

全省法院传达学习贯彻党的十八大精神

▲2012年首次入台举办第四届海峡两岸司法实务研讨会

▲全省法院司法警察阅警暨警务技能汇报表演

▲省法院召开生态资源司法保护新闻发布会

▲基层法院发放执行工资款

▲向党的十八大献礼重点电影《南平红荔》开机

▲社会公众参观省法院诉讼服务中心

▲基层法院积极开展庭审直播

打造海西投资新乐园 泉州台商投资区

2012年，泉州台商投资区上下坚持“立大志、吃大苦、创大业”的创业精神，进一步解放思想，攻坚克难，认真做好“提速、突破、创新”三篇文章，全力推进“二次创业”、“五大战役”、“第三产业发展年”等各项工作。在泉州台商投资区这片热土上，中国北车、玖龙纸业、晋亿物流等一大批央企、民企、外企、台企先后落地、建设或投产，书写了一个又一个产业传奇。

高起点、广覆盖，构建百年规划

坚持“请名院、聘大师、借外脑”，把规划做精做深做细做美。区总体规划底经市人大常委会审议通过，完成土地利用总体规划和产业发展规划编制以及防洪排涝、综合交通等16项专项规划。推进蓝色经济培育区、临港物流园区和金融商务区等11个片区控制性详细规划的修编工作，开展给排水、公共交通、道路交叉口、美丽乡村（村庄规划）、城市色彩与建筑风格研究等规划工作。

育龙头、铸链条，加快集群发展

按照“产业链条规模化、产业发展集群化、产业布局园区化、产业定位高端化”的思路，充分发挥玖龙纸业、北车(泉州)海峡轨道客车等龙头企业的支撑作用，加快培育装备制造、光电信息、现代综合产业等产业集群，促进转型升级。建立区、镇两级领导挂钩百家重点企业制度。专项安排5000万元配套扶持民营企业“二次创业”和技改工作。积极推动正大集团、力达机电、文松彩印等企业加快改制上市步伐。开展平台建设，加快7个安置小区建设，集中安置被征地群众，促进净地招商。做好湖东片区、杏东片区、张坂片区等3个工业启动区规划建设，推进北车片区、光电产业片区等园区的“七通一平”，超前配套园区外部电力、水、给排水等市政设施建设。发展新兴产业，成立泉州台商投资区张坂雕艺协会和雕艺之家艺术沙龙，推动华光文化创意产业人才培育基地建设发展，规划设计中华雕园、“光明之船”文化创意产业园、洛阳江古镇风情区等重点园区项目，加快文化产业发展。推动企业转型升级，加快技术中心和科技公共服务平台建设，推动泉州高新区创业孵化基地建设，引导企业增资扩营、技术改造、转型升级。淘汰石材等落后产能，为高端产业等腾出空间和资源。目前，全区规模以上企业236家、产值超亿元企业104家、台资企业31家。

▲北车(泉州)海峡轨道客车维修组装项目

▲玖龙纸业（泉州）高档包装纸生产基地项目

▲泉州晋亿物流

▲凤浦小区一期安置工程

▲建设中的跨海大桥

▲泉州台商投资区夜景

▲“欢乐泉州 走进中国北车”文艺汇演

高标准、精雕琢，打造环湾新城

坚持基础先行，加大投资力度，以“三天一个亿”优先保证基础设施投入。杏秀路、通港公路、张青公路、东西主干道等拓改工程及东经二路、惠南引水工程、污水处理厂工程等项目加快推进，市政管线同步下地，累计达86公里；凤浦、溪庄、锦厝等安置小区和区公租房项目加快建设，总建筑面积超80万m2。启动秀涂片区、百崎湖东片区两个城市生活配套区建设，秀涂片区结合金融商务区同步建设综合管廊；湖东片区按照“七个同步”要求，前期规划设计步伐加快，圣莎拉酒店、圣莎拉商城等项目已开工建设，马来西亚IOI集团、贝壳酒店、中熙城市综合体等11个项目正进行方案设计工作；完成沿海大通道3.5公里试验段方案设计，将按照高于厦门环岛路的标准，建设一流沿海景观路；金屿、百崎两座跨江跨海大桥前期工作全面展开。

招大商、大招商，建设投资乐园

突出对台招商，组织赴台湾、港澳、东南亚等地招商推介。实行“七天24小时”服务承诺制，提供“月嫂式”服务、一站式服务。出台促进台商投资与台资企业发展的意见、鼓励台资企业入驻有关政策的规定。积极对接省、市民营企业产业项目洽谈会、6.18项目成果交易会以及世界泉州同乡恳亲会招商项目，加强项目跟踪服务，推动项目签约落地。建区以来，共签约天岗机械、晋亿物流、唯冠科技、亿达家用电器、圆山饭店及台湾城项目等11个台资项目。目前在谈项目32个，重点在谈项目15个，总投资额近600亿元。

惠民生、造福祉，构筑幸福新城

重点启动基础教育、医疗卫生、文化体育、安置小区等民生项目建设，落实为民办实事项目。实施“教育强区”五年规划，与澳大利亚签订建设国际教育园区协议，协调落实泉州五中等五所市区一级达标校定向招生，顺利通过省“义务教育初步均衡区”评估，惠南中学通过省一级达标验收。启动“美丽乡村”建设五年行动计划，开展“垃圾革命”，实施城乡绿化一体化“四绿”工程和村村亮化工程。大幅度提高新农合、新农保的标准，2012年全区新农合、新农保参保率分别达99.0%和100%。计生“百日会战”成效明显，计生工作水平稳步提升。强化“两违”高压整治态势，重拳打击违法占地、违法建设行为。加强治安防控体系建设，综治三率显著提升，社会保持安定稳定。

夯基础、强党建，激发发展活力

深入开展“增强忧患意识，推动长远发展”大讨论活动，对标找差，理清思路，破解发展难题。开展村干部异地挂职工作，探索村务工作人员集约化、专职化和规范化管理的新机制。创新党组织组团式、志愿者奉献式、群团组织针对式等多种服务形式，打造“333”服务体系，进一步推动“四下基层”。实施“百名选调、百名挂职、百名聘用”工程，选调干部21名，争取市派挂职干部63名，聘用国企干部76名，有效解决开发建设力量不足问题。

2013年，我们将以“创新突破年”为载体，持续实施项目带动战略，一步一个脚印、一年一个台阶，努力实现三年大提升、五年大变样，倾力打造宜居宜业宜商宜游的现代化滨水生态新区。

生态县城 温馨家园 长泰

▲2012年6月5日省委省政府领导莅临长泰县工作检查：图为时任省委书记孙春兰、省长苏树林率领省委、省政府工作检查组一行，深入到长泰县岩溪镇上蔡大学自然村，察看村庄环境整治情况

▲2012年2月17日时任副省长王蒙徽、市委书记陈冬调研田园风光、生态之城建设

▲2013年6月23日副省长、市委书记陈冬莅临长泰调研现代农业发展

▲省级小城镇建设改革试点工作成效显著（岩溪镇区江滨美景）

▲迎宾路

▲十里村街道立面改造

▲人民路立面改造让老城焕然一新

▲十里蓝山玛琪雅朵花海

▲岩溪顶安小区

▲秀美的“慢客村”长泰上蔡大学自然村

生态绿色园区——长泰经济开发区

▲长泰经济开发区安安（中国）有限公司现代化生产车间

▲立达信集团——全国照明电器行业三强

▲龙津园

福安

加快崛起的现代化生态型港口工贸旅游城市

福安位于福建省东北部，是海西东北翼、环三都区域最具发展活力的沿海开放城市之一。全市总面积1880平方公里，海岸线长167公里，总人口67万。2012年，全市GDP270.93亿元、规模以上工业总产值638.14亿元、财政总收入26.5亿元、固定资产投资100.4亿元、出口总额7.51亿美元，经济总量居全省第十位，县域经济综合实力居全省“十佳”。

产业加速转型升级。加快打造电机电器、镍合金新材料两个千亿产业集群和益联远大可建、船舶修造、食品加工等若干个百亿产业集群，全力提升现代农业、文化旅游、商贸流通、港口物流等产业。11个工业园区加快建设。规模以上企业达276家，产值亿元以上企业达136家，年产值10亿元以上企业达11家；拥有中国驰名商标7枚、工业类国家级品牌11项、国家地理标志农业品牌6项。

城市加快拓展提升。“一市三区六组团”城市发展战略全面实施，溪北洋新区开发加快推进，赛岐省级、穆阳宁德市级小城镇综合改造试点深入推进。富春溪西岸、秦溪洋等一批城市综合体加快建设，溪北洋隧道、富春大道、富阳大桥、东湖公园等一批城市道路、桥梁、公园、生态走廊建成投入使用，获得省级园林城市称号。

民生事业不断改善。民生工程战役完成投资9.17亿元，校安工程等一批项目建成投入使用；敬老院、五保幸福园、社区居家养老、农家书屋实现全覆盖，科教文卫事业加快发展，城乡居民生活保障进一步提高。

▲ 宁德市委书记廖小军、时任市长郑新聪考察福安电机电器展示馆

▲ 福安市委书记倪政云、市长林小楠到国家级文化产业示范基地（畲族银雕工艺研发中心）调研

▲现代生态有机茶园

▲坦洋工夫标准化生产车间

▲福安巨峰葡萄设施农业基地

▲福建省白马船厂海洋装备船修造基地

▲镍合金深加工生产车间

福安鼎信实业厂区鸟瞰夜景

革命老区　红色故里　宁化

▲ 宁化翠江明珠

▲ 宁化县体育中心二期工程落成

▲ 城郊中心学校田径场

▲ 11月21日，世界客属第25届恳亲大会石壁祖地祭祖大典在宁化石壁隆重举行

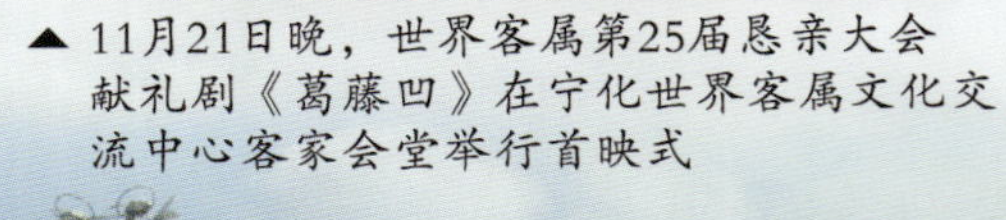

▲ 11月21日晚，世界客属第25届恳亲大会献礼剧《葛藤凹》在宁化世界客属文化交流中心客家会堂举行首映式

世界客属文化交流中心

风景如画宁化城

2月24日，三明市水土保持工作誓师大会在宁化举行

▲中沙乡下沙畲族村

▲闽赣小商品城施工现场

▲湖村鸿丰钙业建筑工地

▲长宁纺织车间

▲治平高山茶

▲宁花科技油茶加工车间一角

▲淮土寒谷大棚小黄瓜

华侨经济开发区

南靖县——靖城镇

靖城镇地处漳州平原西部的九龙江畔，毗邻漳州市区，总面积130平方公里，辖25个村、1个居委会，总人口6.48万人。是福建省政府首批确定的工业卫星城镇之一。

自2011年被确定为全省第二批小城镇综合改革建设试点镇以来，靖城镇紧紧围绕“南靖宜居、宜业田园生态型工贸城镇”的发展思路和“完善提升旧区，开发建设新区”的建设理念，活用政策，大胆实践，勇于突破，扎实推进。

科学规划定位，构建城镇框架。先后完成靖城镇小城镇总体规划、主要专项规划、控制性详规编制和靖城新区“五区一走廊”产业布局，深入实施旧村改造项目，加快各村修建性详细规划，以改善村民生产生活环境为重点，规划建设和谐新村。

▲南靖县靖城中心卫生院

完善功能配套，打造宜居城镇。启动以晟发名都为主体的示范片建设；推进镇区幼儿园、小学、污水处理厂、公园、绿道等教育、环卫和市政设施建设，开通靖城至县城、靖城至市区公交线路和南靖直达市区的城际公交，开展迎宾西路、精品街整治工程，加快靖城大道建设，开工建设廊前大道、高新中路、金圆路和江滨东路等4条靖城新区主干道建设，加快构建新区“两纵三横”路网格局。

突出招大引强，优化产业布局。依托资源环境优势，着力打造高新技术产业园区，加快建设靖城新区。大力推行“三维招商”，以大项目带动大投入，以大投入推动大发展，万利太阳能、华润·片仔癀、中达光电、新福达汽车等重大产业项目先后落户靖城，已经形成电子信息、新能源、新材料等五大主导产业集中区。

▲晟发名都示范小区

坚持建管并重，拓展融资渠道。靖城城乡综合执法大队定期开展镇区主要街道综合整治行动，全面提升镇区形象；镇级巡回检察靖城工作室，变“接访”为“下访”，快速有效化解信访矛盾；便民服务中心建立“一站式”平台，为群众提供更便捷的服务；深入开展村容整治和九龙江整治专项行动，建设富美乡村；有效运行靖城建设投资开发有限公司和靖城新区开发有限公司两个小城镇建设的融资平台，通过BT、BOT、与金融部门、国有企业合作等方式，开发建设靖城新区重要基础设施，着力解决项目建设融资难题。

靖城新大桥

晋江市 金井镇

▲小城镇旅游产业发展论坛

▲晋江围头物流配送中心

▲金井镇码头

金井镇自2010年2月被福建省委、省政府确定为小城镇综合改革建设试点以来，围绕“一座城市，一个园区、一个港口”的发展思路，着力打造“休闲活力港湾、滨海宜居新城”。全镇规模以上产值、财政收入“翻一番”以上（规模以上产值从2009年的59.26亿元，跃升到2012年的121.72亿元，增长105.4%。财政收入从2009年的4.11亿元，跃升到2012年的9.02亿元，增长119.46%），农民人均纯收入年均增长12%以上。

做大“一座城市”。按照泉州卫星城市、晋江晋南辅城中心定位要求，集中优势力量，快速推进城市建设。滨海新城，完成建筑面积42万平方米，区域配套的商贸酒店、餐饮娱乐、公共服务、影视文化等设施正逐步完善，形成新地标。晋南水城，成功引进福州大学晋江校区项目，已签订框架协议。华侨商贸城，一期会所竣工投用，完成B地块11.7万平方米商住楼建设并售罄。旧镇区立面改造及景观整治，实施中兴街、西环路、金井北通道市政道路改造及立面景观整治，进一步提升城镇品位。做强“一个园区”。推进省级装备制造业基地金井园建设，一期园区实现“三通一平”，改造金深公路，新建山坑路、山埔路、海山路、园中大道，基础设施进一步完善。园区规划“品牌工业园”、“中小企业创业园”和“高新技术园”等3个“园中园”，首期共10家企业入驻并开工建设。做优“一个港口”。发挥对台优势，着力建设对台贸易先行区，建设围头10万吨级码头并获批国家一类口岸及台轮停泊点，开辟国内外航线27条线路，集装箱吞吐量40万标箱。围头港区二期堆场、综合码头已启动建设，围头物流园区积极发展对外贸易和现代物流业，年对外小额贸易额达8000万美元，逐步成为对台贸易进出口集散地和港区的物流配送基地。

2013年，金井镇深入贯彻“小城镇改革发展战役”的工作要求，围绕建设“规划先行、功能齐备、设施完善、生活便利、环境优美、保障一体”的宜居城市综合体目标，把握转变提升主线，加大改革建设试点工作力度，拓展战役领域和内涵，力争在全省小城镇综合改革建设试点中继续走前列、创精品。

福耀集团总部全景

福耀玻璃工业集团股份有限公司
FUYAO GLASS INDUSTRY GROUP CO., LTD.

福耀玻璃工业集团股份有限公司于1987年在中国福州注册成立，是一家专业生产汽车安全玻璃和工业技术玻璃的中外合资企业，目前已成长为大型跨国工业集团。1993年，福耀集团股票在上海证券交易所挂牌，成为中国同行业首家上市公司，股票简称：福耀玻璃，股票代码600660。

自创立以来，福耀集团便立志为中国人做一片属于自己的高质量玻璃，当好汽车工业的配角，秉承“勤劳、朴实、学习、创新”的核心价值，坚持走独立自主、应用研发、开放包容的战略路线。福耀集团已在福建、吉林、上海、重庆、北京、广东、湖北、河南、内蒙古、俄罗斯等地建立了现代化的生产基地，在香港、美国、日本、韩国、澳大利亚、德国、东欧等国家和地区设立了子公司和商务机构。集团产品被全球顶级汽车制造公司宾利、奔驰、宝马、奥迪、通用、丰田、大众、福特、克莱斯勒等选用，产量及实际供货量均位列全球同行业前列，目前已成为全球第二、中国最大的汽车玻璃专业供应商。

▲ 福耀现代化的浮法玻璃生产线

曹德旺，1946年生，福耀玻璃工业集团股份有限公司创始人、董事长，现担任第十二届全国政协委员、中国光彩事业促进会副会长、福建省慈善总会名誉会长、福建省红十字会名誉副会长等职务。

曹德旺先生热心公益，捐赠总额已接近60亿元人民币，捐助范围涉及救灾、扶贫、助学、帮困、传承传统文化等各方面。

2010年西南五省大旱之际，曹德旺通过中国扶贫基金会向十万贫困家庭捐出2亿元善款，并且为了保证每一分钱都发放到灾民手中，成立了专门的监督委员会监督善款使用情况，签订协议，要求基金会的管理费不能超过3%，差错率不得超过1%，超出部分按30倍赔偿。这一举动使曹德旺被称为国内“捐款问责”第一人。2011年5月5日，河仁慈善基金会在递交申请三年后正式成立，这是中国第一家以捐赠股票形式支持社会公益慈善事业的基金会。曹德旺将曹氏家族持有的3亿福耀集团股份捐赠给该基金会，过户当天，价值人民币35.49亿元。这让该基金会成为目前中国资产规模最大的公益慈善基金会，并开创了中国基金会资金注入方式、运作模式和管理规则等多个第一。

▲2009年5月，曹德旺荣膺“安永全球企业家2009大奖”，成为该奖设立以来首个华人得主

▲2010年5月，曹德旺捐款2亿元资助饱受旱灾影响的西南五省近10万户贫困农村家庭

▲2011年5月，曹德旺向“河仁慈善基金会”递交35.49亿元人民币等值股票捐赠牌

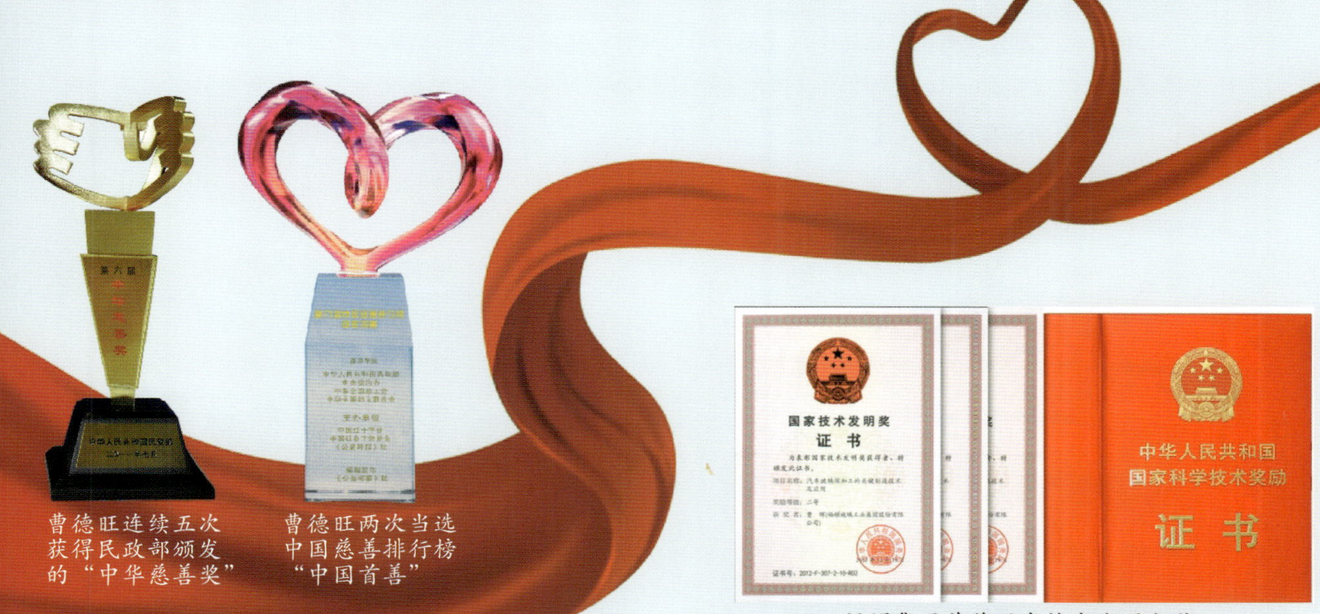

曹德旺连续五次获得民政部颁发的“中华慈善奖”

曹德旺两次当选中国慈善排行榜“中国首善”

▲福耀集团荣获国家技术发明大奖

曹德旺捐资1.9亿元，按照一级达标校标准建立德旺中学

建设法治平和　推进苏区发展

——平和县司法局

2009年以来，平和县坚持依法执政与依法行政，全面建设“法治平和”，为全县经济社会科学发展提供良好法治环境。连续两年保持漳州市季度稳定状况考评第一名，2012年荣获“全国法治县创建工作先进单位”称号，被评为“全国平安建设先进县”。

公正司法。创设全省首个交通综合审判庭，一年多依法结案601起，实现“案结、事了、人和”。建立“三警合一”机制，集“打、防、管、控”之功能确保社会安定稳定。建立老红军调解室，创立平和县青少年阳光网络学校，健全法律服务对接机制，化解一线矛盾纠纷，优化一线法治环境，群众对社会治安满意率达95%。

注重经济法治、民生法治和民主法治。运用经济法治等手段保护平和琯溪蜜柚，创下全国县级品牌、面积、产量、产值、市场份额、出口量六个第一，品牌价值27亿多元。成立五江源头巡回法庭，落实“五禁五限”等生态文明建设措施，积极推进国家级生态县建设。基层民主着重抓好村级这一基层基础。2012年在全省率先完成村级组织换届选举。

▲ 返乡农民工“就业援助月”活动

▲ 县四套班子领导检查、指导创建“全国法治县先进单位”工作

县司法局深入学校举办法制讲座

福建农业职业技术学院

▲ 省委常委、教育工委书记陈桦考察学院校内兰花生产性实训基地，学院党委书记黄炳生（右1）、院长陈志坚（左1）陪同考察

▲ 现代农业科教基地（大学生创业广场）

福建农业职业技术学院由创办于1902年的福州市农业学校和创办于1979年的福建省农业学校于2003年合并组建。设相思岭（院部）和首山两个校区，占地1100多亩。现有全日制在校生5240人，成人专科生1600余人。

学院坚持突出农类特色，以服务“三农”为己任，走出了一条独具特色的农业类高职院校发展之路。

人才培养——将“课堂教学、实验实训和校园文化活动”三个培养平台融为一体，实现技能竞赛培训课程化，学生能力素质拓展活动项目化，博雅、国学、创业教育常规化，学生综合素质不断提高。

合作办学——先后引进福建省农科院和6家企业，共建5个高标准的校内生产性实训基地和1个大学生创业园；现拥有3个中央财政支持的实训基地、1个省财政支持的实训基地和4个省级生产性实训基地。

社会服务——教师主持或参与的科研项目荣获国家科技进步二等奖1项、农业部《全国农牧渔业丰收奖》一等奖1项、省科技进步三等奖2项，获奖级别和获奖数均为全省高职院校首位。通过技术推广、技术咨询、培训服务等形式参与新农村建设，年培训农民12000余人次。

学院先后被授予“福建省文明学校”、“福建省大中专毕业生就业工作先进集体”等荣誉称号，并荣膺“福建省示范性高职院校”建设单位、农业部现代农业技术培训基地、福建省农类骨干教师培训基地、福建省首批闽台合作院校。

校园风光

融森集团

融森集团是集能源、房地产开发、港口、物流、文化、网络科技、食品加工等多元化发展的企业。集团公司总资产已超50亿元，拥有5万多名员工及高素质专业管理团队，合计各项纳税约15亿元人民币。集团坚持多元化发展战略，走强强联合经营方针，通过参股、控股不断发展壮大。企业主要分布于山西、福建、云南、深圳，主要有福建江阴铁路支线有限公司，福建融鼎房地产开发有限公司，福建融港码头发展有限公司，山西汾西正帮煤业有限公司，山西晋帮投资有限公司，山西焦口永兴煤业有限公司，云南陆良源丰矿业有限公司，深圳盈佳世纪网络科技有限公司，山西孝义融鑫食品加工有限公司等。融森在发展壮大的同时，也长期致力慈善公益事业，多年来累计捐赠善款逾叁亿元。

▲码头厂房

▲融鼎新天地项目

▲深圳盈佳世纪网络科技有限公司

薛经官，1955年出生，福建省福清市龙田镇人，现任福建融森集团董事长、山西晋帮煤业有限公司董事长、福建融港码头发展有限公司董事长、福建融鼎房地产开发有限责任公司董事长、世界福清侨商联合总会第一常务副主席。

作为成功的企业家，薛经官始终秉承“义利兼顾、扶危济困”的理念和“崇孝重德、行孝仗义”的美德，数十年如一日，满怀激情地投身于山西及福清的公益事业，为当地政府和百姓办了一件又一件好事。近年来，薛经官为山西省扶危济困、助学助教、新农村建设等社会公益事业累计捐资达1亿余元。福清是薛经官心中永远的根，情牵桑梓、恋祖爱乡的薛经官对福清的公益事业更是倾注了无限爱心。为福清医院新院建设捐款6000万元；出资与省教育厅联合创建3个“薛经官爱心图书馆”；向福清市慈善总会捐款近2000万元；在家乡龙田镇积库村，连续7年为全村60岁以上老人发放“春节红包”，共计600多万元。通过诸多善举，薛经官至今已累计向福清公益项目捐资达近两亿元。在反哺家乡的同时，也投身全国各地的慈善事业，对汶川地震、春风助学、助残安居等都慷慨解囊。

薛经官被山西省慈善总会授予“心怀贫弱、人心慈善”奖，被孝义市委授予“十佳企业家回报社会特别奖”。2010年在福清市建市20周年庆祝大会上荣获玉融大奖，2011年获得福州市热心公益事业大榕树金质奖章。2009年获评福州市劳模、当代中华最感人的十大慈孝人物。

▲出席慈善爱心活动

▲捐赠仪式

▲当选第二届中华慈孝节最感人十大慈孝人物

▲获颁“捐资助教功臣”

捐建老人文化活动中心

福建天马科技集团股份有限公司

FUJIAN TIANMA SCIENCE AND TECHNOLOGY GROUP CO.,LTD.

福建天马科技集团股份有限公司是一家应用现代生物工程技术研发、生产高端水产饲料的国家级高新技术企业，经营业务涉及水产饲料、生物工程等领域。集团的鳗鲡配合饲料产销量居世界首位，主营的水产动物幼体、鳗鲡、大黄鱼、石斑鱼、鲆鲽鳎、鲟鱼、甲鱼等配合饲料产销量位居全国前列，是目前亚洲生产能力最大、品种最齐的高端特种水产饲料企业之一，产品远销东南亚、欧美等地区。

天马集团始终秉承“以质量求生存，以科技促发展，以管理创效益，以服务树品牌，创中国名牌企业”的宗旨，坚持“团结、务实、创新、坚韧”的企业精神，以市场为导向，把握形势，灵活调整，稳健发展。

集团坚定地推行科技战略和品牌战略，践行“科技兴业、科技兴企”的兴业精神，不断开拓创新。集团成立了以中国工程院雷霁霖院士为主任委员，由国内知名的水产动物营养与饲料学、水产养殖学、水产病害学等专家学者组成的科技委员会，并与农科院饲料研究所、上海海洋大学、厦门大学、集美大学等达成战略合作，博采国内外最新科技成果，结合中国水产养殖业的实际，研发高新技术产品。目前，集团拥有几十项水产饲料发明专利，研发的玻璃鳗配合饲料和鳗鲡无公害系列膨化颗粒饲料等填补了多项国内技术空白。

集团生产的高端特种水产饲料在饲料行业内率先通过了ISO9001国际质量管理体系认证、ISO14000环境管理体系认证、无公害农产品认证、中国饲料产品认证、CIQ和HACCP认证，荣获了“中国名牌产品”称号，健马商标被评为“中国驰名商标”。集团获得了“国家火炬计划重点高新技术企业”、“全国饲料行业履行社会责任先进企业”等诸多荣誉。

“养殖有困难，天马来帮忙；养殖要致富，天马来相助！”集团组建了一支主要由养殖专业本科以上学历人员组成的强大技术服务队伍，提供种苗、养殖技术、病害防治等全方位的技术支持，带动了全国沿海大量养殖户发展致富。

天马坚持“德行并重，惠利民生”，在“天马寻求共赢，合作促进发展”的经营理念指引下，整合产业链资源，倾力与上下游企业、养殖户达成合作多赢共识，争创国家级农业产业化龙头企业，努力打造中国高端特种水产饲料领域航母型集团股份企业，迎接全球经济一体化带来的机遇和挑战，为中国水产业发展再续辉煌新篇。

▲蒋孝严先生向天马集团颁发“福建省品牌农业企业金奖”

▲陈庆堂董事长与饲料工业协会前会长白美清同志深入交流

▲陈庆堂董事长在“2012中国饲料工业展览会暨畜牧业科技成果推介会”上代表企业发言

▲ 陈庆堂董事长向农业部高鸿宾副部长介绍企业发展情况

▲ 苏树林省长与陈庆堂董事长共谈创业

▲ 中国工程院雷霁霖院士与陈庆堂董事长合影

▲ 荣获“中国名牌产品”

陈庆堂董事长简介

陈庆堂，男，1968年10月25日生，

泉州市泉港人，汉族，无党派人士，

博士研究生文化。

福建天马科技集团股份有限公司董事长。

现任福建省人民代表大会代表，

泉州市泉港区政协副主席，

泉州市工商联副主席，

泉州市泉港区工商联（总商会）主席、会长，

泉港（福州）商会会长，

中国渔业协会鳗鱼工作委员会副会长等社会职务。

陈庆堂现为“中国饲料企业优秀创新人才”，

集美大学水产学院客座教授。

现代田园城市开发有限公司

现代田园城市开发有限公司创立于2010年，位于福建漳浦。公司以“对外开放、协调发展、全面繁荣”的海西战略构想为前提，将自身发展战略主动融入到海西经济建设的大潮中去，立足运用先进的城市规划设计理念，全力投入到城市的开发与建设中，致力打造与“海西”纲要相匹配的现代化都市。

▲2011年11月11日江滨公园开园典礼陈武卫董事长发言

现代田园是一个年轻的企业，拥有专业的团队、完善的企业管理制度、良好的发展前景、广阔的发展平台、和谐的人际关系。公司秉承“打造现代田园城市”的奋斗理念，在富有特色的企业文化指引下，坚持品牌战略，凭借专业的运营管理能力和先进的企业经营理念，逐步形成核心竞争优势，企业效益与社会效益高度统一。现代田园将用自己的智慧与创新、努力与付出，为海西发展贡献新的力量。

陈武卫，现代田园城市开发有限公司董事长。毕业于福建医学院临床医学专业、武汉理工大学工商管理专业，厦门大学EMBA（北京班）学习深造。

▲陈武卫董事长陪同市领导游园

2005年，陈武卫创办了福建创伟医药有限公司，任董事长兼总经理，公司业绩稳步上升，2012年销售收入超亿元。

2009年，陈武卫抓住海西经济区发展的机遇，对漳州市漳浦县进行考察后，决定进军地产行业，斥资1亿元创建了漳州现代田园城市开发有限公司，任董事长、总经理。2010年和漳浦县人民政府合作开发漳浦县鹿溪北岸一期项目，项目总投资9亿元。陈武卫成为漳浦县从事土地开发的第一个“吃螃蟹”的人，目前该项目已进入最后阶段，取得了较好的经济效益和社会效益，受到漳州市和漳浦县领导的充分肯定。

▲市、县领导参观公司项目

陈武卫被团中央、农业部授予2003年度“全国青年农村创业致富带头人”称号，2005年至今任福建省青年企业家协会副会长，2005-2009年任福建省青年农村发展中心主任，2005 -2010年当选为中华全国青年联合会第十届委员会委员，2006年4月荣获第二届“福建省青年创业奖”，2007年被聘为福建海西青年创业基金会青年创业导师，2007年6月被授予“福建省新长征突击手”等荣誉称号,2012年当选漳浦县第十三届政协委员。

浙江
ZHEJIANG
湖南
HUNAN
江西
JIANGXI
福建
FUJIAN
广西
GUANGXI
广东
GUANGDONG
台湾
TAIWAN

海西五金机电航母

海峡国际五金机电城
HAIXIA INTERNATIONAL HARWARE MECHANICAL AND ELECTRICAL MARKET
——盛大起航

董事总经理傅森林与福建省委书记尤权合影

董事总经理傅森林向苏树林省长汇报项目情况

开发商/福建省万贯五金机电城有限公司
项目地址/晋江市磁灶镇陶东路(距沈海高速晋江出口一公里)
电话/0595-26787777 传真/0595-26787778
网址/www.wjjdc.com.cn

海峡国际五金机电城（又名中国海峡国际五金机电大市场），由福建省万贯五金机电城有限公司投资超30亿，在海西地区打造的高起点、高档次、国际化、现代化的超大型五金机电物流商贸中心。

项目占地670亩（其中150亩仓储用地）总建筑面积超过100万平方米，致力打造成集品牌专卖、国际展览、国际大卖场、会议会展中心、电子商务中心、质量检测中心、价格指数及信息发布中心、高档写字楼、星级酒店、配套商业住宅、现代物流仓储区等主体功能为一体的多元化、现代化的专业市场综合体。项目建成后，将入驻厂商3000余家，年交易额超百亿，税收达3亿。项目位于泉州经济圈的核心位置——晋江磁灶镇，毗邻国家级泉州经济技术开发区和晋江高铁站，沈海、池店、泉三高速4个出入口近在咫尺，324国道、308省道擦肩而过，两条40米宽的陶东路和318县道从项目南北两侧通过，泉州晋江机场十分钟车程，交通区位独一无二。并和同期开工建设的361度晋江综合基地、海西建材家居装饰交易中心、顺丰物流、申通物流、传化物流、全球物联网速寄中心以及规划建设中的2048亩物流基地、美旗城、晋江汽车客运中心及晋江市国际会展中心等形成一个海西地区交通枢纽中心的超大型市场集群和商贸物流中心，有力推动海西地区乃至海峡经济圈的发展和繁荣。

项目得到中华全国工商联五金机电商会、福建省和泉州市、晋江市政府的高度重视与支持，列为福建省“十二五”重点项目，泉州市五金机电专业市场和晋江市“五大战役”重点项目。公司坚持以“以人为本”的管理理念，积极营造温馨、

宽松、愉悦的工作和生活环境，不仅拥有具有现代企业管理理念、专业市场建设和运营经验的高层管理团队，而且拥有一支年轻又充满活力的高素质员工队伍。同时秉承“立足闽东南、辐射海峡两岸、放眼国际市场；以产品推动工业升级，以市场带动地区产业发展，以品牌提升地区经济价值”的开发理念，力争将海峡国际五金机电城打造成为海峡西岸经济圈超强的标杆性的五金机电专业市场。

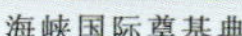
海峡国际奠基典礼

董事总经理傅森林与泉州市委书记黄少萍合影

董事总经理傅森林（中）在获奖现场

【统益国晖集团董事长、海峡国际董事总经理傅森林】

荣获2013年第四届“闽商建设海西突出贡献奖”>>>

主要社会职务：

- 香港泉州市同乡总会会长
- 香港福建社团联会副主席
- 香港南安公会会长
- 全国工商联五金机电商会常务副会长
- 福建省政协委员
- 泉州市政协委员
- 泉州市海外交流协会副会长
- 南安慈善总会副会长等

傅森林，1956年生于福建省泉州市，1982年医专毕业后，在泉州市第一医院任医师，1986年移民香港，1994年创建统益国晖集团担任董事长，在他的率领下，统益国晖集团已发展成为以全国性五金机电连锁销售和生产、专业市场开发、生态旅游开发的综合企业集团。

2012年，应泉州市政府＂二次创业＂之感召，联同其他知名企业集团在福建晋江投资超过30亿，建设海西地区最大的现代化商贸城 ---“中国海峡国际五金机电大市场”。

傅森林是福建省政协委员，泉州市政协委员、泉州市海外交流协会副会长，全国工商联五金机电商会常务副会长；并兼任香港福建社团联会副主席、香港泉州市同乡总会会长、香港南安公会会长、南安慈善总会副会长等职务。

2005年，获得"爱国企业家"称号，在人民大会堂作"国家利益高于一切！"的主题发言，获得各界的好评和重视！并多次应邀参在人民大会堂由国家领导人主持的国庆招待国宴。

2013年，在中华海外联谊会、全国工商联和中共福建省委、省人民政府共同主办的第四届世界闽商大会荣获福建省人民政府颁发的“闽商建设海西突出贡献奖”。

福建万骏集团

▲ 董事长陈琼芳

万骏集团总部

福建万骏集团是一家以房屋建筑、市政建设为龙头，带动相关产业发展的集团公司。集团主要投资于房屋建筑、城市基础设施、贸易、机械制造、山地旅游开发等国家产业政策支持的、政府特许经营的、在区域内具有重大影响力的阳光产业。集团现拥有二十几家全资分、子公司，主要有：福建恒丰万骏建筑工程有限公司、福建莆田恒骏贸易有限责任公司、福建莆田恒泽文化传媒有限公司、福建登峰机械制造有限公司、福建莆田叮当游乐有限责任公司、福建宏禹市政园林有限公司、福建省莆田市老区建设工程有限公司、福建省天峰建设工程有限公司等。

福建恒丰万骏建筑工程有限公司成立于1997年3月，注册资金1亿元，先后取得福建省住房和城乡建设厅核准的房建工程施工总承包、市政公用工程施工总承包、地基与基础、建筑防水、钢结构、一体化等资质。公司现有一级建造师12人，高级工程师29人，其他中级职称及管理人员295人。公司建立了完善的组织机构和管理体系，通过了ISO9001：2000质量管理体系、GB/T24001—2004环境管理体系等认证。近年来公司主要承建的工程有：莆田荔景广场、莆田最佳西方恒丰大酒店、莆田五中、莆田市公安大楼、福建莆田荔园大道、莆田九华大道等。目前在建工程有：莆田欧氏领秀房地产、莆田涵江望江花园、莆田鸿业大酒店、莆田市涵港大道涵江段西侧市政工程、莆田九华安置区、梧塘镇安置房、白塘镇安置房工程及安置房配套设施工程、莆田九华大道二期工程、莆田市人民警察训练基地、湄洲湾北岸度口安置区等三十多个项目。

集团坚持经营多元化、管理规范化和运作集团化的发展方向，秉承“开拓、求新、协作、攀登”的企业精神，恪守“诚信、以人为本；努力、永无止境”的经营理念，坚持“与城市共繁荣”的宗旨，依托日趋国际化的中国广阔市场，以优秀的管理水平，先进的技术保证和雄厚的机械装备，在更高层次、更广泛领域中不断发展壮大，努力在海峡西岸经济区腾飞中贡献力量。

集团因地制宜、科学发展，以创新为动力、以安全生产为基础，以经济效益为中心，以优质服务为宗旨，以发展为第一要务，以团队构建为重点，以强化企业文化建设为手段，不断提高核心竞争力，实现企业持续、快速、健康发展，努力把企业建设成为建材相关行业的区域龙头、海西新型环保材料的先行者、福建机械重卡服务的示范、积极参与海西建设的标兵。

湄洲湾北岸经济开发区度口安置区鸟瞰图

▲莆田五中

▲荔园路

▲最佳西方大酒店

福建中联集团简介

福建中联集团是福清籍企业家施文义先生投资创办。集团以房地产开发为核心，同时涉足基础设施建设、物业管理、酒店投资与管理等行业。目前，集团旗下拥有福建中联房地产开发集团有限公司、福州中联置业有限公司、福清兰天置业有限公司、福清兰天房地产开发有限公司、福建中联物业服务有限公司、厦门世纪中联置业有限公司、福建中联城实业有限公司等控股或参股企业五十余家。

中联集团经过二十多年的辛勤耕耘，积攒雄厚的发展实力，如今已成长为具有较大影响力的一级资质房地产开发企业。自成立以来，集团秉承“筑造品质生活”的经营理念，深耕福清、做大做强企业品牌，高品位地开发了中联•文英花园、中联•滨江丽景、中联•水岸名居、中联•福南花园、中联•蓝天国际、中联•锦绣尚品、中联•江滨御景、中联•天御、中联•蓝天花园等精品项目，开发规模位居福州房地产企业前列，连续多年成为福清市最大的城市运营商。

集团在提高经济效益、推进品牌建设及文化建设的同时，还热心公益事业，先后为社会公益事业捐赠累计近2亿元。因此，中联集团得到当地政府和社会各界的一致好评，先后荣膺“中国房地产品牌企业”、“福建品牌信用单位”、“中国地产金钥匙奖企业奖”、“福建省纳税百强企业”、“福建省诚信企业”、“福建省人道银质奖章”、“闽商建设海西突出贡献奖”、“福建省捐赠公益事业突出贡献奖”等荣誉称号。

如今，福州中联大厦总部项目、中联城、中联•天玺、中联•东郡、厦门榕兴项目、漳州中联·锦江御景正迅猛推进，以200万平方米的宏伟格局布局海西。今后，中联集团将秉承“立足福建、面向全国”的发展方向，继续专注于开发优质房产项目，保持稳健的企业发展之路，努力成为中国最优秀的以房地产为核心，涵盖多个行业的综合性集团企业。以诚信为本，品质先行、开拓创新、锐意进取，达中国百年品牌之愿景。

ZHHONG LIAN G

中联•江滨御景

中联•蓝天国际

中联•

中联•锦绣尚品

中联城

中联•蓝天

ROUP

施文义董事长简介

Zhong Lian Group

施文义，福建省福清人，现任香港创辉投资集团、福建中联集团董事长。福建省政协委员、福州市政协常务委员、福建省玉融经济发展促进会企业家联谊会常务副会长、福清市慈善总会荣誉会长。

曾当选第十届、十一届、十二届福州市政协常务委员、第十一届福建省政协委员；荣获“福建省红十字会人道银质奖章”、“福清市2011年度慈善风云人物奖”、“福清市慈善总会荣誉会长”、“福州市热心公益事业茉莉花奖”、“闽商建设海西突出贡献奖”、“福建省捐赠公益事业突出贡献奖”等荣誉。

牧心者 牧天下

九牧王股份有限公司成立于2004年3月，是中国领先的商务休闲男装品牌企业，公司核心产品九牧王男裤及茄克已经占据市场领导者地位。截至2012年，公司主导产品九牧王品牌男裤综合市场占有率连续十三年位居全国第一，茄克综合市场占有率连续五年位居全国第二，商务休闲男装综合市场占有率连续三年位居全国第一（以上市场占有率来自中华全国商业信息中心对全国重点大型零售企业、商业集团的统计数据）。

公司采用业务纵向一体化的模式，集品牌推广、研发设计、生产、销售为一体，经营九牧王品牌的男裤、茄克及其它服饰类产品。公司始终专注于以男裤为核心的中高档商务休闲男装的战略发展方向，致力于让男士拥有高性价比的精工时尚服饰，满足不同消费者在不同场合的穿着需求。

九牧王品牌自推出以来，公司管理层始终视高品质为企业的立命之本。公司始终都把产品质量管理作为公司的重要工作，把奉献高品质产品给消费者作为公司的经营目标，把产品质量的管理作为企业战略管理的重要部分。为保证产品的质量始终如一，公司通过了IS09001质量管理体系与产品质量双认证，主导产品分别通过IS014001环境管理体系及中国环境产品双认证，取得“国家质量检测合格产品”证书。公司荣获了“全国产品质量、售后服务信誉双保障企业”的美誉。公司还是参与制定《中华人民共和国国家标准西裤》（GB/T2666-2009）、《中华人民共和国国家标准水洗整理服装》（GB/T22700-2008）的主要起草单位。公司拥有省级技术中心，其检测中心获得了中国合格评定国家认可委员会认可，拥有染化实验室、恒温恒湿实验室、评级专用暗室等，检测设备齐全，具备了纺织品甲醛含量、PH值、色牢度等多项指标的检测能力，其检测水平均达到国内领先水平。

长期以来，公司凭借优质的产品品质获得了消费者信赖，“男裤专家”、“专业好品质”已逐渐成为九牧王品牌的象征。此外，九牧王品牌也得到了国家及权威协会和媒体的认可。近年来，公司获得了“中国最受消费者欢迎的休闲装品牌”、“中国驰名商标”、“中国名牌产品”、“中国十大最具影响力品牌”、“中国家庭最受欢迎十大服装品牌”、“中国西裤行业最具影响力第一品牌”、“中国行业领先品牌”、“品牌中国金谱奖－中国服装行业年度十佳品牌”、“2007-2008中国服装品牌年度大奖（品质大奖）”、“2009年中国500最具价值品牌”、“2010年中国纺织十大品牌文化”、“2011-2012中国市场畅销男装品牌”、“2012年度冠军之星”等荣誉。

公司重视企业文化建设、员工福利与社会公益事业，把“以人为本、诚信经营”作为自己和企业的经营管理理念。公司提倡建设“企业与员工，企业与社会”的利益共同体、生命共同体，把“尽社会责任”作为企业的终极目标；提倡要把企业建设成为员工“温馨的家园、成才的学校，创业的舞台”。公司大力改善员工工作生活条件，注重员工合法权益的保护和福利待遇的提高。公司2008年通过了职业健康安全管理体系认证，并先后被评为“全国学习型组织先进单位”、“2006年度全国和谐劳动关系优秀企业”、“全国厂务公开民主管理先进单位”、“福建省模范职工之家”、“全国模范职工之家”。公司热心参与社会公益与教育事业，被中国儿童少年基金会授予“中国儿童公益明星企业”、“中国儿童慈善奖—突出贡献奖”，被福建省人民政府授予“福建省捐赠公益事业贡献奖”，被福建省红十字会授予“福建省红十字人道奖”。

2011年5月30日，公司A股股票成功在上海证券交易所挂牌上市（股票简称：九牧王，股票代码：601566），为公司的长远发展提供了一个新的平台。2012年，公司实现营业收入26.00亿元，净利润6.68亿元，纳税3.78亿元（其中国税3.34亿元，地税4400万元）。

面对二十一世纪日益激烈的市场竞争，相信在全体九牧王人的共同努力下，定能使九牧王逐渐成为中国商务休闲男装的领导者，并为中国服装事业的腾飞做出新的贡献。

施锦珊：引领中国融资租赁行业的发展

施锦珊在公司前台

资金来源有限一直是我国融资租赁公司发展缓慢的核心问题。一个企业在5年内做到1200亿的规模，在IT业有不少案例，在国内央企国企也有一些。但在竞争激烈的融资租赁领域，达到以上规模的企业实属凤毛麟角。然而，鑫桥联合融资租赁有限公司却做到了这种几何数级的增长。这家成立于2007年，注册资本金为6000万美元的融资租赁公司，至今融资规模已达到1200多亿元。

鑫桥联合融资租赁有限公司是一家外商独资融资租赁公司，主要业务为中国的能源输电、石油化工、交通运输、冶金矿业、城市基础设施建设不同形式本外币融资租赁服务。股东单位是鑫桥联合控股（香港）有限公司。

2011年6月13日，鑫桥联合融资租赁有限公司获得了英国SGS颁发的ISO9001:2008质量管理服务体系认证，成为目前国内唯一一家获得国际权威机构认证的融资租赁公司。

鑫桥租赁在实现业务量翻倍增长的同时，也获得了市场的广泛认可。公司之所以能在成立的短短五年时间里，取得这些成就，要归功于鑫桥租赁运用自身的优势，打造出独到的“鑫桥模式”。

“鑫桥模式”，即是一种基于存量资产盘活，租赁创新融资的结构化交易安排。“鑫桥模式”应用于政府一些特许经营的刚性需求的与基础消费密切相关的自来水厂、城市污水处理厂、城市垃圾处理厂、城市燃气公司、城市供热公司、环城高速公路、轨道交通、机场设施等资产通过融资租赁（售后回租形式）安排，将城市基础设施优质资产存量盘活变现，将实物资产转变为金融资产，并在资本市场中定向安排资产证券化融资。“鑫桥模式”既及时便捷地解决了政府和企业的资金短缺难题，又不增加政府和企业的债务负担，逐渐赢得了中央直属企业、省级国资委企业及城市基础设施运营商的推崇，继而成为同行业竞相模仿的对象。

近年来，鑫桥租赁专为中国高增长行业内的企业提供创新的、以资产为基础的融资租赁解决方案。客户包括大型企业及营利性的城市特许基建运营商，主要从事能源、化工、运输、物流、公用事业及其它受惠于中国庞大固定资产投资的行业。

清华大学校长陈吉宁感谢施锦珊捐赠清华港澳研究中心发展基金1000万元

清华大学原校长顾秉林授予施锦珊香港清华同学会名誉会长

施锦珊：用回报社会的信仰 创新模式经营企业

施锦珊，福建泉州人，1964年生，博士学位。现任鑫桥联合融资租赁有限公司执行董事兼首席执行官、鑫桥联合控股（香港）有限公司执行董事兼首席执行官，同时担任清华大学深圳研究生院兼职研究员、清华大学港澳研究中心顾问、中国社会科学院融资租赁研究基地常务副理事长兼执行主任、中国外商投资企业协会副会长、中国外商投资企业协会租赁业委员会副会长、福建省总商会副会长、福建省侨商会常务副会长、香港清华同学会名誉会长等社会职务。被授予“2011中国融资租赁领军人物奖”、“2011中国融资租赁年度人物奖”等荣誉称号。

施锦珊在经营企业方面，不断突破行业局限，走创新发展之路，得到了国际业界的肯定。

在中国银监会和世界银行集团国际金融公司共同主办“中小企业融资租赁国际研讨会”上，作为唯一一家受邀参加会议的融资租赁公司的领军人物，他被点名邀请重点介绍了鑫桥租赁与商业银行合作开展业务的经验。此外，施锦珊还曾多次受邀到清华、北大、浙大、中国商务部等院校和机构讲授“应收债权结构化融资模式及风险控制”、“租赁资产证券化国际融资”、“商业银行国际保理融资及风险控制”、“基于中国成功实践的创新融资租赁模式”等专题课程。

在经营企业的同时，施锦珊不忘回报社会，感恩母校。截止2012年9月，他捐赠给清华母校的善款已超过4000万。

“企业家应本着取自社会、回报社会的信仰来经营企业。”是施锦珊的理念。事实上，他也是这么做的。毕业于清华大学高级工商管理硕士学位（EMBA）的施锦珊经常参与学校的年度捐款活动。

2011年4月16日，施锦珊与清华大学的两位校友张朝阳、莫天全联合捐赠7000万元作为清华的第一个博物馆——清华大学艺术博物馆的第一批建设基金。其中，施锦珊捐赠3000万元。

2012年5月12日，鑫桥联合融资租赁有限公司向清华大学教育基金会、清华大学深圳研究生院捐赠1000万元人民币设立“清华大学港澳研究中心研究基金”，用以资助清华大学港澳研究中心的建设。

清华大学教育基金会理事长贺美英授予施锦珊为清华福建校友会副会长

施锦珊向清华大学捐赠3000万元人民币建设清华艺术博物馆

福建宝利特集团有限公司创办近20年，以人造革合成革制造为主营业务，不断延伸上下游产业链，旗下拥有福建宝利特纺织涂层有限公司、福建宝利特新材料科技有限公司、福建宝利特合成材料有限公司、利达化工（福建）有限公司。集团总注册资本4000万美元，总投资额1亿美元。

集团不断推进企业多元化经营的发展战略，充分发挥技术、研发、管理、资源等多种优势，强化销售环境，以点带面、以面带全，满足各个层次的需求，不断扩大企业的市场占有率，提高产品的市场影响力和竞争力，提升企业品牌和社会知名度。形成以海峡西岸、长三角、珠三角经济发达地区为中心，辐射全国各大中城市，并大量出口至美国、欧盟、香港、韩国以及东南亚国家和地区的营销格局。

集团始终坚持产学研相结合的集成创新,以市场为导向开发新产品。特别是在科技项目申报，新产品、新材料的开发及功能性应用，企业管理战略模式的研究，实验室的建立等方面积极投入。目前，集团与江南大学、合肥工业大学、福建师范大学建立了产学研基地，并与陕西科技大学、四川大学等建立了良好的合作机制。将科研、市场、营销融为一体，鼓励创新，建立自主知识产权。集团先后获得福州市知识产权示范企业、福建省高新技术企业、福州市级企业技术中心、福建省创新型试点企业、福建省装饰革企业工程技术研究中心、中国人造革合成革行业十佳品牌等称号。截止2013年7月，集团总共申请发明专利12项，其中5项获得国家发明专利证书；申请实用新型专利11项，其中9项获得国家实用新型专利证书。

质量是企业的生命线，创新是企业的发展动力，而回馈社会、造福人类则是企业发展的最终目的。这是宝利特集团董事长陈炳琪的经营理念和奋斗目标，也是20年来宝利特成长历程的真实写照。宝利特集团通过制度化管理，努力创造商业价值，坚持诚信经营、满足客户需求。伴随着集团持续不断的发展壮大，“投桃报李，回馈社会”是陈炳琪董事长的高尚品德，陈炳琪董事长非常重视培育英才，不仅加强集团员工队伍的建设，而且也乐意为中国教育事业添砖加瓦。襄助设立福建省第一个省级专属少年儿童文学的奖项——福建省启明儿童文学奖。希望启明儿童文学奖能够激发更多的人进行少年儿童文学创作，提高少年儿童的文化修养，让少年儿童能够在中华传统文化中得以熏陶。此外，陈炳琪董事长不遗余力的热衷于各种社会慈善公益事业，捐资兴建学校、幼儿园、医疗卫生设施、道路等。

地　　址　：中国福建省福州市江阴工业集中区圣发路
Address　：Shengfa Road,Jiangyin Industrial Zone, Fuzhou,Fujian,China
电话　Tel　：86-591-85698818(Rep.)　　传真　Fax　：86-591-85698828
E-mail　：baolite@cnpolytech.com　　邮编 PostCode　：350309
WebSite　：http://www.cnpolytech.com　　http://www.fjblt.com

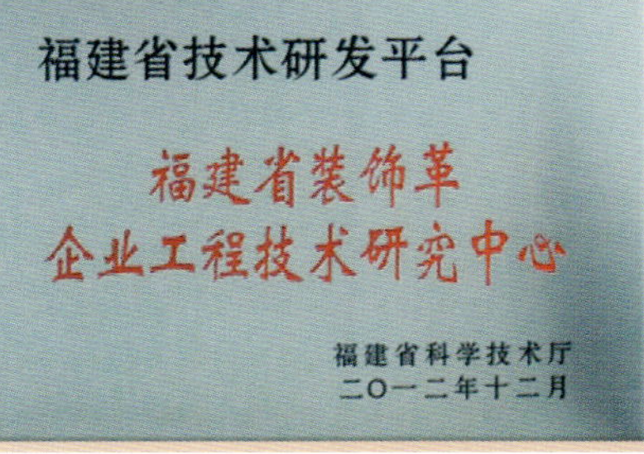

★陈炳琪董事长简介★

陈炳琪，福建福清人，现任福建宝利特集团有限公司董事长，并先后担任众多社会职务：世界福清社团联谊会副主席、香港福州十邑同乡会副监事长、香港福清同乡联谊会副理事长、澳门福清同乡会荣誉会长、香港合成皮革暨金属物料供应商商会永远名誉会长、香港新厝同乡会名誉会长、福州市政协委员、福清市政协常委、福州市侨联常务理事、福清市侨联副主席、福清市企业与企业家联合会副会长、福清市工商联（商会）副会长以及福建省耕读书院荣誉院长等。

曾被福建省人民政府授予“乐育英才”、“惠及桑梓”牌匾，以及“福建省非公有制经济人士捐赠公益事业突出贡献奖”。福州市人民政府授予其“福州市热心公益事业贡献奖”，福州市慈善总会向其颁发“慈善捐赠贡献奖”、“热心慈善公益事业特别贡献奖”，福清市人民政府授予其“热心公益，报效桑梓”贡献奖、“福清市热心公益事业玉融银奖奖章”，福清市慈善总会向其颁发“慈善贡献奖”。

厦门蒙发利科技（集团）股份有限公司

XIAMEN COMFORT SCIENCE & TECHNOLOGY GROUP

厦门蒙发利科技（集团）股份有限公司创立于1996年，主要从事按摩器具产品的设计、研发、生产和销售，是目前国内最大的按摩器具产业集团。2011年9月9日，公司在深圳交易所挂牌上市（股票代码：002614），是中国按摩器具行业唯一上市的龙头企业。

公司注册资本为2.4亿元人民币，总部位于厦门，在国内外设有11家全资及控股子公司。截至目前，蒙发利出口份额和工业产值已连续八年保持国内行业第一，不仅是中国医药保健品进出口商会按摩器具分会理事长单位，也是中国按摩器具行业相关产品国家标准的主要制定者。

蒙发利拥有按摩器具行业最具规模的技术研发团队，800多名专业人才，每年投入近9000万元研发费用用于科技创新和专利技术开发。

多年来，蒙发利通过与全球知名品牌的合作已建起了科学严谨的品质管控系统，先后通过ISO 9001、美国UL/FCC/CETL/ETL认证、欧盟CE认证、德国GS认证、英国BS认证、日本PSE认证、韩国KC认证、台湾CNS认证、沙特阿拉伯SASO认证等，优秀的品质保障保证了国际标准的高品质产品，市场遍及美国、加拿大、欧盟、日本、东南亚等主要国家和地区。2012年蒙发利初步形成布局健康行业战略，与马来西亚OGAWA上市公司成立合资公司是蒙发利大步伐进军健康产业的先行工程。董事长邹剑寒早前对外宣称："通过在中国市场独立运营OGAWA品牌，我们的真正目标在于触摸急剧升温的健康产业市场脉搏，初期工作先聚焦于品牌影响力提升、渠道掌控和终端建设，旨在打开健康大市场的想象空间，探索健康产业高速增长模式。"2013年11月已收购98%的奥佳华股份。对此更具战略意见的品牌收购，邹剑寒表示："收购完成后，OGAWA全球业务将成为蒙发利经营结构和财务贡献的重要组成部分将充分发挥在资金、技术、产品、运营团队方面的优势，更广泛地布局全球市场，打造更强势的国际健康品牌，蒙发利由一家研发制造型企业转型为一家具有品牌、渠道、研发、制造、售后服务能力的健康行业全产业链公司。2013年10月"牵手"钟南山领导的广州呼研所进军空气净化业务。

集团十多年来先后被思明区、厦门市评为纳税大户、纳税特大户，厦门市十佳民营工业企业、厦门市重点高新技术企业、厦门市进出口百强企业、厦门市出口超亿美元企业、厦门市关爱农民工企业等。集团不但注重经济效益，还特别重视企业文化建设，2002年率先在民营企业里建立了党支部，2008年由党支部升格为党总支，2011年被福建省委评为先进基层党组织。

▲ 董事长 邹剑寒

▲ 2012年3月12日时任省委副书记陈文清视察集团党建工作

▲ 2012年5月29日厦门市委常委、政法委书记詹沧洲在集团视察

▲ 2013年10月“牵手”钟南山领导的广州呼研所进军空气净化业务。

▲ 四川雅安地震捐款

▲ 党员活动，古田红色之旅

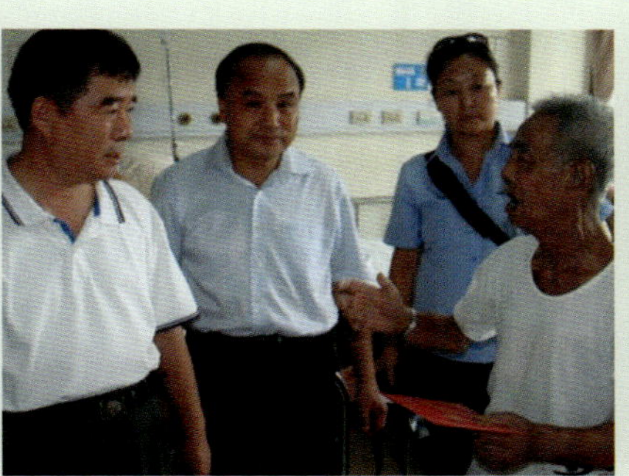

▲ 善待老人，蒙发利老人节捐款看望医院老人

▲ 生产一线

邹剑寒

厦门蒙发利科技（集团）股份有限公司董事长

现为厦门市思明区商会会长

厦门市总商会常务副会长

福建省陕西商会会长

厦门市第11-12届政协委员，第10届、11届福建省政协委员

他带领企业从几十人的小作坊发展成如今数十亿规模的现代化企业，成为世界知名的专业按摩器具研发与制造商、全球按摩产品创新引领者。

在十几年如一日的辛勤劳作中，他也得到了社会方方面面的认可，先后被评为厦门市优秀中国特色社会主义事业建设者、厦门市经济建设功臣、厦门市优秀企业家、厦门市五一劳动奖章、厦门市拔尖人才、厦门市非公企业党建之友，2007年8月被中华全国工商联评为中国优秀民营科技企业家，2010年被全国工商联合会、中华全国总工会授予“全国关爱员工优秀民营企业家”荣誉称号。

2009年被中国轻工联合会评为全国文教体育用品行业优秀企业家。

2012年4月，集团董事长邹剑寒被福建省委人才工作领导小组授予“福建省首批海西创业英才”荣誉称号。

2013年4月，被中国医保商会评为中国按摩保健器具行业2012年度十位优秀企业家。

世纪金源集团

福州罗源湾滨海新城

世纪金源集团是著名实业家、旅菲爱国华侨黄如论先生创办的综合性跨行业国际集团。集团以“好企业，做好人，育好人，办好事，有好报”为企业信仰，以“房地产开发、星级大饭店、大型购物中心、金融资本运营、物业管理、核桃油生产”为大型支柱产业，目前在中国大陆已投资2048亿元人民币，开发各类商品房7000万平方米，缴纳各项税费已达170.33亿元人民币。集团属下拥有9个区域集团，三个行业集团，其中包括80多家子公司，16家五星级大饭店，7家Shopping Mall，投资地域遍及福建、北京、上海、江西、重庆、云南、湖南、贵州、安徽、陕西、江苏、浙江，以及中国香港、菲律宾等海内外各地。集团现有员工两万名，英才荟萃，实力雄厚。

世纪金源集团在董事局主席黄如论先生的带领下，秉承“以情服务、用心做事；敬业爱岗，廉洁自律”的企业理念，弘扬“务实高效、开拓进取”的企业精神，在海内外均取得了令人瞩目的成绩。企业成立于1991年，在福建省先后建成福州国泰大厦、福州金源大广场、金源花园等重大项目，先后荣获福建省政府授予引进外资“四超”企业、“利润超千万、资产超亿元”外商企业等荣誉称号。

凭借对社会发展做出的杰出贡献，世纪金源集团迄今获得各项荣誉近300项。在国家税务总局指导的纳税评比中，世纪金源集团自2004年起连续三年名列“中国行业纳税百强”前三甲；2005年至今，世纪金源集团七度荣登“中国企业500强”排行榜；连续八年荣登“中国服务业企业排行榜”；2009年，荣登全国房地产销售面积第2名、销售总额全国第8名，成为前十名中唯一一家既非上市公司也非国企的企业。

当前，世纪金源集团已跨入规模经营与品牌运作的现代企业层次，担负起更为广泛、更加体现人文精神的社会责任，到目前已安置京、闽、渝、滇四地下岗工人5000多人，间接解决了8万多人的就业问题，为当地的经济繁荣和城市建设作出突出贡献。沐浴改革春风，追赶世纪潮流。基于对国内政策稳定，投资环境日臻完善的坚定信念，世纪金源集团凭借雄厚实力，以“追求卓越、共创辉煌”的执著，走出了一条坚实的发展之路。

▲北京世纪金源购物中心

▲宁波杭州湾世纪城

▲贵阳世纪金源大饭店

▲福州贵安新天地

黄如论先生慈善事迹

黄如论先生，汉族，1951年9月18日出生，籍贯中国福建省连江县，旅菲归国华侨，高级工程师。现任世纪金源集团董事局主席、中国企业联合会副会长、中国企业家协会副会长、中国侨商会常务副会长、中国商业联合会副会长、中国侨联海外顾问、中国人民大学董事会副董事长、中国人民大学兼职教授、云南民族大学终身教授、福建省政协常委等。

黄如论先生出身贫寒，早年投身于建筑业，经过一个个工程的磨练和刻苦钻研，积累了丰富经验，并取得一定成绩。1986年赴菲律宾定居创业发展，历尽艰苦，取得事业成功后，胸怀一颗爱国爱民之心，于1991年响应政府号召回到祖国。他心系社会，乐善好施，回国二十二年来，行善之举未尝稍止，捐资公益慈善事业44亿元人民币，捐款内容覆盖敬老、助学、扶贫、新农村建设、传统文化、环境保护等多个领域，惠及二十余个省市、自治区、直辖市。2012年，黄如论先生继续奉献爱心，致力于慈善公益领域，捐资3000万元，支持吉林省延边朝鲜族自治州老年福利事业；捐资3000万元，支持甘肃省社会经济发展；捐资600万元，支持第二届福州语歌曲大赛；捐资200万元，支持山东省残疾人公益事业。向西双版纳捐赠小学、幼儿园各一所，总价达5600万元，促进当地教育事业发展。一组组数字，一笔笔善款，一回回慷慨解囊，一次次大爱无疆，黄如论先生肩担道义、造福桑梓的赤子情怀，赢得了社会各界的一致称赞与衷心敬佩。在年度慈善评选中，黄主席第六度荣登“福布斯中国慈善榜”，第七度荣膺“中华慈善奖”，第九度荣登“胡润年度慈善榜”，荣列年度“中国慈善家排行榜”第三位，并先后荣获年度“中国十大仁富人物”、“中国十大慈善家”等称号。

黄如论先生应政府号召回国投身国家经济建设二十二年来，在国内政治稳定、改革开放深入发展的大好形势下，他团结带领世纪金源集团的广大干部员工，通过奋力拼搏，为北京、上海、重庆、福建福州、福建连江、福建罗源、江西南昌、云南昆明、云南腾冲、云南西双版纳、湖南长沙、贵州贵阳、陕西西安、安徽合肥、江苏常州、浙江宁波等地的经济建设和发展作出了突出贡献，充分体现了他作为一个爱国华侨与党和人民肝胆相照、荣辱与共的高尚情操和爱国爱乡、报效桑梓的赤子情怀。

▲ 科学养老一个亿

▲ 清华捐款2亿

▲ 中国企业500强

▲ 2013年度中华慈善奖

小金星国际幼儿园

小金星国际幼儿园创办人
小金星国际教育集团董事长
谢燕川女士

荣誉证书
授予 谢燕川 为
中国十大杰出民办教育家

小金星国际幼儿园由谢燕川女士创办于1999年，是集幼教、早教投资、师资培训、教育软硬件开发为一体的规模化、专业化、品牌化的专业幼教机构。

集团在北京、福建、天津、重庆、江西、武汉、广东、江苏、山东等地已全资开办近百所大、中型直营幼儿园。拥有在校师生两万余名，园舍总面积超过三十万平方米，设全日制和寄宿制，面向海内外招收1.5-6岁幼儿。

小金星国际幼儿园教学模式融贯中西，广泛撷取蒙台梭利、感觉统合、奥尔夫音乐教学、瑞吉欧方案教学等国际先进教育模式，结合中华文化精髓，实施幼儿全面素质教育，以“爱心教育、开蒙养正、服务社会、培养新生”为办学宗旨，以“办一流园所，树一流团队，创一流质量，育一流新人”为办学目标，集团化统筹管理，优化集团内外资源，强化与国际接轨的能力，形成了自己独特的“中英双语教学，科学艺术启蒙”的办学特色。为幼儿的终身可持续发展奠定了良好素质基础，给孩子们创造了一个温馨、愉快、优美、舒适、洋溢着爱心的儿童乐园。

小金星国际幼儿园各项工作成绩斐然：通过ISO9001：2008国际质量管理体系认证，先后获得了“中国十大儿童教育领先品牌”、“全国创新建设十佳示范幼儿园”、“全国百佳民办幼儿园”、“全国优秀民办幼儿园”、“最具特色优秀民办幼儿园”、“国家级青年文明号”、“省级示范园”、“教育工作先进单位”、“卫生保健工作先进单位”等众多社会荣誉，教师和幼儿在国内外各项竞赛活动中频频获奖。幼儿园多次接待了中央、省、市各级领导和外国专家的视察指导，赢得了家长和社会各界的广泛信任与称赞。

“小金星”将以满腔的热情、奋进的步伐，大胆创新，不断地超越自我、完善自身、创造新的辉煌！

精彩的武术表演

小小女兵

教师技能比武

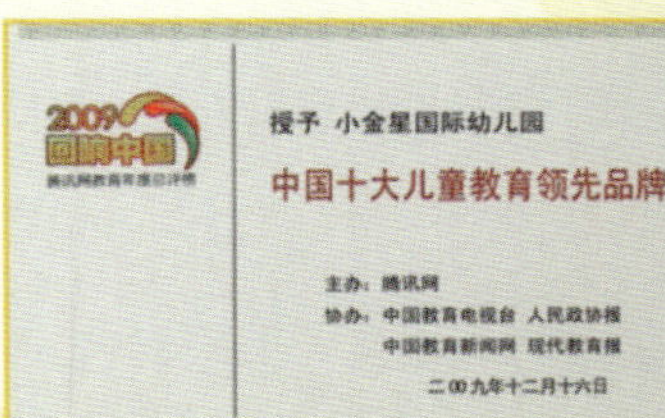

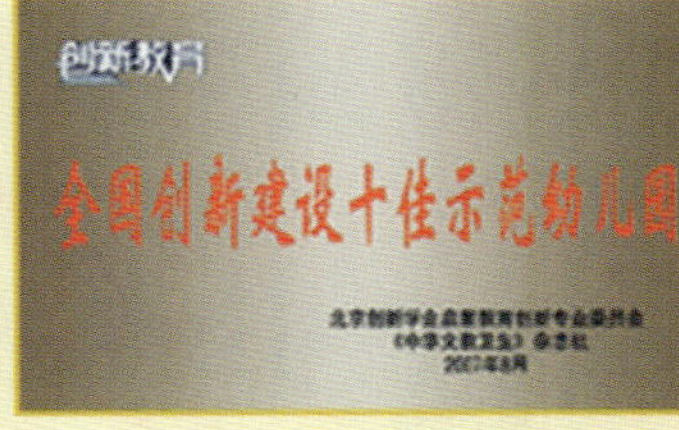

通过ISO9001：2008国际质量管理体系认证

中英双语教学　科学艺术启蒙

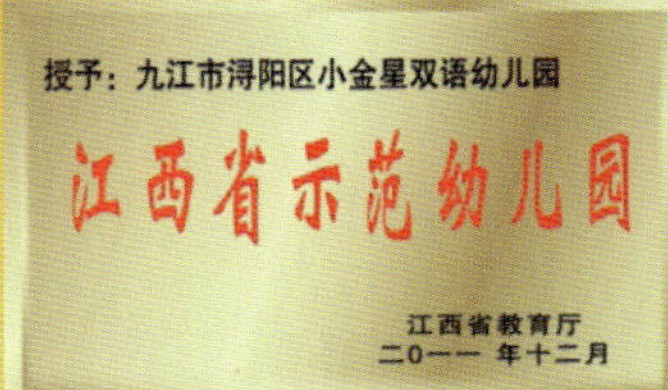

宝宝温馨的家

福建利树集团有限公司

百年基业、绿色发展——利树集团项目概况

利树集团一期项目固定资产投入3.17亿元，其中设备达1.8亿元，土建和土地支出1.1亿元，其他近3000万元。为福建省“百家千亿”重点项目，全国“守合同重信用”企业，“利树”商标被评为福建省著名商标，“利树”字号被评为福建省知名字号。

放弃竹木制浆，从源头上保护自然环境

像造纸这样设备密集型大工业，如果以竹木为原材料，将会对当地自然资源造成巨大冲击，是不可持续的。而废纸——用之不竭！经测算，利树集团目前所使用的废纸量如果换成使用毛竹，每年约需1200万棵；如果换成使用木材，则每年约需38万立方米。

余热余压回收发电，使能源得到充分利用

造纸为高耗能工业，耗吨纸煤都在400公斤左右，但其锅炉供气压差和通过密闭式汽罩回收的余热可以经汽轮机带动发电机组发电。利树集团一期项目余热余压发电机组装机容量达3000千瓦，每年可发电2500万度，相当于每年节约了1万吨标准煤。

采用本地白煤燃料，发挥闽西北资源优势

福建无烟煤燃点高、挥发性低，一般锅炉燃烧不了。利树集团花费800万元量身定做了一台专门燃烧福建无烟煤的双炉膛流化床锅炉，流程是将无烟煤破碎后喷入N形炉膛，并悬空足够多时间使其充分燃烧。与燃烧北方烟煤相比，一年即可节约燃料1500多万元。

自建变电站，减少线路损耗

利树集团装机容量超过2万千瓦，如果从现有变电站架设1万伏专线，线路损耗高达3.5%。利树集团为此投资1800万元自建一座11万伏变电站，避免了低等级电压输送线损，每度电电价还比1万伏专线大工业用电低0.04元，四年即可收回该项投资。

加大投入，实现废水循环利用

根据国家排放标准，废纸制浆造纸按成品纸计算，每吨纸可以排放20吨以下清洁度达标的废水。但达标的废水还是废水，利树集团从一开始就按不排放的标准设计和建设废水处理设施。虽然为此投入了1500万元，但回用后一年可节约水资源300万吨。

高科技“自控”设施，引领技术革新

利树集团自控系统投入近3000万元，从“AB”变频、DCS、QCS到全部控制屏幕化。可以这么说，全公司几万个控制点都是由一台电脑控制，但是这台电脑的主机和处理器分布在公司15万平方米厂房的各个角落，它的连接足有4000公里之长！

投入资金有舍得，有所“舍不得”

利树集团聘请专家进行技术研究，只将纸机关键部位采用进口设备，使得设备投资从7.2亿元下降到1.8亿元，这就是“舍不得”。然而为了制浆过程中产生的一点废渣，特意花1000多万元建设处理设施生产副产品，而效益仅仅够投资利息。这就是舍得！

诸建华　追逐梦想、勇于实践、锐意进取、回馈社会

▲新利树一期车间远观

▲新利树变电站外围

▲一期纸机

诸建华，男，1963年3月生于温州，大专学历，现任福建利树集团有限公司董事长。1983年5月从商，初期的创业经历练就了其坚韧的性格和仁爱的品德，对人、对社会、对金钱有了更加智慧的理解，更加准确的把握，为今后的成功奠定了坚实的基础。

1990年8月诸建华创办了温州市阿克司纸品有限公司，1998年12月创办了温州大和纸业有限公司，2003年11月与合作伙伴来到福建省建瓯市投资考察，并决定在建瓯市兴宁工业区创办福建利树浆纸有限公司，2005年建成投产至今产值和税额每年均大幅增长。公司创办十年来，诸建华在企业品牌塑造、党团建设、员工培育、融入环境等诸多方面做出了卓越贡献，使之步入人性化和规范化管理的良性轨道。2013年，诸建华荣获福建省人民政府闽商建设海西突出贡献奖，目前是建瓯市域唯一的福建省政协委员，此外，还担任福建省造纸协会副会长、福建省浙江商会副会长、福建省守合同重信用企业协会副会长等职。诸建华还是一位有着二十年党龄的优秀共产党员，始终拥护党的改革开放方针政策，积极参与各项社会公益事业，在浙江驻闽企业家中具有一定代表性。

三十年来，诸建华始终坚持：用先进的文化理念引导企业发展。创办之初，诸建华就提出“利民厚生，树德务善”的企业文化核心观念。“珍惜所托，竭诚服务，求实创新，不断超越”早已成为企业全体员工的行为准则和工作目标。用发展的眼光去克服困难。福建利树浆纸有限公司从小到大，从单一产品的小公司到多品种的造纸集团，是在一步一步克服困难中前行。这其中，诸建华始终坚持用发展的眼光看待事物、解决困难，引导企业走上了可持续发展的道路。用真情回报社会。诸建华说过：没有社会责任感的人不配经营企业，没有为社会尽责任的人也干不了大事；凡是胸怀大志的人，必是胸怀社会的人。多年来，集团主动承担相应的社会责任，积极参与各项慈善事业。

展望未来，诸建华说：福建利树集团有限公司就像刚刚起航的轮船，不断进取，不断创新，不断超越，这才是企业经营者永运的追求。

个人简介

潘伟明，1964年7月27日出生，广东从化人，现任福晟集团董事长。1986年9月本科毕业后进入广州从化审计局。1988年10月任广州从化灌村镇政府镇长。1993年起响应政府改革开放号召，投身房地产业，先后创办广州云星集团、福晟集团。

主要事迹

镇长下海，成功创业

1992年，时任镇长的潘伟明毅然辞去公职，开始了创业之路，成立广州云星集团。

2003年，他将目光锁定福州，并于此缔造了福晟集团。截止目前，福晟集团已在福建、湖南、四川、天津、江苏、广东、广西、江西等8省10市等地先后开发了50多座钱隆系列精品楼盘。

改制六建，整合资源

2006年，潘伟明成功收购了福建唯一三获鲁班奖的一级施工企业—福建六建集团，进一步拓展了福晟的产业链；改制后的六建迅猛发展，年产值突破百亿，成为国企改制的成功样板。

情系粤商，共谋发展

2010年，潘伟明牵头成立福建省广东商会，为在闽粤商搭造融资平台。时任福建、广东两省的省长为其授牌，现任中共中央政治局委员，国务院副总理汪洋见证了这一刻，并给予高度肯定的评价。

反哺社会，热心公益

作为一个成功的企业家，潘伟明说，要做一个负责任的企业公民，要有社会责任感。他不仅多次向贫困山区、革命老区、贫困学生等捐钱捐物，还出资500万捐建了鼓山中学综合实验楼，省实验小学。据不完全统计，福晟集团捐款已达1500万元。

社会职务

中国房地产协会常务理事
中国房地产开发商协会副会长
中国企业与企业家联合会常务副会长
福建省广东商会会长
广东省房地产协会副会长
福建省房地产业协会副会长
海峡品牌研究院荣誉院长
福建省红十字会荣誉董事
广州市第十三届、十四届人大代表

个人荣誉

中国房地产十佳金牌企业家
中国房地产十大风云人物
中国房地产优秀企业家
2011年中国最具影响力人物
2011盛世海西地产领袖榜领袖人物
2011、2012年中国房地产品牌贡献人物
2013年中国房地产百强企业家
2013年闽商建设海西突出贡献奖
2013年非公有制经济人士捐赠海西突出贡献奖

福建晋工机械有限公司

福建晋工机械有限公司创建于1979年，总部位于晋江安海镇前埔工业区，总占地面积50多万平方米，员工近千人。是一家以生产“晋工”牌轮胎式装载机、叉装机、履带式液压挖掘机及其零部件为主营业务的大型专业化企业。

公司秉承“以人为本、以诚取信、以质求胜”的经营理念，以做中国精品工程机械提供者为宗旨，致力于打造中国工程机械行业的领军品牌。公司现位列中国工程机械装载机行业10强、中国工程机械制造商30强，产品荣获“福建省著名商标”、“福建名牌产品”、“中国驰名商标”等称号。公司现有一级代理商100余家，特约服务中心400多家，产品销售覆盖全国30个省、自治区、直辖市。产品参与了三峡工程、青藏铁路、国家大剧院、南水北调工程、福厦高铁、翔安隧道等的建设。在立足国内的基础上，公司大力开拓国际市场，产品远销东南亚、中东、中亚、非洲、拉丁美洲等20多个国家和地区。为提高服务效率，公司与杰瑞网科联手开发“服务&配件系统平台”，将售后服务系统化、数据化，做到全过程控制管理，切实提高售后服务质量。

公司重视人才培养，恪守质量诚信，着力研发创新。拥有专业技术团队80多人。1999年通过ISO9001:2000质量管理体系认证，2000年获国家出入境检验检疫局颁发的“出口产品质量许可证”。公司拥有 20项国家授权专利，产品多次荣获福建省优秀新产品奖、泉州科技进步一、二等奖，多项产品被省专家组鉴定为国内技术领先水平，其中叉装机为国内首创。

公司在快速发展的同时，不忘履行社会责任。2010年以来，年纳税额均超2000万元，多次被地方金融、税务系统认定为“AAA”、“甲类”企业。公司斥资建设了泉州规模最大的民办中学——子江中学；先后为晋江慈善总会、安海慈善基金会、汶川地震灾区、玉树地震灾区等捐赠财物数千万元。

晋工机械总经理柯金鏢现担任福建省工业机械联合会副会长、福建省企业家联合会副会长、晋江市政协委员、晋江市青商会会长、晋江市装备制造业协会会长、晋江市工商联合会副会长等职务，被晋江市慈善总会授予“永远荣誉会长”。当前，公司投资3.5亿元在省装备制造基地安海工业园区进行技改项目建设，2013年底投产。公司将继续秉承“技术创新、产业升级、管理优化、品牌跃升”的经营方针和“讲诚信、靠团队、善学习、会创新、敢拼搏、懂感恩”的核心价值观，加快建设步伐，优化产业布局，完善治理结构，全力打造晋工长青基业。

晋工机械荣获『中国工程机械制造商50强』

子江中学

北京京奥港集团有限公司

北京京奥港集团有限公司成立于1996年，注册资金3.1亿元，总资产70亿元，年纳税过亿元，是集建筑钢材贸易、房地产开发、投融资、天然气经营等多领域经营的企业集团，2012年入围中国民营企业500强，中国民营企业服务业100强，经营足迹遍布北京、天津、重庆、河北、江苏、山东、内蒙、和福建等省市。

房地产开发：集团凭借资金优势和品牌影响力先后成功投资开发了北京亦庄“天鹅堡”别墅项目、包头“京奥港帝景”住宅项目，并于2011年、2013年又分别取得了南京和包头住宅项目开发权。

金融股权投资：在多元化经营理念指导下，集团还将发展触角伸向了金融股权投资行业。投资参股了北京银行、北京农商银行、首汽股份等企业，并是北京农商银行第五大股东。

天然气经营：天然气作为一种新型清洁能源已发展成为城市建设中新的能源动脉，这为京奥港集团在能源领域的开拓提供了新的产业发展机遇，集团凭借早期投资参股福建莆田燃气股份的基础上，先后对天然气市场中的工业燃气、城市燃气、液化天然气（LNG项目）开展了一系列的市场实质性操作，集团正在向新兴的天然气市场阔步前进。

矿泉饮品开发：在国家“十二五”规划的政策与方针的指引下，京奥港集团紧紧抓住西部大开发战略带来的历史性发展机遇，借助“中国葡萄酒城”、“马踏飞燕”的出土地甘肃武威得天独厚的生态资源优势，对祁连山雪山含锶型的优质水源进行了开发和利用，于2013年8月在甘肃省武威市工业园区投资建设了年产50万吨甘肃京奥港天然矿泉饮品项目，项目总投资3亿元，通过深加工，着力打造具有品牌影响力的天然矿泉饮品，此举标志京奥港集团正式进入矿泉饮品领域。

钢材贸易：作为华北地区民营钢材流通行业龙头企业之一，集团拥有二、三级批发商、直销客户1500多家，是城建、建工、住总、中铁、市政等大型建筑集团的主要供应商，也是入围铁道部重点工程招投标系统的唯一一家民营钢材物流企业。

2004年，集团成立了党支部和工会，将“以党建促发展，以发展带党建”的工作思路与“执行、诚信、团结、开拓、务实、专业”的企业价值观很好地结合在一起。集团深切关心社会公益事业，着力开展各种慈善活动。多年来为光彩事业投资，先后为国家贫困县发展、抗击非典、抗震救灾、文化遗产保护、奥运持续发展、光彩卫生所、农村避险配套工程等投入7000多万元。集团先后获得“北京市劳动关系和谐企业”、“北京市思想政治工作优秀单位”、“首都文明单位”、“首都非公经济参与奥运服务奥运先进集体”、“朝阳区先进基层党组织”等荣誉。

▲为四川地震灾区捐赠人民币50万元

▲为密云县史庄子村捐赠300万元用于整村搬迁工程

▲为中国华夏遗产基金会捐赠

▲福建省省长苏树林向王子华董事长颁发证书

王子华，北京京奥港集团董事长，担任全国工商联执委、北京市政协委员、北京市工商联副主席、北京市政府特邀建议人、北京市光彩会副会长、香港中国商会创会会长、中华海外联谊会理事。从木材、钢材市场到资本市场的转型，王子华始终保持着莆商特有的市场感觉和捕捉商机的敏锐能力，其清晰的思路和坚定的信念成就了京奥港集团今日的辉煌。王子华在经营好企业的同时，始终将“做大做强企业，感恩回报社会”作为战略方针，时刻不忘企业的社会责任，怀着一颗感恩之心奉献回馈社会，用实际行动支持社会公益事业发展。在光彩事业上，王子华不遗余力捐建了贵州织金县10所“光彩卫生所”、北京密云史庄子村整村搬迁工程，参与建设江西井岗山朝阳光彩小学等项目。同时支持家乡事业发展，至今已为家乡福建莆田公益事业捐款600多万元。先后获得“全国非公有制经济人士优秀中国特色社会主义事业建设者”、“全国关爱员工优秀民营企业家”、“中国光彩事业奖”、“北京市劳动模范”、“朝阳区创建全国文明城区突出贡献奖”等荣誉称号。

荣誉证书

京澳港集团：

向織金縣人民政府捐贈50万元用于修建光彩卫生所.

特发此证

中华全国工商业联合会
二零零九年五月廿六日

捐赠证书

北京京奥港集团有限公司：

在2012年北京市“7·21”特大自然灾害救灾捐款活动中，捐赠人民币伍拾万元整．感谢贵单位对灾区抢险救灾工作的支持！

北京市慈善协会
二〇一二年八月二日

荣誉证书

授予：王子华同志

光彩事业奖章，以资表彰。

中国光彩事业促进会
2012年5月

世界八大 中港第一：柏斯音乐集团

世界八大 中港第一

柏斯音乐集团源起于香港柏斯琴行有限公司，1986年始创于香港，是一家以“推广音乐文化，培育音乐人才”为企业宗旨，以“积极进取、勇于创新、追求完美”为企业精神的综合性乐器公司。

柏斯在国内拥有8大钢琴生产基地，同时在国外并购具有百余年历史的德国知名钢琴生产企业和其他国际乐器生产企业，吸取国际先进技术，积极开拓国际市场，产品远销德、奥、英、美、日、韩、东南亚、香港等40个国家和地区。经过近27年的发展，公司综合实力已位居全球乐器与音响制品供应商225强第12位，销售规模位于全球乐器零售商第8位，成为“集乐器制造、销售、教育、文化于一体”的集团公司。

▲ 三角琴生产基地

企业家：艺术家的使命

拥有八大生产基地、全球排名前三的钢琴制造商；位列世界十大、中港第一，拥有近100家分店的乐器零售商；课程涵盖所有年龄，每年培训学生超过35,000人的音乐教育及推广机构；中国唯一获称「国家文化产业示范基地」的乐器企业……柏斯音乐集团的成功，很难用三言两语简介清楚。据说每个成功的企业都会有自己独特的性格，就像人一样。柏斯集团的两位掌舵人吴氏姐弟，姐姐吴雅玲热情率真、风风火火，弟弟吴天延审慎内敛、波澜不惊，迥异性格的互补造就了今日柏斯的企业性格，倔强、敢拼，但又自律、包容，经营的理性与艺术的感性奇妙的交融在一起。

从吴雅玲的角度来看，最初的「柏斯」之所以会成为一间琴行而不是杂货铺，则首先与姐弟俩「带学生」的初衷有关。「最开始做的时候是为了（音乐）教育，以带学生为主，乐器销售其实不是主要的目的。」吴雅玲学习音乐出身，吴天延在姐姐的影响下也从小自学音乐，两人在读书之余都教学生弹琴。于是，当「做点事情」的念头萌生之后，开琴行就成为姐弟两人默契的第一选择。而「上课为主」的创业初衷，可以说一定程度上奠定了柏斯后来以音乐教育及推广为核心的企业发展理念。

纵观柏斯的发展，始终贯穿着将企业自身发展与周遭环境（包括行业、社会）结合在一起的视角与思路，这种方式未必是以直接获利为出发点，但最终一定会为企业带来可观的获利前景。

如果说准确捕捉市场心理、填补市场空白是一种「顺时而动」的战略眼光，那么面对97香港回归的移民潮，果断决定北上发展内地市场，则可以称之为一种「逆市而行」的胆识。「那时候人人都往外走，但我却感觉到，祖国正在逐渐开放是回去的好时机，我们在内地出生，应该回到自己熟悉的地方去。」很快，广州中山四路开张了第一家柏斯投资的琴行。同时，上海、北京的办公室也相继开张。之后的事实一再验证了吴氏姐弟精准的眼光和卓绝的胆识，不仅在中国内地开拓了香港之外的市场阈度，更创造了一个企业异军突起的行业高度。

销售：管道的建立与门店的建设

90年代中期，管道的建立一步步打开市场，「那时恰好YAMAHA一直在游说我们为它在中国开设陈列室，做零售店，于是我就到日本、美国去学习，看别人都怎么经营，最终决定自己开门店。」吴天延的这段描述看上去非常简单，但期间瓶颈与突破的落差却可想而知。1996年到2000年，柏斯的零售门店在全中国二十多个城市落户。「差不多每个月就有一间柏斯门店开张，包括装修、搬家全部流程」，这种奔腾的速度下，很难想像柏斯的门店后来竟成为中国乐器零售门店的标准示范。当内地的乐器零售大都是杂货式门面的时候，柏斯就已经结合香港、日本的经验，用更现代、超前的方式塑造高端的连锁门店，不仅要请最好的设计师做最漂亮的装修和设计，功能上还要保证「前店后校」（前面供零售陈列，后面服务于音乐教育）。因此，开店前期的准备就要做到万无一失。「1996年到2000年，我们几乎每个门店都搞活动，主办、赞助了很多音乐比赛，有管乐、钢琴、电声、双排键等各种类别，柏斯与国内音乐界很多朋友的信任与感情都是从那个年代开始建立的。」今日的柏斯，能够以中港近100家连锁门店的庞大网络位列世界十大乐器零售商，其中的秘诀正在于此。

▲ 上海旗舰店

生产：中国的标准，也是世界的标准

门店的扩张带来产品需求量的扩张，这让柏斯能够准确地看清知己知彼、审时度势始终是战场决胜的先决条件。「我们在中国内地从管道变成零售店，由一个不稳定的状态变到一个比较稳定的状态，今后如果想要更加稳定，就必须要自主生产。」

据吴天延的回忆，柏斯从1997年已经开始考虑生产本土产品，但成熟的钢琴厂有自己已经稳固的生产规划、销售出口，没有人肯轻易冒险和柏斯合作。于是，「我就聘请了懂钢琴生产的技术人员，又从福建老家请了三、四十个人到广州，成立了一间二手翻新工厂，专门拆卸、组装、翻新二手的钢琴。在这个过程中学习技术并研发码克，培养我们自己的技工、调音师。」这个所谓的二手翻新厂，其实就是柏斯钢琴生产的第一个生产研发部。经过近两年的摸索，1999年，柏斯终于找到了自主生产的突破口，带着二手翻新厂培养出的第一批技术尖兵，进驻上海，在一间小型的钢琴厂里，开启了既属于柏斯自己，也引领国内整个行业的OEM(Original Equipment Manufacturer)时代。

2000年，柏斯开始以先租后买的方式先后在上海、宜昌建立属于自己的钢琴厂。2001年左右，与一向彼此视为合作夥伴的KAWAI的OEM洽谈获得突破，相关的生产研发启动。2002年，柏斯正式开始以自己的工厂生产KAWAI，通过KAWAI的生产，柏斯自身的技术水准飞速提高，随后几年间，很多国际品牌的OEM合作纷至沓来，德、奥、英、美、日、韩等各国钢琴专家一批批进驻柏斯的厂房，进一步确保了柏斯钢琴生产的国际最高技术标准。「我们拥有了最顶级的钢琴生产技术，就要把这些技术变成现代化大量生产的可能。」自己设计生产设备，将顶级的技术标准硬体化，从铁板铸造到所有零部件的生产全部自动化，以至于可以一分钟产出一部国际顶级标准的钢琴——柏斯的钢琴生产和它当初建立管道、开设门店一样再次在中国同行业树立了新的模式与典范。同时，在TOYAMA的基础上继续开创不同档次的自家品牌，其中，从2003年开始构思到2007年研发并试产的中国高端民族钢琴品牌「长江」，可以算是柏斯品牌创作的代表作。2009年，「长江」九尺钢琴问世，标志著这一全球唯一采用中文LOGO的民族钢琴品牌进入全面研发与生产阶段。

▲ 自家木材加工基地

如果说2000至2008年是柏斯钢琴生产的开拓期，那么2008年之后，就是柏斯所有旗下产业作为一个集团军迈向「音乐王国」的资源整合期。一方面，完善零售门店管理系统，深入优化中港管理一体化；另一方面，启动全球兼并与合作战略，先后收购韩国三益击弦机厂、德国WILH. STEINBERG钢琴公司、美国自动钢琴公司等，在山东烟台、出产世界最顶级发声木材的西北加拿大分别购买木材厂。同时，拓宽生产领域，开发电钢琴、吉他等其他种类产品。

▲ 立式琴生产基地

使命：音乐就是生活

「我们对中国乐器市场的前景充满信心，但怎么能培育这个市场迈向那个宽广的前景？如果没有好的音乐环境，我们又生产那么多乐器干什么？」这是吴雅玲提给柏斯的问题，也是提给中国音乐教育的问题。从「带学生」的创业初衷，到「前店后校」的零售门店模式，再到各类音乐比赛、奖学金、音乐节的赞助——无论柏斯每个阶段的发展重点是什么，始终离不开音乐教育及推广这个本衷。

「随著企业规模越来越大，我们就越觉得自己必须要做一些对行业、环境负责任的事情。很多音乐家说柏斯生产的钢琴是有灵魂的，为什么？不仅因为柏斯有最先进的技术，更关键是，柏斯是一个有音乐灵魂的企业。」吴天延口中的「灵魂」，其实就是艺术使命。一个企业要想实践推动音乐环境优化的艺术使命，当然离不开政府与政策的支持。

2011年，第一届中国宜昌长江钢琴音乐节在宜昌举行，为柏斯二十多年来的音乐教育与推广打开了一个新的格局和平台。「抛开柏斯其他常态的音乐教育及推广活动，仅仅一个音乐节每年就投资一千多万，这就是柏斯作为企业参与文化环境建设的决心。」2012年第二届中国宜昌长江钢琴音乐节，已能够接待全国30余个省市自治区和直辖市的名家大师、专家学者、音乐爱好者及乐器销售商3000余人，直接参与观摩的观众达到4万人次。

「什么叫行业领先？」吴雅玲这样说，「行业领先并不是我把业绩做得最大、店开得最多，而是我能对这个行业、社会的未来做出甚么引领、带甚么样的头。怎样成为一个更加有文化活力的企业，把这个行业带到更高的水准上去？这是柏斯现在思考的问题，如何做到，我们还没有答案，但我们知道，最终能够延续柏斯企业生命力的，不是产品，是我们推广音乐文化的精神。」

▲ 三角琴生产基地

▼ 香港时代广场十四楼旗舰店

▲南益集团香港总部

香港南益实业（集团）有限公司

香港南益实业（集团）有限公司创建于1963年，是一家多元化跨国经营的集团。经过50多年的发展，集团企业版图遍及海外和内地，海外企业分布于美国、欧洲、日本、东南亚等地，总部设于香港。

"根植香港，放眼世界"是集团的理念，在老董事长吕振万先生与现任董事长林树哲先生领导下，企业团队锐意进取，南益集团取得稳步发展。集团80年代初率先投资国内，在福建南安官桥镇创办了南丰针织厂，开创外商投资福建的先河。目前，南益已发展成为拥有毛衣织造厂、制衣厂、漂染厂和纺织机械厂等40多家工业企业的集团公司，生产各式名牌羊毛衫、时装、纺织机械等产品，畅销国内外市场。南益地产集团也已成长为一家拥有20多家项目公司和中介、监理、物业管理公司等企业的大型专业地产集团，具有强大的多品类房地产综合开发实力。

在企业高速发展的同时，南益集团积极投身公益慈善事业，承担社会责任，集团多年来在国内各地累计捐资近5亿多港元。在捐资教育、赈灾扶贫、环境保护等多个社会公益领域做出积极贡献。

▲南益纺织厂房

▲纺织车间

▲服装展示厅

泉州宝珊花园

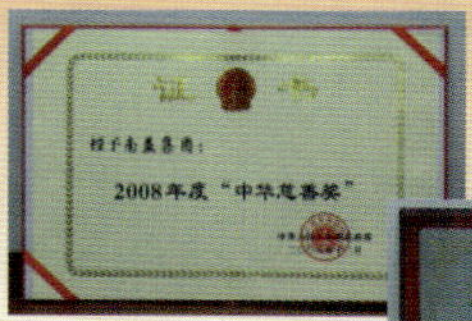

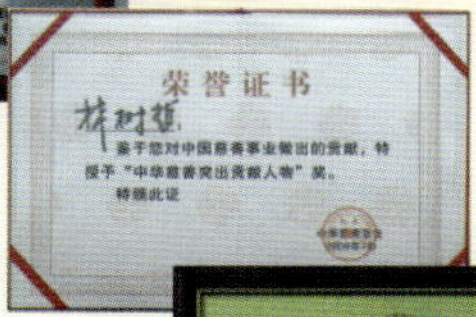

林树哲先生简介

▲ 林树哲先生

林树哲，1948年9月出生于福建省南安县官桥镇。香港南益实业（集团）有限公司董事长、南益地产集团有限公司董事长兼行政总裁，香港福建社团联会第七、八届主席，港区省级政协委员联谊会创会会长，现任第十二届全国政协常委、全国侨联常委、香港福建社团联会荣誉主席、香港友好协进会副会长、香港中华总商会副会长，是香港特区政府“银紫荆星章”获得者，不仅是工商巨子、具有广泛影响力和号召力的华侨领袖，也是为国家、为家乡做出重大贡献的慈善家。

为支持政府开展内地山区建设和扶贫工作，从上世纪90年代起，林树哲就开始到较偏远的山区办厂，进入21世纪，还将淮北作为劳动密集型企业战略转移区域。南益回乡办厂伊始，林树哲就主持实施了南益集团“捐建百座学校千间教室”计划，实际捐建200多座、1500多间大专、中小学教室和一大批文化体育设施，覆盖南安全市16个乡镇110多个村落；林树哲先生捐建母校泉州七中“春晖图书馆”，设立“林克雄奖教奖学金”；捐建华侨大学“椿萱楼”；向“春蕾计划”捐资10万元，资助失学女童重返校园读书；募集200万港元捐赠给遭山洪冲毁的黑龙江省宁安市沙兰镇中心小学；以集团名义向泉州市承办的第六届全国农运会捐款500万元；先后向四川地震灾区捐款800多万元……三十多年来，林树哲主持南益集团向家乡及祖国各地的教育事业、公益设施、慈善赈灾等捐赠大笔善款，其个人也有大量捐款，累计捐款已达亿多元。先后获得民政部“爱心捐赠奖”、中国光彩事业促进会“光彩事业奖章”、中华慈善总会“中华慈善突出贡献人物”；福建省政府“福建突出贡献企业家”、“闽商建设海西突出贡献奖”、“海外华侨捐赠公益事业突出贡献奖”等荣誉。福建省政府、泉州市政府还分别在林树哲先生家乡刻石树碑，给予表彰。

海西（石狮）电子商务产业园区

海西（石狮）电子商务产业园区目前规划总占地面积131亩，由裕通集团投资建设，总投资超10亿元人民币，总建筑面积为30万平方米，规划为：电商营运中心、运营总部中心、电商人才孵化中心、纺织贸易中心、物流配送中心、综合服务中心等为一体的创新型电子商务产业园区。目前正积极创建国家级电子商务示范基地，努力使海西电商园区成为“海西明珠”石狮又一张城市名片。

截至目前，园区意向登记的国内知名电商企业共281家，实际投入运营和正在装修的电商企业共230多家，进驻面积超15万平方米，有来自北京、上海、杭州、安徽、江西、江苏、浙江、厦门等国内知名电商企业入驻园区，如淘宝石狮男装运营中心、战地吉普、诺奇、“311”、数码人、龙凤商城、新纶集团、俊冠企业等。其中年产值超亿元的企业就有18家，初步估算电商园区入驻企业年销售额超过100亿元，预计到2017年，海西（石狮）电子商务产业园区电商企业及其相关联的仓储物流、快递服务等配套产业年销售额将达到1000亿元。

园区重点培育和扶持B2B、B2C电子商务应用示范企业，同时以创新思路首次在国内提出“六流体系”（即人才流、物流、信息流、资金流、商流和信用流）等六大电子商贸综合服务体系，为入驻园区的电商企业提供重要保障。

园区通过“筑巢引凤”，引导入驻企业实现产销分离，走线上线下一体化的经营模式，以第三产业发展带动第二产业的转型和升级，最终实现产业集群的规模效应。充分发挥石狮在海西电子商务产业建设中的引领、带动和辐射效应，引爆海西纺织服装产业新能量，助推石狮经济再腾飞，并引领石狮乃至海西产业经济集体走向繁荣。

园区总体战略发展规划：充分发挥园区的产业优势，充分利用周边的闲置土地，推动成立“台商电子商务创业园”与“对台采购中心”；为应对急剧增长的电子商务人才需求，园区拟筹建“中国职业信息学院福建分院”或“天津市大学软件学院福建分院”和“电商专家研究院”，构建现代物流集散中心，搭建休闲活动中心等优势配套项目，与周边规划项目连成一片，逐步形成以园区为核心的石狮电商城市综合体。尽快将海西（石狮）电子商务产业园区打造为“国家电子商务示范基地”，让园区成为中国乃至国际有影响力的纺织服装行业“电子商务与现代物流产业基地”。

裕通集团2011年被评为全国诚信建设示范单位、石狮市2011-2012年度企业发展先进表彰单位，集团投资兴建的海西（石狮）电子商务产业园区被列入石狮市“十二五”规划重点项目、福建省和泉州市重大重点项目。

海西（石狮）电子商务产业园区鸟瞰图

福建裕通集团董事长　蔡文革

蔡文革，1968年出生，福建石狮人，福建裕通集团有限公司董事长，海西（石狮）电子商务产业园区创始人。现任福建省光彩事业促进会副会长、福建省工商业联合会（福建省总商会）常委，福建省工商联直属委员会副会长，福建省民营企业商会副会长，福建省诚信促进会常务理事等，还先后担任政协石狮市第三、四、五届委员会委员，被评为优秀政协委员，九届泉州市政协委员，第四届世界闽商大会上荣膺福建省政府颁发的“闽商建设海西突出贡献奖”，福建省光彩事业促进会第四次会员代表大会上被授予2007-2013年度福建省“光彩事业贡献奖”。

荣誉证书
授予　蔡文革　先生：
闽商建设海西突出贡献奖
福建省人民政府

运营总部中心

电商营运中心

内廊式建筑风格

蔡文革董事长（右）陪同福建省常务副省长张志南（中）视察园区

蔡文革董事长（左）陪同泉州市市委书记黄少萍（中）视察园区

首届海西（石狮）电子商务产业园区战略规划与创新发展高层研讨会

孝义市福立煤化工有限公司
孝义市闽力煤业有限公司

企业现有职工400余人，其中大专以上工程技术人员20名，中专以上技术人员35名，高中以上技术人员126名，公司不断创新，为企业可持续发展创造了良好环境。

2004年，公司投资5000万元筹建年产30万吨机焦炉；2008年，与中国铝业山西分公司联合在交口县开采铝土矿；2009年，在交口县创办永兴煤业有限公司；2010年，投资一亿元兴建180万吨洗煤项目。

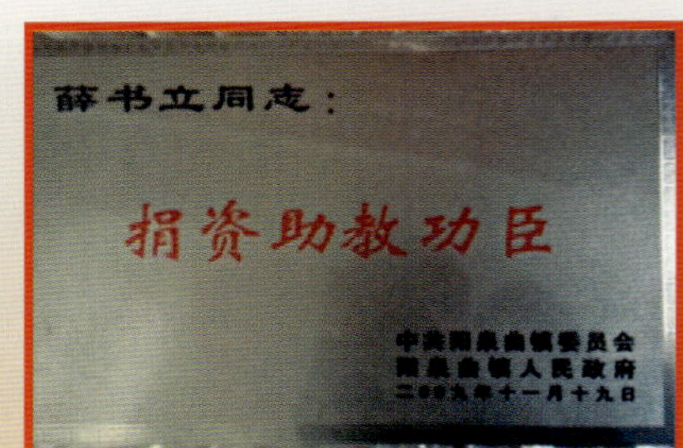

▲董事长 薛书立

薛书立，福建省福清市龙田镇积库村人，中共党员，现任孝义市福立煤化工有限公司及孝义市闽力煤业有限公司董事长、世界福清侨商联合总会常务副主席、北京市福州商会常务副会长、太原市福建商会常务副会长、孝义市福建商会常务副会长、孝义市人大代表。

薛书立秉承“诚信做人、守信经商”理念，坚持诚实守信、依法办企业的公司宗旨，每年上缴税款一千万元以上，获纳税先进单位和个人等荣誉称号。薛书立热衷于公益事业，不仅在山西多次捐赠巨资，也在家乡福清频献爱心，累计捐款超过千万，赢得“优秀企业家”、“扶贫济困先进个人”、“企业家回报社会特别奖”等荣誉称号。

福建省正泰建设工程有限公司

正泰建设
ZHENGTAI CONSTRUCTION

福建省正泰建设工程有限公司是一家集团化经营管理的民营综合性企业，创立于2006年5月31日。企业地处“文献名邦、海滨邹鲁”——莆田，资金力量雄厚，资质专业全面，施工设备先进，工程技术队伍专业，是我省建筑行业中一支充满朝气的新生力量代表。

企业主项资质为国家房屋建筑施工总承包壹级、市政公用工程施工总承包壹级。现有国家注册一级建造师、二级建造师、高级工程师、造价工程师、高级会计师、高级经济师等586人。施工力量强大，在建项目愈百，业务范围辐射重庆、山东、云南、广州、福州、厦门、南平、泉州等各大省市，年可完成建筑业施工总产值达28亿元，多年来创税超过千万，位居所在地区同行业前茅。

正泰人始终坚持“团结、诚信、创新、奉献”的企业精神，追求卓越目标，以诚信铸就品格力量，秉承“以质量促发展，以管理创精品,以精品树品牌,以品牌占市场”的经营理念，在建筑行业树立了一流的地位，成就了建筑行业崭新的典范，赢得了诸多省、市级荣誉——优秀企业、骨干企业、平安企业、纳税大户、省级文明工地、市优质工程……每一块奖牌，都诉说着正泰建设卓越的品格；每一项荣誉，都凝聚着正泰人“创建一流、服务至上”的企业宗旨。

专业铸就品质，细节成就卓越。正泰人在“重信誉、促发展”的思想指导下，敢为天下先，以行业内最高标准严格要求自己。始终围绕“优质、安全、高效”的经营目标，脚踏实地，积极探索，勇于拼搏，大胆创新，逐步确立了科学的发展战略，构建了集团化发展框架，提升了持续的盈利能力，形成了独具特色的企业文化，并在不断的实践中培养出一支具有高综合素质和职业精神的人才队伍，不断为社会及客户提供最优质的服务，努力成为受公众尊重的现代企业，为新一轮发展奠定坚实的基础。

“没有最好，只有更好,争创一流、永不止步”是企业发展的永恒动力。展望未来，任重而道远，正泰人将怀抱着一座城市瑰丽的梦想，与时俱进，不断挑战未来，攀登新的高峰，为“海西”建设再立新功！

仙游锦福滨江国际

▲凤翔城

▲富邦学苑

▲中国莆田鞋业服装城

▲莆田市城厢区霞林安置房

▲莆田市上塘珠宝城交易中心一期工程

▲莆田喜盈门建材家具广场

福建源鑫集团

福建源鑫集团由陈必松先生于2004年创立，该集团已形成特种水泥、环保建材、矿渣微粉、商品混凝土、汽车贸易、建筑材料贸易、现代物流、新材料研发八大产业。集团立足于金融、房地产、建材等多方面的投资，利用收购、兼并、产业整合、投资参控股等方式进一步扩大企业的产业集群。

荣誉证书
福建源鑫建材有限公司
图形+福源鑫+FUYUANXIN牌水泥
福建名牌产品
（有效期三年）
福建省人民政府
二〇一二年三月

集团拥有一支能经营、善管理、懂技术的团队，秉承“诚信为本，质量至上”的理念，依托客户资源优势及新产品、新技术的领先优势，以优质的服务，脚踏实地、精益求精的工作作风打造海西具有影响力的企业。集团旗下子公司及产品先后通过了ISO9001：2000质量管理体系、水泥产品质量及ISO14001：2004环境管理体系三项认证，获得“福建名牌产品”、“福建省著名商标”、“福建省建材放心产品”、“福建省质量管理先进企业”、“纳税信用A级”、“信用等级AAA级”、“节能环保示范单位”、“‘源鑫’字号为福建省企业知名字号”等多项荣誉称号，获得国家知识产权局发明专利2项、实用新型专利多项。

福建源鑫建材有限公司
福建省著名商标
（有效期三年）

集团因地制宜、科学发展，以创新为动力、以安全生产为基础，以经济效益为中心，以优质服务为宗旨，以发展为第一务，以团队构建为重点，以强化企业文化建设为手段，不断提高核心竞争力，实现企业持续、快速、健康发展，努力把企业设成为建材相关行业的区域龙头、海西新型环保材料的先行者、福建机械重卡服务的示范、积极参与海西建设的标兵。

▲福建源鑫环保科技有限公司项目

▲福州源鑫瑞泰建材有限公司（马尾站）生产线

▲福建源鑫混凝土有限公司（罗源站）生产线

▲福建源鑫物流有限公司为源鑫物流提供强有力保障

卫生 体育

医疗卫生

【概况】 2012年，全省卫生系统紧紧围绕深化医药卫生体制改革中心任务，加快医疗资源发展，加强卫生人才培养，强化基层医疗卫生服务体系和公共卫生服务能力，进一步提高基本医疗保障水平，稳步推进公立医院改革，各项卫生工作取得新成绩，有效保障了人民群众健康，居民健康水平进一步提高。全年全省孕产妇、婴儿死亡率分别为16.96/10万、6.59‰，比上年分别下降13.26%、9.97%。

【部省卫生合作协议】 2月，卫生部部长陈竺与福建省人民政府省长苏树林在京签署《卫生部、福建省人民政府关于共同促进海峡西岸经济区卫生事业发展的合作协议》，提出在基层医疗卫生机构基础设施达标建设、医疗服务体系建设、公共卫生服务体系建设、卫生人才队伍建设、中医药临床医疗科研教学条件建设、卫生信息化建设、两岸医药卫生交流与合作七个方面支持福建省卫生事业发展。

【医疗服务体系建设】 贯彻落实《福建省"十二五"卫生事业发展专项规划》和《福建省医疗机构设置规划(2011—2015年)》，加强医疗服务体系建设，加快提升医疗资源总量。

实施扩大医疗资源建设。坚持以县及县以上医疗机构为重点，继续实施医疗卫生服务体系建设和床位发展规划，重点落实福建省委、省政府"扩大全省医疗资源建设"为民办实事项目和中央预算内资金安排补助项目，加强市县医疗机构儿科、妇幼保健机构、精神卫生、康复等薄弱学科以及临床重点专科建设，全年全省新增床位1.43万张，超额完成年度目标任务。加大对19个国家级临床重点专科建设力度，遴选公布28个省级临床重点专科。

积极扶持发展民营医院。福建省政府办公厅转发省卫生厅等13部门《关于进一步落实鼓励和引导社会资本举办医疗机构的实施细则》，进一步放宽社会资本举办医疗机构的准入范围，积极落实非公立医疗机构土地、税收等优惠政策，新增医疗卫生资源优先考虑由社会资本举办。通过政策引导和激励，包括台资在内的社会资本正以合资、合作、独资等形式在福建举办医疗机构，厦门长庚医院对社会资本办医的示范引领效应正在显现，多元办医格局正在形成。全年全省社会资本举办的医疗机构4304个，其中民营医院266所、床位13693张，在建民营医院20家、床位4375张。

【新型农村合作医疗】 全年全省参合人数达2444万人，参合率99.8%，各地参合率均超过医改目标(98%)；新农合人均筹资水平从230元提高到290元，其中政府补助从200元提高到240元，新农合保障能力进一步增强。全年全省住院补偿248.59万人次，增长26.1%；次均补偿2718元，增加585元，次均费用减少332元。统筹区域政策范围内住院费用补偿比例达到75%，普通住院补偿(不含大病补充补偿)封顶线达8—12万元。普通门诊补偿432.45万人次，增加339.45万人次；门诊特殊病种补偿91.31万人次，增长109%。

初步建立大病保障机制。继续实施新农合重大疾病住院补充补偿，适当降低起付线，提高补偿比例，最高支付限额达20—28万元。进一步提高农村儿童重大疾病保障水平，省卫生厅、民政厅、财政厅联合下发《关于进一步做好提高农村儿童重大疾病医疗保障水平工作的通知》，增加定点救治医院，提高付费最高定额标准，农村儿

2012年2月28日，卫生部与福建省人民政府在北京举行部省合作签约仪式。

（省卫生厅供稿）

童先天性心脏病定点救治医院从2家扩大到5家，最高定额标准从2.5万元提高到3万元；农村儿童白血病定点救治医院从1家扩大到6家，最高定额标准从8万元提高到10万元，其中新农合基金支付70%，农村医疗救助对象还可享受医疗救助基金支付20%。扩大农村居民重大疾病保障范围，省卫生厅、民政厅、财政厅联合印发《福建省提高农村居民重大疾病医疗保障水平实施方案（试行）》，新增终末期肾病、妇女乳腺癌和宫颈癌、重性精神疾病、耐药肺结核、艾滋病机会性感染等6类重大疾病保障范围，农村居民重大疾病保障病种达到8种。推进城乡居民大病保险，贯彻落实省政府办公厅转发的《关于进一步完善城乡居民大病保险工作的实施意见》，在三明、漳州率先开展商业保险机构承办新农合大病保险试点。推进新农合与重大疾病医疗救助衔接工作，在每个设区市开展新农合补偿与农村医疗救助补助"一站式"服务试点工作，实现在定点医疗机构或新农合经办机构一次同时领取新农合补偿款和医疗救助款。

打通门诊和住院报销政策。通过采取"在基层医疗机构就诊单次费用在500元以下的，不分住院或普通门诊，不设起付线，统一按照60%的比例报销"以及"恶性肿瘤化疗和放疗等9个特殊病种在门诊诊疗的补偿比例与住院诊疗的补偿比例一致"等政策，将参合人员常见病、多发病、慢性病的诊疗引导在门诊解决，减轻住院压力，参合人员在乡级医疗机构就诊比例增加3.6个百分点。推进新农合支付方式改革，在全省推动建立新农合普通门诊总额预付制度，连江等12个县（市、区）开展住院按病种（组）定额支付方式改革。

【基层医疗卫生】 以实施基本药物制度为重点，进一步深化基层综合改革，巩固完善基层医疗卫生机构运行新机制。全省政府办基层医疗卫生机构全面实施基本药物制度，实行药品零差率销售改革，并延伸至村卫生所，已有60%的村卫生所实行药品零差率销售。全省1.59万个村卫生所纳入乡村卫生一体化管理，占行政村卫生所总数的96%。全年基层医疗卫生机构财政补助收入占总收入比重45.28%，与上年基本持平；基层医务人员工资平均水平达到3275元/月，比上年增加546元/月。积极清理化解基层债务，省财政已下达化债补助资金1.5亿元，约占核定债务（3.92亿元）的40%。

完善基层医疗卫生服务体系。完成4872个标准化村卫生所建设，实现每个乡镇均有1个卫生院、每个街道均有1个社区卫生服务中心、每个行政村均有1个卫生所的目标。为全省97个社区卫生服务中心配备医疗设备。深入开展基层医疗卫生机构管理年活动，新增5个全国示范社区卫生服务中心（累计9个）。153个社区卫生服务中心设置标准化康复室。厦门市三级医院与社区医疗服务中心实行一体化管理，初步建立基层首诊、双向转诊的分级诊疗制度。

【公立医院改革】 积极推进公立医院改革试点，逐步改善群众就医体验。推进全国改革试点城市厦门市公立医院综合改革，厦门市以"四个分开"为核心推进改革，设立公立医院发展管理中心承担办医职责，市卫生局负责监管，实行管办分开；公立医院药品加成率从15%下调至10%，分3批调整医疗服务价格238项，政府加大对公立医院基建、设备、重点学科的财政投入，初步形成改革的基本路子。探索县级公立医院综合改革，在除厦门外的其他8个设区市的9个县（市、区）开展县级公立医院综合改革试点，年底9个试点县（市、区）全部取消药品加成，实行零差率销售，初步实现次均医疗费用下降、医疗服务价格结构更加合理、医院精细化管理得到提高的目标。石狮市率先实施药品零差率销售、引入第三方评价体系、建立法人治理结构等举措。在全省二级及以上公立医院开展以"改善服务流程、服务环境、服务质量，推行预约诊疗、节假日门诊，开展社会评议医院"为主要内容的"三改二推一评议"活动，深入开展创先争优、"三好一满意"活动，推行临床路径管理，医院管理水平和医疗服务质量不断提高，群众对医疗服务总体评价满意率达83.2%。全省167个二级及以上医院开展优质护理服务试点，建成一批优质护理示范病房；延长高血压、糖尿病等慢性病患者门诊处方用量，方便群众，减少重复就诊。加强医疗服务监管。以医院评审评价为抓手，强化医疗质量管理，评价检查37家三级综合医院和专科医院，完善省市两级医疗质量控制体系，深入开展"医疗质量万里行"活动、抗菌药物临床应用等专项整治。积极开展无偿献血工作，加强临床合理用血管理，保证临床用血和用血安全。全面落实预防和处置医患纠纷"五位一体"长效机制，第三方调解成功率达89.6%。

【公共卫生】 疾病预防控制工作。抓好扩大国家免疫规划工作，开展以脊髓灰质炎和麻疹疫苗为主的查漏补种月活动，全省适龄儿童（包括流动人口儿童）免疫规划疫苗报告接种率保持在90%以上，麻疹、脊灰疫苗接种率分别为97.39%、97.46%。加强疫情监测和防控，全省重大传染病疫情态势总体平稳，法定报告甲乙类传染病发病率363.5/10万，继续保持在较低水平，未发生重大传染病流行和重大突发公共卫生事件。持续保持无脊髓灰质炎状态，连续7年无白喉病例发生，麻疹发病率控制在较低水平（0.42/100万）。加强慢性病防治工作，全省建立14个省级慢性病综合防治试点，厦门海沧区、三明梅列区被评为国家慢性病综合防控示范区。加强肇事肇祸重性精神病人强制治疗管理，规范全省重性精神疾病防治工作。加强爱国卫生工作，推进城乡环境卫生整洁行动，全省农村无害化厕所普及率达86%。

卫生监督执法。在79个县（市、区）开展农村卫生监督协管工作，覆盖率94%，聘任专（兼）职协管员2540名。加强食品安全监管，初步建立食品风险监测体系，组织开展食品风险监测以及食品非法添加和滥用食品添加剂、"地沟油"等专项整治，全省未发生重大食物中毒事件。推进餐饮服务食品安全量化分级管理和示范工程建设，评定餐饮单位近4万户（其中优秀316家，良好6314家），建成示范店1259家，创建示范街86条。加强职业卫生和放射卫生工作，在全国率先开展职业卫生千分制考核，加大对重点行业企业职业卫生监管，开展职业卫生重点监督检查、职业病防治法宣传和职业中毒专项整治，完成省政府下达的安全生产控制指标。加强与公安部门联动，有力打击非法行医和非法采供血等违法违规行为。

卫生应急处置。完善“一案三制”，与武警部队建立应急协作机制。认定莆田荔城区等6个县（市、区）为省级卫生应急示范县，其中厦门思明区、三明大田县被评为首批国家级示范县。积极开展卫生应急大练兵活动，3月7日在莆田成功举办防范突发气体泄漏事件卫生应急演练。突发公共卫生事件监测报告和风险评估工作规范开展，多起交通事故等突发事件伤病员得到及时有效救治，海峡论坛、“6·18”、“9·8”等重大活动卫生保障任务圆满完成。

妇幼卫生工作。出台《关于进一步加强妇幼卫生工作的指导意见》，落实妇女儿童发展纲要。开展妇幼保健机构创等达标建设。健全危重症孕产妇转诊救治网络。在65个项目县开展农村妇女“两癌”检查，超额完成妇幼公共卫生项目任务。出生缺陷三级预防措施有效落实。全省婚检率96.9%，保持全国前列。产前、新生儿代谢性疾病和听力筛查率分别达到38.6%、98.6%、87.2%。孕产妇、婴儿、5岁以下儿童死亡率下降，分别为16.96/10万、6.59‰、8.32‰。

基本公共卫生服务。落实人均25元基本公共卫生服务经费，11项服务免费向城乡居民提供。居民健康档案电子建档率达到79%，登记管理高血压、糖尿病、重性精神病患者分别达244万、60万和10万人，实施免疫接种1186万人次，全面完成年度医改任务。

【中医药工作】 全省各级各类中医医院达到84家，其中三级医院14家、二级医院42家。建成国家级重点专科（专病）14个、省级重点专科（专病）39个、省级农村医疗机构中医特色专科（专病）25个。创建全国基层中医药工作先进单位8个。出台中医类医疗服务项目价格调整方案。完成第二批全国、省级优秀中医临床人才研修项目和第四批全国老中医药专家学术经验继承工作，启动第三批全国优秀中医临床人才项目，举办第五批全国、第三批省级中医药专家学术经验继承工作拜师活动。启动基层中医药服务能力提升工程和中医医院信息化试点工作。遴选确定4个省级中医药文化宣传教育基地。

【卫生人才培养和队伍建设】 全面实施《福建省卫生人才中长期发展规划（2011—2020年）》，按照“增加总量，优化结构；突出两端，补充急需；创新机制，激发活力”的工作原则，推动卫生人才队伍全面协调发展。启动实施突出贡献专家激励、医学领军人才引进、中青年骨干人才培养、高级管理人才能力提升4个高层次卫生人才队伍建设项目。遴选公布首届7位全省卫生系统有突出贡献中青年专家。进一步完善住院医师规范化培训制度，在全省42家三级医院设立235个学科基地，全年新招录培训对象1424人，全省在培人员达到3294人，已培训合格405人。全面落实《福建省2010—2012年全科医师能力提升计划》，近3年培养培训全科医师6943名，实现每个乡镇卫生院有4名全科医师、城市社区每万服务人口有3名全科医师的目标。全年免费培训乡村医生30165人。继续实施“四个一批”基层人才培养计划。重点实施基层特岗医师计划，从县级医院选派200名特岗医师支援乡镇卫生院，面向全国公开招聘200名特岗医师。完成100名县级医院骨干医师培训项目。为乡镇卫生院招聘培养临床医师289名（其中本科生33名、专升本256名）。开展农村订单定向医学生免费培养。建立城市医院帮扶基层医疗卫生机构长效机制，继续选派千名医师帮扶农村医疗卫生机构，基层医疗服务能力逐步提升。

【卫生信息化建设】 在全国率先建成全省居民健康信息系统并投入运行，建成覆盖省、市、县、乡四级的卫生信息专网，实现医疗机构间信息共享，医学检查、检验结果网上互认，全省公立医疗机构实现社保卡就诊一卡通。推广使用集预约、缴费、结算等功能的自助服务机，有效缓解医院窗口压力。在二、三级公立医院实施全省统一预约诊疗平台，开通12320预约诊疗服务热线。依托居民健康信息系统延伸开发慢性病一体化管理子系统，在14家三甲医院运行。全面启用全省统一管理的免疫规划子系统，免费提供疫苗接种短信预约提醒服务。血液信息系统实现全省联网。

【卫生行风建设】 加强卫生行业文化建设，组织开展医疗卫生职业精神大讨论，提炼形成各具特色的单位精神，确定将“大医精诚、博爱仁心、救死扶伤、笃行为民”作为全省卫生系统医疗卫生职业精神表述的核心主题语。深入开展主题教育活动，组织学习《医疗机构从业人员行为规范》，强化医德医风教育，继续深化医德考评工作，构建医德考评长效机制。加强廉洁风险防控，促进权利规范运行。组织开展院务公开标准化建设，选取10个医疗单位作为省级院务公开标准化建设联系点，5个县级医院被卫生部确定为“全国院务公开示范点”。建立药品用量“双十排名”通报制度，实行药品用量动态监测和超常预警，促进阳光用药、合理用药。（陈　涌）

体　育

【群众体育】 全民健身组织。积极推动体育社团向基层延伸、向社会拓展，体育总会实现了全省县（市、区）全覆盖。新成立省社会体育指导员协会，全年培训社会体育指导员5098名，国家级社会体育指导员培训基地落户集美大学。体育职业技术鉴定工作积极推进，全年组织开展技能鉴定14批次，1632人获得国家职业资格证书。

全民健身场地。全年全省新建3462个农民体育健身工程点，实现了行政村全覆盖；新建84条绿色登山健身步道、20个“社区多功能运动场”、20个“乡镇体育活动中心”、“10个社区体育活动场所”和1500个老人纳凉示范点等群众体育健身设施，人均场地面积增加0.05平方米。向国家体育总局成功申请到龙岩市、宁化县两个“雪炭工程”援建项目。组织开展“体质测试站点”与“社区卫生服务站”结合试点工作。完成福建省全民健身电子地图研发和“健康福建”网站建设工作。

全民健身活动。围绕全民健身主题活动，以举办不同人群运动会为载体，积极打造全民健身品牌赛事活动。全年全省组织县级以上涵盖不同人群、不同层次、具有地域特色全民健身活动1300场次。尤其是“千村万人”农民篮球赛、“千村万场”农民健身广场舞展示赛、“一起动起来—全民健身与城运会同行”系列赛事、省直机关运动会等全民健身活动，参与群众多、活动持续时间长，引起社会广泛好评。

【竞技体育】 在第三十届伦敦奥运会上，福建省20名运动员参加9个大项、12个分项、20个小项的角逐，共获得2金2银3铜和4个第四、2个第五、1个第六、1个第七的优异成绩，金牌数位列全国并列第九。国家体育总局授予省体育局“2012年伦敦第三十届夏季运动会重大贡献奖”和“2012年伦敦第三十届夏季运动会特殊贡献奖”，谌龙等5名运动员、万建辉等3名教练员被国家体育总局授予“2012年度优秀运动员和优秀教练员体育运动荣誉奖章”。龙岩市连续3届奥运会都有金牌入账，厦门市继悉尼奥运会之后再次获得奥运金牌。

第十二届全运会备战工作。继续推行风险责任制管理经验，省局与各运动项目中心签订目标责任状，研究出台《奥运会、全运会课题攻关计划》，加强科研和后勤保障，强化按级负责，实现责任到队、责任到人。坚持“三从一大”训练原则和“两严”方针，不断提高训练水平，举重、羽毛球、武术等传统项目稳中有升，击剑、跆拳道、射箭、散打、U18女子篮球、女子赛艇、帆船芬兰人级、女子田径七项全能、长距离游泳等潜优势项目涌现出一批年轻优秀苗子，在全国年度赛中，福建省共获得17金17银14铜和1100分的成绩。

第八届城运会筹备工作。省筹委会与各设区市政府和平潭综合实验区管委会签订承办项目协议书，明确了比赛项目布局。下发了《第八届城市运动会筹备工作方案》《第八届城市运动会场馆建设技术指标方案》，对全省所有比赛场馆进行实地考察，提出了体育工艺整改方案。福州执委会工作运行有序，场馆建设、会徽会歌征集、城市亮化改造等工作协调推进。城运会参赛队伍陆续组建，部分项目初显夺牌实力。

国际国内大赛。全年全省承办国际国内大赛52场次。福州举办的亚洲沙滩排球赛、全国举重锦标赛暨奥运选拔赛、全国田径冠军赛、全国蹦床系列赛暨奥运资格赛，武夷山举办的国际散打锦标赛，莆田举办的亚洲体操锦标赛等赛事，吸引了国内外众多顶级选手。

【青少年体育】 坚持把高水平体育后备人才基地创建评估和促进学校体育工作作为青少年体育的两大重要工程来抓，着力在促进青少年全面发展上下功夫。运用少体校“二集中”评估和创建国家高水平体育后备人才基地的以评促建手段，将少体校“二集中”达标率列入省政府绩效考核指标，全省达到“二集中”条件的少体校56所。积极做好新周期国家高水平体育后备人才基地创建评估工作，经专家组严格复评，全省又有11所体校上报总局参评国家高水平体育后备人才基地。业余训练工作取得新成绩，省少体校、厦门竞技体育运动管理中心被国家体育总局评为全国业余训练先进单位。

会同教育部门继续推广“阳光体育进校园”和“足球进校园”活动，组队参加全国青少年“未来之星”阳光体育节等3项全国青少年体育活动。组织开展全省中小学生6项联赛，参赛队伍330支，参赛队员2671人，有效带动学校体育活动的开展。组织青少年年度比赛，全年举办常规赛60项，参赛运动员2万人次。开展全省青少年运动员注册工作，新注册运动员8051人。新创建8个全国青少年体育俱乐部、1所青少年户外体育活动营地和10个全国青少年俱乐部。加强闽台两地青少年体育交流，首届海峡两岸大学生电子竞技比赛在福州举行。

【体育产业】 贯彻落实《福建省人民政府关于加强体育产业的实施意见》，研究制定《关于加快发展体育产业的实施意见有关工作任务分解的通知》；会同省发改委提出支持和促进体育产业发展8个方面22条措施；会同省财政厅制定《福建体育产业专项资金管理办法》、《福建省体育产业指导目录》；积极推动税务部门落实体育产业有关优惠政策。首次组团参加“9·8”中国贸易洽谈会，签约中国（邵武）汽车温泉露营基地、屏南白水洋刘公岩户外休闲基地、屏南县体育娱乐休闲产业基地、永定客家土楼国际赛车场等4个项目，签约总金额16.65亿元。组织福建省企业参加中国国际体博会、中国体育旅游博览会和海峡文化产业博览会，福建有5个项目被评为中国体育旅游精品项目。联合团省委举办福建省体育产业大学生创业计划竞赛。各地相继组织举办系列体育竞赛赛事。厦门国际马拉松赛、福州环永泰自行车赛、泰宁山地户外运动、邵武汽车拉力赛等赛事在国内外已产生一定影响。尤其是厦门马拉松赛已连续举办11届，被国际田联确认为金牌赛事。全面展开体育彩票销售条块管理工作，全年体彩销售总额达到52.18亿元，比上年增长9.43%。厦门、漳州、宁德、南平市体育局超额完成年度下达销售任务，漳州、宁德、厦门市体育局销售增长幅度名列前茅。

【体育交流】 全年办理由国家体育总局双跨组团的任务共49批、119人次，出访美国、英国、法国等国家和地区；办理由省体育局组团出访的有10批，23人次，出访8个国家和地区。加强与国外、港澳台等地体育部门的交流合作，先后组织共计2批46人次的群众体育出访团组参加双方交流比赛活动，涉及篮球、桥牌等项目。省体育局和中国武术协会、漳州市体育局联合组织参加了第四届海峡论坛·海峡两岸武林大赛，邀请台湾嘉宾240多人，新面孔占80%。与台湾体育总会签署“台湾组团参加2015年在福建举行的第八届全国城市运动会”意向书，与澳门特别行政区体育发展局签订“闽澳体育交流与合作”意向书。（李境韬）

编辑：王文灿

社会生活

人民生活

【城镇居民生活】 收入水平。2012年,全省城镇居民人均可支配收入28055.2元,比上年增长12.6%,增幅回落1.8个百分点;扣除价格因素,实际增长10.0%,提高1.3个百分点。从收入来源看,城镇居民人均工资性收入19976.0元,增长14.5%,增幅提高3.3个百分点,占家庭总收入的64.7%,拉动总收入增长9.3个百分点;城镇居民人均经营净收入3337.0元,增长11.5%,占家庭总收入的10.8%,拉动总收入增长1.3个百分点;城镇居民人均财产性收入1795.2元,增长2.4%,占家庭总收入的5.8%,拉动总收入增长0.2个百分点;城镇居民人均转移性收入5769.7元,增长11.1%,增幅提高5.3个百分点,占家庭总收入的18.7%,拉动总收入增长2.1个百分点,其中,人均养老金或离退休金收入4046.9元,占转移性收入比重达到70.1%,并以19.1%的增幅成为支撑转移性收入增长的最主要因素。

消费水平。全年全省城镇居民人均消费支出18593.2元,增长11.6%,增幅回落1.4个百分点;扣除物价影响因素,实际增长9.0%,提高1.6个百分点。城镇居民人均食品支出7317.4元,增长12.0%,增幅回落0.9个百分点;城镇居民恩格尔系数为39.4%,食品支出拉动消费支出增长4.7个百分点。城镇居民人均衣着消费支出1634.2元,增长9.3%,其中,人均服装消费数量10.9件,增长6.1%,服装消费支出1268.3元,增长8.7%;人均鞋类消费数量2.8双,增长6.4%,鞋类消费支出314.9元,增长11.9%。城镇居民人均家庭设备用品及服务支出1254.7元,增长6.3%,增幅回落15.1个百分点。城镇居民人均医疗保健支出773.2元,与上年持平。城镇居民人均交通与通信支出2961.8元,增长19.9%,增幅提高7.5个百分点;汽车消费成为支撑城镇居民交通通讯支出增长的主要因素,城镇居民每百户购买汽车1.95辆,增长14.0%;人均购买家用汽车支出814.5元,增长49.3%;人均车辆用燃料及零配件支出518.0元,增长16.7%。城镇居民人均教育文化娱乐服务支出2104.8元,增长12.0%,增幅提高6.8个百分点,拉动消费支出增长1.4个百分点,其中,教育支出756.1元,增长20.2%;文化娱乐服务支出847.9元,增长15.7%。城镇居民人均居住消费支出1753.9元,增长5.5%,增幅提高2.0个百分点,主要受到住房装潢消费增长15.9%的拉动。城镇居民人均其他商品支出793.2元,增长18.9%。居民人均购买金银珠宝饰品支出人均为231.8元,增长54.3%。个人美容、养身方面消费增加。人均化妆品消费、理发洗澡费分别增长13.6%和26.3%。

耐用消费品拥有量。全年全省城镇居民每百户家庭拥有助力车43.9辆,增长13.9%;拥有汽车19.2辆,增长7.8%;拥有家用电脑109.1台、摄像机9.0架,分别增长5.9%和10.8%;拥有空调器199.8台、消毒碗柜50.2台、洗碗机1.0台,分别增长3.3%、3.1%和6.5%;拥有接入互联网的计算机91.8台,增长4.9%;拥有接入互联网的移动电话59.7部,增长20.3%。

居住条件。城镇居民人均住房建筑面38.2平方米,增长0.8%;单栋住宅比重为11.4%,提高0.6个百分点;商品房占51.2%,提高1.4个百分点;有装修的家庭所占比例为86.0%,提高1.3个百分点;有厕所浴室的比例达98.7%,提高0.3个百分点;99.5%的城镇居民家庭使用独用自来水,提高0.2个百分点。 (杨　威)

【农村居民生活】 收入水平。全年全省农民人均纯收入9967元,增加1189元,增长13.5%,扣除价格因素实际增长10.8%;收入水平连续20年居全国各省(市、区)第七位;增幅居东部地区11省(市)第三位;增收额比全国多249元。从收入来源看,农民人均工资性收入4474.5元,增加585.0元,增长15.0%;拉动农民收入增长6.7个百分点,对农民收入增长的贡献率达49.2%;工资性收入占农民收入的比重44.9%,提高0.6个百分点,其中:人均在本乡地域内劳动得到收入2962.9元,增长18.8%;人均外出从业得到收入1125.5元,增长9.1%;人均在非企业组织中劳动得到收入386.0元,增长6.0%。农民人均家庭经营纯收入4570.5元,增加475.7元,增长11.6%;拉动农民人均纯收入增长5.4个百分点,对收入增长的贡献率为40.0%,其中:人均第一产业纯收入2904.5元,增长7.7%;第二产业纯收入436.7元,增长13.3%;第三产业纯收入1229.4元,增长21.5%。第一产业收入中,人均来自农业纯收入1920.2元,增长7.8%;林业纯收入254.4元,增长20.9%;牧业纯收入347.5元,下降15.9%;渔业纯收入382.3元,增长30.6%。农民人均财产性收入319.8元,增长9.7%,其中:人均租金收入152.3元,增长23.0%;股息和红利收入62.49元,增长43.9%。农民人均转移性收入602.4元,增长19.8%。

消费水平。全年全省农民人均生

活消费支出7401.9元，增加861.0元，增长13.2%。农民人均食品消费支出3403.5元，增长12.2%，回落7.3个百分点；农民恩格尔系数为46.0%，回落0.4个百分点；人均蛋奶及其制品消费量11.1千克，猪肉消费量18.7千克，家禽消费量7.9千克，牛羊肉消费量0.9千克，鱼、虾、蟹、贝类水产品消费量17.4千克，水果消费量18.9千克。农民人均衣着消费支出471.4元，增长19.2%，其中人均购买服装支出354.2元，增长16.8%。农民人均交通通讯支出795.0元，增长9.1%。农民人均文教娱乐支出565.8元，增长11.7%。农民人均医疗保健支出380.6元，增长18.5%，其中：购买药品支出人均86.5元，增长0.3%；医疗费支出人均268.9元，增长24.9%。

居住条件。全年全省农民人均居住支出1165.8元，增长12.8%，其中：居住消费品支出700.8元，增长7.3%；居住服务性消费支出465.0元，增长22.4%。农民人均住房使用面积50.8平方米，扩大1.0平方米，增长2.0%。

耐用消费品拥有量。农民家庭设备用品及服务支出人均426.7元，增长19.5%。农民每百户拥有彩电137.6台，增长0.7%；空调52.7台，增长10.6%；电冰箱92.1台，增长4.1%；洗衣机69.6台，增长3.4%；热水器78.1台，增长6.0%；微波炉31.7台，增长3.0%；抽油烟机34.4台，增长4.9%；家用计算机36.2台，增长16.8%；手机241.2部，增长2.8%；生活用汽车6.3辆，增长13.0%。

（林际品）

就业与劳动

【就业】 2012年，全省城镇新增就业65.38万人，完成年度任务的108.97%；新增农村劳动力转移就业43.71万人，完成年度任务的109.28%；期末城镇登记失业率3.63%，控制在4.2%以内。城镇基本养老、城镇基本医疗、失业、工伤、生育参保分别达756.46万人、1262.92万人、459.12万人、540.42万人和483.32万人，全面超额完成目标任务。主动服务企业用工，以省政府办公厅名义出台做好用工服务8条措施，以奖代补，鼓励企业引工稳工。组织开展“就业信息帮你忙”、“诚信用工承诺”等具有福建特色的专项活动，扩大诚信用工承诺覆盖面，将活动范围延伸到工业、交通运输、住宿餐饮等多个行业。继续开展“春风行动”、“民营企业招聘周”、“海西招聘行动”等专项就业服务活动，为企业招工和求职者就业牵线搭桥。加大政策宣传落实力度，在全省范围内发放“就业政策明白卡”超过35万份。鼓励农村富余劳动力“人往沿海走”，出台山海劳务协作政策，推广政和县与石狮市对口劳务协作经验做法，通过山区、沿海市县结对子，帮助农村富余劳动力有序转移就业，增加农民劳务收入。强化省际劳务协作机制，分别与云南、贵州两省建立省际用工求职信息交流平台，实现在省外发布信息实时化、省外招聘常态化，节省企业跨省招聘和劳动者跨省就业的求职成本。强化公共就业服务，夯实就业信息化建设，公共就业服务信息系统覆盖至全省的所有设区市及各县（市、区）。健全就业援助信息管理制度，将援助对象的实名信息纳入公共就业服务信息系统，并建立健全跟踪服务与承诺制度。加强对特殊群体公共服务，将残疾人、退役军人、部队干部随军家属和刑释解教人员纳入公共就业服务体系，拓宽就业困难人员就业渠道。支持创业促进就业，组织实施为民办实事项目，开展创业培训3.15万人，发放小额（担保）贷款29.41亿元，实现创业1.57万人，带动就业5.56万人。成功举办全省首届创业计划大赛，在全社会营造自主创业氛围。积极开展创建创业型城市试点工作，有25个就业创业先进集体和个人受到国务院表彰，厦门、三明评为国家级创业型城市，受到国务院通报表扬。加大创业服务体系建设力度，组织开展全省首届创业计划竞赛，推动各地开展创业项目库开发、创业孵化基地建设。进一步健全公共就业服务体系，全省县以上公共就业服务机构已经全部纳入财政全额拨款事业单位或参公管理，乡镇（街道）、村（社区）劳动保障工作平台就业服务功能得到更好发挥。加快就业信息化建设，公共就业服务信息实现省、市、县三级联网，覆盖全省800多家企业和80多家培训机构，并建立1500多个公共就业信息系统专网服务点，布设500多台就业自助终端机，为劳动者提供“一点登录，全省查询”的跨地区就业服务。

【职业培训】 深入实施“高技能人才培养工程”，新建立100个“技能大师工作室”；出台《福建省高技能人才队伍建设中长期规划》，落实培训经费直补企业政策，进一步扩大紧缺技术工种免费培训范围，将紧缺技术工种免费技能培训范围扩大到设区市重点企业，开班培训4.1万人；退役士兵职业技能培训有序开展，22所承训学校组织近6000名退役士兵参训，人数较上年增长近2倍；举办“海西蓝领杯”全省职业技能大赛，加强岗位练兵，全年新增高级工8.82万人，技师、高级技师8060人。进一步开展闽台职业培训交流合作，继续组织实施“技工教育师资素质提升五年计划”，针对技工院校教师培训需求组织培训，组织开办高级管理人员及数控加工、汽车维修、模具等十多个专业的师资培训班，累计2700多名教师得到培训；率先在全国开展闽台合作家政服务人员高端培训，支持社会培训机构联手台湾家政职训机构共同对全省家政服务企业的骨干员工进行培训，已举办5期培训班，培训高端家政服务人员、养老护理人员300多名；探索引进台湾职业培训资源开展远程培训，在10多所职业院校试点的基础上，开发4门专业远程教育培训教材，已经被部确定为部颁教材。加强对台胞来闽鉴定指导工作，共接待7团6个职业（工种）193人次的台湾同胞来闽鉴定，促进两岸合作交流。大力开展职业技能鉴定，加强职业技能鉴定质量管理，开展职业技能鉴定所站质量示范评估工作，建立鉴定机构年检制度和“红黑榜”制度，加强题库开发建设，调动地方、行业参与题库开发积极性，利用培训经费直补企业政策积极推动职业技能鉴定进企业。全年职业技能鉴定57.74万人。

【劳动关系与劳动工资】 全面落实劳动合同制度，认真贯彻实施《劳动合同法》，制定适合各类企业特别是小微企业用工的简易劳动合同文本，推动简易劳动合同进劳动力市场和企业用工招聘会，将“劳动合同签订率”正式纳入政府绩效评估体系；开展“春暖行动”、“三项行动”专项督查，有力推动企业劳动合同制度的落实，全省各类企业劳动合同签订率 93.7%；用工备案企业 8.5 万户、职工 315 万人；集体合同覆盖 10.66 万户企业、532.81 万名职工；全省共有 19 个县（市、区）被评为省级劳动合同制度实施示范单位，28 个县（市、区）被评为省级劳动合同制度实施达标单位。深入开展和谐劳动关系创建活动；加强协调劳动关系三方机制建设，健全完善劳动关系和谐工业园区创建标准、制定劳动关系和谐乡镇（街道）创建标准，连江县经济开发区等 8 家工业园区为“2010—2011 年度省级劳动关系和谐工业园区”，推动各地开展新一轮和谐劳动关系工业园区的创建活动；全省已有 9 个市级、88 个县级、533 个街道（乡镇）建立了协调劳动关系三方机制；各级人社、工会、企联和工商联建立挂钩联系企业近 3000 家；全省已有 4 个国家级劳动关系和谐工业园区，55 个省级劳动关系和谐工业园区。加强企业工资分配宏观指导和调控，调整最低工资标准，平均增幅 11.5%；及时发布 2012 年企业工资指导线；加强对国有企业工资内外收入检查；稳步推进集体协商和集体合同制度，全年经人力资源社会保障行政部门审核通过当期有效集体合同 4.41 万份，覆盖企业 10.66 万家，涉及职工 532.81 万人。帮助企业健全规章制度，引导企业规范用工、诚信用工，确定合理的劳动报酬，推动小微企业开展集体协商。率先在福州、泉州两地选择纺织、电子、服装、制鞋 4 个行业 50 家企业建立企业人工成本信息监测点，动态掌握企业人工成本变化情况，指导企业合理确定劳动报酬。

【劳动争议仲裁】 进一步完善劳动争议调处机制，继续开展企业劳动争议预防调解示范工作，推动乡镇街道调解组织建设，50%以上小额、简单争议通过调解化解在基层，全年共处理劳动争议案件 24930 件，立案受理案件 12512 件，涉及劳动者 28626 人，仲裁结案率位于全国前列，达到 96.82%。强化基层调解组织建设，至 2012 年底，全省 1032 个乡（镇）、街道中已有 911 个建立乡（镇）、街道劳动争议调解组织，组建率达 88.28%，远远高于全国 50%的平均水平，厦门、泉州、宁德等地市组建率达到 100%。推进仲裁队伍专业化、职业化，全省共配备专职仲裁员 167 人、兼职仲裁员 507 人，总计 674 人。逐步改善调解仲裁机构办案条件，全省共建成 103 个仲裁庭，其中达标仲裁庭 91 个，福州市、厦门市办案场所实现“一间房到一层楼”的快速发展。

【劳动监察】 会同有关部门开展解决企业工资拖欠、劳动用工等专项检查，涉及用人单位 3.02 万户、涉及劳动者 166.27 万人；接受投诉举报 1.86 万件，共办结案件 1.71 万件；督促补签劳动合同 41.07 万份，解决欠薪 6.64 亿元；督促 717 家用人单位办理社会保险登记，涉及劳动者 1.90 万人。严厉打击恶意欠薪违法犯罪行为，全年全省劳动保障监察机构共向公安机关移送案件 36 起，龙岩市、泉州市、南平市、厦门市共审判 7 起。全年审查 444 家企业，对 7 家有违法的企业提出不予评选意见。劳动保障监察“两网化”工作取得新成效，全省 99%的市、县（区）开展网格化管理工作，共建立网格 14219 个，采集用人单位信息 235038 个，全省已有 68 个县市区通过网格化考评验收。 （林　达）

社会保障

【城镇企业职工基本养老保险】 巩固完善基本养老保险省级统筹机制，改革基本养老金计发办法，规范经办流程和标准，提高管理水平；继续调整企业退休人员基本养老金，2012 年月人均增加养老金 240 元，月人均养老金达 1647 元，增幅 16%，高于全国平均水平；企业离退休人员养老金 100%按时足额社会化发放。加大企业基本养老保险省级统筹基金调剂力度，稳步增强基金统筹能力，截至年底，企业基本养老保险参保人数（含离退休）达 672.94 万人，企业基本养老保险基金总收入 231.37 亿元（其中征缴收入 221.25 亿元），企业基本养老保险基金当期结余 37.22 亿元，累计结余 170.23 亿元。推广企业年金制度，形成“政策支持、企业自主、市场运作、政府监管”的格局，全省 4932 家单位建立企业年金，基金规模达到 58 亿元，参加企业年金的职工达 31 万人，已有 1.4 万人开始领取企业年金。基本解决养老保险历史遗留问题，继续推进城镇未参保职工通过补缴养老保险费纳入基本养老保险工作；解决华侨农场超龄未参保人员及归难侨人员养老保险问题和未参保高龄职工老年生活保障；配合省国资委等部门，解决厂办大集体企业职工养老保险待遇问题；全省有参保意愿的宗教教职人员全部参加基本养老保险；及时发放县以上无力参保集体企业退休人员老年生活保障金，已审核批准为 1.65 万名退休人员发放老年生活保障金，累计发放 1.34 亿元。通过各项制度的落实，福建省已形成以老年生活补助为保底层、以基本养老保险为主体层、以企业年金为补充层的多层次养老保障体系，养老保险管理服务体系基本建立，形成以各级社会保险经办机构为主干、以银行及各类定点服务机构为依托、以社区劳动保障工作平台为基础的养老保障管理服务组织体系和服务网络，并逐步向乡镇、行政村延伸。全省已有 93.83 万名企业退休人员纳入社会化管理，社会化管理率达 95.71%，其中 84.76%的企业退休人员纳入社区管理。开通全省统一标准的“社会保险网上公共服务平台”系统，全省通过“福建省社会保险网上公共服务平台”注册用户达到 10 万户以上，每日登录查询信息、提交咨询的访问量近万人次。

【机关事业单位养老保险】 严格按照政策规定和经办流程，着力抓好基金征缴，严格审核离退休人员待遇支付标准，及时完成执行企业养老保险制度退休人员的待遇调整，全面确保离退休人员养老金按时足额发放，离退休人员养老金社会化发放和养老金领取资格认证工作进一步开展。全省共有参保单位19724个，参保在职人数60.4万名(其中执行机关事业养老保险制度48.53万名)，参保离退休人员22.14万名(其中执行机关事业养老保险制度21.23万名)。认真做好广电网络、稽征系统税费改革、文艺院团等单位改革的养老保险配套服务工作，及时研究解决涉改人员养老保险关系平稳衔接问题，促进各项改革工作顺利开展。省级举办两期机关事业养老保险新政策与业务培训班，共有近400名参保单位经办人员和各经办机构工作人员参加培训，重点讲解社保关系转移接续、社会保险登记和年检、退休人员生存确认和报盘软件操作应用等业务。

【城乡居民社会养老保险】 全年全省城乡居民参保1446.05万人，参保率达93.15%；城乡居民社会养老保险基金收入49.64亿元，城乡居民社会养老保险基金支出27.17亿元，城乡居民社会养老保险基金当期结余22.46亿元，累计结余45.68亿元。有39个县提高基础养老金标准；22个县完善多缴多得机制；43个县建立长缴多得机制；8个县建立丧葬补助制度；34个县提前实施城乡居民一体化工作。省、市、县、乡四级全面做到专网连接，基本实现信息化管理；绝大多数县级服务窗口按照标准化要求建设，窗口服务能力大大增强；档案达标验收扎实推进，已有25个县通过验收；实现新农保金融服务不出村，在村部或村民活动集中的小卖部、电信代办点布设村级金融服务便民点，标明服务内容，公布热线电话，全省(不含厦门市)各县级新农保合作金融机构共设置营业网点、汇兑网点2063个，10790个村级金融服务便民点开通使用，开通率99.4%，参保人员不出村就能参保缴费和领取待遇。进一步落实被征地农民养老保障制度，大力推动被征地农民养老保障政策的落实，全省87个县(市、区、开发区)全部出台实施办法，86个县(市、区、开发区)启动被征地农民养老保障金发放工作；严格做好被征地农民社会保障措施落实情况审核，审核征地项目27宗，确保重点建设项目顺利实施。

【医疗保险】 全年全省城镇基本医疗保险参保1262.92万人，参保率达96%，其中职工参保666.3万人，初步形成既有参保补助，又有大额医疗费用补充保险的多层次的医保体系。全省城镇职工医保统筹基金收入163.27亿元，支出123.22亿元，当期结余40.05元，历年累计结余237.29亿元；城镇居民医保统筹基金收入13.33亿元，支出11.59亿元，当期结余1.74亿元，累计结余9.32亿元。基本解决医疗历史遗留问题，率先解决了关闭破产国有、集体企业退休人员近55万人参加医保问题，并建立了困难企业参保的财政补助长效机制；将县以下城镇集体企业(含关闭破产和经营困难)职工和退休人员约3.53万人纳入医疗保险范围，维护了职工权益和社会稳定。城镇居民基本医疗保险政府补助标准240元，城镇职工和城镇居民住院医保报销比例提高到86%和70%左右，最高支付限额分别达到当地职工年平均工资和当地居民可支配收入的6倍。全面推进门诊统筹，特殊病种从14个增加到23个；8个设区市开展城镇居民普通门诊统筹；4个统筹区开展城镇职工普通门诊统筹，探索从“个人账户管门诊”转到普通门诊费用统筹，通过统筹共济方式来降低门诊个人费用；6个设区市在全国率先开展城镇居民大额医疗费用补充医疗保险工作。付费方式改革稳步推进，探索实施复合式付费方式，厦门、福州、三明、龙岩、莆田、泉州、南平7个设区市出台付费方式改革的实施意见；暂未出台方案的设区市也选择公立医院改革试点的县级医院开展付费方式改革。全省医保定点医疗服务机构达4603家，服务网点延伸到乡镇和社区；做好医保关系转移接续工作，完善异地就医管理，积极探索制定跨省异地就医委托结算管理办法。推进社会保障卡项目建设，健全社保卡管理制度，共制发3320万张，约占全省人口总数的90%。发挥医疗保险在医改中的基础性作用，完善差别支付机制，落实基本药物“零差率”和一般诊疗费支付政策，将调整后的医疗技术服务收费按规定纳入支付范围。

【失业保险】 落实失业保险金发放标准与最低工资和物价上涨挂钩联动机制，全年发放失业保险金临时价格补贴307万元。落实领取失业金人员参加职工医保政策，为符合条件的近8万人缴交医保费7800万元。全年全省失业保险参保人数459.12万人(其中农民工参加失业保险人数146.99万人)，领取失业保险金人数4.61万人；失业保险基金收入22.65亿元(其中征缴收入21.14亿元)，失业保险基金支出7.90亿元，当期结余14.75亿元，累计结余82.90亿元。

【工伤保险】 全年全省工伤保险参保人数540.53万人，其中农民工参保251.62万人；工伤保险基金收入11.78亿元，工伤保险基金支出6.65亿元，工伤保险基金当期结余5.13亿元，累计结余32.64亿元。进一步落实老工伤人员纳入工伤保险统筹管理工作，联合对全省实施情况开展检查，全省有15719名老工伤人员纳入统筹，参保资金由基金、企业趸缴、调剂金、财政补助等多渠道筹集，已累计下拨省级补助资金1.3亿元。做好事业单位参加工伤保险工作，出台《关于事业单位工作人员参加工伤保险有关问题的补充通知》，明确事业单位工伤保险原则上统一由一家经办机构经办，工伤保险参保登记、费率标准、缴费流程和基金管理等与企业职工工伤保险执行相同的制度。

【生育保险】 继续落实生育保险扩面目标责任制，进一步落实生育保险待遇，扩大生育保险覆盖面，保障参保职工权益。全年全省生育保险参保484.27万人，其中：企业424.62万人，机关事业单位59.65万人，参保率达90%以上；生育保险基金收入7.96亿元，生育保险基金支出5.85亿元，基金当期结余2.11亿元，累计结余14.06亿元。 (林 达)

社会救助

【城乡低保】 2012年，农村居民最低生活保障标准从每人每年1200元提高到1800元。全省所有县(市、区)均完成城乡低保提标任务，切实保障困难群众基本权利。全省纳入城市居民最低生活保障168931人，城市低保平均标准达324元，提高50元；人月均补助227元，提高13.5%；全年支出城市低保金4.68亿元，增加7.6%。全省纳入农村居民最低生活保障736821人，人月均补助123元，提高31.4%；全年支出农村低保金10.9亿元，增加32.9%。继续做好节前城乡困难群众生活补贴发放，对城市低保对象按每人300元、农村低保和农村五保对象按每人200元发放元旦春节生活补贴。

(吴艺林)

【农村五保供养】 全省农村五保供养对象91377人，其中：集中供养9478人，集中供养率达10.4%，集中供养平均标准为4150元/年；分散供养81899人，分散供养平均标准为3610元/年。全省人月均供养补助水平269元，提高20.1%，全省全年支出五保供养金2.95亿元，增加18.9%。全省百所乡镇敬老院建设继续列入省委、省政府为民办实事项目。全省现有乡镇敬老院634所，拥有床位约2.5万张，有127所完成事业法人单位登记。创新开展“爱心志愿行·情牵敬老院”活动，全省有486所乡镇敬老院与爱心企业和社会组织实现挂钩帮扶，开展志愿服务活动约970次，参与志愿者约1.52万人次，累计物资捐赠折合人民币约160万元，现金帮扶约235万元。

(吴艺林)

【救灾救济】 全年全省共下拨中央及省级救灾资金1.56亿元，调运发放救灾棉被1.6万床、毛巾被3000条、帐篷1000顶、棉衣及绒衣裤各2.3万套，启动农房保险理赔资金2640万元。避灾点标准化建设有序推进，首次争取国家发改委中央预算内资金800万元，补助全省266个社区自然灾害避灾点建设；建立200个省级避灾示范点和266个中央预算资金避灾点管理档案，探索制定的《自然灾害避灾点管理规范》标准，已被列入2013年民政部行业标准制定计划。基层综合减灾能力建设不断加强，协调安排380万元专项资金补助各设区市和20个县级民政局购置救灾装备；编印下发《村级灾害信息员手册》2万本，开展村级灾害信息员业务培训，33个城乡社区被评为“全国综合减灾示范社区”。以“5·12”防灾减灾日为契机，围绕“弘扬防灾减灾文化、提高防灾减灾意识”的主题，全省开展内容丰富、形式多样、遍布城乡的宣传教育活动和应急演练，共印制并悬挂防灾减灾知识宣传挂图5000多套、宣传标语500多条，发放防灾减灾知识手册近3万本，39个“全国综合减灾示范社区”、50多个灾害多发乡镇、135所中小学校组织开展紧急避险转移及救灾应急演练，防灾减灾意识进一步深入人心。

(刘 灵)

【医疗救助】 全年全省共筹集救助基金2.22亿元，其中：省级财政补助1.48亿元，地方财政配套7400万元。共支出救助基金2.59亿元，占基金筹集总额的116.7%，增长37.7%，其中：资助医疗救助对象100.3万人参加新农合；救助302931人次，增长44.7%。提高救助标准，救助对象政策范围内住院自付医疗费用救助比例均已提高到60%以上。全面实现医疗救助城乡一体化，统一救助范围、统一救助标准、统一救助服务。加快医疗救助“一站式”即时结算服务推广使用，简化救助手续，提高救助效率。农村医疗救助“一站式”即时结算服务已在全省基本实现全覆盖；城市医疗救助“一站式”即时结算服务已在南平、莆田、福州、三明使用。全面开展提高农村居民重大疾病医疗保障水平工作，保障病种在儿童白血病和先天性心脏病基础上，新增终末期肾病、重性精神病等6类病种。治疗费用由新农合、医疗救助基金、患者家庭共同承担。新农合基金支付定额标准的70%，患儿家庭支付定额标准30%；符合农村医疗救助条件的，医疗救助基金支付定额标准的20%，患者家庭支付10%。医疗救助金额不受各地医疗救助封顶线限制，不计入当地个人年度医疗救助封顶线。同时增加儿童急性白血病和先天性心脏病定点救治医院，提高治疗限定费用标准，完善救治实施程序。

(林晓渊)

【救助管理】 全年全省共有71907人次到救助管理站求助，经甄别后，实际救助71803人次，其中未成年人2797人次。全省各级财政共投入9798.71万元，其中：中央财政补助4252万元、地方财政安排5546.71万元。开展以“保护儿童，告别流浪”为主题的“接送流浪孩子回家”专项行动，全年共接送流浪孩子回家395人次，基本实现城市街面无流浪未成年人的目标。开展救助管理机构等级评定工作，全省有5个单位评上国家等级站，其中厦门市救助管理站评上国家一级站，漳州市救助管理站、三明市救助管理站、南平市邵武救助管理站、永安市救助管理站评上国家三级站。全年共妥善安置无法查明户口所在地的流浪乞讨人员421人。开展“寒冬送温暖”救助行动，全年共为流浪乞讨人员提供御寒衣被2000多件。加强救助管理机构建设，实现救助网络全省覆盖，全省救助站(点)数量已达到75个。

(甘建意)

拥军优属

【双拥】 2012年，福州市等18个市(县)被授予全国双拥模范城(县)称号，成为全国唯一的所有设区市连续三届“满堂红”的省份。全省共投入近9亿元支持部队各项建设，在支持配合部队军事斗争准备、保障部队训练演习，在科技拥军、“四项拥军工程”等方面，帮助驻闽部队进一步完善基础设施、训练设施、文化设施和生产生活设施项目，促进部队全面建设。驻闽部队积极参与地方经济社会建设，各部队共投入20多万个劳动日，动用车辆机械9000多台次，支持重点建设项目500多个，整治河道海堤26千米，修路造渠85千米，植树造林4666.67公顷；各部队主动承担地方急难险重任务4900多次，出动官兵10万多人次，车辆机械7700台次，参加抢险救灾转移群众16万人，清运淤泥2000多方。

（洪道庆）

【优抚】 全年全省共有享受抚恤补助的优抚对象194684人，其中：伤残人员12443人、“三属”13454人、“两红”679人、在乡复员军人26405人、带病回乡退伍军人10778人、“两参”退役人员员35875人，农村籍退役士兵89713人，部分老烈士子女（含建国前错杀后被平反人员子女）5337人；有优抚事业单位60所（包括1所优抚医院、59所光荣院），列为县级以上保护单位的烈士纪念建筑物127处，散葬烈士墓15489座，零散烈士纪念设施226个。按照现行标准和政策规定，全年下达各类优抚对象抚恤补助资金59302万元，其中：中央财政43004万元，省级配套经费16298万元；医疗补助经费6624万元，其中：中央财政3943万元，省级配套经费2681万元；城乡困难群众生活补贴3576万元（中央财政）；特困优抚对象住房补助40万元（省级财政）；光荣院集中供养的孤老优抚对象伙食费补助（省级负担部分）328万元。受理申报评残人员119名，审批符合条件的65名，完成311名伤残军队退伍军人、转业军官、离退休干部的换证及30名伤残优抚对象的换证补证工作。中央和省里先后投入1631万元，用于支持全省烈士纪念设施及优抚事业单位维修改造和专项建设，其中：中央财政350万元，省级财政481万元，省级福彩公益金800万元；下拨专项补助经费1938万元，用于对零散烈士纪念设施实施抢救保护，其中：中央财政1604万元，省级财政配套经费334万元。（卢六周）

【安置】 全年全省共接收退役士兵15205名，其中：自主就业的退役士兵14821名，安排工作的转业士官384名。中央和省级财政向全省下拨4575万元自主就业地方经济补助经费，转业士官安排工作率达99%，退役士兵安置率达99%。退伍军人培训中心进军营对即将退伍的和退伍后的士兵进行就业指导和职业技能培训，引导退役士兵转变择业观念、提高市场就业竞争力，有6012名退役士兵参加免费职业技能培训。完成军休干部安置去向审定、接收安置工作，军休干部安置去向审定130人（其中退休士官7人），接收安置军休干部165人（其中退休士官13人），超额完成中央下达的接收安置任务。完成第二批697名军休干部住房保障经费的测算上报工作。

（陈晓丹）

民族宗教事务

【民族事务】 2012年，实施“民族乡村特色经济发展扶持增收工程”，集中1060万元扶持106个民族村发展特色经济，重点支持“一乡一优势产业、一村一优势产品”发展项目，着力促进农民增产增收。争取国家民委下达资金2544万，增长21%，其中支持民族特色村寨建设资金增长40%；争取国家发改委下达扶持高山族聚居区建设资金1200万，增长300%；截至年底，落实帮扶资金8013.5万元，重点支持96个项目，拉动社会投资1.5亿元。推动出台省政府《关于贯彻落实少数民族事业“十二五”规划的意见》；将11个少数民族特色村寨保护与发展试点工作列入省“少数民族文化‘双十一’繁荣发展工程”项目，下拨700万元重点支持；上金贝村成为福建省新农村建设示范村；民族歌舞剧《海歌山魂凤凰情》进京参加第四届全国少数民族文艺会演，荣获创作金奖，同时获最佳节目奖、最佳演员奖、最佳舞美奖、最佳新人奖等7个单项奖；协调宗教界捐资600万元，支持5所少数民族农村学校建设；协调宁德师范学院新开设民族预科班和民族班；协调培训少数民族农村实用技术人才450名。全省确定20个民族村和20个社区作为民族团结进步创建活动的试点单位，制定下发《福建省民族团结进步创建活动试点社区创建办法》和《福建省民族团结进步创建活动试点民族村创建办法》，加强对试点工作的指导；在民族团结进步宣传月中，全省组织宣传活动396场次；发放宣传材料10万多份，发送宣传短信25万多条；有6万多名各族干部群众到教育基地、博物馆参观学习；组织宁德畲族歌舞团深入7个民族乡村巡回演出；组织慰问少数民族贫困群众766人次，发放慰问品、慰问金30多万元；协调捐资36万元资助120名少数民族贫困学生上大学；安排专项资金358万元，补助少数民族1333户5593人实施“造福工程”；安排专项资金600万扶持人口较少民族高山族群众发展特色优势产业、改善生产生活条件和扶贫解困。热情接待165人的全国少数民族参观团和36人的新疆少数民族参观团。南平积极做好新疆籍23位大学毕业生实习服务工作。

【宗教事务】 认真组织全省宗教活动场所财务监督管理验收工作。对全省依法换证场所6237处寺观教堂的财务工作组织全面验收，有6093处场所参加自评验收，有4002处场所接受省市县区三级宗教工作部门的抽查验收，9个设区市、18个县（市、区）的验收工作接受省民族宗教厅检查。继续做好教职人员认定备案和社保工作；天主教教职人员认定备案工作全面完成；基督教相关教职人员认定工作取得突破性进展；下发《关于进一步解决宗教教职人员社会保障问题的通知》。举办首期全省民族宗教执法50人培训班，组织参加全省行政强制法讲座与培训，受理并办结行政许可事项89件。落实应急维稳“零报告”制度和“处置民族与宗教突发性事件和群体性事件应急预案”。开展以“慈爱人间、八闽五教同行”为主题的“宗教慈善周”活动；全省各级宗教团体、宗教活动场所共募集善款3100多万元，开展扶贫、济困等各种公益慈善活动460多场次。开展“宗教政策法规学习月”活动，全省各地共制作悬挂横幅和宣传标语3500多幅（条），普法宣传专栏800多期；发放宣传手册、传单7万多份；举办各种培训、讲座600多场，受训人员2.2万人次。开展以“安全年”为主题的“和谐寺观教堂创建”活动，指导全省性五大宗教团体联合下发《福建省宗教活动场所“安全工程”指导意见》，在全省推动建立“场所负责、团体指导、政府部门监督检查”的安全责任工作机制，确保宗教活动场所安全稳定。指导全省性各宗教团体分别举办以“清净·和合”为主题的佛教讲经交流会、以“爱国爱教尊道贵德”为主题的八闽道教巡讲活动、以民主办教为主要内容的中国天主教本地化神学研讨、以“和谐、奉献”为主题的基督教神学思想建设研讨，伊斯兰教在各清真寺宣讲《新编卧尔兹演讲集》。举办40人的全省性宗教团体负责人培训班；举办首期132名道教教职人员继续教育培训班，指导各地道教培训391人；指导天主教、基督教举办3批教职人员培训共150人次。（黄淑萍）

库区移民

【移民安置】 2012年共完成莆田乌溪水库等12个水利水电工程建设征地移民实物调查大纲（细则）审查，尤溪兴头水库等5个水利水电工程移民安置规划大纲审批，明溪黄沙坑水库等8个水利水电工程移民安置规划审核工作，涉及7个设区市、18个县（区、市）、50个乡镇、190个行政村，合计拟搬迁移民人数5455人，生产安置人数23808人，征收耕地574.5公顷，拆迁房屋457151平方米。完成棉花滩水电站库区遗留问题处理及概算调整报告预审工作；加快推进漳平华口、寿宁牛头山、永泰界竹口等水电站库区移民安置补偿费用概算调整工作；组织完成仙游抽蓄电站、漳平华口水电站和南平五星桥水库等3个水利水电项目的阶段性移民安置验收，共清理拆除各类建（构）筑物16591.89平方米，清理验收面积4.7平方千米。对17个在建大中型水库、堤防和调水工程建设征地移民安置工作进行专项检查，派出5个工作组分别对11个在建水利水电工程移民安置工作进行驻点跟踪和监督评估，确保移民安置规划有效实施。

【移民资金扶助】 人居环境有效改善，全年投入资金8552万元，实施项目488个，硬化村内房前屋后巷道95.03万平方米；投入资金2827万元，实施项目162个，清理整治移民村排污沟渠120千米，新建排洪沟2157米，建设库区公厕79座；投入资金2648万元，在147个移民村的主干道安装路灯8828盏；投入资金1500万元，在105个移民村新建休闲公园20万平方米，组织实施村旁、路旁、水旁、宅旁等“四旁”绿化1.272万平方米。生产开发多措并举，投入资金9118万元，在22个库区县（市、区）实施一批以工业标准厂房、旅游配套设施、商业店面等为主要内容的库区资产型生产开发项目，通过资产租赁增加移民的财产性收入；在7个设区市9个县（市、区）开展移民创业小额贷款贴息试点工作，投入资金413万元，对790户移民小额贷款提供国家同期基准利息补助，扶持移民创业发展；投入资金3500万元，建立食用菌、油茶林、花卉等农业产业化示范基地25个；投入资金6481万元，实施库区生产区道路、农田水利等基础设施建设项目278个；投入资金1000万元，对古田溪水库库区进行坡耕地综合治理，完成果园坡改梯668.27公顷、改善耕地灌溉条件87.4公顷；投入资金1192万元，举办移民职业技能培训90期，培训移民3565人，举办实用技术培训169期，培训移民10409人次。全年全省库区移民人均纯收入9017元，比上年增长16.2%，增收1257元。文化建设扎实推进，投入资金4120万元，在移民村建设移民文化活动中心51座，总建筑面积2.55万平方米；投入资金88万元，在全省已建成的库区移民文化活动中心配套建设“移民书屋”44个，每个书屋藏书2000余册；投入资金700万元，为70个已建成的库区移民文化活动中心添置电脑、音响、健身器材等文体设施。扶助力度不断加大，投入扶助资金2102.9万元，实施通村道路项目103个，解决了227个小型水库移民安置村的出行问题；投入扶助资金200万元，实施小型水库移民安置村饮水安全项目18个，解决了1.28万移民群众的饮水安全问题；投入扶助资金1034万元，实施环境整治项目63个，改善了96个小型水库移民安置村群众的生活环境。“两金”政策得到落实，全省51个有三峡移民安置任务的县（市、区）顺利完成了三峡移民新增土地补偿金和生产安置费补差资金拨付工作，政策兑现率100%；全省共实施“两金”扶持项目259个，其中：整修住房项目125个，购买生产资料项目59个，创办小微企业项目44个，修建生产设施项目27个，其他项目4个，促进了三峡移民稳定和发展。困难群体保障有力，省政府印发《关于继续扶持水口水电站库区发展的通知》，将水口库区优惠政策延长至2017年底，促进了库区发展和稳定；在全省511个库区乡镇（街道）、2012个移民村（居）开展大中型水库农村移民特殊困难群体调查，为解决特困移民生产生活突出问题打下基础；投入解困资金330万元，慰问帮扶困难移民；安排应急资金1600万元，加快库区灾后重建步伐；安排资金8547万元，实施库区生产开发、环境整治等项目29个，推进古田、顺昌扶贫县库区经济社会发展。

【移民资金监督管理】 管理制度不断完善，集中4个月时间，组织开展全省移民资金大检查，共检查2007年以来全省各类移民资金64.46亿元，项目10300多个，促进了移民资金安全高效运行；下发《关于大中型水库库区基金征收工作有关问题的通知》，加快解决部分地方供电局（公司）和地网结算的电站企业不及时执缴库区基金问题，全年共征收库区基金13066万元。管理水平不断提升，及时增补大中型水库移民后期扶持规划项目341个，调整变更项目112个，加强规划管理；对拟列入水库移民后期扶持扶助年度计划的1819个项目进行审查把关，加强计划管理；制定《2012年福建省大中型水库移民后期扶持资金预算安排意见》，细化资金支出计划，加强预算管理；对移民村环境整治等5大类项目资金补助标准进行修订，加强项目管理。监管方式不断优化，对14个县（市、区）开展大中型水库移民后期扶持规划实施情况稽察，出台了《福建省库区移民工作稽察问题整改情况评审办法》，规范稽察问题整改工作；采取送达审计、就地审计、延伸审计等方式，拓展内部审计的广度和深度；采取在线监控、全员监控的措施，加强对移民专户资金收支、拨付情况的日常监督；委托省调查总队在13个库区移民重点县中抽取500个样本户，开展移民收支情况调查，提高监测评估质量。

（黄庆生）

老区建设

【老区优惠政策】 中央财政新增安排福建省财力补助3亿元，安排福建省中央苏区财力补助8.446亿多元。安排福建省革命老区彩票公益金1亿元，全部用于支持全省7个原中央苏区县和6个革命老区县的相关项目。水利部补助福建省水利建设47.28亿元。全省老区全年共争取中央预算内资金96亿元。省老区办会同省财政厅下达老区扶建资金3155万元，扶建项目涉及70多个县（市、区）的老区乡村。

【优待抚恤】 会同省财政厅下达提高全省革命"五老"人员的生活定补标准，在原有的基础上每人每月增加40元（现省定标准为每人每月540元），及时下达革命"五老"人员生活定补和医疗补助经费，帮助解决革命"五老"人员困难，并在节日走访慰问革命"五老"人员，及时发放一次性补助。在春节前，给每个革命"五老"人员发放一次性的生活补贴360元，共下达资金671万元。

【老区培训与服务】 搞好老区农民"农函大"和老区实用技术培训工作。继续与省科协共同组织开展"农函大"等老区农民实用技术培训工作，全年全省已举办150期农村实用技术培训，培训老区农民6150人，提高老区部分农民的科学知识和文化素养。协调省老促会、省老科协、省扶贫基金会和省妇联等单位，在苏区老区建宁、罗源、霞浦县等举办3场"送医、送科普、送健康"惠民义诊活动。开展"院士专家科普报告团"老区行活动，会同宁德市科协、宁德市老区办协调组织科普专家在蕉城、霞浦、柘荣等老区县，开设6场报告会，参加人数达1300多人。会同省财政厅下达老区科技示范项目和老区革命遗址维修专项资金各300万元，督促做好36个（处）老区革命遗迹遗址维护维修项目，组织全省老区在51处老区革命遗址上挂《福建老区革命遗址》牌。 （罗茂松）

人口和计划生育

【依法管理创新】 制定下发《福建省人口和计划生育工作分级分类动态管理办法（试行）》、《"生育文明·幸福家庭"促进计划考核指标及评分标准》等文件，对市、县（区）人口计生工作的考核评估实行分类管理、分级考核、分别奖惩。表彰了2012年度人口计生工作成绩较为突出的6个设区市，通报了2012年度6个县（区）退出重点管理、7个县（市）退出重点治理，以及2013年度4个县列入重点管理和4个县（市、区）列入重点治理，全省"国优"、"省优"单位分别新增7个和2个，比例分别达60.92%和95.4%。配合完成《福建省人口与计划生育条例》的修订工作，取消了生育间隔期强制性规定，大幅提高对计生家庭的奖励扶助标准。制定出台生育服务证办理便民新措施，落实首问责任制、实行个人承诺制、推行委托办证制、提供送证上门、缩短审批时间等。制定依法行政工作责任追究若干规定，重点治理社会普遍关注、群众反映突出、问题性质严重的违法行政行为。全年行政侵权类信访案件48件，没有发生重特大违法行政案件。全省有13个和100个乡镇（街道）分别获得国家级和省级依法行政示范乡镇（街道）荣誉称号。严格把好村级组织换届和各级人大代表、政协委员候选人计生政策把关，全省共有5006名村两委候选人因违反计生政策被否决。

【惠民帮扶】 实施"生育文明·幸福家庭"促进计划。联合省直21个部门制定并组织实施流动人口家庭发展、计生家庭养老扶助、生殖健康、幸福家庭家家秀等五大促进行动方案，福建省被列为全国创建幸福家庭试点省份。组织实施提高计生家庭特别扶助金、独生子女父母和生育两个女孩后农村夫妇一次性奖励金标准、扶持农村计生困难家庭创业就业、造福工程等省委省政府为民办实事项目，独生子女伤残或死亡家庭补助标准比国家高出2倍，走在全国前列。加快推进计划生育服务机构的规范化、标准化建设，2012年有22个县、乡服务站（所）达到省级示范标准，有203个服务站（所）晋级，全省县级以上服务站、乡镇服务所合格以上等级分别达到97.8%、98.4%。

【综合治理】 全面推进孕前优生项目工作，配齐配强服务设备和技术人员，健全质量管理制度，提高项目公信力和参与率，共检查52.88万人，人群覆盖率96.58%，超出计划数近17个百分点，保持全国领先水平。治理出生人口性别比问题。全省"两非"案件立案2098件，结案2020件，结案数较上年增长1.83%。泉州市列为全国八个促进社会融合试点单位之一，全省均等化服务试点县（市、区）占44%。加快人口信息化建设步伐。以全员人口服务与管理信息系统为核心，打造"一库三网四平台"的计生多应用系统集成模式，构建人口信息综合服务平台。以省人口计生干校为基础，整合网站、内刊等资源，筹备成立省人口发展研究中心。 （吴宏才）

婚姻家庭

【婚姻登记】 2012年，全省国内居民结婚登记368770对，比上年下降1%；离婚登记55500，提升15.89%；涉港、澳、台、华侨居民结婚登记5147对，其中涉台婚姻登记2795对，下降19.3%；涉外婚姻结婚登记5681对，上升21.9%。4月1日，福建省地方标准《婚姻登记服务规范》颁布实施，这是全国第一个婚姻登记服务类地方标准。5月31日，省编办批复成立福建省海峡两岸婚姻家庭服务中心，福建成为全国第一个建立两岸婚姻家庭服务中心的省份。6月18日，第四届海峡论坛首届两岸婚姻家庭论坛隆重召开，以"关怀两岸婚姻、共建美好家庭"为主题，紧扣两岸婚姻家庭民生议题进行广泛交流和研讨。福州马尾区、罗源县、宁德福安市、泉州鲤城区、三明大田县民政局5个婚姻登记机关被民政部评为全国婚姻登记标准化建设3A单位。全年共办理中国公民收养登记 1128 件，比上年下降 16.8%；外国人收养登记 65 件，下降 27.8%。

（连　峰）

【家庭】 制定实施《福建省关于指导推进家庭教育的五年规划（2011～2015 年）》，确定未来 5 年家庭教育总体目标任务、保障措施。举办家庭教育公益大讲堂、家庭教育沙龙 1410 场，受惠家长近 38 万人次。创新“网上家长学校”、家庭教育 QQ 群等工作新平台。开展福建省十大孝敬之星、省级五好文明家庭评选表彰活动，在全社会倡导有道德有责任的婚姻家庭观念。在东南网、“@闽姐姐”微博推出“有道德才有温暖的家”“爱家庭·廉政新春大家谈”“新春佳节侃侃枕边风”等微访谈。召开“廉政文化进家庭”工作会议，推进廉政文化“七进”工作。举办廉政文化讲座和反腐倡廉形式报告会，组织学员赴榕城监狱防腐倡廉教育基地参观。加强“廉政文化进家庭”工作调研，选取莆田市秀屿区妇联“廉政文化进家庭”工作为全省廉政文化建设联系点。推出仙游县组织部由县妇联考核领导干部“家庭美德”的创新经验。召开平安家庭创建领导小组会议，与有关单位联合开展“三八妇女维权周”、“守护平安·干净社区”、“家庭拒绝邪教”等活动。启动“2012 禁毒宣传·千场电影进社区”活动，直接受众达 30 万人次以上。举办“幸福婚姻讲堂”进高校、军营等系列活动，宣传正确的婚恋观。全省“平安家庭”建设知晓率、满意率和参与率得到大幅提升。

（徐西朋）

社会人群

【妇女儿童】 2012 年，省级人大代表中女性 139 人，比重占 24.9%。省级政协委员中女性 128 人，占 17.3%。全省省（部）级女领导干部 6 名，占同级干部总数 13.64%；地（市）、厅（局）级女干部所占比重为 14.17%，其中正地（厅）级所占比重为 11.22%；县（处）级女干部所占比重为 16.84%，其中正县（处）级所占比重为 15.26%。省级党委、政府领导班子中女干部配备率均达 100%，地级党委领导班子中女干部配备率达 88.89%，地级政府领导班子中女干部配备率达 100%，县级党委领导班子中女干部配备率 90.48%，县级政府领导班子中女干部配备率 96.43%。居民委员会成员中女性比重达 64.8%，村民委员会成员中女性比重为 29.5%，其中村委会主任中女性占 3.0%。全省就业人员中女性 1102.5 万人，比重占 42.9%；城镇单位女性就业人员 246.8 万人，比重占 38.7%。妇女儿童受教育程度有较大提高。学前三年毛入园率 95.49%，其中女童 95.42%；小学学龄儿童净入学率达到 99.99%；初中三年巩固率达 99.19%；高中阶段毛入学率 90.72%。全省婚前医学检查率达 96.87%；孕产妇系统保健管理率达 89.56%；孕产妇住院分娩率达 99.99%；孕产妇死亡率达 16.96/10 万；婴儿和 5 岁以下儿童死亡率分别下降至 6.59‰和 8.32‰。乡镇卫生院与社区卫生服务中心共有专兼职妇幼保健人员配备率达 97.84%。

（杨　敏）

2012 年 6 月 17 日，第四届海峡巾帼健身大赛广场舞比赛在龙岩举办。

（省妇联供稿）

【老年人】 截至 2012 年底，全省 60 周岁及以上老年人口 461.5 万，占总人口的 12.31%，其中：65 周岁及以上老年人口 308.9 万，占总人口的 8.24%；80 周岁及以上老年人口 66.03 万，占总人口的 1.76%。全省有百岁及以上老人 1451 人，增加 109 人。全省有 345.97 万名老年居民领取养老金。农村“五保”对象 91377 人，人均月补助 269 元。

社会养老服务。省委、省政府将新建千个社区居家养老服务中心（站）列入 2012 年为民办实事项目，并安排 6000 万元的省级补助金。截至年底，全省共建成社区居家养老服务中心（站）2180 个，基本实现全省每个城市社区建立一个居家养老服务中心（站）的目标。省福彩公益金安排 1.04 亿元，用于补助 102 个乡镇敬老院和 5 所社会福利中心建设。全省拥有各类养老机构 1181 家，床位 93663 张，每千名老年人拥有养老床位数达 20.91 张；拥有城市日间照料床位 3944 张、农村日间照料床位 4085 张。

老年人权益维护。全省有县级老年人法律援助站 79 个，共有 2530 名老年人获得法律援助。各级司法机构共调解涉老纠纷案 3247 件，成功调解 3150 件。全省老龄系统接待老年人来信来访 13089 人次（件），信访处理率达 98.22%。累计发放《福建省老年人优待证》20.25 万张，共有 74 个县（市、区）落实 70 周岁及以上老人凭红色老年优待证免费乘坐市内公交车优待。全省有 110 个 A 级旅游景区对老年人实行优待。全省百岁老人享受每人每月不低于 200 元长寿营养补贴，省政府安排专项资金，将百岁老人老年节慰问金从每人 500 元提高到 1000 元。全省机关事业单位 70 周岁及以上退休人员享受高龄补贴人数为 15.33 万人,建国前参加革命工作的退休工人享受高龄补贴的有322人。全省有45个县(市、区)建立了高龄津(补)贴制度,约9.8万名80至99周岁老人每人每月享受30至200元不等的补贴,全年共发放补贴达9300多万元。

老年文体活动。全年体彩公益金投入老年体育场所建设资金1695万元,全省拥有老年人健身活动中心(室)18523个、健身辅导站10187个、健身辅导员32022人,有老年体育活动场地9056个,20人以上的纳凉点3万多个,经常参加体育锻炼老年人达261万人。全省创办各类老年大学(学校)10657所,在校学员73.2万人,占全省老年人口总数的15.86%,建校率和老年人参学率均居全国前列,并形成了省、市、县、乡镇(街道)、村(居)五级老年教育网络。组织参加"第三届中国老年文化艺术节"交流活动,推荐参演比赛展示的节目(作品)共获各类奖项11个、150多人次获奖。组织全省性老年文化艺术活动70场,直接参与活动老人达10万余人;全省有"激情广场"2000个,老年人参与数达100万人;省老年艺术协会全年展出书画作品12场次,展出作品2300件;省老科协组织科技下乡、科技扶贫7965次,受众109万多人;省老年学学会召开学术研究4次,撰写学术论文400多篇,出版论文专辑2本。在农村还涌现出由老年人自办的剧团、电影放映队、老年合唱队、老年秧歌队等文化团体达200多个。

老年群众组织。全省共有乡镇(街道)、村(居)老年协会15551个,参加人数199.11万人,其中:乡镇(街道)老年协会829个,村(居)老年协会14722个。全省有乡镇(街道)和村(居)老年体育协会14410个,会员144.5万人。全省各级有老年艺术协会(含分会)50个,会员6000多人;各级有老科学技术工作者协会188个,会员1.3万人;全省有老年文艺团体300个,参加人数5万余人。(颜全驰)

【残疾人】 全省现有残疾人221.1万,占总人口的6.25%,其中:视力残疾35.6万人,听力残疾61.3万人,言语残疾2.7万人,肢体残疾49.9万人,智力残疾19.1万人,精神残疾16.3万人,多重残疾36.2万人。

残疾人康复。实施国家和省重点康复项目,12.1万名残疾人得到康复服务,残疾人"人人享有康复服务"目标稳步推进。完成白内障复明手术1.77万例,其中免费手术1.26万例;为749名低视力患者配用助视器。全省残疾儿童康复服务定点机构99个,9490名残疾人儿童接受康复训练,其中3556名得到救助。对12.56万名重性精神病患者进行综合防治康复。建立县级以上残疾人辅助器具供应服务机构44个,为残疾人供应辅具1.16万件。建立社区康复站3760个,配备9429名社区康复协调员。

残疾人教育。特殊教育提升工程继续列入省委、省政府为民办实事项目,新建和改造特教学校约2.5万平方米。全省未入学适龄残疾儿童少年1433人,减少131%。开办特殊教育普通高中20所、残疾人中等职业教育机构6个,在校生分别达521人和120人;建有高等特殊教育学院1所。229名残疾人考取普通高等院校,录取率达95.42%。

残疾人就业和扶贫。新增城镇残疾人就业1.24万人,其中:集中就业3057人,按比例就业2732人,公益性岗位就业1184人,个体及其它形式就业5363人。36.58万名农村残疾人实现稳定就业,其中80%从事农业生产。全省建立残疾人职业培训基地378个,25694名(次)残疾人接受技能培训。63个残疾人就业服务机构规范化建设验收达标。全省盲人按摩机构277个,盲按从业人员1542人。安排专项资金扶持贫困残疾人2.28万户、3.29万人,脱贫1.68万人。投入近4000万元帮助2849户农村残疾人危房改造,受益残疾人5274人。

残疾人社会保障。纳入低保的城镇和农村残疾人分别达4.58万人和19.24万人,基本实现应保尽保,另有5.37万城乡残疾人享受其他形式社会救助。全省23.7万无生活自理能力的贫困重度残疾人领取每月30—50元的生活补助。参加城乡社会养老保险的残疾人达57.8万人,其中政府对农村、城镇重度残疾人参保最低档个人缴费分别补贴100%和50%。全省已建残疾人托养机构117个,托养残疾人3843人;享受居家托养服务残疾人1.73万人。(杨瑞芳)

社会福利和慈善事业

【社会福利】 老年人福利。2012年,全省共下达省级补助5个社会福利中心新建项目1900万元,申请到中央预算内投资福建社会养老服务体系建设机构养老类(社会福利中心建设)项目补助11800万元,申请到民政部部级福彩公益金补助福建老年人福利机构建设资金2520万元。

儿童福利。将儿童福利机构纳入市县社会福利中心建设,统筹推进,为9个县级民政部门争取到儿童信息录入系统设备,开展孤儿保障政策落实情况专项监督检查,抓好儿童福利机构安全检查,进一步保障福利机构儿童的安全权益;实施孤儿重大疾病公益保险,为全省符合投保条件的孤儿、事实无人抚养儿童10427人,购买每人每年50元公益保险。

残障人福利。"重生行动"为全省164名贫困家庭唇腭裂患者实施免费手术救治;"明天计划"为福利机构中87名残疾儿童免费安排手术矫治;"神华爱心行动"项目免费救治10名患白血病或先心病儿童;为符合条件的全省城乡低保、生活贫困的肢残患者免费安装普及型假肢、矫形器250件及多功能电动康复床31张。争取部省资金1000万,分别用于4个精疗院改扩建项目。提高全省六十年代精简退职老职工生活困难救济费;提高"8491"国防工程患矽肺病的支前民兵医疗和生活困难补助标准,提高民政安置管理站孤老人员给养标准。

【慈善事业】 截至年底,全省新成立9个慈善总会,目前9个设区市都已成立了慈善总会,共有县级以上慈善会73家,寺庙慈善会3家,民间慈善会2家,民政部公布2012第二届中国城市公益慈善指数评级,福州、厦门获七星级慈善城市称号,泉州、石狮获六星级,三明、南安获五星级。全省各级慈善总会、民间慈善会采取配合中心项目带动、赈灾募捐、定向捐赠、设立“冠名慈善基金”等形式，多渠道开展募捐活动，慈善资金稳步增加，全年共募集善款17528.64万元（含物折款）。各级慈善组织突出实施民生项目，加大投入，精心打造“助孤工程”、“慈善助学”、“慈善赈灾”、“慈善助农”、“慈善情暖万家”、“医疗救助”等六大品牌项目，共支出善款1.72亿元。（杨雪梅）

红十字会

【概况】 截至2012年底，全省有红十字会基层组织2949个，会员545186人，志愿者72669人。

【人道救助】 全面落实台湾“8·8”水灾灾后援建项目；完成闽西北特大洪灾灾后7个共57万元重建项目。实施福建省红十字城乡困难居民重特大疾病医疗救助行动，共受理救助对象6386人，发放救助金额达7152.32万元。开展“红十字博爱送万家”活动，全省各级红十字会共筹集款物价值948.36万元，26298户家庭7.88万人受益。深入开展红十字博爱系列救助行动，累计发放救助款物1.61亿元（含大病救助），救助困难群众近30万人次。

【生命保护工程】 启动红十字体验式生命安全教育，在全省大中小学开展青少年生命体验式教育试点。新增救护师资初训50名、复训38名，培训红十字救护员3万多人。全省采集检测入库造血干细胞志愿捐献者血样累计5.5万人份，实现造血干细胞捐献移植12例、累计87例。培训421名人体器官捐献协调员，全省遗体捐献报名登记1441人、实现捐献124例，器官（角膜）捐献报名登记1172人、实现捐献器官6例、角膜46例。继续开展红十字高考心理辅导公益巡讲活动。继续推进红十字水上安全救生志愿服务，举办水上安全知识进校园、进社区公益活动。

【两岸红十字交流合作】 举办第二届海峡两岸红十字博爱论坛，召开福建、浙江、江西、广东4省和海峡西岸经济区区域内20个城市红十字会圆桌会议，成立海西20城红十字会友好促进联盟，成功组织闽台重大自然灾害红十字水上救生、应急救护、生命搜救技术交流、经验分享和协同演练，为进一步促进闽台民间交流合作探索了新模式新路子。继续联络见证两岸双向遣返作业，接回私渡去台人员2批10人，协助相关部门妥善处理海上突发事故4起，办理查人转信件6件。通过“生命救助绿色通道”护送19名患病台胞直航返台。全省县级以上红十字会组团赴台交流访问12批130多人次，接待台湾红十字组织参访团19批200多人次。

【募捐和接收捐赠】 推进“项目化、基金式”筹资，推介“红十字健康天使行动计划”系列基金，开展母亲健康“1＋1”项目募捐筹款活动以及“海都红十字公益金”、“仁爱红十字公益金”和“1069999359”募捐短信特服号募捐活动。根据《福建省红十字人道救助事业表彰办法》，表彰2012年度“红十字人道勋章、奖章、奖牌”获得单位和个人，彰显社会爱心。全年全省各级红十字会共募捐和接收捐赠爱心款物8574.87万元。（李丽廷）

防震减灾

【防震减灾科技项目研究】 2012年，完成科技项目“地震预警与烈度速报系统的研究与示范应用”的研究任务，在首都圈和福建进行示范应用；主导实施的国家《烈度速报与预警工程》项目通过“两院院士”的论证；承担的2个科技行业专项通过中国地震局验收；完成“十一五”重点项目《福建省防震减灾体系二期工程》建设任务，由125个台站构成的全国最先进的数字地震台网，由41个GPS连续观测站构成的观测台网，成为全国密度最大的省级GPS观测网之一；“十二五”重点项目《福建省地震监测预警与社会服务系统工程》已获得省政府和省发改委批准立项。大力推进《福建省防震减灾条例》修订，已报省人大审议；开展地方地震行业标准制定工作，制定福建地方标准《地震仪器烈度表》，制定全省地震系统法制宣传教育第六个五年规划。完成全省130多项能源、交通等重大建设项目及重要工程地震安全性评价工作。组织实施福建及近海地区地震构造人工地震爆破观测，探测福建及沿海地区断裂构造，联合中科院、海洋二所和台湾海洋大学开展海洋地震的初步探测，并首次获得珍贵的海底观测纪录。

【监测预报与应急救援】 出台有感地震处置预案，有效应对全省4月15日、5月4日、9月29日、11月25日发生的4次有感地震，及时召开会商会迅速做出准确的震后趋势判断，第一时间派出工作组奔赴震区开展震灾调查，为政府决策提供科学依据。积极做好“造福工程”、中小学校舍安全工程、省重大水利工程等“三大工程”建设服务工作，推进农居地震安全工程和沿海石结构房屋改造。开展地震应急演练工作，省地震局地震现场工作队参加华东地震应急协作区联动演练；牵头首次组织省消防总队、省军区、森林武警和武警总队四支救援队参加联合演练，有效提升应对地震灾害的能力。完善救援设备配置，加强省地震灾害紧急救援队二期装备。强化应急服务能力建设，开展“基于手机灾情速报系统”和“地震灾情实时监控系统”的建设工作，完成“基于百度地震应急避难场所查询系统”建设工作，与省地理信息测绘局签订战略合作协议，开展基础地理信息、卫星定位服务等多领域合作。

【地震科普宣传与教育】 做好“福建省数字地震科普馆”的完善和推广，并参加中国地震局科技成果评审，获得中国地震局“十一五”以来10项最具应用实效科技成果之一，列前四名。拍摄制作《地震预警》宣教片，与中央电视台科教频道合作拍摄制作两集人工地震科教专题片，并于12月5—6日在中央电视台科教频道《走近科学》栏目中播出。刻录“福建省数字地震科普馆”光盘4000张，印制防震减灾科普知识宣传小册3万份。在“5·12”防灾减灾日、“科技·人才活动周”、“科技三下乡”、“7·28”唐山地震纪念日、全国科普日等时段,组织参加15场科普宣传,举办防震减灾科普讲座7场,进社区7次、进校园6所、办展览9次,知识竞赛1场,发放科普宣传材料、宣传品等近3万份,受众达3万余人。在省地震局门户网站开办地震科普知识宣传专栏,介绍民众关心的地震知识与全省地震科技进步研究成果,提供地震科普读本和“福建省数字地震科普馆”的链接。

【闽台地震科技交流与合作】 7月18日、7月23日和7月29日,实施省政府下达省地震局的“福建及其近海地区地震构造人工地震爆破观测”项目实验,台湾“中央”大学地球科学院、台湾“中央”研究院地球科学研究所、台湾海洋大学共同参与台湾海峡以及海峡东岸的震测实验观测。邀请台湾中研院院士邓大量对防震减灾工作提宝贵意见;邀请台湾海洋大学应用地球科学研究所李昭兴教授来闽商讨2012年“跨越台湾海峡联合震测实验”事宜;邀请台湾“中央”大学、台湾中研院、台湾大学、台湾东华大学等9位地震专家莅临交流访问。为加强两岸学术研究成果间的交流,省地震局代表团赴台参加“2012台湾海峡地震研究成果发表会”,探讨“跨越台湾海峡爆破地震联合观测”的观测成果,双方同意继续推动海峡两岸地震观测数据交流,并达成合作意向。 (郑小菁 王 林)

灾害事故

【自然灾害】 2012年,福建省先后发生9场较大的持续性暴雨;共遭受7个台风(或热带风暴)影响,其中9号台风“苏拉”正面登陆福建省;多条河流发生超警洪水,个别支流发生了中等量级洪水。全省共有9个设区市(含平潭实验区)78个县(市、区)、756个乡镇、166.41万人(次)受灾,紧急转移69.42万人(次),水利设施直接经济损失10.1亿元。 (谢光球)

全年,全省因气象灾害导致222.6万人受灾,死亡12人,直接经济损失47.4亿元,以热带气旋、暴雨洪涝两种气象灾害造成的损失为主。

低温冷冻害和雪灾。冬季全省出现多次寒潮、降雪、低温阴雨过程,造成1.2万人受灾,直接经济损失1000万元。

局地强对流。全年强对流天气共造成29.9万人受灾,直接经济损失10.6亿元。年内出现的强对流天气主要有5次,集中在4月和5月上旬。全年全省共发生雷灾316起,造成8人死亡,5人受伤,直接经济损失1000万元。

暴雨洪涝。全年共出现20次暴雨过程,造成71.4万人受灾,直接经济损失19.5亿元。

热带气旋。全年共有8个热带气旋登陆影响福建,其中9号强台风“苏拉”登陆福鼎,造成全省直接经济损失14.8亿元。

高温热浪。全年共出现5次高温过程,其中7月上半月福建不低于37℃的高温日数多达13天。宁德、沙县、福州、连江、罗源等地日最高气温或连续不低于37℃的高温日数均位居1961年以来历史同期前二位。 (杨 林)

【火灾事故】 全年共发生生产经营性火灾事故3311起、死亡37人、受伤9人、直接财产损失6367.67万元,与上年相比,分别下降10.1%、15.9%、10%和11.2%。 (罗 超)

【交通事故】 道路交通事故。全年共发生9937起、死亡2473人、受伤11403人、财产损失3938.6万元,与2011年相比,分别下降13.9%、7.8%、16.9%和16.7%;较大事故起数下降24.3%。

内河水上交通安全。全年发生1起事故,死亡1人,沉船1艘,直接经济损失10万元,各项指标与上年相比略有上升。

海上交通。全年福建辖区沿海共发生各类海上险情188件次,减少21件,下降10.05%;其中:一般险情154件,较大险情26件,重大险情8件。福建省海上搜救中心及各分中心共组织搜救行动188次,协调专业救助船66艘次,海事系统船艇136艘次,军队舰船28艘次,商船及其他社会船舶331艘次,专业救助飞机36架次,共救助遇险人员1914人,成功救助遇险人员1878人,人命救助成功率98.12%,上升1.35个百分点;救助遇险船舶196艘,成功救助遇险船舶176艘,船舶救助成功率89.80%,上升12.14个百分点。辖区沿海发生一般等级及以上运输船舶水上交通事故20.5起,减少7.5起,下降26.79%;沉船9艘,减少5艘,下降35.71%;死亡失踪16人,减少3人,下降15.79%;直接经济损失约4800万元,减少约558万元,下降10.41%。其中本省运输船舶事故2.5起,减少7起,下降73.68%;沉船1艘,减少4艘,下降80%;死亡失踪3人,减少2人,下降40%;直接经济损失约145万元,下降76.5%。发生死亡3人及以上水上交通事故3起,同比持平;发生死亡10人及以上水上交通事故1起。 (罗 超 卓 辉 陈 旭)

殡 葬

【概况】 全年全省火化率98%,比上年上升0.3个百分点。出台《福建省民政厅关于暂停农村公益性公墓审批的通知》,暂停农村公益性公墓的审批。由省民政厅指导、省殡葬协会主办的大型公益网上陵园“福建清明网”正式开通,这是全国第一家省级公益性网上陵园。省政府办公厅发布《关于免除城乡困难群众基本殡葬服务费的通知》,于2013年1月1日起执行。福州、厦门、漳州、泉州、莆田、南平、宁德市和平潭综合实验区均已出台免除城乡困难群众殡葬基本费用政策;漳州龙海县、南靖县、长泰县、华安县、龙文区、芗城区、泉州晋江市、石狮市、龙岩上杭县10个县(市、区)陆续出台免除所有居民殡葬基本费用政策。省物价局、省财政厅、省民政厅联合下发《福建省殡葬服务收费管理暂行办法》,进一步规范殡葬服务收费行为。截至年底,柘荣县殡仪馆已经投入使用,永春县已完成主体工程建设。

(连 峰)

编辑:王文灿

市县概况

福州市

【基本概况】 福州简称“榕”，位于福建省东部、闽江下游，与台湾隔海相望，是福建省省会，国家历史文化名城，首批对外开放沿海港口城市，全国著名的侨乡和台胞祖籍地，东南沿海传统的商贸重镇和海峡西岸新兴的工业城市。建城至今已有2200多年历史，现辖5区2市6县，总面积1.2万平方千米，市区面积1786平方千米，其中建成区面积240.12平方千米；常住总人口727万人，其中市区常住总人口298.49万人。属亚热带海洋性季风气候，年均气温16～20℃，平均日照数1700～1980小时，年均降水量900～2100毫米。市花茉莉花，市树榕树，市果福桔。福州素有“有福之州”的美誉，形成以昙石山文化、船政文化、三坊七巷文化、寿山石文化等为代表的闽都文化。

【经济社会综述】 2012年，全市实现地区生产总值4210.93亿元，比上年增长12.1%；规模以上工业总产值5954.89亿元，增长15.7%；公共财政总收入597.39亿元，增长18.1%，其中地方公共财政收入382.02亿元，增长19.4%；全社会固定资产投资3266.49亿元，增长21.0%；出口总额211.30亿美元，实际利用外资（验资口径）13.39亿美元；社会消费品零售总额2319.82亿元，增长19.1%；城镇居民人均可支配收入29399元，增长12.9%；农村居民人均纯收入11492元，增长13.7%。

先行先试，改革开放不断向纵深拓展。扎实推进国企改革，不断提高国有资产运营监管水平，“大国资、全覆盖”监管格局已初步形成。积极推动资本市场建设，大力引进国内外战略投资者，市级股权投资资金开始运作，企业发行债券工作有效推进，全市在境内外上市企业累计达59家。不断创新资金投入模式，一批重大项目采用BT、BOT等模式建设。积极探索政府购买公共服务，道路清扫保洁等领域市场化运作启动试点。扎实推进市属文化单位改革、公立医院改革等工作，福州被评为“全国文化体制改革先进地区”。加快推进大开放平台和产业基地建设，福州被评为中国钟表产业外贸转型升级专业型示范基地，江阴港区获批成为国家汽车整车进口口岸。积极实施“回归工程”，新批外（台）资项目148项、合同金额20.56亿美元，签订“回归工程”项目49项、总投资1033亿元。与5家中直、省直部门及36家央属、省属企业，6所高等院校，13家金融机构签订战略合作协议，积极开展全方位、多层次、宽领域的合作。成功举办了央视中秋晚会、福州论坛—创业与创投、中国（福州）智慧城市高峰论坛等一批国际性活动，有效提升了福州的全球知名度与影响力。榕港榕澳合作进一步深化，福州成为全国落实CEPA示范城市。

转变方式，产业转型升级步伐切实加快。福清、长乐、连江、罗源等南北“两翼”地区快速发展，4县（市）对全市工业增长的贡献率达58.7%。闽台（福州）蓝色经济产业园、江阴海港新城、临空经济区等一批新兴产业园区迅速崛起，构建起带动未来福州产业发展和经济增长重要的新增长极。新建成投产99项重点工业项目，宝钢德盛不锈钢、中国软包装聚丙烯、中石油钢管制造等重大产业项目建设加快推进，中星微电子等大项目落户福州，形成了一批规模大、带动强、效益好的新经济增长点。重点建设福州高新区、福兴智能化产业园区等一批各具特色、各具优势的高新技术产业基地。全市现有高新技术企业317家，高新技术产业产值突破2200亿元，已连续第九次蝉联“全国科技进步先进市”称号，并获批建立全国首个综合性的国家引智试验区。海峡金融商务区已初步形成了海西现代金融中心雏形，渣打银行、富邦金控、国开金融等一批知名金融机构落户福州。打响闽都文化、温泉养生、休闲度假、生态旅游等旅游品牌，入选首批国家智慧旅游试点城市。成为全国商务诚信建设试点城市，海峡电子商务产业基地入选首批国家电子商业示范基地。成功举办第87届全国糖酒商品交易会等76场全国性、区域性展会，成为中国东南重要的区域性会展中心城市。

项目带动，经济发展后劲有效增强。全市组织实施“五大战役”项目582项，完成年度投资1537.7亿元，为年度计划的129.4%。重点项目建设战役、新增长区域发展战役、城市建设战役、小城镇改革发展战役、民生工程战役分别完成投资299.89亿元、442.75亿元、521.59亿元、89.32亿元、184.15亿元，分别为年度计划的114.4%、135.4%、127%、248.6%、120.6%。组织实施622项市级重点项目，完成年度投资1566.04亿元，为年度计划的125.8%,建成或基本建成141个项目,新开工建设158个项目。

提升品质,城乡环境面貌不断改善。新一轮城市总体规划已上报国务院审批,福州大都市区发展规划、马尾新城总体规划、历史文化名城保护规划已基本编制完成,中心城区近期发展及重点建设区域控制性详细规划基本实现全覆盖。大力推进马尾新城建设,加快琅岐闽江大桥、琅岐环岛路等重大基础设施建设。组团式、成片式推进南台岛、晋安以及“两江四岸”等重点区域开发建设,加快海峡国际会展中心周边等城市组团建设,加快打造一批体现海西省会中心城市现代风貌的城市精品。实施危旧房(棚屋区)改造180万平方米,中心城区75条内河基本完成清淤,西湖和白马河等一批内河综合整治成效明显。全市造林绿化2.59万公顷,新增300万平方米城市公共绿地,光明港至森林公园绿道等一批绿道项目建设完成。推进“三坊七巷”、朱紫坊、上下杭历史文化街区和烟台山历史风貌区等保护修复,加快整合“两山两塔两街区”文化特区,古都历史风貌进一步彰显。加强与莆田、宁德等周边城市的分工合作,促进福莆宁融合发展、连片繁荣。建成“数字城管”系统并投入试运行。全面加强城乡环境综合整治和城区道路交通安全整治,持续开展违法建设集中清理整治、闽江下游综合整治等专项整治活动,认真实施架空缆线下地、户外广告清理、立面景观改造等工作,城乡环境面貌不断取得明显改观。

统筹城乡,新农村建设扎实推进。全市农林牧渔业总产值625.12亿元,成为全国13个“农超对接”试点城市之一,获得“中国鱼丸之都”、“中国纯天然远洋捕捞产品产销基地”等称号。加强小城镇规划设计,已完成全部省、市级试点镇规划编制工作,并将青口镇、荆溪镇、南屿镇等试点镇纳入福州新一轮城市总体规划中,作为福州中心城区的重要组团与中心城区统一规划、建设。培育形成了青口镇、龙田镇、荆溪镇等一批工业重镇、商贸旺镇、旅游强镇。组织实施农村家园清洁行动,全市130个乡镇2195个村已通过省里验收。坚持发挥典型示范作用,深入开展新农村建设“百村竞赛”等活动,培育出晋安宜夏、福清溪头、长乐青山、永泰芋坑等精品示范村。已基本实现村村通水泥路和客运班车,“万村千乡”市场工程建设基本覆盖所有乡镇,在全省率先实现行政村体育设施全覆盖。全市所有乡镇卫生院业务用房及设备均达到国家卫生部标准;现有农村中小学D级危房改造、行政村有线电视网络升级改造以及乡镇综合文化站建设任务基本完成;20户以上自然村实现“村村通”广播电视,所有行政村都建有至少一家农家书屋。

协调发展,各项社会事业加快提升。海峡奥林匹克体育中心、工人文化宫等一批社会事业大项目建设正加快推进。已基本完成中小学校安工程3年建设任务,实现每个乡镇(街道)至少有1所公办幼儿园,在全国率先开办服务自闭症儿童的福州星语学校,在全省率先实现农村地区“双高普九”。鼓励支持文化精品创作,国家级文艺创作基地和全国首家篆刻印吧“左海印吧”落户三坊七巷,闽剧《红豆缘》、纪录片《百年上下杭》等一批文艺精品创作荣获全国性大奖,县级文化馆、乡镇综合文化站基本实现全覆盖,“新福州人歌手赛”获得了“全国农民工文化服务示范项目”称号,“激情广场大家唱”获得了国家“群星奖”。三坊七巷、“海上丝绸之路:福州史迹”入选中国世界文化遗产预备名录,福州获得“中国寿山石文化之都”、“中国脱胎漆艺之都”等称号。覆盖城乡的医疗卫生服务体系、疾病预防控制体系和突发公共卫生事件应急体系基本建立,在全省率先建立起社区医疗康复体系,全市城镇职工和居民基本医疗保险参保率达95%以上,新型农村合作医疗参合率达99.9%。

民生优先,群众幸福指数稳步提高。加强职业培训和就业服务,全市所有社区、街道均建立了劳动保障工作平台,就业服务网络建网数、覆盖率居全国、全省前列,城镇登记失业率为2.37%,城镇零就业家庭保持动态为零,充分就业社区居全省首位。全市居民消费价格总水平上涨2.2%,低于全国、全省平均水平。开工建设各类保障性安居工程4.07万套,基本建成3.43万套,居全省之首,低收入家庭廉租住房保障实现应保尽保。城乡居民养老保险制度和社区居家养老服务实现全覆盖,新农合大病保障机制基本建立,企业离退休人员养老金、城乡居民基本医疗保险补助标准持续提高,城乡低保做到动态管理下的应保尽保。

【福州市行政服务中心】 福州市行政服务中心总建筑面积5.8万平方米,一期使用面积3万多平方米。该中心是在整合福州市市直部门分散的办事大厅、交易中心和网上审批系统、网上公共资源交易系统的基础上建立起来的,旨在为企业和个人办理各种行政许可、非许可审批、公共服务和公共资源交易事项提供全程、高效、规范、便捷的服务。福州市行政服务中心实行“一个窗口受理、一条龙服务、一站式办结、一个平台收费”的服务模式。目前,已有45个审批部门和单位入驻,367项审批和服务事项集中办理,占全市行政审批和公共服务事项90%以上,审批流程大部分压缩到3个环节(受理初审—审核审批—发证),成为国家级服务业标准化试点单位。截至2012年12月31日,行政服务中心共受理46.32万件,当场办结32.57万件,当场办结率达71.79%,受到企业、群众的肯定和好评。

(林 炽)

鼓楼区

【经济社会概况】 2012年,全区实现地区生产总值806.29亿元,比上年增长12.2%;财政总收入42.45亿元,增长19.8%,其中地方财政收入25.65亿元,增长19.4%;规模以上工业产值229.30亿元,增长15.8%;固定资产投资311.17亿元,增长6.1%;实际利用外资(验资口径)2.27亿美元,增长15.1%;出口总额56.92亿美元,增长2.4%;社会消费品零售总额646.84亿元,增长20.5%;城镇居民人均可支配收入30073元,增长12.9%。

服务业。作为全国首批服务业综

合改革试点区域，全年实现三产增加值629.98亿元，总量位居全市第一。富春通信、华电福新能源成功上市，境内外上市企业增至15家。楼宇经济、总部经济势头强劲，建成恒宇国际大厦等19.2万平方米的5A级智能化楼宇，一楼一策实施8栋商务楼宇改造提升。成功对接110个"三维"项目，总投资105亿元。全年共引进注册资金千万元以上企业176家，其中现代服务业企业占95%以上。共有税收超千万元楼宇90座，其中超亿元楼宇18座。商贸业态提档升级，建成恒力城等商贸综合体，王府井百货正式开业，东百、大洋等50家商贸大户实现年销售额160亿元，全区新增133家限额以上商贸企业。以文化旅游业为特色的新兴服务业繁荣发展，建成天皇岭文化创意街区，三坊七巷成为国家级文艺创作基地，"芍园壹号"获评"全市首批文化创意产业示范基地"，全年接待游客突破600万人次。

高新技术产业。高新技术产业依托两大园区加快发展。福州软件园持续推进海峡软件新城建设，动漫二期产业基地和综合研发楼A楼全面竣工，中青宝等105家企业落户园区，三元达通讯、榕基软件入选国家第五批创新型试点企业名单；动漫公共服务平台投入使用，国家动漫产业基地年产原创动画片突破1.2万分钟；全年软件园技工贸总收入达到250亿元。福州高新区洪山园启动先进技术服务产业园改造提升，引进39个高新产业项目，实现技工贸总收入132亿元。

市政建设。加速推进15个保障房项目，凤湖2A、打铁桥、灰炉村、明望新村二期等保障房基本竣工，蔡厝里、白水塘等约11万平方米的保障房如期回迁，顺利完成地铁一号线（鼓楼段）、福大一号地等8个项目征迁扫尾。全方位实施军门社区改造提升，社区面貌焕然一新。全面完成20条小街巷改造、30条道路店牌店招和21个无物业管理小区整治。率先运行"数字城管"，建立市容环境综合电子考评系统，共拆除违建1.7万平方米。全面开展以12条主次干道和8个主要路口为重点的道路交通安全综合整治大会战。建成公共便民自行车二期34个站点，服务网络日趋健全，借车突破百万人次。

社会事业。区财政投入14.55亿元用于民生，统筹发展社会事业，占公共财政支出的68.8%；10类33件为民办实事项目如期办成。全面实施科教强区战略，成功获评第五届省科普先进城区，20个科技项目通过国家创新基金初审，产学研平台优化升级，成功对接48个项目；建立5个院士（专家）工作站，专利申请量位居全市第一。首批通过省级"教育强区"验收；建成中山小学等6所学校教学综合楼，完成2.5万平方米的校安工程；福州西湖国际学校对外招生，全区中小学通过义务教育标准化建设市级验收；学前教育加快发展，改造提升9所街道办幼儿园，48所民办园全面实施等级评定，学前3年适龄儿童入园率达98%；早教公益服务覆盖面不断扩大。

文体事业。区文化馆获评国家一级文化馆，安泰等5个街道文化站跻身一级文化站行列，全区建成165个道德讲堂。完成第八批省级文保单位申报，市级非物质文化遗产项目代表性传承人达10人。新增20条全民健身路径，15所学校运动场所课余时间对外开放。五凤、华大街道社区卫生服务中心分别通过国家级、省级示范中心考核验收，区妇幼保健所主体竣工。国家基本药物制度和公共卫生服务项目全面落实，社区卫生服务信息化和国家免疫规划扩面工作走在省市前列。全年自然增长率为7.57‰，常住人口信息系统达国家甲级标准。

社会保障。千方百计扩大就业，设立高校毕业生创业基地，成功举办16场各类招聘会，新增就业2.7万人次，再就业2206人。建立被征地农民养老保障制度，1.25万名失地农民纳入城市社保体系，15个经合社全部办理养老保险，社会养老保险参保率达99%。发放低保金、优抚金1500万元。多渠道筹措善款193万元，帮扶困难群众3400多人次。改造提升区社会福利中心和福乐家园。新增29个居家养老服务站点，加强与社会养老机构对接，实现社区站点和专业化服务全覆盖。为1.5万名70岁以上老人配备"一键通"，政府购买养老服务面扩至60岁以上的特殊困难老人。

生态文明建设。坚持显山露水增绿，完成造林绿化66.67公顷和19处拆墙透绿，改造提升国光公园，加快新西河综合整治及5条内河沿线征迁拆违。高标准实施西湖左海、镇海楼北侧等四大区域，杨桥路等10条沿线及天泉路等25个重要节点的环境综合整治。建成5处负离子自动监测点，原厝水源地水质连续16年保持100%达标。（张　林　郑福春）

台江区

【经济社会概况】 2012年，全区实现地区生产总值279.21亿元，比上年增长11.5%；三次产业结构为0∶21.6∶78.4；财政总收入24.24亿元，增长12.8%，其中公共财政预算收入13.78亿元，增长6.9%；规模以上工业总产值138.47亿元，增长7.8%；规模以上工业增加值21.80亿元，增长8.0%；全社会固定资产投资253.93亿元，增长8.3%；社会消费品零售总额313.85亿元，增长16.7%；出口总额11.24亿元，增长0.27%；进口总额2.54亿，增长0.12%；城镇居民人均可支配收入30073元，增长12.9%。

商贸服务业。实现商品销售额849亿元，增长23.0%。万（象）宝（龙）、万达、中亭街等商业综合体成为城乡居民购物消费的重要集散地；中央第五街、世茂洲际酒店、江滨外滩1号等商贸项目相继竣工；新增、提升限上商贸企业74家。海峡电子商务产业基地获评全国首批、全省唯一的"国家电子商务示范基地"；省国际电子商务中心、鼎天农业、永安电子商务被列为国家电子商务试点单位。滨江旅游业持续升温，"闽江游"年接待游客达12.5万人次。推行商标品牌战略，"德诚"、"一丁"申报中国驰名商标，"金源泉"等12个品牌被认定为福建省著名商标，省级著名商标数较上年翻一番。海峡金融商务区扩区规划基本完成，入驻项目21个，金融机构区域总部达10个；申发大厦、百联大厦已竣工，升龙大厦、恒丰大厦、金座大厦基本实现项目封顶，新增商务面积35万平方米；台资金融总部富邦金控正式落户，建行福建省分行大楼、福州农商银行大楼、海峡银行大楼、进出口银行福建省分行大楼等一批金融总部项目开工建设。闽江北岸中央商务区已入驻的8个项目全部动工，苏宁项目购物广场封顶。

招商引资。全年合同外资2.3亿，增长0.17%；实际利用外资(按验资口径)0.97亿美元；签约外资项目23项，总投资3.45亿美元，协议外资3.29亿美元。首个央企项目宝钢集团(福建)区域总部落户台江海峡金融商务区，华美纸业集团总部项目达成合作协议。加快企业上市步伐，腾新食品首发上市，顶点软件、智恒电子等5家企业被列入省级重点上市后备企业。提升科技创新能力，艾迪康、闽冠电气等4家企业申报国家高新技术企业。拓展区域交流合作，与新疆昌吉州奇台县缔结友好县区。

“五大战役”。实施省级“五大战役”项目5项，年度投资38.23亿元，完成年度计划的139.5%；实施市级“五大战役”项目30项，年度投资81.51亿元，完成年度计划的120.4%；实施区级“五大战役”项目105项，年度投资275亿元，增长27%。

市政建设。旧城改造中鳌光路地块、斗池路地块、省港口工程公司地块、台五小和台六小教育预留地征收任务基本完成，三捷河、白马河浦西村、江墘下等地块全面启动。上下杭历史文化街区及太平汀州、苍霞旧屋区整体规划基本完成，保护改造和房屋征收前期工作稳步推进。白马河浦西村、江墘下地块实施全省首个“模拟征迁”试点。保障性安居工程中鳌港苑三期、红星苑一期竣工交房，上海新苑转入外部装修，红星苑三期主体结构封顶，福机安置房启动主体建设，新港苑进入地下施工。光明港一支河、瀛洲河、达道河等6条内河综合整治工程全部竣工验收，闽江北港驳岸整治一期工程先行先试段整治工作全面启动。拓宽、改造宁化路、透龙路等7条道路以及西洋里、排尾弄等16条小街巷。启动东二环路、国货东路、安南路等5条路段立面综合整治，提前完成福瑞新村、桂园怡景等第一批10处拆墙透绿工程，整治同德园、横街巷新村等11个无物业小区。

社会事业。全年投入教育事业经费3.76亿元，完成9所学校3万平方米校安建设和宁化小学重建，改扩建台一小、三十六中，洋中街道中心幼儿园建成投入使用，26所义务教育学校标准化建设全部达标，以一类区优秀等级通过省级“三项教育督导”评估。区文化馆、图书馆、博物馆、青少年活动中心等公共文体基础设施全部向公众开放，青少年校外体育活动中心投入使用；纪录片《百年上下杭》获中国电视纪录片“十优”作品奖。完成区妇幼保健院(所)整合和业务用房提升改造，新建宁化街道社区卫生服务中心，实现社区卫生服务中心全覆盖；实行社区全科医师签约服务，与3万多名居民签订服务协议书；实施基本药物零差价制度，社区卫生服务中心门诊人数增长15.7%，门诊人次收费水平下降25元。全年出生人口2481人，人口自然增长率2.1‰，出生人口政策符合率97.30%，出生人口性别比为103.03。

社会保障。全区各级财政用于民生支出4.65亿元，占公共财政预算支出的51.77%。年初确定的28项为民办实事项目基本得到落实。新增城镇就业7431人，下岗失业人员再就业2266人。低保对象实现“应保尽保”。推进城镇居民社会养老保险工作，7795名60周岁以上人员基础养老金全部发放到位。城镇居民基本医疗保险参保人数6.7万人。发放低保金、医疗补助金、救济金1240万元。提高优抚对象抚恤标准，1000多户优抚对象得到帮扶。新建25个社区居家养老服务站，实现社区居家养老服务全覆盖，为3万多名居家老人提供各类养老服务。

生态环境保护。新增城市公共绿地7.27公顷，完成五一路、台江路等5条主次干道花化、彩化。完成敖江塘坂水源与东南区水厂的水源管道互通，内河沿岸企业全部排污接管。启动空气自动监测工作，增设PM2.5大气自动检测设备，完成环境监测机构标准化建设。

【城市管理创新】 探索开展社会管理“三进三提升”活动，首创引入民办非企业社团组织参与小区事务管理，培育万象商圈社会管理服务中心和苍霞街道家园事务服务中心两大品牌。推进“135”社区工作模式，打造金斗社区、天华社区等一批“精品社区”“星级社区”。探索数字化、标准化、动态化城市管理模式，启动“数字城管”系统试运行，试点后洲街道、洋中街道环卫清扫保洁市场化改革。 (林寅生)

仓山区

【经济社会概况】 2012年，全区实现地区生产总值323.65亿元，比上年增长12.2%；三次产业结构为0.9:56.4:42.7；工业总产值612.03亿元，增长16.0%；规模以上工业总产值567.33亿元，增长16.5%；出口总值172663万美元，增长0.4%；实际利用外资18634万美元，增长15.2%；全社会固定资产投资331.89亿元，增长6.0%；社会消费品零售总额248.03亿元，增长19.5%；财政总收入26.27亿元，增长24.2%，其中地方财政收入16.62亿元，增长24.6%；城镇居民人均可支配收入30073元，增长12.9%，农民人均纯收入14250元，增长12.6%。

现代服务业。新引进现代服务业大项目6项，新建、在建和已签的大型商贸项目22项，总投资660.74亿元。中庚喜来登五星级酒店建成开业，福州红星国际(一期)和中庚红鼎天下商务中心的主体工程竣工。新引进创意产业项目6项，其中总投资2.6亿元的福州海峡创意产业园(一期)部分项目已建成。

工业。新增年产值2000万元以上规模工业企业13家，现有规模以上工业企业376家，位居全市第一。推动企业上市，腾新食品公司在深交所挂牌上市，新增重点上市后备企业3家。淘汰高污染、落后产能企业14家，整改提升20家。扶持中小微企业，投入资金326万元，实现全区241家中小微出口企业的出口信用保险全覆盖，累计兑现各类扶持资金 4278 万元。

“五大战役”和“三维”项目。实施 124 项区级“五大战役”项目，完成年度投资 168 亿元，超额完成全年任务；32 项市级“五大战役”项目和 36 项市级重点项目均提前两个月完成全年投资任务。对接落实“三维”项目 33 项，对接“回归工程”项目 27 项、总投资 185.4 亿元。

特色农业。突出发展茶叶、花卉等特色农业，春伦、闽榕茉莉花茶等 2 家茉莉花茶企业获评中国驰名商标。新增省、市级农业产业化龙头企业 6 家，市级现代农业创新基地 3 家。

城市建设。完成螺洲丽景、洪阵河、洪塘御景、地铁 1 号线黄山变电站等 36 个项目的净地交地工作，交地面积 446.33 公顷，拆除旧房面积 109 万平方米。建成东浦新苑、金闽三期等 12 项共 78.18 万平方米安置房，新启动黄山新苑、胪雷新城等 5 项共 62.51 万平方米安置房项目建设。投入资金 2.45 亿元，解决老城区基础设施配套不足问题，开展流动摊点、占道经营、中小餐馆等专项整治工作。启动建新、金山等 4 个镇街道路清扫保洁市场化管理试点工作，提升城市管理服务水平。拆除违法建筑 592 处、面积 22.15 万平方米。新增绿地 150 公顷，人均公园绿地面积达 11 平方米。完成 140 家煤锅炉企业的禁煤工作，3 个饮用水源地水质达标率均保持在 95% 以上，顺利通过国家环保模范城市复评验收。南三环、淮安大桥、乌龙江大桥(复线)等一批重大市政项目相继建成通车，螺洲大桥主体工程基本建成；完成积兴里、巷下路等 10 条小街巷拓宽改造和乐群路、先锋支路等 8 条街巷亮化工程建设。新建成 4 座垃圾转运站，改造提升 10 座公厕，新安装果皮箱 1140 个。

环境综合整治。完成观海新村、台山小区等无物业小区整治 30 个，闽江大道、金榕南路等主要干道沿街单位的拆墙透绿项目 14 项，港头河、红旗浦河等内河整治项目 5 项；金山大道、浦上大道、闽江大道的立面景观整治以及南二环、南三环绿化提升工作取得阶段性成效。

社会事业。全年实施区级科技计划项目 58 项，安排项目资金 1729 万元，争取上级各类科技项目扶持资金 1670 万元，引导企业投入研发资金 5.3 亿元，新增销售收入约 6 亿元。新增院士(专家)工作站 7 个、工程(技术)研究中心 4 个、高新技术企业 5 家；入选国家文化科技融合创新工程的科技项目 2 个；获得中国创新设计红星奖产品 6 个，省科技进步奖的科研成果 5 项。新申请专利 1890 件，授权专利 1200 件，专利申请量和授权量位居全省前列。新建区第四中心小学、区教师进修学校附属第二小学等 3 所小学，增加学位 4590 个；新建公办幼儿园 4 所，新增幼儿学额 1260 个；完成校舍安全工程 6.56 万平方米。落实农村学校、中职校、特教校免费政策，受惠学生达 3 万多名。东升街道社区卫生服务中心建成投入使用，建立对湖街道社区卫生服务中心由优质医院领办新模式，改造提升上渡、金山等 5 个街道社区卫生服务中心的中医药业务用房，顺利通过全国社区中医药服务先进单位复评。引进中高级卫技人才 27 名，逐步解决基层卫技人才不足问题。参合农民参合率达 99.98%。在全市率先开展当年未享受住院补偿的 40 周岁以上参合人员免费体检。全面实施基本药物零差率销售制度和药品网上采购制度，人均门诊费用降幅达 16.5%。全区人口出生率为 12.54‰，政策符合率达 97.23%。新建农村健身路径 15 条，维修、更换社区健身路径 20 条。完成 12 家省级援助的农家书屋相关资料配置工作，台屿农家书屋荣获“全国示范农家书屋”称号。浦下龙舟、高湖舞龙在国际国内多项赛事中摘金夺银。成功举办海峡龙舟邀请赛、第五届陈靖姑民俗文化节等活动，组织陈靖姑金身首次赴台交流。投入资金 300 多万元，完成石厝教堂、林森公馆等文物修复保护工作。

社会保障。共有 3165 户、6552 人纳入城乡低保，全年发放低保金 2626 万元。全区所有被征地村的 11.21 万人纳入被征地农民养老保险范围。协调各村留用地资金对接购买商业楼 12.3 万平方米。认真落实新农保政策，共有 4.82 万名农民参加新农保，参保率达 98.8%，累计发放养老保险金 1873.18 万元。积极推进城镇居民基础养老保障，共有 3753 名 60 周岁以上人员享受基础养老金。全年共处理劳资纠纷案件 742 起，为当事人索回工资、补偿等资金 2972 万元。全面开展城镇居民基本医疗保险扩面工作，共有 19.2 万人参保。建成 48 个居家养老服务站点。新增城镇就业人数 12713 人，城镇下岗失业人员再就业 1370 人，农村富余劳动力转移就业 2544 人。 (吴建雄)

晋 安 区

【经济社会概况】 2012，全区实现地区生产总值 363.56 亿元，比上年增长 12.3%；三次产业结构为 1.3:36.9:61.8；财政总收入 23.4 亿元，增长 21.6%，其中地方财政收入 15.12 亿元，增长 23.8%；全社会固定资产投资额 303.35 亿元，增长 17.2%；社会消费品零售总额 392.02 亿元，增长 23.8%；自营出口(海关口径)12.7 亿美元；城镇居民人均可支配收入 30073 元，增长 12.7%；农民人均纯收入 15245 元，增长 13.4%。

农业。农林牧渔业总产值 8.30 亿元，增长 1.2%。改造低产果园、茶园 200 公顷，新植茶叶、水果新品种 40 公顷，生产食用菌 410 多万袋。扶持发展寿山龙晶葡萄、宦溪彩虹小镇等生态农业观光园，其中龙晶葡萄观光园占地 20 公顷，种植世界名优葡萄品种近百种；彩虹小镇规划面积 33.33 公顷，生产特色果蔬、园林苗木等生态绿色产品。

工业。工业总产值 331.16 亿元，增长 15.8%，其中规模以上工业总产值 300.05 亿元，增长 16.3%。区财政投入 1828 万元用于扶持企业技改、科技创新和外贸出口，支持重点骨干企业、小微企业发展。推进福兴经济开发区改造提升，福兴智能化产业园区控制性详规和产业发展规划编制完成，开发区内的福兴大道改造全面竣工，福新东路改造基本完成，河滨路改造开始启动。

服务业。最佳西方海悦大酒店、

岚辉总部大楼基本建成，汤斜烟草物联网基地、益凤物流分拨中心项目开展前期工作。扶持文化创意产业发展，金鸡山鼎鑫建筑设计创意园、闽台A·D创意产业园一期工程基本竣工。桂湖温泉生态城项目启动实施，鼓岭地区基本完成古街整治、历史建筑修复、停车场建设、绿化提升等改造工程，并通过省级旅游度假区验收。

市政建设。新启动的12个城市旧屋区改造项目征迁工作基本完成，征迁总面积69.16万平方米、总户数3301户。完成13条小街巷改造和50条道路路灯改造工程以及101座区管桥梁安全性检测。实施新农村建设，寿山村、宦溪村、宜夏村、前屿村、西园村等5个村列入市级"百村竞赛"村，其中宜夏村通过市级精品村验收。全年安排的重点环境整治项目均基本完成，实施国货东路、福新中路、福飞路、北二环、国货路、远洋路等6条道路沿线立面改造，完成16条重要道路店牌店招整治。投入150多万元完成金城小区综合整治；投入470多元完成15个旧住宅小区整治。投入3000万元改造建设北峰山区道路78公里。投入1400万元实施改水工程，惠及宦溪镇、寿山乡的19个行政村、2.6万人。投入2400万元完成日溪、寿山、宦溪农村连片整治。为北峰山区32个行政村、3500多户安装电视卫星接收设备，基本实现山区广播电视全覆盖。

招商引资。新批合同外资5016万美元，实际利用外资1.07亿美元。全年签约内联项目18项、总投资29亿元，外资项目20项、总投资7.04亿美元。"6·18"海峡项目成果交易会期间签约对接科技项目43项、总投资3.12亿元。

社会事业。思嘉环保获国家星火项目重点高新技术企业称号，海王福药等5家企业通过高新技术企业认定，钜全汽配等2家企业被评为省级知识产权优势企业，四创软件等4家企业被评为市知识产权示范企业，天宇电气等5家企业院士(专家)工作站通过市政府认定。开展41项"校安工程"项目建设，累计改造校舍7万平方米。新建多媒体教室50间、数字青少年宫11所；新建新店、岭头2所公立幼儿园。接纳2.6万名外来务工子女入学，占全区公立中小学校学生总数的54%。以高分通过教育"两项督导"和义务教育均衡发展省级评估。举办"第三届闽王(王审知)文化节"。福建海峡寿山石文化研究院被评为国家级"非遗"生产性保护示范基地。完成鼓山、宦溪、象园综合文化站改造提升，补充更新113家"农家书屋"藏书。启动区体育馆及配套路网建设。投入970多万元升级基层医疗卫生单位设备，成立区医院鼓岭分院，完成84家村卫生所标准化建设，设立区突发公

福州鼓岭旅游度假区新貌

(晋安区政府办供稿)

共卫生应急处置中心。全年新出生人口4320人，人口出生率9.97‰，出生人口政策符合率97.18%，出生人口性别比为108.90。

社会保障。新增城镇人员就业再就业2.4万人，转移农村富余劳动力1980人。完成市区两级73项为民办实事项目。全年发放低保金1380万元。城镇居民养老保险金发放率100%；新型农村养老保险续保缴费率91.4%，3.4万被征地农民办理养老保险。城镇居民基本医疗保险参保率90%，新农合参合率99.9%。发放贫困重度残疾人、计生困难户等各类困难人员及优抚对象补助金1770万元。区社会福利中心建设前期工作基本完成，新建居家养老服务站36个，实现社区居家养老服务全覆盖。

生态环境保护。按照生态区建设总体规划要求，创建生态区、生态乡镇、生态村。实施“四绿”工程，完成植树造林933.33公顷，新增城区绿化103.33公顷，新增三环路沿线绿化23.33公顷，完成一批主干道沿线单位拆墙透绿。获评省级生态区；新店镇、宦溪镇通过国家级生态乡镇省级验收，鼓山镇通过省级生态乡镇验收。

“五大战役”。23个列入市级的“五大战役”项目完成投资88亿元，超年度计划40.5个百分点。50个区级重点项目完成投资98亿元，超年度计划14.8个百分点，其中31个列入省市级重点建设项目完成投资90亿元，超年度计划40.3个百分点。（胡仁杰）

马尾区

【经济社会概况】 2012年，全区实现地区生产总值302.96亿元，比上年增长10.3%；工业总产值762.84亿元，增长9%，其中规模以上工业产值750.88亿元，增长9.1%；财政总收入19.9亿元，地方财政收入11.24亿元；全社会固定资产投资96.79亿元，增长34.1%；实际利用外资1亿美元；出口总额33亿美元，增长13.7%；进口总额17亿美元；社会消费品零售总额74.79亿元，增长23.2%；城镇居民人均可支配收入3.01亿元，增长12.9%。

招商引资。总投资10.2亿美元的科立视一期主体工程完成，中铝瑞闽二期高精铝板带、上润智能执行器等一批项目建成投产，统一食品扩建，马尾造船、东南造船技改等项目顺利完成。新增对外贸易经营权企业52家。合同利用外资2.5亿美元，实际利用外资1亿美元。“5·18”海峡两岸经贸交易会、“9·8”厦门投资贸易洽谈会签约“三维项目”15项，总投资达60.5亿元。“6·18”中国海峡项目成果交易会落实成果对接项目62项。完成出口总值33亿美元，增长13.7%。

项目建设。全年实施重点项目共61项，年度计划投资45.06亿元，实际完成投资52.9亿元。新日鲜、佳客来总部项目竣工，百事达研发大楼、海西物流大厦基本建成，名城、华浔等一批总部大楼动工建设。港口物流配套进一步完善，荣泰物流加快建设，投资近10亿元的万通达物流园开工建设。建设快安商贸文体中心、马江文化休闲中心、江滨总部集聚区三大城市综合体，完成投资43亿元。马尾科技馆、图书馆完成投资1亿元。

第三产业。第三产业增加值92.13亿元，三次产业结构进一步优化，比例为1.8∶67.8∶30.4。农业方面，采取“公司＋基地＋农户”的模式生产经营，带动农户3.6万户；集美大学水产学院在琅岐镇设立“海西春雨行动”基地；引进扩种台湾红龙甜杨桃、红肉火龙果、少籽芭乐等新品种，推广水产健康生态养殖460多公顷。

工业方面，规模以上工业产值750.88亿元，增长9.1%；五大主导产业完成产值519.13亿元，其中：电子信息产业完成249.26亿元，电器机械器材产业完成74.89亿元，金属冶炼压延产业完成89.19亿元，农副食品加工产业完成57.67亿元，船舶制造产业完成48.12亿元；亿元企业85家；马尾造船、东南造船技改等项目顺利完成，统一食品经过两轮技改产能大大提高；上润二期、正泰纺织等35家企业开展技术改造，总投资77亿元；总投资10.2亿美元的科立视一期主体工程完成，触控材料产业链雏形显现；中铝瑞闽二期高精铝板带项目建成投产；康师傅食品工业园项目建设全力推进，新乌龙项目基本建成；水产品冷冻加工产业集群已初具规模。

服务业。出口加工区实现进出区货物总值13亿美元，增长8.2%；投资近10亿元的万通达物流园开工建设；海峡水产品交易中心对台码头顺利建成，海峡水产品交易中心成为全省最大的海产品流通集散地，年交易量超过240万吨，增长21%；琅岐乡村生态旅游发展势头良好，琅岐葡萄节成功举办，全年接待游客18万人次；修缮提升船政文化景区配套设施，全年接待游客90万人次。

科技创新。全年累计争取到上级各类科技项目23项，其中：国家级项目9项，省级项目4项，市级项目10项。福建天晴数码的“基于SaaS的云存储系统的研发和产业化”项目和福建朝日环保科技的“达到国Ⅳ排放标准的汽车尾气催化净化器”项目获国家火炬计划的立项支持。新大陆在全球率先发布新一代二维码芯片，飞毛腿通过首个便携式移动电源标准审定，有效填补国内该领域的标准空白。新大陆电脑、三奥信息科技等企业获得“福建创新型企业”称号。

社会事业。中国科协青年科学家基地落户马尾国脉科学园；新设2个市级专家工作站。福州江滨中学建成并投入使用，教育学院一附小魁岐分校、琅岐实验小学一期工程、琅岐中心幼儿园完工。认真实施中小学校安工程，完成校舍加固8933平方米，完成四十一中综合教学楼、闽安中学综合教学楼重建工作；校车标准化配备率100%。实施中小学扩容工程，新增学位1800个。给予城乡低保家庭高中学生每生每年1500元补助。海上丝绸之路福州马尾段列入中国世界文化遗产名录。完成亭江炮台、戍守台湾将士墓群修缮设计方案。建成马尾镇卫生院大楼，提升改造全区62个村卫生所。建立电子健康档案16.8万份，基层公共卫生服务水平持续提高。滨江文化广场建成并对外开放，图书馆、科技文化中心全面动工建设。全年出生人口909人，人口出生率6.22‰，出生人口政策符合率96.48%，出生人口性别比102。荣获"福建省人口和计划生育工作先进区"和"国家计划生育优质服务先进区"称号。

社会保障。实施农村住房保险和自然灾害公众责任险。城镇居民基本医疗保险补助提高到每人每年260元。新型农村医疗保险参保人数5.29万人，参保率达100%。在全市率先实现城乡居民社会养老保险全覆盖。被征地农民生活补助金标准提高到每人每月175元。社区居家养老服务站增至13个。加大保障性住房建设力度，新建龙津苑、双协锦城等保障性住房1092套，首批廉租房住户入住家欣小区。全年新增城镇就业8800人，转移农村富余劳动力2150人。

环保绿化。推进节能减排工作，实施节能减排项目10项，万元工业增加值能耗下降6%。深入开展闽江流域水环境和畜禽养殖污染综合整治。完善雨污水管网接驳，新增日污水处理能力4万吨，污水处理率达96.8%，生活垃圾无害化处理率达99.2%，饮用水源水质达标率100%，空气质量保持在优良水平。全面建成沈海高速马尾段森林生态景观工程，新增各类绿地面积9.79万平方米，建成区绿化覆盖率达41.7%；完成植树造林73.33公顷，森林覆盖率达46%。"环保公众满意率"位居全市前列。国家级生态区创建工作扎实开展，省级生态区通过验收，琅岐镇顺利通过省级生态镇市级考核验收，长柄村被列入省级"宜居新村"示范村。 （王公略）

福清市

【经济社会概况】 2012年，全市实现地区生产总值607.25亿元，比上年增长10.6%；公共财政总收入58.93亿元，其中地方公共财政收入39.03亿元，分别增长19.7%和26.3%。县域经济综合实力保持全省第三，先后荣获省级生态市、省知识产权强县、2012年度中国中小城市科学发展百强县市、最具区域带动力中小城市百强县市和福布斯中国大陆最佳县级城市30强等殊荣。

工业经济。工业总产值1198.08亿元，增长13.6%，其中规模以上工业产值1136.61亿元，增长13.8%。全年新增高新技术企业4家，中国驰名商标2件，省名牌产品、著名商标23件；获福州市政府质量奖1个。有9家企业被列为省重点上市后备企业，14家企业进入辅导期，2家企业向证监部门提交备案材料。一批重点产业性项目建设成效显著，核电4号机组正式开工，集佳油脂、经纬新纤、耀隆化工、东南电化、海欣药业等项目已基本竣工或投入试生产。

"五大战役"和重点项目。全力推动重点项目建设，超额完成省、福州市下达的"五大战役"投资量，全市354项"五大战役"项目累计完成投资398亿元，其中92项重点项目累计完成投资280.5亿元。江阴港区进出港航道二期工程通过交工验收，江阴港区拥有福建第一条可通行15万吨级集装箱船舶的航线。

农业经济。农林牧渔业总产值134.59亿元，增长4.8%。完成国家现代农业发展专项规划编制，实施4项总面积599.13公顷的国家立项农业综合开发项目和6宗总面积966.67公顷的土地开发整理项目，全年新增设施蔬菜大棚面积266.67公顷、福州市级以上农业产业化龙头企业12家，完成标准化水产养殖池塘改造266.67公顷。台湾农民创业园核心区已完成一期综合楼、5.6万平方米台湾标准钢架大棚等项目建设，累计完成投资1.2亿元。社会消费品零售总额216.07亿元，增长17.7%。第三产业增加值218.95亿元，增长8.8%。创元千禧五星级大酒店已投入试营业，裕荣广场、海峡商品交易中心建设全面展开，实行"福清好货"授权专卖。成功举办第三届梦文化节，石竹山与台湾阿里山结为姊妹山，全年共接待游客240.4万人次，旅游业收入达10.5亿元。金融业发展势头良好，新引进2家商业银行，福清农商银行成功改制设立，福清首家小额贷款公司顺利获批。

招商引资。着力创新招商机制，成立市投资促进中心，积极组织参加各类大型招商活动，新签订"三维"项目60项，总投资344.47亿元，其中：央企项目2项，总投资51亿元；民企项目32项，总投资186.05亿元；外资项目26项，总投资17.05亿美元。

城乡建设。完成城乡空间发展战略规划、城市总体规划修编等重要规划编制和镇街土地利用总体规划审批工作，基本实现全市村庄规划全覆盖。新、拓建城市道路13.6公里，新增道路面积30万平方米，建成福俱大道等13个市政路桥项目，启动福百大道、龙江南路B段、中环路等道路建设，完成火车站公交客运站及配套停车场建设和清荣大道立交桥、玉融大桥加固维修。大力加强小城镇建设，龙田、高山、渔溪等3个小城镇综合改革试点镇已全面完成规划编制工作，全年小城镇改革发展战役完成投资65亿元。推进以阳下溪头、镜洋波兰、港头草柄、三山厚林等18个示范村、精品村为重点的新农村建设，完成46个行政村"双百工程"创建任务和438个行政村综合服务场所配套建设，建成农村基础网络公路5条共12.3公里、通自然村道路20条共20.75公里，实施虎溪、太城溪、关溪和龙江利桥下游1公里河道综合整治，完成5座小（一）型水库除险加固工程，完成"造福工程"搬迁21户92人。

社会事业。全市182个校安工程项目已竣工164个，新建、改扩建10所公办幼儿园，完成386所完小校以上义务教育标准化学校建设，顺利通过"县域义务教育发展基本均衡市"省级评估验收。福清市医院新院一期、市妇幼保健院新院和市第二医院病房大楼工程已经封顶，市妇幼保健院和市第三医院分别通过"二甲"妇幼保健院和"二乙"综合医院评审，新建成龙江、龙山两个社区卫生服务中心，实施213所村卫生所（室）改扩建和规范化建设。免费为城乡居民提供11类基本公共卫生服务项目，选取49家村卫生所开展新农合门诊统筹试点，实现基本药物制度全覆盖。全面完成广播电视村村通工程建设和广电网络整合，福清广电网络分公司正式挂牌成立。全面推进社区居家养老工作，新建成20个居家养老服务站。新建成农村水泥篮球场102个、健身路径68条，实施42个农家书屋规范提升。成功举办首届文化艺术节和第三届海峡两岸宗鹤拳武术文化暨首届融台青少年文化交流大会，成立了市闽剧艺术研究会。投入6700多万元完成沈海高速福清段、渔平高速及其江阴支线两侧绿化通道和大真线龙江至港头段绿化提升工程建设，全市造林面积3120公顷；完成龙江生态文化园、一拂广场和“两馆一中心”广场建设，全市建成区绿化覆盖率达42.97%；龙田等9个镇通过绿色乡镇验收，村镇绿化覆盖率从15%提高至18.5%。全面启动城乡环境“点线面”综合整治工作，全年共实施各类整治项目36项，建成镇街垃圾中转站13座，全市街道、乡镇生活垃圾无害化处理率分别达99.5%和95%。加强饮用水源保护，进一步扩大保护区范围，拆除了243家畜禽养殖场，实施涉及5个镇共3.13万人的农村饮水安全工程，龙江流域水质功能区达标率达83.3%，市级集中式饮用水源水质达标率从上年的85.4%提高到94.9%，乡镇集中式饮用水源水质达标率从上年的59.1%提高到87.9%。投入1300多万元新建、改造城区供水管网21.2公里，成立了市水质检测中心，自来水水质综合合格率优于国家规定的95%的标准。

人民生活。城镇居民人均可支配收入29704元，农民人均纯收入13500元。新增城镇就业人数2.75万人，转移农村富余劳动力5600人。城乡居民养老保险参保率提高至98%。重视帮扶救济困难群众和弱势群体，全市16个镇街成立了慈善分会和慈善超市，新建3个镇敬老院，投入450万元完成190户残疾人安居工程项目。全年共建设各类保障性住房1046套8.46万平方米。

【江阴港区获批设立汽车整车进口口岸】 12月31日，福州港江阴港区被国务院批准为海峡西岸经济区首个也是唯一一个汽车整车进口口岸。该项目首期工程占地4.93公顷，其中海关整车监管区面积约2.06公顷，包括汽车堆场、查验平台、办公楼以及出入区卡口；国检检测区面积约2.87公顷，包括汽车待检区、汽车检测实验室和汽车检测合格区。年内，江阴港区汽车整车进口口岸已签约落地总投资2.98亿美元的江阴国际汽车城项目。

（周泽胜）

长乐市

【经济社会概况】 2012年，全市实现地区生产总值435.08亿元，比上年增长14.8%；财政总收入（不含基金）40.38亿元，增长22.2%，其中地方财政收入23.42亿元，增长25.3%；全社会固定资产投资275.42亿元，增长23.0%；内资实际到资109.44亿元，增长30.4%；实际利用外资3768万美元；出口总值4.90亿美元，增长16.0%；进口总值11.73亿美元，增长2.0%；城镇居民人均可支配收入30206元，增长13.0%；农民人均纯收入13312元，增长13.7%；经济综合实力继续位居第12届全国县域经济“百强”县、2012年度福建省县域经济实力“十强”行列。

农业。农林牧渔业总产值70.05亿元，增长5.0%。粮食生产保持稳定，设施农业面积达400公顷，粮食生产和规模化设施农业保险实现全覆盖。农业标准化水平得到提高，古槐青山村被农业部评为“一村一品”示范村，新增无公害农产品产地18个。特色渔业加快发展，4家水产养殖场列为省现代渔业项目建设基地，漳港海蚌保护区列为国家级水产种质资源保护区。强化民生水利建设，编制《长乐市防汛减灾总体规划》，动工建设莲柄港主河道整治、象联海堤除险加固等15项重点水利工程，完成投资2.8亿元。

工业。工业总产值1447.17亿元，增长20.2%，其中规模以上工业总产值1389.04亿元，增长20.8%。企业规模不断垒大，产值超亿元企业160家，增加15家，其中超10亿元33家，增加3家，金纶高纤成为首家“百亿企业”。

第三产业。社会消费品零售总额108.25亿元，增长22.0%。现代服务业加快发展，鹤上钢贸市场、大润发商贸、翔孚物流、冶金大厦等落地建设。编制《长乐市旅游发展总体规划》，旅游馆重新布展，豪生长山湖酒店、国惠大酒店分别获评五星、四星级旅游酒店。新引进厦门银行，落户长乐银行业机构达19家。

招商引资。共签约对接央企、外企、民企“三维”项目52项，总投资637亿元。新引进德诚黄金、榕威高纤、国创合纤、恒兴南方水产品加工交易中心等项目。

项目建设。全年安排295项“五大战役”项目，完成投资240.03亿元，占年度计划投资的118.18%，其中41项列入福州市“五大战役”重大项目，完成投资126.78亿元，占年度计划投资的135.96%；77个项目建成投产或竣工，82个项目新开工建设，62个项目基本完成前期工作。

基础设施。建成或基本建成峡漳路拓宽改造、两港线江田镇区段改造、仙滨路、仙岐路、梅文路等道路，滨江滨海路、营滨路、金港路、文浮路等道路建设加快推进。东区水厂一期日供水10万吨工程正式运营，昆石22万伏及里仁等3座11万伏变电站建成，松下港区18＃、19＃5万吨级码头泊位进展顺利。

城乡建设。优化首占营前新区规划，完成临空经济区等8项重点区域专项规划和134个村庄规划编制。首占营前新区“三纵三横”路网基本建成，消防培训中心、电力调度中心等一批公建项目加快推进。建成长山路、西滨路等市政道路，完成奎桥至东关段、下洞江里仁段内河整治，改造里仁工业区一期污水处理系统。建成长安公园二期、老年体育公园等4座城区公园，新增绿地面积600公顷。加大城市综合管理力度，持续推进城区道路交通、市容卫生综合整治，严厉查处违法建设，累计拆除违法建设112处、面积1.9万平方米。优先发展公共交通，新投放100辆出租车、30辆LNG公交车，公交线路延伸至营前、首占、鹤上、猴屿等乡镇（街道），总里程突破100千米。推进小城镇建设，江田、古槐两个省、福州市级试点镇共实施25个项目，完成投资13.6亿元，金峰、漳港、文武砂3个市本级示范镇启动。

科技创新。吴航不锈钢、翔隆纺织等43项重点技改项目完成投资72亿元。新增长源纺织、阿石创光电子等4家高新技术企业；力恒锦纶成为福州市知识产权示范企业，金纶高纤获首届福州市政府质量奖。锦江科技、雪人股份设立博士后创新实践基地。“台福”被评为中国驰名商标，新增省著名商标10件、省名牌产品18项。

生态环境。完成华能福州电厂、鑫海冶金脱硫脱硝工程，25家印染企业通过清洁生产审核，拆除、整治37家畜禽养殖场，滨海污水处理厂投入运营，建成城北垃圾中转站和3座乡镇垃圾中转站，完成年度节能减排任务。强化水源保护，推动大樟溪引水工程前期工作，炎山饮用水源水质自动监测站投入使用，基本建成潭头、湖南等6个乡镇12万人农村安全饮水工程，完成城区15个小区旧供水管网改造。深入开展城乡环境综合整治，持续提升机场高速、峡漳路沿线景观。加强生态创建，完成7个国家级、7个省级生态乡镇和78个福州市级生态村创建，通过省级生态城市考核验收。加大造林绿化力度，完成造林绿化面积2760公顷，被评为全国国土绿化突出贡献单位。

社会事业。长乐一中分校、附小龙门分校动工建设，福州外语外贸学院落成开学，武警福州指挥学院加快推进。投入8642万元实施37项校安工程，新扩建校舍15.1万平方米，拆除改造校舍危房2.68万平方米。严格落实国家基本药物制度，全面实行乡镇卫生院、社区卫生服务中心药品零差率销售，让利群众2300万元。市妇幼保健院被评为二级甲等妇幼保健院。创建全国计划生育优质服务先进县(市)通过省级验收。文化产业加快发展，网龙动漫研发主楼“天晴楼”建成，引进海峡文化创意园。广电网络整合有序推进，成立长乐广电网络分公司。体育事业蓬勃发展，市青少年校外体育活动中心、少体校综合楼投入使用，被评为福建省全民健身活动先进单位。重视中高端人才引进储备，评选59名首届长乐市优秀人才，引进447名各级各类人才。

社会保障。市财政统筹用于民生的公共服务支出达6.98亿元，完成十大类54项为民办实事项目。城镇新增就业7216人，转移农业富余劳动力6270人，城镇登记失业率1.9%。建立城乡低保、农村五保等各类优抚对象补助标准自然增长机制，全年发放各类补助金3334.3万元。新农合人均补助标准提高至260元，参合率达99.85%。开展各类扶贫济困、医疗救助活动，救助金额3375万元。建成董奉山老年公寓和吴航西滨、营前海星等7个社区居家养老服务站，市社会福利中心动工建设。新建各类保障性住房1054套、面积11.5万平方米，分配出租700套，完成180户农村贫困残疾人危房改造。食品安全工作扎实推进，被评为省级食品安全示范县(市)。

【市行政服务中心】 长乐市行政服务中心在优化整合各类审批事项和网上审批系统的基础上，依托原市交通管理大队办公楼改造建设而成。2012年2月正式启用，为福州市第一家投入使用的县(市)区级行政服务中心。中心总建筑面积2060平方米，设置56个对外服务窗口，通过智能化办公手段，将38个审批部门330个审批和服务事项纳入中心，实现市直部门90%行政审批和公共服务事项集中办理，2012年累计受理审批申请4万件，办结率95%。 (黄 强)

闽侯县

【经济社会概况】 2012年，全县实现地区生产总值337.29亿元，比上年增长13.7%；财政总收入(不含基金)62.93亿元，增长19.7%，其中地方财政一般预算收入38.53亿元，增长34.7%；农林牧渔业总产值49.70亿元，增长4.4%；工业总产值692.38亿元，增长19.4，其中规模工业产值578.01亿元，增长20.6%；全社会固定资产投资380.51亿元，增长27.7%；城镇居民人均可支配收入29522元，增长12.8%；农民人均纯收入达10827元，增长13.8%。连续3年成为全省县域经济实力“十强”县、经济发展“十佳”县。

农业。认真落实强农惠农富农各项政策，不断加大农业投入，安排农林水资金3.98亿元，增长50.2%；发放种粮补贴、农资综合补贴等1639万元；落实贷款2681万元扶持山区发展，县财政贴息276万元。龙头带动不断增强，建立水稻“五新”技术集中展示区，扶持发展蔬菜集约化育苗基地15公顷，新建蔬菜基地166.67公顷，全县55家龙头企业和重点基地创产值28亿元。小农水重点县建设加快推进，投入3672万元实施冬春修水利及水毁工程修复，新发展钢架大棚设施农业15公顷，治理水土流失1333.33公顷，补充耕地100公顷。

工业。奔驰凌特、东南V5菱致等新车型相继上市，新投产爱德克斯等6家配套厂，汽车产业完成产值216.84亿元。机电、建材、工艺、食品、纺织等产业持续壮大，分别完成产值101.59亿元、62.75亿元、53.74亿元、46.46亿元、44.71亿元。县财政投入3900万元支持企业创新发展，16个项目获省市科技部门立项扶持，新认定高新技术企业4家，全县高新技术产业产值达230亿元。园区效应加快凸显，青口投资区创产值316.9亿元，五虎山、东台片区加快建设；闽侯经济技术开发区一、二期产值达85亿元；白沙园完成26家企业招商，其中7家建成、6家在建；竹岐园建工建材等企业投产达效。

服务业。新建成高速物流、蓝海物流、海峡物流3家企业，南通物流园新引进普洛斯等5家大型物流企业。海峡汽车文化广场已有12家4S店建成开业，奥迪4S店、奔驰3S店也在南屿先后开业。文化产业日益显效，上街根雕生产基地加快建设，根雕展示交易中心顺利开业，成功举办首届中国·闽侯根雕艺术博览会。获评“全国休闲农业与乡村旅游示范县”，全年接待游客175万人次，旅游总收入3.4亿元，分别增长25%和24%。

招商引资。全年成功对接“三维”项目51项，中金黄金、中铁盾构机等一批央企项目入驻；新引进融侨双龙度假村等千万美元以上外资项目8项，总投资9.33亿美元。实际利用外资(验资口径)1.79亿美元，增长19.03%。出口13.72亿美元，增长16.02%。

城乡建设。县城建设全面推进，科技中心、文化中心、市民广场等项目基本建成，旧城改造安置房已封顶10幢，县实验幼儿园新园主体工程完工。小城镇建设持续推进，4个试点小城镇全年实施56个项目，完成投资55.8亿元，荆溪科技文体中心、绿地公园和白沙第二供水工程、116县道改造等项目基本建成。螺洲大桥南连接线、新南港大桥等一批重点项目加快建设，旗山大道东半幅（南屿段）拓宽工程、邱阳河道路、南通新自来水厂等一批基础设施项目建成投用。白沙孔元和南通洲头精品示范村建设顺利启动，投入7500万元实施山区道路提升改造，投入5418万元保障10.7万人安全饮用水。“造福工程”、农村改厕、广播电视村村通及新一轮农网改造等年度任务全面完成。

环境保护。着力景观整治，“点、线、面”攻坚、“四绿”工程持续推进，新增公共绿地66.67公顷，造林绿化4200公顷，福银高速福州西出口至橘园洲段绿化等9个项目年度任务全面完成。着力污染治理，实施减排项目25项，整治高污染、高耗能企业13家，闽江流域水环境综合整治持续推进，完成17万平方米畜禽养殖污染整治，上街垃圾转运站等一批环保设施投入使用。新创建7个省级生态乡镇、103个市级生态村。省级卫生县城通过复评验收。

社会事业。投入2亿元实施“校安工程”重建加固，五虎山小学等一批学校加快建设，东南学校初中部投入使用，累计139所学校通过市级标准化评估验收。荣获第五届“省科普先进县”称号。数字电影《少年侯德榜》、《少年林祥谦》完成拍摄，新增农家书屋30个、健身路径40条。县医院医技楼和廷坪卫生院、小箬卫生院全面建成，改造提升村卫生所47所，全县新增医疗用房面积9500平方米。获评省级“卫生应急工作示范县”。

社会保障。新增城镇就业1.2万人，转移农村富余劳动力8110人。全年支出社保、医保等各类保障资金3.74亿元，被征地老龄农民生活补助、城乡低保、五保供养标准有了新提高，新农保、新农合、城镇居民医保更加完善。全县所有公立医院施行药品零差率，全年减少群众药费支出1500多万元。建成保障性住房4513套，超额完成省市下达的年度任务，并将农村低收入困难家庭纳入保障范畴。

【闽侯根艺】 闽侯（上街）根艺传承于福州木雕，经过20多年的发展，已形成了独特的“上街根艺”风格。2003年，上街根艺行业自发组织成立了木根雕同业公会，目前全县共有中国根艺美术大师4人、高级根艺美术师22人、中级根艺美术师12人，根艺企业近1000家，从业人员3万多人，年交易额达20多亿元，占国内市场的80%左右。2012年5月，闽侯上街根雕展示交易中心建成投用，项目总占地面积3.8万平方米，总建设面积3.2万平方米，目前已有160多名根雕从业者、共70多家商户入驻展示交易中心。总规划面积20公顷的闽侯（上街）根艺生产基地，一期工程已进入全面施工阶段。2012年5月16日，“海西金蓝领”杯工艺品雕刻（木根雕）职业技能竞赛暨第一届中国·闽侯根雕艺术博览会在展示交易中心成功举办。（施理光）

连江县

【经济社会概况】 2012年，全县实现地区生产总值268.59亿元，比上年增长11.6%，其中：第一产业增加值93.69亿元，增长5.3%；第二产业增加值104.01亿元，增长17.7%；第三产业增加值70.89亿元，增长10.2%；三次产业比例为35.0∶38.7∶26.4。工业总产值349.27亿元，增长20.0%，其中规模以上工业产值329.41亿元，增长20.5%；实际利用外资6823万美元；内资到资40.11亿元；财政总收入（不含基金）28.72亿元，增长32.3%，其中地方财政收入20.72亿元，增长40.9%；社会消费品零售总额66.83亿元，增长23.4%；进出口总额6.88亿美元，增长24.7%；城镇居民人均可支配收入25037元，增长13.4%；农民人均纯收入10334元，增长13.8%。

农业经济。粮食生产保持稳定，发放各类涉农补贴4.82亿元，全面实施渔业、森林保险。被省政府列入第一批省级农民创业园建设名单。连台农业合作交流进一步加强，成功举办首届海峡两岸西瓜新品种交流研讨会暨丹阳西瓜节。修复病险水库6座、加固海堤3千米，新建和改造农村公路55千米，组织造福搬迁440人。投入1236万元，奖补87个村开展“一事一议”，带动项目总投资4411万元。

工业经济。激励企业科技创新，24家企业的57个项目获得科技创新奖励，实现“6·18”项目成果对接40项，10家企业与科研院所合作成功。67家企业获得县级企业发展专项配套奖励1450万元，促进企业扩产增效。北茭风电、德通金属、聚能机械、树人板房等项目竣工投产，锦程高科、无纺布、金山药业、神州学人等项目开工建设。临港产业加快集聚，恒捷综合化纤项目签约落地，神华储煤中转发电一体化、中石油可门钢管制造项目正式动工。福能万业6号、7号泊位后方陆域工程启动建设，华电可门电厂三期项目加紧前期工作。

服务业。现代服务业加快发展，龙芝商贸广场开张营业，金源五星级酒店、海峡文化村五星级酒店、西方财富酒店主体建成。连江旅游发展总体规划获准实施，贵安旅游新城初具规模。时代华奥入选国家级文化产业示范基地。荣膺“中国温泉之乡”称号。青岛啤酒（连江）梦工厂、溪山温泉正式开业。推动环马祖澳旅游，黄岐港列入国家“十二五”口岸发展规划，对台客运码头和联检通关设施开始规划设计。金融服务业日趋完善，恒欣村镇银行开业运营，民生银行入驻，华兴小额贷款公司成立。

城乡建设。城市总体规划依据福州大都市区规划进行调整，中心城东片区、江南新城控制性详细规划批准实施。万星广场、万家城市广场、红星国际广场等城市综合体项目动工建设，筹建县文化公园、体育公园。新建、改扩建火车站迎宾大道、南江滨东路、南文山路、一级客运站周边路网等城区道路。污水处理厂三期、城区内河清水工程启动建设，新增城区绿地3万平方米。琯头省级示范性小城镇试点建设全面推进，22个项目年度完成投资16.7亿元，琯头中央大道二期、

连江北茭风电场。 （连江县政府办供稿）

侨乡中心公园及五显山公园、蓉山公园整治项目基本完工。

社会事业。全县经省认定的高新技术企业2家；高新技术产业增加值7.91亿元，增长20%。申报省科技计划项目3项，市科技计划项目12项。全年专利申请量230件，其中：发明90件，实用新型103件，外观设计37件。累计获得市级以上名牌产品19个、著名商标22个、知名商标33个。教学条件不断改善，建设45栋中小学校舍，提前一年完成80所义务教育阶段标准化学校建设任务。新增公办义务教育阶段学位1200个。落实“学前教育三年行动计划”，新改扩建乡镇中心幼儿园5所，新增公办幼儿学位540个。重视校车安全，20辆国标校车投入使用。医药卫生体制改革全面推进，县医院列入全省县级公立医院改革试点，率先实行药品零差价销售。县120急救中心扩建工程、县卫生监督综合楼、江南卫生院门诊综合楼建设进展顺利。公开招聘90名本科、大中专卫技人员充实县乡医疗卫生队伍。

民生保障。新增城镇就业3226人，新增农村劳动力转移就业6800人。新农合、城镇职工及居民医保、城乡医疗救助三大医疗保障制度建立健全，覆盖城乡居民的基本医疗保障体系已经形成。城乡低保、农村五保集中供养标准进一步提高，被收海渔民纳入失地农民保障范围。城镇居民社会养老保险试点工作正式启动。社会养老保障基本实现全覆盖。社会救助体系进一步健全，县社会福利中心一期基本建成。推行居家养老服务，建设社区居家养老服务站点24个。加大保障性安居工程建设，建成廉租房、公租房507套，实物配租150套。开展住房公积金扩面工作，将企事业单位临时聘用人员纳入保障范围。

生态环境。启动城乡环境综合整治大会战，开展49个村容环境整治示范村和44个农村环境综合治理试点村建设。新验收“农村家园清洁行动”村40个，新创建“绿色乡镇”1个。县垃圾焚烧发电厂投入使用，乡镇垃圾转运站基本建成，出台城乡生活垃圾收运处置管理工作考核办法。推进生态乡镇、村建设，创建省级生态乡镇7个、省级生态村7个、市级生态村78个。实施重点减排项目27项。治理工业污染、畜禽养殖污染。加强饮用水源保护，重点流域水环境综合整治工作得到巩固提升。“四绿”工程造林绿化3306.67公顷，超额完成沈海高速公路连江段森林生态景观通道建设。

【神华福建罗源湾港储中转发电一体化项目】 该项目位于连江县可门经济开发区1#～3#泊位后方。由神华（福建）有限公司与福建恒联码头有限责任公司合作开发，总投资约200亿元，依托神华集团煤、电、路、航一体化优势，中在罗源湾可门作业区1#～3#泊位规划建设3个大型深水码头，利用大吨位船舶引进国内外煤炭资源。码头后方建设2×1000万吨国家级煤炭应急储备基地和4×1000MW火力发电机组。项目一期工程建设2×1000MW超超临界火力发电机组，投产后将实现年发电100亿千瓦时，实现年储运煤炭1000万吨，年总产值120亿元。

【可门港大官坂垦区填海造地工程】 可门港大官坂垦区二期1033.33公顷填海造地工程位于连江县大官坂垦区，该项目造价约12.5亿（其中连江县政府投资4个亿，BT模式融资约8.5亿），总面积约为1033万平方米（约1033.33公顷）。 （游永亮）

闽 清 县

【经济社会概况】 2012年，全县实现地区生产总值106.42亿元，比上年增长13%；财政总收入10亿元（不含基金，下同），增长27.2%，其中地方级财政收入4.87亿元，增长22.1%；工业总产值138.58亿元，增长18.5%，其中规模以上工业产值119.96亿元，增长20.4%；农林牧渔业总产值32.85亿元，增长5.1%；内资实际到资10.66亿元，增长45.9%；实际利用外资401万美元，增长43.7%；海关出口总值1.03亿美元，增长12.1%；全社会固定资产投资31.64亿元，增长31.3%；社会消费品零售总额30.95亿元，增长16.3%；农民人均纯收入9259元，增长13.4%；城镇居民人均可支配收入20581元，增长12.6%。

农业。全年发放粮食直补等各类补贴资金1408万元；粮食播种面积1.24万公顷。加快蔬菜、油茶、食用菌、茶叶等特色农业发展，梅溪檀香橄榄、云龙西红柿等5种农产品获得绿色食品产地认证，茶口粉干荣获国家地理标志产品保护。加强农业基础设施建设，实施梅溪等3个乡镇国家农业综合开发项目，改造中低产田926.67公顷，清淤灌区渠道219千米。全力做好防灾减灾，完成全县山洪灾害防治非工程措施建设，新建防火林带120千米，布设15个气象灾害信息发布终端，重大动物疫病免疫率达100%。

工业。全年共会审45个工业项目，总投资42.45亿元；联兴陶瓷、品胜混凝土等6个项目竣工投产，金华龙饲料、天和电气等25个项目正式签约或动建；金盛钢业等13家规上企业投入2.5亿元实施技改扩产。大力实施品牌战略，新增11家企业通过国家质量体系认证，豪业精艺瓷和聚福工艺品商标荣获中国驰名商标。加强陶瓷行业规范管理，成立了建陶、电瓷2个行业协会。大力推进陶瓷企业清洁生产，对新东方陶瓷等18家使用天然气的规上企业在技改、用气方面继续给予补助，兑现补助资金779万元；完成33家企业车辆清洁平台建设，41家企业开展了陶瓷固废物清运填埋。建筑业实现加快发展，新成立、引进建筑企业 21 家，新开工普通商品房建筑面积 7.2 万平方米。

服务业。加快解放大街、天行大街等新商贸区域建设，引进中都百货，动建兴顺物流中心，完成云龙、上莲、塔庄等农贸市场改造，销售家电下乡产品 3.8 万台，兑现补贴资金 1100 万元。七叠温泉、黄楮林温泉景区被评为省四星级乡村旅游经营单位，金水湾生态农家乐、绿野农家山庄等乡村游景点相继建成，大明谷温泉、丰达农场等景区配套设施不断完善。全年接待游客 55.3 万人次，实现旅游收入 6656 万元。

招商引资。大力实施“回归工程”，全年共回归企业 16 家，白金工业区被市政府授予“榕商产业回归园”。加强与央企、外企和民企的“三维”对接，华润风力、彰毅电机、东桥万国钟表城等项目相继签约。全年共签约项目 59 项，总投资约 100 亿元。

城乡建设。完成 16 个乡镇和 106 个村庄规划及梅溪新城、白金工业区二期和坂东工业园控制性详规编制。加快推进旧城改造。恒晟晶都、恒翔冠城等房地产开发项目稳步推进，天行大桥春节前可基本完成主体工程建设。实施解放大街、溪口进城路、梅西小区主干道等改造。完成会场、乃裳广场、溪滨路、防洪堤等主要建筑和路段亮夜工程。实施境内福银高速公路、316 国道、云龙互通口至长途汽车站、溪滨路等路段景观改造。继续推进农村路网建设，实施原 202 省道湖头至文定段、125 县道上莲至永泰长庆段、124 县道桔林至古田松桔段和溪演等 7 座危桥改造，硬化村通村和通自然村道路 50 公里，实施农村公路安保工程 224 公里。推进新一轮农网改造，完成 110 千伏白洋变二期扩建并投入运营。加快新农村建设步伐，启动 1 个市级精品示范村、3 个市级综合示范村和 15 个县级精品示范村建设。

社会事业。组织开发新技术、新产品 10 项，引进推广先进实用技术 15 项。与福州大学、武汉理工大学等高校开展了合作，成立福州大学闽清专家工作站，建成陶瓷技术孵化器一期工程。累计投入 1.33 亿元，竣工 40 项校安工程，完成县职专实训大楼、一中体艺馆、新城关幼儿园等主体工程建设，更新 14 部国标校车，完成 42 所学校标准化建设。组织 139 名教师开展学科对口支教，新聘 22 名教师。成立省美术馆闽清分馆、闽清县美术馆、闽江书画院。完成“三馆”、“三中心”综合楼主体工程和青少年校外体育活动中心绿化配套建设。全县 271 个行政村有线广播“村村响”工程通过省市验收。建成一批健身工程和健身路径，实现全县行政村健身设施全覆盖。完成六都医院病房综合大楼、县卫生监督管理所和梅城社区卫生服务中心综合楼主体工程建设及县医院儿科大楼改扩建项目，80 所村卫生所标准化建设全部完成。通过“全省农村中医药工作先进单位”评估验收。加强卫技人才队伍建设，新招聘 109 名卫技人员充实到医疗卫生单位。全年共出生人口 4442 人，出生率 13.56‰，计生率 92.75%。出生人口性别比 107.38。

社会保障。全年新增城镇就业 2000 人，转移农村富余劳动力 5250 人。继续推进新型农村养老保险和城镇居民养老保险工作，完成新农保参保登记 12.9 万人，3.36 万人享受了基础养老金，每月平均发放养老金 181.5 万元；完成城镇居民参保 1905 人，发放 60 周岁以上养老金 922 人，每月发放基础养老金 6.85 万元；完成城镇职工基本医疗保险参保 2.52 万人，城镇居民医疗保险参保 6.14 万人；完成新农合参合人数 22.6 万人，共筹集新农合基金 6995.1 万元，努力做到老有所养、病有所医。

【生态环境保护】 投入 1372 万元，开展城乡环境综合整治，城乡环境卫生得到明显改善。持续推进农村家园清洁行动，全县 271 个行政村全部通过市级验收，池园、坂东等乡镇 6 个行政村农村环境连片整治取得明显成效。大力推进“四绿工程”建设，完成造林面积 353.33 公顷，治理水土流失面积 980 公顷，黄楮林自然保护区被评为国家级自然保护区。深入开展重点流域水环境综合整治，实施了梅溪绿水一级工程，完成城区污水三期管网和 8 个乡镇生活污水处理设施建设，成功创建 6 个国家级生态乡镇和 7 个省级生态乡镇。 （黄荣谋）

罗 源 县

【经济社会概况】 2012 年，全县实现地区生产总值 146.73 亿元，比上年增长 10.5%；财政总收入 13.6 亿元，增长 34.5%，其中地方级财政收入 9.48 亿元，增长 55.2%；全社会固定资产投资 117.62 亿元，增长 20.6%；社会消费品零售总额 32.14 亿元，增长 16.5%；城镇居民人均可支配收入 21639 元，增长 12.6%；农民人均纯收入 9356 元，增长 13.5%。全县 86 项“五大战役”项目完成投资 100.9 亿元，其中 17 项市级“五大战役”项目完成投资 70.43 亿元，超年度计划 57.4 个百分点。三次产业比例为 17.1∶68.1∶14.7。荣获“全国十佳魅力县市”、“全省经济发展十佳县”等称号。

农业。大力发展食用菌、茶叶、畜牧、竹木、果蔬、渔业等六大特色农业产业。农林牧渔业总产值 43.09 亿元，增长 4.6%。生产食用菌 8.6 万吨、水产品 12.5 万吨，建设丰产毛竹基地 400 公顷，引进春伦集团建设万亩生春源茶叶基地。“七境茶”品牌荣获国家地理标志注册商标。

工业。工业总产值 366 亿元，增长 11.1%，其中规模以上工业产值 347.23 亿元，增长 12.5%。宝钢德盛、三金钢铁、亿鑫钢铁等重点企业实现产值 271.88 亿元，占全县工业产值 74.3%。华东船厂第一艘 5.3 万吨级节能型轮船成功下水，实现罗源湾万吨轮船建造零突破。“5·18”、“6·18”、“9·8”期间共签约或对接项目 55 项，全年合同外资 5660 万美元，实际利用外资 2907 万美元，分别增长 0.7% 和 15.1%。

服务业。世纪金源超五星级大饭店、鑫冠五星级酒店动工建设，青禾购物广场及一批乡村农贸市场投入运营；霍口畲山水风景区基本建成，畲族文化和旅游产业加速融合；金融机构存贷款余额持续增长，年末金融机构存款余额 63.4 亿元、贷款余额 54.1 亿元，分别增长 7% 和 41.2%。

城乡建设。滨海新城完成年度投

资40亿元，封顶和动建商住楼各100万平方米。沈海高速罗源段、高速南北口进城大道景观整治工程相继完工。新老城连接通道改造提升稳步推进，6条市政道路完成改扩建，城区至起步镇公交线路开通运营。完成北江滨公园二期和九大中心田径场改造及城区夜景三期工程。起步市级小城镇综合改革试点取得成效，建设上长治、西洋、许洋等“百村竞赛”精品村、示范村。完成192户749人造福搬迁、9600人安全饮水等工程。建成霍口、中房2个中央小型农田水利重点县项目。完成起步溪护国段中小流域整治和2条海堤、2座小(二)型水库除险加固。农村环境综合治理取得实效，乡容村貌得到改善。

社会事业。完成77项专利申请，获批2家省级高新技术企业。6所乡镇中心幼儿园改扩建和18项“校安工程”全面完成；全县34所中小学标准化建设通过省级评估验收，成为全省首批“国家级义务教育发展基本均衡县”之一。完成县闽剧团改革和县图书馆、文化馆、博物馆、珍品馆改造提升，建成“农家书屋”示范点25个，舞蹈《铃竹卜》、《畲乡情韵》等在省市文艺汇演中均获一等奖；挂牌成立罗源广电网络分公司，顺利实施有线电视网络整合工作。县医院通过“二甲”评审，完成79个村卫生所改扩建。建成88个村农民体育健身路径，被国家体育总局授予“全民健身工作先进单位”称号。全年出生人口3872人，人口出生率14.44‰，人口自然增长率8.9‰，出生人口政策符合率93.18%。

社会保障。城镇新增就业2508人，转移农业富余劳动力7071人。城乡“低保”和“五老”补助标准进一步提高；“新农合”、“新农保”实现全覆盖，城镇居民医保、养老保险和被征地农民养老保障全面实施；建成起步爱心老年公寓和鉴江敬老院。通过第二次全国地名普查验收，被国家民政部授予“全国民政工作先进单位”称号。落实社会救助和保障标准与物价上涨挂钩联动机制，受益群众1.1万人。推进保障性安居工程，累计建成历年开工的保障房707套，完成廉租房配租150套；竹兜和可湖坂沙搬迁安置房基本建成。

生态环境保护。罗源湾开发区企业环保设施逐步完善，深入推进石材行业整治和矿产资源整合治理，全县开采矿山从131家削减到55家。完成霍口乡生猪养殖全面退养禁养工作，确保敖江流域(罗源段)水质达标。完成造林绿化3466.67公顷，森林覆盖率达51.4%。

基础设施建设。罗源湾北岸码头全年货物吞吐量1350万吨；海事码头建成运行，碧里作业区3～5#泊位扩能技改和将军帽15万吨码头建设进展顺利。104国道水古至上楼段、县道碧里至鉴江段改扩建和中房岭兜至宁德金涵区间道路建设相继完工。滩内水厂二期工程投入运营，全县日供水能力从12万吨提高到17万吨；敖江径流取水工程顺利实施，霍口大型水库项目正式启动。松山至泥田等8条电力线路升级改造全面铺开。开发区基础设施日臻完善，罗源湾北岸台商投资区获国务院审批，金港工业区防洪排涝工程分步实施。同时，组建了县行政服务中心，发展平台持续提升。

(杜武义 许彭多)

永泰县

【经济社会概况】 2012年，全县实现地区生产总值97.94亿元，比上年增长11.3%；财政总收入(不含基金)5.35亿元，增长29.9%，其中地方级财政收入(不含基金)3.56亿元，增长27.2%；全社会固定资产投资(不含铁路、高速公路)33.5亿元，增长35.7%；农民人均纯收入8362元，增长14%；城镇居民人均可支配收入20154元，增长12.9%；城镇登记失业率控制在1.93%；人口自然增长率控制在6.7‰。

农业。农林牧渔业总产值49.89亿元，增长4.6%。粮食生产面积稳定，推广超级稻4000公顷、再生稻2000公顷。建立西红柿、苦瓜、槟榔芋、红芽芋等蔬菜基地2000公顷。省级农业标准化西红柿示范基地66.67公顷，列入全国无公害示范基地。建立国家级蔬菜标准园和芙蓉李栽培标准化示范区各1个。嵩口、同安、大洋、梧桐等乡镇营造油茶林200公顷。建成同安花卉苗木基地，启动建设嵩口苗圃基地。与省农科院签订农业科技项目战略合作框架协议，推进生态农业与高科技农业发展。大樟溪北水南调(平潭引水)工程开始动工。永泰抽水蓄能电站完成部分专题编制和审查。投入8000万元完成小(2)型水库除险加固4座，基本完成5个乡镇饮水安全等工程。

工业。工业总产值44.50亿元，增长15.3%；规模以上工业产值31.66亿元，增长17.1%。新引进中海创(永泰)生态型智慧科技园等项目。冷制取山茶油、顺达食品项目基本建成，朗宇环保项目动工建设；华尔锦纺织、三连制衣搬迁扩建工程前期工作基本完成。建筑业新增房建施工总承包企业5家、房地产企业2家；完成建安产值135.2亿元，增长19.9%；建安和房地产业税收入库2.3亿元，增长36.1%。

第三产业。第三产业增加值29.07亿元，增长12.6%。全县金融机构人民币存款余额71.7亿元，增长20.4%；个人储蓄存款45.4亿元，增长17%；各项贷款余额37.5亿元，增长31.2%。全社会消费品零售总额31.8亿元，增长18.6%。火车站站前广场城市综合体(冠景春城)完成征地拆迁工作，汤埕温泉开发建设项目完成防洪堤工程，云顶景区二期全面竣工。泰禾影视体验旅游项目完成初步概念性规划。香米拉星级酒店完成土建工程。新安巷旧街改造基本完成。青云山、天门山、御温泉等景点纳入福莆宁旅游一票通。全年接待游客253.5万人次，创旅游产值7.23亿元，分别增长25.3%、31.6%。

招商引资。引进中海创、上海名城地产、泰禾集团等知名企业。签约外资项目6项，总投资1.75亿美元；签约内资项目5项，总投资179.8亿元。内资实际到资23.3亿元，增长72.7%；实际利用外资1371万美元，增长23.2%。

“五大战役”。全年安排“五大战役”项目68项(含预备前期项目5项)，开工54项，完成投资73.97亿元，为年计划的102.34%。其中：重点项目建设战役完成投资63亿元，为年计划的107.6%；城市建设战役完成投资3.53亿元，为年计划投资的93.7%；民生工程战役完成投资3.2亿元，为年计划投资的86%；新增长区域战役完成投资3.67亿元，为年计划的52.4%；小城镇改革发展战役完成投资1620万元，完成年度目标。

城乡建设。城市总体规划（2007—2020）修编通过评审，委托编制"三溪六岸"规划，完成城南、城西片区控制性详细规划和4个乡镇总体规划修编、95个村庄规划编制。龙峰园至县政府段路面、立面改造及灯光夜景工程，龙峰和南湖公园改造升级及滨江绿化景观工程全面完成。解放大桥至龙峰公园步行街改造，杨梅路、平街路面、立面改造及南湖社区改造和塘前至太原立面整治全部完成。建成省道202线城关至莆田界段生态景观示范路、火车站站前大道、站前广场、北江滨路（一期）。省道203线改造项目基本完成。城峰路口、刘岐立塘等拆迁安置房项目全面竣工，高速路安置地交付建设。人民会堂建成投入使用。向莆铁路铺轨全线完成，福永高速公路完成路面工程80%。永泰110千伏变电站二期扩建项目竣工投产，刘岐及青云—马洋110千伏等项目正在建设。东门旗山小区地质灾害治理工程完成土石方卸载19.3万方。

社会事业。"永泰李干"地理标志证明商标通过省工商部门审查。实验小学、实验幼儿园、东门幼儿园按高标准全面建成并顺利搬迁；11个乡镇中心幼儿园完成改扩建；6个校安工程项目全部竣工；教育"两项督导"以优秀等级通过省市考核评估。成立广电网络永泰分公司。实施农村电影放映工程，建成数字影院1家，实现广播电视村村通。离退休干部暨妇女儿童活动中心综合用房开工建设，县青少年校外体育活动中心、21个乡镇综合文化站投入使用。新建健身路径17条、篮球场90个、农家书屋21个。县精神病防治院新病房大楼动工建设。创设"县长门诊"基层医疗科学决策平台。县医院专家工作站获批设立，院士（专家）工作站实现零的突破。县综合体育场启动建设。永泰籍女子体操运动员姚金男在伦敦奥运会上取得个人全能和团体第四名的好成绩。全年县财政投入计生经费1776.74万元，人均46.76元；完成免费孕前优生健康检查2219.5对，居福州市前列。人口自然增长率控制在6.7‰。

民生保障。全年用于就业、医疗卫生、教育、社会保障等涉及民生方面的资金5.4亿元，占财政总支出的46.96%，增长22.45%。新增就业2507人，城镇下岗失业人员再就业156人，转移农村富余劳动力6320人。城镇登记失业率1.93%。发放小额贷款5526万元，扶持和带动3072人创业和就业。启动城镇居民社会养老保险试点工作。参加新型农村养老保险13.9万人。新农合参合率99.7%。城乡低保提标提补全部到位，11800名城乡困难群众享受到最低生活保障，累计发放低保金2390万元。459位无力参保的县以上集体所有制企业退休人员领到老年生活保障金。完成造福搬迁工程188户、823人。

生态环境保护。节能减排完成市政府下达的控制指标，县城环境质量继续保持全市领先水平。推进中小河流治理工程。18个乡镇创建国家级生态乡镇通过省级验收，并获得省级生态乡镇命名；235个村获得市级以上生态村命名；创建国家级生态县已达到验收标准，待评估验收。完成水土流失治理面积4353.33公顷，植树造林3553.33公顷，超额完成"四绿工程"。投资2440万元实施嵩口、梧桐、长庆、大洋、同安5个乡镇14个村农村环境连片整治，建成一批水源清洁、家园清洁、田园清洁"三清"示范工程。

【闽江北水南调（平潭引水）工程开工建设】 9月28日，在永泰县塘前乡大樟村举行开工仪式。该工程规划总体布局为"一库一闸三线"，总投资63亿元。其中："一库"指龙湘水库，投资25亿元，主要以供水为主，兼顾发电，总库容2.85亿立方米，电站装机10万千瓦；"一闸"指大樟溪莒口拦河闸，投资5亿元；"三线"指闽江竹岐取水口到大樟溪莒口拦河闸输水线路、大樟溪到东张水库到平潭三十六脚湖输水线路、大樟溪到三溪口水库到青口到长乐输水线路，3条线路全长分别为35千米、88千米和37千米，投资33亿元，计划3年内完工。

【首届环福州·永泰国际公路自行车赛永泰段赛事】 11月20日，首届环福州·永泰国际公路自行车赛第三赛段比赛在永泰县举行，来自世界各地的22个专业队伍共130多名选手参加。本次赛事为洲际2.2级。永泰赛段约82.8千米，由大樟溪休闲娱乐中心出发至县城，绕城7圈后前往青云山云顶景区终点。捷克ASC杜克拉普拉哈队车手卡德莱茨·米兰获得永泰赛段第一名，中国香港车手蔡其皓夺得整个比赛个人总成绩冠军，中国卓比奥斯洲际职业队获得团体总成绩冠军。 （陈文琳）

编辑：林丹英

2012年11月20日，首届环福州·永泰国际公路自行车赛第三赛段比赛在永泰举行。图为比赛现场。 （永泰县政府办供稿）

厦 门 市

【基本概况】 厦门是一座美丽的滨海城市，由厦门岛、鼓浪屿、内陆九龙江北岸的沿海部分地区以及厦门湾沿岸组成；位处福建省东南部，背靠漳州、泉州平原，濒临台湾海峡，面对金门诸岛，与台湾宝岛和澎湖列岛隔海相望；陆地面积1573多平方千米，海域面积390平方千米，海岸线总长234千米；下辖思明、湖里、集美、海沧、同安、翔安6个行政区，全市常住人口367万，其中户籍人口190.92万人，是著名的侨乡和台胞的主要祖籍地，通行闽南方言。厦门是一座宜居的花园城市，被誉为"海上花园"；先后荣获全国文明城市、联合国人居奖、国家卫生城市、国家园林城市、国家环境保护模范城市、全国十佳人居城市、国际花园城市、全国十大低碳城市、全国最受农民工欢迎十大城市等荣誉称号。2012年，厦门获得十佳服务型政府"二连冠"、全国双拥模范城"八连冠"和首批全国创业先进城市，城市文明程度指数测评再次居全国第一。

【经济社会综述】 2012年，全市实现地区生产总值2815.17亿元，比上年增长12.1%，增幅居15个副省级城市第二；第一、第二、第三产业增加值分别是25.30亿元、1363.85亿元和1426.02亿元，分别增长0.5%、13.3%和11.0%；产业结构从上年度的1.0∶51.1∶47.9调整为0.9∶48.4∶50.7；财政总收入739.46亿元，增长13.4%；地方级财政收入432.27亿元，增长13.6%；城镇居民人均可支配收入37576元，增长11.9%；农民人均纯收入13455元，增长12.8%；城镇登记失业率3.5%；居民消费价格指数102.1；人口自然增长率10.4‰。全市万元地区生产总值耗电649.2千瓦时、耗水11.1吨。

先进制造业。全年完成工业投资260亿元，增长12.6%。保沣实业、正新集美厂等企业自动化生产线投产。工业经济效益综合指数205.69点，比年初回升近16个百分点；工业产品产销率99%，基本持平；34个工业行业大类中有32个实现盈利，亏损面比年初收窄近8个百分点；1503家规模以上工业企业中有1048家实现盈利，达到70%左右；规模以下工业企业转规模以上工业企业增加142家。实现全部工业总产值4664.66亿元，增长13.3%，其中规模以上工业实现总产值4486.35亿元，增长13.1%。全年产值超亿企业473家，超百亿企业7家，分别是宸鸿、戴尔、友达、联想、翔鹭石化、冠捷、厦门烟草等。平板显示、计算机与通讯设备、汽车、农副产品与食品加工、输配电及控制设备和烟草加工与销售等6条产业链的产值超百亿元。机械行业完成工业产值1081.43亿元，下降2.8%。电子行业完成工业产值1762.46亿元，增长15.7%。新认定高新技术企业169家，达到772家，实现产值2300亿元，增长20%。天马微电子、开发晶照明等企业投入运营。厦门钨业列入全省首个国家循环经济标准化试点。成功承办工业设计领域首个国家级奖项展评。德国红点设计机构首次在厦门市举办国际设计营商周。

现代服务业。服务业增幅居全省首位，对经济增长贡献率超过60%。金融业完成增加值237.03亿元，增长22.9%；至年末，全市中外资金融机构本外币存、贷款余额分别是5472亿元、5107.35亿元，分别增长10.4%、17.7%。交通运输、仓储和邮政业实现增加值170.84亿元，增长18.9%；港口货物吞吐量1.72亿吨，增长10.1%；集装箱吞吐量720.17万标箱，增长11.4%；空港货邮吞吐量27.15万吨，增长4.2%；空港旅客吞吐量1735.41万人次，增长10.1%。全年共举办展览活动157场，展览面积135.54万平方米；举办会议2224场，参会人数50.55万人次。威斯汀、凯宾斯基等高端酒店开业，旅游人气和游客满意度指数居全国前列；接待境内外游客4124.43万人次，增长17.1%；旅游总收入539.88亿元，增长19.1%。商贸业稳步增长，实现社会消费品零售总额882.11亿元，增长10.2%。海峡电子商务创业园建成使用，电子商务企业快速成长。石油交易等专业市场形成规模，四大营运中心新引进总部155家。软件和信息服务业销售收入461亿元；美亚柏科超级计算中心正式运营，软件园三期加快推进，电信、移动、联通动漫基地齐聚厦门。

现代农业。全面落实强农惠农富农政策，农村工业化和城市化进程加

厦门香山国际游艇码头。 （厦门市政府办供稿）

快。全年建设1000公顷蔬菜种植直控基地，除险加固2座中型水库，莲花水库等水利工程顺利推进。农林牧渔业产值41.29亿元，增长0.7%；农副产品与食品加工业实现产值288亿元，增长16%。同安国家农业科技园加快建设，龙头企业整体实力提升，全年完成产值301.21亿元，增长9.9%；吸纳本地从业人员2.3万人。农民人均纯收入居全省各设区市首位，其中：工资性收入7333元，增长14.1%，占农民人均纯收入54.5%；转移性收入908元，增长32.1%。完成汀溪水库上游5个行政村连片整治。完成凤南和莲花片区自来水管网改造，解决6万人用水困难。

外资外贸。利用外资总量居全省首位，新设外资企业331个；合同利用外资22.50亿美元，增长0.4%；实际利用外资17.75亿美元，增长2.8%。批准总投资千万美元以上项目84个，合同外资19.1亿美元，增长12.0%，其中新批项目39个，合同外资12.1亿美元。全球500强在厦投资项目12个，引进资金3.80亿美元，增长58.3%。成功举办第16届“投资贸易洽谈会”，厦门团外资签约项目40.5亿美元。“三维”招商中的央企、民企招商成效突出，对接央企项目8项，16个在建项目进展顺利，对接民企项目194项，总投资808亿元。外贸进出口平稳增长，全年实现进出口总额744.97亿美元，增长6.2%，其中：出口454.00亿美元，增长6.5%，进口290.97亿美元，增长5.8%。私营企业对外贸易迅速发展，全年实现进出口总值259.92亿美元，增长13.2%，占全市进出口总值的34.9%。外贸综合竞争力位居全国百强城市第五位。

对台交流合作。涉台服务进一步优化，全市金融业为台企提供1400亿元人民币授信额度。设立涉台海事审判庭、基层法院涉台法庭、台商协会法律援助站，聘请台胞担任陪审员和检察联络员。率先备案管理台湾经贸社团在厦设立机构。8所一级达标高中设立台生班。两岸经贸往来更加密切。全市新批台资项目149个，合同利用台资4.2亿美元（含第三地），居各来源地首位；对台贸易76.5亿美元，增长5.7%，其中自台进口61.81亿美元，增长7.1%，台湾水果进口量保持大陆各口岸第一。欣贺服饰等6家企业入台投资。厦金海底光缆竣工，海峡两岸图书物流中心投用。厦金航线开通夜航，赴金门旅游实现当天办证、当天成行。大陆居民经厦赴台旅游16万人次。开通厦门至澎湖包机航线和两岸海上快件运营。成功举办第四届海峡论坛，台湾中南部、中下层、中小企业等参会代表超过万人。与台湾岛内重要人士的交流交往取得突破。新设台中市海交会办事处等12家两岸办事机构。成功举办两岸海上联合搜救演练。

社会事业。集中财力办大事、实事，全年公共财政支出的67.8%用于民生保障领域。新建、改扩建公办幼儿园23所，新增学位6600个。完成13所中小学建设，新增学位1.2万个。义务教育学校标准化建设达100%。面向全国招收1264名中小学幼儿园教师。在全省率先实行中等职业教育免学费、农村义务教育阶段学生营养膳食补助、统一全市中小学的生均公用经费。厦门理工学院通过本科教学合格评估。中山医院内科综合病房楼竣工，口腔医院新院投用，全市新增病床位近千张。提前3年将基本公共卫生服务经费提高到人年均40元。鼓浪屿申遗等进入预备名单。《蝴蝶之恋》荣获全国“五个一工程”奖优秀戏剧奖。全市镇（街）、社区配齐综合文化站、文化活动室、电子阅览室。闽南大戏院等项目竣工。厦门市运动员在伦敦奥运会夺得1金2铜。厦门国际马拉松实现国际田联路跑金牌赛事“五连冠”。

民生保障。新增就业20.3万人；本市农村富余劳动力转移就业2.01万人；实有登记失业人数3.24万人，城镇登记失业率为3.49%。企业退休人员基本养老金上调255元，达月人均2268元，增幅居全国第二。被征地人员月人均退养金920元。共为3.20万人发放失业保险金1.52亿元。11.70万名退休人员进入社会化管理，社会化管理率达到99.25%。城乡居民医保财政补助提前3年达到360元/人/年的国家标准。城镇职工和城乡居民大病保险的报销比例提高到95%和75%。对困难残疾人发放每人每月300元生活补贴。在三级公立医院推行先诊疗、后结算。城乡居民基本医疗保险门诊和住院报销比例提高到50%和75%。城市、农村低保标准每人每月上调65元和70元。建立覆盖全市的农产品质量预测预警监测点。继续定点供应平价农副产品，建成平价商店57家。开工建设2.9万套保障房，完成5073户配租配售。

【深化两岸交流合作综合配套改革】 2012年是实施综配改革的第一年，在重点领域改革、重要政策争取、重大平台建设等方面都取得重大进展。制定并实施综改3年行动计划，56个部门分别出台工作措施。市对区财政体制改革、医药卫生体制改革、事业单位分类改革、国有企业改革稳步推进。大嶝对台小额商品交易市场免税额度由3000元提高到6000元。获批实施“营改增”试点、发布海峡航运指数等20项政策。省政府出台实施意见，支持厦门建设东南国际航运中心和两岸区域性金融服务中心。大陆对台贸易中心等重大平台启动规划建设，两岸新兴产业和现代服务业合作示范区发展规划上报国务院。东南国际航运中心加快建设，厦门航运交易所、东南国际航运仲裁院、福建电子口岸入驻；远海自动化码头、中心总部大厦等重大项目进展顺利。海沧保税港区二期封关运作。东渡邮轮母港规划启动，亚洲最大邮轮“海洋航行者号”成功靠港。内支线网络进一步完善，陆地港建设取得进展。厦门成为全国唯一海港空港“国际双创卫”城市。两岸区域性金融服务中心建设进展顺利。厦门农商银行等20家金融机构开业。赛富创投基金等112个项目落户。海西金谷广场开工。浦发银行在厦设立离岸业务中心，厦门银行等6家金融机构在异地设立分支。厦门市与台湾多家银行签订人民币清算代理协议，人民币结算额增量居全国首位。

【岛内外一体化、厦漳泉同城化】 大力推进跨岛发展战略，合理布局城市人口和生产要素，不断提升城市综合承载能力和对外辐射能力。新城建设全面提速，岛外4区全年规上工业总产值2738.20亿元，占全市规上工业总产值的61.8%；岛外4区实现投资854.21亿元，占全市固定资产投资(不含农户)的64.6%；岛外4区实现财政收入82.77亿元，占区级财政收入的60.4%。完善四大新城组织管理、开发建设、投融资等工作机制，相继启动一批工程，完成投资430亿元。集美、海沧、同安、翔安新城分别完成建筑面积198、174、113、70万平方米。厦大翔安校区正式开学，当年入驻5000多名学生。洋唐保障性安居工程、洪坑安置房初具规模。同集路改造步伐加快，海翔大道二期、海沧隧道连接线、滨海东大道开工建设，集美北大道等干线交通路网建成通车。岛内提升步伐加快，严格控制城市建设规模，降低开发强度，拆除违章建筑70万平方米。优化提升沿街建筑立面和夜景工程。继续治理筼筜湖。启动火车站改造。坚持"退二优三"，湖里老工业区逐步转型。完成849辆出租车"油改气"，对近600条道路定期清洗，有效减少粉尘。提升绿化彩化水平，新建一批林荫道和街心公园。新建、启用一批停车楼和路边停车位，增加停车位近2万个。新开通与优化公交线路68条，新增与更新公交车450辆。厦漳泉同城化扎实推进，编制完成总体规划和9个专项规划，持续推进57个同城化项目。龙厦铁路、厦安高速建成通车，厦漳跨海大桥全线贯通。长泰枋洋水利枢纽工程通过国家环评审查。九龙江北溪引水左干渠改造工程投用。完成厦漳港口一体化整合。海投长泰科技园、火炬永春产业园建设启动。（徐文成）

思 明 区

【经济社会概况】 2012年，全区实现地区生产总值854.38亿元，比上年增长11.2%；三次产业比例结构为0.1∶17.2∶82.8。财政总收入133.02亿元，增长20.3%，其中：地方级财政收入83.93亿元，增长21.1%；区级财政收入33.80亿元，增长28.0%。固定资产投资201.02亿元，增长11.6%。社会消费品零售总额396.39亿元。批准外资项目141个，投资总额6.66亿美元；合同利用外资4.10亿美元，实际到资3.41亿美元；合同利用内资286.60亿元。

工业、建筑业。完成工业总产值277.84亿元，增长1.7%。规模以上工业企业124家，完成产值248.05亿元，增长5.3%。实现工业增加值68.50亿元，拉动经济增长0.74个百分点。工业产销率为98.9%。工业园区成为全区工业重要增长点，实现产值85.33亿元，占全区工业的四分之一强。全区高新技术企业192家，其中规模以上高新技术企业45家，完成产值102.88亿元。建筑业总产值389.41亿元，增长18.1%；实现增加值66.61亿元，拉动经济增长0.35个百分点；总承包和专业承包建筑业企业房屋建筑施工面积达3609.34万平方米。

第三产业。现代服务业集聚区加快形成，第三产业增加值707.18亿元，增长12.0%，三产比重保持在80%以上。楼宇总部经济发展壮大，建成安踏营运中心等10幢商务楼宇，新认定总部型企业17家，税收亿元楼达15幢。实施名牌名品战略，中华城、磐基名品中心等辐射效应逐步扩大。全区商业营业额累计完成3999.00亿元，增长5.2%，占全市比重超50%。旅游经济持续升温，"筼筜雅游"试运营，厦金一日游、"山海楼"旅游协作取得新成效，接待国内外游客3400万人次，旅游总收入392.49亿元，分别占全市79%和70%。住宿和餐饮业累计完成营业额81.37亿元，增长9.7%。房地产销售额184.49亿元，增长73.1%，商品房销售面积98.83万平方米。加快建设两岸金融服务中心，全区金融保险业实现增加值167.94亿元，增长22.9%，拉动经济增长4.1个百分点。服务外包等新兴产业初具规模，海峡电子商务创业园建成使用。牛庄、龙山文创园分别获评全国文化产业示范基地和国家级海峡两岸文化产业实验基地。

项目带动。引进建信金圆、中航文化等981个项目落地，海西金谷广场、厦门国际中心等百亿"高、新、特"项目(高端产业、新兴产业和特色产业)开工，世茂海峡大厦等55个重点项目加快建设，观音山启动区二期提前封顶，威斯汀、源昌凯宾斯基等酒店顺利开业。主动融入海峡蓝色经济试验区建设，启动沙坡尾、曾厝垵等海洋文化项目，完成环岛路国家海洋公园(思明段)黄金沙滩修复工程。全社会固定资产投资中，房地产投资91.97亿元，增长63.19%；城镇完成投资109.05亿元，下降11.9%。完成开元工业园南片区、原自行车厂等地块征收，全年征地18.9万平方米，征收房屋24万平方米。

综合配套改革。制定并实施《厦门市思明区深化两岸交流合作综合配套改革试验三年行动计划(2012—2014)》。优化政策扶持导向，修订科技贷款贴息、企业上市、高端商业品牌引进等扶持政策，兑现扶持资金2.8亿元。对接市区财税体制改革，"营改增"试点工作正式启动。统筹盘活各类资金19.7亿元，财政收入超15亿元的街道达5个。组建思明区生产促进中心，筹建小额贷款公司，企业服务平台不断优化。推进区属国有企业改革，成立思明投资控股集团。投入1亿元实施"精英人才培养引进计划"，建成首批人才公寓，12名厦门市"双百"人才落户。两岸交流日益密切，引进台资项目52个，与台湾中部6县市旅游协会联盟签订战略合作协议，海峡论坛、第四届郑成功文化节等重大活动在思明区举办，台湾青年创业协会总会等台湾社团组织设立分支机构，对台各领域交流与合作不断扩大。

社会事业。全区财政一般预算近70%投入民生，城镇居民人均可支配收入37576元，城镇登记失业率为3.5%。持续扩大社会保障覆盖范围，成立12个慈善分会，建成10个街道残疾人职业援助中心。积极发展老龄事业，60周岁以上居民养老保险参保率达100%，社区居家养老服务站实现全覆盖。做好保障性住房配租配售管理，全年入住2226户，占全市85%。安排政策补贴1.2亿元，实现新增就业3.7万人，再就业3.3万人次，就业态势保持稳定。高分通过教育部义务教育基本均衡评估和全省首批教育强区督导评估。开办双十中学思明分校、新建扩建滨海幼儿园等项目，增加校舍面积11.4万平方米，新增公办学位7450个。进城务工人员随迁子女就读公办学校比例达82.7%。提前完成校舍加固改造工程3年规划。加大民办教育补助力度，改善集体和民办幼儿园办学条件。成为全省首批国家级卫生应急综合示范区。出生人口政策符合率97.4%，户籍人口自然增长率6.7‰，继续保持“全国计划生育优质服务先进区”荣誉，获得福建省2012年度人口计生工作先进县（市、区）一等奖。积极创建国家公共文化服务体系示范区，新建5个社区文化示范点，免费开放区文化馆（站）、图书馆，公共文化传播、交流、普及面明显扩大。加强文化遗产保护，鼓浪屿进入中国世界文化遗产预备名单，中山路跻身第四届中国十大历史文化名街榜首。增设一批体育健身设施，前埔健身公园投入使用，成功举办全国沙滩排球锦标赛，荣获“中国沙滩排球运动突出贡献奖”。思明区输送的运动员林清峰勇夺伦敦奥运会69公斤级男子举重冠军。（叶东林）

湖里区

【经济社会概况】 2012年，全区实现地区生产总值709.19亿元，比上年增长16.1%；规模以上工业总产值1468.07亿元，增长23.3%；财政总收入88亿元，增长16.9%；区级财政收入20.61亿元，增长15.6%；社会消费品零售总额235.37亿元，增长11.7%；完成全社会固定资产投资267.75亿元。

工业经济。落实区级领导挂钩联系重点企业制度，定期走访192家重点企业，推动企业发展壮大。高新龙头企业支撑强劲，宸鸿科技、联想移动等17家年产值10亿元以上重点企业实现产值1144亿元，占全区工业总产值的80%。纺织服装、节能产品等传统制造业依靠先进技术改造提升，实施品牌扩张战略，不断提高产品附加值。欣贺服饰由制造向产品研发、市场营销两端延伸，增长17%；东林电子由生产向品牌展示与旅游延伸，增长79%。

第三产业。研究出台促进总部经济、楼宇经济、电子商务发展等优惠政策，大力发展总部经济、金融服务、休闲旅游、高端酒店、文化创意等现代服务业，第三产业对区级财政的贡献达到71.8%。认定乔丹、银鹭等首批39家总部企业，年纳税总额14.5亿元，占财政总收入的16.4%。物流、商务、金融、新型房地产等四大服务业保持较快发展态势，对第三产业增长的贡献达到78%。东南航运交易所、东南国际航运仲裁院、福建电子口岸启动试运行，旗山物流园基本建成，物流业营业额增长16.9%；电子商务发展迅速，新增电子商务企业67家；金融业成长较快，增长22.9%；商业地产、旅游地产项目加快发展，出让地块15幅，房地产销售额174.7亿元，增长35.3%。积极发展文创产业，实现签约和交易总额57亿元。希尔顿逸林、凯悦温泉、牡丹等一批高端酒店项目建设加快推进，辖区五星级酒店达到3家、四星级酒店6家。推进湖里老工业区转型升级，联发4号、联发5号等7处厂房实施改造面积9.4万平方米，逐步实现传统服务业向现代服务业、生产型向服务型、单一服务向综合服务“三个转变”。

招商引资。新设立外资千万美元以上项目8个，引进注册5000万元以上项目29个，加快推进法国电力、希尔顿、迪卡侬等一批世界500强企业项目进程。促成厦航金融总部、中国城建集团、趣游南方总部等一批优质项目的生成与落户。成立湖里区协税护税领导小组，加强税源管理和调度，全区税收亿元楼达到9个。全年完成合同外资3.3亿美元、实际利用外资2.5亿美元、引进内资248亿元，均超额完成市下达任务。

项目建设。建立项目月调度会制度，完善项目建设推进机制。厦航飞机购置、玉晶光电设备购置等32个项目完成投资超亿元。建发中央湾区、明发海湾度假村等34个市、区重点项目总体进展较快，区级重点项目完成年度投资计划的164.2%。加强对台交流合作，做强台湾水果销售集散中心、闽台水产品交易中心，夏商台湾农产品中转中心进入主体施工，两岸产业合作试点万翔冷链物流中心奠基。全力推进两岸金融中心（湖里片区）开发建设，启动区10幅地块完成出让，华辰艺术品交易中心、鼎晖基金等31家企业入驻，国贸金融中心动工建设，鼎泰和金融中心、鼎丰金融大厦等项目加快推进。湖里高新技术园入驻企业281家，注册资金1亿元以上企业18家，大型知名品牌企业总部47家，园区聚集效应逐步显现。房地产行业完成投资121亿元。

企业帮扶。制定扶持总部企业、小微企业等一系列政策，筹建首家小额贷款公司。区财政安排7845万元扶持企业专项资金，安排科技经费4600万元，促进企业技术创新，鼓励企业优化产业结构。加快企业上市步伐，助推鹭燕药业、好利来等4家企业向中国证监会上报发行申请。组织开展政银企常态化对接活动，实行“一企一策”，帮助企业解决融资、用工、用地和市场营销等困难。实施区属国有企业改革，将原4家区属国企整合为两家，按照现代企业制度管理运作，实现国有资产保值增值。大力实施品牌战略，新增2个中国驰名商标、32个省市著名商标。

“三旧”改造。抓住市里出台“三旧”改造政策的机遇，把旧村、旧厂房的改造与产业发展紧密结合起来，加快开发东部、繁荣中部、优化西部。完成高（金）林新发展用地选址及五矿大厦、华信石油厂区改造方案，推动湖里老工业区、江头片区、枋湖片区的“腾巢换凤”和东部新商圈建设。制定《关于房屋征收包干办法的实施意见》等政策，推进湖边水库、五缘湾、五通高林等片区建设和后埔—枋湖、乌石浦等旧村改造，完成濠头、法国电力、薛岭山北片区等项目征地拆迁。开工建设3657套保障性（安置）住房。全年征地17公顷，拆迁65.8万平方米，其中拆迁住宅12万平方米。

市政建设。加快城区基础设施建设，新增、接管市政道路18条，修复改造道路10万余平方米；投入1820万元在“村改居”社区建设14座清洁楼和公厕，改造坂上、马垅等“村改居”社区自来水管网。投入3000多万元改造枋湖、湖里老工业区33个路段以及金尚路、南山路等主次干道节点。推进社区公园、山地公园建设，启动埭辽水库、康乐湖综合整治，完成中埔盐业路排洪管道建设。

市容市貌。深入开展市容环境整治，投入2500万元改造城市道路景观。增投5000多万元全面加强“村改居”社区环卫保洁工作。大力整治机动车违法停放，启用江头公园停车楼，划设道路临时停车位近4000个，整治嘉禾路、兴隆路、枋湖客运站、湖里万达广场等地段占道经营行为，改善辖区道路交通秩序。坚决制止违法建设，拆除违建24.8万平方米，违建起数比降84%，违法建设得到有效遏制。开展再创全国环保模范城市活动，通过了国家环保部的复检。

社会事业。教育、文体、卫生等社会民生支出14.5亿元，占财政支出的63.6%。新开办湖里第二实验小学、五通学校以及嘉福花园幼儿园等6所公办、集体办幼儿园，新增中小学学位5100个、幼儿园学位1470个。引进厦门六中与禾山中学合作办学。完成6所学校抗震加固工作，厦门三中体育馆正式启用。加强教师队伍建设，引进5位中小学名校长和3位省（市）级学科带头人。区进修学校获评省级示范性学校。投入3216万元加快基层文化设施建设，基本建成覆盖全区、功能完善的基层文化服务网络。深化医疗卫生体制改革，中山医院湖里分院迁建工程、区公共卫生综合楼完成主体建设，口腔医院总部投入使用，五缘医疗园区项目有效推进。

民生保障。新增就业3322人。投入社会保障和就业经费2.5亿元。启动“550高层次人才引进和培育计划”，兑现首批28名高层次人才扶持和奖励金703万元。完成49个社区的换届选举工作，协调解决园山、康泰、金海等社区用房问题。深化居家养老服务，新建20个社区居家养老服务站。康晖、岭下社区获评“全国综合减灾示范社区”。建成5个残疾人职业援助中心，支出医疗救助、低保金等各类救助金1057万元，发放慈善款物898万元，有效保障困难群众的基本生活。

（蔡培育）

集美区

【经济社会概况】 2012年，全区实现地区生产总值369.26亿元，比上年增长11%；工业总产值719.8亿元，增长1%；全社会固定资产投资274.94亿元，增长17.4%；财政总收入59.2亿元，其中区级财政收入26.75亿元，分别增长18.3%和25.2%；合同利用外资3.56亿美元，实际到资2.57亿美元，引进内资137亿元；社会消费品零售总额76.82亿元，增长17.2%。

工业。全年新增规模以上工业企业53家。金龙客车再次刷新客车出口纪录达8979辆。正新集美厂（一期）、华懋新材料等一批大企业建成投产。工业加快转型升级，出台促进出口、上市、用工、融资、高技能人才引进、标准化及品牌发展等6方面政策。推动企业转型升级，聘请台湾生产力中心系统培训59位企业家、中高级管理人员，开展企业发展诊断，首批13家企业已完成诊断工作。划定全区“三旧”改造范围，摩特工业等4家企业获批实施。

现代服务业。全年实现三产增加值146.03亿元，增长15.4%，三次产业比例调整为0.7∶59.8∶39.5。万达商业广场主体建成，圣果院商业中心部分建筑封顶，集美物流园一期用地完成场平。源香食品物流园投产，欣融泰商业中心开业。新增限额以上商贸企业18家。灵玲马戏城动工建设。首家五星级、四星级酒店正式挂牌。园博苑元宵灯会、中秋灯光文化旅游节游客达300万人次，首届闽台收藏文化艺术节和城隍文化节影响广泛，海峡两岸龙舟赛、全国汽车场地越野锦标赛总决赛成功举办。全年游客达650万人次，增长106%。

招商引资。成功引进IOI城市综合体、三菱电机等世界著名企业项目。软件园三期有250家企业申请入驻，83家已通过入园审核。杏林湾商务营运中心有149家企业认购。物流园落户嘉晟供应链等5个项目。后溪工业组团新引进6家企业。

新城建设。实施第4批百亿工程，完成年度投资122.1亿元。新城核心区加速成形，三纵三横主干道、支线路网基本贯通，市民公园、市民广场基本建成，市民中心、诚毅科技馆、诚毅书城、诚毅图书馆、嘉庚艺术中心陆续封顶装修。厦门产业技术研究院创新大厦建成启用，中科院海西研究院稀土研究所等10多家研发机构相继落户，杏林湾商务营运中心10幢大楼陆续落架，软件园三期起步区6幢研发楼主体封顶。灌口小城镇建设全面展开，完成年度投资57亿元，位列全省第二，风景湖片区形成轮廓，东部新区引进龙湖地产等品牌企业。城区市政道路和地下管网加快完善，杏东片区、集北新城区日趋成熟。

城乡建设。全省文明城区测评成绩继续名列前茅。投入2.17亿元实施高速铁路高速公路沿线、田头村等14个城乡环境综合整治项目。投入3亿元开展四绿工程，新增绿地133公顷、生态风景林288.6公顷，完成集美大道等道路两侧绿化改造，城镇建成区绿化覆盖率达43%。实施海域清淤，后溪、瑶山溪、深青溪列入全市十大溪流综合整治和景观提升工程，集杏海堤开口改造顺利完工。投入环保资金2.5亿元，完成10个社区污水管网等建设，建设风景湖片区中水回用工程，规划杏北片区排水系统工程，污水处理率不断提高。灌口、后溪被评为省级生态镇，21个行政村被评为省级生态村。关停环球皮革、荒川化工等一批影响环境安全的企业，主要污染物减排和区长环保目标责任制考核均位居全市首位。全年拆迁82.1万平方米、拆除违章建筑40万平方米，分别增长51.5%、151.8%。54个重点项目半数以上超序时完成，完成投资236.7亿元，占全社会固定资产投资近九成；龙厦铁路、厦安高速、海翔大道实现通车。新建48座候车亭，新增公交线路2条、公交车183辆、出租车50辆，实施公交票价一体化，公共交通服务持续改善。投入1亿多元，提升改造安置房小区配套设施，提高安置房管理水平和服务质量。

社会事业。全年投入科技经费

4591万元，带动企业科技投入7.4亿元。新认定高新技术企业23家，高新技术企业产值占规模以上工业总产值比重达50%。专利、品牌、标准工作继续走在全市前列，全年专利授权量增长50%以上。新增欧迈家居好兆头等5件中国驰名商标和36件省市著名商标。成功举办第三届集美区产学研科技合作项目成果对接会，促进金龙等13家企业与清华大学等7所高校达成25个合作意向。以全省第二名的成绩通过省"教育强区"、"义务教育发展基本均衡区"验收，成为全省首个通过验收的(县)区。开办3所公办幼儿园，新增学位900个；财政补助104所民办幼儿园，学前教育加快发展。开办康城小学，改扩建5所中小学，新增学位2340个，进城务工人员随迁子女就读公办学校比例提高到91.5%。全面推进公共文化设施建设，镇街综合文化站全部达标，村居文化活动室基本实现全覆盖。《集美区志》完成编纂，集美首部年鉴交付印制。重视全民健身工作，建成马銮体育公园，首次举办区全民健身运动会。推动基本公共卫生服务均等化，全面落实零差率销售基本药物经费补偿政策，标准化建设33个村卫生所、社区卫生服务站。

社会保障。实施农村幸福工程，统筹农村集体发展用地建设，新增2个项目开始收益。建成4个镇街人力资源市场。发放促进就业补贴5800多万元，实现城镇就业困难人员再就业2139人、农村富余劳动力转移就业2186人。新修订出台11项"绿洲计划"政策，全年投入9571万元帮扶困难群体，惠及74万人次。巩固和扩大社会保险覆盖面，社保参保人数达22.6万人，增长2%；城乡居民养老保险60岁以上参保率达100%。财政累计补贴被征地人员基本养老保险2.5亿元，17320人已开始享受养老金，月人均900多元。区社会福利中心正式投用，可提供养老、残疾托养床位328张。

【集美新城2012年百亿工程项目开工】 7月3日，集美新城建设第四批百亿工程涉及16个项目，总投资133.89亿元，项目涵盖产业、民生、基础设施等方面，其中产业项目投资占80%以上。产业项目包括软件园三期(二期工程)、新城际广场、住宅．莲花新城2#地块、住宅．莲花国际5#地块、大明广场、旅游集散中心，总投资116.14亿元；民生项目包括保障性安居工程后溪花园、厦门车驾管办证服务中心、集美新城公交场站综合楼、社区服务中心，总投资13.01亿元；市政基础设施项目包括诚毅大街道路工程、集美新城四合一环卫设施项目和乐路道路工程、核心区二期市政道路D标工程、杏林湾清淤护岸工程等，总投资4.73亿元。这标志着新城建设由早期的基础设施建设为主向以实质性的重大产业项目为主转变，由构筑城区发展框架向打造核心竞争力转变。

（张燕红）

海沧区

【经济社会概况】 2012年，全区实现地区生产总值391.15亿元，比上年增长12.1%；工业总产值951亿元，增长9.7%；区级财政收入27.26亿元，增长23.1%；全社会固定资产投资212.32亿元，增长26.1%。获评"全国百强区"全国第24名，成为全国第九个"社会管理和服务创新实验区"。

产业发展。出台促进工业稳定增长等政策，实现工业经济企稳回升。汽车配件、节水卫浴等四大百亿产业链不断做大做强，阳光恩耐、长塑实业、通达科技、正新轮胎实现逆势增长。新阳纸业等11个项目投产，高利宝工业园、法拉电子三期等25个项目开工建设。生物医药产业产值突破55亿元，跻身全国三大生物医药产业基地。第三产业增加值110.35亿元，增长15.3%。社会消费品零售总额73.29亿元，增长20.1%。天虹商场、悦实广场先后开业。专业市场发展迅速，石油交易中心交易额405亿元，增长362%；汽车4S店销售额36.4亿元。东南国际航运中心总部大厦开工建设，全球首个第四代全自动化码头装卸系统落户远海码头，海沧港区20—22#泊位前期工作有序开展。疏港交通体系不断完善，芦澳路、港中路西段基本完工。保税港区二期封关运作，产业发展规划完成编制，中盈供应链等项目顺利落户。全年港口货物吞吐量4011万吨，其中集装箱310万标箱，分别增长10.9%、23%。全省率先完成造林绿化任务。通过"再创模"国家复核和省级生态区验收，东孚镇成为省级生态镇。引进台资项目13个，合同利用台资3726万美元；多威电子、钢宇工业等4个台商总部大楼项目成功签约，台湾保健产业发展联盟等5个台湾商协会率先在海沧设立办事处。

社会事业。农民人均纯收入

2012年6月15日，厦门市海沧区人民法院涉台法庭正式揭牌。

（海沧区政府办供稿）

16709元，连续7年位居全省第一。通过全国义务教育均衡发展区和福建省首批教育强区验收。获评国家级慢性非传染性疾病综合防控示范区。全省率先实现计生家庭意外伤害险全覆盖、农村计生纯女户女孩高中阶段免收学费。青礁慈济祖宫景区通过国家4A级验收，青龙寨观光果园获评全省三星级乡村旅游经营单位。创建2个全省首批五星级信息化社区，新增3个全国防灾减灾示范社区，文明城区指数测评位居全省第四。设立全国首家基层法院涉台法庭、海事系统首个涉台审判庭。

【获评全国百强区】 9月15日，第九届中国中小城市科学发展百强县市区名次揭晓，海沧位居2012年度中国市辖区（下辖有镇）综合实力百强第24名、福建省参评各区之首，并被授予"中国中小城市科学发展厦门海沧调研基地"牌匾。

【获评全国社区管理和服务创新实验区】 8月8日，海沧获评成为全国第九个、全省第一个"全国社区管理和服务创新实验区"。2011年，海虹社区在全省率先开展社区"网格化、信息化、精细化"建设试点。2012年5月，海沧在全区推广"三化"建设，并提升为"责任网格化、平台信息化、管理精细化、服务人性化"；8月率先在全省完成城市社区"四化"建设；年底，完成辖区农村"四化"建设。同时，新阳街道成为全省第一个实施社会管理"四化"建设的街道。

【东南国际航运中心总部大厦】 11月20日开工建设。项目选址海沧中央商务区，占地面积10.45万平方米，总建筑面积约60.62万平方米，总投资约55亿元。项目由中国工程院院士、中国建筑设计研究院副院长崔恺领衔设计。（徐 纯）

同 安 区

【经济社会概况】 2012年，全区实现地区生产总值198.59亿元，比上年增长7.8%；工业总产值410亿元，增长9.0%；全社会固定资产投资172.67亿元，增长14.6%；财政总收入34.33亿元，增长7.1%，其中区级财政收入16.33亿元，增长2.6%；社会消费品零售总额60.53亿元，增长11.8%；城镇居民人均可支配收入37576元，农民人均纯收入11378元，分别增长11.9%和13.2%。

工业运行。工业发展向更加注重质量和效益转变。288家规模以上企业实现增加值85.69亿元，增长8.8%。产值上亿元企业90家，实现产值302.3亿元。食品加工、现代照明、水暖厨卫、机械制造等主导产业完成产值222亿元，增长10.5%。技术创新和品牌建设持续推进。17家企业通过高新技术认定。新增驰、著名商标20件。产业园区拓展加快。工业集中区四口圳、纵三片区基本建成。厦门科技创新园推进建设。五显布塘片区、火炬战略性新兴产业同安基地启动开发。

第三产业。实现旅游总收入11.7亿元，增长13.1%。成功举办第二届海峡两岸温泉文化旅游节暨佛教文化旅游节。与台湾、龙岩等地签订区域旅游合作协议。"苏颂"文化成为旅游新亮点。大轮山—梅山闽南宗教文化区加快建设。华强"方特梦幻王国"主题公园基本建成。美国网商巨头亚马逊投资的电子商务中心建成运营。闽南农副产品物流中心动工建设。商贸流通业保持活跃。青岛啤酒节、名优食品年货节消费带动作用凸显。大俊达海湾商业城开工建设。28家社区便民连锁店开业经营。房地产市场保持平稳，开工87.4万平方米，销售46.1万平方米。

招商引资。"三维"招商力度加大，新设立项目19个，增资项目12个。合同利用外资4.5亿美元，实际利用外资3.27亿美元，分列全市第一、第二。招商质量明显提升，亚马逊南方采购中心、雀巢银鹭60万吨饮料、金宝汤食品、双桥淀粉糖、福工动力、蓝海华腾汽车传动、中科易工研发中心等一批500强企业和高科技项目顺利落户。

重点项目。重点项目完成投资162亿元，21个省、市重点建设项目全部开工。厦安高速主线贯通。海翔大道二期、白云大道、滨海西大道、国道324复线、省道206线库区段改建等加快推进。厦门抽水蓄能电站前期工作按计划有序推进。电力建设取得突破，220kV埭头变和110kV东宅变、新民变、前山变加快建设。结合同集路改造实施的燃气管道建设，改写同安没有管道天然气的历史。

服务企业。落实结构性减免税等政策，全年财政扶持企业超过4000万元。出台实施品牌战略、发展总部经济、支持中小企业发展等意见。加强政银企对接合作，成立全市首家村镇银行。企业服务进一步强化，101个工业自建项目完成投资27.1亿元，超额完成年度计划。景徽饮料、吉特利环保等15个项目实现开工。银祥油脂、金汤橡塑等19个项目实现投产。保沣实业建成全球单体最大的易拉盖生产基地。

新城建设。新城规划优化提升，对外公交网络规划论证，核心区公建环、丙洲岛、市民中心完成概念性方案设计。中船重工725所、恒亿尚品湾、华鑫通和特房星级酒店等项目顺利落地。西柯风情旅游小镇动工建设。清淤吹填、绿化提升、公建配套全面实施。在全市率先完成养殖回潮清退。厦门科技创新园研发楼、民安大道以南路网、西柯中心小学等10大公建项目暨重点工程集中开工。滨海公寓保障性安居工程、埭头溪农田水利工程、西福路改造加快推进。

老城改造。同新北路建成通车。新西安桥竣工验收。南北通道B段、常青路改造、新西桥北侧下穿通道加快建设。重点片区改造扎实推进。制面厂、三香片区实施改造。卫校、钟楼、三秀等安置房全面开工。城西市场改造完成规划。同新路步行街全面建成。松柏林街、大横街、南门路完成立面改造。清风园廉政主题公园建成开放。双溪公园及地下停车场完成主体建设。城区排污管网改造升级。东山、卿朴等城中村8个整治项目完成建设。

小城镇建设。汀溪小城镇发展改革试点稳步推进。汀溪十年一贯制学校教学楼一期、汀溪水厂一期、洪坑安置房等竣工验收。汀溪污水处理厂、洋麻山森林公园基本建成。汀溪南路、汀溪中路加快建设。西源溪下游河道启动治理。汀溪水库饮用水源保护区养殖退养工作全面开展。造水、前格等5个行政村完成农村环境连片整治。五显新镇区完成总体规划。

民生保障。城乡居民养老保险补助期限延长。投入5494万元补助被征地人员基本养老保险、贴息贷款及全民医保。投入1382万元改善城乡低保群众生活。设立助残超市、残疾人职业援助中心。新建30个社区居家养老服务站点。社会福利中心开工建设。汀溪水库饮用水源保护区生态补偿机制建立实施。在全市率先实施农村独女户、二女户女生高中阶段减免学费补助和农村计生幸福工程小额贴息贷款帮扶。城乡公共就业服务体系加快建设，实现失业人员再就业5927人，城镇困难对象再就业1019人。

社会事业。教育均衡发展深入推进。高分通过省"义务教育发展基本均衡区"评估验收。第二外国语学校升格为省一级达标高中。实验幼儿园成为同安区首家省级示范幼儿园。校安工程全面完成。103所学校完成义务教育标准化建设。第二实验小学综合楼投入使用。洗墨池、竹坝等5所公办幼儿园基本建成。大同中心小学古庄校区加快建设。医疗资源优化配置。国家基本药物制度和基本公共卫生服务项目继续实施。20个村卫生所纳入镇村卫生服务一体化管理试点。大同社区卫生服务中心完成改造。第三医院床位增至1000张。组织实施6项国家级科技计划。厦门食品科技研发检测中心取得全国食品检验机构资质认定证书。国家农业科技园区通过科技部中期评估。梧侣文体中心二期、广电演播大楼完成改造。出生人口政策符合率94.7%，荣获全省"人口计生工作先进区"称号。

人居环境。圆满通过创建国家环保模范城市复核。国家级生态区创建工作取得阶段性成果，4个镇、59个村通过省级验收。非煤矿山整治工作基本完成。城乡环境"点、线、面"综合整治加快实施。东溪流域下游河道一期工程完成治理。官浔溪中上游、乌涂溪、西洋溪等河道治理前期工作有序开展。完成造林绿化733公顷。村镇生活垃圾管理系统初步建立。全国、全省城市公共文明指数测评顺利通过。

【东溪流域下游河道治理（一期）工程竣工】 12月通过验收。工程起自五显镇店仔村酒鹅桥至大同街道东桥河段。一期工程治理河道总长9.72千米，修建防洪堤坝16.91千米，跌水2座、排涝闸7座、排水涵管16座、交通便桥3座等配套工程，完成投资额7650万元。河道治理整顿后，防洪标准由20年一遇提高到50年一遇的标准。

【举办第二届海峡两岸（厦门同安）温泉文化旅游节暨海峡两岸（厦门同安）佛教文化节】 2012年11月18—24日，以"温润两岸，福佑中华"为主题的第二届海峡两岸（厦门同安）温泉文化旅游节暨海峡两岸（厦门同安）佛教文化节在同安举办。旅游节期间，举行梵天寺大雄宝殿重建落成及佛像开光典礼、温泉养生文化暨佛教养生文化研讨会、梅山寺大雄宝殿及天王殿落成暨佛像开光典礼、同安旅游项目暨旅游线路推介会等16个系列活动，10多万人参加。

（林明桐）

翔安区

【经济社会概况】 2012年，全区实现地区生产总值292.60亿元，比上年增长15.2%；规模以上工业总产值779.50亿元，增长20.6%；固定资产投资201.61亿元，增长77.2%；财政总收入22.1亿元，增长21%；地方级财政收入13.75亿元，增长31%；社会消费品零售额39.50亿元，增长41.2%；农民人均纯收入11031元，增长13.7%。

工业经济。工业经济对GDP贡献率达73.9%，光电、食品等优势产业产值占全区规模以上工业产值83%。世界500强韩国SK、中联重科等20多家企业入驻翔安，企业总部会馆、银鹭三期、巷北三期等片区一批企业动工建设，晋联物流、与狼共舞等项目基本建成，祥达光学、盛达机械等企业顺利投产，天马微电子第5.5代TFT生产线全线打通。大力扶持企业开展技术创新，投入科技三项经费2333万元，增长17.9%。现有高新技术企业67家，企业申报专利850项。

现代服务业。厦大翔安商街开街，洪前安置房学生街、翔安南街建材城等完成升级改造。火炬（翔安）保税物流中心业务量连续两年居全国第一。商品住宅销售6973套56亿元。汽车销售额超过10亿元。大嶝对台小额商品交易市场年交易额近10亿元。开设翔安游客服务中心，推出"大嶝小镇"等精品旅游线路，全年接待游客突破350万人次，总收入10亿多元。

现代农业。积极扶持农业龙头企业，如意情集团加快上市步伐，开建全国单产最大的白金针菇栽培工厂，金草集团金线莲组培项目成功投产。规范发展农民专业合作社，478家合作社出资额8.6亿元。胡萝卜示范区获首批"国家级出口食品农产品质量安全示范区"，冬种胡萝卜出口占全国90%以上。新店镇大宅社区（火龙果）喜获第二批全国"一村一品"示范村镇。

城市布局。城市规划进一步提升，翔安新城核心区规划面积扩大至15平方千米，香山—九溪流域规划提升全面启动。翔安工业园功能片区进一步明确，构建银鹭、巷北、内厝、市头、企业总部会馆5大片区。拓展土地利用空间，落实农转用土地指标677.96公顷，补充耕地205.33公顷，完成土地征收654.13公顷、房屋征收18.54万平方米、海域退养853.33公顷。两岸新兴产业与现代服务业合作示范区收储土地6.5平方千米。

项目建设。调整指挥部（管委会）工作架构，完善重点项目、征地拆迁考核机制，固定资产投资增幅位居全市前列。先进制造业项目投资成倍增长，天马微电子、祥达光学等建设力度持续加大，累计完成投资超过78亿元。翔安新城中央商务区奠基开工，一批项目陆续动工建设，洋唐居住区保障性安居工程加快推进，“三防”指挥中心提前封顶，厦大翔安校区投入使用。市政基础设施建设全面推进，城区配套功能逐步完善。

招商引资。引进阳光城、泰禾房产等一批上市企业，合同利用内资26亿元。批准骏隆翔纤维、IOI棕榈油深加工等优质外资项目11个，合同利用外资1.33亿美元，超出计划33个百分点。平台招商成效显著，“9·8”投洽会和省民营企业洽谈会签约投资总额452亿元。

新农村建设。投入1752万元实施年度冬春修水利建设，赵厝海堤水闸、九溪挡潮闸等一批农田水利工程进展顺利，22个村居自来水管网主干管完成安装。官路、莲河等老区山区重点村建设基本完成，浦边、洪前等新农村建设有序推进，东园社区立面改造初见成效。新圩小城镇列入第三批全国发展改革试点城镇，核心区闽南风情街完成改造，滨溪公园基本竣工，集中连片示范效应持续显现。

公共交通。海翔大道、国道324复线、滨海东大道等一批市政道路建设逐步推进。25个农村公路建设与养护项目完成投资3127万元。舫阳客运站完成规划，火炬园、大嶝客运站基本完工，马巷公交首末站投入使用。新增、优化公交线路17条，更新公交车辆25部，有效缓解学生上下学和群众出行难题。

生态建设。“再创模”国家复核和省级生态区验收顺利通过，生态镇和24个省级生态村创建成效显著，“点线面”城乡环境综合整治启动试点。15公顷造林绿化任务超额完成，城市建成区新增改造绿地113公顷，翔安大道、福厦高铁及沈海高速（翔安段）两侧30米绿化工程进展顺利，下潭尾湿地生态公园建设取得阶段性成果。重点工业企业“三废”排放达标率、生活垃圾无害化处理率均达100%。

社会事业。高分通过省“义务教育发展基本均衡区”评估验收。累计投入2.3亿元完善办学条件，新扩建5所中小学及公办幼儿园，加固47幢中小学校舍。继续深化与岛内名校合作办学，内厝中学获评省二级达标校。区教育基金会正式成立。投入1.23亿元继续推进同民医院提升改造，村居标准化卫生所加快建设。首部翔安区志成功发行。“大嶝田墘红砖聚落”入选世遗预备名单。闽南童谣文化活动中心等一批镇级文体配套设施基本完工，“村村响”广播系统完成建设。全民健身运动广泛开展，竞技体育水平明显提高，戴小祥获伦敦奥运会男子射箭铜牌。出生人口政策符合率93.41%，继续保持“全国计划生育优质服务先进单位”荣誉。

社会保障。11项惠民实事落实有力，改善和保障民生实施意见拟修订出台，民生保障力度将大幅提升。发放保障性就业补贴、惠农补贴、低保金等超过1亿元。城乡居民基本医疗保险参保率达99.5%，失业、工伤、生育等各种社会保险覆盖面逐步扩大。青年创业直通车和妇女创业贴息贷款3726万元。区社会福利中心封顶，45个社区居家养老服务工作站建成使用，82个社区志愿服务工作站持续完善。举办游艇、电瓶车驾驶等技能培训，转移农村劳动力6338人。推进农村预留发展用地项目，建成投入使用34.5万平方米。

【台湾特色庙会首次在翔安区设分会场】 6月17日，“第四届海峡论坛·台湾特色庙会·大嶝小镇嘉年华”活动在大嶝街道隆重开幕。为期8天的活动中，共举办了台湾特色精品展、台湾特色食品展、闽台特色小吃节、台湾特色产品展等，还有两岸民间艺术表演、两岸名家木雕展、两门书法家作品展、闽台风光展、大嶝与金门故事展以及两岸青年拔河比赛、闽台传统划拳大赛等文化交流活动。

【厦门大学翔安校区正式投入使用】 9月13日，首批约2800名学生进驻厦大翔安校区，该校区包括生命科学学院、医学院、海洋与地球学院等8个学院。 （林志军）

编辑：林丹英

漳 州 市

【基本概况】 漳州位于福建最南端，是一座拥有1300多年历史的文化名城。全市辖八县二区一市，拥有3个国家级开发区、11个省级开发区、乡镇120个、行政村1652个（不包括261个居委会），陆域面积1.26万平方千米，海域面积1.86万平方千米，海岸线715千米，森林覆盖率62.5%，常住人口490万人。市区建成区面积55平方千米，常住人口62万人。漳州气候温和，年平均气温21℃，年平均降雨量1500毫米左右，是全国有名的水果之乡、花卉之都、水产基地，被授予“中国食品名城”、“世界食用菌罐头之都”、“中国菇都”等称号。漳州城市环境优美，拥有中国优秀旅游城市、国家园林城市和国家卫生城市三大品牌。漳州名产特色突出，水仙花、片仔癀、八宝印泥被誉为“漳州三宝”，驰名中外。

【经济社会综述】 2012年，全市实现地区生产总值2012.92亿元，比上年增长12.6%。财政总收入205.50亿元，增长17.7%，其中地方级财政收入131.71亿元，增长17.5%。全社会固定资产投资1486.90亿元，增长33.3%。农林牧渔业总产值558.85亿元，增长4.5%。工业总产值3051.10亿元，增长16%，其中规模工业总产值2722.37亿元，增长17.0%。外贸出口69.90亿美元，增长7.7%。实际利用外资8.90亿美元，增长0.3%。社会消费品零售总额661.08亿元，增长17.3%。城镇居民人均可支配收入23951元，增长13.3%；农民人均纯收入10389元，增长13.8%。

项目建设。“五大战役”全部超额完成任务，其中：重点项目战役完成投资860亿元，占计划149.5%；新增长区域发展战役完成投资682亿元，占计划153.5%；城市建设战役完成投资287.9亿元，占计划189.1%；小城镇改革发展战役完成投资466.5亿元，占计划152.1%；民生工程战役完成投资323.8亿元，占计划137.9%。79个省级在建重点项目投资504.9亿元，完成计划200.1%。215个“十大竞赛”项目投资554亿元，完成计划205.4%。古雷石化启动项目、福欣特钢即将试投产；联盛纸业2条生产线投产；旗滨玻璃第5、6条生产线点火投产，第7、8条生产线开工建设。古雷南2#码头项目获得核准，漳州石化基地纳入国家《炼油产业发展规划(2011—2015)》，古雷炼化一体化、云霄核电、厦漳城市轻轨、中海油LNG、厦漳海底隧道等一批重大项目前期工作取得实质性进展。全年交通基础设施完成投资121亿元，增长36.6%。电力建设完成投资15.8亿元，增长28.5%。

招商引资。成功举办世界500强和跨国公司“投资漳州”(北京)推介会、创业漳州台商大会、深圳民企项目洽谈会等招商活动，开展“世界500强漳州行”，参加中美企业投资合作论坛、中国美国商会年会，促成荷兰孚宝等一批跨国企业到漳投资。全市列入省级跟踪对接“三维”项目238个，总投资4513亿元，其中投资10亿元以上项目81个、百亿元以上项目15个。第十六届中国投资贸易洽谈会落实签约项目61个，总投资46亿美元，其中合同利用外资16.1亿美元。联想科技、海投科技创业园、蓝恒达离子膜烧碱、联东U谷等一批投资超百亿元项目实现了当年签约当年开工。

农村经济。粮食播种面积11.72万公顷，粮食产量70.3万吨，完成造林3.13万公顷。经检验检疫农产品出口货值41亿美元，增长23.2%，其中水产品出口26.5亿美元，增长39.5%。新增产值10亿元以上农业产业化龙头企业3家、绿标产品5个、有机产品5个、无公害农产品28个。农村土地流转2.77万公顷，实施土地整理2400公顷，补充耕地1400公顷。新建9个省级农业标准化示范区建设和1个国家级青葱标准化生产基地建设。新增624家农民专业合作社，增长43.6%。水利投资20.1亿元，增长108%；枋洋水利枢纽、古雷引水工程等重大水利基础设施项目开工建设。投入4.4亿元实施13个重点项目，完成水土流失治理352.7平方千米。投入3.4亿元完成2081户、8000人“造福工程”年度搬迁任务；37个省、市重点村组织实施项目511个，筹集资金1.7亿元。社会主义新农村建设深入推进，确定第四批新农村建设示范村112个。以沈海高速公路沿线18个村和农村社区规划建设示范点为重点，强化山边、路边、宅边、水边的绿化和整治，涌现出长泰上蔡村、漳浦溪坂村等先进典型。

工业内贸。实施工业“千百工程”项目1116个，其中亿元项目381个；全年完成工业投资695.6亿元，增长30.4%；已投产项目457个，占年度计划117.2%。新增规模工业企业172家，总数达到1607家。“4+4”产业实现产值2031.7亿元，占全市比重75.8%。旅游总收入150亿元，增长22%。灵通山获评国家级风景名胜区。“桥上书屋”入选全球八大环保建筑。建筑业实现产值247.90亿元，增长45.3%。房地产完成投资254.50亿元，增长14%。争取省政府出台《关于支持漳州石化基地加快开发建设十二条措施》，制定出台支持科技创新、海洋经济、旅游、中小企业、建筑业、民营经济、总部经济等发展的18项政策措施。金融业加快发展，新增分行3家、支行17家，全年本外币贷款余额1212.6亿元，增长20.3%。49家企业列入省级重点上市后备企业，海魁水产、万晖洁具成功上市。获批发行中期票据、企业债券等债务性融资102.3亿元。15个项目BT融资约50亿元。入选国家知识产权质押融资试点城市。新认定高新技术企业27家，高新技术产业产值700亿元，增长14%。南靖高新区获批更名为漳州高新区。漳州钟表出口基地成为国家级外贸转型升级示范基地，获评“中国钟表之城”。新增中国驰名商标10件。万达城市综合体建成运营；明发商贸广场、福建海峡两岸(国际)农产品物流城、闽粤(平和)农资物流批发大市场等加快建设。

对台合作。授予43名台商为“创业漳州贡献突出台商”称号。国家级漳州台商投资区获国务院批准设立。先后审批受理赴台经贸文化交流团组189个、901人次，推动漳台石化、光电、创意文化等一批产业深度对接。全年批准台资项目72家，合同台资7.1亿美元，实际到资3.8亿美元，分别占引进外资比重的55.8%、50.2%、43%。农业累计实际利用台资9.2亿美元，占全国1/10、全省的50%以上，居全国设区市第一位。对台出口7.5亿美元，增长19.9%。开漳圣王文化节、东山关帝文化节等7个项目被国台办列为年度重点交流项目，台胞来漳旅游超过14万人次。海峡两岸民族乡镇长代表签署《海峡两岸民族乡镇交流与合作的框架协议》，建立起长效交流机制。

城市建设。制定出台《关于进一步加强城乡规划工作的若干意见》；邀请国内外一流专家参与修编27个专项规划，完成347个村庄规划编制任务，实现村镇两级规划全覆盖。首次土地例行督察验收顺利通过，被确定为“联创齐争”试点市。全年获批建设用地3100公顷。投资60亿元建设城市基础设施和改造提升城市交通出入口，新改扩建城市道路173千米。市区7条内河整治取得阶段性成效。拆除市区1000块约2万平方米户外广告牌，实现胜利路、迎宾路无跨街和高立柱广告。规划建设“一环、两带、七主题”总面积100平方千米的郊野公园22处，建成西溪湿地公园、林语堂文化园蕉园观光栈道和102.5千米绿道，新增绿地301.8公顷。完成百花村店面改造和梧浦村——迎宾路——百里花卉走廊——东南花都沿线景观提升、道路改造，城市形象明显提升。国家卫生城市通过命名复审。城市文明指数测评从全国第51位上升到第8位。龙海入选全省县域经济实力“十强”和全国县域经济“百强”。漳浦、东山、长泰、华安入选全省县域经济发展“十佳”。

环境保护。国家级“生态市”和“森林城市”创建活动深入开展，长泰县、南靖县通过国家生态县考核验收，东山县通过国家级生态县技术评估，龙文区、东山县、平和县、龙海市、云霄县、华安县等6个县(市、区)被授予省级生态县(市)称号。率先在全省建立生态公益林储备库试点。平和工业园区、常山开发区污水处理厂建成投入试运行，省级以上工业园区基本全部建成污水集中治理设施或经论证后接入城镇污水处理厂集中治理，节能减排指标控制在省下达任务范围内。制定并实施九龙江流域（漳州段）水环境整治计划，43个整治项目完成投资1.8亿元，关闭禁养区回潮养殖户364家，九龙江流域（漳州段）Ⅲ类水质达标率96.9%，市、县两级集中式饮用水源水质达标率分别为100%、98.5%。全面启动机动车环保检验合格标志核发和外地转入车辆管理工作，累计发放环保标志8.2万张。开展“农村环境连片整治百日攻坚战”，15个乡镇138个村整治示范项目已建成投入使用，农村环境质量明显改善。

社会事业。全年财政民生支出164.4亿元，增长20.2%。6类55项为民办实事项目基本完成年度目标。城镇新增就业5.3万人，新增转移农村劳动力就业7.2万人，城镇登记失业率2%。社保扩面任务提前完成，发放社保卡420万张，城乡居民养老保险制度实现全覆盖。城乡居民基本医疗保险补助标准、大病医疗费用统筹基金支付比例进一步提高。出台《关于全面推进医疗卫生资源建设的若干意见》，新增床位2570张，漳州市第三医院投入使用，建成468所村卫生所。县级公立医院改革试点稳步推进，新农合参合率达99.99%。深入实施“生育文明·幸福家庭”促进计划，人口计生综合水平位居全省第二，人口自然增长率7.7‰。老龄工作扎实推进，建成居家养老服务站242个，实现全市城市社区全覆盖。教育惠民政策全面落实，建成校安工程项目448个，新改扩建50所公办幼儿园，新增11所达标高中校，225所义务教育标准化学校通过验收，更换国标校车216辆，云霄光电学院开工建设。完成国有文艺院团和广电网络体制改革，“海上丝绸·漳州史迹”项目列入世界文化遗产预备名录，漳州木偶列入世界非物质文化遗产优秀名录。市档案馆晋升为国家二级综合档案馆。28个省运会场馆加快建设，新建成418个农民健身工程。开工建设各类保障性住房20989套（含2013年任务项目5149套），基本建成17438套（含结转2013年任务项目5237套）。

【第四届农博会暨第十四届花博会】 第四届农博会暨第十四届花博会于2012年11月18—25日在漳州花博园举行。共有1308家企业参展（其中台湾企业325家），展出1.3万多种涉农产品；225家境内外采购商赴会，签订购销订单27.6亿元；签约合同项目103个，总投资328.1亿元；奠基开工剪彩项目632个，总投资1035亿元。

（张志祥）

2012年6月16日，第五届海峡两岸开漳圣王文化节在漳州云霄县举行。图为开漳圣王及部属后裔谒祖活动现场。（漳州政府办供稿）

芗 城 区

【经济社会概况】 2012年，全区实现地区生产总值368.56亿元，比上年增长11.0%，其中：第一产业增加值7.67亿元，增长3.0%；第二产业增加值172.30亿元，增长16.0%；第三产业增加值188.58亿元，增长7.0%。三次产业结构比例为2.1∶46.7∶51.2。固定资产投资113.89亿元，增长13.7%。公共财政总收入20.49亿元，增长12.4%，其中地方级财政收入11.90亿元，增长15.2%。年纳税50万元以上的企业386家，增长11.2%。城镇居民人均可支配收入25350元，增长13.0%；农民人均纯收入10248元，增长13.6%。

工业发展。全区工业总产值437.4亿元，增长17.4%，其中：162家规模工业企业创工业产值390.85亿元，增长18.3%；新增规模工业企业10家，创产值31.80亿元。全区实有内资企业5172户，注册资本160.22亿元，分别增长23.3%和9.6%；外资企业311户，注册资金7.53亿美元，分别增长4.4%和9.3%。正兴集团跻身全省工业百强。康之味、联合华鑫、宏源表业列入省重点上市后备企业。新增高新技术企业4家、市级以上企业技术中心和创新中心12家。全区有效注册商标3876件，其中驰名商标3件、省著名商标33件、市知名商标92件。全年新认定“康之味”驰名商标1件、著名商标9件、知名商标22件。绿望科技入选国家科技部项目库企业。正和钢管产业链配套项目和三宝集团新型建材高强度抗震钢筋项目在全市工业竞赛项目综合排名第一。信华食品、科宝金属、福龙诚家居、施朗格建材等企业的4个技改项目列入2012年福建省工业转型创新重点项目，获得技术改造补助资金987万元。实施“千百工程”项目63个，其中投产项目37个，累计投资38.22亿元；实施亿元投资项目18个，累计投资30.22亿元。

第三产业。第三产业营销总额334.86亿元，增长19.4%。引办注册资金300万元以上的第三产业企业107家，其中注册资金1000万元以上企业28家，净增14家。第三产业年税收(不含房地产，下同)入库8.5917亿元，增长7.1%，占工商税收的46.7%，占财政收入的41.9%，其中纳税50万元以上三产企业138家，净增9家。实现社会消费品零售总额155.60亿元，增长14.2%。新建便利店11家，新建金峰农贸市场和牛圩临时水产批发市场并投入运营。备案登记家电下乡销售网点81家，为全市最多之网点。在全省率先开展12315夜间接诉调处和巡查监管工作，共受理消费者申诉761件、举报314件。创建37个市级和4个省级食品安全可追溯示范点。规范亮照经营26094户，完成亮照率100%。全年旅游接待游客138.1万人次，旅游收入9.7亿元。漳州建发国际旅行社有限公司新通过4A级旅行社评选。

招商引资。合同外资1.44亿美元，完成年任务的100.2%；实际利用外资7810万美元，完成年任务的108.5%；外贸出口8.1亿美元，完成年任务的124.6%。31家年出口500万美元以上的工业企业，获得省、市、区级外贸出口企业出口信用保险保费补贴。全年接洽前来芗城投资项目158个，接待来访客商团组645人次，其中总投资108亿元的联想科技城、总投资50亿元的正兴现代农业机械产业园正式落户芗城。

城市建设。组织实施城市建设项目90个，项目总投资277.64亿元，年度计划投资32.81亿元，完成投资54.19亿元，完成年度计划的165.2%。组织上报各类建设用地382.93公顷，已获批准用地253.53公顷；组织供地115.53公顷，收取土地出让金4亿元。已投资1.76亿元完成省道西港线秋坑至市区延安北段拓宽改造工程道路两侧房屋拆迁和征地，并动工建设。完成圣王大道路基工程4.1千米。漳州古城一期示范片工程竣工，芝山公园一期改造、香江公园、江滨郊野公园芗城示范段和自行车绿道如期建成。全年拆除违建面积29448平方米；投入清扫保洁经费1530.05万元；平整、硬化市政道路面积6000平方米。

农村工作。培育新增福建康之味食品等7家市级以上农业产业化龙头企业。新增农民专业合作社3家，其中2家被列为市级示范社。升农农牧有限公司被评为“全国生猪标准化示范点”。投资135万元完成全区主要干支渠和河道的防洪排涝规划。完成九龙江西溪塔尾至茶铺河道清水工程、官山水库除险加固工程、天宝珠里香蕉园山地水利示范工程等重点水利项目任务。投资1223.7万元加强石亭镇人饮安全工程跟踪服务和质量监督管理。投资3061万元全面完成7个农村饮水安全工程建设。完成造林绿化面积211.27公顷，投入669.2万元，完成非规划林地造林14公顷，种植绿化树木12万棵，建设休闲设施及农民休闲公园17个。依法关闭“禁养”、“禁建”区养殖场20家，强制拆除9家养殖场，总建筑面积2150平方米。投资263.19万元新建沼气池600口。

社会事业。全年新认定高新技术企业5家。现有省、市工程技术中心、技术创新中心26家，其中漳州科华技术有限责任公司、康之味食品工业有限公司分别列入国家火炬计划、星火计划项目企业。申报实施各类科技项目30多项，其中获国家科技进步二等奖1项，获省科技进步奖2项；新技术、新发明取得国家专利权371项。连续两年荣获“2012年全市初中教育教学质量先进区”荣誉称号。完成校安工程建设面积2.53万平方米，新建、改扩建公办幼儿园3所，新建金峰小学并与漳州师院共建为漳州师院附属小学。引进社会资本对芗城中医院进行改革经营；开工建设漳州市人民医院的医疗用房。区妇幼保健院跻身全国百强县区级妇幼保健院。总投资650万元的金峰社区卫生服务中心投入运营。

社会保障。新开发就业岗位2.18万个，开展订单培训、企业直补培训6265人，新增城镇就业6500人，转移农村劳动力3000人，城镇登记失业率控制在3%以内。农民人均工资性收入5628.62元，增长19.7%，占纯收入的54.9%。西桥社区成为全市唯一获得“第二批国家级充分就业示范社区”。发放养老金、失业保险金和失地农民保障金共计1.48亿元。城市低保救助3304户6310人，发放救助金1268.79万元；农村低保标准从家庭年人均收入1200元调整提到1800元，保障人数增加到4593人，人均补助水平提高到126元，全区农村低保救助2951户4587人，发放农村低保金457.21万元。住院补偿封顶线提高到10万元，参合率100%，2.9万人次获得补偿，补偿金额3600万元。新建社区居家养老服务中心(站)51个。

【首届漳州天宝香蕉文化节】 2012年11月18—22日，成功举办首届漳州天宝香蕉文化节暨福建省第九届灯谜艺术节，145人海内外客商应邀参加节日活动。期间，签约投资项目40个，总投资55.01亿元，其中：内资项目27个，总投资40.34亿元；外资项目13个，总投资2.41亿美元。签约投资项目涉及互联网、电子科技、文化旅游、影视基地、城市综合体等领域。

(杨海波)

龙文区

【经济社会概况】 2012年，全区完成地区生产总值117.22亿元，比上年增长15.0%，其中：第一产业增加值4.24亿元，增长4.0%；第二产业增加值69.43亿元，增长18.0%；第三产业增加值43.56亿元，增长10.0%。人均地区生产总值66794元，增长10.1%。三次产业结构由上年的3.7∶59.5∶36.8调整为3.6∶59.2∶37.2。工业增加值56.01亿元，增长16.5%，其中规模以上工业增加值46.38亿元，增长17.7%。工业产品销售率98.2%，下降0.1%。全社会固定资产投资145.50亿元，增长37.7%。社会消费品零售总额57.43亿元，增长28.7%。进出口总额53851万美元，增长7.2%，其中出口45765万美元，增长5.5%；批准外商直接投资项目4个，实际利用外资4550万美元。分成前财政总收入17.42亿元，增长26.1%，其中地方级财政收入11.41亿元，增长21.3%；分成后财政总收入8.88亿元，增长24.6%，其中地方级财政收入5.88亿元，增长19.3%。财政支出7.05亿元，增长62.3%。国税税收收入3.29亿元，增长33.9%；地税系统组织各项收入5.30亿元，增长17.8%。农民人均纯收入11277元，增长14%；城镇居民人均可支配收入25350元，增长13.0%。

“五大战役”1—11月，纳入全市考评的重点项目建设战役完成投资72.5亿元；城市建设战役完成投资66.7亿元；新增长区域战役完成投资18.8亿元；民生工程战役完成投资8.5亿元；小城镇改革发展战役完成投资3.3亿元。“十大竞赛”完成投资56.6亿元，占年计划的185%。通过战役竞赛，推动郊野公园蓝田段、九龙江大桥、迎宾路改造、市第三医院、万达广场、英博雪津啤酒、嘉华酒店等一批重大项目建成并投入使用，投资超百亿元产业综合体—联东U谷·国际企业港开工建设。

城市建设。推进城市核心区建设，碧湖片区融信澜园等7个城市综合体完成投资54.9亿元，33幢百米高层建筑拔地而起；完成41条城市道路命名；新浦东路二期等8条道路竣工通车，新增通车里程19.5千米。推进绿色城市建设，西溪湿地亲水公园完成先导段建设，配套16千米绿道、2.5千米木栈道和11处游客服务中心，昔日河滩地变成休闲公园；碧湖市民生态公园部分建成，城市森林公园完成改造，实施龙文塔、植物园、云洞岩夜景工程，推进“水城”建设，开展市区内河综合整治，累计投入7600万元开展九十九湾、浦头港内河清淤治理；通过国家卫生城市命名复审和全国城市文明程度指数测评。

实体经济。全年新开工建设65个投资500万元以上工业项目，新投产企业30家，总投资10亿元的英博雪津一期竣工投产。工业产值超亿元企业47家，其中青蛙王子、大闽食品2家企业产值突破10亿元；纳税超1000万元工业企业9家，增加7家；矢崎汽配出口1.02亿美元。拓展发展空间，发挥蓝田开发区主力军作用，投入6.58亿元推进郭坑园区、北部园区和朝阳工业园区开发建设，新增工业用地186.67公顷，形成“一区四园”（蓝田经济开发区，蓝田园区、龙文园区、北部园区、郭坑园区）发展格局。积极支持企业上市，航标卫浴7月13日在香港上市。新增被国家工商总局认定为中国驰名商标4件，分别是：青蛙王子（中国）日化有限公司的“青蛙王子”注册商标及图、漳州万佳陶瓷工业有限公司的“BolinaItaliana”注册商标、福建力佳股份有限公司的“力佳”注册商标及图、福建东方食品集团的“含羞草”注册商标；新增著名商标6件、省企业知名字号4件、省名牌产品2件。科技创新不断增强，新获批知识产权专利130件，建立1个省级企业技术中心，东方食品集团获批设立院士专家工作站。恒丽电子成为全市首家企业参与时钟国际标准起草，杰龙机电参与制定全国建筑工业电动卷门开门机行业标准。富顺LED项目列入国家火炬计划。福世通电子获得国家创新基金支持。

第三产业。推动大型商贸物流企业发展壮大，万达广场成为市区新的商业地标。海峡农产品物流城三大批发市场建成，盛辉物流公路港开工建设。房地产开发投资75.8亿元，增长17.5%；房屋新开工面积93.6万平方米，下降51.1%；房屋竣工面积26.5万平方米，商品房销售面积82.8万平方米，销售额53.3亿元。资质建筑企业23家，全区资质等级以上的总承包和专业承包建筑业企业完成建筑业总产值12.2亿元。万达嘉华酒店开始营业，融信皇冠假日、明发温德姆、裕元酒店封顶。交通银行漳州分行、银河证券漳州营业部等一批总部型企业落户龙文。汽车销售市场持续繁荣，全年销售汽车2.57万辆，销售额38.6亿元。

城乡发展。扶持发展蔬菜、苗木、花卉等城郊型特色产业，新办9个农民专业合作社，培育发展孚美实业等15家市级以上农业产业化龙头企业，持续打造百亿食品饮料基地。完成规划区外11个行政村庄规划编制，实现村庄规划全覆盖；新增农村休闲公园3处，新建农村水泥公路13.5千米、农村公路安保工程9.42千米、铁路道口“平改立”（铁路道口平交改立交）项目2个，完成东墩排涝站、石井防洪堤加固扩建等一批水利工程，被评为全省冬春水利建设及水毁修复先进区。

社会事业。完成龙文中学综合楼、宿舍楼和朝阳中学宿舍楼的建设并投入使用，建成郭坑幼儿园；首次公开遴选引进市十佳优秀青年教师、学科带头人等名师23名；推进均衡教育，接收外来务工人员子女就学4673名。市第三医院一期工程和步文社区卫生服务中心建成投用，74个村卫生所完成标准化建设，基本形成区、镇、村三级医疗卫生服务体系；新农合人均补助标准提高到240元，参合率99.6%。完成广播电视村村通提升工程，农家书屋和农民健身工程实现行政村全覆盖，恩扬公司成为全市首家国家文化出口重点企业，青少年校外体育活动中心免费对外开放。

民生保障实施55个为民办实事项目。云洞岩成为全省首个免费开放的国家4A级旅游景区。建成保障性安居工程项目2个、1224套，超额完成市政府下达任务。推进永兴小区等13个安置房和“连家船”民上岸定居造福工程建设，竣工面积12万平方米。城乡居民社会养老保险实现全覆盖，发放基础养老金和被征地农民养老保障金2600多万元，被评为全省新农保工作先进单位。全年实现城镇新增就业人数3000多人，农村劳动力转移2000多人，聘请100名失地农民为环卫工人，城镇登记失业率1.6%。

【漳州郊野公园龙文段】 漳州郊野公园（九龙江西溪湿地亲水公园）龙文段沿江滨路从漳州大桥起向东至西溪大桥桥闸止，概算总投资6亿元人民币，全长8.8千米，核心区占地面积140公顷，其中配套建设绿道长度16千米，公园分为生态湿地区、文化休憩区、城市外滩区、运动休闲区四大部分。项目于2012年3月26日开工建设，截至12月已完成投资3.9亿元，绿道全线贯通。（林黎武）

龙海市

【经济社会概况】 2012年，全市实现地区生产总值288.46亿元（不含开发区、投资区，下同），比上年增长

12.3%。公共财政总收入 26.26 亿元,增长 7.46%;地方公共财政收入 17.17 亿元,增长 4.65%。全市固定资产投资 118.3 亿元,增长 40.5%。城镇居民人均可支配收入 21868 元,增长 15.6%;农民人均纯收入 10405 元,增长 14.0%。县域经济基本竞争力持续位居全国"百强";同时荣获 2012 年度全国中小城市综合实力、最具投资潜力、最具区域带动力"百强县(市)"3 个称号;经济综合实力保持全省"十强"。

工业经济。全市实现规模工业总产值 413.49 亿元,增长 13.2%。规模工业增加值 107.8 亿元,增长 13%。新增规模工业企业 25 家,总数 229 家。电力、食品加工制造、汽车汽配等支柱产业实现产值 311.7 亿元。实施投资 500 万元以上工业项目 120 个,总投资 66 亿元。南溪湾省级经济开发区申报建设进程加快,六大工业集中区建设富有成效,园区工业产值突破 250 亿元。加快企业上市股改,培育后备上市企业 10 家。新增国家级高新技术企业 1 家、著名知名商标 32 个、省名牌产品 21 个。

农业农村。全市实现农业总产值 78.96 亿元,增长 4.5%。农林牧渔业分别增长 3.6%、13.1%、4.9%、5.3%。投入 1.4 亿元,加快水库除险、海堤加固、农田水利、防洪排涝、内河清理等重点农业农村基础设施建设。培育发展县(市)级以上农业产业化龙头企业 61 家,产值突破 100 亿元,拥有绿色食品标志使用权 18 个、无公害农(水)产品标志使用权 13 个、产地双认证 4 个,金定鸭通过国家地理商标认证。

第三产业。全市社会消费品零售总额 81.33 亿元,增长 13.5%。新增限额以上贸易企业 21 家,总数 87 家。房地产实现销售额 14.8 亿元、税收 2 亿元。银行存贷款余额分别达 189 亿元和 103 亿元,增长 17.1%和 16.1%,光大银行入驻龙海市。

项目建设。组织实施"五大战役"项目 130 个,完成投资 85.8 亿元,占计划 106%,五个"战役"均提前超额完成任务,其中 13 个漳州市级以上重点项目完成计划 146.2%。参加漳州市"十大竞赛"活动,15 个竞赛项目完成投资 37.5 亿元。全市共对接三维项目 49 个,总投资超 1100 亿元;全市落实合同项目 36 个、总投资 502 亿元,实际利用外资 5168 万美元,增长 3.2%;外贸出口总额 4.1 亿美元,增长 13.25%。促成企业与银行签订贷款授信 43.1 亿元、贷款意向 35.5 亿元,新增企业贷款 11.65 亿元。累计获批农转用和土地林地征收 400 多公顷,盘活存量土地 215.07 公顷;帮助 280 家企业招聘员工 1.2 万人;发行企业债券 8 亿元,调度资金近 10 亿元,有效推进龙江南路等一批重大基础设施加快建设。

城市建设。编制完成城市总体规划、13 个乡镇总规和一批专项城市设计。统筹推进城市新区开发和旧城改造,山后、港岸、芦州、紫云、后港 5 个片区全面开发。漳州火车站、厦漳跨海大桥、厦漳同城大道、招银疏港高速、靖海高速、厦漳高速扩线等一批重大城际交通基础设施加快建设,着手规划省道 208 复线,城际对接和交通承载能力进一步增强。投资 4.4 亿元,加快建设 5 条道路、3 个内河整治工程、2 个供水工程、2 个新客运站和 2 个污水垃圾处理设施,九九坑水库完成可研规划并上报国家审批,城市功能得到较大提升。投入近 3 亿元,完成梧浦长洲景观提升整治工程。改造提升百花村花卉市场,建成颜厝—九湖—程溪 19.2 千米国道景观绿化亮化工程。投入 8500 万元,完成造林绿化 3000 多公顷,建成一批森林公园和景观工程,城市建成区绿化覆盖率达 41.8%。投入 1544 万元,深化九龙江流域水环境综合治理,加强饮用水源地保护和重要生态功能区建设。

社会事业。全省县级市文明指数测评成绩上升至第七名;再次被确认为省卫生城市。投入 8000 万元收购外国语中学并改建为实验中学,校安工程开工率比年初提高 74%,建成乡镇公办幼儿园 8 所,被国务院评为全国两基工作先进单位。文化馆、图书馆、博物馆顺利搬迁,妇女儿童、青少年和残疾人 3 个活动中心开工建设;建成农家书屋 138 家;体育工作获得

厦漳跨海大桥远瞰图。 (龙海市政府办供稿)

国家级全民健身活动先进表彰。深入推进县级公立医院综合改革试点工作，第一医院新院区主体工程完成验收，规范化建设村级卫生所205家。人口自然增长率7.76‰，荣获“全国计划生育优质服务先进县（市）”、“全省人口和计划生育工作先进县（市）”。

人民生活。重视民生保障工作，年初安排的38件为民办实事项目全面落实。全市新增城镇就业6800人，促进下岗再就业2100人，转移农村劳动力1.1万人。新农合基本实现全覆盖，减轻群众医疗负担1.8亿元；启动被征地农民养老保障金发放工作，已发放保障金360万元，新农保参保率达91%。投入6800万元，完成13家国有集体企业改制，安置职工2393人。投入9670万元，解决19.4万农村人口饮用水安全问题。投入3200多万元，用于医疗救助、优抚安置等社会福利补助和提高城乡低保、五保群众补助标准，募集慈善资金540万元资助困难群体。投入1.2亿元，建设保障性住房476套；投入3000多万元，建成一批残疾人安居工程、垦区安置工程、侨居工程、自然灾害避灾点、乡镇敬老院、农村幸福园、村（居）养老服务站。

【漳州市第一艘高科技捕捞船】 2012年9月4日，漳州市第一艘超大马力的大型高科技捕捞船——闽龙渔00188号船，从龙海港尾镇浯屿村首航出海捕鱼。该船船身长56米、宽9.7米、深4.7米，采用声纳捕鱼，可探测50海里以内鱼群动向。目前，港尾镇浯屿村共拥有402艘150马力以上外海捕捞船，年创产值4亿元。

【漳州市首家工厂化育秧中心】 漳州首家工厂化育秧中心在龙海市海澄镇利民农机专业合作社投用，该中心为省级水稻机插示范项目，总投资40多万元，建成0.67公顷标准化育秧大棚，全年可为330多公顷农田提供秧苗需要。工厂化育秧可缩短育秧时间10天左右，效率比人工劳作提高了7倍，并大大提高了土地利用率。

【全省最大菠萝生产基地】 龙海市程溪镇菠萝种植高峰期面积达8000多公顷，年产菠萝约5.5万吨，占全国菠萝总产量的7.1%，是福建省最大的菠萝生产基地。程溪菠萝的加工产品主要有程溪菠萝干片、菠萝罐头、菠萝果汁、速冻菠萝块以及菠萝酱等等。程溪菠萝质量优良，于2002年4月30日申请注册商标，2012年获准允许使用无公害农产品标志。 （林燕阳）

漳 浦 县

【经济社会概况】 2012年，全县实现地区生产总值214.90亿元，比上年增长14.3%；全社会固定资产投资175.84亿元，增长26.9%；公共财政总收入20.87亿元，增长39%，其中公共地方级收入14.09亿元，增长45.8%；社会消费品零售总额80.80亿元，增长17.4%；城镇居民人均可支配收入19627元，增长14%；农村人均纯收入10636元，增长13.8%。被评为全省县域经济发展“十佳”县。

临港工业。全年实现工业总产值214.38亿元，增长19.3%，其中规模工业产值188.36亿元、增长21.4%。新增规模企业36家。初步建成古雷石化基地；大洋、富洋、富盈3家企业实现试投产；盈丰食品工业园、华达玩具、恒烨卫生用品等32个工业项目竣工投产；绥安开发区新增开发面积560公顷，规划并启动3000公顷的万安生态产业园区和1000公顷的滨海新区工业园。签约三维项目81个，总投资1116.4亿元，成功对接引进民生银行、北京市政、世纪金源等一批大财团、大企业加盟漳浦。

城乡环境。城乡规划全覆盖，投入1亿多元完成县城概念性规划等重点城市设计12个、乡镇总体规划修编7个、村庄规划编制47个。全年投入42亿元，完成旧城改造运动场片区等9个地块房屋征收，完成8条城市主干道“白改黑”工程，实施绥东溪、南门溪景观改造工程，启动江滨鹿溪北岸开发建设；开工建设沿海大通道漳浦段，加快建设厦深高铁漳浦站站前广场和通站道路，基本建成漳东线旧镇、佛昙大桥及改线工程。完成20个村容整洁示范村、14个绿色村庄、7个绿色校园的创建工作，顺利通过省级生态县验收。

现代农业。农林牧渔业总产值97.69亿元，增长4.1%。投入3.3亿元完善农业基础设施，完成一批农田、水利、渔港及农业综合开发等项目。新增农业龙头企业21家、国家地理标志产品认证1个、省级名牌4个、无公害农产品认证4个。

旅游商贸。接待游客301.4万人次，增长31.7%；旅游总收入11.59亿元，增长36%；顺利通过省级优秀旅游县验收；52家旅游商务酒店投入使用。物流资源布局进一步优化，加快建设四通物流园区、长德商贸城等项目，古雷15万吨级码头基本建成、5万吨级散杂货码头建成投用。城乡商贸物流日趋繁荣，改造农贸市场6个，新增超市21家。

惠民实事。投入13.8亿元，完成县委、县政府10大件为民办实事项目。新建续建保障性住房4189套、43万平方米，县社会福利中心基本建成，3所乡镇敬老院和6所农村幸福园建成投用；城乡居民合作医疗参合率100%，补助补偿比例调整到全省最高水平；城乡居民社会养老保险和城市社区居家养老服务站实现全覆盖；全面实行70周岁以上老年人免费乘坐公交车，为90～99周岁高龄老人发放每人每年600元生活补贴，减免特殊对象殡葬基本费用；新增城镇就业8000人、农村劳动力转移就业9613人，城镇登记失业率控制在2.4%；成立县慈善总会，设立“漳浦慈善日”，募集资金近4000万元。

社会事业。在全省率先将科技进步指数列入县级重点工作考核，申报国家和省市级科技项目22个、授权专利突破200个。新建续建校安工程121个、竣工112个，开工建设金浦教育园区和漳州师院漳浦石化学院；出台对农村边远地区学校教师实行奖励性补助政策；漳浦电大成为全省唯一的“全国示范性基础电大”；“双高普九”通过省级验收。维修保护文物古迹8处。定期举办激情文化广场活动12场。规划建设总投资6.7亿元的县文体中心，建成乡镇综合文化站9个、农家书屋 139 个、农民体育健身工程 116 个。投入 2.3 亿元，加快县医院改扩建、县中医院和妇幼院迁建项目建设，完成 5 个乡镇卫生院改造提升及 211 所村卫生所标准化建设，县妇幼保健院成功晋升为“二级甲等妇幼保健院”。

【漳浦农民创业园】 漳浦农民创业园位于国道 324 线西侧，规划总面积 2.4 万公顷，为全省首创。园区立足现有农业基础和潜在优势，建设生物科技园、生态郊野公园、花卉苗木种植区、高优水果种植区、大棚蔬菜种植区、高产粮食种植区、食用菌种植区、农业观光休闲区、农业机械产业园区和盈丰食品工业园区等 10 个专业产业园区。

【首届海峡两岸民族乡镇发展交流会】 首届海峡两岸民族乡镇发展交流会作为第四届海峡论坛活动之一，于 2012 年 6 月 17—19 日在漳浦县成功举办。来自福建、浙江、江西、安徽等省民族乡镇代表和台湾原住民乡镇、台湾少数民族知名人士和畲族宗亲代表等近 200 人参加交流活动。会上两岸民族乡镇长代表共同签署结对框架协议。 （陈晓武）

云霄县

【经济社会概况】 2012 年，全县实现地区生产总值 105.18 亿元，比上年增长 14.2%；农林牧渔业总产值 39.07 亿元，增长 4.3%；实际利用外资 5159 万美元，增长 11.6%；外贸出口 1.11 亿美元，增长 37.4%；全社会固定资产投资 76.82 亿元，增长 49.7%，其中城镇固定资产投资 73.25 亿元，增长 52.8%；财政总收入 5.0 亿元，增长 21.4%，其中地方级财政收入 3.84 亿元，增长 24.2%；社会消费品零售总额 43.93 亿元，增长 18.5%；城镇居民人均可支配收入 17323 元，增长 13.2%；农民人均纯收入 9537 元，增长 13.7%；城镇登记失业率 1.95%；人口自然增长率 6.81‰。

工业经济。全年规模以上工业总产值 131.47 亿元，增长 28.4%；规模工业增加值 38.02 亿元，增长 28.5%。全年新引办工业项目 66 个，新增规模工业企业数 16 家，全县规模工业企业数达到 102 家。工业用电量 20789.9 万千瓦时，增长 13.6%。用地获批 11 个批次 232 公顷，盘活回收闲置工业土地 26 宗 52.6 公顷。

产业发展。建成彩龙大道、和吉路、锦欣大道，光电学院获批并开工。全年新引进光电及其配套企业 30 个，其中上亿元项目 12 个，计划总投资 50 亿元；全县已投产光电企业 123 家，实现产值 60 亿元，上缴税收 3405 万元，增长 57.4%；漳州艾尔丹光电与泉州艾尔丹光电联合完成企业股改，并在天交所顺利挂牌。启动临港工业集中区规划建设，引进投资 10 亿元的燕宁顺通科技项目，开工建设沿海大通道隧道工程，建成列屿 110 千伏输变电等电网工程。漳州核电项目前期工作取得重大进展，纳入国家核电中长期发展规划，并被列为重点论证厂址。青径风电项目正式动工建设。规划建设陈岱滨海工业园和五金工业园，其中五金工业园区已引进项目 12 个。

城乡建设。全面启动 100 公顷的新行政中心区建设，新行政中心办公楼已封顶装修；新区“三横一纵”路网、新体育场、青少年校外活动中心、妇女儿童活动中心、110 指挥中心等项目基本建成；启动将军大道西侧仿唐一条街规划，开工建设开漳大道，扎实推进火田小城镇建设，全面拉开城市框架。启动县城中心楼仔脚片区和渡头片区改造建设，共拆迁房屋 10 万平方米；楼仔脚片区动迁 199 户 203 间；渡头片区动迁 354 户 378 间。投资 5000 多万元建成 3 千米江滨亲水慢道、3 千米向东渠郊野绿道和郊野公园；投入 2000 多万元，实施江滨景观工程和城区内外环亮化示范工程，在主要交通路口和群众主要休闲场所安装高杆灯、LED 路灯，在全省率先实行 EMC 节能照明改造试点工程；改造、新建县城道路 15 条 7.6 千米，铺设污水管网 9.1 千米，建设宜业宜居新城区。

项目建设。292 个战役项目投资额比上年增加一倍。13 个“十大竞赛”项目完成投资 15.16 亿元，占年度计划投资的 180%，其中 8 个竞赛项目竣工或投产，多个项目位居全市前三名。全年开工建设项目 248 个，其中亿元以上项目 22 个；竣工、投产 163 个，其中工业项目投产 65 个，亿元以上项目 20 个。全年新签约亿元以上合同项目 38 个，计划总投资 128.1 亿元，其中上 10 亿元项目 5 个。成功引进世界 500 强 TDK 企业，国内首个超高压电容器生产线点火投产。举办第四届海峡论坛·第五届海峡两岸（福建云霄）开漳圣王文化节及海峡两岸光电产业合作峰会，签约项目 40 个，计划总投资 132.2 亿元，其中亿元以上项目 39 个。

旅游开发。全年接待游客 64.66 万人次，旅游总收入 3.36 亿元。首次在台湾宜兰举办旅游专题推介会，有效扩大云霄旅游知名度。正式启动将军山公园和红树林自然保护区国家 4A 级旅游景区申报准备工作，金汤湾海水温泉度假酒店五星级酒店评定通过初检。投资 1600 万元，实施红树林自然保护区环境整治，建成科研宣教中心以及停车场、游艇码头、科研监测栈道等设施配套；投入 1.37 亿元建成金汤湾海水温泉度假酒店续建工程。

社会事业。投入 3476 万元建成 3.5 万平方米新校舍，全面完成省定 71 个校安工程；县域义务教育初步均衡发展通过市级验收。开展云台宗亲姓氏族谱对接活动，建成全省首个县级文化遗产展示中心。县医院医技综合楼及 7 家乡镇卫生院业务用房相继建成投入使用，开工建设云陵社区卫生服务中心及卫生监督所业务大楼，全年新增床位数 237 张，公开考录卫技人员 106 名。出生人口政策符合率 91.7%。完成造林绿化 0.31 万公顷，建成沈海高速（云霄段）森林生态景观；全面推进生态县创建，完成 55.5% 国家级生态乡镇创建、100% 省级以上生态乡镇创建。

【财税工作创新】 实行国库集中支付制度，落实乡镇经济综合考评，坚持增收节支，依法征税，财政保障能力进一步增强。财税收入质量提升，财政总收入完成年度预算的 100.2%，增加 8820 万元，其中地方级财政收入完成年度预算的 100.7%，增加 1353 万元。

全县公共财政涉及民生支出 8.8 亿元，约占财政总支出的 72%。全县金融机构本外币各项存款余额 74.61 亿元，比年初增加 8.23 亿元，增长 12.4%；各项贷款余额 35.99 亿元，比年初增加 6.45 亿元，增长 21.84%。顺利开展营业税改征增值税试点工作，全年争取上级各项专款资金 10.39 亿元，比上年增加 2.78 亿元。融资方式持续创新，采用 BT 形式兴建开漳大道；在全市首创成立医疗卫生发展有限公司，向国开行融资发展卫生事业；用土地前期开发形式推进陈岱工业集中区基础设施建设，有效破解建设资金不足问题。（张煌辉）

诏安县

【经济社会概况】 2012 年，全县实现地区生产总值 131.74 亿元，比上年增长 12.6%，其中：第一、第二、第三产业增加值分别为 34.07 亿元、54.49 亿元和 43.17 亿元；三次产业结构比例调整为 25.8∶41.4∶32.8；固定资产投资（不含农户）73.43 亿元，增长 45.4%；财政总收入 6.29 亿元，增长 21.3%，其中地方级财政收入 4.41 亿元，增长 13.2%；实际利用外资（验资）3020 万美元，增长 20.2%；出口总值 5.22 亿美元，增长 13.9%；社会消费品零售总额 61.75 亿元，增长 20.8%；城镇居民可支配收入和农民人均纯收入分别为 16880 元和 9623 元，分别增长 13.1%和 12.2%。

工业经济。全县工业总产值 168.83 亿元，增长 19%，其中规模以上工业产值 141.83 亿元，增长 19.3%；规模以上工业增加值 42.11 亿元，增长 19%。全年续建及新建 2000 万元以上工业项目 112 个，其中亿元以上项目 40 个，年度完成投资 38 亿元，有 45 个项目建成投产。全年净增规模工业企业 15 家，总数达到 138 家，其中亿元企业 43 家、产值 85.33 亿元、增长 21.1%。完成全部工业税收 2.2 亿元，增长 57.1%。工业企业自主创新加快，新增地理标志证明商标 5 件，“QS”认证企业 5 家，新增福建省名牌产品和著名商标各 3 件、漳州市知名商标 4 件。

现代农业。农林牧渔业总产值 57.21 亿元，增长 4.6%；粮食播种面积 1.94 万公顷，总产量 11.12 万吨，被国家农业部列为粮食高产创建县。重点建设青梅、荔枝、蔬菜、食用菌、水产等 5 个万亩农业基地；大力推广高优果蔬农业和绿色生态农业，水果、蔬菜种植面积合计 3.46 万公顷，公田万亩休闲生态农业产业园项目开工投建。全年新增省级农业龙头企业 1 家、市级 12 家，全县农业龙头企业达 25 家；新办农民专业合作社 21 个。整理土地 338.53 公顷，改造标准化池塘 431.33 公顷，修复病险水库 13 座，完成 6 条海堤除险加固 9.1 千米，清淤整修亚湖等中小型灌区渠道 50.5 千米。

“五大战役”。全年安排实施 207 个项目，完成投资 94.13 亿元，完成年度投资计划的 142.4%。其中：90 个重点项目建设战役项目完成投资 40.22 亿元，完成年度投资计划的 126.6%；29 个新增长区域发展战役项目完成投资 23.26 亿元，完成年度投资计划的 160.5%；35 个城市建设战役项目完成投资 10.37 亿元，完成年度投资计划的 161.1%；31 个小城镇改革发展战役项目完成投资 15.33 亿元，完成年度投资计划的 152.1%；22 个民生工程战役项目完成投资 4.95 亿元，完成年度投资计划的 149.08%。

招商引资。全年新签约项目 53 个，总投资 75 亿元，其中亿元项目 13 个，总投资 27.65 亿元。全年新批注册合同外资 1.04 亿美元，增长 278%；民企对接项目 9 个，总投资 56.80 亿元，签约率、开工率均达百分百；天恒达和大唐集团项目相继投产和竣工。

民生保障。全年新增城镇就业 3620 人，新增农村劳动力转移就业人数 11850 人；发放小额担保贴息贷款 4411 万元，带动就业 1280 人。新农合参合率达 99.63%，新增城镇基本医疗保险人数 11059 人。新农保参保率达 96%，参保人数 20.93 万人。建立完善失地农民养老保险制度，60 岁以上对象每月发放 90 元。1020 套保障性住房全部开工建设，造福工程实施偏僻自然村搬迁 269 户 1200 人，完成垦区危房改造 624 套。全年发放低保金 3396.16 万元，发放 114 名孤儿基本生活费 67.32 万元，享受重度残疾对象生活补助 5360 人。实施医疗救助 1470 人次，发放各类救灾救助补助金 113.8 万元。临时救助困难家庭 284 户，其中实施贫困助学救助 44 人。乡镇敬老院和社区居家养老服务站实现基本覆盖。

社会事业。投入 1803 万元采购教育教学设备，促进城乡优质教育资源共享和均衡发展。校安工程新增开工项目 69 个、新增面积 10.17 万平方米，新增竣工项目 38 个、新增面积 5.65 万平方米。县医院急救中心和卫生监督所综合楼投入使用，完成 230 个村卫生所标准化建设项目，医疗资源进一步扩充。医药卫生体制改革有序推进，基层医疗机构人事制度改革基本完成，落实基本药物制度，招聘上岗 117 名卫生人才。青少年校外体育活动中心等项目加快推进，农家书屋实现全覆盖，诏安第一个数字 3D 影院开工建设。加强区域科技创新体系建设，首获福建省第五届“科普先进县”称号。

【九侯山风景区】 九侯山风景区于 12 月底正式被评定为“国家 3A 级景区”，成为全县首家国家 A 级景区。景区内有始建于唐朝的九侯禅寺，还保存许多名人遗迹和题刻。

【金都海洋生物产业园】 2012 年 12 月 25 日，诏安金都海洋生物产业园被国家海洋局认定为“国家科技兴海产业示范基地”，成为福建省唯一一个国家科技兴海产业示范基地。产业园现有润科生物工程、环球海洋生物科技等 6 家企业项目入驻，总投资 16 亿元，并与 7 所科研院校建立产学研合作关系，有 12 项最新科研成果与企业实现对接。（许渊彪）

东山县

【经济社会概况】 2012 年，全县实现地区生产总值 113.67 亿元，比上年增长12.6%；工业总产值171.30亿元，增长19.2%；农林牧渔业总产值48.47亿元，增长4.1%；全社会固定资产投资89.14亿元，增长28.4%；外贸出口15.9亿美元，增长16.4%；实际利用外资4502万美元，增长12.4%；社会消费品零售总额31.76亿元，增长16.5%；财政总收入12.5亿元，增长30.6%，其中地方级财政收入8.30亿元，增长27.7%；城镇居民人均可支配收入19535元，增长16.4%；农民人均纯收入11587元，增长14.1%。

旅游产业。出台"加快旅游产业发展的实施意见"，完成"旅游产业发展总体规划"及5个专项规划的中期成果对接。景区档次不断提升，建设风动石景区文化艺术走廊项目，完成滨海木栈道二、三期项目的主体工程，推动风动石景区向南门湾拓展；马銮湾景区创4A工作通过省级评定。旅游开发步伐加快，滨海旅游综合体项目完成投资13.7亿元。全年接待游客231.9万人次，增长20.5%；实现旅游总收入16.2亿元，增长59.6%。

工业经济。加快推进矿区征地工作，启动西湖、赤石2个自然村搬迁。旗滨玻璃项目第5、6条生产线点火投产，第7、8条生产线奠基开工，全年产量增加七成以上，旗滨玻璃被确定为玻璃期货指定交割仓库；致力发展玻璃上下游产业，引进4个玻璃配套项目。出台"加快海洋经济发展的实施意见"，注重发挥水产品精深加工企业聚集效应，49家规模企业完成产值121.3亿元，增长19%，其中上亿元企业28家，净增5家；投入4亿元完成15家企业技术升级改造；"海魁"商标获得中国驰名商标行政认定。全年规模工业产值153.8亿元，增长20.1%；规模工业增加值41.5亿元，增长20.1%。

农业经济。加快捕捞业向远洋拓展，共有18艘远洋渔船指标获国家批准，1艘远洋渔船下水作业；新增钢质渔船60艘，总数达888艘，占全市60%以上。在全市率先发展绿色低碳深水网箱养殖，建成全国最大的鲍鱼育苗基地。"东山芦笋"获得国家地理标志证明商标；"东山白芦笋"在欧盟成功注册地理标志保护。

财政金融。完成全年财政收入和基金收入任务，财政总收入和地方级财政收入增幅分别高出全市水平12.8和10.2个百分点。全县财政总支出（不含"油补"）19.6亿元，增长19.1%。向上争取各类补助资金3.5亿元，增长33%。成功组织"开渔"资金协调会和银企对接会，达成意向企业109家、金额44.5亿元，落实贷款企业100家、履约金额26.7亿元，对接金额历年最多，履约情况历年最好。持续推动"三维"对接，共签约项目48个，总投资352.5亿元，其中引进央企中交、中信、葛洲坝集团等，建立战略合作关系，签约金额超200亿元。海魁水产成为全国第一家在欧盟上市的水产品加工企业；旗滨集团中期票据已确定承销商。中银国际城投债10亿元融资项目进入实质性阶段；市民文化广场、县医院等4个项目已顺利对接BT融资。

"五大战役"。安排"五大战役"项目130个，完成投资90.4亿元，占年度计划的102%。组织九大类、11个项目参加全市"十大竞赛"，完成投资63.4亿元，占年度计划的182.9%。

基础设施。完成全岛交通路网规划编制，全年共有在建道路项目14个，总里程46.6千米，年度投资超5亿元。其中，谷文昌大道一期、金銮湾滨海景观大道等建成通车；科技大道二期、海西高速公路网东山联络线等开工建设；环岛路完成"工可"编制。推进迎宾大道、谷文昌大道一期等建成道路的路灯、绿化配套，基本实现道路、路灯、绿化美化同步规划，配套完善。整合延长公交线路，基本实现农村客运"村村通"。提升黄道周文化公园和庙山公园，建设虎山森林公园和南北港生态公园。

生态绿化。"国家生态县"和"国家级海洋生态文明示范区"创建通过国家部委考核评估。西埔等4个镇、岱南等4个村分别通过国家生态镇、村验收，铜兴等28个村通过省级生态村验收。全县11家企业新建污水处理设施，旗滨玻璃1、2线油改气项目和3、4线脱硫脱硝设施投入使用，建设光伏示范电站，全年减排任务圆满完成。加大生态绿化投入，造林442.67公顷，完成全年任务的110.7%。完善市容和环境卫生长效管理机制，投建城市公厕10座，新建垃圾中转站5座，采购环卫车辆54辆。

社会事业。旗滨公司企业技术创新中心获得省级认证，2项科研成果分别通过国家科技成果鉴定和新产品新技术鉴定。被授予"第五届省科普先进县"称号。51个校安工程项目全部竣工，总投资1.65亿元。组建东山县慈善总会，首次认捐资金4800万元。"省级卫生应急综合示范县"通过验收，被授予"省级卫生县城"称号。创建"全国计划生育优质服务先进县"。全国双拥模范县创建实现"三连冠"。

民生保障。23个为民办实事项目完成投资4.2亿元，完成年度任务的105%。保障性住房建设完成投资4267万元，完成年计划的102%。县医院新院完成主体工程建设和外部装修，公共卫生服务中心主体封顶。社会保障制度实现全覆盖，为60周岁以上的城乡居民发放基础养老金，企业退休人员连续8年提高养老金待遇；城乡居民医疗保险政府补助标准提高至人均240元，保障范围不断扩大，受益程度逐步提高。全县城镇新增就业3782人，农村转移劳动力3421人。

【园区建设】 加快推进"三园"建设。光伏及玻璃新材料产业园完成控制性详细规划，111.6公顷海域使用预审获批，征地93.2公顷，形成连片工作面。海洋生物科技园完成园区规划，征地177.33公顷，拆迁鲍鱼场42场，水、电、路等基础配套加快建设。海洋创意文化产业园进入实质性开发阶段。

（黄启前）

平和县

【经济社会概】 2012年，全县实现地区生产总值126.17亿元，比上年增长10%；全社会固定资产投资77.01亿元，增长53.4%；财政总收入6.7亿元，增长23.6%，其中地方级财政收入4.81亿元，增长27.4%；城镇居民人均可支配收入18406，增长14%；农民人均纯收入10142元，增长15.1%。

“五大战役”。组织实施234个项目，其中：新开工项目75个，新竣工项目151个。参加漳州市“十大竞赛”活动的项目有25个、总投资41.39亿元，年度完成投资25.5亿元，其中水利工程及水土保持项目竞赛获得全市第一名，获得资金争取、工程质量、建设进度评比“三个第一”，获评2012年度“全省水土流失治理先进县”称号。

工业经济。规模工业总产值83.53亿元，增长19.7%；规模工业增加值24.15亿元，增长19.8%。引进7个投资超5亿元的项目签约落地，引办11家总投资超20亿元的环保陶瓷及其配套企业落户工业园区，形成具有比较优势、全市规模最大、产业链最长的陶瓷产业集群。开工建设5.21平方千米的平和科技产业园，推进扩区升级申报工作。工业园区建成污水处理厂、南二区等基础设施，形成近5平方千米的工业走廊，聚集全县50%以上的规模工业企业，创造70%以上的规模工业产值，拉动工业经济发展。采取“项目+人才”招商新模式，引进2个“院士专家工作站”。

农业农村。农林牧渔业总产值81.68亿元，增长5.6%。出台《加快琯溪蜜柚产业发展的若干意见》等一系列扶持政策。参与制定《琯溪蜜柚》国家标准，首次在国家标准领域有话语权。福建水果（蜜柚）检验中心通过省级资格认证和计量认证。蜜柚种植4.33万公顷，产量90万吨；建立1.47万公顷出口基地，成为“国家级出口食品农产品质量安全示范区”，出口13万吨，增长13%。南海蜜柚专业合作社成为国家级示范社。名峰山庄被评为全国休闲农业与乡村旅游四星级单位。新建标准茶园264.2公顷，茶叶种植8100公顷，产量1.2万吨，成为全国重点产茶县。琯溪蜜柚成为全国10种在欧盟注册地理标志保护的农产品之一。白芽奇兰茶荣居全国茶叶区域公用品牌50强，拥有9件地理标志证明商标。

第三产业。社会消费品零售总额47.29亿元，增长17.3%。全年接待旅游人数150万人次，旅游收入7.3亿元，分别增长12.5%和15%。灵通山风景区成为国家级风景名胜区。新建22家便利店、3个乡镇商贸中心、2个农贸市场，建设霞寨欧城商贸广场以及五寨、崎岭等商贸市场。商务综合行政执法试点县顺利通过省经贸委验收。新申办5家进出口经营权企业，达到60家，出口总值5000万美元以上。完善政银企对接机制，7家金融机构与54家企业签订23.14亿元的贷款授信意向书。金融机构人民币各项存款余额突破80亿元、贷款余额超40亿元。

基础设施。总投资6.1亿元、89.3千米的省道东东线（平和段）建成通车；沈海高速复线（平和段）征迁任务全面完成；县道坂云线坂仔至高坑段改造拓宽工程和3个危桥改造项目开工建设，新铺设农路50.3千米，新增道路绿地18.67公顷。220千伏北塘变电站投入运行，新增2条110千伏输电线路，建成4个电气化乡镇、40个电气化村。向上争取水利项目33个、资金3.57亿元，实施4个乡镇农村饮用水安全、6座小（二）型水库除险加固、8个乡镇防洪堤等项目建设。

社会事业。成为省级“双高普九”达标县、市高考达标县；首获市初中教育教学先进县称号；育才中学恢复办学，育英小学二校区投入使用；新星幼儿园通过省级示范性幼儿园验收。建成240个农家书屋和农民体育健身点，实现行政村全覆盖；新增4个省级非物质文化遗产名录；“海丝”克拉克瓷古窑址完成保护规划编制，并入选《中国世界文化遗产预备名单》。组织申报17个国家和省、市级科技计划项目，申报专利80件、授权56件；荣获省级“科普先进县”称号，县老科协科普宣讲队成为全国唯一县级优秀单位。在全省率先建立县级移动气象雷达。县医院病房大楼等设施相继竣工投用，建成74所标准化的村卫生室。村（居）委会换届选举工作在全省率先圆满完成。

民生保障。新增城镇就业4060人、新增农村劳动力转移就业10135人，城镇登记失业率1.89%；27.85万人参加新农保，参保率达98.45%；3747人参加城居保，2471名失地农民全部纳入失地农民社会养老保险保障范围。新建一批养老设施，新增养老床位388张。提高城乡低保和农村五保保障标准，发放城乡低保补助金1870万元、农村五保供养金887万元。开工建设1237套保障性住房，基本建成851套。实施9个水土保持项目，综合整治文峰龙山、国强顶洋等13条重点小流域、治理面积1.33万公顷。注重生态修复，造林4600公顷，占任务的116.4%。生态县建设通过省级验收，并直报国家级验收；国强、山格等8个乡镇的农村环境连片整治工程通过验收，直接受益20多万人。

（杨玉龙）

南靖县

【经济社会概况】 2012年，全县实现地区生产总值154.22亿元，比上年增长13.8%；工业总产值249.6亿元，增长21.1%；农林牧渔业总产值69.01亿元，增长4.8%；全社会固定资产投资108.59亿元，增长28.7%；公共财政总收入9.36亿元，增长18.1%；地方公共财政收入6.26亿元，增长15%；实际利用外资5883万美元，增长9.7%；社会消费品零售总额37.35亿元，增长15.2%；城镇居民人均可支配收入19701元，农民人均纯收入9741元，分别增长14.6%和12.9%。

项目建设。全年实施重点项目建设战役项目72个，完成投资95.78亿元，占年度计划的149.4%；实施新增长区域发展战役项目75个，完成投资78.8亿元，占年度计划的159%；实施城市建设战役项目25个，完成投资34.5亿元，占年度计划的301%；实施民生工程战役项目72个，完成投资18.2亿元，占年度计划的227.5%；实施小城镇改革发展战役项目65个，完成投资48.6亿元，占年度计划的144.6%。12个参加市“十大竞赛”项目，完成投资59.7亿元，占年度计划196%。

工业经济。全年新增规模工业企业21家，总数达150家；规模工业产值

214.96亿元，增长24.9%；规模工业增加值59.06亿元，增长25%。新投产工业项目32个；产值上亿元企业55家，比上年增加13家，实现产值166.4亿元；工业税收3.1亿元，工业对经济增长的贡献率达68%。三次产业比例调整为25.7:45.8:28.5。南靖高新区获批更名为漳州高新区；新认定高新技术企业2家，完成高新技术产值95.7亿元；万利达移动通信设备（手机）制造中心投入使用。完成技改项目8个；“6·18”项目成果对接43项，总投资达9.6亿元。新增省名牌产品3个、著名商标6个、市知名商标7个。

旅游经济。顺利通过国家旅游局5A级景区复核。成立2个土楼综合执法大队和7个景区管理工作站。与首旅集团签订福建土楼南靖景区旅游整体合作协议。万嘉豪大酒店竣工开业；田螺坑列入全国首批传统村落名录；云水谣景区入选全国休闲农业与乡村旅游示范点，成为中国美术学院、厦门大学等10所高校写生基地。全年接待游客182万人次，增长7.2%；旅游总收入7.3亿元，增长22.5%。

三农工作。新增县级农业龙头企业7家，总数达59家；兰花、食用菌、金线莲等“十大现代农业示范基地”不断壮大，年创产值50亿元。投入7984万元，实施“五大类”12项民生水利工程。荣获中国金线莲之乡和全国绿色食品原料（麻竹笋）标准化生产基地称号；新增“三品一标”产品认证2个、省级名牌农产品2个，全县“三品一标”认证总数达46个，“三品”种植面积的比重达67%。

招商引资。全年引进项目148个，总投资78.8亿元，其中投资上亿元项目18个，上10亿元项目2个。特别是引进了总投资22亿元的华润·片仔癀医药生产基地和总投资26亿元的土楼景区战略合作项目，实现央企和大型国企对接“零”的突破。

城乡建设。荆江城市生态景观工程、县城排水系统改造、和谐路等一批市政工程顺利完成；龙厦铁路竣工通车，南靖进入“动车”时代；开通县城至靖城镇公交线路，试运行2条公交线路，基本实现村村通客车。编制完成30个村庄规划，完成27个村的村容整洁任务，4个镇的农村环境连片整治基本完成，农村饮水安全工程进展顺利；“造福工程”共搬迁249户950人。交通路网不断完善，新增农村公路规划项目303千米；总投资4.3亿元的迎宾西路（南靖段）改扩建工程正式动工；投入近1100万元，完成科岭、县道南霞线改造工程，完成22座危病桥改造，续建“上衔下延”农村公路30千米。国家生态县创建工作顺利通过环保部评估验收，新增造林绿化面积3800公顷，森林覆盖率继续保持全市第一，年度节能减排任务顺利完成。

人民生活。全年民生支出占公共财政总支出的74.4%。8大类50小项为民办实事项目基本落实。投入1945万元，实施库区移民后期扶持项目28个，发放库区移民直补785万元，受益移民1.32万人。新增城镇就业人员3508人，转移农村劳动力5004人。企业退休、退职人员基本养老金人均月增加233.6元。投入1.2亿元，开工建设1314套保障性住房，配租廉租房163套、公租房673套；帮助56户“连家船”船民上岸定居安置。城乡低保和“五保”实现扩面提标，新增保障对象387人，农村和城市低保对象月生活补助金各提高30元和20元。率先在全市实行新农合补偿与民政医疗救治一站式服务，医疗救助对象达2.9万人，发放医疗救助金441万元。发放抚恤补助款952万元、义务兵家属优待金280万元。全年认捐善款1840万元，助困助学715人次，向低保户发放冬令慰问物资8279人次，发放善款256万元。

社会事业。全年投入3亿多元为教育办10件实事，120个校安工程和14个学校BT项目建设进展顺利。完成青少年校外体育活动中心建设；广电网络顺利实现整合；完成45个村的农家书屋建设，实现每个村都有农家书屋。县医院迁建工程竣工并投入使用，基本完成村卫生所（室）标准化建设；继续实施孕产妇免费住院分娩，进一步巩固新农合成果，筹资标准提高到人均290元。荣获第五届省级科普先进县称号，共获国家和省级科技计划项目7项，省科技进步二等奖、市科技进步三等奖各1项。 （童其泉）

长泰县

【经济社会概况】 2012年，全县实现地区生产总值128.43亿元，比上年增长15%；工业总产值279.33亿元，增长21.7%；农林牧渔业总产值24.61亿元，增长4.8%；财政收入15亿元，增长40.5%，其中地方级财政收入8.56亿元，增长35.7%；社会消费品零售总额20.28亿元，增长18.1%；城镇居民人均可支配收入20898元，增长14.8%；农民人均纯收入10625元，增长14.5%。连续6年获得福建省县域经济发展十佳县。

工业经济。规模工业产值252.03亿元，增长24.1%；规模工业增加值70.58亿元，增长24%。吉泰体育用品、神悦铸造等46家企业新投产；骐航实业、冠程电动车等51家企业新上规模；闽华超纤、飞鹿电器等56家企业产值上亿元，比上年增加5家；万晖洁具在香港联交所成功挂牌上市，立达信绿色照明、敦信纸业、安安超纤等9家企业列入省级或市级重点上市后备企业。新认定高新技术企业1家，新创建（引进）驰名商标、名牌产品、著名商标、知名商标、市质量奖和发明专利26件。全年规模工业税收5.71亿元，增长29%，占财政总收入的38%，其中：纳税上百万元企业62家，文盛矿业、权昱工业等13家企业纳税上千万元，立达信、联盛纸业等2家企业纳税突破1亿元；财政收入达4.6亿元，增长42.4%。

项目建设。170个县级重点项目完成投资174.45亿元，占年度计划的135.2%；枋洋水利枢纽工程、厦门海投科技创业园、东陶卫浴等一批投资10亿元以上重大项目相继投建，华阳超纤、骏晖体育等一批竞赛项目提前投产，文体中心、裕德源广场等一批城建项目开工建设，迎宾路顺利建成通车。全年固定资产投资155亿元，增长48%。新批注册资金2000万元以上民营企业29家，注册资金11.93亿元，其中上亿元项目22个；新批外资项目14个，合同利用外资2.47亿美元，实际利用外资1.23亿美元。全年

美丽的"中国慢客村"长泰县岩溪镇上蔡村大学自然村一角。

（长泰县政府办供稿）

建设用地报批284公顷，经济开发区、银塘工业区共盘活闲置土地98.87公顷、闲置厂房10万平方米，政银企对接会落实贷款25.27亿元，新引进省外员工5000多人。

生态文明。搬拆废旧房屋17.61万平方米，建设道路堤岸18.1千米，完成景观绿化20.28万平方米，改造房屋立面889户，铺设地下管线25.2千米，实施夜景工程84处、安装路灯1163盏。全年造林绿化2600公顷、"四绿"工程建设413.33公顷。县城区垃圾无害化处理场二期工程建成使用，新铺设污水管网18.5千米。品牌效应更加凸显，"田园风光、生态之城"重点示范区域建设顺利通过省、市检查验收。上蔡大学自然村成为全省村庄环境综合整治示范点，顺利通过国家园林县城专家评审，在全省第一个通过国家级生态县考核验收。

三农工作。全年县财政投入支农资金2.1亿元，增长23%。9座水库得到除险加固，7座危桥完成改造，自然村道路硬化26.8千米，枋洋和陈巷农村饮水管道改扩建工程建成使用，农村群众生产生活条件有所改善。县城至科山22千米花卉走廊建设规划编制完成，流转土地342.13公顷，引进花卉企业29家，种植花卉296公顷，花卉产业基地初具规模；特色农产品市场竞争力增强，获得国家绿色食品使用标志5个、农产品地理标志1个、省级名牌农产品1个、无公害产地认证10个、无公害农产品18个、市知名商标6个。

社会管理。新农合、城乡医保、农村低保、城市低保的补助标准，每人每年分别提高60元、10元、376元和360元，各类社保基本实现应保尽保。全年城镇新增就业人数3039人，推荐安置城镇下岗失业人员再就业445人，城镇登记失业率为2%；新转移农村劳动力2088人。1310套保障性住房按时开工建设，190户危旧房完成改造，175套廉租房公开分配，3个地灾点搬迁工程如期搬迁入住。乡镇卫生院、社区卫生服务中心基本药物零差率制度全面实施，44个村级卫生所开始试行；县医院新住院大楼投入使用，一批乡镇卫生院完成设施改造。县财政投入教育专项资金2.46亿元，增长33%；13个校安工程全部竣工，6所幼儿园建设顺利推进，省市级标准化学校达100%。广播村村响工程通过省级验收，广电网络整合改革平稳过渡，全县57个行政村农民健身工程和农家书屋建设实现全覆盖。（张永坚）

华安县

【经济社会概况】 2012年，全县实现地区生产总值70.97亿元，比上年增长13.9%；财政总收入6.31亿元，增长26.1%；其中地方级财政收入4.13亿元，增长29.6%；城镇居民人均可支配收入18818元，增长14%；农民人均纯收入10544元，增长13.9%；社会消费品零售总额15.59亿元，增长25.8%。县域经济蝉联"福建省经济发展十佳县"，六年5次进入全省"十佳"行列。

"五大战役"。共有131个项目列入市"五大战役"跟踪考核，总投资193亿元，全年完成投资87.3亿元，占年度计划的190.9%。

十大竞赛。共有37个项目参加市"十大竞赛"，总投资166亿元，全年完成投资39.35亿元，占年度计划的197.9%。

工业经济。全县规模工业总产值101.58亿元，增长20.2%；规模工业增加值29.14亿元，增长20.3%。开展"三维"招商，新签约工业项目47个，总投资60.4亿元。新投产工业项目42个，累计完成投资34.9亿元；新增规模工业16家，总数达到98家。在建工业项目70个，2012年完成投资42.2亿元，累计完成投资73.3亿元。全年工业税收2.41亿元，增加3388万元；纳税上百万元企业62家，其中纳税上千万元企业12家。

农业经济。农林牧渔业总产值27.46亿元，增长4.4%。举办第七届茶王赛和海峡两岸茶叶研讨会，提高华安铁观音知名度，"华安铁观音"被认定为中国驰名商标；参加"天福杯"海峡两岸名茶邀请赛，获得铁观音组18个奖项中的17个。调整优化农业产业结构，积极发展名贵花木、食用菌、红烟等特色种植业，多渠道增加农民收入。

固定资产投资。全社会固定资产投资76.68亿元，增长38.1%。漳永高速公路华安段正式开工建设。启动城南新区路网工程，温水溪大桥完成桥面吊装，罗溪大桥顺利竣工。完成42千米农村公路硬化。

生态建设。国家级生态县创建工作通过省级验收。加强生态林保护，发放森林生态效益补偿金444万元；完成造林绿化4000公顷。总投资2959万元的华丰、新圩、仙都3个乡镇环境整治项目完成建设。投入1039

万元。

人民生活。实施16个总投资7.19亿元的为民办实事项目，完成投资4.7亿元。后坑保障性住房投入使用。“新农保”、“城居保”参保率分别为90.5%和91.4%，续保率居全市第一，失地农民保障工作顺利实施。社会救助体系不断完善，发放低保、医疗救助等各类资金1477万元。完善社会福利设施，县社会福利中心竣工。

社会事业。被授予省第五届科普先进县，竹种园被命名为全国科普教育基地。落实教育“两免一补”政策，发放补助971万元；华安一中创建省一级达标校接受省级验收；投资1200万元的华安一中教学综合楼春节前完成装修。重视人才工作，新招聘、录用工作人员165名。医疗卫生事业稳步推进，“新农合”参合率达99.9%。文体事业加快发展，东阳楼和仙字潭升格为国家级文物保护单位，高车雨伞楼、马坑苏维埃旧址、丰山赵氏宗祠升格为省级文物保护单位；和春村被省文化厅命名为“省级历史文化名村”。

（郭炎煌）

编辑：林丹芙

泉州市

【基本概况】 泉州市地处福建中部沿海、台湾海峡西岸，是国务院首批历史文化名城、古代“海上丝绸之路”起点、全国著名侨乡、台湾汉族同胞主要祖籍地及福建省三大中心城市之一，辖4区3市5县和泉州经济技术开发区、泉州台商投资区。陆地面积11015平方千米，海域面积11360平方千米，2012年末全市常住人口829万人。属亚热带海洋性季风气候。森林覆盖率58.7%，矿产主要有铁、锰、金、煤、石英砂、花岗岩、高岭土等20多种。海岸线长541千米，湾多水深，港阔浪小，可供建港的岸线45千米，主要分布在湄洲湾（南岸）、泉州湾、深沪湾和围头湾。泉州保留着以南戏、南音、南少林、南建筑为代表的文化遗产和梨园戏、高甲戏、打城戏、提线木偶等全国特色剧种。拥有各级重点文物保护单位686处，其中国家级20处，主要有：开元寺和东西双塔、清源山老君岩、伊斯兰清净寺、草庵摩尼教佛像、安平桥、崇武古城等。

【经济社会综述】 2012年，全市实现地区生产总值4702.70亿元，比上年增长12.3%，经济总量连续14年保持全省第一，其中：第一产业增加值160.57亿元，增长1.6%；第二产业增加值2890.41亿元，增长14.3%；第三产业增加值1651.72亿元，增长9.8%。人均地区生产总值57002元（按年平均汇率折合9030美元），增长11.3%。三次产业的比例为3.4∶61.5∶35.1。国务院批准设立泉州金融服务实体经济综合改革试验区，泉州成为全国第三个金改区。国务院批准设立泉州台商投资区，实行国家级经济技术开发区政策。省政府专门出台促进泉州民营经济发展的十条措施；批准泉州开展民营经济综合配套改革试验，支持打造民营经济发展乐园。荣获首批国家知识产权示范城市、全国数字城市建设示范市、全国农民工最具幸福感城市、全国首批流动人口社会融合示范工程试点城市、全国双拥模范城“七连冠”等称号。

农业经济。全年农林牧渔业总产值282.23亿元，比上年增长1.7%。粮食总产量75.26万吨，下降5.6%。全市新增省级以上农业龙头企业8家、农业“三品”认证产品21个，获批国家级农民专业合作社示范社16家。安溪、永春成为首批国家级出口农产品质量安全示范区。启动白濑水利枢纽工程前期工作，彭村、八峰、双溪水库和晋江防洪工程试验段等重大水利项目开工，76个水利项目完成投资35.1亿元；38万农村人口饮水安全问题得到解决；桃溪流域综合治理模式在全省推广，在全国率先建成水资源动态管理系统。完成农村电网改造升级260千米、公路安全保障625千米、危（病）桥改造27座，完成补充耕地960公顷，建设高标准基本农田2667公顷。

工业经济。全年工业总产值9498.36亿元，其中规模以上工业8378.49亿元，分别比上年增长19.9%和16.7%；产值超亿元企业1704家，比上年增加207家；装备制造、建筑建材、工艺制品、食品饮料等主要行业增加值增速均超过18%。建立促进工业稳定增长联动机制，发挥龙头企业带动作用，完成工业增加值2645.79亿元；产值超亿元工业企业增至1704家，完成产值7178.38亿元，装备制造、建筑建材、工艺制品、食品

泉州市区新貌。（泉州市政府办供稿）

饮料等主要行业增加值增速均超过18%。召开企业座谈会226场，协调解决各类问题1672项；开展政策落实专项行动，帮助企业用好扩大生产、技术改造、自主创新等政策。注重发挥行业协会作用，召集15个重点行业协会，“一业一策”研究解决应对措施。强力推进产能建设，突出生产性、生财性项目，实施县级以上产业重点项目1200个，完成年度投资1030亿元。

第三产业。开展“第三产业发展年”活动，全年服务业重点项目完成投资413.9亿元。新增限上批零住餐单位616家、3A级以上物流企业5家。社会消费品零售总额1706.64亿元，比上年增长16.7%。网上市场份额位居全国前列。居民消费价格总水平比上年上涨2.6%。全年接待国内外游客3246.8万人次，旅游总收入376.1亿元，均比上年增长22.9%；清源山获批国家5A级旅游景区。邮电业务收入105.62亿元，增长7.3%。港口货物吞吐量1.04亿吨、集装箱吞吐量完成169.7万标箱，分别增长11.2%和8.2%。各种运输方式完成旅客运输量1.42亿人次，下降1.0%，旅客周转量76.30亿人千米，增长1.1%；完成货物运输量1.63亿吨、货物周转量1179.38亿吨千米，分别增长15.3%和16.8%。举办首届创意产业节，对接项目419个，意向金额20.72亿元。

对外经贸。全年进出口总额250.87亿美元，比上年增长47.1%，其中：出口123.74亿美元，增长14.8%；进口127.13亿美元，增长102.6%。泉州出口加工区、晋江陆地港外贸总额分别达13.5亿美元和7亿美元。全年批准设立外商直接投资合同项目106项，比上年下降37.6%；投资总额25.41亿美元，下降38.5%；合同外资金额12.06亿美元，下降39.1%；按历史可比口径统计，实际利用外资31.69亿美元，增长11.2%。新批外商投资超千万美元(含增资)的项目由上年的40家下降到28家。在新签利用外资合同中，投向第二产业的合同金额8.5亿美元，下降39.3%。外商投资企业全年开业投产85家。全年签订对外经济技术合作合同金额6539万美元，下降46.1%；完成营业额3515万美元，下降40.9%。批准境外投资企业7家，境外投资总额2370万美元。

固定资产投资。全年全社会固定资产投资2016.72亿元，比上年增长28.0%，其中：项目投资1567.92亿元，增长25.0%；房地产开发投资395.50亿元，增长44.2%；农户投资53.30亿元，增长11.3%。按三次产业分(不含农户投资)，第一产业投资11.02亿元，增长21.3%；第二产业投资862.37亿元，增长20.7%，其中工业投资844.69亿元，增长19.5%；第三产业投资1090.03亿元，增长35.4%。深入实施“五大战役”，重点项目建设、新增长区域发展、城市建设、小城镇改革发展、民生工程战役分别完成投资750亿元、1780亿元、280亿元、466.3亿元和97.2亿元。中化炼油项目获国家发改委核准。泉港、泉惠石化园区升格为省级开发区。建成海峡轨道客车、三安光电、本科电器等工业项目261个，新增年产能650亿元；实施重点技改项目290个，新增年产能750亿元；建成万达、网商创业园、英良五号、洛江中心商城等服务业项目121个，新增年销售收入550亿元。“三维”对接成效明显，开展招商大会战，全力大招商、招大商，落地央企项目4个，总投资103亿元；签约外资项目173个，总投资73.91亿美元，其中5亿美元以上合同项目2个，引进惠普、IBM、普利司通等世界500强企业。

财政金融。全年公共财政总收入572.43亿元，比上年增收72.07亿元，增长14.4%，其中公共财政预算收入293.46亿元，比上年增收51.37亿元，增长21.2%。公共财政预算支出356.63亿元，比上年增加59.71亿元，增长20.1%。年末全市金融机构本外币各项存款余额4687.97亿元，比上年末增长22.5%，其中：居民人民币储蓄存款余额2375.79亿元，比上年末增长15.9%；本外币各项贷款余额3724.22亿元，比上年末增长18.2%。民生银行在泉成立石材产业金融事业部；引进菲律宾首都银行，实现外资银行零的突破；新增小额贷款公司14家；金融业税收增长32.9%。全年上市企业通过发行、配售股票共筹集资金26亿元，其中：境内新发行A股1只、配发1只，境外新发行上市2只。全年保险业实现各项保费收入81.05亿元，比上年增长5.9%，其中：财产险保费收入25.65亿元，增长14.6%；人身险保费收入55.40亿元，增长2.3%。

改革开放。深化对台合作，新批台资项目22个，实际利用台资3.33亿美元(历史可比口径，验资口径为4082万美元)；国家级泉州台商投资区完成固定资产投资89.64亿元；成功举办第四届海峡论坛泉州系列活动和第五届海峡两岸农产品采购订货会；泉金客运航线运送旅客14.11万人次；泉台文化、教育等交流合作取得实质性进展。提升开放型经济水平，成功举办海博会、鞋博会、石博会、茶博会、雕博会等泉州商品博览会系列活动；积极参加国内外商品展，开展“品牌泉州境外行”系列活动；新增出口超亿美元企业6家。加快转变政府职能，建立财政专项资金管理、投融资项目资金管理、国有资本经营预算等制度；推行“马上就办”，建立民企直通直达服务制度，实现审批改革提速“两个50%”目标。推进慈善事业发展，全市慈善组织累计筹集善款33.7亿元，投入慈善救助活动20.7亿元，侨捐公益事业超过5亿元。

城乡建设。深化“城市建设管理年”活动，363个项目完成投资365亿元。不断完善环湾交通网络，晋石高速、金安高速、田安大桥、黄龙大桥和台商区南北主干道等建成通车，实现县县通高速的历史性突破。泉州港通过世界卫生组织口岸核心能力达标考核；泉州晋江机场航空口岸通过国家对外开放验收。加快建设环湾片区，中心城区建成区面积176.5平方千米，晋江、石狮、南安城市发展向“两江一湾”靠拢，东海、城东、北峰丰州、晋江滨江、江南等环湾新区初步形成。不断优化城市环境，实施绿化、美化、亮化、净化提升工程，编制完成市绿道系统、桃花山生态区保护建设等规划，滨海公园、桃花山公园一期、金山公园慢线等基本完工，中心市区新增绿地面积530万平方米，48个“点线面”试点项目完成投资14.82亿元，完成电力线路缆化改造26千米。持续加强城市管理，推行市政公用行业常态化考评，实施14条主干道精细化管理，持续提升社区建设和物业管理水平，开通地理信息公共服务平台、数字城市管理平台。投入公共交通9000万元，取消市区公交空调收费，公交服务水平进一步提高。率先启动“美丽乡村”建设，实施“六大工程”，完成593个村庄规划编制，抓好市级新农村建设试点示范村20个、扶贫开发重点村20个、老区跨越发展工程重点帮扶村4个，评选“美丽乡村”10个。

环境保护。国家环保模范城市通过复核，生态市创建走在全省前列，完成节能减排任务。市区空气质量优良率达99.5%。“两江”上下游水资源保护补偿资金提高到每年2亿元，重点流域综合整治完成投资17.18亿元，晋江流域省控断面Ⅲ类水质达标率100%，13个集中式饮用水源地水质达标率100%。崇武至秀涂海岸带资源环境保护整治完成投资8075万元。新投入运营污水处理厂15座，城东垃圾转运站等一批环卫设施投入使用。加快淘汰落后产能，安溪、晋江建筑饰面石材行业实现整体退出。建设省级农村环境连片整治示范区5个、村庄环境整治试点村17个，完成植树造林2.35万公顷、水土流失治理2.63万公顷。

社会事业。优先发展教育事业，4个区(市)完成“教育强县”创建或通过省级预评，7个区(市)通过义务教育基本均衡发展评估；新增义务教育标准化学校290所、公办幼儿园70所；配备国标校车130部，完成校安工程重建任务；晋江获批异地高考试点；安溪茶学院正式招生。扎实推进医改工作，新增医院床位2109张；石狮公立医院改革试点经验在全省推广；全市所有基层医疗卫生机构和1485家村卫生所实施药品零差率销售，全面完成改善农村医疗卫生条件“三百工程”、基本公共卫生服务项目。大力发展先进文化，完成文化产业增加值224.43亿元；闽南文化生态保护区“十百千基础工程”基本完成，木偶戏传承人培养计划入选联合国“非遗”优秀实践名册，“侨批档案”入选“亚太地区记忆遗产”，“海丝”、“闽南红砖建筑”入选中国“世遗”预备名单，梨园戏剧团、南音乐团摘获国家文艺类最高奖；国家级、省级工艺美术大师分别新增3位和40位；完成14家国有文艺院团改革，组建泉州广播电视台；公共图书馆、文化馆免费对外开放，实现农家书屋行政村全覆盖。不断加强体育工作，拓展南少林武术国际交流，推动五祖拳进校园；泉州运动员在伦敦残奥会上取得“两金一铜”好成绩。

人民生活。全年城镇居民人均可支配收入32283元，农民人均纯收入11915元，分别比上年增长12.5%和12.6%。新增城镇就业15.58万人、农村劳动力转移就业6.39万人，培训劳动者25.6万人次。参加职工“五险”人数增加43万人次，新农合、城镇居民医保参保率分别达99.5%和95%，城乡居民养老保险参保率达97%；完成“造福工程”搬迁10500人、危旧房改造7000户；完善城乡最低生活保障制度，发放低保金2.75亿元。新增乡镇敬老院16所、社区居家养老服务站150个、农村老年体育活动中心22个。

和谐构建。新开工保障性安居工程4万套，完成投资90.23亿元；基本建成2.89万套，新增配租配售1.61万套；新增归集住房公积金36亿元、发放贷款27亿元。全面推行流动人口居住证制度，推进综合警务改革创新，“保平安创满意促和谐”行动成效明显。推进安全生产标准化、执法检查常态化建设，开展道路交通安全综合整治“三年行动”和集中整治大会战，安全生产事故4项指数全面下降。全市人口出生率13.1‰，政策符合率93.36%，保持低生育水平。

【民营企业“二次创业”】 出台实施推进“二次创业”若干意见及配套文件，启动民企转型升级扶持行动计划，设立兑现专项资金5亿元，完成规模以上民营工业增加值2043.78亿元，增长17.7%；新增上市企业3家；国家工商总局出台6条措施，支持泉州品牌国际化，新增中国驰名商标32件、马德里商标国际注册97件，泉州品牌企业在伦敦奥运会上赞助22个国家体育代表团。出台加快推进产业转移扶持政策，山区与沿海实现项目对接7个，总投资20.7亿元。不断加强人才支撑，出台实施服务民企“二次创业”人才计划，启动海内外泉籍人才回归工程，实行高层次人才“一站式”服务和高级人才证制度，新增院士专家工作站4个，50人(团队)被评为省级各类高层次人才。举办民企“二次创业”推介会5场，出台推进异地泉籍企业回归创业12条措施，实现项目回归120个，总投资1100亿元；引进企业总部或营销中心300多家，增加税收约32亿元。

【泉州金融服务实体经济综合改革试验区】 2012年全国金融工作会议召开后，为贯彻落实温总理在会上“坚持金融服务实体经济的本质要求”的讲话精神，泉州市提出了在泉州设立金融服务实体经济综合改革试验区的构想。省委、省政府对此予以高度重视和支持，2012年3月15日福建省政府正式向国务院行文请示设立泉州金改区；11月9日国务院领导全部传批同意；12月19日中国人民银行等12部委共同下发《福建省泉州市金融服务实体经济综合改革试验区总体方案》。

【第四届海峡论坛泉州系列活动】 2012年6月17—29日，泉州市举办第四届海峡论坛泉州系列活动，包括第三届海峡两岸闽南文化节、泉州首届创意产业节、海峡两岸商会经济论坛、郑成功收复台湾350周年纪念活动、闽台佛教文化交流周、第二届海峡两岸关帝文化节等活动。活动共有2300多名台湾各界人士参加，68家海内外新闻媒体、300多名记者莅泉采访报道，引起了海内外的广泛关注，产生了积极的影响。（林艳旭）

鲤 城 区

【经济社会概况】 2012年，全区实现地区生产总值291.37亿元，比上年增长12.0%，其中：第一产业增加值

1400万元，下降7.8%；第二产业增加值169.82亿元，增长13.9%；第三产业增加值121.41亿元，增长9.4%。财政总收入20.64亿元，增长15.6%，其中区级财政收入10.80亿元，增长21.5%。全社会固定资产投资86.26亿元，增长22.1%。实际利用外资按报表口径完成1.42亿美元，增长10.9%；按验资口径完成9302万美元，增长6.5%。社会消费品零售额209.94亿元，增长15.3%。市区居民人均可支配收入35037元，增长12.3%。

工业经济。全年工业增加值70.15亿元，增长15.4%。规模以上工业企业165家完成增加值56.17亿元，增长17.5%。机械汽配、纺织鞋服、电子通信三大支柱产业完成产值220.07亿元，增长16.9%，其中：机械汽配产值27.49亿元，增长22.7%；纺织鞋服、电子通信产值分别为139亿元、53.58亿元，分别增长17.1%、13.5%。34个省市级重点技改项目完成投资8.08亿元。高新区集约开发水平实现亩创税26万元。采取“零地招商”和“零地技改”，提高土地集约利用率，盘活19.58万平方米的“三闲”资源。

科技创新。实施自主创新3年行动，新增2个科技公共服务平台，总数15个；促成15个科技项目合作，5个项目已转入实质性生产；11个项目列入国家科技计划项目；新增1个国家重点新产品、1个中国驰名商标、10家省级创新型（试点）企业；鸿星尔克建立国内领先的“生物力学实验室”。新组建3个省级产业技术创新联盟，总数6个，联盟数量和层次在全省县（市、区）中名列第一；以鲤城区为核心的泉州微波通信产业集群被列为国家首批“创新型产业集群试点”。顺利通过省级知识产权强区验收。

二次创业。设立民企转型升级专项资金5000万元，对市级扶持项目按1：1.5的比例配套补助。帮助企业争取上级各类扶持奖励资金4481万元；为152家企业兑现产业引导、技术改造、改制上市等扶持资金3968万元。开展3轮企业帮扶活动，帮助企业解决278项困难问题。新建1个院士专家工作站，1个企业团队入选全省引进高层次创业创新团队、1名企业家入选全省首批海西创业英才。

第三产业。深入开展“第三产业发展年”活动，组织实施17个服务业项目，完成投资23亿元。第三产业完成增加值108.6亿元，增长9.3%，其中：金融业增加值增长16.1%，批发零售业增加值增长13.1%。南环路汽车贸易走廊年销售额54亿元；海西汽车汽配城一期开业；万祥商城初具规模。建成全市首家网商创业园，入驻网商及配套企业155家，年销售额20亿元以上。总部经济稳步发展，与铂阳精工总部签订2013—2015年合作协议；亿兴电力等总部型企业发展加快。成功举办泉州市第二届创意文化节，源和1916创意产业园已入驻企业77家，T淘园开园运营，儿童创意体验园动工建设，ME复合型文化创意园项目稳步推进；功夫动漫被认定为“国家动漫企业”。

城乡建设。完成固定资产投资额86.26亿元，增长22.1%，其中：房地产开发投资投资额25.52亿元，增长29.3%；城镇建设项目投资60.74亿元，增长19.3%。安排“五大战役”项目106个，完成年度投资39.16亿元；安排“城市建设管理年”建设类项目86个，完成年度投资33.05亿元；安排“大规模城市建设”项目40个，完成年度投资27.41亿元；安排“大范围城市更新”项目12个，年度投资5亿元；安排“大力度城市环境整治”项目34个，完成年度投资6300万元。实施26个城市排水排污配套建设项目，总投资9900万元，年度投资3800万元；完成二郎巷截污改造、石崎社区祖厝口排污沟整治等16个项目。启动“美丽社区”建设5年行动计划，推进25个试点社区建设。创建国家级“生态区”，完成5个基本条件和22项考核指标档案体系建设，2个省级生态街道、6个市级生态社区通过验收。建成全省首个“光网城区”，老城区4个街道39个社区完成“数字城管”区域划分工作。组织拆违行动251场，拆除违法建设448宗4.15万平方米。

社会事业。完成泉州市涉及鲤城

泉州鲤城笋江公园。 （泉州市政府办供稿）

区的8个实事项目和鲤城区安排的24件为民办实事项目。以优秀等级通过教育“两项督导”及全省首批“义务教育基本均衡发展区”评估验收，通过“教育强区”省级评估；打响“组团式小片区”管理品牌；完成年度校安工程重建任务，改建、新建校舍8幢3.26万平方米。举办第二届海峡两岸关帝文化节；公布2批15项区级非物质遗产保护项目；组织参加第九届全国武术之乡比赛，总分名列全国第四。启动“家庭医生签约服务”，推行个体诊所和社区卫生服务中心医疗责任保险，建立卫生监督网格化管理系统，浮桥街道社区卫生服务中心被评为2012年度省级示范社区卫生服务中心。被评为全国“阳光计生行动示范单位”，出生人口政策符合率95.86%、性别比106.63。再次获省“文明城区”称号。民生保障事业投入5.81亿元。新增就业1.57万人，城镇登记失业率控制在0.85%以内；最低生活保障标准从每月320元提高到380元；79个社区全面开展居家养老服务工作；完成1436套保障性住房建设任务。

【泉州第二届海峡两岸关帝文化节】 2012年6月27—29日，鲤城区承办“第四届海峡论坛·泉州第二届海峡两岸关帝文化节”。文化节以“弘扬关帝文化共建和谐社会”为主题，设有台湾及东南亚各地关帝神轿巡游及民俗阵头踩街活动，关帝神驾安座仪式、关帝祭典仪式、中华关帝信仰文化论坛、关公书画文化展、泉州通淮关岳庙全国征联作品大赛等活动，参加活动的国内外各界人士近3000人。

（蔡晓蔚　吴英明）

丰　泽　区

【经济社会概况】 2012年，全区实现地区生产总值378.42亿元，比上年增长10.2%；三次产业比重0.4∶41.1∶58.5；工业总产值348.8亿元，增长16.1%，其中规模以上工业产值311.63亿元，增长12.0%；公共财政总收入27.65亿元，增长20.22%，其中公共财政预算收入18.49亿元，增长20.7%；全社会固定资产投资154.93亿元，增长33.7%；社会消费品零售额191.98亿元，增长18.3%；居民人均可支配收入35037元，增长12.3%；

高新产业。电子信息业、机械制造业保持较快增长，实现规模以上产值32.1亿元，增长10.6%；泉州软件园引进中国联通东南区域云计算产业园福建基地、卜大集团入驻；海西电子信息产业育成基地被工信部授予“国家新型工业化产业示范基地（数字对讲机）”称号，引进国家对讲机检测中心及科立讯等30家企业入驻，对讲机“模转数”项目形成年产60万台套的生产能力。项目对接和技术创新有新的成效，组织76个对接项目、18项技术需求参加第十届海峡项目成果交易会，组织实施国家级科技项目5个、省市级科技项目13个、市级以上预算内计划项目15个、科教兴区重点项目78个，新增国家级技术创新中心1个、专利授权480件，获得市科技进步奖5项。

关帝诞辰1852周年奠礼。　（鲤城区政府办供稿）

第三产业。现代商贸业规模进一步扩大，新华都、麦德龙、大洋百货、天虹商场等大型商贸企业运营态势良好，浦西万达广场、文华酒店开业运营，新增限额以上商贸企业39家，30家年零售额超5000万元的商贸企业实现零售额83.2亿元，增长21.6%。引进泉州首个电子商务产业基地，成功承办泉州市首届创意产业节，领SHOW天地创艺乐园一期引进80多家企业入驻，子燕动漫被文化部、财政部、税务总局认定为重点动漫企业，确定区级创意产业单位15家。现代物流业有新的进展，盛辉物流、丰泽船务等大型物流企业经营规模进一步扩大，海峡箱包物流商城等项目建设加快推进。总部楼宇经济稳步发展，新引进上正品牌等总部企业12家，25家企业入驻东海、城东总部经济区，加快筹建区总部企业基地。

传统产业。纺织服装、包袋制鞋、工艺品制造等传统优势产业实现规模以上产值109.6亿元，增长21.2%。企业技术改造力度加大，组织实施16个省市级重点技改项目、16个区级重大技改项目，其中年产500万米丝光棉生产线技改等21个项目投产。格林集团、虎都集团等5家企业被确定为2012年省重点上市后备企业。海日星等11家企业被确定为省重点培育和发展的国际知名品牌企业。匹克集团、先创电子被确定为2012—2013年度省百家重点工业企业。宝德集团等5家企业被确定为市百家重点工业企业。南方路机等企业参与制定国家（行业）标准。新增中国驰名商标3个。

外经外贸。加强“三维”项目对接，新批外商投资企业及增资项目19个，投资总额1.8亿美元；实际利用外资（历史可比口径）1.7亿美元，增长30.8%；新批注册资金5000万元以上企业11家，其中东海湾资产管理等4家企业注册资金8.1亿元。组织18个项目参加珠三角、“9·8”投洽会等5场大型招商活动，总投资11.8亿美元。加大市场开拓力度，组织200多家企业参加华交会、广交会等80多场国内外重点展销活动，实现海关出口商品总值13.28亿美元，增长17.5%。

“五大战役”。109个重点建设战役项目完成投资125.9亿元、完成年度计划的108%，25个新增长区域发展战役项目完成投资51.1亿元、完成年度计划的110.7%，115个城市建设战役项目完成投资107.1亿元、完成年度计划的104%，19个“三旧”改造战役项目完成投资46.6亿元、完成年度计划的117%，17个民生工程战役项目完成投资1.3亿元、完成年度计划的100%。完成50个省市级重点建设项目征迁工作，较好地保障“五大战役”的顺利推进。

城乡建设。大力开展“点线面”环境综合整治，推进见龙亭小区整治和桃花山慢线工程，完成沈海高速公路森林通道丰泽示范段建设和淮秀街等3条道路绿化亮化工程。启动“美丽社区”建设，推进清源等6个示范社区建设。保持制止和查处“两违”工作常态化，拆除违法违章建筑734宗7.3万平方米。加大城市管护力度，投入5690万元，加强道路保洁，实施环卫设施、基础设施建设维护，完成江滨北路等10条街(路)和区交通大楼等4个示范点的沿街立面景观整治，加强小区物业管理，新成立小区业主委员会21个。

生态建设。全面落实国家环保模范城市复查迎检各项任务，推进重点流域、近海水域水环境综合治理工作，加强北渠饮用水源保护，深入开展餐饮业环境污染、建筑饰面石材行业、噪声污染等专项整治行动，推进节能降耗工作，强化对重点耗能企业的监管，顺利通过区长环保目标责任书考核。实施饮水安全、碧水蓝天等8大工程，基本达到“省级生态区”标准并申报验收。

社会事业。制定大中专毕业生就业创业扶持政策，新建市级大中专毕业生就业见习基地2家。最低工资标准从每月950元提高到1050元。培训各类劳动者2.1万人次，引导外来务工人员有序就业12.2万人。新增城镇就业人数10546人，城镇登记失业率为0.83%。完成10家社区书屋、10个社区志愿者服务站示范点和1个科普活动中心建设，培育3个社区文化活动中心示范点。

社会保障。努力扩大社保覆盖面，“五险”参保人员稳步提升。城镇基本医疗保险补助标准由每人每年200元提高到240元。积极推进“两保合一”工作，5.58万人参保，参保率达97.2%，为1.44万名60岁以上居民发放养老金2383万元。低保金发放标准由每人每月320元提高到380元，累计发放低保金、各类抚恤救济救助金、慈善救助金1782万元；加快公租房、廉租房建设，及时发放廉租房补贴，累计投入2669万元。重视老龄老年工作，完成38个省级、37个市级居家养老服务中心(站)建设，实现居家养老服务全覆盖。

惠民政策。教育事业均衡发展，投入财政资金3.4亿元，完成区第三中心小学教学综合楼、区第八中心小学等一批教育重点项目建设，新办2所公办幼儿园，基本完成中小学省级义务教育标准化创建任务，获得“全省教育工作先进区”称号，在全省率先通过“教育强区”省级试点评估。正骨医院被确定为福建中医药大学非直属附属医院，新建3个社区卫生服务站，新增1个全国示范社区卫生服务中心。全区人口出生率为11.2‰，政策符合率为96.4%，区计生服务站高分通过省级示范站验收，获得“全省人口计生综合改革示范区”称号。 (卢承志)

洛江区

【经济社会概况】 2012年，全区实现地区生产总值109.23亿元，比上年增长14.0%；公共财政总收入12亿元，增长20%，其中公共财政预算收入7.04亿元，增长16.9%；工业总产值240.6亿元，增长24%，其中规模以上工业产值223.05亿元，增长19.4%；农林牧渔业总产值6.76亿元；粮食总产量3.2万吨；农民人均纯收入10353元，增长12.3%；全社会固定资产投资51.06元，增长21.0%；社会消费品零售总额19.65亿元，增长16.1%；完成出口商品总值4.39亿美元，增长9.6%；实际利用外资4100万美元，增长12.3%。

工业经济。全年实现工业增加值72.33亿元，增长15.9%。制定实施扶持民营企业发展的文件11份，设立专项扶持资金3000万元，落实各项扶持奖励资金3600万元。实行企业续贷周转金制度，帮助企业续贷1.7亿元。洛江经济开发区扩区完成一期机械园区土地、林地报批，启动园区基础设施建设；华大科技创业园基本完成“三通一平”；双阳朝阳片区加快实施供水及路灯配套工程；河市霞溪、马甲大厅埔、新前工业集中区加快道路等基础设施建设。力促工业项目投建、投产，累计新投建企业17家、新投产24家，新开工工业厂房31.05万平方米、竣工18.44万平方米。实施省、市技改项目15项，完成技改投资5.17亿元，列入省“百项千亿”重点技改项目2项。第十届“6·18”项目成果交易会对接项目成果61项，总投资6.22亿元。新增和重新认定高新技术企业5家、省级创新型企业4家，获批各类研发中心6家。通过贯标认证企业3家，获得驰(著、知)名商标认定23件、省名牌产品认定2件。和诚鞋业公司在台湾挂牌上市，赛丹狐户外用品公司在天津股权交易所挂牌交易。

第三产业。开展“第三产业发展年”活动。商贸物流业发展势头强劲，新华都购物中心、台湾大润发商场、居然之家、泉州中亿建材市场等大型商贸项目投入营业。双阳物流园区引进的泉州工业产业集群物流配送中心、嘉太酒类饮料配送中心等项目动工建设。房地产业新开工房地产面积15.12万平方米、竣工37.29万平方米、在建94.31万平方米，完成房地产投资23.1亿元，增长20%；实现商品房预售合同登记备案29.03万平方米、销售金额19.23亿元。洛江籍在外企业家联谊大厦完成19个在外企业总部招商。新引进中信证券、津汇股份2家投资机构，恒信小额贷款公司经营稳健。旅游收入增长20.3%。海西植物园完成起步区土地征收;仙公山风景区抓紧4A级风景区创建工作。策划生成投资5.5亿元的八峰水库生态活力游项目,成功引进占地33.3公顷、投资15亿元的南泰·南山翠云谷项目。

农业经济。实施科技兴农,组织申报市级以上星火科技计划项目19项,获批省级科技特派员示范基地1个;新增无公害生猪、禽蛋生产基地和蔬菜、花卉基地11个;引进推广农作物优良品种12个;新增省级农牧业产业化龙头企业1家,新登记注册农民专业合作社23家,获批市级示范社1家、省规范化合作社1家。除险加固小型水库4座、山围塘10座,完成100公顷中低产田改造。

项目建设。155个"五大战役"项目完成投资51.2亿元,49个区级在建重点项目完成投资34.6亿元,分别超出年度投资计划2.2、3.2个百分点,支撑带动固定资产投资增长20%。完善筹融资机制,新增政府项目贷款2.15亿元、续贷4.28亿元;创新资金筹措办法,马甲旧镇区南街改造工程等6个采取BT、建设权益拍卖模式的项目进展顺利。土地报批力度加大,获批土地207.6公顷。落实成片拆迁工作机制,完成征地303公顷、房屋征收41万平方米。争取上级支持,共7个项目纳入省级重点项目或参照管理项目。

城市建设。城区基础设施建设91个项目累计完成投资35.43亿元。完成滨江大道五期和阳江路、新城路部分路段建设,实施万安中心区万兴街、36号路和双阳片区阳光南路、物流中路等市政道路工程,万虹路拓改二期、马甲至仙游园庄交战公路建设加快推进,西环路动工建设;积极配合沈海高速公路复线洛江段建设。结合道路建设同步实施市政管网工程9.1千米,完成万安中心区雨污管道清淤22千米。完成五金机电产业园、双阳物流园区2个公交首末站建设。

小城镇建设。马甲市级小城镇建设新开工项目31个,竣工项目11个,完成投资5.9亿元;湖景豪园小区、旧镇区安置楼建设加快推进,新农贸市场完成建设。河市旧镇区改造启动安置楼建设,新镇区加快道路等基础设施建设。罗溪镇完成镇区旧街改造和路灯建设,动工建设沈海复线安置小区。虹山乡加快完善集镇生产生活配套,完成木兰溪虹山段溪堤整治。

乡村建设。落实专项建设资金680万元,确定一批典型村进行重点培育,以点带面促进全区美丽乡村建设。创建"家园清洁行动"示范村10个,投入180万元实施村庄环境卫生整治。提级改造农村公路15千米,完成6个村通自来水工程,建设户用沼气池200口、沼气生态示范场2个。

社会事业。巩固科技创先和科普示范区创建成果,申报、实施各级科技项目65项,获"福建省知识产权强区"称号。落实义务教育"两免一补"等补助资金1190万元,投入2700万元加强中小学、幼儿园校舍及配套设施建设,义务教育均衡发展高分通过省政府督导评估;福建电力职业技术学院投入使用。投入1284万元促进医疗卫生事业发展,各级医疗卫生机构全面实行国家基本药物制度和药品零差率销售;双阳社区卫生服务中心被评为国家级示范社区卫生服务中心。人口计生工作有力推进,全区人口出生率13.12‰,出生人口政策符合率93.35%,创建"国家计划生育优质服务先进区"通过省级考核验收。建设村级文化活动示范中心7个,新(改)建农家(社区)书屋16家,提升、改造村(社区)灯光篮球场10个,新建登山健身步道1条、省级农民体育健身工程点19个。

人民生活。投入2.39亿元开展23件38项为民办实事项目。完成村级组织换届选举工作。整顿帮扶6个不适应村和经济欠发达村,落实帮扶项目74项、资金252.2万元。持续推进基本养老、基本医疗和各类保险扩面工作,新农合参合率达99.76%,新农保参保率达96.26%。累计发放被征地农民养老金614万元、城乡低保金和临时生活补助金870万元、各类优抚安置费550万元、贫困残疾人补助金180万元、各类慈善救助金190万元。实施"造福工程",完成47户200名群众搬迁,推进1235套保障性住房建设。

【生态保护】 加强节能减排和生态环境保护,国家级生态区建设通过省级考核验收,环保创模通过环保部的现场复核,近海水域和重点流域水环境综合治理、小流域整治扎实开展。实施城乡"四绿"工程,完成植树造林873.3公顷,建设沈海高速公路森林通道4公顷;综合治理水土流失622.5公顷;管护洛阳江出海口红树林36.7公顷。抓好基准地价修编工作,对38个项目依法启动闲置土地处置程序。

(黄重庆　赖云鹏)

泉港区

【经济社会概况】 2012年,全区实现地区生产总值289.85亿元,比上年增长12.6%;工业总产值1081.45亿元,增长16.91%;规模以上工业产值1063.76亿元,增长16.7%;财政总收入68.32亿元,地方级一般预算收入10.24亿元;全社会固定资产投资107.11亿元,增长30.4%;城镇居民人均可支配收入35037元,增长12.3%;农民人均纯收入12145元,增长12.2%。

"二次创业"。制定出台促进物流业、建筑业、外经贸发展等18项260余条政策举措,扎实推进企业"回归、提升、上市、品牌"四大工程,全年企业回归项目19个,总投资达41.92亿元。

农业经济。全年农林牧渔业总产值18.68亿元,增长0.3%。全区省级重点龙头企业达3家、市级重点龙头企业达10家、区级龙头企业达22家,年产值达56.94亿元,带动农户1.13万户。成立全区农副产品产销联盟,构建农产品销售、信息交流平台。

工业经济。全年工业总产值1081.45亿元,增长16.91%。石化产业支撑带动,实现产值775.29亿元,增长13%,占工业总产值的71.69%。产业后劲持续增强,益海嘉里粮食加工、湄洲湾氯碱对苯二甲酸丁二醇酯(PBT)等项目进展顺利,联合石化"脱瓶颈"工程、东鑫石化己内酰胺等项目前期工作加快;南山片区EO/EG、裂解

C5分离及衍生物利用、空分装置等10个首批项目集中入园建设。

项目投资。全社会固定资产投资107.11亿元，增长30.4%。石化园区完成投资4.2亿元，征地征海、土地平整等工作完成量比上年增加7倍。要素供给保障有力，年初顺利发行10亿元企业债券；全年完成项目供地265.64公顷，收回闲置用地27.91公顷。锦绣公园等5个BT项目开工建设，201省道、324国道泉港段路灯工程设备融资租赁建设顺利推进。

城乡建设。深入开展"城市建设管理年"活动，全年50个城建项目完成投资18.15亿元，100个服务业项目完成投资14.93亿元。2.5平方千米行政中心区开发提速、初具规模，九条道路建设和龙山社区改造工程全面推进。完成沈海高速泉港段森林生态景观通道建设，南山中路街景整治工程即将完工。总部经济区6个项目7个地块完成投资2.12亿元，占年度计划212%。22个房地产项目完成投资5.6亿元，增长89.8%。小城镇建设完成投资9.3亿元，福鑫星城一期等项目基本完工，镇域经济驶入快车道。确定了23个区、镇两级示范试点村。

社会事业。顺利通过全国首批"义务教育发展基本均衡区"评估验收和省政府教育"两项督导"，提前两年实现义务教育基本均衡目标，义务教育均衡状况公众满意度91.35%；全区高考成绩再创新高，本科上线率55.11%；社区学院揭牌成立，在全市率先100%完成义务教育标准化学校建设。国家基本药物制度全面实施，泉港医院病房大楼投入使用，50个村卫生所标准化建设全部完成。"生育文明·幸福家庭"促进计划全面实施，流动人口计生基本公共服务均等化扎实推进。首届区运动会、峰尾古城文化节和第三届涂岭猪脚美食文化节成功举办，泉港北管乐团成功进京献演第四届传统音乐节。文化中心、万星影城基本竣工，新建或改建22家农家书屋，完成25个农民体育健身工程点建设，实现全区"文体网点"全覆盖。第二次地名普查工作顺利完成，在全市唯一获省级民族团结进步示范区(县、市)表彰。 (柯金清)

晋江市

【经济社会概况】 2012年，全市实现地区生产总值1213.89亿元，比上年增长12.3%；公共财政总收入161.02亿元，增长18.35%；城乡居民收入分别为27804元、13503元，分别增长12.4%、12.9%。助推民企"二次创业"，梳理完善19份经济政策，兑现政策资金7.3亿元。设立产业引导资金，大力推广恒安、安踏经验，引导企业提升发展内涵，新增上市公司4家，7家企业入围全国民企500强，晋江品牌赞助13个国家体育代表团。加快建设八大品牌工业园和国际鞋纺城、海峡石化交易中心等八大专业市场，工业总产值2944.28亿元，增长16.3%；第三产业增加值380.63亿元，增长9.9%。大力拓展发展空间，经济开发区101个基础配套项目完成投资10亿元，新增37个工业项目投产。实施新一轮人才政策，落实人才保障住房301套，成立全国首个县级博士协会，被列为全省人才强县试点。启动"三创园"、洪山文创园建设，45个重点技改项目完成投资65亿元，新增省级企业技术中心6个，组建纺织鞋服人才培养与技术研发中心，食品质量检测中心通过省级认定，被列为全省创新型城市试点。自营出口42.78亿美元，增长35.2%。启动染整集控区整合提升，106家陶瓷企业使用天然气。大力实施"回归工程"，落实返程投资项目21个，新增回归企业总部23个、营销中心30个。县域经济基本竞争力位列全国百强县(市)第五位，经济实力连续19年居于福建县级之首。拥有纺织服装、制鞋、食品饮料、建陶建材、纸制品、装备制造、新材料等7个产值超百亿产业集群，制鞋业产值超800亿、纺织服装产值超600亿。拥有中国名牌产品24项、中国驰名商标103枚、中国出口名牌2项、出口免验企业1家，上市公司41家。拥有国家一类航空口岸、2个国家级对外开放口岸。先后荣获"国家体育产业基地"、"世界茄克之都"、"中国鞋都"、"中国

晋江深沪湾海底古森林自然保护区。 (晋江市新闻摄影协会供稿)

纺织产业基地市”、“中国包装印刷基地”等称誉。

城乡建设。加快组团片区建设，青阳、梅岭、滨江、城北、磁灶组团和罗山、桥南、池店南、南迎宾片区策划推进89个项目，完成投资178亿元。完成4条道路拓改提升、8条街道立面整治和夜景工程、62千米线路缆化。安海、内坑、东石、金井等组团策划推进219个项目，完成投资70亿元。加快交通、电力设施建设，46个市政交通项目完成投资21.9亿元，环城高速二期晋江段、疏解路一期、伞都大道一期、内坑东环路建成通车，新增道路通车里程90.2千米。8个电力项目完成投资2.92亿元，新增3座110千伏输变电站，输变电容量增加到325.2万千伏安。加快生态环境建设，投入3亿元，新增绿化造林800公顷，建成沈海高速晋江段森林生态景观通道。投入6.16亿元，实施43个重点流域水环境综合整治和38个市域水系治理项目，整治河道沟渠67千米；完成晋南、远东二期污水处理厂建设，铺设管网26千米。统筹投入1亿元，推进城乡环卫保洁一体化。农林水支出6.52亿元，增长19.5%；启动“美丽乡村”建设5年行动计划，培育20个示范村；加快发展现代农业，新增流转耕地333.3公顷，培育省级龙头企业2家，深沪国家中心渔港通过农业部验收，农林牧渔业总产值34.79亿元，增长0.3%。村庄规划实现全覆盖，行政村全部通上自来水。获评全国农村社区建设全覆盖示范单位。

社会事业。围绕构建7个民生保障体系，投入37亿元用于民生建设，占财政支出66%。免费培训劳动力3.5万人，转移农村劳动力8296人。率先实行公办高中和中职学校免学费，镇级公办幼儿园实现全覆盖，异地高考率先迈出步伐，荣膺全国“两基”工作先进地区。市医院、妇幼保健院分别晋级三级综合医院、二级甲等妇幼保健院；全面推行村级卫生所（站）药品零差率销售；荣膺全国农村中医药工作先进单位。建成保障性住房2784套；44个安置房项目完成投资48亿元，抽调201名干部充实到建设管理一线，确保安置房建设品质。建成5个村级敬老院和3个残疾人康复机构。慈善总会累计募集善款超17亿元，荣膺中国爱心城市。4项民间传统文化入选国家非遗和文物保护项目。完成30件为民实事。获评省人口计生工作先进市。实现全国双拥模范城“五连冠”。

【政府服务】 实施第十轮行政审批制度改革，建立“五个一”快速落实机制，设立政策受理、兑现专窗，向试点镇下放68项审批事权，重点项目审批周期缩短50%。办理人大代表建议178件，政协委员提案286件，满意和基本满意率达100%。被列为全省集中行政复议审理试点。强化财政投资项目审核，节省财政资金6.57亿元。加强廉政建设，加大行政问责力度，严肃处理各种违纪行为。 （郑　琦）

南安市

【经济社会概况】 2012年，全市实现地区生产总值658.99亿元，比上年增长12.7%；公共财政总收入61.01亿元，增长18.4%；公共财政预算收入34.38亿元，增长20.9%；社会消费品零售总额242.01亿元，增长18.2%；城镇居民人均可支配收入27518元，增长13.1%；农村居民人均纯收入12315元，增长12.7%。综合实力位居全国县域基本竞争力百强第47位、中小城市综合实力百强第37位、最具投资潜力中小城市百强第24位、福布斯中国大陆最佳县级城市第22位，实现全国双拥模范城“两连冠”和省级卫生城市“三连冠”，首次荣膺中国宜居宜业典范市、省级文明城市称号，入选首批省级科技创新型城市试点行列。

工业经济。全年规模以上工业产值1084.71亿元，增长18.3%。拥有规模以上工业企业678家、亿元产值企业237家、上市企业4家、上市后备企业60家。实施国家科技计划项目16个、省重大科技专项1个、省工业转型创新技改项目12个、100万元以上技改项目280个，新增2枚中国驰名商标、13家国家高新技术企业、4家省级工程（企业）技术研究中心和2家省级质量管理先进企业；主导或参与制修订国家和行业标准13项；授权专利数突破3000件，居全省首位。

三农工作。全年农林牧渔业总产值36.91亿元，增长2.8%。落实强农惠农资金14.2亿元，完成三农投入18.6亿元。确立26个“美丽乡村”试点示范村，建成5个生态宜居示范村，完成159个建制村规划编制。新增1个省级“五新”推广示范项目、4家省级农业龙头企业、43家农民专业合作社，石亭绿茶获国家地理标志，溪南甲鱼专业合作社成为全国示范社。建成全省首条150吨大米应急生产线。获评全省冬春修水利先进市。推进农网改造升级250千米。沿海三镇供水工程一期正式通水，建成5个乡镇农村饮水安全项目，解决农村6.6万人口安全饮水问题。

项目带动。398个“五大战役”项目完成投资276.74亿元。全社会固定资产投资287.27亿元，增长30.2%。12个本级产业基地新入驻企业56家，总投资124亿元。新引进央企、大型民企和外资巨头项目30个，总投资250.5亿元。纳入省“三维”对接管理项目39个。全年实际利用外资（历史可比口径）3.61亿美元，增长18.8%。

产业提级。全年第三产业增加值218.14亿元，增长11.6%。46个服务业项目完成投资56.5亿元。九日山晋升5A级旅游景区。石材产业获批国家外贸转型升级专业示范基地，国家水暖洁具产品质检中心获批建设，装备制造业成为省级新型工业化产业示范基地，光电信息产业基地成为泉州市首个专利技术产业化基地。被列为全省循环经济示范县，石粉综合利用研究被列为“十二五”国家科技支撑子课题。福建海西再生资源产业园区成为全省唯一推荐参评第四批国家“城市矿产”示范基地备选园区。

城乡建设。市民、商务、体育、会展、教育“五大中心”项目加快实施，64个城建项目完成投资83.2亿元。全市城镇化率提升至52.9%。市客运中心（枢纽）站封顶，省道308线溪美段完成市政化改造，西溪两岸7.8千米慢道实现闭合，兰溪湿地公园一期基本建成,城区3座跨江大桥夜景工程完工,开通泉(州)南(安)公交路线。金安高速公路建成通车,南官公路拓改、江滨南路南安段开工建设。5个小城镇改革试点镇完成投资130.55亿元,建成五里桥文化公园等项目,水头镇居全省试点综合考评一等奖。出台实施东溪流域城乡协调发展规划,兑现扶持资金6600万元。南翼污水处理厂竣工投用,新开工3个污水处理厂,新增配套管网67.8千米。完成造林绿化5100公顷、绿色通道86.6千米,治理水土流失7200公顷,重点流域、近海水域污染整治任务完成。21个乡镇(街道)获省级生态乡镇命名,城市环境考核居全省县级市首位,顺利通过国家生态市考核验收。

社会民生。完成13件42项为民办实事项目,财政投入民生17.98亿元。新农合、城镇居民医保、新农保、社区居家养老均实现全覆盖,新农保工作成效居全省第二批试点县(市)第一名。开工保障性住房4394套,建成2854套。启动农村危房改造试点,开展贫困残疾人住房修缮补助工作,建成各类造福安居工程573套。建成3所省级"百所敬老院",实现社区居家养老服务中心(站)全覆盖,霞美金山老少乐园、敬老养生馆模式成为全省先进典型,百岁老人数居泉州市首位。义务教育初步均衡发展通过泉州市评估,被列为全省社区教育实验区,校安工程累计开工54.33万平方米,竣工39.76万平方米,更换非专用校车58部。完成90个村卫生所(室)标准化建设,全市所有基层医疗卫生机构和483家村级卫生所(室)实现药物零差率销售。创建20个特色文化示范村,农家书屋实现建制村全覆盖,霞美镇梧坑村创建全省首个"满族文化中心",市妇女儿童文化活动中心竣工,全民健身活动中心晋升国家级。社会福利中心建成投用,泉州市残疾人服务中心完成主体工程,侨亲捐赠全国唯一连续19年超亿元,获评2012第二届中国城市公益慈善指数"五星级慈善城市"。

【民企"二次创业"】 制定出台《关于服务民营企业"二次创业"的意见》等19份惠企减负政策,配套3.5亿元专项扶持资金,设立人才专项基金、创新大奖和全省首个县级市长质量奖,累计兑付扶持奖励资金2.62亿元,减免各种政策性税费1.65亿元,并完善政银企沟通协调机制,率先完善"容缺预审"办法和退回件、补办件机制,创新研发"红名单"系统,推行VIP服务和多部门预约服务,压缩审批时限747个工作日,一次性办结率居泉州市前列,行政服务更加高效便捷。(卓奖四)

石狮市

【经济社会概况】 2012年,全市实现地区完成生产总值500.14亿元,比上年增长13.0%;财政总收入(不含基金)50.6亿元,增长19.5%;第一产业增加值18.24亿元,增长0.5%;第二产业增加值294.07亿元,增长14.4%,其中工业增加值269.0亿元,增长14.2%;第三产业增加值187.84亿元,增长12.0%,其中批发和零售业增加值62.8亿元,增长16.2%;三次产业比重为3.6∶58.8∶37.6。银行存款余额(含本外币)533.3亿元,增长28.4%;贷款余额(含本外币)406.5亿元,比上年同期增长20%,存贷比率由年初81.6%降至76.2%;城乡居民储蓄存款余额(含本外币)316.6亿元,增长16.2%。经济综合实力位居全国中小城市科学发展百强第23位、全省第二位。

工业经济。全年规模以上工业销售产值664.84亿元,增长17.7%;产销率96.04%;其中纺织服装业完成销售产值339.7亿元,增长22.4%,占规模以上工业销售产值51.1%。启动"东方米兰"计划,荣获首批全国纺织模范产业集群、中国服装产业示范集群称号,纺织服装业产值占工业总产值的51%。海兴PTT一期、华宝明祥食品冷库等一批项目竣工投产。新增专利授权560件、国家创新基金项目7个和高新技术企业6家、省级工程技术研究中心3个、产业技术创新战略联盟1个。

现代农业。全年农林牧渔业总产值36.06亿元,增长0.7%。水产品产量378668吨,增长1.1%。水产品加工业产值17.3亿元,增长1.6%。农民专业合作社99家,其中3家获得国家工商总局商标注册。水产品加工企业84家,其中3家获得欧盟卫生准入许可,7家获得国际食品安全保证体系认证。

第三产业。全年社会消费品零售总额268.70亿元,增长18.8%,其中限额以上社会消费品零售额65.1亿元,增长41.6%。发展总部经济,设立石狮总部大厦,申请注册运营中心64家。实施24个总投资212亿元的"第三产业发展年"活动项目,推进星·期·yi服饰创意博览园等重点服务业项目,荣获中国创意产业政府推动奖。石湖港口集装箱吞吐量124.1万标箱,增长4.6%;石湖港口货物吞吐量2555.8万吨,增长0.8%;梅林港口货物吞吐量117.9万吨,增长10.6%;锦尚华锦码头2个5000吨级泊位建成投产。成立电子商务协会,会员单位300多家。建明酒店成为首家五星级旅游饭店,爱乐、绿岛国际酒店顺利通过国家星评委五星级酒店考评。

固定资产投资。全年全社会固定资产投资232.10亿元,增长26.4%,其中工业投资105.7亿元,增长16.3%。按构成分类,项目投资201.4亿元,增长26.7%;房地产开发投资27.1亿元,增长25%;农户投资3.6亿元,增长19.1%。

外经外贸。全年新批外商投资项目11个,外商投资总额21697万美元,合同外资总额14294万美元,下降53.8%;外商实际到资额(验资口径)1.57亿美元,下降6.1%。自营出口15.11亿美元(1—11月份海关数),增长1.4%。进口贸易额2.19亿美元,下降15.56%。

城乡建设。城市建成区面积扩大到34.8平方千米,城镇化率达75.5%。实施43个交通质量提升项目,完成泉州环城高速石狮互通接线和八七路、北环路等"白改黑"工程,打通嘉禄路东段、金相路北段等"断头路",加快环湾大道、福辉路等道路建设。客运中心站建成启用。新增停车泊位1209个。完成子芳路、西环路、大北环、狮城大道等10条道路的绿化美化工作，完成长福渠化岛等26个节点及狮标交通岛美化彩化提升。完成“四绿”工程261.7公顷，种植三角梅10万株。实施30个小流域综合治理项目，建成永宁镇生活污水处理厂。加快城北、湖光小区、长福、镇中路二期等近200万平方米的安置房建设。抓好永宁、蚶江2个小城镇试点建设。

社会事业。全年城镇居民人均可支配收入36417元，增长12.5%；农民人均纯收入16043元，增长12.8%。完成8件21项为民办实事项目。城乡低保标准、新农合筹资标准居全省县级市首位，建成5413套保障性住房。率先通过省教育强市暨义务教育发展基本均衡市评估验收。开展公立医院综合改革试点工作；基层卫生院和社区卫生服务中心达标率100%。成功举办第六届闽台对渡文化节暨蚶江海上泼水节、首届永宁古卫城暨城隍文化节。市博物馆荣膺省科普教育基地及二级达标博物馆，市图书馆被评为全省文化信息资源共享工程建设先进单位。人口计生目标管理责任制考核居泉州市第二位。华侨、企业家捐赠公益事业8000多万元，入选“全国百名慈善城市”，公益慈善指数排名居全省县级市第一。 （黄雪贞）

惠安县

【经济社会概况】 2012年，全县实现地区生产总值(不含泉州台商投资区，下同)388.04亿元，比上年增长12.5%，其中：第一产业增加值21.66亿元，第二产业、增加值235.83亿元，第三产业产业增加值130.55亿元，三次产业比例为5.6∶60.8∶33.6。财政总收入31.25亿元，增长8.4%，其中一般预算收入19.19亿元，增长7.7%。城镇居民人均可支配收入27100元、农民人均纯收入12307元，分别增长12.7%和12.6%。县域经济实力连续18年进入福建省“十强”县(市)、位居全省第六位，荣膺“2012年度中国中小城市综合实力百强县”、“2012年度中国最具区域带动力中小城市百强县”、“2012年度中国最具投资潜力中小城市百强县”。

工业经济。出台推进民营企业“二次创业”实施意见等11项政策措施，兑现扶持资金1.6亿元用于企业增资扩营、技改创新、创建品牌、改制上市。全年工业增加值193.4亿元，增长15.9%。工业项目投产27个、新增产值20.9亿元，投建30个、总投资14.8亿元。57家企业完成技改投资14.8亿元。亿元企业增至72家，重新认定高新技术企业3家，新增中国驰名商标3枚。石雕石材、食品饮料、鞋服箱包、装备制造等四大传统产业产值486.2亿元，增长21.1%，占全县工业总产值83.5%。成功举办首届中国(惠安)国际雕刻艺术品博览会，实现交易额1.4亿元；雕艺文化创意产业园列入省“十大重点文化产业园区”。建筑企业完成施工产值300亿元，增长21.5%；回乡缴纳所得税2.5亿元，增长38.9%；新增施工总承包一级资质企业2家；聚龙小镇住宅项目获中国建筑工程“鲁班奖”。实现外贸出口6.5亿美元，增长5.8%。

农业经济。全年农林牧渔业总产值47.11亿元。粮食播种面积1.89万公顷，粮食生产任务全面完成。兑现惠农支农资金2700万元。新增土地流转面积204.7公顷。新增省级龙头企业3家、农民专业合作社9家、农业“三品”认证产品2个；开展对台农业合作项目6个，引进台湾农业新品种15个，葵花休闲农业等一批现代观光农业项目加快建设。投入水利建设资金2.2亿元，整治黄塘溪等主要河道6.5千米，加快推进水库海堤除险加固、农村饮水安全等24个水利工程建设。投入180万元鼓励新建钢质渔船17艘，远洋捕捞能力进一步提升。

第三产业。深入开展“第三产业发展年”活动，聚龙欢乐水岸等37个服务业重点项目完成投资35.7亿元，达利商业综合体等13个项目竣工，引进大润发等大型商贸企业。全社会消费品零售总额148.01亿元，增长14.0%。推出“雕艺文化之旅”等5条精品路线，接待境内外游客500多万人次，增长12.8%，惠女、古城、雕艺等旅游品牌进一步打响。

重点项目建设。持续打好“五大战役”，完成全社会固定资产投资319.23亿元，增长31.0%。100个在建重点项目开工建设90个，完成投资189.53亿元。中化1200万吨炼油项目完成年度投资85亿元，二期100万吨乙烯项目前期工作加快推进；泉惠石化园区升格为省级工业园区，投入4.5亿元建设公用管廊等11个配套设施；引进石化中下游项目11个，总投资57.7亿元。中化青兰山码头主体工程建设基本完成，外走马埭1—4#码头建成投入使用，黄干岛原油码头和港丰石化仓储码头动工建设。

城乡建设。城南新区城市综合体、中闽百汇商业广场等37个城建项目完成投资36.4亿元。加快推进城市片区更新改造，累计完成拆迁面积

崇武古城。 （惠安县政府办供稿）

100万平方米、征收土地近万亩，实现“和谐征迁”，并启动安置房建设。完成嘉惠片区概念性详细规划等各类专项规划编制11项。小城镇建设实施项目90个、完成投资32亿元，黄塘省级试点小城镇在全省小城镇建设综合考评中获一等奖。制定出台“美丽乡村”建设5年行动计划及配套政策措施，着手启动一批示范村、重点村、达标村和特色村创建工作。厝斗11万伏输变电二期工程投产，城南水厂三期铺设输水管道9.3千米。

环境保护。投入7807万元实施近海水域环境综合治理项目8个。开工投建崇山、惠西污水处理厂及配套管网等项目，铺设县城区污水管网10.1千米。投入1384万元开展崇武至秀涂海岸带资源环境保护综合整治。新增造林绿化面积913.3公顷，治理“青山挂白”10.8公顷、水土流失1240公顷。投入3500万元深入开展“家园清洁行动”，创建6个省级生态镇和28个市级生态村。严格落实项目准入和主要污染物总量减排计划，实施省市重点节能、循环经济项目10个，淘汰落后产能企业4家，万元GDP能耗下降3.3%，主要污染物排放量控制在市下达指标范围内。

社会事业。投入4亿元全面完成35项为民办实事项目。义务教育发展初步均衡县通过评估验收，42个校安工程重建项目完成投资8000万元，新、改、扩建幼儿园7所，新增市级中小学标准化学校34所。建成城乡三级文化服务网络，农家书屋实现全覆盖，设立“薯花奖”基金推动文化精品创作，参加第七届全国农民运动会获9金8银好成绩。县中医院迁建项目开工建设，德诚医院主体工程竣工，投入1200万元提高基层医疗卫生装备水平，完成83个村卫生所标准化建设。城乡低保提标扩面，城乡居民养老保险参保率95.9%。新增城镇就业人数1.3万人，城镇登记失业率控制在1.2%以内。保障性住房开工799套、建成655套。人口出生率14.6‰，政策符合率94.9%，低生育水平保持稳定。

【首届中国（惠安）国际雕刻艺术品博览会】 首届中国（惠安）国际雕刻艺术品博览会于2012年11月9—3日在惠安城南会展中心成功举办。此次博览会共设置700个国际标准展位，吸引了来自国内外209家雕艺企业前来参会参展，集中展示价值5亿多元的石雕、木雕、玉雕等精品，现场交易金额1.4亿元，达成意向订单金额11.5亿元。期间，还举办了首届福建省石雕工艺职业技能大赛、“雕刻艺术与城市建设”高峰论坛、雕艺精品拍卖会、惠安大型雕艺成果图片展、惠女技师影雕制作现场表演、惠安风情民俗文艺演出等一系列展销洽谈、项目对接和技艺交流活动。 （刘书艺）

安溪县

【经济社会概况】 2012年，全县实现地区生产总值350.96亿元，比上年增长12.7%；公共财政总收入26.72亿元，公共财政预算收入16.11亿元，分别增长24.3%、22.2%；全社会固定资产投资148.32亿元，增长31.5%；农民人均纯收入10777元，城乡居民人均可支配收入17942元，分别增长13%、13%。

产业发展。全县现有工业企业1457家，其中规模以上工业企业193家，上亿元企业103家。全年工业总产值572亿元，工业增加值176.15亿元，比上年增长15.9%。规模以上工业产值488.52亿元，增长17.7%。力推民企“二次创业”，全年兑现扶持民营企业发展专项资金4.56亿元，50多家企业增资扩营用地、融资等困难问题得到妥善解决，新增发明专利21项、省级工程技术中心1个。信息技术、光伏光电、文化创意、休闲旅游、现代物流等新兴产业初具规模，与茶产业、建材冶炼、藤铁工艺、服装纺织、食品加工等五大传统产业一起构建成“5+5”现代产业体系。

项目建设。全年安排重点项目175个，完成投资147.2亿元。首条高速公路—金安高速正式通车，三安钢铁60万吨高速棒材、三元集发200万吨旋窑水泥等大型生产性项目正式投产，省道308线尚卿至祥华公路改建工程建成通车；泉州白濑水利枢纽工程前期工作有序推进，县金融行政服务中心、莆永高速等重大工程顺利进展。晶安光电蓝宝石衬底首期工程正式投产。

招商工作。成功引进世界500强企业IBM集团、惠普集团等一批重大项目，厦门信达等26家光电企业整体入驻湖头光电产业园，中航重科等30多家企业回乡设立总部或营销中心，全年引进资金超过300亿元。

茶业经济。实施“万千百十”基础管理工程，构建从茶园到茶杯的全程质量安全防护网，开展安溪铁观音“五项评选”活动，启动“中国真茶韵·安溪铁观音”品牌推广行动。首次以“安溪铁观音”集体品牌上央视、进高速做广告。成功举办第三届安溪国际茶业博览会，成立全国首个茶产业电子商务创业孵化基地。中国茶博汇市场正式开业；全国唯一的涉茶公办本科院校—福建农林大学安溪茶学院正式投建并招收第一届新生。全年涉茶总产值101亿元，增长9.8%；茶叶行业税收1.2亿元，增长41.9%。农民人均纯收入10778元，其中茶叶收入6035元，占农民收入的56%。

城乡建设。中心城区方面，全面启动以“六个三”工程为重点的50多个城建项目，建成县金融行政服务中心主体工程、铭选大桥拓改、城西拦河闸、南安仓苍至茶都道路“白改黑”、河滨南路木栈道等项目，往南延伸建安大道，建成城市慢道系统5.6千米，新增绿地近10万平方米、休闲场地3万多平方米，被住建部评为国家级园林县城。两大新城方面，建成南翼新城环北路（一期）、污水处理厂、连捷温泉悦泉行馆以及湖头新城河滨公园、水闸桥等项目，龙门镇入选第三批全国改革发展试点镇。启动“美丽乡村五年行动计划”，首批13个县级示范村建设扎实推进；完成196个村庄的规划编制工作；建成桃舟桃源小区、福田三农服务中心等一批城镇建设项目。

环境保护。全年投入水土保持生态建设资金2.33亿元，治理水土流失面积1.03万公顷、完成造林绿化5100公顷。城区东西二环、城区至两个新城86千米主干道行道树全部按三行以上标准补植绿化。官桥至龙门花岗岩矿山地质环境治理列入国家示范工程盘子。完成6个乡镇25个村的农村环境连片整治。建成20座农村生活污水处理项目。启动实施晋江防洪工程。

民生保障。全面完成年度29项为民办实事项目。教育事业投入9.3亿元,增长17%;完成校安工程9.2万平方米,新(改、扩)建中心幼儿园11所,7所高中校达标晋级。卫生事业投入5亿多元,新建县医院住院大楼、中医院门诊楼、陆大医院等10多个项目,招录充实卫技人员250多名,卫生医疗服务条件不断改善。建成120个农村科普宣传栏、160个农民健身工程、216个农家书屋。职工"五险"人数增加1.8万人次;新农合、新农保人数增至94.9万人和56.79万人;发放低保金3309万元。投入慈善救助金6039万元。建成保障性住房705套;发放住房公积金贷款2.5亿元。县社会福利中心投入运营,离退休老干部活动中心完成主体工程。实施农村饮水安全项目9个,受益15.6万人。新增就业8632人。

【高速路建设】 "十二五"期间,安溪规划有金安、莆永、厦沙、泉三高速连接线4条高速从境内穿过,总里程148.5千米、设11个落地互通,其中连接安溪和厦门的金安高速2012年12月31日正式通车,这是安溪首条通车高速公路,开启了安溪的"高速时代"。通车后,从安溪到厦门只需40分钟。

【海西茶业基地(茶博汇)】 该项目系福建省在建重点项目,国家农业部确定为"全国农产品加工创业基地",规划面积106.7公顷,总建筑面积250万平方米,总投资80亿元,主要建设茶业交易市场、会展中心、网上交易中心、拍卖中心、期货交易中心、研发中心、检测中心、教育培训中心、金融服务中心等九大涉茶服务平台。项目于2009年投建,累计投资超过15亿元,已建成30万平方米的茶叶交易市场,以及目前国内规模最大、功能最全、品位最高、总面积达7万平方米的茶业会展中心,2012年交易额约3.2亿元,项目预计2016年底全面建成,年可新增产值100亿元,提供就业岗位3.5万人以上。 (章丽香)

德 化 县

【经济社会概况】 2012年,全县实现地区生产总值134.68亿元,比上年增长12.6%;公共财政总收入12.67亿元,增长14.1%,其中公共财政预算收入7.56亿元,增长22.1%;城镇居民人均可支配收入20035元、农民人均纯收入9218元,分别增长12.2%、12.1%;金融机构本外币存贷款余额分别为92.35亿元、61.75亿元,比年初增长18.9%、19.9%;三次产业结构比例为6.8∶58.4∶34.9。

三农经济。全年农林牧渔业总产值17.45亿元,增长1.7%;支农支出2.25亿元,增长28.5%。开展"农村改革深化年"活动和"美丽乡村"五年行动,下派41名优秀干部驻村帮扶,整合落实3160万元涉农资金、165个项目,扶持10个"美丽乡村"和新农村示范村建设;投入2.97亿元,开工建设彭村水库,启动城区防洪工程城东示范段和4条河道治理工程,完成5座水库除险加固、3460公顷水土流失综合治理及全国小型农田水利重点县建设任务,支持农网改造、181个村级"一事一议"项目等建设,解决6.33万人

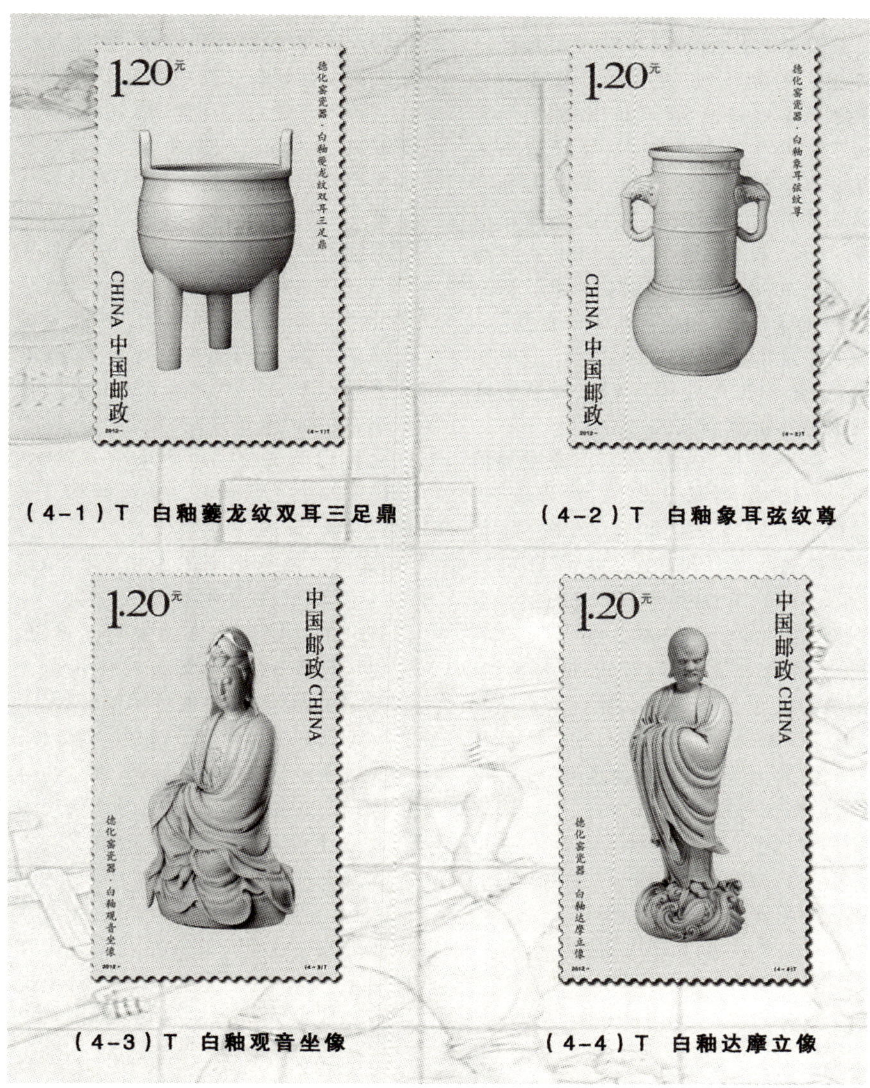

2012年10月20日,《中国陶瓷—德化窑瓷器》特种(四张)邮票正式发行。

(德化县政府办供稿)

饮水安全问题；实现盖德撤乡设镇。新设农产品销售实体店13家、网店7家；“三黑三黄三白三红”等特色农业实现产值4.66亿元，增长15.3%。被列为泉州市统筹城乡发展和“美丽乡村”建设试点县和2012—2014年省级现代农业(竹业)生产发展项目县。

工业经济。全年工业总产值、规模以上工业产值分别为183.98亿元、145.82亿元，增长17.0%、19.2%；全年陶瓷业、规模以上矿业、规模以上电力业产值分别为124.23亿元、24亿元、6.04亿元，增长21%、2.8%、9.3%；全年工业纳税6.89亿元，其中矿产业纳税2.28亿元，增长20.8%。出台民企“二次创业”、工业与经贸10个专项、扶持中小微企业、陶瓷业发展5条措施等惠企政策，创建佳美集团产业技工培养基地，设立顺美集团博士后创新实践基地，建成日用瓷、白云瓷标准泥料生产服务平台；委托清华大学举办民营企业家、工艺美术大师高级研修班；取消或减、缓、免征涉企税费27项；新增高新技术企业和省科技成果转化重点企业2家、省创新型企业和试点企业3家，新办工业企业229家，实施市级以上工业技改项目34个；德化陶瓷产业园区列入国家循环化改造示范试点园区。

第三产业。全年第三产业增加值46.96亿元，增长9.2%。接待游客、旅游收入分别突破200万人次、11亿元，均增长40%以上。商品房销售13.85万平方米、销售额7.91亿元，分别增长57.4%、41.9%。客、货运周转量4.74亿人千米、7.37亿吨千米，分别增长0.9%、19.6%。社会消费品零售总额44.35亿元，增长13.1%。

内外经贸。组织企业参加广交会、华交会等各种知名展会，新设陶瓷产品营销中心9家，累计达65家；新增自营进出口权企业34家，总数达228家。全年出口交货值89.25亿元，增长15%；自营出口2.02亿美元。

项目带动。全年全社会固定资产投资54.97亿元，增长25.1%。111个“五大战役”重点项目动工建设105个，完成投资37.5亿元，增长65.9%。工业投资20亿元，增长22.1%，其中技改投资12.19亿元，增长47.3%。全年引进项目50个，协议投资58.76亿元，实际到资3.58亿元；实际利用外资(历史可比口径)550万美元，增长9.8%。

品牌建设。成立福建省首个版权咨询服务中心和版权纠纷调解中心，新增中国驰名商标1件、省市级商标17件、国家非物质文化遗产德化瓷烧制技艺传承人1名、中国工艺美术大师1名、省市级大师92名、中国陶瓷行业名牌企业10家、采用国际标准产品标志证书企业24家、国家地理标志产品保护标记准用证企业25家、陶瓷作品版权登记优秀企业37家、省名牌产品企业4家；获评国家文化出口重点企业1家。新增绿色食品和QS认证2个、无公害农产品2个，德化黑鸡获评中国农产品区域公用品牌，德化淮山列入国家地理标志保护产品。

宜居建设。东环路、南环路、浔北路西段等路基工程基本完成，新铺设沥青路4.8千米，新改建城区沿溪休闲道3.5千米、桥梁3座。建成供水供气管道15.3千米，新改建污水管网14.5千米，城区污水处理率、垃圾处理率分别达86.5%、97.5%。新开通公交线路1条、新投运公交车8部、新建公交候车亭26个。建成城市规划展示馆、陶瓷博物馆广场景观工程、陶瓷文化长廊及文化墙。建成全省首个、全国第二个光网县城。省级园林县城通过验收，新增绿地面积35.6万平方米，完成夜景亮化3.1万平方米，城区绿地率、亮化率分别达37.9%、96%；国家卫生县城通过全国爱卫办审定。创建绿色乡镇5个、绿色村庄示范点22个，国家级生态县通过环保部验。

民生事业。建成乡镇敬老院3所、社区居家养老服务站11个和金锁社区综合服务场所。县医院门诊病房综合大楼建成投用，新增医疗床位170张。新农合人均筹资由230元增加到290元，参合率达99.86%，政策范围内住院补偿比达73%；新农保参保率增加4.64个百分点达92.48%；全面推行被征地人员养老保障，确认符合条件28001人，发放养老金332.88万元。高考本科上线率高出全省平均水平16个百分点达64%，23所中小学通过省级义务教育标准化学校建设评估验收。陶瓷博物馆被确定为省一级博物馆。全县人口出生政策符合率92.29%。

【泉州陶瓷文化生态旅游节】 2012年11月9—11日，由泉州市人民政府和福建省旅游局主办的2012泉州陶瓷文化生态旅游节在德化县隆重举行。活动包括开幕式、万人瓷都印记、快乐陶瓷、泉台美食展示品尝、戴云山脉旅游区区域联盟启动签约仪式、旅游线路考察、泉州旅游资源和德化陶瓷旅游商品展示、“南海一号”德化窑出水文物精品展等11项主题活动。

【《中国陶瓷—德化窑瓷器》特种邮票】 该套邮票一套4枚，选材自故宫博物院的明代德化窑藏品，图案分别为白釉夔龙纹双耳三足鼎、白釉象耳弦纹尊、白釉观音坐像、白釉达摩立像，是2012年5月福建省人民政府与中国邮政集团公司签订海西战略合作协议后发行的第一套邮票，也是泉州首套以地方题材独立发行的特种邮票。

(连训明)

永春县

【经济社会概况】 2012年，全县实现地区生产总值232.14亿元，比上年增长13.0%；工业增加值117.65亿元，增长17.2%；农林牧渔业总产值31.63亿元，增长4.4%；财政总收入15.56亿元，增长20.1%；公共财政预算收入10.05亿元，增长24.0%；全社会固定资产投资57.23亿元，增长33.0%；社会消费品零售总额68.07亿元，增长17.1%；城镇居民人均可支配收入19391元，增长12.6%；农民人均纯收入9950元，增长13.0%。

农村经济。粮食产量12.93万吨，完成1.7万吨的储备粮任务。建成现代农业精品项目20个，新建标准化生态茶园353.3公顷、花卉苗木基地133.3公顷。建设山地水利蓄水池131座，除险加固水库8座，治理水土流失2400公顷，解决6800人的饮水安全问题。复垦耕地130.7公顷。获评国家级首批农民专业合作社示范社4家、全省农牧业产业化龙头企业2家。荣获全国农业标准化示范县、全国农村集体“三资”管理示范县、国家级出口食品农产品质量安全示范区等称号。

工业经济。出台推进民营企业“二次创业”的“4+3”系列扶持政策，设立专项扶持资金8800万元，兑现各级扶持资金7421万元。轻纺鞋服产业产值116.8亿元，成为本县首个产值超百亿元的产业。新能源新材料产业产值增长80%；生物医药、食品饮料产业产值分别增长20%和40%。18个工业技改、20个工业新建项目分别新增产值18亿元和13.5亿元。

第三产业。开展“第三产业发展年”活动，33个服务业项目完成投资28亿元，是上年的3.2倍。全年接待游客人数、旅游总收入分别增长29.4%和27.8%。新增货运车辆500部，回迁外挂车辆130部，客货运总周转量分别增长8%和13%。

“五大战役”。全年实施“五大战役”在建项目205个，完成投资111.35亿元，占年度投资计划110.68%，累计完成或超额完成年度投资计划项目185个，占比90.24%。欧美龙鞋服、美岭水泥改扩建、汇源食品一期、奔达花式纱线等135个项目投产投用，双恒集团、锦林环保、百祺乳胶丝等17个项目完成年度投资的150%以上。

城乡建设。在全省首创“生态优先、统筹资源，多元治水、综合治理”的模式，实施桃溪流域综合治理项目121个，完成投资5.96亿元，实现年度目标的114.6%，桃城东平示范段全面建成。在全省率先启动“美丽乡村”建设，10个县级示范村的90个项目完成投资6469万元，29个乡镇级示范村特色彰显，培育了一批具有永春田园风光山水特色的“美丽乡村”。桃溪流域综合治理、“美丽乡村”建设成为省市典型。

民生保障。全年支出民生项目资金13.38亿元，比上年增加2.88亿元，占财政支出的74.3%。27个县级实事项目全面完成，实现投资8.3亿元，是上年的2.17倍。殡仪馆、保障性住房完成年度建设任务。设立慈善基金17个近2亿元，募集慈善资金3100多万元，发放善款1300多万元。城乡居民养老保险参保率98.27%、续缴率98.56%，均居全省前列。新型农村合作医疗参合率99.67%。

社会事业。通过全省公共文明指数测评。启动教育强县建设，高考本科上线率比上年提高6.7个百分点，义务教育初步均衡发展通过市督导评估。组织编排交响诗剧《乡愁》并成功首演，《永春白鹤拳》动漫电视剧在央视播出，万星文化创意产业城落地投建。县医院新建、3所乡镇卫生院和95所村卫生所提级等工程进展顺利。全县人口出生率14.01‰、政策符合率93.8%。完成广电网络整合，实现农村有线电视“村村通、户户通”。在全市率先建成安全生产标准化“整体达标县”。

【永春县桃溪流域综合治理项目】桃溪位于泉州的母亲河晋江东溪上游，主河道长61.75千米，流域覆盖永春县半数以上的乡镇、村居和人口。永春县计划总投资30亿元，建设水利防洪、污染治理、水土保持与生态建设、景观园林、市政道路桥梁等工程，力争通过3年左右的综合治理，建设一条桃溪生态廊道。该项目被列入省级重点项目。2012年实施子项目121个，完成投资5.96亿元；重点打造了桃城东平示范段，完成投资2.43亿元，主要建设水利防洪工程、雨污收集管网工程、滨水景观园林工程、市政道路桥梁工程、慢行系统工程，打造成为桃溪生态景观走廊。2012年7月，全省流域治理暨重点水利工程建设工作会议在永春县召开，推广永春经验。

（黄培坦）

泉州经济技术开发区

【经济社会概况】 2012年，全区实现工业总产值391.57亿元，比上年增长14.59%；地区生产总值100.69亿元，增长11.5%；财政总收入14.5亿元，增长11.4%，其中地方级一般预算收入5.672亿元，增长7%；实际使用外资（历史可比口径）1.28亿美元，增长8.1%；出口商品总值（海关口径）5.3亿美元，增长5.8%；固定资产投资9亿元，增长23.4%。

园区建设。对园区未开发利用的28宗共45.3公顷土地进行整体盘活收储。建设完成区内公交网络，区内的公交车正式运行。圣弗兰小镇、嘉龙尚峰商业服务中心等12个商贸服务项目建设速度加快。特步、九牧王等民营企业的一大批产业龙头新项目启动，计划投资额近40亿元。对接引进国内葡萄酒龙头企业—中法合营王朝葡萄酿酒公司入区投建酒文化创意园。至和织造二期、诺奇服装、鑫信电子、灿辉服装、百盛通等一批项目投建投产。官桥园区完成园区控制性详细规划及8个专项规划，启动园区南北主干道、污水处理厂、自来水厂等基础设施项目建设。起步区土石方开挖平整工作抓紧推进，完成投资约8450万元。征收土地面积约75.1公顷，获单列建设用地指标33.3公顷，获批建设用地58.4公顷。采用BT、政策性银行贷款等方式筹措资金12.5亿元。完成总投资4亿元的三星电控公司立项等手续，总投资6.4亿元的东翔化工着手办理供地手续等前期工作。推进德信机械、泰坤食品等16个新建项目建设。西虎汽车公司竣工投产，生产考斯特中巴车近百辆，锐驰电子公司液晶模组配件项目加快进展。

二次创业。召开推进民营企业“二次创业”暨官桥园区推介会及专项研讨会，制定和完善各项扶持措施，确定每年安排1500万元专用资金用于扶持企业转型升级，全年共落实各项扶持资金3916.04万元，为民企“二次创业”营造了良好政策环境。

技术创新。新增高新技术企业3家、通过复审4家；新增省级创新型企业2家、省级创新型试点企业7家；新增国家火炬计划项目2项、国家重点新产品计划项目4项、国家创新基金项目3项、福建省新产品2项、省级科技计划项目3项、省专利技术实施与产业化计划项目1项；新增高新技术企业3家、通过复审4家，省级创新型企业2家、省级创新型试点企业7家。全区原认定的34家高新技术企业2012年完成工业产值242.43亿元，占全区工业产值的62.8%。

品牌创建。有7个知名品牌入选2011—2013年度省重点培育和发展国际知名品牌；新增注册商标74枚，中国驰名商标3枚，著名商标3枚，知名商标7枚，马德里国际注册商标4枚。九牧王、特步商标被列入《中国最有价值商标500强》排行榜中。特步公司获福建省质量奖和2012年全市唯一一家功勋企业称号。

改制上市。成立泉州股权投融资服务中心，集聚金融资源，完善金融市场体系，为全市中小微企业的直接融资提供便捷的渠道。促成力声电子等多家企业到天交所、省创新创业企业股权融资与交易市场挂牌或启动场外市场挂牌、新三板等前期准备工作。诺奇股份、安记食品、神州电子、群峰机械、三星电气等5家公司列入拟上市企业名单。全区22家上市及上市后备企业完成工业产值261.02亿元，占工业总产值67.12%，增长14.8%。

城市建设。完善清濛园区商住和公共设施配套，建设区内公交网络。实施中片区人行道、路灯灯控智能化改造等工程建设，加快保障性住房建设工作，建设公租房216套。

社会事业。实施实验学校扩容建设，扩建、扩容幼儿园2所，顺利通过省市义务教育均衡发展区督导评估。发动近3万名企业员工参加职工医疗互助。启用居住证颁发和推行工作，提升社会基本公共服务的覆盖面，流动人口登记率达97.6%。推行区领导挂钩联系企业安全生产工作制度。

（黄志腾）

泉州台商投资区

【经济社会概况】 2012年，全区实现地区生产总值161.17亿元，比上年增长13.1%；规模以上工业增加值94.33亿元，增长17%；全社会固定资产投资89.64亿元，增长32.6%；公共财政总收入10.02亿元，增长23.4%，其中，公共财政预算收入5.33亿元，增长29.4%；社会消费品零售额38.15亿元，增长32.6%；实际利用外资（历史可比口径）1.75亿美元；外贸出口（海关口径）2.60亿美元。2012年1月，泉州台商投资区正式获批国家级台商投资区。

泉州台商投资区行政服务中心。 （泉州台商投资区管委会供稿）

工业经济。全年实现规模以上工业产值332.38亿元，增长17.1%；规模以上工业销售产值331.02亿元，增长18.8%；工业用电4.77亿·千瓦时，增长3.6%。全区规模以上企业236家、产值超亿元企业110家、台资企业31家。96家工业企业开展新技术研发和技改，累计创建创新型（试点）企业、高新技术企业、知识产权（专利）示范试点企业、行业技术中心等科技创新载体43家。全年申请专利339件，专利授权247件。全区拥有中国驰名商标3件、福建省著名商标31件、福建省名牌产品9件。新增高新技术企业2家，省级创新型企业1家，省级创新型试点企业2家，市级知识产权试点企业3家。特色产业加快发展，组织引导工艺美术创作者申报国家工艺美术大师，新评省工艺美术大师6人、工艺美术名人15人，泉州市工艺美术大师14人。

农业经济。全年农林牧渔业总产值8.90亿元，增长1.6%；粮食播种面积6700万公顷，粮食总产2.92万吨；植树造林252公顷。全年投资1.34亿元，推进原水供水工程、水土保持综合治理、小型水库除险加固、农村饮水工程、海堤强化除险加固、灌区节水改造工程前期、水毁工程修复、冬春修水利农田基本建设等8个水利项目建设。启动“美丽乡村”建设5年行动计划，确定6个区级、17个镇级“美丽乡村”示范点，全年投资1300多万。

招商引资。3次组团赴台开展招商推介工作，接待台湾工商团体及客商300多人次。加强与泉州异地商会沟通联系，积极推进泉商回归创业。全年共签约14个项目，投资额127.3亿元人民币，其中：台资2个、投资额14.8亿元；外资项目2个、投资额14.3亿元；全区在谈项目75个、重点在谈项目28个、总投资额超过300亿元，涵盖金融、商贸、电子、新材料及机械设备等行业。

城市规划。优化提升28项规划编制工作，完成区总体规划；完成土地利用规划、产业发展规划以及金融商务区、民族风情区、滨水宜居区、古镇风貌区、百崎湖城市片区、张坂生活片区等6个城市片区，杏田东园片区、惠南片区、张坂片区、蓝色经济培育区、临港物流片区等5个产业片区的控制性详细规划；完成1个生活服务配套区—百崎湖东片区的修建性详细规划；完成3个工业集中区与“美丽乡村”三层级以上试点村的建设规划，以及防洪排涝、综合交通、市政工程等16个专项规划和专题研究。组织3次城市景观国际竞赛工作。开展33条市政道路设计，并预控好各个立交用地，各种市政管线全部下地。

城市建设。加快推进基础设施建设，确定基础设施建设项目39个，年度计划投资49.62亿元，其中23个列入市级城市管理年的项目全年完成投资 26.15 亿元。以"五纵五横"路网为骨架,全面铺开主、支干道建设。做好杏田片区、东园工业片区、张坂工业片区的"七通一平"和百崎湖整治及防洪排涝等市政工程建设。6.7 千米 8 万吨级尾水排海工程顺利完工。开展城乡绿化一体化"四绿"工程,完成杏秀路新沙段、东经二路、玖龙路、张青路与通港路交界处等全区范围内绿地植树造林 16 公顷,完成东西主干道 6 千米绿化。完成沿海大通道 24 千米的亮化工程并投入使用。制止"两违"取得明显成效,全年日常制止 3240 宗,面积 63 万平方米;统一行动拆除 389 宗,面积 5.8 万平方米。

"二次创业"。制定 55 项工作措施,加强服务扶持民营企业的力度。区财政专项安排 5000 万元配套资金用于扶持民营企业"二次创业"和技改工作。加大政策扶持力度,兑现各项奖励、扶持资金 1030 万元。以泉州台商投资区开发公司作为发债主体发行总额为 10 亿元的公司债券。新增下柜资金 7.57 亿元,新增待审批项目贷款 10.4 亿元。新增 BT 项目总投资额 13.2 亿元。争取财政部代发的地方性政府债券 2.64 亿元,财政调度资金 1.3 亿元。组织申报各类项目用地,获批土地 409.1 公顷。

社会事业。实施为民办实事项目 10 件 26 项,总投资 2.81 亿元。顺利通过省"义务教育发展初步均衡区"督导评估验收;建立促进文化产业发展联席会议制度,新建农家书屋 10 家、改建 17 家;加大区医院二乙创建力度;全区人口出生率 14.53‰,出生人口政策符合率 94.7%;大幅度提高新农合、新农保的标准,抓好"五险合一"工作;成立区老龄工作委员会、区慈善总会,全年募集慈善基金 4.1 亿元。

(林树楠)

编辑:郑　莱

三　明　市

【基本概况】 三明市地处闽中,全市面积 2.29 万平方千米,辖 12 个县(市、区),户籍总人口 274 万人,常住人口 250 万人。三明是著名老区苏区,全市 12 个县(市、区)都是革命老区,其中 7 个为原中央苏区县,老区人口占全市总人口一半以上。三明生态环境优良,森林覆盖率达 76.8%,总面积达 176 万公顷,占全省森林面积的 1/4,生态丰度指数为 100%;拥有泰宁世界自然遗产、泰宁世界地质公园和 51 个国家级旅游品牌。三明区位优势凸显,是国家级公路运输枢纽城市,10 条高速公路、4 条快速铁路和 1 个机场在三明交汇,是福建省高速公路、快速铁路密度最大的城市之一。三明工业实力强劲,形成以冶金、汽车与机械、建材、纺织等为主的工业格局,集聚福建省最大的钢铁、造纸、化肥、建材等企业,拥有 1 个产业产值超 400 亿元、1 个产业产值超 300 亿元,4 个产业超 200 亿元的产业集群。

【经济社会综述】 2012 年,全市实现地区生产总值 1334.82 亿元,比上年增长 12.2%,其中:第一产业增加值 211 亿元,增长 4.3%;第二产业增加值 677.79 亿元,增长 17.0%;第三产业增加值 446.03 亿元,增长 8.2%。三次产业结构为 15.8∶50.8∶33.4。人均地区生产总值 53244 元,增长 12.1%。全社会固定资产投资 1117.25 亿元,增长 21%。农林牧渔业总产值 337.92 亿元,增长 4.5%。规模以上工业增加值 616.87 亿元,增长 17.5%。社会消费品零售总额 341.48 亿元,增长 17.1%。公共财政总收入 121.68 亿元,增长 15.4%,其中地方公共财政收入 77.44 亿元,增长 20%。实际利用外商直接投资(验资口径)1.03 亿美元,增长 11.9%。外贸出口 22.02 亿美元,增长 42.4%。城镇居民人均可支配收入 23429 元,增长 12.8%;城镇居民家庭恩格尔系数为 40.0%。农民人均纯收入 9375 元,增长 14.3%;农村居民家庭恩格尔系数为 45.7%。居民消费价格指数涨幅 2.3%。城镇登记失业率 2.1%。人口出生率 12.3‰,死亡率 6.9‰,自然增长率 5.4‰。

产业发展。工业经济方面,围绕八大重点产业,一手抓技改提升,突出汽车及机械、冶金及压延等重点产业,出台推动企业技改 12 条扶持政策,支持企业技术改造,推动产业转型升级;一手抓战略性新兴产业培育,加快发展生物医药及生物、氟化工等产业,形成一批新的经济增长点;全年实施 244 个重点技改项目和 173 个工业新增长点项目,八大重点产业产值增长 16.6%,占全市规模工业总产值的 89%。第三产业方面,召开全市加快第三产业发展工作会议,出台扶持第三产业发展 22 条政策措施,设立发展旅游业、壮大服务业、繁荣文化事业专项扶持资金,抓好 90 个服务业重点项目建设,现代物流、旅游、文化等产业加快发展,全年第三产业增加值 446.03 亿元;实现税收收入 61.2 亿元,增长 15%,占税收总收入的比重超过 50%。现代农业方面,坚持以工业化的理念发展现代农业,按照有特色、有规模、有效益的要求,加快 10 个特色农业产业发展,扶持 223 家市级以上农业龙头企业,农业产业化经营总额达 470 亿元。

项目带动。全年实施"五大战役"项目 1226 个,共有 611 个项目投产或投入使用。全年完成投资 894 亿元,占年度计划的 134.4%。推进与重汽、保利、国机、中机院等 10 多家央企的沟通对接,列入省上跟踪的 12 个合作项目完成投资 6.29 亿元,已有 2 个项目投产;126 个民企合同项目开工 76 个,完成投资 50 亿元;72 个外企合同项目开工建设 18 个,完成投资 2.95 亿美元。向莆铁路完成三明境内铺架工程,建泰高速公路基本完成路基工程,三明沙县机场基本完成场区土石方工程,湄渝高速公路三明莘口至明溪城关段开工,闽江上游沙溪防洪三期工程等一批重大水利项目动工;中国重汽海西汽车项目一期工程建成投产,三明"陆地港"一期工程投入使用。

城乡建设。编制完成三明市城市总体规划,全面推进三明市区 11.7 平方千米的北部新城和10平方千米的南部新城建设。三明市区与沙县、永安同城化稳步推进。三明市城市规划馆、客家博物馆、会议中心建成投入使用，徐碧新城一期工程基本完成。挂牌成立生态工贸区管委会，规划实施稳步推进，省上支持政策逐步到位，市县共建园区机制进一步理顺，重点项目加快建设。三明大佑山（瑞云山）—万寿岩成功申报省级地质公园。落实省加快县域经济发展的政策措施，开展产业发展学永安、创业致富学沙县、城乡规划建设和旅游发展学泰宁的“四学”活动，支持各地探索发展路子，初步形成了汽车及机械、林产加工、矿产品深加工、生物医药、旅游、新材料、纺织等一批特色鲜明的县域优势产业。各县旧城改造和新区开发有序实施，县城建设的档次和品位得到新提升。加大新农村建设力度，着力抓好4个省级试点镇和15个市级中心乡镇建设，小城镇改革发展战役完成投入136亿元，238个项目建成或投产。

改革开放。集体林权制度改革保持全国前列，农村土地承包经营权流转进一步规范，沙县农村金融改革试验区建设工作得到国家和省上肯定。启动营业税改征增值税试点工作。稳步推进政府机构改革，市级事业单位清理规范工作基本完成。推动矿产资源整合。加强市区发展统筹，放权两区搞活经济。福建金森林业公司、大田银石坪矿业公司分别在深圳和澳大利亚证券交易所上市。福建海峡银行三明分行、沙县渝农商村镇银行完成筹建工作。按照“能少则少、能放则放、能快则快、能优则优”的要求，实行重点项目全程代办制，促进行政审批提速，项目审批时限平均压缩了2/3。出台《关于贯彻落实省委省政府加快海洋经济发展决策部署的实施意见》，推动山海协作、产业对接。深化明台交流合作，办好第八届林博会，赴台湾、港澳和东南亚招商取得实效。三明“陆地港”首动区于6月3日正式运营。成功举办第25届世界客属恳亲大会。落实鼓励和扩大民间投资政策，民间投资占固定资产投资的比重较上年提高2个百分点。

科技创新。出台了深化科技体制改革、加快创新体系建设的实施意见，设立推进科技创新专项扶持资金。列入省级以上科技计划项目超80个，20个项目入选国家“十二五”科技计划预备项目；新建18个创新研发平台，9个研发机构升格为省级重点实验室、工程技术研究中心。

生态建设。启动国家级生态市和国家环保模范城创建工作，加大环境污染整治力度，完成节能减排目标任务。完成造林绿化3.19万公顷，水土流失治理3.19万公顷。市区环境空气质量达标率98%，市区饮用水源地水质达标率100%，辖区3条主要水系水质达标率98%。

民生保障。全年民生支出占公共财政支出的比重达77.3%。53个省市为民办实事项目全面完成。超额完成省下达的保障房建设任务，年度计划投资率、基本建成率、配租配售率3项指标均居全省前列。“双高普九”任务全面完成，教育发展指标居全省前列；三明学院通过了教育部本科教学工作合格评估。在全省率先实行城乡居民和职工医疗门诊报销补偿制度，实行失业保险市级统筹，城乡低保补助水平得到提高，养老服务体系建设稳步推进，在全省率先实现被征地农民养老保障制度全覆盖。医改工作完成年度任务，控制医药费用不合理增长工作居全省前列；计划生育优质服务实现全覆盖。

【举办世界客属第25届恳亲大会】 世界客属第25届恳亲大会于2012年11月20—22日在三明市举办。本届世客会按照省委省政府“文化搭台、经贸唱戏”的要求，突出“恳亲联谊、交流合作、积聚力量、共谋发展”的办会理念，精心组织开展经贸交流合作、文艺展示、文化纪念、学术研讨等重要活动，全面展示三明经济社会发展成果和客家祖地源远流长的民俗风貌，进一步弘扬客家文化、增进客属乡亲对祖地的认同感，提高三明知名度和影响力。参会嘉宾多达28个国家和地区、215个客属社团、3200多人，兄弟省（区）市客属社团127个1244人，加上特邀嘉宾、经贸代表、专家学者、新闻记者等，参会总人数达到5100余人。世客会期间，共签约合作项目48个，其中：外资项目12个，总投资2.9亿美元；内资项目36个，总投资62.1亿元。

【三明稀土产业园开工建设】 2012年7月19日，三明稀土产业园举行动工仪式。三明稀土产业园规划面积666.7公顷，以厦门钨业公司为主导，重点打造稀土磁性材料产业链、发光材料产业链、催化材料产业链、储氢材料产业链、金属调质剂产业链、稀土陶瓷产业链等6条产业链，计划用6年时间，完成投资40亿元以上，建成后年可实现销售额100亿元以上。至2012年底，三明稀土产业园一期工程1000吨三基色荧光粉车间荧光粉车间已封顶并基本完成墙体砌砖，研发中心大楼局部封顶，综合楼完成二层短柱及模板安装。（吴大优）

三 元 区

【经济社会概况】 2012年，全区实现地区生产总值94.03亿元，比上年增长14%；规模以上工业总产值186.45亿元，增长19.6%；规模以上工业增加值53.41亿元，增长18.5%；农林牧渔业总产值14.73亿元，增长5.3%；全社会固定资产投资91.15亿元，增长25.1%；出口总值1.12亿美元，增长55.7%；实际利用外资3200万美元，增长11.1%；农民人均纯收入10549元，增长13.0%；社会消费品零售总额26.56亿元，增长16.4%；地方级公共财政收入3.21亿元，增长21.14%。

项目建设。全区178个战役项目，完成投资62.17亿元，超额完成年度任务。金牛水泥、三泰医药等23个工业项目竣工或部分竣工，瑞通品牌汽车服务中心、红星美凯龙等22个项目建成投入使用。省市级重点项目落地开工得到全面落实，城区商会、吉隆物流等15个投资亿元以上项目相继开工。出台招商引资政策，提高招商实效，全年引进投资5000万元以上项目43个，合同投资总额164.54亿元，其中外资项目4个，合同投资额3983万美元。

农业经济。完成粮食种植4100公顷，巩固发展果、菜、畜禽等传统优势产业。建设水利工程70项，完成投资5360万元；荆西、中村等防洪堤工程全面开工，瓦坑等4个病险水库除险加固全面完成。创建恒祥农牧、吉口农牧两家国家级标准化养殖示范场、大鹏柑桔部级示范社和绿健药材等5家市级示范社。月亮湾休闲山庄、吉口农牧两家企业分别被评为省级休闲农业示范点和省级农牧产业化龙头企业。出台扶持现代农业发展政策，扶持岩前和中村建成40公顷的观光提子园及33.3公顷奶油西瓜示范片。

工业经济。发挥机械铸造等四大传统产业的支撑作用，注重生物与医药、氟化工等新兴产业对经济增长的推动作用，总投资2.2亿元的华灿制药竣工投产，总投资30亿元的氟化工项目部分竣工，有效吸引织物整理剂和含氟涂料等上下游企业洽谈投资。企业技改力度加大，启动市级重点技术改造项目51项，完成投资20多亿元；三泰医药、昌明机械等完成企业技改和转型升级；重点实施宏盛燃煤等6个节能技改项目。完成台商投资区、黄砂化工园、大坂物流园、荆东工业园共211.3公顷的土地征迁工作，并完成土地平整53.3公顷；投资1.9亿元，完善各园区水、电、路、污水处理厂等基础配套设施。

第三产业。全年实现三产增加值33亿元，占全区经济总量的38%。名成冷冻、红星美凯龙、明海鑫钢材交易市场、五金机电城等一批大型专业市场投入运营。全区现有物流企业125家，增长45.3%；营运吨位超过1.2万吨，货运周转量居全市第二位。三明烟草“两烟”物流、吉隆仓储物流、明诚实业商贸物流等大型物流项目相继动工建设。新增山水、翰博等8家商务大酒店，引进“格林豪泰”、“台湾贯一”等品牌店，实现服务业品牌“零”的突破。休闲旅游业累计投入1.6亿元，重点实施月亮湾客家文化园建设、格氏栲景区提升改造和万寿岩提子园建设，全年接待游客数和旅游经济总收入分别增长25%和27%。

城乡建设。先后启动道山路、红印山计量所、下洋花园、三胶厂宿舍、省一建白沙地块的征迁工作，签订征迁协议约700户。完成建筑业产值56.39亿元，房地产施工面积90.87万平方米，商品房销售面积22.2万平方米，比上年增长98.5%。加快镇村建设，岩前镇的总体规划全面融入台投区的规划中；莘口镇总体规划已编制完成。岩前完成南岸新区小盂坂一期36.7公顷的征迁工作，投资1600多万元重点实施了街道建筑立面改造。莘口完成竹洲地块26公顷的征迁工作，完成集镇自来水管网、电力通讯线路入地、老街立面和基础设施改造工程。星桥、楼源、柳城、荆东等4个“百户新村”建设项目加快推进。开展17个村“环境连片整治”工作，全面完成高速公路、国省道沿线立面改造，村容村貌得到进一步改善。

社会事业。投入3500多万元实施校舍新建、修缮工程，动工建设“三明市中小学生示范性综合实践基地”，顺利通过国家“义务教育基本均衡区”和省级“教育强区”验收。台江医院主体完工、下洋医疗卫生综合服务大楼建设启动。建成区级文化信息资源共享中心，完成3个群众性文化激情广场示范点建设。出台计生优惠政策，连续9年保持省级计生“优质服务区”称号。实施21个市级以上科技计划项目，获得省级“科普先进区”称号。

（林新査）

梅列区

【经济社会概况】 2012年，全区实现地区生产总值195.93亿元，比上年增长7.3%（区属完成163.2亿元，增长11.6%）；外贸出口5.86亿美元，增长52.6%；实际利用外资3730万美元（可比口径），增长16.7%；社会消费品零售总额、限上批发业销售额、出口总值、城镇居民人均可支配收入等位居全市第一；地方公共财政收入突破6亿元，增长30%。

产业发展。第三产业快速发展，比重占44.6%，对财政贡献率达78%；完成社会消费品零售总额67.30亿元，增长15.5%；城市物流园建设初具规模，交易额达30亿元；厦商名品中心顺利开业，中心城区旅游饭店提档升级；三明大佑山（瑞云山）——万寿岩地质公园被列为省级地质公园；总部经济加快发展，明宇大厦、徐碧新城商会大厦等商务楼宇入驻企业186家，注册资金达230亿元。保障性安居工程、永星商贸城、翡翠城等地块开发稳步推进，完成建筑业产值40.2亿元。工业经济稳中趋好，完成规模工业增加值59.20亿元，增长12.1%，其中区属规模工业增加值34.7亿元，增长16.3%；实施千万元以上技改项目41个，总投资25亿元；全区新增规模企业9家，累计达114家，其中亿元以上企业44家。现代农业稳步提升，认真落实各项强农惠农政策，全年实现农业总产值5.0亿元，增长3.65%；引进农超对接企业5家；实现订单农业200多公顷；建成全市规模最大的提子观光园；完成造林绿化面积820公顷；新增9家农民专业合作社，出口鳗鱼质量安全示范区项目顺利通过国家级考核验收，“总裁牌”黄精荣获“福建省名牌产品”称号。

“五大战役”。完成全社会固定资产投资86.37亿元，增长25.1%；100个区级以上重点建设项目完成投资73.3亿元；全年对接“三维”项目15个，总投资达38亿元；天尊不锈钢二期、汽车综合服务集中区、人货梯生产等30个项目如期竣工或投入使用。全年新增省著名商标6件、省名牌产品1个，获马德里商标注册3件；全年专利授权量达126件，居全市第一；10个创新项目获市科技进步奖，4个创新项目获省科技进步奖；齿轮箱厂被认定为省级创新型试点企业、开发的重型商用车动力系统获国家863计划立项。

城乡建设。完成贵溪洋自然村、帝豪、老体育馆等14宗地块的征迁；完成城市文化广场、亿龙山庄改扩建，徐碧新城一期基本建成；开展城市立面改造、景观美化绿化；加快推进贵溪洋新区、洋溪组团开发。开展农村土地整理122.7公顷；完成陈大新区规划、控制性详规和147公顷建设用地概念性规划设计的编制，实施34个项目，完成投资11.8亿元；洋溪镇实施

14个项目，完成投资1.8亿元，完成土地征收220多公顷；投入1000多万元改造农村公路和实施农村公路安保工程；投入2000多万元实施标准农田、水利设施和农村饮水安全工程；新建百合、小蕉、双江新村3个安置小区；投资2000万元的小蕉污水处理厂已建成使用。全面完成单位生产总值能耗和主要污染物减排年度任务；完成水土流失治理面积1.87平方千米；投入1650万元开展农村环境连片整治，碧溪村环境综合整治取得明显成效。深入实施"四绿工程"，新增绿地面积113.3公顷；创建省级绿化示范村1个、市级示范村4个，创建国家级、省级生态街道各1个，市级生态村16个。

民生事业。荣获省级文明城区、三明首个"国家义务教育发展基本均衡区"和"省教育强区"。区属公立医疗机构全面实施基本药物制度和实行药品零差率销售；成为全省首个"省级慢性病综合防控示范区"、首批"国家级慢性病综合防控示范区"；徐碧社区卫生服务中心被卫生部授予"全国示范性社区卫生服务中心"；新型农村合作医疗参合率达99.9%；人口自然增长率控制在6‰以内，计生国优水平巩固提升，获全国"阳光计生行动先进单位"和"2009—2011年福建省人口和计划生育先进单位"。城镇居民人均可支配收入达25680元，增长13%；农民人均纯收入突破万元，增长13.2%。全年发放创业小额担保贷款5900万元；高校毕业生就业率达88%以上，城镇登记失业率控制在1.92%；获全省"平安先行区"称号。 （陈 雯）

永安市

【经济社会概况】 2012年，全市实现地区生产总值246.42亿元，比上年增长12.4%；全社会固定资产投资153.60亿元，增长24.8%；社会消费品零售总额60.54亿元，增长13.4%；公共财政总收入21.99亿元，增长9.8%；地方级公共财政预算收入14.27亿元，增长17.7%；出口总值2.10亿美元，增长39.2%；实际利用外资1305万美元，增长12%；农民人均纯收入10002元，增长16.5%；城镇居民人均可支配收入23373元，增长13%；居民消费价格指数102.9%；人口自然增长率6.68‰。荣获"全国养老服务示范单位"，实现全国双拥模范城"三连冠"，继续保持全省县域经济实力"十强县(市)"。

农村经济。实现农林牧渔业总产值38.16亿元，增长4.1%。实施"十百千万"农民增收工程，加快培育特色优势农业，深入开展"龙头联百村"活动，被确认为国家级现代农业示范区。加强以水利为重点的农村基础设施建设，实施小陶寨中等百户造福工程新村点建设。积极开展绿色村庄创建和环境连片整治，完成农村建筑物立面改造916户。小城镇综合改革试点镇21个重点项目完成投资5.8亿元，超序时31%；小陶镇、贡川镇实行"一级政府、一级财政"的财税政策。出台加快竹产业发展实施意见，实施"1234"林改创新举措，启动运行全省首家竹产品交易电子商务平台，建成全国首家以竹家居产品展销为主要功能定位的中国竹具城；建立农村土地流转服务平台，流转土地2500公顷。规范村级财务管理，建立"一办三中心"监管体系。

工业经济。实现规模以上工业总产值490.76亿元，增长15.2%；工业增加值137.76亿元，增长16.4%。汽车及机械零部件、纺织、林竹、建材、化工等五大主导产业累计完成产值384亿元，占全市规模以上工业总产值的79.8%，对工业增长的贡献率达81.9%，成为拉动经济发展的主要动力。新培育亿元以上企业21家；海西汽车形成10万辆整车产能，成为全省重要的载重汽车生产基地；实施企业技改项目11项，和其昌竹业被认定为高新技术企业，永林竹业等3家企业被列为省级创新型企业。佳洁购物广场、公路港一期等一批商贸物流项目建成使用；新增限上商贸批零企业12家；汽车园完成固定资产投资13亿元，平整工业用地100公顷，入驻企业16家；北部工业新城完成一期规划并征地近200公顷，投入开发建设资金超过5亿元；启动福川工业园建设，前期工作有序推进。

项目建设。155个"五大战役"项目和104个十大重点工程项目分别完成投资124.7亿元、57.3亿元，超序时41.5%和21.1%；"10+5"重点跟踪项目完成投资24.5亿元，占年计划的245%，13个项目竣工投产或部分投产；新越金属真空镀膜、建福水泥综合节能改造等35个生产性项目建成投产或部分投产。南三龙高速铁路、福建兵工装备民用枪、泉三高速公路贡川互通等一批重大项目获国家、省批准。"6·18"项目成果交易会成功对接项目131项，总投资57.2亿元。"9·8"、赴东南亚及港澳台招商等落实签约项目132项，总投资75.8亿元。

生态环境。启动省级生态市创建工作，"四绿工程"深入实施，完成造林4200公顷，新增城市绿地10公顷，生态乡镇、生态村创建工作扎实推进。推广旋窑水泥等重点耗能行业技改提升，实施水泥脱硝工程，完成节能与循环经济项目14项，全市万元GDP综合能耗下降4%以上。扎实开展河道水环境综合整治及闽江流域重点项目整治，取缔非法违法开采矿点22个，巴溪、后溪等流域水质明显改善。

城市建设。持续抓好城市道路、公园、景观、立面改造和夜景工程等建设，完成城市基础设施建设项目14项，绕城公路、飞桥至大湖公路建成通车，漳永高速公路、永安大道等加快推进，省道307线加福至沙芜段开工建设。全面推行公交智能化管理，新增公交车辆20台，市民出行更加方便。

民生实事。十类为民办实事项目完成投资7.8亿元，其中市财政投入2.4亿元，增长48%。各类社会保险覆盖面持续扩大，住房保障工作继续走在全省前列，建立城乡低保自然增长机制，养老服务水平不断提高，荣获"全国养老服务示范单位"。启动低收入群体价格联动机制，对城乡困难群众实施物价补贴，物价水平保持总体稳定。严格落实安全生产"一岗双责"，扎实推进企业安全生产标准化建设，综合治理超限超载工作取得实效，有效维护社会安定稳定。

社会事业。永安职专新校区建成使用，福建水院新校区完成部分搬迁，率先在全省实施减免学前一年保教费，农村中小学食宿改善工程不断提升，投入教育技术装备5180万元。完成卫生监督所改造、青水卫生院病房楼建设，公立医院改革顺利实施，市立医院实行药品零差率销售，全市村级卫生所全面取消药品加成利润。市体育中心投入使用，成功举办首届全民健身运动会，农民体育健身工程及农家书屋实现了228个行政村全覆盖，历史遗存、民俗文化等非物质文化遗产得到传承保护，荣获全国文化体制改革、全民健身活动先进单位。继续保持低生育水平。

【中国(永安)竹具城】 永安是中国笋竹之乡、中国竹子之乡，竹资源非常丰富，已建成全省最大的竹胶板生产基地，形成了包括家居、建材、工艺、保健、化工、食品、文化及生化利用等10多个行业在内的200余个竹加工产品。2011年，永安市将已举办了10年的福建·永安笋竹旅游文化节升级为中国(永安)竹具展销会，并建成了"中国(永安)竹具城"。竹具城集中展示了省内外包括竹家具、竹工程材、竹工艺日用品、森林食品及竹子化学利用等五大类近600个品种的竹加工产品，汇聚了闽、浙、赣、苏竹家具主产区的40家领军企业的精品和最新研究成果，通过加快竹具家居产品设计研发，组建竹家具行业联盟，构建行业自律、厂店联动和工展贸一体化等生产采购合作新模式，逐步将永安建成集企业集群采购、商品展示、产品研发、品牌营销、电子商务、现代物流于一体的华东乃至全国知名的竹产品交易专业市场。 (郑学源)

清流县

【经济社会概况】 2012年，全县实现地区生产总值60.92亿元，比上年增长15.4%；规模以上工业总产值67.16亿元，增长15.3%；农林牧渔总产值20.43亿元，增长5.6%；全社会固定资产投资52.45亿元，增长28.9%；财政总收入4.38亿元，增长27%，其中地方级一般预算收入2.42亿元，增长30.9%；农民人均纯收入9289元，增长13.6%；城镇居民人均可支配收入20342元，增长14.1%；社会消费品零售总额12.89亿元，增长20.1%。新获"中国金线莲之乡"、"省级园林县城"和"全国计划生育优质服务县"称号。

现代农业。全年新增花卉33.3公顷、苗木200公顷，分别达到333.3公顷和3000公顷；新增淡水鱼养殖面积66.7公顷，新增肉羊养殖1万头；新培育国家级农业"三品一标"企业11家、农副产品14个。成功举办"中国(清流)花店发展论坛暨全球鲜花速递联盟大会"、"喜迎十八大·海峡鲜花红"清流花卉展活动，新获"中国金线莲之乡"称号。"清流黄羊"被命名为国家地理标志保护产品，"清流豆腐皮"获国家地理标志证明商标。爱珍豆腐皮合作社被评为"全国农民专业合作社示范社"，"清流天芳悦潭温泉·花卉度假村"获全国休闲农业创意精品金奖。全年完成烤烟收购10.6万担，实现烤烟销售收入1.41亿元，烟叶特产税2585万元，分别比上年增加1365万元和225万元。完成总投资7000多万元的烟基工程、农发土地整理、土地治理等一批农业基础设施项目，启动实施总投资2.3亿元的俞坊水库、岭官水库、南面乡镇集中供水等重大水利项目。新建标准钢架大棚38.2公顷，滴喷灌设施135.7公顷，设施渔业2万平方米。

工业经济。投资1.5亿元建成东莹化工年产1万吨超纯电子级氢氟酸生产线；引进总投资50亿元的吉阳太阳能项目；全年新增规模工业企业15家，总数达82家，其中产值超亿元企业有15家。闽山化工公司被认定为省级创新型企业和国家级高新技术企业，鑫磁线圈公司被认定为省级创新型试点企业，得到国家创新基金扶持，并成功举办第五届中国电子变压器、电感器联合学术年会。清流省级经济技术开发区获批，累计完成园区基础设施建设投资1.6亿元，新增落户企业5家，投产企业3家，园区企业创产值13亿元，增长15%。

第三产业。全年共接待游客66.7万人次，实现旅游总收入4.6亿元，分别增长15%和14.9%。成功举办第25届世界客属恳亲大会清流"灵台朝觐"活动。天芳悦潭温泉度假村累计完成投资近4亿元，被评为国家3A级旅游景区。清流红军标语遗址被列入《全国红色旅游经典景区第二批名录》。全年公路客货运输周转量增长16%，限上批发业销售额增长41.7%。春舞枝公司将清流花卉销售纳入遍布全国的8000多家实体花店和3000多家网络花店物流配送网，覆盖全国2800多个县(市、区)。全县各项存款余额37亿元、贷款余额23.1亿元，分别增长13.1%和10.3%；各类保险保费收入4573万元，保持平稳增长。

项目建设。组织实施"五大战役"

清流县现代特色农产业—花卉产业。 (清流县政府办供稿)

重点项目128个，完成投资48.9亿元，其中：37个重点工业项目有23个建成投产，41个城建项目有19个交付使用，27个农业项目有18个完成，18个民生项目有7个竣工，5个旅游和商贸服务业项目有2个投入使用。全年对外招商引进项目58个，总投资28.6亿元，实际到资6.1亿元，其中5000万元以上项目24个，亿元以上项目6个。全年新注册台资企业12家。全年共争取扶贫开发、水土保持、生态建设、农田水利、交通设施、社会公共事业等上级各类专项资金补助4.29亿元。

城乡建设。全年共投资12亿元实施了41个城建项目，其中公共设施建设方面总投资9000余万元。投资700多万元对城区主要街道和沿河两岸房屋立面改造进行规划设计，第一期改造工程完成。制作清流县三维地理信息系统，实施数字城管项目建设，开展户外广告、占道经营、机动车乱停乱放、违章搭建等影响市容市貌行为的专项整治，顺利通过省级园林县城验收。完成公路沿线、景区周边17个村庄房屋立面改造300幢，13个乡镇110个村庄通过省"家园清洁行动"验收。

民生事业。启动实施总投资1.5亿元的一中整体搬迁新建项目，投入5658万元实施28个校安工程项目建设，投入700万元建成县特殊教育学校。推进全县6所乡镇中学撤点并校，教育工作"双优"通过省政府"两项"督导评估。总投资4600万元建设"两馆一院"（文化馆、图书馆、影剧院）；投资1630万元完成客家博物馆主体工程和文物征集；新建农家书屋30个、村级农民健身工程24个，实现全县111个行政村农家书屋和农民健身工程全覆盖。与中央音乐学院开展县校合作，建立艺术实践基地，组建大提琴乐队，成功举办全国第五届"爱琴杯"大提琴比赛。投入4350万元，完成县医院综合病房、急救中心改造及嵩口卫生院整体搬迁。投入496万元，全面完成13个乡镇计生服务所改造提升，顺利通过"全国计划生育优质服务县"验收。城镇登记失业率控制在2.52%。城乡居民养老保险、医疗保险实现全覆盖，保障性住房建设完成450套。组织实施了8个污染减排和资源综合利用项目。水土流失治理工作投入9320万元，完成造林2700公顷、水保工程措施面积2.45万公顷，实施封禁面积2.39万公顷。

（陈清华）

宁化市

【经济社会概况】 2012年，全县实现地区生产总值80.86亿元，比上年增长12.8%；三次产业结构由上年的28.0∶41.4∶30.6调整为27.6∶41.5∶30.8；地方级一般预算收入3.77亿元，增长27.1%；外贸出口增长54%；城镇居民人均可支配收入18898元，增长12.5%；农民人均纯收入8405元，增长14.1%。

工业经济。全年规模以上工业增加值增长16.5%；新增15家规模以上工业企业；长宁纺织一期、万通金属、永丰钙业一期、宏光玻璃灾后技改等项目竣工投产，精密光学元件、环保包袋制品等项目开工建设。华侨经济开发区新开发工业用地66.7公顷，高堑至湖村110kV电力联络线工程竣工投运，园区入驻企业43家，规模以上工业产值达24.50亿元，占全县规模以上工业总产值的1/3，园区聚集效应逐步显现。

农业产业。全年完成农林牧渔业总产值36.60亿元，增长4.6%。粮食产量稳步提升，烟叶产量连续24年位居全省第一，油茶、河龙贡米、薏米等特色农业初现规模。新增农民专业合作社35家、省著名商标3件、省名牌产品2个、省名牌农产品2个。宁化薏米（米仁）获国家农产品地理标志登记保护。

第三产业。全年实现社会消费品零售总额22.73亿元，增长21.2%。商贸物流业持续活跃，新增限上商贸企业16家，闽赣小商品批发市场、纺织品综合市场等项目开工建设。完成电视连续剧《葛藤凹》拍摄，客家祖地文化传播有限公司入选省级文化产业示范基地。圆满完成第25届世客会在宁化举办的各类活动，成功举办第18届世界客属石壁祖地祭祖大典，客家祖地祭祀主轴、世界客属文化交流中心等项目建成并投入使用。全年接待游客105万人次，旅游收入9.40亿元，分别增长15.1%和15.3%。全年金融机构各项贷款新增9.10亿元，贷款余额增长36.6%，其中建行向长宁纺织授信2.50亿元，创下全县银企合作金额新高。宁化客家小吃业免费培训学员1125名，开办宁化客家小吃店500家。

城市建设。编制完成城市近期建设规划和东扩新区、新桥路、慈恩文化园等片区控制性详细规划，启动城市建设规划展览馆建设，城市新区项目加快推进，老城区改造项目深入实施，销售商品房15万平方米。建成或基本建成东山大桥、东大路、中环北路等路段，新增城市路网12.85千米；完成中山路、北大街沥青路面、江滨南路人行道及河堤改造。实施高速公路城关连接线、省道205线城区过境线绿化及夜景工程，提升中环路夜景，开工建设江滨市民休闲广场和城区三期防洪工程，加强城区供水、供气、排污管网建设，城市功能不断完善。

乡村建设。调整修编曹坊、石壁两个市级中心乡镇集镇总体规划，完成160个村庄建设规划编制，推动曹坊实现撤乡建镇，完成540户高速公路、省道沿线等重要节点村建筑物立面改造，推进治平乡治平村、石壁镇溪背村等百户造福工程安置点建设，完成41个建制村"家园清洁行动"和29个建制村农村环境连片整治示范项目建设；治理水土流失面积9000公顷，植树造林2700公顷；创建省级生态乡镇3个、省级生态村13个。水茜庙前至泉上新军、泉上至泉正、方田岭下至曹坊坪上公路开工建设，狐狸墩大桥改造顺利实施，新建农村公路30.50千米；完成5个乡镇小农水、7座病险水库除险加固、禾口溪治理等农田水利项目建设，解决3.10万人安全饮水问题；开工建设东坑水库和黄山寮水库等重大烟基水源工程项目，改造提升4个35kV变电站，推进760公顷高标准农田和1900公顷土地整理项目建设。

项目建设。继续打好"五大战

役”，两批 138 个战役项目累计完成投资 48.20 亿元，其中“10＋5”市重点跟踪项目完成投资 12.20 亿元，占年度投资计划的 124％，带动全社会固定资产投资完成 87 亿元，增长 30％。

招商引资。全年实际到位内资 13.99 亿元，实际利用外资 2420 万美元，落实“三维”对接项目 23 个，总投资 50 亿元。

社会事业。顺利通过市义务教育初步均衡评估验收，完成 8 所农村薄弱学校改造和 4 所乡镇中心幼儿园新改扩建任务，逐步开通周末学生班车，特殊学校等 7 所学校通过省市标准化学校评估验收。荣获第五届福建省科普先进县；设立全国首家地质灾害防治与水土保持院士工作站；3 个项目列入国家、省市各类科技计划，国家科技计划项目实现零的突破；获授专利 14 件；利丰化工入选省创新型试点企业。新农合参合率达 99.93％，基层医疗卫生机构基本药物制度延伸到村卫生所；完成 4 所卫生院改造和 86 个村卫生所规范化建设，开工建设公共卫生服务中心，完成城郊卫生院与中医院、翠江卫生院与县医院剥离重组。继续稳定较低生育水平，计划生育政策符合率 92.44％，人口自然增长率控制在 7.08‰，顺利退出省计生工作重点帮促县行列。16 个乡镇综合文化站改造任务全面完成，农家书屋和农民体育健身工程实现建制村全覆盖，完成广电网络改革，体育中心二期、青少年校外体育活动中心等项目交付使用，曹坊镇下曹村被省政府命名为第四批省级历史文化名村，“客家祖地”品牌成功注册 2 枚马德里国际商标。

保障水平。全年共发放粮食综合直补 3820 万元、良种补贴 893 万元，下拨救灾资金 4005 万元，救助灾民 18 万人次。农村低保扩面提标，城乡低保实现应保尽保，失业、医疗、工伤和生育保险稳步扩面，城乡居民养老保险实现全覆盖。新开工 860 套保障性住房，启动 1200 户农村危房改造，实施造福工程搬迁 2500 人。全年城镇新增就业人员 3600 人，城镇登记失业率 2.8％，农村劳动力转移就业 5626 人。

（刘建军）

建宁县

【经济社会概况】 2012 年，全县实现地区生产总值 59.75 亿元，比上年增长 12.2％；农林牧渔业总产值 22.49 亿元，增长 5.1％；规模以上工业增加值 21.80 亿元，增长 16.3％；全社会固定资产投资 50.80 亿元，增长 27.9％；公共财政总收入 2.75 亿元，增长 25.4％，其中地方公共财政收入 1.93 亿元，增长 28.1％；出口总值 8800 万美元，增长 79.2％；城镇居民人均可支配收入 19627 元，增长 16％；农民人均纯收入 8589 元，增长 14.4％；社会消费品零售总额 12.43 亿元，增长 19.3％；居民消费价格指数 102.6％。年末金融机构本外币各项存款 42 亿元，人民币各项贷款余额 22.3 亿元；建筑业产值 38.8 亿元，增长 22.8％。

重点建设。全年实施“五大战役”项目 171 个，其中投资亿元以上项目 13 个，完成投资 52.5 亿元，占年度计划的 100.7％；“10＋5”重点跟踪项目完成市下达任务。提前策划申报 2013 年项目 58 个，全年落实到位 20 个。重大基础设施建设加快推进，向莆铁路完成铺轨；武调火车站进站道路竣工；建泰高速公路进入路面施工；建宁互通连接线完成路基施工；福建建宁经济开发区加快建设，110 千伏变电站投入使用。

产业发展。三次产业结构比调整为 24.5∶49.1∶26.4。现代农业加快发展，粮食、建莲产量稳中有升，水果、杂交水稻种子产量分别突破 8.5 万吨和 1.85 万吨。积极争创农业品牌，建宁黄花梨获国家地理标志产品保护，新增无公害农产品 4 个。列入省农民创业园莲子产业示范基地县。农机化综合水平走在全省前列。铙纸特种纸项目列入省工业转型“百项千亿”计划。3 家公司 5 项产品通过省名牌产品复评，优胜复合包装材料生产等一批项目相继落地。

第三产业。新组建了闽江源旅游集团，完成金铙山木屋宾馆建设，旅游大厦主体竣工，建宁大饭店获评四星级旅游饭店，中央苏区反“围剿”纪念园获评国家 4A 级景区、国家国防教育示范基地，闽江源自然保护区获评全国科普教育基地，游客接待量和旅游收入分别增长 15.2％、14.8％。闽赣省际物流园基本建成，“公路港”投入运营，明一电子商务总部开业运营。全年新增个体工商户 757 户、私营企业 99 个。

生态建设。省级生态县创建顺利通过验收。完成造林绿化 2153 公顷、无患子种植 200 公顷。水土保持重点县治理全面推进，投入资金 5127 万元，完成水土流失治理 4500 公顷。节

2012 年，建宁县获评省级农民创业园莲子基地示范县。图为央视《华人世界》摄制组在拍摄建宁莲子宴。
（建宁县政府办供稿）

能减排目标全部完成。高速公路、铁路沿线建筑立面整治、农村“三旧”改造、农村环境连片整治、农村家园“清洁行动”全面实施，农村生活垃圾“村收集、乡（镇）转运、县处理”模式有效运转。创建3个国家级生态乡（镇）、1个省级生态乡、11个省级生态村。

城乡建设。完成城市总体规划修编。总投资30亿元的水南城市综合体建设已累计投资13.5亿元。城区规划面积拓展至110平方千米，建成区面积扩大到10.8平方千米。全年共补助新农村建设奖扶资金525万元，农村公益事业“一事一议”财政奖补配套资金158万元，补助农民专业合作示范社、设施农业、联户沼气工程资金93.55万元。完成81个村庄规划编制工作。5个乡（镇）土地流转服务平台建设通过省级验收。实施“造福工程”搬迁269户1100人。

社会事业。城关幼儿园投入使用，县医院门诊大楼、老年大学、妇女儿童活动中心、残疾人托养中心主体竣工，县公共卫生服务中心、实验小学搬迁扩容工程有效推进。义务教育标准化学校建设步伐加快，已有14所中小学通过省市评估验收，校安工程重建项目全部完成，农村义务教育阶段寄宿生食宿改善工程有效实施，义务教育初步均衡发展通过市级核查。获评第五届福建省科普先进县。完成农村有线广播“村村响”工程，13366户有线数字电视整转、6081个自然村广播电视“村村通”工程有线联网。完成22个农家书屋和17个农民健身工程建设。

保障性建设。河东廉租房五期、水南限价商品房加快建设，完成70套公租房、58套廉租房配租、106套城市棚户区改造。低收入群体补贴与物价上涨挂钩联动机制有效落实，发放补贴63万元。城乡居民社会养老保险参保率达94.5%，城镇居民基本医疗保险实现全覆盖，新农合参合率达98.9%，普通病种住院补偿最高支付限额提高到8万元，农村低保标准提高到年人均1800元，农村五保供养标准提高到年人均3600元。“诚信计生·幸福家庭”创建活动扎实开展人口出生政策符合率达92.91%。城镇新增就业1701人，新增农村富余劳动力转移就业4513人。（余莉萍）

泰宁县

【经济社会概况】 2012年，全县实现地区生产总值64.05亿元，比上年增长11.8%；全社会固定资产投资50.73亿元，增长17.3%；社会消费品零售总额15.10亿元，增长21.5%；实际利用外资1180万美元，增长10.7%；出口创汇7500万美元，增长46.8%；财政总收入3.37亿元，增长29.4%；地方财政一般预算收入2.31亿元，增长23.3%；城镇居民人均可支配收入20328元，增长12.5%；农民人均纯收入8958元，增长14.3%；居民价格消费指数102.7%。

旅游产业。全年游客接待量212.3万人次，增长21%，其中金湖单点突破40万人次；实现旅游总收入17.8亿元，增长20.4%。举办第四届“中国丹霞”（泰宁）文化旅游节暨2012山地户外运动国际挑战赛等重大活动。泰宁旅游入编中学地理教科书。泰宁成为全省两个旅游综合改革试点县之一；泰宁丹霞文化产业园正式列入省十大重点文化产业园区。海峡旅游（三明泰宁）产业园完成投资8.21亿元；松竹湾大酒店、南方大酒店等2家星级宾馆和6家酒店开业或重新装修开业，新增床位数近千个；中国文化创作基地落户泰宁；明清园（一期）、水上高尔夫、英格兰酒吧等一批旅游新业态项目相继建成。全年新增服务类企业101家、个体工商户563家，新培育限额以上企业7家。

农村经济。全县农业企业发展到65家，南方林业成为首家省级农业产业化龙头企业。全年农林牧渔业总产值19.36亿元，增长3.8%。粮食产量7万吨。“一只鸡、一袋茶、一条鱼、一朵菇”特色农业规模持续壮大。烟叶种植面积2500公顷、收购烟叶8.6万担。引进科荟种业项目带动农户发展制种533.3公顷。建立梅花鹿、鸵鸟、中华鲟、棘胸蛙、野鸡等特种养殖基地36个。金湖乌鸡登记为国家地理标志农产品，大金湖淡水鱼成为福建名牌产品，状元茗茶荣获林博会品牌茶评比特等奖，石乳甘泉成为博鳌亚洲论坛选用水。

工业经济。新增规模以上工业企业2家、产值超亿元企业10家，全县83家规模以上工业企业总产值57.85亿元，增长9.4%；规模以上工业增加值16.88亿元，增长11.8%。“天顺祥”成为省著名商标，石仙牌活性炭荣获林博会金奖。省级泰宁工业园新入驻鑫华纺织等4个项目，金盛仿古家具、兴灵木塑、保温干粉砂浆等6个项目竣工投产，实现园区总产值27.5亿元，税收780万元。出台企业电价补

2012丹霞泰宁山地户外运动国际锦标赛中运动员跑过泰宁古城尚书第。

（童 扬 摄）

贴、企业技改贷款贴息等一系列扶持政策,全年新增中小企业贷款4亿元。

城乡建设。推进城西新区(丹霞之城)概念性规划编制。金湖路立面和道路改造全面完成,和平北街、环城路等道路“白改黑”工程顺利完工。高标准建设水南廊桥、东洲牌坊等景观小品,建成汀兰园(一期)、芦峰山公园,新增城市绿地3万平方米,截至2012年底,城区公园绿地面积达57.5公顷,绿化覆盖率达47.4%,人均公共绿地面积达13.3平方米,被国家住建部授予“国家园林县城”称号。推进以2个集镇和9个整治村为重点的新农村建设;完成农村道路安全隐患整治208.6千米;荣获“全国魅力新农村十佳县”称号。成为中央小型农田水利重点县和省级坡耕地水土流失综合治理试点县;推进上清溪、朱溪流域环境连片整治,新增造林绿化面积2100公顷;通过国家级生态县技术评估,成为省级森林县城;峨嵋峰森林人家入选福建省首批“四星级森林人家”。

社会事业。全县中小学校100%实现义务教育标准化,顺利通过“教育强县”市级核查和国家三类城市语言文字工作评估验收。公立医疗机构基本药物制度实现全覆盖,县医院住院大楼建成投入使用,全县新增住院床位65张。人口自然增长率7.79‰,获全省人口计生工作先进单位称号。3个项目列入省级以上科技计划盘子,授权专利10项。农家书屋100%覆盖建制村,顺利完成20户以下自然村广播电视村村通工程;全面启动“中国历史文化名村”大源村修复工程。全年新增城镇就业1655人,城镇登记失业率2.19%。竣工保障性住房443套。省级扶贫开发重点县各项工作全面推进,3856名贫困人口顺利脱贫。荣获省“平安先行县”称号。

【全省旅游综合体制改革试点县】 2012年,泰宁被列为全省旅游综合体制改革试点县。围绕改革旅游行政管理体制、转变旅游产业发展方式、激发旅游市场主体活力、创新旅游市场营销模式、活跃旅游投融资机制、构筑旅游带动融合高地、优化旅游公共服务、促进旅游生态和谐发展等8个方面,完成改革总体规划和设计,并以海峡旅游(三明泰宁)产业园、泰宁丹霞文化产业园建设为平台,重点推进明清园、红石峡体育休闲公园、国际户外运动拓展基地、若九天旅游综合体、状元国际大酒店等一批高端旅游休闲度假项目,全年完成旅游固定资产投资12亿元,实现旅游全行业增加值24.83亿元。

【县长导游日】 泰宁县政府2012年第1次常务会议研究决定:将每年的5月19日(中国旅游日)、9月27日(国际旅游日)设为“县长导游日”。这在全国尚属首创。“县长导游日”当天,县长以导游的身份,向普通游客推介旅游资源、旅游产品,并在各景区为普通游客现场导游讲解,旨在进一步拉近政府与公众的距离,塑造泰宁旅游目的地良好形象,推动泰宁旅游产业健康发展。(尤 新)

明 溪 县

【经济社会概况】 2012年,全县实现地区生产总值44.69亿元,比上年增长12.1%;三次产业结构由上年的28.6∶41.4∶30.0调整为27.6∶42.9∶29.5;农林牧渔业总产值20.32亿元,增长3.9%;规模以上工业总产值60.48亿元,增长19.9%;全社会固定资产投资40.81亿元,增长25.3%;外贸出口9000万美元,增长79.9%;实际利用外资530万美元,增长12.8%;地方级财政一般预算收入1.84亿元,增长37.2%;农民人均纯收入8875元,增长15.4%;居民消费价格指数102.3%。

现代农业。粮食播种面积1.83万公顷,总产达9.45万吨;烟叶种植1920公顷,收购6.47万担。红豆杉、绿化苗木、药用水蛭等一批特色种养基地进一步扩大,被列入省现代农业(花卉)生产发展项目县,鑫诺生态农业基地被纳入全国畜禽养殖标准化示范场。“明溪金线莲”获国家农产品地理标志认证,“君子红”富硒红茶被列入第25届世客会首批指定产品。林权改革发证完成扫尾工作,全面建成乡镇土地流转服务平台;规范农民专业合作组织,联结基地面积3133.33公顷。

工业经济。生物与新医药、氟精细化工、气动工具三大特色主导产业实现产值20.61亿元,占全县规模以上工业总产值的34.35%。南方制药公司医药生产、典雅精细化工、美士邦氮化硅、聚龙气动工具、明信环保输送带等项目投产或试生产,博特吸入式麻醉剂、海斯福四期、金线莲产业化等项目建设进展顺利;海西气动工具商贸城完成主楼基础施工,签约入驻企业53家。经济开发区新引进项目5个,入驻企业达56家,实现税收比上年翻一番。实施9项2000万元以上企

2012年,"明溪金线莲"获国家农产品地理标志认证。(明溪县政府办供稿)

业技改项目，新增产值7.86亿元。

第三产业。商贸流通持续繁荣，被商务部确定为市场监管公共服务体系建设重点推进单位。特色旅游加快推进，南山古人类文化遗址被中国社科院确定为首个国家考古创新项目，御帘村被命名为“中央红军村”，枫溪聚龙寺朝圣至盖洋村头乡村一日游线路正式开通。建成生物医药展示馆和红豆杉科技文化园，红豆杉盆景交易市场投入运营。设立县经济发展促进基金，帮助小微企业解决资金需求2300万元；成立华兴小额贷款公司，向中小企业及农户发放小额贷款1.6亿元；中国银行明溪支行顺利开业，全县贷款增长38.4%。

城乡建设。委托编制12平方千米的城区控制性详规和城区园林绿化专项规划，完成一批修建性详规编制；罗厝岗城中村改造村民安置小区动工建设，红豆杉大酒店开工建设，完成迎宾大道改造。全面完成59个村庄规划编制。湄渝高速公路明溪段动工建设，公路港正式开工，农村公路、安保工程和危桥改造建设顺利推进。黄沙坑水库项目顺利开工建设，一批病险水库得到除险加固，中小河流治理力度加大。夏阳变二期扩建、雪峰至夏阳35千伏线路、水口电站至夏坊35千伏线路等重点电网项目进展顺利。被列入全国农村安全饮水示范县；新增耕地219.33公顷、高标准烟田58.67公顷；实施小型农田水利重点县建设，受益面积1513.33公顷；建成省级标准农田106.67公顷。认真开展“三清六改”、“绿色家园”等行动，植树造林2086.67公顷，全面完成农村环境连片整治示范项目年度建设任务，省级生态县创建工作通过考核验收。加强罗翠水库水源地保护，完成水土保持造林和封育治理269公顷。

招商引资。与泉州鲤城区签订共建汽配工程机械产业园合作协议，与昊华集团在氟化工产业合作开发上达成合作意向。新增外贸进出口经营权企业13家，海斯福化工、南方制药等优势企业出口强劲增长，外贸进出口增幅位居全市前列。回归工程新引进4家侨资企业，总部经济新增企业13家。

科技创新。与福建农林大学建立“推动绿色经济与社会协调发展战略合作”软科学平台；南方制药公司与福建生物工程职业技术学院协议共建生物医药人才实训基地；引进国际知名专家与紫杉园公司开展紫杉醇新一代药物项目合作。完成科技项目对接75项、科技成果转化5项；完成专利申报和授权12件。企业研发能力逐步提高，建成省级以上企业工程技术研究中心2家、高新技术企业3家，海斯福公司氟化工企业工程技术研究中心进入复审，南方制药公司抗肿瘤药物研发中心完成申报。科技创新项目有序推进，国家科技“富民强县”专项行动计划通过省级验收并获后续补助立项，“南方红豆杉产业技术服务”获国家创新基金立项。全县高新技术产业产值占规模以上工业总产值比重达22.18%。

民生保障。教育基础设施不断改善，完成3个校安工程续建、6所乡镇学校教育标准化建设，学生实践基地投入使用；实施瀚仙中心幼儿园和城区学校扩容工程，动工建设特教学校综合楼。免除9061名学生义务教育学杂费，向2428名学生发放农村寄宿生生活补助，接收386名进城务工人员子女到城区学校就读。完善乡镇综合文化站和行政村“农家书屋”建设，青少年校外体育活动中心基本完工；被评为未成年人思想道德建设先进县。县医院病房楼基本完工，巩固发展省级卫生县城成果，公共卫生服务项目全面落实。发放小额贴息和担保贷款3762万元，持续开展再就业援助行动，实现创业就业1324人。完善社会保障体系，城乡居民社会养老保险、新型农村合作医疗参保率均达99%以上，城乡低保、五保供养水平大幅提高。政策性农业保险、农房统保、森林综合保险、自然灾害公共责任险实现全覆盖。新建保障房492套，发放住房租赁补贴174户，完成183套廉租房和公租房的配租工作。争取上级资金补助6765万元，23个重点贫困村居与帮扶单位开展结对共建，成为中央彩票公益金支持革命老区扶贫开发创新试点县。城关乡王桥新村、沙溪乡牛柏岭小区被确定为省级重点扶持造福工程集中安置区。

（李桂花）

将乐县

【经济社会概况】 2012年，全县实现地区生产总值77.55亿元，比上年增长12.4%；地方级一般预算收入4.76亿元，增长26.1%；农林牧渔业总产值23.60亿元，增长4.8%；规模以上工业增加值39.97亿元，增长17.9%；出口总值9500万美元，增长74%；实际利用外资（历史可比口径）2235万美元，增长33.0%；社会消费品零售总额15.46亿元，增长18.2%；城镇居民人均可支配收入20767元，增长12.6%；农民人均纯收入9141元，增长13.8%；居民消费价格指数为102.4%。

农村经济。福建金森被评为省级农业龙头企业，禾生原生态菌业公司被评为省级农牧业龙头企业。收购烟叶8.01万担，烟叶税、平均亩产值、担均价和户均收入增幅均超30%，售烟收入首次突破亿元大关，烟农户均收入达7.15万元。食用菌产量5.01万吨，实现产值近5亿元。粮食总产量8.13万吨。种植山苍子、金银花426.7公顷。总投资1.2亿元的利农集团100公顷设施农业基地、禄丰休闲农业观光园等规模农业加快推进。新增设施农业117.3公顷。推广各类农机具1882台。在全市率先开展农业物联网智能系统建设。投入679.8万元，全面开展水稻种植、烟叶种植、森林、农村住房等保险工作。乡镇土地流转平台全部建成并投入使用。

工业经济。新增规模工业企业10家。瑞奥麦特轻金属有限公司大功率LED灯散热器、空调压缩机涡盘、摄像头支架等产品已量产。福建金牛水泥有限公司获首届“三明市质量奖”。通海镍合金公司产值达5.2亿元。祥源纺织30万纱锭生产项目部分投产。园区聚集效应初显，累计完成投资8.4亿元，完成园区土地平整466.7公顷，完成11万伏变电站、污水处理厂建设；恒强管桩、金升达木业、大正橱柜等重点企业相继投产，园区企业实现产值81.2亿元，增长33%。

城市经济。20个城市建设重点项目进展顺利，110指挥中心、消防应急救援指挥中心基本建成；上河洲新区、三华城、鸿图日照东门三期、枫昌贯小区开发正加紧建设；火车站站前广场、老年活动中心、就业和社会保障中心、水南中心幼儿园、金湖小区等项目顺利推进。

项目经济。实施“七大战役”项目213个，完成投资74.58亿元，占年度计划的116.7%；已有42个项目竣工或试投产。市里确定的“10＋5”重点跟踪项目完成投资35亿元，占年度计划的242%。签约项目16个，总投资23.8亿元，其中超亿元项目5个；在谈项目10个，总投资13.3亿元；策划储备项目196个，其中千万元以上项目101个、亿元以上项目30个。

第三产业。全年实现第三产业增加值22.72亿元，增长7.0%。接待游客人数125万人次，增长15%；旅游门票收入1477.3万元，增长12%。总投资6亿元的恒通物流园公路港部分已投入使用。苏宁电器等知名商贸企业入驻，厦华商城、东方商厦、水南鸿福大市场等一批商业网点投入使用。房地产市场健康发展，完成投资12亿元，增长79%；销售商品房8.5万平方米。

小城镇建设。基本建成5个乡镇三农服务中心、7幢公租房和12个村级综合活动场所。完工一批集镇供水、道路改造、园林绿化、污水处理等基础设施项目。有序开发白莲余家和茶坞苑、南口松岭、大源福源及万安桥头等小区。完成98个村庄规划编制。完成灾毁耕地复垦170.4公顷、旧村复垦46.5公顷。高速公路沿线村庄建筑物立面改造取得阶段性成效，村容村貌逐步改观。

社会事业。投资1.44亿元，完成实验小学、将乐一中图书馆、校安工程及6所学校教师周转房的建设；义务教育初步均衡发展工作顺利通过省、市验收。投资9000万元，基本完成县医院综合大楼建设；基本药物制度实现100%覆盖，基层医疗单位和部分村卫生所实行药品零差率销售。广播电视“村村通”和“村村响”实现建制村全覆盖，放映农村公益电影1710场。全县人口自然增长率7.74‰，开展“诚信计生·幸福家庭”活动，提高计划生育家庭奖励扶助标准，减免农村诚信独女户和二女结扎户家庭女孩就读普通高中学费。

【农村中小学生“幸福成长”工程】 2007年起，将乐县在全省率先全面实施农村中小学寄宿生食宿改善工程，解决了寄宿生吃、住问题，极大地改善农村中小学寄宿生生活条件。为使留守孩能够在学校更加健康、快乐成长，将乐县从2012年春季起，实施农村中小学生“幸福成长”工程，其核心内容是：从物质关心提升到精神关爱，从课堂教学延伸到课外辅导，由师生关系升华为亲情联系，从学校为主扩大到社会互动，使留守孩在学校学习、生活能得到家庭般的温暖、父母式的关爱，做到照顾有人、亲情有爱、学业有教、活动有地、安全有保，使学生爱在学校、乐在学校，促进留守孩身心全面健康发展。 （王晓昊）

沙县

【经济社会概况】 2012年，全县实现地区生产总值145.81亿元，比上年增长12.3%；农林牧渔业总产值36.92亿元，增长4.5%；规模以上工业产值366.64亿元，增长13.6%；公共财政总收入11.35亿元，增长12.3%，其中地方公共财政收入8.00亿元，增长19.0%；全社会固定资产投资122.94亿元，增长17.5%；外贸出口2.58亿美元，增长45.8%；实际利用外资4077万美元，增长19.0%；社会消费品零售总额37.82亿元，增长18.6%；城镇居民人均可支配收入23136元，增长14.1%；农民人均纯收入10379元，增长13.9%；居民消费价格总水平上涨2.5%；城镇登记失业率2.0%；人口自然增长率3.18‰；单位生产总值能耗降低和主要污染物减排任务均完成预期目标。在2012年全省县域经济综合实力排名第11位。

项目建设。全力推进“六大战役”，全年实施县级重点项目118个，完成投资105.42亿元。新引进汽车配件冷挤压、光电科技产业园等一批重大项目，机械科学研究总院海西分院高端装备产业园项目动工建设，大唐热电联产项目获省发改委开展前期工作批复。海西三明现代物流园、金沙园和金古园等园区建设加快推进。“陆地港”首动区正式运营。省道304线改造沙县段建成通车，鹰厦铁路沙县段改线工程获铁道部批准，三明沙县机场站坪建设基本完成。

农业经济。加快发展现代农业，持续推进土地信托流转，加强农业基础设施建设，柱源、西霞等5个示范园区初具规模，鸭业、花卉苗木、蔬菜等特色农业规模不断壮大，农林牧渔业总产值增长4.5%。

工业经济。组织开展工业企业“二次创业”行动。全县规模以上工业企业192家，其中产值超亿元企业95家，增加23家；积极推动机械制造、林产加工、生物与食品加工、化工新材料四大主导产业发展，产业集群总量进一步扩大，实现产值261.92亿元，增长12.9%，占规模以上工业总产值的70.6%。加快工业园区开发，壮大园区经济，实现工业总产值370.90亿元。

第三产业。加快海西三明现代物流产业开发区建设，加快“公路港”建设，鼓励发展第三方物流业。引导企业创新商业模式，商贸流通繁荣发展。加快沙县小吃文化城三期建设。全年旅游接待量增长31.7%，旅游总收入增长17.4%。

社会事业。稳步推进市县同城化，积极对接“十同”目标，在医疗、教育、邮政编码、110报警服务台同城化等方面取得新进展。开展“城市管理优化年”活动，提升改造新城中路、高速公路出口周边等重点路段、重要节点景观。小城镇建设有序推进力度，高桥明洋山、富口宝丰等一批农村新型社区初具规模。沙县一中搬迁动工建设，青州中心幼儿园、沙县第二中心幼儿园、沙县六中教学楼等建成投入使用。沙县医院住院大楼投入使用、门诊综合大楼动工建设；完成76个村卫生所规范化建设，98个村卫生所实行基本药物零差率销售试点。城乡低保和农村“五保”供养标准提高30%—

80%，新农合补偿标准提高10%，大病统筹补充补助全面开展。实行70周岁以上老年人免费乘坐公交车，成立12个社区居家养老服务站，发放高龄老人生活补贴280万元。体育公园园林景观工程和青少年校外体育活动中心正式对外开放。被列为全国33个农村土地承包经营权流转规范化管理和服务试点地区之一。

【全国十佳金融生态示范县】 2012年，沙县把握获批农村金融改革试点县的契机；大胆探索，先行先试，出台《关于加快金融业发展的实施意见（试行）》，制定优惠政策，优化金融业发展生态环境。创新担保方式，通过担保公司、农民专业合作社、村级融资担保基金等方式，为各类贷款共计20.9亿元提供担保，满足"三农"发展的融资担保需求。盘活资源资产，利用农村"林、地、房、业"等资源，创新农户融资担保产品，累计发放农村住房抵押贷款、土地流转项目贷款等各类贷款共计6.11亿元，实现农户的资源资产向资本的有效转化。成立沙县农发行、沙县金元小额贷款公司，筹建沙县渝农商村镇银行、三明农商行沙县支行、林业小额贷款公司、民间资本管理公司。提升金融服务，通过"银商合作"、"银村共建"，全县171个建制村共设立小额支付便民点148个，并在全省率先建立农行"三农"工作服务室。优化信用环境，在全县建立农户经济档案及评定等级50387户，授信46379户，授信额度17.6亿元，贷款6033户，贷款余额11.8亿元。截至12月末，全县各项存款余额120.32亿元，各项贷款余额153.42亿元，存贷比为127.51%，不良贷款率为0.74%，呈现出良好的金融生态环境，被中国县域金融年会组委会、经济日报报业集团中国县域经济报社评为2012年度全国十佳金融生态示范县。

（张云仙）

尤溪县

【经济社会概况】 2012年，全县实现地区生产总值139.28亿元，比上年增长14.3%；农林牧渔业总产值61.78亿元，增长4.0%；规模以上工业增加值46.66亿元，增长22%；社会消费品零售总额30.60亿元，增长19.7%；地方级一般预算收入5.92亿元，增长24.3%；出口总值1.04亿美元，增长52.6%，可比口径实际利用外资3918万美元，增长18%；全社会固定资产投资107.07亿元，增长24.8%；城镇居民人均可支配收入20760元，增长14.1%；农民人均纯收入9495元，增长14.1%；居民消费价格指数102.2%。

经济发展。全县205家规模以上工业企业完成产值175.63亿元，增长21.1%，其中纺织服装业、林产业、矿产矿物制品业分别完成规模以上工业总产值86.93亿元、32.76亿元和32.18亿元，分别增长21.8%、15.8%、7.09%，三大产业产值占全县规模工业总量的86.47%；规模以上工业企业经济效益综合指数达226.49%，提高14.87个百分点；规模以上工业用电量5.38亿千瓦时，增长13.3%。全年县财政共支出涉农资金2.76亿元，增长7.4%；完成粮豆播种3.47万公顷，粮食总产量17.2万吨；完成茶园新植410.47公顷、低产改造423.33公顷，实现茶叶产值3.6亿元，增长16.1%，其中碧叶馨"红雪芽"在首届海峡两岸茶文化节获"茶王"称号；完成造林绿化4234公顷，幼林抚育1.73万公顷；新扩建竹林1400公顷、低产改造2666.67公顷，实现竹业产值14.65亿元，增长12.5%；新植油茶733.33公顷，建设抚育提高示范项目444.47公顷，实现油茶产值3.2亿元，"尤溪茶籽油"获批国家地理标志集体商标；种植食用菌1.6亿袋，鲜品总量9.8万吨，实现产值5.8亿元；沈郎精炼茶籽油项目建成投产，海峡两岸高新农林创业园、海西（尤溪）食用菌科技示范创业园、尤溪移民创业园等农业项目进展顺利。第三产业实现增加值39.7亿元，增长7.9%。

项目建设。全年共实施"五大战役"项目212个，完成投资110亿元，占年计划的103.6%；投资亿元以上项目40个，竣工13个，完成投资65亿元，其中：总投资33亿元的顺源纺织、隆源纺织已部分投产，总投资60亿元的德为聚纤、德坤织染顺利动工。60个县级以上重点项目完成投资66.1亿元。对接展会项目97个，总投资93.8亿元。

城镇化建设。投入2000多万元聘请同济、清华等团队，编制城市节点控规、修规、详规方案16个。推进东扩，完成水东四期、三奎头片区个人房屋征收，涉征住户319户，建筑面积32.9万平方米，并展开企业房屋征收；实施东迎宾大道、通演大桥项目，完成埔头村容村貌整治。加快南拓，城南园已预征2000公顷，首期546.67公顷用地"七通一平"工程有序推进，完成投资9亿元，4个投资上10亿元项目入

尤溪九阜山生态旅游区风景。　（尤溪县政府办供稿）

园;闽中兄弟物流城一期项目投入使用;锦云园土地征收工作顺利进行;完成水南片区房屋征收,涉征住户420户、企事业单位22家,建筑面积10.4万平方米,片区项目陆续启动。抓好洋中、坂面2个省、市综合改革试点镇和城关镇等第三批全国发展改革试点城镇建设,全县城镇化率达37.6%。全年实施7个百户以上集中安置小区项目,在51个村开展“家园清洁行动”。

民生工程。4条新建与改造干线列入新一轮国省道干线公路调整规划,总里程379.9千米,其中总投资13.2亿元的城南快速通道已开工,洋中至桂峰公路已动工。实施兴头水库、中小河流综合治理联合实验段等17个水利项目,完成投资2.6亿元,其中防洪一期、埔头段防洪工程等12个项目基本建成。加快电网建设,完成220千伏梅仙变二期、110千伏城西变二期扩建等6个项目,有序推进110千伏城南园输变电、顺源输变电项目。

社会事业。全年新增就业2639人、农村劳动力转移就业5315人,城镇登记失业率控制在2.3%;24.88万人参加社会养老保险,医疗保险综合参保率达98.3%,县人力资源和社会保障局被国务院授予“全国新型农村和城镇居民养老保险先进单位”;8155户纳入低保;实施城乡医疗救助3365人次;建设保障性住房837套,公开配租配售保障性住房1026套。创建“教育强县”,投入资金3802万元实施校安工程等项目130个,通过省政府“双高普九”验收评估。举办“纪念朱熹诞辰882周年”系列活动,开展群众文体活动100余次,完成朱熹塑像重塑迁移,修缮台溪茂荆堡、西滨郑氏大厝等古民居。加大重点旅游景区建设,全年共接待游客40.5万人次,增长32.6%;实现旅游业收入2.5亿元,增长33.9%。

【中小河流综合治理吉木溪试点段】 尤溪县是全国中小河流治理重点县综合整治试点县、25个先行启动县之一。项目总投资2.65亿元,涉及全县7个乡镇、7条河流、14个项目区。吉木溪2个项目区是该项目的试点段,于2012年先行启动,总投资5000万元,设计整治河道2030米,建设8—10米宽的河岸绿化带、休闲步道4060米,新建跨河桥2座、廊桥1座。

【九阜山生态旅游区】 位于闽中尤溪县西南部、戴云山脉北段西侧,总面积715.3公顷,其中位于自然保护区实验区的面积295.8公顷,自然保护区外面积419.5公顷,被专家誉为“具有得天独厚的开辟生态旅游精品景区的资源条件”。规划建设5个功能区:朱源里管理服务区、天池湿地观览区、九阜溪峡谷揽胜区、双鲤湖游览观光区和凤凰山生态保育区,计划一期总投约1.24亿元,2012年共投资1280万元,完成朱源里电瓶车道和溪底至双溪口段游步道等项目。 (肖丽丽)

大田县

【经济社会概况】 2012年,全县实现地区生产总值123.23亿元,比上年增长14.9%,其中:第一产业增加值22.84亿元,增长4.9%;第二产业增加值66.85亿元,增长22.0%;第三产业增加34.54亿元,增长8.2%;三次产业结构为:18.5∶53.4∶28.0。固定资产投资(不含农户)119.87亿元,增长29.1%;财政总收入10.52亿元,增长5.2%,其中地方公共财政收入6.70亿元,增长13.4%;出口总值14477万美元,增长66.1%;社会消费品零售总额29.70亿元,增长18.4%;城镇居民人均可支配收入22361元,增长14.3%;农民人均纯收入9444元,增长14.8%;居民消费价格总指数102.7%;城镇登记失业率1.95%;人口自然增长率9.63‰。蝉联福建省县域经济发展“十佳”县(市),10项主要经济指标中有8项指标增幅位居全市前三位。

农村经济。全年农林牧渔业总产值38.33亿元,增长5.0%。新培育农民专业合作组织58个、省市级龙头企业17家,新建无公害农产品、绿色食品生产基地6个。在稳定粮食生产的基础上,培育壮大茶叶、油茶、木薯、蔬菜等优势特色农业,新增标准化茶园346.7公顷和油茶园面积1000公顷、低改1667公顷。“大田高山茶”被农业部批准为国家农产品地理标志登记保护,桃源蔬菜标准园建设通过农业部验收,吴山乡被列为全国“一村一品”示范乡。

工业经济。实施投资千万元以上工业建设项目297项,完成固定资产投资92.58亿元,增长46.3%。新增规模以上工业企业9家,总数达161家;规模以上工业总产值236.31亿元,增长19.7%;实现工业增加值83.89亿元,增长18.9%;经济效益综合指数达391.29%;销售收入230.54

大田县芳联堡。 (大田县政府办供稿)

亿元，实现利税总额11.89亿元。组织实施技改项目22个，完成投资14.5亿元，宝山机械生产线技改、弘惠纸业包装特种纸扩建项目被列入省重点技改项目。发展循环经济项目7个，完成企业节能技术改造项目5个，淘汰落后生产线4条。新开发园区面积224公顷，新入驻企业11家，投产8家；京口工业集中区升格为省级经济开发区。被认定为省级加工贸易梯度转移重点承接地；银石坪矿业在澳大利亚证券交易所成功挂牌上市，县企业上市"零"的突破。

第三产业。全年新增个体工商户1841户；"满田春"山海协作市场、红狮物流等项目建成投入使用，福建仙峰养生温泉度假区、凯天龙文化创意产业园、仙廷大酒店（二期）等一批重点旅游项目加快建设，山水大酒店通过国家三星级酒店标准评定，"石牌大骨头肉一条街"被评为全省第二批三星级乡村旅游经营单位；接待游客83.94万人次，增长11.2%；实现旅游总收入1.9亿元，增长8.3%。房地产市场持续平稳发展，商品房销售面积15.53万平方米，增长17.0%。开展"金融生态县"创建，引导金融部门增加对实体经济资金支持，落实贷款14.2亿元，金融机构各项存款余额达71.66亿元，贷款余额达54.60亿元，分别增长13.6%和29.2%。

项目建设。全年实施"六大战役"重点项目126个，完成投资118.42亿元，占年度计划的166.2%，其中新开工项目34个、竣工或部分竣工投产（使用）29个。实施省、市重点项目29个，完成投资87.37亿元，占年度计划的224%。"10＋5"重点跟踪项目完成投资31.83亿元，占年度计划的193.7%。组织晋江专场招商、"9·8"投洽会、"11·6"林博会等招商活动，对接项目47个、总投资103.2亿元，落地开工项目26个、总投资32.8亿元。

基础设施。完成公路改造52.8千米、安保工程82千米，建成县道石屏线。建成梅林（二期）110千伏输变电工程，吴山110千伏输变电工程主设备安装完成，新一轮农网改造升级顺利实施。建成覆盖全县山洪灾害防御预警系统和农村气象灾害预警系统。实施土地整理、农田水利、农业综合开发等农业基础设施建设，受益面积1013公顷。

城乡建设。大力实施城市"南进东拓北扩"战略，福田路改造主体工程基本完成，大田职专新校区实现整体搬迁，中医院迁建、赤岩路（二期）、城三小等项目有序推进；兴田路（二期）竣工通车，凯天龙文化创意产业园、华石线（二期）、汽车站迁建、城市东部河滨景观等项目加快建设；农业企业总部大厦、供电大厦等项目相继建成，凤翔名苑、赤岩保障性住房、龙腾盛世等8个商住小区有序开发。完成187个村庄规划编制、集镇建设面积5.2万平方米和新农村建设面积11.3万平方米，以建设、桃源2个市级中心镇和吴山阳春、桃源兰玉为重点的特色小城镇和新型农村社区建设初显成效。完成13个村环境连片综合整治和63个村安全饮用水工程，高速公路沿线村镇建筑物立面改造工程取得实质性成效。

生态建设。新增造林绿化面积4600公顷，基本完成街面水库大田库区网箱清理整治工作。实施闽江上游尤溪流域大田县防洪堤（一期）工程、水库除险加固、中小河流域治理等项目，重点推进贵竹林、山贵崎等23个矿山治理示范点建设，完成水土流失治理面积8600公顷。新创国家级、省级生态乡（镇）4个、生态村5个。打击非法水洗矿20家、非法水洗砂55家、非法弃土弃石渣27家、非法小冶炼13家、非法盗采稀土2家。提高资源综合利用水平，集约节约用地，亿元生产总值耗地率下降21.2%。

民生保障。共筹集资金10.6亿元，基本完成70项为民办实事项目。建设保障性安居工程1023套（户），其中廉租房80套、公租房708套、城市棚户区改造235套；完成"造福工程"搬迁463户、2000人。开展"阳光工程"、"雨露计划"等各类培训1.65万人次，发放创业小额担保贴息贷款1.06亿元，新增城镇就业2430人，实现农村劳动力转移就业6121人。农村居民最低生活保障标准由每人每年1200元提高至1800元，城市低保人均补差从154元提高到230元。共募集慈善资金984.3万元，发放帮扶资金185万元，慈善总会作用得到有效发挥。

社会事业。实施39个校安工程、7个中小学布局调整和扩容改建工程，新建中小学校舍面积7.93万平方米，"双高普九"工作顺利通过省级评估验收。主导或参与国家、地方、行业标准制定9项，新获省著名商标3个、名牌产品称号3个，"第五届福建省科普先进县"顺利通过验收。成功举办"第七届高山茶文化节"和"第三届农民运动会"，宋代杂剧朱坂丰场戏赴榕展演获得好评。完成卫生院改造提升2个、村卫生所规范化改造116个，国家基本药物制度实现全覆盖，被评为"国家卫生应急综合示范县"。

【大田经济开发区】 京口工业集中区于2012年6月获省政府正式批复，升格为省级经济开发区。该园区位于县城东部，华兴乡京口村境内，距主城区6千米、"泉三"高速公路石牌互通口13千米；计划总投资9.8亿元，规划面积504公顷，分3期建设，第一期于2009年8月动工，已累计投入4.8亿元，完成开发220公顷；园区配套的日供水1.9万吨自来水厂、日处理1.5万吨污水处理厂及10千伏双回路输电线路已基本建成，110千伏输变电站进入场地平整阶段，基本实现了"七通一平"。目前，已入驻企业12家，总投资26.8亿元。整个园区建成后，将形成产值超200亿元、利税超10亿元的产业聚集生产基地，相当于再造一个大田工业。

【职业中专新校区】 该校区地处均溪镇福塘村"仙亭坑"，总投资1.5亿元，占地面积8.24公顷，建筑面积6.95公顷，规划总建筑面积6.95万平方米，其中：教学楼3幢，行政办公楼1幢，图书馆1幢，实训楼2幢，学生公寓2幢，体育馆1幢，食堂1幢，400米标准体育场1个；现有52个教学班，在校生4047人，其中全日制在校生2692人，非全日制学生1355人。新校区于2009年5月份正式动工建设，2012年7月底已完成整体搬迁，9月份正式开课，可容纳学生4500人，承接各类培

训3000人以上，将成为省内有影响力、国内有一定知名度的国家级重点职业中专学校。 （柯永晋）

编辑：郑 莱

莆田市

【基本概况】 莆田市史称“兴化”，位于福建省沿海中部，北连福州，南接泉州，东南与台湾省隔海相望，与台中市仅距72海里。年均气温18℃—21℃，属亚热带海洋性季风气候。现辖仙游县，荔城、城厢、涵江和秀屿4区，以及湄洲岛国家旅游度假区管委会和湄洲湾北岸经济开发区管委会。有汉、回、畲、壮、苗等33个民族，常住人口281万人，旅居海外的华侨、华裔及莆籍港、澳、台同胞60万人，其中华侨、华裔47万人。拥陆域面积4131平方千米，海域面积1.1万平方千米，海岸线总长443千米，其中：大陆岸线长336千米，海岛岸线长107千米。盛产鳗鱼、对虾、梭子蟹、丁昌鱼等海产品，龙眼、荔枝、枇杷、文旦柚“四大水果”驰名中外。文化底蕴深厚，古迹众多，拥有风景名胜和文物古迹250多处，留存了以妈祖、莆仙戏、南少林、三清殿为代表的文化遗产，是福建省“历史文化名城”之一。拥有湄洲湾、兴化湾、平海湾三大海湾，湄洲湾港是“中国少有，世界不多”的天然深水港湾，水深港闭，风平浪静，不冻不淤，10万吨级船舶可自由进出，30多千米深水岸线可建成万吨级以上泊位150多个，具有建设大型港口的优越条件，其中秀屿港是一类对外开放口岸和首批两岸直接“三通”口岸。

【经济社会概述】 2012年，全市实现地区生产总值1200.38亿元，比上年增长12.8%。一、二、三次产业增加值分别为107.24亿元、689.65亿元、403.49亿元，分别增长3.8%、15.6%、10.3%。三次产业比例由上年的9.4∶58.4∶32.2调整为8.9∶57.5∶33.6。人均地区生产总值42957元，增长12.2%。

农业生产。农林牧渔业总产值178.77亿元，增长3.9%。粮食种植面积5万公顷，减少2900公顷；油料种植面积1.54万公顷，增加33.33公顷；蔬菜种植面积3.47万公顷，增加113.33公顷。粮食产量28.47万吨，减产5.5%；油料产量4.63万吨，增产2.6%；蔬菜产量110.73万吨，增产1.7%；水果产量20.33万吨，增产24.5%；肉蛋奶总产量19.18万吨，增长3.4%；水产品产量74.74万吨，增长2.8%。完成人工造林面积2440公顷，下降62.5%。森林覆盖率58.66%。商品材产量10.22万立方米，增长25.9%。138家市级以上农业产业化龙头企业销售收入196.55亿元，增长17.6%。天怡现代农业在香港成功上市。出口蔬菜质量安全示范区荣获“国家级食品农产品质量安全示范区”称号。

工业经济。工业增加值568.88亿元，增长13.9%。工业总产值1889.64亿元，增长16.5%，其中规模以上工业产值1676.62亿元，增长16.9%。规模工业企业净增83家，总数达942家。规模以上工业产品销售率99.35%，提高0.24个百分点。新增中国驰名商标6个、福建省名牌产品63个、福建省著名商标40个；年末共有中国驰名商标19个，中国名牌产品9个，国家出口免验产品2个，福建省名牌产品274个，福建省著名商标195个。房屋建筑施工面积3015.41万平方米，增长25.8%；房屋建筑竣工面积752.20万平方米，增长57.5%。

第三产业。第三产业增加值403.49亿元，增长10.3%。交通运输、仓储和邮政业增加值49.08亿元，增长7.0%。各种运输方式货物运输周转量77.06亿吨千米，增长16.6%；各种运输方式旅客运输周转量54.18亿人千米，增长2.7%。港口货物吞吐量2350万吨，增长13.3%。房地产开发投资198.59亿元，增长36.0%；商品房销售面积205.50万平方米，增长8.5%；商品房销售额139.62亿元，增长23.9%。旅游总收入91.38亿元，增长17.8%。社会消费品零售总额394.79亿元，增长16.8%。

固定资产投资。全社会固定资产投资930.43亿元，比上年增长29.5%，其中固定资产投资（不含农户）900.71亿元，增长30.1%。在固定资产投资（不含农户）中，第一产业完成投资22.87亿元，增长51.1%；第二产业完成投资284.46亿元，增长17.9%，其中工业完成投资283.77亿元，增长18.6%；第三产业完成投资593.38亿元，增长36.1%。341个在建、预备重点项目完成年度投资666.45亿元，其中：221个在建重点项目年度完成投资588.81亿元，120个预备重点项目年度完成投资77.64亿元。

城乡建设。新建、续建城市道路约100千米；改建城市道路约20千米；“白改黑”路面约52.6万平方米。中心城区路网密度每平方千米达7千米，人均城市道路面积近14平方米。建成区面积达69.2平方千米。城镇化率达51.8%。万达广场建成开业。新建25个商住小区，约2万套、270万平方米。新增绿地面积120公顷，城市建成区绿化覆盖率39.9%，荣获“国家园林城市”称号。全国节水型社会建设试点、创建全国绿化模范城市通过验收。湄洲岛被国务院批准为国家级风景名胜区，木兰陂等9个水利风景区荣获“省级水利风景区”称号。

对外经贸。外贸进出口总额44.21亿美元，下降4.8%，其中：出口29.48亿美元，增长6.0%；进口14.74亿美元，下降21.0%。新批准设立外商直接投资项目25个，按验资口径，合同外资金额3.14亿美元（不含增资），下降20.1%；实际利用外商直接投资1.53亿美元，下降39.6%。

财税金融。财政总收入129.03亿元，增长24.9%，其中地方级财政收入77.45亿元，增长21.1%；财政支出119.60亿元，增长25.4%。全年财政用于农林水、医疗卫生、节能环护、城乡社区事务、社会保障和就业投入39.29亿元，增长17.0%，占财政支出的比重为32.9%。国税总收入(含海关代征)75.92亿元,增长30.7%;地税各项收入76.47亿元,增长21.0%。年末金融机构本外币各项存款余额1078.78亿元,比上年末增长23.3%;金融机构本外币各项贷款余额912.99亿元,增长22.2%。年末金融机构人民币各项存款余额1062.99亿元,比上年末增长23.7%;金融机构人民币各项贷款余额888.30亿元,增长21.7%。

人民生活。农民人均纯收入10311元,增长13.7%;城镇居民人均可支配收入24690元,增长13.0%。农民人均生活消费支出7733元,增长14.6%;城镇居民人均消费性支出16065元,增长12.5%。农村居民家庭恩格尔系数为45.5%,下降1.3个百分点;城镇居民家庭恩格尔系数为41.9%,下降1.4个百分点。农村居民人均住房面积70.4平方米,城镇居民人均住房建筑面积39.3平方米。参加企业基本养老保险人数23.41万人,征收基本养老保险基金7.13亿元。参加机关事业单位养老保险在职人数2.95万人,收缴养老保险费2.97亿元。参加城镇职工基本医疗保险30.07万人,征收基金5.95亿元,其中统筹基金收入2.29亿元,个人账户3.66亿元。参加城镇居民基本医疗保险21.09万人,征收基金2900万元。失业保险参保人数18.90万人,征收失业金9000万元。企业工伤保险参保职工26.01万人,征收基金6100万元。事业单位和非营利性组织工伤保险参保人数8.33万人。参加生育保险26.76万人。企业领取基本养老保险金的离退休人员3.44万人,全部实现养老金按时足额发放。领取失业保险金人数3400人,领取失业保险金2700万元。全市共有城市居民最低生活保障对象10251人,农村居民最低生活保障对象83790人(不含“五保”户6823人)。各类社会福利机构床位8436张。销售社会福利彩票1.80亿元,筹集社会福利资金6300万元。建成保障性安居工程7986套。

社会事业。全省科技创新型城市试点工作全面开展。莆田高新区升级为国家级高新区。6家企业成立院士专家工作站。培育国家级高新技术企业23家,省级企业技术中心27家,市级企业技术中心72家;新增省级创新型试点企业5家、省级创新型企业7家。全年共获授权专利1197项。12个项目被列入国家政策引导类科技计划,20个项目获省级各类科技计划项目立项,下达69个市级科技计划项目。全面推进新型农村合作医疗,全市参合人数259.99万人,参合率99.98%。全年支出新农合补偿8.56亿元,人均住院补偿3448元,特殊门诊人均补偿792元。成功承办第五届亚洲体操锦标赛、南少林环球功夫争霸赛、全国健身交谊舞锦标赛等7项全国性以上体育赛事,举办第三届市运会。在国际体育比赛中,获得金牌2枚,银牌1枚;在全国体育比赛中,获得金牌18枚,银牌17枚,铜牌12枚。建有省级乡(镇)农民体育健身活动中心1个、行政村农民体育健身工程272个、健身路径17条。

环境保护。节能减排有效落实,化学需氧量、氨氮、二氧化硫、氮氧化物四项主要污染物完成省下达减排任务。拥有省级自然保护区2个、省级生态乡镇46个、全国环境优美乡镇6个。城区环境空气质量优,二氧化硫、二氧化氮、可吸入颗粒物年均值皆达到和优于《环境空气质量标准》(GB3095－1996)中二级标准。木兰溪、萩芦溪水质功能达标率为100%,城市内河水质功能达标率为75%,饮用水源地古洋水库、东圳水库和外度水库取水口水质达标率均为100%。城市垃圾无害化处理率98.5%,农村垃圾无害化处理率82%,城市污水处理率83%。

【《莆田市城乡一体化综合配套改革总体方案》出台并启动实施】 2012年7月27日,中共福建省委、福建省人民政府出台《莆田市城乡一体化综合配套改革总体方案》,为莆田市开展城乡一体化综合改革试点建设指明了方向,赋予一系列先行先试的优惠政策,对推进莆田加快建设更加优美更加和谐更加幸福的新型城乡,把莆田市建设成为城乡一体化发展的先行区和体制机制改革创新的示范区具有里程碑式的重大意义。为加快推进城乡一体化综合配套改革试验,莆田市以“美丽莆田·幸福家园”试点建设为突破口,率先在16个基础条件较好的村庄开展试点建设,主要在农村新型社区建设、土地综合整治、确权发证和产权交易流转等方面,探索推进城乡一体化发展的体制机制,持续创出城乡一体化发展新面貌。 (郭　威)

仙游县

【经济社会概况】 2012年,全县实现地区生产总值203.92亿元,比上年增长13.1%;三产比例为12.7∶47.1∶40.2。全社会固定资产投资156.39亿元,增长33.5%。财政总收入17.85亿元,增长32.1%,其中地方级财政收入11.29亿元,增长22%。外贸出口总额3.63亿美元,增长14%。实际利用外资3080万美元(验资口径),增长40.3%。社会消费品零售总额63.60亿元,增长11.8%。

项目建设。385个“五大战役”项目完成投资282.8亿元。100个县在建重点项目完成投资129.2亿元。仙榜路、濑榜路拓宽改造和10千米工艺走廊“四化”工程圆满完成。莆永高速公路仙游段、金钟水利枢纽大坝工程等建成投入使用,仙游抽水蓄能电站首台机组正式发电,湄渝高速公路仙游段、国际油画城、喜来登五星级大酒店正式动工。累计对接“三维”项目57个,总投资179.8亿元。蓝海新材料生产项目等一批重大项目实现签约,永鸿文化城完成一期供地。完成重点项目征地444.2公顷、拆迁25.3万平方米,获批土地170.87公顷。总部经济实现突破,年纳税2.68亿元,其中中海油2家企业纳税1.3亿元。兴业证券、核工业第五研究设计院福建分院落户仙游。

工业发展。新增规模以上工业企业18家,新增产值超亿元企业21家。208家规模以上工业企业完成产值243.75亿元,增长19.9%;实现工业增加值79.07亿元;完成规模工业销售额239.4亿元,增长23.2%;产销率达98.9%。工艺美术、鞋服纺织、金属制品、化工四大主导产业完成产值205.9亿元，占规模以上工业产值的85.1%。仙游经济开发区核心区新增投产企业11家，总数达50家。仙游工艺产业园博览城和26家入园企业加快建设，基本竣工企业5家。仙港新兴产业园完成一期征迁和土方平整，循环经济示范园加快推进。福建省木雕古典家具产品质检中心投入运行。新创驰名商标1件、福建名牌产品31项、著名商标16件、企业知名字号3个，2家企业荣获莆田市政府质量奖。新建省级院士专家工作站2家、省级企业技术中心1家。

农业生产。农林牧渔业总产值43.97亿元，增长3.6%。粮食总产量14.5万吨。油料、水果、茶叶、蔬菜、食用菌、肉蛋奶、水产品产量分别达1.5万吨、7.55万吨、0.35万吨、26.5万吨、4.5万吨、4.8万吨、1.63万吨，分别增长6.4%、16.1%、6.1%、8.6%、4.7%、6.6%、3.2%。新增省级农业龙头企业5家、绿色农产品10个。发展设施农业800公顷，列入国家现代农业示范区。度尾仙溪果业合作社列入国家级示范社。书峰村列入全国“一村一品”示范村镇。仙游台湾农民创业园新增入驻台资企业5家；成功举办仙游县海峡两岸甜柿文化旅游交流节。

第三产业。第三产业增加值81.9亿元，增长10.4%。新增限上商贸企业21家。实施房地产开发项目50个，销售面积42.84万平方米，增长16.8%。旅游接待人数135万人次。九鲤湖景区总体规划通过评审论证，游客服务中心动工建设。九座寺旅游景区开发正式启动。年末金融机构本外币存、贷款余额分别达189.3亿元、122.7亿元，分别增长19.7%、28.6%。与省开行第二轮战略合作授信额度15亿元。成立建工、水务、供销三大投资集团。

城乡建设。城市规划控制区扩至120平方千米，编制集镇总体规划4个、村庄规划149个。100个城建项目完成投资66亿元。仙游师范新校区、总部经济大楼建成投入使用，县行政中心、政法组团开工建设，第二自来水厂主体工程基本完成。竣工商品房52.5万平方米、安置房7万平方米，在建保障性住房991套。学府路全线贯通，汽车北站、玉井大桥、辉煌大桥投入使用。新增城区公交线路3条、停靠站40个和LNG公交车72部；铺设污水管网32.9千米。枫亭、榜头小城镇试点项目完成投资44.5亿元。枫亭、赖店、大济、度尾4个镇立面改造试点段全面实施。依法拆除“两违”建筑4.9万平方米、违规户外广告7200多块。榜头坝下、紫泽和枫亭海安3个“幸福家园”试点村启动建设。

民生工程。12件为民办实事项目顺利实施。落实强农惠农富农政策资金4.6亿元。城镇居民人均可支配收入18962元，增长13%；农民人均纯收入8596元，增长13.7%。城镇新增就业4758人，城镇登记失业率3.31%。新农合参合人数88万人，参合率99.9%。城乡居民保参保人数43.3万人，参保率82.3%。城乡低保应保尽保、标准提高。人口家庭公共服务中心投入使用。新增廉租住房租赁补贴239户。妥善解决1140户房屋土地确权发证问题。完成道路安保工程100千米、自然村道路硬化60千米，改造危桥13座。除险加固小型水库19座、山塘54座。新农村饮水安全工程、农网改造升级工程顺利实施，110千伏枫亭变增容、郊尾变扩建工程建成使用。城乡居民用电实现全省同网同价，年减轻居民电费负担4000多万元。完成数字电视整体转换1.6万户。

社会事业。实施重点科技计划项目37个，实现专利成果转化28件。教育“两项督导”获得市“优秀”等次。校安工程竣工17.8万平方米，新建中心幼儿园3所，创建义务教育标准化学校162所。完成鲤声剧团改制。新建、改造农家书屋84家、村级体育健身点115个。仙游工艺产业园列入福建省十大重点文化产业园区；中国工艺美术协会工艺油画专业委员会落户仙游。组团参加莆田市第三届运动会获得金牌总数、团体总分第一。县医院改造和妇幼保健院搬迁启动实施，改造提升乡镇卫生院6所，完成村卫生所标准化建设83所。人口计生政策符合率同比提高2.2个百分点，列入省级人口和计划生育优质服务先进县。完成土地整治41.33公顷、土地整理300.53公顷，耕地实现占补平衡。完成造林绿化9100公顷，新增国家级生态乡镇9个、省级15个。拆除、关闭畜禽养殖场33.5万平方米。

【蓝海新材料生产项目正式落户仙游】 2012年11月17日，蓝海新材料生产项目正式签约落户仙游。该项目由山东蓝帆集团、江苏德威新材料、福建凯邦锦纶科技、福建佳联纺织印染等股东共同投资，位于仙游经济开发区化工新材料产业园，一期计划投资34亿元，拟建年产10万吨过氧化二异丙苯(DCP)、10万吨丁苯橡胶(SBR)装置，建设期为2年，项目建成达产后，年可创产值达40.77亿元，创税4.02亿元。（戴建进）

荔城区

【经济社会概况】 2012年，全区实现地区生产总值238.03亿元，比上年增长15.6%。三次产业结构由上年的7.2∶61∶31.8调整为6.9∶61.8∶31.3。财政总收入27.52亿元，增长25.0%，其中地方级收入17.49亿元，增长26.9%。规模以上工业产值335.04亿元，增长22.9%。全社会固定资产投资完成176.46亿元，增长17.5%。外贸出口总额7.28亿美元。合同利用外资1.51亿美元，实际利用外资1.73亿美元。社会消费品零售总额99.34亿元，增长16.1%。限额以上商贸业销售额155.68亿元，增长42.7%。

农业经济。农林牧渔业总产值26亿元，增长3.2%。农业产业化进程加快，23家市级以上农业龙头企业完成产值38亿元，农林牧渔业实现增加值16.01亿元。出台《加快海洋经济发展实施意见》。

工业经济。工业总产值344.75亿元，增长28.3%，其中规上工业产值335.04亿元，增长22.9%。净增规模企业41家，达346家。深入实施品牌带动战略，拥有中国驰名商标5件、中国名牌产品3项、省著名商标27件、省名牌产品32项。闽中有机食品有限公司在新加坡成功上市，成为莆田市首家在国外上市的企业；三棵树涂料有限公司进入上市辅导期，8家上市后备企业上市进程加快。

第三产业。第三产业增加值73亿元，增长12.3%。区商务大楼入驻企业154家，总部商务区首期6家企业总部项目部分动工，木兰金融财富中心实现开工，中醇化(福建)汽车新能源项目顺利落地，中石化炼油销售(福建)有限公司注册落户，中信银行、麦德龙商场进驻运营。出台《加快旅游产业发展实施意见》，成功举办第七届“艺博会”、第四届南少林文化武术节，工艺城获评“全国诚信示范市场”，鞋服城获评“中国皮革与制鞋行业最受欢迎交易中心”。

城乡建设。制定贯彻城乡一体化综合配套改革试验总体方案的实施意见，开展“幸福家园”试点工作。西天尾省级小城镇完成投资60亿元；黄石列入国家级小城镇综合改革建设试点镇；北高市级小城镇完成投资3.3亿元。磐龙山庄等31个安置房项目全面推进，文献东拓等8个安置区基本完成回迁。莆兴路二期、物流1#2#路加快建设，九华大道一期等一批市政道路建成。改造农村公路32千米、危桥15座。开展全国中小河流治理重点县综合整治试点工作。全力推进“四绿”工程，造林绿化618.4公顷。创建4个省级生态镇街、58个市级生态村。拆除关闭畜禽养殖场3631场113万平方米。

项目工作。区管361个项目完成投资176亿元，其中158个在建项目完成投资153亿元，完成年计划的100%；75个预备项目完成投资23亿元。“五大战役”项目累计完成投资175亿元；新开工项目90个、新竣工或投产项目70个。华润莆田循环经济产业园项目签订投资框架协议。参加“6·18”、“9·8”等经贸活动对接民企项目13个，签约金额95.6亿元。

社会事业。筹集4.5亿元实施10大类56个为民办实事项目。优先发展教育事业，在全市率先实现义务教育学校标准化建设全覆盖，区政府教育督导室被国务院授予全国“两基”工作先进单位。出台《关于深化科技体制改革加快创新体系建设实施意见》，帮助企业与高等院校、科研单位对接项目11项，获评“第五届福建省科普先进城区”。改建镇街综合文化站，新建45家农家书屋、6个社区图书室、26个村级农民体育健身场所。基本完成6个基层医疗机构改扩建，新农合参合率达100%，成功创建全省首批、全市首家省级卫生应急综合示范区，顺利通过基本公共卫生服务项目国家标准考核。

(刘绪永)

城厢区

【经济社会概况】 2012年，全区实现地区生产总值210.27亿元，比上年增长13%。财政总收入19.7亿元，增长35.2%，其中地方级财政收入13.43亿元，增长29.7%。社会消费品零售总额107.22亿元，增长25%。全社会固定资产投资133.55亿元，增长23.1%。外贸进出口总额5.9亿美元，增长18.6%。实际利用外资(按验资口径)4200万美元，增长105.2%。城镇居民人均可支配收入和农民人均纯收入分别为25891元、11228元，分别增长12.9%、13.8%。

工业经济。规模以上工业产值188.26亿元，增长22.9%；工业增加值64.7亿元，增长17%；实现工业固定资产投资19.47亿元，增长5.6%。新增规模以上工业企业4家、总数达111家。天怡现代农业实现香港挂牌上市，为全区首家上市企业。实施科技项目22项；星华电子、锐马电气2家企业被评为国家级高新技术企业。全年新增省级名牌4个、省著名商标6个，全区拥有省级以上名牌产品、商标达54个。规模以上工业企业110家，已基本形成鞋革、食品、电子信息、服装、工艺美术、印刷等6大产业集群。

第三产业。全年净增限上商贸企业19家，总数达118家。接待游客324.8万人次，旅游收入30.5亿元。阳光假日大酒店通过四星级评定，希尔顿大酒店、御庄园温泉度假村实现开业。九龙谷国家森林公园荣获“国家生态文明教育基地”称号，并顺利通过国家4A级景区验收。

农业生产。强农惠农政策全面落实，完成2400公顷水稻种植保险，发放农资补贴317万元，受益农户26万户。完成18个村级公益事业“一事一议”财政奖补项目，奖补资金234万元，受益群众5.4万人。投入2500万元用于扶持库区移民建设。7个国家立项农业综合开发项目、6座小(二)型水库除险加固工程等一批农村基础设施项目完成建设。保障性住房建设顺利推进，建设各类保障性住房2243套。加大农村文体设施投入，完成4个镇综合文化站配套建设，新建农家书屋29个、有线电视村村通工程35个。

项目建设。全年实现竣工项目60个，投产10个，开工40个。莆永高速公路城厢段实现通车，滨海大道城厢段基本完成建设，万达广场、天喔物流配送中心、皇冠一期、华源工贸、南兴针织等一批重点项目建成投产，天龙广场、御品兰湾等一批房地产项目实现竣工，木兰财富中心、木兰国际广场、喜盈门等一批商贸服务类项目，东海鞋服辅料生产基地、台兴食品、坪洋风电等一批工业类项目，钟潭溪河道治理工程、华林学校、市第一医院扩建等一批社会事业类项目，木兰大道一期、溪滨路、三紫路等一批道路交通项目实现动工建设。“三维”对接成果显著，全年共对接或签约民营项目15个，投资总额达68亿元；外资项目12个，投资总额达5.8亿美元；央企项目2个，投资总额达47亿元。

城乡建设。城区建设进程加快，基本完成霞林、泗华滨溪、中央商务区下黄、肖厝等片区旧房拆除，鲤鱼山二期全面完成签约，新塘南景、莆田西、松峰片区完成丈量，坂头东、坂头西、沟头、滨溪三期等片区加快房屋丈量及前期手续办理。安置房建设进度加快，洋西一期、顶墩一期、莆糖、坂头、龙桥直街等安置房基本完工，正在组织扫尾及回迁，泗华滨溪、木兰溪、中央商务区下黄、肖厝等安置房实现动工建设。城市配套设施不断完善，完成污水配套管网建设37千米，实施324国道城厢段路面“白改黑”，完成延寿路万达段建设。积极创建国家园林城市，绶溪公园、泗华水上公园、天马山公园一期完成建设。大力开展城区绿地、主干道、人行道绿化补植，建成区绿地率达38.4%。完成4个建制镇镇域总体规划及81个村庄总平编制。建成通自然村公路16千米、农村公路安保工程35千米。启动华亭涧口村“美丽城厢·幸福家园”市级试点工作，东海大埔村省级“造福工程”完成征地及房屋丈量。

社会事业。实施义务教育标准化建设学校61所，竣工验收校安工程40个。高考中考成绩位居全市前列。城乡医疗卫生基础设施持续改善，区医院新址门诊楼、医技楼项目竣工验收，49所村标准化卫生所完成建设。人口计生水平持续提升，荣获“省人口计生工作先进区”称号。突出抓好生态建设，全年造林绿化面积2000多公顷，实施重点流域畜禽养殖污染综合整治，拆除关闭养殖场2500家64.8万平方米。实行医疗救助城乡一体化和一站式结算服务，全年发放低保1355.2万元、红十字医疗补助140.6万元。城镇居民基本医疗保险和“新农合”参保率分别达95%和100%，“新农保”续缴率达96%，城镇居民养老保险正式启动。（郭德龙）

涵江区

【经济社会概况】 2012年，全区实现地区生产总值320.75亿元，比上年增长10.2%。农村牧渔业总产值27.81亿元，增长4.6%。工业总产值646.38亿元，增长13.8%。社会消费品零售总额78.24亿元，增长11.4%。财政总收入26.06亿元，增长17.3%，其中地方级财政收入12.90亿元，增长21.1%。城镇居民人均可支配收入25891元，增长12.9%；农民人均纯收入10445元，增长13.6%。全社会固定资产投资168.85亿元，增长34.3%；合同利用外资1.38亿美元，增长12.1%；实际利用外资1.88亿美元，增长3.5%；外贸进出口总额6.37亿美元，下降1.9%。

结构调整。三次产业结构比例调整为5.2∶70.5∶24.3。230家规模以上工业企业产值610.06亿元，增长14.1%。电子信息、机械制造、鞋革服装、食品加工四大产业完成产值525亿元，占规模以上工业产值的85%。莆田高新区升格为国家级高新园区。中科中涵、威诺数控、荣兴机械和越特新材料等企业4项技术取得突破，达到了国际国内先进水平。社会消费品零售总额78.24亿元，增长11.4%。房地产市场健康发展，销售商品房面积24.7万平方米，增长181%。红色游、休闲游、生态游等旅游经济持续升温，闽中司令部旧址被中宣部等14家部委列入全国红色旅游经典景区，成为全省10家党员干部教育培训示范基地之一。农牧业产值16.62亿元，其中：种植业产值10.38亿元，增长8.96%；畜牧业产值6.24亿元，增长3.14%。24家农业产业化龙头企业，实现销售收入45亿元。各类专业合作组织发展到85个，标准化生产基地达233.33公顷。

项目建设。全社会固定资产投资168.85亿元，增长34.3%。全区235个区级重点项目，新开工建设149个，建成、投产62个，总投资2099.96亿元，年度计划投资154.99亿元，完成投资161.75亿元，完成年度投资计划的104.4%。其中：在建重点建设项目131个，实现投资117.71亿元，完成年度投资计划的114.6%；区级预备重点项目54个，实现投资32.7亿元，完成年度投资计划89.6%；重点前期项目40个，实现投资9.48亿元，完成年度计划投资的66.9%；为民办实事项目10个，已开工10个，实现投资1.85亿元，完成年度计划的115.6%。一批项目取得突破性进展，涵江港海洋功能区划调整通过国务院审批，总投资150亿元的临港产业园陆域形成工程完成招标工作，三江口3000吨级陆岛交通码头、湄渝高速涵江段、乌溪水库等重大项目顺利开工，24个水利项目全部竣工，完成小型农田水利重点县3年建设任务。81个工业项目完成投资42.6亿元，中涵机、德信电子等21个项目竣工，海峡纺织工业城、亿发工贸园等33个项目开工建设，英博雪津、荣龙机械等18个增资项目投产达产。融资渠道多元发展，全年财政融资9亿元，经营性土地出让金收入6.8亿元。宏峰集团、涵城建筑等5家企业参与9个公共项目BT建设。“三维”对接有力推进，对接民企项目20个，总投资176亿元；对接外资项目13个，注册合同外资3.1亿美元；中信集团总投资500亿元的海西文化创意产业城、华融集团总投资15亿元的兴涵水都一期等项目正式签定投资协议。

城乡建设。全区50个重点征迁项目完成拆迁124万平方米，塘北、铺尾、黄霞、苍口、西坡等5个片区取得突破；福厦路沿线改造格局逐步形成。加快安置房建设，向莆铁路、福厦铁路等11个安置区实现回迁，苍然后度、人民街北伸等18个安置区动工建设。新建、改扩建道路20条，总里程15.7千米；“白改黑”道路2条，面积约15.5万平方米；涵港大道东侧等3条道路建成通车。完成沈海高速涵江段13.2千米的森林通道建设。完成河道修复保护和开发性规划编制，首批启动梧梓河、塘头河等清淤疏浚、引水冲污和景观建设工程。加强生态环境建设，拆除关闭养殖场60万平方米，新增污水管网25.3千米，新建垃圾收集转运设施403个，生活垃圾无害化处理率达98%以上。出台城乡一体化综合配套改革贯彻实施意见，启动以土地整理和村庄整治为主要内容的“幸福家园”试点工作。完成省道202线35千米路面铺设、880千米的乡村公路养护和120千米的农村公路安保工程。完成46个村庄规划编制，推进江口、萩芦小城镇建设，开展村庄环境综合整治和农村家园清洁行动。

社会事业。10件为民办实事项目全面完成。社会保障工作全面推进，发放和支付社保资金1.3亿元。城乡居民养老保险登记参保总人数22.2万，60岁以上的农民全部领到了每月55元的基础养老金，9000多名失地农民领取养老金460万元。新增城乡低保对象691人，发放低保金1870.2万元。发放家电下乡财政补贴资金2520.6万元，销量居全市第一。投入财政性住房保障专项资金5578万元，新增各类保障性住房774套5.5万平方米，卓坡经济适用房配建廉租住房一期被评为全国保障性安居“优秀工程项目”。完成2182人的“造福工程”搬迁任务,7802位移民享受直补政策。建成农村安全饮水工程2处,解决6.8万人的饮水安全问题。

科技创新,上报47个科技计划项目。申请专利262项,申请量居全市首位。教育基础设施投入加大,义务教育阶段学校标准化建设全部通过市级验收,在全市首家完成103个校安工程重建任务和24辆国标校车更换工作。文化体育事业进一步繁荣,完善乡镇综合文化站9个,新建农家书屋43家,新增“农民体育健身点”51个,送电影下乡2376场次。

(方燕萍 许云峰)

秀 屿 区

【经济社会概况】 2012年,全区实现地区生产总值183亿元,比上年增长13.3%;全社会固定资产投资158亿元,增长27.9%;农林牧渔业总产值45.4亿元,增长3.6%;规模以上工业企业产值258.9亿元,增长16.2%;社会消费品零售总额36.9亿元,增长17%;财政总收入17亿元,增长31.7%,其中:中央级收入8.5亿元,增长70.9%,地方级收入8.5亿元,增长7.2%;外贸进出口总额17.4亿美元,下降22.3%;实际利用外资2555万美元,下降1.1%;农民人均纯收入10242元,增长14.2%。

重点项目。全年重点项目138个,完成投资119.6亿元。获批建设用地193.67公顷,完成征地征海347.82公顷,房屋拆迁10.3万平方米。新开工重点项目60个,竣工(投产)项目45个。湄洲湾石门澳开发区、莆头作业区区域建设用海规划获得国家海洋局审批,鞍钢冷轧、精细胶粉、石城二期风电、后海风电、禧图印刷等一批项目实现竣工,峻兴管桩、盛达天然橡胶、瑞祥安古典家具、优力电机等一批项目实现开工;秀屿村整体搬迁全面完成。

招商引资。全年对接项目68个,已落实并签定正式投资协议书项目50个,总投资60.6亿元,其中投产项目11个,投资额3.93亿元,在建项目13个,投资额13.97亿元;签定正式投资协议书项目26个,投资额42.7亿元。其中,投资额上亿的项目25个,占总项目数的36.8%;超百亿项目2个,分别是总投资200亿元的己内酰胺(CPL)和总投资265亿元的丙烷脱氢。

工业经济。新增规模以上企业15家,规模以上企业总数达113家。能源、石化、林产品加工、工艺美术等主导产业实现产值202.1亿元,占规模工业产值的78.1%,其中:能源行业实现产值98.9亿元,产值比重达38.2%;石化行业实现产值45亿元,产值比重达17.4%。品牌建设取得成效,标准木业的锯材和海宏木业的指接板被评为省名牌产品,标准木业被评为“福建省林业产业化龙头企业”。

农村经济。“南日鲍”成功获批中国驰名商标;新增“海帝及图”、“渔太太”为福建著名商标。海带、牡蛎、紫菜等传统养殖品种丰产丰收,渔业总产值34.6亿元,占农林牧渔业总产值的76.2%。农业产业化经营逐步优化,44家省市级农业产业化龙头企业产值18.9亿元,占农林牧渔业总产值的41.6%。

城乡建设。完成城区50平方千米概念性总体规划和土海等重点片区城市设计。供电大楼、电信大楼、临港公园等一批项目实现竣工。出让经营性土地11.4公顷,出让金总额达4亿元。完成房地产投资9.5亿元,增长35%;销售商品房11万平方米,增长34%。莆永高速莆田段建成通车,秀港路二期、西塘街开工建设。莆秀高速公路沿线新增绿化45.47公顷,建成区绿地200公顷,绿地率达43.2%。污水处理厂排海工程已完成,新建污水管网37.8千米。完成埭头省级小城镇规划编制,建成埭头镇青少年校外体育活动中心、规划展示厅。上塘片区、石城村、东潘村等5个“美丽莆田·幸福家园”试点村建设工作全面启动。

社会事业。全面实施“教育强区”战略,86个校安工程竣工,132所中小学通过标准化学校评估验收;设立名优教师专项津贴,追加高、中级教师职称聘任岗位400个;学前教育、义务教育成果进一步得到巩固。完成农村广播村村响、乡镇综合文化站、农家书屋等一批文化工程,建成52个农民健身工程。新建区医院外科卫技大楼,完成5所乡镇卫生院和30所农村卫生所标准化改造,新型农村合作医疗参合率达99.9%;疾病预防控制工作有效开展,先后被评为“全省免疫规划工作先进集体”、“全省地方病防治工作先进集体”。通过“第五届福建省科普先进区”考评验收,区蔬菜协会、南日鲍协会被评为“全国科普惠农兴村先进单位”,全省闽台农业合作科技推广示范区建设扎实推进。新型农村社会养老保险参保率达92.4%,发放城乡低保、救灾款、重度残疾人救助金、慰问金等3000多万元,启动被征地农民就业和养老保障工作。建成保障性住房314套,配租配售廉租住房、公共租赁住房656套;新建安置房10.2万平方米、安置房回迁495户。春季重大动物疾病防控工作顺利通过农业部检查验收。完成秀屿港区滞洪区、山洪灾害防治工程建设,除险加固山塘5座、水库5座。主要污染物减排工作有序推进,畜禽养殖污染整治工作成效明显,拆除畜禽养殖场356家,面积15万平方米;积极创建“全国绿化模范城市”,造林绿化面积769.4公顷。

(叶世凯)

湄洲湾北岸经济开发区

【经济社会概况】 2012年,全区实现地区生产总值35.02亿元,比上年增长14.8%;全社会固定资产投资124.63亿元,增长55.6%;批发和零售业商品销售额21.9亿元,增长26.3%;建筑业产值2.07亿元,增长50.1%;实际利用外资额(验资口径)2000万美元;财政总收入4.2亿元,增长38.9%;农林牧渔业总产值13.0亿元,增长3.8%;农民纯收入10242元,增长14.2%。

招商引资。全年新增商贸企业158家,入驻经济城企业总数达426家,完成营业额36.39亿元,增长224.33%。在广东珠三角民营企业对接洽谈会上,签约钢材深加工项目、年产20万吨聚酯材料项目、中华宗教民俗文化艺博园项目和铝门窗制造等4

个项目，总投资24.6亿元。

项目建设。开发区安排重点项目113个，总投资2133.2亿元，完成年度投资124.6亿元，占市下达任务的103.8%，增长55.6%。实现开工项目12个，建成或部分建设项目14个。东吴港区东1#泊位码头开港运营，国投湄洲湾煤炭一期码头建设进展顺利；罗屿作业区40万吨级铁矿石泊位码头全面加快施工建设；东吴港区装卸车场及物流园A区陆域回填工程于竣工投产。总投资70亿元的差别化纤维项目一期工程进展顺利；总投资70亿元的湄洲湾第二发电厂正做好开工前期的各项准备工作，待国家发改委路条核准后即可动工建设；总投资260亿元的林浆纸一体化项目已完成项目核准，正在进行开工前的准备工作；总投资200亿元的神华港电一体化项目已完成联发项目集体资产回收并签订协议；总投资260亿元的中新石化项目一期项目环评报告已上报省环保厅待批，正在开展二期前期工作；总投资80亿元的中海源（莆田）海洋高技术产业园项目签约，涉及的4块海域已获得审批，正在开展海域征用等工作；投资25亿元的东南沥青产业园项目在厦门正式签订投资协议，涉及的4块海域已获得审批，海域征用各项工作正在稳步推进；总投资270亿元的泰盛浆纸一体化项目签约，正在开展前期工作；投资5亿元的隆富恒海产品深加工基地项目正在办理海域使用权挂牌出让；投资13亿元年产35万吨的聚酯材料项目签约。全年开发区完成征地332.76公顷，征海545.93公顷，迁坟1754个，评估、丈量房屋约10.96万平方米，拆除房屋约817万平方米。

城乡建设。莆永高速公路北岸段实现通车；湄洲湾港口铁路支线（北岸段）已完成12个涵洞成品的主体建设，完成东埔公跨铁立交桥1座和小桥3座，罗屿特大桥开工建设；城港大道二期实现全线贯通；西埔通港大道、东吴中大道二期、工业路二期等采用捆绑BT的方式建设；荔港大道北岸段已列入全省“镇镇有干线”规划；新文公路提升工程正在进行施工、监理单位招标，已进入全面实施阶段。妈祖城核心区基本完成基础设施建设，累计投资23亿元；妈祖文化体育公园实现开园运营；莆田一中妈祖城校区完成投资2500万元；港城新区污水处理厂完成投资2700万元；污水管网工程累计完成投资6200万元。集中力量抓好山亭、利山、西前、东仙、文甲等5个试点村的“美丽莆田·幸福家园”试点建设工作，全面启动实施“两点一线”13个项目。

2012年10月，莆田妈祖文化体育公园开园运营。

（莆田湄洲湾北岸经济开发区管委会供稿）

民生保障。农村路网建设基本完成，通自然村道路8千米的建设计划基本完成，农村公路安保工程有效推进，全区141.1千米农村公路全部纳入养护里程。畜禽养殖场污染整治工作有序推进，共拆除养殖场17户，关闭36家，总面积5万多平方米。建设保障性住房87套，建筑面积468平方米，总投资900万元。城乡环境卫生整治成效明显，3个镇垃圾压缩站全部投入使用。全面落实渔船燃油、家电下乡、种粮补贴政策，各类补贴资金及时发放到位。辖区内8个安置区建设顺利推进，其中后坑安置区已顺利实现回迁，港里安置区（一期、二期）已实现部分回迁，东埔头安置区、莆禧安置区及度口安置区一期等正在进行相关配套设施建设。农家书屋建设实现所有行政村全覆盖；3个镇综合文化站全部投入使用。整合妈祖故居、妈祖城、妈祖阁、莆禧古城、紫霄洞等旅游资源，以妈祖文化为龙头的文化旅游产业持续升级。天后祖祠保护性整治总体规划加快推进，占地1万平方米的妈祖文化广场已启动征迁工作；占地面积990平方米，总造价1450万元的妈祖圣殿正在建设。保障体系不断健全，新农合参合率达99%以上；城乡低保实现应保尽保。（郑向锋　吴剑伟）

编辑：林丹英

南平市

【基本概况】 南平市位于福建北部、闽江源头，俗称“闽北”，与浙江、江西交界，地处福建南接北联的战略通道。下辖1区4市5县，户籍人口313万人，面积2.63万平方千米，是福建面积最大的设区市。南平历史悠久，是我国南方开发最早的地区之一，有四千多年的历史，10个县（市、区）建县都在千年以上。文化底蕴深厚，是闽越文化、朱子文化、武夷茶道文化、齐天大圣文化的发源地，历史上人才辈出，出过19位宰相和2000多位进士，著名理学家朱熹在南平“琴书五十载”，被誉为“闽邦邹鲁”和“道南理窟”，后人有“东周出孔丘，南宋有朱熹，中国古文化，泰山与武夷”之说。自然资源丰富，素有“福建粮仓”、“南方林海”、“中国竹乡”之称，林木蓄积量居全省第一，毛竹面积占全国1/10，以“大红袍”为代表的武夷岩茶享誉中外。生态环境优美，森林覆盖率71.14%，是地球同纬度生态环境最好的地区之一，空气中负氧离子含量最高达每立方厘米13万个；是华东地区不可多得的旅游资源密集区，境内的武夷山是全国仅有的4个文化与自然世遗地之一。著名革命老区，10个县（市、区）都是革命老区，5个县（市）被确认为原中央苏区县。

【经济社会综述】 2012年，全市实现地区生产总值995.08亿元，比上年增长11.0%；财政总收入92亿元，增长18.9%，其中地方级财政收入59.18亿元，增长21.6%；规模以上工业总产值1141.66亿元，增长15.7%；农林牧渔业总产值385.75亿元，增长5.6%；全社会固定资产投资899.01亿元，增长30.2%；外贸出口16.86亿美元，增长41.6%；社会消费品零售总额357.30亿元，增长16.7%；城镇居民人均可支配收入22235元，增长12.7%；农民人均纯收入8893元，增长13.1%；居民消费价格总水平上涨2.4%。

“五大战役”。全市20项重点工作、38个重大项目扎实推进，实施“五大战役”项目1230个，超额完成年度目标。整合市本级国有资产，新组建南平建设集团等4家国有集团公司。现代交通体系不断完善，龙浦、宁武、松建3条高速公路全面建成通车，8个县（市、区）通高速公路，通车里程跃居全省首位；京福高铁南平段加快建设，向莆铁路南平连接线外洋段竣工通车。城乡面貌明显改观，南平中心城市延平新城启动建设，闽江大桥建成通车，交通秩序整治取得成效；4个省级和10个市级小城镇改革试点工作顺利实施，180个中心村加快建设，20个绿色试点村启动建设。

产业发展。突出抓龙头、铸链条，集中力量打造“5+3”产业，即食品、旅游、机电制造、纺织箱包、竹木加工等5个传统优势产业和生物工程、现代物流、文化创意等3个新兴产业，加快构建绿色生态产业体系。落实国家和省上扶持企业发展政策，整合工业发展基金，出台推进企业技术改造措施，促进中小微企业发展。实施155项重点工业在建项目，推动现有企业增资扩产；顺昌欧浦登光学扩建项目竣工投产；圣农集团在光泽扩建项目部分投产，在浦城、松溪、政和新建项目开工建设；福矛窖酒、青松化工、和泉生物等企业生产线扩建项目进展顺利；产值超亿元企业257家、净增57家。市本级三大产业组团完成投资57亿元，引入企业76家，新增工业产值37亿元。各县（市、区）工业园区加快建设。武夷山欢乐茶城、邵武瀑布林温泉等一批旅游项目相继建成，武夷山杜坝旅游服务园区、武夷千古情城、邵武和平古镇等12个旅游综合体和20个高星级饭店项目开工建设，武夷山国家旅游标准化和智慧旅游试点城市工作有序推进；旅游接待总人数1868万人次，旅游总收入223亿元，分别增长22.9%、22.8%。文化产业加快发展，武夷山创意园区等15个重点文化产业项目开工建设。

招商引资。紧紧把握武夷新区建设和交通条件改善的机遇，加大对外招商推介力度，组织赴北京、上海、深圳、福州、厦门、香港、台湾、东南亚等地开展招商推介，积极参加“6·18”、“9·8”等重大展会，成功举办“5·13”投洽会、茶博会等重大经贸活动，大力推进与央企、民企、外企项目对接，加强与省属国有企业全方位合作，引进项目410个、总投资1900多亿元，其中对接“三维”合同项目160个、总投资850亿元。坚持抓招商与抓项目落地并重，建立招商项目集中审批制度，实行招商工作和项目审批代办“一条龙”服务，全年签约项目开工率达68%。

新区建设。举全市之力加快武夷新区开发建设，完成武夷东站片区等5个控制性详规和绿道网等7个专项规划编制，启动实施“十大工程、百亿投资”战役，滨江路一期景观绿化、林后大桥等10个市政基础设施项目竣工。新区入驻产业项目85个，总投资270亿元，其中超亿元投资项目50个；兴华啤酒、派森家居、荣田钢构等25个项目建成投产，海源新材料等5个投资超10亿元的项目开工建设。启动延平新城建设，重点加快高铁站安济片区和新城中心片区建设。各县（市）城区发挥千年古城的优势，旧城区只拆不建，注重完善城市功能；新城按照旅游城市的标准来打造，把闽北文化元素融入到建筑中，彰显特色和品位。

“三农”工作。落实强农惠农富农政策，粮食生产保持稳定，主要农产品增产增收。省级以上农业产业化重点龙头企业达34家，新增农民专业合作社115家，延平王台现代农业示范区、浦城丹桂示范园等加快建设。农业“五新”示范推广290项，农业机械化水平达40%。全市涉农乡镇（街道）全部建成土地流转服务平台，土地流转3.47万公顷。实施土地整理、高标准农田建设和中低产田改造6000公顷。基本完成农村集体土地确权登记发证工作。新开工重点水利项目23个，水库除险加固73座，解决30万农村人口饮水安全问题。治理水土流失2万公顷。造林绿3.13万公顷。硬化农村公路320千米，实施安保2100千米，改造危桥138座。5个省级扶贫开发重点县对接项目270个，落实资金23亿元。完成农村造福工程危房改造9400户、3.6万人，建成18个省级集中安置区。“南平机制”深化拓展，建设省级“三农”服务中心30个。

社会事业。落实教育惠民政策，竣工274个校舍安全工程项目，新建23所公办幼儿园，创建103所义务教育标准化学校，实现义务教育初步均衡。启动智慧城市建设；成功举办第五届科技成果交易会，科技成果转化能力提升；知识产权工作不断强化。加快构建公共文化服务体系，县级公共图书馆和城区影院、群众性文化激情广场示范点、农家书屋等文化惠民工程建设取得成效。深化医药卫生体制改革，公立医院试点改革稳步实施，完成460个建制村卫生所标准化建设，基本药物制度覆盖到全市基层医疗机构。“生育文明·幸福家庭”促进计划全面启动，人口自然增长率控制在6.5‰以内。成功举办第二届市运会,群众体育和竞技体育运动蓬勃开展。

民生保障。市委、市政府确定的50件为民办实事项目全面完成。新增城镇就业2.3万人,农村劳动力转移就业5.2万人,城镇登记失业率3.5%。稳步推进社会保障体系建设,城乡居民基本养老保险实现全覆盖,基本医疗保险制度改革持续深化。保障性安居工程开工建设9600套、基本建成8500套,超额完成年度任务。生态市建设加快推进,重点流域水环境综合整治、农村家园清洁行动和环境连片整治、重要水源地保护力度加大,建阳垃圾焚烧发电厂投入运营,新创建省级生态县(市)4个、生态乡镇30个、生态村113个,被列入全国第二批低碳试点城市。深化"平安南平"建设,扎实开展领导干部接访下访活动,社会保持安定稳定。开展道路交通安全集中整治大会战和消防安全、食品药品安全等专项行动,安全生产形势总体稳定好转。军政军民团结巩固发展,第三次蝉联"全国双拥模范城"称号。

【武夷新区城市总体规划获批实施】 市委、市政府围绕建设"世界遗产地、绿色生态城"目标,按照"绿色、特色、现代"要求,聘请国内外一流的规划单位和专家团队高起点做好规划设计,集中力量加快武夷新区核心区重大基础设施和景观工程建设。特别是着力打造两条通道:一是58千米长的崇阳溪旅游景观带,按照"国内少有、世界一流"的目标,以一流的生态、一流的文化、一流的水体和一流的设计,打造一流的旅游景观带,把沿岸的自然山水、历史文化、现代农业、美丽村庄等有机串联起来,两侧作为承载千亿旅游业发展的主战场,形成集中展示武夷山"双世遗"的核心亮点。二是303省道快速通道,以城市快速通道和生态路的标准,打造成为"车在路上走,人在画中游"的快速通道。武夷新区将被打造成为海峡西岸制造业基地、国际性旅游观光休闲基地、闽浙赣交界重要交通枢纽和新兴中心城市。2012年6月26日,福建省政府正式批复了武夷新区城市总体规划,标志着武夷新区建设进入了一个崭新的发展阶段。

【高速公路通车里程跃居全省首位】 全市已建、在建和规划建设的高速公路共11条。2012年,浙江龙泉至浦城、宁德至武夷山、松溪至建瓯等3条高速公路建成通车,加上已建成通车的福银、浦南、武邵等3条高速,全市高速公路累计通车里程达757千米,占全省里程的22.9%,实现了南平高速公路从无到有、通车里程从全省末位跃升全省首位的巨变。

(叶智华 陈美华)

延平区

【经济社会概况】 2012年,全区实现地区生产总值223.39亿元,比上年增长8.2%;财政总收入8.09亿元,增长14.6%,其中地方财政收入5.24亿元,增长14.6%。

产业发展。全年农林牧渔农总产值完成53.89亿元,增长3.9%;粮食产量8.94万吨;百合花种植面积200公顷;农业产业化龙头企业86家,比上年增加4家;新认证无公害农产品4项。规模以上工业总产值完成157.57亿元,增长12.3%;1家企业建立"省级企业工程技术中心",2家企业获"省创新型试点企业"称号;新增国家驰名商标1枚、省著名商标5枚;工业园区在建项目17项,完成投资4.77亿元;新引进巨延金属科技等项目8个。全区限上商贸企业53家,物流企业122家;社会消费品零售总额82.04亿元,增长10.4%;武夷名仕园酒店、延湖湾雅阁酒店开工建设;全年接待游客282.5万人,旅游总收入21.5亿元,分别增长21.9%、19.7%。

投资拉动。全社会固定资产投资完成112.56亿元,增长30.9%。实施重点建设项目48项,完成投资24.58亿元,完成年计划119.84%;25个重点建设项目竣工或部分竣工。建闽高速延平段、樟湖库区大桥开工建设。策划推出435个产业招商项目;列入市级储备库项目356项,总投资723.1亿元,其中新增省库项目33项。第十届"6·18"对接项目成果110项,58项合同项目已开工35项。

城乡建设。启动延平新城建设,闽江大桥建成通车,完成水南大桥修复,新水东大桥开工建设,夏道大桥、大家厂城市综合体等重点城建项目加快推进。小城镇建设战役完成投资15亿元,完成年计划140.1%;完成南山镇卫星镇规划编制和41个中心村规划修编,实施23个市级中心村创建工作和6个造福工程。完成农村公路硬化49.5千米、道路安保工程134.6千米;完成7个乡镇街道72个行政村农村饮水安全工程。实施照溪小流域治理,2个防洪工程开工建设,完成3座水库除险加固。

改革开放。取消行政审批项目19项;完成7个乡镇土地流转服务平台建设;实行药品网上采购和零差率。列入省市上市后备企业11家。对接"三维"项目18项,总投资69.78亿元;新批外资企业7家,验资口径实际利用外资1427万美元,增长10.4%;引进内资项目100项,注册资金18.6亿元,增长33.8%。外贸出口1.63亿美元,增长15%。

生态建设。拆除规模畜禽养殖场195家,完成养殖场污染治理244家。完成更新造林面积1653公顷、"四绿"工程造林绿化面积1920公顷、治理水土流失面积2333公顷。组织实施9个地质灾害工程治理项目。实施水口库区可持续发展实验区建设项目14个。完成46个村家园清洁行动,申报省级生态乡镇2个、省级生态村11个、市级生态村55个。大横镇葫芦丘村环境综合整治工作加快推进。

民生改善。城镇居民人均可支配收入23364元,农民人均纯收入10269元,分别增长12.6%、13.3%。城镇新增就业2974人;城镇登记失业率3.4%;城乡低保标准分别提标到每月350元、150元。48项民生工程项目全部完成。实施学校建设项目16项,建筑面积449万平方米;完成4个乡镇卫生院医技楼建设,改建卫生所115个;建设村级农家书屋70家、体育健身工程点80个、行政村有线电视联网工程62个;建设2所敬老院和32个居家养老服务站。人口自然增长率4.11‰。

【延平新城建设】 作为南平中心城市“一主一副四片”规划中“一副”的延平新城，东起瓦口村，西至罗源村，北起安济村，南至鸠上村，涵盖水南街道、夏道镇、炉下镇等村镇建成区，规划人口容量约20万人，规划范围99.18平方千米，规划建设用地约36平方千米，是一座承担铁路客运交通枢纽、总部经济区、金融中心、文教园区、文化体育中心、工业园区等功能为主的东部新城。

【延平百合花节】 2012年4月18日，首届延平百合花节在延平区王台现代农业园区隆重开幕，吸引了来自荷兰、日本等国内外专家以及百合商户、外销大户、花卉企业等近400多人参加。本届百合花节分设种球、农资、花卉园艺、各种百合鲜切花、技术咨询区，现场还进行了项目推介和签约等活动，为宣传推介延平百合花产业，更好地促进区域合作搭建良好平台。

（李月光）

邵武市

【经济社会概况】 2012年，全市实现地区生产总值146.68亿元，比上年增长13.0%，其中：第一产业增加值26.57亿元，增长5.4%；第二产业增加值71.21亿元，增长20.4%；第三产业增加值48.90亿元，增长6.5%。三次产业结构比为18.2∶48.5∶33.3。公共财政总收入12.72亿元，比上年增长24.0%，其中地方级财政收入8.16亿元，增长26.4%。年末全市金融机构人民币各项存款余额108.44亿元，较年初增加9.82亿元，比上年增长10.0%，其中个人储蓄存款67.70亿元，增长11.2%；各项贷款余额83.46亿元，较年初增加5.68亿元，比上年增长7.3%。

农业农村经济。农林牧渔业总产值43.06亿元，比上年增长5.4%，其中：农业产值20.45亿元，增长4.5%；林业产值10.10亿元，增长2.6%；牧业产值5.27亿元，增长7.2%；渔业产值5.90亿元，增长11.9%；农林牧渔服务业产值1.33亿元，增长6.2%。粮食产量20.25万吨，增长0.1%；食用菌产量0.81万吨，增长4.6%；水果产量4.21万吨，增长2.8%；茶叶产量0.84万吨，增长7.6%；烟叶产量0.93万吨，增长18.5%；肉类总产量1.98万吨，增长2.4%。现代农业初具规模，发展农民专业合作社197家，农业产业化龙头企业118家，其中省级龙头企业5家。被列为全省闽台农业合作推广示范县（市）。惠农政策全面落实，共下发农资综合直补、种粮大户补助、双季早稻及再生稻补贴等各类优惠补贴3312万元。“菜篮子”工程加快建设，拥有18家主要蔬菜基地、10家百亩淡水鱼基地、5家生猪基地和2家禽蛋基地，其中被列为省级副食品调控基地3家。

工业经济。全社会工业总产值239.78亿元，比上年增长25.5%，其中规模以上工业总产值229.66亿元，增长26.6%。年末共有规模以上工业企业184家，新增11家，其中产值达亿元以上企业53家，实现工业产值153亿元，占规模工业总产值的比重达68.1%。林产加工、精细化工和纺织服装三大主导产业实现产值134.6亿元，增长22%，占规模工业比重60%。规模以上工业经济效益指数达272.39%，比上年提高21.55个百分点；实现利润总额11.87亿元，增长56.6%。品牌创建取得新成效。全年新增中国驰名商标3件、省著名商标和省名牌产品10件，“邵武碎铜茶”和“邵武笋干”分获国家地理标志产品和国家地理标志证明商标。

商贸旅游。云灵山景区获评国家4A级旅游景区，瀑布林温泉项目填补了“大武夷”旅游产品的空白，和平古镇进一步加快修建改造步伐，全市四星级酒店3家，4A级景区2家，全年接待旅游总人数266.17万人次，实现旅游总收入19.17亿元，分别增长21.1%和15.6%。全市大型超市和农贸市场已达15家，年交易额亿元以上批发市场和商贸企业9家，邵武物流中心、建材综合体等一批商贸流通项目加快建设；社会消费品零售总额64.49亿元，增长23.5%。全年完成出口总额2.59亿美元，增长59.6%，其中生产型企业出口1.3亿美元，增长28%。

固定资产投资。全社会固定资产投资完成127.48亿元，增长45.0%，其中：项目投资117.4亿元，增长46.0%；房地产开发投资7.75亿元，增长40.8%；农户投资2.33亿元，增长18.6%。工业投资仍然占据主导地位，全市施工项目401个，增长5.5%，其中本年新开工项目312个，增长31.6%；完成工业投资70.84亿元，增长46.8%，占全社会固定资产投资的比重达55.6%。第三产业投资增长较快，其中：城市建设投资增长68.4%，商贸企业投资增长234.5%，社会事业投资增长43.4%。

邵武和平古镇。 （邵武市政府办供稿）

城乡建设。建成城东公园、天润公园、城西路口绿地、古山溪滨河景观路；完成东关大桥、五四路和城区30条小街巷改造；建成城市生活垃圾无害化填埋场、第二污水处理厂及配套污水管网，开工建设城市第二饮用水源工程；优先发展城市公交，投放天然气公交车50辆、双燃料出租车183辆，新增停车泊位953个；开展“智慧城市”建设，3G无线覆盖率达98%，逐步推行社区“网格化”管理。推进省级和平镇、南平市级吴家塘镇小城镇综合改革建设试点工作和21个中心村试点建设，富屯溪三期（邵武段）防洪工程基本竣工，实施农业综合开发高标准农田整理667公顷，新建农村公路安保工程159千米、通组公路65千米、饮水设施49处，配套生活污水处理设施247处，改造危桥36座。

社会事业。新建城乡公办幼儿园6所，义务教育标准化学校达100%，全市所有学校均达到“平安先行学校”创建标准和安全标准化建设标准。全市82.6%的公立医疗卫生机构和51%的村卫生所实行药品零差率销售，全市医疗机构门诊和住院平均费用连续3年保持在全省最低水平。人口自然增长率控制在7.43‰。青少年校外体育活动中心一期工程、李纲纪念馆修复工程、博物馆改扩建工程和富屯溪露天游泳场均建设完成。全年新增城镇就业2883人，农村劳动力转移就业6291人，城镇登记失业率控制在3.55%；城乡基本养老保险、医疗保险覆盖率均达98%以上，启动被征地农民失业保险工作，城乡居民最低生活保障水平进一步提高。

人民生活。全市城镇居民人均可支配收入23155元，比上年增长12.7%，其中工薪收入16679元，增长10.2%。城镇居民人均消费支出13812元，增长7.4%，食品支出占消费总支出的比重为45.2%。全市农民人均纯收入10469元，增长13.7%，其中：工资性收入3784元，增长23.5%；家庭经营纯收入5648元，增长10.5%。农民人均总支出12764元，增长13.7%，食品支出占生活消费总支出的比重为44.1%。全市居民消费价格总水平比上年上涨2.0%。

（连新民）

武夷山市

【经济社会概况】 2012年，全市实现地区生产总值98.13亿元，比上年增长12.0%；财政总收入9.67亿元，增长23%，其中地方财政收入7.58亿元，增长26.4%；全社会固定资产投资142.58亿元，增长40.3%；全社会消费品零售总额34.72亿元，增长21.7%；旅游接待总人数874万人次，增长20.7%；旅游综合总收入150.3亿元，增长21.7%；工业总产值64亿元，增长22.6%，农林牧渔业总产值33.85亿元，增长5.6%；城镇居民人均可支配收入22642元，增长13.7%；农民人均纯收入10209元，增长14.3%。

五大战役。重点项目建设战役实施项目63个，完成投资40.13亿元，竣工投产项目18个，开工项目31个，其中合福高铁武夷山段、机场改扩建、度假区110千伏变电站等项目有效推进。新增长区域发展战役实施项目25个，完成投资148.15亿元，超出计划48.15%，“五大片区”累计完成征地569.9公顷，樟树创意产业园区荣获全省十大文化产业重点园区称号。城市建设战役实施项目39个，完成投资16.89亿元，超出计划66.02%，完成农业局棚户区、度假区二期立面、大王峰路C段等提升改造工程。小城镇改革发展战役实施项目26个，完成投资2.89亿元，超出计划59.4%，15个中心村完成建房1704户，在建111户。民生工程战役实施项目38个，完成投资3.97亿元，超出计划10%，全面完成15项为民办实事项目，气象预警系统等9项重大社会事业项目投入使用，保障性住房开工建设742套、竣工458套。

产业发展。全面开展国家旅游标准化城市、智慧旅游城市创建工作，武夷山入选中国最受欢迎自驾游。云河漂流、数字茶博馆投入试运营，“欢乐武夷”花车嘉年华实现常态化巡演。武夷千古情城、澳洲酒庄、希尔顿酒店等一批高端旅游项目开工建设。成功筹办第六届海峡两岸茶博会，签约项目77个，完成凯捷岩茶城一期、武夷山茶城网交易平台建设。帮助正山茶业、节节清茶业等10家企业开展上市前期筹备工作。新引进索希雅、晟达彩印等工业企业，扎实推进捷安医疗、美华木塑等项目建设。启动天和国际康养中心，刚泰武夷天堂等一批休闲养生项目加快推进。成功举办台湾郎静山大师诞辰120周年摄影展览国际艺术研讨会，以及国际轮滑马拉松、世界杯武术散打、海峡两岸脚斗士等国内外重要体育赛事活动。

武夷山大安源景区。

（武夷山市政府办供稿）

“欢乐武夷嘉年华”花车巡游。

（武夷山市政府办供稿）

招商引资。全年实现引资总额6.12亿元，引进外商投资企业5家，新引进项目41个，2012年竣工投产项目18个。引进央企中信集团健康养生项目入驻武夷山，促成锦润软件研发中心、神秘地球村等项目落地建设。研究制定杜坝园区招商引资优惠政策，朗廷、LHP奢华、索菲特、喜来登、万豪等世界知名酒店品牌正在对接进驻武夷山。落实"三维"合同项目13个，总投资66.29亿元，全年实现开工11家。

城市建设。推进五大片区规划编制，完成度假区、小武夷公园主入口、综合农场片区等13项规划设计。完成武夷大道A段(武夷大桥—机场)改造，完成度假区滨溪路慢行系统建设，百花路A段(迎宾路—林业路)全面完工，上浦大桥实现通车，朱子路、东峰农贸市场道路、石雄水厂扩容、大布生活垃圾二次转运站全面建成，工业路、清献河污水管网完成建设，新建公园绿地面积10公顷。全年累计拆除面积3.05万平方米。加快"智慧城市"信息化平台建设，获评"中国城市信息化五十强"。规范完善社区功能，新建2个社区综合服务站。

三农工作。全面落实强农惠农富农政策，累计发放良种补贴430万元、粮食综合直补1998万元、农业购机补贴1280万元。完成粮食生产面积2.43万公顷。培育农业"五新"示范片50个，示范推广面积8000公顷。落实烟叶种植1867公顷，实施农村烟基项目108个。新建岚谷、兴田、五夫等5个土地流转服务平台。成功创建"全国绿色食品原料(茶叶、笋竹)标准化生产基地县"。建成武夷星、岩上等企业农产品质量安全可追溯体系平台。发展农民专业合作社30个，新申报规模以上农业龙头企业12家。新增高效节水灌溉面积1800公顷，完成水库除险加固2座。实施村村通工程，完成农村道路安保工程119.6千米，改造19座危桥和45处临水临崖危险路段。实施造福工程搬迁308户。

生态保护。国家生态市创建通过省级验收。完成生态创业园污水集中处理管网配套设施建设。研究制定"十二五"水土保持治理规划，争取到国家水土保持重点县项目，每年投资500万元以上专项资金开展水土流失治理，同时启动九曲溪、黄柏溪、梅溪三大流域治理。落实造林绿化3120公顷，新建"四绿"工程1967公顷。星村镇获得国家级生态乡镇称号，岚谷乡、武夷街道获得省级生态乡镇称号，全市新增生态村庄73个、绿色村庄9个。全力打击违规开垦茶山行为，完成综合整治747公顷。制定河道采砂管理实施意见，整改关闭21个采砂点。

民生事业。全年发放城乡低保金1419.97万元，五保供养金245.55万元；全市新农合参合率99%，新农保参保率达91.98%。出台实施失地农民养老保障政策、城乡困难群众临时救助办法；加快社会福利中心建设，新建吴屯、岚谷敬老院，洋庄敬老院投入使用，全市16个社区全部建成居家养老服务站。全年新增城镇就业2014人，农村劳动力转移就业3546人。荣获"福建省教育先进市"、"全国两基工作先进单位"称号。启动城乡"模拟切换数字"工程，完成全市所有建制村"村村响、村村通广播电视"建设。实施岚谷、上梅、洋庄3个乡镇综合文化站改造。省立医院武夷分院全面建成，引进省第二人民医院成立武夷分院。深化"平安武夷"建设，完成154个高清视频监控，落实综合警务机制改革试点。荣获"全国双拥模范城"称号。

(黄贵波)

建瓯市

【经济社会概况】 2012年，全市实现地区生产总值140.99亿元，比上年增长11.0%；三次产业结构为30.2∶35.0∶34.8；财政总收入8.84亿元，增长25.4%，其中公共财政预算收入6.11亿元，增长33.6%；全社会固定资产投资108.80亿元，增长20.9%；全市社会消费品零售总额49.54亿元，增长18.0%；外贸出口1.72亿美元，增长19.8%；城镇居民人均可支配收入21153元，增长12.2%；农民人均纯收入10263元，增长12.6%。

工业经济。完成工业总产值160.9亿元，增长21.5%，其中规模以上工业产值139.17亿元，增长22.5%。规模工业中非公经济居主体地位，全市145家规模以上工业企业中，非公有企业142家，占规模工业企业数的97.9%；完成产值131.6亿元，占规模工业产值的96.3%。规模工业企业中，年交纳税收200万元以上的有16家，纳税金额8541万元，增长7.6%；产值上亿元企业有45家，比上年增加6家，实现产值82.02亿元，增长27.5%。8家企业列入省、南平市上市重点后备企业，芝星炭业完成股份制改造。福矛酒业被确定为国家微生物发酵技术白酒研发基地，一期1500吨技改顺利投产；双龙戏珠酒业建成福建省白酒研发中心，300吨原酒扩建投产。

农业农村经济。全年农林牧渔业总产值68.76亿元，增长4.0%，其中：农业产值42.92亿元，增长2.9%；林业产值15.04亿元，增长3.1%；牧业产值5.42亿元，增长12.9%；渔业产值3.03亿元，增长2.0%；农林牧渔服务业产值2.28亿元，增长5.4%。农作物总播种面积7.25万公顷，增长2.1%；粮食作物种植面积3.90万公顷，增长1.1%；粮食总产量22.127万吨，增长1.5%。全年完成更新造林面积3900公顷；木材产量36.32万立方米，增长4.5%；竹材总产量3304万根(商品竹3214万根)，增长3.2%，其中毛竹2727万根，增长1.6%，销售3200万根，增长6.2%。全市农业龙头企业104家，完成产值107.35亿元，占规模工业产值的78.5%，增长28.5%。全市共有南平市级以上农业产业化龙头企业29家，其中国家级2家、省级6家。

重点项目建设。全年新上项目212个，其中当年新上工业项目112个。全市43个重点建设项目完成投资20.75亿元，完成年计划任务的86.1%，其中：省级在建重点和预备重点项目7个和6个，完成投资7.98亿元和1.59亿元；南平市级在建重点和预备重点项目8个和3个，完成投资5.28亿元和2200万元；本市级重点项目19个，完成投资5.68亿元。房地产开发投资11.5亿元，增长120.7%。高速高铁建设投资16.4亿元，增长124.8%。省级试点镇徐墩完成集镇江滨公园亲水平台和文化广场建设。中国根艺城景区通过国家3A级旅游景区评审验收。

交通建设。松建高速建成通车，建闽高速建瓯段全面开工，合福高铁建设进展顺利，省道303线改造小桥至柳坑段完成路基建设。水南桥建成通车，完成水西大桥加固、中山路中段精品街改造、新区55米大道路面“白加黑”改造。

社会事业。教育惠民政策全面落实，免除学杂费、发放补助金3273万元。水西小学、开智学校动工建设。全市中等学校(含职校)21所，教职工1823人，在校生22440人。完成有线数字电视整体转换。挑幡节目《欢庆》荣获全国绝技绝艺展演金奖。“建瓯集粹”历史文化展厅开馆，文庙修缮工程进展顺利。广播综合人口覆盖率99.04%；电视人口综合覆盖率98.04%。全市共有各类卫生机构336个，其中：医院17个，医疗站250个，个体站所28个，医疗病床位1870张。中西医结合医院搬迁项目完成规划设计，公共卫生服务中心动工建设，改造村级卫生所74所。年末城镇单位在岗从业人员22314人，增长24.2%；新增城镇就业8106人，城镇登记失业率1.99%，下降1.42个百分点。年末全市常住人口45.5万人，公安户籍162381户(非农40464户)、人口541111人(非农业人口99234人)，增长1.4‰，其中：男279233人，女261878人；出生人口6374人，出生率11.8‰，下降2.8‰ (李嘉馨)

建阳市

【经济社会概况】 2012年，全市实现地区生产总值111.56亿元，比上年增长12.2%；规模以上工业产值165.80亿元，增长25.8%；农林牧渔业总产值47.43亿元，增长5.6%；财政总收入10.2亿元，增长23.4%；地方级财政收入7.17亿元，增长28.9%；全社会固定资产投资134.02亿元，增长37.4%；外贸出口1.6亿美元，增长13.8%；社会消费品零售总额33.93亿元，增长21.6%；城镇居民人均可支配收入21497元，增长13.2%；农民人均纯收入9351元，增长13.1%；城镇登记失业率3.5%；人口自然增长率6.4‰；生态环境质量保持全省前列，年度节能减排指标按要求完成。

农业经济。全面落实强农惠农富农政策，发放各类支农补贴5543万元。实行森林、水稻、农村住房等政策性农业保险。粮食生产保持稳定，茶叶、果蔬、食用菌等实现增产增收，收购烟叶12.6万担。建阳桔柚、建阳白茶获国家地理标志证明商标，建阳被评为“中国特色竹乡”、“全国粮食生产先进县”。规模农业龙头企业达73家，农民专业合作社达189家，小湖富民农机合作社被评为“国家级示范社”。实施农业综合开发，完成土地整理273.3公顷，建设高标准农田233.3公顷，治理水土流失1067公顷，烟基工程完成投资2838万元。完成水库除险加固6座，农村饮水安全工程14个，修复水毁工程151处，总投资9196万元的樟布灌区水源工程全面开工建设。建设农村公路52千米，实施安保工程156千米，改造危桥8座。黄坑镇率先建成闽北第一条乡镇“白改黑”街道。19个中心村加快建设，将口芹口、莒口河坝、麻沙长坪、童游中心村规模均在200户以上。

工业经济。成立小额贷款公司，市财政投入1000万元在全省率先推出小微工业企业助保金贷款业务，全年新增工业贷款7.2亿元。加大企业技改力度，新上增资技改项目16个，总投资17.6亿元，其中投资5.6亿元的和泉生物医药中间体项目，一期已试生产；投资1.6亿元的青松股份第二条樟脑生产线已投产。全市规模企业达124家，亿元企业达36家。年初南平表彰的179家纳税500万元以上企业中，建阳占37家。青松股份、武夷味精列入“省百家重点企业”。大力实施品牌战略，“青松及图”评为中国驰名商标，“武夷丘苑”、“仁山葡萄”、“亚亨及图”、“亚欣及图”荣获省著名商标。

项目建设。实施“五大战役”重点项目150个，总投资335亿元，完成投资86.4亿元，43个项目竣工投产，其中25个省、南平市重点项目完成投资21亿元，超额完成年度计划。全力以赴做好武夷新区征地拆迁、保障建设等工作，累计完成征地2800公顷，拆迁面积3.3万平方米。筹措高速、高铁项目资本金1.5亿元，宁武高速建成通车，京福高铁加快建设，全市拥有6个高速落地互通，交通条件进一步改善。西区生态城完成投资9.3亿元，拆迁12万平方米、平整台地134公顷。投资21.5亿元的建发城市综合体项目顺利推进。投资2.8亿元的三市联盟垃圾焚烧发电厂并网发电。签约“三维”项目30个，总投资165亿元，动工建设23个。

城市建设。实施城建重点项目63个，完成投资33.6亿元，城市形象明显提升。投资1.5亿元的潭山公园广场综合项目即将竣工；占地6.2公顷滨溪公园已开工建设；启动潭城街道璞石、溪源绿色试点村和西郊绿道建设，建成卧龙湾、溪源、塔山公园、潭山公园等多条绿道，长达20多千米；完成造林绿化4133公顷，建成区绿化覆盖率44%，人均公共绿地13平方米，顺利通过“省级园林城市”考评验收。完善城市路网，东桥东路“白改黑”、严墩至新村环城公路、双向六车道的人民西路竣工通车，考亭大桥动工建设。完善人民路立面改造。继续实施夜景工程，建成城区至建阳南互通口路灯。整治夜市摊点，建成占地1.2万平方米美食城。

第三产业。金茂广场4万平方米商业城部分试营业；御景湾五星级酒店正准备内部装修；月亮湾五星级酒店、欧蓓莎家居建材市场、闽北农机交易市场等都已动工建设；10家汽车4S店和武夷汽车城等项目正在推进中。

社会事业。强化科技创新，评为“省第五届科普先进市”、“省知识产权强县”。全面落实各项教育惠民政策，教育经费占财政支出的比例达21%，竣工27个校安工程，创建32所标准化学校，职教中心、曼山小学、曼山幼儿园、水东幼儿园、实小扩建等加快建设。国家基本药物制度实施范围扩大到村级卫生所，顺利通过国家消除疟疾试点县（市）考核验收，被评为“省卫生城市”。荣获“全国阳光计生示范单位”、“全国人口计生系统先进集体”称号。建成回龙、书坊2个文化站、60个农家书屋、68个村级农民健身点。广播电视“村村通”入户率达94%，数字电视整体转换工程全面启动。深化“平安建阳”建设，被命名为“省平安先行市”。

民生保障。居民消费价格总水平上涨控制在2.5%以内。新增财力主要用于教育、医疗卫生、社会保障等民生支出，40项为民办实事项目基本完成预期目标。企业退休人员基本养老金水平提高到人均每月1499元。城乡低保应保尽保，新型城乡居民医疗保险、社会养老保险基本实现全覆盖。新建2所农村敬老院、23个社区居家养老服务站，为60周岁以上老年人办理了《老年人优待证》。发放创业小额贷款3100万元，新增城镇就业2654人，农村劳动力转移5112人。清欠农民工工资7559万元。完成农村造福工程危房改造500户。历年累计4749套保障房建设任务全部开工，建成1811套，配租配售率达94.9%。开通城区至水吉公交线路。（黄　斌）

顺昌县

【经济社会概况】 2012年，全县实现地区生产总值69.64亿元，比上年增长9.2%；工业总产值78.21亿元，增长16.8%；农林牧渔业总产值26.70亿元，增长5.5%；全社会固定资产投资28.58亿元，增长3.3%；财政总收入4.87亿元，增长6.3%，其中县级财政收入2.9亿元，增长13%；外贸自营出口25726万美元，增长79.7%；实际利用外资1207万美元，增长60.7%；城镇居民人均可支配收入18619元，增长12.1%；农民人均纯收入8859元，增长12%；全社会消费品零售总额21.38亿元，增长13.5%；金融机构存款余额58.43亿元、贷款余额33.97亿元，分别增长14.6%和9.2%。

农村经济。持续推进“六个一”（一根竹、一棵树、一株果、一头猪、一朵菇、一片烟）农民增收项目，播种粮食1.35万公顷，产量7.43万吨；种植烟叶1437公顷，产量2980吨，增长67.8%；打造“顺昌柑桔”品牌，柑桔种植面积7141公顷，产量10.37万吨，成功举办第五届顺昌柑桔节和第六届顺昌芦柑（南京）推介会，被评为“中国芦柑之乡”；食用菌总产量2.54万吨，增长15.9%，其中工厂化栽培食用菌企业达60家，产量达2万吨，占食用菌总量的78.8%；完成植树造林2787公顷，其中推广不炼山造林321公顷；全面停止阔叶树采伐，保留异龄阔叶木9911立方米。完成水土流失治理面积234公顷。新培育省农业产业化龙头企业4家、市农业产业化龙头企业2家。5家企业5个产品通过无公害农产品产地认证，21家企业29个产品通过无公害农产品认证。大力发展农民专业合作社，成为全省首批8个全国农民林业专业合作社示范县之一。持续开展农村环境卫生综合治理，新建农村户用沼气池600口，5个乡镇64个建制村通过省市生态乡镇、生态村验收。完成投资2150万元的农村环境连片综合整治项目，受益人口2.7万人。

工业经济。实施工业强县战役项目11个，完成投资6.61亿元，占年计划的93.9%。加快推进“百十亿产业工程”，全年实现规模以上工业产值70.39亿元，增长18.0%；实现销售产值67.69亿元，增长16.7%；规模以上工业企业产值超亿元企业达11家，实现产值54.6亿元，占规模以上工业产值的79.1%。光电、食品保健品、建材冶炼、化工、电力、竹木加工等六大规模以上工业企业实现工业产值67.50亿元，增长18.9%，占全县规模工业的比重达97.7%。按照“一区多园”的发展布局，加快推进新屯建材加工园区、郑坊光电产业园区扩容和金山精细化工园建设，全年新征工业用地233.3公顷，开发平台33.3公顷，完成固定资产投资7650万元。金山化工园总体规划通过评审，启动省级化工园区申报工作。积极实施品牌带动战略，新增加著名商标1件、知名商标10件。

项目开发。全年新增储备项目75项，总投资62.66亿元。全面落实“四个一”招商机制，全年落实招商项目27个，总投资47.63亿元，其中：合同项目22个，总投资40.38亿元；意向项目5个，总投资7.25亿元。全年安排重点项目27项，总投资104.21亿元，完成投资10.73亿元，占年度计划的62.6%，其中省、市在建重点项目12项，完成投资7.46亿元，占年计划155.23%。苦竹际灌区水源工程可研报告通过国家烟草局评审，项目补助资金5758.6万元。

城乡建设。实施城市建设战役项目30项，完成投资3.88亿元，占年度计划的156.88%。完成“三优街”人行道改造、城南路改造、东门大桥加固修复及三杆电线下地、四星级宾馆等一批岸线项目和基础设施建设，加快推进观静山植物园、燕都广场、龙山文化长廊三期等项目建设。加快城市园林绿化，人均公共绿地面积达10.52平方米，被评为市级文明县城。实施“造福工程”，加快中心村镇建设。省政府赋予郑坊乡省级小城镇综合改革建设试点政策。15个中心村建设试点累计完成征地120.7公顷，平整土地111.7公顷，启动建房农户3186户。

社会事业。积极推动义务教育学校“数字校园”和标准化建设，累计完成中小学“校安工程”建设项目17个，竣工面积36788平方米。文化惠民工程扎实推进，实现全县130个建制村全覆盖。文体事业蓬勃发展，成功举办“两岸三地”（台湾、香港、福建）篮球邀请赛。重视非物质文化遗产的挖掘整理和保护，“齐天大圣习俗”和“闽北木拱廊桥营造技艺”（与政和县联合申报）分别列入省市非遗名录。县医院整体迁建项目完成投资8069万元。广播电视事业取得新进展，建制村和自然村广播电视联网率分别达93.1%和65.4%。成功举办首届海峡两岸“猴王争霸赛”暨第三届齐天大圣文化旅游节。

民生保障。优先保障民生项目和惠民政策支出，教育、科学技术、社会保障和就业、医疗卫生、住房保障等民生支出分别增长17%、12.2%、80.4%和17.4%和66.0%。持续打好民生工程战役，共安排民生工程项目40

个，完成投资3.98亿元，占年计划的103%。全面落实义务教育“三免一补”、种粮直补、良种补贴、农机具购置补贴、家电下乡等惠民政策。全面落实计生奖励优惠政策，全年出生人口政策符合率达90.1%。实施积极的就业政策，城镇登记失业率控制在3.58%以内，城镇新增就业2181人，下岗失业人员再就业1562人，新增农村劳动转移就业5423人，再就业培训264人，新增农村劳动力培训3036人。完善社会保障体系建设，“五险”覆盖面不断扩大，城镇基本养老保险、城镇职工工伤保险、生育保险、失业保险、城镇职工医保、城镇居民医保人数分别达到3.02万人、1.63万人、1.28万人、1.80万人、3.20万人、2.50万人。新农合和新农保参保率分别达99.8%和95%。全年共发放城乡“低保”、“五保”资金1581.73万元。实施保障性住房建设1322套，开工率100%，基本建成率93.48%。实施人饮工程，解决3.4万人饮水不安全问题。完成农村路网工程建设39千米，农村候车亭建设34座。

【首届“海峡两岸猴王争霸赛”暨第三届齐天大圣文化旅游节】 2012年12月18日，以“圣见祖地·猴耀两岸”为主题的2012首届“海峡两岸猴王争霸赛”暨第三届齐天大圣文化旅游节在顺昌举行。来自上海、河南、四川、福建及台湾共11个剧团和艺术团的“美猴王”表演艺术家，集中展演京剧、闽剧、豫剧、川剧、昆曲等民族戏剧的文化精髓，共同演绎齐天大圣的传奇故事。 （杨生友）

浦城县

【经济社会概况】 2012年，全县实现地区生产总值84.96亿元，比上年增长12.2%；三次产业结构为28.0∶36.4∶35.6；农林牧渔业总产值36.77亿元，增长5.7%；规模以上工业总产值76.62亿元，增长34.1%；财政总收入5.81亿元，增长24.7%，其中地方级财政收入3.91亿元，增长19.5%；全社会固定资产投资85.51亿元，增长21%；社会消费品零售总额29.77亿元，增长11.7%；外贸出口1.41亿美元，增长11.4%；实际利用外资（验资口径）586万美元，增长12%；城镇居民人均可支配收入19561元，增长12.4%；农民人均纯收入8791元，增长12.1%；居民消费价格总水平上涨2.8%；城镇登记失业率3%；人口自然增长率4.8‰，年末户籍人口42.79万人。

农村经济。主攻粮食、木竹、畜禽、烟叶、油料及丹桂、薏米、灵芝，加快形成特色产业，重点推进中华桂花文化博览园、全国绿色食品优质稻基地、标准化种植示范区建设及整县制水稻高产创建，粮食产量24.5万吨，收购烟叶7.23万担，新植丹桂667公顷，新发展灵芝20万平方米，低改油茶1333公顷、新植油茶267公顷，建立薏米生产标准化示范基地1067公顷，新增农业产业化龙头企业5家。乡镇全面建立土地流转平台，全年流转土地6467公顷。“四绿”工程造林绿化3973公顷，森林覆盖率72.06%。以被列为第四批中央财政小型农田水利重点县为契机，加快旱涝保收高标准农田建设示范重点县项目建设，完成11座小型水库除险加固，建成冬春修水利项目534处，完成农村饮水安全工程62处、解决1.6万多人口安全饮水。整理土地887公顷，建设标准农田120公顷，治理水土流失226公顷。

工业经济。全县规模工业企业90家，其中产值超亿元企业21家，增加8家；正大生化产值突破5亿元。三大主导产业实现产值59.4亿元，增长51.7%，占规模工业总产值的78.8%。列入市级的23个工业新增长点项目，新增产值20.5亿元，占年计划的267.6%；列入市重点工业在建项目14个，完成投资5.92亿元，占年计划的108.1%。荣华山产业组团污水集中处理厂正式投入运营，企业环评通过审批，一期2万吨自来水厂建成供水；新引进项目29个，总投资56亿元；规模企业实现产值32.1亿元，占全县规模工业产值的42.6%。

项目开发。实施50个在建重点项目，完成投资31.5亿元，占年计划121.6%。依法依规推进和谐征迁，完成重点项目征地710.3公顷。全面对接服务总投资59亿元的圣农肉鸡产业链项目，一期667公顷征（租）地全部完成，64个饲料厂、养鸡场等全面开工建设，完成投资10.88亿元。出台新一轮招商引资政策，加大招商力度，在谈项目30项，总投资107亿元，签订合同20项，年内已动工建设16项；对接“三维”项目13项，总投资60.6亿元；与省属国有企业项目对接3项。全力改善交通基础设施，龙浦高速公路（浦城段）全面建成，国道205仙阳—余乐段升级改造一期工程加快建设；渔梁岭隧道、302省道改线工程、高速公路浦城南连接线等项目前期工作

海峡两岸“猴王”同台献技。 （顺昌县政府办供稿）

加快推进;农村公路硬化改造116千米,"安保工程"完成178.5千米,重建加固15座危桥和改造4个渡口。加快新一轮城网、农网改造建设,临江110千伏和忠信35千伏输变电工程建成,供电公司生产调度大楼开工建设。

城乡建设。完成新一轮城市总规修编,启动城东、城南控规编制,完成6个镇建设总规和102个建制村规划编制。全力打造"大城关",投资5800多万元,开展城市综合交通改造,打通梦笔大道和德秀大道,改造和建设五一三路、工业路、正大路等14条主次道路,建成3组城市雕塑和2个市民广场,完善仙楼山红色森林公园设施建设。城市污水管网二期、垃圾处理设施、西区水厂扩建及配套管网等项目加快建设。推进小城镇建设,省级试点仙阳小城镇9个项目完成投资20.1亿元,占年计划135%;市级试点临江镇完成投资3300万元,占年计划100%;6个县级试点镇完成投资1.54亿元,占年计划99.3%。29个中心村建设,完成基础设施投资7100万元,占年计划104.4%。第三产业加快发展,新引进华福证券公司入驻浦城设立分支机构,匡山国家森林公园评为"全国十佳森林旅游示范区试点单位",丽圣桂都五星级旅游饭店封顶装修。

社会事业。坚持教育优先发展,财政投入6256万元全面落实各项教育惠民政策,义务教育初步均衡发展通过市级评估确认;浦城二中成功创建省二级达标校,完成8所乡镇中心幼儿园改建,增设28所农村教学点附属园,新增1所民办幼儿园,完成52所义务教育标准化学校创建,规划的"校安工程"全面竣工;实施校车安全工程,开通67条农村寄宿生周末班车。打造反映闽北4000年文明史的"闽越风·丹桂情"歌舞集,打响丹桂、剪纸、闽派古琴等文化品牌;县赣剧团划转为公益性保护传承机构;全面展开镇安桥修建、县图书馆扩建工程建设,建成青少年校外体育活动中心。全面完成建制村"村村响"工程和自然村"村村通"建设任务;县广电网络公司重组完成,全面展开数字电视整体转换。完成仙阳、石陂2所中心卫生院改造和143所村卫生所标准化建设。积极开展"生育文明·幸福家庭"促进计划,全面兑现发放各项奖励扶助资金1153万元,基本完成县、乡计生服务站(所)改扩建。

人民生活。支持创业促进就业,新增城镇就业2048人,再就业1358人,农村劳动力转移就业7108人。加快完善社会保障体系,企业退休人员基本养老待遇每人月均增资235元,城乡居民基本医疗保险财政补助标准每人每年提高40元;城乡居民养老保险基本实现全覆盖,参保率93.79%,发放养老金3297万元;新农合参合率99.06%,支付补偿资金1004万元。完成3所农村敬老院建设,新增1个社区综合服务站、1个职工服务中心、4个社区居家养老服务站。加大社会救助力度,农村五保户供养标准每人每月提高100元,发放城乡低保金1835万元、医疗救助金323万元、孤儿基本生活费61万元;实施"助残工程",免费为100名白内障患者实施复明手术。发放农民种粮补贴资金5542万元,库区移民直补资金273万元,对131个村级公益事业建设"一事一议"财政奖补资金1046万元。658套保障性住房全部开工建设,完成农村危房改造和"造福工程"搬迁1315户、补助资金1380万元。积极对接省直挂钩帮扶单位,完成项目对接51项,落实扶持资金2.28亿元,到位资金1.15亿元。投入4235万元,完成富岭镇大石溪流域和仙阳镇南浦溪流域2个农村环境连片整治示范项目建设。全县17个乡镇全部获得省级生态乡镇命名,其中6个乡镇创建为国家级生态乡镇。

【"6·23"特大洪灾】 2012年6月22—24日,一场特大洪涝灾害降临闽北南平市浦城县,城区南浦溪最高洪峰227.77米,超警戒水位2.77米,为20年一遇。县委、县政府迅速启动抢险救灾预案,全县上下形成了县委书记、县长挂帅靠前指挥,县挂点领导、乡镇(街道)和单位领导及村"两委"成员各负其责的防汛抗灾的指挥体系,3天内紧急转移9200多人,解救被困群众621人,没有人员因灾伤亡;洪水退后,县疾病防控中心、乡镇卫生院及时为全县水淹的房屋、企业和场所进行全面消毒,确保大灾无大疫。灾后迅速展开恢复生产、重整家园,把洪灾造成的损失降到最低程度。（周汉新）

光泽县

【经济社会概况】 2012年,全县实现地区生产总值53.97亿元,比上年增长13.5%;农林牧渔业总产值40.88亿元,增长11.6%;规模以上工业总产值58.71亿元,增长38%;全社会固定资产投资29.53亿元,增长34.9%;社会消费品零售总额13.36亿元,增长13.5%;外贸出口3164万美元,增长48%;实际利用外资912万美元,增长176.4%;财政总收入3.68亿元,增长20.3%,其中地方级财政收入2.48亿元,增长24%;农民人均纯收入7593元,增长12.4%;城镇居民人均可支配收入18568元,增长12.7%;城镇登记失业率3.57%,人口自然增长率5.83‰。

特色产业。圣农集团完成投资12.37亿元,实现工业产值51亿元,占全县规模工业总产值90%;出口2736万美元,创税1.29亿元。关停高耗资源的沪千人造板厂,新上鼎盛等竹制品深加工企业。机械制造业雏形初具,总投资2亿元的汽车配件项目,累计完成投资7595万元,2家进入生产试运行。乌君山景区总规通过评审,鸿建山庄被授予"福建省四星级乡村旅游经营单位"和全国首批休闲渔业示范基地,开通10条"一日游"旅游线路,微旅游逐渐兴起。全年饲养加工肉鸡1.9亿羽,种植烟叶超2700公顷,水产养殖2000公顷,植树造林2300公顷,竹林面积突破2.67公顷,新增油茶172公顷、茶园200公顷,被授予"中国特色竹乡"、"中国厚朴之乡"称号,被列为全国油茶建设重点县、全省内陆水域首个国家级水产种质资源保护区。

城乡建设。加快完善城市规划编制,城市控规覆盖率达100%。整体推进城南、城北、桔子洲三大片区,累计收储土地194公顷,征收房屋4.1万平方米，争取城乡建设用地指标200公顷。实施城市建设项目30个，完成投资13.7亿元；完成房地产投资4.18亿元。止马小城镇综合改革试点建设完成投资1.7亿元，占年计划153%；中心村新建农房479户，改造农村危房600户，完成投资6900万元。

环境建设。邵光高速公路顺利开工，册下至杉关公路改建工程竣工通车，司前至金家隘省际公路开工建设，农村道路提升改造286.5千米。投资1.27亿元，启动建设220千伏鼎盛输变电，完成二一七路、文昌路线路缆化改造、35千伏李坊输变电和农网改造等项目。治理水土流失481公顷，完成6个乡（镇）农村环境连片综合整治任务，武夷天池国家级森林公园顺利通过专家评审，生态县通过省级考核验收。园区基础设施方面，总规划2000公顷的金岭工业园一期规划400公顷，累计完成投资2亿多元，各项配套设施日趋完善；入驻企业17家；2012年完成投资2700万元；征地30公顷，实施道路、管网等配套设施建设，完成1.4万平方米标准厂房主体工程。新设中国银行光泽县支行，全县新增贷款7.18亿元，增幅位居全市第二位。

民生保障。全年涉及民生项目投入8.51亿元，增长40.7%；42项为民办实事项目基本完成。城乡居民养老保险制度实现全覆盖，城乡低保实现应保尽保，共发放各类保障金2.2亿元。认真落实就业、创业政策，城镇新增就业1823人，农村劳动力转移就业3782人。建成县社会福利中心和镇岭社区居家养老服务站。保障房、安置房完成投资3.4亿元，建成814套；"造福工程"实现搬迁2754人，新增常年蔬菜基地23.3公顷。扶贫开发取得实效。策划实施扶贫项目130项，对接争取省市帮扶资金5.39亿元，筹集贫困人口帮扶脱贫专项资金1000万元。

社会事业。实施各类校舍建设项目23项，完成投资2190万元；农村幼儿园建设全面展开，义务教育标准化学校建设位居全市前列，顺利通过省级义务教育初步均衡发展验收。完成基层医药卫生体制改革年度任务，基本药物制度覆盖率达100%。村官计生论坛活动被省、市树为典型，"生育文明·幸福家庭"促进计划全面实施，村级计生管理员绩效管理制度在全市推广。县体育中心项目累计完成投资3310万元，青少年校外体育活动中心投入使用；群众体育工作被评为全国全民健身活动先进，"农家书屋"建设管理经验在全市推广并被评为全省先进。有线广播"村村响"通过省、市验收，全县数字电视整体转换工作全面启动。（沈福兴）

松溪县

【经济社会概况】 2012年，全县实现地区生产总值31.37亿元，比上年增长12%；农林牧渔业总产值17.21亿元，增长5.6%；工业总产值33.83亿元，增长24.9%，其中规模以上工业产值24.91亿元，增长26.5%；财政总收入2.48亿元，增长19.2%，其中地方级财政收入1.79亿元，增长22.9%；全社会固定资产投资17.86亿元，增长52.3%；全社会消费品零售总额13.22亿元，增长13.9%；农民人均纯收入6320元，增长14%；城镇居民人均可支配收入16640元，增长14.5%。

项目开发。围绕"五大战役"策划实施的重点建设项目10个、城市建设战役项目22个，总投资10.3亿元，全年计划投资5.33亿元，完成投资7亿元，占年计划的131%。宁武高速、松建高速公路建成通车；110kV岩下变工程动工建设、220kV松溪变工程全面推进。项目策划储备工作成效显著，生成了213个投资500万元以上项目，形成了项目策划、储备、前期、建设滚动发展的机制。引进工业项目30个，总注册资金5.57亿元，其中注册资金1000万元以上的13个，亿元以上的4个。

工业经济。食品加工、机械电子、竹木加工三大特色优势产业发展全面推进，其规模以上工业产值占全县规模以上工业产值的83.7%。亿元企业增加到4家。投资42亿元、年产1.9亿羽的圣农肉鸡产业链项目启动建设。生物科技、纺织等产业正在兴起，金色年华灵芝系列产品生产线、百奥生物第一条生产线建成投产，闽瑞纤维第一条生产线将建成投产。省级经济开发区"一区三园"构架基本形成，城东园东扩、旧县园二期建设全面推进，林屯工业园启动建设。品牌建设取得成效，获得"畅宏及图"、"湛峰及图"2个省著名商标和"蓝坊及图"、"南山炭翁"等10个南平市知名商标。

三农工作。发放农资综合补贴1045万元。粮食播种面积1.2万公顷，产量7.23万吨，增长5%。茶、竹、烟、菜等农业主导产业产值占农业总产值的比重为30%，比上年提高2.5个百分点。无公害、绿色、有机农产品认证面积占全县农作物面积的比例由上年的4%提高到60.51%，面积达到1.17万公顷，居全市之首。完成造林绿化1500公顷，超额完成市里下达任务；林权登记发证率98.5%、到户率96.2%。启动中央小型农田水利重点县和烟基水源工程虎洋水库建设，除险加固水库7座，新增农村饮水安全人口1.77万人，新建农村户用沼气池457口。完成土地整理439.7公顷，补充耕地90.7公顷，改造标准农田和池塘1133公顷。改造危桥2座，实施农村公路安保工程68.1千米，新增凸面反光镜505面。在全市率先完成50个村庄规划编制，郑墩上合、溪东周墩、祖墩上下店等8个新农村示范点建设成为新农村建设的样板。

城市建设。完成城市总体规划修编及水南、塔下片区控制性详细规划、城区文化旅游景观规划编制。启动建设规划面积4.2平方千米的新区，编制新区控制性规划，动工建设内环路、康义西路，拉开城市建设框架。旧城改造全面推进，实施城西片区城市文化旅游综合体"两线（滨河西路、工农西路）"、"六点（塔山公园、华隆酒店、城市规划馆、文化广场、影视城、县宾馆）"改造、东大路棚户区改造、来龙南路商业综合体建设、河东公园及滨河东路整体开发，完成拆迁5万多平方米。拆除违法建房34户3830平方米，查处违法建房行为132起，违法建房行为得到有效遏制。建设松溪河清水工程、美食城，整治城区卫生，实施"点、线、面"工程，来龙山公园、河东公园、垃圾填埋场等一批项目建成投入使用，生态山水宜居城市建设深入推进。

社会事业。实施松溪河整治3年计划，加强节能减排工作，取缔20家塑料造粒厂，完成2011年、2012年农村环境连片整治项目，省级生态县通过考核验收，成为南平市首个省级生态县。建成标准化学校6所和人民小学、河东小学综合楼及郑墩中心幼儿园，教育"两项督导"通过省级考核验收。50%行政村卫生所实行基本药物制度、药品零差率销售，建成县医院医技大楼、9个村级医疗卫生服务中心点，新增床位60张，县妇幼院被评为二级乙等妇幼医院。建成28个农家书屋、15个农民健身点；与北京电影家协会共同拍摄的电影《台北来的插班生》，入选2012年金鸡百花电影节展映影片，被国台办推荐为"海峡两岸文化交流影片"。

民生保障。新增城镇就业1573人，转移农村劳动力2663人，城镇登记失业率控制在2.14%以内，比全市平均水平低2.26个百分点。新农合参合率99.8%，居全市第一；新农保参保率98%，超额完成市里下达任务。失地农民养老保险实现应保尽保，城镇居民养老保险启动实施，农村和城镇低保提标政策全面落实。"造福工程"搬迁445户1790人。完成520套保障房建设任务，配租配售工作全面推进。改造公交站点，新增公交车辆12辆、路线3条。落实帮扶项目28个，帮扶资金2.07亿元。开展综合警务改革，组建县平安巡逻处突大队、乡村两级巡逻队，建成102个高清监控，通过全省第二批"平安先行县"验收。

（刘美娟）

政和县

【经济社会概况】 2012年，全县实现地区生产总值34.39亿元，比上年增长12.8%；一、二、三产分别完成增加值10.95亿元、12.19亿元、11.24亿元，分别增长5.5%、22.2%、10.0%；三次产业结构比重为31.8∶35.4∶32.7，其中一产比重下降0.6个百分点，二产比重提升3.1个百分点；财政总收入2.88亿元，增长29.8%，其中地方级收入1.95亿元，增长32.8%；外贸出口总值3691万美元，增长10.6%；全社会固定资产投资22.69亿元，增长52.1%；社会消费品零售总额11.86亿元，增长18.5%；农民人均纯收入6585元，增长13.7%；城镇居民人均可支配收入17390元，增长14.2%；城镇登记失业率3.56%；金融各项存款余额39.7亿元，增长25.5%，各项贷款余额15.92亿元，增长16.7%；年末户籍人口22.86万人。

工业经济。政和经济开发区获批为省级经济开发区，规划面积25平方千米，完成征地200公顷，土方平整180公顷，完成投资1.7亿元，首批入园企业17家，开发区高速连接线以及园内水、电、路、讯等基础设施序时推进。石狮政和产业园开工建设，山海协作走出新路。圣农集团、美国欧喜、山东黄金集团入驻政和，产业发展迈出新步伐。工业总产值、规模工业产值分别超过36亿元和25亿元，增幅均在30%以上。全年产值上亿元以上企业9家，新增6家。新批合同利用外资1.27亿美元。实施技改项目22个，完成投资10.8亿元。培育重点上市后备企业1家。新增省著名商标4件，省名牌产品4件、市知名商标16件。

农业经济。竹、茶、烟、菜等特色农业规模化、产业化、组织化进程加快，优势逐步凸显。竹产业产值超12亿元，产品有竹餐具、竹茶具、竹灯具、竹家具、竹炭等六大系列上千个品种。茶产业产值7.5亿元，有大小茶叶生产企业150余家，茶产业带动就业5万余人，其中政和工夫红茶经过近年来的培育，质效和知名度都有大幅提升，在全国80多个城市开设1000多家茶叶连锁店（专柜）。烟叶种植面积1067公顷，总产4.3万担，税收突破1000万元，建成全省最大的"红花大金元"种植基地。发展高山生态蔬菜2133公顷。完成造林绿化1720公顷。培育市级以上农业产业化龙头企业6家，国家农民专业合作社示范社1家。

项目开发。宁武、松建高速公路建成通车。全县签约或落地亿元以上重大项目9个。投资20亿元的欧圣实业肉鸡饲养加工项目、投资2.7亿元的闽江上游建溪流域（政和段）四期防洪工程开工建设，投资4亿多元的城区过境线、省道联络线前期工作全面展开。闽江上游建溪流域（政和段）三期防洪工程按期竣工；全国中小河流综合治理重点县申报成功，年度项目序时推进；5个乡镇39个行政村饮水安全得到改善。实施土地整理、开发复垦项目85个。完成道路安保工程136千米，新建通自然村公路25千米。镇前变电站、飞凤变电站技改竣工投入运行。

城市建设。编制"一城两镇"提升规划，完成渡头洋、中心区、官湖洋3个新区规划，新区规划面积达8.6平方千米。组织开展"城市建设百日大会战"，实施城建项目31个，总投资26.5亿元，完成年度投资6.7亿元。迎宾大道综合改造、解放街综合改造、文化中心、城东大桥等一批项目建成投入使用，珠山湾大桥、解放大桥、七星国际大酒店、城区供水管网、LED路灯改造等一批项目开工建设，城区过境线前期工作全面展开。

社会民生。全年累计投入民生资金6.17亿元，增长53.3%，其中县级配套投入占新增财力的90%以上。全年转移农村劳动力3567人，新增城镇就业1631人，城乡居民基本养老保险实现全覆盖。保障性住房项目建成率102.6%，农村危房改造800户，"造福工程"搬迁1800人，完善乡村避灾点158个，建成社区居家养老服务站4个。实施国家、省、市科技项目11个。新建乡镇公办幼儿园8所，省对县"两项督导"通过评估核查。松政苏区纪念馆、中共政和支部旧址被列为省党史教育基地，政和版画院被列为省第二批特色文艺示范基地。全年新增床位99张，增添医疗设备1415万元。人口自然增长率控制在7.16‰以内。创建省级生态乡镇5个、生态村11个。城区节俭办丧规范有序，文明县城创建通过市级评审，村（居）换届顺利完成。

【佛子山】 国家级风景名胜区、国家地质公园——佛子山位于政和县东部外屯乡境内，规划面积52.27平方千米，属上亿年前火山猛烈喷发而形成的火山熔岩地貌，地质环境突兀而奇特，景观资源十分丰富。自然景观以高耸的丛峰，巨大的崩塌堰塞，完整的火山复活剖面，巍峨险峻形神兼备的奇峰怪石，壮丽秀美的峡谷瀑布，险峭峻拔的绝壁断崖以及丰富的珍稀动植物资源、优美的生态环境、变幻莫测的天象而著称，素有“雄秀八闽”的赞誉。佛子山主题景区由佛子岩景区、稠岭景区、梅子坑景区、七星峡谷景区、黄岭景区等五大景区组成，共有112个景点。景区位于武夷山和太姥山旅游线路的黄金节点，区位优势明显，水、陆、空交通便利，距宁武高速公路入口18千米，距筹建中的京台高铁客运站60千米，距武夷山机场96千米、福州机场210千米。目前景区已完成项目环评、总体规划及详细规划编制等工作，开发价值大。（魏重胜　陆雄斌）

编辑：郑　莱

龙岩市

【基本概况】　龙岩位于福建省西部，通称闽西，地处闽粤赣3省交界。全市现辖7县（市、区）、134个乡（镇）、街道办事处，1912个村（居）委会，人口297.7万。属中亚热带季风气候，年平均气温18℃～20℃。面积1.91万平方千米，占全省土地面积的15.7%，居全省第三位。平均海拔652米。已发现矿物种类64种，其中：金、银、铜、铁、无烟煤、高岭土、石灰岩等16种矿物探明储量居全省首位；马坑铁矿是华东第一大铁矿，紫金山铜矿是全国第二大铜矿，东宫下高岭土矿是全国四大优质高岭土矿之一。是福建省三大林区之一，森林覆盖率73.1%，居全省设区市首位。水利资源理论蕴藏量214.5万千瓦，可供开发182.7万千瓦。海西十大旅游品牌中，龙岩拥有古田会议旧址和世界文化遗产福建（永定）客家土楼两大品牌。长汀是国家级历史文化名城，连城冠豸山被评为国家自然遗产和国家地质公园，梅花山被誉为“荒漠回归线上的绿色翡翠”。全市有1个国家5A级旅游景区、8个国家4A级旅游景区、3个国家3A级旅游景区，1个国家级风景名胜区、2个国家级自然保护区、4个国家森林公园、26个国家重点文物保护单位等。是国家可持续发展实验区、国家可持续发展产业示范基地、国家级加工贸易梯度转移重点承接地，是海西加快崛起的新兴城市。

【经济社会综述】　2012年，全市实现地区生产总值1356.78亿元，比上年增长12.0%。人均地区生产总值52896元，增长11.7%。其中，第一产业162.00亿元，增长3.6%；第二产业752.07亿元，增长14.6%；第三产业442.71亿元，增长10.5%。三次产业比例由上年的12.3∶56.5∶31.2调整为11.9∶55.4∶32.6。

固定资产投资。全社会固定资产投资1000.45亿元，增长28.5%，其中：固定资产投资974.26亿元，增长29%；农户投资26.19亿元，增长10.7%。按三次产业分，第一产业投资19.8亿元，增长50.5%；第二产业投资478.3亿元，增长23%；第三产业投资476.2亿元，增长34.9%。房地产开发投资120.53亿元，增长37.1%。

工业经济。全部工业增加值622.95亿元，增长13.3%，其中规模以上工业增加值436.49亿元，增长17.1%。规模以上工业总产值1266.52亿元，增长15.9%。烟草、机械、钢铁、建材、有色金属、能源、纺织、农副产品加工业等重点产业实现工业总产值1130.4亿元，增长12%，占89.7%，其中：烟草产业总产值127.5亿元，增长6.9%；机械产业总产值183.5亿元，下降1.9%；建材产业总产值137.1亿元，增长1.4%；农副产品加工产业总产值155.4亿元，增长19.1%；能源产业总产值158.5亿元，增长5.2%。

农业经济。农林牧渔业总产值265.79亿元，增长3.7%，其中：农业产值112亿元，增长2.7%；林业产值34.9亿元，增长1.3%；牧业产值100.6亿元，增长5.2%；渔业产值12亿元，增长6.5%；农林牧渔服务业产值6.3亿元，增长2.4%。粮食播种面积18.09万公顷；粮食总产量106万吨，增长1.5%；蔬菜产量186.8万吨，增长1.7%；肉蛋奶总产量49.7万吨，增长4.7%；水产品总产量6.6万吨，增长6.6%。全市农产品加工产业产值155.4亿元，增长19.1%。

第三产业。社会消费品零售总额432.28亿元，增长15.5%，扣除价格因素，实际增长12.7%。全年接待旅游总人数1484.5万人次，增长22.3%，其中：国内旅游人数1478.5万人次，增长22.3%；接待入境游客6.0万人次，增长42.8%。全年旅游总收入109.4亿元，增长23.7%。交通运输、仓储和邮政业实现增加值71.4亿元，增长7.2%。铁路货物运输周转量22.3亿吨千米，增长1.0%；公路货物运输周转量143.7亿吨千米，增长16.0%；民航货物运输周转量39.8万吨千米，增长19.2%。铁路旅客运输周转量8.1亿人千米，增长60.5%；公路旅客运输周转量17.0亿人千米，下降1.3%；民航旅客运输周转量421.6万人千米，增长16.3%。

城市体系。中心城市建成区面积扩展到41.8平方千米。中心城区常住人口49.3万人，其中户籍人口48.6万人。城市道路长度344.18千米，人均城市道路面积13.8平方米。成功创建国家园林城市。中心城市建成区绿化覆盖率42.2%，人均公园绿地面积11.92平方米。生活垃圾无害化处理率99%。污水处理率90.3%。每万人拥有公交车13标台。燃气普及率达98.7%。

财政金融。全市财政总收入237.3亿元，增长15.0%，其中地方级财政收入101.51亿元，增长20.4%；财政支出164.9亿元，增长19.8%。年末全市金融机构本外币各项存款余额1103.2亿元，增长20.7%；金融机构本外币各项贷款余额1056.4亿元，增长19.5%。农村合作金融机构人民币贷款余额172.9亿元，比上年末增长20.1%。保险企业各项保费收入28.6亿元，增长12.9%，其中：财产险保费收入12.8亿元，增长11.4%；人身险保费收入15.8亿元，增长14.2%。财产险赔款支出7.0亿元，增加32.2%；人身险赔款支出3.2亿元，增加18.3%。

对外经贸。进出口总额349870万美元，增长44.2%，其中：进口13.90亿美元，增长143.1%；出口21.08亿美元，增长13.8%。新批外商直接投资项目16个，新增合同金额2.76亿美元，下降40%；按验资口径统计的实际利用外商直接投资1.99亿美元，增长15%。新罗区入选全国百强区。永定客家文化园被授予全国"海峡两岸交流基地"。

生态建设。全年完成水土流失治理3.24万公顷，占省下达任务的150.6%；植树造林2.94万公顷，占省下达任务的116%。长汀水土流失治理经验在全国推广，被评为国家水土保持生态文明县、全国生态文明和现代林业建设示范县。重点流域综合整治、小煤矿关闭重组、饮用水源地保护、养殖业污染整治等生态建设重点工作全面铺开。

社会事业。全年完成义务教育标准化学校评估验收178所。中小学校舍安全工程建设开、竣工率位居全省前列，累计建成379个项目、竣工面积64.9万平方米，完成投资8亿元。城区中小学扩容项目开、竣工率居全省前列，龙岩一中分校正式成立招生。完成新建、改扩建公办幼儿园33所。龙岩学院通过教育部本科教学合格评估。本年度取得科技成果61项，其中省部级以上应用科技成果55项。授权专利1610件，比上年增加605件。全市拥有高新技术企业56家，其中当年新认定5家。广播综合人口覆盖率为98.3%，电视人口综合覆盖率为99.9%。公立基层医疗卫生机构全部配备和使用国家基本药物并实行零差率销售，覆盖率达100%。体育基础设施建设跨入全省先进行列，全市共有农民健身工程点1783个。在国内外的各项比赛中，龙岩市运动健儿取得2项2人次世界冠军。社会保障体系基本形成，城乡低保应保尽保，新农合实现全覆盖，参合率达99.8%，走在全省前列，新型农村和城镇居民社会养老保险工作受国务院表彰。妇女儿童发展"两纲"主要指标全面完成。汀江、闽江省控断面水质达标率持续保持100%；集中式饮用水源达标率为100%。

人民生活。全市城镇居民人均可支配收入23765元，增长12.7%，扣除价格因素实际增长9.7%；农民人均纯收入9396元，增长14.1%，扣除价格因素实际增长11.5%。城镇居民人均消费性支出17651元，增长8.0%，食品支出占城镇居民人均消费性支出37.9%。农民人均生活消费支出6837元，增长11%，食品支出占农村居民人均消费性支出45.4%。年末全市参加城镇基本养老保险人数29.9万人，增加3.2万人；参加农村社会养老保险人数115.8万人。年末全市城镇社会福利机构33个，床位5730张。全市城市有1.3万人享受到最低生活保障救助，农村有9.9万人享受到最低生活保障救助。

2012年6月29日，由中国中共党史学会、中共福建省委党史研究室、中共龙岩市委、龙岩市政府联合主办的纪念福建省苏维埃政府成立80周年理论研讨会在长汀隆重举行。

（长汀县政府办供稿）

【"城市建设年"活动】 组织开展中心城市建设大会战，市、区两级共抽调1000名干部，组织实施九大片区征迁改造，创新建设投融资、房屋土地征收、部门联动执法、市区工作等体制机制，累计筹措资金37.8亿元，投入土地开发资金30亿元，完成征地371.2公顷，征收房屋146万平方米。石锣鼓湿地公园等项目基本建成，外环路和一批城市综合体加快建设。加快推动古蛟、永丰、龙雁3个新区和3个园区建设，形成与中心城市有机连接、功能互补的新增长区域。用城市的理念规划建设县域城市，加快实施城建项目，提升城市管理水平，15个省、市小城镇综合改革建设试点完成投资156.7亿元。全市城镇化率达50%，提高2.5个百分点。（卢权国）

新 罗 区

【经济社会概况】 2012年，全区实现地区生产总值527.21亿元，比上年增长10.2%，其中：第一产业增加值23.06亿元，增长0.2%；第二产业增加值337.31亿元，增长10.4%；第三产业增加值166.84亿元，增长11.3%；三次产业结构调整为4.4：64.0：31.6。财政总收入157.5亿元，增长12%，其中地方公共财政收入16.28亿元，增长13.3%。规模以上工业增加值78.13亿元。全社会固定资产投资266.34亿元，增长41.2%。社会消费品零售总额188.60亿元，增长14.2%。实际利用外资4.0亿美元，增长11.1%；外贸出口总值8.1亿美元，增长18.2%。城镇居民人均可支配收入26162元，增长12.4%；农民人均纯收入12595元，增长12.4%。

产业发展。完成区属规模以上工业总产值266.6亿元，增长13.6%；工业增加值85.9亿元，增长19.0%。机械、农产品加工、建材、能源环保等四大主导产业从量的扩张步入质的提升，产值比重达76%，拉动规模工业增长10.4个百分点。关闭落后产能企业35家，淘汰落后水泥产能116.4万吨，规模工业增加值能耗下降10.2%。全年限上商贸批零销售额突破182.6亿元，限上企业达到334家。旅游总收入31.5亿元。农林牧渔业总产值38.46亿元；培育现代农业示范基地37个1900公顷；新发展农民专业合作社21家，龙锦生猪专业合作社晋级为国家级示范社。

“五大战役”。“五大战役”超额完成，新开工104个、竣工投产104个、策划储备108个。信息产业园建设加快，硬质合金园一期基本建成；龙雁成为省循环经济示范园区。首个百亿项目花漾江山综合体一期开工。争取各级扶持资金5.2亿元。实施首个《中长期人才发展规划纲要》，新认定国家高新技术企业1家、发明专利授权38件，森宝集团获准设立国家级技术中心。政银企合作得到加强，争取银行授信超100亿元；投融资方式不断创新，坪坑水库项目成功引进省水利投资集团战略合作。

城乡建设。龙厦动车顺利开通，双永高速全境贯通，西气东输三线等顺利开工，中心城市区位优势凸显，开始融入厦漳泉一小时经济圈。建成区扩大至41.8平方千米。小城镇建设全面铺开，白沙、东肖试点建设成效显著，筹措资金支持小城镇“五个一”建设，集镇面貌有效改观。农村基础设施加快完善，S203线苏坂—美山、双永白沙连接线等建成通车；17个重点水利项目扎实推进，被评为全省冬春水利建设先进县。治理水土流失4200公顷，造林绿化3600公顷。获首届“全国国土资源节约集约模范区”称号。新创国家级生态乡镇2个、省级生态乡镇8个。龙津河流域综合整治全面启动，雁石、东肖等“养治分离”试点有序推进，白沙库区网箱整治取得成效，省控断面、内河断面达标率分别提高16.7、4.1个百分点。

民生保障。完成40件惠民实事年度任务。国家科技富民强县工程通过验收。“教育强区”加快创建，全面完成省义务教育标准化学校达标建设。实现农民健身点、农家书屋城乡全覆盖。建成启用侨声大剧院、大众影剧中心，顺利承接省第五届艺术节18场演出。城镇登记失业率控制在2.45%。社会救助制度不断完善，1.2万名低保和困难群众从中受益。实施新一轮扶贫开发和造福工程，造福搬迁2720人。

【全国国土资源节约集约模范区】 为进一步激励地方党委、政府落实最严格的节约集约用地制度，建立“党委领导、政府负责、部门协调、公众参与、上下联动”的国土资源管理工作新格局，推动经济结构调整和发展方式转变，国土资源部3年举办一次评选活动。2012年2月新罗区被授予首届“全国国土资源节约集约模范区”称号。

（谢月翼）

永 定 县

【经济社会概况】 2012年，全县实现地区生产总值158.46亿元，比上年增长12.5%，其中：第一产业增加值23.54亿元，增长4.4%；第二产业增加值85.36亿元，增长17.4%；第三产业增加值49.56亿元，增长7.9%。财政总收入20.34亿元，增长15.7%，其中地方公共财政收入10.25亿元，增长14.7%。外贸出口2.07亿美元，增长0.1%。全社会固定资产投资93.70亿元，增长53.3%。城镇居民人均可支配收入22060元，增长12.6%；农民人均纯收入10184元，增长14.1%。

产业发展。全年实现农林牧渔业总产值38.27亿元，增长4.7%；粮食总产量13.41万吨，增长2.4%；农产品加工业产值8.8亿元，增长40%；新增农民专业合作社48家；被列为全国100个新型职业农民培育试点县之一；永定红柿、巴戟天获得地理保护标志；“招宝”商标荣获“中国驰名商标”；福建养宝生物股份有限公司被评为省特大型生猪养殖企业。工业总产值121.26亿元；投资20.3亿元新龙马年产15万辆微车扩建项目建成投产，投资15亿元年产30万台汽车发动机项目正式动工；成功创建省级高新技术产业开发区；新增亿元企业5家、规模企业8家；新增5个省名牌产品、4个省著名商标、3个市知名商标。社会消费品零售总额43.6亿元，增长16.5%；新增限上企业32家；全年接待游客404.1万人次，增长17.8%；实现旅游总收入28.5亿元，增长23.8%。

“五大战役”。全年共实施“五大战役”项目249个，完成投资208.66亿元，其中：重点项目建设战役，实施项目16个，完成投资51.7亿元；新增长区域发展战役，实施项目39个，完成工业固定资产投资40.01亿元，完成永定工业园区固定资产投资37.18亿元；城市建设战役，实施项目58个，完成投资27.6亿元；小城镇改革发展战役，实施项目82个，完成投资70.26亿元；民生工程战役，实施项目54个，完成投资21.92亿元。

城乡建设。修编完成《福建永定旅游目的地城市策划规划》和《福建土楼永定国家5A级旅游景区综合提升规划》。完成剩余9个乡镇总体规划和69个村庄规划编制工作。完成古镇人居板块保障性住房建设，新党校、计生服务大楼、民兵训练基地、妇幼保健院、青少年校外活动中心、客家民俗演艺中心、福利中心等投入使用，妇女儿童活动中心、档案馆大楼相继封顶，天子温泉度假区、世纪华泰度假村大酒店、南山大酒店等项目主体工程基本完成。全力推进永丰新区建设，第一批十大项39小项的经济社会管理职能已委托永丰新区；征地55公顷、拆迁175户5.45万平方米，完成高陂莲花安置小区、先锋安置小区一期建设。实施高陂、湖坑、下洋、龙潭等小城镇建设试点镇项目78个，20个新农村示范点累计拆除空心房面积1.53

万平方米，33个自然村494户春节前搬进造福工程新居。交通建设完成投资8.56亿元，下洋初溪至湖山公路建成通车；完成农村公路“上衔下延”工程105千米，改造危桥20座。投入2亿元实施淑雅溪水库等25个水利水保项目，治理水土流失面积4953.33万公顷，解决高头、合溪2个乡2.68万人农村饮水安全问题。完成55个农村配电项目改造任务。

民生事业。全年民生投入13.99亿元，占财政总支出的67.16%。城乡就业更加充分，城镇登记失业率1.6%；城乡居民养老保险参保率96.9%，5.45万人领取养老金；完成11个社区居家养老服务站建设，在全省率先完成敬老院建设任务；6839名被征地农民纳入养老保险范围；医疗住院补偿标准比例提高5%；城乡居民养老和医疗保障制度实现全覆盖；首批13个乡镇“三农”综合保险承保率85.4%；低保对象基本实现应保尽保，五保供养标准再次提高20%；成立县慈善总会，募集慈善资金5301万元。48所中小学标准化学校创建、53个校安工程和28所公办幼儿园及附设幼儿班建设全面完成，第二实验小学投入使用。新增病床105张，新招医疗卫技人员45人，医疗卫生场所和人才紧缺问题得到有效缓解。279个村(居)全部实现有线广播“村村响”，完成230个自然村3274套直播卫星设备安装任务。深入开展养殖业污染治理，关闭拆除57家2.2万平方米养猪场。第二污水处理厂投入试运营。完成植树造林3466.67公顷，完善高速公路生态修复断弱点75.07公顷，新建丰产毛竹林866.67公顷。

【“双永高速”新罗至永定段通车】 2012年1月1日，“双永高速”龙岩新罗至永定段建成通车，结束永定县没有高速公路的历史。双永高速公路于2009年3月开工，新罗至永定段全长62千米，沿途设高陂、永定、岐岭、下洋等4处互通，工程概算投资55亿元，全线采用四车道高速公路标准建设，设计行车时速为80千米。

【永定客家文化园成为“海峡两岸交流基地”】 2012年6月17日，福建永定客家文化园正式被批准为“海峡两岸交流基地”，标志着永台交流合作工作进入一个新阶段。永定客家文化园包括客家博览园、福建土楼永定景区、中国国民党荣誉主席吴伯雄祖籍地永定下洋思贤村等。 (童章培)

上杭县

【经济社会概况】 2012年，全县实现地区生产总值186.21亿元，比上年增长15.6%；财政总收入23.36亿元，增长25.2%，其中地方级收入13.59亿元，增长26.8%；全社会固定资产投资122.22亿元，增长21%；城镇居民人均可支配收入20573元，增长14.3%；农民人均纯收入8538元，增长15.3%。

农业。全年农林牧渔业总产值41.32亿元，增长4%；农副产品加工业产值14.63亿元，增长16.4%。粮食总产量23.9万吨；收购烟叶11万担；生猪出栏85万头，其中槐猪出栏4万头。投入各类强农惠农资金1.3亿元。完成农业基础设施投资2.8亿元。完成造林绿化面积4300公顷。新增农民专业合作社32家；新注册省级著名商标8件、省级名牌农产品3个；上杭乌梅获国家地理标志证明商标。被列为全国第二批现代农业示范区。

工业。实现规模以上工业总产值232.61亿元，增长43.7%。新增规模企业8家，累计达48家；新增亿元以上企业3家，其中10亿元企业1家，亿元企业总数达18家。金铜产业实现产值203亿元，其中铜产业产值150亿元。工业园区完成固定资产投资52亿元，新落户项目14个。20万吨铜冶炼、瓮福紫金磷化工、清景铜箔等项目建成试(投)产。紫金矿业位居中国500强企业第241位，比上年上升27位。

建筑业。新增一级资质企业1家，资质企业总数达68家；57家企业在省外承接工程项目，4家企业参与国际工程建设。建筑业产值184.1亿元，增长23.9%；缴纳税收2.07亿元，增长10.7%；吸纳劳动力就业6.3万人。

第三产业。全年实现第三产业增加值53.80亿元，增长9.4%。古田会议旧址景区创5A级、中国虎园和才溪红色景区创4A级工作全面启动；培育休闲农业与乡村旅游示范点12个，被评为“全国休闲农业与乡村旅游示范县”；全年接待游客326万人次，增长16.4%；旅游收入16.3亿元，增长69.8%。县农资配送中心、蛟洋中心粮库综合物流园、紫金财富中心基本建成，开工建设新发地农产品交易中心。社会消费品零售总额43.85亿元，增长17.3%。商品房销售额5.3亿元，增长6.7%。外贸出口总值1.9亿美元，增长71.5%。实际利用外资1645万美元，增长15%。年末金融机构各项存款余额187.9亿元，比年初增加21.9亿元；各项贷款余额133.4亿元，比年初增加38.5亿元。金融支付“村村通”目标全面实现。

基础设施。全省第一条县级政府自主投资建设的高速公路——蛟(洋)城(关)高速公路建成通车。坪埔铁路货场及专用线基本建成。县道旧县—白砂线(旧县段)建成通车，丰棉线(丰面桥—棉花滩)全线开工建设，完成农村公路改造63千米、危桥改造15座。电力体制改革全面完成，黄竹11万伏变电站二期和103个农网改造项目投入运行，古田、庐丰11万伏变电站建设有序推进。启动工业园区规划调整和扩园工作，工业园区完成基础设施投资3.8亿元。

城乡建设。城市总体规划修编有序展开，东门片区、城南片区等控制性详细规划全面完成。60个城建项目累计完成投资29.3亿元。“绿亮美”工程全面实施，南江滨公园、瓦子街公共人防工程、城区夜景工程二期、东环路改造、街心花园改造项目如期完工，上杭大道二期、东二环路、紫金公园建设和南门大桥、琴岗路、小街小巷改造工程加快推进，城区绿化覆盖率提高至39.2%。7个小城镇综合改革发展试点乡(镇)共完成投资27.9亿元。完成乡(镇)总体规划13个。全年实施集镇重点建设项目119个，完成投资7.3亿元。坪埔安置小区、南阳宏福小区、通贤枫云小区等相继建成。完成村庄规划81个。治理水土流失面积4600公顷。完成119个村垃圾治理，新建11处垃圾填埋场，农村环境持续改善。

民生项目。民生工程战役完成投资23.6亿元。17项重点为民办实事项目完成8项、基本完成8项、正在实施1项。城区市民服务中心等项目全面完成。

社会保障。在全市率先提高新农保基础养老金标准，建立"多缴多得"、"长缴多得"和丧葬金补助机制。城乡居民合作医疗补助标准提高至每人每年240元。离退休人员、城乡低保人员基本生活保障标准进一步提高，全年发放养老金3.17亿元、低保金3279万元。完成"造福工程"搬迁583户2513人。"三农"综合保险实现乡（镇）全覆盖。落实库区移民后续扶持资金3085万元。在全省率先实施二女绝育家庭提前15年享受奖扶政策。全年新增城镇就业2946人、下岗失业人员再就业1402人、劳动力转移就业6719人。城镇居民经营性收入、转移性收入、财产性收入分别增长18.9%、15.1%、25.7%；年末城乡居民储蓄存款余额71.82亿元，比年初增加8.2亿元。城镇、农村居民人均消费支出分别增长13.6%、10.7%。

社会事业。城区教育扩容工程、25所幼儿园新改扩建项目加快实施。被国务院授予"全国'两基'工作先进地区"称号。全年实施科技项目52项，申请专利139件，获得授权专利72件。白砂田公元帅信俗被列入省级非物质文化遗产名录。林丹蝉联奥运会羽毛球男单冠军，少体校运动队获省级以上赛事金牌11枚。县医院综合改革试点扎实推进；县医院门诊病房综合大楼主体工程、87个村级标准化卫生所全面建成，乡（镇）卫生院整体提升工程有序实施。被评为"福建省2009—2011年度人口和计划生育工作先进县"。

【塔吉克斯坦共和国总统埃莫马利·拉赫蒙到上杭访问】 2012年6月3日，塔吉克斯坦共和国总统埃莫马利·拉赫蒙、外交部长扎里菲·哈姆罗洪等一行30多人到上杭访问。上杭县在人民广场举行以"客山客水客家情"为主题的隆重热烈的欢迎仪式，授予埃莫马利·拉赫蒙总统上杭县"荣誉市民"称号。拉赫蒙总统一行还对紫金山金铜矿、福建紫金铜业有限公司进行考察，并就塔方与紫金矿业进一步加强战略合作等事宜进行探讨。

【荣获全国"十大年度县域旅游之星"称号】 近年来，上杭县旅游业发展成效显著，先后荣获"优秀旅游县"、"全国十大县域旅游之星"、"全国休闲农业与乡村旅游示范县"称号。古田会议会址和毛泽东才溪乡调查旧址列入全国红色旅游经典景区，古田会议会址和梅花山华南虎园生态旅游区晋升为国家4A级旅游景区，紫金山被评定为国家矿山公园和国家工业旅游示范点，西普陀、红豆杉生态园、摩陀寨成功申报为国家森林公园，古田镇被评定为全国特色景观旅游名镇，五龙农家乐被评定为全国休闲农业与乡村旅游示范点和福建省四星级乡村旅游经营单位，上杭光源国际酒店荣膺四星级旅游饭店。全县拥有星级酒店6家（其中四星级酒店2家），国内旅行社7家（含旅行社分社2家），农家乐接待点30多家，森林人家10余家，旅游商品开发企业10余家，旅游规划公司1家，旅游演艺公司2家。2012年1月11日，首届中国旅游产业发展年会评选出2011年全国"十大年度县域旅游之星"，上杭县成为福建省唯一获此殊荣的县。（曾小勤）

武平县

【经济社会概况】 2012年，全县实现地区生产总值106.54亿元，比上年增长12.1%；全社会固定资产投资（含高速）107.86亿元，增长45.8%；工业总产值101.4亿元，增长24.0%；财政总收入8.11亿元，增长29.6%，其中地方级财政收入5.08亿元，增长25.3%；社会消费品零售总额31.39亿元，增长17.7%；城镇居民人均可支配收入18122元，增长12.4%；农民人均纯收入8728元，增长14.3%。

农业经济。全年实现农林牧渔业总产值40.87亿元，增长4.2%。完成农田水利基础设施投资2.8亿元，完成造林绿化4300公顷，完成水土流失综合治理3266.67公顷。粮食播种面积3.75万公顷，粮食总产量21.3万吨，被评为全省粮食生产先进单位。种植烟叶3166.67万，收购烟叶12.12万担，烟农售烟收入达1.7（含补贴）亿元。种植大田瓜果蔬菜8500公顷，产量19.32万吨，产值超2亿元，被列入全国580个蔬菜生产大县之一。种植仙草1133.33公顷，总产量6943吨，产值5520万元，绿露仙草专业合作社入选"中国3A级信用企业"。新植花卉198.73公顷，年末花卉面积1040公顷，产值22.54亿元；"梁野冬青"获第八届海峡两岸林博会"福建花王"称号。新植甜橙157.13公顷，年末水果总面积5600公顷，总产量35178吨，产值7397万元。新植茶叶121.67公顷，年末茶叶总面积3560公顷，总产量2902吨，产值1.14亿元；"武平绿茶"在市首届"茶王"赛中包揽绿茶类所有奖项，在第六届中国名优绿茶评比中获3个金奖、2个银奖。袋栽食用菌4200万袋，鲜菇总产2.55万吨，产值超2亿元；灵芝新品种"武芝2号"成为全国首个通过品种审定的紫灵芝新品种。农产品加工业产值36.22亿元，增长14.4%；农产品加工企业202家，其中年产值亿元以上企业7家；有著名商标14个，地理标志证明商标6个，绿色食品4个，福建名牌农产品5个。

工业经济。新增创隆纺织、力菲克生物技术、通成电子等25家规模以上工业企业，至年末全县规模以上工业企业96家，其中亿元企业16家。机械制造、矿产品加工、农林产品加工、光伏电子4个主导产业实现产值61.08亿元，占全县规模以上工业总产值的89.9%。确定60家县重点企业。修订出台加快发展不锈钢产业的特殊优惠政策，双兴不锈钢、钢泓不锈钢项目进入调试阶段，嘉臣一品等不锈钢项目开工建设；不锈钢产业园完成投资4.3亿元，完成年度计划的171.3%。第十届"6·18"对接项目93项，总投资19.8亿元，征集技术需求

(成果)47项。争取落实国家和省、市科技计划项目10项,新洲(武平)林产化工有限公司被认定为省级创新型企业,鑫珍金能源有限公司被认定为省级创新型试点企业。全年削减COD145.44吨、NH_3—N36.99吨、$SO_2$286.78吨、NO_X579.97吨。

第三产业。新上限额以上商贸流通企业86家,累计达142家。县客运中心、龙洲商贸城建成投入使用;岩前狮岩定光园景区通过国家3A级景区评定;“云中村寨”被评为福建省第二批三星级乡村旅游经营单位。成功举办第二届海峡两岸定光佛文化旅游节。全年接待游客73.9万人次,实现旅游总收入1.6亿元。金融机构各项存款余额59.32亿元,比年初增加5.7亿元,增长10.6%;各项贷款余额46.7亿元,比年初增加8.68亿元,增长22.8%。实施土地供应调控,完成投资10.67亿元,商品房销售面积18.8万平方米。

“五大战役”。全年新签约3000万元以上合同项目24个,固定资产投资49.8亿元;新开工项目26个,固定资产投资27.3亿元;新竣工投产项目28个,固定资产投资12.7亿元;新开工或新竣工投产亿元以上项目20个。重点项目建设战役完成投资33亿元,完成年度计划的148.2%;新增长区域发展战役完成投资52.3亿元,完成年度计划的123.1%。城市建设战役完成投资22.5亿元,完成年度计划的167.9%。小城镇改革发展战役完成投资13亿元,完成年度计划的153%。民生工程战役完成投资25亿元,完成年度计划的210%。

城市建设。加强规划评审工作。实施武平大道、梁野大道等城市主干道建设。完成碧水公园映碧湖改造提升和东门苑等6块绿地建设,新增城市绿地2.31万平方米,县城绿化率达40.5%,创建省级园林县城通过验收。建成城区4个大型地坑式垃圾中转站。新增建筑施工企业4家,完成建筑业产值16.55亿元。古武高速公路(武平段)建设项目完成投资5.7亿元,累计完成投资12亿元,占合同总投资的46.2%。

新农村建设。深入开展村庄整治和家园清洁行动,扎实推进农田水利建设和新一轮农村电网升级改造。实施了桃溪镇15个村和2个学校饮水安全项目,解决了26324人安全饮水问题。武东乡东兴村入选全国28个“中国特色村”之列。村级“三农”服务中心及“世纪之村”平台建设试点全面推进。

改革开放。率先在全省启动农村集体土地抵押贷款试点工作。完成县政府和乡镇基层所站机构改革。组织实施捷文水库水厂、岩前工业集中区水厂回购和实验中学、武平二中资产征收等一批项目,盘活资产3.1亿元,新增融资2.4亿元。成功对接“三维”项目20个,其中央企项目1个、民企项目15个、外企项目4个,总投资56.3亿元。实际利用外资(验资口径)456万美元,外贸出口(海关数)1.43亿美元。

社会事业。初中学校全部通过省“义务教育标准化学校”评估验收。校安工程完成20.8万平方米。实验中学改制为公办学校。新建、改建公办幼儿园3所。客家演艺中心建成投入使用,青少年宫、青少年校外体育活动中心建设基本完成。启动大禾烈士陵园筹建工作。新建21家、改造26家农家书屋。县卫生监督所、城区社区卫生服务中心以及下坝卫生院、大禾卫生院迁建项目主体工程完成,县中医院病房大楼开工建设。新农合参合率达99.9%。人口出生率15.64‰。全年城镇新增就业2913人,城镇失业人员再就业1370人,新增农村富余劳动力转移就业4256人,登记失业率为2.38%。新建万安乡敬老院、中赤乡敬老院,新增床位82张,总投资235万元。发放“新农保”基础养老金2950万元、城乡低保资金2631万元、救助补助金408万元。关闭、拆除猪舍169户、6.3万平方米,削减生猪存栏2.1万头。启动4座农村垃圾无害化处理场、13个垃圾中转站项目建设。完成可再生能源建筑推广应用67.9万平方米,惠及1.1万人。平川、城厢、岩前、桃溪、中堡等8个乡镇被命名为省级生态乡镇。

【第二届海峡两岸定光佛文化旅游节】 2012年11月22—24日,第二届海峡两岸定光佛文化旅游节在定光佛信仰发源地武平县岩前镇狮岩均庆院广场举行。本次活动内容主要有:第二届海峡两岸定光佛文化旅游节开幕式,定光佛祭典朝拜活动,客家民俗文化表演,非物质文化遗产图片展,海峡两岸佛事用品展览会,参观梁野山风景区,定光佛文化交流促进会成立暨《定光佛文化研究》首发式等。

(吴汝丰)

长汀县

【经济社会概况】 2012年,全县实现地区生产总值126.31亿元,比上年增长12.8%,其中:第一产业增加值23.73亿元,增长4.6%;第二产业增加值60.67亿元,增长17.8%;第三产业增加值41.91亿元,增长10.4%;财政总收入10.15亿元,增长29.1%;地方级收入5.58亿元,增长30.2%;全社会固定资产投资97.92亿元,增长43.2%;全社会消费品零售总额39.01亿元,增长15.1%;城镇居民人均可支配收入14135元,增长14.2%;农民人均纯收入8185元,增长15.5%。

工业经济。实现工业总产值123.64亿元,增长18.8%;规模以上工业总产值112.12亿元,增长19.8%;规模以上工业增加值35.67亿元,增长20.1%。工业主导产业持续稳定发展,纺织产业产值61.36亿元,增长19.0%;稀土产业产值15.71亿元,增长43.3%;机械电子产业产值17.46亿元,增长4.9%;农副产品加工产业产值12.98亿元,增长16.2%。全年新增产值亿元以上工业企业9家,累计37家。长汀经济开发区产值达104.9亿元。福建(龙岩)稀土工业园区升格为省级工业园区。安踏服装、盼盼食品被认定为大型企业。

农业经济。实现农林牧渔总产值39.45亿元,增长4.8%。粮食总产量20.68万吨,增加7200吨,被评为国家粮食生产先进县。收购烟叶16.7万担,实现烟农收入1.8亿元。农业产业化水平不断提升,新认定省级龙头企业2家、市级龙头企业14家。农业

“五新”实用技术培训取得新成效，被列为全国新型职业农民培育试点县。林权制度改革进一步深化，发放新林权证24.79万公顷。新发展农民专业合作社73家，累计234家。农业农村体制创新持续深化，流转农村土地0.88万公顷，占全县耕地总面积的43%。强农惠农政策落实到位，发放种粮农民农资综合直补资金3550万元。

第三产业。全年接待旅客142万人次，增长26.1%；旅游总收入12.7亿元，增长25.7%。启动“一江两岸”景观修复工程，完成一期和部分二期工程的风格风貌及功能结构设计，开工建设济川门城楼，完成兆征路沿街立面整治、店头街沿街私房整治等历史文化名城保护建设项目。商贸流通业“三个一百”工程全面完成，新增限额以上企业12家、累计47家。开工建设汀州物流园。金融业有序发展，金融机构存款余额86.97亿元、增长21.1%，贷款余额66.10亿元、增长22.3%。

“五大战役”。全年实施“五大战役”项目316个，完成投资137.9亿元，其中：重点项目建设战役安排15个项目，完成投资50.35亿元，占年度计划的216.5%；新增长区域发展战役安排89个项目，完成投资47亿元，占年度计划的195.8%；城市建设战役安排46个项目，完成投资15.72亿元，占年度计划的298.9%；小城镇改革发展战役安排79个项目，完成投资12.57亿元，占年度计划的237.17%；民生工程战役安排73个项目，完成投资14.8亿元，占年度计划的134.79%。

社会事业。社会保障体系不断完善，新增城镇就业3029人，新增农村劳动力转移就业6379人，城镇登记失业率为2.46%；城乡居民基础养老金、城镇职工养老金、被征地农民养老保险金、新农合筹资标准持续提高。落实教育惠民政策，下拨寄宿生营养餐改善专项经费、低保幼儿保教补助资金、中小学教科书及作业本资金1328.9万元，新建、改扩建5所公办幼儿园，完成义务教育标准化学校评估30所，长汀职专被列为全国中等职业

2012年11月22日，世界客属第十八次公祭客家母亲河大典在长汀举行。

（长汀县政府办供稿）

教育改革发展示范校。成功举办福建省苏维埃政府成立80周年纪念活动、世界客属第十八次公祭客家母亲河大典。住房保障工作走在全省前列，新开工建设各类保障房860套，茶园保障房小区被评为全省和谐人居示范小区。搬迁586户2512人。完成9个乡镇“三农”综合保险试点工作。

【生态文明建设】 全年完成水土流失治理7100公顷，占任务的111.9%。大力实施“四绿”工程，完成植树造林4800公顷，基本达到省级森林县城的创建标准。打造来油坑、科教园、罗地草山水土流失治理示范点。成功承办全国总结推广长汀水土流失治理经验座谈会、全国林业厅局长会议，获得全国生态文明建设和现代林业建设示范县称号。 （丘 辉）

连城县

【经济社会概况】 2012年，全县实现地区生产总值110.34亿元，比上年增长12.3%；财政收入5.5亿元、地方级一般预算收入3.48亿元，分别增长28.2%和32.5%；农民人均纯收入8500元、城镇居民人均可支配收入18343元，分别增长13.6%和12.5%；全社会固定资产投资98.34亿元，增长48.3%；规模以上工业产值85.20亿元，增加值24.32亿元，分别增长16.1%和19.6%；社会消费品零售总额40.63亿元，增长17.3%。

工业。优先发展战略性新兴产业，光电、新材料、生物医药产业实现产值9.6亿元，增长38.4%；海峡生物医药产业园开工建设；福建鑫晶35公斤级和80公斤级人造蓝宝石生长炉，分别投产70台和11台，成为国内最大的LED衬底材料供应商；赛特新材公司进入上市辅导期。矿冶产业实现产值15.2亿元，增长5.9%；紫金铜钼矿开发和尾矿利用项目前期工作进展顺利，膨润土、稀土、煤炭资源整合工作有序开展，莒溪坪上等矿区煤炭资源勘探取得新成果。化工、机械产业实现产值11.5亿元，增长23.2%。

农业。农产品加工产值26.5亿元，增长10.4%；万亩现代农业示范园累计落户项目9个，产值2.6亿元；迈入全省花卉生产大县行列；获第五届海峡两岸花卉博览会展馆布置金奖、最佳组织奖；连城兰花、毛竹分别获市“花王”、“竹王”称号；连城被评为“全国平安农机示范县”。

“五大战役”。新开工项目130个、新竣工或部分竣工项目90个。“三维”项目对接成效明显，对接央企项目2个、民企项目21个、外企项目1个。天利高新一期、新奥生物三期和诚裕硅业等投资超5000万元项目实现投产。“一园两区”产值36.2亿元，增长31.4%，税收2476万元。新增规模以上企业11家，累计146家；新增产

值亿元以上企业3家，累计32家。纳税百万元以上企业26家，其中纳税500万元以上企业7家。新认定国家级高新技术企业1家、市级企业技术中心5家。新增省著名商标3件、市知名商标4件。

第三产业。全年接待游客301万人次，增长35%；旅游总收入14.5亿元，增长52.1%；依法收回并履行冠豸山经营权；连城被命名为“中国温泉之城”；天一温泉度假村、培田古村落成功创建国家4A级旅游景区；成功举办客家元宵狂欢节、“魅力冠豸山·茗匠之星”大型演唱会、海峡客家旅游欢乐节和温泉旅游节等“四季连城”旅游文化年活动。房地产投资10亿元，销售面积13.9万平方米，税收7500万元；资质建筑业产值10.1亿元、税收6036万元；新增限额以上批发、零售、住宿餐饮企业20家。

城乡建设。完成县城总体规划、西城新区控规编制及北部新城控规修编(第四稿)。旧城改造和新区开发并进，莲中路城市综合体完成主体工程，紫金佳苑、明珠城等项目开工建设。城市公园一期建成并实现开放，城区第二水源、垃圾中转站基本建成。完成汇豪小区、百花金城等6个城市“绿亮美”工程。完成庙前等7个集镇总体规划、127个行政村规划编制；新泉镇被评为全省首个国家绿色低碳经济发展示范镇；赖源等4个乡(镇)被评为省级“绿色乡镇”。培田村市级“三农”综合示范点工程全面启动。赖桥、高坑水库除险加固和莲峰、朋口河道治理全面完成，解决2.8万农村人口饮水安全问题。冠豸山机场开通至全市5个县(市、区)机场客运快线；改造农村公路40千米、危桥8座，治理道路安保工程隐患点111处。

社会事业。连城一中创省一级达标校通过专家评审；市对县教育工作督导评估获优秀等级；完成12所省级义务教育标准化学校建设；高考本科上线率创历史新高；设立九年一贯制“塘前学校”。客家文化公园基本建成，县文艺中心投入使用；完成17个乡(镇)综合文化站改造提升；农家书屋、农村有线广播“村村响”工程和农民健身工程点，实现行政村全覆盖；姑田游大龙列入吉尼斯世界纪录；璧洲村被评为省级历史文化名村；在第七届全国农民运动会、第九届全国武术之乡等赛事中，获金牌18枚、银牌10枚。县医院被评为二级甲等医院，建成规范化村卫生所69个。退出全省出生人口性别比重点治理县行列。实现“全国双拥模范县”两连冠。

民生保障。16件为民办实事项目基本完成。新型农村合作医疗参合率达99.8%，“一卡通”就诊工作全面开展。实施城乡居民养老保险待遇倍增计划，基础养老金从每人每月55元提高到70元，农村低保标准从家庭年人均收入1200元提高到1800元，城市低保标准从每人每月260元提高到315元。曲溪等3个乡被命名为“福建省生态乡镇”，市级以上生态村189个。水土流失治理“六大工程”有效实施，治理水土流失5066.67公顷、崩岗18个，完成造林绿化4866.67公顷、矿山整治33.33公顷。罗坊等4个乡(镇)农村环境连片整治工作全面完成。完成省级“创业型城市”创建工作。成立县慈善总会。新建保障性住房758套。安全生产标准化覆盖率达100%。发放涉农补贴3.5亿元。

(邹重庆)

漳平市

【经济社会概况】 2012年，全市实现地区生产总值141.70亿元，比上年增长12.6%，其中：第一产业增加值19.67亿元，增长4.6%；第二产业增加值65.24亿元，增长15.8%；第三产业增加值56.79亿元，增长11.9%；三次产业结构比例为13.9∶46.0∶40.1。城乡500万元以上固定资产投资119.33亿元，增长30%；财政总收入12.37亿元，增长10.5%；地方一般预算收入6.91亿元，增长9.4%；外贸出口总值3.98亿美元，增长45.8%；实际利用外资9177万美元，增长42%；社会消费品零售总额40.32亿元，增长15.1%；城镇居民人均可支配收入19227元，增长13.5%；农民人均纯收入9472元，增长14.3%。

项目建设。全年完成投资122.2亿元，新开工建设项目67个，新竣工投产项目62个；新策划项目通过龙岩市评审储备入库23个，其中投资10亿元以上项目9个，投资50亿元以上项目1个。“2+4”发展平台(“2”是指省级漳平工业园区和国家级台湾农民创业园区，“4”是指海西(漳平)台商投资区、钢铁产业园区、海西农产品加工区、闽南客商投资区4个333.33公顷以上新园区)形成，其中漳平工业园区规模不断壮大，入驻企业达129家，投产企业达80家，实现规模工业总产值37.78亿元，增长52.6%；组织评审工业项目34个，拟入工业园区项目30个，总投资35.1亿元，其中签约项目15个、总投资20亿元。漳平有史以来工业单体投资最大的项目——现代装备制造业特钢铸造基地完成高炉主控楼二楼板浇筑、出铁场基础浇筑、煤气柜和热风炉土建基础等建设。新纶纺织一期、天守超纤一期项目建成投产。

产业发展。规模以上工业总产值82.51亿元，增长21.2%；规模以上工业增加值24.41亿元，增长18.9%。资源型工业与非资源型工业比例为43.1∶56.9。轻纺、机械、电子、农产品加工等产业持续较快增长，完成产值56.4亿元。有出口业绩企业18家，其中，出口超1000万美元企业10家，超500万美元企业12家。新批外商投资企业4家。农林牧渔业总产值31.49亿元，增长4.7%；粮食总产量8.11万吨，增长0.1%；木、竹、花、茶等特色产业加快发展，其中花卉苗木种植面积1066.67公顷，实现产值1.45亿元，1家企业被确定为龙岩市花卉龙头企业；茶叶种植面积达6706.67公顷，实现产值3.55亿元。农民专业合作社162家，“美丽家园”商标被确认为中国驰名商标，官田“铁冠”、吾祠“厚德”萝卜、龙泰安公司“来自于农庄”等商标被确认为福建省著名商标。漳平木村·美丽家园控股有限公司于7月6日在香港联交所主板挂牌上市。农村土地流转面积达5266.67公顷，占耕地总面积的42.2%。建筑企业产值10.7亿元，增长36.2%。限额以上商贸流通企业新培育9家，累计53家。钟利运输物流中心、公交货运站建成投入使用。金融存款余额70.7亿元，增长15.5%;贷款余额67.4亿元,增长12.5%。房地产开发投资5.5亿元,商品房销售面积18.3万平方米。

旅游业。成功举办"大陆阿里山·福建漳平首届樱花节"、"金秋漳平休闲农业与乡村旅游启动仪式暨漳平市首届农产品展销会"等4场大型旅游活动。漳平市被评为全国休闲农业与乡村旅游示范市;国家4A级旅游区九鹏溪景区被评为国家级水利风景区、国家级休闲渔业示范基地。闽西首家按照五星级酒店标准建设的漳平山水大酒店正式开业,农家乐休闲农业与乡村旅游经营点158家,评定漳平市级星级农家乐4家。全年接待游客120万人次,增长26.6%;旅游总收入6亿元,增长28.5%。邦马饰品成为福建省文化产业示范基地、龙岩市文化创意产业龙头企业。

城乡建设。"双永"高速公路新罗至溪南段于9月28日建成通车;"漳永"高速公路于6月27日动工建设,完成投资11亿元。完成县道604线(白吾线)东洋至岭兜段路面重铺,福增大桥及连接线动工建设。江滨大道景观绿化、工业路三期、西园中心镇一期建成投入使用。城市建成面积13.2平方千米。生活垃圾无害化处理等31个城建项目建设完成投资13亿元。体育中心(二期)项目建成使用。实现上市公司和驰名商标"零"的突破。造林绿化完成3853.33公顷,城区环境空气质量总体良好。完成水利项目投资2亿元,完成水土流失治理面积3520公顷。九龙江流域(漳平段)及各支流保持国家Ⅲ类水质标准以上,城区饮用水源地水质达标率100%;完成和平、双洋、南洋、拱桥、芦芝5个乡镇农村环境连片整治。"造福工程"完成搬迁231户975人。10个乡镇、38个行政村分别获得"省级生态乡镇"、"省级生态村"命名,117个行政村获"龙岩市生态村"命名。省级试点镇永福镇完成投资6.5亿元;龙岩市级试点镇西园乡完成投资12亿元。

民生事业。新增就业岗位1.16万个。被列入全国新型职业农民培育试点县(市)。实施学校布局调整,优质通过龙岩市教育工作督导评估,30所小学、12所中学顺利通过标准化学校评估验收。投资7900万元推进市医院整体迁建工程,投资3760万元推进社会福利中心建设,投资6264万元推进各类保障性住房建设。保持全国计划生育优质服务先进市工作水平。奇和洞古人类遗址入选"2011年全国十大考古新发现"。建成市演艺中心。完成行政村农村数字广播村村响工程、市广播电视发射台燕尾山机房建设,完成广电网络挂牌及人员划转、农村电影放映和电影进园区任务。对173个行政村开展"联乡挂村进基地"农业科技服务活动。搭建科技项目对接服务平台,完成对接"硅橡胶用高抗黄白炭黑"等4个项目。城乡居民社会养老保险实现制度全覆盖。

(陈海珍)

编辑:林丹英

宁德市

【基本概况】 宁德俗称闽东,位于福建省东北部沿海,居"两市两洲"(福州市、温州市和长江三角洲、珠江三角洲)之间,是福建进入的江浙沪区域的出口和通道。全市下辖9个县(市、区)、1个开发区,土地面积1.34万平方千米,人口340万。宁德市区位交通优越,境内有宁武、沈海、京台宁德段3条高速铁路;正在升级为军民共用的霞浦水门机场,位于太平洋西岸国际诸航线的中心位置和中国沿海南北海岸线中点;处于上海、深圳、基隆三个大港之间的三都澳,可直接通达国内外主要海上航线,初步形成"南承北联、西进东出"的海陆空立体交通体系,正逐渐由过境交通提升为枢纽交通,成为服务内陆省份、拓展对台合作的出海大通道和区域性港口物流中心。港口资源富集,全市海域面积4.46万平方千米、岸线1147千米,均占全省的1/3。规划可建3万吨级以上泊位150多个,其中20万—50万吨级泊位61个,50万吨级巨轮可全天候进出,具有发展成为国家主枢纽港和国际性大港的美好前景。旅游资源丰富,拥有白水洋、太姥山、石臼群等世界地质公园、国家5A级风景名胜鸳鸯溪以及各具特色的省级风景名胜区。山海物产丰富,有全国最大的大黄鱼人工养殖基地,年产量占全国的70%;茶叶种植基地,年产量占全国的5%;银耳主产区,年产量占全国的90%以上;太子参主产区,年产量占全国60%。有各类开发区、工业园区39个,其中省级11个。

【经济社会综述】 2012年,全市实现地区生产总值1075.06亿元,比上年增长12.6%;财政总收入104.44亿元,增长25.2%;全社会固定资产投资635.13亿元,增长36.4%;社会消费品零售总额322.42亿元,增长17.1%;城镇居民人均可支配收入21825元,增长13.0%;农民人均纯收入8829元,增长13.8%;全年接待游客超过1000万人次,增长20%;旅游收入77亿元,增长22%。

产业发展。农林牧渔业总产值347.53亿元,增长5.7%。农业产业化水平不断提升,新增市级龙头企业34家。新建标准化渔港10个,除险加固水库43座、海堤11条,新建和改造农村公路410千米。实施旧村复垦项目174个,建设高标准基本农田2033公顷,补充耕地966.7公顷。规模以上工业总产值1829.11亿元、增加值433.03亿元,分别增长17.8%和19.8%。加快传统产业转型升级,完成技改投资65亿元,增长110%。新认定省级战略性新兴产业企业53家,新增中国驰名商标11件。新增园区面积2800公顷,东侨经济开发区升格为国家级经济技术开发区。新增限额以上商贸流通企业93家,新建和改造集贸市场6个、市级副食品基地52个。成功举办第二届宁德世界地质公园文化旅游节,白水洋·鸳鸯溪被评为5A级景区。

城乡发展。全年完成中心城区5条主干道沥青路面改造,铺设雨污分流管道10.2千米,市第三水厂、贵岐山污水处理厂二期、北区污水处理厂建成运营，5个城区低洼地防洪排涝工程全面启动。城市建成区绿化覆盖率40.5%，人均公共绿地面积13.8平方米。福鼎市、福安市蝉联全省县域经济发展“十佳”。城镇化率达50.5%。完成“造福工程”搬迁4985户20902人。推进“点线面”综合整治，植树造林2.79万公顷，沈海高速森林生态景观通道建设全面完成，综合治理水土流失面积1.25万公顷，清理海上无序养殖347公顷。创建国家级生态乡镇21个、省级生态乡镇32个、市级以上生态村838个、“绿色村庄”160个。537个村通过省级“家园清洁行动”验收，完成农村环境连片整治项目2个。

社会事业。全年民生支出66.43亿元，增长23%。新开工保障性住房8936套，竣工和基本建成6888套。城乡居民社会养老保险全覆盖，农村低保年标准从1200元提高到1800元。建成县级社会福利中心3个、社区综合服务站12个和各类养老机构201个。新改扩建公办幼儿园39所，完成城区中小学扩容12所，宁德师范学院新校区一期、二期工程全面完成。完成640个建制村农民体育健身工程建设。

文化事业。成功举办福建省首届“三月三”畲族文化节。电影《爱在廊桥》、《为你而来》分获国家“五个一工程”优秀作品奖和贡献奖。新建和改造激情广场示范点20个、农家书屋470家，20户以上自然村全面实现广电“村村通”。积极扶持文化产业发展，推出首批13条文化旅游精品线路，并推进宁德（霞浦）国际滨海影视文化创意产业园、宁德工艺博览城等重大文化产业项目。

改革开放。林权制度配套改革深入推进，森林综合保险面积70万公顷；建制村集体土地所有权发证基本完成。行政审批改革取得新成效，市级审批事项进一步精简39%。新改制市属企业5家。外经外贸稳步提升，出口总额20.5亿美元，增长42%。宁台合作进一步深化，成功举办第三届海峡两岸电博会、第四届海峡论坛·陈靖姑文化节和第四届海峡摄影展。

【五大战役拓展年】 全年完成投资766亿元，累计竣工项目397项。福建首台核电机组——宁德核电站1号机组并网发电，鼎信30万吨镍合金建成投产，宁武高速公路宁德段6月底建成通车。开工建设联德镍合金、宁德新能源科技二期等一批产业项目及沈海复线柘荣至福安段、福寿高速公路等基础设施项目，市图书馆、妇女儿童活动中心等民生项目。

【“三维”项目落实年】 全年共签约“三维”项目（即中央企业、港澳台侨外资企业、民营企业的项目）444项，总投资2214亿元；列入跟踪管理141个，已开工80个，开工率56.7%。央企项目完成投资113亿元，鞍钢福建（宁德）钢铁项目、海西宁德大型风机制造基地项目等12个项目开工建设。外企项目签约外资合同49项，总投资37.85亿美元；已竣工投产9项；其中港资项目11项、台资项目7项、东南亚项目5项、日资项目2项、新西兰项目1项，分别占已批项目总投资额25.8%、18.9%、30.8%、4.7%、19.7%。民企项目完成投资25.5亿元，已开工100项。益联可建材料生产、东侨双悦电机生产、蕉城茶浓缩液及茶饮料生产、福鼎市名京物流、霞浦高纯度石英坩埚生产线建设等一批重大项目开工建设。福鼎市蓝星光伏玻璃生产项目、石材废石渣综合利用项目等25个项目竣工投产。

【园区建设攻坚年】 全年工业园区固定资产投资突破100亿元，水电路等园区基础设施进一步完善；完成招商选资300亿元，入驻企业100家，投产企业50家。沿海县（市、区）重点建设闽浙边贸工业园区及溪南、福宁、漳湾、白马、长江、溪北洋、沙埕等临海工业片区，巩固提升东侨和赛甘2个传统产业片区；山区县集中要素资源配置，重点发展道口经济及特色工业园区。

【交通港口建设提升年】 全年交通港口建设投资64.9亿元，增长24.8%。高速公路建设完成投资40.8

海西滨海新城——福建东侨经济开发区。 （宁德市政府办供稿）

亿元，宁武高速公路宁德段（含屏南连接线）实现提前半年通车目标，沈海复线柘荣至福安段、福安至寿宁高速公路全线开工。普通公路建设完成投资14.5亿元，其中国省干线公路建设完成投资9.3亿元，省道301线霞浦城关至叶洋段、叶洋至福安溪柄段等2个项目已交工验收，省道202线屏南白水洋至北村（政和界）段公路等8个项目已完工，续建、新开工建设省道202线寿政公路等16个项目。农村公路建设完成投资5.2亿元，完成里程455千米，完成危桥改造25座，实施撤渡建桥项目6个、完工1个。公路养护工程完成投资2亿元，实施农村公路安保工程里程1401千米；村村通客车工作取得新突破，全市农村客运新增更新农村客车259辆，新开通农村客运线路122条，建制村硬化公路达100%，通客车的建制村达2028个、通客车率95%。运输场站建设完成投资1.76亿元，已完工屏南汽车站、周宁汽车东站2个车站主体工程。港航项目建设完成投资5.85亿元，完成漳湾作业区南阳3000吨级杂货码头工程，基本完成白马14号码头工程，动工建设城澳作业区8号、9号泊位项目“三通一平”工程，加快推进溪南中海油3000吨级工作船码头及后方陆域形成工程配套的环岛公路以及霞浦后港、蕉城雷东等陆岛交通码头项目建设。

【文化改革发展年】 构建“一县（市、区）一品”特色文化产业发展格局，对东侨畲族银器、柘荣剪纸、福安木雕根雕、古田双坑油画、寿宁乌金紫砂陶、蕉城仿古家具、福鼎郑源茶具等文化企业进行重点扶持。先后引进厦门根深智业文创产业集团、福建金仕顿集团有限公司、云顶（福建）置业有限公司、上海绿德旅游休闲产业投资有限公司等4个大型文化企业落户宁德，总投资110亿元。宁德（霞浦）国际滩涂摄影基地列入全省十大文化产业园区，宁德工艺博览城项目正在推进中。推出首批13条文化旅游精品线路。完成全市11个国有文艺院团改革工作和广电网络整合工作，市县两级10个文化综合执法机构挂牌成立。

【白水洋·鸳鸯溪】 白水洋·鸳鸯溪位于宁德市屏南县境内，距福州170千米，宁德101千米，整个景区呈月牙形，总面积66平方千米，溪长36千米，分为白水洋、宜洋、刘公岩、太堡楼、鸳鸯湖五大景区，是我国唯一的鸳鸯猕猴自然保护区。2012年8月17日，经全国旅游景区质量等级评定委员会批准，宁德白水洋·鸳鸯溪景区升为国家5A级旅游景区，为福建省第5个、宁德第一个5A级景区品牌。

（缪柳珠）

蕉 城 区

【经济社会概况】 2012年，全区实现地区生产总值184.06亿元，比上年增长12.8%；三次产业比例调整为15.2∶38.7∶46.1；财政总收入8.72亿元，公共财政预算收入6.20亿元，分别增长35.5%和32.3%；全社会固定资产投资242.99亿元，增长20.7%；实际利用外资（验资口径）6171万美元，增长17.5%；外贸出口总额6.23亿美元，增长91.6%；城镇居民人均可支配收入22249元，增长12.8%；农民人均纯收入8889元，增长15.1%；居民消费价格涨幅稳定在2.7%。年度综合考评和主要经济指标考评均位居全市第二名。

现代农业。农林牧渔业总产值51.98亿元，增长5.5%。全年投入资金3.29亿元，用于改善农业基础设施，促进农业增效、农民增收。全区渔业总产量15.3万吨，建设优质水产苗种培育基地3个，扶持标准化水产养殖基地升级改造；新增名优特色水果120公顷；新植中药材233.3公顷；新植、改造茶园面积200公顷；发展食用菌栽培1800万平方尺（袋）；反季节蔬菜种植突破1667公顷；生猪出栏31万头；新增造林面积2773公顷，投入1700万元，完成沈海高速蕉城段森林通道建设33.1千米。农业产业化龙头企业发展壮大，产值超亿元农业龙头企业8家，新增市级龙头企业7家；新增农民专业合作社32个。品牌建设卓有成效，获得“中国名茶之乡”称号，新增“岳海及图”、“海名威及图”和“三都港及图”3件中国驰名商标，新增福建著名商标1件，省名牌产品3件。农产品出口创汇突破3.6亿美元。投入6500万元，加强水利基础设施建设，被省水利厅评为“冬春修水利建设重点县”；被列为“中央财政小型农田水利建设重点县”。

工业经济。规模以上工业总产值完成201.39亿元，增长21.4%。规模以上工业增加值62.96亿元，增长23.4%。宁德钢铁基地纳入国家“十二五”钢铁工业发展规划，首钢控股木薯乙醇项目落户漳湾新型工业园区，联德镍合金项目加快建设。三都澳游艇集聚区建设列入《福建省重点生产力产业布局》，凯顺游艇项目、蕉城区游艇产业基地标准厂房一期动工建设。在三屿、漳湾各规划80公顷土地作为电机电器产业基地，主动承接区域外电机电器产业辐射转移。新能源锂离子电池项目累计投资超过12亿元，公司被评为国家级高新技术企业和福建省重点实验室。全区规模以上工业企业达80家，新增37家。开展“园区建设攻坚年”活动，467公顷三屿围海造地工程完成BT招标并着手配套设施建设，漳湾新型工业园区、漳湾雷东工业园区、飞鸾工业园区等平台建设强力推进。

第三产业。第三产业实现增加值84.88亿元，增长5.7%。着力发展总部经济，泓源总部经济大厦、华建上城总部经济大厦完成封顶，城南总部经济大厦、兴港大厦正加快建设。闽东唯一大型城市综合体万达广场开业运营，宝信广场加快建设，红星美凯龙家居生活广场、睿杰汽车城等开工建设。七都三屿文化创意园、七都北溪文化旅游度假区、金涵工艺博览城等项目抓紧实施；宁德港湾生态城、飞鸾骑龙岗文化旅游区、霍童双仙谷旅游景区、霍童（九都）漂游等项目前期工作加快推进；开辟霍童洞天——上金贝畲家寨文化旅游精品线路。全年接待游客106万人次，旅游总收入6.18亿元，分别增长25%、62%。

项目建设。组织参加粤港宁、东南亚、“6.16”等重大招商活动，签约项目32项，其中：外资8项，总投资4.4亿美元；内资24项，总投资197.7亿元。全年实施“五大战役”项目94项，项目总投资310.87亿元，年度计划投资79.52亿元，完成投资152.13亿元，占年度投资计划的191.09%。31个重点在建项目完成投资54.2亿元，占年度投资计划的252.9%；7个省市重点在建项目完成投资15.9亿元，占年度投资计划的198.5%。全年新增开工项目20个，竣工11个。宏宇冶金、祥瑞制药等21个项目顺利完成年度投资计划。

城乡建设。投入资金1.2亿多元，完成鹤峰路南段续建，完成北大路、蕉城南北路等城区主干道立面景观整治年度任务，闽东路中段项目全面进入拆迁作业等攻坚阶段，完成美伦大酒店等45家单位夜景工程。金溪防洪工程一期完成建设。投入1.1亿元完成10条城乡主干供电线路和95个行政村配电改造工程。完成中心城区666平方千米以外所有8个乡镇总体规划、霍童溪流域蕉城段生态经济圈规划和172个行政村村庄规划修编工作。实施飞鸾、霍童、洋中等省、市级试点小城镇35个项目建设，其中飞鸾小城镇综合改革试点建设荣获全省第二批小城镇试点工作综合考评二等奖。完成赤溪、洪口、八都、石后等4个国家级生态乡镇，三都、九都等7个省级生态乡镇和152个市级生态村的建设与验收。省道201线蕉城段象溪大桥动工建设，省道304线宁古公路虎贝连接线建成通车。启动建设九都至虎贝红色旅游公路。赤溪至九都二级公路动工建设。新建和改造农村公路21千米，“村村通客车”完成率达97%。

民生保障。23项42件为民办实事项目有效落实。金马小区保障性安居工程项目一期完成基础建设；兰田小区安置房工程项目完成一期征地等前期工作；国营茶场垦区改造基本完成。全区城镇登记失业率2.15%，新增城镇就业3200人，下岗失业人员再就业1700人。完成城乡居民社会养老保险参保工作。投入资金1276万元，实施扶贫开发重点村整村推进，启动鳌江船民安居工程，完成造福工程搬迁3100人。水土保持治理、耕地保护和土地整治以及环境资源保护力度加大。应急体系建设进一步完善。完善区乡村三级避灾点337个。节能减排各项指标顺利完成。

社会事业。全年专利申请量达到426件；6个项目获国家、省级立项。累计投入6320万元，建设校安工程20个。全面开通农村寄宿制学校学生周末班车。设立实验小学分校，启动儿童学园改扩建工程、区实验幼儿园新园建设。完成宁德人民医院外科综合楼主体工程和七都、八都、漳湾乡镇卫生院危房改造项目建设，全面实施156个村卫生所标准化建设，在36个村卫生所实施全民低成本健康“海云工程”。新农合参合率达98.45%。区文化馆图书馆综合楼投入使用，建成青少年校外体育活动中心，新建、改造62家农家书屋工程和88家农民体育健身工程点。完成121个行政村电视“小片网”提升工程。保持人口低生育水平。规划占地13.3公顷的殡仪馆改扩建项目动工建设。（巫洪李）

福安市

【经济社会概况】 2012年，全市实现地区生产总值268.68亿元，比上年增长12.8%；规模以上工业总产值648.05亿元，增长19.3%；农林牧渔业总产值56.76亿元，增长5.5%；固定资产投资（不含农户）100.40亿元，增长57.4%；社会消费品零售总额63.37亿元，增长18.0%；财政总收入26.51亿元，增长23.7%，其中地方级收入15.83亿元，增长30.5%；出口总额7.51亿美元，增长22.6%；城镇居民人均可支配收入22575元，增长13.3%；农民人均纯收入9458元，增长13.0%。继续保持全省县域发展“十佳”。

工业经济。荣获“中国按摩保健器具生产/出口基地”、“国家火炬中小电机特色产业基地”称号。电机电器及配套行业产值312亿元，增长27%；船舶行业产值51亿元，增长16%；食品加工行业规上产值41亿元，增长19.3%；不锈钢及深加工配套产业产值89.9亿元，增长127%。新增规模

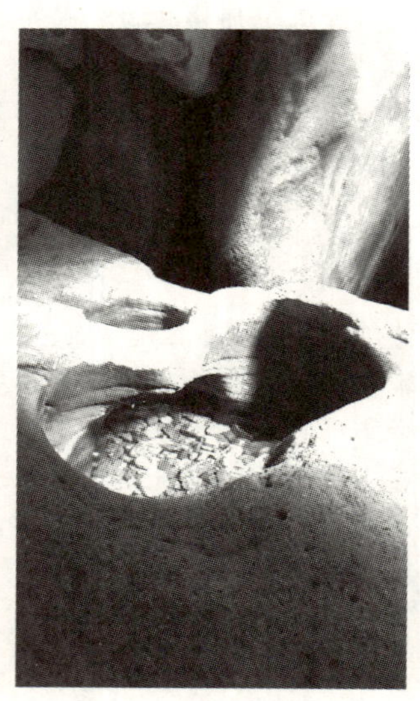
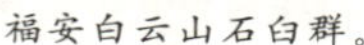

福安白云山石臼群。（林忠玉　摄）

以上企业47家，新增亿元以上企业29家。年产值10亿元以上企业达到11家，鼎信实业年产值突破80亿元。鼎信实业、海和高镍、益联远大可建等一批重大生产性项目投产、试产。全省首座“可建材料”综合大楼9层1.1万平方米76小时内在福安畲族经济开发区建成。新增银嘉、银象、远东华美中国驰名商标3个，工业类国家级品牌达到6个。安波公司区域集优票据率先成功发行。

项目建设。“五大战役”项目完成投资233.06亿元，其中269个省、宁德市考核项目投资197.08亿元，占宁德市下达任务的157%。宁武高速福安段提前通车，301省道福安段改扩建、白马港航道疏浚工程一期、鼎信3.5万吨码头工程建成，沈海高速复线柘荣至福安段、福寿高速福安段动工建设。“三维”对接及重大招商活动签约项目24个，其中外资项目8个，总投资10.39亿美元；内资项目16个，总投资88.9亿元。

农业经济。获得“全国十大重点产茶县”、“全国茶叶标准化示范县”、“平安农机示范县”称号。落实各类农业补贴奖励资金6443.52万元。农林牧渔业总产值56.76亿元，增长5.5%。新增省级农业龙头企业4家，达到8家。农民专业合作社入选国家级示范社1家、省级百家示范社3家，入选中国茶叶行业百强企业7家。“福安巨峰葡萄”、“穆阳水蜜桃”获得中国农产品地理标志。水蜜桃品种选育及配套栽培项目获省科技进步三等奖。新建、改造农村公路120千米，完成农村公路安保工程259.3千米。

城乡建设。完成6个专项规划和130个村庄规划。溪北洋新区开发建设全面启动，溪北洋隧道、环城东路、富春大道一期、富阳大桥建成通车，东湖公园、富春溪湿地公园等园林绿化景观工程、街景立面改造等一批市政项目建成使用。通过省园林城市考评验收。赛岐、穆阳小城镇试点建设分别完成投资44.78亿元和10.78亿元。

民生保障。新增城镇就业6317人，下岗失业人员再就业2321人，农村劳动力转移就业8186人。新农保参保23.2万人，新农合参合45.13万人。农村、城镇居民最低生活保障标准提高到每人每年1800元、3960元。发放农村扶贫小额信贷5273.8万元、妇女创业小额贷款7951.5万元。基本建成保障性安居工程1522套，配租配售1402套。完成造福工程搬迁610户2731人，船民安居工程4个集中安置点启动建设，102户无房困难党员搬入新居。建成敬老院和五保幸福园36所、社区居家养老服务站46个，实现全覆盖。按省级标准改造完成农贸市场2个，新建社区便利店7家，发放“家电下乡”、“汽摩下乡”补贴2616.36万元，补助“菜篮子”工程、落实平抑物价资金217万元。

社会事业。荣获“省级卫生城市”、“省科普先进市”、“宁德市文明城市”、“省级文明城市提名资格城市”、“省教育先进市”、“省高水平高质量普及九年义务教育市”称号。实施宁德市级以上科技项目69个。6所中学、3所中心小学、29所完小校通过“义务教育标准化学校”验收，43个校安工程全面竣工。福建白云山国家地质公园正式命名，九龙洞景区开园运营。成功举办福建省首届“三月三”畲族文化节，《午时莲》入选省“一市县一歌”优秀歌曲。档案馆获得“国家二级馆”称号。新建农民体育健身点129个。出生人口政策符合率91.22%，殡改火化率100%。

行政服务。市行政服务中心建成运行，22个部门203个事项集中联审、限时办结，受理行政审批、许可事项5526件，办结5381件，按时办结率100%。12支工业服务队为企业办理环保、消防、用地等手续318项。

【镍合金新材料产业集群】 青山控股集团在福安投资超百亿元建设鼎信镍合金及其下游产业链配套系列项目9个。鼎信镍业总投资35亿元，年产100万吨镍合金及300万吨不锈钢坯料，年产值300亿元。鼎信科技总投资50亿元，年产不锈钢宽带热轧成品卷300万吨，并配套建设3个万吨级码头，年产值500亿元。鼎信系列项目建成后，将形成年产130万吨镍合金、500万吨不锈钢的产能，年产值超900亿元，加上下游深加工将建成产值超千亿元的镍合金新材料产业集群，有望成为中国乃至世界最大的不锈钢生产基地之一。

【赛岐省级小城镇综改试点】 赛岐镇2010年被列入福建省综合实力百强镇、首批小城镇综合改革建设试点镇；2012年列入全国发展改革试点小城镇，荣获全省首批小城镇综改建设试点考评二等奖。赛岐省级小城镇综合改革试点定位为宜居滨海工贸新区，按照中等城市规模规划，范围涵盖赛岐镇、罗江街道、甘棠镇，规划区面积189.4平方千米，规划至2030年人口达25万，城乡建设用地规模28平方千米。2012年总人口11.65万，农林牧渔业总产值7.07亿元，规模以上工业总产值217.13亿元，固定资产投资（不含农户）23.19亿元，城镇居民人均可支配收入21968元，农民人均纯收入10855元。（林成增　胡必辉）

福鼎市

【经济社会概况】 2012年，全市实现地区生产总值210.65亿元，比上年增长12.9%；财政总收入19.30亿元，增长26.1%，其中地方级财政收入13.76亿元，增长33.6%；农林牧渔业总产值51.92亿元，增长5.3%；社会消费品零售总额58.42亿元，增长15.5%；全社会固定资产投资110.14亿元，增长57.1%；城镇居民人均可支配收入22882元，增长13.2%；农民人均纯收入9318元，增长13.8%；再次荣获全省“县域经济发展十佳县（市）”称号。

现代农业。全市农业产业化龙头企业65家，其中国家级1家、省级15家、宁德市级29家，共完成产值69.5亿元；农民专业合作社427家，注册资金16.72亿元，农民社员2.93万户。成功举（承）办第八届中国茶业经济年会、第二届中国鲈鱼文化节和第四届福鼎槟榔芋芋王赛，荣获“全国重点产茶县”和“全国十大生态产茶县”称号。福鼎白茶以25.34亿元的估值位列“2012年中国茶叶区域公用品牌价值”

第六名。“品品香”和“福鼎槟榔芋”被认定为中国驰名商标。

工业经济。全市规模以上工业企业270家，实现产值469.68亿元，增长20.6%；完成工业增加值125.61亿元，增长21.7%。新增亿元企业14家，累计达100家。汽摩配件、建材、食品、合成革、泵阀、医药化工等六大支柱产业完成产值378.22亿元，增长40.6%。完成闽浙边贸工业园区总体规划和产业规划编制，“一园十区”基础设施完成投资6.2亿元，新增园区面积267公顷；园区160家规模以上工业企业累计完成产值343.3亿元。

项目建设。全年确定“五大战役”项目302项，完成投资173亿元，占年度计划156.7%，其中：重点项目建设完成投资83.7亿元，增长86.3%，省、宁德市19个重点项目完成投资40.8亿元，占年度计划181%；新增长区域发展战役完成投资41.9亿元，占年度计划173.3%。组团参加第十届中国·海峡项目成果交易会、第十六届厦门“9·8”投洽会等7场大型招商活动，对接“三维”项目30个，投资总额407.42亿元，其中21个项目已报批注册，16个项目动工建设。对接北京亿利金威、泉州汇丰置业、厦门根深智业、广州中凯文化、香港华懋等大型企业，引进闽浙东海福港小城镇、龙江生态城、田园牛庄、中凯文化城等一批投资规模大、社会效益好的重大项目。

商贸旅游。太姥山景区获全国“旅游行业影响力机构官方微博”第三名，在全省年度游客满意度调查中名列前茅；小白鹭水乡渔村荣获“全国休闲渔业示范基地”称号；九鲤溪体育旅游项目获中国（海南）体育旅游博览会精品项目奖。全年接待游客279.7万人次，增长19.2%；实现旅游收入13.2亿元，增长22.2%。全年出口总值2.15亿美元，增长26.8%。福建海峡银行入驻福鼎；福鼎恒兴村镇银行被国家银监会、福建银监局评为2012年度“农村金融服务先进集体”。年末存贷款余额分别为138.33亿元和264.07亿元，增长15.4%和19.9%。

城乡建设。城市建设战役和小城镇改革发展战役分别完成投资41.5亿元和51.6亿元，占年度计划的168.0%和171.9%。龙山中路、龙山南路、古城南路、太姥大道（五里牌段）、延河路等完成拓宽改造和“白改黑”工程。百胜、潮音岛、海湾新城等新区和中汇、新天地、财富广场等综合体建设加快推进。新一轮城乡总体规划纲要和131个村庄规划完成编制工作。柏洋村被评为全国魅力新农村“十佳”乡村；佳阳双华村、硖溪赤溪村列入省第二批少数民族特色村寨保护与发展试点村。除险加固14座病险水库和5.7千米海堤，建成农村饮水安全工程27处。220千伏树兜变电站扩建等8个主网工程投入使用，电网线路升级改造115.4千米。管阳至沈青出省公路晋级改造工程动工，硖门隧道、白琳寨隧道、白琳至硖溪和白琳至潋城公路基本完工；完成农村危桥改造5座、农村公路安保工程121.9千米；234个行政村实现通客车，通车率达93.2%。重点流域生态环境补偿机制全面落实，桐山溪水质自动监测站、龙安污水处理厂扩容工程投入运行。建成4个省级生态乡镇、87个宁德市级生态村，“点线面”综合整治试点全面通过省级“家园清洁行动”验收。植树造林4300公顷，森林覆盖率达62.7%。境内主要流域水功能达标率、饮用水源水质达标率均达100%，空气质量长期保持优质稳定。

2012年12月28日，宁德核电一期1号机组成功并网发电。

（福鼎市政府办供稿）

社会事业。全市96.5%中小学通过“省义务教育标准化学校”评估验收，荣获“全省双高普九教育先进县（市、区）”称号。新建公办幼儿园4所，福鼎一中综合楼等22个校安工程竣工投入使用；每年投入100万元，落实上放学乘车制度。佳阳卫生院成立，前岐卫生院、山前社区卫生服务中心病房大楼和67所标准化村卫生所完成建设；实施村卫生所基本药物制度，开展10类41项公共卫生服务项目。前岐马灯列入省级非物质文化遗产保护名录，硖溪仙蒲村、店下巽城村列入省级历史文化名村；《难忘太姥山》荣获全省“市歌”评比第一名。人口计生工作在宁德市考评中获第一名，被省政府评为“全省人口和计划生育工作先进单位”。

民生保障。46项为民办实事项目顺利推进，城镇登记失业率控制在2.1%；城乡居民基础养老金每月提高至70元，城乡居民社会养老保险参保缴费率95.1%，新农合参合率99.9%；补助五大农业险697.5万元，发放低保金3375万元。发放残疾人代步车100部、免费公交卡3518张；完成残疾人安居工程修建355户，“造福工程”925户，农村危房改造500户；新建社区综合服务站2个、社区居家养老服务站30个、乡镇敬老院2个、农村“五保幸福园”260户；新开工保障性住房1420套；发放助学、大病补助等善款1211万元。社会治安满意率96%，被授予2010—2012年度“全国法治县(市、区)创建活动先进单位”称号。

【全国村务公开民主管理示范单位】 福鼎市委、市政府实行集体“三资”计算机网络三级监管，推行以“干部问事、民主议事、分工办事、公开诺事、跟踪督事和考核评事”为主要内容的“六事”制度，坚持村务公开时间、地点、内容、方式和程序“五统一”等做法，涌现出柏洋、富民等一批先进典型。2012年6月，福鼎市获“全国村务公开民主管理示范单位”，为宁德市唯一获此殊荣的县级市。

【宁德核电站并网发电】 2012年12月28日，宁德核电一期1号机组成功并网发电，标志着福建电网从此跨入“有核时代”。该机组额定功率108万千瓦，全天发电量达2592万千瓦时，可满足200多万户家庭用电需要，每年将减少约600万吨二氧化碳，近10万吨硫化物和氧化物等有害气体的排放。2013年4月15日，宁德核电1号机组顺利完成168小时试运行，正式投入商业运行。(王祥康　林声锐)

霞浦县

【经济社会概况】 2012年，全县实现地区生产总值133.93亿元，比上年增长12.5%；财政总收入7.88亿元，增长30.6%，其中地方级财政收入5.97亿元，增长31%；全社会固定资产投资59.54亿元，增长40.4%；社会消费品零售总额51.97亿元，增长15.3%；出口总值1.02亿美元，增长87%；实际利用外资(验资口径)420万美元，增长46.3%；城镇居民人均可支配收入21407元，增长13.3%；农民人均纯收入9416元，增长14.9%。

工业经济。工业总产值112.98亿元，增长18%，其中规模以上工业产值97.65亿元，增长19.5%。支柱产业发展势头良好，环保合成革、食品加工、汽摩配件等主导产业共实现产值60亿元，占全县规模工业总量64%。规模企业不断壮大，新增规模工业企业14家，总数达95家。开工建设工业项目26个、新投产工业项目8个。11家企业列入省工业转型创新“百项千亿”计划，新增11家战略性新兴产业企业。深入开展“园区建设攻坚年”活动，投入园区基础设施建设2.23亿元，霞浦经济开发区总体规划环评顺利通过审批；台湾水产品集散中心、牙城工业集中点、盐田工业集中点、东关工业桃源、海西宁德工业区等园区建设加快推进。

农业经济。农林牧渔业总产值72.12亿元，增长6.3%。粮食播种面积1.51万公顷，粮食产量8.35万吨。水产、果蔬、茶叶、林业等传统种养业持续壮大，水产品产量32.63万吨，增长6.2%；渔业产值55.19亿元，增长7.1%；水果产量1.64万吨、茶叶产量5700吨、蔬菜产量17.16万吨，分别增长5.2%、20.6%和2%，肉蛋奶总产量1.13万吨、增长6.6%；完成造林绿化3060公顷。农业产业化经营取得进展，建立“五新”展示区1000公顷，新增省市级龙头企业2家、福建名牌产品3件、绿色食品3个，“霞浦晚熟荔枝”、“霞浦榨菜”通过中国农产品地理标志认证。新增农民专业合作社132家，全县累计达到436家；注册商标47个、QS认证14个；其中新增市级以上示范性农民专业合作社24家，霞浦县常盛水产专业合作社在第十届中国国际农产品交易会上荣获产品畅销奖和金奖。

项目建设。安排“五大战役”项目178个，其中在建项目151个，总投资256.5亿元，年度投资58.65亿元。全年完成投资101.05亿元，占年度计划的172.29%。福宁湾围垦工程等一批项目加快推进，三沙中心渔港、创益建材加工等一批项目基本建成，吴坑水库等一批项目前期进展顺利。加大招商引资力度，积极参加省、市组织的重大招商活动，成功举办春季招商项目集中签约活动，全年报批、注册内外资项目28个，注册资本金1.95亿元。

城乡发展。投入19.5亿元，实施城市建设项目23个，金顶丰年、东方伟业等城市综合体项目雏形展现，福宁大道延伸段等4条城区道路相继建成；福宁文化公园一期主体工程、三河综合整治工程顺利竣工，大剧院、博物馆、科技规划馆等场馆主体落成。投入330万元，购置20辆新型公交车投入运营。加快改造老城区，完成老城区人行道改造6.6千米。乡镇建设步伐加快，5个省市县级试点镇共实施项目59个，完成投资18.31亿元。农村基础设施不断完善，除险加固病险水库5座、堤防7千米，修复水利设施38处，新解决4个乡镇4.8万农村人口饮水安全问题。总投资为6.5亿元的三沙疏港公路加快建设，总投资15.5亿元的东冲至火车站公路前期工作深入推进，投入1200万元完成农村公路安保工程214千米，县内交通条件进一步提升。

民生保障。全年各级财政用于民生支出8.15亿元，12项为民办实事项目件件落实。新农合参合率达99.99%，城镇基本医疗保险参保率达101.7%，农村低保年标准从1200元提高到1800元，企业离退休人员养老金月人均提高235元，发放失地农民养老保障金23万元，城乡居民社会养老保险制度实现全覆盖。建成1016套保障性住房，实施地质灾害点和“造福工程”群众搬迁838户3562人。社会总体安定稳定，社会治安满意率排名从2011年底全省的倒数第二位上升为全省中等水平。

社会事业。科教兴县步伐加快，连续3年通过全国科技进步县考核。投入资金1.16亿元，完成29所标准化学校建设、23个校安工程、2个幼儿园改扩建，县实幼新园、县第三小学、特教校等学校顺利开学，建成县民族小学新教学楼，补充新教师81人。新改扩建卫生院4个、村卫生服务所100个；老干部活动中心、体育场改造工程全面完成，县妇幼保健院、88个农民体育健身点及80个农家书屋建成使用。出台一系列推动文化产业发展扶持政策，宁德(霞浦)国际滨海影视文化创意产业园列入“福建省十大重点文化产业园区”。供电保障能力进一步增强，投入电网建设1.3亿元，新改扩建110千伏变电站2个，完成10个乡镇(街道)10千伏以下线路建设与改造，海岛海底电缆工程建成通电。旅游业持续升温，罗汉溪山水生态休闲度假区签订投资协议，成功协办第四届海峡(霞浦)摄影展，吸引18个国家和地区摄影爱好者参展，全年共接待境内外游客132万人次、旅游总收入9.9亿元，分别增长20%和22%。（陈燕祥）

周宁县

【经济社会概况】 2012年，全县实现地区生产总值35.62亿元，比上年增长12.3%，其中：第一产业增加值7.04亿元，增长4.6%；第二产业增加值17.09亿元，增长19.1%；第三产业增加值11.49亿元，增长6.2%；三次产业比重为19.8∶48.0∶32.3。财政总收入3.29亿元，增长27.1%，其中地方级财政收入2.06亿元，增长27.6%。年末户籍人口203592人。

工业经济。工业总产值57.19亿元，增长16.4%，其中规模以上工业产值51.02亿元，增长17.2%。新增规模以上企业3家，累计达16家。仙洋洋公司列入宁德市重点上市后备企业。投入7000多万元，加快建设李墩工业园区，一期征地53.3公顷，平整20公顷，园区路网、污水、供电等基础设施逐步完善。招商引资成效明显，全年共签约内外资项目19个、总投资68.4亿元。天福茶博园、精密铸造、石雕工艺等11个项目开工建设。

农业经济。农林牧业总产值11.60亿元，增长5.5%。农民人均现金收入8157元，增长12.5%。发放各类补贴974万元。新增农民专业合作社48家，省市农业龙头企业达15家。咸村养猪协会获“全国基层科普行动先进单位”称号，“仙洋洋”、“归来客”分别荣获中国驰名商标、福建省著名商标，驰名商标实现零突破；相爷府“龙须眉”获第九届中国国际茶博会金奖，归来客“九龙绿芽”获上海国际茶博会金奖，周宁首获“全国重点产茶县”称号。新建高效安全生态茶园226.7公顷，新植无患子65.3公顷、油茶153.3公顷、金银花26.7公顷、高山花卉2公顷、太子参433.3公顷；养殖林下土鸡近10万羽、史氏鲟鱼150箱2万尾。实施标准农田建设、土地整理、中低产田改造、小流域治理共1033公顷，除险加固病险水库5座，完成第一次全国水利普查、山洪灾害防治县级非工程措施、第六批初级水利化县建设。

第三产业。金融机构年末各项存款余额36.86亿元、贷款余额20.59亿元。城镇居民人均可支配收入16707元，增长12.7%。新增限额以上企业8家、个体工商户645户。社会消费品零售总额11.07亿元，增长15%。鲤鱼溪、九龙漈景区纳入宁德市文化旅游精品线路；旅游专用网站投入运行；11国领团到周宁考察交流；鲤鱼溪、九龙漈景区实施整治提升项目32个，争创国家4A级旅游景区申报文本上报待验收，陈峭景区加快建设。浦源村获得“中国十佳和谐乡村”称号，咸村镇被评为“省级历史文化名镇”。全年接待游客32万人次，增长29%；旅游综合收入1.28亿元。

城乡建设。“五大战役”完成投资13.28亿元，占年度任务123.3%，其中50个年度投资500万元以上在建项目累计投资10.6亿元。全社会固定资产投资18.19亿元，增长39%。完成城区56平方千米整体结构研究、新城区6.7平方千米控制性详规编制。动工拓建狮浦大道2.5千米，建成高速公路连接线、东大门景观大道、东门客运站，加快推进桥南片区名仕时代广场、仙溪加油站、老干部妇女儿童活动中心、垃圾中转站等项目。省级文明县城创建工作全面铺开，建成商贸城、罗汉桥简易农贸市场。新一轮城区土地级别、基准地价发布实施；乡镇土地利用总体规划获省市批准，27个村庄完成规划编制，10个第二轮新农村示范村加快建设。实施农村公路安保工程103千米，硬化道路36千米。新增农村客运车辆17辆，实现行政村100%通客车。赛江流域(二、三期)防洪工程及东洋溪、六蒲溪、桃源溪、后垄溪等4个中小河流综合治理项目前期工作有序开展；“小农水”项目3年累计享受中央财政补助4800万元，投入1800万元解决了3个乡镇3.8万人安全饮水问题。在外乡贤无偿捐资公益事业500多万元。财政奖补917万元，完成“一事一议”项目130个。农村集体土地所有权全面确权登记待验收。植树造林1580公顷，林权制度改革确权面积5.73公顷，占应发证林地面积的73.2%；省级生态县、礼门国家级生态乡镇创建通过预验收。

社会事业。建成义务教育标准化学校27所，“双高普九”顺利通过省级验收，落实“两免一补”和各类助学金1177万元。县医院病房大楼竣工，卫生监督所综合楼主体工程完工；县医院全面实行药品零差价制度。禾溪三仙木拱廊桥列入中国世界文化遗产预备名单，杉洋林公忠平王祖殿被评为国家级重点文物保护单位。县体育场、城区数字影厅竣工，县文化馆、图书馆动工改扩建，行政村电视“村村通”、广播“村村响”、农家书屋、农民体育健身点基本覆盖。筹资1342万元

2012年6月30日，宁武高速(周宁段)建成通车。（宁德市政府办供稿）

率先在全省成立县级人口家庭发展促进会。

民生保障。城乡低保9194人(含五保户),发放低保金、城乡困难家庭医疗救助金、孤儿基本生活费等1937万元。狮城、浦源敬老院竣工,县社会福利中心救助站、七步敬老院主体工程完工,率先在全市实现各乡镇拥有一所敬老院目标。发放小额担保、妇女创业小额贴息贷款1667万元,新增就业再就业823人。续建或捆绑建设保障性住房310套,投入5300多万元推进龙潭小区保障性住房建设。慈善帮扶困难群众1229人次248万元,落实定向捐赠项目18个483万元。12.16万人参加"新农合",参合率98.45%;7.13万农村居民参加社会养老保险,参保率91%。

【宁武高速公路竣工通车】 宁武高速公路(周宁段)于2012年6月30日建成通车,周宁与中心城市距离拉近,区位、资源及后发潜力等优势凸显,发展进入高速经济时代。

【扶贫开发】 周宁县被省委、省政府列入新一轮扶贫开发重点县,省财政给予周宁2012—2015年安排各类补助享受原中央苏区县政策。全县9个贫困村以及纯池、泗桥2个乡镇与省国资委及福州市仓山区等建立挂钩帮扶关系。县政府与省建工集团签订总投资15亿元的洋庄片区城市综合体开发框架协议。礼门、玛坑2个乡镇列入市级扶贫开发重点乡镇。搬迁"造福工程"和地质灾害点241户1000人,建成咸村坪坑、李墩东山2个百户以上安置点。 (刘同贤)

寿宁县

【经济社会概况】 2012年,全县实现地区生产总值49.08亿元,比上年增长11.9%;农林牧渔业总产值20.84亿元,增长5.7%;工业总产值77.67亿元,增长18.0%,其中规模以上工业产值72.15亿元,增长18.8%;全社会固定资产投资26.96亿元,增长10.8%;财政总收入3.77亿元,增长28.2%,其中地方级财政收入2.19亿元,增长35.5%;社会消费品零售总额13.68亿元,增长15.3%;农民人均纯收入7938元,增长14.7%。

农业经济。粮食总产量6.45万吨。茶叶产量1.24万吨,产值7.12亿元。累计完成高优茶树品种新改植2667公顷,获评中国名茶之乡,列入福建现代茶叶项目县、中央专项彩票公益金扶持茶产业重点县,蝉联全国重点产茶县,寿宁高山乌龙茶国家地理标志证明商标成功注册。QS认证茶叶企业新增5家达23家。市级以上农业产业化龙头企业新增2家达15家。农民专业合作社新增33家达116家。新植油茶667公顷,培育良种油茶嫁接苗260万株,抚育低产毛竹1467公顷。晚熟葡萄、早季蘑菇、中药材等特色农业发展壮大。完成5个乡镇小农水项目建设,新增节水灌溉面积600公顷,新解决2.23万农村人口饮水问题。修复水利水毁工程65处,除险加固病险水库3座,新建防洪堤、护岸5千米。完成5条小流域38.05平方千米水土流失治理,造林绿化3500公顷,建成生物防火林带130千米。农村集体土地确权登记发证工作圆满结束,农村补充耕地和土地整理431.5公顷。

工业经济。南阳产业园区列入闽东电机电器产业集群建设规划,完成一期333.3公顷控制性和修建性详规编制,新引进项目9个、总投资8.68亿元,园区产值达28.7亿元。际武产业集中区完成征地66.7公顷,新落地企业10家、总投资10亿元。全年对接"三维"项目34个、总投资53.18亿元,投产23个、在建5个。成功举办"寿宁(温州)投资环境说明会暨项目签约仪式",现场签约项目15个、总投资12亿元。闽东电机、大阳电机、恒富金属、金汇实业列入省工业转型"百项千亿"计划。三祥公司总部回迁。新材料产业列入福建省战略性新兴产业,获批成立全省唯一的省级特种无机材料工程技术研究中心。上市工作通过辅导期现场验收,上报中国证监会审批。

第三产业。全年接待游客21.8万人次。商贸流通渐趋活跃,限额以上批发零售业企业增至15家,新建集贸市场1个,建成副食品基地5个。房地产业稳定发展,全年销售商住房近8000平方米,新开工30万平方米。廊桥国际大饭店基本建成即将开业。金融服务不断拓展,全县金融机构各项贷款余额23.6亿元,增长16.37%。

城乡建设。城市建设战役完成投资9.8亿元,占年度计划的160%。县城东区基础设施持续完善,部分商住房和公建项目基本建成。入城口片区改造稳步推进,完成4000平方米房屋拆迁,铺设街道2240平方米。旧城区下水道、污水管网加快改造。南阳小城镇改革发展战役完成投资3.48亿元,占年度计划的134.3%;总体规划完成修编,"两镇同城"建设拉开序幕。犀溪小城镇改革发展战役完成投资5300万元,占年度计划的133.9%;顺利实现撤乡设镇。21个村通过省级"家园清洁行动"验收,创建"绿色村庄"10个、省级生态村22个、省级生态乡镇4个。

基础建设。重点项目建设战役完成投资9.58亿元,占年度计划的175.5%。交通建设全面提速,福寿高速公路实现开工;寿政二级公路累计投入2.08亿元,完成路基工程31.8千米;寿庆二级公路全面建成;双湖二级公路省级生态路建设完成投资4000万元;省道纵五线仙锋路段加快改造。全年电网项目竣工9个、在建27个、前期2个,累计完成投资1.09亿元。

社会事业。教育"双高普九"通过省级评估验收,"两项督导"获优秀等级。寿宁一中图书馆、寿宁六中综合楼扩容、中小学校舍安全等工程有序推进。寿宁三中等17所中小学通过义务教育标准化学校省级验收。教师进修校被评为"省示范性县级教师进修校"。教育发展基金会捐资量和覆盖面扩大,全年发放奖教助学金253万元。县医院实现搬迁投入运营。率先在全省建立卫生发展基金会,已认捐1647万元。妇女儿童活动中心、学生课外活动中心、青少年校外体育活动中心、司法业务用房、卫生监督所业务用房"五位一体"工程投入新建。鸾峰桥、大宝桥、杨梅州桥列入中国世界文化遗产预备名单。电影《爱在廊桥》

荣获第十二届全国精神文明建设“五个一工程奖”。县北路戏保护传承中心挂牌成立。儿童剧《少年张高谦》参加省第二十五届戏剧会演并囊括7个奖项。三祥合唱团荣获省首届激情广场群众歌咏比赛金奖。梦龙陶艺公司被授予省文化产业示范基地。县图书馆改扩建工程投入使用。新建农民体育健身点59个、农家书屋19家。袁程飞在世界少年举重锦标赛上获得62公斤级抓举金牌、挺举铜牌、总成绩银牌。在全省率先成立县级广电网络分公司并正式运营。农村应急广播“村村响”工程全面建成。

人民生活。民生工程战役完成投资2.42亿元，占年度计划的124.2%。44项为民办实事项目全面完成。全年新增城镇就业803人，下岗失业人员再就业501人，农村劳动力转移就业2550人，城镇登记失业率控制在4%以内。新农合参合20.8万人，参合率99%。新农保参保7.19万人，参保率90.1%。农村、城镇低保提标扩面。养老、医疗、工伤、失业、生育五大保险参保11.54万人次。保障性住房突破千套，其中竣工579套、新开工325套、配租配售483套。新建造福工程集中安置点10个，安置群众514户2126人。新增妇女创业小额贷款7200万元。建成“五保幸福园”9个、敬老院2所、社区居家养老服务中心3个，县社会福利中心、社区综合服务站加快建设。（朱永丹）

柘荣县

【经济社会概况】 2012年，全县实现地区生产总值37.59亿元，比上年增长12.2%；财政总收入2.96亿元，增长25.4%，其中公共财政预算收入1.71亿元，增长47.1%；全社会固定资产投资22.74亿元，增长60.4%，其中城镇固定资产投资21.84亿元，增长63.4%；社会消费品零售总额8.32亿元，增长15.0%。

工业经济。全年工业总产值81.7亿元，增长22.5%，其中规模以上工业总产值78.59亿元，增长17.2%。年产值亿元以上企业13家，年纳税500万元以上企业12家，年销售收入2000万元以上的企业（规模企业）63家。海西药城实现药业产值25亿元，增长25%；药业及关联企业达17家。广生堂上市报中国证监会审核，企业三大抗乙肝病毒一线用药全面进入市场；力捷迅成为全省首家通过五项行业标准认证的企业，“太子参省级重点实验室”、“企业工程技术研究中心”通过省级认定。成功引进央企中食集团和上市民企九州通医药集团。与中国五金产业技术创新战略联盟建立合作关系，6家刀剪企业跻身全国同行业30强，“永德利”获中国驰名商标称号。

农业经济。全年农林牧渔业总产值12.07亿元，增长5.7%；农民人均纯收入8097元，增长13.8%。太子参产业升级步伐加快，新建太子参良种繁育基地66.7公顷、GAP中心示范片133.3公顷。全县中药材种植面积达3667公顷，其中太子参2133公顷，“中国太子参之乡”获批命名。完成年度中央现代农业（茶业、油茶）生产发展资金项目，新增高香型茶园126.7公顷、油茶示范林及油茶红豆杉育苗基地400公顷，发展林药示范基地267公顷。东艺、源山野、桂岭等茶企获QS食品质量安全认证。发展食用菌1200万平方尺（袋）、反季节蔬菜1867公顷、淡水养殖440公顷。新增2家省级、3家市级农业产业化龙头企业和23家农民专业合作组织。

“五大战役”。实施“五大战役”项目59个，完成投资24.09亿元，占年度计划的165.1%。重点项目建设战役，完成投资10.85亿元，占年度投资计划173.6%，其中9个省、市在建重点项目完成投资10.6亿元，占年度计划的178.3%。新增长区域发展战役，完成投资7.03亿元，占年度投资计划166.9%。城市建设战役，完成投资2.05万元，占年度投资计划144.5%。小城镇改革发展战役，完成投资1.8亿元，占年度投资计划265%。民生工程战役，完成投资2.52亿元，占年度投资计划124.4%。

城乡建设。“大城关”战略深入实施，完成柳西路改造、城区河道灯光夜景工程、县城迎宾门等一批市政设施建设。城区生活污水处理厂改扩建工程启动实施。东部新城东狮大桥、东狮大道等基础设施率先动工，新城框架逐步拉开。沈海复线高速公路柘荣至福安段、溪门里水库供水工程、赛江流域防洪工程柘荣段、220kV变电站等重大项目动工建设。全面完成村庄规划编制。改造县通乡公路10.5千米，改善4个乡镇电网网架，修复水利设施163处。总投资1000多万元的国家农业综合开发项目通过验收。生态县建设步伐加快，新增国家级和省级生态乡镇5个、市级以上生态村43个，省级生态县创建工作基本完成。中国长寿之乡申报通过专家核查，东狮山国家AAA级旅游景区通过评定。

柘荣太子参。（宁德市政府办供稿）

改革开放。重点领域改革持续深化，基本完成百货公司、食品公司、糖业烟酒公司等企业改制。全力推进招商引资，成功对接“三维”项目28个，总投资61.6亿元，沥青搅拌站、儒香道、海诚药业等一批项目开工建设，履约落地率达75%，开工建设率达71.4%。投资环境进一步优化，出台扶持生物医药产业发展、总部经济发展和小微企业发展等一系列优惠政策，借才引智高等院校、科研院所及企业，签订战略合作协议7份，组建海西药城建设专家顾问团。

民生事业。各项惠民政策全面落实，15项为民办实事项目顺利完成。被列入省级扶贫开发重点县，累计争取帮扶项目42个。社会保障体系不断健全，城镇登记失业率2.08%，城乡居民社会养老保险覆盖面持续扩大，被征地农民养老保障金启动发放，城乡医保、农村低保补助标准再次提高，在全市率先建立高龄老年人生活补助制度。新建城南社区综合服务站和城郊乡敬老院，新增“农村五保幸福园”6个。县老干部妇女儿童活动中心投入使用。解决2.3万农村人口饮水安全问题。新开工保障性住房290套，基本建成232套，配租配售126套。教育事业均衡发展，校安工程3年规划建设任务全面完成，高考本科上线率高出全省36.4%，中考成绩综合比率居全市第一。文化资源加快转化，剪纸作品《医宗药祖》获全国工艺美术行业“百花奖”金奖，乍洋凤岐古民居列入全国重点文物保护单位，并与福州“三坊七巷”建立多层次合作关系，联合举办柘荣剪纸展。医疗卫生水平加快提升，基本公共卫生服务11项指标位居全市前列，南京军区福州总医院定点帮扶县医院。荣膺“全国计划生育优质服务先进县”。

【沈海复线高速公路柘荣至福安段】 沈海复线高速公路福鼎贯岭至蕉城漳湾段是海峡西岸经济区“三纵八横三环三十三联”高速公路网布局中的第二纵的重要组成部分，路线全长128.2千米，概算投资117.9亿元，分为福鼎贯岭至柘荣段、柘荣至福安段、福安至蕉城漳湾段3个设计招标段，全线均按四车道标准建设，设计速度为80km/h，路基宽度为24.5米。其中，柘荣至福安段起点位于柘荣县乍洋乡柯岭村（福鼎界），贯穿柘荣全境，经乍洋、城郊、双城，在东源乡南山村设柘荣互通，经柘荣富溪、黄柏，福安潭头、城阳，在坂中预留坑下枢纽互通与福寿高速公路连接，经福安北、康厝，在油坊村建岐山枢纽互通与宁武高速公路连接，终点位于康厝畲族乡岐山村油坊附近，路线全长54.2千米，概算投资25.23亿元。工程于2012年9月28日正式动工建设，计划于2015年6月底前建成通车（福安方向）。该条高速公路通车后，将有效缩短柘荣与长三角、珠三角以及宁德沿海各县（市、区）的时空差距。

【溪门里水库供水工程】 溪门里水库供水工程是柘荣县建县以来投资最大的民生水利项目，总投资1.5亿元，为福建省水利投资集团与柘荣县人民政府合作共建项目，于2012年10月26日正式开工，计划2015年初竣工。溪门里水库距柘荣城关3千米，紧靠柘荣县城市规划区，水库汇水区没有村庄、耕地、矿业等污染，地表水质为一类，是理想的生活饮用水源。水库建成后，总库容503万方，有效库容446万方，年供水量705万方，水厂日供水规模2万吨，可满足城区中长期社会经济发展用水的需求。（金　鸿）

古田县

【经济社会概况】 2012年，全县实现地区生产总值109.08亿元，比上年增长12.4%；财政总收入7.3亿元，增长31.1%，其中地方财政收入5.08亿元，增长34.6%；农林牧渔业总产值52.31亿元，增长5.6%；规模以上工业总产值112.29亿元，增长19.3%；固定资产投资（不含农户）28.14亿元，增长63.5%；社会消费品零售总额33.24亿元，增长19.8%；出口总值5832万美元，增长34.8%；实际利用外资2100万美元，增长1.4%；城镇居民人均可支配收入19080元，增长13.1%；农民人均纯收入10176元，增长12.9%；居民消费价格总指数101.9。

交通建设。京台高速古田段全线开工，并增设翠屏湖落地互通口，全年完成投资13.1亿元，累计完成投资16.7亿元，占总投资的41%。合福高铁古田段全年完成投资5亿元，累计完成投资12.1亿元，占总投资的43.2%。宁德至古田高速公路、屏南至古田高速公路联络线等前期工作有序推进。完成省道202线高头岭至局下公路改建和高头岭路段拓宽改造前期工作，滨河路一期、二期全线贯通。完善宁古路附属设施，城东西山至平

省级风景名胜区——古田翠屏湖。　（宁德市政府办供稿）

湖赖墩、凤埔旧镇至筹岭改造工程竣工通车，杉洋至善德、局下至林场改造工程和鹤塘镇区至宁古路连接线开工建设。硬化农村道路60千米，完成农村公路安保工程166千米，建制村通客车率达95.6%。

项目建设。集中力量实施15项重点工作、重点项目。全年1000万元以上在建项目64个，其中：竣工项目29个，开工项目30个，续建项目5个。招商引资成果丰硕，共签约项目31项、总投资60.2亿元，其中5000万元以上项目23个、总投资57.9亿元；已动工18个，动工率58.1%。华祥苑茶文化庄园、福大百特酶制剂、惠尔康等一批好项目相继落地建设。建成新农村试点项目62个、村级公益“一事一议”项目178个。完成10个乡镇（街道）“小农水”工程、62个村安全饮水工程，解决3.1万农村人口安全饮水问题。

产业经济。县财政安排1000万元扶持食用菌产业；与农林大学签订全面战略合作框架协议；立诚、正茸等深加工项目建成；食用菌栽培用棉籽壳、银耳专用术语等地方行业标准发布实施；全年食用菌鲜品产量70.7万吨，产值71亿元。设立3个粮食生产示范区，祥云牧业养殖基地，五蕴、鑫垅等茶叶生产基地，脐橙、油柰、水蜜桃等水果种植基地，高山反季节蔬菜生产基地进一步提升。水口溪岚国家级淡水苗种场开工建设。吉巷韦端村入选全国“一村一品”示范村。新增市级以上龙头企业2家、农民专业合作社91家。新增省著名商标4个、省名牌产品2个；古田红曲地理标志申注成功。开展翠屏湖有机鱼认证工作，被列为省现代渔业项目建设县。全年引进工业企业28家，其中“飞地工业”4家；实施技改项目10个；新增规上企业26家；完成工业固定资产投资7.1亿元，增长208.5%。新增限额以上商贸流通企业9家；新建市级副食品基地8个、“万村千乡”市场15个。

社会事业。实施市级以上科技项目8个，申报专利84项、授权30项。改扩建中小学校校舍3.3万平方米，农村36所学校、城区186个班实现多媒体远程教育。开通28条周末班车线路，更换7辆国际级校车。设立200万元奖教基金，奖励优秀教师。新增农家书屋61个、农民体育健身工程87个，建成妇女儿童活动中心、青少年校外体育活动中心，完成农村有线广播“村村响”工程。杉洋镇被评为省级历史文化名镇，黄田双坑村被评为全国十佳魅力乡村。启动建设县第二医院，实施县医院提升工程，新增床位190张；县医院与福建医科大学附属第一医院建立协作关系；乡镇卫生服务机构全面实行药品零差率销售。举办第四届海峡论坛·陈靖姑文化节。

人民生活。就业形势保持稳定，转移农村劳动力5588人，新增城镇就业3652人，城镇登记失业率控制在2.04%。社会保障提标扩面，农村低保标准从1200元提高到1800元，新农合参合率达99.9%，新型农村和城镇居民社会养老保险实现全覆盖，参保率分别达91.6%和65%，被征地农民养老保险金应发尽发。农村五保供养制度启动实施，新建农村敬老院3所、“五保幸福园”12个、社区居家养老服务站6个。保障性安居工程扎实推进，开工建设各类保障房428套。大力开展“两江一湖”水环境和宁古路、古谷水等交通沿线环境整治，完成5个乡镇农村环境连片整治和33个村家园清洁行动，新建8个村级骨灰楼（塔）。完成“造福工程”、地灾点搬迁1433人。创建国家级生态乡镇2个、省级生态乡镇5个、市级生态村140个。

【扶贫开发】 2012年，古田县被省委、省政府确定为全省23个扶贫开发重点县之一。县委、县政府积极把握和用好政策机遇，精心策划项目，加强沟通对接，全力推进落实。全县实施第一批扶贫项目19类53项、总投资35.3亿元。截至年底，已完成或竣工4项，启动建设33项，开展前期16项，争取上级补助1.2亿元。

【大甲工业集中区】 古田县在大甲山岭重丘区规划建设367公顷的工业集中区，其中工业用地200公顷，主要承接机械制造、冶金、塑胶等产业入驻。至2012年底，完成征地173公顷，平整土地133公顷，开挖土方700万方，累计投入资金1.8亿元，园区一、二期“一平”及路网工程完成95%，110kV输变电工程开工建设，一期日供水6000吨自来水工程即将投入使用。开发与招商同步，已签约企业22家、总投资26亿元，全面达产后产值达58亿元、税收3亿元。（杜立恩）

屏南县

【经济社会概况】 2012年，全县实现地区生产总值46.38亿元，比上年增长11.8%；规模以上工业总产值54.16亿元，增长20%；全社会固定资产投资19.83亿元，增长45.7%；财政总收入3.21亿元，增长15.7%，其中公共财政预算收入2.24亿元，增长18.6%；外贸出口总值1856万美元，增长197.4%，实际利用外资（验资口径）2035万美元；农林牧渔业总产值17.94亿元，增长5.8%，农民人均纯收入8127元，增长14.4%；居民消费价格总水平上涨2.1%；年末金融各项存款余额28.06亿元，增长20.6%，各项贷款余额34.40亿元，增长15.7%。

旅游经济。全年接待游客125.02万人次，实现旅游综合收入8.86亿元，分别增长10.9%和31.1%。白水洋·鸳鸯溪景区荣膺国家5A级旅游景区，成为福建第五个、宁德首个5A级景区。成功举办第二届宁德世界地质公园（屏南）文化旅游节。白水洋体育旅游项目荣获2012年度中国体育旅游精品项目。凤凰小区旅游综合体、碧城·香山国际旅游度假山庄等配套设施加快建设，凯城酒店、好多多购物广场等完成改造投入运营。社会消费品零售总额11.32亿元，增长15.3%。新增限额以上商贸流通企业7家。

农业经济。全年引进水稻、蔬菜等新品种23个，推广脱毒“两薯”2000公顷，实施测土配方施肥8000公顷；长桥、路下万亩水稻高产示范片通过省级测产验收；建成毛竹高产示范基地2800公顷，新建竹山道路251千米；种植食用菌1.85亿袋、高山蔬菜1万公顷；新增无公害产品、绿色食品和有机食品17个；大林生物、永丰食用菌等工厂化项目建成投产，锦丰食品有限公司被农业部认定为国家蔬菜加工研发分中心。完成65个村庄规划编制；新建双溪、屏城、甘棠、寿山等4个乡镇小型农田水利重点县项目；完成双溪、代溪、熙岭等3个乡镇农村安全饮水工程，除险加固水库2座；完成土地整理300公顷；发放各类涉农补贴1207万元；完成“阳光工程”等培训1200人。争取到中央彩票公益金（竹业）、造福工程等项目补助资金3200万元；造福工程搬迁194户800人，开工建设棠口石碑后、岭下龙泉造福新村；实施17个产业扶贫项目；郭氏基金会在屏南基地投入资金416万元，实施37个帮扶项目。

工业经济。规模以上工业增加值13.39亿元，增长21.5%。新增规模以上工业企业9家。加快传统产业转型升级，完成技改投资3.26亿元。工业双氧水、友邦石材、祥兴电子、乡下厨房、健神生物、三友竹木等项目竣工投产；铝电解电容器、合成刚玉（二期）、华阳服装、硅钙合金、盛益石材等项目抓紧建设。合成刚玉、白水洋水产等5家企业获得自营出口权。

项目建设。全年动工建设城建重点项目15项，完成投资2.1亿元。御景华庭（二期）、润景花园、盛世豪庭、茶园小区保障房、大创联建楼、实小搬迁（一期）等项目竣工；御景华庭（三期）、鸿运裕景等项目加快建设。慈溪路、东环路中段（二期）道路改造工程基本完成。芝山公园基本建成，人民公园动工建设。城市供水网络改造和污水管网铺设有序推进，“点、线、面”项目稳步实施。

“五大战役”。全年完成“五大战役”投资18.74亿元，占年度计划的157.2%。重点项目建设战役8个项目完成投资7.31亿元，占年度计划的170.5%；新增长区域发展战役6个项目完成投资3.15亿元，占年度计划的185.3%；城市建设战役14个项目完成投资3.87亿元，占年度计划的165.7%；小城镇改革发展战役7个项目完成投资1.17亿元，占年度计划的140.4%；民生工程战役37个项目完成投资3.24亿元，占年度计划的113.8%。

城乡建设。宁武高速公路屏南连接线建成通车。衢宁铁路列入国家“十二五”规划。地质博物馆项目完成土地平整、地质钻探等工作。潦头工业小区完成土地收储17.3公顷，供地24公顷；溪角洋工业小区完成土地收储187公顷，第一期33.3公顷土地平整加快推进。基本建成白玉、康里农村小康示范型住宅点。职专实训楼、县医院门诊楼交付使用，县医院病房综合楼竣工即将投入使用。新农村电气化县建设通过省级验收；溪坪110kV、甘棠35kV输变电工程和77个农配网项目竣工，220kV变电站完成选址。省道202线白水洋路口至北村段竣工；省道303线慈溪至厦地段主体工程基本建成、厦地至前汾溪段开工建设。

招商引资。全年签约外资合同项目5项，总投资1.04亿美元；签约内资合同项目45项，总投资73.12亿元；签约项目开工39项，开工率78%。完成“6·18”对接项目76项，征集企业技术需求37项。争取各类转移支付资金4.31亿元。银行业金融机构为109个重点项目和中小企业新增贷款10.16亿元；9家企业成功通过中债公司和承销银行审核。全年经省市政府审批的农用地转用和土地征收50.35公顷，公开出让国有土地59.35公顷。完成林地审批64.8公顷。

社会事业。全年完成教育投入1.8亿元，增长24%；12个“校安工程”项目竣工并交付使用；“双高普九”暨教育“两项督导”工作以优异成绩通过省级评估验收；在全市率先实施寄宿生营养午晚餐工程，惠及寄宿生1500名；成立育才教育发展基金会，已认捐2000多万元。县级公立医院改革加快推进，基层医疗卫生机构实行基本药物零差率销售。万安桥、千乘桥、广利桥、广福桥和龙津桥入选中国世界文化遗产预备名单。青少年校外体育活动中心投入使用，新建农民体育健身工程46个；本县运动员吴平城荣获2012年全国青年拳击锦标赛49kg级第二名；承办了2012年福建省青少年拳击锦标赛，屏南县代表团获得男子团体总分第一和5项个人冠军。新建“农家书屋”31家。完成115个村点广播电视“村村通”工程改造任务。被评为第五届福建省科普先进县，佳洋社区被授予全国科普示范社区称号，8个项目获得国家、省、市科技部门立项。

人民生活。全年新增城镇就业803人，城镇登记失业率2.07%。农村低保标准从每人每月100元提高到150元。新农合参合率99.5%。新农保参保率94.9%，城镇居民参保率77.6%，60周岁以上参保人员发放率100%。启动被征地农民养老保险金发放工作。机关企事业单位职工参与医疗互助1.1万多人。义务教育阶段“两免一补”政策受惠学生1.19万人次。争取到库区移民旅游创业园项目补助资金1000万元，16个移民后期扶持项目稳步实施。开工建设保障房296套，基本建成400套，配售配租153套，发放租赁补贴43.9万元。145个建制村开通客车，通车率96%。完成妇女“两癌”免费检查2008人、妇女病免费检查2183人。完成0—14岁农村儿童先天性心脏病术前筛查试点项目。实施白内障免费复明手术115例。县社会福利中心主体工程竣工验收，长桥敬老院加快建设，新建3个社区居家养老服务站。创建省级生态乡镇3个、省级生态村23个、市级生态村106个。完成植树造林2133公顷、“四绿”工程327公顷。综合治理水土流失520公顷。殡葬改革持续推进，火化率保持100%。

【宁武高速公路屏南连接线建成通车】 宁武高速公路宁德段是国家高速公路网规划的组成部分，起于国高沈海线福安湾坞互通，主线里程62.1千米，屏南连接线里程22.62千米。屏南连接线起点位于南平市与宁德市交界处，经深洋、双溪、龙源、棠口，终于屏南县城关东侧（远期与京台高速公路屏南至古田连接线相接）；为典型山岭重丘陵，全线桥隧比例占总里程的61%，施工难度大、技术要求高。项目于2009年10月动工建设，2012年6月提前半年建成通车，结束了屏南没有高速公路的历史。

（苏久榅）

编辑：郑 菜

平潭综合实验区

【基本概况】 平潭简称"岚",位于福建省东部沿海,东濒台湾海峡(与台湾隔海相望,距台湾新竹仅68海里,是祖国大陆距台湾最近点),西隔海坛海峡(与福清市、长乐市相邻,距离福州长乐国际机场约70千米),南与莆田市南日岛斜角相望。全区陆域面积392.92平方千米,由126个岛屿组成,主岛海坛岛面积324.12平方千米,为全国第五大岛、福建省第一大岛。

平潭地貌类型主要有丘陵、台地、滨海、平原、湖泊、滩涂和海岸。主岛海坛岛地势呈南北高、中部低,岛上最高峰——君山海拔434.6米。属南亚热带气候,年平均气温19—19.9℃,年平均降雨量900—1200毫米。全岛人均水资源量为453立方米,主要供水水源为三十六脚湖。水资源相对短缺(工程性缺水),通过福清引入闽江、大樟溪水源,可以满足岛上开发用水需求。平潭是国家新能源开发试验岛,风能资源丰富,可供开发的风能资源在100万千瓦以上(已开发建成10.6万千瓦)。近几十年来,通过植树造林,尤其是营造防风固沙的沿海防护林带,全岛森林覆盖率达32.9%,是"全国造林绿化最佳县"之一,岛上近地面局部风力明显减弱。根据近15年的观测,全岛年平均风速4.0米/秒,较前45年平均风速减弱约36%,生态环境明显改善。海岸线长达408千米,岛上拥有众多避风条件良好的港湾和深水岸线,岛上旅游景观个性突出,海滨沙滩总长70千米,海蚀地貌遍及全岛,有8个景区被评为国家级风景名胜区。平潭岛是太平洋西岸国际航线南北通衢的必经之地,目前每天经平潭东部海面航行的中外轮船达2000多艘。也是东南沿海对台贸易和海上通商的中转站,全国最早批准设立的台轮停泊点、台胞接待站和对台小额贸易县之一,两岸民间直接交往活跃。

【经济社会概况】 2012年,全区实现地区生产总值135.46亿元,比上年增长18.1%;公共财政总收入13.91亿元,增长32.3%;全社会固定资产投资334.37亿元,增长72.8%;社会消费品零售总额43.29亿元,增长13.5%;城镇居民可支配收入25157元,增长13.7%;农民人均纯收入9264元,增长16.1%。

交通设施建设。海峡大桥复桥建设进展顺利;岛内"一环两纵两横"等城市主干道基本形成环路;澳前海峡高速客运码头1#泊位投入使用;国家中心渔港动工建设;金井作业区1#、2#泊位和进港航道列入交通部"十二五"港航规划,2#—5#泊位正在建设,综合交通体系初步形成。

城市建设。分4个等级规划城市地下综合隧涵120多千米,已开工建设21千米。建成岛内雨洪收集系统和岛外应急调水一期工程,动建闽江北水南调(平潭引水)工程、10万吨自来水厂,启动海水淡化项目。建设金井、东部2座污水处理厂和1座垃圾焚烧发电厂。建设110kV、220kV变电站各1座。旧城区5条主干道路立面景观改造工程基本完工;龙凤头景观改造一期工程海渔广场已投入使用,二期工程阳光海岸动工建设。一级客运站、防洪防潮、城区道路等一批市政工程加快建设。

组团开发。金井湾组团吹沙造地工程已完成,5条市政道路、海峡如意城、商务营运中心等十大重点项目全部动工建设。岚城组团完成征收土地及养殖水域面积1533.33公顷,5条市政道路等配套设施动工建设。幸福洋组团一、二期吹沙造地近20平方千米。澳前组团建设全面展开。流水小城镇9大项目全部启动。

生态环境建设。启动建设国际森林花园岛,实施"五绿"工程,大力度推进平潭岛的绿化、花化、彩化。"三沿一环"重点生态区域植树造林2000多公顷,环岛路、坛西大道形成50千米的绿色长廊,成片种植沉香、茶花、梅花、桂香173.33公顷。3年累计完成植树造林6200公顷,森林覆盖率从2009的29%提高到35.1%。

体制机制创新。创新行政管理体制,实验区"一办、二部、六局"的架构基本形成,完成县级机构改革,整合区县行政资源,扁平化、高效率、大综合的行政管理体制初步建立。实施"四个一千"人才工程,启动建设人才特区,已引进各类人才1407人,其中:博士44人,硕士153人。组建"三个中心",自2012年6月底挂牌运行以来,行政服务中心平均审批时限缩短40%;国库支付中心当天办结率达98.5%;招标投标交易中心已完成招投标43项。依托中国社科院,成立涉台法律研究中心,并委托北大、厦大、中国政法大学开展"五个共同"及相关领域涉台法律课题研究,已取得阶段性成果。全面加强与金融机构战略合作,兴业、中信、浦发、招商等商业银行入驻平潭,全区银行机构从原来的5家增加到14家;与各金融机构签订融资协议822亿元,已批贷款280亿元。东兴证券出资3亿元在平潭注册全资子公司,并与台湾证券公司商谈组建合资证券公司;由工商行和浦发行牵头的股权信托产品,首期8亿元已到位4.98亿元;分别与台湾中华金控、工商银行合作筹办20亿、100亿元的股权投资基金。充分发挥实验区国投、交投、土地收储中心等10个融资平台和融资主体的作用,发行企业债券、中期票据,基本破解融资难题。

特色产业。按照实验区总体发展规划和产业发展导向,优选总投资额超过1100亿元的产业项目。协力科技、冠捷电子、海峡如意城等项目加快建设,万众百源锂电池、中福海峡建材城、远洋渔业基地等项目动工建设,宸鸿科技、中华电信"智慧平潭"、海坛古城、海西国际养生示范基地、华电集团等项目加快推进,华润燃气、大唐风电、中广核等相关合作项目已签约落地。动工建设企业总部基地、商务营运中心,吸引上市公司和优质企业在平潭设立区域总部,已有中福、东兴证券等公司入驻。开工建设对台小额贸易市场、台湾水果批发市场、两岸渔人码头。规划建设高新技术、文化创意、软件、海洋科技等产业园区，创建企业发展平台。依托厦大、福大、医科大等8所省内院校，规划建设产业创新研究院，建设两岸合作的产业技术研发及应用基地。落实“三维”项目的对接，全年新增企业1011家，注册资本117.39亿元，分别增长51.12%和169.77%。

社会事业。坚持教育优先发展，高起点规划建设34所标准化学校（含校安工程），已完成一期17所；启动建设平潭海洋大学、福建师大平潭附中和平潭一中新校区；在全省率先实施高中阶段免费教育政策。推进城乡医疗机构标准化建设，协和三甲医院动建，海坛三甲医院完成前期工作。改造提升农村体育文化基础设施，闽剧《南归梦》等作品获国家级和省级奖项，平潭水木动画成为全国十大动漫原创企业之一，创办平潭电视台，开办综合网络和英文频道，中国·平潭网获评全国十大设计创新型政府网站。重视失地失海农民的就业培训，全年新增城镇就业2450人，安置劳动力近7000人，城镇登记失业率为2.35%。城乡居民保险基本实现全覆盖，农村医疗保险、农村基础养老金标准分别提高到380元、80元，均为全省最高。坚持先安置后拆迁，规划建设的8个安置小区已开工5个，建成9817套安置房。开工建设竹屿湖、莲花山、万宝山等6个公园，不断提高城市品位和生活品质。

【对台合作交流】 先后组织11个团组赴台宣传推介和互动交流，与新竹县（市）签订实施“三放”的备忘录。组织“千人游台湾”、“乘海峡号、游八闽山水”、中学生夏令营等活动，增进两岸民间交流交往。台湾部分知名人士以及渔农会、航运协会等民间机构相继到平潭考察洽谈，与台湾港务公司就加快货物贸易和通关合作事项建立合作关系。探索建立涉台纠纷多元调处机制，维护台胞权益。成功举办首届共同家园论坛、两岸沙滩文化节和国际风筝冲浪巡回赛。台湾东森电视经济频道落地。开通两岸无漫游“闽台一卡通”业务。启动两岸合作的海峡书局、职工交流中心等项目。在“海峡号”设立“台胞办证预受理区”，台胞落地签证时间缩短40%。85家台湾美食企业入驻平潭台湾美食街，由经营者成立管委会自主管理。面向台湾招聘管委会副主任和若干名专才。“海峡号”成功运营，至2012年12月底，已运送旅客近12万人次；启动货物运输，实现从台湾到长三角、珠三角24小时内交货的目标，形成了“航空速度”和“海运成本”的最佳组合；新快船“家园号”成功试航台北航线，为平潭打造两岸重要通道奠定基础。

经过2009—2012年的积极探索，平潭对台合作交流实验区的先行效应初步显现。台商投资持续升温，新增注册台资企业70家，投资总额超过31亿美元。台胞上岛人数逐年增加，全年通过乘坐“海峡号”、观光考察等方式来岚的台胞人数超过6万多人，其中管委会接待台胞200多批次3500多人次，超过前两年的总和。先后有3000多批次海内外知名企业和财团上岛考察，意向总投资逾3000亿元。以经营台湾商品为主的海坛名街初具规模；台胞社区已见雏形；台资专科医院正在筹办；台湾各类专才近200人在平潭创业；一批台胞在平潭购房置业、台籍学生在平潭就学。（薛学强）

编辑：林丹英

人　　物

先进人物

【2012年全国五一劳动奖章福建省获得者】

陈能华　连江县敖江防洪堤河道修防工
郭爱莲　闽侯县国家税务局局长
杨树新　中国福万(福建)玩具有限公司董事长助理
陈国信　福建省电力有限公司厦门电业局班长
黄志峰　漳浦县古雷镇林业工作站护林队队长
赖水顺　漳州市诉讼调解与人民调解多元调处中心主任
陈国成　福建格林集团有限公司副总裁、工会主席
常向真　福建凤竹纺织科技股份有限公司总工程师
王景贤　泉州市木偶剧团团长、书记
肖福明　三明市疾病预防控制中心科长
邱菊珍　三明市梅列区列东街道东安社区主任
江兰凤　顺昌县医院康复科副护士长
刘星光　武平县中山供销合作社主任
兰惠琴　古田县人民法院民二庭庭长
叶明基　福安市农村信用合作联社金山信用社主任
邱奕多　海峡汽车文化广场项目部土建班组长
董再发　六蜂王(石狮)环保建材有限公司研发中心主任
熊寿群　福建煤电股份有限公司董事长
车尚轮　厦门航空有限公司总经理
张美林　武夷山市绿洲竹业(集团)有限公司董事长
陈忠实　福建欧美龙集团公司技术总监
黄汉升　福建师范大学校长
陈美暖　厦门市同安区农业技术推广中心高级农艺师
李少娟　莆田市荔城区梅峰小学校长
卢灿忠　中国科学院福建物质结构研究所所长助理
李　斌　福建省公安公安厅刑技总队DNA检验鉴定室主任
肖玉保　工人日报福建记者站站长
李新华　福建省邮政公司副总经理、工会主席
庄文彬　福建省南靖万利达科技有限公司维修工
郑星奎　龙岩市环境卫生管理处支部书记
叶志坚　厦门市国家税务局信息中心主任
陈旭升　中国银河证券股份有限公司福州营业部总经理
林清峰　福建省举重运动管理中心运动员
杨丽婉　福建省体工大队运动员
夏　宁　福州建工(集团)总公司董事长、总经理
陈建生　厦门市建安集团有限公司施工员
袁其辉　龙岩市安居住宅建设工程有限公司泥工班班长
席雅君　厦门大学附属第一医院儿科护士

【2012年福建省五一劳动奖章获得者】

叶信银　江泽民　江显昌　鲍贵峰
陆丽钦　张琼英　林　玲　王林辉
林力容　郭幼俤　李　凡　陈　梅
郑宝锦　邱昌明　赵荣鑫　曾小玲
杨　松　曹文瑜　林梦萍　林丽钦
俞建生　马　丽　罗祥英　陈　钦
李峰宇　李建云　钟晓冬　邱梅芳
丁贤明　李良荣　刘初峰　陈香麟
郑学述　陈建龙　宫　懿　傅天龙
陈秀娜　陈清洲　黄惠芳　汪兴文
刘元树　陈巧影　林艺雅　洪交培
张红美　黄建通　裴新亚　陈宝惜
蔡其圆　柳朝辉　许联顺　陈东旭
张奕培　周世跃　林志强　陈　平
李需要　钟江波　王淑霞　颜森水
吴荣辉　范德福　郑友松　洪其添
高连木　倪英民　张朝和　顾国兰
林　扬　蔡萱红　李顺兴　李成龙
庄巧真　杨福阳　王文鹏　丁文山
李瑞强　王晓文　蔡纪平　陈晓伟
林立红　游玫洁　何聪明　林凌霜
吴志火　余树芳　陈凌香　余冬阳
曹先强　许小燕　陈永忠　傅文泽
俞仁武　林德水　王建设　黄德奇
黄清柱　郭小青　谢德泗　车卫东
陈加贫　陈燎原　曾志玺　黄健文
林渊清　董雪云　王德辉　洪锦辉
张汉沂　康黎英　洪新河　许华萍
曾成志　张　坚　陈兴明　许景南
陈扬德　刘忠成　陈基福　黄小清
余水明　刘炳林　聂立雄　苏彩琴
吴祥江　郑　忠　曾友平　林　鹏
谭火英　吴艳丽　林长生　黄家平
纪翠英　张仁福　石绍军　魏智英
郑国良　肖　涵　谢超峰　陈俊颖
陈春忠　李国清　陈注玉　邹荔生
郑　杰　翁美玉　刘　强　陈秀珍
庄进福　张　飞　陈　伟　郭瑞仁
游凤玉　汪华军　李荣生　张宗平
黄昌才　夏子建　李金明　吴玉梁
叶　晟　杨建忠　吴棋全　黄月萍
林学富　曾文龙　蔡志勇　修连金
赖龙扬　叶长圳　赖建山　梁昌和
周玉光　谢顺英　兰子禄　吴开勋
陈定彬　吴祖新　廖材河　杨为城
赖华生　彭能和　陆　文　叶清云
程诗忠　刘建成　朱建玲　陈纪淋
孙玉莺　萨百艳　黄经禄　周道福
吴守峰　赵景涛　薛学炳　刘　雪

林　亮　郑为太　高　博　江宵兵
刘青闽　章　鸿　吴丽莹　王宁静
陈　燕　李瑞国　邢龙海　肖本庚
陈　盛　高锦团　王广生　林良森
郭海满　陈火荼　黎明细　江经政
蔡　晖　刘善辉　林治基　蔡俊华
朱正龙　李一农　顾　健　潘桂胜
黄彪斌　林国新　张立峰　杨振宇
卓宁峰　康辉阳　何　静　李志军
白文扁　李至锋　何晓明　张朝松
陈元定　李新祥　金立新　吕可可
姜海洪　刘　勇　许铭坛　林　新
王　健　谢水森　卓加罗　魏文洪
黄新远　吴有文　方建成　李小斌
江弥峰　吴恩权　吴景毅　林晓明
蓝华荣　甘良燕　高清华　谢李铭
税成君　张万里　王天晓　崔文迪
蔡智勇　郑声恩　汪丽明　陈仕福
潘惊石　朱炳祥　吴启树　林　建
陈慧玲　卓文海　林　丹　林清峰
黄珊汕　吴景彪　何雯娜　谌　龙
戴小祥　陈文斌　万建辉　李志锋
徐武忠　卓贤麟　杨丽婉　魏燕鹏
张　蒙　陈鸿杰　陈宗基　詹莹莹
杨小平

【第十六届中国青年五四奖章福建省获得者】

王锡章

【2011 年度全国优秀共青团员福建省获得者】

曹阳飞宇　方　斌　陈珍珍　黄铮铮
郑恒崇

【2011 年度全国优秀共青团干部福建省获得者】

章欢芳　赖　婧　蔡进伟　洪清华

【第九届福建青年五四奖章标兵获得者】

冯素金　李百灵　何顺强　张荣旺
陈　春　陈　琼　林兆河　林　清
黄丞君　赖金土

【第九届福建青年五四奖章获得者】

王小梅　王少芳　方千华　龙　翼
叶晓东　卢振亮　邢　东　刘　丹
刘向国　刘松年　刘爱林　刘淑琴
刘渊毅　庄　严　阮烘煌　孙　勇
杜吉祥　杨科明　杨家财　杨朝阳
杨朝勇　苏美贤　李旭伟　李步洪
李家越　连兴国　肖　锋　吴用样
吴建荣　吴　欣　吴英杰　吴　彬
吴　蔚　何国辉　邱金良　邱春国
余延杰　余志丹　沈冬梅　张灵玲
张　俊　张积林　张莉莉　陆乃招
陈发胜　陈　杰　陈　炜　陈俤俤
陈洪明　陈科灶　陈　纲　陈顺森
陈晓旭　陈联成　陈超锋　陈蔚华
武燕楠　林方琳　林长安　林向前
林位举　林忠明　林晓丰　林桂仁
林海波　林致燊　金　涛　郑永光
郑丽娜　郑　武　郑英国　柯天从
胡阳平　钟　敏　洪曾纯　聂　津
郭向徽　黄小田　黄圣辉　黄进清
黄金贤　黄秋妹　黄振坤　常海涛
章金水　梁志煌　梁　财　蒋　维
程振宇　智莉娜　游健宜　童桂贤
董清杨　曾国恒　曾铁权　谢淑红
詹毅鹏　鄢晨枫　蔡向华　潘　越
薛万喜

【2011 年度福建省十佳共青团员获得者】

许永增　何晶晶　邱技文　邱艳妮
沈　婷　张文明　张秋香　陈　卉
罗　军　黄清彪

【2011 年度福建省十佳共青团干部获得者】

冉枝瑜　吕晓梅　许长宾　李艳容
何晋伟　林火文　郑舒翔　黄　伟
傅清霖　甄学浩

【全国三八红旗手福建省获得者】

詹红荔　姜小鹰　陈建新　张秀慧
黄锦萍　郑冬梅　潘　晨　吴　乔
陈念禧　刘　琼　宋　倩　邱新妹

【福建省三八红旗手获得者】

杨丽婉　张　蒙　詹莹莹　李小斌
郑笑美　黄秀兰　庄美霞

【福建省巾帼建功标兵】

郑秀平　陈玉俊　陈世涛　潘婷华
傅　丽　李玉玲　林丽茹　刘小榕
刘小宁　张　珲　卢　倩　陈　露
李文祥　林友丽　沈宝玲　周盈盈
郭伟玲　黄韵文　吴真兰　黄敏华
林蕾静　章绿银　刘敏桢　林杨华
邱冬霞　庄彬妃

（省总工会、团省委、省妇联供稿）

逝世人物

王禹（1917.1—2012.8）山西省黎城县人。1937 年 7 月加入中国共产党，1936 年秋参加革命工作，历任山西汾西游击队连、营指导员、团总支书记，北方局机关指导员、副支书；1941 年秋起历任太行区左权县武委会主任，太行区武委会训练科长，第七、第五分区武委会副主任，太行区武委会政工部长，太行区武装部部长；1949 年 3 月南下福建，任福建省晋江地委民运部部长；1950 年 2 月起历任中共福建省委政策研究室副主任，永安地委副书记、书记；1953 年夏起历任省委副秘书长、文教部长，省农业厅厅长；1959 年起历任省委办公厅副秘书长、农工部副部长、省委秘书长；1961 年 3 月任省委常委、秘书长，“文革”期间受冲击下放蹲点；1972 年任福建农林大学党核心组副组长；1975 年 1 月任福建日报社党核心组组长，省委常委；1981 年 2 月起历任省农科院党委书记，省人大常委会“建设八个基地审议委员会”副主任；1983 年 2 月任省人大常委会“建设八个基地审议委员会”主任、省人大常委会委员；1985 年 7 月任省顾问委员会常委。1991 年 6 月离职休养。

编辑：王文灿

地方文献 法规 规章选登

关于福建省2012年国民经济和社会发展计划执行情况及2013年国民经济和社会发展计划草案的报告

（2013年1月27日福建省第十二届人民代表大会第一次会议）

省人大常委会副主任 徐谦

各位代表：

受福建省人民政府委托，现将福建省2012年国民经济和社会发展计划执行情况及2013年国民经济和社会发展计划草案提请省十二届人大一次会议审议，并请省政协各位委员和其他列席人员提出意见。

一、2012年国民经济和社会发展计划执行情况

2012年，全省各级各部门认真贯彻落实中央和省委的决策部署，全面实施“三规划两方案”，把握稳中求进的工作总基调，坚持好中求快、又好又快，全力推进科学发展、跨越发展，较好完成了省十一届人大六次会议确定的经济社会发展主要目标任务。初步统计，全省生产总值19701.78亿元、增长11.4%；地方公共财政收入1776.21亿元、增长18.3%；城镇居民人均可支配收入28055元、增长12.6%，农民人均纯收入9967元、增长13.5%，实现城乡居民收入增长与经济发展同步。

一年来国民经济和社会发展成效主要体现在五个方面：

（一）三次产业持续发展

农业发展平稳，完成增加值1776.47亿元，增长4.2%；农林牧渔业总产值3007.2亿元，增长4.3%。粮食总产量659.3万吨，下降2%。肉蛋奶产量241.6万吨，增长7.9%。水产品产量628.6万吨，增长4.1%。加大农业科技成果转化力度，支持农业“五新”推广应用；水利投资203亿元，增长56%，新开工121个重大水利项目；治理长汀等重点县水土流失面积225万亩。

第二产业增长较快，完成增加值10238.59亿元，增长14.6%。其中，规模以上工业增加值7856.3亿元，增长15.2%；建筑业增加值1644.4亿元，增长17.2%。电子、机械、石化三大主导产业增加值2669.7亿元，增长14.6%；高新技术产业增加值2724亿元，增长17.1%；规模以上民营工业增加值5159.9亿元，增长17.5%。

战略性新兴产业发展加快，完成增加值1605.13亿元，增长23.8%，其中，高端装备制造业增幅在30%以上。第十届“6·18”对接项目4098项，已开工、投产项目3264项。“数字福建”建设取得新成效。区域创新能力不断提升，新增4个国家地方联合创新平台、1个国家级企业技术中心以及118个省级创新平台。

第三产业稳步发展，完成增加值7636.72亿元，增长8.5%。社会消费品零售总额7149.54亿元，增长15.9%。货运量、港口货物吞吐量、集装箱吞吐量分别增长12.2%、10.9%和10.6%。旅游总收入1916.94亿元，增长17.2%。金融业增加值999.4亿元，增长14%，24家企业在境内外证券市场募集资金127.6亿元，19家企业获准发行债券192.5亿元。

海峡蓝色经济试验区发展规划及试点工作方案获得国务院批准并全面实施，海洋新兴产业、远洋渔业、航运业等加快发展，一批海洋经济重大项目建设和前期工作有序展开。海洋生产总值5220亿元，增长18.1%。

（二）“五大战役”持续推进

全社会固定资产投资12709.66亿元，增长25.5%。其中，制造业投资3766.78亿元，增长23.2%；民间投资6657.31亿元，增长27.1%。房地产开发投资2824.12亿元，增长17.4%。

“三维”项目对接成果显著，对接项目2970项，投资规模达3.66万亿元。央企项目年度投资789亿元，动工111个；

民企项目年度投资1777亿元，动工1436个；外企项目年度投资280亿元，动工158个。

重点项目建设完成投资4282亿元，增长65.4%，开工项目213个，建成或部分建成236个。其中，交通能源完成投资1277亿元，增长13.2%，新增铁路运营里程145公里、高速公路通车里程791公里、港口吞吐能力2800万吨、电力装机容量191万千瓦；福州至平潭铁路、厦门轨道交通1—3号线、中化泉州1200万吨炼油等获国家批复。

新增长区域发展战役完成投资5702.1亿元，增长31.2%，区域发展后劲更加坚实。城市建设战役完成投资3200亿元，增长62.5%，城乡环境综合整治等取得成效。小城镇改革发展战役完成投资1635.7亿元，增长71.5%，镇容镇貌明显改观。民生工程战役完成投资922亿元，增长67.3%，基本公共服务能力有所提升。

（三）民生保障进一步强化

各项民生事业取得新进展，省委、省政府确定的50件为民办实事项目全面实施。教育事业得到优先发展，全面实施免费中等职业教育，高等教育毛入学率达33.5%，高中阶段毛入学率达90.7%。医疗卫生服务体系进一步完善，村卫生所全面实现达标建设，医疗资源有效扩充，全省新增医疗机构床位数14018张，千人均床位数3.84张。文化事业得到发展，乡镇文化站、农家书屋实现全覆盖，全面实施县级文化馆、图书馆、档案馆达标建设，群众体育进一步发展。

新型农村社会养老保险参保率达95%。初步建立起面向全体劳动者的公共就业服务体系，城镇新增就业65.38万人，城镇登记失业率3.63%。人口自然增长率7.01‰。全省保障性安居工程新开工20.15万套，开工率126.8%，已基本建成14.69万套，基本建成率129.5%。解决301.63万农村居民饮水安全问题。居民消费价格总水平上涨2.4%，控制在预期目标以内。

（四）改革开放继续深化

重点领域和关键环节改革取得实质性进展。厦门深化两岸交流合作综合配套改革试验稳步实施，启动莆田城乡一体化、泉州民营经济发展综合配套改革试验。深化审批制度改革，推动审批服务标准化，授予平潭综合实验区96项省级行政职权。医药卫生体制改革持续推进，基本实现全民医保，城乡居民政策范围内报销比例达70%以上，公立医院改革试点的9家县级医院全部取消药品加成，基本药物零差率销售改革延伸到50%以上的村卫生所。完善山海协作体制机制，深化华侨农场改革发展。

外经贸发展水平继续提升。全省进出口1559.27亿美元，增长8.6%，其中，出口978.36亿美元，增长5.4%。新批外商投资项目916项，实际利用外商直接投资63.38亿美元，增长2.2%。闽港澳贸易额89.11亿美元，增长35.4%。

闽台交流合作进一步拓展。平潭金井湾等组团建设全面展开，开放开发基础条件初步形成。落实两岸经济合作框架协议，泉州、漳州台商投资区新设和福州台商投资区扩区获国务院批准，两岸区域性金融服务中心加快建设，实际利用台资7.76亿美元，闽台贸易额119.63亿美元。成功举办第四届海峡论坛。闽台海空直航运送旅客242.9万人次，增长6.2%。建成“厦门—金门”、“福州—淡水”海缆。

（五）生态建设成效明显

“四绿”工程扎实推进，植树造林331.2万亩。重点流域水环境综合整治、饮用水源地保护加强，12条主要水系水域功能达标率97.9%。农村环境连片整治完成766个行政村治理任务。建成16座污水处理厂和5座垃圾无害化处理场，市县污水、垃圾处理率分别达83.9%和92%。关停小火电16.4万千瓦，淘汰落后水泥产能990.58万吨。万元生产总值能耗、化学需氧量、二氧化硫、氨氮、氮氧化物等年度节能减排目标可以实现。

在看到成绩的同时，我们也清醒地认识到，当前经济社会发展中面临不少新情况新问题，主要是：支撑总量扩大和结构调整的大项目不够多，企业在产品、工艺、技术等方面自主创新能力不足，经济总量和质量有待进一步提升；改革的艰巨性、复杂性愈显突出；出口产品竞争力不够强、结构有待进一步优化；土地等资源要素约束趋紧，经济加快发展与要素保障矛盾较大；城乡和区域发展差距还比较大，农民持续增收困难较多；户籍人口城镇化率偏低，城镇化相对滞后于工业化；部分基本公共服务均等化、社会服务和管理水平有待提高。对于上述问题，我们要深入分析，采取有效举措加以解决。

二、2013年国民经济和社会发展主要预期目标和任务

政府工作报告提出的今年经济社会发展目标是经过综合平衡的，具体从以下五个方面看：

*经济增长。*预期全省生产总值增长11%左右，实现预期目标还需经过艰苦的努力，这既考虑了当前经济基础和发展环境，与“十二五”规划目标相衔接，又考虑了改善民生、加快推进科学发展、跨越发展的现实需要。

*三次产业。*预期一、二、三产业增加值分别增长4%、14%和9%，主要考虑产业项目正在加快落地，现代服务业持续拓展，战略性新兴产业发展壮大，现代产业体系加快构建。

*三大需求。*预期全社会固定资产投资增长20%、社会消费品零售总额增长15%、外贸出口增长5%，主要考虑保持投资增长力度，消费增长空间拓宽，国际贸易形势比较严峻。

*民生改善。*预期地方公共财政收入增长12%；城镇新增就业60万人，城镇登记失业率控制在4.2%以内；城镇居民人均可支配收入和农民人均纯收入均增长11%左右；居民消费价格总水平涨幅控制在3.5%左右。主要考虑经济社会发展为增加财政收入和居民收入提供有力支撑。

*节能减排。*预期完成单位生产总值能耗以及主要污染物排放年度控制目标。主要考虑进一步完善政策体系，强化制度建设，加大投入力度，切实强化节能减排工作。

以上五个方面的指标安排，既积极进取，保持合理的增长速度，促进总量扩大，又稳妥可行，为转型升级预留空间，在实际工作中要争取更好更快些。为了实现上述目标，我们要全面贯彻落实党的十八大精神，按照省委决策部署，重点做好七个方面工作来推动经济社会又好又快发展。

（一）加快产业发展，力促产业总量扩大质量提升

加快“三维”项目落地，力争投资完成3300亿元，重点抓住项目开工和竣工等关键环节，及时协调解决项目推进中遇到的问题，做到协调有序、推进有力，早见成效。继续加大力度做好项目对接，重点推动与央企、民营龙头企业和外企500强的洽谈合作，争取更多项目落地建设。

加快先进制造业发展，扩大经济总量。加快推进工业转型升级，实施企业技术改造、项目对接、新兴产业倍增、行业对标节能、企业创新驱动、两化深度融合等六个专项行动，促进存量改造、传统产业优化升级，推动增量选优、先进制造业向高端推进，增强竞争力；加大扶持中小微企业发展力度，提升质量；利用港口资源优势，推动大进大出的临港重化工业加快发展；利用园区集聚生产要素优势，推动产业集中集约发展；依托优势龙头企业，拓展内涵外延，延伸产业链，发展产业集群，增强发展后劲。

加快发展服务业。提升生产性服务业水平，加快实施现代物流业发展行动方案，建设八个一批现代物流项目；支持服务外包示范园区建设；加快发展为产业升级服务的科技研发、工业设计、商务服务。促进生活性服务业便利化，加快建设大型商品交易市场，完善城乡流通设施和便民网络；加快发展家庭服务业、养老服务业，满足城乡居民生活需要；加快旅游业发展，新增一批各有特色的国家4A级景区，推出一批特色旅游产品。建设现代物流园区、文化创意园区、总部经济区、中央商务区等服务业发展集聚区，培育区域服务业发展优势。

大力发展现代农业。创建农业品牌，推动农产品精深加工，加快农业“五新”推广，提升农产品质量。推进农业标准化，提高生产经营组织化、产业化、规模化水平，促进农民持续增收。加快设施农业和林产加工业发展，建设园艺栽培、畜禽养殖等一批设施农业生产基地。发展现代种业，建设一批良种繁育基地和品种改良中心。推进高产稳产农田建设，开展农田灌溉节水改造，保障粮食安全。支持福建农民创业园建设。

加快推动海洋经济发展。落实福建海峡蓝色经济试验区发展规划、试点工作方案以及省里明确的各项扶持政策，扶持壮大一批海洋产业示范园区、龙头企业和知名品牌，推进厦门东南国际航运中心、平潭海洋大学等一批重大项目建设。

（二）加大投资力度，优化投资结构

继续加大投资力度，策划生成一批扩总量、提质量的大项目，扎实推动前期工作，争取项目加快落地与建设。持续发挥好“五大战役”引领投资的作用，拓展城乡建设、海洋、旅游、科技、生态建设等领域投资，优化投资结构。发挥民间投资主体作用，引导民间投资加大在制造业、基础设施、社会事业、战略性新兴产业等领域投资，力争民间投资总量突破8000亿元。

加大重点项目攻坚力度，安排省重点项目530个，其中在建项目368个，年度计划投资3260亿元。建成向莆铁路、厦深铁路、福州至永泰高速公路、厦漳跨海大桥等项目，新增铁路运营里程549公里、高速公路通车里程570公里、港口吞吐能力2000万吨、电力装机容量200万千瓦以上。开工建设福州至平潭铁路、南三龙铁路、福州轨道交通2号线、厦门轨道交通1号线等项目。促进产业集群发展、提升层次，加快建成厦门天马TFT、福欣不锈钢、福建联合石化乙烯脱瓶颈改造、平潭协力科技产业园（一期）等项目，推进漳州古雷炼化一体化、福建（宁德）大型钢铁等项目前期取得突破。

继续推进新增长区域发展，争取总投资5000万元以上的项目建成投产400个、新开工600个，全年完成投资4800亿元以上，努力实现三年投资倍增计划。

加强重大水利项目建设。谋划生成水库、防洪防潮、引调水、流域综合治理工程等重大水利项目，全力突破前期并开工建设一批水利项目；加快长泰枋洋水利枢纽、“五江一溪”防洪工程等重大水利项目建设，力争全年完成投资超过110亿元。

（三）推进城乡建设，促进区域协调发展

促进城镇化和城乡一体化发展。研究制定我省城镇化健康发展的政策和规划；深化城镇化空间布局、进城务工人员市民化、社会保障机制等问题研究，力争年末城镇化率达60%以上；推进厦漳泉、福平莆宁同城化。

加大城乡建设力度。全面实施“点线面”攻坚计划，开展城乡环境综合整治；完善城市基础设施，大力发展公共交通，加快城际和城市轨道交通、城市路网、公共停车场、自来水水质提升改造、防洪排涝设施等建设，抓好城市绿化，改善市容街景。

推进小城镇综合改革建设试点。打造宜居宜业小城镇，优化试点镇人居环境；深化财税、土地、行政管理、投融资、户籍等改革；推动基础设施和公共服务配套向周边农村延伸；加快集中连片示范区建设，建成一批示范精品；因地制宜推进特色产业培育和集聚，提供更多就业机会。

持续推进山海协作，制定全省山海协作共建产业园区的发展规划和对口帮扶工作计划，落实产业转移项目利益共享机制和土地等优惠政策，重点推进23个扶贫开发重点县及其对口帮扶县（市、区）的共建产业园区建设，引导农村人口向城镇和中心村集聚、山区人口向沿海合理有序转移。

继续支持欠发达地区发展，加大对苏区老区、少数民族集聚区、水库库区、海岛等扶持力度。继续做好扶贫开发重点县、重点村的挂钩帮扶工作，实施新一轮“造福工程”，增强欠发达地区“造血功能”。

（四）加强社会建设，切实保障和改善民生

落实好省委、省政府确定的21件为民办实事项目。保障性安居工程新开工建设10万套，基本建成8万套。

实施基本公共服务均等化规划，加大教育、卫生、文化、体育和养老服务体系等基本公共服务设施建设的投入，不断扩大基本公共服务资源并向农村基层和困难群体倾斜，加强城区公共配套服务建设。

加强城乡接合部和人口新增长区域基础教育、学前教育扩容建设；加强义务教育学校标准化建设，推进县域义务教育均衡、公平发展；加快发展现代职业教育，扩大技能型人才培养能力；支持高校加快发展，加强高等教育内涵建设；加强特殊教育服务体系建设；提高家庭经济困难学生资助水平。

巩固和提高基本医疗保险参保率，稳步提高筹资水平和保障标准。增加医疗资源、设备投入，强化基层医疗服务能力，加强县级医院、基层妇幼保健院、乡镇卫生院建设；推进一批省属医院建设；大力培养全科医生，重点向基层、困难的医疗卫生机构倾斜；推动一批社会办医项目落地；新增医疗机构床位8400张以上。

大力发展公共文化事业，继续实施县级文化馆、图书馆、档案馆达标建设和农村电影放映工程，加强特色文化事业的发展；加快推进海峡奥体中心、福建美术馆及人文社科馆等重点文化体育项目建设。广泛开展全民健身活动，支持体育产业发展。深化文化体制改革，建立现代文化企业经营机制；扶持重点文化产业和文化创意产业发展，提高文化产业增加值比重。

继续实施更加积极的就业政策，重点解决好高校毕业生、农村转移劳动力、城镇就业困难人员就业问题。加快推进城乡居民社会养老保险参保工作，有条件地方提高保障水平。

加快发展社会福利、老龄事业、残疾人事业和慈善事业，加大社会养老服务体系建设，做到集中养老、分散养老相结合。

继续强化安全生产措施和管理，加强重点行业、重点领域的安全生产综合整治。进一步提升城乡社区公共服务和社会管理能力，加强公共安全，落实环境风险防范责任，努力保持经济发展和社会稳定。

（五）推进绿色发展，加强生态文明建设

深化生态省建设。实施好生态省建设规划。继续推进“四绿”工程，造林绿化面积300万亩。推行清洁生产，发展循环经济，推动节能环保、循环经济重大示范项目建设，推进国家“城市矿产”示范基地、资源综合利用“双百工程”、产业园区循环化改造试点等工作。持续完善生态补偿机制。推进厦门、南平全国低碳城市试点工作。综合治理水土流失面积400万亩，加强22个重点县水土流失治理工作力度。

推进重点流域水环境整治，加强近岸海域污染防治。严格控制高耗能、高污染项目建设，推进重点领域、重点企业节能减排，有效降低碳排放强度。加快污水、垃圾处理设施建设，全省市县污水处理率达84.5%，垃圾无害化处理率达93%。

（六）加快推动改革创新，增强发展动力活力

加强改革总体指导和综合协调。推动厦门、泉州、莆田等综合配套改革试验取得新突破。完善现代市场体系，建立健全有利于民营企业发展的体制机制。启动新一轮省级行政审批项目的清理工作，继续取消、下放一批审批项目。建立健全主体功能区配套政策体系，开展“十二五”规划中期评估。持续深化医药卫生体制改革，扶持社会资本办医，全面开展城乡居民大病保险工作，在全省50%以上的县（市、区）开展县级医院综合改革，村卫生所实现药品零差率销售全覆盖。

进一步增强科技创新能力。加快推进软件、集成电路、生物医药、新材料等技术开发和产业化，建成中科院海西研究院、省高新技术企业孵化器二期，加快建设稀土材料研发中心等，推动设立一批国家级的工程（技术）研究中心、实验室和企业技术中心等创新平台；持续开展“6·18”日常项目对接，推动对接项目落地转化；实施“数字福建”深化应用、信息化基础设施、技术创新和产业发展三大提升工程。

（七）提升对外开放水平，推进闽台港澳侨合作

继续实施稳定外贸和促进贸易便利化的措施，鼓励企业引进重要装备和先进技术，推进进出口基地、集散地建设，提高出口产品的技术含量和附加值。支持企业拓展南美等新兴市场。扩大“属地申报、口岸验放”和“直通式放行”覆盖范围，实现与周边地区电子口岸互联互通。落实鼓励外商投资的政策，引进先进制造业、高新技术产业和现代服务业项目，实际利用外商直接投资增长5%。

积极推进平潭体制机制改革创新。推动国家明确的税收、开放等各项优惠政策落实到位。加快“一二线”口岸监管设施建设，力争启动实施新的通关制度。加快进出岛通道、岛内主干道、供水供电供气、防洪防潮工程等重大基础设施建设。加快布局建设一批高技术含量、低碳环保的大项目、好项目。

落实ECFA货物贸易、服务贸易早期收获清单，争取将闽台贸易主要产品、服务项目列入后期协议。加快台商投资区、台湾农民创业园、两岸区域性金融服务中心建设，争取货币清算机制在我省先行先试。办好第五届海峡论坛，深化对台基层民众交流，推动文化、教育等各领域合作。

继续推进闽港在投资、贸易、金融、物流等合作，深化闽澳在旅游、教育及开拓葡语国家和欧盟市场等合作。充分发挥华侨华人优势，在现代制造业、现代服务业等方面吸引更多的海外华侨华人来闽投资兴业、更多的华侨华人专才来闽服务。

各位代表！做好2013年经济社会发展各项工作，任务艰巨，责任重大。我们要紧密团结在以习近平同志为总书记的党中央周围，全面落实省委的决策部署，自觉接受省人大及其常委会的法律监督、工作监督和省政协的民主监督，解放思想，改革开放，凝聚力量，攻坚克难，努力完成或超额完成今年经济社会发展目标任务，为加快建设更加优美更加和谐更加幸福的福建做出新的更大贡献！

关于福建省2012年预算执行情况及2013年预算草案的报告

（2013年1月27日福建省第十二届人民代表大会第一次会议）

福建省财政厅厅长 陈小平

各位代表：

受福建省人民政府委托，现将福建省2012年预算执行情况及2013年预算草案提请省十二届人大一次会议审议，并请省政协各位委员和其他列席人员提出意见。

一、2012年预算执行情况

按照省十一届人大六次会议决议和《政府工作报告》的有关要求，全省各级财政部门坚持以科学发展观为统领，深入学习贯彻党的十八大和省第九次党代会及省委九届五次、六次全会精神，牢牢把握稳中求进总基调，积极发挥财政职能作用，认真做好生财、聚财、用财工作，着力推进全省科学发展、跨越发展。

（一）全省财政预算执行情况

1. 全省公共财政预算执行情况

省十一届人大六次会议通过的2012年全省代编预算：地方公共财政收入预算1696.31亿元，全省财力预算2037.61亿元，相应安排全省支出预算2037.61亿元。

据快报统计，2012年，全省公共财政总收入完成3008.91亿元，完成年初预算的102.6%，比上年增加411.9亿元，增长15.9%。其中：全省地方公共财政收入完成1776.21亿元，完成年初预算的104.7%，比上年增加274.7亿元，增长18.3%。全省公共财政支出2601.08亿元（含中央专款和上年结转等支出），比上年增加402.9亿元，增长18.3%。

2. 全省政府性基金预算执行情况

全省政府性基金收入1558.08亿元，完成年初预算的87.5%，比上年减少195.25亿元，下降11.1%；全省政府性基金支出1570.51亿元，比上年减少219.26亿元，下降12.3%。

（二）省级财政预算执行情况

1. 省级公共财政预算执行情况

省十一届人大六次会议通过的2012年省级地方公共财政收入预算为131.51亿元，省级财力预算为270.36亿元。执行中，经省人大常委会批准，中央代理发行的政府债券2亿元用于省级支出，加上省级财政超收用于支出5.99亿元，省级财力预算调整为278.35亿元，相应安排省级支出278.35亿元。

据快报统计，2012年，省级地方公共财政收入完成150.55亿元，完成调整后预算的111.1%，比上年增加19.48亿元，增长14.9%。省级支出439.6亿元（含中央专款和上年结转等支出），比上年增加66.9亿元，增长18%。

2. 省级政府性基金预算执行情况

省级政府性基金收入280.79亿元，完成预算的109.6%，比上年增加28.25亿元，增长11.2%；省级政府性基金支出221.75亿元，比上年增加37.51亿元，增长20.4%。

以上快报数在决算编制中可能还会有所调整，决算编成后再报省人大常委会审批。

（三）2012年预算执行及财政工作的主要特点

1. 积极应对严峻形势，确保完成预算任务

2012年，财经形势一直比较严峻，加上结构性减税影响，财政收入增幅出现回落。面对困难，全省财税部门一方面密切跟踪经济发展形势，主动作为，认真落实省里出台的一系列扶企业、促融资、稳增长、调结构政策，研究制定支持经济发展、提高收入质量的财税措施，适时延续部分政策的实施期限，加快支出进度，促使经济持续稳定增长。另一方面坚持依法征管，加强重点项目监控和非税收入管理，做到应收尽收。全年财政收入增幅呈现前低后高态势。同时，积极争取中央支持。各级各部门共同努力，相互配合，密切关注中央政策走向，及时反映我省财政困难、海西建设等情况。中央对我省的均衡性转移支付、原中央苏区和革命老区、平潭和地方政府债券等政策和资金支持力度进一步加大。2012年，中央共下达我省转移支付补助704.67亿元，比上年增加71.46亿元，增长11.3%。

2. 推动产业结构调整，支持经济平稳增长

促进工业发展。省财政积极筹措资金24.8亿元，重点用于新增用电量奖励、技术改造、节能减排、战略性新兴产业发展、担保机构补偿等方面，鼓励企业多生产，扩大先进生产能力。安排3亿元科技计划项目经费和2亿元科技成果转化资金，支持企业加强自主创新能力建设。及时拨付土地处置补偿款14.55亿元，支持汽车、船舶、轻纺等支柱产业发展。落实提高增值税和营业税起征点、暂免行政事业性收费、实行政府优先采购等政策，促进小微企业健康发展。

推动外贸稳定增长。拨付4.38亿元用于外贸促进、投资促进、公共服务体系建设。下达5.9亿元，支持重点企业一对一扶持、提高出口信保和保单融资补助标准等。从2004年开始，至2012年连续九年实施省级统一承担出口退税超基数地方负担部分的政策。

加快海洋经济发展。筹措6.2亿元，设立省海洋经济发展专项资金，支持海洋重点产业发展。争取中央资金，促进

海洋产业集聚发展和转型升级。落实海域使用金优惠政策，支持公务用海、公益用海项目建设。

开展营改增试点。积极争取并经中央同意，我省被列为营改增试点省份。省财政积极研究制定试点工作方案、预算管理、金库管理、会计处理等工作制度，建立争议协调、税收管理操作规程等机制，确保试点稳妥进行。认真测算试点行业和部分企业的税负增减情况。出台过渡性财政扶持政策，对税负增加的企业予以补助。

3. 注重统筹协调，促进城乡和谐发展

推进区域均衡发展。研究提出支持南平武夷新区、三明生态工贸区、漳州古雷石化基地、莆田城乡一体化、闽东电机千亿产业集群的财税政策。下达县级基本财力保障补助资金18.1亿元，增长43.5%，全面消化财政部核定的县级基本财力缺口。下达原中央苏区、革命老区和海岛地区转移支付7.05亿元，增长142%。对部分集中连片特殊困难县，省级财政在安排各类补助时给予享受原中央苏区县政策。

支持平潭开放开发。积极争取和落实对平潭的税收优惠政策。继续加大资金投入，支持平潭基础设施、保障性安居工程、植树绿化和平潭至台湾的海上直航线航运燃油补助等。继续对平潭实行地方级财政收入全留的财政体制。协助平潭成立国库支付中心和金库，制定有关资金管理办法，确保资金安全有效。

推进农村农业发展。下达28.33亿元，实施农业综合开发和发展现代农业。下达25.11亿元，支持水库除险加固、小型农田水利重点县水利建设和农村饮水安全工程。下达“一事一议”奖补资金6.98亿元，支持农村公益事业发展。下达8.49亿元，推进家电和摩托车下乡。筹措20亿元，用于农资综合补贴、做实粮食风险基金、奖励产粮大县。下达成品油价格改革资金46.95亿元，用于渔业、林业等困难群体用油补贴。在四个山区市开展农产品深加工固定资产投资财政补助试点。

加大扶贫开发力度。2012—2015年，省财政每年安排专项资金2.28亿元，用于省挂钩帮扶的扶贫开发重点县和水土流失重点县的园区产业发展平台建设等。下达“造福工程”资金4.3亿元，支持10万人搬迁和安置区建设。将连片的困难苏区、老区县列为中央彩票公益金扶贫开发建设试点县。

支持综合交通体系建设。通过安排财政贴息、地方政府债券、落实资本金等方式，多渠道筹措233亿元支持铁路、公路、港口、机场等基础设施建设。

4. 着力民生项目，保障惠民实事

保障为民办实事资金。按照省委省政府要求，认真测算方案，积极筹集资金，下达146.55亿元，保障2012年省委省政府确定的50项为民办实事项目顺利实施。

支持生态文明建设。筹措16亿元，用于加大对22个水土流失重点县的治理力度。新增安排5.2亿元，建立生态保护财力转移支付制度。下达7.1亿元，推进农村环境综合整治。下达9.5亿元，支持城镇污水处理、垃圾中转等。下达8.37亿元，支持中小河流治理。下达3.95亿元，支持重点流域生态补偿。下达7亿元，支持造林绿化及森林抚育。

支持教育优先发展。下达12.32亿元，用于提高城市义务教育阶段中小学生均公用经费标准。下达4.16亿元，支持发展学前教育。下达17.98亿元，支持中小学“校安工程”和薄弱校建设。下达1.52亿元，实施中小学幼儿园“校车安全工程”和农村义务教育寄宿生营养改善工程。下达3.1亿元，为农村义务教育学生免费提供教科书和作业本。下达20.4亿元，继续支持职业教育和重点高校重点学科建设，提高高校生均拨款水平，帮助高校进一步化解债务，支持高校高层次人才队伍建设。

推进医药卫生体制改革。支出43.42亿元，将新农合和城镇居民基本医疗保险补助标准从人均200元提高到240元。下达5.39亿元，用于提高基层医疗卫生机构服务能力。下达11.55亿元，用于增加全省医疗机构床位。开展县级公立医院综合改革试点。扶持非营利性医院发展。

加快完善社会保障制度。下达21.05亿元，推进城乡居民社会养老保险在全省范围内全覆盖。完善企业职工基本养老保险参保缴费不足15年人员的补缴政策。下达8.12亿元，将农村低保标准从家庭年人均收入1200元调整为1800元。下达1.06亿元，缓解企业军转干部生活困难。

支持保障性安居工程建设。及时下达中央和省级建设资金26.27亿元，并安排地方政府债券资金8亿元，支持保障性安居工程建设。综合运用土地出让金、财政补助、贷款贴息以及其他税费优惠政策，引导市场主体投资和营运公共租赁住房，推进投资主体多元化。

推动文化旅游业发展。筹措1.54亿元，支持文化场馆免费开放、重大文化惠民项目建设。推进农家书屋覆盖全省1.44万个行政村。推进文化体制改革，加快经营型文化单位转企改制。下达3.3亿元，支持全民健身和高校体育事业发展。下达1.5亿元，支持发展旅游业。

支持社会管理创新。拨付19.36亿元，支持社会公共安全建设和社区矫正工作，解决信访积案，推进社会治安防控体系建设。下达2亿元，用于引进高层次创业创新人才、海西创业人才高地建设。

5. 加强监督管理，提升科学化精细化水平

强化财政管理。将省级行政事业单位资产购置预算纳入部门预算。实现国库集中收付制度在省、市、县三级全覆盖。启动公务卡制度改革。开展财政票据电子化网络管理试点。积极稳妥推进预决算公开。加强因公出国(境)经费控制和公务用车配备更新管理。举办市县(区)政府领导干部财政专题培训班，增强领导干部依法理财、科学理财意识。

加大财政监督力度。组织检查部门预算编制、执行、调整和决算情况，规范部门预算管理。开展市县财政收支管理和专项资金使用情况检查，提升市县财政运行质量。加强会计信息质量检查和注册会计师行业监管，推进社会诚信体系建设。

严格政府债务管理。积极向中央争取我省地方政府债券额度70亿元，比上年增加15亿元，重点用于保障性安居工程、交通路网、新经济增长区域建设等。做好基层化债工作，稳步推进政法部门基础设施建设债务、基层医疗机构债务、乡村公益性债务的化解工作。

加强乡镇财政建设。规范乡镇财政资金在信息通达、公开公示、抽查巡查等方面的流程，提高乡镇财政资金使用的规范性、安全性、有效性。采取“以奖代补”形式，开展乡镇财政标准化建设试点。

上述成绩的取得，是省委省政府正确领导的结果，是人大依法监督和政协民主监督的结果，也是各级各部门共同努力和支持的结果。同时，我们也清醒地看到，财政运行中仍然存在着一些困难和问题，主要是：经济下行压力较大，平衡财政收支的难度增加；各方面事业发展对加大财政投入的要求越来越高，调整优化财政支出结构难度较大；政府间事权和支出责任划分不够清晰，转移支付制度尚需完善；预算管理和监督力度仍需加大，资金使用效益有待提高。这些问题将通过今后的发展和工作的改进逐步解决，也恳请各位代表、委员一如既往地给予指导和支持。

二、2013年预算草案

2013年全省及省级预算编列如下：

全省代编预算：

2013年，全省公共财政总收入预算为3369.98亿元，比上年增加361.07亿元，增长12%。其中：全省地方公共财政收入预算为1989.36亿元，比上年增加213.15亿元，增长12%。地方公共财政收入加预计中央体制净补助427亿元，加调入预算稳定调节基金9亿元，全省总财力预计为2425.36亿元，比上年增加228.7亿元，增长10.4%（剔除地方政府债券影响因素）。全省公共财政支出2425.36亿元。

全省政府性基金收入预算为1578.34亿元，比上年增加20.26亿元，增长1.3%；全省政府性基金支出1578.34亿元。

省级预算：

2013年，省级地方公共财政收入预算为150.86亿元，比上年调整后预算增加15.35亿元，增长11.3%。省级财力为348.83亿元，比上年调整后预算（含2013年起成品油税费改革纳入省本级预算管理的47.5亿元）增加22.98亿元，增长7.1%。省级支出348.83亿元。

省级政府性基金收入预算为309.74亿元，比上年预算增加53.45亿元，增长20.9%；省级政府性基金支出309.74亿元。

2013年是全面贯彻落实党的十八大精神的开局之年，是实施“十二五”规划承前启后的关键一年。我们要贯彻落实省委、省政府的决策部署，围绕“三规划两方案”，坚持过紧日子，尽可能节俭的要求，充分发挥财政职能，着力生财、聚财、用财，把福建科学发展跨越发展推向新的水平。重点做好以下工作：

（一）着力产业发展，提升经济质量

支持三维项目对接。落实与央企合作的各项财税优惠政策，将其新落地项目所形成的地方可用财力的一部分用于奖励其在福建的再投入。清理涉企收费，安排前期经费，促进民企项目落地。继续安排三维项目对接工作经费，支持招商引资工作。

促进产业发展。省财政继续安排4亿元，延续工业用电奖励政策和重点技改项目贴息政策。设立相关专项资金，扶持新能源产业、信息产业、创意产业和农资农产品现代流通网络建设。继续安排5亿元科技计划经费，支持企业引进研发机构和创新平台建设。研究出台有利于大企业大项目落地的财税措施，培育壮大财源。

完善外贸扶持政策。安排7.68亿元，实施包括稳定外贸增长在内的一系列扶持政策。通过培育外贸企业核心竞争力、促进加工贸易转型、发展服务外包等措施，推动外贸产业优化升级。支持重大外资项目推进，提升利用外资规模和质量。继续实施省级统一承担出口退税超基数地方负担部分的政策。

加快海洋经济发展。积极筹措不低于10亿元海洋经济发展专项资金，支持海洋新兴产业、现代海洋服务业和现代海洋渔业发展。突出项目重点，做好项目申报与评审，真正发挥资金效用。研究制定优惠政策，鼓励民间资本投资海洋战略性新兴产业。

支持文化旅游发展。安排6000万元，支持文艺精品创作，加大重点文物和非物质文化遗产保护。安排1亿元，促进文化和旅游、科技融合，提高文化产业规模化、集约化、专业化水平。安排旅游专项资金2亿元，重点加强“海峡旅游”品牌宣传和旅游项目建设。实行“奖优扶强”财政政策，鼓励景区、旅行社发展壮大。

（二）着力城乡建设，促进和谐发展

支持重点基础设施建设。安排重点基础设施建设支出、成品油价格和税费改革返还资金46.5亿元，用于基础设施建设。出资4亿元，加强省水投集团融资平台建设。继续抓好小型农田水利重点县建设。实施农村饮水安全工程，解决全省400万人饮水安全问题。

支持区域经济发展。落实支持平潭建设的各项财税政策，并积极向中央争取支持。继续安排县域产业发展专项资金3亿元，扶持县域产业发展。继续支持武夷新区、三明生态工贸区、莆田城乡一体化、海西宁德工业区、龙岩产业集中区等建设，落实共建园区财政体制返还和十大新增长区域的有关财税扶持政策。推进福州和厦漳泉同城化项目建设。加大县级基本财力保障转移支付力度，进一步增强县级财政保障能力。

推进城镇化。大力发展中小城市和中心集镇，全面推进城镇路网、供水管网、污水管网、供气管网、电网等基础设施建设。拓宽农村土地整治资金在城乡统筹和生态环境改善方面的作用，加快城镇化进程和美丽乡村建设。继续落实专项扶持42个试点小城镇建设的相关政策。

着力推进生态建设。安排全省水土流失治理专项资金3.3亿元，扎实推进水土流失治理工作。安排资金3亿元，支持城乡环境综合整治建设。安排5.15亿元，支持造林绿化和林下利用等重点工作。继续实施生态保护财力转移支付制度。

提升农业发展水平。安排2.3亿元，推进茶业、渔业等特色优势产业发展。安排0.8亿元，支持台湾农民创业园和福建农民创业园建设。安排1亿元，推广设施农业。安排1.4亿元，用于农业科技示范和推广。安排0.95亿元，推进农产品质量安全和动植物疫病防治工作。加大农业综合开发投入,加快中低产田改造、高标准农田等土地治理项目建设。

(三)着力惠民实事,推进基本公共服务均等化

健全就业服务体系。促进重点群体就业,把高校毕业生就业放在首位,引导至县以下基层单位就业。完善职业培训补贴政策,促进农村富余劳动力进城务工。加大职业培训力度,提高职业培训补贴资金在就业支出中的比重。

促进教育事业发展。安排各类教育经费62亿元,支持学前教育发展,补助城乡义务教育阶段生均公用经费,推进中小学扩容建设,为农村义务教育学生免费提供教科书和作业本,实施农村义务教育营养改善工程,建立中小学校舍维修长效机制,支持职业教育,加大高水平大学和重点学科建设的投入力度,构建高校共建和协同创新机制。

健全社会保障体系。建立和完善各项社会保障制度的管理和筹资机制,将农村居民低保标准从家庭年人均收入1800元提高到1900元。逐步缩小城乡社会保障制度差异,将符合条件的各类人群纳入社会保险制度覆盖范围。促进城乡低保、农村五保供养与城乡居民社会养老保险等制度之间的衔接。继续支持残疾人事业发展,支持建设以养老服务为重点的综合性社会福利机构。安排2亿元,落实土地出让、补助、贴息等政策措施,支持保障性安居工程建设。

深化医药卫生体制改革。将城乡居民基本医疗保险政府补助标准从现有的年人均240元提高到280元。将基本公共卫生服务经费标准从现有的年人均25元提高到30元。在村卫生所全面实施国家基本药物制度,落实乡村医生补助政策。安排2.1亿元,加强全省儿科、产科床位建设,推进县级公立医院综合改革,扶持社会资本举办医疗机构。安排市场监管、产品质量检测等经费20.19亿元,确保食品消费安全。

(四)着力财政效能,强化监督管理改革

坚持厉行节约。牢固树立"过紧日子"的思想,严格控制人员经费、公用经费、"三公经费"支出。控制楼堂馆所建设、装修和家具配置。进一步规范庆典、研讨会、论坛等活动。切实精简会议和文件,转变工作作风。

加强预算绩效管理。规范绩效目标纳入预算编制的流程,固化"预算编制有目标"的管理模式。增加预算绩效跟踪监控试点项目。推进绩效评价增点扩面工程。提高绩效评价质量,完善评价结果反馈与应用机制。

做好营改增改革工作。分析试点对企业运营和财政收入的实际影响,客观评估改革成效。深入企业了解纳税人经营和税负情况,落实过渡期财政扶持政策。加强跟踪研究,做好扩大改革试点行业范围的准备工作。

深化财政监督。进一步强化预算执行情况、专项资金使用和市县财政运行质量的监督检查,开展对重大财税优惠政策实施情况的专项检查,建立健全覆盖政府性资金和财政运行全过程的监督机制。加强会计信息检查和注册会计师执业质量检查,提高会计行业的诚信度和公信力。做好信息主动公开和依申请公开工作,推进预决算信息公开。

各位代表,新的一年财政工作任务艰巨、使命光荣。我们将在省委省政府的正确领导下,以实际行动贯彻落实十八大精神,自觉接受人大的依法监督和政协的民主监督,振奋精神,扎实工作,勇于创新,乘势而上,努力完成全年财政预算任务,为建设美丽福建作出更大的贡献。

福建省节约能源条例

(2012年7月27日福建省第十一届人民代表大会常务委员会第三十一次会议通过)

第一章 总 则

第一条 为了推动全社会节约能源,提高能源利用效率,保护和改善环境,促进经济社会全面协调可持续发展,根据《中华人民共和国节约能源法》和有关法律、法规的规定,结合本省实际,制定本条例。

第二条 本条例适用于本省行政区域内节约能源(以下简称节能)及其相关的管理活动。

第三条 节能工作应当坚持政府引导、市场运作、科技推动和社会参与的原则。

第四条 县级以上地方人民政府应当加强对节能工作的领导,将节能工作纳入国民经济和社会发展规划、年度计划,组织编制和实施节能中长期专项规划、年度节能计划。

本省实行节能目标责任制和节能考核评价制度。省、设区的市人民政府每年向下一级人民政府下达节能目标,并对节能目标完成情况进行考核评价。

县级以上地方人民政府每年向上一级人民政府报告节能目标责任的履行情况,并向同级人民代表大会或者其常务委员会报告节能工作。

第五条 县级以上地方人民政府及其有关部门应当加强节能宣传和教育工作,普及节能科学知识,增强全民节能意识,养成良好节能习惯,提倡并推行节约型消费方式。

新闻媒体应当宣传节能法律、法规、政策,刊播节能公益性广告,宣传节能重要举措,加强对节能的舆论引导和监督,营造节能的社会氛围。

第六条 县级以上地方人民政府确定的管理节能工作的部门(以下简称节能主管部门),负责本行政区域节能监督管理工作,具体工作可依法委托其所属的节能机构实施。

县级以上地方人民政府有关部门在各自的职责范围内负责节能监督管理工作,并接受同级节能主管部门的指导。

第二章 节能管理

第七条 省、设区的市人民政府有关部门应当根据本行政区域节能中长期专项规划,分别编制工业、建筑、交通运输、农业、公共机构等领域的节能专项规划,并报同级人民政府节能主管部门备案。

第八条 县级以上地方人民政府节能主管部门每年向本辖区内的重点用能单位下达节能目标，并对节能目标完成情况进行考评。

第九条 省人民政府质量技术监督主管部门会同同级节能主管部门根据节能工作实际，组织制定用能产品、设备能源效率标准和高耗能产品能耗限额等地方标准，建立健全地方节能标准体系；会同同级有关部门建立能源计量数据的采集、应用管理制度，并组织实施。

第十条 省人民政府价格主管部门应当根据国家产业政策和节能工作的需要，适时制定有利于节能的价格政策，引导用能单位节能。

第十一条 省人民政府住房和城乡建设主管部门可以根据本省节能工作的需要，制定地方建筑节能标准和建筑能耗定额标准，并依照法定程序发布。

县级以上地方人民政府住房和城乡建设主管部门应当全面执行国家和省有关建筑节能标准，组织开展建筑能耗调查统计、评价分析、监测、公示等工作，推进建筑能源利用效率测评和标识，实施建筑能耗定额管理。

第十二条 县级以上地方人民政府管理机关事务工作的机构在同级节能主管部门指导下，负责本级公共机构节能监督管理工作，指导和监督下级公共机构节能工作；会同有关部门建立公共机构节能目标责任制，制定本级公共机构节能考核评价办法并组织实施。

第十三条 县级以上地方人民政府交通运输主管部门负责本行政区域交通运输领域的节能监督管理工作，实行营运车船燃料消耗量准入制度，并根据国家有关标准和规定，实施营运车船燃料消耗统计、检测，依法淘汰高耗能的营运车船，推广节能环保型运输装备。

第十四条 县级以上地方人民政府农业、林业、水利、渔业等主管部门应当加强有关节能产品、技术的推广应用，按照国家规定淘汰高耗能落后的设备和工艺。

第十五条 省人民政府统计机构应当会同有关部门，建立健全能源统计的指标体系、监测体系和节能预警调控机制，定期向社会公布各设区的市以及主要耗能行业的能源消费和节能情况。

县级以上地方人民政府统计机构实施能源统计调查，依法监督有关用能单位按照规定报送能源统计资料。

第十六条 本省实行固定资产投资项目节能评估和审查制度，具体办法按照国家和本省的有关规定执行，节能评估和审查结果向同级人民政府节能主管部门备案。

不符合强制性节能标准的项目，依法负责项目审批、核准或者备案的机关不得批准、核准建设或者备案；建设单位不得开工建设；已经建成的，不得投入生产、使用。

第十七条 县级以上地方人民政府应当采取措施，培育节能服务产业，鼓励节能服务机构发展。

节能服务机构开展节能咨询、设计、评估、检测、审计、认证等服务，应当依法接受县级以上地方人民政府节能主管部门的指导和监督。

第十八条 县级以上地方人民政府节能主管部门和有关部门应当加强对节能法律法规和节能标准执行情况的监督检查，依法查处违法用能行为。

第三章 合理使用能源

第十九条 省人民政府应当制定产业结构调整指导目录，控制高能耗行业增长。县级以上地方人民政府应当根据产业结构调整指导目录，加快淘汰落后的耗能过高的产品、设备和生产工艺。

未完成节能目标或者未完成落后产能淘汰任务的地区，有关投资主管部门应当按照管理权限暂停批准或者核准新增能耗的高耗能行业项目。

第二十条 县级以上地方人民政府应当推动工业园区、产业基地进行节能改造，发展集中供能和能源梯级利用。

新建工业园区、产业基地在编制规划的同时，应当按照能源高效循环利用的生产模式，制定并组织实施能源利用规划和整体节能方案。

第二十一条 电网企业应当加强电网建设和改造，优化网架结构，减少电网损耗，开展电力需求侧管理，提高电能利用率。

电网企业应当按照节能发电调度管理规定，优先安排可再生能源、核能和符合规定的热电联产、利用余热余压及其他符合资源综合利用规定的发电机组发电。

第二十二条 省人民政府节能主管部门应当会同有关部门，对全省能耗较高的产品制定并公布单位产品能耗限额。

不符合节能标准或者超过单位产品能耗限额标准的，用能单位应当把降低能耗列为技术改造的重点。

锅炉、窑炉、变压器、压缩机、风机、泵类等用能设备的用能效率不符合国家、本省节能规定的，用能单位应当进行更新改造。

第二十三条 编制城市详细规划、镇详细规划时，建筑物的布局、形状、朝向、通风和采光等方面应当符合建筑节能的要求。

第二十四条 新建、改建、扩建建筑工程，其建设、设计、审图、施工、监理等单位应当遵守国家、行业和地方的建筑节能标准，采用节能新技术、节能型材料、器具和产品，鼓励使用太阳能、地热能等清洁能源、可再生能源。

第二十五条 县级以上地方人民政府住房和城乡建设主管部门应当会同有关部门制定既有建筑节能和城市照明节能改造计划，明确改造的范围、要求和项目实施单位，报本级人民政府批准后执行。公共机构既有办公建筑的节能改造由同级管理机关事务工作的机构会同住房和城乡建设主管部门制定节能改造计划并组织实施。

鼓励具备可再生能源利用条件的建筑，选择合适的可再生能源用于空调系统、照明和生活热水供应等；设计单位应当按照有关可再生能源利用的标准进行设计。

建设可再生能源利用设施，应当与建筑主体工程同步设计、同步施工、同步验收。

第二十六条 公用设施、公共场所的照明和大型建筑物装饰性景观照明，应当按照节能要求，严格控制能耗，优先使用节电的技术、产品和新能源。

第二十七条 县级以上地方人民政府应当优先发展公

共交通，加大对公共交通的投入，推广使用混合动力和清洁能源等节能环保型公共交通工具。

鼓励利用公共交通工具和使用非机动交通工具出行。符合条件的城市主干道应当设置公交专用道和非机动车道。妥善安排各类交通方式之间的衔接，降低公共交通消费成本。

第二十八条 交通运输企业应当提高运输组织化程度和集约化水平，严格执行老旧交通运输工具的报废、更新制度和国家规定的车船燃料消耗量限值标准。不符合燃料消耗量限值标准的车船，不得用于营运。

第二十九条 县级以上地方人民政府管理机关事务工作的机构应当会同财政部门严格按照节能环保的要求，加强同级公共机构车辆编制和配备管理，淘汰高耗能、高污染车辆。

第三十条 年综合能源消费总量五千吨以上标准煤的用能单位为重点用能单位。

年综合能源消费总量二千吨以上不满五千吨标准煤的用能单位，由市、县人民政府节能主管部门参照重点用能单位进行管理。

第三十一条 重点用能单位应当每五年编制节能规划，每年制定年度节能计划，并按要求报县级以上地方人民政府节能主管部门。

第三十二条 重点用能单位应当开展以下工作：

(一)开展能源审计，对能源生产、转换和消费进行全面检查和分析；

(二)配备和使用能源计量器具，开展能源计量数据在线采集、实时监测；

(三)指定专人负责能源统计，设置、保存能源统计原始记录和统计台帐，按时报送能源统计资料；

(四)对能源管理岗位人员进行节能培训。

重点用能单位应当每年第一季度前向县级以上地方人民政府节能主管部门报送上年度的能源利用状况报告。

第四章 节能技术进步

第三十三条 省人民政府节能主管部门应当会同有关部门，定期确定并发布全省开发、推广、应用先进节能技术的重点和方向，以及节能技术和节能产品的推广目录。鼓励采用合同能源管理方式进行节能改造。

县级以上地方人民政府节能主管部门应当组织实施节能示范工程，引导用能单位和个人采用先进的节能工艺、技术、设备、材料和产品。

第三十四条 省人民政府节能主管部门应当会同有关部门制定并公布电力、钢铁、有色金属、煤炭、石化、化工、建材、纺织、造纸等重点耗能行业节能技术改造的政策，推动企业节能技术改造。

第三十五条 鼓励下列节能及综合利用能源措施：

(一)推广余热、余气、沼气、余压、垃圾、生物质能等资源综合利用发电技术；

(二)采用洁净煤燃烧技术及替代燃料油技术，推广液化天然气、压缩天然气和经济合理替代汽油技术；

(三)推广蓄冷、蓄热以及其他蓄能技术；

(四)采用高效电动机、电机调速节电和电力电子节能技术、高效输变配电技术；

(五)推广利用风能、太阳能、海洋能、水能、地热能等可再生能源；

(六)采用其他节能新产品、新技术。

第三十六条 县级以上地方人民政府应当把节能技术研究开发作为政府科技投入的重点领域，支持科研单位和企业开展节能技术应用研究，支持科研机构、大专院校、企事业单位和个人研究开发新能源、可再生能源、清洁能源以及节能新产品、新技术，多渠道地开展国际、国内节能信息和技术交流。

第三十七条 县级以上地方人民政府应当加强农村能源建设，推广农村户用沼气，发展新型、高效的大中型沼气池，推广省柴灶、节煤灶，发展风能、太阳能及农作物秸秆气化集中供气系统。

第五章 激励措施

第三十八条 县级以上地方人民政府应当设立节能专项资金用于支持重点节能工程实施、节能技术和产品的推广应用、新能源和可再生能源的开发利用、节能表彰奖励等。

第三十九条 县级以上地方人民政府鼓励和引导民间资本加大对节能行业的投入，多方面拓宽融资渠道，积极培育、指导节能领域先进企业上市融资和发行债券。

第四十条 实行阶梯电价、峰谷分时电价和蓄冷、蓄热以及其他蓄能电价等价格制度，鼓励电力用户合理调整用电负荷；对主要耗能行业，分淘汰、限制、允许和鼓励类实行差别电价。

第四十一条 利用可再生资源生产的电量，电网企业应当按照国家及本省的有关规定予以收购、全额上网。

第四十二条 省人民政府财政部门应当会同同级节能主管部门制定并公布节能产品政府采购清单，公共机构应当优先采购清单中的节能产品。

第四十三条 经县级以上地方人民政府有关部门认定，属于国家可再生能源产业发展指导目录中的节能项目，依照国家和本省有关规定，享受相关的优惠待遇。

第四十四条 对生产、使用列入国家节能技术、节能产品推广目录的技术和产品，县级以上地方人民政府有关部门按照国家和本省规定落实税收优惠、奖励等扶持政策。

第四十五条 科研机构、大专院校和节能服务机构以及其他企事业单位为用能单位提供新技术、新工艺、新材料、新设备(产品)等技术咨询和服务的收入享受国家和本省的有关优惠政策。

第六章 法律责任

第四十六条 重点用能单位违反本条例第三十一条、第三十二条第一款第(一)项规定，不按规定编制节能规划、节能计划，开展能源审计的，由县级以上地方人民政府节能主管部门责令限期改正；逾期不改的，处一万元以上五万元以下的罚款。

重点用能单位违反第三十二条第一款第(二)项规定，不按规定开展能源计量数据在线采集、实时监测的，由县级以上地方人民政府质量技术监督主管部门责令限期改正；逾期不改的,处一万元以下罚款。

第四十七条 县级以上地方人民政府节能主管部门及其他有关部门的工作人员有下列行为之一的,给予处分;构成犯罪的,依法追究刑事责任:

(一)不按规定使用节能专项资金的;

(二)不按规定的权限实施行政处罚的;

(三)在节能监督、检查工作中有其他不依法履行职责、滥用职权、玩忽职守、徇私舞弊行为的。

第四十八条 违反本条例规定的行为,法律、法规另有规定的,从其规定;构成犯罪的,依法追究刑事责任。

第七章 附 则

第四十九条 本条例自2012年10月1日起施行。

福建省消防条例

(2012年12月14日福建省第十一届人民代表大会常务委员会第三十四次会议通过)

第一章 总 则

第一条 为了预防火灾和减少火灾危害,加强应急救援工作,保护人身、财产安全,维护公共安全,根据《中华人民共和国消防法》等有关法律、法规,结合本省实际,制定本条例。

第二条 消防工作贯彻预防为主、防消结合的方针,按照政府统一领导、部门依法监管、单位全面负责、公民积极参与的原则,实行消防安全责任制,建立健全社会化的消防工作网络。

第三条 地方各级人民政府负责本行政区域内的消防工作,将消防工作纳入国民经济和社会发展计划,并将消防经费纳入财政预算,保障消防工作与经济社会发展相适应。

县级以上地方人民政府公安机关依法对本行政区域内的消防工作实施监督管理,并由本级人民政府公安机关消防机构负责实施。

县级以上地方人民政府有关部门在各自职责范围内依法做好消防工作。

第四条 鼓励、支持社会力量开展消防志愿服务等公益活动。鼓励依法建立消防基金,接受资助和捐赠,支持消防事业发展。

广播、电视、报刊、网站等媒体应当积极开设消防安全教育栏目,适时、无偿发布消防公益信息。

第五条 地方各级人民政府或者有关部门对在消防训练、火灾预防和灭火救援等工作中做出显著成绩的单位和个人,应当按照国家有关规定给予表彰和奖励。

第六条 每年11月9日,为全省消防日。

第二章 消防安全职责

第七条 县级以上地方人民政府应当履行下列消防工作职责:

(一)建立消防工作责任制,与本级人民政府有关部门和下一级人民政府签订年度消防工作责任书并组织考核;

(二)健全消防工作联席会议制度,研究解决消防工作重大问题;

(三)将消防规划纳入城乡规划并负责组织实施,对实施情况开展年度检查;

(四)保障消防投入,使消防装备、消防站等公共消防设施与扑救火灾和应急救援需要相适应;

(五)组织开展消防安全检查;

(六)法律法规规定的其他职责。

第八条 乡(镇)人民政府、街道办事处应当履行下列消防工作职责:

(一)确定消防安全组织及专兼职工作人员;

(二)指导、支持和帮助村(居)民委员会制定消防安全公约,加强消防宣传教育,开展群众性的消防工作;

(三)组织开展有针对性的消防安全检查,消除火灾隐患;

(四)组织初起火灾扑救,协助火灾事故调查,做好火灾事故善后处理;

(五)根据需要建立专职、志愿消防队,提高本辖区的防火救灾能力。

第九条 公安机关消防机构应当依法履行下列消防工作职责:

(一)实施消防监督检查,查处消防安全违法行为;

(二)实施建设工程消防设计审核、消防验收和备案抽查,以及公众聚集场所投入使用、营业前的消防安全检查;

(三)承担火灾扑救和应急救援任务,调查火灾事故;

(四)对消防技术服务机构实施监督管理;

(五)对使用消防产品实施监督管理;

(六)推广使用先进的消防和应急救援技术、设备;

(七)开展消防宣传教育培训,指导社会消防安全工作;

(八)法律法规规定的其他职责。

公安派出所可以负责日常消防监督检查、开展消防宣传教育,具体办法由省人民政府另行规定。

第十条 县级以上地方人民政府有关部门应当按照职责分工,履行下列消防工作职责:

(一)发展改革部门应当将公共消防设施建设列入国民经济和社会发展计划;

(二)规划部门应当配合公安机关消防机构做好消防专项规划的编制和管理工作;

(三)住房和城乡建设等有关部门应当将公共消防供水、消防车通道建设纳入城乡基础设施建设;

(四)安全生产监督管理部门依法负责易燃易爆危险化学品生产、经营单位的安全监督管理工作;

(五)教育、人力资源和社会保障等部门应当加强消防宣传教育,将消防知识纳入学校、有关职业培训机构的安全教育和培训内容;

(六)供水、供电、通信企业的主管部门应当监督相关企业做好消防供水、供电和通信保障工作；

（七）教育、民政、交通运输、文化、卫生、广播电视、体育、旅游、人民防空、文物等有关部门，应当根据其主管行业、系统特点，定期开展有针对性的消防安全检查，督促有关单位落实消防安全职责；

（八）其他有关部门在各自的职责范围内依法做好消防工作。

第十一条 机关、团体、企业、事业等单位和有固定生产经营场所且具有一定规模的个体工商户应当履行消防法规定的单位消防安全职责，加强对本单位人员的消防宣传教育和培训，提高检查消除火灾隐患、扑救初起火灾、组织疏散逃生的能力。

鼓励、引导机关、团体、企业、事业等单位实行消防安全标准化管理。

第十二条 消防安全重点单位除履行消防法规定的职责外，还应当履行下列消防安全职责：

（一）向公安机关消防机构申报备案本单位消防安全责任人、消防安全管理人和消防安全基本情况；

（二）每季度向公安机关消防机构报告本单位消防安全状况和履行消防安全职责的情况；

（三）按照灭火和应急疏散预案，每半年进行一次演练；

（四）在显著位置设置消防安全重点单位标志。

火灾高危单位应当每年对本单位的消防安全状况进行一次评估，加强消防安全管理。评估结果向公安机关消防机构备案。

第十三条 村（居）民委员会应当履行下列消防安全职责：

（一）宣传消防法律法规；

（二）制定消防安全公约，督促村（居）民遵守；

（三）确定消防安全管理人，开展消防安全检查；

（四）组织初起火灾扑救，协助维护火场秩序、保护火灾现场，配合火灾事故调查；

（五）督促辖区单位制定、落实消防安全制度。

第十四条 物业服务企业在物业管理区域内应当履行下列消防安全职责：

（一）管理、维护消防设施、器材和消防安全标志；

（二）开展消防宣传，制定灭火和应急疏散预案并组织演练；

（三）组织防火检查，及时消除火灾隐患；

（四）发现火灾立即向公安机关消防机构报告并组织初起火灾扑救；

（五）法律、法规规定的其他消防安全职责。

对妨碍公共疏散通道、安全出口、消防车通道畅通以及破坏消防设施、器材和消防安全标志的行为，物业服务企业应当制止；制止无效的，及时报告当地公安派出所或者公安机关消防机构。

第十五条 施工单位应当对在建工程施工现场的消防安全负责，履行下列消防安全职责：

（一）落实施工现场消防安全制度，制定灭火和应急疏散预案并组织演练；

（二）保证施工现场疏散通道、安全出口、消防车通道畅通；

（三）配备消防器材并确保完好有效；

（四）设置与施工进度相适应的临时消防水源，安装消火栓并配备水带水枪；

（五）落实电焊、气焊、气割等明火作业的消防安全防护措施；

（六）落实施工人员的消防安全教育，在建设工地醒目位置、施工人员集中住宿场所设置消防安全警示标识和消防安全宣传栏。

工程监理单位应当按照法律、法规和工程建设消防强制性标准实施监理，发现存在火灾隐患的，及时要求施工单位整改；情况严重的，应当要求施工单位暂时停止施工，并报告建设单位；对施工单位拒不整改或者不停止施工的，应当及时向有关部门报告。

第三章 火灾预防

第十六条 城市总体规划、镇总体规划应当包括消防专项规划。依法批准的消防专项规划，由城市人民政府组织有关部门或者镇人民政府实施。审查城市、镇总体规划时，应当有公安机关消防机构参加。

乡规划、村庄规划应当对消防水源、消防车通道等做出具体安排。

第十七条 公共消防设施、消防装备应当与消防安全需要相适应，不足或者不适应实际需要的，公安机关消防机构应当书面报告本级人民政府，人民政府应当及时增建、改建、配置或者进行技术改造。

消火栓、消防水池等公共消防设施的建设、维护管理单位应当为公共消防设施设置醒目的消防安全标志，并保持完好。任何单位和个人不得拆除消火栓、消防水池等公共消防设施；确需拆除的，应当征得公安机关消防机构同意，并负责修复或者修建相应的消防供水设施。

规划确定的消防站等公共消防设施建设用地，任何单位和个人不得侵占或者擅自改变使用性质。

第十八条 国家规定的大型人员密集场所和其他特殊建设工程，建设单位应当按照国家和本省有关规定，将消防设计文件报送公安机关消防机构审核。公安机关消防机构应当自受理消防设计审核申请之日起二十个工作日内出具书面审核意见。未经依法审核或者审核不合格的，负责审批该工程施工许可的部门不得给予施工许可，建设单位、施工单位不得施工。

其他按照国家工程建设消防技术标准需要进行消防设计的建设工程，建设单位应当按照国家和本省有关规定，在依法取得施工许可之日或者施工之日起七个工作日内，将消防设计文件报公安机关消防机构备案。公安机关消防机构应当对备案的建设工程消防设计进行抽查，对确定为检查对象的，应当在二十个工作日内完成检查。经依法抽查不合格的，建设单位、施工单位应当停止施工。

经审核合格或者经依法备案的建设工程消防设计不得擅自变更；确需变更的，建设单位应当重新申请消防设计审核或者重新备案。

第十九条 建设单位委托的负责审查建设工程设计文件的技术服务机构，应当对建设工程消防设计进行严格审查；对不符合工程建设消防技术标准的，不得审核通过或者出具审查合格书。

第二十条 经公安机关消防机构消防设计审核的建设工程，建设单位应当在建设工程竣工后向公安机关消防机构申请消防验收，公安机关消防机构应当自受理消防验收申请之日起二十个工作日内完成消防验收。未经消防验收或者消防验收不合格的，禁止投入使用。

依法应当进行消防设计备案的建设工程，建设单位应当在工程竣工验收合格之日起七个工作日内将消防竣工文件报公安机关消防机构备案。公安机关消防机构应当进行抽查，经依法抽查不合格的，建设单位应当停止使用。

设有自动消防系统的建设工程，建设单位在申请消防验收、备案时，应当提交具有相应资质的检测机构出具的建筑消防设施检测合格证明文件。

第二十一条 公众聚集场所在投入使用或者营业前，建设单位或者使用单位应当向场所所在地公安机关消防机构申报消防安全检查，公安机关消防机构应当自受理申请之日起十个工作日内进行检查，自检查之日起三个工作日内作出同意或者不同意投入使用或者营业的决定，并送达申请人。未经检查或者检查不合格的，不得投入使用或者营业。公众聚集场所应当在场所醒目位置悬挂消防安全检查合格证。

依法投入使用、营业的公众聚集场所变更名称、消防安全责任人的，应当向公安机关消防机构备案。

第二十二条 公众聚集场所应当设置明显的消防安全标志、标识和疏散逃生线路图，标明消防设施操作使用方法，向公众宣传防火、灭火、疏散逃生等方法。歌舞娱乐场所还应当设置声音或者视像警报装置，在火灾发生初期，及时播放火灾警报，引导安全疏散。

禁止在公众聚集场所存放易燃易爆危险品；禁止在公众聚集场所营业、使用期间进行电焊、气焊、气割等施工作业。

公众聚集场所的使用单位应当组织员工开展有针对性的消防演练，培训员工在火灾发生时组织、引导在场人员有序疏散的技能。

第二十三条 建筑物实行承包、租赁或者委托经营管理时，双方应当明确各自的消防安全责任。发包人、出租人或者委托人应当提供符合消防安全要求的建筑物或者场所，承包人、承租人或者受委托人应当在其使用、管理范围内履行消防安全职责。

第二十四条 建筑物专有部分的消防安全由业主负责，共有部分的消防安全由业主共同负责，并应当确定责任人对建筑物共有部分的疏散通道、安全出口、消防设施和消防车通道等实行统一管理。未实行统一管理的建筑物，乡（镇）人民政府、街道办事处应当协调、指导业主制定防火安全公约，督促确定消防安全管理人，落实消防安全措施。

物业服务企业承接物业管理时，应当查验共用消防设施的完好状况，做好查验、交接记录，并告知业主委员会，未成立业主委员会的，应当及时告知全体业主。

第二十五条 区分所有权的建筑物消除火灾隐患需要对共用的消防设施、器材进行维修、更新和改造的，在建筑物保修期内的，所需经费由建设单位承担；保修期满后，业主与物业服务企业有约定的，从其约定；没有约定的，费用根据国家、省有关规定在专项维修资金中列支；未设立专项维修资金或者专项维修资金不足的，由业主按照约定承担；没有约定或者约定不明确的，由业主按照拥有的专有部分占建筑物总面积的比例分摊。

区分所有权的建筑物存在重大火灾隐患需要对共用的消防设施、器材进行维修、更新和改造的，业主应当立即进行整改；未按规定进行维修、改造的，县级人民政府房地产主管部门在接到公安机关消防机构通知后，应当督促限期改正。

第二十六条 依法经消防竣工验收备案后未被抽查，因建设单位的违法行为造成建筑物未达到国家工程建设消防技术标准的，建设单位应当进行整改并承担费用。

第二十七条 机关、团体、企业、事业等单位应当按照消防技术标准对建筑消防设施、电气线路进行日常管理和维修保养，并每年至少对建筑消防设施进行一次全面检测，确保消防设施正常运行。

单位具备消防设施检测和维修保养能力的，可以自行实施检测和维修保养，并做好记录；不具备消防设施检测、维修保养能力的，应当委托具有相应资质的消防技术服务机构进行检测和维修保养。

第二十八条 设有消防控制室的建筑物，应当按照有关管理规定实行消防控制室专人二十四小时值班，每班不少于两人。消防控制室值班操作人员应当持消防职业资格证上岗，及时发现并正确处理火灾和故障报警。

第二十九条 建筑物供配电设施的配置应当符合消防技术标准和管理规定。对不符合规定要求的，供电企业应当出具检查结果书面通知，并报当地人民政府，由当地人民政府组织有关部门督促落实。

燃气管道的设计、敷设、维护保养、检测必须符合消防技术标准和管理规定。燃气管道、仪表、阀门、报警装置等部件，应当按规定设置醒目的警示标识。管道燃气经营企业应当依法及时检查、维修。

第三十条 下列人员应当接受消防安全培训：

（一）消防安全责任人、消防安全管理人；

（二）消防设施安装、检测、维修人员以及消防控制室的值班操作人员；

（三）进行电焊、气焊、气割等具有火灾危险作业的人员；

（四）物业服务企业保安人员、公众聚集场所现场工作人员；

（五）易燃易爆危险品生产、储存、运输、销售单位的从业人员；

（六）其他依照规定应当接受消防安全培训的人员。

第三十一条 产品质量监督部门、工商行政管理部门、公安机关消防机构应当按照各自职责加强对消防产品质量的监督检查，对检查中发现的不合格消防产品应当依法查处并予以公告。

维修消防设施和器材应当遵守消防技术标准和管理规定，使用的配件、灭火剂等应当符合国家标准或者行业标准。

第三十二条 建筑构件、建筑材料和装修、装饰材料的防火性能应当符合国家标准；没有国家标准的，应当符合行业标准或者地方标准。

建设工程不得使用不合格的消防产品和国家明令淘汰的消防产品，以及不符合防火性能要求的建筑构件、建筑材料和装修、装饰材料。

施工单位应当对建设工程使用的消防产品和有防火性能要求的建筑构配件、建筑材料和装修、装饰材料的质量进行现场核查，按规定进行抽检，并做好记录。

第三十三条 从事消防设施检测、消防安全监测等消防技术服务机构，应当取得省人民政府公安机关消防机构颁发的资质证书，依法开展消防技术服务，对提供的服务质量负责。

取得外省资质证书的消防技术服务机构在本省从事消防技术服务的，应当向省人民政府公安机关消防机构备案。

严禁出租、出借或者以其他方式转让消防技术服务机构资质证书。

第三十四条 申请消防技术服务机构资质证书，应当具备下列条件：

（一）有机构名称、固定住所、组织机构和章程；

（二）有符合国家和本省规定的注册资金、执业人员和相关设施、设备；

（三）有健全的质量保证体系；

（四）符合国家和本省消防技术服务机构发展规划要求。

省人民政府公安机关消防机构应当自受理申请之日起二十个工作日内做出行政许可决定。符合条件的，予以许可；不符合条件的，不予许可，并书面说明理由。

消防技术服务执业人员应当经考试合格，取得省人民政府公安机关消防机构颁发的执业资格，或者按照国家规定取得消防行业特有职业（工种）资格。

第三十五条 公众聚集场所和易燃易爆危险品的生产经营企业应当健全火灾风险防范机制，履行消防安全责任，保障公众安全。鼓励投保火灾公众责任保险。

第三十六条 公共交通工具应当按照国家、省有关规定配备消防和逃生器材，并加强日常维护，保证正常使用。禁止消防器材配备不全的公共交通工具载客、营运。

公共交通运营单位应当加强对工作人员的消防安全教育培训，提高工作人员使用消防器材和组织、引导乘客及时疏散的能力。

第三十七条 建筑物外墙装修装饰、建筑屋面使用和广告牌、防盗等设施的设置，不得影响防火、逃生和灭火救援。

任何单位、个人不得违法划定停车泊位和设置其他设施、障碍物，占用、阻塞公共疏散通道、安全出口、消防车通道、消防车登高场地。

停放机动车占用消防车通道、消防车登高场地的，公安机关交通管理部门、消防机构和城市管理行政执法部门按照职责分工，依法将机动车拖离，排除妨碍。

第四章 消防组织

第三十八条 县级以上地方人民政府应当按照国家标准建立公安消防队、专职消防队，承担火灾救援工作。

劳动密集型企业集中、易燃建筑密集的乡镇，未建立公安消防队的，应当建立专职消防队；建成区面积超过五平方公里或者居住人口五万以上的镇和全国、省级重点镇，应当根据当地经济发展和消防工作的需要建立专职消防队。

水上消防任务较重的地区应当建立水上公安消防队。

第三十九条 下列单位应当建立单位专职消防队，承担本单位的火灾扑救工作：

（一）大型核设施单位、大型发电厂、民用机场、主要港口；

（二）生产、储存易燃易爆危险品的大型企业；

（三）储备可燃的重要物资的大型仓库、基地；

（四）第一项、第二项、第三项规定以外的火灾危险性较大、距离公安消防队较远的其他大型企业；

（五）距离公安消防队较远、被列为全国重点文物保护单位的古建筑群的管理单位。

单位专职消防队应当按照国家标准建设并根据单位生产经营特点配备专业消防装备，按照公安消防队有关规定开展执勤、业务训练和灭火救援。

专职消防队的组建单位应当保障专职消防队的建设经费和消防业务经费，并为消防员的社会保险和福利待遇提供经费保障。

第四十条 机关、团体、企业、事业等单位以及村（居）民委员会根据需要，建立志愿消防队等多种形式的消防组织，开展消防演练、消防安全宣传、防火检查和巡查等群众性自防自救工作。

第四十一条 公安消防队、专职消防队应当加强专业技能训练，落实执勤值班制度，保持人员、装备处于战备状态；志愿消防队应当根据实际情况开展有针对性的业务训练，提高扑救火灾的技能。

专职消防队员应当取得相应的消防职业资格证书，鼓励志愿消防队员取得相应的消防职业资格证书。

公安消防队、专职消防队开展灭火救援演练，有关部门和单位应当予以配合。

第四十二条 公安机关消防机构经本级人民政府批准，可以招用消防员和消防文员，承担灭火救援和防火等工作任务，所需的工资、社会保险、福利待遇等经费由县级以上地方人民政府保障。

第四十三条 地方各级人民政府和专职消防队的组建单位应当按照国家标准，为消防员提供必要的职业危害防护装备和基本的医疗卫生服务，落实职业健康检查、心理测试、职业病鉴定及治疗等职业健康监护措施，保障消防员的职业健康；对在灭火救援、执勤训练中受伤、致残或者死亡的人员，按照国家有关规定给予医疗保障和抚恤优待。

县级以上地方人民政府可以根据本地实际设立消防公益性专项资金，用于抚恤、救助在消防训练和灭火救援中伤亡的人员。

第五章 灭火救援

第四十四条 县级以上地方人民政府应当组织有关部门开展城市重大危险源火灾风险和灾害评估，根据本地区灾害事故特点制定应急预案，建立应急反应和处置机制，组建综合性应急救援队伍，为灭火救援工作提供人员、装备和经费保障。

第四十五条 县级以上地方人民政府规划、建设、环境保护、交通运输、安全生产监督管理、气象等部门和供水、供电、供气、通信、医疗救护等单位，应当按照职责做好灭火救援有关工作，并依法与公安机关消防机构建立信息共享机制，及时、无偿提供灭火救援和火灾调查所需信息资料。

第四十六条 公安消防队、专职消防队实行二十四小时值勤；接到火警后，必须立即赶赴火灾现场，救助遇险人员，排除险情，扑灭火灾。

第四十七条 公安机关消防机构有权根据需要封闭火灾现场，向火灾知情人询问情况，向有关单位和个人调取相关资料。未经公安机关消防机构批准，任何单位和个人不得进入火灾现场，擅自清理、移动火灾现场物品。

第四十八条 公安机关消防机构在火灾调查中，发现有下列情形的，应当移送有关部门调查处理，并书面告知当事人：

（一）有放火嫌疑的；

（二）道路交通事故引起火灾的；

（三）因爆炸引起火灾的；

（四）生产经营危险化学品和处置废弃危险化学品过程中引起火灾的；

（五）电力设备、设施因故障引起自身燃烧未蔓延扩大的。

第六章 监督检查

第四十九条 地方各级人民政府应当组织开展生产、储存、经营场所与居住场所设置在同一建筑物内的消防安全专项治理，消除影响公共安全的重大火灾隐患。

县级以上地方人民政府应当加强对城中村、老城区的消防安全检查，根据需要改造、增设公共消防设施，配备必要的消防装备和器材，改善消防安全条件；对城中村、老城区既有建筑物和用于生产经营活动的村民自建住宅、临时建筑的消防安全，可以制定特定的消防安全规定并组织实施。

第五十条 公安机关消防机构应当根据本地区火灾规律、特点等消防安全需要，对单位遵守消防法律法规的情况进行监督抽查。被抽查的单位应当随机确定。

公安机关消防机构对单位建筑防火、安全疏散和消防设施、器材的完好情况采取抽样的方式进行监督检查。

第五十一条 公安机关消防机构应当按照建筑物、场所建造或者改造时的消防技术标准强制性要求，对建筑物或者场所进行监督检查。

公安机关消防机构对符合建造或者改造时的消防技术标准强制性要求，但不符合现行消防技术标准强制性要求的，应当出具消防安全整改建议书。

第五十二条 公安机关消防机构在消防监督检查中发现火灾隐患的，应当通知有关单位或者个人立即采取措施消除隐患。接到通知的单位或者个人，应当采取有效措施，及时整改。对不及时消除火灾隐患可能严重威胁公共安全的，公安机关消防机构应当依照规定对危险部位或者场所采取临时查封措施。

第五十三条 公安机关消防机构对单位或者个人存在消防安全违法行为的，应当依法查处，违法情节严重的，可以通知有关机构将该单位或者个人的违法信息录入企业或者个人信用征信系统；可以通过网络或者广播、电视、报刊等媒体定期公布存在重大消防安全违法行为的单位名录。

第五十四条 公安机关消防机构及其工作人员应当依照法定职权和程序履行消防监督管理职责，做到公正、严格、廉洁、文明、高效，接受公民、法人和其他组织的监督。

对公安机关消防机构及其工作人员执法不公、徇私枉法、不积极履行职责的违法违纪行为，任何单位和个人都有权进行检举和控告。有关部门收到检举和控告后，应当依法及时查处。

第七章 法律责任

第五十五条 违反本条例规定的行为，法律、行政法规已规定行政处罚的，从其规定。

本条例规定的行政处罚，除另有规定外，由公安机关消防机构依法决定。

第五十六条 违反本条例第十二条第一款第一项、第二十一条第二款、第二十二条第一款、第二十八条规定，有下列行为之一的，责令限期改正；逾期不改正的，处一千元以上五千元以下罚款：

（一）消防安全重点单位未按规定申报备案单位消防安全责任人、消防安全管理人和消防安全基本情况的；

（二）公众聚集场所变更名称、消防安全责任人未备案的；

（三）歌舞娱乐场所未设置声音或者视像警报装置的；

（四）单位未落实消防控制室值班制度的。

第五十七条 违反本条例第二十七条第一款规定，未对建筑消防设施定期检测，消防设施无法正常运行的，责令改正，属于公众聚集场所的单位，处三万元以上五万元以下罚款；属于其他单位的，处五千元以上三万元以下罚款。

第五十八条 违反本条例第三十一条第二款、第三十七条第一款和第二款规定，单位有下列行为之一的，责令改正，处五千元以上五万元以下罚款：

（一）违反消防技术标准或者使用不符合国家、行业标准的配件、灭火剂，维修消防设施、器材的；

（二）建筑物外墙装修装饰、建筑屋面使用和设置广告牌、防盗等设施，影响防火、逃生和灭火救援的；

（三）占用消防车登高场地，妨碍消防车登高操作的。

个人有前款行为之一的，处警告或者五百元罚款。

第五十九条 违反本条例第三十三条第一款、第三款规定的，责令改正，处五万元以上十万元以下罚款，并对直接负责的主管人员和其他直接责任人员处一万元以上五万元以下罚款；有违法所得的，并处没收违法所得；给他人造成损失的，依法承担赔偿责任，情节严重的，由原许可机关依法责令停止执业或者吊销相应资质。

第六十条 地方各级人民政府及其有关部门违反本条例规定，未履行消防工作职责的，由上级人民政府予以通报批评，责令限期改正，并对直接负责的主管人员和其他直接责任人员依法给予处分；构成犯罪的，依法追究刑事责任。

第六十一条　公安机关消防机构工作人员有下列行为之一的，依法给予处分；构成犯罪的，依法追究刑事责任：

（一）指使他人错误认定或者故意错误认定火灾事故的；

（二）发现火灾隐患不及时通知有关单位或者个人改正的；

（三）不依法履行消防监督检查、审核、验收等职责的；

（四）利用职务上的便利，索取或者收受他人财物的；

（五）其他滥用职权、玩忽职守、徇私舞弊的行为。

第八章　附　　则

第六十二条　本条例规定的消防安全重点单位、火灾高危单位、一定规模的个体工商户的界定标准，由省人民政府规定。

第六十三条　本条例自2013年3月1日起施行。1996年5月31日福建省第八届人民代表大会常务委员会第二十三次会议通过，2002年9月27日福建省第九届人民代表大会常务委员会第三十四次会议修正的《福建省消防条例》同时废止。

福建省科学技术进步条例

（2012年12月14日福建省第十一届人民代表大会常务委员会第三十四次会议通过）

第一章　总　　则

第一条　为了促进科学技术进步，增强自主创新能力，加快科学技术成果转化和产业化，推动本省经济社会发展，根据《中华人民共和国科学技术进步法》及其他有关法律、法规，结合本省实际，制定本条例。

第二条　本省行政区域内从事科学技术进步活动，适用本条例。

第三条　科学技术进步工作实行自主创新、重点跨越、支撑发展、引领未来的指导方针，实施科教兴省和可持续发展战略，构建区域创新体系。

第四条　县级以上地方人民政府应当加强对科学技术进步工作的领导，制定科学技术发展规划，加大科学技术经费投入，建立科学技术进步工作目标责任制。

县级以上地方人民政府应当建立健全科学技术进步工作协调机制，统筹协调科学技术进步工作中的重大问题，日常工作由同级人民政府科学技术行政部门负责。

第五条　省人民政府科学技术行政部门负责全省科学技术进步工作的宏观管理和统筹协调。设区的市、县（市、区）人民政府科学技术行政部门负责本行政区域内的科学技术进步工作。

县级以上地方人民政府其他有关部门在各自职责范围内，负责有关的科学技术进步工作。

第六条　省人民政府科学技术行政部门会同有关部门制定科学技术创新平台发展规划，支持科学技术研究开发机构、高等学校、企业联合建立科学技术创新平台。

县级以上地方人民政府应当根据本行政区域国民经济和社会发展规划，建立区域技术创新公共服务平台，支撑区域科学技术创新体系。

第七条　省人民政府应当支持基础理论、应用基础和前沿技术研究，增强科学技术创新源动力，提高科学技术人员积极性。

第八条　地方各级人民政府及有关部门、机构应当加强科学技术普及工作，开展多种形式的科学技术普及活动，逐步建立和完善各级科学技术普及网络，提高全民科学文化素质。

第九条　鼓励公民、法人或者其他组织自主开展科学技术创新活动，研究开发具有自主知识产权的科学技术成果并实施有效转化。

支持各类科学技术研究开发机构、高等学校、企业、社会团体及公民开展国内外科学技术交流与合作，扩大同香港、澳门和台湾等地区的科学技术交流与合作。

第十条　实行科学技术奖励制度，对在科学技术进步活动中做出重要贡献的单位和个人给予奖励。

鼓励社会力量捐助支持科学技术进步与创新活动。

第二章　企业技术进步

第十一条　建立企业主导产业技术研发创新机制，鼓励和支持企业自主开展技术创新活动。在本省设立的各类企业在技术创新上地位平等，享受同等待遇。

县级以上地方人民政府应当加大对高新技术企业和创新型企业的扶持力度。经认定的高新技术企业和创新型企业，按照国家和本省规定享受优惠政策。

第十二条　企业实施的研究开发项目所发生的费用，税务部门应当按照国家规定在计算应纳税所得额时给予加计扣除。对加计扣除有异议需要出具意见的，同级科学技术行政部门或者其他有关部门、机构应当及时办理。

企业用于科学技术研究开发的固定资产可以按照国家规定，加速折旧。

第十三条　企业引进有利于提高行业技术水平和市场竞争力的专利、技术或者设备，并符合国家或者本省支持科学技术进步规定的，可以申请财政性资金支持。企业申请财政性资金支持的，应当向提供资金资助的部门或者机构提交相关的消化、吸收方案。

企业对引进的技术和设备进行再创新，形成自主知识产权的，县级以上地方人民政府应当给予资助或者奖励。

第十四条　鼓励企业建立知识产权战略机制，支持企业进行核心技术专利化。企业进行核心技术专利化的，县级以上地方人民政府及其有关部门应当在项目和资金安排上给予优先支持。

第十五条　鼓励企业自建或者与科学技术研究开发机构、高等学校合作建设科学技术创新平台。企业建立的科学技术创新平台,符合本省重点产业发展需求的,政府有关部门应当给予优先支持。

第十六条 鼓励企业与科学技术研究开发机构、高等学校建立产业技术创新战略联盟。支持战略联盟组织企业联合开展核心技术攻关,申报和承担政府各类科学技术开发项目。符合本省重点产业发展的重点战略联盟,政府有关部门应当给予优先支持。

第十七条 国有企业应当加大科学技术投入。国有企业负责人对企业的技术进步负责,企业的创新投入、创新成效、消化吸收再创新等情况,纳入国有企业负责人业绩考核范围。

第十八条 鼓励企业实施技术标准化战略,支持企业参与地方标准、行业标准、国家标准和国际标准的制定和修订。鼓励企业制定高于地方标准、行业标准、国家标准的企业标准。

企业为主或者参与制定、修订地方标准、行业标准、国家标准、国际标准的,县级以上地方人民政府应当给予奖励。

第十九条 鼓励企业与科学技术研究开发机构、高等学校、培训机构联合开展下列活动:

(一)建立实习、实训基地,培养专业技术人才和技能型人才;

(二)吸引科学技术人员到企业兼职、挂职,参与企业技术创新活动;

(三)选聘企业高级专业技术人员担任兼职教授或者研究员。

鼓励有条件的企业建立院士专家工作站、博士后科研工作站,吸引高层次人才到企业从事科学技术创新研究。

第三章 高新技术研究与产业化

第二十条 省、设区的市人民政府应当制定并组织实施高新技术研究与发展规划,加强高新技术研究与开发,推动高新技术成果加速转化,发展高新技术产业。

第二十一条 省人民政府应当加强对与战略性新兴产业发展相关的各项资金的统筹与整合,培育和发展战略性新兴产业,支持重大关键技术研究开发、重大创新成果产业化、重大应用示范工程、创新能力建设等,加速形成战略性新兴产业集群。

第二十二条 县级以上地方人民政府应当引导和扶持高新技术产业开发区、大学科技园、农业科技园、海洋科技园、留学人员创业园等各类园区的发展,改善基础设施条件,发挥各类园区对高新技术产业的集聚效应。

国家和省人民政府确定的综合实验区、经济技术开发区、台商投资区、两岸科学技术合作基地、高新技术产业带和高新技术园区等应当加强高新技术的研究开发、要素交易、成果转化、资源共享等服务平台的建设或者整合,为高新技术产业化提供技术服务和支撑。

第二十三条 鼓励设立创业投资企业。县级以上地方人民政府可以在科学技术经费中设立创业投资引导资金,扶持创业投资企业发展。

创业投资企业采取股权投资方式,投资于未上市的中小型高新技术企业二年以上的,可以依法按照其投资额的百分之七十,在股权持有满二年的当年抵扣其应纳税所得额;当年不足抵扣的,可以在以后纳税年度结转抵扣。

第二十四条 鼓励高等学校和企业合作创办科技企业孵化器,为高新技术企业提供办公和生产场地、融资、信息、培训、技术咨询等方面的配套服务。县级以上地方人民政府及其有关部门应当在科技企业孵化器的用地、平台建设、资金等方面提供优惠政策支持。

经认定的科技企业孵化器,享受国家和本省规定的优惠政策。

第二十五条 高新技术企业在实施公司化改制或者增资扩股过程中,可以对关键研究开发人员实施股权(股份)奖励。具体办法由省人民政府有关部门制定。

第四章 科学技术研究开发机构

第二十六条 省人民政府应当统筹规划全省科学技术研究开发机构的布局,构建合理的科学技术研究开发体系,并根据全省产业发展和科学技术进步的要求,对科学技术研究开发机构进行调整。

第二十七条 鼓励国外、省外科学技术研究开发机构、高等学校、企业在本省设立研究开发机构。首次在本省设立具有独立法人资格、符合本省高新技术产业重点发展方向的研究开发机构的,有关行政部门在安排专项资金时应当给予支持。

第二十八条 鼓励社会力量依法创办科学技术研究开发机构。社会力量创办的非营利性科学技术研究开发机构可以申报政府各类科学技术研究开发计划项目,并按照国家和本省规定享受税收优惠。

第二十九条 利用财政性资金设立的科学技术研究开发机构和创新平台,应当建立健全科学技术研究资源开放共享机制,开展科学技术普及活动,促进科学技术研究资源的有效利用。

省人民政府科学技术、财政等行政部门应当制定购置大型科学仪器设备规划,建立政府主导、多方参与、服务规范、评价科学的协作共用管理机制。

第三十条 县级以上地方人民政府科学技术行政部门应当会同有关部门对利用财政性资金设立的科学技术研究开发机构进行定期考评。具体考评办法由省人民政府科学技术行政部门会同有关部门制定。

第五章 科学技术人员

第三十一条 实行专业技术职务聘任制度。对有突出贡献的专业技术人员可以破格申报评审相应的专业技术职务任职资格。

专门从事技术开发、技术推广、科学技术普及和专利管理工作的专业技术人员,可以其专业技术实绩和所取得的经济效益、社会效益,作为申报评审专业技术职务任职资格和竞聘专业技术职务的依据。

第三十二条 科学技术人员正常流动不受区域、行业等限制。

县级以上地方人民政府及其有关部门应当建立科学技术人才信息库,促进科学技术人员正常流动。

县级以上地方人民政府和企业事业单位应当采取多种

形式、利用多种途径为科学技术人员提供继续教育的机会，保障科学技术人员接受继续教育的权利。

第三十三条 县级以上地方人民政府应当提高在艰苦、边远地区和在恶劣、危险环境中从事科学技术活动的科学技术人员的工作和生活待遇，科学技术人员所在单位除了应当按照国家及县级以上地方人民政府规定给予相应的优厚待遇以外，还应当提供其应有的职业健康卫生保护。

第三十四条 县级以上地方人民政府应当加强农业技术推广体系建设，保持农业技术研究开发和技术推广机构以及专业技术队伍的稳定，建立健全农业技术培训基地，加强对农民的技术培训。

鼓励科学技术研究开发机构、高等学校和科学技术人员与农民专业合作经济组织、农业企业以及农户开展多种形式的技术合作。

第三十五条 科学技术研究开发机构、高等学校的科学技术人员被选派到企业或者农村开展技术服务期间，原单位应当保留其职务（岗位）和工资福利；根据其服务的时间、所取得的经济效益、社会效益计算教学、科学研究工作量；同等条件下，优先评聘相应的专业技术职务任职资格和专业技术职务；业绩突出的，可以破格申报相应的专业技术职务任职资格。

省人民政府有关部门应当在科学技术计划项目和资金安排上优先支持派出单位。

第三十六条 县级以上地方人民政府应当采取措施引进国内外各类优秀科学技术人才。引进人员按照国家和本省规定享受优惠待遇。

第三十七条 科学技术人员应当弘扬科学精神，遵守学术规范，恪守职业道德，诚实守信，不得弄虚作假、徇私舞弊，不得从事有悖于科学精神的活动。

项目承担单位应当对参与项目的科学技术人员建立学术诚信档案，作为对科学技术人员评定专业技术职务任职资格和聘任专业技术职务、申请科学技术研究开发项目等的参考依据，并报项目计划管理部门备案。

第三十八条 鼓励科学技术人员自由探索、勇于承担风险。对承担探索性强、风险高的本省科学技术研究项目，经项目计划管理部门审查原始记录等资料，确定科学技术人员已经履行勤勉尽职义务仍不能完成的，该项目可以给予结题，并且不影响项目承担单位和课题承担人继续申请其他科学技术研究项目。

第三十九条 科学技术人员在完成本职工作的基础上，可以利用自身科学技术研究技能为企业开展有偿服务。

科学技术研究开发机构、高等学校应当依法对在成果转化与产业化中做出重要贡献的科学技术人员给予资金或者股权（股份）奖励。

职务成果完成人可以与单位签订协议开展科学技术成果转化，并享有协议约定的权益；职务成果完成人与单位协商不成，可以提请省或者设区的市科学技术行政部门会同有关部门协调或者批准。经批准，职务成果完成人可以自行创办企业进行转化，或者以技术入股的形式在本省进行产业化转化，并享有不低于该科学技术成果在企业中所占股权的百分之五十。

第六章 闽台科学技术交流与合作

第四十条 闽台科学技术交流与合作遵循优势互补、互利共赢、共同发展和先行先试的原则，推进闽台之间人才、技术、项目等要素的交流与合作。

第四十一条 支持台湾地区科学技术研究开发机构、高等学校、科学技术中介服务机构来闽设立具有独立法人资格的研究机构或者分支机构、技术转移机构，以上机构在申请科学技术研究项目、技术人员专业技术职务任职资格评聘等方面享受国家和本省规定的待遇。

台湾同胞投资的企业可以联合或者独立申请科学技术研究开发计划项目及经费。

本省科学技术研究开发机构、高等学校和企业赴台湾地区进行科学技术成果转化的，享受国家和本省规定的待遇。

第四十二条 鼓励、支持台湾同胞投资高新技术园区，台湾同胞投资的高新技术园区同等享受政府投资的相应园区的优惠待遇。

台湾同胞投资的高新技术园区的用地规模和布局，县级以上地方人民政府应当在土地利用总体规划中给予统筹安排；对符合条件并且已经核准的闽台科学技术交流与合作项目，优先协调用地。

第四十三条 鼓励开展闽台知识产权领域的交流与合作，建立闽台知识产权保护工作协调机制，依法保护知识产权。

闽台合作开发具有自主知识产权的高新技术和产品，进行成果转化的，经认定后可以享受国家和本省规定的优惠政策。

第四十四条 省级科学技术经费中应当安排专项资金用于支持闽台科学技术交流与合作，设区的市、县（市、区）人民政府及其有关部门可以根据需要安排资金用于支持闽台科学技术交流与合作。

闽台科学技术交流与合作专项资金用于闽台间合作开展科学技术研究开发、标准化研究、技术推广、交流平台建设、重点项目建设、科学技术人员培训与交流活动以及台湾地区科学技术人才的引进等。

第四十五条 台湾地区科学技术人员在闽从事科学技术工作并且符合相关规定的，本省科学技术研究开发机构、高等学校可以依照有关规定聘任。

鼓励符合条件的台湾地区知识产权专业人才来闽参加大陆地区专利代理人资格考试；支持台湾地区知识产权中介服务机构来闽设立分支机构；支持本省知识产权中介服务机构聘用台湾地区专业人才。

第四十六条 省人民政府应当在科学技术奖励中设立闽台科学技术合作奖，对在闽台科学技术合作中做出重要贡献的单位和个人给予奖励。

第七章 保障措施

第四十七条 县级以上地方人民政府及其有关部门应当建立和完善以财政拨款、企业投入、金融信贷、社会资金投入相结合的多渠道、多层次的科学技术投入体系。

省人民政府应当建立健全财政性科学技术投入稳定增

长机制，省级财政用于科学技术经费的预算编制和预算超收分配的增长幅度，应当高于本级财政经常性收入的增长幅度。设区的市、县（市、区）财政安排的科学技术经费占本级财政一般预算支出比例应当达到国家科学技术进步考核指标的要求。

第四十八条 省人民政府应当将重大科学技术研究基础设施的建设纳入固定资产投资计划，确定一定比例的专项资金，用于重点实验室、中间试验基地、科学技术研究基地等基础设施的建设、改造和维护。

第四十九条 省人民政府设立科学技术创新与成果转化专项资金，用于引导和支持企业技术开发与产品研制、科学技术成果转化、专利技术或者产品产业化、创新平台建设、服务环境建设等。

设区的市以及有条件的县（市、区）应当设立相应的专项资金。

第五十条 省人民政府科学技术行政部门应当会同有关部门，建立健全科学技术资源共享机制和评价制度。

县级以上地方人民政府应当建立健全财政性资金投资建设的科学技术创新基地和科学技术研究开发基础设施开放共享机制。

第五十一条 金融机构应当支持科学研究、技术开发和成果推广，拓宽科学技术贷款领域，逐步提高科学技术贷款在贷款总额中的比重。建立促进科学技术与金融结合的扶持机制，鼓励和支持金融机构开发适合科学技术型企业需求的金融产品和金融服务。

鼓励和支持保险机构开展科学技术保险业务，根据本省高新技术产业发展的需求创新科学技术保险产品。

鼓励和支持社会力量按照国家和本省规定，运用市场机制，设立科学技术风险投资资金，推动科学技术成果转化。

第五十二条 县级以上地方人民政府应当加强技术市场建设，建立和完善科学技术成果评估、交易平台，健全技术市场的监督管理机制，规范技术市场行为。

鼓励社会力量创办从事技术经纪、无形资产评估、信息咨询、技术交易等活动的中介服务机构。符合条件的中介服务机构可以申请县级以上地方人民政府科学技术、财政等行政部门设立的专项资金资助。

第五十三条 利用财政性资金设立的科学技术计划项目，实行项目法人负责制，推行专家评审和政府决策相结合的立项制度。

财政、科学技术等行政部门应当建立绩效管理制度，对利用财政性资金设立的科学技术项目的资金使用情况、经济效益和社会效果进行跟踪监测和评估，并根据评估情况采取相应措施，合理使用财政性资金。

县级以上地方人民政府财政、审计、监察等行政部门应当依法对财政性科学技术资金的管理和使用情况进行监督检查。

第八章 法律责任

第五十四条 科学技术人员在科学技术成果鉴定、重大项目咨询论证、科学技术项目实施中弄虚作假、徇私舞弊以及骗取科学技术项目立项和经费的，或者以剽窃、篡改、假冒等方式侵害他人科学技术成果权益的，由其所在单位或者主管部门责令改正，并将有关违法行为记入其学术诚信档案；情节严重的，由其所在单位或者主管部门向社会公布，五年内不得申报科学技术项目和科学技术进步奖励、资助；构成犯罪的，依法追究刑事责任。

第五十五条 科学技术行政部门和其他有关行政部门工作人员在科学技术进步活动中滥用职权、玩忽职守、徇私舞弊，构成犯罪的，依法追究刑事责任；尚不构成犯罪的，由主管部门或者行政监察机关对直接负责的主管人员和其他直接责任人员依法给予处分。

第九章 附 则

第五十六条 本条例自2013年3月1日起施行。1997年5月29日福建省第八届人民代表大会常务委员会第三十二次会议通过的《福建省科学技术进步条例》同时废止。

厦门市消防管理若干规定

（2006年5月31日厦门市第十二届人民代表大会常务委员会第二十七次会议通过，根据2011年12月1日厦门市第十三届人民代表大会常务委员会第三十三次会议《厦门市人民代表大会常务委员会关于修改〈厦门市消防管理若干规定〉的决定》修正）

第一条 为加强消防管理，保护公民人身、公共财产和公民财产安全，维护公共安全，根据《中华人民共和国消防法》及有关法律、法规的规定，结合本市实际，制定本规定。

第二条 市人民政府应当采取措施加强海上消防监督管理工作，明确职责分工，建立健全海上消防安全责任制。

第三条 各级人民政府应当加强消防组织建设，支持并鼓励机关、团体、企业、事业单位、街道（镇）、社区（村）组建义务消防队，增强火灾自防自救能力。公安机关消防机构应当加强对义务消防队的培训和指导。

公安机关消防机构经市人民政府批准，可以公开招聘合同制消防员。合同制消防员由公安机关消防机构统一管理，参与火灾扑救及其他灾害事故的抢险救援工作。合同制消防员的所需经费列入市、区人民政府财政预算。

第四条 实行消防安全重点单位名录管理制度。公安机关消防机构每年向社会公布消防安全重点单位名录。消防安全重点单位应当在每年第一季度将上一年度的消防安全职责落实情况报公安机关消防机构备案。

第五条 建设工程应当安装、使用符合国家规定的合格的消防产品。

人员密集场所使用不合格消防产品的，依照国家有关规定执行。公安机关消防机构对非人员密集场所实施消防监督检查时，发现建设工程拟安装、使用的消防产品不合格的，应当书面告知不得使用；对已经安装、使用的消防产品不合格的，应当责令限期改正。

第六条　对依法进行消防设计、竣工验收备案的建设工程，有下列情形之一的，建设单位按照备案抽查对象的要求报送相关材料，接受公安机关消防机构的审查：

（一）建筑面积超过五千平方米的地下建设工程；

（二）建筑高度超过五十米的居住建筑。

第七条　依法应当向公安机关消防机构申请消防设计审核的建设工程，建设单位应当将建设工程的消防设计文件报送公安机关消防机构审核，公安机关消防机构应当在八个工作日内作出书面审核意见；建设工程竣工后，建设单位应当向公安机关消防机构申报消防验收；公安机关消防机构应当在接到消防验收材料之日起十五日内作出验收结论。

依法应当进行消防设计备案、竣工验收备案的建设工程，建设单位应当在取得施工许可、工程竣工验收合格之日起七个工作日内进行消防设计备案、竣工验收备案；变更消防设计的，应当重新备案。公安机关消防机构应当在备案受理之日起十五日内进行抽查并公告检查结果。

第八条　施工单位应当履行施工现场的消防安全职责，按规定设置临时消防车道和临时消防给水系统，并保持消防车道通畅和消防给水系统完好有效。

第九条　建筑物、场所符合建造或者改造时的消防技术标准强制性要求，但按照现行消防技术标准强制性要求存在火灾隐患确实需要改正的，公安机关消防机构应当责令限期改正；对严重危及公共安全的，应当责令停止使用，并向社会公布。

第十条　消防设施、消防器材的业主或者委托管理者，应当定期组织检测、维护，确保消防设施、消防器材的完好有效。

设有自动消防系统的单位，除本单位具备相应维护保养能力外，应当委托具备相应资质的消防维护保养机构对自动消防系统进行维护保养，并每年至少进行一次检查测试，维护保养合同和检测报告应当及时报公安机关消防机构备案。公安机关消防机构应当进行抽查。

建筑物、场所设有消防控制室的，应当实行二十四小时值班制度。

第十一条　已交付使用的区分所有权的建筑物，业主或者使用人对自己专有、专用部分的消防安全负责。已实行物业管理的，业主、使用人、物业服务企业按照法律、法规和本规定对共有部分的消防安全负责；未实行物业管理的，业主或者使用人应当就建筑物共有部分的消防安全责任进行协商，建立消防安全协调组织，履行消防安全职责。

第十二条　建筑物的业主或者使用人应当履行下列消防安全职责：

（一）遵守国家有关消防法律、法规、规章的规定；

（二）维修、保养自己专有、专用部分的消防设施和消防器材，确保完好有效；

（三）委托物业管理的，配合物业服务企业做好消防安全管理工作，消除火灾隐患。

业主大会、业主委员会应当协助物业服务企业督促业主或者使用人履行消防安全职责，并对物业服务企业履行消防安全职责情况进行检查、监督。

第十三条　区分所有权的建筑物共有部分消防设施、器材需要进行维修、更新和改造，在建筑物保修期内的，所需费用由建设单位承担；保修期满后，业主与物业服务企业有约定的，从其约定；没有约定的，在专项维修资金中列支。未设立专项维修资金或者专项维修资金不足的，由业主按照约定承担；没有约定或约定不明确的，由业主按照拥有的专有部分占建筑物总面积的比例分摊。

对于被公安机关消防机构确定为重大火灾隐患，需要从专项维修资金支出整改费用的，物业服务企业可以按照规定向专项维修资金管理部门申请，专项维修资金管理部门予以核拨。

第十四条　物业服务企业在物业服务中，应当履行下列消防安全职责：

（一）指定专人负责消防安全管理工作；

（二）建立健全消防安全制度，制定灭火和应急疏散预案，在公安机关消防机构的指导下，定期开展消防宣传，组织消防演练；

（三）对占用、堵塞安全疏散通道、安全出口、消防车通道等行为予以制止，制止无效的，应当及时向公安机关消防机构报告；

（四）对建筑物共有部分消防设施、器材、安全标志定期组织检查、维修、保养，确保消防设施、器材、安全标志完好有效；

（五）督促业主或者使用人履行消防安全职责，对业主或使用人拒不消除火灾隐患的，应当及时向公安机关消防机构报告；

（六）对建筑物共有部分组织实施防火检查，开展日常防火巡查，及时消除火灾隐患；

（七）发生火灾事故时，应当采取应急措施，并及时向公安机关消防机构报告，协助做好救助工作。

公安机关消防机构接到前款规定的相关报告后，应当依法及时处理。

第十五条　经营下列场所的个体工商户，应当履行单位消防安全职责：

（一）公众聚集场所；

（二）易燃易爆危险品场所；

（三）建筑面积五百平方米以上的其他生产、经营场所。

第十六条　单位应当组织下列人员参加消防安全培训并取得培训合格证书：

（一）消防安全重点单位的消防安全管理人；

（二）消防安全责任人；

（三）消防控制室值班人员；

（四）消防工程设计、施工、监理人员；

（五）消防设施安装、维护、检测人员，自动消防系统的操作人员以及消防技术服务机构的执业人员；

（六）进行电焊、气焊等具有火灾危险作业的人员；

（七）从事易燃易爆危险物品生产、储存、运输、销售、装卸工作的操作人员；

（八）其他依法需要培训的人员。

第十七条 出租的房屋应当符合消防安全要求。出租人应当加强消防管理，及时消除火灾隐患，维护出租房屋公用的安全疏散通道、安全出口的畅通。承租人应当安全用火、用电、用气，不得占用、堵塞安全疏散通道、安全出口，维护公共安全。

公安机关消防机构应当重点加强对整幢出租或者承租户相对集中出租房屋的消防安全指导和监督检查，对存在火灾隐患的，应当责令限期改正；逾期不改正的，责令停止使用。

第十八条 学校校舍应当符合国家工程建筑消防技术标准。

已投入使用的校舍不符合国家工程建筑消防技术标准的，学校应当在公安机关消防机构的指导下制定符合国家工程建筑消防技术标准的整改方案并予以实施，逾期不整改的，公安机关消防机构应当责令停止使用，并及时通知教育行政管理部门。教育行政管理部门应当依法处理。

第十九条 公安机关消防机构在统一组织和指挥火灾的现场扑救及抢险救援时，现场总指挥员有权调动供水、供电、医疗救护、交通运输等有关单位协助灭火救助。

第二十条 公安派出所依据国家、省、市公安机关确定的消防监督检查范围实施日常消防监督检查。公安机关消防机构可以委托公安派出所实施火灾事故简易调查和消防行政处罚。

公安派出所每半年一次将日常消防监督检查工作情况报公安机关消防机构。公安机关消防机构应当加强对公安派出所消防业务的指导和监督。

第二十一条 违反本规定第五条第二款规定，安装或使用不合格消防产品逾期不改正的，处三千元以上一万元以下罚款。

第二十二条 违反本规定第七条第二款规定，变更消防设计未重新备案的，由公安机关消防机构责令限期改正；逾期不改正的，处一千元以上三千元以下罚款。

第二十三条 违反本规定，有下列行为之一的，由公安机关消防机构责令限期改正；逾期不改正的，处五百元以上三千元以下的罚款：

（一）消防安全重点单位未将消防安全职责落实情况报公安机关消防机构备案的；

（二）自动消防系统维护保养合同未报公安机关消防机构备案的；

（三）自动消防系统的年度技术检测报告未报公安机关消防机构备案的。

物业服务企业未按照规定履行消防安全职责的，由公安机关消防机构责令限期改正，并通报建设行政管理部门。

第二十四条 消防控制室无人值守的，由公安机关消防机构责令改正，处一千元罚款。

第二十五条 违反本规定，施工单位未在建设工程施工现场设置临时消防车道、临时消防给水系统，或者未保持消防车道通畅、消防给水系统完好有效的，由公安机关消防机构责令限期改正；逾期不改正的，处五千元以上三万元以下罚款。

第二十六条 公安机关消防机构依法作出临时查封决定和责令停止施工、停止使用、停产停业的行政处罚决定并执行后，应当于二十四小时内抄送辖区公安派出所，由辖区公安派出所对执行情况进行监督。

第二十七条 公安机关消防机构及其工作人员在消防监督中违反规定滥用职权、玩忽职守、徇私舞弊，应当依法给予直接负责的主管人员和其他直接责任人员行政处分；构成犯罪的，依法追究刑事责任。

第二十八条 本规定自2006年10月1日起施行。

福建省公共机构节能管理办法

（福建省人民政府第121号令发布，2013年3月1日起施行）

第一章 总 则

第一条 为推动公共机构节能，提高公共机构能源利用效率，发挥公共机构在全社会节能中的表率作用，根据《中华人民共和国节约能源法》、《公共机构节能条例》等法律法规，结合本省实际，制定本办法。

第二条 本办法所称公共机构，是指全部或者部分使用财政性资金的国家机关、事业单位和团体组织。

本省行政区域内和本省驻外省、市的公共机构应当按照本办法规定，开展节能工作。

第三条 县级以上人民政府应当加强对公共机构节能工作的领导，建立健全公共机构节能工作协调机制，及时解决公共机构节能工作的重大问题，推动和促进公共机构节能工作开展。

第四条 县级以上人民政府应当根据需要，将公共机构节能监督管理、节能改造、宣传培训所需工作经费纳入本级财政预算。

第五条 鼓励和支持开展公共机构节能技术开发，推广和应用节能新材料、新产品、新技术，发挥科研机构、行业协会、学术团体在公共机构节能工作中的技术咨询服务作用。

第六条 省人民政府管理机关事务工作的机构在省节能主管部门指导下，负责推进、指导、协调、监督全省公共机构节能工作。

县级以上人民政府管理机关事务工作的机构在同级节能主管部门指导下，负责本级公共机构节能监督管理工作，指导和监督下级公共机构节能工作。

教育、科技、文化、卫生、体育等系统各级主管部门和实行垂直管理的机构，在同级管理机关事务工作的机构指导下，开展本系统内公共机构节能工作。

第七条　公共机构负责人对本单位节能工作全面负责。公共机构的节能工作实行目标责任制和考核评价制度，节能目标完成情况作为对公共机构负责人考核评价的内容。

有关部门应当将公共机构节能工作完成情况纳入机关单位精神文明建设评比活动的考评范围。

第八条　县级以上人民政府对在公共机构节能工作中做出显著成绩的单位和个人，按照国家和本省有关规定予以表彰和奖励。

第二章　节能规划和管理

第九条　县级以上人民政府管理机关事务工作的机构应当会同有关部门，根据本地区国民经济社会发展规划以及节能中长期专项规划，制定本地区公共机构节能中长期规划和本级公共机构节能规划。

县级公共机构节能规划应当包括所辖乡(镇)、街道公共机构节能的内容。

第十条　公共机构应当根据本级公共机构节能规划确定的年度节能目标和指标，结合本单位用能的特点和上一年度用能状况，制定年度节能目标和实施方案，有针对性地采取节能管理或节能改造措施，保证节能目标的完成。

公共机构应当于每年2月底前，将年度节能目标和实施方案报本级管理机关事务工作的机构备案。

第十一条　县级以上人民政府管理机关事务工作的机构应当会同有关部门，按照管理权限，根据国家、行业和本省颁布的公共机构能源消耗标准，结合本级公共机构能源消费综合水平和特点，制定、公布和调整本级公共机构能源消耗定额。财政部门根据公共机构能源消耗定额，制定能源消耗支出标准。

第十二条　县级以上人民政府管理机关事务工作的机构应当会同有关部门，制定公共机构既有建筑节能改造计划，并组织实施。

第十三条　县级以上人民政府管理机关事务工作的机构应当根据上级管理机关事务工作的机构制定的公共机构能源消费统计制度，会同本级统计部门，建立本地区公共机构能源消费统计制度。

公共机构应当指定专人负责能源消费统计，如实记录能源消费数据，建立能源统计台账制度，按时通过网络向本级管理机关事务工作的机构报送统计报表。

第十四条　公共机构应当建立能源消费计量制度，按照相关规定配备和使用合格的能源计量器具，区分用能种类、用能系统，实行能源消费分户、分类、分项计量，并对能耗状况进行实时监测与分析，及时发现、纠正能源浪费现象。

集中(合署)办公区的能耗统计工作，按照省人民政府管理机关事务工作的机构的规定执行。

第十五条　县级以上人民政府管理机关事务工作的机构应当会同本级节能主管部门，根据有关技术标准和规范要求，建立公共机构节能监督管理信息系统，实现公共机构节能信息化、规范化管理。

第十六条　公共机构应当按照国家、本省有关强制采购或者优先采购的规定，采购列入节能产品政府采购清单和环境标志产品政府采购清单中的产品，不得采购国家、省明令淘汰的用能产品。

省人民政府节能主管部门应当完善省内节能产品征集机制，并会同负责政府采购监督管理的部门持续更新节能产品政府采购清单，优先将取得节能产品认证证书的产品列入政府采购清单。

第三章　节能措施

第十七条　县级以上人民政府管理机关事务工作的机构应当会同有关部门推进本级公共机构办公用房的集中使用管理，加强办公用房、办公设施设备等资源的集中整合，优化资源配置，减少重复建设，提高利用效率，降低能源消耗。

第十八条　公共机构应当加强信息化、网络化建设，积极推进电子政务，合理控制会议数量与规模，健全完善电视电话、视频会议等系统，降低能源消耗。

第十九条　公共机构应当设置或明确能源管理岗位，实行能源管理岗位责任制，重点用能系统、设备的操作岗位，应当配备专业技术人员。

公共机构应当分级建立节能联络员工作制度，指定专门人员担任节能联络员。节能联络员应当按照规定做好节能工作信息的收集、整理、传递等工作。

第二十条　公共机构可以采用合同能源管理方式，委托节能服务机构进行节能诊断、设计、融资、改造和运行管理。

第二十一条　公共机构选择物业服务企业，应当考虑其节能管理能力。公共机构与物业服务企业订立服务合同，应当载明节能管理的目标和要求。

物业服务企业应当根据服务合同的约定，采取节能管理措施。公共机构应当将完成节能目标的情况，纳入评价物业服务企业服务质量的内容。

第二十二条　公共机构应当采取下列措施，加强用电管理：

(一)变配电设备、电梯等特种设备管理，应当建立年检和巡检登记制度，减少无功能耗，确保用电设备正常运行；

(二)除有特殊温度要求的区域外，室内空调温度的设置，夏季不得低于二十六摄氏度，冬季不得高于二十摄氏度，工作时间提倡空调每天晚开一小时，早关一小时；

(三)在公共区域、办公设备电源推广应用智能控制装置，减少用电设备待机能耗；

(四)严格控制夜间泛光照明以及装饰用照明；

(五)高层建筑电梯应当实行智能化控制，合理设置电梯开启数量和时间。

第二十三条　公共机构应当采取下列措施，加强公务用车管理：

(一)实行编制管理，严格控制车辆数量，按照规定的标准使用公务用车，优先选用低能耗、低污染、使用清洁能源的车辆，严格执行车辆报废制度；

(二)制定公务用车节能驾驶规范，严格执行公务用车定点加油、定点维修等制度；

（三）建立公务用车油耗台账制度，定期统计并公布单车行驶里程和耗油量状况，推行单车能耗核算制度和节约奖励制度；

（四）推进公务用车服务社会化，鼓励工作人员利用公共交通工具、非机动交通工具出行。

第四章 监督和保障

第二十四条 县级以上人民政府管理机关事务工作的机构应当组织开展公共机构节能宣传、教育、培训，普及节能科学知识，定期开展主题鲜明、形式多样的节能宣传活动，组织本级公共机构能源管理人员、操作人员进行节能知识的学习和技术培训。

第二十五条 县级以上人民政府管理机关事务工作的机构应当会同有关部门加强对本级公共机构节能的监督检查。监督检查的内容包括：

（一）年度节能实施方案的制定、落实情况；

（二）能源消费计量、监测和统计情况；

（三）能源消耗定额执行情况；

（四）节能管理规章制度建立情况；

（五）能源管理岗位设置以及能源管理岗位责任制落实情况；

（六）用能系统、设备节能运行情况；

（七）开展能源审计情况；

（八）公务用车使用管理情况；

（九）法律、法规和规章规定的其他节能监督检查事项。

公共机构应当配合节能监督检查，如实说明有关情况，提供相关资料和数据。

第二十六条 公共机构的节能工作应当接受社会监督。任何组织或者个人都有权举报公共机构浪费能源的行为。县级以上人民政府管理机关事务工作的机构应当开设举报电话、网站等多种方式，接受社会公众对公共机构浪费能源行为的举报，并及时调查处理。

第二十七条 公共机构未建立健全能源消费统计制度、能源消耗状况报告制度，未按时报送能源消耗统计数据，或者在接受监督检查时未如实说明有关情况、提供相关资料和数据的，由县级以上人民政府管理机关事务工作的机构会同有关部门责令限期改正；逾期不改正的，予以通报，并由有关机关对公共机构负责人依法给予处分。

第二十八条 公共机构未按照强制采购规定采购节能产品的，由负责政府采购监督管理的部门责令其改正；拒不改正的，由负责政府采购监督管理的部门给予通报批评；对直接负责的主管人员和其他直接责任人员由其行政主管部门或者有关机关依法给予处分，并予以通报。

第二十九条 公共机构使用能源超过能源消耗定额不能充分说明理由的，由县级以上人民政府管理机关事务工作的机构予以通报；并会同有关部门下达节能整改意见书；逾期未改正的，由有关机关对直接负责的主管人员和其他直接责任人员依法给予处分。

第三十条 公共机构未按照规定建立公务用车油耗台账制度或者未推行公务用车单车能耗核算的，由县级以上人民政府管理机关事务工作的机构责令限期改正；逾期不改正的，予以通报，并由有关机关对公共机构负责人依法给予处分。

第三十一条 县级以上人民政府管理机关事务工作的机构和其它有关部门的工作人员，在公共机构节能监督管理中滥用职权、玩忽职守、徇私舞弊，尚不构成犯罪的，依法给予处分；构成犯罪的，依法追究刑事责任。

第三十二条 对违反本办法的行为，法律、法规已有规定的，从其规定。

第五章 附 则

第三十三条 本办法自2013年3月1日起施行。

2012年颁布的地方性法规（目录）

省人大

立 法：

福建省促进茶产业发展条例（2012年3月）

福建省学校安全管理条例（2012年5月）

福建省节约能源条例（2012年7月）

福建省促进革命老区发展条例（2012年9月）

福建省邮政条例（2012年9月）

福建省消防条例（2012年12月）

福建省科学技术进步条例（2012年12月）

修订地方性法规：

福建省村民委员会选举办法（修订）（2012年3月）

福建省实施《中华人民共和国村民委员会组织法》办法（修订）（2012年3月）

福建省实施《中华人民共和国渔业法》办法（修订）（2012年3月）

福建省商品质量监督条例（修订）（2012年3月）

福建省实施《中华人民共和国野生动物保护法》办法（修订）（2012年3月）

福建省环境保护条例（修订）（2012年3月）

福建省取水管理办法（修订）（2012年3月）

福建省土地监察条例（修订）（2012年3月）

福建省实施《中华人民共和国反不正当竞争法》办法（修订）（2012年3月）

福建省城镇企业职工基本养老保险条例（修订）（2012年3月）

福建省实施《中华人民共和国土地管理法》办法（修订）（2012年3月）

福建省水政监察条例（修订）（2012年3月）

福建省森林条例（修订）（2012年3月）

福建省燃气管理条例（修订）（2012年3月）

福建省事业保险条例（修订）（2012年3月）

福建省海域使用管理条例（修订）（2012年3月）

福建省物业管理条例（修订）（2012年3月）

福建省实施《中华人民共和国道路交通安全法》办法（修订）（2012年3月）

福建省人口与计划生育条例（修订）（2012年12月）

福建省人民代表大会常务委员会关于设定福建省人民政府规章罚款限额的决定（修订）（2012年12月）

审查批准福州市、厦门市地方性法规：

福州市河道采砂管理办法（2012年3月）

福州市市容和环境卫生管理办法（2012年5月）

福州市燃气管理办法（2012年5月）

福州市环境保护条例（2012年5月）

福州市环境噪声污染防治若干规定（2012年5月）

福州市广播电视设施建设与管理若干规定（2012年5月）

福州市人民防空警报设施管理办法（2012年5月）

福州市气象探测环境和设施保护规定（2012年9月）

福州市荣誉市民称号授予条例（2012年9月）

福州市物业管理若干规定（2012年12月）

厦门市消防管理若干规定（2012年3月）

省政府规章

《福建省食品生产加工小作坊监督管理办法》（第117号令）

《福建省价格调节基金管理办法》（第118号令）

《福建省信息系统工程建设市场监督管理办法》（第119号令）

《福建省实施〈农村五保供养工作条例〉办法》（第120号令）

《福建省公共机构节能管理办法》（第121号令）

（郑志伟　马秀娟　黄力为）

编辑：林忠玉

统 计 资 料

国民经济和社会发展结构指标

单位：%

项　　目	1978	1990	2000	2010	2011	2012
一、人口						
（一）性别结构						
男	51.7	51.4	51.5	51.4	51.4	51.4
女	48.3	48.6	48.5	48.6	48.6	48.6
（二）城乡结构						
城镇			42.0	57.1	58.1	59.6
乡村			58.0	42.9	41.9	40.4
二、就业产业结构						
第一产业	75.1	58.4	46.8	28.4	26.3	25.0
第二产业	13.4	20.6	24.5	36.6	37.8	38.8
第三产业	11.5	21.1	28.7	35.0	35.9	36.2
三、国民经济核算						
（一）地区生产总值产业结构						
第一产业	36.0	28.2	17.0	9.3	9.2	9.0
第二产业	42.5	33.4	43.3	51.0	51.6	51.7
第三产业	21.5	38.4	39.7	39.7	39.2	39.3
（二）地区生产总值需求结构						
最终消费	79.9	73.0	54.4	43.1	40.7	40.0
资本形成总额	34.0	29.0	42.5	53.7	56.2	57.4
货物和服务净出口	−13.9	−2.0	3.1	3.1	3.1	2.6
四、固定资产投资						
（一）产业结构						
第一产业				1.6	1.5	1.7
第二产业				35.8	37.7	36.9
第三产业				62.6	60.7	61.3
（二）经济类型结构						
#国有经济				32.9	29.1	31.0
集体经济				2.8	2.4	2.5
私营个体经济				24.5	24.4	22.7
外商及港澳台				13.3	13.1	10.4
五、能源						
能源消费结构						
煤炭	63.7	67.0	54.4	57.8	64.4	59.8
石油	12.9	12.1	23.3	23.6	22.5	22.0
天然气				4.0	4.3	4.5
水力发电	23.4	20.9	22.3	14.2	8.2	12.9
风力发电				0.4	0.6	0.8
六、农业						
（一）农林牧渔业产值结构						
农业	77.7	52.1	40.6	42.3	41.6	42.0
林业	6.4	9.5	7.9	8.2	8.7	8.5
牧业	10.5	22.9	20.1	16.5	17.5	16.0
渔业	5.5	15.6	31.4	29.2	28.7	30.0
农林牧渔服务业				3.8	3.5	3.5
（二）农作物播种面积						
粮食作物	81.9	75.8	65.5	54.3	53.7	52.6
七、工业						
工业企业资产结构						
大型企业			22.0	23.7	31.8	34.5
中型企业			13.5	40.9	37.7	33.4
小型企业			64.5	35.4	30.5	32.1
规模以上工业增加值						
大型企业			20.6	20.1	32.2	31.9

（续）

项　　目	1978	1990	2000	2010	2011	2012
中型企业			14.4	39.3	32.3	32.1
小型企业			65.0	40.6	35.4	36.0
八、建筑业						
建筑业总产值经济类型结构						
国有企业	56.8	41.1	48.6	14.6	13.1	11.4
集体企业	39.9	34.7	33.0	2.0	1.9	1.8
港澳台商投资企业				1.1	1.0	1.2
外商投资企业				0.1	0.1	0.1
其他				82.2	83.9	85.5
九、交通运输业						
(一)货运量结构						
铁路	25.9	9.4	8.4	5.7	5.1	4.6
公路	54.8	82.2	77.8	68.9	69.8	70.4
水运	19.3	8.4	13.8	25.4	25.1	25.0
民航			0.020	0.024	0.022	0.021
(二)客运量结构						
铁路	9.1	3.1	3.2	4.7	5.8	6.3
公路	79.3	92.8	94.3	91.7	90.4	89.6
水运	11.7	4.0	1.6	1.9	1.9	2.0
民航	0.01	0.14	0.8	1.8	1.9	2.0
十、国内贸易						
社会消费品零售总额结构						
按销售单位所在地分组						
城镇				89.0	89.6	90.4
乡村				11.0	10.4	9.6
按商品形态分						
餐饮收入额					11.8	11.7
商品零售额					88.2	88.3
十一、海关货物进出口						
(一)进口货物总额						
初级产品			12.3	27.5	36.6	44.5
工业制成品			87.7	72.5	63.4	55.5
(二)出口货物总额						
初级产品			10.6	7.4	8.1	8.3
工业制成品			89.4	92.6	91.9	91.7
十二、国际旅游						
来华旅游人数结构						
#外国人		14.9	30.8	31.3	32.8	33.8
港澳同胞		33.9	39.5	26.1	23.9	23.4
台湾同胞		51.3	29.6	42.6	43.3	42.8
十三、科技						
(一)科技经费筹集额						
#政府资金			14.6	10.3	8.3	8.0
企业资金			74.5	86.9	89.0	89.5
国外资金			1.7	0.8	0.6	0.4
(二)研究与试验发展经费支出						
基础研究			3.1	2.5	1.8	1.8
应用研究			6.7	5.6	5.3	4.5
试验发展			86.4	92.0	92.8	93.7
十四、居民消费						
(一)城镇居民消费结构						
食品			44.7	39.3	39.2	39.4
衣着			8.7	8.7	9.0	8.8
家庭设备用品及服务			8.6	6.6	7.1	6.7
医疗保健			4.7	4.2	4.6	4.2
交通通信			8.6	14.9	14.8	15.9
教育文化娱乐服务			10.4	12.1	11.3	11.3
居住			9.4	10.9	10.0	9.4
杂项商品与服务			4.9	3.4	4.0	4.3
(二)农村居民消费结构						
食品			43.7	46.1	46.4	46.0
衣着			4.9	5.6	6.0	6.4
居住			14.6	15.7	15.8	15.7
家庭设备用品及服务			4.6	5.3	5.5	5.8
交通通讯			8.6	11.6	11.1	10.7
文教娱乐用品及服务			10.6	8.4	7.7	7.6
医疗保健			3.6	4.6	4.9	5.1
其他商品及服务			4.6	2.6	2.5	2.6

国民经济和社会发展总量和速度指标

项目	总量指标			
	1978	1990	2000	2010
人口与就业				
年末总人口(万人)	2446	3037	3410	3693
#城镇人口		642	1432	2108
年末从业人员(万人)	924.41	1348.38	1660.19	2241.59
城镇登记失业人员	20.82	9.00	9.10	14.49
城镇单位在岗职工平均工资(元)	567	2162	10584	32647
国民经济核算				
地区生产总值(亿元)	66.37	522.28	3764.54	14737.12
第一产业	23.93	147.01	640.57	1363.67
第二产业	28.19	174.47	1628.45	7522.83
工业	23.85	150.55	1422.34	6397.71
建筑业	4.34	23.92	206.11	1125.12
第三产业	14.25	200.80	1495.52	5850.62
人均地区生产总值(元)	273	1763	11194	40025
固定资产投资				
全社会固定资产投资总额(亿元)	13.34	115.41	1082.47	8273.42
固定资产投资	11.40	90.51	995.38	8067.33
项目投资	11.40	77.04	788.01	6248.48
房地产投资		13.47	207.37	1818.86
农户投资	1.95	24.90	87.09	206.08
全社会施工房屋建筑面积(万平方米)		336.21	10118.93	30754.70
全社会竣工房屋建筑面积(万平方米)			4806.13	7166.91
能源生产与消费				
能源生产总量(万吨标准煤)	461.00	966.52	1654.17	3260.42
能源消费总量(万吨标准煤)	688.00	1458.30	2942.60	9808.52
财政				
公共财政总收入(亿元)	15.13	57.06	369.67	2056.01
地方公共财政收入(亿元)			234.11	1151.49
公共财政支出(亿元)	15.14	68.45	324.18	1695.09
金融				
金融机构人民币各项存款余额(亿元)	25.95	359.45	3114.32	18309.45
#财政存款			39.59	678.08
储蓄存款		183.26	1767.59	8101.02
金融机构人民币各项贷款余额(亿元)	31.43	381.93	2438.82	15231.36
#短期贷款			1728.01	6594.50
中长期贷款			510.32	8372.64

平均增长速度(%)					2012 年比上年增长(%)
2012	1979—2012	1991—2012	2001—2012	2011—2012	
3748	1.3	1.0	0.8	0.7	0.8
2234		5.8	3.8	2.9	3.4
2568.93	3.1	3.0	3.7	7.1	4.4
14.55	−1.0	2.2	4.0	0.2	−0.6
44979	13.7	14.8	12.8	17.4	15.4
19701.78	12.7	13.4	12.2	11.8	11.4
1776.71	5.9	5.5	3.6	4.3	4.2
10187.94	15.7	17.1	14.9	15.2	14.3
8541.94	16.1	17.5	15.0	15.2	13.8
1646.00	8.6	14.2	14.3	15.3	17.4
7737.13	13.2	12.4	11.5	9.1	9.1
52763	11.3	12.2	11.2	11.0	10.5
12709.66	22.4	23.8	22.8	26.3	25.5
12452.24	22.8	25.1	23.4	26.7	25.9
9628.12	21.9	24.5	23.2	27.4	28.7
2824.12		27.5	24.3	24.6	17.4
257.42	15.5	11.2	9.5	11.8	10.1
47371.51		25.2	13.7	24.1	17.0
10212.96			6.5	19.4	0.1
2989.65	5.7	5.3	5.1	−4.2	6.1
11185.44	8.5	9.7	11.8	6.8	5.0
3008.88	16.8	19.8	19.1	21.0	15.9
1776.17			18.4	24.2	18.3
2607.50	16.4	18.0	19.0	24.0	18.6
24283.68	22.3	21.1	18.7	15.2	15.3
741.75			27.7	4.6	−11.1
10507.39		20.2	16.0	13.9	15.9
21209.82	21.1	20.0	19.8	18.0	16.8
9451.96			15.2	19.7	20.6
11133.74			29.3	15.3	12.4

（续）

项　　目	总量指标			
	1978	1990	2000	2010
保险公司赔款及给付金额(亿元)			17.76	102.90
价格指数(上年=100)				
居民消费价格指数	100.2	99.3	102.1	103.2
工业品出厂价格指数			100.5	103.2
原材料、燃料、动力购进价格指数			112.4	107.7
固定资产投资价格指数			100.2	103.3
农业				
农林牧渔业总产值(亿元)	36.33	227.12	1037.27	2307.06
主要农产品产量(万吨)				
粮食	744.90	879.64	854.68	661.89
油料	13.80	17.66	25.79	26.64
甘蔗	288.03	344.28	82.71	61.55
烤烟	1.23	4.26	9.14	12.45
茶叶	2.03	5.82	12.60	27.26
水果	10.10	75.78	356.44	564.48
肉类	24.27	71.83	145.92	180.21
禽蛋		12.94	40.69	26.28
奶类	0.93	4.87	9.91	15.74
水产品	54.44	145.59	527.89	587.42
食用菌		18.24	46.25	76.27
造林面积(万亩)	292.06	455.86	36.75	44.81
工业				
工业总产值(亿元)	63.14	531.49	3994.86	23805.32
主要工业产品产量				
原煤(万吨)	423.05	925.37	375.03	2442.73
原盐(万吨)	94.67	67.21	28.37	33.39
罐头(万吨)	4.10	14.41	26.78	203.21
布(亿米)	1.12	2.26	5.59	31.20
纱(万吨)	1.84	5.48	14.36	184.74
机制纸及纸板(万吨)	20.08	52.09	85.07	432.06
农用化肥(万吨)	16.40	43.64	61.38	57.87
烧碱(万吨)	4.32	8.70	15.64	20.11
水泥(万吨)	120.45	540.04	1513.64	5793.20
平板玻璃(万重量箱)	43.59	66.06	479.87	2715.05
生铁(万吨)	26.57	62.60	149.37	558.81
钢材(万吨)	13.82	56.28	283.79	1340.56
彩色电视机(万台)		123.14	204.19	903.10
微型电子计算机(万台)			88.77	738.27

平均增长速度(%)					2012年比上年增长(%)
2012	1979—2012	1991—2012	2001—2012	2011—2012	
149.81			19.4	20.7	20.9
102.4	5.3	4.3	2.0	3.8	2.4
98.7			0.2	1.3	−1.3
97.7			3.7	2.7	−2.3
100.3		4.2	2.2	3.2	0.3
3007.40	6.4	6.2	3.7	4.2	4.3
659.30	−0.4	−1.3	−2.1	−0.2	−2.0
28.07	2.1	2.1	0.7	2.6	2.2
56.47	−4.7	−7.9	−3.1	−4.2	0.9
14.71	7.6	5.8	4.0	8.7	3.5
32.10	8.5	8.1	8.1	8.5	8.4
625.82	12.9	10.1	4.8	5.3	3.3
200.85	6.4	4.8	2.7	5.6	9.8
25.36		3.1	−3.9	−1.8	0.6
15.39	8.6	5.4	3.7	−1.1	−2.5
628.61	7.5	6.9	1.5	3.4	4.1
87.80		7.4	5.5	7.3	7.1
94.59	−3.3	−6.9	8.2	45.3	−70.4
32379.94	19.2	20.8	17.7	15.9	15.3
1947.55	4.6	3.4	14.7	3.6	2.9
14.97	−5.3	−6.6	−5.2	1.1	−37.4
236.02	12.7	13.6	19.9	17.2	14.7
48.15	11.7	14.9	19.7	21.0	19.6
271.48	15.8	19.4	27.8	21.4	23.7
627.19	10.7	12.0	18.1	17.3	11.5
48.15	3.2	0.4	−2.0	−9.2	−10.8
23.66	5.1	4.7	3.5	2.2	−0.2
7197.60	12.8	12.5	13.9	16.5	15.3
4644.49	14.7	21.3	20.8	30.8	32.4
725.32	10.2	11.8	14.1	12.9	30.8
2034.40	15.8	17.7	17.8	15.2	14.6
953.11		9.7	13.7	3.2	−13.7
929.04			21.6	12.2	3.4

（续）

项　　目	总量指标			
	1978	1990	2000	2010
汽车(万辆)	0.09	0.07	2.96	19.50
发电量(亿千瓦小时)	40.69	136.65	403.73	1356.32
规模以上工业企业主要经济指标(亿元)				
资产总计			3368.64	16058.70
主营业务收入		352.56	2468.69	21479.37
利润总额	6.75	16.09	110.80	1754.18
建筑业				
建筑业企业从业人员(万人)	4.54	30.98	41.37	229.57
建筑业总产值(亿元)	3.31	32.54	271.15	3062.17
房屋施工面积(万平方米)	416.57	969.35	4085.40	28406.86
房屋竣工面积(万平方米)	183.40	499.30	1729.00	9095.78
交通运输邮电				
铁路营业里程(公里)	1009	1021	1454	2110
公路通车里程(公里)	29109	41011	51073	91015
高速公路			351	2351
内河通航里程(公里)	3629	3888	3701	3245
客运量(万人)	7928	39495	44203	77153
铁路	718	1234	1428	3640
公路	6285	36639	41696	70714
水运	924	1567	726	1444
民航	1	55	353	1356
货运量(万吨)	4871	20321	29483	66159
铁路	1261	1902	2475	3765
公路	2671	16710	22924	45575
水运	939	1708	4078	16803
民航	0.02	0.83	5.84	15.81
沿海主要港口货物吞吐量(万吨)	408.13	1496.50	6944.17	32687.01
邮电业务				
函件(万件)	8790	16228	24163	25199
报刊期发数(万份)	258	614	650	503
移动电话年末用户(万户)			441	3022
固定电话年末用户(万户)	6	23	563	1046
国内贸易				
社会消费品零售总额(亿元)	30.56	207.74	1320.80	5310.03
进出口				
海关进出口总额(亿美元)	2.03	43.39	212.23	1087.80
出口总额	1.90	24.49	129.08	714.93
进口总额	0.13	18.90	83.15	372.87

平均增长速度(%)					2012年比上年增长(%)
2012	1979—2012	1991—2012	2001—2012	2011—2012	
18.65	17.0	28.9	16.6	−1.8	−1.6
1622.62	11.5	11.9	12.3	9.4	2.8
21385.98			16.7	16.1	14.4
29206.84		22.2	22.9	20.3	12.9
2023.27	18.3	24.6	27.4	16.9	9.7
249.64	12.5	9.9	16.2	4.3	13.9
4713.38	23.8	25.4	26.9	24.1	21.7
41821.78	14.5	18.7	21.4	21.3	17.2
12343.77	13.2	15.7	17.8	16.5	12.8
2255	2.4	3.7	3.7	3.4	6.9
94661	3.5	3.9	5.3	2.0	2.5
3372			20.7	19.8	27.1
3245	−0.3	−0.8	−1.1	0.0	0.0
83725	7.2	3.5	5.5	4.2	3.3
5295	6.1	6.8	11.5	20.6	12.8
75044	7.6	3.3	5.0	3.0	2.4
1701	1.8	0.4	7.4	8.5	6.6
1684	23.9	16.8	13.9	11.5	9.9
84417	8.8	6.7	9.2	13.0	12.1
3868	3.4	3.3	3.8	1.4	1.1
59431	9.6	5.9	8.3	14.2	13.1
21100	9.6	12.1	14.7	12.1	11.8
17.58	22.1	14.9	9.6	5.4	5.6
41359.23	14.5	16.3	16.0	12.5	10.9
24554	3.1	1.9	0.1	−1.3	0.2
503	2.0	−0.9	−2.1	0.0	−5.3
4049			20.3	15.8	14.0
1017	16.4	18.8	5.1	−1.4	0.2
7256.53	17.5	17.5	15.3	16.9	15.6
1559.38	21.6	17.7	18.1	19.7	8.7
978.33	20.2	18.2	18.4	17.0	5.4
581.05	28.0	16.8	17.6	24.8	14.6

（续）

项　　目	总量指标			
	1978	1990	2000	2010
旅游				
接待入境游客人数（万人次）		70.79	161.33	368.14
外国人		10.54	49.75	115.27
台湾同胞		36.28	47.79	156.92
港澳同胞		23.97	63.80	95.94
国际旅游外汇收入（亿美元）			8.94	29.78
教育				
在校学生数（万人）				
普通高等学校	2.05	5.56	13.14	64.78
普通中等学校	119.98	120.69	269.46	260.22
普通小学	370.23	337.08	369.10	238.89
科技				
从事科技活动人员（万人）		2.04	6.82	17.93
研究与试验发展经费内部支出（亿元）			21.19	170.89
技术市场成交额（亿元）		0.44	17.26	38.12
专利情况（项）				
申请量		540	4211	21994
授权量		276	3003	18063
文化				
图书出版总印数（万份）	6818	16312	20298	7749
期刊出版总印数（万份）	388	3157	4463	2940
报纸出版总印数（万份）	14784	41455	68897	99982
电视节目制作时间（小时）			16519	55424
艺术表演团体（个）	101	91	96	449
公共图书馆（座）	23	74	81	86
博物馆（个）	13	58	81	94
居民生活				
城镇居民人均可支配收入（元）	371	1749	7432	21781
城镇居民人均消费支出（元/人）	285	1431	5639	14750
城镇居民人均住房建筑面积（平方米）		18.1	28.0	38.5
农民人均纯收入（元）	138	764	3230	7427
农民人均生活消费支出（元）	113	708	2410	5498
农村居民人均住房使用面积（平方米）		18.5	32.1	47.5
卫生				
卫生机构数（个）	3809	4885	9807	6999
＃医院、卫生院	1111	1198	1323	1325
卫生技人员数（人）	54855	86772	97569	140133
医生	22097	35696	41461	55402
卫生机构床位数（张）	51505	68073	90091	112334
＃医院、卫生院	45331	60664	82389	103933

平均增长速度(%)					2012年比上年增长(%)
2012	1979—2012	1991—2012	2001—2012	2011—2012	
493.67		9.2	9.8	15.8	15.5
167.01		13.4	10.6	20.4	19.3
211.16		8.3	13.2	16.0	14.1
115.51		7.4	5.1	9.7	12.9
42.26			13.8	19.1	16.3
70.14	10.9	12.2	15.0	4.1	3.9
255.09	2.2	3.5	−0.5	−1.0	−2.1
252.73	−1.1	−1.3	−3.1	2.9	2.7
23.99		11.9	11.1	15.7	11.0
270.99			23.7	25.9	22.3
73.58		26.2	12.8	38.9	37.8
42773		22.0	21.3	39.5	32.3
30461		23.8	21.3	29.9	39.4
9078	0.8	−2.6	−6.5	8.2	9.5
3660	6.8	0.7	−1.6	11.6	−0.5
118783	6.3	4.9	4.6	9.0	6.2
60812			11.5	4.7	−0.7
341	3.6	6.2	11.1	−12.9	−24.9
87	4.0	0.7	0.6	0.6	1.2
94	6.0	2.2	1.2	0.0	−2.1
28055	13.6	13.4	11.7	13.5	12.6
18593	13.1	12.4	10.5	12.3	11.6
38.2		3.5	2.6	−0.4	0.8
9967	13.4	12.4	9.8	15.8	13.5
7402	13.1	11.3	9.8	16.0	13.2
50.8		4.7	3.9	3.4	2.0
7584	2.0	2.0	−2.1	4.1	4.1
1399	0.7	0.7	0.5	2.8	3.2
172532	3.4	3.2	4.9	11.0	10.8
63449	3.2	2.6	3.6	7.0	7.1
139172	3.0	3.3	3.7	11.3	12.4
129194	3.1	3.5	3.8	11.5	12.5

主要年份地区生产总值

单位：亿元

年 份	地区生产总值	第一产业	第二产业	工 业	建筑业	第三产业	人均GDP（元）
1952	12.73	8.39	2.42	2.17	0.25	1.92	102
1980	87.06	31.95	35.68	29.55	6.13	19.43	348
1985	200.48	68.13	72.56	62.09	10.47	59.79	737
1990	522.28	147.01	174.47	150.55	23.92	200.80	1763
1995	2094.90	464.82	882.34	748.92	133.42	747.74	6526
2000	3764.54	640.57	1628.45	1422.34	206.11	1495.52	11194
2005	6554.69	827.36	3175.92	2801.88	374.05	2551.41	18353
2010	14737.12	1363.67	7522.83	6397.71	1125.12	5850.62	40025
2011	17560.18	1612.24	9069.20	7675.09	1394.11	6878.74	47377
2012	19701.78	1776.71	10187.94	8541.94	1646.00	7737.13	52763

主要年份地区生产总值指数

单位：以1952年为100

年 份	地区生产总值	第一产业	第二产业	工 业	建筑业	第三产业	人均GDP
1952	100.0	100.0	100.0	100.0	100.0	100.0	100.0
1980	563.9	225.3	1564.4	1455.1	2334.6	868.4	279.3
1985	1047.5	316.7	2968.2	2884.7	3318.8	2207.8	477.4
1990	1665.8	409.0	5233.3	5595.3	975.0	3615.6	696.9
1995	3869.0	644.9	17347.3	19090.2	2625.3	7376.8	1493.2
2000	6653.7	876.2	32080.0	36372.6	3660.4	12954.3	2451.1
2005	11079.3	1031.5	59968.7	69361.6	5892.1	21357.2	3831.0
2010	21180.7	1225.7	127711.8	146008.6	13655.5	39974.4	7101.4
2011	23785.9	1279.6	148401.1	170392.0	15471.7	43612.1	7925.2
2012	26497.5	1333.3	169622.5	193906.1	18163.8	47580.8	8757.3

主要年份农林牧渔业总产值和指数

年 份	农林牧渔业总产值(亿元)					总指数
	总产值	#农业	#林业	#牧业	#渔业	
1952	11.07	8.44	0.65	1.42	0.56	100.0
1980	45.49	31.13	3.41	7.38	3.57	244.0
1985	99.05	59.34	9.13	19.62	10.96	360.6
1990	227.12	118.31	21.54	51.93	35.34	478.9
1995	738.63	340.48	59.24	144.45	194.47	806.7
2000	1037.27	420.98	82.29	208.18	325.82	1167.6
2005	1373.01	552.74	96.92	266.81	396.78	1368.8
2010	2307.06	976.58	189.35	380.28	674.18	1656.0
2011	2730.94	1136.18	237.70	479.20	782.64	1723.8
2012	3007.40	1263.71	256.45	481.28	903.36	1798.8

注：1.2003年起采用国民经济行业分类GB/T4754—2002，其他年份均采用GB/T4754—94。2.2002—2007年数据根据2006年农普结果进行了调整。

主要年份全社会固定资产投资

单位：亿元

年份	全社会固定资产投资额	固定资产投资（不含农户）			农村农户投资	全社会固定资产投资比上年增长（%）
			项目投资	房地产开发投资		
1952	6223	4966	4966		1257	68.1
1980	183177	163368	163368		19809	19.6
1985	556154	487733	487733		68421	60.7
1990	1154072	905109	770383	134726	248963	13.5
1995	6811714	5944466	4430778	1513688	867248	26.4
2000	10824716	9953786	7880095	2073691	870930	4.1
2005	23447330	22417041	17013139	5403902	1030289	23.5
2010	82734186	80673339	62484769	18188570	2060847	30.0
2011	101194678	98856652	74830596	24026056	2338026	27.1
2012	127096604	124522414	96281165	28241249	2574190	25.5

房地产开发企业（单位）主要指标

年份	本年完成投资（亿元）	#住宅	商品房销售额（亿元）	#住宅	商品房销售面积（万平方米）	#住宅
1990	13.47					
1995	151.37	88.51	66.16	46.14	368.65	309.44
2000	207.37	125.07	168.96	119.39	810.65	675.73
2005	540.39	363.72	605.09	481.90	1913.84	1720.56
2010	1818.86	975.13	1611.32	1300.13	2575.62	2139.26
2011	2402.61	1591.56	2101.58	1649.34	2706.72	2213.30
2012	2824.12	1751.98	2817.70	2293.90	3258.94	2741.96

房地产开发投资完成情况

年份	企业个数（个）	本年完成投资（亿元）	施工面积（万平方米）	竣工面积（万平方米）	商品房销售面积（万平方米）	商品房销售额（亿元）
1990	190	13.47	427.57	193.92	107.79	
1995	1256	151.37	2506.77	732.63	368.65	66.16
2000	1922	207.37	3422.88	1009.36	810.65	168.96
2005	2596	540.39	6107.75	1576.16	1913.84	605.09
2010	3634	1818.86	14189.73	2242.47	2575.62	1611.32
2011	3576	2402.61	18937.98	2651.71	2706.72	2101.58
2012	3140	2824.12	21121.50	2232.78	3258.94	2817.70

主要年份城镇居民家庭基本情况

年 份	平均每户家庭人口（人）	平均每户就业人数（人）	平均每户就业面（%）	平均每一就业者负担人数（人）	平均每人全年可支配收入（元）	平均每人消费性支出（元）	平均每人住房建筑面积（平方米）
1952					106	96	
1980	4.53	2.32	51.2	1.95	450	392	11.3
1985	4.06	2.25	55.4	1.81	733	675	15.3
1990	3.64	2.09	57.4	1.74	1749	1431	18.1
1995	3.27	1.93	59.0	1.69	4853	4132	24.3
2000	3.23	1.80	55.7	1.79	7432	5639	28.0
2005	3.04	1.60	52.6	1.90	12321	8794	31.4
2010	3.08	1.71	55.5	1.80	21781	14750	38.5
2011	3.12	1.68	53.8	1.86	24907	16661	37.9
2012	3.10	1.68	54.2	1.85	28055	18593	38.2

主要年份农民家庭基本情况

年 份	平均每户常住人口（人）	平均每户整半劳动力（人）	平均每个劳动力负担人口（人）	平均每人纯收入（元）	平均每人生活消费支出（元）			平均每人使用住房面积（平方米）
						平均每人生活消费品支出（元）	平均每人文化生活服务支出（元）	
1952			2.20	69.97	67.52			
1980	6.25	2.06	3.03	171.74	157.67	152.34	5.33	
1985	5.74	2.95	1.94	396.45	350.57	337.21	13.36	14.47
1990	5.50	3.03	1.81	764.41	707.97	646.85	61.12	18.47
1995	4.91	3.02	1.62	2048.59	1793.68	1507.46	286.22	22.88
2000	4.24	2.70	1.57	3230.49	2409.69	1933.28	476.41	32.14
2005	4.05	2.77	1.47	4450.36	3292.63	2617.70	674.93	40.15
2010	3.94	2.77	1.43	7426.86	5498.33	3887.73	1610.60	47.54
2011	3.84	2.73	1.40	8778.55	6540.85	4852.56	1688.29	49.82
2012	3.84	2.71	1.41	9967.17	7401.92	5433.12	1968.80	50.80

居民消费价格指数

单位：以上年为100

项 目	全 省		
		城 市	农 村
居民消费价格指数	102.4	102.4	102.4
一、按商品和非商品分			
消费品价格指数	103.1	103.1	103.1
服务项目价格指数	100.9	100.9	101.0
二、按类别分			
食品	104.6	104.6	104.7
烟酒及用品	102.4	102.5	102.3
衣着	105.0	105.1	104.6
家庭设备用品及维修服务	101.7	102.1	100.4
医疗保健和个人用品	102.3	101.7	104.1
交通和通讯	100.1	99.8	100.8
娱乐教育文化用品及服务	98.8	98.7	98.8
居住	101.6	102.0	100.8

地方公共财政收入

单位：万元

项　目	2000	2005	2010	2011	2012
收入合计	**2341061**	**4326003**	**11514923**	**15015128**	**17761728**
1. 增值税	353461	731267	1411033	1642211	1904283
2. 营业税	582053	1246076	3197000	4000289	4900913
3. 企业所得税	321959	542646	1569118	2161157	2517592
4. 企业所得税退税	－3243				
5. 个人所得税	247517	274137	563374	692387	682433
6. 资源税	7007	21436	64550	80886	93319
7. 固定资产投资方向调节税	8784	103			
8. 城市维护建设税	97646	185544	431149	745296	859409
9. 房产税	95496	169576	317362	406709	388312
10. 印花税	18309	55267	171193	221381	234536
11. 城镇土地使用税	15746	29400	263343	296411	216855
12. 土地增值税	4326	40785	628057	999172	1360010
13. 车船税	6055	12662	59863	71514	104956
14. 烟叶税			32896	42897	56018
15. 耕地占用税	13474	32003	181050	246176	308975
16. 契税	55799	209093	770908	936604	775755
17. 国有资本经营收入			219530	235537	344503
18. 国有资源(资产)有偿使用收入			414662	507005	774301
19. 行政性收费收入	74946	290876	431761	688333	893590
20. 罚没收入	101764	213993	292226	370872	469648
21. 专项收入	64036	120693	352274	541436	695112
22. 其他收入	127716	48254	93574	128855	181208

公共财政支出

单位：万元

项　目	2008	2009	2010	2011	2012
支出合计	**11377159**	**14118238**	**16950906**	**21981797**	**26075020**
1. 一般公共服务	1891974	2038230	2119124	2474656	2931509
2. 外交					
3. 国防	31468	32557	32680	47622	55117
4. 公共安全	915985	994719	1206017	1447356	1623883
5. 教育	2332923	2775527	3277681	4067325	5623008
6. 科学技术	256281	278903	323057	404793	484695
7. 文化体育与传媒	224251	257706	271014	358595	460722
8. 社会保障和就业	1092914	1328536	1482366	1849165	2052848
9. 医疗卫生	742741	933922	1175835	1592972	1859917
10. 环境保护	140264	338250	397865	379484	485982
11. 城乡社区事务	750936	784441	1076788	1462422	1788641
12. 农林水事务	804268	1208948	1603355	2078860	2441622
13. 交通运输	456079	1276205	1252071	2400536	2720829
14. 工业商业金融等事务	880165	938201	1044916	1469231	1649455
15. 其他支出	856910	932093	1688137	1948780	1896792

进出口总额

年份	进出口总额（万美元）	出口	进口	进出口总额（人民币万元）	出口	进口
1985	90084	55718	34366	263946	163254	100692
1990	433908	244906	189002	2265000	1278409	986591
1995	1444569	790806	653763	12105488	6626954	5478534
2000	2122332	1290828	831504	17568664	10685474	6883190
2005	5441130	3484195	1956935	44572105	28541480	16030625
2010	10878027	7149313	3728715	73638807	48397273	25241534
2011	14352244	9283779	5068465	92698273	59962074	32736199
2012	15593796	9783259	5810536	98435836	61756825	36679010

实际利用外商直接投资金额

单位：万美元

年份	合计	合资企业	合作企业	独资企业
1985	11782	8566	2950	266
1990	29002	12617	2780	13605
2000	380386	74548	13263	291365
历史可比口径				
2005	622984			
2010	1031552			
2011	1104447			
2012	1218541			
验资口径				
2005	260775	31021	670	222422
2010	580279	97974	2126	475199
2011	620111	94469	774	479782
2012	633774	130747	1325	399721

主要年份各类运输总量

年份	客运量（万人）	旅客周转量（亿人公里）	货运量（万吨）	货物周转量（亿吨公里）
1952	251	1.72	156	1.44
1980	16676	62.37	7979	100.34
1985	33984	130.33	13317	161.97
1990	39495	175.40	20321	272.71
1995	40080	247.65	28922	608.61
2000	44203	333.97	29483	687.65
2005	55615	477.82	40400	1576.12
2010	77153	648.76	66159	2983.52
2011	81082	723.83	75272	3404.11
2012	83725	771.93	84417	3877.73

企业在证券市场融资情况

年份	年底累计上市公司数(家)			当年融资企业数(个)			当年融资金额(亿元)		
	福建	全国	占全国比重(%)	福建	首发	再融资	总计	首发	再融资
2000	41	1020	4.0	10	3	7	41.18	20.41	20.78
2005									
2006	48	1434	3.4	5	4	1	11.65	8.75	2.90
2007	50	1550	3.2	9	3	6	209.54	166.99	42.55
2008	55	1625	3.4	7	6	1	121.12	114.78	6.34
2009	57	1718	3.3	5	2	3	54.82	15.09	39.73
2010	70	2063	3.4	23	16	7	344.97	142.76	202.21
2011	81	2342	3.5	15	9	6	120.99	87.93	33.06
2012	87	2469	3.5	9	6	3	47.75	26.24	21.51

金融机构人民币各项存款和贷款余额

单位:亿元

年份	各项存款	#城乡居民储蓄存款	财政存款	各项贷款	#短期贷款	中长期贷款
1990	359.45	183.26		381.93		
1995	1451.68	795.43		1176.63	860.09	221.09
2000	3114.32	1767.59	39.59	2438.82	1728.01	510.32
2005	7248.40	3903.05	128.33	5068.68	2366.93	2350.80
2010	18309.45	8101.02	678.08	15231.36	6594.50	8372.64
2011	21055.49	9068.62	834.38	18165.19	7836.03	9906.51
2012	24283.68	10507.39	741.75	21209.82	9451.96	11133.74

注:1.2004年起含外资银行。

主要年份年末常住人口及人口变动

年份	常住总人口(万人)	按性别分类		按城乡分		人口出生率(‰)	人口死亡率(‰)	人口自然增长率(‰)	人口密度(人/平方公里)
		男	女	城镇	农村				
1952	1270					37.92	13.32	24.60	102
1980	2519					18.68	6.27	12.41	203
1985	2769					23.88	6.18	17.70	223
1990	3037					24.44	6.71	17.73	245
1995	3227					15.20	5.90	9.30	261
2000	3410	1757	1653	1432	1978	11.60	5.85	5.75	275
2005	3557	1793	1764	1758	1799	11.60	5.62	5.98	287
2010	3693	1900	1793	2109	1584	11.27	5.16	6.11	298
2011	3720	1912	1808	2161	1559	11.41	5.20	6.21	300
2012	3748	1927	1821	2234	1514	12.74	5.73	7.01	302

地区生产总值

(2012年)　　单位:亿元

地　区	地区生产总值	第一产业	第二产业			第三产业
				工业	建筑业	
全　省	**19701.78**	**1776.71**	**10187.94**	**8541.94**	**1646.00**	**7737.13**
福州市	**4210.93**	**367.73**	**1905.50**	**1481.99**	**423.51**	**1937.70**
福州市辖区	2075.67	12.96	758.85	525.42	233.43	1303.86
鼓楼区	806.29		176.31	57.39	118.92	629.98
台江区	279.21		60.33	22.02	38.31	218.88
仓山区	323.65	2.89	182.58	167.87	14.71	138.18
马尾区	302.96	5.41	205.42	190.83	14.59	92.13
晋安区	363.56	4.66	134.21	87.31	46.90	224.69
福清市	607.25	82.02	306.28	247.73	58.55	218.95
长乐市	435.08	37.63	287.60	269.07	18.53	109.85
闽侯县	337.29	30.36	205.11	182.18	22.93	101.82
连江县	268.59	93.69	104.01	91.80	12.21	70.89
罗源县	146.73	25.14	99.98	95.03	4.95	21.61
闽清县	106.42	19.60	60.77	51.73	9.04	26.05
永泰县	97.94	32.59	36.28	9.72	26.56	29.07
平潭县	135.46	33.17	46.14	9.35	36.79	56.15
厦门市	**2815.17**	**25.30**	**1363.85**	**1153.77**	**210.08**	**1426.02**
厦门市辖区						
思明区	854.38	0.54	146.66	80.05	66.61	707.18
海沧区	391.15	1.99	278.82	263.96	14.85	110.35
湖里区	709.19		375.66	338.07	37.59	333.53
集美区	369.26	2.52	220.72	180.66	40.06	146.03
同安区	198.59	11.88	108.63	92.61	16.02	78.07
翔安区	292.60	8.37	233.37	198.42	34.95	50.86
莆田市	**1200.38**	**107.24**	**689.65**	**568.88**	**120.77**	**403.49**
莆田市辖区	996.46	81.41	593.51	488.62	104.89	321.54
城厢区	210.27	11.82	92.43	64.71	27.72	106.02
涵江区	320.75	16.60	226.26	209.82	16.44	77.89
荔城区	238.03	16.01	149.51	121.69	27.82	72.51
秀屿区	227.41	36.98	125.32	92.40	32.92	65.12
仙游县	203.92	25.84	96.14	80.26	15.88	81.95
三明市	**1334.82**	**211.00**	**677.79**	**565.33**	**112.46**	**446.03**
三明市辖区	292.28	13.19	155.14	133.13	22.01	123.96
梅列区						
三元区						
永安市	246.42	24.59	141.52	126.37	15.14	80.31
明溪县	44.69	12.33	19.16	15.03	4.13	13.20
清流县	60.92	12.78	28.75	21.67	7.07	19.39
宁化县	80.86	22.34	33.59	25.70	7.89	24.93
大田县	123.23	22.84	65.85	58.64	7.21	34.54
尤溪县	139.28	39.22	60.38	48.92	11.45	39.68
沙县	145.81	22.28	75.79	67.29	8.50	47.74
将乐县	77.55	13.95	40.67	31.64	9.04	22.92
泰宁县	64.05	12.85	27.61	21.37	6.24	23.59
建宁县	59.75	14.64	29.34	15.57	13.77	15.77
泉州市	**4702.70**	**160.57**	**2890.41**	**2595.57**	**294.84**	**1651.72**
泉州市辖区	1068.88	15.28	613.97	525.15	88.82	439.63
鲤城区	291.37	0.14	169.82	156.35	13.47	121.41
丰泽区	378.42	1.61	155.40	114.52	40.88	221.42
洛江区	109.23	3.64	79.17	71.05	8.12	26.42
泉港区	289.85	9.89	209.57	183.22	26.35	70.39

（续）

地区	地区生产总值	第一产业	第二产业	工业	建筑业	第三产业
石狮市	500.14	18.24	294.07	268.12	25.95	187.84
晋江市	1213.89	18.20	815.05	769.24	45.82	380.63
南安市	658.99	22.49	418.36	388.98	29.37	218.14
惠安县	544.37	26.77	348.90	296.07	52.82	168.70
安溪县	350.96	30.97	193.99	173.04	20.95	126.00
永春县	232.14	19.49	128.84	115.24	13.60	83.81
德化县	134.68	9.13	78.59	61.07	17.52	46.96
漳州市	**2012.92**	**320.45**	**961.10**	**818.45**	**142.64**	**731.37**
漳州市辖区	485.78	11.90	241.74	195.04	46.69	232.14
芗城区	368.56	7.67	172.30	140.33	31.98	188.58
龙文区	117.22	4.24	69.43	54.72	14.72	43.56
龙海市	481.87	53.95	269.72	233.70	36.03	158.19
云霄县	105.18	22.76	45.89	41.15	4.75	36.52
漳浦县	214.90	53.50	81.06	59.12	21.93	80.34
诏安县	131.74	34.07	54.49	47.94	6.56	43.17
长泰县	128.43	14.87	75.96	73.66	2.29	37.61
东山县	113.67	27.03	51.54	46.06	5.48	35.09
南靖县	154.22	39.61	70.65	64.69	5.96	43.96
平和县	126.17	46.19	33.49	26.43	7.06	46.49
华安县	70.97	16.56	36.56	30.66	5.90	17.86
南平市	**995.08**	**234.49**	**423.97**	**328.97**	**95.00**	**336.61**
南平市辖区	223.39	31.22	118.85	83.01	35.84	73.32
延平区						
邵武市	146.68	26.57	71.21	55.92	15.29	48.90
武夷山市	98.13	20.69	34.86	22.46	12.40	42.58
建瓯市	140.99	42.51	49.34	42.05	7.29	49.15
建阳市	111.56	28.16	52.30	44.13	8.16	31.10
顺昌县	69.64	17.17	25.03	21.14	3.89	27.44
浦城县	84.96	23.77	30.93	24.48	6.45	30.25
光泽县	53.97	23.29	18.10	16.42	1.69	12.57
松溪县	31.37	10.16	11.17	8.60	2.56	10.05
政和县	34.39	10.95	12.19	10.76	1.43	11.24
龙岩市	**1356.78**	**162.00**	**752.07**	**622.95**	**129.12**	**442.71**
龙岩市辖区	527.21	23.06	337.31	290.11	47.20	166.84
新罗区						
漳平市	141.70	19.67	65.24	51.80	13.44	56.79
长汀县	126.31	23.73	60.67	45.98	14.69	41.91
永定县	158.46	23.54	85.36	73.00	12.36	49.56
上杭县	186.21	25.58	106.83	84.42	22.40	53.80
武平县	106.54	24.02	45.73	33.48	12.25	36.79
连城县	110.34	22.39	50.92	44.15	6.77	37.03
宁德市	**1075.06**	**201.35**	**512.23**	**418.91**	**93.32**	**361.49**
宁德市辖区						
蕉城区	184.06	27.92	71.25	38.96	32.29	84.88
福安市	268.68	34.40	160.43	145.68	14.75	73.84
福鼎市	210.65	30.49	119.44	107.87	11.57	60.71
霞浦县	133.93	39.51	41.93	29.33	12.60	52.49
古田县	109.08	31.13	41.79	35.35	6.44	36.16
屏南县	46.38	10.81	18.75	15.48	3.27	16.82
寿宁县	49.08	12.76	21.30	15.04	6.27	15.02
周宁县	35.62	7.04	17.09	13.51	3.58	11.49
柘荣县	37.59	7.28	20.24	17.69	2.54	10.07

地区生产总值指数

(2012 年)

单位:以上年为 100

地区	地区生产总值	第一产业	第二产业			第三产业
				工业	建筑业	
全省	**111.4**	**104.2**	**114.3**	**113.8**	**117.4**	**109.1**
福州市	**112.1**	**104.7**	**114.9**	**114.1**	**118.3**	**110.6**
福州市辖区	111.8	100.4	113.1	112.3	115.3	111.1
鼓楼区	112.2		114.4	113.1	115.3	111.4
台江区	111.5		111.9	106.4	115.6	111.4
仓山区	112.2	98.4	114.4	114.4	114.7	109.5
马尾区	110.3	101.8	110.2	109.9	115.6	110.9
晋安区	112.3	100.1	115.0	114.8	115.3	110.9
福清市	110.6	104.8	113.2	112.8	115.3	108.8
长乐市	114.8	104.9	117.7	117.9	114.7	110.5
闽侯县	113.7	104.8	117.2	117.5	114.8	109.7
连江县	111.6	105.3	117.7	118.0	115.7	110.2
罗源县	110.5	104.3	111.9	111.7	115.6	110.4
闽清县	113.0	104.5	117.6	118.0	115.6	108.0
永泰县	111.3	104.5	115.9	114.0	116.8	112.6
平潭县	118.1	103.9	144.2	107.6	159.0	110.2
厦门市	**112.1**	**100.5**	**113.3**	**113.6**	**111.4**	**111.0**
厦门市辖区						
思明区	111.2	123.4	107.1	110.2	104.1	112.0
海沧区	112.1	94.3	111.1	110.8	115.7	115.3
湖里区	116.1		119.1	120.4	107.1	111.8
集美区	111.0	94.2	109.0	106.7	123.5	115.4
同安区	107.8	105.6	111.1	110.0	117.9	103.5
翔安区	115.2	96.9	118.1	117.9	119.9	107.4
莆田市	**112.8**	**103.8**	**115.6**	**113.9**	**124.7**	**110.3**
莆田市辖区	112.7	103.9	115.2	113.7	123.2	110.3
城厢区	113.0	104.3	117.9	117.0	120.0	110.0
涵江区	110.2	104.5	110.9	110.8	112.3	109.1
荔城区	115.6	103.7	119.1	119.5	117.5	111.3
秀屿区	113.3	103.5	117.4	111.6	138.5	110.8
仙游县	113.1	103.6	118.0	115.0	136.3	110.6
三明市	**112.2**	**104.3**	**117.0**	**115.8**	**124.5**	**108.2**
三明市辖区	109.1	103.9	109.4	110.7	101.2	109.2
梅列区						
三元区						
永安市	112.4	103.8	116.3	117.8	103.8	107.9
明溪县	112.1	103.7	120.2	116.2	139.4	108.5
清流县	115.4	105.3	125.1	113.5	191.1	108.3
宁化县	112.8	104.4	121.6	119.0	132.3	108.5
大田县	114.9	104.9	122.0	119.0	157.1	108.2
尤溪县	114.3	103.9	125.8	122.0	149.0	107.5
沙县	112.3	104.3	117.7	114.7	151.6	107.1
将乐县	112.4	104.5	117.7	118.9	113.2	107.0
泰宁县	111.8	103.5	119.3	110.9	164.0	107.9
建宁县	112.2	104.9	117.4	117.2	117.5	109.1
泉州市	**112.3**	**101.6**	**114.3**	**113.5**	**122.5**	**109.8**
泉州市辖区	111.6	98.5	114.2	112.8	123.3	108.8
鲤城区	112.0	92.2	113.9	113.2	122.1	109.4
丰泽区	110.2	85.9	112.5	109.3	125.3	108.6
洛江区	114.0	100.1	116.2	115.4	122.8	109.8
泉港区	112.6	100.3	115.3	114.3	120.9	107.9

（续）

地　区	地区生产总值	第一产业	第二产业			第三产业
				工业	建筑业	
石狮市	113.0	100.5	114.4	113.8	121.6	112.0
晋江市	112.3	100.0	113.6	113.2	121.3	109.9
南安市	112.7	102.8	113.6	113.1	122.1	111.6
惠安县	112.1	99.9	115.5	114.1	124.3	107.5
安溪县	112.7	104.0	115.4	114.9	120.9	110.0
永春县	113.0	104.3	118.2	117.7	123.6	106.6
德化县	112.6	101.4	115.8	114.5	121.0	109.2
漳州市	**112.6**	**104.5**	**117.3**	**115.5**	**129.0**	**110.2**
漳州市辖区	111.9	102.8	116.4	115.3	121.6	107.7
芗城区	111.0	103.0	116.0	115.0	119.0	107.0
龙文区	115.0	104.0	118.0	116.0	127.0	110.0
龙海市	112.0	104.4	112.8	109.4	146.5	113.1
云霄县	114.2	104.1	123.2	126.3	101.6	111.6
漳浦县	114.3	104.2	121.3	117.6	133.8	114.1
诏安县	112.6	104.6	119.7	118.8	127.0	110.2
长泰县	115.0	104.5	120.3	119.6	145.8	110.2
东山县	112.6	104.1	120.9	120.1	128.5	106.6
南靖县	113.8	104.8	122.1	120.9	136.7	109.7
平和县	110.0	105.4	118.4	120.9	109.4	108.6
华安县	113.9	104.4	120.0	118.9	126.1	110.9
南平市	**111.0**	**105.3**	**117.9**	**117.5**	**119.3**	**105.7**
南平市辖区	108.2	103.8	110.7	107.8	119.7	105.2
延平区						
邵武市	113.0	105.4	120.4	121.2	117.4	106.5
武夷山市	112.0	105.6	122.0	123.5	119.3	107.0
建瓯市	111.0	103.8	122.4	122.2	123.4	105.0
建阳市	112.2	105.5	121.2	120.7	124.2	103.4
顺昌县	109.2	105.5	115.1	115.7	111.6	105.5
浦城县	112.2	105.6	121.5	123.4	113.8	107.6
光泽县	113.5	109.5	125.2	125.2	125.1	103.3
松溪县	112.0	105.5	124.0	125.4	118.3	104.9
政和县	112.8	105.5	122.2	121.8	125.4	110.0
龙岩市	**112.0**	**103.6**	**114.6**	**113.3**	**121.8**	**110.5**
龙岩市辖区	110.2	100.2	110.4	109.0	121.1	111.3
新罗区						
漳平市	112.6	104.6	115.8	114.1	122.7	111.9
长汀县	112.8	104.6	117.8	116.5	122.3	110.4
永定县	112.5	104.4	117.4	116.5	123.1	107.9
上杭县	115.6	103.9	121.8	121.8	121.7	109.4
武平县	112.1	104.0	118.9	117.9	121.8	109.8
连城县	112.3	103.8	117.9	117.3	122.0	110.0
宁德市	**112.6**	**105.5**	**120.8**	**119.7**	**126.1**	**105.7**
宁德市辖区						
蕉城区	112.8	105.4	126.5	124.3	129.1	105.7
福安市	112.8	105.5	117.9	117.8	119.0	106.0
福鼎市	112.9	105.2	119.8	120.4	114.5	104.9
霞浦县	112.5	106.2	126.2	122.6	135.2	105.8
古田县	112.4	105.2	121.7	120.7	128.9	107.2
屏南县	111.8	105.8	121.8	121.5	123.5	104.5
寿宁县	111.9	105.2	121.4	119.1	128.5	104.4
周宁县	112.3	104.6	119.1	117.1	129.1	106.2
柘荣县	112.2	105.5	117.8	117.3	121.6	104.4

年末户籍统计人口数

（2012 年）

单位：万人

地区	年末户籍统计总人口	按城乡分		按性别分	
		非农业	农业	男	女
全省	**3579.00**	**1221.00**	**2358.00**	**1843.00**	**1736.00**
福州市	**655.27**	**270.08**	**385.20**	**337.12**	**318.16**
福州市辖区	192.06	159.75	32.32	95.99	96.05
鼓楼区	57.68	57.68		28.94	28.73
台江区	32.72	32.72		16.40	16.32
仓山区	48.45	30.23	18.22	24.03	24.41
马尾区	16.61	5.53	11.08	8.38	8.23
晋安区	36.60	33.59	3.02	18.24	18.36
福清市	129.37	37.16	92.21	66.88	62.49
长乐市	69.42	24.29	45.13	36.63	32.79
闽侯县	64.84	6.67	58.17	33.53	31.31
连江县	64.14	14.91	49.22	33.32	30.81
罗源县	25.80	6.82	18.98	13.51	12.29
闽清县	31.64	6.78	24.86	16.70	14.94
永泰县	36.65	6.08	30.57	19.52	17.13
平潭县	41.35	7.63	33.72	21.02	20.33
厦门市	**190.92**	**154.52**	**36.40**	**95.05**	**95.87**
厦门市辖区	190.92	154.52	36.40	95.05	95.87
思明区	66.90	66.90		32.95	33.95
海沧区	13.93	10.96	2.97	6.88	7.05
湖里区	24.54	24.54		12.42	12.12
集美区	21.48	15.20	6.28	10.77	10.71
同安区	33.46	15.11	18.36	16.72	16.74
翔安区	30.61	21.82	8.79	15.31	15.30
莆田市	**329.32**	**64.07**	**265.25**	**167.58**	**161.74**
莆田市辖区	219.43	43.87	175.54	111.06	108.36
城厢区	38.71	13.11	25.59	19.51	19.19
涵江区	43.71	10.52	33.19	21.68	22.03
荔城区	51.87	13.16	38.71	25.97	25.90
秀屿区	85.14	7.08	78.05	43.90	41.24
仙游县	109.89	20.19	89.70	56.51	53.38
三明市	**274.24**	**88.29**	**185.96**	**143.10**	**131.14**
三明市辖区	28.16	21.79	6.37	14.29	13.87
梅列区	14.04	12.42	1.62	7.09	6.95
三元区	14.12	9.37	4.75	7.20	6.92
永安市	32.67	16.78	15.89	16.87	15.79
明溪县	11.67	3.16	8.51	6.04	5.63
清流县	14.72	3.45	11.27	7.65	7.07
宁化县	36.03	5.48	30.54	18.83	17.20
大田县	36.91	8.99	27.92	19.72	17.19
尤溪县	42.47	6.66	35.81	22.71	19.77
沙县	25.58	11.71	13.86	13.24	12.33
将乐县	17.74	4.71	13.03	9.19	8.55
泰宁县	13.19	2.95	10.24	6.82	6.37
建宁县	15.11	2.59	12.52	7.74	7.37
泉州市	**693.16**	**197.39**	**495.77**	**356.35**	**336.82**
泉州市辖区	103.83	62.89	40.94	52.36	51.47
鲤城区	25.19	25.19		12.50	12.69
丰泽区	22.22	22.22		10.89	11.33
洛江区	17.77	4.15	13.62	9.25	8.52
泉港区	38.65	11.33	27.32	19.72	18.93

（续）

地区	年末户籍统计总人口	按城乡分		按性别分	
		非农业	农业	男	女
石狮市	31.81	9.67	22.13	16.18	15.63
晋江市	107.44	36.82	70.62	54.80	52.64
南安市	151.67	37.75	113.92	78.73	72.94
惠安县	97.28	14.20	83.08	48.41	48.87
安溪县	112.24	13.85	98.39	59.26	52.98
永春县	56.94	15.32	41.63	29.79	27.16
德化县	31.97	6.90	25.07	16.82	15.15
漳州市	**482.47**	**139.60**	**342.87**	**247.72**	**234.75**
漳州市辖区	56.69	36.78	19.91	28.26	28.42
芗城区	43.57	33.50	10.07	21.66	21.91
龙文区	13.12	3.28	9.84	6.60	6.51
龙海市	83.09	16.05	67.05	41.81	41.29
云霄县	44.05	7.05	37.00	23.14	20.91
漳浦县	86.55	25.58	60.98	44.37	42.19
诏安县	61.11	8.72	52.39	31.83	29.28
长泰县	19.83	3.99	15.85	10.06	9.77
东山县	20.90	10.98	9.92	10.51	10.39
南靖县	35.44	9.21	26.23	18.10	17.34
平和县	58.40	15.59	42.80	31.15	27.25
华安县	16.40	5.66	10.75	8.50	7.91
南平市	**313.88**	**108.62**	**205.26**	**162.27**	**151.61**
南平市辖区	49.72	25.98	23.74	25.65	24.07
延平区	49.72	25.98	23.74	25.65	24.07
邵武市	30.47	13.45	17.02	15.63	14.83
武夷山市	23.13	8.01	15.12	11.84	11.30
建瓯市	54.11	16.36	37.75	27.92	26.19
建阳市	34.52	14.78	19.74	17.77	16.76
顺昌县	23.79	6.75	17.04	12.20	11.58
浦城县	42.79	9.57	33.22	22.11	20.68
光泽县	16.04	3.84	12.20	8.36	7.68
松溪县	16.45	4.17	12.29	8.54	7.91
政和县	22.86	5.71	17.15	12.24	10.62
龙岩市	**297.71**	**91.02**	**206.69**	**153.65**	**144.06**
龙岩市辖区	49.14	32.98	16.16	24.78	24.36
新罗区	49.14	32.98	16.16	24.78	24.36
漳平市	28.42	8.63	19.79	14.96	13.47
长汀县	50.96	16.18	34.78	26.56	24.40
永定县	48.68	10.29	38.39	25.29	23.39
上杭县	49.72	9.51	40.21	25.34	24.38
武平县	37.50	8.01	29.50	19.35	18.16
连城县	33.28	5.43	27.86	17.37	15.91
宁德市	**342.30**	**107.37**	**234.93**	**179.90**	**162.40**
宁德市辖区	45.97	14.66	31.31	23.72	22.24
蕉城区	45.97	14.66	31.31	23.72	22.24
福安市	65.10	19.35	45.76	34.33	30.77
福鼎市	58.43	20.82	37.62	30.34	28.10
霞浦县	53.53	17.94	35.59	28.15	25.38
古田县	42.81	14.78	28.04	22.60	20.21
屏南县	18.75	4.46	14.29	10.03	8.72
寿宁县	26.75	5.63	21.12	14.20	12.56
周宁县	20.36	6.64	13.72	10.96	9.40
柘荣县	10.59	3.09	7.50	5.58	5.02

年末常住人口数

（2012 年）

单位：万人

地 区	常住人口数	城镇人口	乡村人口	城镇化水平（%）
全 省	**3748.00**	**2234.00**	**1514.00**	**59.6**
福州市	**727.00**	**471.00**	**256.00**	**64.8**
福州市辖区	298.49	289.65	8.84	97.0
鼓楼区	69.52	69.52		100.0
台江区	45.30	45.30		100.0
仓山区	78.00	78.00		100.0
马尾区	24.20	16.58	7.62	68.5
晋安区	81.47	80.25	1.22	98.5
福清市	125.30	53.88	71.42	43.0
长乐市	69.73	30.33	39.40	43.5
闽侯县	68.80	34.06	34.74	49.5
连江县	56.60	22.53	34.07	39.8
罗源县	20.65	7.85	12.80	38.0
闽清县	23.50	8.22	15.28	35.0
永泰县	24.88	8.96	15.92	36.0
平潭县	39.00	15.29	23.71	39.2
厦门市	**367.00**	**325.16**	**41.84**	**88.6**
厦门市辖区	367.00	325.16	41.84	88.6
思明区	95.90	95.90		100.0
海沧区	30.50	27.63	2.87	90.6
湖里区	97.10	97.10		100.0
集美区	60.70	52.02	8.68	85.7
同安区	51.40	34.90	16.50	67.9
翔安区	31.40	17.62	13.78	56.1
莆田市	**281.00**	**145.56**	**135.44**	**51.8**
莆田市辖区	197.40	114.61	82.79	58.1
城厢区	41.80	28.26	13.54	67.6
涵江区	47.50	37.14	10.36	78.2
荔城区	50.50	34.69	15.81	68.7
秀屿区	57.60	14.52	43.08	25.2
仙游县	83.60	30.93	52.67	37.0
三明市	**250.00**	**130.25**	**119.75**	**52.1**
三明市辖区	37.74	33.62	4.12	89.1
梅列区	17.81	17.12	0.70	96.1
三元区	19.93	16.50	3.43	82.8
永安市	34.84	21.74	13.10	62.4
明溪县	10.15	4.69	5.46	46.2
清流县	13.52	5.48	8.04	40.5
宁化县	27.29	8.68	18.61	31.8
大田县	31.06	13.46	17.60	43.3
尤溪县	35.18	13.24	21.94	37.6
沙县	22.70	13.12	9.58	57.8
将乐县	14.90	7.12	7.78	47.8
泰宁县	11.02	4.80	6.22	43.6
建宁县	12.01	4.31	7.70	35.9
泉州市	**829.00**	**500.72**	**328.28**	**60.4**
泉州市辖区	147.11	119.41	27.70	81.2
鲤城区	41.52	41.52		100.0
丰泽区	54.28	54.28		100.0
洛江区	19.43	9.93	9.50	51.1
泉港区	31.88	13.68	18.20	42.9

（续）

地　　区	常住人口数	城镇人口	乡村人口	城镇化水平（%）
石　狮　市	65.53	49.74	15.79	75.9
晋　江　市	203.15	124.94	78.21	61.5
南　安　市	144.23	75.86	68.37	52.6
惠　安　县	96.02	49.28	46.74	51.3
安　溪　县	99.18	36.40	62.78	36.7
永　春　县	45.56	24.97	20.59	54.8
德　化　县	28.22	20.12	8.10	71.3
漳州市	**490.00**	**254.80**	**235.20**	**52.0**
漳州市辖区	76.08	66.72	9.36	87.7
芗　城　区	57.79	51.37	6.41	88.9
龙　文　区	18.29	15.34	2.94	83.9
龙　海　市	91.20	47.24	43.96	51.8
云　霄　县	41.13	18.06	23.07	43.9
漳　浦　县	80.21	36.82	43.39	45.9
诏　安　县	59.39	23.22	36.17	39.1
长　泰　县	21.37	10.62	10.75	49.7
东　山　县	21.57	11.26	10.31	52.2
南　靖　县	33.55	15.20	18.35	45.3
平　和　县	49.49	18.95	30.53	38.3
华　安　县	16.01	6.71	9.30	41.9
南平市	**263.00**	**135.71**	**127.29**	**51.6**
南平市辖区	46.90	30.72	16.18	65.5
延　平　区	46.90	30.72	16.18	65.5
邵　武　市	27.60	18.49	9.11	67.0
武夷山市	23.00	12.21	10.79	53.1
建　瓯　市	45.50	19.79	25.71	43.5
建　阳　市	29.10	15.39	13.71	52.9
顺　昌　县	18.90	8.69	10.21	46.0
浦　城　县	30.10	12.97	17.13	43.1
光　泽　县	13.00	5.47	7.53	42.1
松　溪　县	12.10	5.06	7.04	41.8
政　和　县	16.80	6.90	9.90	41.1
龙岩市	**257.00**	**126.96**	**130.04**	**49.4**
龙岩市辖区	68.30	48.02	20.28	70.3
新　罗　区	68.30	48.02	20.28	70.3
漳　平　市	24.00	12.50	11.50	52.1
长　汀　县	39.40	18.12	21.28	46.0
永　定　县	36.00	14.69	21.31	40.8
上　杭　县	37.10	14.17	22.93	38.2
武　平　县	27.60	9.94	17.66	36.0
连　城　县	24.60	9.57	15.03	38.9
宁德市	**284.00**	**143.70**	**140.30**	**50.6**
宁德市辖区	43.86	26.93	16.93	61.4
蕉　城　区	43.86	26.93	16.93	61.4
福　安　市	56.85	34.11	22.74	60.0
福　鼎　市	53.40	28.46	24.94	53.3
霞　浦　县	46.20	19.17	27.03	41.5
古　田　县	32.60	12.49	20.11	38.3
屏　南　县	13.60	5.15	8.45	37.9
寿　宁　县	17.55	7.42	10.13	42.3
周　宁　县	11.09	4.95	6.14	44.6
柘　荣　县	8.85	5.04	3.80	57.0

城镇单位在岗职工平均工资

（2012 年）

单位：元

地区	在岗职工平均工资	国有	城镇集体	其他	在岗职工平均工资比上年增长(%)
全省	**44979**	**55957**	**39774**	**41231**	**15.4**
福州市	**48089**	**58753**	**33907**	**44219**	**15.3**
福州市辖区	51511	56462	30463	45311	19.0
鼓楼区	54084	68467	31553	46207	6.8
台江区	54802	53710	34505	58288	16.8
仓山区	40512	49475	27949	37820	14.8
马尾区	47060	55361	41754	45656	6.7
晋安区	39582	55228	26417	32713	15.5
福清市	44568	50541	28522	43824	20.1
长乐市	54549	61167	41017	53096	19.4
闽侯县	45179	56154	27053	42087	21.4
连江县	53148	55133	60144	52403	20.0
罗源县	47391	52914	55272	42558	15.0
闽清县	43773	57027	36933	32577	8.9
永泰县	44646	51694	48487	39612	19.7
平潭县	47289	59059	16885	34420	12.4
厦门市	**52526**	**75806**	**47910**	**47623**	**13.9**
厦门市辖区	52526	75806	47910	47623	13.9
思明区	56889	81291	48777	48917	17.3
海沧区	49997	67895	39676	46787	14.2
湖里区	57268	62227	54265	56513	18.0
集美区	45595	74259	37936	42066	6.4
同安区	43213	69772	53431	38994	12.2
翔安区	43041	84018	27638	38662	13.1
莆田市	**40056**	**48573**	**38963**	**36727**	**17.5**
莆田市辖区	36550	45561	42456	36509	7.8
城厢区	39157	44498	45046	37836	17.7
涵江区	35308	47400	32449	33956	20.8
荔城区	38314	50308	47839	36295	19.0
秀屿区	43066	43505	23893	43502	10.8
仙游县	37645	43650	30933	33802	13.5
三明市	**41941**	**43276**	**36180**	**40933**	**13.0**
三明市辖区	48902	56521	26802	38902	19.6
梅列区	52253	65426	29607	49395	10.0
三元区	40246	44821	24606	33799	32.3
永安市	42934	47363	32551	40402	13.7
明溪县	37804	39225	34455	30063	8.5
清流县	37029	40399	35162	33415	12.3
宁化县	36893	38353	22723	33199	7.0
大田县	37141	41567	41955	26359	18.4
尤溪县	38498	38469	46161	37177	15.9
沙县	37423	41915	40132	32685	13.0
将乐县	40206	38840	47508	43646	2.2
泰宁县	37681	37550	27346	39792	4.0
建宁县	38482	37819	44736	38624	−12.6
泉州市	**41117**	**63411**	**41682**	**37642**	**14.5**
泉州市辖区	39201	56205	40905	33546	8.0
鲤城区	34640	54262	39378	33290	27.8
丰泽区	37800	61214	57903	32648	27.5
洛江区	32612	59769	43030	30103	22.5
泉港区	47307	50803	27633	46538	15.6

（续）

地　区	在岗职工平均工资	国有	城镇集体	其他	在岗职工平均工资比上年增长(%)
石狮市	39211	59508	36142	38400	1.1
晋江市	38043	86453	45687	35579	15.7
南安市	47995	58386	41997	44392	5.2
惠安县	42433	60655	37701	41337	6.3
安溪县	41381	59561	56198	37570	15.6
永春县	39902	47610	45852	37598	27.5
德化县	35535	45987	31510	31279	12.2
漳州市	**42137**	**49255**	**45114**	**38626**	**20.7**
漳州市辖区	43596	51545	39458	38546	13.7
芗城区	39120	47192	31113	37999	11.1
龙文区	42024	54756	44148	39715	19.0
龙海市	48967	51331	55779	47933	30.2
云霄县	39937	41922	48125	37535	21.3
漳浦县	38288	43472	54569	34836	18.0
诏安县	33137	37810	35696	30458	20.1
长泰县	40598	53898	92631	36779	25.0
东山县	38931	47569	65035	30386	21.3
南靖县	39257	46108	33631	34665	15.3
平和县	35818	39237	40148	29758	21.4
华安县	41968	47547	50333	38215	30.9
南平市	**39822**	**45344**	**37886**	**34179**	**19.3**
南平市辖区	41272	54352	51839	36464	25.1
延平区	41272	54352	51839	36464	25.1
邵武市	39453	44419	45164	34230	26.4
武夷山市	37395	41325	28915	32826	17.7
建瓯市	40582	42834	35112	37703	16.9
建阳市	42445	45540	32599	38388	23.9
顺昌县	35453	39693	42262	30404	14.9
浦城县	39465	44953	35146	30481	17.9
光泽县	33763	43429	14591	29934	19.7
松溪县	37900	39572	44710	32518	22.5
政和县	35961	38952	32030	30042	18.8
龙岩市	**41168**	**47556**	**36074**	**37464**	**15.8**
龙岩市辖区	37787	44259	41834	35225	12.7
新罗区	37787	44259	41834	35225	12.7
漳平市	39622	47066	24036	36606	5.5
长汀县	35525	39938	39959	33996	27.2
永定县	41243	42302	45043	38802	10.0
上杭县	47606	49838	21603	46607	23.5
武平县	33978	38298	31967	29922	21.4
连城县	31982	36396	31368	25348	16.0
宁德市	**43504**	**43899**	**47104**	**42917**	**13.6**
宁德市辖区	44257	44887	56962	43673	26.9
蕉城区	44257	44887	56962	43673	26.9
福安市	43116	45959	60208	36435	4.8
福鼎市	46021	45661	54318	45852	10.1
霞浦县	37660	37608	37549	37800	14.1
古田县	39445	41445	34887	37730	12.2
屏南县	36909	37723	37868	32997	11.3
寿宁县	39476	35250	41941	45907	16.6
周宁县	36305	38663	37320	31934	13.1
柘荣县	41353	38468	30861	46086	14.3

农民人均纯收入及生活消费支出

（2012年） 单位：元

地区	农民人均纯收入	人均生活消费支出	#食品	#衣着	#居住	农民人均纯收入比上年增长（%）
全省	**9967**	**7402**	**3404**	**471**	**1166**	**13.5**
福州市	**11492**	**8336**	**3687**	**616**	**1144**	**13.7**
福州市辖区						
鼓楼区						
台江区						
仓山区	14250	9226	4059	630	889	12.6
马尾区	15559	12525	5034	995	1328	13.5
晋安区	15245	9643	4503	792	1112	13.4
福清市	13500	8507	3803	656	1206	13.3
长乐市	13312	8967	4117	828	974	13.7
闽侯县	10827	8037	3372	622	1125	13.8
连江县	10334	7636	3591	424	967	13.8
罗源县	9356	8539	3542	733	1999	13.5
闽清县	9259	7369	3391	551	986	13.4
永泰县	8362	6248	3029	300	1003	14.0
平潭县	9264	7282	3000	450	865	16.1
厦门市	**13455**	**10152**	**4413**	**701**	**1406**	**12.8**
厦门市辖区						
思明区						
海沧区	16709	12085	5339	1197	1221	12.2
湖里区						
集美区	16394	11959	5148	770	1067	12.4
同安区	11378	8067	3719	455	1358	13.2
翔安区	11031	9512	3898	527	1828	13.7
莆田市	**10311**	**7733**	**3521**	**409**	**1389**	**13.7**
莆田市辖区						
城厢区	11228	8457	3655	425	1725	13.8
涵江区	10445	7857	3571	517	1040	13.6
荔城区	11162	8407	4015	484	1390	13.9
秀屿区	10242	8345	3576	320	2125	14.2
仙游县	8596	5892	2785	294	870	13.7
三明市	**9375**	**6752**	**3088**	**438**	**1049**	**14.3**
三明市辖区						
梅列区	10371	8136	3645	632	817	13.2
三元区	10549	7884	3531	705	549	13.0
永安市	10002	9335	4253	595	1779	16.5
明溪县	8875	6334	2934	441	919	15.4
清流县	9289	5758	2704	235	994	13.6
宁化县	8405	6130	2882	225	1336	14.1
大田县	9444	7020	3182	554	715	14.8
尤溪县	9495	6706	3229	373	659	14.1
沙县	10379	8818	3642	814	1630	13.9
将乐县	9141	5179	2388	304	881	13.8
泰宁县	8958	6074	2927	287	1219	14.3
建宁县	8589	5129	2341	332	925	14.4
泉州市	**11915**	**8484**	**3621**	**562**	**1340**	**12.6**
泉州市辖区						
鲤城区						
丰泽区						
洛江区	10353	7117	3179	376	1382	12.3
泉港区	12145	8141	3613	542	1226	12.2

（续）

地　区	农民人均纯收入	人均生活消费支出	#食品	#衣着	#居住	农民人均纯收入比上年增长（%）
石狮市	16043	10215	4039	663	1358	12.8
晋江市	13504	11144	4349	909	1660	12.9
南安市	12315	8965	3842	445	1848	12.7
惠安县	12307	8336	3594	693	1055	12.6
安溪县	10777	8257	3620	458	1443	13.0
永春县	9950	6300	2821	455	944	13.0
德化县	9218	7714	3439	541	891	12.1
漳州市	**10389**	**7582**	**3522**	**381**	**1273**	**13.8**
漳州市辖区						
芗城区	10248	8197	3812	380	1534	13.6
龙文区	11277	9881	3724	421	683	14.0
龙海市	10405	7427	3611	451	1016	14.0
云霄县	9537	6416	3548	434	832	13.7
漳浦县	10636	7521	3237	337	2032	13.8
诏安县	9623	6663	3170	347	946	12.2
长泰县	10625	8632	3935	410	1425	14.5
东山县	11587	7880	3816	347	1318	14.1
南靖县	9741	7670	3508	372	1202	12.9
平和县	10142	6252	2881	242	1688	15.1
华安县	10544	7198	3435	442	1190	13.9
南平市	**8893**	**6502**	**2937**	**441**	**1122**	**13.1**
南平市辖区	10269	6930	3038	485	697	13.3
延平区	10269	6930	3038	485	697	13.3
邵武市	10469	8164	3600	422	1798	13.7
武夷山市	10209	7024	3394	481	1071	14.3
建瓯市	10263	6212	2675	518	1170	12.6
建阳市	9351	6599	2867	457	1331	13.1
顺昌县	8859	6285	2830	397	993	12.0
浦城县	8791	5630	2528	417	1124	12.1
光泽县	7593	6343	2889	425	1323	12.4
松溪县	6320	5958	2752	455	915	14.0
政和县	6585	5963	2858	331	722	13.7
龙岩市	**9396**	**6837**	**3106**	**376**	**1022**	**14.1**
龙岩市辖区	12595	8631	3790	667	943	12.4
新罗区	12595	8631	3790	667	943	12.4
漳平市	9472	6148	2723	403	875	14.3
长汀县	8185	6335	2862	243	1453	15.5
永定县	10184	6981	3334	491	721	14.1
上杭县	8538	6798	3150	262	1078	15.3
武平县	8728	6491	2896	248	1128	14.3
连城县	8500	6469	2942	374	859	13.6
宁德市	**8829**	**6075**	**2816**	**399**	**1053**	**13.8**
宁德市辖区	8889	5722	2686	295	1411	15.1
蕉城区	8889	5722	2686	295	1411	15.1
福安市	9458	7174	3319	521	1205	13.0
福鼎市	9318	7454	3351	570	985	13.8
霞浦县	9416	6499	3229	392	1211	14.9
古田县	10176	6009	2797	308	1056	12.9
屏南县	8127	5171	2401	525	600	14.4
寿宁县	7938	5854	2810	237	785	14.7
周宁县	8157	5784	2522	361	1277	12.5
柘荣县	8097	5122	2293	385	946	13.8

固定资产投资(不含农户)

(2012 年)

单位:亿元

地区	固定资产投资(不含农户)					
	投资额	增长	项目投资		房地产开发	
			投资额	增长	投资额	增长
全省	**12452.24**	**25.9**	**9628.12**	**28.7**	**2824.12**	**17.4**
福州市	**3234.78**	**21.1**	**2262.51**	**32.5**	**972.27**	**0.9**
福州市辖区	1326.09	9.5	755.94	31.6	570.15	—10.0
鼓楼区	311.17	6.1	247.73	15.1	63.44	—18.8
台江区	253.93	8.3	138.67	23.5	115.26	—5.6
仓山区	331.33	6.0	112.97	66.3	218.36	—10.7
马尾区	96.79	34.1	84.07	41.4	12.72	—0.1
晋安区	302.70	17.3	142.33	73.6	160.37	—9.0
福清市	460.76	18.4	397.84	18.1	62.92	19.8
长乐市	271.85	23.1	218.41	28.7	53.44	4.7
闽侯县	376.94	28.0	300.07	47.5	76.87	—15.6
连江县	258.02	35.6	157.22	19.0	100.80	73.6
罗源县	115.46	20.6	65.31	—14.8	50.15	161.8
闽清县	30.63	31.8	23.19	37.9	7.44	15.7
永泰县	62.34	15.2	53.62	16.0	8.72	11.0
平潭县	332.67	73.2	290.90	91.9	41.77	3.3
厦门市	**1322.98**	**18.2**	**804.10**	**18.1**	**518.88**	**18.4**
厦门市辖区	1322.98	18.2	804.10	18.1	518.88	18.4
思明区	201.02	11.6	109.05	—11.9	91.99	63.0
海沧区	211.53	26.1	135.53	10.2	76.00	70.1
湖里区	267.75	—3.9	134.26	9.8	133.49	—14.7
集美区	273.27	17.5	143.25	16.2	130.00	19.0
同安区	167.80	14.9	119.75	20.2	48.05	3.4
翔安区	201.61	77.2	162.26	82.5	39.35	58.5
莆田市	**900.71**	**30.1**	**702.12**	**28.5**	**198.59**	**36.0**
莆田市辖区	750.94	29.2	579.98	26.5	170.95	39.5
城厢区	128.29	23.4	46.65	—1.9	81.64	44.7
涵江区	162.45	35.2	142.25	44.5	20.20	—7.1
荔城区	172.19	17.6	116.68	4.4	55.51	60.1
秀屿区	279.82	39.5	266.21	39.5	13.61	40.1
仙游县	149.78	34.5	122.14	38.9	27.64	17.8
三明市	**1092.86**	**21.4**	**952.88**	**19.9**	**139.98**	**32.4**
三明市辖区	268.94	12.4	235.92	12.1	33.02	15.0
梅列区	86.05	25.3	57.43	20.0	28.62	37.6
三元区	90.75	25.1	86.36	33.6	4.39	—44.5
永安市	152.32	25.0	121.92	26.5	30.40	19.3
明溪县	39.38	25.2	35.24	27.2	4.14	10.3
清流县	50.66	29.7	45.24	24.4	5.42	101.9
宁化县	81.09	28.0	68.25	18.4	12.83	124.3
大田县	119.87	29.1	110.07	24.1	9.80	135.8
尤溪县	103.69	25.5	92.91	26.7	10.78	15.4
沙县	120.09	18.3	105.48	21.2	14.61	1.2
将乐县	59.05	25.4	46.71	15.7	12.34	84.0
泰宁县	48.73	18.5	45.45	18.9	3.28	13.4
建宁县	49.05	28.6	45.68	25.9	3.37	82.5
泉州市	**1963.42**	**28.5**	**1567.92**	**25.0**	**395.50**	**44.2**
泉州市辖区	395.87	28.5	268.12	10.5	127.75	95.7
鲤城区	86.26	22.1	60.74	19.3	25.52	29.3
丰泽区	154.93	33.7	82.12	—11.3	72.81	211.7
洛江区	50.40	21.1	27.21	21.5	23.19	20.5
泉港区	104.28	30.7	98.05	27.5	6.24	111.8

（续）

地　区	固定资产投资(不含农户)					
	投资额	增长	项目投资		房地产开发	
			投资额	增长	投资额	增长
石狮市	228.48	26.5	201.43	26.7	27.05	25.0
晋江市	504.85	24.4	385.98	25.0	118.87	22.6
南安市	275.96	31.0	218.12	29.5	57.83	37.2
惠安县	310.71	32.0	287.52	33.8	23.19	13.1
安溪县	139.32	33.5	108.14	26.8	31.17	63.8
永春县	54.40	34.2	50.13	37.0	4.27	7.9
德化县	53.85	25.6	48.48	27.6	5.36	10.3
漳州市	**1444.08**	**34.3**	**1189.60**	**39.6**	**254.49**	**14.0**
漳州市辖区	341.94	18.0	230.38	29.0	111.55	0.3
芗城区	113.89	13.7	78.15	46.2	35.74	－23.5
龙文区	144.54	38.0	68.73	70.7	75.82	17.5
龙海市	298.03	44.9	255.96	47.9	42.07	28.9
云霄县	73.25	52.8	65.96	58.7	7.30	14.2
漳浦县	167.46	28.1	139.50	21.5	27.96	75.3
诏安县	73.43	45.4	71.22	52.6	2.21	－42.6
长泰县	152.95	46.1	132.06	48.1	20.89	34.7
东山县	86.76	29.1	67.94	36.7	18.81	7.6
南靖县	104.54	29.7	96.28	34.1	8.26	－6.2
平和县	71.15	59.1	62.85	63.5	8.30	31.9
华安县	74.59	39.3	67.45	39.5	7.14	37.2
南平市	**875.03**	**30.7**	**789.18**	**31.3**	**85.84**	**24.9**
南平市辖区	196.69	21.2	173.61	21.6	23.08	17.9
延平区	107.30	31.8	87.99	32.7	23.08	17.9
邵武市	125.16	45.6	117.40	46.0	7.75	40.8
武夷山市	142.29	40.4	135.07	48.9	7.21	－32.4
建瓯市	105.32	21.0	93.83	14.6	11.50	131.3
建阳市	129.01	38.3	110.64	37.7	18.37	45.5
顺昌县	26.27	2.3	23.05	4.1	3.23	－9.1
浦城县	83.04	21.5	77.40	18.5	5.64	81.3
光泽县	28.25	36.1	24.08	45.0	4.18	0.7
松溪县	17.00	54.6	14.27	61.4	2.74	26.7
政和县	21.99	53.4	19.83	66.8	2.16	－11.6
龙岩市	**974.26**	**29.0**	**853.73**	**28.0**	**120.53**	**37.1**
龙岩市辖区	377.19	16.9	302.03	9.7	75.17	59.1
新罗区	261.52	41.9	205.71	40.4	52.83	39.8
漳平市	101.78	25.0	96.27	31.0	5.51	－30.5
长汀县	94.04	44.9	86.56	47.1	7.48	23.6
永定县	90.20	55.6	80.33	55.0	9.87	61.5
上杭县	117.23	21.6	112.40	27.6	4.82	－41.9
武平县	98.50	44.6	87.83	49.6	10.67	13.4
连城县	95.31	49.8	88.31	45.2	7.00	152.9
宁德市	**613.72**	**37.5**	**475.68**	**36.8**	**138.04**	**39.9**
宁德市辖区	240.27	20.8	170.92	11.9	69.35	50.5
蕉城区	240.27	20.8	170.92	11.9	69.35	50.5
福安市	100.40	57.4	84.04	65.7	16.36	25.3
福鼎市	106.20	59.3	84.18	65.4	22.03	39.4
霞浦县	55.43	43.0	38.91	30.7	16.53	83.7
古田县	28.14	63.5	24.21	71.3	3.93	27.4
屏南县	19.33	47.0	16.34	50.2	2.99	31.6
寿宁县	26.21	10.8	21.42	20.9	4.80	－19.4
周宁县	15.89	47.0	15.08	66.2	0.82	－55.2
柘荣县	21.84	63.4	20.60	75.5	1.24	－23.8

地方公共财政收入

（2012 年）　　单位：万元

地　区	地方财政收入	#增值税	#营业税	#企业所得税	#个人所得税
全　省	**17761728**	**1904283**	**4900913**	**2517592**	**682433**
福州市	**3820151**	**347978**	**1102551**	**507810**	**191075**
福州市辖区	824054	97229	201845	169105	
鼓　楼　区	256501	21917	59251	70885	
台　江　区	137808	21672	28461	26896	
仓　山　区	166194	19550	45644	25489	
马　尾　区	112391	16463	24028	25039	461
晋　安　区	151160	17627	44461	20796	
福　清　市	390258	41280	101103	38807	11745
长　乐　市	234240	34209	60707	30689	14313
闽　侯　县	385272	39529	103313	35332	14078
连　江　县	207186	13292	71242	18773	6640
罗　源　县	94816	7544	31002	9234	3574
闽　清　县	48733	13403	7301	4917	2747
永　泰　县	35614	3190	11821	4621	948
平　潭　县	104152	2909	40506	14505	3088
厦门市	**4322748**	**476839**	**1216065**	**672313**	**171270**
厦门市辖区	1384997	155176	455929	246267	49674
思　明　区	338001	29683	116223	54684	18243
海　沧　区	272623	30907	67159	59491	8676
湖　里　区	206076	22480	70505	38169	7580
集　美　区	267507	30729	106474	44775	7937
同　安　区	163253	23859	42533	30949	4105
翔　安　区	137537	17518	53035	18199	3133
莆田市	**774465**	**83547**	**190818**	**124314**	**27275**
莆田市辖区	556342	65385	133890	101634	14434
城　厢　区	134319	8522	48769	20704	4437
涵　江　区	129033	21520	15630	24380	3145
荔　城　区	174924	15874	51160	30540	4712
秀　屿　区	118066	19469	18331	26010	2140
仙　游　县	112861	11677	29633	15052	5682
三明市	**774353**	**91641**	**210030**	**77716**	**27111**
三明市辖区	92226	6852	31066	11448	3817
梅　列　区	60120	4173	20632	8307	2661
三　元　区	32106	2679	10434	3141	1156
永　安　市	142728	16157	34847	15597	4106
明　溪　县	18426	1865	5646	1665	1031
清　流　县	24198	4010	6127	3919	1224
宁　化　县	37666	2590	10657	4817	1323
大　田　县	67006	8439	13341	6369	2253
尤　溪　县	59156	7285	14453	4722	1918
沙　　　县	80026	5886	20574	7759	2897
将　乐　县	47550	5207	12536	5669	1660
泰　宁　县	23083	2152	6608	2077	751
建　宁　县	19255	1243	4656	2277	742
泉州市	**2934560**	**473678**	**636382**	**442636**	**124296**
泉州市辖区	465665	72397	124144	60186	21677
鲤　城　区	107960	20263	22881	19701	5359
丰　泽　区	184894	13124	62969	23615	9739
洛　江　区	70398	10512	22321	9544	2592
泉　港　区	102413	28498	15973	7326	3987

（续）

地　区	地方财政收入	#增值税	#营业税	#企业所得税	#个人所得税
石狮市	306932	38626	70268	45193	10862
晋江市	812123	174092	147127	154297	30218
南安市	343789	55166	65204	47657	19965
惠安县	191906	19251	42601	30082	9020
安溪县	161107	21522	44193	21072	6794
永春县	100500	11874	20478	9544	3432
德化县	75643	10228	15472	9751	3917
漳州市	**1317078**	**146553**	**300776**	**137521**	**43694**
漳州市辖区	177804	20014	47999	20646	7557
芗城区	119040	14873	27494	13079	5802
龙文区	58764	5141	20505	7567	1755
龙海市	283985	32985	54606	28829	8905
云霄县	38385	2038	10766	2593	1112
漳浦县	140901	12951	40575	15071	4349
诏安县	44072	4369	6931	2994	816
长泰县	85623	15295	17134	8491	4060
东山县	83008	9792	19596	6436	1749
南靖县	62601	7097	13615	4068	2459
平和县	48139	4093	12310	3087	1351
华安县	41265	5020	6764	3904	564
南平市	**591777**	**63533**	**179665**	**59440**	**26442**
南平市辖区	52387	5073	16013	7234	1958
延平区	52387	5073	16013	7234	1958
邵武市	81599	9475	19018	8214	3322
武夷山市	75768	2989	26647	5356	2701
建瓯市	61140	5535	21858	4702	2164
建阳市	71672	5562	21285	5882	3933
顺昌县	28995	4597	6855	3190	878
浦城县	39124	3350	10850	4315	1620
光泽县	24778	1632	9322	2844	1883
松溪县	17927	1285	6335	1402	610
政和县	19475	1494	7638	1850	1405
龙岩市	**1015078**	**151367**	**187364**	**131075**	**43127**
龙岩市辖区	162817	18918	39592	17658	7221
新罗区	162817	18918	39592	17658	7221
漳平市	69103	10138	13758	9904	6507
长汀县	55820	9756	9033	8845	2221
永定县	102467	26618	16775	9425	4735
上杭县	135868	6096	22935	46546	6535
武平县	50779	5535	12017	6913	2299
连城县	34823	4230	8066	3413	1684
宁德市	**706378**	**69147**	**168564**	**50762**	**27873**
宁德市辖区	62028	5016	16293	4565	2351
蕉城区	62028	5016	16293	4565	2351
福安市	158349	25017	27406	15810	5491
福鼎市	137564	10291	31218	9284	6895
霞浦县	59718	3612	15459	3051	2453
古田县	50750	4997	12666	3280	1762
屏南县	22436	2203	4854	1446	561
寿宁县	21855	3665	4527	2141	1097
周宁县	20594	2747	3192	2075	670
柘荣县	17059	2974	2549	1749	687

公共财政支出

（2012 年）

单位：万元

地　　区	地方财政支出	＃一般公共服务支出	＃教育支出	＃科学技术支出	＃农林水事务支出
全　省	**26075020**	**2931509**	**5623008**	**484695**	**2441622**
福州市	**4107344**	**453581**	**957850**	**64780**	**298982**
福州市辖区	762435	111940	208719	15154	16326
鼓　楼　区	211477	32122	62515	3912	645
台　江　区	108409	15871	35434	2106	150
仓　山　区	142995	20663	47091	3062	5117
马　尾　区	165602	25000	33054	3840	4881
晋　安　区	133952	18284	30625	2234	5533
福　清　市	480520	55043	148020	8225	32401
长　乐　市	297714	35694	83594	3944	34285
闽　侯　县	411688	44916	120620	6176	32686
连　江　县	292449	34154	82098	3676	45479
罗　源　县	142080	19825	33106	1910	20739
闽　清　县	118587	11452	29959	901	17884
永　泰　县	115823	15346	33547	367	16218
平　潭　县	461233	40473	46169	412	51987
厦门市	**4704965**	**442525**	**707102**	**138129**	**138284**
厦门市辖区	1656815	213814	478304	35503	77367
思　明　区	393655	41395	120605	8969	2342
海　沧　区	305963	38053	65362	8315	5988
湖　里　区	229255	40267	71774	5173	1594
集　美　区	314976	38899	82605	6938	22347
同　安　区	232737	31493	75337	3471	29719
翔　安　区	180229	23707	62621	2637	15377
莆田市	**1177859**	**145453**	**419562**	**18832**	**116655**
莆田市辖区	682970	79472	275483	10755	68455
城　厢　区	135909	16918	56298	2961	9997
涵　江　区	157310	19251	61137	3118	16478
荔　城　区	176894	18383	80730	3035	15356
秀　屿　区	212857	24920	77318	1641	26624
仙　游　县	256003	26649	88511	2925	29604
三明市	**1532235**	**202696**	**382704**	**25314**	**261737**
三明市辖区	125230	16615	33231	1761	26485
梅　列　区	73842	9100	17795	960	19220
三　元　区	51388	7515	15436	801	7265
永　安　市	192142	31902	43435	8305	22154
明　溪　县	74045	9377	17853	877	15984
清　流　县	80890	8659	18992	1057	20774
宁　化　县	127069	13498	32206	1646	33292
大　田　县	133657	17627	39639	2086	23485
尤　溪　县	149038	19422	44043	1087	28424
沙　　　县	132212	30198	33683	1825	16560
将　乐　县	98149	12786	22885	1750	16685
泰　宁　县	78149	9486	17065	437	17445
建　宁　县	71810	8853	15981	1100	16624
泉州市	**3564437**	**472217**	**826325**	**74016**	**403807**
泉州市辖区	489605	72596	119854	9048	27279
鲤　城　区	94188	16142	26650	2319	1551
丰　泽　区	156250	18481	34655	2996	7936
洛　江　区	75145	15896	19619	1357	6936
泉　港　区	164022	22077	38930	2376	10856

（续）

地　　区	地方财政支出	#一般公共服务支出	#教育支出	#科学技术支出	#农林水事务支出
石狮市	373885	51625	52855	7771	57220
晋江市	815191	81282	179706	20936	97800
南安市	463130	45613	117344	9101	53182
惠安县	271316	49083	76086	6042	28082
安溪县	313228	55969	92665	3728	41537
永春县	176199	32378	51244	1753	26772
德化县	145360	15819	33011	2069	22731
漳州市	**2217738**	**246144**	**405553**	**30894**	**296413**
漳州市辖区	195632	29606	35972	3715	9254
芗城区	125172	17177	21303	2084	3940
龙文区	70460	12429	14669	1631	5314
龙海市	396760	42539	71534	4189	49846
云霄县	122302	12032	30432	1842	19116
漳浦县	291075	23007	52151	5701	44943
诏安县	138908	19625	35708	1859	23402
长泰县	144124	20953	23551	2334	15300
东山县	186369	13255	23697	1573	64710
南靖县	140611	16049	31606	2517	16125
平和县	150109	18442	34456	1045	22515
华安县	84197	7735	14065	826	13245
南平市	**1311031**	**130131**	**301275**	**14619**	**193648**
南平市辖区	116703	13610	30516	2140	19447
延平区	116703	13610	30516	2140	19447
邵武市	145334	16279	34570	1778	24359
武夷山市	132798	11754	30898	1716	19799
建瓯市	160993	13919	38641	1439	28313
建阳市	135954	13147	31543	1106	17412
顺昌县	84514	9465	20227	452	14564
浦城县	127237	10474	30498	1237	21947
光泽县	73370	6613	18220	416	16312
松溪县	63081	7353	14562	627	10668
政和县	80016	6536	19375	692	15970
龙岩市	**1649299**	**201702**	**389925**	**26751**	**200413**
龙岩市辖区	211821	37576	62376	4064	27826
新罗区	211821	37576	62376	4064	27826
漳平市	139734	21053	28034	1628	22663
长汀县	182125	14951	44015	2800	27349
永定县	206594	20173	54202	3140	27774
上杭县	231208	26851	59427	4295	36093
武平县	145494	18327	36464	2852	26608
连城县	145485	16632	34133	2209	21378
宁德市	**1421845**	**169643**	**348037**	**11981**	**195171**
宁德市辖区	138557	19952	35667	799	22645
蕉城区	138557	19952	35667	799	22645
福安市	255419	30878	67095	1939	26254
福鼎市	236168	21132	58625	907	35175
霞浦县	169247	15696	42447	633	41450
古田县	134631	15129	34751	2392	18454
屏南县	68361	7215	17872	1059	8954
寿宁县	91821	9768	23652	884	15599
周宁县	69458	9746	19049	465	11473
柘荣县	58277	7851	13626	696	8942

主要农产品产量

（2012 年）

单位：吨

地区	粮食	油料	甘蔗	茶叶	园林水果	肉类	水产品
全省	**6593013**	**280735**	**564711**	**320958**	**6258220**	**2008470**	**6286107**
福州市	**559950**	**49030**	**20853**	**19535**	**410419**	**269037**	**1962207**
福州市辖区	10204	7		1367	23160	8767	146282
鼓楼区							117799
台江区							
仓山区					1186	839	8400
马尾区	4641	7			16311	3262	18662
晋安区	5563			1367	5663	4666	1421
福清市	116145	31618		94	63624	124484	354113
长乐市	87080	1421	1509	98	22507	26833	131243
闽侯县	66765	1294	5182	611	66808	43380	30515
连江县	50126	1194	504	5472	33325	11945	762778
罗源县	36262	119		5847	9100	10422	125370
闽清县	63130	1065	1126	1211	91049	13115	7348
永泰县	109457	3571	12532	4835	98684	20104	8851
平潭县	20781	8741			2162	9987	395707
厦门市	**40588**	**8917**	**3068**	**1349**	**13682**	**51273**	**29610**
厦门市辖区	40588	8917	3068	1349	13682		29610
思明区							2992
海沧区	1205	287	268		1763	1813	2667
湖里区							
集美区	2432	677	2300		4777	4880	4453
同安区	19844	2975	500	1349	5937	32737	4034
翔安区	17107	4978			1205	11843	15464
莆田市	**284659**	**46311**	**47394**	**4708**	**203255**	**131817**	**747402**
莆田市辖区	154038	32275	28846	1051	114928	99791	731015
城厢区	18085	3235		38	40714	38826	41012
涵江区	34635	3838	120	1003	62454	21849	55194
荔城区	43366	4050	28726	10	11545	16816	56454
秀屿区	57952	21152			215	22300	578355
仙游县	130621	14036	18548	3657	88327	32026	16387
三明市	**1126181**	**25055**	**49952**	**31164**	**1008136**	**159949**	**88124**
三明市辖区	29407	403	2990	359	154731	15640	2926
梅列区	7935	213	2100	17	29344	10142	1061
三元区	21472	190	890	342	125387	5498	1865
永安市	97348	1817	12020	1559	101831	24648	10621
明溪县	92200	2687	844	1803	38167	5406	5802
清流县	88750	4156	4852	1220	51131	8375	18595
宁化县	195497	6732	350	2123	51800	15989	8432
大田县	116271	1834	22478	6985	104331	20822	5591
尤溪县	171730	1611	1481	10024	181005	19983	8016
沙县	88697	2215	3003	5256	162574	25393	6991
将乐县	78330	1498	1611	379	44218	7837	4562
泰宁县	65040	1591		552	19581	8364	10785
建宁县	102911	511	323	904	98767	7492	5803
泉州市	**752607**	**54979**	**10673**	**60324**	**437427**	**236336**	**1015233**
泉州市辖区	62735	7732	3302	516	21417	21441	121234
鲤城区	360	12			240	84	105
丰泽区	726	149			987	68	18020
洛江区	27289	1449	960	130	8129	10258	1840
泉港区	34360	6122	2342	386	12061	11031	101269

（续）

地　区	粮　食	油　料	甘　蔗	茶　叶	园林水果	肉　类	水产品
石狮市	9602	1229			753	1063	378668
晋江市	54562	8912			6185	24424	210806
南安市	190477	12826	3087	813	80471	61612	35935
惠安县	110438	22936		9	11749	35316	263924
安溪县	108592	1085	2186	46186	28001	39967	1721
永春县	129255	198	2098	11952	219598	25668	1258
德化县	86946	61		848	69253	26845	1687
漳州市	**702575**	**39545**	**279198**	**55173**	**2726574**	**279232**	**1544010**
漳州市辖区	5506	604	17525	210	84287	53194	17913
芗城区	4823	497	15672	206	83063	29088	10623
龙文区	683	107	1853	4	1224	24106	7290
龙海市	106532	2967	4610	55	83645	43568	366604
云霄县	97799	4462	4341	950	224892	13039	179482
漳浦县	198013	17027	29551	458	322379	36133	357762
诏安县	111239	5040		5670	132984	15002	260111
长泰县	36076	1827	166960	4123	89990	21848	19700
东山县	6699	3137			9641	5077	320406
南靖县	46721	829	233	14529	416590	50123	12400
平和县	77746	3177	600	9777	1314583	27273	6632
华安县	16244	475	55378	19401	47583	13975	3000
南平市	**1410924**	**30430**	**87475**	**55652**	**764536**	**412807**	**101175**
南平市辖区	89444	1151	2037	1284	89845	103337	8604
延平区	89444	1151	2037	1284	89845	103337	8604
邵武市	202539	6117	2620	8376	42082	19793	17530
武夷山市	131107	2422	8961	11516	29639	11941	9233
建瓯市	221270	4032	38417	10184	324796	16942	15521
建阳市	219540	1373	4964	3368	92121	14507	10350
顺昌县	74257	998	1492	135	115389	8172	6178
浦城县	246770	10970	6381	1617	16879	14320	15295
光泽县	78782	1350	201	709	3296	213712	10072
松溪县	64851	1451	7706	6310	34868	4778	6082
政和县	82364	566	14696	12153	15621	5305	2310
龙岩市	**1059912**	**20943**	**19939**	**17284**	**364627**	**447471**	**66285**
龙岩市辖区	75392	2866	4417	1272	36409	113546	6660
新罗区	75392	2866	4417	1272	36409	113546	6660
漳平市	81127	593	1584	8553	53218	24857	8574
长汀县	206759	7001	6728	1448	42390	55056	11424
永定县	134112	1633	2220	1099	112251	74262	5040
上杭县	184157	1790	838	1160	41967	74723	8665
武平县	213134	2959	2299	2902	35178	66280	10205
连城县	165231	4101	1853	850	43214	38747	15717
宁德市	**655617**	**5525**	**46159**	**75769**	**329564**	**91121**	**732061**
宁德市辖区	52020	559	10447	7170	29458	20799	153029
蕉城区	52020	559	10447	7170	29458	20799	153029
福安市	98650	1117	24182	20236	169598	20228	72537
福鼎市	82305	462	3034	15834	16889	7778	155557
霞浦县	83467	2111	5996	5719	16419	8503	326295
古田县	143266	219		1677	71630	11960	17368
屏南县	60900			1391	12753	6906	2449
寿宁县	62301	45		13720	8855	5371	1988
周宁县	38361	161	2500	7155	3241	5721	1738
柘荣县	34347	851		2867	721	3855	1100

注：本表粮食产量中的稻谷产量为原报面积推算的抽样调查数，非稻谷部分产量为全面统计数，肉类产量中猪、禽产量全省为抽样调查数，省以下为全面统计数。

规模以上工业总产值

（2012 年）

单位：亿元

地　　区	工业总产值	轻工业	重工业	工业总产值比上年增长（%）
全　省	**29704.66**	**13838.71**	**15865.95**	**15.8**
福州市	**5954.89**	**2665.90**	**3288.99**	**15.7**
福州市辖区	1986.02	802.34	1183.69	12.8
鼓　楼　区	229.30	58.23	171.07	15.8
台　江　区	138.47	16.44	122.03	7.8
仓　山　区	567.33	328.27	239.06	16.5
马　尾　区	750.88	248.90	501.97	9.1
晋　安　区	300.05	150.50	149.55	16.3
福　清　市	1136.61	409.21	727.40	13.8
长　乐　市	1389.04	1030.85	358.19	20.8
闽　侯　县	578.01	184.98	393.03	20.6
连　江　县	329.41	175.94	153.46	20.5
罗　源　县	347.23	14.70	332.52	12.5
闽　清　县	119.96	20.88	99.09	20.4
永　泰　县	31.66	19.93	11.73	17.1
平　潭　县	36.95	7.07	29.87	8.2
厦门市	**4486.35**	**1367.85**	**3118.50**	**13.1**
厦门市辖区	4486.35	1367.85	3118.50	13.1
思　明　区	249.31	74.43	174.88	5.7
海　沧　区	912.05	317.60	594.45	9.7
湖　里　区	1468.07	248.95	1219.13	23.3
集　美　区	692.84	194.40	498.44	−0.9
同　安　区	384.58	274.52	110.07	8.8
翔　安　区	779.50	257.96	521.54	20.6
莆田市	**1676.62**	**1150.34**	**526.28**	**16.9**
莆田市辖区	1432.87	977.69	455.18	16.4
城　厢　区	188.26	133.76	54.50	22.9
涵　江　区	618.08	451.62	166.46	14.1
荔　城　区	335.04	292.93	42.12	22.9
秀　屿　区	291.49	99.39	192.10	16.2
仙　游　县	243.75	172.65	71.10	19.9
三明市	**2248.65**	**669.97**	**1578.68**	**16.0**
三明市辖区	527.88	66.42	461.45	12.3
梅　列　区	341.42	23.47	317.95	8.6
三　元　区	186.45	42.96	143.50	19.6
永　安　市	490.76	168.93	321.83	15.2
明　溪　县	60.48	22.28	38.20	19.9
清　流　县	67.16	13.28	53.88	15.3
宁　化　县	75.58	28.11	47.47	18.8
大　田　县	236.31	25.25	211.06	19.7
尤　溪　县	175.63	106.27	69.35	21.1
沙　　　县	366.64	158.56	208.08	13.6
将　乐　县	120.06	21.32	98.74	20.5
泰　宁　县	57.85	18.61	39.25	9.4
建　宁　县	70.30	40.94	29.36	14.9
泉州市	**8378.49**	**5086.30**	**3292.19**	**16.7**
泉州市辖区	2226.78	1028.32	1198.47	15.8
鲤　城　区	628.34	534.07	94.27	15.3
丰　泽　区	311.63	125.16	186.47	12.0
洛　江　区	223.05	175.76	47.29	19.4
泉　港　区	1063.76	193.32	870.43	16.7

（续）

地　　区	工业总产值	轻工业	重工业	工业总产值比上年增长（%）
石狮市	694.44	518.99	175.45	17.5
晋江市	2583.95	1992.20	591.75	15.2
南安市	1084.71	338.62	746.09	18.3
惠安县	856.97	586.09	270.88	18.2
安溪县	488.52	315.78	172.74	17.7
永春县	297.31	199.91	97.40	19.9
德化县	145.82	106.41	39.41	19.2
漳州市	**2722.37**	**1448.94**	**1273.43**	**17.0**
漳州市辖区	624.42	224.50	399.93	15.7
芗城区	462.37	119.04	343.33	15.0
龙文区	162.05	105.46	56.59	17.6
龙海市	830.43	464.94	365.49	9.2
云霄县	131.47	73.33	58.13	28.4
漳浦县	188.36	126.33	62.03	21.4
诏安县	141.83	110.28	31.55	19.3
长泰县	252.03	127.62	124.41	24.1
东山县	153.76	124.56	29.21	21.3
南靖县	214.96	111.26	103.70	24.9
平和县	83.53	50.36	33.17	19.7
华安县	101.58	35.77	65.81	20.2
南平市	**1141.66**	**510.14**	**631.52**	**15.7**
南平市辖区	295.46	89.80	205.66	1.6
延平区	157.57	40.99	116.58	12.3
邵武市	229.66	97.10	132.56	26.6
武夷山市	52.70	45.76	6.94	22.5
建瓯市	139.17	69.01	70.16	22.5
建阳市	165.80	78.64	87.16	25.8
顺昌县	70.39	7.73	62.66	18.0
浦城县	76.62	31.49	45.13	34.1
光泽县	58.71	52.56	6.15	38.0
松溪县	24.91	15.51	9.41	26.5
政和县	28.24	22.55	5.69	32.8
龙岩市	**1266.52**	**418.81**	**847.70**	**15.9**
龙岩市辖区	580.50	220.72	359.78	5.4
新罗区	268.96	78.92	190.04	19.0
漳平市	82.51	22.83	59.68	21.2
长汀县	112.12	74.90	37.22	19.8
永定县	101.76	21.78	79.98	22.2
上杭县	232.61	5.95	226.66	43.7
武平县	71.82	26.29	45.54	24.6
连城县	85.20	46.36	38.84	16.1
宁德市	**1829.11**	**520.44**	**1308.67**	**17.8**
宁德市辖区	245.52	110.63	134.90	9.1
蕉城区	201.39	110.62	90.77	21.4
福安市	648.05	85.77	562.27	19.3
福鼎市	469.68	161.40	308.27	20.6
霞浦县	97.65	47.90	49.75	19.5
古田县	112.29	56.27	56.03	19.3
屏南县	54.16	19.49	34.67	20.0
寿宁县	72.15	8.58	63.57	18.8
周宁县	51.02	5.50	45.52	17.2
柘荣县	78.59	24.90	53.69	17.2

普通教育教师及在校学生数

(2012年)

单位:人

地区	专任教师数			在校生数		
	普通高中	普通初中	小学	普通高中	普通初中	小学
全省	**52049**	**96638**	**153941**	**690542**	**1120356**	**2527264**
福州市	**8408**	**15524**	**24553**	**108488**	**193463**	**451238**
福州市辖区	3201	4797	8303	41531	72661	175564
鼓楼区	1335	1542	1999	17973	23508	46750
台江区	450	682	1122	6439	9032	22369
仓山区	724	1263	2539	8702	21062	53423
马尾区	298	476	825	3605	5721	14442
晋安区	394	834	1818	4812	13338	38580
福清市	1942	3526	5176	27010	45007	100800
长乐市	765	1498	2320	9868	16215	44852
闽侯县	631	1538	2385	7711	19112	45217
连江县	768	1545	2229	8421	15482	34827
罗源县	314	682	1097	3701	5391	12598
闽清县	368	1024	1558	4253	9507	20074
永泰县	419	914	1485	5993	10088	17306
厦门市	**3375**	**5722**	**9877**	**43260**	**82186**	**223487**
厦门市辖区	3375	5722	9877	43260	82186	223487
思明区	1535	1900	2682	19652	29423	61566
海沧区	187	404	848	2371	5565	19789
湖里区	174	785	2089	2288	13939	51507
集美区	574	743	1587	7152	12324	38505
同安区	562	1094	1586	7507	13308	34990
翔安区	343	796	1085	4290	7627	17130
莆田市	**5002**	**8902**	**14715**	**68872**	**111689**	**212941**
莆田市辖区	3505	5867	10255	45950	74207	144975
城厢区	888	1272	1871	11661	16638	29091
涵江区	633	1251	2024	8653	14087	28554
荔城区	1219	1378	2465	15735	22091	42522
秀屿区	765	1966	3895	9901	21391	44808
仙游县	1497	3035	4460	22922	37482	67966
三明市	**3843**	**7731**	**12504**	**51821**	**80336**	**159397**
三明市辖区	577	878	1278	9966	11171	22653
梅列区	226	464	648	3894	5910	12061
三元区	351	414	630	6072	5261	10592
永安市	473	1027	1550	5954	10349	21861
明溪县	162	300	574	1702	4069	6428
清流县	179	410	675	1935	3901	8104
宁化县	475	892	1578	6462	9390	16547
大田县	493	936	1590	6573	7946	19907
尤溪县	590	1300	1570	8633	11768	19787
沙县	348	760	1387	4090	8172	19711
将乐县	249	510	775	2873	5085	9620
泰宁县	159	309	742	1751	4073	7143
建宁县	138	409	785	1882	4412	7636
泉州市	**11276**	**19243**	**30027**	**151937**	**212284**	**592018**
泉州市辖区	2663	3561	5573	34786	39556	95742
鲤城区	1196	1158	1631	15732	17269	35337
丰泽区	515	853	1311	6781	10766	27839
洛江区	277	521	827	3139	5304	12443
泉港区	675	1029	1804	9134	6217	20123

（续）

地区	专任教师数			在校生数		
	普通高中	普通初中	小学	普通高中	普通初中	小学
石狮市	647	1058	1951	7897	14488	48567
晋江市	1739	3438	5743	24962	50179	164002
南安市	2293	3880	5162	29545	34485	97372
惠安县	1421	2550	3495	19310	22458	61322
安溪县	1396	2547	4737	20142	26907	75358
永春县	661	1437	2162	8946	15302	30431
德化县	456	772	1204	6349	8909	19224
漳州市	**6247**	**13223**	**19997**	**85542**	**174172**	**333659**
漳州市辖区	1281	2087	2508	17486	29121	53940
芗城区	1126	1512	1991	14685	21252	42016
龙文区	155	575	517	2801	7869	11924
龙海市	1270	2187	3103	17281	29827	54586
云霄县	539	1190	2275	7272	16879	33219
漳浦县	932	2401	3047	13460	26290	52139
诏安县	590	1397	2200	8793	20552	37554
长泰县	231	573	875	2948	6389	12826
东山县	287	540	872	3776	6826	12298
南靖县	410	949	1581	5150	11986	18892
平和县	532	1510	2758	7708	22439	48982
华安县	175	389	778	1668	3863	9223
南平市	**3669**	**8122**	**14142**	**52388**	**91712**	**180955**
南平市辖区	603	1417	2289	7955	15416	30696
延平区	603	1417	2289	7955	15416	30696
邵武市	398	820	1447	5413	9998	16900
武夷山市	242	637	1174	3715	7108	14735
建瓯市	549	1190	2169	7892	14548	30919
建阳市	413	882	1559	6091	10822	20336
顺昌县	398	745	1145	5990	6219	11403
浦城县	380	1041	1730	5565	12279	25258
光泽县	213	382	857	3011	4911	10523
松溪县	193	418	812	2604	4100	8076
政和县	280	590	960	4152	6311	12109
龙岩市	**4870**	**8359**	**12048**	**53570**	**79563**	**166151**
龙岩市辖区	750	1372	2275	8650	16256	42329
新罗区	750	1372	2275	8650	16256	42329
漳平市	434	823	1290	4353	6735	15484
长汀县	664	1127	1875	10012	15794	28492
永定县	952	1621	2155	7433	12367	25053
上杭县	888	1397	1859	9876	12513	22038
武平县	585	956	1360	6527	8855	17995
连城县	597	1063	1234	6719	7043	14760
宁德市	**4611**	**8521**	**14074**	**63926**	**79995**	**179918**
宁德市辖区	686	1250	1964	8947	10212	27362
蕉城区	686	1250	1964	8947	10212	27362
福安市	1058	1656	2664	15091	16200	41758
福鼎市	774	1204	2382	11949	14820	30650
霞浦县	586	1297	2063	8504	11605	26064
古田县	619	1092	1507	6915	8173	18348
屏南县	202	509	889	2406	4148	7923
寿宁县	273	768	1249	4264	7125	13842
周宁县	269	492	809	3533	4823	8431
柘荣县	144	253	547	2317	2889	5540
平潭综合实验区	**748**	**1291**	**2004**	**10738**	**14956**	**27500**

注：福州市数据不含平潭综合实验区。

城镇单位从业人员平均劳动报酬

（2012 年）

单位：元

项　　目	单位从业人员	在岗职工	其他从业人员
合计	44525	44979	35695
按企事业机关分			
企业	42797	43011	38641
事业	51867	53371	23381
机关	53985	55692	19727
按国民经济行业分			
农、林、牧、渔业	24516	32335	9820
采矿业	36341	36690	29246
制造业	38725	38588	49241
电力、热力、燃气及水生产和供应业	66938	67753	38053
建筑业	42743	42705	43023
批发和零售业	44404	44947	30732
交通运输、仓储和邮政业	52750	54305	18072
住宿和餐饮业	30883	30874	31319
信息传输、软件和信息技术服务业	67917	68856	51689
金融业	94708	111047	26109
房地产业	50397	50825	39166
租赁和商务服务业	38431	38680	28584
科学研究和技术服务业	55947	57208	31749
水利、环境和公共设施管理业	35842	37974	16772
居民服务、修理和其他服务业	34320	34547	28292
教育	52282	53507	21952
卫生和社会工作	57525	59094	29841
文化、体育和娱乐业	47017	48367	23792
公共管理、社会保障和社会组织	53850	55477	19776
按三次产业分			
第一产业	24516	32335	9820
第二产业	40425	40261	44043
第三产业	53576	55165	25599

索 引

说 明

一、本索引为内容分析索引

二、本索引按汉语拼音字母(同音字按声调)顺序排列。

三、每一词条后的数字表示该词条所在页码;页数后字母 a、b、c 分别表示所在页码的左、中、右栏。

四、前空 2 格的词条为上一主题的“附见”条;同一主题的“参见”,则注参见条所在页栏。

五、本卷中“特载”、“大事记”、“文献法规”、“统计资料”及附录,不列入本索引检索范围。

K

L

M

N

P

Q

R

S

T

W

以“成为亚洲一流的金融机构”为发展愿景的富邦金控，拥有最完整多元的金融产品与服务，经营绩效耀眼，已连续四年蝉连台湾金控获利第一名，为台湾第二大上市金融控股公司。

富邦金控旗下主要子公司包括台北富邦银行、富邦银行(香港)、富邦人寿、富邦产险、富邦证券、富邦投信等。各子公司在台湾市场均占有重要地位，富邦产险连霸市场龙头长达31年，台北富邦银行为台湾最大民营银行之一，富邦人寿稳居业界领导地位。

富邦集团深耕台湾逾半世纪，近年来积极拓展大陆市场。2008年底，富邦金控透过富邦银行(香港)成功参股厦门银行，成为首家参股登陆之台资金融机构。2010年10月，富邦产险大陆子公司富邦财产保险于厦门开业，为两岸经济合作架构协议(ECFA)生效后，第一家进入大陆开业的台资保险公司。2011年7月，富邦投信与大陆方正证券合资之“方正富邦基金管理公司”在北京揭牌，为第一家两岸合资之基金管理公司。

2012年12月，台北富邦银行与富邦金控董事会通过将合计取得华一银行80%的控制性持股，为富邦金控在大陆的长期布局跨出关键性的一大步！本交易完成后，富邦金控将成为唯一在两岸三地均拥有子行之台资金融机构。

展望未来，富邦金控将持续寻求其他领域的合作机会，朝“两岸三地布局最完整的金融平台”之目标稳步迈进！

◀ 2010年富邦财险于厦门正式开业

▲ 富邦银行（香港）参股之厦门市商业银行于2009年正式更名为厦门银行

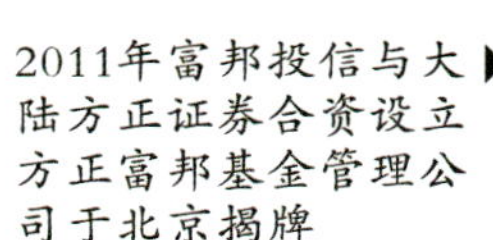
2011年富邦投信与大陆方正证券合资设立方正富邦基金管理公司于北京揭牌 ▶

联和国际集团

联和国际集团由谢国辉先生独资创立于1988年。旗下拥有深圳市宝安联和实业有限公司、深圳市玉壶轩房地产有限公司、深圳市钰镌龙投资有限公司、深圳市金晟朗担保有限公司、联思源电子科技（深圳）有限公司、旭鸿昌科技（深圳）有限公司、深圳镌力龙科技发展有限公司、深圳美德文化供应链有限公司、武平县钺龙旅游开发有限公司、武平县龙畊农业发展有限公司、福建钰镌龙房地产开发有限公司、漳州市澳洲风情旅游有限公司、澳洲风情园投资发展有限公司等多家企业，是以房地产开发、金融、担保融资、出口贸易、工业发展、高科技研发、农林业、种植产业、矿业开发、文化产业、物业管理、酒店经营等为主营业务的多元化企业集团。至2013年，集团总资产达80多亿元。集团中拥有高、中级专业技术职称的人员占管理人员的65%，高学历人才占员工总数的60%。集团在深圳投资开发了“金龙华商业广场”、“金盈新村小区”、“雍朗山庄别墅区”、“玉壶新村小区”、光明新区中心城旧改项目等；在福建投资龙岩棚户区改造项目90多万平方米、漳州地产及商务旅游项目20多万平方米、武夷山地产项目、武平县商务旅游及地产项目等；在江西赣州、会昌等投资开发大型矿业项目达5.8平方公里；在古城西安市成立了大型会所及其他商务项目；在上海、河南、湖北等地投资地产、酒业、金融项目等。

▲“国辉爱心楼”揭幕仪式现场

◀教学楼

▲捐赠现场

▲捐赠"中国华文教育基金会"签约仪式

谢国辉先生

谢国辉，香港大龙华资本管理有限公司、香港大龙华教育基金会、联和国际集团控股有限公司、深圳市金晟朗担保有限公司、深圳市玉壶轩房地产有限公司、深圳市宝安联和实业有限公司、深圳市钰镌龙投资有限公司、深圳镌力龙科技发展有限公司、西安市金顺泰投资有限公司、西安市顺泰会会所、广州市金文泰投资有限公司、江西赣州市钰镌龙投资有限公司、上海匡承峻信企业策划有限公司、武平县钺龙旅游开发有限公司、武平县龙畊农业发展有限公司、福建钰镌龙房地产开发有限公司、漳州市澳洲风情旅游有限公司、澳洲风情园投资发展有限公司董事长。香港大龙华同乡总会会长，深圳市荣誉市民、深圳市政协委员，龙岩市荣誉市民，龙岩市人民政府顾问、龙岩香港经济合作促进委员会顾问，武夷山市荣誉市民、武夷山市人民政府顾问，香港轩辕教育基金会永远荣誉会长、香港港九独立大队老游击战士联谊会永远名誉会长，中澳企业家联合会荣誉会长、加拿大百盛基金会永远荣誉会长，广东省客属总会副会长、深圳市侨商国际联合会常务副会长、香港深圳社团总会永远名誉会长、世界和平统一联盟副主席。

谢国辉先生坚持爱国爱港爱乡，坚决拥护支持中央政府"一国两制"的治港方针。在政府的积极倡导下，创立香港大龙华同乡总会，积极助推祖国内地各项公益事业，为发展壮大爱国爱港力量、维护香港繁荣稳定作出了应有的贡献。积极支持家乡及祖国建设，热心参与慈善公益事业，20多年来个人捐款达两亿多人民币。2008年、2011年被评为深圳市改革开放以来第一届、第二届鹏城慈善十大个人奖。"崇文乐善、大爱无疆"的慈善理念已深入第二代，谢剑锋、谢剑汶二子表示在努力做好企业的同时，必将慈善事业接力传承。

盼盼食品集团总部形象

盼盼食品集团
PANPAN FOODS GROUP

盼盼食品集团始创于1996年，是以农产品精深加工为主的国家级农业产业化重点龙头企业，员工12000人。除食品外，还涉足饮料、生物科技、房地产、金融、矿产等行业的经营和管理，截至目前，集团旗下已拥有福建晋江、辽宁新民、四川成都、河南漯河、山东临沂、湖北汉川、广西南宁、甘肃白银、福建长汀、安徽滁州、吉林松原、贵州贵阳等18家全资分公司，市场营销网络分布全国各省市县和重点乡镇。

公司主要生产“盼盼”牌麦香系列膨化食品，法式小面包、软面包、蓉香包、丝润面包、小卷包、铜锣烧、瑞士卷、欧咔蛋糕、梅尼耶干蛋糕、软华夫、肉松饼等烘焙食品，以及重磅打造的子品牌“艾比利”膨化系列食品等，2012年集团公司累计加工各类农产品100万吨。2013年，公司进军饮料行业，生产植物蛋白类和水等健康饮品，强力打造集团旗下的食品、饮料双支柱产业，吹响了向百亿企业集团冲刺的号角。

集团公司旗下拥有“盼盼”、“艾比利”等品牌，先后邀请了童星嘉嘉、徐静蕾、蒋雯丽、黄晓明、《家有儿女》中刘星、小雪、小雨、童星开克尔曼尼、海清、文章、张歆艺等影视明星担任公司品牌形象代言人。“盼盼食品”系“中国绿色食品”，“盼盼”商标被国家工商总局认定为“中国驰名商标”。2013年，中华全国总工会授予盼盼食品集团“全国五一劳动奖状”的集体荣誉称号。

多年来，公司一直致力于产品研发和技术创新，始终以“优质、健康、绿色、时尚”的产品面对消费大众，同时不断开拓占领市场。公司技术研发中心系省级技术中心，拥有硕士研究生以上学历技术研究人员上百名。同时，公司还与中国科学院植物研究所、中国食品工业协会、中国食品科学技术协会、中国农业大学、江南大学、天津科技大学、福州大学、福建农林大学以及德国DMF研究所等多家高等院校和科研单位进行了密切联系与广泛合作，2011年，公司签约服务过五任美国总统的前白宫首席糕点长罗兰•梅尼耶先生担任集团技术总顾问，将世界糕点的顶针技术和文化理念导入公司，致力让顶级宫廷美味走进中国的寻常百姓家庭。

在集合科研院所和国内高校理论探索和研究的基础上，同时结合公司自身的技术力量，在新产品的研发领域取得了丰硕成果。其中，变性薯片、艾比利香芋片等系世界首创，受到了国内外同行的高度评价和肯定。2009年，公司还承接了“十一五”国家科技支撑计划“食品质量安全控制关键技术及产业化研究示范”重点项目，此项目实施后将全面提高我司食品质量安全的过程监测水平与控制能力。同时，公司还参与了国家“十二五”食品产业科技领域发展战略的研究与制定，为专家组唯一企业成员。

全国人大代表
盼盼食品集团董事长、总裁
蔡金垵

1965年1月出生于福建省晋江市安海镇。江南大学食品科学与工程专业毕业，北京大学EMBA学历。全国高级经营师、高级经济师职称。现任福建盼盼食品集团董事长、总裁。1982年，蔡金垵自安海养正中学高中毕业后，即开始从事农副产品的深加工和销售工作；1996年7月，蔡金垵成立了福建省晋江福源食品有限公司（福建盼盼食品集团前身），至今相继成立了18家全资分公司，产业涉及生物科技、房地产、金融、矿产等行业，分布在辽宁新民、四川成都、河南漯河、山东临沂、湖北汉川、广西南宁、甘肃白银、福建长汀、安徽滁州、吉林松原、贵州贵阳等地，并亲任公司董事长。

中共福建省委书记尤权与
盼盼食品集团董事长、总裁蔡金垵

福建省长苏树林
与盼盼食品集团董事长、总裁蔡金垵

社会职务与个人荣誉
CEO PROFILE

社会职务：第十二届全国人大代表，福建省工商联常委、执委，福建省龙岩市工商联副主席，福建省龙岩市第三届政协常委，福建省农业产业化龙头企业协会常务副会长，福建省晋江慈善总会永远荣誉会长，福建省长汀闽南商会慈善总会会长，福建省晋江安海慈善总会会长

个人荣誉：国务院发展研究中心等联合授予“全国创业之星”，国家扶贫开发小组授予“全国扶贫开发先进个人”称号，中国公益事业发展大会授予“中国公益楷模”称号，中国食品安全年会组委会授予“中国食品安全年会优秀管理企业家”称号，福建省优秀青年企业家，“2010福建十大经济年度杰出人物”称号及福建省人民政府授予“福建省非公有制经济人士捐赠公益突出贡献奖”称号等多项荣誉。

慈善观 CEO PROFILE

怀有仁爱之心，谓之慈；广行济困之举，谓之善。蔡金垵认为，慈善应该是美德与善行的统一。扶助弱者，弘扬爱心和社会正气，让一方土地充满爱，构筑和谐社会。

在逐步成就事业的同时，蔡金垵领导下的盼盼食品集团也一直热心社会公益慈善事业，尽心尽力，承担着大企业家应有的社会责任。在汶川、青海玉树大地震、闽西北洪灾等重大自然灾害中，盼盼食品集团踊跃捐款捐物数百万元，2013年4.20雅安地震发生后，福建盼盼食品集团更是第一时间向雅安灾区捐赠救灾物资1000万元，并且成立赈灾救援专门工作小组，为灾区人民送去急需的食品，坚决支持灾区人民灾后重建。多年来，盼盼食品集团致力于为春雨关怀行动、抗震救灾、抗洪抢险、助学助教、中国航天、见义勇为、扶困敬老、新农村建设等社会公益事业大力捐输，累计捐资超亿元。

盼盼食品集团向福建省长汀闽南商会慈善总会捐赠1200万元

盼盼食品集团向雅安地震灾区捐赠款物1000万元

盼盼食品集团向福建省晋江安海慈善总会捐赠2000万元

莆田市烟草专卖局（公司）

莆田市烟草专卖局、福建省烟草公司莆田市公司成立于1984年7月，实行统一领导、垂直管理、专卖专营管理体制，下辖仙游县、城厢区、涵江区、秀屿区等4个县级局（分公司）和莆田海晟连锁商贸有限公司。主要负责全市烟草专卖行政管理及执法监督、卷烟销售及网络建设等工作。

网建营销：

创新“宴席促销、条盒回收”等手段，大力培育知名品牌。提高物流快速响应速度，推进物流技术创新，分拣线最快配货速度达到每小时400件。

专卖管理：

创新打假机制，破获“3•22”售假网络案，2012年，查处大案要案20多起，涉案卷烟720多件。

内部管理：

推进ISO9001质量管理体系与经营管理相融合。创新基建项目管理，落实安全主体责任，连续4次被市委市政府评为“一类平安企业”。对“三重一大”事项、项目管理、重点关键环节开展全过程监督。

▲学习贯彻十八大精神

▲开展安全标准化建设

▲开展主题实践教育

尤清河，2008年7月任福建省烟草公司莆田市公司经理，2013年荣获“福建省劳动模范”称号。任职4年多来，尤清河同志着重抓好以下工作：抓班子，育队伍，培育出一支具备良好精神状态，能够干事业、干好事业的队伍。抓决策，谋发展，4年多来，通过破解内部管理、网建营销、品牌培育等一系列难题和瓶颈。抓管理，创一流，增设4个县级局（分公司），构建科学有效的内控管理体系。抓市场，促民生，全面加强卷烟市场营销和专卖市场管理，卷烟零售户月均赢利额比2008年翻一番。专卖4年来查处各类案件2000多起。抓文明，铸和谐，4年多来，行业实现零上访、零信访，未发生经济案件和责任事故。

▲资助百名贫困大学生

▲举办读书会

▲举办道德讲坛

莆永高速

◀省委常委、省政府常务副省长张志南莅临莆田市建设现场视察工作

◀莆田莆永高速公路公司总经理林启承向上级领导汇报工程建设进展情况

海西高速公路网莆田至永定高速公路莆田段（简称莆田莆永高速公路），是莆田市“两纵两横”高速公路网规划布局中的“第一横”。莆永高速公路莆田段路线全长约88公里，其中新建里程约64公里，利用莆秀高速公路约24公里（2009年11月通车）。项目起于莆田市湄洲湾北岸开发区山亭乡冯厝，经忠门镇、月塘乡，与已竣工的莆秀高速公路终点相接，全线横跨4个县（区、管委会）9个乡镇。概算总投资约43.08亿元，采用新建双向四车道高速公路标准。2010年5月1日全线开工建设，2012年11月18日建成通车，是闽粤赣相邻区域间实现交通转换的重要纽带，是福州、莆田、宁德通往龙岩、广东北部山区的最便捷通道。

该项目五大亮点：一是秉承“铸就精品、造福于民”的建设理念，持续推进标准化、规范化、精细化施工；二是建立有效的征迁机制，创造无障碍施工环境；三是创新筹融资手段，全力保障项目资金需求；四是落实安全主体责任，层层签订安全责任状；五是全面落实“一岗双责”制度，深化工程建设领域突出问题专项治理工作。

莆田莆永高速公路有限责任公司在徐学董事长、林启承总经理的带领下，按照上级部署，紧紧围绕工程建设通车目标，集中人力、财力、物力，倾力打好“百日攻坚战”；积极响应“五大战役”号召，提前半年实现通车运营，为推动福建交通事业跨越发展和海西建设谱写新篇章。该项目荣获2012年度福建省重点建设项目优胜奖，公司总经理林启承被福建省人民政府授予省重点建设项目“建设功臣”荣誉称号并获省“五一劳动奖章”。

▲古建工程案例——河南新郑黄帝故里轩辕广场

◀工程案例——世界之窗龙柱

▼工程案例——沈阳棋盘山碧桂园

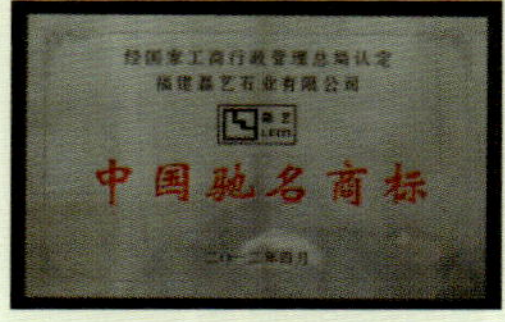

福建省奇达利集团

福建省奇达利集团创立于1989年，是一家集石材加工、工艺品生产、房地产开发、园林景观工程建筑装饰、进出口贸易、教育、医疗、殡葬服务等为一体的综合性集团公司。旗下现有福建磊艺石业公司、福建磊艺园林景观工程公司、澳洲安德利石材公司、奇特艺工艺制品公司、奇盛房地产开发公司、泉州德诚医院、漳平实验中学等10余家企业单位。

集团重质量、创品牌、讲诚信，以ISO9001：2000质量管理和ISO14001：2004环境管理双体系认证强化内部管理，项目经营、产品销售遍及世界20多个国家和地区。先后获得“全国质量过硬可信赖建材产品生产企业”、“全国外商投资双优企业”等荣誉称号，董事长张其聪被授予“全国优秀乡镇企业家”、“中国石材业领军人物”等荣誉称号，集团党委被中共泉州市委授予“先进基层党组织”称号。

集团核心企业磊艺石业是“中国石材百强”、“中国石雕十强”企业，产品荣获“福建省名牌产品”、“中国石材行业名牌产品”称号。占地200亩的泉州德诚医院是目前福建省最大的民营医疗机构。

投身商海 情系故里

澳门汇力兴业集团董事长 吕联选

▲“南安市慈善总会选苗基金”捐赠仪式

吕联选先生出生在福建一个普通家庭，于1982年跟随父母移居澳门。在艰苦的条件下，本着闽南人敢拼会赢的精神，在商海摸爬滚打多年，取得了一定的成绩。现任澳门汇力兴业集团董事长，澳门南安同乡会第五届会长，首届澳门南安商会会长，第十一届福建省政协常委。

一、投身商海，为支持家乡建设。由吕联选、吕联苗昆仲创立的汇力兴业集团于1998年开始在国内投资兴业，集团在福建、四川、山东、珠海都有重大投资项目。

二、情系故里，为增加乡情乡谊。作为澳区福建政协常委和同乡会会长，吕联选时刻关注着福建与澳门之间发展，不断推动在澳门与家乡合作建设。同时他还经常与海内外的社团保持紧密的联系，搭建澳门、海外与家乡全面沟通发展的纽带桥梁。

三、常怀感恩，回报家乡，回报社会。不管是严重的自然灾害，还是家乡教育事业、自来水、路灯、老人院等公共事业，吕联选的捐赠都是不遗余力。尤其是2012年吕联选、吕联苗两兄弟出席家乡南安市慈善活动，在原认捐善款400万元的基础上，再追加认捐1000万元设立“南安市慈善总会选苗基金”，主要用于南安市教育、卫生、扶贫济困等慈善公益事业。同时在担任澳门南安同乡会会长、南安商会会长期间，时刻把澳门南安乡亲的利益摆在首位，并以母亲的名誉成立了“吕淑女基金”，帮助在澳有困难的乡亲。

▲陪同全国政协何厚铧副主席赴福建考察

▲与澳门中联办白志健主任合影

泉州市一键网络科技有限公司

Quanzhou egian Network Technology Co.,Ltd.

法人代表：洪伟杰
联系电话：4000-362342
传真：0595-86001133
Email: service@egian.net
网站首页：http://www.egian.com.cn
公司地址：南安市水头镇石材精品中心A幢504室

引领石材行业创新，石材工业数字信息化

泉州市一键网络科技有限公司成立三年来，在“中国石材物联网”项目突飞猛进的同时，按照“立足科技创新，潜心产品技术研发，打造石材行业服务第一品牌”的努力方向，走出了一条石材高新技术之路。

公司介绍

泉州市一键网络科技有限公司成立于2010年，注册资金达1000万元，是一家以石材行业服务产品为主营业务，以设计研究、产品开发为龙头，集生产、销售、培训、服务为一体的国际性多元化科技公司，同时为石材企业提供：最全面、最专业的电子商务服务，最直接的产品与服务展示平台，最有效的市场营销效果以及客户关系管理等多方面服务。

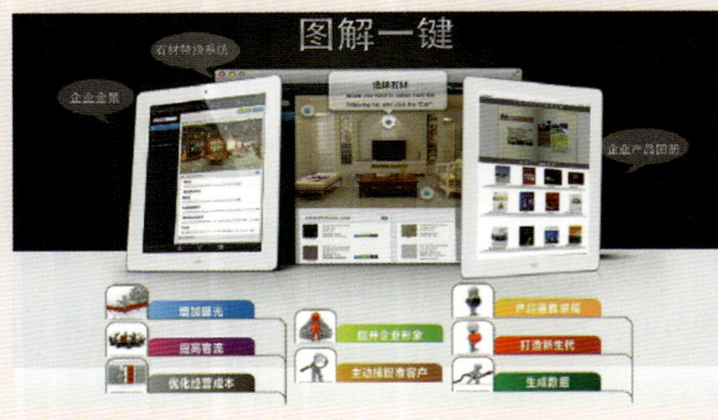

专利技术 Patent

发明专利

一种产业集群仓库的方法及系统

外观设计专利

石材样品盒（一）

石材样品盒（二）

石板样品箱

实用新型专利

一种石板样品箱

一种手提石板样品箱

一种便捷式石板样品箱

一种汽车展示系统

一种适于商业的手持式导航仪

一种石材虚拟存储仓库生成系统

一种网络多媒体三维板材展示装置

一种三维虚拟化可替换石材材质的仿真装置

一种石材自动磨台流水线数据的三维采集装置

中国石材物联网——一站式石材营销电子商务平台

中国石材物联网拥有丰富的石材产品和石材企业信息库（覆盖1000多家石材企业和40000余种石材产品），为确保信息的准确，一键员工通过实地走访工厂、大板市场拍摄图片，网络信息搜集，陆续参加各地石材展会，为它们拍摄制作全景图片，并搜集名片、杂志、产品图册，整合了整个行业信息，形成了国内最大的石材行业贸易服务平台。

微信平台——专业的石材买卖助手

2013年6月一键推出了中国石材物联网官方微信平台，平台基于中国石材物联网而建立，数据相互同步，提供专业的石材信息，石材企业和石材产品的查询。无需下载，不限制机型使用，获取石材高清图片、纹路、产地、报价数据。到8月初已拥有6000多个用户，每月查询品种达到36000多条信息。

到10月份又推出产品发布、会员注册、新品推荐三个功能、深受石材企业、石材供应商、石材贸易商、石材采购商喜爱。

科技产品 Product

《360°展示系统》

能够展示场景720度的视角范围。利用全景展示技术，用户仅通过电脑和网络等工具，就能身临其境地感受720度的真实场景。它是集影视广告、动画、互动多媒体、网络科技于一身的新型石材产业的销售工具，拥有这套工具是当今石材产业综合实力的一个象征和标志。系统最主要的核心是石材产品的展示。

《全景看板系统》

互联网/软件展示大板，可以分扎，开扎，大板远程管理，展示，销售。结合360度全景技术，通过三维方式展示企业产品颜色花纹和特点。通过虚拟形式对大板进行分扎，开扎，直观的显示每块大板颜色花纹，甚至清楚的列出每块产品的规格。以幻灯片放映的形式清楚的展示了每块大板高清的图片，也可以手动选择想要查看的大板图片。

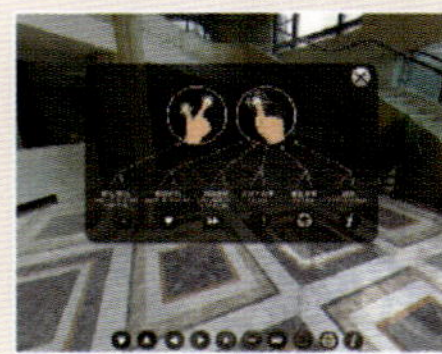

《石材材质替换系统》

材质替换是对石材进行虚拟的铺设，可实时铺贴石材大板，模拟真实场景的铺贴效果，快速，简洁，实用性强，效果逼真。展示石材大板颜色花纹和特点。材质替换包括平面和全景式，平面式只是在平面图的基础上进行材质替换，而全景式可对场景进行720度旋转，上下左右可以从多角度观看石材的铺设效果。

福建凯邦锦纶科技有限公司

▲ 总经理余建铣

福建凯邦锦纶科技有限公司于2006年10月成立，是集锦纶研发、生产、销售为一体的高新科技企业。公司位于环境优美的福建省长乐市滨海工业区，总占地面积700多亩，交通极为便利，距长乐国际机场与松下港仅10公里路程，拥有内港、外港、空港“三港”共享的得天独厚的地理优势和纺织产业区位优势。

公司总经理余建铣先生注重诚信经营，热心公益事业，先后被授予“全球华人杰出企业家”、“中国诚信与质量管理杰出企业家”、“闽商建设海西突出贡献奖”等称号。

公司第一期年产3万吨差别化尼龙民用丝项目于2007年正式投产，主要产品为加捻丝，PA6FDY、HOY、POY、DTY长丝级产品。产品包括锦纶丝POY有光、半光全系列产品，FDY-HOY消光、半光、有光全系列产品，DTY全系列产品，属化纤行业中的高新技术产业，为国家鼓励类项目。

▲ 福州市委领导莅临公司参观指导

公司具有完善的质量保证系，先后获得“中国经济发展功勋企业”、“福建省名牌产品”、“福州市知名商标”、“2011年度功勋企业”、“福州市重点项目先进集体”、“企业信用等级AAA级”、“2011年度福建省质量诚信体系建设单位”、“福建省企业知名字号”、“福建省诚实守信单位”等多项荣誉。

展望未来，公司本着做大做强的原则：先做纺丝面料、服装，再做切片、CPL等，实现研发、生产、销售一体化，努力达成2015年产值达百亿的目标。同时还将持续引进国外的先进技术设备和管理方式，立足科技创新，管理进步，力争打造具有国际竞争力的现代化大企业！

▲ 凯邦鸟瞰图

凯邦办公楼

JOYOU·中宇卫浴

中宇建材集团有限公司

中宇建材集团有限公司是整体厨卫家居研发、生产、销售一体化的大型股份制企业，中国最大的卫浴水暖产品及配件制造商之一，亚洲最具规模的水龙头及铜阀门配件出口企业之一，成功推动中宇卫浴（德国）股份有限公司成为首家在欧洲上市的中国卫浴企业。

集团占地面积3000多亩，总资产超20亿元人民币，拥有强大的整体卫浴生产系统，陆续上线的9条行业领先的卫生陶瓷隧道窑生产线，将使集团成为国内最大的卫生陶瓷制造生产基地之一。集团产品获得ISO国际质量管理、环境管理、职业安全卫生管理体系认证，美国NSF、英国WRAS、欧洲CE、加拿大CASS等多项国际权威认证，荣膺“中国名牌”、“中国驰名商标”称号，畅销欧美、东南亚等30个国家和地区。

集团创立之初就确定自主品牌全球化经营战略，“JOYOU•中宇卫浴”品牌实行内外销渠道同步发展道路，与德国（高仪）达成全球战略合作伙伴关系，全面接管高仪（中国）品牌及市场业务，加强吸纳与消化东西方管理模式，从管理、技术、人才诸方面实现品牌资源优势互补，着力将“JOYOU•中宇卫浴”打造成国内一流、全球知名的国际性卫浴名牌。

▲ 中宇与德国（高仪）达成全球战略合作伙伴关系

▲ 荣获红点设计大奖

▲ 园林式办公楼

▲ 锦江科技生产车间

福建锦江科技有限公司

福建锦江科技有限公司是永荣控股集团旗下大型的现代化石化化纤企业，专业生产高科技锦纶。现为“国家功能性差别化聚酰胺纤维开发基地”、“企业信用评价AAA级信用企业”、“中国化学纤维工业协会副会长单位”、“中国化纤行业节能减排先进单位”、“福建省百家重点工业企业”。

公司拥有43条全自动生产线，其中32条采用世界最先进的12纺位技术，是目前国内最大的专业高科技化纤制造企业之一，聚合切片产能亚洲最大、世界第三。产品远销东盟、印度、意大利、巴西等20多个国家和地区。产品涉及衣、食、住、行、运动、医疗等六大领域，上下游产业链集合250多家国内外知名企业。

公司以科技创新为发展战略，先后获得“中国化纤行业‘十一五’技术突破奖”、“福建省聚酰胺新材料企业工程技术研究中心”、“福建省技术创新工程——创新型试点企业”、“博士后创新实践基地”、“福建省战略性新兴产业骨干企业”等荣誉。

时任福建省委书记、省人大常委会主任孙春兰与董事长姚铭锋亲切交谈

公司董事长与时任福建省委常委、厦门市委书记于伟国合影

闽澳合作发展推介会上公司董事长与澳门科技大学代表、福州大学代表签约

泰普生物科学（中国）有限公司成立于2004年，注册资本为8777万美元，是一家以分子诊断和细胞学体外诊断业务为主导，集体外诊断试剂和诊断仪器研发、生产、销售和医学检验服务为一体的生物医药高科技公司。公司为福建省体外诊断试剂产业技术创新战略联盟理事长单位、厦门市优秀高新技术企业。

泰普公司一直致力于构建自己的高端医学诊断开发高地，除建立了独立的试剂与仪器研发中心、“分子诊断技术国家地方联合工程实验室”、“福建省分子诊断技术工程实验室”、“福建省体外诊断技术企业科技创新平台”外，还与北京大学、第二军医大学东方肝胆外科医院、第四军医大学、福州大学、福建医科大学等国内外著名科研院所建立了联合研发基地，如“泰普-北京大学医学分子病理实验室”、“闽台医疗器械科技合作基地”、“福建省孟超肝胆技术联合创新重点实验室”、“泰普-福州大学医疗器械研发中心”和“院士工作站”。这些合作构建了与国际接轨的、国内领先的医学高端诊断产品研发平台和国际市场推广平台，加快了泰普国际化战略的步伐。近年来，公司在体外诊断试剂和仪器领域中的许多关键技术上获得了重大突破，先后成功开发了70多种具有国际水准和自主知识产权的系列诊断新产品，产品销往全国除台湾和西藏外的30多个省市自治区。公司在研发、生产和销售体外诊断产品的同时，还在北京和福建等地建立了临床检验中心，向社会提供先进、快速和便利的医学检验、病理诊断和健康体检服务。为了适应公司快速发展的需要，公司在厦门建立了占地140余亩的厦门泰普生物科技园。目前该科技园的一期工程已竣工，建成后将成为华东地区乃至亚洲最大的分子诊断试剂与配套仪器的研发、生产基地和高端医学诊疗服务产业基地。

公司本着“拼搏，创新，敬业，共赢”的企业精神和“创新为动力，质量为根本，客户为中心，市场为导向”的经营理念，立足诊断服务健康，立足中国走向世界，为把公司打造成国际一流的分子诊断公司，为生命科学发展和人类的健康事业而努力奋斗。

姚铭锋董事长简介

姚铭锋，福建晋江人，现任泰普国际生物科学有限公司董事长、泰普生物科学（中国）有限公司董事长、闽浪仪器科技（厦门）有限公司董事长。姚董事长也是福建省体外诊断试剂产业技术创新战略联盟理事长、“福建省医药行业协会”副会长、“福建省诚信促进会”理事、“福建省海峡品牌经济发展研究院”荣誉院长，由于成绩卓著，近年来他相继获得了“‘十一五’中国医药‘企业卓越领导者’”、“社会公益奖”（中国癌症基金会颁发）、“闽商建设海西突出贡献奖”（福建省政府颁发）等诸多荣誉。

福建省联盛纸业有限责任公司

福建省联盛纸业有限责任公司，始创于上世纪末，2004年在漳州市长泰县建厂，目前是福建省产能最大的造纸企业，拥有职工1000多人，占地500亩，截至2012年，年营业额28亿元，年缴税近2亿元。2010年开始在漳州市台商投资区扩建年产200万吨的联盛纸业（龙海）有限公司。

联盛纸业采用当前全球最先进的造纸成套设备，产品能耗低、污染小、品质优良；联盛纸业产品——“联盛图形”牌高强瓦楞原纸、牛皮箱板纸被评为福建省名牌产品；联盛纸业在国内创办了16个废纸收购基地，申请在企业内部设立了海关、商检监管场所，解决原料废纸供应问题；

为了保护人类的碧水蓝天，联盛纸业不惜投入巨资建设处理废水废气的环保设施；为走上规范化之路，联盛纸业建立管理体系，该体系一次性通过ISO9001、ISO14001、OHSAS18000认证；

联盛纸业与省重点技校——厦门市集美轻工业学校强强联合办学，为企业持续发展输送了源源不断的新鲜血液；联盛纸业从投产当年起即连年获得“长泰县纳税大户”、“漳州市纳税大户”、“重合同守信用企业”、长泰县“特别贡献奖”等殊荣。

▲ 龙海工厂设计效果图

▲ 联盛长泰厂热电厂远景图

▲ 进口造纸机

▲ 联盛办公区一角

联盛纸业董事长陈加育先生，1963年生于福建泉州。从1980年代开始，先后在深圳、安溪、永春等地开设贸易公司、运输公司、水泥厂、造纸厂等，管理企业的经验丰富。2004年起，陈加育先生在漳州市陆续建起的福建省联盛纸业有限责任公司、漳州联盛纸业有限公司以及联盛纸业（龙海）有限公司等已经发展成为集团型造纸企业群，为漳州市乃至福建省经济发展做出卓越贡献，因此，陈加育先生年年被评为“经济建设功臣”。

集团简介 INFORMATION

福建福泉集团有限公司创建于1993 年，总部坐落于中国水暖产业主要集散地——福建南安，是集整体卫浴研发、生产、销售及服务为一体的大型专业集团公司。集团拥有一期、二期350 余亩园林式生产基地和工业园区，建筑面积20 万平方米，在职员工2369人。目前经营的产品有龙头、陶瓷、浴室柜、淋浴房、浴缸、水槽、淋浴器、感应洁具、五金挂件及管道供、排水阀门等多个系列的800多种不同产品。

福泉集团旗下品牌“hona 宏浪卫浴”历经20 余年的发展和壮大，现已拥有3500余个旗舰店、形象店、专卖店办事处等销售终端和服务终端，产品覆盖全国30余个省市、自治区，受众十分广泛。除此之外，hona 宏浪卫浴系列产品还远销中东、欧洲、美洲、东南亚等10 余个国家和地区，深受广大用户的信赖和认可。

宏浪发展

hona 宏浪卫浴发展至今，已先后荣膺“中国驰名商标”、”中国卫浴十大品牌”、“中国工程卫浴优秀品牌”、“优秀卫浴创新企业”等数十项国家级荣誉。岁月荣光，见证品牌辉煌20 年。

宏浪精神

hona 宏浪卫浴始终秉承“拓思、笃诚、尚德”的企业精神，以科技创新为核心，以绿色健康为宗旨，潜心研发、精致生产，致力为广大用户提供最优质的产品和服务，不断为打造优秀民族卫浴品牌而努力奋斗。

集团总经理 洪德钦

--专访福建福泉集团总经理洪德钦

“虽然被冠上了80后、二代企业家等一系列标签，但是在洪德钦身上却没有世人所谓的那种桀骜不驯、狂妄不羁，反而比同年人多了一分稳重与成熟。难怪别人会调侃他：80后的年龄，70后的长相、60后的心态。对于这样的评价，洪德钦只是一笑而过，继续着自己80后的中庸之道。

闽南人该给人们的印象是“爱拼”，也正如那首歌唱的一样“爱拼才会赢”，我们南安的水暖城产业正是因为有父辈那批勇于开拓、敢拼敢赢的先行者，才得以奠定和巩固南安水暖产业在国内的领导地位。宏浪在经历了20余年的发展之后，对成功都有了更高的要求。如今，正是我们要“赢”所以要“拼”。”

宏浪卫浴设计理念

在宏浪的设计理念中，希望能赋予产品深层的思考价值，即当消费者在领略宏浪卫浴产品的同时，也能心神领会宏浪产品本身从里到外的设计铺陈与坚持所产生的隐喻之美，进而延伸到对消费者自身心境的关怀，创造更加简单舒适的生活体验。

福建南平太阳电缆股份有限公司

福建南平太阳电缆股份有限公司创始于1958年，1994年改制为股份有限公司，2002年经过股权改制成为民营控股企业，2009年10月21日在深圳证券交易所上市，股票代码002300。公司是福建省百家重点企业和17家重点扶持的成长型企业之一，曾获中国电线电缆20强、全国首批520家“守合同、重信用”企业、高新技术企业、全国模范劳动关系和谐企业等荣誉称号。

“太阳”牌为公司产品注册商标，福建省著名商标，福建名牌产品。“太阳”电线电缆产品涵盖1000多种型号，25000多种规格，具备为国内外各级重点工程提供全方位产品的配套能力。先后成功中标人民大会堂、奥运工程、三峡工程、杭州湾跨海大桥、福州海峡国际会展中心、天津地铁等多个大型项目。

公司本着“品牌第一、顾客至上、诚实取信、和谐发展”的经营理念，围绕打造百亿电线电缆龙头企业的目标，以南平为企业总部，积极建设海西电线电缆生产、研发、营销基地；同时实施“走出去”战略，精心打造福建上杭铜业基地和内蒙古包头电线电缆基地。目前年生产各种电线电缆120万公里，产值超50亿元。现有从业人员1890人，其中专业技术人员650人。

公司采用直销+专卖双渠道销售模式，太阳电缆授权专卖经销商共计118家，专卖渠道的销售收入占总销售收入的39.86%。在直销渠道方面，公司目前在全国建立了28个办事处，形成了布局全国的直销网络，能够实现与终端客户直接沟通，确保快捷服务。

公司多次进行技术引进和技术改造。先后从德国、美国、芬兰、日本、奥地利等国引进拉丝、绞线、挤塑、成缆生产线及检测设备，使公司的工艺装备、制造技术达到国内先进水平，产品质量国内领先。公司通过了ISO9001：2008国际质量管理体系认证，ISO14001：2004国际环境管理体系认证，GB/T28001-2011职业健康安全管理体系认证。公司产品质量由中国人民保险公司承保。

太阳电缆愿与海内外客商精诚合作，共展鸿图。

▲ 芬兰麦拉菲尔NXWΦ60+175+80VCV立式交联超高压生产线

▲ 芬兰麦拉菲尔CCV-CDCC60+150+80中压交联生产线

▲ 瑞士哈弗莱MSR700-2100局放耐压测试系统

新能源科技有限公司 Amperex Technology Limited

新能源科技有限公司（Amperex Technology Limited，简称ATL）成立于1999年，总部设在香港，下有三家分公司，分别座落于广东省东莞市和福建省宁德市。ATL致力于可充电锂离子电池的电芯、封装和系统整合的研发、生产和营销。产品广泛应用于智能手机、平板电脑、手提电脑、电子书等顶尖品牌上，是全球排名前四位的锂电池供应商，也是全球最大的聚合物锂电池供应商。

ATL是国家级高新技术企业，有企业博士后工作站，拥有博士、硕士数百名。与香港大学、清华大学、中科院、浙江大学、台湾、美国、日本等国内外材料研究机构，有着广泛的合作和开发。同时，公司还承担多项国家、省级重大科研项目。到现在为止，前后有四个项目获得国家级科学技术进步奖、七个项目获得省级各奖项，并拥有专利120余项。2008年，宁德新能源科技有限公司正式成立，主要生产高端消费电子产品电池、环保电动汽车电池和高压、大功率储能电池。该项目占地面积1500亩，预计2012年至2017年总投资100亿人民币。2012年产值即达20亿元人民币。到2017年投资完成，年产值可达300亿元人民币，创造税收10亿人民币以上，可提供就业岗位2万多个。

▲福建省省委书记尤权赴公司调研

▲生活区

▲ 2011年5月25日，时任省委书记孙春兰莅临南安中国水暖城申鹭达展厅参观

▲ 2011年6月8日，洪建城董事长随全国政协副主席何厚铧访问东帝汶、新加坡

申鹭达股份有限公司

申鹭达股份有限公司成立于2009年，继承申鹭达集团30几年来的优良血统，致力于创造更精致、舒适的卫浴产品，为全球家庭提供环保、舒适及人性化的厨卫体验。

30几年来，申鹭达始终坚持根植民族文化，从企业文化、产品设计、技术创新等方面诠释博大精深的中国文化。同时，申鹭达也放眼世界，凭借全球化视野写就“民族卫浴第一品牌”的传奇。从一个小水龙头开始，申鹭达已经发展成为产品线覆盖数控恒温水嘴、陶瓷片密封水嘴、电子感应洁具、卫生陶瓷、智能马桶、浴室柜、淋浴房等100多个系列产品的厨卫一体化品牌供应商。申鹭达营销网络已经基本上覆盖全国各地，并在东南亚建立了较为完善的销售网络。

上世纪80年代，申鹭达率先研发出陶瓷芯片密封水嘴，引发传统水龙头更新换代的新浪潮；2003年，申鹭达成功研发自控重力浇铸机及自控双腔变频感应电炉，填补国内技术空白；2007年公司开始研发“数控恒温水嘴”；2009年8月申鹭达制定的企业标准《触摸数显式温控水嘴》标准上升为国家标准，标志着申鹭达的技术达到国际领先水平。如今，本着与时俱进的精神，申鹭达正全力投入智能化卫浴体系的建设当中。

未来，申鹭达还将积极推动卫浴行业向厨卫一体化、光电一体化发展，助推全球卫浴行业变革。

辉煌水暖集团：成为厨卫及阀门管道工程产业的领先企业

辉煌水暖集团有限公司创建于1988年2月，总部坐落于福建省南安市，是一家集研发、生产、销售及服务为一体的实业集团公司。如今的辉煌水暖集团已发展成为中国卫浴行业的龙头企业和全球卫浴的领先品牌，生产和销售包括了各类水龙头、五金挂件、卫生陶瓷、浴室柜、淋浴房、花洒、不锈钢盆等厨卫产品及管道供、排水阀门等产品，销售网络遍布国内外，产品深受广大经销商和消费者的青睐。辉煌水暖集团将通过持续创新和卓越品质，努力成为厨卫及阀门管道工程产业的领先企业。

辉煌水暖集团现拥有辉煌工业区和扶茂新项目园区两大工业园区，占地面积近2000亩，2011年、2012年连续两年纳税超亿元，2012年纳税1.4476亿元，位居南安市民营企业首位。总投资20亿元的辉煌扶茂工业园区占地1200亩，总建筑面积近80万平方米，是一座集研发、生产、物流、社区服务等为一体的现代化工业园区。项目建成投产后，年新增产值100亿元，年产卫生陶瓷将达250万套，浴室柜25万套，橱柜、衣柜10万套，中高压阀门30万套以及引进排水管道项目……2013年1月19日，辉煌大厦奠基、恒实家居开工、恒实陶瓷隧道窑点火三大工程启动，是辉煌水暖集团“二次创业”的里程碑时刻，坚实了辉煌水暖集团走向“厨卫及阀门管道工程产业的领先企业”的宏伟愿景。

辉煌水暖集团先后荣获中国驰名商标、中国十大卫浴品牌、中国十大工程卫浴品牌、亚洲品牌500强、中国厨卫百强整体卫浴领军企业10强等荣誉。25年的峥嵘岁月，辉煌在水与火的交融中，书写了行业的传奇，成就了今天的伟业。大鹏已展翅，长空当搏击。在“二次创业”的号角声中，辉煌水暖集团提出要在海峡西岸经济区做出新贡献，用实际行动再铸新辉煌，再创新奇迹。

2012年8月 福建省省长苏树林在时任泉州市委书记徐钢、市长黄少萍陪同下莅临辉煌水暖集团关心指导

辉煌水暖集团2013年“三大工程”启动仪式

辉煌大厦奠基

恒实家居开工仪式

恒实陶瓷隧道窑点火仪式

维珍妮国际有限公司 Regina Miracle International Ltd.

维珍妮国际有限公司创建于1998年，厂区坐落在风景优美的深圳光明新区石岩湖畔，厂区总面积超过30万平方米，现有职工2万多人，月平均产量领先同行业，已经成为世界上最大的内衣生产厂家之一。

维珍妮在行业内率先引进了3-D CAD/CAM系统用于产品的设计与研发，此项技术的应用大大提高了公司生产的稳定性、准确性、高效性，开创了模杯内衣大规模生产的新纪元。公司目前拥有德国和日本进口的先进定型机和车缝机数千台。高性能的生产设备以及成熟的品质管理体系使得公司能在更短的货期内生产出更多高质量、可信赖的产品。

行业领先的先进技术和设备，严谨科学的管理模式和理念，是维珍妮快速发展核心动力。维珍妮十多年发展史，也是一部筑造辉煌成就的荣誉史：2003年，公司自主研发的“一件圈”及“无缝”式内衣，突破了传统的内衣制造模式，开创了无缝式内衣发展的新纪元；2006年，公司荣获DHL/SCMP（香港南华早报）联合授予的“杰出企业奖”；2007年，公司董事长洪先生荣获香港工业总会膺选的年度“香港青年工业家”奖；2010年，维珍妮被美国内衣协会评为“年度供应商”，此奖项被誉为是内衣行业的“奥斯卡”，这也是亚洲内衣制造企业首次获此殊荣。

维珍妮国际有限公司
REGINA MIRACLE INTERNATIONAL LTD.
10/F., Tower A, Regent Centre, 63 Wo Yi Hop Road, Kwai Chung, Hong Kong.
Tel: (852) 2429 4521 Fax: (852) 2420 7654, 2420 7682
E-mail: reginamiracle@reginamiracle.com.hk Website: www.reginamiracle.com

福建三金钢铁有限公司

福建三金钢铁有限公司是以生产钢材为主的民营企业，创办于2003年。公司注册资本5亿元，占地面积1800多亩，资产总额超20亿元。公司主要生产高速线材、优质钢和不锈钢等。公司计划投资60亿元，分两期建成年产量超过300万吨钢的现代化钢铁企业。

公司位于罗源湾经济技术开发区内，地理位置优越，紧邻3万吨和5万吨码头，距长乐国际机场和福州市区不到百公里，同三高速公路穿境而过，温福铁路在开发区内设站。

▲ 董事长程桂泉

公司的钢铁项目列入福州市重点项目。一期工程包括：86m²、120m²烧结生产系统，550 m³×2高炉生产系统，50t×2氧气顶吹转炉炼钢生产系统、120万吨高速线材轧钢生产线、500m³石灰竖炉，12m²球团竖炉、3万m³转炉煤气柜及山顶100万m³水库、山下4万m³清水池和2台套水轮发电机组。

公司在生产的同时，格外注重环保，已建设并投入运行的除尘环保设施有烧结系统主抽风和冷却风除尘、烧结机脱硫，成品系统除尘、机尾除尘和原料除尘、高炉贮矿槽除尘、煤气重力和干法除尘、出铁场出口和铁水罐位除尘、喷煤系统转运站除尘以及附属设施采暖、通风、空调和煤气净化等。绿化工作已全面规划，分期实施，全厂绿化面积将达到20%以上。

▲ 三金办公楼与产品

▲ 公司领导与三钢集团领导进行工作交流

重汽集团福建专用车有限公司

重汽集团福建专用车有限公司，是中国重汽集团在我国东南沿海地区战略布局的唯一具有专用车生产资质的企业。公司位于福建省宁德市东侨工业集中区漳湾工业园，区域优势明显，水陆交通便捷，厂区占地121亩。

公司拥有福建省著名商标——威泰尔专用车注册商标。具有国家工信部批准的专用车生产资质和交通部公路甩挂运输车生产资质。几十种车型公告获工信部颁布，被商务部授予企业自营进出口权和整车出口资质。通过了国家质量认证中心ISO9001—2008质量管理体系认证,国家中汽认证中心3C产品认证和SGS中国供应商认证。

公司拥有国内先进的自卸车、半挂车、罐车、搅拌车及涂装车生产线以及生产设备。科研人员研发能力突出，目前申报实用专利8项，有的已进入实际生产阶段。严格按照ISO9001管理体系要求，把握编制、审批、分发、使用、评审、修订、作废等每一个环节，全员参与质量管理。产品销往全国各地及澳洲、中东、非洲、东南亚、南美洲等海外市场。

公司主要的产品结构：自卸车系列有130多款车型；半挂车系列有集装箱运输车、低平板运输车、平板式运输车、仓栅式运输车、侧帘式运输车等50多款车型；厢式车系列有轻、中、重型30多款车型；罐式车系列有易燃液罐式运输车、散装水泥运输车、水泥搅拌车、加油车、吸污车、洒水车等。

董事长肖志凯先生，高级经济师，福建省工商联（总商会）执委、宁德市政协委员、宁德市工商联（总商会）副会长。2013年荣获福建省委、省政府颁发的“闽商建设海西突出贡献奖”。

▲董事长肖志凯

▲自卸车

▲高压清洗车

▲U型自卸车

▲厢式车

▲小房车

▲散装水泥罐

▲搅拌罐

乔丹

乔丹体育股份有限公司

倪振年总经理

乔丹体育股份有限公司2000年6月创立于福建晋江，伴随着中国体育事业的振兴与发展，至今已走过了十三年的发展之路。

十三年来，乔丹体育求实创新、稳健进取，已成长为年销售额突破40亿元，终端数量突破6000家的集团化运营企业；十三年来，乔丹体育立足福建晋江，汇集四海英才，凭借着人才优势、技术优势、产品优势和渠道优势，成为中国体育用品行业的领先品牌，产品涵盖运动鞋、运动服、运动帽、运动袜和运动包等运动全套系列品种。

乔丹体育的每一步成长，无不凝聚着政府部门的鼎力支持、经营管理层的精心运作、全体员工的辛勤劳动以及消费者的支持厚爱。在激烈的市场竞争中，乔丹体育人始终坚持“诚信、协作、创新、共享”的企业价值观，创造了不凡的业绩，实现了快速的增长。

在做好企业的同时，乔丹体育坚持对社会公益事业的支持和投入，目前累计捐赠超8000万元，赢得了社会各界的一致好评，树立了良好的公众形象。此外，还累计捐赠数亿元，赞助国内外大型运动会。

未来的乔丹体育，将继续以支持中国体育事业的发展为己任，本着“取之社会、用之社会”的理念，不断追求卓越，致力于打造中国体育用品行业最具影响力和竞争力的体育用品品牌！

▲倪振年总经理荣获“福建省非公有制经济人士捐赠公益事业突出贡献奖”

▲倪振年总经理出席喀山第27届世界大学生夏季运动会

中国节能海东青新材料集团
CECEP COSTIN NEW MATERIALS GROUP

中国节能海东青新材料集团隶属于中国节能环保集团，再生资源利用的差别化纤维和非织造材料是两个支柱产业，是中国首家在香港联合交易所IPO主板上市(股票代码:2228HK)，首家获得“碳足迹”认证、SCS Recycled环保认证的非织造材料企业，是中国非织造材料领域的领航者。总部位于香港，生产基地位于福建晋江，占地约17万平方米，科技信息咨询服务平台位于北京。

集团目前拥有来自德国、台湾和国内先进的非织造材料生产线29条，年生产能力共计1.81 亿码；耐高温过滤材料年生产能力共计2100万㎡；再生化纤年生产能力约为4.2万吨，年处理固体废弃物5.3万吨。通过走“以企业为主体、市场为导向”、“政产学研用”结合的技术创新道路，形成了具有海东青特色的高新技术内涵。海东青被授予国家环保过滤材开发基地、省级技术中心、省级高新技术企业、CNAS认证的国家级检测中心、中国纺织服装工业竞争力500强、中国产业用纺织品行业竞争力10强、福建省百家重点工业企业、福建省工业企业300强等称号，参与《针刺压缩弹性非织造布》、《针刺非织造纤维浸渍片材》、《纤网-纱线型缝编非织造布》三项行业标准的制定工作、与天津工业大学等四所高校建立产学研合作与实验基地。

海东青始终坚持“环保拓新、科技兴世”的产业理念，在不断发展壮大的过程中，将废弃材料回收利用产业做大做强，减少资源浪费、降低环境污染压力，同时海东青将持续以低物耗、低水耗、低能耗、低排放为己任，为全社会提供最干净的材料消费。

粘为江董事长简介：

集团董事长粘为江先生为本公司联席主席兼执行董事，粘先生在非织造材料行业累积超过14年的经验。

职务荣誉：

中国人民政治协商会议福建省泉州第九届、第十届委员会委员；

晋江市总商会第七届理事会副会长；

福建省诚信促进会第一届理事及晋江工商联（总商会）第八届理事会副会长；

晋江市慈善总会第二届理事会荣誉会长；

第四届世界闽商大会上荣获福建省人民政府颁发的“闽商建设海西突出贡献奖”的表彰。

江苏百安谊家集团股份有限公司

董事长 洪清平

江苏百安谊家集团股份有限公司于2010年3月成立，目前是集房地产开发、工业制造、物业服务等于一体的跨行业企业集团。

集团核心企业：南通港闸房地产开发有限公司、南通百安谊家国际家居市场管理有限公司、南通华都一龙空调制造有限公司、南通加美迪中央空调有限公司、南通市佛陶建材有限公司。控股企业：南通中港建材有限公司、淮安华都置业有限公司、淮安南洋房地产有限公司、南通中港地产有限公司、南通万豪物业服务有限公司、南通中盛地产有限公司。

集团2011年末注册资本4.2亿元，净资产50亿元。集团所属房地产开发企业均是二级资质企业。拥有高素质核心管理团队和技术团队，现有员工221名，其中大专以上学历175人，拥有高级职称5人，中级职称25名，技术人员86名。

近年来，集团坚持“以质量求生存、以服务求信誉、以管理求效益、以人才求发展”的理念，建立健全了科学、合理、高效的管理制度，形成了项目开发、工程监理、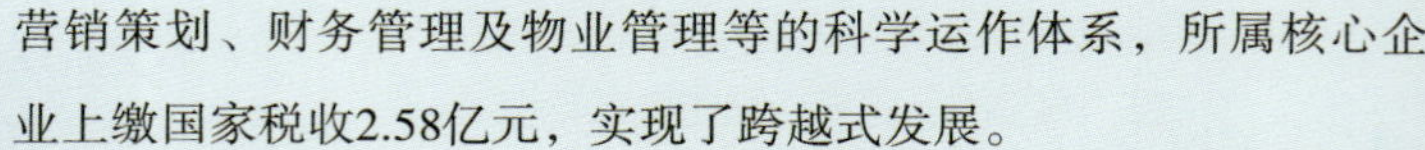营销策划、财务管理及物业管理等的科学运作体系，所属核心企业上缴国家税收2.58亿元，实现了跨越式发展。

南通港闸房地产开发有限公司成功开发了“华都商业广场”、“百安谊家建材馆”、“百安谊家国际馆”，形成了家居、建材、地板城和精品街三大经营板块，整体建筑面积超过28万平方米，已入驻商户600多家，提供5000多个就业岗位，年收入超10亿元。公司获得“江苏省消费者放心市场”、“国家五星级文明诚信市场”等多项荣誉。南通中港地产有限公司开发的“南通中港城”是集高档住宅、商业办公、星级酒店为一体的大型高品质名流社区，总建筑面积近50万平方米，总投资近30亿元。2009年10月，中港城在博鳌论坛荣获“建国60年中国名盘最具投资价值楼盘”、“建国60年中国地产名企最具影响力知名品牌”、“建国60年中国地产名人最具创新力人物”三大金奖。南通华都一龙空调制造有限公司、南通华都投资有限公司先后投资建成的“华都工业城”，总建筑面积26万平方米，总投资5.2亿元。工业城布局合理、设计新颖，已有15家服装、机械制造、汽车修理、风力发电、仓储等企业入驻，取得了可喜的经济效益。

RADIANCE 金辉地产

金辉集团有限公司

金辉集团有限公司成立于1996年，是由香港金辉投资集团林定强先生创办的集房地产开发、工程建筑、物业服务三大业务板块为一体的外商独资企业。17年来，金辉集团始终秉承“务实创新，开拓进取”的企业精神，致力于美好人居生活的创造，培养高素质职业管理团队，凭借前瞻的战略规划、科学的管理体制、专业的市场能力和不断深化的品牌影响力，企业年销售额突破百亿，拥有全资和控股企业二十余家，员工2000多人，位列全国品牌地产30强。

林定强先生生于1966年10月，祖籍福建福清市，现任金辉集团有限公司董事长兼总裁、全国政协委员、中国侨联委员会常委、中国侨商投资企业协会副会长、辽宁省侨商投资企业协会会长、香港福建社团联会永远名誉主席。在推进金辉集团品牌建设、不断发展壮大的同时，林定强先生不忘回报社会，为家乡建设和社会公益事业累计捐赠近2亿元人民币。

▲时任团中央书记处第一书记陆昊向林定强先生颁发捐赠证书

▲林定强先生向中国华文教育基金会捐款

福清·金辉国际公馆

福州·金辉淮安半岛

福州·金辉天鹅湾

福州·金辉淮安半岛

福建十八重工股份有限公司

FUJIAN 18 HEAVY INDUSTRIES CO., LTD

2010年5月28日，福建十八重工股份有限公司在漳州市云霄县设立。现有注册资本金10680万元，作为一家民营股份制公司，是省内唯一一家具有钢结构特级资质的企业。公司秉承“产品至上，质量第一”的信念，专注于大型专业钢结构构件制造、配送行业。

公司抓住海西战略上升为国家战略、福建省大力推进海峡西岸经济区建设的良机，在云霄县临港工业区设立海西钢构产业集群配送中心。该中心具有临港与临海两个基地，总占地面积1500亩。一号基地位于列屿大坂村，规划用地1000亩，分3期建设，二号基地位于列屿青泾村，占地500亩，三面环山，一面临海，具备自有码头泊位的优势。中心建成后将成为海峡西岸最大的钢构制造、生产、配送企业，计划用5年时间构建百亿钢构产业集群。该配送中心的建设将改变福建省钢结构行业现状，推进福建省钢结构产业发展，形成产业集群和产业链，增强福建省钢结构产业竞争力，依托海西，面向台港澳，辐射海内外。海西钢构配送中心项目被福建省政府列为2011年、2012年、2013年福建省重点工程项目。

海南福安集团董事长 连式林

连式林，男，福建省泉州市人。
1954年9月 出生于福建省泉州市坝头村。
1962年9月-1971年7月 就读于坝头中心小学。
1971年9月-1974年7月 就读于惠安县一中。
1974年9月-1977年7月 就读于福建省惠安县开成建筑学校建筑施工专业。
1977年8月-1983年12月 创办“坝头棉塑厂”。
1989年-1992年 任福建省第一建筑工程公司施工助理工程师。
1993年-1996年任福建省第一建筑工程公司 助理工程师，在海口、洋浦、儋州等地参加建筑工地施工管理。
1997年 来到五指山市，从事房地产开发。
1984年1月-1988年12月 任福建省惠安县坝头村文化中心站长，同期自建电影院，1984年加入中国共产党，1985年获得福建省文化系统先进单位，1986年-1989年获福建省文化先进个人，1985年当选惠安县政协委员。
2002年创建五指山福安房地产开发有限公司，并自任董事长至今，2007年起兼任公司党支部书记。期间，2002年起当选五指山市政协委员、常委，2003年组建“三亚福安房地产开发有限公司”，2005年起任海南省福建商会常务副会长，2006年当选海南省企业家协会副会长，2007年当选海南省第四届人大代表、五指山工商联（总商会）副会长。

☆海南福安集团简介☆

海南福安集团是一家以房地产开发与经营为主，以旅游酒店业为辅，兼营娱乐养生度假等行业的综合性企业集团。她起源于具有房地产开发二级资质证书、注册资本3000万元的五指山福安房地产开发有限公司。集团旗下有五指山福安房地产开发有限公司、五指山泰隆酒店管理有限公司、东方福安房地产开发有限公司、东方广华实业有限公司、白沙福安房地产开发有限公司、儋州福安房地产开发有限公司、陵水福安房地产开发有限公司、三亚新福安房地产开发有限公司、海南省老龄养生协会等10多家企业和单位。在职员工572人，其中高层管理人员和工程技术人员135人。集团的宗旨是“诚信、团结、敬业、奉献”。

蓬勃发展的房地产业是海南福安集团的重中之重。从2009年开始，企业走向集团化发展道路，制定了立足五指山，面向中西部，寻求在全岛谋求发展的战略目标。海南福安集团旗下有10家房地产开发公司，开发项目遍布海口、三亚、五指山、乐东、东方、儋州、白沙等市县，至2013年，开发项目总建筑面积约300万平方米。

功能齐全的星级酒店服务业成为福安集团的重要支柱产业。为了服务于海南国际旅游岛建设，加快企业转型升级，2010年集团组建五指山泰隆酒店管理有限公司，开始大力投资建设6个高档次豪华星级大酒店。2011年元旦，泰隆酒管公司旗下的五指山福安•泰隆酒店和福德莱大酒店正式开业迎宾。建筑总面积达58000平方米的东方•泰隆大酒店也于2012年10月正式开业。目前，以五星级标准、规划总建筑面积约53000平方米的龙沐湾•泰隆大酒店将在2014年元旦开业迎宾。在儋州市白马井镇以五星级标准、建筑总面积56000平方米的白马井•泰隆大酒店，在海口南渡江畔滨江壹号项目区的福安大酒店也已相继开工建设。届时，可为广大游客提供更加优质周到的服务。

集团坚持做到依法经营、主动纳税，多年来缴纳各种税费数亿元，有力地支持了海南地方经济文化各项事业的建设和发展。同时，海南福安集团十分热衷社会慈善福利事业，2005年以来，累计向社会捐赠款物达2000多万元。集团被相关部门和单位授予“模范纳税单位”、“捐资助学模范单位”、“海南文化助残爱心单位”、“尊师重教先进单位”、“希望工程圆梦行动突出贡献单位”、“企业社会责任十大楷模”、“资源环境生态发展十佳示范企业”、“公益明星单位”、“海南省企业信用等级AAA级单位”、“诚实守信模范”、“AAA级中国质量信用企业”、“最具社会责任感企业”、“海南省非公有制组织先进基层党组织”等荣誉称号。2010年，福安集团跻身于海南省企业100强之列，2011年位列第59位，2012年跃居第49位。2010年至2012年，连续三年被授予“海南省优秀企业”、“海南省优秀民营企业”等光荣称号。董事长连式林多次被授予“优秀民营企业家”等光荣称号。

海南福安集团正凭借科学的管理，成熟的市场运作和资本运作等优势，沿着打造品牌的道路快速进步和成长。

经济技术指标：
总用地面积：141262.13㎡
总建筑面积：154556.4㎡
容积率：1.09
建筑密度：17.36%
绿地率：30%

龙沐湾
碧海金沙

■ 项目地址：乐东县佛罗镇龙沐湾旅游区
■ 售楼热线：0898-8570 3999

经济技术指标：
总用地面积：208482.5㎡
总建筑面积：451877.0㎡
建筑密度：24.3%
容积率：2.09
绿地率：38.26%

东方
碧海云天

■ 项目地址：东方市八所镇滨海北路
■ 售楼热线：0898-2556 5588

经济技术指标：
总用地面积：460472.03㎡
总建筑面积：936333.0㎡
建筑密度：24.3%
容积率：1.5
绿地率：38.26%

白马湾
滨海城邦

■ 项目地址：儋州市白马井镇滨海新区
■ 售楼热线：0898-2365 0666

经济技术指标：
总用地面积：12472.12㎡
总建筑面积：45209.44㎡
容积率：2.8
绿地率：35%

海口
滨江壹号

■ 项目地址：海口市滨江路与文明东路交汇处
■ 售楼热线：0898-6679 9966

公司地址：海南省海口市国贸路1号景瑞大厦A座2楼　邮编：570100
电话/传真：0898-66778620
公司网站：http://www.fuangroup.com

泉州市铁通电子设备有限公司

▲ 董事长洪泉益

洪泉益，男，汉族，1953年11月出生，籍贯福建泉州，研究生学历，高级经济师。现任泉州市铁通电子（集团）有限公司董事长，兼任泉州市科协第五届委员会副主席，中国科协"七大"全国代表，政协泉州市鲤城区第六届委员会常委等社会职务。曾获得"福建省五一劳动奖章"、"福建省技术能手"、"大中华十大卓越发明家金车奖"、"第五届全国发明创业奖"、"泉州市最具创新力企业家"等荣誉，2013年荣获福建省人民政府颁发的"闽商建设海西突出贡献奖"。

泉州市铁通电子设备有限公司是"国家高新技术企业"、"福建省创新型示范企业"、"福建省知识产权示范单位"、福建铁路无线通讯行业星火技术创新中心、国家火炬计划泉州微波通信产业基地骨干企业。经过十五年的创业发展，现已成为集科研、制造、销售、工程设计与安装服务为一体的高科技股份制综合型企业。

企业拥有授权或已受理的各项专利72项，软件著作权15项。承担"国家重点火炬计划"项目1项、"国家火炬计划"项目2项、国家科技型中小企业创新基金项目4项，省级科技型创新基金项目2项。连续五年承担"国家重点新产品"项目建设。2010年以来获得国家发明创业奖1项；全国职工优秀技术创新成果三等奖1项；国际发明展览会金奖2项、福建省科技进步二等奖2项，三等奖1项。

▲ 洪泉益董事长获得"第五届全国发明创业奖"

▲ 领导视察

▲ 2009年5月与国防科技大学签约

福建骐丰投资集团
Qi Feng Investment Co., Ltd. Fujian

福建骐丰投资集团是一家集贷款、融资担保、地产运营、酒店管理、能源开发、文化产业投资为一体的综合性现代企业集团。现有全资、控股等关联公司二十多家，项目遍布福建、山西、云南等地，累积投资总额已超过28亿元人民币。

集团在薛融彪董事长的领导下，始终坚持“拓宽投资渠道，创造企业价值”为企业使命，秉持“以人为本，脚踏实地、开拓创新”的核心价值观，以雄厚的经济实力、全新的管理模式、专业化的运作手法、高素质的人才团队作为企业发展引擎，通过项目投资、合资合作、兼并收购、资本重组等多种方式为企业谋求更为广阔的发展空间。逐步完成企业转型升级，实现管理、运营服务模式的全面升级，向“海西最优秀的，最具成长性的多元化企业集团”迈出坚实的步伐。

2013年，集团与福建日报报业集团牵头发起，联合海峡出版发行集团、福建投资开发集团、信达国际组建“福建海峡文化产业股权投资管理有限公司”，参与“福建海峡文化产业投资基金”的运营;同时，与中海油新能源有限公司达成协议，在福建省内共同推进LNG加气站网点的建设和运营；与大利嘉集团合作，筹建以汽车文化为主题的五星级酒店，全面推进房地产业的转型升级。集团预计2014投资总额将达15亿元人民币以上,确保集团核心竞争力全面释放、提升，为集团可持续、跨越式发展奠定良好的基础。

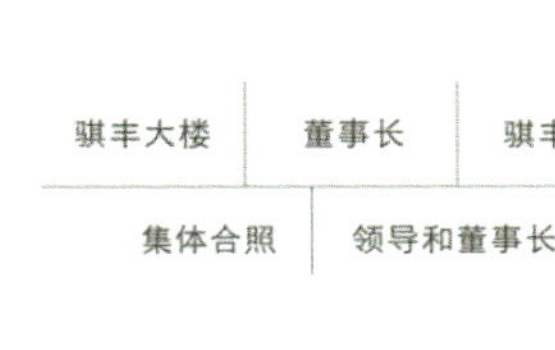

骐丰大楼 | 董事长 | 骐丰前台

集体合照 | 领导和董事长合照

多元创业 爱拼敢赢

福建华亚集团董事长 许长球

▲许长球

许长球，1964年1月出生于福建省长乐市，现任福建华亚集团董事长。2002年，当选福州市十二届人大代表；2012年，当选第十二届福州市政协委员；2011—2013年，三次被福建省人民政府授予“闽商建设海西突出贡献奖”。

沐浴改革开放东风，素有经商天赋、秉性爱闯荡的许长球，中学一毕业就投身商海，艰辛创业。上世纪90年代初，他大胆走出福建，在四川邛崃和眉山创立两家钢铁公司。1996年至2001年转战中原大地，短短六年时间，先后创办、收购、重组六家冶金企业。2003年，又投资11亿元创立山西省襄汾县新金山特钢有限公司，形成年产铁、钢材500万吨的生产能力，初步构建起冶金版图。

2002年，响应福州及长乐市“回归工程”的号召，许长球投资5.5亿元创办福建华亚纺织有限公司，并发展成为当地纺织行业龙头企业之一。自此，他迈开了多元化扩张、跨区域发展的步伐，进军北京，开发紧邻密云水库的500多亩高档房地产项目；在成都、海南万宁，分别开发商业地产和旅游地产项目等。

2008年后，许长球开始涉足现代物流领域，并按“一港两园”的总思路逐步实施。“一港”即在福州港松下港区投建福建鑫海冶金码头，四个泊位全部建成后，年吞吐量可达1000万吨。“两园”包括：兴建河南华亚物流园，建成后年吞吐量可达200万吨；拟投资38亿元在成都设立中国西部（成都）现代国际钢铁物流园，建成后年吞吐量可达1000万吨。

爱拼敢赢，终有所成。目前，福建华亚集团已发展成为一家以投资经营钢铁、纺织、地产、物流、贸易等为主，跨地域、跨行业、多元化、复合型的大型民营企业，现有总资产超过50亿元，员工万余人，企业布局横跨福建、北京、四川、山西、河南、海南等省市。

牢记责任，奉献社会。爱国爱乡、事业有成的许长球始终不忘回报社会，在故乡长乐、福州，以及四川、河南、山西等地先后捐资3000多万元，襄助教育、文化等公益事业，彰显了一位企业家的社会责任感和爱心担当。

厚积薄发　成就珠穆朗玛

珠穆朗玛（中国）有限公司是一家全国性的食品公司，以先进的市场理念为指导，集品牌规划、产品开发和分销推广为一体，精心打造了一支高素质的专业营销开拓团队和产品研发团队，拥有专业技术人才及员工1.3万人。公司旗下有“珠穆朗玛”、“岑铭堂”两个知名品牌，现拥有福建公元食品有限公司、福建晋江永和许福记兄弟食品有限公司、滁州珠穆朗玛食品有限公司、湖南珠穆朗玛食品有限公司、湖北珠穆朗玛食品有限公司、江苏珠穆朗玛食品有限公司、山东珠穆朗玛食品有限公司等8家全资控股公司，涉及糕点、饮料、房地产等行业。

福建公元食品有限公司创始于1996年，总部位于福建晋江。产品涉及饮料、糕点、糖果、小食品四大领域，品项500多个。

2010年进军休闲糕点市场以来，成功地推出了由朱丹代言的“珠穆朗玛”瑞士卷、蛋黄派、软面包、巧克力蛋糕、欧式蛋糕、五谷风米果后，引发市场的一阵珠穆朗玛风潮。

2012年进军饮料市场成功的推出由“凤凰传奇”代言的“岑铭堂”饮料系列（凉茶、果汁饮料、谷物饮料、含乳饮料、功能性饮料、风味饮料、复合蛋白饮料、八宝粥、葡萄糖等）。依靠这些优质的主导产品，和短期内迅速组建起的成熟销售团队，加上在10几个卫视投放广告、同时地面和平面广告也都配合销售进行轰炸，取得了令业内刮目相看的成绩。

珠穆朗玛，代表这个星球的最高度，代表的是攀登、是进取。珠穆朗玛（中国）有限公司正是按照“每天一小步，成就新高度”的理念，将公司提升到一个新的高度。近年来，公司在产品分销和品牌推广方面锐意创新，取得了优秀的成绩，主营产品有烘焙糕点系列、糖果系列、米果系列、饮料系列等，并凭着卓越的品质被选定作为西藏登山队赞助产品。

本着“用优质健康产品造福社会大众”的企业宗旨，珠穆朗玛（中国）有限公司将紧跟市场需求，并以创造和引领市场潮流的姿态开发更多具竞争力的休闲食品，不断满足消费者的新需求。

青山钢铁及青拓集团

青拓集团是青山钢铁系统六大集团之一，主要从事镍合金冶炼、不锈钢加工与经营销售。现下辖鼎信实业、鼎信镍业、鼎信科技等十余家子公司，由福建福安工业园区建设指挥部统一协调推进。现有员工6800余人，2012年产值80亿元，2013年将超100亿元。预计总投资超过100亿元，打造千亿镍合金冶炼及不锈钢下游深加工产业集群，将致力于在海西环三都澳区域闽东地区建设中国最大的不锈钢之城。

青拓集团董事长、总裁兼鼎信实业董事长姜海洪荣获福建省2011年度“建设功臣”、“五一劳动奖章”的称号，第四届世界闽商大会上荣获“闽商建设海西突出贡献奖”

青拓集团副总裁兼鼎信实业总经理项炳庆荣获2013年“宁德市科技创新人才”称号

鼎信镍业董事长项炳和曾荣获中国钢铁工业协会“全国钢铁工业劳动模范”称号

鼎信科技总经理项秉秋

时任福建省委书记孙春兰莅临青拓集团视察

福建省副省长张志南一行视察福建青拓

福建省人大常委会副主任、秘书长张建一行调研青拓集团

宁德市委书记廖小军一行莅临青拓集团调研

福建立达信集团有限公司

▲省领导一行莅临立达信调研

福建立达信集团有限公司成立于2005年，是专业生产高档电子节能灯的大型企业，注册资金1000万美元，控股企业10余家，在美国和新加坡各有1家销售公司，拥有厦门、漳州、成都三大产业基地。2012年，企业资产总额达21.83亿元人民币，实现销售收入26.24亿元，利润1.70亿元，纳税1.47亿元，出口2.32亿美元。

立达信集团董事长李其灵高度重视企业的科技创新和人才管理。公司技术中心为“省级工程技术研究中心”和“省级企业技术中心”，在硬件上达到国际先进水平，拥有27项国际认证资格。中心有一支实力雄厚的科研团队，人数超过200人。公司长期与国内外企业资深人士进行科研合作，与全世界产量最大、产值前三的LED芯片生产企业台湾晶元光电股份有限公司联合建立了国内首个两岸LED产业联合研发中心。企业拥有较强的自主设计和创新能力，形成了较具特色的技术如光电集成一体化技术、分布式无线智能照明技术、LED灯自动化生产线技术等。

福建立达信集团先后荣获国家半岛体照明产业化基地骨干企业、国家节能照明高新技术产业化基地骨干企业、国家重点新产品、福建省科技进步奖、福建省优秀新产品等荣誉称号；被中国轻工业联合会及中国照明协会评为中国照明电器十强企业，并排名第三；被中国轻工业联合会评为2012年度中国轻工业成长能力百强企业，并排名第33名。

华辰房地产有限公司

华辰企业是香港海峡发展控股有限公司在中国大陆的全港资集团公司，于2001年创建于福州，是福州首家囊括地产前期开发、后期招商经营及物业管理、网络销售等完整产业链的合资型综合性企业。公司先后开发各类商业、办公、住宅等房地产项目数百万平方米，旗下拥有福州华辰房地产有限公司、福建华辰房地产有限公司、福州煌星房地产有限公司、世界500强21世纪不动产（福州）分部、福建隆昌泰置业有限公司。

华辰企业传承“仰承福泽 报效桑梓”的企业宗旨，坚持“诚信务实、科学规范、艰苦创业、崇尚进取”的经营理念，尊崇“为荣誉而工作，用专业去执行，团结、不息、创新、奋进”的企业精神和“每位员工都是华辰财富的享有者和创造者”的人才理念，努力实现“致力于成为中国商业地产专家”的企业愿景，并将“华辰”最终锻造成为中国最适人居地产品牌。

▲魏传瑞先生

▲魏传瑞董事长与福建省省长苏树林合影

魏传瑞先生怀抱一颗赤子之心，从2001年起以“立足福建、开拓未来”为目标，回到家乡福建投资兴业，努力为家乡建设、经济发展作出自己力所能及的贡献。2001年，魏传瑞先生在福州创办华辰企业。十年间，从【君临闽江】、【君临东城】、【君临芭莎】到【君临天华】、【君临•晋安商业中心】，再到【君临•香格里】、【君临•盛世茶亭】，华辰君临项目已然成为城市的品质象征。同时，华辰地产积极承担企业公民责任，斥资逾亿元成立“华辰慈善基金”，捐资助学、赈灾济难、扶危救困，迄今为福建省公益慈善活动累计捐款1.427亿元。

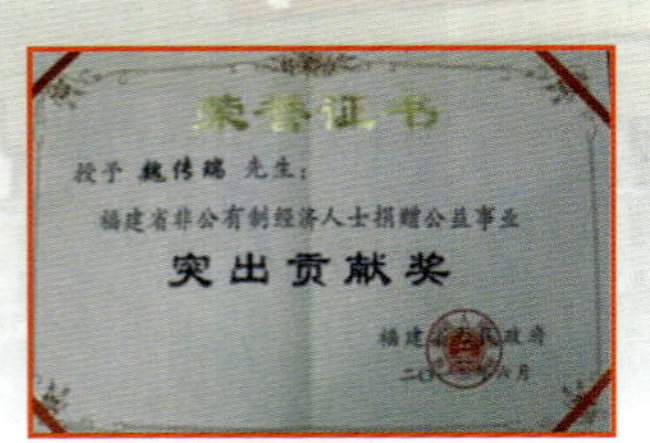

荣誉证书

授予 魏传瑞 先生：

福建省非公有制经济人士捐赠公益事业

突出贡献奖

鼎盛置业股份有限公司

▲鼎盛办公大楼

鼎盛置业股份有限公司前身为石狮市曙辉房地产开发有限公司，成立于2002年。2010年4月，通过内部股东整合，注册成立鼎盛置业股份有限公司，经过10多年的发展壮大，成为石狮市实力雄厚的房地产龙头企业。

公司旗下拥有鼎盛（福建）织造有限公司、鼎丰控股股份有限公司、福建福港融资性担保有限公司等多家子公司。

公司先后投资兴建佳豪•城市花园(1–2期）、金海花园城（鼎盛公元）、皇家滨城、中港雅典。陆续开工的项目有鼎盛骏景、海西（福建）汽车汽配城、安溪鼎盛•尚学领地以及3万多平方米的公司总部办公大楼等，累计竣工面积达百万平方米。

作为一家拥有现代化经营管理模式的房地产开发企业，公司以“成就企业，造就人才，有益社会，服务大众”为理念，形成了一系列科学化管理方式，现有管理人员均拥有高等学历及丰富的市场经验，为未来的稳步发展奠定了坚实的基础。

公司愿意与国内同行真诚合作，共同为海西建设贡献力量。

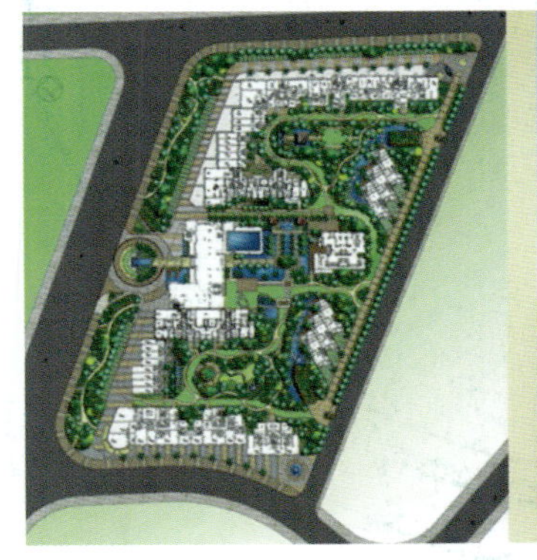

▲金海花园城（鼎盛公元）

▲海西（福建）汽车汽配城

▲佳豪•城市花园

▲皇家滨城

▲鼎盛骏景

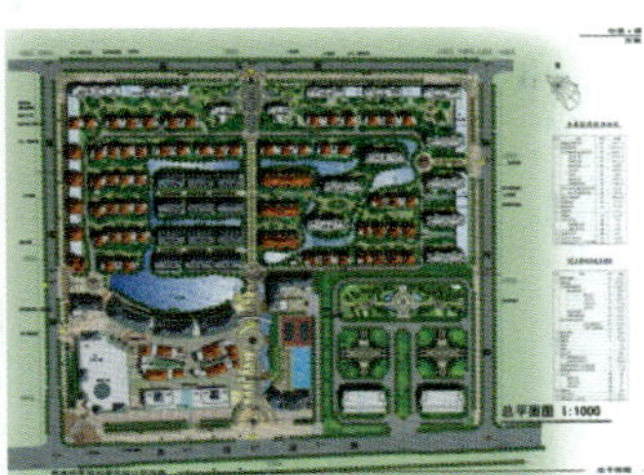

▲中港雅典城

香港华盛兴业集团

▲董事长 李建超

李建超，男，1950年3月出生，香港永久居民。任第九、十届福建省政协委员、现任中华海外联谊会理事、深圳市福建商会会长、香港华盛兴业集团董事长。先后投资创办福建省南安市华兴雨具日用制品有限公司、歌兰兴业（深圳）有限公司、金海湾高尔夫球俱乐部有限公司、盛龙纺织（惠州）有限公司、伟全化纤（惠州）有限公司等企业，行业涉及金融、房地产、高尔夫球场、教育、文化产业、纺织染整、雨伞、箱包、陶瓷、玩具及电子产品等。公司拥有高科技的电子产品国际专利几十项及“华兴”中国驰名商标等，公司及工厂分布在美国、台湾、香港、广东、福建等地。员工逾万人，业务遍布欧、美、中东、东南亚及中国大陆等地区。李建超先生长期担任社团重要职务，积极参与各项社会事务活动，他热心公益，乐善好施，积极回馈社会。于2010年5月得到福建省人民政府表彰，获得“福建省捐赠公益事业突出贡献奖”，于2013年6月再次得到福建省人民政府表彰，荣获“福建省非公有制经济人士捐赠公益事业突出贡献奖”等殊荣。广东省深圳市、惠州市人民政府分别授予“深圳市荣誉市民”、“惠州市荣誉市民”称号。

▲李建超董事长与福建省省长苏树林合影

▲国潘珠瑞大楼

福建省人民代表大会常务委员会